U0685812

Archives

中国档案馆
简明指南

《中国档案馆简明指南》编委会编

中国档案出版社

责任编辑/赵增越

图书在版编目(CIP)数据

中国档案馆简明指南/《中国档案馆简明指南》编委会编. —修订本. —北京:中国档案出版社,2009.8

ISBN 978—7—5105—0057—2

Ⅰ. 中… Ⅱ. 中… Ⅲ. 档案馆—中国—指南 Ⅳ. G279.21—62

中国版本图书馆 CIP 数据核字(2009)第 111429 号

出版/中国档案出版社(北京市宣武区永安路 106 号 100050)
发行/中国档案出版社发行部(010—83171769)
印刷/北京鑫山源印刷有限公司
规格/787×1092　印张/44　字数/1200 千字
版次/2009 年 11 月第 1 版　2009 年 11 月第 1 次印刷
印数/2000 册
定价/230.00 元

编辑说明

一、本书介绍了全国各级各类档案馆的基本情况，馆藏特色档案资料情况及工作达标、获奖情况，并侧重对2001年以来的工作创新情况，如爱国主义教育基地、已公开现行文件建设；计算机管理、网络建设情况；编研工作情况等做了简要介绍。稿件由各馆提供，未提供稿件的档案馆未予收录。

二、各档案馆按照行政区划顺序加以排列，先排列中央级档案馆，再分省（自治区、直辖市）进行排列，每省（自治区、直辖市）下皆按地（市、州、盟）、县（市、区、旗）行政区划顺序排列。企业、事业单位档案馆皆按属地排列于各所属地。

三、为节省文字，市县档案馆、城市建设档案馆的地址一般省略市、县名，城市建设档案馆皆称为“城建档案馆”。

四、四川省北川羌族自治县档案馆因2008年5月12日特大地震库房坍塌，规划异地重建，四川省绵阳、广元、汶川等36个，甘肃省6个，陕西省4个档案馆库房被鉴定为D级危房，需规划重建。因新的馆址尚未确定，本书仍采用震前馆址。

五、各地提供的稿件，编者根据编辑意图有所删节或改动的地方，请予鉴谅。

六、附录《全国档案馆名称代码》所收录的档案馆名称代码截止2008年6月底。

《中国档案馆简明指南》(第一版)编委会

《中国档案馆简明指南》(修订版)编委会

《中国档案馆简明指南》(第一版)序

档案馆是永久保管档案资料的基地，是社会各方面利用档案资料的中心。新中国建立后，党和政府十分重视档案馆的建设。目前，全国共有各级各类档案馆3600多个，其中有县以上各级国家综合档案馆3024个，分别保管本级党政机关和企事业单位的各方面档案；有国家专业档案馆和部门档案馆360个，分别保管本级党政机关某些专业门类的档案；有大中型企事业单位档案馆278个，分别保管本单位的各种档案。

各级各类档案馆目前共收藏档案资料1.7亿多卷件册；它们中，最早的有公元8世纪中叶的档案，还有元代中央政府给西藏地区的封文，有明清两代部分中央和地方机关的文书，有比较系统的中华民国时期的各类档案，有非常珍贵的1949年以前中国共产党及其领导下的革命政权、革命团体、革命运动方面的档案，还有相当完整的中华人民共和国建立以来各级党政机关、社会组织、企事业单位以及个人形成的档案。这些档案，反映了各个历史时期中国各族人民的生产、生活史，对内对外交往史，以及政治、经济、文化面貌等。它们不仅对发展经济文化、推动科技进步、提高国民素质有促进作用，而且对维护国家统一、加强民族团结、保持社会稳定也具有重要作用，是党和国家的重要财富，是中华民族的珍贵遗产。

根据《中华人民共和国档案法》的规定，各级国家档案馆的档案，一般自形成之日起满30年，只要不涉及国家安全或重大利益以及个人的权益，即可向社会开放，供我国公民和外国团体、个人利用。为了让国内外更多的人了解我国的各级档案馆，并利用我国的丰富档案，更好地开发我国的档案信息资源，更大程度地发挥档案的作用，我们编写了这部简要介绍我国各级各类档案馆馆藏情况的《中国档案馆简明指南》。我愿它能在档案与社会之间架起一座桥梁，成为中外利用者了解我国档案的一个窗口，促进社会进一步了解档案，推动档案进一步走向社会！

王刚

《中国档案馆简明指南》(修订版)序

档案馆作为历史记录的载体,纵连古今各个历史阶段,横贯自然和社会各个领域,承载着民族发展历史和祖国传统文化的记忆,保护着我们国家和民族的历史文化遗产,成为联系过去、现在和未来的纽带。今天,档案馆更加面向社会,面向广大人民群众,成为政府信息公开的公共场所,公民可以方便地查阅到劳动就业、福利待遇、社会保险、社会救助、房屋拆迁、土地管理、城建规划、婚姻家庭等关系国计民生的政务信息,档案馆成为人民群众维护权益、享受成果的民生档案信息服务平台。今天,档案馆正在构建信息化、数字化、网络化的国家档案资源网络体系,为社会各方面提供网络查询、电子阅览等更加方便快捷、高效广泛的档案信息服务,实现档案信息的社会共享。今天,档案馆已经通过陈列展览、影视播放、报告讲座、编研出版、校外课堂等多种方式、多种途径,进行着人民群众喜闻乐见的、受众广泛的爱国主义教育,成为展示和颂扬党和人民政府光辉业绩的重要文化阵地。目前,全国共有各级各类档案馆3952个,其中县以上各级国家综合档案馆3154个,国家专门档案馆和部门档案馆377个,大中型企事业单位档案馆421个。各级各类档案馆目前共收藏档案资料3.3亿多卷件册。

各级各类档案馆正在积极落实科学发展观,以档案馆的发展为第一要义,以人为本,重视所有涉及人的档案价值,重视人民群众的利用,成为覆盖人民群众档案资源体系和方便人民群众利用体系的主体,通过提供公共服务,促进经济发展,促进文化繁荣,促进社会和谐,使档案工作惠及百姓、惠及社会。各级国家档案馆正在实现档案保管、文化传播、社会教育、政府信息公开、休闲娱乐等多种功能,成为记录历史、传承文明、服务社会、造福人民的公共文化服务机构。

十一年前我曾担任《中国档案馆简明指南》(第一版)的执行总编,今天我又担任了修订版编委会的主任,对此我感到十分欣慰。修订版反映了十多年间我国档案馆事业的巨大发展变化,记载了广大档案工作者的默默耕耘、无私奉献,它的出版将对促进社会公众对档案馆的了解和利用,对档案馆工作的大发展、大繁荣做出积极的贡献,衷心祝贺它的问世。

杨冬权

目　录

山西省

内蒙古自治区

辽宁省

吉林省

黑龙江省

上海市

江苏省

浙江省

安徽省

福建省

江西省

山东省

河南省

湖南省

广东省

广西壮族自治区

海南省

重庆市

四川省

贵州省

云南省

西藏自治区

陕西省

青海省

宁夏回族自治区

新疆维吾尔自治区

附录：

中　央　级

中央档案馆　现址北京市海淀区双坡路2号，邮编100095，电话（010）62457610，馆长杨冬权。成立于1959年，周恩来亲自题写馆名。负责集中保管中国共产党和中华人民共和国中央机关各个历史时期形成的重要档案资料，为社会各方面提供利用服务。总建筑面积11.8万平方米，库房面积2.3万平方米。馆藏档案资料300余万卷（册），其中档案110万卷（册），资料200万册。馆藏最为重要的个人全宗是毛泽东手稿，包括1912年至1976年间毛泽东起草的文电、讲话和批示、书信、诗词等5万余件，最早的是1912年毛泽东在中学时的一篇习作《商鞅徙木立信论》，最晚的是1976年6月25日的一份便笺。中央档案馆不断丰富和优化馆藏资源，大力开展中央、国家机关档案接收工作，并积极开展已故党和国家领导人的零散档案资料收集工作。开展了中央档案馆已公开档案资料全文检索数字化工程、照片档案数字化工程、声像档案数字化工程和纸质档案数字化工程。中央档案馆充分利用馆藏优势，通过编辑出版图书、举办展览、拍摄电视文献片等多种方式，广泛开展档案宣传教育工作。编辑出版了《中共中央文件选集》、《毛泽东手书选集》、《刘少奇手迹选》、《周恩来手迹选》、《朱德手迹选》、《邓小平手迹选》、《陈云手迹选》、《彭真手迹选》、《中国共产党八十年珍贵档案》、《共和国五十年珍贵档案》、《日本帝国主义侵华史料选编》、《中华人民共和国经济档案资料选编》、《侵华日本战犯笔供》等书籍，其中有的被中宣部、国家新闻出版总署列为重点图书；制作出版了《巨人之声》系列——毛泽东、周恩来、邓小平讲话录音。拍摄了《共和国脚步》、《自从有了共产党》、《红旗飘飘——中国共产党历史上的今天》、《百幅手迹怀伟人——毛泽东的110个故事》、《新四军》、《邓小平的故事》、《邓小平的足迹》、《抗日中坚八路军》、《伟大长征》、《周恩来的故事》等电视文献专题片，在社会上引起很大反响；单独或与有关单位联合举办了“肩负人民的希望——纪念中国共产党成立80周年”展览、“毛泽东档案展”、“世纪伟人邓小平——纪念邓小平同志诞辰100周年展览”、“百年陈云——纪念陈云同志诞辰100周年展览”、“中央档案馆馆藏珍品展”和“保持共产党员先进性教育展览”、“洗雪百年国耻，喜迎香港回归”大型档案文物展览、澳门回归祖国大型展览、“雪域明珠——中国西藏文化展”等，接待了数量众多的参观者，弘扬革命传统，进行爱国主义教育。

（李凤洲）

中国第一历史档案馆　现址北京故宫西华门内，邮编100031，电话（010）63099011，馆长邹爱莲，电话（010）63096489。成立于1925年。是收集保管和研究明清两朝历史档案的国家级档案馆。总建筑面积19000平方米，库房面积5000平方米。馆藏有明、清两朝档案共1000余万件，其中明代档案有3000余件。馆藏档案的时间跨度500余年，保存年代最早的是明朝洪武年间的田契，最晚的是清朝宣统皇帝的退位诏书。此外，还有溥仪退位后在故宫和在天津居住时期形成的少量档案。2002年，馆藏“清代金榜档案”、“清代玉牒”、“道光朝秘密立储匣”、“满文密本档”分别被列入《中国档案文献遗产名录》，其中“内阁满文密本档”和“清代金榜档案”分别在1999年、2005年被联合国教科文组织列入《世界记忆工程名录》。1997年香港回归，参与承办“雪洗百年国辱，喜庆香港回归”大型展览；1999年澳门回归，参与承办“澳门回归祖国大型展览”等；合作举办的“广州十三行展”、“纪念辛亥革命八十周年展”、“承德避暑山庄300周年特展”等；目前在国内外举办的各种展览已有50多个。拍摄大型电视纪录片《清宫秘档》等。出版了《中国明朝档案总汇》、《清代档案文献图录》、《明清时期澳门问题档案汇编》、《清代新疆满文档案汇编》等。分别与日本、德国、澳大利亚等国进行学术交流，合作出版了清代中国与日本、英国、奥地利、西班牙、葡萄牙、菲律宾、新加坡、韩国等国关系的专题档案。八十年来，中国第一历史档案馆编辑出版各类档案史料160余种、1000余册、7亿多字。一批编研成果获得国家级优秀成果奖。已建成馆藏全宗级目录数据库，完成了约200万件馆藏档案的数字化工作，约占馆藏量的20%；缩微档案数量约占馆藏量的10%；完成全国清代档案案卷级和文件级目录3万余条目的采集工作。2007年，中国第一历史档案馆“全文数字化清代档案文献数据库”第一期建设成果——《大清历朝实录》和《大清五部会典》通过验收。

（刘兰青）

中国第二历史档案馆 现址南京市中山东路309号，邮编210016，电话（025）84801996，馆长杨永建，电话（025）84801669。总建筑面积3.7万平方米，库房面积1.59万平方米。是集中管理中华民国时期（1912—1949）历届中央政府及其所属机构档案的国家级档案馆。成立于1951年，原名中国科学院近代史研究所第三所南京史料整理处，1964年，南京史料整理处由中国科学院历史研究所第三所划归国家档案局领导，同时更名为中国第二历史档案馆。2001年，被列为全国重点文物保护单位。馆共收藏民国时期档案900多个全宗，计180多万卷，排架长度达5万余米，典藏的民国时期图书资料有5万余册。馆藏档案形式主要为公文书，此外还有照片、字画、商标、印章、股票、钞票、任命状等。其中，孙中山亲笔题写的“博爱”、“孙中山致日本首相犬养毅的信”及“山西日升昌票号”等档案已被收入《中国档案文献遗产名录》中。利用民国档案编辑的《馆藏民国台湾档案汇编》是“十一五”国家重点规划项目“台湾文献史料出版工程”重要子项目，已由九州出版社出版。以开展合作服务社会，把大型合作项目纳入民国档案信息资源社会化服务试点中，以项目带动馆档案信息化建设向前推进。先后为海南省、广州市档案局馆、新加坡国家档案馆和台湾中研院近代史研究所提供有关数字化资料80余万画幅，光盘500余盘，数据均已导入馆中心数据库。为中央电视台拍摄《复兴之路》、中共江苏省委宣传部拍摄《粟裕大将》等12部影视片提供相关档案。筹建馆宫殿楼三楼面积达400平方米的专题展览。 （阙海斌）

中国照片档案馆 现址北京市宣武区西大街57号，邮编100803，电话（010）63072401，馆长徐祖根，电话（010）63074129。成立于1984年，是集中统一保管中华人民共和国国家照片档案的专门机构。馆藏逾200万张，内容涵盖政治、外交、军事、经济、科技、文化、教育、体育、艺术、社会生活、地理风光诸方面。时间横跨一百六十余年。地域涉及中国各地、世界各国，其中中华人民共和国成立后的照片档案尤为全面、完整。大力开展照片档案研究和编纂工作，自编、合编了多种大型画册，如《毛泽东》、《刘少奇》、《周恩来》、《朱德》、《邓小平》、《中国共产党历史图典》、《共和国图典》、《征程纪实》、《香港回归》、《星星火炬》、《人民大会堂》、《跨世纪的辉煌》，和中国共产党十四大、十五大、十六大等画册。进入新世纪，中国照片档案馆建立了图片数据管理系统，截止2005年底，馆藏照片全部实现数字化管理。

（蔡毅）

中国人民解放军档案馆 现址北京市海淀区北洼西里51号，邮编100089，电话（010）66840000，馆长刘英，电话（010）66840001。成立于1980年。是我军历史档案的保管基地和全军档案信息资源开发利用的中心。2006年晋升为军队档案馆目标管理一级馆。总建筑面积13616平方米，库房面积1620平方米。馆藏档案40余万卷，500余万份。主要内容有，反映红军二万五千里长征的珍贵档案史料，八路军、新四军、东北抗联等武装力量八年抗战的重要档案史料；解放战争时期辽沈、平津、淮海、渡江等战役和解放南京、上海、东南沿海岛屿及西北西南广大地区的大量档案史料；反映建国后中国人民志愿军抗美援朝作战、我军援越抗法、援越抗美、进军西藏、剿匪平叛和历次边境地区自卫反击作战的档案史料；中央军委各个历史时期有关军队建设和国防建设的重要会议、重要决策和军委首长重要活动的档案史料；还有我军新时期有关作战、训练、政治工作、后勤工作、科学研究、院校建设、民兵建设、支援地方建设、军事援外和外事往来的档案资料。其中，声像档案 1500 余盘，主要是建国以来军事训练、重大演习、外事活动等录音录像。照片档案 20 余万张，主要是不同历史时期战役战斗、军事训练、政治工作、后勤保障以及军委总部首长活动的照片。实物档案 3400 余件，主要是各类印章、证章、印版等。目前已将“励剑 2000”、中央军委授予上将军衔仪式、全军军事训练会议、第二炮兵成立 40 周年庆祝大会等重大活动、重要历史事件的档案资料以及聂荣臻元帅照片、红军将帅手迹收集进馆。还征集了反映军委、总参首长及全军训练、演习等全军重大军事活动声像档案资料和一批俄罗斯军事档案。建立了全宗级目录数据库、全文数据库和多媒体数据库，在全军军事综合信息网建立了解放军档案馆网站，提供档案馆指南和公开档案目录查询等服务。与中央文献研究室合作编辑出版《回忆军事家邓小平》、与中央档案馆合作编辑出版《红军将帅手迹选》，承担和参与了《军队文书档案鉴定标准》、《军队档案工作基本术语》、《军事信息资源分类法》、《中华人民共和国军队精简整编史》等多项军队重点课题研究。利用档案举办了“党的三代领导集体军事档案珍品展”、“保持共产党员先进性教育展”、“纪念红军长征胜利 70 周年档案史料展”、“纪念建军 80 周年档案实物展”等主题展览。2006 年访问美国与美方达成就查找朝鲜战争前后美军被俘与失踪人员下落事开展军事档案合作的重要共识。 （徐芸）

外交部档案馆　现址北京市朝阳区朝阳门南大街 2 号，邮编 100701，电话（010）65966200，馆长为郭崇立。成立于 1985 年。主要职能包括收集和管理外交档案，负责本馆馆藏档案及资料的鉴定和利用，进行外交档案领域的国际交流与合作，同时为部机关和驻外机关收集、加工、存储与外交业务有关的纸质文献资料和数字信息资源，提供纸质文献资料和数字信息资源的查询、浏览等服务。2003 年获“全国档案工作优秀集体”称号。馆藏档案 38 万余卷（件），图书资料 30 万余册，经专家审定的善本书 870 余种 18000 余册。档案库房面积约 3500 平方米，图书库房面积约 2000 平方米。中国与外国政府、国际组织签署的条约、协议正本等为馆藏珍品；毛泽东、周恩来、邓小平等老一辈国家领导人在外事活动中形成的重要谈话记录及对外交工作的指示尤为珍贵；《中印两国总理联合声明中方草案》和《周恩来在亚非会议全体会议上的补充发言（手稿）》两份档案被列入《中国档案文献遗产名录》。开发外交档案信息管理系统，在外交部电子政务平台上逐步实现了档案目录的网上著录、检索、电子档案阅览等，并开发了解密档案阅览系统，“外交档案解密开放管理系统”获 2005 年度国家档案局优秀科技成果三等奖。编辑出版了《新中国外交五十年》、《建国初期外交部》等大型画册及《中华人民共和国外交大事记》、《解密外交档案》等文献汇编。《建国初期外交部》曾于 2005 年被评为中国文博考古十佳图书。建立外交档案网站，举办网上展览，设立外交部部史陈列室，主办了“新中国外交五十周年”、“纪念香港回归十周年档案史料展”等展览、参与举办“复兴之路”、“胡志明主席与中国档案资料展”等大型展览。

（段军龙）

公安部档案馆　现址北京市东城区东长安街 14 号，邮编 100741，电话（010）66264632，馆长唐军祺，电话（010）66263919。成立于 1994 年。是集中统一保管部机关及直属单位档案资料的部门档案馆。1995 年被评为优秀等级档案馆，2007 年被评为全国档案工作优秀集体。总建筑面积近 6000 平方米，库房面积4000平方米。保存档案资料60余万卷(件、册)。抗击“非典”、奥运安保、公安机关大接访活动、打黑除恶、打盗抢抓逃犯等各项工作中加强对重大活动档案的收集。编辑出版了《沈醉日记》、《蒋介石特工密档及其他》、《火刑》、《狂飙》、《史证》等史料书刊。

民政部档案馆 现址北京市东城区北河沿大街147号,邮编100721,馆长潘继生,电话(010)58123709。负责机关档案图书资料的保管利用。2007年被评为“全国档案工作优秀集体”。库房面积约800平方米,馆藏1978年民政部建部以来的文书档案、会计档案、基建档案、声像档案和电子档案以及民间组织登记档案和地名档案等民政专业档案,共计136.8万卷(件、册)。通过民政部网站设立了“文件阅览中心”,提供民政部已公开文件的电子查询服务。合作开发,编撰了《纪念程子华诞辰一百周年》、《全国民政会议回顾》等材料,合编了《中国民间组织年志》、《灾害管理法规汇编》、《携手慈善,共创和谐》等书籍,制作了《明天计划,关爱一生》画册,成功举办了亚洲减灾大会和中华慈善大会展览。开发了民政文献信息数据库,建立了针对各项民政业务的专题服务机制。 (许明堂)

中国电影资料馆 现址北京市海淀区文慧园路3号,邮编100082,电话(010)62250362,馆长傅红星。成立于1958年。隶属于国家广播电影电视总局。职责是对各个时期的中外影片及各类电影文图档案资料的收集、整理、保存和利用,并在此基础上开展对中外电影的历史、现状、理论、美学和影片保存、修复技术的研究以及电影报刊的出版、研究生教学培养工作以及中外电影文化的交流。中国电影资料馆1980年被联合国教科文组织指导下的国际电影资料馆联合会接纳为会员。收藏各个时期的中外影片28000多部,影片素材18000多套和大量珍贵的电影文图、录像资料。馆拥有两座大型影片资料库——北京电影资料库和西安电影资料库,还有各种不同规模和等级的电影放映厅。开展了对影片档案的保存、修复技术的研究和实验工作,取得了显著的成绩。如“电影档案资料数字化保存与利用”项目获第一届中国电影电视技术学会科学技术奖二等奖(2004年);“档案资料影片修复技术研究——影像分析与处理”项目获广电总局2005年度科技创新奖二等奖;“档案资料片影像抖动操作分析与处理”项目获2006年度国家档案局优秀科技成果二筹奖;馆藏影片计算机管理系统,1992年获中华人民共和国广播电影电视部科技进步二等奖。研究人员完成或参与完成的著作、译著有《当代中国电影》、《新时期电影10年》等以及大型工具书《中国艺术影片总目》、《中国电影大典》,大型画册《中国电影图志》、《中国电影海报精萃》、《中国电影图史》电影年鉴性特刊《世界电影概况》以及《中国电影百年系列书系》等,其中不少作品填补了国内电影研究的空白。共拥有3种定期出版物:《当代电影》杂志、《中国电影报》、《电影》杂志。馆一直十分重视促进中外电影文化的传播与交流工作,先后组织了多年代、多类型及电影艺术家个人作品专展等大量电影观摩展映活动,并从1985年起,先后在23个国家和地区成功地举办了中国电影回顾展,在国内举办了英、意、法、美等18个国家共52次外国电影回顾展,接待了很多来访的外国电影学者和代表团;还举办了大量的专题影展、电影学术专场和各种学术研讨会。

(郑剑军)

中国现代文学馆 现址北京市朝阳区文学馆路45号,邮编100029,电话(010)84615522(总机),馆长陈建功,电话(010)84645310。成立于1985年。是中国作协领导下全额拨款的事业单位,任务是收集、保管、整理、研究、展示中国现、当代作家的著作、报刊、手稿、书信、日记、录音、录像、照片、文物等文学资料。被中央国家机关工委指定为“中央国家机关思想教育基地”,被北京市委指定为“北京市爱国主义教育基地”。库房面积1500平方米。馆藏资料50万件，其中书籍35万册、杂志118503册、报纸1216种、手稿8949件、照片20624张、书信16129件、字画1275件、录音带589盘、录像带1814盘、文物3714件。已建立作家文库100座。已建成文学馆信息门户网站。常年陈列“20世纪大师风采展”、“中国现当代文学展”和“作家文库展”；另有两个各为300平方米的临时展厅，经常举办作家生平与创作展和文化艺术展览。长年开办星期义务讲座，邀请国内作家和专家、学者来演讲，已连续举办了200多期，2002年起在中央电视台“科学·教育”频道“百家讲坛”定期播出。讲座内容以《在文学馆听讲座》为题汇编成书陆续出版。与中国现代文学研究会共同编辑出版《中国现代文学研究丛刊》，还编辑出版了《中国现代作家大辞典》、《当代台湾作家代表作大系》、《中国现代文学百家》丛书、《作家书信集》丛书、《中国现代文学馆馆藏珍品大系》等。（计蕾）

国家体育总局档案馆 现址北京市朝阳区安定路甲3号，邮编100029，电话(010)64811154，馆长胥德顺，电话(010)64964362。成立于1990年，是集中统一保管总局机关、企事业单位档案资料的部门档案馆。建筑面积2000平方米，库房面积1000平方米。馆藏档案资料94768卷(册)，馆藏档案资料包括前国家体委、国防体协、全国体总等全宗的档案和中国奥委会的档案。收集了体育总局各直属单位、各型运动会和2008年奥运会申办工作、2008年奥组委等一批重大活动、重要历史事件的档案资料进馆。馆藏档案的数字化工作在逐步实施，目前纸质档案数字化占馆藏纸质档案的50%以上。利用档案积极参与了“党的光辉照体坛”(1991年)、“贺龙与体育”(1996年)、“建国50周年体育展”(1999)、“银球耀五星……纪念中国乒乓球队成立50周年”(2002年)等展览的陈列，还为《毛泽东传》、《周恩来传》、《陈锡联传》、《王猛传》、《体育之子——荣高棠》等文献书籍及课题《中国与前苏联东欧体育交往及其影响的研究》提供档案资料。

中国科学院档案馆 现址北京市海淀区中关村北四环西路33号，邮编100080，电话(010)62537762，传真(010)82627498，网站地址：www.acas.ac.cn，馆长屠跃明，电话(010)82627499。馆于2001年成立。总建筑面积3000平方米，库房面积1100多平方米。馆藏档案资料53160卷(册)，7436张照片，242盘声像材料(盘)，资料1470(册)。其中保存最早的是建国前中央科学研究院部分科学研究档案资料、满铁资料等；保存最多的是反映新中国自然科学研究科研档案，涉及学科广泛，比较翔实地记载了新中国科学技术发展过程和取得的丰硕成果。对部分馆藏档案信息开展了数字化试点工作，目前完成近11000卷65余万画幅，约占馆藏档案的20%，为今后馆藏档案信息数字化建设积累了宝贵经验。

（杨福平）

铁道部档案馆 现址北京市宣武区马连道南街2号院1号楼，邮编100055，电话(010)51846190。成立于1965年。是集中保管部机关、全国铁路重要档案资料的部门档案馆。总建筑面积5300平方米，库房面积4046平方米。馆藏档案资料187979卷(件、册)，其中档案161346卷、18810件，资料7823册。自1892年起，包括1927年南满铁道株式会社创立20周年“铁道纪念写真帖”照片，著名的“毛泽东号”和“朱德号”机车组命名及有关的机车史，新中国成立后修筑的第一条铁路——成渝铁路史话和有关资料，建国以来党和国家领导人对铁路建设、运输工作的指示。科技档案在馆藏档案中所占的比重较大，现保管铁路干线的建设项目档案，机车、车辆等产品档案和工艺档案等。馆存资料有《满铁史》、《詹天佑和中国铁路》，1947年以来的铁道公报，1924－1947年铁路员工名册，建国以来铁路单位的大事记和局志、厂志等。馆藏档案以纸质档案为主，还保存一部分航测底片、锌版、底图、照片、缩微胶片等多种载体档案。已建立馆藏档案目录数据库,完成了建国后档案文件级和案卷目录的采集工作。对馆藏早期档案及进馆底图进行缩微复制。编辑了《中国铁路之最》、《铁道部档案馆指南》、《青藏铁路档案资料汇编》、《党和国家领导人对铁路工作指示》(续)等专题档案资料。 (程毅芳)

国家测绘档案资料馆 现址北京市海淀区紫竹院百胜村一号,邮编100044,电话(010)68462660,传真(010)68424101,馆长陈军,电话(010)68424072,网址http://ngcc.sbsm.gov.cn。是国家测绘局直属事业单位,成立于1995年,馆藏档案资料约42.1万幅(卷、册、盒),约85.1万张(件)。数据档案累计5495盘(磁带、光盘),数据量2.69TB。模拟供应成果约1075万张。库房12个(包括一个磁介质库),总面积为2046平方米。档案种类涉及各类比例尺地形图、专题图、电子地图、海图、境界图、地图集、古旧地图、大地测量档案等约12类。馆藏档案历时千年,保存年代最早的是宋末至明初的《历代地理指掌图》,保存最多的是从民国时期至今的各类比例尺地图。载体形态以纸质印刷图为主,还包括手绘纸图、薄膜图、胶片、塑质图、布质图、光盘、磁带及实物档案等。可向国家有关部门和单位提供多比例尺模拟和数字地图;可提供国家天文大地网、GPS网、重力网、大地水准面等多精度空间基准成果;可提供处理后的多分辨率航空和卫星遥感影像资料;可提供测绘成果档案服务。在专题地理信息系统设计与开发、电子地图制作、数据库建设及其相关软件的开发应用、NFGIS标准研制、技术咨询等方面,有较丰富的经验和实力。能够完成测绘工程、生产、科研项目设计、组织实施等业务。近年来,国家基础地理信息中心加强技术储备和技术创新,一方面积极推进基础地理数据库建设和测绘资料档案管理现代化工作,另一方面加强基础数据的深加工和应用开发工作,发展了若干有中心特色的主导产品和技术方向,并设立了博士后科研工作站 。加大了对测绘档案收集力度,近几年累计收集入馆的测绘档案约14万余件。 (李佳 齐阳)

北　京　市

北京市档案馆　现址丰台区蒲黄榆路42号，邮编100078，电话(010)67645511，馆长陈乐人，电话(010)67640604。网址：http://www.da.bj.cn传真：67663659。邮件地址：service @da.bj.cn。成立于1958年。是集中统一保管市级机关、团体、企事业单位档案资料的国家综合档案馆，是市级爱国主义教育基地、市政府指定的行政规范性文件查阅场所，是国际档案理事会东亚地区分会和城市档案处成员单位。1998年晋升为国家一级档案馆。总建筑面积20000平方米，库房面积8000平方米。现有馆藏档案资料170.7万卷(册)，其中资料3.7万册。馆藏档案资料的历史跨度400余年。“京张路工摄影”和“剿抚澎台机宜”档案。目前已将2008年奥运会申办工作、防治“非典”工作、第十一届世青赛、中非论坛北京峰会等一批重大活动、重要历史事件的档案资料收集进馆。征集了李大钊等革命先辈、孙敬修等历史名人的照片与资料及北京历史地图等。已建成馆藏全宗级目录数据库，完成了建国后档案案卷级目录数据采集工作。对馆藏不开放档案和破损资料进行缩微复制，目前已缩微复制馆藏档案资料12万卷900余万幅，占馆藏档案资料总量的7%。对馆藏开放档案进行数字化。目前纸质档案数字化占馆藏纸质档案的37.4%，声像档案已全部数字化。缩微档案数字化占馆藏档案缩微品总量的10.5%。北京市档案信息门户网站已经建立，提供130万页数字化档案全文上因特网服务，并积极为北京市政务网提供数字化档案信息共享服务。目前已为部分市级委办局提供了110余万条档案目录数据，网上档案利用规模逐步扩大。已向社会开放档案资料近81万卷(册)，占形成满30年档案的79%。编辑出版《北京档案史料》，每年定期向社会公布馆藏档案信息100多万字。出版发行了《北京市重要文献选编》、《日本侵华罪行实证》、《那桐日记》、《抗击非典北京日志》等专题档案史料汇编40多种3000多万字。一批编研成果获得国家和北京市级优秀成果奖。与莫斯科档案总局共同编辑出版了《北京与莫斯科的传统友谊——档案中的记忆》。利用档案举办了“邓小平在北京”、“站在革命和建设的最前线——纪念彭真同志诞辰一百周年展”、“百年经纬看北京”、“北京商品票证展”等一批具有一定社会影响的藏品陈列展。“保持共产党员先进性教育展”在全市保持共产党员先进性教育活动中发挥了积极作用。

东城区档案馆　现址东城区外交部街甲28号，邮编100005，电话(010)65240976，馆长张家宪，电话(010)65240968，网址：http://www.dchda.gov.cn。成立于1979年。是集中保管区级机关、团体、企事业单位档案资料的国家综合档案馆，是区命名的爱国主义教育基地，是区政府指定的行政规范性文件查阅场所。1996年被评为北京市一级区县档案馆，连续多次被评为北京市档案系统先进集体。建筑面积2776平方米，库区面积918平方米。馆藏档案13万余卷(件)，资料1.3万余册。主要是东城区属各单位产生的文书、科技、婚姻、招工档案等，其中特色档案有东城区部分学校民国时期的档案、东城区域内百年以上的古树档案及反映东城区历史变迁的老照片等。利用档案举办了“建筑文化瑰宝，古都民居典范——走进东城四合院”、“高尚道德的实践者——孙茂芳”、“档案就在您身边”、“弘扬胡同文化，传承人类文明”等展览；编辑了《东城四合院》、《兰台回眸》等编研资料。馆档案目录中心已初具规模。现东城区数字档案馆已开始试运行。　　(吴海琰)

西城区档案馆　现址西城区二龙路27号，邮编100032，电话(010)66052975，馆长金子成，电话(010)88064602，网址：http://xchda.bjma.org.cn。电子信箱：xcq_daj@sina.com。成立于1980年。是集中统一保管区级机关、团体、企事业单位档案资料的国家综合档案馆，是区爱国主义教育基地、区政府指定的行政规范性文件查阅场所。1996 年被评为北京市一级区县档案馆，连续多次被评为北京市档案系统先进集体。总建筑面积 5100 平方米，库房面积 1042 平方米。馆藏档案 179303 卷，13054 件，馆藏资料 6687 册。馆藏比较珍贵的档案有毛泽东、周恩来、刘少奇、朱德、邓小平、江泽民、胡锦涛等党和国家领导人以及知名人士、国际友人在西城区活动的照片、题词等及 20 世纪五六十年代西城区主要大街两侧街貌照片。建成馆藏全宗级、目录级、文件级数据库。对馆藏部分开放档案、照片档案进行数字化。建立了西城区档案信息网站。定期出版档案史料期刊《西城追忆》，举办了“西城老照片”、“西交民巷地区历史文化展”等多个具有西城特色的展览。（虞凯）

崇文区档案馆 现址崇文区幸福大街 32 号(崇文区政府院内，邮编 100061，电话(010)67124627，馆长李静，电话(010)67131821，网址：http://daj.cwi.gov.cn。电子信箱：chongdang@vip.sina .com。成立于 1981 年。是集中统一保管全区档案及资料的基地和提供档案信息利用的中心，是区政府命名的爱国主义教育基地，并被指定为区行政规范性文件和政务公开信息集中查阅场所。1994 年晋升为北京市一级区县档案馆，1999 年被评为全国档案系统先进集体，连续 8 年获“首都文明单位”称号，2006 年被评为全国“三八”红旗集体、全国档案系统巾帼建功双十佳。总建筑面积 2139 平方米，库房面积 1424 平方米。馆藏档案 158196 卷(张)，资料 6967 册。馆藏档案内容以建国后区属党政机关文书档案为主，并有会计、婚姻、税收、诉讼、工商歇业、招工录用、知青插队和返城等专业档案、科技档案、声像档案、历史资料等。把反映全区重大活动、区域特色的档案资料如明城墙体育文化节、龙潭庙会、金鱼池社区节、传统手工艺和老字号的历史资料陆续征集进馆。积极开展区情区貌资料的拍摄留存工作，把本区主要大街的街面全景拼接起来，总长度达 800 多米。全区 576 条胡同的标志和院门、前门地区各门各户的影像资料、九处危改小区的旧貌新颜都已尽收馆中。2005 年完成了局馆信息网站的第二次改版。整理编写了用于传统教育、区情教育和工作查考等方面的参考资料 75 种约 700 万字，制作了“崇文区老照片”、“崇文区手工艺”、“崇文区老字号”等展览、专题片和宣传册。

（黄峰）

宣武区档案馆 现址宣武区广安门南街 68 号，邮编 100054，电话(010)63565250，馆长张秀敏，电话(010)83976510，网址：http://www.bjxwda.org。电子信箱：xwda@sina.com，xwda@bjxwda.org。成立于 1980 年。是集中统一保管宣区级机关、团体、企事业单位档案资料的国家综合档案馆，是区命名的爱国主义教育基地，是区政府指定的行政规范性文件查阅场所。1998 年晋升为北京市一级区县档案馆。总建筑面积为 4280 平方米，库房面积 1115.87 平方米。馆藏总量已近 17 万卷(册、张)，主要为 1949 年以来区属各级单位形成的重要档案和反映本地区历史文化的文献资料。馆藏最早的档案是清乾隆十三年的房契，最具地方特色的档案有反映宣武区城市建设、街巷变迁的照片，反映老天桥的历史资料以及牛街历史介绍等。征集了大栅栏、琉璃厂、会馆等历史文化专题史料，以及反映北京回民教育史的成达师范学校的民国档案、反映建国初期天桥杂技艺人成长历程的历史资料等。编辑并公开出版了《清代宣南人物事略》、《清代宣南诗词选》等一批优秀编研成果。利用档案举办了“宣南文脉”、“宣武地区史情撷萃”、“宣南的胡同”、“珍贵档案陈列展”等档案展览。2004 年以来，档案展览连续四年在清华、北大等著名高校巡回展出。2002 年成立了宣武区文档管理中心，研制开发了文件档案中心管理系统。区机关各部门移交到文档管理中心的档案基本实现了数字化，实现了档案的网上移交与利用。（刘崇誉）

朝阳区档案馆 现址朝阳区日坛北街33号，邮编100020，电话(010)65094271、65099570，馆长申玺朝，电话(010)65094279。网址：http://dangan.bjchy.gov。成立于1965年。是集中统一保管区级机关、企事业单位档案资料的国家综合档案馆，区级爱国主义教育基地、行政规范性文件查阅场所。1996年被评为北京市一级区县档案馆，2003年被评为全国档案系统先进集体。总建筑面积2880平方米。馆藏档案23.3万卷(件)，资料1.2万卷(册)。馆藏档案资料的历史跨度266年。保存有少量的清代、民国时期的档案，保存年代最早的为乾隆三年的房地契。已将历届北京国际商务节，防治"非典"、"禽流感"工作，朝外大街改造工程，经济普查，第十一届世青赛等重大活动档案收集进馆。1996年以来先后建立吴英恺、翁心植、司堃范、罗有明、马芯兰、关槐秀等13位医学、教育界名人档案库。馆藏档案案卷级、文件级和专题档案电子目录数据达210万条，全部声像档案和73万页纸质档案实现了数字化。建立了北京朝阳档案信息网，提供全部开放档案目录网上查询和在线预约查档。编辑印制了《朝阳区委工作52年》、《档案里的五彩人生》、《北京商务中心区建设发展纪实》、《朝阳区委常委会议回眸》等一批专题档案资料。利用档案举办了"香港回归展"、"朝阳区城市建设成就展"等十几个具有一定社会影响的展览。从2004年起，将规范性文件在北京朝阳网站链接，累计80余万人次点击。 (李军)

丰台区档案馆 现址丰台区丰台镇文体路2号，邮编100071，电话(010)83656391，馆长董化斌，电话(010)83656399，网址：http://dag.bjft.gov.cn。电子信箱：ftqdag@163.com。成立于1981年。是集中统一保管区级机关、团体、企事业单位档案资料的国家综合档案馆，是区爱国主义教育基地和未成年人思想道德建设实践活动基地、区政府指定的行政规范性文件查阅场所。1997年晋升为北京市一级区县档案馆，2006年被评为北京市档案系统先进集体。总建筑面积2000平方米，库房面积572.5平方米。馆藏档案资料12.4万卷(册)，其中资料2.4万件(册)。馆藏档案资料历史跨度约150年。保存年代最早的是一件咸丰元年的房地契。有1958年毛泽东主席到岳各庄生产队视察农业生产情况的照片。目前馆藏有：防治"非典"工作、卢沟桥中秋庙会等重大活动档案资料；明朝中期佐证丰台地名由来的墓志铭石碑，清代咸丰年间的地契，民国22年《铁道年鉴》、《明清水利志》、《卢沟桥治水规划》等，1945年通过的《中国共产党党章》以及毛泽东号机车模型、海军舰船模型、二炮标志模型、《抗日战地行》、《京华英列》等实物、图书、光盘等。馆汇编有《丰台区档案馆指南》、《丰台区中小学校简介》、《丰台区花卉业发展概况》等编研资料40余种300多万字。利用档案举办了"历史的回顾——长辛店留法勤工俭学预备班史料展"、"崔大庆、唐宁烈士事迹展"、"卢沟桥史话"、"迎奥运体育纪念珍品收藏展"和"古都北京历史文化与民俗展"等展览。 (冯玉莲 孙彬)

石景山区档案馆 现址石景山区杨庄东路69号，邮编100043，电话(010)68832640，馆长闫永胜，电话(010)88915916，网址：http://daj.bjsjs.gov.cn。成立于1981年。是集中统一保管区级机关、团体、企事业单位档案资料的国家综合档案馆，是区级爱国主义教育基地、区政府指定的行政规范性文件查阅场所。1999年晋升为北京市一级区县档案馆，连续多次被评为北京市档案系统先进集体。总建筑面积3572平方米，库房面积712平方米。馆藏档案90239卷(册)，资料6929册(件)，起止年代1948—2005年。较为珍贵的档案有"大跃进"中成立的第一个城市人民公社——石景山区中苏友好公社的资料；解放初期石景山钢铁厂、北平发电所内部情况介绍；党和国家领导人到石景山地区视察与指导工作的照片、题词等。馆完成了馆藏全部案卷级目录的数据采集工作，对重要历史全宗及婚姻、施工许可证等专题档案实现全文数字化管理，研发推广“石景山区直机关档案管理系统”，实现了区政府机关电子文件的网上接收和利用。编辑出版了“石景山区历代碑志选”、“石景山区重点工程简介”等20余种编研材料，举办了“石景山走过的路”、“领导人、名人与石景山”、“文化娱乐休闲石景山”等多个在区内具有较大影响的展览。 （蒋永红）

海淀区档案馆 现址海淀区万泉河路81号，邮编100089，电话(010)62523709，馆长廉抗美，电话(010)62627604，网址：http://www.hdda.gov.cn。成立于1986年。是集中统一保管区级机关、团体、企事业单位档案资料的国家综合档案馆。1994年晋升为北京市一级区县档案馆，连续多次被评为北京市档案系统先进集体。总建筑面积6519平方米，库房面积780平方米。馆藏档案156698卷、4539件，资料12300册。保存最早的馆藏档案为清康熙五十七年的地契。此外，民国时期的“圆明园实测图”、著名教育家熊希龄及其所创办的香山慈幼院的档案、历任党和国家领导人视察海淀区的声像档案也是馆藏的精品。编研档案资料11种，其中《不容忘却的历史——二战时期被强虏到日本的海淀劳工幸存者口述历史》，1989年创办的《海淀消息剪辑》和此后陆续编辑的《海淀消息剪辑·特快版》、《参考信息》、《网上信息汇编》等，为区领导决策和政府各部门办公提供了极有价值的信息参考。2003年至今，该馆共推出7个展览，其中“海之澜淀之浒”海淀史迹展还被制作成光盘和宣传扑克。是被区委、区政府首批命名的爱国主义教育基地之一。近年来，先后与人大档案学院、农职学院、北京市第十九中学、寄读学校联合建成德育共建基地，进行“知海淀 爱海淀 建海淀”的主题教育活动。 （高燕）

门头沟区档案馆 现址门头沟区石龙北路31号，邮编102308，电话(010)60804795，馆长刘望鸿，电话(010)60805212，网址：http://daj.bjmtg.gov.cn。成立于1960年。是集中统一保管区级机关、团体、企事业单位档案资料的国家综合档案馆，是区级爱国主义教育基地、区政府指定的行政规范性文件查阅场所。1994年被评为北京市二级区县档案馆，2006年被评为北京市档案系统先进集体。总建筑面积4651平方米，库房面积900平方米。馆藏档案资料7.6万卷(册)，其中资料1.5万册。馆藏档案资料历史跨度270余年。馆藏保存年代最早的是清代的契约档案，有最具本地区特色的革命历史档案和小煤窑档案，比较齐全完整的是建国以后的档案。2007年建立了档案精品特藏室，保存、收录和展示了自清代以来到中华人民共和国时期的各种馆藏珍品，内容涵盖党和国家领导人题词、图书典籍、房地契约、旧式印章、旧式纸币、宗教组织证章、地图等珍品档案、资料60余件。目前已完成了民国档案和革命历史档案的文件级著录，建成馆藏档案案卷级目录数据库，根据查档热点建立专题数据库38个，数据78万条。2001年门头沟档案信息网页建成至今，已提供全部开放档案目录检索，提供网上现行文件检索链接等，网上档案信息利用规模不断扩大。编写出版了《门头沟百科全书》、《在门头沟战斗过的将军们》、《在门头沟区的北京之最》、《潭柘寺戒台寺历史文献汇编——照片部分》等有参考价值的编研史料20余种200多万字。利用馆藏特色档案资料举办了“中国共产党在门头沟”、“雁翅镇革命斗争展”、“抗日烽火巡展”、“历史与刻石——碑帖展”等10个具有特色的专题展览。 （刘文英）

房山区档案馆 现址房山区良乡政通路18号，邮编102488，电话(010)81380875，馆长张志元，电话(010)81380878，网址：http://danj.bjfsh.gov.cn。电子信箱：fshda@163.com。成立于1960年。是集中统一保管区级机关、团体、企事业单位档案资料的国家综合档案馆，是区政府指定的行政规范性文件查阅场所，是区爱国主义教育基地。1995年被评为北京市二级区县档案馆，2006 年被评为北京市档案系统先进集体。总建筑面积 4731 平方米，库房面积 1300 平方米。馆藏档案资料 14.1 万卷、件(册)，其中资料 1.2 万册。保存年代最早的是清代康熙年间的档案，其次是革命历史档案和民国档案。加强对重大活动档案和散落在社会有价值档案资料的征集工作，特别是防治“非典”、北京市迎奥运分会场的“奥运北京、根祖房山”活动、著名作家苗培时的书稿等档案资料均收集进馆。馆藏档案检索工具完备，全部实现案卷级、文件级目录机检，开放档案目录及部分原文已在本馆档案信息网站提供服务。编写了《龙乡楷模》等 20 余万字的编研材料，举办“走进房山”、“足迹”等展览。 (杨德)

通州区档案馆 现址通州区新华北街 301 号，邮编 100149，电话(010)69546449，馆长苏光兴，电话(010)69545600，网址：http://daj.bjtzh.gov.cn。电子信箱：dajjsj@bjtzh.gov.cn。成立于 1958 年。是集中统一保管区级各机关、团体、企事业单位档案资料的国家综合档案馆，是区政府指定的行政规范性文件查阅场所，是市级爱国主义教育基地。1995 年晋升为市一级区县档案馆，连续多次被评为北京市档案系统先进集体。总建筑面积 2651 平方米。馆藏档案 121403 卷，资料 6329 册。馆藏档案时间跨度 200 余年，最早的档案是清代乾隆年间(1791 年)的民间地契。馆内收藏有刘绍棠、高占祥、刘白羽、王梓夫、“面人汤”张原等通州籍文化名人档案资料。档案的收集、管理、统计等项工作已实现计算机管理，目前已建立民国档案、革命历史档案、婚姻档案、个人建房占地档案、知青档案等八类数据库。编撰完成了《古韵通州》、《运河古韵翰墨集》、《刘绍棠年谱》、《通县四清运动概况》等 13 种编研材料，推出了“通州档案馆名人艺术展”等展览。 (杨润东)

顺义区档案馆 现址城区光明北街 4 号，邮编 101300，电话(010)69441542，馆长王守明，电话(010)69460008，网址：http://dangan.bjshy.gov.cn。成立于 1986 年。是集中统一保管区级机关、团体、企事业单位档案资料的国家综合档案馆，是区爱国主义教育基地、区政府指定的行政规范性文件查阅场所。总建筑面积 6785 平方米。2002 年，被国家档案局评为“全国档案馆综合建筑设计优秀奖”。馆藏档案资料 12.6 万卷(册)，其中资料 1.2 万册。馆藏档案资料的历史跨度 200 余年，馆藏有明清档案、旧政权档案、革命历史档案。已将防治“非典”工作、区农业博览会、临空经济论坛等一批重大活动和重大事件的档案资料收集进馆。目前已建成馆藏全宗级目录数据库，利用率较高的婚姻、招工、土地照等档案实现了计算机检索。对部分历史档案、土地照档案进行了数字化。编撰了《顺义名胜古迹概览》、《顺义区对外经济发展概况》等 61 种编研材料，推出了“馆藏陈列展”、“第二十九届奥运会‘奥林匹克水上公园’中标方案展”、“顺义区‘十五’辉煌成就展”、“顺义奥运行动规划展”等 18 个展览。 (刘秀娟)

昌平区档案馆 现址昌平区东环路 144 号，邮编 102200，电话(010)69747164，馆长丁朝胜，电话(010)69744640，网址：http://www.bjcpdag.gov.cn。电子信箱：cpdag@yahoo.com.cn。成立于 1959 年。是集中统一保管区级机关、团体、企事业单位档案资料的国家综合档案馆，是昌平区爱国主义教育基地、区政府指定的行政规范性文件查阅场所。1995 年晋升为北京市一级区县档案馆，同年被评为全国档案系统先进集体。总建筑面积 3800 平方米，库房面积 1800 平方米。馆藏档案 201451 卷件，资料 11225 册。馆藏保存最早的档案是清朝乾隆年间的一份土地买卖契约，最早的照片是反映 1906 年京张铁路丰台至南口段胜利竣工时的庆祝场面的照片。毛泽东、刘少奇、周恩来、朱德、邓小平等党和国家领导人到十三陵水库参加劳动的照片、讲话记录稿及清光绪以来历修县志等也是馆藏中的珍品。目前已完成了203万馆藏档案案卷级和文件级目录数据的采集工作，婚姻、土地、房产、知青和照片档案已全部数字化。昌平区档案信息网为用户提供了丰富的信息共享服务。编撰完成了《昌平特色农业》等一批编研材料，举办了“昌平革命史”等展览。

（王金颖）

大兴区档案馆 现址大兴区黄村镇兴政街18号，邮编102600，电话(010)69241906，馆长于学强，电话(010)69244721，网址：http://www.dxdaj.gov.cn。成立于1959年。是集中统一保管区级机关、团体、企事业单位档案资料的国家综合档案馆，是区爱国主义教育基地、区政府指定的行政规范性文件查阅场所。1991年被评为北京市二级区县档案馆，2005年被评为首都精神文明先进单位，2006年被评为北京市档案系统先进集体。总建筑面积1768平方米，库房面积668平方米。馆藏档案9.3万卷(件)，资料1.2万册。有少量旧政权和革命历史档案。其中，比较珍贵的档案资料有：清光绪年间《顺天府志》，邓小平、江泽民、胡锦涛等党和国家领导人和前联合国秘书长安南到大兴的照片档案、十世班禅所赠之笔等实物档案。防治“非典”工作、保持共产党员先进性教育活动等重大活动档案，京九铁路重大工程档案已接收进馆。馆建立了馆藏全宗级目录数据库，完成了对文书档案案卷级目录数据的采集工作。婚姻、知青、招工等专门档案已全部实现计算机检索。目前已完成《顺天府志》和部分革命历史档案、旧政权档案的数字化扫描。编制了《党和国家领导人在大兴的足迹》、《大兴县水灾、抗灾与治理》等35种编研资料。举办了“大兴区文明礼仪展”、“‘十五’成果展”、“发展中的大兴档案事业”等展览。

（张立云）

怀柔区档案馆 现址怀柔区青春路乙2号，邮编101400，电话(010)69686047，馆长李德才，电话(010)69642814，网址：www.hrda.gov.cn。电子信箱：daj@bjhr.gov.cn。成立于1959年。是集中统一保管区级机关、团体、企事业单位档案资料的国家综合档案馆，是区级爱国主义教育基地、区政府指定的行政规范性文件查阅场所。1992年被评为北京市二级区县档案馆，连续多次被评为北京市档案系统先进集体。建筑面积2560平方米，有1000平方米的档案库房、400平方米展览大厅。馆藏档案96421卷，资料11347册。保存最早的档案是清朝乾隆五十九年的地契。其中有少部分是旧政权档案和革命历史档案。已将记录和反映95NGO妇女论坛场地等筹备及会议服务档案、防治“非典”及保持共产党员先进性教育活动档案资料收集进馆。已建成馆藏全宗级目录数据库，完成建国后档案案卷目录数据采集工作。目前对馆藏重点档案开始数字化处理工作。怀柔区档案信息网站已经建立。自编与合编参考资料51种180余万字。先后举办了“怀柔区情展”、“纪念联合国第四届世界妇女大会NGO论坛十周年回顾和成果展”、“怀柔档案馆珍贵档案展”等陈列展。

（宋德均）

平谷区档案馆 现址平谷区文化南街文乐胡同6号，邮编101200，电话(010)69962824，馆长李惠铭，电话(010)89980900，网址：http://da.bjpg.gov.cn。电子信箱：pgszk@126.com。成立于1959年。是集中统一保管区级机关、团体、企事业单位档案资料的国家综合档案馆，是区级爱国主义教育基地、区政府指定的行政规范性文件查阅场所，是中国新闻史教学研究基地。1995年被评为北京市二级区县档案馆，连续多次被评为北京市档案系统先进集体。总建筑面积4280平方米，库房面积600平方米。馆藏档案资料15万卷(册)，其中资料1.5万卷(册)。保存最早的是洪武年间1368年编修的《平谷县志》，珍贵档案有清朝和民国时期的部分照片、地契，有少量革命历史档案。已将第十一届亚运会档案、防治“非典”工作、平谷区桃花烟花节等一批重大活动档案接收进馆，同时征集了老干部功勋奖章、老艺人胡长友的百年驴皮影，征集了历经乾隆年间至解放初期的白契、官契等珍贵档案资料。档案检索体系比较完善，馆（室）藏电子档案目录已突破130万条。平谷区档案局信息网站已经建立，设置了网上查档和咨询等互动版块。编辑出版了《平谷政务服务指南》、《老报纸收藏》、《北京赏石》等一批编研成果，达110万字左右。利用档案资料举办了"世纪阅报馆"等6个固定陈列展览，江泽民参观报馆并为报馆题写馆名。"红色收藏展"、"历史的天空"等多个展览参加了省内外的流动巡展。（唐冬梅）

密云县档案馆 现址西门外大街5号，邮编101500，电话(010)69042588，馆长赵金祥，电话(010)69040930，网址：www.bjmydag.gov.cn。成立于1961年。是集中统一保管县级机关、团体、企事业单位档案资料的国家综合档案馆，是县爱国主义教育基地、县政府指定的行政规范性文件查阅场所。1995年晋升为北京市一级区县档案馆，2006年被评为北京市档案系统先进集体。总建筑面积5400平方米，库房面积1700平方米。馆藏档案资料9.8万卷(册)，其中资料2.1万卷(册)。馆藏档案资料起止年代为明嘉靖年至1995年。目前已建成馆藏全宗级目录数据库，完成了档案案卷级目录数据采集工作。对馆藏开放档案进行数字化。编辑了《密云地区抗日斗争史料选编》等专题档案史料，利用档案举办了"建国55周年密云发展成就展"、"潮白烽火——密云地区抗日斗争史展览"等。（刘晓平）

延庆县档案馆 现址县延庆镇新兴小区42号甲，邮编102100，电话(010)69144530，馆长李树武，电话(010)69172887，网址：http://daj.bjyq.gov.cn。成立于1959年。是集中统一保管县乡(镇)、县直机关、团体、企事业单位档案资料的国家综合档案馆，是县级爱国主义教育基地和未成年人思想道德教育基地，县政府指定的行政规范性文件查阅场所。2000年被评为北京市二级档案馆，2006年被评为北京市档案系统先进集体。总建筑面积1500平方米，库房面积660平方米。馆藏各类档案、资料54510卷(件、册)，其中资料9902册。馆藏档案资料的历史跨度400多年，保存最早的为明代万历二十年的地契。征集珍贵档案近4000多件。征集的种类有明、清时期的地照、契约、清朝时期税票、古线装书、新老照片等。2005年和县委组织部共同开展了征集建国前老党员照片和革命文物资料工作，共征集到664名建国前老党员的照片708张，还有简历及老党员保存了57年的军鞋底，保存了50多年的党章及他们获得的立功奖章、证书等。编辑出版了《北京日报上的延庆》、"县委大事记"、"县政府大事记"等史料汇编19种180多万字。利用档案举办了"永宁、岔道古城恢复展"、"延庆县土地证形制演变展"、"雷锋事迹宣传展"、"纪念抗日战争60周年图片巡回展"等展览。（郭汉文）

天　津　市

天津市档案馆　现址南开区复康路11号增1号，邮编300191，电话(022)23368938，网址：www.tjdag.gov.cn，馆长荣华，电话(022)23678966。成立于1964年，1994年首批列为天津市爱国主义教育基地，1997年被评定为国家一级档案馆。总建筑面积2万平方米，馆库面积1.1万平方米。馆藏档案资料140万余卷册。珍贵档案主要有1860年后列强在津开设租界、建立洋行、开办工厂及通关贸易的天津海关档案，清末在津创办近代邮政及发行大龙邮票的天津邮政档案，记录民族工商业发展兴衰历史的天津商会档案；毛泽东、刘少奇、周恩来等党和国家领导人在津活动档案和照片，解放初期国民经济恢复及社会主义改造档案，以及部分录音、录像、照片、地图等特殊载体档案。“中国近代邮政起源”和“中国北方商会产生”档案被首批列入《中国档案文献遗产名录》。近年来，接收进馆了亚欧财长会议等重大活动档案，加大档案资料征集工作力度，开展了境外珍贵历史档案以及知青、地方名特、体育运动档案征集工作，建立了名人档案库。密切配合中心工作举办档案资料图片展览，以档案展览宣传月活动为载体，面向公众推出了“天津近代教育展览”、“海河——辉煌的母亲河”等50余个档案史料展览。全力推进档案文件级检索和档案全文数字化工程，馆藏建国后档案全部实现文件级计算机检索，全文数字化珍贵、易损、高利用率档案77万余页。依法向社会开放档案案卷级75万卷，文件级50万条。开设已公开现行文件利用中心，收集与群众切身利益密切相关的已公开政务信息4万余件，为10万余群众提供了现行政策查询。公开编辑出版了《天津老教堂》、《天津老戏园》等“天津旧事”丛书以及《津海关秘档解绎》等档案文献书籍10余册。

天津市城市建设档案馆　现址南开区水上公园路长实道5号，邮编300191，电话(022)23591919，馆长刘福利，电话(022)23591915。成立于1981年。隶属天津市规划局领导，是接收和保管天津市城市建设档案资料的基地和档案信息利用、咨询、交流、服务中心。2000年晋升为国家一级城建档案馆。多次荣获全国城建档案工作先进集体、天津市档案工作先进集体、天津市危改工作先进集体等荣誉称号。总建筑面积7000余平方米，其中库房面积3300平方米。馆保存有城市勘测、规划、建设管理、市政公用等13类城建档案近28万卷，底图5万余张，声像照片11000万余张，录像带1226盘。已初步建成数字化馆，实现了业务、行政办公自动化，建立了城建档案馆网站，并对馆藏近17万卷档案进行了数字化处理。出版发行了《天津城市历史地图集》，该图集收录、绘制了天津历史地图66幅，图文对照，详细记述了天津平原的成陆、水系的变迁、聚落的演化、遗址的分布；城市的兴起、发展、建制、沿革、开发、改造等。注重声像档案的编研工作，成立了声像中心，独立拍摄、制作了30余部专题片，记录了重大城建活动和城市建设的变迁，宣传城市建设成就。

天津市气象档案馆　现址天津市河西区气象台路100号，邮编300074，联系电话(022)23344071，馆长高润祥，电话(022)23344075。成立于1986年，是集中统一保管天津市气象系统具有保存价值的气象科技档案的基地。总建筑面积1200平方米，其中库房280平方米。馆藏档案9万余卷(册)、资料3万余册、图书5000余册、中外文期刊上万册。其中馆藏气象科技档案形成时间最早为1887年。以气象记录档案为主体，1931年开始至今形成系列，包括气象观测簿，压、温、湿、风、降水自记纸等，保存完好，极为珍贵，为我国稀见。馆藏档案以纸质为主，还包括部分磁性载体的档案。馆藏档案资料全部对外开放，制作了地面气候资料数据集，在“中国气象科学数据共享网天津分节点网站”提供服务。还将提供盐业气象台站数据共享服务。最终建设成“数字化

气象档案馆”。 （任建玲）

天津市科技档案馆 现址天津市河东区新开路138号，邮编300011，电话(022)24324912，负责人杜爱芹，电话(022)24324920。成立于1997年，隶属于天津市科学技术委员会，为全额拨款事业单位。建筑面积800平方米，库房面积560平方米。馆藏档案3.9万卷(项)。接收市科技发展计划项目档案、科技成果登记档案、市政府批准的科技奖励档案、市科技三项经费以及由市科委组织的科技资源调查项目档案等。完成了《天津市科研档案管理现状与对策研究》、《天津市科研成果档案目录管理系统开发与研究》、《天津市科技档案信息化项目实施方案》、《天津市“十五”科技计划项目汇编》等编研成果，并制定了天津市科技档案五个地方标准。已完成馆藏档案的案卷级著录；截止到2006年底共扫描重要文件10万页；为天津市科委提供了3.9万条项目目录。

和平区档案馆 现址和平区承德道68号，邮编300041，电话(022)27111659，馆长张家军，电话(022)27112691。成立于1959年。馆藏档案165448卷，资料9460册。其中特色档案资料主要有中华邮政舆图(1919年)；清末、民国时期的股票、契约；解放前的地下党员名单、烈士英明录；1958年毛泽东视察正阳春鸭子楼(现天津烤鸭店)以及近几年来江泽民、胡锦涛、彭佩云等党和国家领导人视察和平区工作时的照片、录像、题词；从50年代至今的全国劳动模范、十佳公仆以及荣获国家级先进区的各种证书、奖杯、奖牌、照片；和平区社区志愿者标兵，《上甘岭》电影女卫生员原型吴炯的立功证书、奖章、立功喜报；勇救落水儿童而牺牲的烈士的档案；还有区级领导在外事活动中接受的赠品等。已实现全部馆藏档案资料的微机检索。

河东区档案馆 现址河东区十一经路70号，邮编300171，馆长储智梧，电话(022)24308333。成立于1959年。是集中保管档案和爱国主义教育基地，以公开现行文件利用中心和开发利用档案信息的中心。建筑面积1500平方米，库房面积800平方米。馆藏档案77415卷，资料8900册。馆藏比较珍贵档案照片有历届党和国家领导人毛泽东、周恩来、朱德、刘少奇、邓小平、江泽民、朱镕基、李瑞环、胡锦涛等视察河东区境工作的照片；大直沽出土文物及老建筑照片；洋务运动、八国联军入侵天津的照片；1939年河东区发大水等照片。河东区档案馆利用馆藏照片档案举办了精品展。1998年河东区档案馆建立了名人档案库。主要征集了从20世纪50年代至今不同时期、不同方面部分有代表性的为河东区经济建设和社会发展做出贡献的突出人物的档案资料。征集的原新疆农十师支边青年的档案资料，为研究知青史提供了宝贵素材。保存的知青、婚姻档案比较完整，利用率高。馆藏的部分档案资料实现了微机检索，机读目录70万条。馆编写出1949年以来各种专题材料40种，共150余万字。

河西区档案馆 现址河西区绍兴道7号，邮编300202，电话(022)23278680，馆长韩宝安。成立于1959年。是集中统一保管区级机关、团体、企事业单位档案资料的国家综合档案馆，是区爱国主义教育基地、区政府指定的可公开现行文件查阅场所。1991年和1999年两次被授予全国档案系统先进集体称号。建筑面积1000平方米，库房面积650平方米。馆藏档案资料17.11万卷(册)。建成了较为完备的档案数字化中心和档案网站，全面规范了电子文件管理。珍藏了一批以赵朴初题写的匾额真迹为代表的千年古寺挂甲禅寺的珍贵档案资料、朝鲜宫廷医书《东医宝鉴》线装本、清代房地契等历史档案。还征集了以新中国第一代女飞行员伍竹迪和市级以上劳动模范为代表的一批名人档案资料，收集了知名画家刘奎龄、相声大师马三立的部分作品资料和生平资料。还加强了对重大活动档案的收集。目前已将防治“非典”工作、每年的商务商贸节等一批重大活动、重要历史事件的档案资料收集进馆。编辑了《河西区大事记》、《河西区文物建筑简介》、《河西区旅游资源一览》、《河西区抗震救灾纪实》等编研资料 82 种 330 多万字。开展了“红头文件进社区”活动，举办了纪念抗震救灾展览、纪念抗日战争胜利展览、海河综合开发展览等大型图片展览；开办了网上展览馆，举办了刘奎龄画展、河西发展历程、纪念抗震救灾 30 周年、河西风景等一批网上展览。 （赵晓光）

南开区档案馆 现址天津市南开区二纬路 22 号，邮编 300100，电话(022)27355770，馆长张莹，电话(022)27282662。成立于 1959 年。是集中统一保管区级机关、团体、企事业单位档案资料的国家综合档案馆，区级爱国主义教育基地和区已公开现行文件利用中心。2006 年被评为天津市档案综合评估一级档案馆。建筑面积 355 平方米，库房面积 128 平方米。馆藏档案 128445 卷。重点接收了机构改革撤并单位的档案和特色档案进馆。先后征集到反映老城历史变迁的照片、城乡地图、民国等时期的史料、录音录像、实物、照片；征集书法家华世奎题写的“德丰号”牌匾、老城城基砖、民间艺人绘画的京剧脸谱、扇面等具有民俗特色的实物档案和资料。建立了局域网，与区政务网互联互通，建立了案卷和文件级目录数据库，对重要、珍贵档案进行了数字化处理。举办各种主题的展览、征文活动、出版发行刊物，2005 年组织“爱家乡”征文活动获得天津市档案工作创新成果奖。

河北区档案馆 现址河北区金钟路 16 号，邮编 300140，电话(022)84493044，馆长郭卫东，电话(022)84493042。成立于 1959 年。是集中保管档案史料的基地、爱国主义教育基地、已公开现行文件利用中心和档案信息服务中心。曾先后 18 次荣获全国、天津市先进称号。总建筑面积 1344 平方米，库房面积 448 平方米。馆藏档案近 20 万卷(册)，档案门类主要有文书、会计、诉讼、婚姻、工商户、知青、查抄、公证、基建、审计、照片、声像以及独具特色的书画艺术名家档案等 21 种之多。重要信息全部已采用计算机检索，先后编写了 22 种编研成果共计 200 多万字。

红桥区档案馆 现址红桥区光荣道风光楼 10 号，邮编 300132，电话(022)86516362，馆长叶铁强，电话(022)86516361。成立于 1959 年。是集中保管区级机关、团体、企事业单位档案资料的国家综合档案馆，是区级爱国主义教育基地，是政府指定的查阅档案和规范性文件的场所。2005 年评估为市一级档案馆。建筑面积 3200 平方米，库房面积 390 平方米。馆藏档案 10 万卷，资料 1 万册。保存年代最早的有清朝房契档案。加强了对重大活动档案的收集，征集进馆一批名人字画。现代化档案检索系统比较完备，已初步建成馆藏档案案卷级及文件级数据库，目前正在对馆藏纸质档案进行数字化处理。根据馆藏档案信息已编辑各种资料共计 20 多种 500 余册 450 万字。

（李庆祥）

塘沽区档案馆 现址塘沽区山东路 6 号副 1 号，邮编 300450，电话(022)25892183，馆长邢万堂，电话(022)25882187。成立于 1959 年。1994 年晋升为天津市一级档案馆，1998 年晋升为国家二级档案馆，2003 年获得国家级先进集体称号。建筑面积 2087 平方米，其中库房 1303 平方米。馆藏档案 15 万卷。主要有文书、科技、计划统计、人口普查、工商户、婚姻、地震、区划边界、房地契约、重点工程、教学、书法绘画、公证档案等 18 种。

汉沽区档案馆 现址汉沽区太平街 4 号区委院内，邮编 300480，电话(022)25694513，馆长杨宗斌，电话(022)25660866。成立于 1959 年。是集中统一管理区级党政机关、人民团体、区直部门和企事业单位档案资料的国家综合档案馆，是区级爱国主义教育基地。1997 年晋升为市一级档案馆。建筑面积 600 平方米，库房面积 120 平方米。有馆藏档案资料 34927 卷(册)，其中资料 7934 卷(册)。馆藏资料的历史跨度300余年。年代最早的是清初的滩契、房契、分家契等各类契约及光绪年间主修的《宁河县志》,戴氏、邵氏家谱,清代石碑和1946年《人民日报》等珍贵的实物档案,富有浓郁汉沽乡土气息的刻字、版画、鱼羽画和照片档案等。已将保持共产党员先进性教育活动档案、抗震30周年摄影资料、汉沽区发展战略规划图片展牌及茶淀牌玫瑰香葡萄的奖状奖牌等档案资料收集进馆。编辑出版了《中国共产党天津市汉沽区组织史资料(1942—1987)》及反映汉沽区1948—1966年历史老照片画册《历史的痕迹》等。

大港区档案馆 现址大港区迎宾街85号,邮编300270,电话(022)63235372,馆长张宝密,电话(022)63216334。成立于1983年。是集中统一保管区属机关、团体、企事业单位档案资料的国家综合档案馆,是区级爱国主义教育基地,是区指定的政务公开场所。2003年晋升为市一级档案馆。总建筑面积1290平方米,库房面积320平方米。馆藏档案资料6.8万多卷(册),其中资料1000多册。馆藏档案资料的跨度有60年。已将"三讲"教育、"保持共产党员先进性教育"、"创建全国文明城区"专项档案和反映大港区历史的档案资料接收进馆。同时征集反映大港区政治、经济、文化、体育等方面的典型人物的档案资料。目前已建成馆藏档案案卷级和文件级目录数据库,对馆藏已开放档案和重要全宗档案实行原文扫描10万页,声像档案全部数字化,照片档案数字化处理达96%以上。大港区档案馆网站和局域网已于2003年建立。参与编辑出版《大港风情录》、《大港党史》、《大港区组织史》、《大港大事集锦》等资料70余万字。为庆祝建区25周年,举办了"传承历史、开拓未来"大型图片展,开办了网上展厅。

大港油田集团有限责任公司档案馆 现址天津市大港区大港油田三号院,邮编300280,电话(022)25924959,馆长刘宗桥,电话(022)25924960。成立于1987年。1991年晋升国家二级档案馆。"八五"至"十一五"期间档案馆连续荣获天津市档案工作先进单位称号。2003年荣获"全国档案工作优秀集体"称号。总建筑面积3295平方米,库房面积2200平方米。馆藏档案资料12万多卷(册),2万多件。目前,运用档案管理软件对馆藏档案进行数字化工作,已形成机读数据5万多条,逐步实现网络查询和利用的功能。

东丽区档案馆 现址津塘公路二线东丽宾馆以东,邮编300300,电话(022)84375295,馆长孙洪双,电话(022)84375915。成立于1962年。是综合、永久保管全区档案的基地,是区命名的爱国主义教育基地、区级现行文件阅览场所,是各方面工作利用档案史料的中心。1996年晋升为"天津市一级档案馆"。建筑面积4000平方米,库房面积800平方米,设有240平方米的爱国主义教育基地展厅。馆藏档案93987卷,资料6054册。保存年代最早的是清代乾隆年间地契档案资料。馆藏重要档案进行了数字化扫描,逐步实现微机全文检索和管理。建立了区域性档案文件目录中心。编写了反映本区经济建设、农业建设、小城镇建设、空港物流建设、名优产品和特色产业、构建和谐东丽等精神文明建设领域的资料97种70余万字。主要有:《全区人均耕地统计表》、《东丽区关于建设现代化津滨新城区发展战略调研》、《东丽区科技兴农汇编》、《军粮城遗址》、《发展中的东丽湖》、《东丽景点》、《重大工程汇编》等。

西青区档案馆 现址西青区杨柳青镇柳口路35号,邮编300380,电话(022)27391914,馆长张振龙,电话(022)29710193。成立于1963年。是集中保管区内各机关单位、团体、企事业单位档案资料的国家综合档案馆,是区爱国主义教育基地之一、区指定的行政规范性文件查阅场所。1994年晋升为天津市一级档案馆。1999—2003年度、2004—2005年度被评为天津市档案工作先进集体。建筑面积1600平方米,库房面积800平方米。馆藏档案资料 63591 卷(册),其中资料 17164 册。主要内容有清乾隆到民国年间的田房草契,有民国六年杨柳青镇水灾图,工商业分布图、石家大院复原、天津前线指挥部有关资料。比较齐全完整的是建国后形成的以纸制为主的机关档案。有照片、实物档案,有毛泽东像章 4567 枚。有计划地征集了有关刘青山、张子善的部分历史资料,有关党的基本知识学习读本、支部生活小报、杨柳青城镇发展建设改造有关资料、照片等。建有档案目录检索中心和档案目录数据库。编辑出版编研资料 21 种 210 册。

津南区档案馆 现址津南区咸水沽镇津沽路 186 号,邮编 300350。电话(022)28392269,馆长郑思芹,电话(022)28522525。成立于 1980 年。是集中保管区级机关、团体、企事业单位档案资料的国家综合档案馆,是区级爱国主义教育基地。1996 年晋升为市一级档案馆。建筑面积 600 平方米,库房面积 400 平方米。馆藏各类档案 7 万卷,资料 4720 册。已征集部分本区名书画家部分书画作品,以及国家级、市级劳动模范档案。同时结合津南区特色征集了(明末清初)有关小站练兵的重要档案资料。已建成馆藏档案文件级目录、案卷级目录数据库。

北辰区档案馆 现址京津路 370 号,邮编 300400,电话(022)26391275,馆长刘振义,电话(022)26819848。成立于 1964 年。是集中统一保管区级机关、团体、企事业单位档案资料的国家综合档案馆,是区级爱国主义教育基地。1998 年晋升为天津市一级档案馆。建筑面积 676 平方米,其中库房面积 255 平方米。馆藏档案 10 万多卷,资料 7000 余册。馆藏有清道光年间的举人匾,征集到地区特色浓厚的家族自清康熙六十年(1722 年)至中华人民共和国土改(1952 年)期间共 230 年间的土地买卖民间契约 40 张。此外特别珍藏有抗美援朝登高英雄杨连第烈士,知识青年回乡建设新农村的榜样邢燕子,中国共产党早期革命活动者、天津党的组织创始人安幸生烈士等名人档案;有党和国家领导人视察北辰区的珍贵照片档案;有反映我区特色的家谱档案等。完成了馆藏档案文件级的录入工作,建立了局域网,实现了无纸办公,建成了北辰区电子文件(图片)库。

武清区档案馆 现址武清区杨村街雍阳东道 18 号,邮编 301700,电话(022)29341016,馆长马春祥,电话(022)29341001。成立于 1959 年。担当着全区各类重要档案的接收、整理、保管和提供利用的重要任务。2004 年成立了现行文件阅览中心。1993 年晋升为市一级档案馆。建筑面积 925 平方米。馆藏档案 75677 卷,涉及年代 1840 年至 1990 年,个别全宗至 2006 年。并全部实现文件级目录微机检索。馆藏重要全宗、重点档案实现全文扫描。建立了武清区档案馆网站。编辑出版《武清县志》(1991－2000)《武清年鉴》(2001－2005)、《可爱的武清》、《武清概况》等书籍,并协助区政协、党史办等单位编辑出版了《留在武清的伟人足迹》、《运河文化丛录》、《武清党史》等书籍的编辑工作。

宝坻区档案馆 现址宝坻区建设路 118 号,邮编 301800,电话(022)29237697,馆长杨宏起。成立于 1959 年。是集中统一保管区级机关、团体、企事业单位档案资料的国家综合档案馆,是区级爱国主义教育基地。2002 年建立了现行公开文件阅览中心。1996 年晋升天津市一级档案馆。建筑面积 4070 平方米,库房面积 2050 平方米。馆藏档案资料 15 万卷(册),其中资料 2.5 万册。馆藏资料的历史跨度 60 余年。保存年代最早的是 20 世纪 40 年代的革命历史资料,有少量革命历史档案,较为珍贵的有雕版印刷的《毛泽东自传》、《支部生活》第一期等。利用档案举办了"纪念抗日战争胜利 60 周年档案图片展"、"纪念建党 85 周年档案图片展"等。 (吴春霞)

宁河县档案馆 现址宁河县芦台镇光华路,邮编 301500,电话(022)69591398,馆长张国仲,电话(022)69593961。成立于 1959 年。

是集中统一保管县机关、团体、企事业单位档案资料的国家综合档案馆,是县政府指定的已公开现行文件查阅场所,是县法律援助成员单位。1995年晋升为天津市一级档案馆。总建筑面积2100平方米,库房面积1000平方米。馆藏档案资料51063卷(册),其中资料15508册。馆藏档案资料的历史跨度224年,保存最早的是清代档案资料,有少量旧政权档案。馆藏大部分为建国后的档案,其中比较完整地保存了唐山大地震震情及震后救灾档案,解放初期土地确权发证档案。将本县重大活动、重要会议照片档案、重点建设工程档案、婚姻档案、兵役档案以及已公开现行文件收集进馆。同时有计划地开展了宁河籍知名人物、名优产品、名胜景点等方面档案资料的征集工作。馆藏档案文件级目录数据库已建成,文件级检索率100%。对馆藏重点全宗、重要档案进行数字化全文扫描,已完成1万余页。宁河档案网站已经建立。编辑了《宁河县大事记》、《宁河县重大历史事件辑录》、《宁河县自然灾害情况汇集》、《宁河县经济和社会发展图文集》等档案史料47种,近150余万字。

静海县档案馆 现址静海镇胜利大街北段,邮编301600,电话(022)28945249,馆长姚文成,电话(022)28943339。成立于1958年。是集中统一保管县级机关、团体、企事业单位档案资料的综合档案馆。1993年晋升为天津市一级档案馆。总面积1826平米,其中馆库面积520平米。馆藏档案70314卷(件、张、盒),图书资料7086册。馆藏档案最早为清嘉庆年间(1909年)房地契。馆藏档案全部实现了文件级计算机检索查询。2003年建立了现行文件公开阅览中心。 (郭之云)

蓟县档案馆 现址渔阳北路1号,邮编301900,电话(022)29032761,馆长夏宁波,电话(022)29181930。成立于1958年。是集中统一保管县级机关、团体、企事业单位档案资料的国家综合档案馆。2005年建立了现行文件阅览中心。1998年晋升为天津市一级档案馆。建筑面积2500平方米,库房面积800平方米。馆藏档案资料6.9万卷(册),其中资料1万册。馆藏档案资料的历史跨度400多年,保存年代最早的是明嘉靖版《蓟州志》,馆藏特色是1932—1949年间的革命历史档案。建立了专门档案、重要档案、革命历史档案文件级目录数据库。加强了名人档案、旅游特色档案、民生档案的收集。编辑出版了《蓟县1950—2006年机构设置、人事任免大事记》、《蓟县旅游景观大全》、《秋实》等编研材料几百万字。

河 北 省

河北省档案馆 现址石家庄市师范街80号，邮编050051，馆长冯世斌，联系电话(0311)87903077、87800568。成立于1959年，是集中统一保管省直机关、团体、企事业单位档案资料的国家综合档案馆，是省政府指定的行政规范性文件查阅场所。1998年晋升国家一级档案馆。总建筑面积11583平方米，库房面积4124平米。馆藏档案52.7万卷、13.8万件。资料4万册。列入《中国档案文献遗产名录》的“清代获鹿县永壁村保甲册”和“长芦盐务档案”共计33849卷。已将“河北96.8抗洪”、防治“非典”、“三讲”、“保持共产党员先进性教育活动”、“中国吴桥国际杂技艺术节”等档案资料收集进馆。已建成全宗级目录数据库。完成了纸质档案数字化100万画幅。已建立河北档案信息网站。编辑出版了《中国档案精粹·河北卷》、《河北省建国以来爱国卫生运动文件选编》、《河北省建国以来疫情防治文件选编》等资料。 (张继卫 张献文)

河北省科技档案馆 现址石家庄市东风路159号，邮编050021，馆长赵洪芳，电话(0311)85897549、85893464。成立于1989年，是集中统一保管全省科技档案的基地。2003年晋升省一级档案馆。2004年被评为省档案工作优秀集体。总建筑面积496.57平方米，库房面积220.96平方米。馆藏档案资料33211卷(册、件)，其中资料925册。已实现案卷级和文件级微机目录检索。编写了《河北省科委(科技厅)工作年报》等600余万字资料。

(张虹)

河北省气象档案馆 现址石家庄市体育南大街178号，邮编050021，馆长林艳，电话(0311)85818910、85818908。成立于1985年，集中统一管理全省各级气象台站的气象记录档案和气象工作档案。1998年晋升科技事业单位档案管理国家二级档案馆。总建筑面积560平方米，库房面积300平方米。馆藏档案资料17662卷(册、件)，其中资料7144册。建立了多种气象资料数据库和检索服务系统。编纂出版了《京、津、冀气候图集》、《河北农业气候资料集》、《河北气候》、《太行山、燕山气候考察研究》等资料。 (刘莉)

石家庄市档案馆 现址石家庄市兴凯路219号，邮编050051，馆长王彦明，电话(0311)87851886。是已公开现行文件利用中心。2000年晋升省一级档案馆，2003年被评为全国档案系统先进单位。馆库面积723平方米。馆藏档案资料135922卷册，12503件。

(胡建敏)

石家庄市城建档案馆 现址石家庄市谈固南大街建明小区99号，邮编050031，馆长李明月。电话(0311)85665634、85675471。成立于1980年，是集中统一保管城市建设档案资料的专门档案馆，市政府指定的行政规范性文件查阅场所。2001年晋升国家一级城建档案馆。总建筑面积4270平方米，密集架460立方米。馆藏档案64539卷(册)。研制开发了城建档案数字化管理信息系统。建立了市城建档案信息网站。编辑了《城建档案利用实例汇编》、《石家庄市重点工程简介》、《石家庄市区大中型桥简介》、《石家庄公园、广场集锦》、《石家庄市城建档案馆指南》、《石家庄之最》、《城建档案馆大事记》等资料。 (李明月)

长安区档案馆 现址石家庄市谈南路17号，邮编050011，馆长王玉萍，电话(0311)86047077、86048523。成立于1963年，是集中统一保管区级机关、团体、企业事业单位档案资料的国家综合档案馆，爱国主义教育基地、区政府规定的行政规范性文件查阅场所。2000年晋升省一级档案馆。总面积1000平方米，库房面积600平方米。馆藏档案119317卷，资料5600册。馆存档案已完成239000条文件目录的录入，未接收档案已完成30000余条文件目录的录入。编辑了《长安区大事记》(1984—1999)、《长安区基础数字汇编》、《长安区图片志》、《长安区防治非典大事记》、《长安

区志》等资料 95 万字。（王玉萍）

桥东区档案馆 现址石家庄市长征街 48 号，邮编 050011，馆长梁新萍，电话（0311）85996614、85996717。网址：http://da.sjzqd.net/index.asp。始建于 1960 年，是区直单位档案保管保管的基地。2000 年晋升省一级档案馆。总建筑面积 1023.96 平方米，库房面积 131 平方米。馆藏档案 13828 卷，资料 9450 册。馆藏档案计算机检索率达 100%。编写了《石家庄市桥东区科级以上领导干部人员汇编（1956－1996）》、《桥东区五年计划汇编》（"七五"—"十五"）等资料。（丁捷）

桥西区档案馆 现址石家庄市维明南大街 120 号，邮编 050051，馆长姜海生，电话（0311）88606599。成立于 1960 年，是国家综合档案馆、爱国主义教育基地、区政府指定的行政规范性文件查阅场所，1998 年晋升省二级档案馆。总建筑面积 234 平方米，库房面积 167 平方米。馆藏档案资料 24803 卷（册），4625 件，其中资料 5262 卷（册）。已建成馆藏全宗级目录数据库。每年编辑出版《桥西区年鉴》。（姜海生）

新华区档案馆 现址石家庄市泰华街 93 号，邮编 050051，馆长聂元强，电话（0311）86952350、86952351。成立于 1980 年 9 月，是保存全区各单位档案的基地，爱国主义教育基地，设立了现行文件服务中心。1999 年晋升省二级档案馆。总建筑面积 300 平方米，库房面积 90 平方米。馆藏档案 11080 卷、3955 件，资料 4997 册。编辑出版了《戮力同心战犹酣——石家庄市新华区抗击非典纪实》、《新华区组织史资料》、《新华区年鉴》等内部资料共 7 种 100 余万字。（聂元强）

裕华区档案馆 现址石家庄市塔南路 169 号，邮编 050021，馆长赵春常，电话（0311）86578121、86578118。成立于 1956 年，是集中统一保管区机关、团体、企事业单位档案资料的国家综合档案馆，爱国主义教育基地，设立了现行文件查阅中心。2007 年晋升省二级档案馆。总建筑面积 1500 平方米，库房面积 300 平方米。馆藏档案资料 40969 卷（册），其中资料 6800 卷。编辑出版了《裕华区组织史资料》等 20 种档案参考资料。（赵春常）

井陉县档案馆 现址微水镇建设路 3 号，邮编 050300，馆长宋四清，电话（0311）82022273、82037677。成立于 1958 年，是集中保管县级机关、团体、企事业单位档案资料的国家综合档案馆，爱国主义教育基地。1990 年晋升省三级档案馆。总建筑面积 560 平方米，库房面积 217 平方米。馆藏档案 16269 卷，资料 3129 册。已建成馆藏全宗级目录数据库。

（宋四清）

正定县档案馆 现址常山西路 1 号，邮编 050800，馆长史俊明，电话（0311）88022958、88012991。成立于 1958 年，是集中统一保管县级机关、团体、企事业单位档案资料的国家综合档案馆，爱国主义教育基地、县政府指定行政文件查阅中心。1999 年晋升省一级档案馆，被授予河北省档案工作先进集体称号。总建筑面积 1500 平方米，库房面积 300 平方米。馆藏档案 45008 卷（件、册）。已将土地延包、践行"三个代表"、抗击"非典"、历史文化街区暨长乐门修建等档案接收进馆。馆藏档案文件级目录共 476471 条已录入计算机。

（史俊明）

栾城县档案馆 现址裕泰路，邮编 051430，馆长朱兴林，电话（0311）85503948、85503976。成立于 1957 年，设立了现行文件查阅中心。1998 年晋升省三级国家档案馆。建筑面积 700 平方米，库房面积 260 平方米。馆藏档案资料 25987 卷（册）。其中资料 2630 册。编辑出版了《栾城县大事记》等档案史料 10 种 100 余万字。（任西果）

行唐县档案馆 现址玉城大街 17 号，邮编 050600，馆长宇文春平，电话（0311）82981416、82997898。成立于 1958 年，是集中统一保管机关、团体、企事业单位档案资料的国家综合档案馆，爱国主义教育基地、县政府指定行政规范性文件查阅场所。2004年晋升为省二级档案馆。总建筑面积534平方米，库房面积381平方米。馆藏档案资料41145卷(册)。已将防治“非典”、禽流感等活动和高如意、荣洁义等名人的档案材料进馆。编写了《行唐县国家档案馆指南》、《行唐县大事记》、《行唐县区划沿革》等7种100万字。

(宇文春平)

灵寿县档案馆 现址文明路19号，邮编050500，馆长史春华，电话13784034378，成立于1962年，是现行文件查阅中心和爱国主义教育基地。总建筑面积502平方米，库房面积126平方米。馆藏档案2.1万卷，各种资料4713册。 (刘云)

高邑县档案馆 现址府前路，邮政编号051330，馆长张俊楼，电话(0311)84031674。成立于1956年，是集中统一保管机关、团体、企事业单位档案资料的国家综合档案馆，爱国主义教育基地、县政府指定的行政规范性文件查阅场所。2000年晋升省三级档案馆。总建筑面积260平方米，库房面积135平方米。馆藏档案资料19257卷(册)，其中资料2692册。

(张俊楼)

深泽县档案馆 现址县府前西路27号，邮编052560，馆长曹建芝，电话(0311)83522636、83522636。成立于1962年，是集中统一保管机关、团体、企事业单位档案资料的国家综合档案馆，爱国主义教育基地，建立了现行文件利用中心。2000年晋升省三级档案馆。总建筑面积360平方米，库房面积210平方米。馆藏档案档案50523卷，资料4139册。保存年代最早的是清朝的《深泽县志》。

(张月然)

赞皇县档案馆 现址通府街1号，邮编051230，馆长刘爱国，电话(0311)84221321。成立于1958年，是集中统一保管机关、团体、企事业单位档案资料的国家综合档案馆，爱国主义教育基地，设立了现行文件资料服务中心。1999年，晋升为省三级档案馆。总建筑面积430平方米，库房面积200平方米。馆藏档案20804卷，23564件，资料5153册。完成了馆藏档案案卷级目录数据采集工作。编写了《赞皇县大事记》、《赞皇县地名志》、《赞皇县组织史资料》、《赞皇县志》、《赞皇县八年抗战史料》、《赞皇县工业志》、《赞皇县六宰相传》等资料。举办了“苦难的岁月、奋斗的征程、今日赞皇跨入新纪元”展览。 (刘爱国)

无极县档案馆 现址建设路54号，邮编052460，馆长戈志军，电话(0311)85588404。成立于1988年，是永久保管档案的基地，设立了现行文件利用中心。2000年晋升为省三级档案馆。建筑面积为180平方米。馆藏档案19548卷，资料5049册。 (戈志军)

平山县档案馆 现址冶河西路，邮编050400，馆长马彦芳，电话(0311)82903185、82941799。成立于1959年，是集中统一保管机关、团体、企事业单位档案资料的国家综合档案馆，爱国主义教育基地，县委、县政府指定的政务公开中心。1999年晋升省三级档案馆。总建筑面积260平方米，库房面积130平方米。馆藏档案资料41000卷(册)，其中资料8000册。已完成全县土地延包档案、婚姻档案、林木所有证、林地使用执照等重点档案和防治“非典”、“共产党员先进性教育”、纪念中共中央解放军总部移驻西柏坡40周年等档案资料的收集进馆。 (马彦芳)

元氏县档案馆 现址人民路7号，邮编051130，馆长王国宾，电话(0311)84633936。成立于1958年，是集中统一管理机关、团体、企事业单位档案资料的国家综合档案馆，现行文件利用中心。2000年晋升省二级档案馆。总建筑面积120平方米。馆藏档案资料5.5万卷(册)，其中资料0.4万册。编写《元氏县大事记》等资料9种50万字。 (王国宾)

赵县档案馆 现址赵州镇政府路1号，邮编051530，馆长梅立钧，电话(0311)84941357。始建于1957年，是集中统一保管机关、团体、企事业单位档案资料的国家综合档案馆，现行文件服务中心。2000年晋升省三级档案馆。总建筑面积336平方米,库房面积300平方米。馆藏档案58420卷、31856件,资料5030册。馆藏最早资料是清代《赵州志》。编研出版了《天下赵州》、《赵县大事记》、《古州博览》等资料。 (吴中水)

辛集市档案馆 现址市府街1号,邮编052360,馆长赵建勋,电话(0311)83283275、83283503。成立于1958年。2000年晋升为省二级档案馆。总建筑面积500平方米。库房面积320平方米。馆藏档案4.55万卷、11.2万件,资料1.1万册。 (马玉波)

藁城市档案馆 现址廉州路2号,邮编052160,馆长路荣丽,电话(0311)88114155、88167211。成立于1958年,总建筑面积460平方米,库房面积360平方米。馆藏档案资料53011卷381盒5200件。编辑出版了《藁城县大事记》、《中国共产党藁城县组织史(1926—1987)》、《藁城市抗击非典档案资料汇编》等资料。举办了"解放藁城"、"梅花惨案"、"国家领导人来藁视察照片"等展览。 (路荣丽)

晋州市档案馆 现址晋州市内,邮编052260,馆长刘文杰,电话(0311)84322622。成立于1961年,馆库房面积达1000平米。缩藏档案资料29172卷(册)其中资料12235岫。 (刘文杰)

新乐市档案馆 现址新乐市长寿路65号,邮编05700,馆长张香风,电话(0311)88581821、88586608。成立于1959年,是集中统一保管机关,团体,企事业单位档案资料的国家综合档案馆,爱国主义教育基地,市政府指定行政规范性文件查阅场所,2001年晋升省二级档案馆。库房面积210平方米。馆藏档案资料4.3万卷(册),其中资料9400册。编印了《新乐县(市)大事记》、《新乐县金融政策汇编》、《新乐县(市)历年财政预决算报告》等30余种资料。举办了"新乐在改革中前进"展览。 (康占萍)

鹿泉市档案馆 现址鹿泉市内,邮编050200,馆长李淑华,电话(0311)82012725、82012855。成立于1959年8月,是集中统一保管市级机关、团体、企事业单位和乡镇党委政府档案资料的国家综合性档案馆,爱国主义教育基地,市政府指定的行政规范性文件查阅场所。2000年晋升省一级档案馆。总建筑面积1588平方米,库房面积688平方米。馆藏档案30158卷,资料5185册。已将防治"非典"、防治禽流感、撤县设市十周年庆典等档案资料收集进馆。建成案卷级、文件级目录数据库。开通了档案信息网站。编辑出版了《2002—2006年鹿泉市年鉴》、《鹿泉市历史文化精华》、《鹿泉市儿女风采录》、《鹿泉市村名录》等资料。 (李淑华)

唐山市档案馆 现址西山道1号,邮编063005,馆长杨振岐,电话(0315)2802375、2820854。成立于1959年,是集中统一保管市级机关、团体、企事业单位档案资料的国家综合档案馆,爱国主义教育基地,市政府指定的行政规范性文件查阅场所。1998年晋升省一级档案馆。总建筑面积3892平方米。馆藏档案资料237374卷(册),其中资料33060册。馆藏档案的历史跨度198年,保存年代最早的是清嘉庆十四年(1809)的皇帝诰命。已将曹妃甸重点工程档案、防治"非典"办公室、历届陶瓷博览会、第三届日韩运动会、纪念唐山抗震三十周年等档案资料收集进馆。已建成案卷级和文件级目录数据库。已经成立档案信息网站。编写了《瞬间与十年》、《唐山的365天》、《唐山历史写真》、《唐山市大事记》等20余种1000余万字资料。 (王金国)

唐山市城市建设档案馆 现址华岩路36号,邮编063000,馆长陈宝珠,电话(0315)2822163。成立于1981年,是集中保管城市建设档案资料的中心。总建筑面积2240平方米,库房面积912平方米。馆藏档案38000卷。 (陈宝珠)

开滦集团公司档案馆 现址唐山市新华东道70号,邮编063018,馆长侯成金,电话

(0315)3022062、3022267。正式成立于1997年。2005年被评为档案工作优秀集体。总建筑面积1236平方米,库房面积936平方米。馆藏档案86316卷(册),资料2450册。馆藏档案中年代最早的是清政府创建开平煤矿时的勘察报告。实现了开滦直属区域办公自动化系统同电子文件归档系统的衔接,初步做到了馆藏目录和部分重要档案资源网上共享。编写了《开滦史鉴》、《开滦年鉴》、《开滦煤矿志》、《开滦百年纪事》、《开滦史鉴文萃》、《抗日英雄节振国》、《安全事故案例分析》等资料1200余万字。 (赵伯亚)

路南区档案馆 现址唐山市新华西道68号,邮编063017,馆长史国权,电话(0315)3728239、3728028。成立于1981年,是区永久保管档案的基地,爱国主义教育基地,区政府制定的行政规范性文件查阅场所。2003年晋升省一级档案馆。总建筑面积1100平方米,库房面积200平方米。馆藏档案资料48469万卷(册),其中馆藏资料4200册。已将防治"非典"工作、保持共产党员先进性教育活动、科学发展观学教活动等档案资料收集进馆。已建成馆藏全宗级目录数据库。编辑出版了《唐山市路南区大事记》、《路南区司法工作文件汇编》、《路南区预审工作文件选编》等45万字的编研成果。 (史国权)

路北区档案馆 现址唐山市新华东道55号,邮编063000,馆长李俊海,电话(0315)3724101、724133。成立于1980年,是爱国主义教育基地,现行文件查阅中心。2002年晋升省一级档案馆。总建筑面积为400平方米。馆藏档案29852卷15350件。编辑了《唐山市路北区大事记》、《路北区组织沿革》、《路北区工业经济发展战略》、《战斗在晋察冀边区》、《中共唐山市路北区委重要文件汇编》等80余万字资料。 (李俊海)

古冶区档案馆 现址新林道16号,邮编063103,馆长王义,电话(0315)3561540成立于1996年,是集中统一保管机关、团体档案资料的国家综合档案馆,爱国主义教育基地、区政府指定的行政规范性文件查阅场所。2000年晋升省一级档案馆。总建筑面积1184平方米,库房面积334平方米。馆藏档案资料90200卷(册),其中资料5910册。已将防治"非典"、科学发展观教育活动档案收集进馆。编辑了《唐山市古冶区组织史》、《唐山市古冶区大事记》(1949—1997)、《辉煌三十年——记唐山抗震三十周年》、《古冶年鉴》、《古冶区志》等资料。 (王义)

开平区档案馆 现址唐山市新苑路1号,邮编063021,馆长马汝成,电话(0315)3367242。是区爱国主义教育基地,设立了现行文件查阅中心。1998年晋升省一级档案馆。建筑面积1100平方米。馆藏档案64888卷、册。

丰润区档案馆 现址公园道72号,邮编063030,馆长刘小捷,电话(0315)3137649、3134298。成立于2002年,是集中统一保管区直机关、团体、企业事业单位档案资料的国家综合档案馆,爱国主义教育基地,区现行文件查阅利用中心。2004年晋升省一级档案馆。总建筑面积1500平方米,库房面积600平方米。馆藏档案资料201237卷(册)、4809件。保存最早的档案是清道光二十三年间的皇帝诏书。已将防治"非典"、禽流感档案、先进性教育档案等接收进馆。建成了文件级目录数据库。建立了档案网站。编辑了《唐山市丰润区图志》、《唐山市丰润区要事实录》、《唐山市丰润区乡镇企业工作重要文件汇编》、《丰润县洪涝档案资料》、《丰润地方特色材料》、《丰润名人》、《丰润县征用土地资料汇编》、《唐山市新区大事记》等20余种230多万字资料。

(金海芳)

丰南区档案馆 现址唐山市文化路,邮编063300,馆长李明君,电话(0315)8189844、8101176。成立于1961年,是集中统一保管机关、团体、事业单位档案的国家综合档案馆,爱国主义教育基地、区政府指定的行政规范性文件查阅场所。2000年晋升省一级档案馆。总建筑面积1176平方米,库房面积543平方米。馆藏档案资料5.6万卷(册),其中资料1.1万册。已将土地延包、"三讲"活动、抗击"非典"、大病统筹、领导信访接待、村务公开、"三个代表"学教活动、先进性教育活动、抗震三十周年纪念活动等档案资料收集进馆。

(曹立臣)

滦县档案馆 现址滦河路5号,邮编063700,馆长高兴荣,电话(0315)7122715、7163781。成立于1959年,是集中统一保管县直机关、团体、企事业单位档案资料的国家综合档案馆,爱国主义教育基地,成立了现行文件查阅中心。1989年晋升省三级档案馆。总建筑面积1011.5平方米,库房面积276平方米。馆藏档案资料80019卷(册),其中资料5500册。已将土地延包合同档案、防治"非典"工作、河北省第五届农民运动会、保持共产党员先进性教育等档案资料收集进馆。编辑了《滦县记忆》等资料。 (李丽英)

滦南县档案馆 现址倴城镇南大街23号,邮编:063500,馆长杨玉新,电话(0315)4120753、4126984。成立于1987年,是集中统一保管机关、事业单位档案资料的国家综合档案馆,爱国主义教育基地,县政府指定的现行文件查阅中心。1999年晋升省三级档案馆。总建筑面积600平方米,库房面积108平方米。馆藏资料35976卷(册),其中资料11401册。编辑出版了《中国共产党滦南县大事记》。编写了《新时期党建》、《抗震救灾事迹材料选编》等资料40余万字。 (曹会艳)

乐亭县档案馆 现址东大街3号,邮编063600,馆长阚方正,电话(0315)4611251。成立于1959年,是国家综合档案馆,爱国主义教育基地、县政府指定的行政规范性文件查阅场所。1993年晋升省三级档案馆。总建筑面积910平方米,库房面积675平方米。馆藏档案资料90791卷(册),其中资料8462册。已建成馆藏文件级目录数据库。编辑《民国县志译稿》,明万历,清乾隆、光绪历代县志(点校稿)资料。 (王艳娟)

迁西县档案馆 现址兴城镇,邮编064300,馆长:刘英,电话(0315)5612368、5611866。成立于1979年,是集中统一保管机关、企业事业单位档案资料的国家综合档案馆,爱国主义教育基地、县政府指定的行政规范性文件查阅场所。2001年晋升省一级档案馆。总建筑面积1200平米,库房面积400平方米。馆藏档案54693卷,889件;资料11631册。馆藏档案案卷级目录、文件级目录全部实现机读。开通了迁西县档案信息网。编纂《迁西县大事记》、《迁西县档案利用效果实例选编》等14种资料119.3万字。 (刘英)

玉田县档案馆 现址无终西街1343号,邮编064100,馆长王凤霞,电话(0315)6112503、6114834。成立于1958年,是集中统一保管机关、团体、企事业单位档案资料的国家综合档案馆,爱国主义教育基地、县政府指定的行政规范性文件查阅场所。1998年晋升省三级档案馆。总建筑面积1100平方米。馆藏档案资料总计44872卷册。馆藏档案资料的历史跨度400余年。编印《玉田革命大事记》(1925—1949)、《玉田县组织沿革》、《玉田县大事记》、《玉田县自然灾害史料汇编》等资料10余种近200万字。 (厉剑锋)

唐海县档案馆 现址垦丰大街67号,邮编063200,馆长范崇满,电话(0315)8752977、8752976。成立于1986年7月,是集中统一保管县直机关、团体、企事业单位档案资料的国家综合档案馆,爱国主义教育基地、县政府指定的行政规范性文件查阅场所。2000年晋升省二级档案馆。总建筑面积391平方米,库房面积265平方米。馆藏档案资料102553卷(册),其中资料2860册。 (杨雅娟)

遵化市档案馆 现址海督道4号,邮编064200,馆长姚素云,电话(0315)6613753、6619478。成立于1958年,是集中统一保管机关、团体、企事业单位档案资料的国家综合档案馆，爱国主义教育基地、市政府指定的行政规范性文件查阅场所。1998年晋升省一级档案馆。总建筑面积940平方米，库房面积420平方米。馆藏档案资料9万卷（册），其中资料0.8万册。馆藏档案资料的历史跨度200余年。已将农村土地承包、流转工作、防治“非典”工作、保持共产党员先进性教育、文明生态精品村创建等档案资料收集进馆。已建成馆藏全宗级目录数据库。已经建立档案信息网站。编辑了《中国共产党遵化历史大事记》、《中共遵化历史资料专辑》、《遵化大事记》等资料96.8万字。（桂连平）

迁安市档案馆 现址汇元路，邮编064400，馆长韩进昌，电话（0315）7639691、7624033。成立于1958年，是集中统一保管市直机关、团体、企事业单位档案资料的国家综合档案馆，爱国主义教育基地，市政府指定的规范性文件查阅场所。1998年晋升省一级档案馆。建筑面积1450平方米，库房面积1100平方米。馆藏档案资料50175卷（册），其中资料7500册。已将防治“非典”、“三讲”、重点国有企业改制、农村土地延包、土地流转档案全部接收进馆。

秦皇岛市档案馆 现址秦皇岛市内，邮编066000，馆长朱立红，电话（0335）3220046、3220043。始建于1958年。是保管各单位档案资料的基地。建筑面积2000平方米，库房面积750平方米。馆藏档案103559卷，4428件。

秦皇岛市城建档案馆 现址文化北路95号，邮编066000，馆长董玉森，电话（0335）3220423、3220101。成立于1981年，是收集、保管城市建设档案的专门档案馆。1999年晋升省一级档案馆。总建筑面积1000平方米，库房面积750平方米。馆藏档案资料37593卷（册）。馆藏档案案卷级目录已全部录入计算机。（孙海英）

海港区档案馆 现址建国路1号，邮编066000，馆长关佩凤，电话（0335）3035229。成立于1987年，是集中统一保管机关、团体、企事业单位档案资料的国家综合档案馆，爱国主义教育基地，区政府指定的行政规范性文件查阅场所。2004年晋升省二级档案馆。总建筑面积540平方米，库房面积270平方米。馆藏档案资料2.2万卷（册），其中资料0.5万册。编写了全宗介绍、会议简介、大事记、组织沿革、海港区街道基层政权建设汇编、档案利用效果实例、海港区综合治理汇编、国民经济和社会发展计划主要指标汇编、海港区行政区划、“驻访帮解”总结汇编、人代会财政预算汇编、人民检察院工作报告汇编、人大常委会工作报告汇编、人民法院工作报告汇编、国民经济、社会发展计划执行情况工作报告汇编、党风廉政讲话、县团级干部任免汇编等资料20种300万字。（关佩凤）

山海关区档案馆 现址正合街，邮编066200，馆长王林湘，电话（0335）5136550。成立于1986年，是集中统一保管区级机关、团体、企事业单位档案资料的国家综合档案馆，爱国主义基地、区政府指定的行政规范性文件查阅场所。总建筑面积1200平方米，库房面积501.8平方米。馆藏档案16049卷14899件，资料3578册。已经开通了山海关区档案信息网。（王琳湘）

北戴河区档案馆 现址联峰北路88号，邮编066100，馆长陈恩杰，电话：（0335）4186351。成立于1987年，是集中统一保管区级机关、团体、企事业单位档案资料的国家综合档案馆，爱国主义教育基地、区政府指定的行政规范性文件查阅场所。总建筑面积570.24平方米，库房面积188.1平方米。馆藏档案17434卷7202件，资料4719册。已经开通了区档案信息网站。（陈恩杰）

青龙满族自治县档案馆 现址青龙镇，邮编066500，馆长于柏林，电话（0335）7862478。成立于1959年。建筑面积669.55平方米，库房面积216平方米。馆藏档案资料62562卷（册），其中资料18421册。（于柏林）

昌黎县档案馆 现址昌黎镇，邮编066600，馆长何志利，电话(0335)2000853。成立于1958年，是集中统一保管全县档案资料，县政府指定的行政规范性文件查阅场所。建筑面积1500平方米，库房面积1038平方米。馆藏档案31908卷，馆藏资料6453册。编辑了《昌黎县大事记》(1935－2005)、《昌黎县基础数字汇编》、《昌黎县灾情记》、《昌黎县档案利用效果实例选编》、《昌黎县档案工作大事记》、《天南地北昌黎人》、《昌黎县“游子”通讯录》、《1～7届中国秦皇岛昌黎国际葡萄酒节简介》等。 (何志利)

抚宁县档案馆 现址察院口29号，邮编066300，馆长李利锋，电话(0335)6012320、6012481。成立于1961年，是集中统一保管机关、团体、企事业单位档案资料的国家综合档案馆，爱国主义教育基地、县政府指定的行政规范性文件阅读场所。1999年晋升省一级档案馆。总面积1380平方米，库房面积600平方米。馆藏档案资料7万余卷(册)，其中资料1.3万册。馆藏档案资料的历史跨度300余年。保存最早的资料是清康熙年间(1682年)的《抚宁县志》。编辑出版了《秦皇岛古诗集注》、《康熙抚宁县志》、《抚宁史料集》、《抚宁县志校注》、《桃园风云》、《石破惊天——桃园经验始末》、《河北省委抚宁县工作队桃园“四清”经验历史档案资料汇编》资料约400万字。 (李利锋)

卢龙县档案馆 现址卢龙镇，邮编066400，馆长张士杰，电话(0335)7206668。成立于1961年。1995年晋升省二级档案馆。1995年被授予“八五”期间省档案系统先进称号。建筑面积1378平方米，库房面积600平方米。馆藏档案42119卷，3363件，馆藏资料8774册。编辑了《卢龙县大事记》、《卢龙县灾情记》、《卢龙县组织史资料》、《卢龙县组织沿革》、《卢龙县基础数字汇编》、《卢龙县国民经济第一至第八个“五年”计划文件汇编》、《卢龙县全宗介绍汇集》、《卢龙县党代会、人代会、政协委员会、人民团体代表会简介》、《卢龙县小康村简介》(1～4集)、《卢龙县档案志》、《档案利用效果实例选编》(1～4册)、《卢龙县档案工作大事记》等。 (张士杰)

邯郸市档案馆 现址人民路178号，邮编056012，馆长张连婷，电话(0310)3017182。成立于1959年，是集中保管市机关、团体、企事业单位档案资料的国家综合档案馆，爱国主义教育基地、市现行文件查阅中心。2000年晋升省一级档案馆。总建筑面积6255平方米，库房面积2609平方米。馆藏档案资料167705卷(册)，其中资料39302册。已将防治“非典”工作、防治“禽流感”工作、“先进性教育”工作等档案收集进馆。已经全文录入档案190多万页。已建立档案信息网站。编辑了《1945－1949年邯郸市档案史料选编》、《邯郸市抗击非典大事记》、《邯郸历史与考古》、《领袖莅临邯郸》等资料。举办了“历史的足迹　古城的辉煌”展览。 (郑慧雯)

邯郸市城建档案馆 现址滏河北大街85号，邮编056002，馆长井俊平，电话(0310)3016503、3099099。成立于1980年，负责城市内城建档案的接收、收集、保管和利用。2005年被授予省城建档案工作先进单位称号。总建筑面积2275平方米，库房面积1237平方米。馆藏档案44486卷。编辑了《邯郸市建设志》等资料。2005年被河北省建设厅授予“全省城建档案工作先进单位。 (程丽)

邯郸钢铁集团有限责任公司档案馆 现址复兴路232号，邮编056015，馆长赵丽霞，电话(0310)6074825、6072612。成立于2003年，负责收集、保管公司各类档案。总建筑面积2588平方米，库房面积1878平方米。保管档案25万卷(件)、底图120万张。通过局域网提供电子检索工具和档案编研资料。1999年晋升国家一级档案管理企业。 (赵丽霞)

邯山区档案馆 现址邯郸市陵园路58号，邮编056001，馆长连民生，电话(0310)3128133、3128135。成立于1986年，是集中统一保管各单位档案资料的国家综合档案馆，成立了现行文件查阅服务中心和婚姻档案服务中心。2004年晋升省二级档案馆。建筑面积205平方米，库房140平方米。馆藏档案资料共45859卷(册)，其中资料6086册。

(连民生)

丛台区档案馆 现址邯郸市中华北大街84号，邮编056002，馆长孙华，电话(0310)3136670、3136671。成立于1987年，是集中统一保管区级机关、事业单位档案资料的国家综合档案馆，爱国主义教育基地，区政府指定的现行文件查阅场所。2005年晋升省二级档案馆。总建筑面积160平方米，库房面积120平方米。馆藏档案3.5万卷、1.1万件，资料1200册。已将本区防治"非典"、"禽流感"工作的档案以及近十年来的婚姻登记档案接收进馆。采集案卷级、文件级目录数据共计9.1万条。档案信息网站已经开通。

(张利芹)

复兴区档案馆 现址邯郸市建设大街24号，邮编056003，馆长孔宪波，电话(0310)3148912。于1987年成立，是集中统一保管机关、团体、事业单位档案资料的国家综合档案馆，成立了公开文件利用中心。2005年晋升省二级档案馆。馆库房面积75平方米。馆藏档案29013卷(册)，8542件，资料1600册。

峰峰矿区档案馆 现址滏阳东路23号，邮编056200，馆长暴文英，电话(0310)5182374、5182578。成立于1959年，是集中统一保管区级机关、团体、企业事业单位档案资料的国家综合档案馆，爱国主义教育基地，区委、区政府指定的公开现行文件查阅中心。2001年晋升为省二级馆。总建筑面积520平方米，库房面积400平方米。馆藏档案资料51310卷(册)，其中资料11941册。编写了《峰峰志》、《峰峰矿区组织史》、《中国峰峰首届磁州窑艺术节专辑》、《磁州窑文化艺术节投资贸易洽谈会专辑》等资料。 (暴文英)

邯郸县档案馆 雪驰路69号，邮编056001，馆长邢宗权，电话(0310)8016142。成立于1963年，是集中统一保管县直机关、团体、企事业单位档案资料的国家综合档案馆，县政府指定的行政规范性文件查阅场所。总建筑面积620平方米，库房面积580平方米。馆藏档案资料38686卷(册)，其中资料1781册。已将婚姻、公证、土地承包合同等档案接收进馆。 (邢宗权)

临漳县档案馆 建安路，邮编056600，馆长黄凤娥，电话(0310)7858390。成立于1962年，是集中统一保管档案资料的国家综合档案馆，县政府指定的行政规范性文件查阅场所。总使用面积247平方米，库房使用面积200平方米。馆藏档案资料42707卷(册)。已将防治"非典"、禽流感、破产企业等档案资料收集进馆。编写了《临漳县大事记》、《临漳县历届人代会简介》、《临漳县历届党代会简介》、《临漳县历届县委书记、副书记名单》、《临漳县历届县长、副县长名单》、《临漳县档案工作大事记》等资料。 (黄凤娥)

成安县档案馆 现址有所为路95号，邮编056700，馆长李金明，电话(0310)5239639。成立于1982年，是集中统一保管县级机关、团体、企事业单位档案资料的国家综合档案馆，爱国主义教育基地，县政府指定的行政规范性文件查阅场所。总建筑面积1200平方米，库房面积350平方米。馆藏档案资料1.4万卷(册)，其中资料4000余册。馆藏档案资料的历史跨度百余年。编辑出版了《成安县大事记》。举办了"领袖与成安"展览。

(李金明)

大名县档案馆 现址育才路，邮编056900，馆长樊喜民，电话(0310)6562151、13603303252。成立于1956年，是集中统一保管县直机关、团体、企事业单位档案资料的国家综合档案馆，爱国主义教育基地、现行文件查阅中心。总建筑面积400平方米，库房面积344平方米。馆藏档案43694卷、76923件。编写了《大名县大事记》、《大名县组织史》、《大名县历届党代会简介》、《大名县历届人代会简介》、《大名县农业产业化简介》、《乡镇简介》、《大名县利用效果实例汇编》等资料。

（樊喜民）

涉县档案馆 现址崇州路9号，邮编056400，馆长窦保俊，电话（0310）3893751、3893752。成立于1959年，是集中统一保管机关、团体、企事业单位档案资料的国家综合档案馆，爱国主义教育基地，县委、县政府指定的行政规范性文件查阅服务中心。2001年晋升省一级档案馆。总建筑面积1632平方米，库房面积500平方米。馆藏档案58905卷，资料9176册。建成馆藏全宗级目录数据库。开通了档案信息网站。编辑了《涉县概况》、《涉县名胜》、《涉县大事记》、《女娲传说》、《涉县档案馆指南》、《一二九师在涉县》等资料20余种。

（江海亮 王小辉）

磁县档案馆 现址磁州镇建设西路17号，邮编056500，馆长史成连，电话（0310）2322753、2322753。成立于1959年，是集中保管县直机关、企事业单位档案资料的国家综合档案馆，爱国主义教育基地，县政府指定的现行文件查阅利用中心。2001年晋升省一级档案馆。2005年被评为“十五”期间省档案工作先进集体。总建筑面积2000平方米，库房面积1200平方米。馆藏档案资料6万多卷（册），其中资料5000余册。编辑了《磁县大事记》、《磁县档案馆指南》、《磁县组织史资料》、《磁县抗洪抢险大事记》、《革命先烈王子青》、《党史荟萃》等资料。（王可青）

肥乡县档案馆 现址广安路，邮编057550，馆长赵庆双，固定电话13832034256。成立于1958年，是集中统一保管县直机关、团体、事业单位档案资料的国家综合档案馆，爱国主义教育基地，已公开现行文件服务中心。2004年晋升省三级档案馆。总建筑面积300平方米，库房面积200平方米。馆藏档案资料34862卷册，其中资料7536册。编写了《肥乡县大事记》、《肥乡县组织史资料》、《肥乡县抗非典大事记》、《肥乡县历次党代会简介》、《肥乡县历届人代会简介》等资料。（宋山林）

永年县档案馆 现址临名关镇，邮编057150，馆长刘志国，电话（0310）8302332、13932021815。成立于1959年，是集中统一保管县级党政机关、团体、企事业单位档案资料的国家综合档案馆，爱国主义教育基地。总建筑面积1500平方米，库房面积750平方米。馆藏档案资料7万余卷（册）。馆藏档案资料历史跨度达到400余年。

（马志平 王天宝）

邱县档案馆 现址育才路，邮编057450，馆长王敬臣，电话13932038289。成立于1962年5月，是集中统一保管党政机关、人民团体、企事业单位档案资料的国家综合档案馆。总建筑面积310平方米，库房面积180平方米。馆藏档案资料43586卷（册），其中资料9181册。馆藏档案资料的历史跨度300多年，保存年代最早的是清朝康熙四年《县志》。编写了《邱县信用合作联社志》、《邱县电力志》、《邱县交通志》、《邱县人大志》等资料。

鸡泽县档案馆 现址迎宾路1号，邮编057350，馆长王素敏，电话（0310）7526977。成立于1962年，是集中统一保管鸡泽县县级机关、团体、企事业单位档案资料的国家综合性档案馆，是县级爱国主义教育基地、鸡泽县政府指定的行政规范性文件查阅场所。总建筑面积200平方米，库房面积160平方米。馆藏档案35079卷（册），资料4769册。

（王素敏）

广平县档案馆 现址勤政路，邮编057650，馆长杨新贞，电话（0310）2526045、13513102596。成立于1980年，是集中统一保管机关、团体、企事业单位档案资料的国家综合档案馆，爱国主义教育基地、县政府指定的现行文件查阅场所。2001年晋升省三级档案馆。总建筑面积1900平方米，库房面积300平方米。馆藏档案21591卷，资料12210册。已将“三讲”、防治“非典”、“共产党员先进性教育”等档案资料接收进馆。编写了《计划生育工作文件选编》、《广平县政府重要文件汇编》、《广平县防治“非典”工作有关文件资料汇编》、《广平县组织史资料》等资料。（杨新贞）

馆陶县档案馆 现址政府街80号，邮编057750，馆长郭书红，电话（0310）2823352。成立于1963年，是集中统一保管机关、团体、企事业单位档案资料的国家综合档案馆，爱国主义教育基地，县政府指定的行政规范性文件查阅场所。总建筑面积154平方米，库房面积122平方米。馆藏档案资料5.04万卷（册），其中资料1.03万册。馆藏档案资料的历史跨度70余年。已将防治“非典”工作、防治“禽流感”工作、“共产党员先进性教育”活动等档案资料收集进馆。编辑了《馆陶县大事记》、《馆陶县组织史》、《馆陶县年鉴》（1949—2002）。

（冯爱华）

魏县档案馆 现址魏州东路68号，邮编056800，馆长段卫华，电话（0310）3520340。成立于1961年，是集中统一保管县直各单位档案资料的国家综合档案馆，行政规范性文件查阅场所。总建筑面积200平方米，库房面积140平方米。馆藏档案资料27640卷（册）、188387件，其中资料8000册。编辑出版了《魏县大事记》。

曲周县档案馆 现址凤城路118号，邮编057250，馆长牛校先，电话（0310）8890241。成立于1959年，是集中统一保管县级机关、团体、企事业单位档案资料的国家综合档案馆，爱国主义教育基地、现行文件查阅服务中心。建筑面积500平方米。馆藏档案资料30300卷（册），其中资料870册。馆藏档案资料的历史跨度100余年。（牛校先）

武安市档案馆 现址放射路525号，邮编056300，馆长张丽君，电话（0310）7890584、7890675。成立于1960年，是集中统一保管机关、团体、企事业单位档案资料的国家综合性档案馆，爱国主义教育基地，行政规范性文件查阅场所。2001年晋升省一级档案馆。总建筑面积为1555平方米，库房面积为870平方米。馆藏档案资料39709卷（册），其中资料8220册。时间跨度400余年。保存最早的是明朝嘉清《县志》。（张丽君）

邢台市档案馆 现址红星街139号，邮编054001，馆长王起祥，电话（0319）3288591、3288869。成立于1961年，是集中统一保管市级机关、团体、企业事业单位档案资料的国家综合档案馆，爱国主义教育基地、市政府指定的现行文件查阅场所，2002年晋升省一级档案馆。总建筑面积3760平方米，库房面积920平方米。馆藏档案资料107139卷册，其中资料13483册。馆藏档案资料的历史跨度200余年。已将“铁牛进藏”、“抗击非典”、“保先教育”等档案资料收集入馆。已建成馆藏文件级目录数据库。档案信息门户网站已经建立。举办了“古今邢台档案图片展”等展览。

（邢吉国）

邢台市城建档案馆 现址新兴东大街56号，邮编054001，馆长王坚华，电话（0319）3178451。始建于1980年，是永久保存城建档案资料的基地。建筑面积1033平方米，库房面积450平方米。馆藏档案已达3.6万卷。已编制并运行城建档案管理软件。

（王坚华）

邢台矿业集团档案馆 现址中兴西大街193号，邮编054000，电话（0319）2068316、2068311。1998年成立。使用面积近400平方米。馆藏档案36700余卷、件。已录入各门类档案条目6万余条，并实现了网上检索。

桥东区档案馆 现址邢台市凤凰街10号，邮编054073，馆长曹淑芬，电话（0319）8201108。成立于1987年，是集中统一保管机关、团体、事业单位档案资料的国家综合档案馆，爱国主义教育基地、现行文件中心。2000年晋升省二级档案馆。面积180平方米。馆藏档案1.2万卷，资料3000余册。建立了馆藏档案文件级数据库，录入档案目录5万余条。（李雪芬）

桥西区档案馆 现址邢台市中兴西大街61号，邮编054000，馆长刘艳霞，电话(0319)2022440、2160831。成立于1987年，是集中统一保管机关、团体、企业事业单位档案资料的国家综合档案馆。建筑面积200平方米，库房面积120平方米。馆藏档案资料8500卷(册)，其中资料1200册。加强了对土地延包、人口普查、防治“非典”等档案的收集。

(刘艳霞)

邢台县档案馆 现址豫让桥路50号，邮编054001，馆长赵桂花，电话(0319)5918182。成立于1959年1月。馆藏档案56249卷，资料5095册。编辑了《邢台革命大事记》、《邢台县大事记》、《前南峪》、《档案利用效果实例选编》、《邢台县名人录》、“历届党代会议简介”和“历届人代会议简介”。 (赵桂花)

临城县档案馆 现址府前街3号，邮编054300，电话(0319)7191870。成立于1979年，是集中统一保管机关、团体、企业事业单位档案资料的国家综合档案馆，爱国主义教育基地，成立了现行文件查阅中心。总建筑面积105平方米，库房面积75平方米，馆藏资料26535卷(册)，其中资料8000册。已将防治“非典”、保持共产党员先进性教育及防治禽流感等档案接收入馆。编辑了《临城县民主建设历程》、《临城县历史上的今天》、《临城县档案利用效果100例》、《档案整理必读》、《农业科技信息》等共20多万字的资料。举办了纪念抗日战争胜利暨临城解放60周年图片展。

(杨丽霞)

内邱县档案馆 现址振兴西路，邮编054200，馆长郝宪生，电话(0319)6861346。成立于1958年，是集中统一保管机关、团体、企业事业单位档案资料的国家综合档案馆，爱国主义教育基地。2003年被评为省档案宣传工作突进奖。总建筑面积800平方米，库房面积400平方米。馆藏档案16103卷，资料11000册。已将防治“非典”工作、“扁鹊文化节”等档案资料收集进馆。 (任红艳　王　宁)

柏乡县档案馆 现址东环路，邮编055450，馆长王秋波，电话(0319)7719810。成立于1958年，是集中统一保管机关、团体、企业事业单位档案资料的国家综合档案馆，爱国主义教育基地，县政府指定的行政规范性文件查阅场所。总建筑面积320平方米，库房面积180平方米，馆藏档案资料2.36万卷(册)，其中馆藏档案1.36万卷(册)。 (王秋波)

隆尧县档案馆 现址康庄东路88号，邮编055350，馆长冯运海，电话(0319)6667775、6663083。成立于1978年，是统一保管机关、团体、事业单位档案资料的国家综合档案馆，县政府指定的行政规范性文件查阅场所。2001年晋升省三级档案馆。总建设面积105.66平方米。馆藏档案资料22723卷(册)，其中资料7499册。已将防治“非典”工作、纪念“抗震四十周年”大型活动的档案资料及照片接收进馆。编写了《中共隆尧县党史大事记》。 (冯运海)

任县档案馆 原址任城镇文庙街8号，邮编055150，馆长马永山。成立于1963年，是集中统一保管机关、团体、企事业单位档案资料的国家综合档案馆，爱国主义教育基地，现行文件利用中心。馆藏档案7136卷，资料1740册。 (马永山)

南和县档案馆 现址和阳街富强路，邮编054400，馆长刘珠珂，电话(0319)4562261、4561196。成立于1962年，是集中统一保管机关、团体、企事业单位档案资料的国家综合档案馆，县政府指定的行政规范性文件查阅的场所。占地面积240平方米。馆藏档案资料12737卷。 (刘珠珂)

宁晋县档案馆 现址西关街60号，邮编055550，馆长刘聚良，电话(0319)5885701。成立于1956年，是集中统一保管机关、团体、企业事业单位档案资料的国家综合档案馆，县政府指定的行政规范性文件查阅场所。总建筑面积255平方米，库房面积150平方米。馆藏档案资料18124卷(册)，其中资料4142册。

已将防治“非典”工作、上级领导视察宁晋、宁晋县政协成立五十周年等档案资料收集进馆。编辑了《宁晋县大事记》。（王素芳）

巨鹿县档案馆 现址东大街，邮编055250，馆长张平奎，电话(0319)4326313。成立于1959年，是集中统一保管机关、团体、企事业单位档案资料的县级国家综合档案馆，成立了现行文件服务中心。总建筑面积616平方米，库房面积260平方米。馆藏档案资料28076卷(册)，其中资料13784册。编缉了《巨鹿县大事记》、《巨鹿县枸杞》、《巨鹿县串枝红杏》、《巨鹿县66年抗震救灾资料汇编》等资料。（张平奎）

新河县档案馆 现址县城南大街160号，邮编055650，馆长张雪珍，电话(0319)4752312。建筑面积308平方米，库房面积97平方米。馆藏档案资料25000卷册。

（付起超）

广宗县档案馆 府前街33号，邮编054600。1986年建立，是集中统一保管机关、团体、企事业单位档案资料的国家综合档案馆。总建筑面积100平方米，库房面积60平方米。馆藏档案13173卷，资料4949册。

（韩树娜）

平乡县档案馆 现址丰州镇文明路，邮编054500，馆长王敬民，电话(0319)7962790、7833780。成立于1958年，是集中统一保管机关、团体、企业事业单位档案资料的国家综合档案馆。总建筑面积236平方米。馆藏档案资料2.55万卷(册)。馆藏档案资料的历史跨度520年。已将防治“非典”工作、保持共产党员先进性教育活动等档案资料收集进馆。已建成馆藏全宗级目录数据库。（王敬民）

威县档案馆 现址东街，邮编054700，馆长贾明太，电话(0319)6169099、13582690616。成立于1961年，负责统一管理机关、团体，企事业单位的档案资料。建筑面积140平方米，库房面积90平方米。馆藏档案资料32265卷(册)，其中资料9978册。编制了全宗介绍、国家档案馆指南，参与编写了威县大事记、人大志、水利志、教育志、计划生育文件汇编、档案利用效果汇编等资料。（贾明太）

清河县档案馆 现址天山南路26号，邮编054800，馆长陈连辉，电话(0319)8284200。成立于1961年，是集中统一保管机关、团体、企事业单位档案资料的国家综合档案馆，爱国主义教育基地、县政府指定的行政规范性文件查阅场所。2002年晋升省一级档案馆。总建筑面积1100平方米，库房面积300平方米。馆藏档案资料30649卷(册)，其中资料12580册。馆藏档案资料的历史跨度300年。保存年代最早的是清代土地契约。（陈连辉）

临西县档案馆 现址泰山路，邮编054900，馆长吴桂真，电话(0319)8560003。成立于1978年，是集中统一保管县直机关、团体、企事业单位档案资料的国家综合档案馆、爱国主义教育基地，设有现行文件利用中心，2000年晋升省二级档案馆。总建筑面积350平方米，库房面积200平方米。馆藏档案资料20460卷(件、册)，其中资料7444册。已将书画、族谱、实物、土地延包合同等档案资料收集进馆。建立了档案目录数据库。编辑了《临西县大事记》、《临西县统计年鉴》、《临西县志》等220万字的资料。（吴桂真）

南宫市档案馆 现址东大街50号，邮编055750，馆长张贵杰，电话(0319)5222636。成立于1958年，是集中统一保管机关团体、企事业单位档案资料的国家综合档案馆，爱国主义教育基地，市政府指定的行政规范性文件查阅场所。2001年晋升省二级档案馆。总建筑面积240平方米，库房面积180平方米。馆藏档案资料3.35万卷(册)，其中资料6916册，保存年代最早的是清朝道光年间编写的《南宫县志》。已将土地延包合同、人口普查等档案进馆。编辑《南宫市大事记(1949－1982年)》、《南宫市重要文献汇编》等资料。

（张贵杰）

沙河市档案馆 现址太行大街，邮编

054100，馆长陈清民，电话(0319)8921255。成立于1956年，是集中统一保管机关、团体、企业事业单位档案资料的国家综合档案馆，爱国主义教育基地，现行文件查阅中心。2003年晋升省二级档案馆。总建筑面积220平方米，库房面积120平方米。馆藏档案19294卷，5679件，资料8275册。征集了《明代县志》、《国际书画全集》、迎香港回归万人签字长幅、《沙河县志人物集》等资料。（刘咏梅）

保定市档案馆 现址东风西路1号，邮编071051，馆长许平洲，电话(0312)3378367、3088781。成立于1958年。是集中保管机关、企事业单位档案资料的国家综合档案馆，是市政府指定的现行文件公开查阅场所，爱国主义教育基地。2006年升省一级档案馆。馆藏档案138786卷，资料45608余册。馆藏档案中年代最早的为清雍正十一年(公元1733年)的田房买卖契约档案。（梁树林）

保定市城建档案馆 现址东风西路1号，邮编071052，馆长张书祥，电话(0312)3088278、3088791。建于1980年，是集中统一保管城市规划建设档案的专门档案馆，爱国主义教育基地。2000年晋升省一级档案馆。总建筑面积2388平方米，库房面积1400平方米。馆藏档案8万余卷(册)。（张书祥）

新市区档案馆 现址保定市五四西路318号，邮编071051，馆长胡素芳，电话(0312)3089195。成立于1984年，是集中统一保管机关、团体、企事业单位档案资料的国家综合档案馆，爱国主义教育基地、行政规范性文件查阅场所。2005年晋升省二级档案馆。总建筑面积350平方米，库房面积150平方米。馆藏档案资料11897卷(件、册)，其中资料1787册。编写了《保定市新市区志》、《保定市新市区组织史》、《新市区土地志》、《新市区国家档案馆指南》等。（朱鹤龄）

北市区档案馆 现址保定市七一中路789号，邮编071000，馆长刘尚波，电话(0312)3103821、3103822。成立于1988年，是集中统一保管机关、团体、企事业单位档案资料的国家综合档案馆，区政府指定行政规范性文件查阅场所。2005年晋升省二级档案馆。建筑面积207平方米，库房面积162平方米。馆藏档案资料20059卷(册)，其中资料1580册。

（刘尚波）

南市区档案馆 现址保定市玉兰大街588号，邮编071000，馆长王经计，电话(0312)5078663。始建于1986年，是集中统一保管机关、团体、企事业单位档案资料的国家综合档案馆，爱国主义教育基地。2005年晋升省二级档案馆。建筑面积210平方米，库房面积150平方米。馆藏档案18000卷，资料2016册。

（王经计）

满城县档案馆 现址中山西路，邮编072150，馆长张金环，电话(0312)7072959。成立于1958年，是集中统一保管机关、团体、企事业单位档案资料的国家综合档案馆，爱国主义教育基地、县政府指定的现行文件查阅中心。2005年晋升省二级档案馆。总建筑面积330平方米，库房面积240平方米。馆藏档案资料47741卷(件、册)，其中资料23944册。馆藏档案资料的历史跨度300余年。已将土地延包合同、防治“非典”、保持共产党员先进性教育等档案资料收集进馆。已建成馆藏全宗级目录数据库。编写了《满城县国家档案馆指南》、《满城县志》、《满城县组织史资料》、《满城县大事记(初稿)》、《历届党代会、人代会、政协会汇编》等资料。（侯艳芳）

清苑县档案馆 现址清苑镇，邮编071000，馆长李新锁，电话(0312)795050。始建于1958年，是统一保管集中保管机关、团体、企业事业档案资料的国家综合档案馆，爱国主义教育基地，2006年晋升省二级档案馆。建筑面积400平方米。馆藏档案资料2万余卷。编辑了《燕南赵北民俗》、《赵匡胤祖籍研究》等资料6种。（陈艳君）

涞水县档案馆 现址滨河公园，邮编074100，馆长赵开英，电话(0312)4522024。成立于1960年，是集中统一保管机关、团体、企事业单位档案资料的国家综合档案馆，爱国主义教育基地，县政府指定的规范性文件查阅中心。总建筑面积2000平方米，库房面积1000平方米。馆藏档案19026卷，资料9500册。

（赵开英）

阜平县档案馆 现址县城北街，邮编073200，馆长张玉红，电话(0312)7221205。成立于1958年，是集中统一保管机关、团体、企事业单位档案资料的国家综合档案馆，设立现行文件查阅中心。2005年晋升为省二级档案馆。总建筑面积640平方米，库房面积386平方米。馆藏档案24118卷、38759件，资料17990册。馆藏档案资料的历史跨度200余年。馆藏档案文件级目录微机录入已完成30万条。（韩鹏高）

徐水县档案馆 现址安肃镇城内大街23号，邮编072550，馆长陈凤阁，电话(0312)8683543。成立于1958年，是集中统一保管机关、团体、企事业档案资料的国家综合档案馆，爱国主义教育基地、已公开现行文件利用服务中心。2004年晋升省二级档案馆。总建筑面积593平方米。馆藏档案24611卷、2341件，资料有8511册。（杨桂兰）

定兴市档案馆 现址兴华西路，邮编072650，馆长张标，电话(0312)6918369。成立于1958年，是集中统一保管机关、团体、企事业单位档案资料的国家综合档案馆，爱国主义教育基地，县政府指定的行政规范性文件查阅场所。总建筑面积330平方米，库房面积230平方米。馆藏档案40308卷(册)，62447件，资料16080册。接收了破产企业档案1.3万卷，二轮土地延包合同51305份，名人字画123幅，名人著作近100册。编写了《定兴县档案志》、《定兴县大事记》。（何淑霞）

唐县档案馆 现址光明路6号，邮政编码072350，馆长李德锁，电话(0312)6135365、6420777。始建于1958年，属综合性国家档案馆。建筑面积294平方米，库房面积210平方米。馆藏档案资料2.9万卷(件、册)，其中资料7600册。编写了《唐县志》、《白求恩在唐县》、《柯棣华在唐县》、《唐县民间故事》、《唐县文物志》等资料。（李德锁）

高阳县档案馆 现址正阳路，邮编071500，馆长续新中，电话(0312)6699708。网址：www.gydaj.com。成立于1958年，是集中保管机关、团体、企业事业档案资料的国家综合档案馆，爱国主义教育基地、现行文件利用中心。2005年晋升省二级档案馆。建筑面积1000平米。馆藏档案资料6.94万卷(册)。著录文件级目录8万余条。已开通档案信息网站。编辑了《一代京剧大师——盖叫天》、《高阳县抗击非典大事记》等资料。

（续新中）

容城县档案馆 现址古城路46号，邮编071700，馆长张会来，电话13722270972、13703327218。成立于1963年，负责统一管理机关、团体，企事业单位形成档案资料，爱国主义教育基地，现行文件查阅中心。建筑面积216平方米。馆藏档案10010卷，资料6710册。档案资料的历史跨度400余年。馆藏档案最早的是已入选《中国档案文献遗产名录》的明代杨继盛史料。编写了组织史、县志、水利志、公安志、《中国档案精粹·河北卷》等资料。（张会来）

涞源县档案馆 现址涞源镇，邮编074300，馆长梁喜明，电话(0312)7321179。成立于1958年，是集中统一保管机关、团体、企事业单位档案资料的国家综合档案馆，爱国主义教育基地，现行文件查阅中心。2004年晋升省二级档案馆。馆库面积500平方米。馆藏档案20276卷(册)。已将破产企业、"非典"工作、保持共产党员先进性教育活动等档案资料接收进馆。（梁喜明）

望都县档案馆 现址中华街80号，邮编072450，馆长王高祥，电话(0312)7827026、4150010。成立于1958年，是集中统一保管机关、团体、企事业单位档案资料的国家综合档案馆，县政府指定的现行文件查阅中心。总建筑面积268平方米，库房面积142平方米。馆藏档案资料22771卷(册)，其中资料14950册。馆藏档案资料的历史跨度300余年。保存年代最早的年代是康熙年间的《望都县志》。编写了望都县大事记、县档案馆大事记等资料。（崔彦会）

安新县档案馆 现址县文化广场，邮编071600，馆长张爱玉，电话(0312)5321271。始建于1961年。1990年晋升省三级档案馆。建筑面积1000平方米。馆藏档案13679卷，资料12560册。编写了《白洋淀人民革命斗争史》、《安新县地名汇编》、《安新县大事记》、安新县党史、工运史、组织史、交通志、教育志、科技史、白洋淀志、安新县志、雁翎队纪念馆等资料。（王秋荣）

易县档案馆 现址朝阳路，邮编074200，馆长崔永田。电话(0312)8269605、13831227199。成立于1958年，是集中保管机关、团体、企事业单位档案资料的国家综合档案馆，革命老区教育基地，县政府指定的行政规范性文件查阅场所。总面积325平方米，库房面积200平方米。馆藏档案资料51327卷(册)。（崔永田）

曲阳县档案馆 现址恒山西路，邮编073100，馆长吕满生，电话(0312)4212554。成立于1958年，是集中保管机关、团体、企事业单位档案资料的国家综合档案馆，设立已公开现行文件查阅中心。2001年晋升省三级档案馆。建筑面积209.5平方米，库房面积136.5平方米。馆藏档案资料27525卷(册)，其中资料8073册。（吕满生）

蠡县档案馆 现址范蠡西路，邮编071400，馆长田彦娥，电话(0312)6211874。成立于1958年，是集中统一保管机关、团体、企事业单位档案资料的国家综合档案馆。2005年晋升省三级档案馆。占地面积500平方米，库房面积375平方米。馆藏档案资料27289万卷(册)。已将1963年抗洪、人口普查、皮毛业发展、抗击“非典”、土地延包合同等档案资料接收进馆。（李兰芹 郭红梅）

顺平县档案馆 现址平安街2号，邮编072250，馆长樊树田，电话(0312)7616850。成立于1956年，是集中保管机关、团体、企业事业单位档案资料的国家综合档案馆，爱国主义教育基地、县政府指定的现行文件查阅中心。1999年晋升省三级档案馆。总建筑面积509平方米，库房面积300平方米。馆藏档案1.68万卷，资料0.66万册。编纂了《顺平县志》、《顺平县现代人物志》等资料。（樊树田）

博野县档案馆 现址博陵镇，邮编071300，馆长杨占恒，电话(0312)8325433。成立于1962年，是集中保管机关、团体、企事业档案资料的国家综合档案馆。2006年获省开发利用档案优秀成果奖。建筑面积510平方米，库房面积320平方米。馆藏档案资料26958卷(册)，其中资料15062册。

（杨占恒）

雄县档案馆 现址雄州路481号，邮编071800，馆长翟继祥，电话(0312)5561300。成立于1961年，是集中统一保管机关、团体、企事业单位档案资料的国家综合档案馆，爱国主义教育基地，行政规范性文件查阅场所。1997年晋升省二级档案馆。建筑面积725平方米，库房面积484平方米。馆藏档案资料58540卷(册)，其中资料25900册。保存年代最早的是清康熙九年编写的《雄县志书》。已将“中国温泉之乡”申办、防治“非典”、“雄州古乐”等档案资料收集进馆。（翟继祥）

涿州市档案馆 现址范阳路100号，邮编072750，馆长杨爱良，电话(0312)5521889。成立于1959年，是集中统一保管机关、团体、企事业单位档案资料的国家综合档案馆。2005年晋升省二级档案馆。总建筑面积500平方米，库房面积300平方米。馆藏档案37641卷(册)，其中资料1.8万册。已将农村二轮土地延包档案、“三讲”、“防非”和“先进性教育”档案等收集进馆。（孙青妙）

定州市档案馆 现址刀枪街，邮编

073000，馆长王慧，电话(0312)2588208。成立于1958年，是集中统一保管机关、团体、企事业单位档案资料的国家综合档案馆，爱国主义教育基地，市政府指定的已公开现行文件利用中心。总建筑面积850平方米，库房面积450平方米。馆藏档案资料5.3万卷(册)，其中资料2万册。馆藏档案资料的历史跨度达1700年。保存年代最早的是东晋王羲之的《感怀帖》。 (彭长站)

安国市档案馆 现址祁州镇药华大路139号，邮政编码071200，馆长冯建义，电话(0312)3552438。成立于1959年，是集中统一保管机关、团体、企事业单位档案资料的国家综合档案馆。2000年晋升省三级档案馆。建筑面积1200平方米，库房面积300平方米。馆藏档案有1.3万卷，6万件。 (冯英杰)

高碑店市档案馆 现址迎宾路18号，邮编074000，馆长王刚，电话(0312)5599702、5599701。成立于1959年，总建筑面积450平方米，库房面积150平方米。馆藏档案16607卷，资料20185卷。

张家口市档案馆 现址明德南街39号，邮编075000，馆长李志成，电话(0313)8054121、8051497。成立于1959年，是集中统一保管机关、团体、企事业单位档案资料的国家综合档案馆，爱国主义教育基地，市政府指定的现行文件查阅服务中心。1999年晋升省一级档案馆。总建筑面积2913平方米，库房面积1273平方米。馆藏档案资料21万卷(册)，其中档案18万卷。已建立案卷级、文件级目录数据库。编写了《张家口市大事记》、《张家口矿产资源汇集》、《张家口名胜景观》、《张家口市高级专业技术人才集录》等470万字的资料。

张家口市城建档案馆 现址东安大街66号，邮编075000，馆长杨茯苓，电话(0313)2069791、2015224。成立于1980年，主要职责是负责全市城建档案的接收、整理、管理和提供利用。2002年晋升省一级档案馆。2007年被授予巾帼文明岗荣誉称号。建筑面积824平方米，库房面积为550平方米。馆藏档案资料3.36万卷(册)。 (张继禹)

桥东区档案馆 现址张家口市胜利中路201号，邮编075000，馆长席忠祥，电话(0313)4051934。成立于1985年，是集中保管机关、团体、企事业单位档案资料的国家综合档案馆，爱国教育基地、区政府指定行政规范性文件查阅场所。2003年晋升省二级档案馆。建筑面积350平方米，库房面积66平方米。馆藏档案资料14427卷(册)，其中资料301册。

(赵海韬)

桥西区档案馆 现址张家口市西沙河大街95号，邮编075000，馆长田永萍，电话(0313)38023744。成立于1985年，是集中保管机关、团体、企事业单位档案资料的国家综合档案馆，区政府指定的行政规范性文件查阅场所。2005年晋升省三级档案馆。建筑面积418.25平方米，库房面积225.1平方米。馆藏档案资料26635卷(件)，其中资料1678册。编撰了《桥西区大事记》等7种资料。

(田永萍)

宣化区档案馆 现址张家口市中山大街12号，邮编075100，馆长韩铁，电话(0313)3238383、3238388。成立于1959年，是集中保管机关、团体、企业事业单位档案资料的国家综合档案馆，爱国主义教育基地、现行文件查阅服务中心。1994年晋升省二级档案馆。总建筑面积1289平方米，库房面积449平方米。馆藏档案资料4.1万卷(册)，其中资料0.4万册。编写了《宣化葡萄发展概述》、《宣化名胜古迹汇集》、《宣化科技成果汇集》、《宣化区大事记》、《宣化区志》、《中共宣化区地方史》等20余种1230万字资料。 (何保同)

下花园区档案馆 现址新辰路，邮编075300，馆长王跃文，电话(0313)5187877、5187878。成立于1983年，是集中保管机关、企事业单位档案资料的国家综合档案馆。建筑面积200平方米，库房面积160平方米。馆

藏档案9614卷，资料141册。（王跃文）

宣化县档案馆 现址东马道9号，邮编075100，馆长邱云文，电话（0313）3382162、3181621。成立于1961年，是集中统一保管机关、团体、企事业单位档案资料的国家综合档案馆，爱国主义教育基地，县政府指定的行政规范文件查阅场所。建筑面积200平方米，库房面积90平方米。馆藏档案资料2.4万卷（册）。馆藏档案资料的历史跨度480余年。已将防治“非典”工作、学习“三个代表”等档案资料收集进馆。（邱云文）

张北县档案馆 现址政府路1号，邮编：076450 馆长张桂利，电话（0313）5216093、5216092。成立于1958年，是集中统一保管机关、团体、企事业单位档案资料的国家综合档案馆，爱国主义教育基地，县政府指定的现行文件查阅服务中心。建筑面积530平方米，库房面积260平方米。馆藏档案资料40015卷（册），其中资料13708卷（册）。（杨秀果）

康保县档案馆 现址县政府，邮编076650，馆长李亮，电话（0313）5512500。成立于1958年，是集中统一保管机关、团体、企事业单位档案资料的国家综合档案馆，爱国主义教育基地，县政府指定的行政规范性文件查阅场所。2000年晋升省三级档案馆。总建筑面积128平方米，库房面积32平方米。馆藏档案资料22547卷（件），其中资料2600册。目前防“非典”工作、二轮土地延包合同的档案资料已接收进馆。编辑了《非典大事记》、《康保县坝上生态农业建设史》、《康保县志》（第一部）、《中共康保县历史》、《康保县大事记》（建国前）等资料。（李亮）

沽源县档案馆 现址平定堡镇桥西大街，邮编076550，馆长郭金兵，电话（0313）5815587。成立于1962年，是集中统一保管机关、团体、企事业单位档案资料的国家综合档案馆，爱国教育基地，县政府指定的行政规范性文件查阅场所。1999年晋升省三级档案馆。建筑面积270平方米，库房面积149平方米。馆藏档案资料2.7万卷（册），其中资料0.4万册。编辑了《沽源县志》、《沽源大事记》等资料。（郭金兵）

尚义县档案馆 现址南壕堑镇，邮编076750，馆长石尚德，电话（0313）2322326、2323376。于1958年成立，是集中统一管理机关、团体、企业事业单位档案资料的国家综合档案馆。总建筑面积434平方米，库房280面积平方米。馆藏档案资料28100卷（册），其中资料3000册。（石尚德）

蔚县档案馆 现址蔚州镇人民路，邮编075700，馆长赵霞，电话（0313）7212624。成立于1958年，是集中统一保管机关、团体、企事业单位档案资料的国家综合档案馆，县政府指定行政规范性文件查阅场所。1999年晋升省三级档案馆。馆占地面积550平方米，库房面积175平方米。馆藏档案资料29969卷（册），其中资料8571卷（册）。（赵霞）

阳原县档案馆 现址西城镇马王庙街，邮编075800，馆长张国庆，电话（0313）7516947、7380280。成立于1958年，是集中统一保管机关、团体、企事业单位档案资料的国家综合档案馆，爱国主义教育基地、县政府指定的现行文件查阅场所。1992年晋升为省三级档案馆。总面积427平方米，库房面积313平方米。馆藏档案资料37585卷（册），其中资料19814册。已将防治“非典”工作、先进性教育活动形成的档案接收进馆。建立了阳原籍名人档案和泥河湾遗址特色档案。编辑了《阳原籍名人录》、《泥河湾诗词选编》等资料。

（张国庆）

怀安县档案馆 现址柴沟堡镇解放街，邮编076150，馆长郁建誉，电话（0313）7812780。成立于1959年，是集中统一保管机关、团体、企事业单位档案资料的国家综合档案馆，爱国主义教育基地，县政府指定的行政规范性文件查阅场所。总建筑面积350平方米，库房面积160平方米。馆藏档案资料25698卷，其中资料7064卷。馆藏档案资料的历史跨度为250

年，保存最早的是清乾隆时期编写的《宣化府志》。编辑了《怀安县文史资料》、《怀安县志》等资料。（郁建誉）

万全县档案馆 现址孔家庄民主街5号，邮编076250，馆长董海燕，电话（0313）4227921、4222036。成立于1961年，是集中统一保管机关、团体、企事业单位档案资料的国家综合性档案馆，爱国主义教育基地，县政府指定的现行文件查阅服务中心。1999年晋升省三级档案馆。建筑面积240平方米，库房面积119平方米。馆藏档案资料25633卷（册）、27258件，资料8718册。编辑了《万全县灾情史》、《万全县大事记》等资料。（董海燕）

怀来县档案馆 现址长城路府前街，邮编075400，馆长董日升，电话（0313）6860625、6860626。成立于1958年，是集中保管机关、团体、企事业单位档案资料的国家综合性档案馆，爱国主义教育基地，县政府指定的行政规范性文件查阅场所。1997年晋升省二级档案馆。总面积552平方米，库房总面积393.3平方米。馆藏档案资料62883万卷册，其中资料13954万卷册，馆藏档案资料的历史跨度近300年。保存年代最早的是康熙六十一年赐给程绪家敕命。已将怀来县历届葡萄采摘暨葡萄酒节、鸡鸣驿古驿站等档案收集进馆。编辑了《怀来县志译》、《怀来县志》、《怀来县大事记》、《怀来县档案工作大事记》等16种资料。（董日升）

涿鹿县档案馆 现址东风路15号，邮编075600，馆长冀建中，电话（0313）6521209。成立于1961年，是集中统一保管机关、团体、企事业单位档案资料的国家综合档案馆，爱国主义教育基地、县政府指定的行政规范性文件查阅场所。2002年晋升省一级档案馆。总建筑面积1000平方米，库房面积600平方米。馆藏档案资料近5万卷（册），其中资料5808册。编辑《中共涿鹿县地方史》、县大事记等资料11种57万字。（冀建中）

赤城县档案馆 现址政府东街，邮编075500，馆长王殿文，电话（0313）6312361。成立于1958年，是集中统一保管机关、团体、企事业单位档案资料的国家综合档案馆，县政府指定的行政规范性文件查阅场所。已晋升省三级档案馆。总面积420平方米，库房面积280平方米。馆藏档案20128卷、3199件，资料4158册。已经将二轮土地承包合同，防治“非典”工作等档案资料收集进馆。

（王殿文）

崇礼县档案馆 现址长青路，邮编076350，馆长薛山平，电话（0313）4612768、4612739。成立于1987年，是集中统一保管档案资料的国家综合档案馆，建立了现行文件阅览中心。面积350平方米，库房面积150平方米。馆藏档案资料21515卷、6015件，其中资料3859卷。已将二轮土地承包合同书、草场确权合同书、防治“非典”档案收集进馆。

（贯瑞宗）

承德市档案馆 现址武烈路2号，邮编067000，馆长王克军，电话（0314）2025681、2024324。成立于1958年，市政府指定的现行文件查阅利用中心。总建筑面积2782平方米。馆藏档案21万卷，资料2.8万册。

承德市城建档案馆 现址督统府大街9号，邮编067000，馆长谭志强，电话（0314）2024892、2036638。成立于1980年，是集中统一保管城建档案资料的专门档案馆。1993年晋升省二级城建档案馆。总建筑面积1350平方米，库房面积672平方米。馆藏档案资料19536卷（册），其中资料2240册。建立了比较完善的目录数据库。（谭志强）

承德市双桥区档案馆 现址常王府胡同45号，邮编067000，馆长王亚杰，电话（0314）2289114。成立于1982年，是集中统一保管机关、团体、事业单位档案资料的国家综合档案馆，区政府指定的行政规范性文件查阅场所。2006年晋升省三级档案馆。总建筑面积240平方米，库房面积120平方米。馆藏档案资料42540卷册，其中资料1540册。已将防治“非典”、二轮土地承包合同、婚姻登记等档案资料收集进馆。实现微机著录4万条。编辑了《双桥大事记》(1980－1998)、《双桥组织史》等资料。（潘海静）

双滦区档案馆 现址承德市建设局，邮编067001，馆长刘叔徽，电话(0314)4302269。成立于1981年，是集中统一保管机关、团体、企事业单位的档案资料的国家综合档案馆，区政府指定的政府公开信息查阅场所。总建筑面积500平方米。馆藏档案资料1万余卷(册)，其中资料4300余册。（刘叔徽）

鹰手营子矿区档案馆 现址矿区大街54号，邮编067200，馆长张晓丹，电话(0314)5011080。成立于1982年，是集中统一保管机关、事业单位档案资料的国家综合档案馆。总建筑面积120平方米。馆藏档案5204卷、4256件，资料536册。已著录近4万条目录。（张晓丹）

承德县档案馆 现址下板城镇，邮编067400，馆长张凤珊，电话(0314)3011332、3016506。始建于1961年。建筑面积3000平方米，库房1200平方米馆藏档案24267卷，资料3463册。编辑了《承德县革命斗争史》等资料。（张凤珊）

兴隆县档案馆 现址兴隆镇西大街，邮编067300，馆长狄彦礼，电话(0314)5053502、5053503。成立于1959年，是集中统一保管县级机关、团体、企事业单位档案资料的国家综合档案馆，爱国主义教育基地，县委、县政府指定的现行文件查阅利用中心。2005年晋升省二级档案馆。总建筑面积1072平方米，库房面积540平方米。馆藏档案6.3万卷(册)，资料1.2万卷(册)。征集了抗战时期人口伤亡和财产损失、侵华日军制造的“千里无人区”和孙永勤、李运昌、包森等名人的档案资料。已完成著录文件级目录20万条。编辑了《兴隆县志》、《兴隆县党代会历次简介》、《兴隆县人代会历届简介》、《千里无人区》等10种208万字资料。（狄彦礼）

平泉县档案馆 现址平泉镇城北社区，邮编067500，馆长吴景瑞，电话(0314)6082932、6082930。成立于1959年，是集中统一保管机关、团体及企事业单位档案资料的国家综合档案馆，县政府指定行政规范性文件查阅场所，爱国主义教育基地。2005年晋升省二级档案馆。1999年被授予省档案工作先进集体称号。总建筑面积1000平方米，库房面积800平方米。馆藏档案资料52938卷(册)，其中资料10106册。馆藏档案历史跨度150余年。编辑《平泉县志》、《东西南北平泉人》、《平泉县革命斗争史》、《承平宁抗日游击根据地》、《平泉县大事记》、《承德保卫战》、《平泉旅游》、《八沟厅备志译注》、《平泉县档案志》、《平泉县档案馆指南》、《档案利用效果汇编》等20种1000余万字资料。（叶春泽）

滦平县档案馆 现址滦平镇北山，邮政编码068250，馆长徐军，电话(0314)8583960。成立于1959年，省三级档案馆。建筑面积600平方米，库房400平方米。馆藏档案30150卷，资料19150册。（徐军）

隆化县档案馆 现址隆化镇，邮编068150，馆长徐志方，电话(0314)7062670。成立于1955年，是集中统一保管机关、团体、企业事业单位档案资料的国家综合档案馆。2001年晋升省三级档案馆。总建筑面积413平方米，库房面积140平方米。馆藏档案资料3.8万卷(册)，其中资料0.8万册。已建成馆藏全宗级目录数据库。（王晓霞）

丰宁满族自治县档案馆 现址大阁镇新丰路89号，邮编068350，馆长杨玉森，电话(0314)8010647。始建于1959年。成立了现行文件利用中心。1997年晋升为省二级档案馆。总建筑面积840.46平方米，库房面积292平方米。馆藏档案40520卷，资料共10935册。馆藏档案最早的是乾隆四十年的张氏家谱。接收了郭小川等名人、满族民间艺术档案等档案进馆。全部档案实现了案卷级微机管理。（杨玉森）

宽城满族自治县档案馆 现址县行政中心，邮编067600，馆长张福玉，电话(0314)6862275。成立于1975年，是集中统一保管机关、团体、企事业单位档案资料的国家综合档案馆，爱国主义教育基地，县委、县政府指定的行政规范性文件查阅场所。建筑面积1000平方米，库房面积为310平方米。馆藏档案31000卷，资料9500册。收集进馆的有胡耀邦视察时题词、县成立十周年庆典等档案。实现了文件级微机检索。编辑了宽城县总概况、历年工业概况、宽城县矿产资源汇编、土地征用情况汇编、重要会议简介等12种50余万字资料。 (张福玉)

围场满族蒙古族自治县档案馆 现址围场镇木兰中路100号，邮编068450，馆长孙儒，电话(0314)7510862、7521358。成立于1959年，是集中统一保管机关、团体、企事业单位档案资料的国家综合档案馆，县政府指定的现行文件查阅场所。1999年晋升省三级档案馆。建筑面积600平方米，使用面积457.78平方米。馆藏档案44508卷，资料21229册。已编印了《围场矿产资源汇编》、《围场县(自治县)历届人代会简介》、自治县年鉴、围场大事专集等资料。 (翁玉莲)

沧州市档案馆 现址御河路1号，邮编061001，馆长马凌敏，电话(0317)2160196、2160198。成立于1993年，是集中统一保管机关、团体、企事业单位档案资料的国家综合档案馆，爱国主义教育基地，市政府指定的行政规范性文件查阅场所。2000年晋升省一级档案馆。总建筑面积1466平方米，库房面积690平方米。馆藏档案资料71.5万卷(册)，其中资料2.5万册。录入文件级目录96万余条。编辑了《沧州市大事记》、《沧州地区大事记》、《沧州百年第一记录》、《沧州市沿海开发资料汇编》等资料16种300余万字。举办了“百年沧州回顾展”、“牢记历史 珍爱和平”等展览。 (袁书缓)

沧州市城建档案馆 现址沧州市朝阳路2号，邮编061001，电话(0317)2183164，馆长白石。1981年成立。归口沧州市建设局管理。是全市集中统一管理和保管城市基本建设档案的重要基地。1995年晋升河北省二级档案馆。总建筑面积500平方米，库房面积250平方米。馆藏档案11955卷，资料300册，照片档案5600张，声像档案100盘。 (白石)

新华区档案馆 现址维明路14号，邮编061000，馆长郝淑珍，电话(0317)3045531。成立于1988年，是集中统一保管机关、团体、企事业单位档案资料的国家综合档案馆，爱国主义教育基地、区政府指定的行政规范性文件查阅场所。2000年晋升省四级档案馆。建筑面积100平方米，库房面积40平方米。馆藏档案资料8155(卷)册，其中资料3044册。已将“三讲”教育、防治“非典”、保持共产党员先进性教育、农村土地承包合同等档案资料接收进馆。已建成馆藏文件级目录数据库。

(韩雪)

运河区档案馆 现址沧州市水月寺大街225号，邮编061001，馆长吴沧民，电话(0317)3053500、3053562。始建于1984年，是集中统一保管机关、团体、企业事业单位档案资料的国家综合档案馆，爱国主义教育基地，区委、区政府指定的行政规范性文件查阅场所。2003年晋升省四级综合国家档案馆。总建筑面积64平方米，库房面积32平方米。馆藏档案7259卷(册)，资料763册。已经征集有二轮土地承包合同，防治“非典”、禽流感，共产党员先进性教育活动等档案进馆。 (刘英)

沧县档案馆 现址黄河东路37号，邮编061000，馆长张振廷，电话(0317)3053167、5200707。成立于1957年，是集中统一保管机关、团体、企事业单位档案资料的国家综合档案馆，爱国主义教育基地、县政府指定的行政规范性文件查阅场所。1999年晋升省三级国家档案馆。总建筑面积为1650平方米，库房面积500平方米。馆藏档案21378卷，资料4000余册。 (刘云琴)

青县档案馆 现址振兴西路，邮编062650，馆长王晓海，电话(0317)4021045、4021219。成立于1956年6月，是集中保管机关、团体、企业事业单位档案资料的国家综合档案馆，爱国主义教育基地、县现行文件服务中心。总建筑面积402.2平方米，库房面积195.8平方米。馆藏档案资料96355卷(件、册)，其中资料6461册。接收了防治"非典"、禽流感，保持共产党员先进性教育、土地延包合同等档案资料进馆。 (刘云)

东光县档案馆 现址府前大街99号，邮编061600，馆长郑光霞，电话(0317)7721549。成立于1961年，是集中统一保管机关、团体、企事业单位档案资料的国家综合档案馆，爱国主义教育基地、县政府指定的行政规范性文件查阅场所。2001年晋升省二级档案馆。总建筑面积461平方米，库房面积346平方米。馆藏档案资料24380卷(册)，其中资料6840册。编辑《东光县大事记》、《农村自然灾害汇编》等资料14种10万字。 (任桂英)

海兴县档案馆 现址海政路，邮编061200，馆长杨学英，电话(0317)6621158。始建于1965年，是集中统一保管全县各种档案资料的国家综合档案馆，爱国主义教育基地，县委、县政府指定的已公开现行文件利用中心。2002年晋升二级档案馆。总建筑面积570平方米，库房面积290平方米。馆藏档案资料6.02万卷(册)。编辑《海兴县大事记》、《海兴县招商引资政策汇编》、《劳务输出汇编》等29种830万字的资料。 (黄平华)

盐山县档案馆 现址北大街，邮编061300，馆长王志强，电话(0317)6221560。成立于1959年，是集中保管机关、团体、企业事业单位档案资料的国家综合档案馆，爱国主义教育基地，县政府指定的政务信息公开场所。1998年晋升省三级档案馆。总建筑面积800平方米，库房面积500平方米。档案资料85250卷(册盒)，其中档案为10936卷(册盒)。保存档案资料的历史跨度为328年。

(王志强)

肃宁县档案馆 现址纬南路1号，邮编062350，馆长赵敬敏，电话(0317)5015075。始设于1962年，是集中统一保管机关、团体、企事业单位档案资料的国家综合档案馆，县政府指定为政务信息公开场所、爱国主义教育基地。2005年晋升省一级档案馆。总建筑面积850平方米，库房面积650平方米。现有馆藏档案资料10.1万卷(册)，其中资料1.8万册。编辑了《肃宁县基础数字汇编》等23种80万字资料。 (侯赠慎)

南皮县档案馆 现址光明中路，邮编061500，馆长葛培刚，电话(0317)8854724、8864078。成立于1961年，是集中统一保管机关、团体、企事业单位档案资料国家综合档案馆，爱国主义教育基地。1999年晋升省二级档案馆。总建筑面积540平方米，库房面积360平方米。馆藏档案77527卷、件，资料12763册。馆藏档案资料的历史跨度200余年。

(葛培刚)

吴桥县档案馆 现址桑园镇府前路2号，邮编061800，馆长邢建忠，电话(0317)7341191。成立于1981年，是集中统一保管机关、团体、企事业单位档案资料的国家综合档案馆，爱国主义教育基地、县政府指定的行政规范性文件查阅场所。省三级档案馆。总建筑面积252平方米，库房面积200平方米。馆藏档案资料4.5万卷。馆藏档案资料的历史跨度近300余年。已将破产企业、防治"非典"、保持共产党员先进性教育等档案资料收集入馆。编写了《吴桥县大事记》、工商行政管理志、交通年鉴等资料。 (王国华)

献县档案馆 现址县政府，邮编062250，馆长周焕珍，电话(0317)4623327。成立于1959年，是集中统一保管机关、团体、企事业单位档案资料的国家综合档案馆，爱国主义教育基地，现行文件阅览中心。2001年晋升省三级档案馆。总建筑面积324平方米，库房面积162平方米。馆藏档案资料8万余卷(件、册)，其中资料9800卷(册)。馆藏最早的档案资料为明代嘉靖年间《河间府志》。馆藏全宗目录数据库已建立。编写了《献县金丝小枣管理技术汇编》、《可爱的家乡——献县》、《献县大事记》、《献县抗洪文件汇编》、《献县档案文件人名索引》等资料。（钟景奎）

孟村回族自治县档案馆 现址民族街38号，邮编061400，馆长于金锋，电话（0317）6721524。成立于1962年，是集中统一保管机关、团体、企事业单位档案资料的国家综合档案馆，爱国主义教育基地。2000年晋升省三级档案馆。总建筑面积338平方米，库房面积115平方米。馆藏档案10258卷、件，资料10100册。（丁润然）

泊头市档案馆 现址裕华路，邮编062150，馆长刘荣忠，电话（0317）8182180。成立于1982年，是集中统一保管机关、团体、企事业单位的档案资料的国家综合档案馆、爱国主义教育基地，现行文件服务中心。1999年晋升省二级档案馆。总建筑面积1466平方米，库房面积900平方米。馆藏档案资料124870卷（册），其中资料12470册。已将“鸭梨节”、防治“非典”、转制企业、阶级成分、死亡干部、土地二轮承包等档案资料收集进馆。建立了有153000条文件级档案目录的数据库。（周保东）

任丘市档案馆 现址会战北道4号，邮编062550，馆长郭建舟，电话（0317）2223245、2217091。成立于1959年，是集中统一保管机关、团体、企事业单位档案资料的国家综合档案馆，爱国主义教育基地、市政府指定的现行文件查阅场所，1999年晋升省一级国家档案馆。2000年被命名为省十佳国家档案馆。总建筑面积1500平方米。馆藏档案资料11.4845万卷（册）。编辑了《任丘县大事记》、《中国任丘》等资料。（王占荣）

黄骅市档案馆 位于市钱江大酒店北侧，邮编061100，电话（0317）5320581。成立于1959年，是集中统一保管机关、团体、事业单位档案资料的国家综合档案馆，爱国主义教育基地、市政府指定的行政规范性文件查阅场所。2003年晋升省二级档案馆。总建筑面积350平方米，库房面积300平方米。馆藏档案资料58579卷（册），其中资料6578册、图表9张。馆藏档案资料的历史跨度近100年。已将防治“非典”、农村土地承包合同档案收集进馆。编写了《黄骅市大事记》、《黄骅市组织沿革》、《黄骅县革命历史文件选编》、《黄骅县区划文件选编》、《黄骅市人大会议简介》、《黄骅市政协会议简介》、《黄骅县英雄人物事迹选编》等12种资料。（张中超）

河间市档案馆 现址曙光路13号，邮编062450，馆长张清潭，电话（0317）3221938、3657781。成立于1959年，是集中统一保管机关、团体、企业事业单位档案资料的国家档案馆，爱国主义教育基地。2001年晋升省一级国家档案馆。1995年被授予全国档案系统先进集体称号。1999年、2004年两次被授予省档案系统先进集体称号。1999年被评为省十佳国家档案馆。总建筑面积2020平方米，库房面积1700平方米。馆藏档案资料57994卷（册）。馆藏重要全宗档案实现了机检。编写了《齐会歼灭战》、《河间市规范性文件汇编》等16种100余万字资料。举办了革命传统教育展和改革开放20年图片展。（李艳）

廊坊市档案馆 现址金光道11号，邮编065000，馆长陈晓阳，电话（0316）5909389、5909386。成立于1971年，是集中统一管理机关、团体、企事业单位的档案资料的基地。1998年晋升省一级档案馆。总建筑面积4274平方米，库房面积1385平方米。馆藏档案75957卷，2835件，资料13781册。基本完成馆藏档案目录数据库建设，共录入文件级目录97万条。建立了档案信息网站。编写了档案馆指南、重要文件汇编、廊坊市组织史等93种1200万字的资料。（侯迅）

廊坊市城建档案馆 现址金光道40号，邮编065000，馆长刘天博，电话（0316）5908102、5908151。成立于1984年。2007年晋升省一级档案馆。总建筑面积3000平方米,库房面积1777平方米。馆藏档案资料26755卷(册),其中资料300册。编写了《廊坊市年鉴·城市建设部分》、组织沿革、城建档案大事记、重要文件汇编、城市简介、重点工程简介、档案利用效果选编、基础数字汇编等资料。

(赵淑芳)

安次区档案馆 现址廊坊市金光道11号,邮编065000,馆长解延河,电话(0316)5129001、5219869。成立于1961年,是集中统一保管机关、团体、企事业单位档案资料的国家综合档案馆,区政府指定的行政规范性文件查阅场所,爱国主义教育基地。1994年晋升省二级档案馆。总建筑面积1030平方米,库房面积700平方米。馆藏档案资料53619卷(册),其中资料7100册。编辑出版了《廊坊大捷》、《义和团运动》等10余种资料。

(冯国兰)

广阳区档案馆 现址廊坊市广阳区国家档案馆现址银河北路22号,邮编065000,馆长刘庆坤,电话(0316)7962482。成立于2000年,是集中统一保管机关、团体、企事业单位档案资料的国家综合档案馆,爱国主义教育基地,区政府指定的行政规范性文件查阅场所。总建筑面积300平方米,库房面积20平方米。馆藏档案资料37669件(册),其中资料64册。完成了文件级目录录入工作。 (赵娜)

固安县档案馆 现址新中街,邮编065500,馆长李志平,电话(0316)6166187。成立于1963年,是集中保管机关、团体、企事业单位档案资料的国家综合档案馆,爱国主义教育基地、县政府指定的行政规范性查阅场所。2002年晋升省三级档案馆。总建筑面积450平方米,库房面积290平方米。馆藏档案31225卷,6786件,资料3572册。编辑了《固安县大事记》、《固安县县志》、《固安县组织史》等资料。 (王静)

永清县档案馆 现址益昌路37号,邮编065600,馆长马秀花,电话(0316)6623767、13313261913。成立于1961年,是集中统一保管机关、团体、企事业单位档案资料的国家综合档案馆,爱国主义教育基地、行政规范性现行文件查阅场所。2004年晋升省三级档案馆。总建筑面积1000平方米,库房面积268平方米。馆藏档案资料46292卷(册),4567件,其中资料6382册。保存年代最早的是清代《永清县志》。编写了《永清县国家档案馆指南》、《永清县国家档案馆大事记》、《档案利用效果实例选编》等资料近20万字。 (赵红艳)

香河县档案馆 现址淑阳镇迎宾路1号,邮编065400,馆长李宝利,电话(0316)8312663、8316109。成立于1962年,是集中统一保管机关、团体、企事业单位档案资料的国家综合档案馆,爱国主义教育基地,成立了现行文件查阅中心。2003年晋升省三级档案馆。总建筑面积1051平方米,库房面积231平方米。馆藏档案资料31177卷册,其中资料6219册。馆藏档案资料的历史跨度400余年。馆藏档案文件级目录数据库已完成13万条。

(周建华)

大城县档案馆 现址县行政中心,邮编065900,馆长周振华,电话(0316)5568381。成立于1962年,是集中统一保管机关、团体、企业事业单位档案资料的国家综合档案馆,爱国主义教育基地,县政府指定的行政规范性文件查阅场所。总建筑面积665平方米,库房面积480平方米。馆藏档案资料47300卷(册),其中资料7112册。馆藏档案的历史跨度100余年。编写了《全县人口与土地情况汇编》、《历年各项财政数字汇编》、《大城县历届党代会、人代会、政协会议简介》、《档案利用效果实例汇编》及本馆大事记、组织沿革等资料。

(孙毅)

文安县档案馆 现址县行政中心,邮编065800,馆长丁青山,电话(0311)8169813。始建于1963年,是集中统一保管机关、团体、企事业单位档案资料的国家综合档案馆,县政府指定的行政规范性文件查阅场所。2003年晋升省三级档案馆。总建筑面积1213平方米，库房面积680平方米。馆藏档案44978卷，资料6580册。编辑了《文安县志译注》、《文安县国家档案馆指南》、《利用效果百例》、《县党代会、人代会简介》等资料。（赵振友）

大厂回族自治县档案馆 现址东大街5号，邮编065300，馆长田娟，电话（0316）8822123、13932694331。成立于1964年，是集中统一保管机关、团体、企事业单位档案资料的国家综合档案馆，爱国主义教育基地、县政府指定的行政规范性文件查阅场所。1991年晋升省三级档案馆。总建筑面积500平方米，库房面积230平方米。馆藏档案资料2万卷（册），其中资料0.5万册。（李凤雏）

霸州市档案馆 现址迎宾道，邮编065700，联系电话（0316）7212262、7867199。成立于1959年，是集中统一保管机关、团体、企事业单位档案资料的基地，爱国主义教育基地。省一级档案馆。总建筑面积1000平方米，库房面积400平方米。馆藏档案资料53444卷（册），其中资料12000册。已将农村土地延包、防治“非典”、保持共产党员先进性教育工作的档案资料收集进馆。已完成了建国后档案案卷级目录的微机录入工作。

（王艳菊）

三河市档案馆 现址鼎盛东大街，邮编065200，馆长尹洪全，电话（0316）3212530、3221302。成立于1988年，是集中统一保管机关、团体、企事业单位档案资料的国家综合档案馆，爱国主义教育基地、市政府指定的现行文件查阅场所。2006年晋升省二级档案馆。总建筑面积1063.04平方米，库房面积613.23平方米。馆藏资料5.32万卷（册），其中资料1.11万册。建立了数字化档案馆，开通了档案信息网站。（刘春艳）

衡水市档案馆 现址新华中路64号，邮编053000，馆长郑建生，电话（0318）6018396、6016665。成立于1980年，是集中统一保管机关、团体、企业事业单位档案资料的国家综合档案馆，爱国主义教育基地、市政府指定的现行文件阅览场所。1998年晋升省一级档案馆。总建筑面积2478平方米，库房面积484平方米。馆藏档案资料9.9万卷（册），其中资料2.6万册。馆藏档案资料保存年代最早的是明清时期的字画、地契。已将“衡水撤地建市十周年”纪念活动、防治“非典”工作、先进性教育活动等档案资料收集进馆。已建成馆藏全宗文件级目录数据库。（许素鹏）

衡水市城市建设档案馆 现址新华西路299号，邮编053000，馆长李刚，电话（0318）7102390、2982969。成立于1990年，负责收集、接收和保管城建档案资料。馆藏档案30000余卷，2180册。实现了档案著录、检索、查询微机化管理。

桃城区档案馆 现址衡水市人民中路568号，邮编053000，馆长刘永祥，电话（0318）7931586、2812526。成立于1958年，是集中统一永久保管机关、团体、企事业单位档案资料的国家综合档案馆。2001年晋升为省二级档案馆。库房面积240平方米。馆藏档案档案资料5.8万卷，其中资料1万册。已将防“非典”、“三讲”、北京橡胶新闻发布会的档案收集进馆。馆藏档案和资料文件级目录已全部录入微机。（焦晨霞）

枣强县档案馆 现址建设北路119号，邮编053100，馆长马力，电话（0318）8224604。成立于1980年，是集中统一保管机关、团体、企事业单位档案资料的国家综合档案馆，爱国主义教育基地、县政府指定的现行文件阅览场所。2003年晋升省二级档案馆。总建筑面积656.8平方米，库房面积476.8平方米。馆藏档案资料59118卷（册）、2247件，其资料13919册，人事档案1802卷。馆藏档案资料保存年代最早的是清朝嘉庆八年的《枣强县志》。对馆藏开放档案全部进行数字化。

（马力）

武邑县档案馆 现址县政府，邮政编码053400，馆长谷立军，电（话0318）5712263、

5713873。成立于1978年，是集中统一保管机关、团体、企事业单位档案资料的国家综合档案馆，爱国主义教育基地，县政府指定的现行文件阅览场所。建筑面积1050平方米，库房面积940平方米。馆藏档案资料30176卷(册)。 (谷立军)

武强县档案馆 现址桥南街2号，邮编053300，馆长贾赤英，电话(0318)3822142。始建于1958年，是集中统一保管机关、团体、企事业单位档案资料的国家综合档案馆，爱国主义教育基地、县政府指定的现行文件阅览场所。2003年晋升省二级档案馆。总建筑面积340平方米，库房面积210平方米。馆藏档案资料4.2万卷(册)，其中资料0.8万册。馆藏档案资料保存年代最早的是清代的《武强县志》。已将年画艺术节、抗击"非典"、机构改革、保持共产党员先进性教育等档案资料收集进馆。已建成文件级目录数据库。

(贾赤英)

饶阳县档案馆 饶阳县国家档案馆现址人民西路37号，邮编053900，馆长刘振业，电话(0318)7221420。1962年建立，是集中统一保管机关、团体、企事业单位档案资料的国家综合档案馆，爱国主义教育基地、县政府指定的现行文件阅览场所。1999年晋升省三级档案馆。总建筑面积480平方米，库房面积216平方米。馆藏档案资料53556卷(册)，其中资料23241册。馆藏档案资料保存年代最早的是清乾隆年间的《饶阳县志》。 (刘振业)

安平县档案馆 现址为民街45号，邮编053600，馆长董恩奇，电话(0318)7524010。建立于1984年，是集中统一保管县级机关、团体、企事业单位档案资料的国家综合档案馆，爱国主义教育基地，县委县政府指定的现行文件阅览场所。2001年晋升省二级档案馆。总建筑面积560平方米，库房面积120平方米。馆藏档案资料4.35万卷(册)，其中资料4500册。馆藏档案资料保存年代最早的是清乾隆时期的《安平志》、《深州风土记》。已将防治"非典"、先进性教育活动、历届国际丝网博览会等档案收集进馆。已建成馆藏全宗文件级目录数据库。 (董恩奇)

故城县档案馆 现址康宁路11号，邮编253800，馆长刘广正，电话(0318)5322924。成立于1958年，是集中统一保管机关、团体、企事业单位档案资料的国家综合档案馆，爱国主义教育基地、县政府指定的现行文件阅览场所。2000年晋升省三级档案馆。总建筑面积658平方米，库房面积365平方米。馆藏档案资料4.02万卷(册)，其中资料0.95万册。已建成馆藏全宗文件级目录数据库。

(刘广正)

景县档案馆 现址政府街北门里1号，邮编053500，馆长吴文生，电话(0318)4222364。成立于1961年6月，是集中统一保管机关、团体、企事业单位档案资料的国家综合档案馆，爱国主义教育基地，县政府指定的现行文件阅览场所。2003年晋升省二级档案馆。总建筑面积660平方米，库房面积440平方米。馆藏档案资料4.2万卷(册)，其中资料1万(册)。馆藏档案全部实现微机检索。 (潘国华)

阜城县档案馆 现址位府前路，邮编053700，馆长杨春华，电话(0318)4622919、13833863728。成立于1962年，是爱国主义教育事地，现行文件阅览中心。2003年晋升省二级国家档案馆。总面积为1111平方米，库房面积375平方米。馆藏档案60790卷，其中资料14580卷。保存最早的档案为明朝《嘉靖河间府志》。 (杨春华)

冀州市档案馆 现址冀新路50号，邮编053200，馆长徐继东，电话(0318)8612143。成立于1965年，是集中统一保管机关、团体、企事业单位档案资料的国家综合档案馆，爱国主义教育基地、市政府指定的现行文件阅览场所。2000年晋升省二级档案馆。总建筑面积535平方米，库房面积380平方米。馆藏档案资料70058卷(册)，其中资料12369册。已建成馆藏全宗文件级目录数据库。

(何宏伟)

深州市档案馆 现址长江西路120号，邮编053800，馆长张德明，电话(0318)5295226。成立于1958年，是集中统一保管机关、团体、企事业单位档案资料的国家综合档案馆，爱国主义教育基地、市政府指定的现行文件阅览场所。2000年晋升省二级档案馆。总建筑面积235平方米，库房面积110平方米。馆藏档案资料3.2万卷(册)，其中资料0.6万册。已建成馆藏全宗文件级目录数据库。

（张德明）

山 西 省

山西省档案馆 现址太原市迎泽区朝阳街78号，邮编030045，电话(0351)4376743、4373962，馆长卫克兴，电话(0351)4382842。成立于1960年。是集中统一和永久保管省级机关、团体、企事业单位档案资料的国家综合档案馆，是行政规范性文件查阅场所，是省爱国主义教育基地。1998年被认定为国家一级综合档案馆。总建筑面积12 897平方米，库房面积为7 172平方米。馆藏档案393 426卷(册)，8 816件。积极向社会各界征收具有重要价值的文献材料。如历届平遥国际摄影节档案材料、“山药蛋”派作家文稿、线装山西古旧书籍、现行司法公证文书等。编辑出版了《太行党史资料汇编》(七卷本)、《二战后侵华日军“山西残留”》(三卷本)、《当代山西重要文献选编》(三卷本)等专题档案史料汇编，以及《山西省档案馆指南》、《太原旧影》等工具书和画册。利用馆藏档案资料举办了“邓小平在太行”、“彭真同志与家乡”、“火焰在燃烧——山西革命斗争史陈列”、“唐风晋韵太原老城展”等一系列展览活动。 (赵永强)

太原市档案馆 现址太原市金刚堰10号，邮编030009，电话(0351)5629286，馆长贾立进，电话(0351)5629288。为市级国家综合档案馆，是永久保管国家档案的基地、已公开现行文件利用中心、市爱国主义教育基地。2005年晋升为省一级档案馆。先后荣获“全国档案工作先进集体”、“全省十五期间档案工作先进集体”、“全省2004－2006年度档案工作综合考评一等奖”、“创建文明城市工作先进集体”、”2004－2005年度文明单位”、在全市万人民主评议的58个市政府和市直单位中，获得第三名。总建筑面积3329平方米，库房面积2000平方米。馆藏档案资料246433卷(件、册)，202364卷(件)，其中资料40637册(件)。接收、征集了太原市著名人物档案、重大活动档案和防治非典型性肺炎的档案，开展了寄存档案业务。实现了案卷级电子检索，建立了局域网，并实现了与互联网、政务网的对接，达到了办公自动化、目录检索的现代化。编撰了《太原市档案馆指南》、《太原回眸》(获山西省第五次社会科学研究成果优秀奖、太原市招商旅游年暨纪念建城2500年优秀外宣品书籍类二等奖)、《太原解放》等档案史料和档案参考资料。同时还开展了公众开放日、档案服务进社区等活动。 (马玉珍)

小店区档案馆 现址太原市小店区昌盛西街38号，邮编030032，馆长李玉秋，电话(0351)7091437。成立于1976年。是集中统一保管区级机关、团体、企事业单位档案资料的国家综合档案馆，是区级爱国主义教育基地、现行文件和政务信息公开场所。1995年晋升为省二级档案馆。总建筑面积174.3平方米，库房面积104.33平方米。馆藏档案资料29371卷(册)，其中资料5230册。馆藏档案资料的历史跨度211年，保存年代较早、具有较高价值的有清乾隆年间《御撰医宗金鉴》、道光年间《太原县志》、《旧政权〈警察法〉、〈警察令〉》和1956年《太原市规划图》。已将2003年防治“非典”工作、清房工作、2005年保持共产党员先进性教育活动等一批重大活动的档案资料收集进馆。已建成全部馆藏的案卷级目录、65%以上文件级目录数据库，编制了文件级分类目录1.6万条；具有检索意义的人名索引约15万条。 (高雪梅)

迎泽区档案馆 现址太原市云路街15号，邮编030002，电话(0351)8285673。成立于1985年。是集中统一保管区级机关、团体、企事业单位档案资料的国家综合档案馆，是行政规范性文件公开查阅场所。2006年晋升为省一级档案馆。总建筑面积240平方米，库房面积140平方米。馆藏档案、资料30793卷(册)，其中资料2662册。已将防治“非典”工作、创建文明和谐城区等一批迎泽区重大活动、重要事件的档案资料收集进馆。已建成馆藏档案目录数据库。

杏花岭区档案馆 现址太原市杏花岭区五一北路289号，邮编030009，电话(0351)3960975，馆长杨兰芳。成立于1980年。是集中统一保管区级机关、团体、企事业单位档案资料的国家综合档案馆，是区级爱国主义教育基地、已公开现行文件利用中心。2006年晋升为省一级档案馆。总建筑面积300平方米，库房面积150平方米。馆藏档案资料3.27万卷(册)，其中资料687册。已将防治"非典"工作、历届文化艺术节、体育节、保持共产党先进性活动等一批重大活动、重要历史事件的档案资料收集进馆。利用率高的45万件涉及知青、招工、婚姻、房产、公证等档案实现了电子检索。举办了"闪光的足迹——爱国主义教育展"。

尖草坪区档案馆 现址太原市尖草坪区柴村街办迎宾北路9号，邮编030023，电话(0351)5648192，馆长施保英，电话(0351)5648193。成立于1970年，是集中统一保管区级机关、各乡镇、街办、团体、企事业单位档案资料的国家综合档案馆，是区级爱国主义教育基地。2007年晋升为省一级档案馆。总建筑面积234平方米，库房面积126平方米。档案资料共计32530卷(册)。保存年代最早的是清道光年间的粮银册、地亩册。已将纪念傅山诞辰400周年活动、防治"非典"工作、学习"三个代表"、"保先"教育等一批重大活动、重要历史事件的档案资料收集进馆。馆藏32530卷档案的案卷目录和约50余万条婚姻档案、劳动用工档案、知青档案、公证档案等重点档案的全引目录已全部建成了目录级数据库。

万柏林区档案馆 现址太原市西矿街35号，邮编030024，电话(0351)6064329，馆长崔东升。成立于1985年。是集中统一保管区级机关、团体、企事业单位档案资料的国家综合档案馆，是区级爱国主义教育基地，行政规范性文件公开场所。总建筑面积260平方米，库房面积120平方米。馆藏档案资料4万卷(册)，其中资料1.4万册。馆藏档案资料的历史跨度400余年，保存年代最早的是宋朝的两块墓碑。已将防治"非典"档案，打击私挖滥采专项整治等一批重大活动档案资料收集进馆。征集了反映革命老区历史的档案资料，全国首批五一劳动奖章获得者、全国劳动模范傅昌旺、第一任区委书记梁汉武等历史名人的照片与资料。已建成馆藏案卷级目录数据库，完成了37000条目录，全引目录45万条，文件级分类目录20015条，人名数据库21万条。

晋源区档案馆 现址太原市晋源区晋源新城主楼一层，邮编030025，电话(0351)6592545，馆长闫千金。成立于1998年。是集中统一保管区级机关、团体、企事业单位档案资料的国家综合档案馆，是爱国主义教育基地、已公开现行文件利用的中心。2006年达省二级标准。面积40平方米。馆藏档案资料2686卷(册)，其中资料531卷(册)。保存年代最早的是明清档案和资料。馆藏所有档案资料全部实现计算机检索。加大了对"晋之源"旅游活动推介周、"蒙山大佛"开发、预防"非典"等重大活动档案的收集保管。

(方慧敏)

清徐县档案馆 现址美锦北大街105号，邮编030400，馆长白丽香，电话(0351)5722339。成立于1959年。是集中保管本县辖区各级机关、团体、企事业单位档案资料的国家综合档案馆，是行政规范性文件查阅场所。1996年晋升为省二级档案馆。馆使用面积200平方米。馆藏档案资料3.2万卷(册)。保存年代最早资料的是道光年间《山西乡试硃卷》；有少量的革命历史档案、民国档案；比较齐全完整的建国后档案；被列入非物质文化遗产的清徐老陈醋、背铁棍等资料。已将防治"非典"、2007年中国醋文化节等重大活动的档案资料收集进馆。征集了民国末年大常村的土地册，清徐县名人张春根等的照片、手稿等档案资料。建成馆藏全宗级目录数据库，完成了民国档案文件级目录数据的采集工作。

(孙兆红)

阳曲县档案馆 现址新阳西大街11号，邮编030100，电话(0351)5521325，馆长张海莉。成立于1979年。是集中统一保管县级机关、团体、企事业单位档案资料的国家综合档案馆，是县级爱国主义教育基地、行政规范性文件查阅场所。1993年晋升为省三级档案馆。建筑面积264平方米，库房面积176平方米。馆藏档案资料26985卷(册)，其中资料599册。已将"非典"工作档案资料收集进馆，征集了有关阳曲历史的阳曲史话、郭氏之源在阳曲、阳曲土壤等档案资料。

娄烦县档案馆 现址县城南大街政府大院内，邮编030300，电话(0351)5326458，馆长王仙婵。成立于1973年，馆库面积169.6平方米。馆藏档案19847卷，10365件；馆藏特色档案资料有民国土地证213卷，高君宇历史档案23卷。2002年被市档案局评为档案工作优秀单位，2004年被市委、市政府评为全市档案工作先进单位。娄烦县档案馆于2004年成立了现行文件利用中心，于2006年成立了爱国主义教育基地。

古交市档案馆 现址市金牛东大街64号，邮编030200，电话(0351)5142750，馆长高永林，电话(0351)5155061。成立于1975年。是集中统一保管市级机关、团体、企事业单位档案资料的国家综合档案馆，是市级爱国主义教育基地、行政规范性文件公开场所。2006年晋升为省一级档案馆。总建筑面积548平方米，库房面积132平方米。馆藏档案资料2.6万卷(册)，其中资料6000册。已将防治"非典"工作、保持共产党员先进性教育档案接收进馆。目前已建成全部馆藏的全引级目录数据库。

大同市档案馆 现址市新建南路新建巷14号，邮编037008，电话(0352)7629154、7668203。成立于1959年。建筑面积2375平方米，库房面积1380平方米。馆藏档案81279卷，资料22399册。编印了《解放后大同市大事记》、《中国共产党山西省大同市组织史资料》和《雁北地区大事记》等20种资料。

大同市城区档案馆 现址大同市城区帅府街42号，邮编037004，电话(0352)2046825，馆长刘亚峰。成立于1959年。面积为698平方米。馆藏档案资料9808卷，其中资料3597册。

大同市矿区档案馆 现址大同市矿区档案局，邮编037003，馆长赵佩凤。成立于1976年。库房建筑面积111平方米。馆藏档案4432卷。

南郊区档案馆 现址五一街档案馆大楼，邮编037001，馆长王润萍。1970年成立。建筑面积1000平方米。现存档案23631卷。保存了大量原口泉区、矿区"四清"、"五反"运动材料。

阳高县档案馆 现址柳树巷11号，邮编038100，电话6623961，现任馆长刘志华。成立于1959年。建筑面积270平方米，其中库房180平方米。馆藏档案22015卷，资料16247卷(册)。有特色的档案资料有大泉山档案、土地证、雍正年间的阳高县志、乾隆年间的天镇县志、民国年间的丰镇县志，还有高进才、王进、陈永贵等来阳高视察工作的照片等。编制了档案馆指南、全宗名册、基础数字汇编、阳高大事记等各种检索工具和参考资料。

天镇县档案馆 现址县城东街政府院内，邮编038200，馆长睢秀芬，电话(0352)6827902。面积226平方米，馆藏档案资料4300余卷。

广灵县档案馆 现址延陵路与府东街交会处的政府院内，邮编037500，电话(0352)8822477，馆长杨掌军。成立于1958年。是集中统一保管县级机关、团体、企事业单位档案资料的国家综合档案馆，是县级爱国主义教育基地、行政规范性文件查阅场所。1994年达省二级档案管理标准。总建筑面积350.18平方米，库房面积226.18平方米。馆藏档案资料44452卷(册)，其中资料22520册，现保存最早的是清代乾隆年间《广灵县志》，有珍贵革命历史档案144卷。已将广灵文化名人任凤舞档案资料、广灵县人大志、政协志、广灵第一中学校史、梁氏族谱等接收进馆，还采取提前介入，在广灵国际剪纸艺术期间收集档案资料。编研出版发行了《广灵档案报》。

灵丘县档案馆 现址武灵镇内，邮编034400，电话8522944，馆长李生荣。成立于1959年。建筑面积1994.5平方米，其中库房面积180平方米。馆藏档案20833卷、资料10488册。

浑源县档案馆 现址永安镇内，邮编037400。成立于1959年。库房12间，180平方米。馆现存档案16829卷，各种资料10385册。编写了革命斗争史略、历任领导人名录、基础数字汇集、自然灾害实录、抗战档案史料汇编、大事记、历届党代会简介、历届人代会简介、浑源县行政区划沿革、中国共产党浑源县组织史资料、浑源县志等档案史料和档案参考资料。

左云县档案馆 现址云新街政府楼后院，邮编037100，电话(0352)3829167，馆长朱涛。成立于1981年，是集中保管县级机关、团体、企事业单位档案资料的地方综合档案馆，是爱国主义教育基地、县政府指定的行政规范性文件查阅场所。1995年晋升为省三级档案馆。建筑面积为2900平方米，库房面积为1500平方米。现有馆藏档案资料3.3万卷(册)，其中资料1.3万卷(册)。

大同县档案馆 现址东街11号县政府院内，邮编037300，电话(0352)8012603，馆长武爱花。成立于1965年。馆库房建筑面积为120平方米。馆藏全部档案为32699卷，各种资料12590卷。编写了解放后组织史10万余字，本县大事记10万余字。

阳泉市档案馆 现址市经济技术开发区大连路21号，邮编045000，电话(0353)2296000，馆长曹慧明，电话(0353)2296001。成立于1963年。是集中保管市级机关、团体、企事业单位档案资料的国家综合档案馆，市级爱国主义教育基地，行政规范性文件查阅场所。2002年被授予“全国档案系统先进集体”称号；2006年晋升为“山西省一级档案馆”。总建筑面积3940平方米，库房面积1602平方米。馆藏档案资料11万卷(册)。其中资料2.2万册。馆藏有明清档案、民国档案、革命历史档案、建国后档案。年代最早的是清朝末年山西商办全省保晋矿务股份有限公司的档案，已申报全国档案文化遗产。已将“中共创建第一城——阳泉”论证会的档案资料收集进馆。建立了档案专业局域网。已建成馆藏档案案卷级目录数据库，部分全宗档案文件级目录数据库。编辑出版了《阳泉市档案馆指南》，获省档案学术成果一等奖。与有关部门协作出版了《中国共产党阳泉历史》、《保晋公司史料及研究》等文献。利用档案举办了阳泉历史回眸、世纪伟人——邓小平、勿忘国耻振兴阳泉——纪念抗日战争胜利六十周年图片展、历史的印痕——纪念阳泉建市六十周年图片展等展览。

阳泉市城区档案馆 现址阳泉市南大街300号，邮编045000，馆长王建明，电话(0353)2168446。成立于1982年。1994年升为省二级先进单位。“七五”、“八五”被市政府评为“档案工作先进集体”。馆藏档案资料61719卷(册)。

阳泉市矿区档案馆 现址阳尔市北大西街386号矿区政府院内，邮编045000，馆长翟爱萍，电话(0353)4063669、4043756。1995年获省综合档案馆二级标准、1996年获省档案系统先进集体、2006年获市“十五”期间档案工作先进集体称号。2004年成立现行文件利用中心；2007年创建了爱国主义教育基地。建筑面积550平方米，档案库房137平方米。实现了馆藏档案文件目录计算机检索。

阳泉市郊区档案馆 现址郊区荫营镇镇区江正大街1号，邮编045011，电话(0353)5053894，馆长康建琴，电话(0353)5059132。成立于1971年，是集中统一保管区行政机关、团体、企事业单位与各乡镇档案史料的保管基地，是区已公开现行文件利用的中心，是区爱国主义教育基地。“九五”期间被授予“全国档案系统先进集体”，于2005年成为山西省县级示范档案馆。总建筑面积为400平方米，库房面积230平方米。馆藏档案资料64630卷(册)，资料7432册，馆藏保存最早档案为1833年(清代)的农民土地买卖契约。已完成数据库著录161239条。编纂有9种编研资料，计100多万字。举办了“兰台采珍·耀郊区辉煌”爱国主义教育展览。 (赵千银)

平定县档案馆 现址县东大街县政府大楼一楼，邮编045200，电话(0353)6188923，馆长董玉根，电话(0353)6188926。成立于1963年。是集中统一保管县级机关、团体、科技事业单位档案资料的国家综合档案馆。占地面积285平方米，库房面积220平方米。馆藏档案资料51248卷(册)，其中资料8966册。编写出版了《平定县建国初期文件选编》、《嘉河水患情况简介》、《平定县灾情纪实》等史料汇编十多种50多万字。

盂县档案馆 现址盂县人民政府机关大院，邮编045100，电话(0353)8083341，馆长王德军。成立于1960年。是集中统一保管全县各机关、团体、企事业单位档案资料的县级国家综合档案馆，是县现行文件利用中心。1996年晋升为省二级档案馆。2006年被授予“十五”期间全市档案工作先进集体。总建筑面积380平方米，库房面积290平方米。馆藏档案资料67021卷(册)，其中资料11754册。保存年代最早的是清代档案资料。已接收防治“非典”、先进性教育、重点工程建设等档案资料进馆。编写了《盂县大事记》、《盂县组织机构沿革》、《盂县区划沿革》、《盂县农业基础数字汇集》，参加编写了《盂县志》、《中共盂县组织史资料》等档案史料10余种70余万字。

长治市档案馆 现址市城区英雄中路68号，邮编046000，电话(0355)3559946，馆长王建新，电话(0355)3559956。成立于1959年。是集中统一保管市直机关、团体、事业单位档案资料的国家综合档案馆，是现行文件利用基地。2003年晋升为省一级档案馆。总建筑面积2000平方米(不含地下室)，其中档案库区812平方米。馆藏档案资料101088卷(册)，其中资料45570册。防治“非典”、“禽流感”等重大事件档案接收进馆，还对外开展了档案寄存服务。馆藏129个全宗1992年前案卷级和文件级目录全部录入计算机。自编了《长治市党群团机关、机构、人员变更、主要工作活动简介》、《长治市档案工作大事记》、《长治市档案工作年鉴》、《政协长治市历届委员会会议资料选编》，与外单位合编了《长治大事记》、《中国共产党山西省长治市组织史资料》等。

长治市城区档案馆 现址长治市太行东街66号城区区委办公楼1层东侧，邮编046011，电话(0355)2188727，馆长赵淑琴，电话(0355)2188726。成立于1976年。1996年、2001年、2006年被省评为全省档案工作先进集体，2006年在被评为省二级综合档案馆。总建筑面积190平方米，库房面积115平方米。馆藏档案资料25623卷(册)，其中资料2788卷(册)。已完成了全部档案案卷级目录数据的录入工作，文件级目录数据也已录入了近三分之一。2002年成立了“现行文件阅览中心”，2006年又开通了城区档案信息网，2006、2007年度的规范性文件全部实现了网上原文查阅。

长治市郊区档案馆 现址上党古城东北，延安中路61号郊区政府大院内，邮编046000，电话(0355)2189138，馆长王永红，电话(0355)2037306。成立于1976年。是集中统一保管区级机关、团体、企事业单位档案资料的综合档案馆，是爱国主义教育基地。2006年晋升为省二级档案馆。馆库面积60平方米。馆藏档案9655卷。有清乾隆、嘉庆、同治年间的房地产、官契、当票、税票，有辛亥革命期间一度流通的部分钞票，有建国初期整党、整风、中苏友好集体农庄原始材料，有十一届三中全会后，拨乱反正、搞活开放、振兴发展郊区经济、撤并

单位、乡镇等的大量档案材料。(贾旭翔)

长治县档案馆 现址新建南路149号,邮编047100,电话(0355)8084572,电子邮箱:sxsczxdaj.@126.com。成立于1963年。馆藏档案2万余册,资料万余册。

襄垣县档案馆 现址县城中心府前街1号(县委、县政府院内),邮编046200,电话(0355)7222365,馆长李晓太。成立于1959年。是集中保管和永久保存全县档案的基地和利用档案信息的中心,2002年成立现行文件阅览中心,2005年指定为爱国主义教育基地。总建筑面积529平方米,库房面积367平方米。馆藏档案资料5.5万卷(册),其中资料1.4万册。保存的档案珍品有民国档案、革命历史档案、防治(非典)档案、党和国家领导人在襄垣的照片、实物档案等;资料珍品有县志、家谱、史书、画报等。(邱书婵)

屯留县档案馆 现址麟绛东大街51号政府大院内,邮编046100,电话(0355)7528087,馆长付畅达,电话13935588731。成立于1979年。是集中统一保管县机关、团体、企事业单位档案资料的国家综合档案馆。1998年晋升省二级档案馆。总建筑面积258平方米,库房面积124平方米。馆藏档案资料42890卷(册),其中资料6656册。保存年代最早的是革命历史档案和资料。已将防治"非典"、"禽流感"等工作的档案资料收集进馆。

平顺县档案馆 现址县府东街26号,邮编047400,电话(0355)8926968,馆长王伟红。成立于1959年。是集中统一保管县级机关、团体、企事业单位档案资料的国家综合档案馆,是全县行政规范性文件查阅场所。2006年被市评为"十五"期间档案工作先进集体。总建筑面积415平方米,库房面积235平方米。馆藏档案资料3.944万卷(册),其中资料2.3万卷(册)保存最早的是民国时期档案资料,有革命历史档案(1938—1949年)共529卷。收集了全国著名劳模、一至十届全国人大代表申纪兰的档案资料。

黎城县档案馆 现址河下东街101号,邮编047600,电话(0355)6561011,馆长徐向东,电话13935500849。成立于1959年。是集中统一保管县机关、团体、企事业单位档案资料的综合档案馆,是县级爱国主义教育基地。1994年晋升省二级档案馆。先后被省、市、县政府授予先进单位,八五期间模范单位。总建筑面积707.5平方米。馆藏档案资料33645卷(册),其中资料6541册。

壶关县档案馆 现址县城府前街19号县政府后院,邮编047300,电话(0355)8778550,馆长赵庆明。成立于1958年。是集中统一保管县级机关、团体和有关单位、个人档案资料的综合档案馆,是县政府规范性文件查阅场所。2006年晋升为省三级档案馆。总建筑面积1577平方米,库房面积405平方米。馆藏档案资料55862卷(册),其中资料23398卷(册)。保存年代最早的档案是1913年的干部委任状。收集、征集到了一些重大活动、重点工程档案,如县举办的国际攀岩赛,紫团会堂、荫林公路等工程档案,还征集到了县历届县委书记、县长个人及工作照。编印了《八年抗日斗争史》、《壶关县自然灾害记载》等二十余种参考资料。

长子县档案馆 现址县城西大街钟楼路一号,邮编046600,电话(0355)8331149,馆长刘占荣,电话(0355)8331153。成立于1964年。是集中统一保管县级机关、团体、企事业单位档案资料的国家综合档案馆,是县级爱国主义教育基地,行政规范性文件查阅场所。2000年晋升为省二级档案馆。1999年至2006年连续被评为市先进集体和先进单位。总建筑面积226平方米,库房面积162平方米。馆藏档案资料7.5万卷(册),其中资料2.5万册。馆藏档案资料的历史跨度150余年。保存年代最早的是清朝、民国档案资料和革命历史档案。加强了对重大活动档案的收集,征集了历史名人的照片与资料及地图等大量档案资料。目前纸质档案数字化占馆藏纸质档案

的 20.4%。（李丽芳）

武乡县档案馆 现址丰州镇迎宾街 153 号，邮编 046300，电话（0355）6380671，馆长李晓东。成立于 1958 年。是集中统一保管县级机关、团体、企事业单位档案资料的综合档案馆，是县级爱国主义教育基地、行政规范性文件查阅场所。1998 年晋升为省二级先进档案馆。总建筑面积 420 平方米，库房面积 220 平方米。馆藏资料 5000 卷（册），馆藏档案 34059 卷（册）。保存年代最早的是清代同治年间档案，有少量革命历史档案。完成了建国前档案案卷目录数据采集工作。

沁县档案馆 现址县城红旗街宁远道 9 号，邮编 046400，电话（0355）7022504，馆长李东红，电话（0355）7026838，13934053992。成立于 1958 年。是全县机关、团体、企事业单位档案资料集中保管的综合档案馆，是县级爱国主义教育基地，成立了现行文件阅览中心。1995 年晋升为省二级先进档案馆。1988 年省档案局、省农办在沁县召开全省农业科技档案现场会。“八五”期间被省政府表彰为先进集体，“十五”期间被评为市级先进集体。总建筑面积 1173 平方米。馆藏档案资料 53189 卷（册），其中资料 13914 册。（田建国）

沁源县档案馆 现址沁河镇胜利街 8 号，邮编 046500，电话（0355）7832351，馆长杨庆宏。成立于 1960 年。是集中统一保管县级机关，团体、企事业单位档案资料的综合档案馆，是县级爱国主义教育基地、行政规范性文件查阅场所。1994 年晋升为省二级档案馆。多次被长治市委、市政府、沁源县委、县政府评为先进集体、先进党组织，在“十五”期间被山西省人民政府授予“先进集体”称号。馆库面积 1008 平方米。馆藏 22549 卷档案、16638 册资料，保存最早的是清代档案，有少量民国档案和革命历史档案。已将防治“非典”工作、先进性教育、防治“禽流感”等一批重大活动，重要历史事件的档案资料收集进馆。开展了我县名人、名产、重大活动、文化艺术档案及历年来受到省级以上奖励的先进集体、先进个人的奖状、锦旗、奖杯（牌）等的征集工作。对馆藏档案资料案卷级、文件级目录全部完成计算机录入工作，全文扫描已达 33525 页。

晋城市档案馆 现址市凤台西街 3 号，邮编 048000，电话（0356）2031467，馆长宋铁拴，电话（0356）2058102。成立于 1985 年。是集中统一保管市级机关、团体、企事业单位档案资料的国家综合档案馆，是市级爱国主义教育基地、行政规范性文件查阅场所。总建筑面积 640 平方米，库房面积 300 平方米。馆藏档案资料 77371 卷（册），其中资料 17000 册。保存年代最早的是革命历史档案和资料。已将创建全国文明城市、旅游城市、卫生城市、经济强市等重大活动、重要历史事件的档案资料收集进馆。已对接收建市以来形成的档案进行了案卷级、文件目录的输录管理，对馆藏资料进行了著录。

晋城市城区档案馆 现址晋新市新市东街 1 号城区政府院内，邮编 048000，电话（0356）2022944，馆长侯强，电话（0356）2051107。成立于 1985 年。是集中统一保管区级机关、团体、企事业单位档案资料的国家综合档案馆，是行政规范性文件查阅场所。总建筑面积 150 平方米，库房面积 90 平方米。馆藏档案资料 40103 卷（册），其中资料 17013 册。保存最早的是革命历史档案。已将防治“非典”、“保持共产党员先进性活动”等重要事件、重大活动的档案资料全部接收进馆。

沁水县档案馆 现址新建西街 99 号，邮编 048200，馆长王万芳。成立于 1959 年，是集中统一保管县级机关、团体、企事业单位档案资料的国家综合档案馆。1990 年达省三级标准。总建筑面积 700 平方米，库房面积 400 平方米。拥有馆藏量 63421 卷（册）。编辑出版了《中国共产党山西省沁水县组织史资料》、《沁水县 1957 年至 1972 年雨量资料》、《沁水县农业生产几个主要数字统计（1949－1975）》、《沁水县历届党代表大会简介》、《沁水

县历届人民代表会议概况》、《沁水县历史旱涝资料》。（柳兆兴）

阳城县档案馆 现址凤凰东街186号，邮编048100，电话(0356)4222085，馆长郭春社，电话(0356)4221510。成立于1959年。是集中统一保管县、乡镇机关、团体、企事业单位档案资料的国家综合档案馆。总建筑面积670平方米，库房面积300平方米。馆藏档案资料75396卷(册)，其中资料22290册。馆藏档案资料的跨度200余年。保存年代最早的是清代档案和资料，还有革命历史档案。已将党代会、人代会、防治“非典”工作等重大活动，重要历史事件的档案资料收集进馆。征集了保存在民间的1942年阳城县抗日县政府的公务文件等大量档案资料。编印了《阳城县五百年旱情资料汇编》、《阳城县历届党代会简介》、《阳城县历届人代简介》、《中国共产党阳城县组织史资料》等重要参考资料。

陵川县档案馆 现址县城梅园东街人大一楼东面，邮编048300，电话(0356)6202635，馆长王三贵，电话(0356)6200583。成立于1958年。是集中统一保管县直机关、乡(镇)政府、社会团体、事业单位、社会名人档案资料的国家综合档案馆，是县级爱国主义教育基地。1997年达到二级档案馆。总建筑面积450平方米，库房面积300平方米。馆藏档案资料37944卷(册)，其中资料11832件(册)。保存年代最早的是清末档案和资料，有比较珍贵的民国档案和革命历史档案。已将防治“非典”工作、共产党员先进性教育、反映城镇建设等一批重大活动，重要历史事件的档案资料收集进馆。有计划地向社会知名人士、革命老干部征集了革命先辈等历史名人的照片资料及回忆录。

泽州县档案馆 现址城区西安街101号，邮编048000，电话(0356)3030453，馆长周海生，电话(0356)3033004。成立于1959年。是集中统一保管县机关、团体、企事业单位档案资料的综合档案馆，是现行文件利用场所。1996年达省二级标准。2006馆获山西省“十五”期间档案工作先进集体称号。库房面积80平方米。馆藏档案资料7万余卷(册)，其中资料2万册。

高平市档案馆 现址长平街260号，邮编048004，电话(0356)5243343，(0356)5224272(传真)，馆长贺晚旦。成立于1963年。是集中统一保管市直机关、团体、企事业单位档案资料的国家综合档案馆，是县级爱国主义教育基地、现行文件查阅场所，山西省一级示范档案馆。总建筑面积692.5平方米，库房面积260平方米。馆藏档案资料52985卷(册)，其中资料16000册。保存最早的是民国档案。已将预防和控制非典工作、世纪大道竣工、先进性教育等重大活动的档案资料收集进馆。馆藏全部档案的案卷目录、全引目录全部著录微机，建立了局域网和政务信息网，网址是：www.sxgaoping.gov.cn/danganju。

朔州市档案馆 现址民福东街，邮编036000，电话(0349)6886506，馆长张桂梅，电话(0349)2280227。成立于1991年。是集中统一保管市级机关、团体、企事业单位档案资料的国家综合档案馆，是现行文件查阅中心。总建筑面积2000平方米，库房面积300平方米。馆藏档案资料3.5万卷(册)。

朔城区档案馆 现址朔州市朔城区鄯阳街3号，是全区机关、团体、企事业单位档案资料集中保管的基地。成立于1958年。总面积270平米。馆藏档案资料44042卷(册)。馆藏档案保存年代最早的是民国38年的土地改革的土地证存根档案，馆藏资料有清代编写的《朔州县志》、《马邑志残本》，还有新编的《朔县县志》和《朔县组织史资料》等。

平鲁区档案馆 现址朔州市平鲁区区政府一楼西侧，邮编036800，电话(0349)6690146，馆长杜生平，电话(0349)6690106。成立于1952年。是集中统一保管区机关、团体、企事业单位档案资料的国家综合档案馆。1993年晋升为省二级档案馆。总面积165平方米。馆藏档案资料 60100 卷，其中资料 21800 册。

山阴县档案馆 现址县政府大院西配房，邮编 034900，电话(0349)7077593，馆长李卫东，电话(0349)7027409。总建筑面积 240 平米，库房面积 119 平米。馆藏档案 3.1 万卷，其中革命历史档案 606 卷。

应县档案馆 现址县城南端三环路北政府大楼内，邮编 037600，电话(0349)5022804，馆长赵建。成立于 1959 年。建筑面积 150 平米。馆藏档案 19615 卷。

右玉县档案馆 现址大东街县委一楼，邮编 037200，电话(0349)8022107，馆长刘国秀，电话(0349)8022702。成立于 1964 年。是负责保管和提供利用县级机关、团体、企事业单位的档案资料。1994 年晋升为省二级馆。库房面积 100 平方米。馆藏档案资料 3.5 万卷(册)。保存最早有清代、民国档案资料，其中有清代《西湖志》、《朔平府志》,《右玉县民国十年规划》、《右玉县志》手抄本等。

怀仁县档案馆 现址文化广场，邮编 038300，电话(0349)3027830，馆长贺建平，电话(0349)3055506。是负责保管和提供利用县级机关、团体、企事业单位档案资料的综合档案馆，是县政府指定的文件查阅中心。库房面积 550 平方米，馆藏档案资料 3.4 万卷，资料 1.2 万册。

忻州市档案馆 现址市长征街 21 号，邮编 034000，电话(0350)3039400，馆长刘存伟，电话(0350)3309567。是集中统一保管市级机关、团体、企事业单位档案资料的国家综合档案馆，是市级爱国主义教育基地、已公开现行文件集中向社会提供利用的中心和档案信息服务中心。馆库房面积 108 平方米。馆藏档案 53387 卷，1221 件，资料 12834 册。加强了对特色档案资料的征集进馆工作，其中有地方戏曲剧本、剧照、曲谱、民间体育竞技活动的相关资料、实物、民间文艺表演活动有关资料也已收集进馆。同时，文化、体育、文艺、科技界和各级劳动模范等著名人物档案；南下干部、知青档案；历史名画、各类老照片等大量档案资料征集进馆。启动了馆藏档案信息化工作，录入文件级目录 2200 余条。 (张利华)

忻府区档案馆 现址忻州市光明东街二号忻府区政府大院，邮编 034000，电话(0350)2021577，馆长郭晓燕，电话(0350)3399511。成立于 1959 年。先后荣膺省、市妇联“巾帼文明岗”区劳动竞赛委员会“集体一等功”和“优质服务单位”省政府“十五期间”先进集体奖，连续十年建筑面积 120 平方米，库房面积 80 平方米。获市政府表彰，责任制考核位居全市第一。馆藏量 70625 卷(册)，其中资料 5043 册。

原平市档案馆 现址市前进西街 835 号，邮编 034100，电话(0350)8223872，馆长李竹青。成立于 1959 年。是集中统一保管县级机关、团体、企事业位档案资料的国家综合档案馆，2006 年达省三级档案标准。总建筑面积 198 平方米，库房面积 112 平方米。馆藏档案资料 33485 卷(册)，其中资料 14725 册。编辑出版《原平县志》、《原平组织史资料》，内部发行了《原平市档案局(馆)组织史沿革》、《原平市档案局(馆)大事记》、《原平经济大事记》等史料汇编 133 多万字。

定襄县档案馆 现址县政府大院二号楼，邮编 035400，馆长边东贵。电话(0350)6022330 成立于 1963 年。建筑面积 1100 平方米。馆藏档案 18735 卷，资料 2518 件(册)。

五台县档案馆 现址台城镇内，邮编 035500。电话(0350)3351088 成立于 1959 年。建筑面积 693 平方米，库房面积 260.82 平方米。馆藏档案 24946 卷，资料 29847 册。

代县档案馆 现址县东大街政府院内，邮编 034200。电话(0350)5228431 成立于 1958 年。馆藏档安案资料 32052 卷(册)。建筑面积 280 平方米，库房面积 90 平方米。

繁峙县档案馆 现址繁城镇内，邮编 034300，馆长何海。成立于 1959 年。建设面积270平方米，库房面积210平方米。保存档案26211卷，资料11740册。

宁武县档案馆 现址县委大楼，邮编036700。电话(0350)4726789。成立于1959年。库房面积75平方米。馆藏档案资料28000余卷(册)。

静乐县档案馆 现址县活动中心一楼西侧，邮编035100，馆长李小林。库房面积50平方米。馆藏档案25802卷，资料8995册，家谱2册。

神池县档案馆 现址县政府大楼一楼，邮编036100，馆长龚秀花。成立于1962年。库房面积60平方米。保存档案21183卷。

五寨县档案馆 现址砚城镇内，邮编036200。建筑面积250平方米；库房面积180平方米。馆藏档案19827卷(件)。

岢岚县档案馆 现址北大街22号，邮编036300，电话(0350)4532014。成立于1964年。面积64平方米。馆藏档案12284卷，资料9950卷册。编研材料有《岢岚县志》、《岢岚县历届人代会》、《岢岚县历届党代会》、《日寇占岢岚县咸康》、《付家洼惨案》、《围岢岚》、《夜袭三井镇》、《古城战斗》、《劳武结合英雄——张初元》、档案局历届领导人名录、组织机构沿革、大事记、档案事业发展史、岢岚著名作家冯贵生同志珍藏作品等。

河曲县档案馆 现址县委县政府大楼后院平房内，邮编036500，电话(0350)6181098，馆长李卫平。成立于1959年。是集中统一保管全县机关、团体、企事业单位档案资料的国家综合档案馆，是县级爱国主义教育基地，现行文件利用中心。2006年晋升为省三级档案馆。总建筑面积243平方米，库房面积210平方米。馆藏档案资料4.6万(件、卷、册、盘)。创办了《可视河曲》数据库，编制了声像煤炭专题、农业专题、分乡镇专题等。

保德县档案馆 现址县政府五楼，邮编036600，电话(0350)7324174，馆长陈桂兰。2002年开始，档案工作年年被市政府评为先进。2006年陈桂兰局长被授予"全省档案工作先进个人"。库房面积共90平方米。馆藏档案26225卷。2005年成立了现行文件利用中心。

偏关县档案馆 现址新关镇内，邮编036400，馆长张宝山。成立于1959年。库房面积144平方米。馆藏档案14886卷，资料1299册。

吕梁市档案馆 现址离石区永宁中路9号，邮编033000，电话(0358)8224334，馆长白驰明，电话(0358)8222891。成立于1975年。是集中统一保管市级机关、团体、企事业单位档案资料的国家综合档案馆，是行政规范性文件查阅场所。总建筑面积3128平方米，库房面积1570平方米。馆藏档案资料61092卷(册)，其中资料21300册。加强了对重大活动档案的收集，其中有党和国家领导人邓小平、叶剑英、李先念、汪东兴等接见山西代表的照片，胡耀邦、江泽民等视察吕梁时的讲话录音、录像、照片和题词，还有江泽民给山西省委书记胡富国的亲笔信。已将吕梁撤地设市工作、防治"非典"工作等一批重大活动、重要历史事件的档案资料收集进馆。建成了全部馆藏档案案卷级和文件数据库。对馆藏档案已开始了全文扫描工作，目前已扫描11000余幅。编辑出版《山西日报发表吕梁文章图片索引》、《人民日报发表吕梁文章图片索引》、《吕梁地区组织沿革》、《吕梁地区大事记》、《吕梁地区征用土地文件汇编》等编研材料。

离石区档案馆 现址吕梁市离石区交通路69号，区政府大院东楼，邮编033000，电话(0358)8234081，馆长李淑平，电话(0358)8235029。成立于1959年。是集中统一保管理区级机关、团体、企事业单位档案资料的国家综合档案馆。1989年晋升为省三级档案馆，2006年获"十五"期间全省档案工作先进集体，2005年、2006年、2007年连续三年全市档案业务考核获得一等奖。面积802平方米，新旧馆总面积1000平方米。馆藏档案、资料28124

卷，其中资料 7899 册。来离石活动等一批重大活动的档案资料、照片，《离石文史资料》、离石籍我国著名教育家辛安亭的生平事迹、纪念文章、论文选及著作目录等档案资料收集进馆。同时向民间、各界征集了有历史价值的重要档案资料，征集了《一代清吏于成龙》、《浴血吕梁》、《吕梁名人》等书籍，征集了离石籍女士李效黎与丈夫林迈可先生参加抗日战争的弥足珍贵的历史照片。开始建立馆藏全宗级目录数据库，采集档案案卷目录数据 2906 条，采集卷内目录数据 79006 条。

孝义市档案馆 现址市府前街旧市委大院内，邮编 032300，电话(0358)7622174，馆长张季莲，电话(0358)7623025。成立于 1953 年。是集中统一保管县级机关、团体、企事业单位档案资料的国家综合档案馆，是全市现行文件查阅中心、档案寄存托管中心和爱国主义教育基地。2006 年晋升为省三级档案馆。馆库面积 1160 平方米。馆藏档案资料 47483 卷(件)。

汾阳市档案馆 现址市东正街 5 号，邮编 032200，电话(0358)7333317，馆长路剑锋，电话(0358)7333163。成立于 1959 年。"十五"期间，馆连续被地、市评为档案工作先进和模范集体。总建筑面积 1126.87 平方米。馆藏档案 31207 卷。馆藏档案形成的最早年代为 1941 年。

文水县档案馆 现址县委大楼北侧，邮编 032100，电话(0358)3022341，馆长武晋瑢。成立于 1959 年。是集中统一保管县机关、团体、企事业单位档案资料的国家综合档案馆。总建筑面积 234.4 平方米，库房面积 222.3 平方米。馆藏档案资料 41522 卷(册)，其中资料 16107 册。保存最早的明清档案和资料，比较珍贵的有革命历史档案，有刘胡兰烈士的部分档案和资料。编纂了《中共文水县委大事记》、《合作化大生产运动材料汇集》、《文水县军事录》(1905－1949)等 10 多项较有价值的汇编及参考资料。

交城县档案馆 现址沙河街 18 号县委政府综合楼 1 楼，邮编 030500，电话(0358)3522571，馆长蔚妙仙，电话 13835833860。成立于 1980 年。是集中统一保管县机关、团体、企事业单位档案资料的县级综合档案馆。2006 年晋升为省三级档案馆。总建筑面积为 343 平方米，库房面积 230 平方米。馆藏各类档案 17894 卷，资料 5724 册。编辑了文件汇编 71 册，参考资料 13 种 68 册，约 98.3 万字，并参与了《交城县县志》、《交城县组织史》、《交城县城关镇镇志》等的编纂工作。

兴县档案馆 现址蔚汾镇文化街 21 号，邮编 033600，电话(0358)6322746，馆长牛寨中。成立于 1955 年。是集中统一保管县级机关、团体、企事业单位档案资料的国家综合档案馆。建筑面积 1000 平方米。馆藏各种档案 3 万卷。编写出版了《中国共产党兴县组织史资料》一、二集，《中共兴县历史纪事》、《贡生—士绅—共产党人刘少白》、兴县名人风采录系列丛书《各领风骚》一、二集等书。总字数达 210 万字。其中《贡生—士绅—共产党人刘少白》和《中共兴县历史纪事》两本书分别获山西省第四届优秀党史研究成果二等奖、山西省档案学优秀成果二等奖。

临县档案馆 现址临县革命街，邮编 033200，馆长白树伟。成立于 1959 年。是集中统一保管县级机关、团体、企事业单位档案资料的综合档案馆。1990 年达省级先进标准。使用面积 300 多平方米，库房使用面积 150 多平方米。馆藏档案资料近 26000 卷(册)，其中资料近 6000 卷(册)。保存年代较早的是明清、民国档案和资料。保存数量较多的是革命历史档案和资料。内容主要有本县 1940－1949 年间工农业生产、纺花织布、支前抗日、做草鞋、缴公粮、参军参战、减租减息、土地改革等。编辑有《杨万选工作笔记汇编》，这是杨万选 1940 年至 1949 年在临县任县级主要领导期间所做工作笔记，临县历史沿革、临县大事记等。

柳林县档案馆 现址县政府办公大楼一层，邮编 033300，电话(0358)4022337，馆长段有亮，电话(0358)4029985。是永久保管县直机关、团体、企事业单位以及其它社会组织档案的基地。是受省政府“八五”、“九五”、“十五”表彰的先进单位。总建筑面积 1000 平方米，库房面积 320 平方米。馆藏档案 63580 卷，资料 7976 册。珍贵档案资料有原中共中央总书记胡耀邦以及聂荣臻元帅为贺昌烈士纪念碑的题词，晋剧《三上桃峰》原声带及党和国家领导人在柳林视察工作时的照片和讲话录音及日军在柳林制造石门洞等历史惨案的罪证。珍贵图书资料有《太平御览》、《嘉庆重修一统志》、《二十五史补编》、《永宁州志》、吕梁地区各县县志、《孟门陈氏宗谱》、《明清两代地契文书》等。

石楼县档案馆 现址县城新建路县政府大院东侧，邮编 032500，电话(0358)5722378，馆长郭永升。1959 年成立。总面积 460 平方米，库房面积 340 平方米。馆藏档案、资料 35919 卷(册)，其中资料 16892 册。

岚县档案馆 现址向阳东路 44 号，邮编 033500，电话(0358)6728075，馆长刘新春，电话(0358)6724785。成立于 1963 年。是集中统一管理县级机关、团体、企事业单位档案资料的县级综合档案馆。库房面积 150 平方米。馆藏档案 21944 卷，资料、图书、报刊 1 万余册，保存年代最早的是民国档案和革命历史档案，比较齐全完整的是建国以后的档案。

方山县档案馆 现址县城府前路，邮编 033100，电话(0358)6025474，馆长常建明，电话(0358)6027200。成立于 1975 年。是集中统一保管县级机关、团体、企事业单位档案资料的国家综合档案馆，是行政规范性文件查阅场所。1992 年晋升为省三级档案馆。总建筑面积 300 平方米，库房面积 80 平方米。馆藏案卷 4.2 万卷(册)，资料 0.3 万册，其中代管单位 2.4 万卷。保存年代最早的有建国前的土地证件及民国年间报刊，还有少量革命历史档案。已将“三个代表”重要活动，保持共产党员“先进性教育”活动，防治“非典”，吕梁英雄李月生先进事迹等重要档案收集进馆，正着手收集一代廉吏于成龙的有关生平资料。

中阳县档案馆 现址县委综合办公楼东 1 号楼一层，邮编 033400，电话(0358)5300644，馆长杨玉萍。成立于 1959 年。是集中统一保管全县档案资料的国家综合档案馆，是县级爱国主义教育基地，是查阅利用档案资料和现行文件阅览的重要窗口。2006 年达省三级标准。总建筑面积 470 平方米，其中库房面积 390 平方米。馆藏档案资料 6.5 万余卷(册)，其中资料 4866 册。有个人捐赠、寄存的家族谱等特色档案资料。

(王探平)

交口县档案馆 现址县城龙泉街 16 号，邮编 032400，电话(0358)5422194，馆长周向红，电话(0358)8550921。成立于 1974 年。是集中统一保管县级机关、团体、企事业单位档案资料的国家综合档案馆。2006 年晋升为省三级档案馆。档案局馆长多次被省、市、县三级政府评为先进工作者。总建筑面积 1043 平方米，库房面积 450 平方米。馆藏档案资料 3 万卷册，其中资料 2040 册。已建立了一部分案卷级、文件级目录数据库。

晋中市档案馆 现址市新华街 199 号，邮编 030600，电话(0354)2638539，馆长郭玉凤，电话(0354)2638536。成立于 1975 年。是集中统一管理市党政机关、团体和所属单位档案资料的国家综合档案馆，是政府指定的已公开现行文件查阅场所。建筑面积 1409 平方米，库房面积 296 平方米。馆藏档案资料 8.3 万卷(册)，其中资料 2.8 万册。保存年代最早的是清朝道光房契档案。实现了案卷级目录计算机检索。编辑出版了《档案工作文件选编》，与市史志研究院共编了《中国共产党山西省晋中地区组织史资料》等专题汇编。

(杨晨光)

榆次区档案馆 现址晋中市迎宾西路区委、区政府办公大楼，邮编 030600，电话(0354)

3368059,馆长张保平,电话(0354)3368058。成立于1959年。是集中统一保管区级机关、团体、企事业单位档案资料的国家综合档案馆。2004年成立榆次区爱国主义教育基地;2003年成立榆次区现行文件管理中心。1995年达省二级档案馆。库房面积200平方米。馆藏档案资料120092卷(册),其中资料22572册。保存年代最早的是民国档案和资料,有少量的革命历史档案和旧政权档案。榆次区2005年“9.26全国第六届民间艺术节”活动的材料全部收集进馆。(程晋萍)

介休市档案馆 现址西大街139号(市政府院内),邮编032000,电话(0354)7223373,馆长范荣河,电话(0354)7214408。成立于1959年。是集中保管市级机关、团体、企事业单位档案资料的国家综合档案馆,是爱国主义教育基地、现行文件利用中心。1994年晋升为省二级档案馆。1996年授予“全省档案工作先进集体”,2001年授予“‘九五’期间全市档案工作先进集体”荣誉称号。总建筑面积440平方米,库房面积220平方米。馆藏档案资料37736卷(册),其中资料6648册。

(尹晓东)

榆社县档案馆 现址东大街19号,邮编031800,电话(0354)6622328,馆长贾兆刚。成立于1953年。是集中统一保管档案资料的综合档案馆,是现行文件查阅场所。1992年被评定为省三级档案馆。总建筑面积1084平方米,库房面积400平方米。馆藏档案资料33125卷(册),其中资料5441册。保存年代最早的是民国档案。(郝延平)

左权县档案馆 现址县城北大街23号政府综合办公楼内,邮编032600,电话(0354)8630432,馆长赵桂林,电话(0354)8621625 。成立于1959年。是集中统一保管县机关、团体、企事业单位档案资料的县级档案馆。1992年档案管理达省三级标准。总面积为237平方米,其中库房面积为162平方米。馆藏档案52154卷册,其中资料15014册。最为珍贵的是记录左权县在抗日战争、解放战争和全国解放初期的档案资料。(赵桂林)

和顺县档案馆 现址新华街39号,邮编032700,电话(0354)8122542,馆长高荷芳,电话(0354)8121210。成立于1959年。是集中统一保管县级机关、团体、企事业单位档案资料的国家综合档案馆,是县级爱国主义教育基地,2005年成立现行文件阅览中心。1985年获地区档案工作先进集体称号。库房面积134平方米。馆藏档案19458卷,资料16852卷(册)。(高荷芳)

昔阳县档案馆 现址上城街20号,邮编045300,电话(0354)4122313,馆长吕振荣,电话13203541002。成立于1960年。是集中统一管理县委、县人民政府直属机构档案资料的国家综合档案馆。占地面积420平方米,库房面积308平方米。馆藏档案资料63421卷(册),其中资料10660册。保存最早的是民国档案。较为珍贵的档案有记载1953年至1977年昔阳开展农业学大寨及中国开展学大寨群众运动的档案、资料及有关党和国家领导人视察大寨的照片、录音、录像、题词等。已将防治“非典”、先进性教育等重大活动、重要历史事件档案接收进馆。同时,有计划地开展了昔阳名人档案资料的征集工作。民国档案、革命历史档案实现了案卷级、文件级目录计算机检字。(王继红)

寿阳县档案馆 现址县城城内街23号,邮编045400,电话(0354)4623230,馆长张宗源。成立于1959年。是寿阳县永久保存档案的基地,是各项事业当前和长远利用与研究档案史料的中心。总面积210平方米,库房面积190平方米。馆藏档案资料59023卷(册),其中资料4530册。保存年代最早的是解放战争时期的档案。协助有关单位完成了《寿阳年鉴》、《中共寿阳县委大事记》等书的编撰工作。

(张宗源)

太谷县档案馆 现址太谷城内新建路202号,邮编030800,电话(0354)6223496,馆长杜中平。成立于1959年。是集中统一保管县各机关、团体、企事业单位档案的县级综合档案馆，2004年被正式命名为“爱国主义教育基地”，同年成立了“现行文件阅览中心”。总建筑面积165平方米，库房面积90平方米。馆藏档案资料78190卷(册)，其中资料4230卷(册)保存年代比较早的有革命历史档案和旧政权档案，已全部著录。接收了退伍军人、婚姻、土地、房产、公证等涉及百姓民生的业务档案。出版发行了爱国主义教育光盘“千年回眸·太谷沧桑”，“历史档案台历——说古道今话太谷”等编研成果。（高利）

祁县档案馆 现址县城东风路101号，邮编030900，电话(0354)5222711，馆长陈山鹰。成立于1963年。是永久保管档案的基地，是县级爱国主义教育基地，是县政府指定的已公开现行文件利用中心。总建筑面积375平方米，库房面积225平方米。馆藏档案资料4.3万卷(册)，其中资料0.8万册。保存年代最早的是革命历史档案及资料和旧政权档案。已建立馆藏全宗级目录数据库。已汇编中央、省、地、县四级文件700册，并与相关单位合著(或参与编写)出版了《祁县志》、《中共祁县组织史资料》、《中共祁县历史纪事》等书籍。

（陈山鹰）

平遥县档案馆 现址曙光路13号党政办公大楼，邮编031100，电话(0354)5623672，馆长胡效来。成立于1959年。是集中统一保管县级机关、团体、企事业单位档案资料的国家综合档案馆，是县级爱国主义教育基地和已公开现行文件利用中心。1998年晋升省二级档案馆。馆库房面积140平方米。现有馆藏档案91445卷，资料6031册。保存有民国档案、革命历史档案和建国以后形成的档案。加强了对重大活动档案和具有平遥地方特色档案的接收、收集工作。建立了民国档案、革命历史档案和建国后档案目录数据库。编辑出版了《历史的踪迹——平遥县历届党代会、人代会、政协会史料汇编》、《平遥县大事记》、《平遥历史上的今天》等资料。（胡效来）

灵石县档案馆 现址新建街北8号，邮编031300，电话(0354)7623615，馆长石玉萍，电话(0354)7623713。成立于1961年。是集中统一保管县级机关、团体、企事业单位档案资料的国家综合档案馆，是县级爱国主义教育基础、现行文件利用中心。2006年晋升为省二级档案馆。总建筑面积221平方米，库房面积128平方米。馆藏档案资料8.4万卷(册)，其中资料2.4万册。有少量革命历史档案和民国档案。目前已建成案卷级目录数据库、文件级目录数据库，建立了灵石县档案局网站。

（石玉萍）

临汾市档案馆 现址市鼓楼西街37号市委机关大院西侧，邮编041000，电话(0357)2090306，馆长沈国印，电话(0357)2686117。成立于1975年，是集中统一保管市级机关、团体、企业事业单位档案资料的国家综合档案馆，是市级爱国主义教育基地。2005年晋升为省一级档案馆。2000年以来获市级文明单位称号，2006年被授予“十五”期间全省档案工作先进集体，2007年又评为全国档案系统先进集体。总建筑面积为1208.55平方米，库房面积为768.75平方米。馆藏档案资料115921卷(册)，其中资料47613册。已将防治“非典”工作、“三讲”活动等档案资料收集进馆。征集了胡耀邦等中央领导人以及历史名人的照片与资料，征集了26名临汾市国家级卓有成效的书法家、美术家、作家、摄影家等艺术家的档案资料1100余件。编辑出版了档案利用效果实例汇编、大事记、档案志等史料汇编。

（陈莉萍）

尧都区档案馆 现址临汾市临浮路001号区党政机关大院4号楼，邮编041000，电话(0357)2228373，馆长高玉萍，电话(0357)2228381。是集中统一保管区级机关、团体、企事业单位档案史料的国家综合档案馆，是区级爱国主义教育基地。2006年认定为省三级档案馆。40多次受到省、市、区表彰，先后荣获全省“九五”、“十五”期间档案工作先进集体光荣称号。总建筑面积1600平方米，库房面积800平方米。馆藏档案资料114867卷(册、件)，其中资料20448册。馆藏《临汾县志》、《平阳府志》和临汾尧庙、大建涝河等照片比较有特色。独立或参与编写了《临汾市机构沿革》、《临汾市党政群团机构沿革及主要领导人员变更简记》、《历届市、县党代会、人代会、政协会简介》、《临汾市农业合作化史》、《临汾市自然资源》、《临汾市名人》、解放前大事记、教育大事记、《临汾风情习俗》、《中国共产党山西省临汾市组织史资料》、烈士人名录、《临汾地震资料》、《临汾市煤炭志》、《临汾市志》、《尧都区行政区划变更资料》、《尧都档案经纬》和《尧都区档案馆指南》、《尧都区档案志》等，近20种2000多万字的史料。 （卢海平）

侯马市档案馆 现址侯马市人民政府三楼321室，邮编043000，馆长郑红喜，电话(0357)4213376。成立于1958年。总建筑面积约600平方米，库房面积460平方米。珍藏有彭真、胡耀邦、杨成武等老一辈无产阶级革命家在侯马视察期间留下的书信、手迹、照片以及清代地籍档案“鱼鳞册”等。 （侯伟）

霍州市档案馆 现址市观坡街1号，邮编031400，电话(0357)5623102，馆长李国忠，电话13096643622。1959年成立。是集中统一管理市机关、团体、企事业单位档案资料的国家综合档案馆，2004年建立了爱国主义教育基地。2006年被省政府评为“十五”期间档案工作先进集体，被省档案局授为2003—2005年度全省档案宣传工作先进集体特奖，2008年局长李国忠被授予全国档案系统先进工作者。总建筑面积875平方米，库房面积325平方米，馆藏档案资料4.6万卷(册)。特色档案有旅游月组委会档案，“防非”档案，梁衡、谢俊杰、安永全等名人档案(包括著作手稿)等等。

（刘亚玲 杜黎明）

曲沃县档案馆 现址县府东街县委、县政府院内，邮编043400，电话(0357)4522515，馆长李海潮，电话(0357)4525887。成立于1959年。是集中统一保管全县机关、团体、企事业单位档案资料的县级国家综合档案馆，是县级爱国主义教育基地。2006年晋升为省三级综合档案馆；2001—2005年连续多次被省、市、县人民政府授予先进档案馆和先进集体。总建筑面积430平方米，库房面积290平方米。馆藏档案资料57528卷(册)，其中资料4840册。保存年代最早的是清朝资料和民国档案，有少量革命历史档案。编纂档案史料和参考资料17种，共78万余字。包括，2001年编纂的《曲沃组织史》、《曲沃县军事志》、2003年编纂的《曲沃县地震资料》、《中共曲沃县组织史》等。

翼城县档案馆 现址县城中心兴华街3号，邮编043500，电话(0357)4922355，馆长张利军，电话(0357)4922325。成立于1959年。是全县集中保管档案史料的国家综合档案馆、县级爱国主义教育基地、已公开现行文件利用中心。2006年被评为省三级档案馆。总建筑面积342平方米，库房面积126平方米。档案资料42260卷(册)，其中资料13343册。馆藏档案最早的是明万历皇帝圣旨，较为珍贵的有革命历史档案、民国档案。有《翼城县志》、《自然灾害纪实》、《翼城百年记忆》等馆编资料30余种。已建成案卷级及县委、政府、组织、劳动、人事重点档案及全部图书资料电子目录数据库，并接入了政府局域网。

襄汾县档案馆 现址县府前街19号，邮编041500，电话(0357)3622240，馆长张淑爱。成立于1961年。是县级爱国主义教育基地、县政府指定的现行文件利用中心。2006年晋升为省三级档案馆。使用面积为700多平方米。档案资料共10万余卷(册)。

（张淑爱）

洪洞县档案馆 现址县城文庙街16号(县委院内)，邮编041600，电话(0357)6222124，馆长王洪宝，电话(0357)6221340。成立于1959年。是集中统一保管县级机关、团体、企事业单位档案资料的县级综合档案馆，是县级爱国主义教育基地，行政规范性文件查阅场所。2006年重新认定为山西省三级档案馆。连续五年县档案馆被省市政府授予“先进集体”。总建筑面积1130平方米，库存面积650平方米。馆藏量23795卷，各种书报杂志45种，9860册，保存最早的是嘉庆十一年(1806年)和光绪二十年(1894年)圣旨。有防治“非典”材料、寻根祭祖有关文件。为纪念抗战全面爆发70周年和中国人民解放军建军80周年，在县城广场举办图片展，此次征集到朱德抗日时在洪洞县马牧、山西省人民政府省长王世英来大槐树烈士亭等历史名人的照片与资料。编写了《洪洞县志》、《洪洞文史资料》、《组织机构沿革》、《档案利用效果实例汇编》等。 (吉东爱)

古县档案馆 现址岳秀街23号古县政务大楼一楼，邮编042400，电话(0357)8322545，馆长孙立。成立于1973年。是集中统一保管县直机关、团体、企事业单位档案资料的国家综合档案馆，2007年被县委指定为“爱国主义教育基地”。2007年晋升为山西省三级档案馆。1996年起连续5年被临汾市政府授予档案工作先进单位、“八五”期间先进单位；1997年至1998年连续两年被县委、县政府评为双文明建设单位；2001年被省授予档案工作先进集体称号；2004年起连续两年被县政府授予先进单位称号。总面积300平方米，库房面积150平方米。馆藏档案资料24092卷(册)，其中资料4059册。已将“非典”防止工作、古县十大重点工程建设项目、重要历史事件的档案资料收集进馆，征集古县名人赵子岳等的照片与资料。已建成馆藏全宗级目录数据库，完成了建县以来档案案卷级目录数据采集工作。编辑出版了《中共山西省古县组织史资料》、《古县档案工作大事记》、《古县县志》、古县革命老区、组织沿革、全宗介绍、《古县核桃发展简介》、《古县自然资源分布简介》、《日军侵略古县罪行史略》等档案参考资料30余种1000多万字。 (李翠萍)

安泽县档案馆 现址县府后街25号，邮编042500，电话(0357)8523680，馆长张爱林。成立了1963年。1989年晋升为省三级档案馆。2005年被山西省人事厅、省档案局授予“十五”期间档案工作先进集体，2006年被临汾市人民政府授予全市档案工作先进集体。馆库面积140平方米。馆藏档案56000卷(件)，资料12000册。

浮山县档案馆 现址神山路神山广场，邮编042600，电话(0357)8121325，馆长冯拥军，电话(0357)8123949。成立于1957年，是集中统一保管县级机关、团体、事业单位档案资料的综合档案馆，是县政府指定的行政规范性文件、资料查阅场所。2005年馆被省授予十五期间档案管理先进单位，2001年至2007年全馆共有七人获得临汾市档案工作先进个人称号。总建筑面积350平方米，库房245平方米。馆藏革命历史档案436卷，现行档案9062卷，资料11000卷(册)。编写《浮山县机构沿革》，与县党史办共同编写了《浮山县组织史》。

(谢永红、冯拥军)

吉县档案馆 现址县政府办公楼内，邮编042200，馆长武林山，电话(0357)7928003。成立于1961年。面积为97.5平方米。馆藏档案11684卷。本馆特色档案为：国家一级编剧李思义的文学作品，共5大类14部23卷，电视剧剧本5部，话剧剧本2部，戏剧剧本2部，电视记录片4部。 (刘惠荣)

乡宁县档案馆 现址昌宁镇迎旭街75号，邮编042100，电话(0357)6821737，馆长张彩灵，电话(0357)6822088。成立于1959年，是集中统一保管县各机关、团体、企事业单位档案资料的国家综合档案馆，是县级爱国主义教育基地，是行政法规性文件查阅场所。1988年达省三级档案馆标准，2007年按新标准被重新认定。总建筑面积280平方米，库房面积120平方米。馆藏档案资料21147卷(册)，其中资料3005卷(册)。馆藏档案资料的历史跨度400余年，保存年代最早的是明万历版《乡宁县志》,有少量革命历史档案。已将断山岭遂道工程、南环路改造工程等一批重点工程、重大活动、重要历史事件的档案资料收集进馆,征集了郭居明、赵学义、陈丹、高向珍等乡宁名人、历任县领导的照片与资料及乡宁地质精察图纸等大量档案资料。已初步建成全宗级目录数据库,完成了部分档案案卷级目录数据采集工作。编写了《乡宁县自然条件及自然资源分布简介》、《乡宁县组织史资料》(与组织史办合编)、《乡宁县档案工作大事记》、《兰台赞歌》等专题档案史料书籍,正在采集摄制《历史的足迹——历任乡宁县委书记访谈录》电视专题片。 (李伟荣)

蒲县档案馆 现址蒲县粮食局院内,邮编041200,馆长耿育斌,电话(0357)5322102。成立于1980年。2006年被评为“十五”期间全省档案工作的先进集体。2007年晋升为省三级档案馆。总建筑面积234平方米,库房面积180平方米。馆藏档案资料36295卷(册),其中资料17987册。 (刘永华)

大宁县档案馆 现址府东街61号,邮编042300,电话(0357)7722127转8003,馆长雷永勤。成立于1961年。是集中统一保管县级机关、团体、企事业单位档案资料的国家综合档案馆,是行政规范性文件查阅场所。1989年被确定为省三级档案馆。总建筑面积180平方米,其中库房面积为120平方米。馆藏档案资料2.4万卷(册)。其中文书档案1.9万卷(册)。资料0.4万册。馆藏档案资料的历史跨度70余年。保存年代最早的是民国档案和资料,有少量的革命历史档案。编写了《党政群团机构沿革领导人变更简记》、《大宁县自然条件及自然资源分布简介》等。

永和县档案馆 现址县政府大院西北,邮编041000,馆长任旭,电话13835707799。成立于1964年,是集中统一保管县机关、团体、企事业单位档案的机构,是县爱国主义教育基地,是规范性文件、档案查阅场所。建筑面积890平方米。

隰县档案馆 现址东大街县政府大院东侧,邮编041300,电话(0357)7286186,馆长张秀萍。始建于1958年。2006年馆达省三级先进档案馆。总建筑面积1010平方米,库房面积486平方米。保存档案18449卷,资料26727卷册。 (姜玲)

汾西县档案馆 现址永安镇汾西县政府大院,邮编031500,馆长崔晋平,电话13835717693。成立于1961年。馆藏档案资料61000卷(册)。库房面积200平方米。建立了爱国主义教育基地和现行文件利用中心机构。 (乔文彦)

运城市档案馆 现址市河东东街248号,邮编044000,电话(0359)2660257,馆长韩天有,电话(0359)2661283。成立于1975年。建筑面积844平方米。馆藏档案3万余卷,馆藏资料15000册,资料有《运城地区组织沿革》、《运城地区大事记》、《河东党史人名录》、《运城信用档案》等地方史志资料。计算机输入文件级目录30余万条。

盐湖区档案馆 现址市府街30号,邮编044000,电话(0359)2278283,馆长王存才,电话(0359)2278309。成立于1958年,是集中统一保管区级机关、团体、企事业单位档案资料的综合档案馆。总建筑面积320平方米,库房面积208平方米。馆藏档案资料7.2万卷(册),其中资料2.26万册。有少量的革命历史档案。 (王淑娥)

永济市档案馆 现址市府西街6号市委大院内,邮编044500,馆长李虹,电话(0359)8022285。成立于1963年,建筑面积160平方米,保存有1993年江泽民总书记的手书古诗词《登鹳雀楼》。

河津市档案馆 现址泰兴路2号,邮编043300,电话(0359)5022512,馆长李俊芳,电话(0359)5052781。成立于1963年,是集中统一保管市直机关、团体、企事业单位档案资料的综合档案馆,是市爱国主义教育基地。2004年评为省县级示范档案馆,2006年评为省一级档案馆,2003 年获全国档案系统先进集体荣誉称号。面积 1300 平方米。馆藏档案资料 4 万余卷。有少量的革命历史档案。文件级案卷级目录全部输入计算机,文件电子扫描完成 2.5 万幅,组织编写了人员招工、干部任免、土地征用等 10 种专题目录,共 5.68 万条,史料汇编 12.5 万字,协助有关单位编辑出版 13 部书刊资料,共 765 万字。 (任会玉)

芮城县档案馆 现址永乐中街政府办公大楼西小楼,邮编 044600,馆长杨秀票 ,电话(0359)3025128。成立于 1981 年。建筑面积 900 平方米,库房面积 400 平方米。馆藏档案 43049 卷,资料 30788 册。征集特色档案有:毛主席纪念章、"文革"特殊时期芮城县"打、砸、抢"照片档案。

临猗县档案馆 现址县城双塔北街 298 号,邮编 044100,电话(0359)4032367,馆长张金旺。成立于 1960 年,是集中统一保管县级机关、团体、企事业单位档案资料的综合性档案馆。总面积 500 平方米,库房面积 246 平方米。馆藏档案、资料 62655 卷(册),其中资料 10143 册。配合有关单位编写组织史、县志、政协志、工商志、卫生志、文化志、教育志等史志 10 余种。馆内部组织编写有《档案利用效果实例汇编》、《临猗县政治、经济、文化大事记》。

万荣县档案馆 现址东大街 17 号,邮编 044200,电话(0359)4522139,馆长樊忠林。成立于 1959 年。是集中统一保管全县机关、团体、企事业单位档案资料的国家综合档案馆,是行政法规性文件查阅场所。馆库房面积 125 平方米。馆藏档案资料 32000 余卷(册)。收集了重修后土祠捐助资志,皇甫乡北吴村家谱等。编写了《万荣县组织机构沿革》、《万荣县风土民情录》等。

新绛县档案馆 现址县政府办公大楼五楼,邮编 043100,电话(0359)7523159,馆长郝云岗。成立于 1963 年,是集中统一管理全县机关、团体、企事业单位档案资料的国家综合档案馆,是县级爱国主义教育基地,2004 年成立"现行文件利用中心"。1996 年达到省二级标准。建筑面积 304 平方米,库房面积 200 平方米。馆藏档案资料 35769 卷(册),其中资料 8860 册。保存年代最早的是民国档案。编辑了《新绛县组织史》、《新绛县大事记》等 20 种资料,300 万余字。 (韩新爱)

稷山县档案馆 现址稷峰街 12 号县委办公大楼 120 号,邮编 043200,电话(0351)5522714,馆长张建婷,电话(0351)5880232。成立于 1958 年,是集中统一保管县直机关、团体、企事业单位档案资料的国家综合档案馆,是现行文件公开查阅场所。1996 年被授予"全省档案工作先进集体"。总建筑面积 179 平方米,库房 104 平方米。馆藏档案资料 50468 万卷(册),其中资料 18892 万册。馆藏珍贵档案有周恩来签发授予稷山的奖状,胡耀邦视察稷山工作时的照片、题词等;珍贵资料有上世纪 60 年代全国农村卫生模范村太阳村的形成过程和广泛影响。已将"保持共产党员先进性教育活动"、防治"非典"工作等重大活动档案资料收集进馆。同时还征集了稷山名人著作 82 册。 (张建婷)

闻喜县档案馆 现址牌楼东街 860 号,邮编 043800,电话(0359)7022635,馆长董英琴,电话(0359)7023918。成立于 1959 年。是集中统一保管县级机关、团体、企事业单位档案资料的国家综合档案馆,是已公开现行文件利用中心。总面积 270 平方米,库房 170 平方米。馆藏档案资料 60226 卷(册),其中资料 10903 册。保存年代最早的是明清档案资料,有部分民国档案和革命历史档案。编辑出版了《中国共产党闻喜县组织史》、《闻喜县名优特产》等专题档案史料汇编 200 多万字。

(王沛郁)

夏县档案馆 现址东风西街 13 号县委大楼一楼西侧,邮编 044400,电话(0359)8535823,馆长赵桂贤。成立于 1961 年,是集中统一保管县级机关、团体、企事业单位档案资料的国家综合档案馆，是县级爱国主义教育基地、现行文件利用中心。1990年管理达标。2006年被省授予“十五”期间“先进集体”称号。总面积160平方米，库房面积100平方米。馆藏档案26800卷，资料9500册，存有少量的旧政权档案和革命历史档案。

（范少丽）

绛县档案馆 现址绛县绛山街，馆长郭玉冰，邮编043600，电话(0359)6524225。成立于1961年，是集中统一保管县直机关、团体、企事业单位档案资料的国家综合档案馆，是爱国主义教育基地、现行文件查阅中心。1995年晋升为省二级档案馆，被授予“十五”期间全省档案工作先进集体。建筑面积424平方米，库房面积200平方米，馆藏档案资料3万余卷册。其中资料10238册。加大了对重大活动、人文地理档案的征集工作。已建成案卷级数据库。编研了《绛县四十年党政大事记》、《绛县档案馆介绍》、《绛县档案馆全宗纪实》、《绛县组织机构沿革》等。

平陆县档案馆 现址圣人大街6号，邮编044300，电话(0359)3532492，馆长郭月贤。成立于1959年。是集中统一保管县机关、团体、企事业单位档案资料的综合档案馆，是县级爱国主义教育基地，行政规范性文件查阅场所。2006年晋升为省三级档案馆。总建筑面积701平方米，库房面积350平方米。馆藏档案资料54722(册)，其中资料18756卷(册)。保存年代最早的是清朝的《平陆县志》等，有“六十一个阶级兄弟”档案17卷、照片647张，还有“三门峡水电站”建设的移民档案626卷。编辑了《平陆县地震资料》、《平陆县灾异录》、《平陆县建国以来大事记》、《组织机构沿革》等。

垣曲县档案馆 现址城中区人民路26号，邮编043700，电话(0359)6023387，馆长李治国。成立于1959年，是集中统一保管县级机关、团体、企事业单位档案资料的县综合档案馆。获“九五”、“十五”期间全省档案工作先进集体称号。总建筑面积410平方米，库房面积200平方米。馆藏档案36481卷(册)，以件为保管单位，有9717件；资料6521册，其中古书450册。馆藏档案资料的历史跨度300余年，保存年代最早的是康熙时期的资料，还有少量的民国档案和革命历史档案，还包括建国前丰富的照片档案。出版发行了《垣曲县志》两套，政协志、人大志、古城中学校志、公安志等各类史志。

（赵妮妮）

内蒙古自治区

内蒙古自治区档案馆 现址呼和浩特市金桥经济技术开发区世纪四路,邮编 010040,电话(0471)4811482,馆长张佃敏。建于 1959 年。是集中管理区级党政机关、人民团体档案为主,并保管有部分企事业等单位档案资料的国家综合档案馆,2002 年建立了自治区现行文件资料信息服务中心。1999 年晋升为国家一级档案馆。总建筑面积 22000 平方米,保存的档案主要是自治区直属机关在日常活动形成的政务档案,具有全区意义的清代、民国档案(包括日伪统治时期伪政权档案)及各个历史时期的各种资料。馆藏档案资料 588133 卷册,其中资料 122631 册。馆藏清代档案共涉及 23 个全宗,近 5.3 万卷,档案形成于 1644 年至 1911 年(顺治元年至宣统三年),语种有汉、蒙、满文。形成机构主要是内蒙古各盟旗扎萨克衙门、都统、副都统衙门、督办蒙旗垦务大臣行辕及内蒙古东部区垦务档案汇集等。已初步建成档案检索数据库,共录入文件级目录 120 万条,案卷级目录 20 万条。开通了"内蒙古档案信息网"、"内蒙古信用档案信息网",实现了与国家档案局、各省市档案馆盟市档案馆的链接。与内蒙古师范大学合作研制"蒙古文档案管理软件",获国家档案局科技进步一等奖。自 1983 年以来自治区档案馆共编纂或参与编辑的公开出版档案史料 8 种,约 1375 万字。编写了《内蒙古自治区档案馆指南》、《内蒙古自治区档案馆四十年》、《内蒙古自治区历史档案全宗概览》、《蒙古文档案发展史》(蒙文)、《内蒙古垦务研究》、《穿越风沙线——内蒙古生态备忘录》等。

呼和浩特市档案馆 现址市金桥开发区世纪五路与金桥一路交汇处,邮编 010010,电话(0471)6913777,馆长武桂兰。成立了 1959 年。是集中统一保管市级机关、团体、企事业单位档案资料的国家综合档案馆,是行政规范性文件查阅场所。2000 年晋升为自治区特级档案馆。总建筑面积 3975 平方米,库房面积 1200 平方米。馆藏档案 17 万卷(件)、资料 3 万册,馆藏档案资料的历史跨度 520 余年。保存最早的是 1486 年(明代)档案。已将保持共产党员先进性教育活动,中国·呼和浩特第二、三、四、五、六、七届昭君文化节,防治"非典"工作,内蒙古自治区成立二十、三十、五十周年庆祝活动档家资料收集进馆。征集了曾在内蒙古工作过的刘云山等人的照片与大量档案资料。出版发行了《呼和浩特历史文化集锦》等档案史料汇编 3 0 多种 600 多万字。利用档案举办了刘振雄藏品捐赠暨展览。

新城区档案馆 现址呼和浩特市新城区楼赛马场北路党政机关大楼西配楼,邮编 010051,电话(0471)2268442,馆长夏淑英,电话(0471)2268460。成立于 1962 年。是集中统一保管区机关、团体、企事业单位档案资料的综合档案馆,是行政规范性文件查阅场所,成立了现行文件服务中心。2001 年晋升为自治区一级档案馆。建筑面积 360 平方米,库房面积 230 平方米,馆藏档案 47355 卷,资料 3213册,馆藏档案资料的历史跨度为 70 余年。保存年代最早的是建国前的地契、传票与归绥市满文课本。保存最多的是婚姻档案。已将防治"非典",撤乡并镇档案资料收集进馆。征集了一些名人与特色档案,有作曲家张立中,(草原恋)"满族婚礼"、"八角鼓"等影像资料。编研出了《新城区档案馆大事记》、《新城区档案馆基础数字汇集》等 16 种编研材料。

回民区档案馆 现址呼和浩特市回民区新华西街 49 号,邮编 010030,电话(0471)3821012,馆长杨莉。成立于 1964 年。1998 年晋升为自治区一级档案馆。总建筑面积 230 平方米,库房面积 200 平方米。馆藏档案资料 10561 卷,资料 6848 册。有人物档案"彰国风夫人"杨寡妇,名垂武林的吴桐先生,回族女劳模扈秀英,回族著名跤师白老八,民族教育的开拓者吴懋功等。编研成果有:《回民区档案馆指南》、《回民区文化教育概况》、《回民区玻璃厂重要文件汇编》、《回民区党政群概况》等17种。

玉泉区档案馆 现址呼和浩特市昭君路19号，邮编010070，电话(0471)5686458，馆长马若飞。成立于1965年。是集中统一保管区机关、团体、企事业单位档案资料的综合档案馆，是行政规范性文件查阅场所。建筑面积180平方米，库房面积90平方米。馆藏档案资料14892卷册，其中资料2206册。编辑参考资料党代会、政协会议、区志、教育卫生等。

赛罕区档案馆 现址呼和浩特市世纪五路南金桥一路东，邮编010020，电话(0471)4211764，馆长阿露丝，电话(0471)4211762。成立于1959年。集中统一保管本辖区机关、团体、企事业单位档案资料的国家综合档案馆，是本区爱国主义教育基地、政务信息公开场所、规范性文件查阅场所。1997年晋升自治区一级档案馆，2003年晋升利用服务自治区优秀等级。总建筑面积1900平方米，库房面积500平方米。馆藏档案资料62713卷册，其中资料7008册。保存年代最早的是清朝、民国时期的档案。接收公证档案，撤销单位体改办、太平庄乡档案，同时还向社会征集革命历史档案及名人档案。已录制完成部分全宗的文件级目录，并在自治区档案信息网上制作了网页。

土默特左旗档案馆 现址察素齐镇向阳路北侧，邮编010100，馆长张建国，电话(0471)8112373。成立于1959年。是集中统一保管旗级机关、团体、企事业单位档案资料的国家综合档案馆。2000年晋升为自治区一级档案馆。2006年荣获呼和浩特市“十五”期间先进集体荣誉称号。建筑面积1600平方米，馆库面积960平方米。馆藏档案资料75150卷(册)。

托克托县档案馆 现址双河镇新坪路120号，邮编010200，电话(0471)8512412，馆长付俊厚。库面积300平方米。

和林格尔县档案馆 现址城关镇红卫街区华宾馆斜对面，邮编011500，馆长张二利，电话13171428906。成立于1959年，是集中统一保管县机关、团体、企事业单位档案的综合档案馆，建立了现行文件中心。1999年晋升为自治区一级档案馆。总建筑面积160平方米，库房面积150平方米。馆藏档案20631卷，资料5928册。馆藏档案资料保存最早的是民国档案，有少部分革命历史档案。接收了撤并乡镇及破产企业建材厂的档案以及全国劳动模范云福祥个人档案。馆藏的1952年、1953年的土地证为和林县与周边旗县土地纠纷、行政划界工作发挥了重要的作用。

清水河县档案馆 现址城关镇永安街，邮编011600，电话(0471)7912217，馆长王志强，电话(0471)5702429。成立于1959年。是集中统一保管县机关、团体、企事业单位档案资料的国家综合档案馆，是县级爱国主义教育基地，行政规范性文件查阅场所。2000年晋升为自治区一级档案馆。总建筑面积250平方米，库房面积130平方米。馆藏档案资料38783卷(册)，其中资料7618册。

武川县档案馆 现址可可以力更镇，邮编011700。成立于1959年。1997年晋升为自治区一级档案馆。馆藏档案约6万余卷(件)。编研成果有《武川县志》(获全国首届地方志优秀成果一等奖)、《武川县志(续编)》、《中共武川县组织史资料》、《中共武川县组织史(续编)资料》、《武川县档案志》、《神奇武川》等36项。

包头市档案馆 现址市昆区钢铁大街，邮编014025，电话(0472)6969818，馆长肖春恒，电话(0472)6969800。成立于1960年。是集中统一管理市党政机关档案的文化事业机构。2007年晋升为自治区一级档案馆。先后获得多项殊荣，是自治区级文明单位、自治区特级档案馆、包头市创建全国文明城市立功单位。总建筑面积3500平方米，库房面积1422平方米。馆藏档案资料21万余卷(册)，其中资料35068册。馆藏档案中历史最悠久的是乾隆十六年(1751 年)的一份地契;最珍贵的档案是1934 年绥远省高等法院对中共派驻包头工作的高级领导人王若飞的判决书原件和有关档案,王若飞在狱中写给其大舅父的亲笔信。已将“创城”、防治“非典”、保持共产党员先进性教育工作等一批重大活动、重要历史事件的档案收集进馆。建立了包头市档案网站、现行文件服务中心为公众查询利用档案资料。

(刘秀玲)

东河区档案馆 现址包头市东河区巴彦塔拉东大街 59 号,邮编 014040,电话(0472)4388102,馆长田金平,电话(0472)4388118。成立于 1959 年,是集中统一保管区级机关、团体、企事业单位档案资料的国家综合档案馆,是区级爱国主义教育基地。2001 年晋升为自治区特级档案馆。总建筑面积 2000 平方米,库房面积 800 平方米。馆藏档案资料 44266 卷(册),其中资料 11662 册。已将防治“非典”工作,“三讲”、“三个代表”、共产党员先进性教育,创建“全国文明城市”等一批重大活动的档案资料收集进馆。征集了“草原英雄小姐妹”——龙梅的档案资料。编辑出版了《东河区档案馆指南》、《东河区档案志》、《东河区大事记》、《东河区志》等专题档案史料汇编 30 多种 450 多万字。

昆都仑区档案馆 现址包头市政府大楼五楼,邮编 014010,电话(0472)2125279,馆长解芳。成立于 1959 年。是对区属机关、企事业单位档案进行接收、整理、保管为社会各项事业提供利用的综合档案馆,1998 年被命名为爱国主义教育基地。“七五”和“八五”期间,馆被命名为自治区档案系统先进集体,1999年馆被命名为全国档案工作先进集体。1998年晋升为自治区特级档案馆, 2001 年被自治区档案局命名为“档案利用服务考核优秀单位”。馆库面积 1100 平方米。馆藏档案资料113091 卷(册、件)。建立了昆区档案馆馆藏档案信息检索局域网,馆藏 16 万条文书档案和全部婚姻档案检索目录已录入微机。利用馆藏档案自编、合编了 53 种约 370 万字的编研材料,其中《昆区经济社会发展研究》、《昆区组织史资料》、《奋进中的昆都仑区》已出版发行,《昆都仑区志》也即将出版。

青山区档案馆 现址包头市青山区建设路 189 号,邮编 014030,电话(0472)3616103,馆长王炯,电话(0472)3616106。1963 年成立。是集中统一保管区机关、团体、企事业单位档案资料的国家综合档案馆,是市级爱国主义教育基地,政府指定的行政规范性文件查阅中心。1999 年晋升为自治区特级档案馆。总建筑面积 700 余平方米,库房面积 500 余平方米。馆藏档案资料 10 万余卷(件),其中资料9500 余册。已建成馆藏文件级目录数据库,对馆藏开放档案进行数字化。编辑了编研材料30 余种,供内部参考使用。

石拐矿区档案馆 现址包头市石拐区党政大楼一楼,邮编 100078,固定电话(0472)13848626908,馆长张丽萍,电话(0472)8718858。成立于 1962 年。是集中统一保管区机关、团体、企事业单位档案资料的国家综合档案馆,是区级爱国主义教育基地、区政府指定的行政规范性文件查阅场所。2004 年晋升为自治区特级档案馆、档案利用服务考核晋升为自治区优秀级。总建筑面积 120 平方米,库房面积 60 平方米。馆藏档案 24578 卷 5528 件、资料 6001 册。保存年代最早的是清代的档案,有少量革命历史档案和民国时期档案。征集到的五当召历史档案 112 件、藏文经书 9 卷,经北京市、自治区档案专家鉴定,全部为国家保护的珍贵历史档案资料。编辑了《漠南矿业有限责任公司发展情况简介》、《中国现存最古老的长城——赵长城》、《石拐区行政区划沿革简介》、《石拐区党政机构改革档案汇编》等30 余种 400 余万字的档案编研材料。每年利用档案资料与区有关部门在重大节日、纪念日举办具有重要社会影响的陈列展。

白云鄂博矿区档案馆 现址矿区政法大楼一楼东侧,邮编 014080,电话(0472)

8511602,馆长包玉花,电话(0472)8517970。成立于1963年。是集中统一保管区直机关、团体、企事业单位档案资料的国家综合档案馆,是政府指定的行政规范性文件查阅场所。2002年晋升为自治区一级档案馆。总建筑面积105平方米,库房面积60平方米,馆藏档案26082卷(册),资料6172册。馆藏有草原英雄小姐妹照片41张。广泛开展名人档案、重大活动档案资料的征集工作。（李金云）

九原区档案馆 现址包头市九原区沙河镇,邮编014060,电话(0472)7148272,馆长任军,电话(0472)7159366。是区委、区政府设立的集中管理全区档案资料的地方综合档案馆,是行政规范性文件查阅场所。2002年晋升为自治区特级档案馆。总建筑面积508平方米,库房面积286平方米。馆藏档案资料66506卷(册),其中资料3320册。已将防治“非典”档案、“五三”地震档案等收集进馆。馆自编或与其他单位合编的编研成果有《包头市郊区志》、《郊区党政军统群系统组织史料》、《九原区大事记》等20余种近100万字资料。

土默特右旗档案馆 现址土右旗萨拉齐镇振华大街5号,邮编014100,电话(0472)8916801,馆长白建东,电话(0472)8882548。成立于1974年。是集中统一保管全旗各级机关、团体、企事业单位档案资料的综合档案馆,是旗级爱国主义教育基地。1999年晋升为自治区一级档案馆。总建筑面积1360平方米,库房面积760平方米。馆藏档案31968卷,资料9010册。与土右旗志史办、组织部等共同编辑出版了《土默特右旗志》、《青山魂》、《大河咆哮》、《组织史资料》、《双龙镇志》。内部资料档案馆指南、全宗介绍、《土右旗历届人代会文件汇编》、《土右旗离休干部人名录》、《土右旗历年全旗财政收支情况》、《综合年鉴》、《内蒙古年鉴》、《包头市年鉴》、《土右旗人才库》等。

（田文瑞）

固阳县档案馆 现址金山镇西关街,邮编014200,电话(0472)8112326,馆长李来虎,电话(0472)8119280。成立于1959年。为县级国家综合档案馆,承担着全县党政机关、人民团体、企事业单位档案资料的永久保管,为社会提供查阅利用服务。2003年晋升为自治区一级档案馆,2004年被评为自治区档案工作先进集体。总建筑面积700平方米,库房面积450平方米。馆藏档案资料7万卷(册)。重要资料有《大青山革命烈士英名录》等。

达尔罕茂明安联合旗档案馆 现址百灵庙水塔,邮编014500,电话(0472)8422274,馆长曹华建筑面积2005平方米,库房面积580平方米,馆藏档案资料65000卷册,资料6000册。

乌海市档案馆 现址海勃湾区海拉北路33号,邮编016000,电话(0473)2033982,馆长朝鲁,电话(0473)2033027。成立于1976年。是集中统一保管市级机关、团体、企事业单位档案资料的国家综合档案馆,是行政规范性文件查阅场所。1999年晋升为自治区特级档案馆。总建筑面积22086平方米,库房面积1100平方米。馆藏档案资料13.8万卷(册),其中资料1.5万册。馆藏档案资料有私有企业档案、旧政权档案、革命历史档案、原海勃湾市档案。自编档案馆指南等内部资料数十种,200多万字。合编出版了《乌海市志》、《乌海的开发与建设》、《乌海的改革与开放》、《中国共产党乌海市党史大事记》、《乌海年鉴》等出版物,一些编研成果获得国家和内蒙古自治区成果奖。利用档案资料举办了多次展览。

乌海市城建档案馆 现址海勃湾区狮城西街3号附楼,邮编016000,电话(0473)2060887,馆长贺忠智。成立于1986年。是为我市规划、建设、管理储存信息、提供信息、服务于社会的专门档案馆。2000年晋升为国家一级档案馆。2006年被自治区建设厅评为全区城建档案先进单位。总面积500平方米,库房面积400平方米。馆藏档案3.9万卷。

海勃湾区档案馆 现址乌海市海勃湾区新华东街7号,邮编016000,电话(0473)

2027904，馆长李新英，电话（0473）2083718。成立于1986年。是集中统一管理区级机关、团体、企事业单位档案资料的国家综合档案馆，是行政规范性文件查阅场所。2001年晋升为自治区二级馆。建筑面积360平方米，库房260平方米。馆藏档案资料17.4万卷（册），其中资料8万册。已将“撤乡并镇”、保持“共产党员先进性教育”等档案接收进馆。征集英雄模范、知名人士等重要档案。建立了乌海市海勃湾区档案信息网（www.archives-hbw.gov.cn）。编辑出版了《海勃湾区志》，编辑了档案馆指南等数十余种内部编研资料。

海南区档案馆 现址乌海市拉僧仲大街海南区人民政府综合一楼，邮编016030，电话（0473）4021935，馆长胡丽媛。成立于1987年。是集中统一保管区各机关、团体、企事业单位档案资料的综合档案馆，是区爱国主义教育基地，规范性文件查阅场所。1993年晋升为自治区三级档案馆。总建筑面积198平方米，库房面积72平方米。馆藏档案资料0.74万卷（册），其中资料0.27万册。已将防治“非典”工作、“星赛”工作的重大活动档案资料收集进馆。征集重要历史档案资料，如名人档案等。编辑出版了《海南区地方志》，获得了内蒙古地方志优秀成果奖。编辑了全宗指南、大事记、组织沿革等7种90多万字的内部资料。

乌达区档案馆 现址乌海市巴音赛团结北路，邮编016040，电话（0473）3021296，馆长马恒杰。成立于1960年。是集中统一保管区机关、团体、企事业单位、驻区单位档案资料的国家综合档案馆。2001年晋升为自治区二级档案馆。2004年被评为全市档案工作先进集体。总建筑面积1300平米，库房面积850平米。馆藏档案资料2.3万卷（册），其中资料0.5万册。已将乌海市两个文明现场会、乌海市建市三十年大庆、乌达区巴音赛立交桥、防治“非典”工作等一批重大活动、重点档案资料收集进馆。编辑出版了《乌达史志资料》、《乌达区志》、《乌达区组织沿革》等相关史料100多万字。

赤峰市档案馆 现址市新城区玉龙大街党政综合办公大楼，邮编024005，电话（0476）8334658，馆长冯晓红，电话（0476）8332151。成立于1959年。是集中统一保管市级机关、团体、企事业单位档案资料的国家综合档案馆，是市级爱国主义教育基地、市政府指定的行政规范性文件查阅场所。1991年荣获全国档案系统先进单位，1998年晋升自治区特级档案馆，2002年晋升自治区利用服务优秀级档案馆，2006年晋升档案馆功能建设自治区一级档案馆。总建筑面积2454平方米，库房面积1336平方米。馆藏档案资料33.9万卷册，其中资料1.9万册。历史跨度358年。加强重大活动、地区民族特色、著名人物等档案的收集。完成馆藏历史档案案卷级和建国后全部档案文件级目录数据库建设，著录目录数据126万条；完成馆藏全部革命历史、清朝档案数字化；建立了照片档案、多媒体档案数据库。建立了赤峰市档案信息门户网站。编辑出版了《中国共产党赤峰市组织史资料》、《党和国家领导人视察赤峰实录》等36种360万字档案编研成果。利用档案举办了“赤峰市建国以来成就展”等陈列展。（冯晓红）

红山区档案馆 现址赤峰市红山区昭乌达路南段红山区政府3号楼，邮编024000，电话（0476）8224167，馆长王子静，电话（0476）8338002。始建于1959年。建筑面积600平方米，库房面积225平方米，是集中保管各机关、团体、企事业单位档案资料的国家综合档案馆，是区爱国主义教育基地和现行文件阅览中心。1999年晋升为自治区一级档案馆，2005年被命名为赤峰市示范档案馆。馆藏档案资料共7.2万卷（册），其中资料1.1万册。编写了《红山区志》、《红山年鉴》、《红山区地名志》、《红山之光》、《红山文化》、《红山区自然灾害汇编》、《红山区党、政、军、统、群系统组织史资料》等二十余种编研材料。建立了文件级目录数据库，并已在互联网上开通红山档案信息网。征集旅游资源档案、名人档案等特色档案入馆,并利用馆藏档案资料在中小学校举办了爱国主义教育展览。

元宝山区档案馆 现址赤峰市元宝山区庄镇银河街中段,邮编 024076,电话(0476)3510047,馆长张秀莲,电话(0476)3518625。成立于 1984 年。是集中统一保管区各级机关、团体、企事业单位和驻区条管单位档案资料的国家综合档案馆,是区级爱国主义教育基地、区政府指定的现行文件资料信息中心。1999 年晋升为自治区一级档案馆,2004 年通过自治区提供利用服务优秀级评审。总建筑面积 500 平方米,其中库房面积 200 平方米。馆藏各类档案 93629 卷(件),资料 7000 多册。馆藏档案全部建立了案卷级和文件级档案目录数据库,重要档案原文扫描存储 15000 多件;建立了馆藏声像档案资料和多媒体数据库,组建了馆内局域网,开通了元宝山档案信息门户网站。

松山区档案馆 现址赤峰市松山区松山大街 1 号,邮编 024005,电话(0476)8466854,馆长董长虹,电话(0476)8467176。始建于 1964 年。是集中统一保管区机关、团体、企事业单位档案资料的国家综合档案馆,是区爱国主义教育基地、现行文件资料服务中心。1993 年晋升为自治区一级档案馆,2004 年被评为赤峰市示范档案馆,2005 年被评为信息化建设先进单位,2006 年档案馆功能建设晋升为自治区一级。馆藏档案 81078 卷,资料 11000 册。征集了著名人物、赤峰市农产品交易会、防治“非典”工作、党和国家领导人视察松山区等重大活动和重大历史事件的档案资料进馆。已建成馆藏全部档案的目录数据库,录入数据 60 余万条。编有《松山区志》、《松山区档案志》、档案馆指南、《柴胡栏子事件介绍》、《赤峰县大事记》等资料和汇编 240 多万字,《人物档案管理系统》等获自治区档案局科研成果优秀奖。

阿鲁科尔沁旗档案馆 现址阿鲁科尔沁旗党政综合楼,邮编 025550,电话(0476)7232949,馆长昭日格图。成立于 1959 年。集中保管着旗党政机关、团体、企事业单位和苏木、乡镇档案资料的综合档案馆,是旗级爱国主义教育基地,现行文件服务中心,是政务信息公开场所。2006 年晋升为自治区一级功能馆。总建筑面积 7600 平方米,库房面积 510 平方米。馆藏档案资料 7.1 万卷(册),其中资料 1.46 万卷。馆藏档案资料历史跨度 100 余年,保存年代最早的清道光年间皇帝诏书和光绪年间皇帝诏书。革命历史档案 843 卷。加强了对重大活动的档案收集和地震档案及民族风情、名胜古迹、旅游资源、非物质文化遗产档案、名人档案的收集进馆工作。征集伪满兴安西省《阿鲁科尔沁旗实态调查报告》等珍贵资料。以及建国以来阿鲁科尔沁旗历任党政领导照片等有价值的老照片。已建成馆藏全宗及目录数据库,实行微机检索。阿鲁科尔沁旗档案信息网站已建立。编写了《阿鲁科尔沁旗大事记》、《阿鲁科尔沁旗组织史》、《阿鲁科尔沁旗档案志》、档案馆指南、《阿鲁科尔沁旗灾情集》、《农业专题概要》、《农机专题概要》等编研材料。 (巴西)

巴林左旗档案馆 现址林东镇西城区党政综合楼,邮编 025450,电话(0476)7860255,馆长刘喜民,电话(0476)7862515。成立于 1960 年。是集中统一保管旗各苏木、镇、机关、团体、企事业单位、撤销单位档案资料的县级综合档案馆。1999 年晋升为自治区特级档案馆。总建筑面积 350 平方米,库房面积 170 平方米。馆藏档案资料 6.5 万卷(册),其中资料 1.9 万册。保管少量革命历史档案、旧政权档案。加大了对地方特色档案的征集力度。现已入馆的有巴林左旗召开的历届党代会、人代会、政协会议;2003 年“8.16”地震灾情、防治“非典”工作等一些较为重要的会议及重大事件的档案。同时,对巴林左旗名胜古迹、旅游资源、产品商标和全国劳动模范李发,著名中医师、博士李敬中等 56 名人物档案相继征集入馆。完成馆藏文书档案案卷级、文件级目录近25万条的录入工作。目前馆藏文书档案已实现微机检索。2006年开通了巴林左旗档案信息网站。馆自编、合编了《巴林左旗志》、《中国共产党巴林左旗地方史》、《巴林左旗自然灾害录》等21种编研成果。馆与巴林左旗博物馆合建了爱国主义教育基地,面积为110平方米,20个展柜,图文并茂。 (马小平)

巴林右旗档案馆 现址赤峰市大板镇文化广场北100米,邮编025150,电话(0476)6222717,馆长铁刚,电话(0476)6222585。始建于1959年。是集中统一保管旗行政区域内机关、团体、企事业单位档案资料的综合档案馆,是旗级爱国主义教育基地、行政规范性文件查阅场所。1999年晋升为自治区一级档案馆。2001年被评为"全区档案利用服务"优秀级单位。2004年被评为赤峰市示范档案馆。2006年晋升为自治区综合档案馆功能建设一级单位。总建筑面积1230平方米,库房面积530平方米。馆藏档案资料52516卷(册),其中资料5085册。保存年代最早的是民国档案和资料,有少量革命历史档案。其中蒙文档案占全部档案的1/4。馆内珍藏有"蒙古源流"、"二十四史"等珍贵资料外,还有国家领导人来我旗视察考察工作的照片档案。已将巴林石节、蒙古族传统活动——"那达慕大会"、祭"敖包"、防治"非典"工作的档案资料收集进馆。同时,征集了参加1945年"8.11"起义人员宝音孟和的有些实物档案及中国当代名画家阿拉坦图在全国发行的个性化纪念邮票等。已把42个全宗的16多万条目录录入微机。巴林右旗档案资料信息门户网页已经建立。编辑出版《巴林右旗档案馆指南》、《巴林右旗行政边界界点名录》、《巴林右旗党史大事记》、《巴林右旗组织史资料》、《巴林右旗大事记》等专题档案史料汇编10多种300多万字。利用馆藏档案举办了"巴林右旗档案馆馆藏档案陈列展"。 (巴雅尔)

林西县档案馆 现址林西镇春蕾大街西段路南,邮编025250,电话(0476)5322775,馆长朱金林。始建于1959年。是集中保管全县档案资料的国家综合档案馆,是县级爱国主义教育基地,是现行文件资料利用服务中心。1996年晋升为自治区一级档案馆。总建筑面积1000平方米,库房面积350平方米。馆藏档案资料7.88万卷(册),其中图书资料1.2万册。馆藏档案资料主要有清光绪三十三年(1907年)至光绪三十四年(1908年)放垦巴林蒙荒的奏折、放荒规划、报效荒地草图、设治建县批复等;民国、日伪时期反映当时状况的档案资料;解放战争时期中共冀察热辽中央分局在林西时的档案资料;中华人民共和国成立后反映林西各个时期发展历程的档案资料。还有各个历史时期的史料、报刊、各类志书、文件汇编等。馆已建立档案资料信息网站,建成馆藏文件级目录数据库,基本实现微机检索档案目录,并积极为林西县政务网提供信息共享服务。

克什克腾旗档案馆 现址经棚镇,邮编025350,电话(0476)5222474。馆长赛音吉雅,电话(0476)5222670。成立于1959年。是集中统一保管旗直机关、团体、企事业单位档案资料的国家综合档案馆,是旗级爱国主义教育基地、现行文件阅览中心。1995年晋升为自治区二级档案馆。总建筑面积1050平方米,库房面积800平方米。馆藏档案资料60000卷(册),其中资料13000册(本)。保存年代最早的是民国时期的档案《热河经棚县志》;有333卷革命历史档案。对馆藏档案进行文件级目录的微机录入工作,2006年开通了"克什克腾旗档案网"。馆自编、合编的资料有《克什克腾旗志》、《中国共产党克什克腾旗党史大事记》、《组织史资料》、《克什克腾旗档案馆指南》、《克什克腾旗档案馆大事记》、《中共克旗历界党代会介绍》、《克旗历界人民代表大会介绍》、《克旗工代会、团代会、妇代会介绍》、《克旗农、牧、林业基础数字汇编》、《克旗回族的历史与现状》。

翁牛特旗档案馆 现址乌丹镇乌丹路中段东侧旗政府院内,邮编024500,电话(0476)6322012,馆长刘润波,电话(0476)2301780。成立于1959年。是集中统一保管旗机关、企事业单位、苏木乡镇档案资料的国家综合档案馆。1998年晋升为自治区一级档案馆。总建筑面积800平方米,库房面积300平方米。馆藏档案61565卷(册),其中资料13598册。征集了大量名人档案,地方名优特档案,老照片、老房契、老证章档案。已开展了微机著录20万条(文件级)。编辑了《翁牛特重大自然灾害统计》、《翁牛特组织史资料》、档案馆指南、《翁旗人代会资料》等十几种20万字的编研材料。

喀喇沁旗档案馆 现址锦山路,邮编024400,电话(0476)3758287,馆长王兴华,电话(0476)3758212。成立于1959年。是集中统一保管旗直机关、企事业单位和乡镇档案资料的综合档案馆,是旗级爱国主义教育基地、行政规范性文件查阅场所。2000年晋升为自治区一级档案馆。总建筑面积1260平方米,库房面积590平方米。馆藏档案资料53057卷(册),其中资料12607册。馆藏档案资料的历史跨度60余年。保存年代最早的是民国档案,有少量的革命历史档案。馆藏珍贵资料有喀喇沁乌良哈氏族谱、1949年原热河省的《群众日报》等。正在进行馆藏档案案卷级目录数据采集工作,喀喇沁旗档案信息门户网站已经建成。自编、合编了《"喀喇沁"的由来及含义探讨》、《喀喇沁旗档案志》、《喀喇沁旗文革期间大事记》、《喀喇沁旗组织史资料》、《喀喇沁旗历史概况》、《喀喇沁旗档案馆指南》、《喀喇沁旗志》、《喀喇沁旗党史大事记》、《喀喇沁旗党政大事记》等编研成果21种240多万字。

宁城县档案馆 现址县大宁路县委院内,邮编024200,电话(0476)5826259,馆长杨涛。成立于1959年。是综合档案资料基地和技术资料目录交流中心,1997年建立爱国主义教育基地,同年成立现行文件中心。1997年晋升自治区特级档案馆,2006年晋升自治区功能馆一级馆。馆库面积956平方米。馆藏档案8.5万卷,资料11403册。档案最早是1897年喀喇沁旗王爷衙门给包鲁希地契约,革命历史档案150卷。已建立档案文件级目录数据库。2006年建立档案信息网站。(吴迪)

敖汉旗档案馆 现址河东新区政府综合楼西侧,邮编024300,电话(0476)4321480,馆长刘伟华,电话(0476)4321481。成立于1956年。是旗永久保管档案的基地,是旗级爱国主义教育基地,行政规范性现行文件利用中心。2005年晋升自治区特级档案馆;自治区利用服务优秀级单位,2006年晋升自治区综合档案馆功能建设一级单位。总建筑面积400平方米,库房面积200平方米。馆藏档案资料132234卷(册),其中资料10198(册)。馆藏档案有日伪统治时期新东县档案,革命历史档案,有热河省、热辽专署办的《群声》专刊第15、17、19期刊,属于"海内孤本"具有重要的史料价值。2006年建立档案信息网站,已建立馆藏档案文件级目录数据库,并逐步实现网上查询。

呼伦贝尔市档案馆 现址海拉尔区阿里河路1号,邮编021008,电话(0470)8216610,馆长初建伟,电话(0470)8216605。成立于1959年。是集中统一保管市级机关、团体、企事业单位档案资料的国家综合档案馆,是市爱国主义教育基地。2003年晋升为自治区特级综合档案馆。总建筑面积2564平方米,库房面积256平方米。馆藏档案资料53484卷(册),其中资料7770册。已将历届呼伦贝尔那达慕大会、红花尔基森林火灾、1998年抗洪救火、防治"非典"工作、撤盟设市等重大活动形成的档案资料接收入馆。为全国政协第八届委员、高级农艺师、植保专家李仕臣和音乐创作家那日松等12位名人建立了个人档案全宗。举办了大型地方文献展览"历史的足迹",与呼伦贝尔市电视台合拍了"呼伦贝尔百年史话"、"草原之光"等专题片。编辑出版了《呼伦贝尔盟志》、《中共呼伦贝尔市党史大事记》、《呼伦贝尔市纪念抗日战争胜利60周年史料专辑》、《新时期呼伦贝尔市历任市委书记重要报告选编》等地方史志资料20余种1000多万字。

（哈斯图雅）

海拉尔市档案馆 现址海拉尔区白桦西路，邮编021000，电话（0470）2215518，馆长白福君，电话（0470）2215515。成立于1959年。是集中统一保管区直机关、团体、企事业单位档案资料的综合档案馆，是区政府指定的现行文件查阅中心。2004年晋升为自治区一级综合档案馆。2000年被评为"内蒙古自治区档案工作先进集体"。总面积400平方米，库房面积60平方米。馆藏档案资料23004卷（册），其中资料1364册。征集了苏炳文等历史名人的照片与资料。编辑出版了《中国共产党呼伦贝尔市海拉尔区第十三次代表大会文件汇编》、《海拉尔区委组织部志》、《海拉尔区委宣传部志》各类专题档案编研材料115册1000余万字。

（曹克培）

满洲里市档案馆 现址市东二道街10号，邮编021400，电话（0470）3968833，馆长刘淑琴，电话（0470）6267448。成立于1953年。是集中统一保管市级机关、团体、企事业单位档案资料的综合档案馆，是市级爱国主义教育基地，现行文件资料服务中心。1999年晋升为自治区特级档案馆。总面积为2394平方米，库房面积为532平方米。馆藏档案资料10.9万卷（册），其中资料1.5万册。已将满洲里市历届冰雪节、三国旅游节、满洲里百年庆典、防治"非典"工作等重大活动档案资料收集进馆，同时有计划地征集了名人档案。建立了档案特藏室。已建成馆藏全宗案卷级、文件级档案数据库；完成了旧政权重点档案及建国后档案文件级目录数据采集工作。编辑出版党史专题《改革开放的满洲里》、老干部回忆录《足迹》、史料画册《开放的满洲里——招商引资篇》、《满洲里市大事记》、《关于满洲里地区抗日战争时期历史资料》、历年《满洲里年鉴》等20余种档案史料汇编。举办"满洲里招商引资展"、"满洲里百年回顾展"、"勿忘国耻、振兴中华展"、"十五辉煌成就展"等展览。

扎兰屯市档案史志局（馆） 现址吊桥路35号，邮编162650，电话（0470）3202632，馆长王充刚。成立于1959年。是综合档案馆负责接收、征集各机关、团体、企事业单位的档案资料。1994年晋升为自法区三级档案馆。馆藏档案资料2.8万卷（册），其中资料0.6万册。有少量清代、民国和日伪统治时期的档案资料。自编了《扎兰屯地区历史沿革》、《纳文慕仁盟历史沿革》、《抗日战争和解放战争时期我党在布特哈旗开辟工作的大事记》、《"布特哈"名称的由来及区域沿革》、《扎兰屯市档案志》等6种15个题目的文字材料。

牙克石市档案馆 现址市兴安东街，邮编022150，电话（0470）7302140，馆长田维锋，电话（0470）7203566。成立于1955年。是集中统一管理市直各机关、团体、部分企事业单位及撤销的组织机构的档案资料的国家综合档案馆。1977年批准为市爱国主义教育基地。1998年晋升为自治区一级档案馆。总面积为858平方米，库房面积为489平方米。馆藏档案资料44243卷（册），其中资料14776册。开展馆藏档案文件级目录录入工作。

（郭丽琳）

根河市档案馆 现址市政府大楼内，邮编022350，电话（0470）5235663，馆长杨金满，电话（0470）2258217。成立于1966年。是集中统一保管县级机关、团体、企事业单位档案资料的国家综合档案馆，是市级爱国主义教育基地，是行政规范性文件查阅场所。2002年晋升为自治区一级档案管理先进单位。面积260平方米，库房120平方米。馆藏档案资料45385卷（件、册），其中资料5357册。编研成果有《额尔古纳左旗情》、《中共根河市党史大事记》、《中国共产党内蒙古自治区组织史资料》、《根河市历次党代会、人代会、政协会议文件汇编（1973－2005）》、《根河市志》、《根河市志（1996－2005）》等。利用档案举办了"根河市历程回顾"、"根河市全民国防教育展览"、上级领导视察、敖鲁古雅鄂温克民族乡民俗、根河市1977年5.11火灾、革命烈士等一批珍贵藏品陈列展。

额尔古纳市档案馆 现址市新城办事处，邮编022250，电话(0470)6823253，馆长焦擎玉，电话(0470)6822251。成立于1959年。是集中保管市级机关、团体、企事业单位档案资料的综合档案馆，是市爱国主义教育基地，行政规范性文件查阅场所。1997年晋升为自治区一级档案馆。总建筑面积为609.5平方米，库房面积为240平方米。馆藏档案32420卷，资料为11720册。编辑出版了《额尔古纳右旗情》、《额尔古纳旗志》、《额尔古纳市年鉴》和为建市10年献礼的《天骄故地额尔古纳》一书。自1996年开始，每月汇编出刊额尔古纳大事记至今。

阿荣旗档案馆 现址那吉镇振兴街56号，邮编162750，电话(0470)4212676，馆长刘振科，电话(0470)4214724，电子邮箱：Arqdajlzk@163.com。成立于1959年。1991年晋升为自治区三级档案馆。总建筑面积540平方米，库房面积107平方米。馆藏档案资料51530卷(件、册)，其中资料2930册。有少量革命历史档案。编写了《阿荣旗人民代表会议简介》、《阿荣旗组织史资料》、《阿荣旗旗情》、《阿荣旗志》、《东北抗联在阿荣旗》、《中共阿荣旗党史大事记》等书籍。

莫力达瓦达斡尔族自治旗档案馆 现址尼尔基镇巴特罕大街10号，邮编162850，电话(0470)4626135，馆长卓仁，电话(0470)4626131。成立于1959年。是集中统一保管旗各机关、团体、企事业单位档案资料的综合档案馆，是旗级爱国主义教育基地。2002年晋升为自治区一级档案馆。总面积450平方米，库房面积124平方米。馆藏档案资料35615卷(册)。 (杜军)

鄂伦春自治旗档案馆 现址阿里河镇中央街四大班子办公楼西南侧，邮编165450，电话(0470)5622460，馆长董明杰，电话(0470)5622955。成立于1959年。是集中统一保管旗直机关、各乡镇、团体、企事业单位档案资料的国家综合档案馆及旗现行文件服务中心。1997年晋升为国家三级档案馆。总建筑面积1000平方米，库房面积300平方米，资料室40平方米。馆藏档案11430卷(册)、1983件465张，资料9374册。已将2001、2006年旗庆、2002年全市小城镇建设现场会、2003年“非典”、2005年“禽流感”、保持共产党员先进性专项档案全部接收进馆。同时，为猎民村的216户猎民建立了猎民人口档案。编辑出版了《中国共产党内蒙古自治区鄂伦春自治旗组织史资料》、《鄂伦春自治旗大事记》、《鄂伦春自治旗档案馆指南》。 (窦淑花)

鄂温克族自治旗档案馆 现址巴彦托海镇索伦大街，邮编021100，电话(0470)8812329，馆长包玉柱，电话(0470)8812773。成立于1960年。是集中统一保管旗委、旗人大、旗政府(包括各职能部门)、旗政协，各团体、企事业单位档案资料的综合档案馆，也是全旗现行文件查阅中心。2005年晋升为自治区一级先进档案馆。建筑面积780平方米，其中库房面积216平方米。馆藏档案39444卷(件)。已将防治“非典”工作、党员先进性教育活动工作、重要历史事件的档案资料收集进馆。编辑出版了《鄂温克族自治旗志》、《鄂温克族自治旗概况》、《鄂温克族自治旗党史大事记》、《辉煌四十五年》等专题档案史料汇编200多万字。2007年鄂温克档案馆建立网站。

新巴尔虎右旗档案馆 现址阿拉坦额莫勒镇呼伦街，邮编021300，馆长白山，电话(0470)6401815。建筑面积1500平方米，库房面积200平方米，馆藏档案资料34768卷册。

新巴尔虎左旗档案馆 现址阿木古郎镇区，邮编021002，电话(0470)6602458，馆长包钢，电话13604745564。成立于1959年。是集中统一保管旗机关、团体、企事业单位档案资料的国家综合档案馆，是旗爱国主义教育基地。1997年晋升为自治区三级档案馆。总面积50平方米，库房面积30平方米。馆藏档案资料1万卷册，其中资料2000册。已将防治“非典”工作及历年草原抗旱规划地图、名人档案收集进馆。编辑出版了新左旗组织史、新左旗志等编研材料。

陈巴尔虎旗档案馆 现址巴彦库仁镇，邮编021500，馆长额尔敦赛汗，电话(0470)6714730。成立于1957年。1993年晋升为自治区三级档案馆。建筑面积1000平方米，库房面积500平方米。馆藏档案8359卷(册)。编研成果有《陈巴尔虎旗志》、《中共陈巴尔虎旗党史大事记》、《中共陈巴尔虎旗组织史资料》、《可爱的陈巴尔虎旗》等书。

兴安盟档案馆 现址乌兰浩特市五一北路，邮编137400，电话(0482)2206681，馆长刘扬。成立于1980年。是集中统一保管盟直机关、团体档案资料的国家综合档案馆，是盟爱国主义教育基地，现行文件阅览场所。2004年晋升为自治区特级档案馆。总建筑面积1500平方米，库房面积430平方米。馆藏档案资料28395卷(册)，其中资料2291册。馆藏档案资料的历史跨度300余年。保存年代最早的是清朝的圣旨和经卷。已录入文件级条目3万余条。编研成果有《档案工作文件汇编》、《兴安盟畜牧业发展概况》、《兴安盟水利资源概况》、《兴安盟灾情概要》、《20世纪四五十年代兴安盟地区鼠疫纪实》、《兴安盟建筑工程简介》、《兴安盟旅游景点简介》等。编研成果已达20余种，80余万字。

乌兰浩特市档案馆 现址市五一北路，邮编137400，电话(0482)8215138，馆长苗燕，电话(0482)8802335。成立于1980年。是集中统一保管市级机关、团体、企事业单位档案的综合档案馆，是乌市爱国主义教育基地，现行文件利用服务中心。1999年晋升为自治区特级档案馆。总建筑面积1000平方米，库房面积400平方米。馆藏档案61785卷，保存年代最早的是革命历史档案。主要记载王爷庙行政区划、组织沿革，乌兰夫签署的原三爷庙升格为乌兰浩特市、人员任职的手令，侵华日军撒百斯笃菌造成乌地区鼠疫大流行情况及死亡人员统计。还有胡耀邦来乌市视察工作的照片。编研有乌兰浩特市大事记、非典大事记、党代会、人代会等档案史料汇编20多种。

(苗燕)

阿尔山市档案馆 现址市温泉路共建街23号，邮编137800，电话(0482)7122404，馆长肖光。成立于1996年。是集中统一保管市级机关、团体、企事业单位档案资料的国家综合档案馆。馆藏档案3000余卷，资料300余册。编写了《阿尔山市概况》、《阿尔山市志》等多种资料。

科尔沁右翼前旗档案馆 现址科尔沁镇旗政府综合楼一楼，邮编137401，电话(0482)8399181，馆长岳彩杰。成立于1958年。是集中统一管理全旗机关、团体、企事业单位档案资料的综合档案馆，是旗爱国主义教育基地、现行文件阅览中心。1999年晋升为自治区一级档案馆。总建筑面积435平方米，库房面积204平方米。馆藏档案资料28503卷(册)，其中资料4895册。馆藏档案有清代档案、民国档案、革命历史档案。有《中村事件》、《新兴安南省概况》、《内蒙古中心王爷庙》等，其中震惊国内外的“中村事件"就发生在兴安盟科右前旗境内。编辑了《科右前旗改革开放以来经济建设成就》、《科右前旗畜牧业发展概况》、《科右前旗行政区划》、《科右前旗灾情概要》等汇编10余种，180多万字。

科尔沁右翼中旗档案馆 现址巴彦呼舒镇，邮编029400，电话(0482)4122656，馆长敖敦，电话(0482)4122890。成立于1959年。是集中统一保管旗机关、团体、企事业单位档案资料的综合档案馆。2000年晋升为自治区一级档案馆。建筑面积900平方米，库房面积600平方米。馆藏档案资料5.5万卷(册)其中资料8000册。有党和国家领导人朱镕基、温家宝视察洪灾的声像档案和题词。编研史料10余种，约500余万字。 (方利平)

扎赉特旗档案馆 现址音德尔镇，邮编137600，电话(0482)6122212，馆长陈梅，电话(0482)6131106。成立于1959年。馆藏来源旗直机关，苏木、乡镇(场)以及撤并转机关的档案，是旗爱国主义教育基地、现行规范性文件中心。1999年晋升为自治区一级档案馆。1997年荣获自治区“八五”期间档案工作先进集体、2004年荣获自治区档案工作先进集体等荣誉称号。馆库面积120平方米。馆藏档案24325卷，资料7930册。有建设兵团、“四清”、三反五反、落实政策等方面的档案。收集了全国、自治区级劳模等名人档案和重大活动档案。

突泉县档案馆 现址突泉镇，邮编137500，电话(0482)5126006，馆长房国华。成立于1959年。是集中统一保管县机关、团体、企事业单位档案资料的国家综合档案馆，是县级爱国主义教育基地，行政规范性文件查阅场所。1999年晋升为自治区一级档案馆。建筑面积1930平方米，库房面积1150平方米。馆藏档案资料43697卷(册)，其中资料5970册。有清代、民国档案，少量革命历史档案。

(郝金福)

通辽市档案馆 现址科尔沁区永清大街东156号，邮编028000，电话(0475)8269912，馆长王淑芬，电话(0475)8233693。成立于1959年。是集中统一保管市级机关、团体、企事业单位档案资料的国家综合档案馆，是市级爱国主义教育基地，政务信息公开场所。2000年晋升自治区特级馆，2002年利用服务考核晋升自治区优秀级，2006年档案馆功能建设晋升自治区一级单位。总建筑面积1497平方米，库房面积173平方米。馆藏档案资料15万卷(册)，其中资料3.1万册。保存年代最早的档案是清朝末年档案，另外还有少量北洋军阀统治时期、日伪统治时期、国民党统治时期档案。加强了对科尔沁历史文化档案、孝庄文皇后等历史名人档案的征集力度。编辑出版了《科尔沁风云》、《通辽体育》等书籍。

(杜金刚 张猛)

科尔沁区档案馆 现址通辽市向阳大街58号，邮编028000，电话(0475)8236078，馆长孙柏校，电话(0475)8257976。成立于1959年。是集中统一保管区级机关、团体、企事业单位档案资料的国家综合档案馆，是政务信息公开场所。2001年晋升为自治区特级馆，2003年档案馆利用服务考核晋升为自治区优秀级档案馆。目前拥有3000平方米档案局(馆)大楼一座。馆藏档案资料18.2万卷(册)，其中资料2.5万册。保存年代最早的档案是民国初年档案，少量日伪统治时期、国民党统治时期档案。加大了对近百年科尔沁区档案史料、历史名人档案征集力度。微机录入了档案文件的检索条目10万余条。编辑出版了《通辽市志》。

(李冬燕)

霍林郭勒市档案馆 现址霍林郭勒市委一楼东侧，邮编029200，电话(0475)7922177，馆长刘伟华，电话(0475)7922899。成立于2001年。是集中统一保管市级机关、团体、企事业单位档案资料的综合档案馆，是市级爱国主义教育基地和政务信息公开场所。总建筑面积260平方米。馆藏档案资料39100卷(册)，其中资料630卷(册)。编写了《霍林郭勒市档案馆指南》、《霍林郭勒市大事记》、《霍林郭勒市组织沿革》等编研资料。

(鞠文辉)

科尔沁左翼中旗档案馆 现址保康镇科尔沁大街中段旗委院内，邮编029300，电话(0475)3212016，馆长包毕力格。成立于1959年。是集中统一保管旗直机关、团体、企事业单位档案资料的综合档案馆，是旗级爱国主义教育基地和政务信息公开场所。1999年晋升自治区一级馆。总建筑面积700平方米，库房面积280平方米。馆藏档案资料10万卷(册)。加大了对科尔沁历史文化档案、孝庄文皇后等历史名人档案的征集力度。编辑出版了《科左中旗志》、《中共科左中旗组织史》等书籍。

(照那斯图)

科尔沁左翼后旗档案馆 现址甘旗卡镇

大青沟街中段旗人民政府后院，邮编 028100，电话(0475)5226722，馆长闫舍楞，电话(0475)5216922。成立于 1959 年。是集中统一保管全旗各机关、团体、企事业单位档案资料的地方综合档案馆，旗级爱国主义教育基地，政务信息公开场所。2004 年晋升自治区特级馆合，档案利用服务工作达到自治区优秀级，被通辽市委、市政府命名为“文明单位”。总建筑面积 881 平方米，库房面积 291 平方米。馆藏档案资料 11 万卷(册)，其中资料 1.3 万册。保存年代最早的档案是清朝雍正、道光、乾隆年间三卷诰命。还有部分日伪统治时期档案和革命历史档案。加强了对名人、名产、名胜档案的征集力度。用微机录入了档案文件的检索条目 14 万条，全文扫描 2 万页。出版了《科尔沁左翼后旗志》、《中共科尔沁左翼后旗组织史资料》、《科尔沁左翼后旗人物录》等书籍。（乌日根达来 刘聪明）

开鲁县档案馆 现址辽河大街东段 001 号，邮编 028400，电话(0475)6212652，馆长于振山，电话(0475)6213328。成立于 1959 年。是集中统一保管县级机关、团体、企事业单位档案资料的国家综合档案馆，是县级爱国主义教育基地和政务信息公开场所。1992 年晋升为自治区二级馆，2004 年档案馆档案利用服务考核达自治区优秀级。总建筑面积 550 平方米，库房面积为 300 平方米。馆藏档案资料 10.8 万卷(册)，其中资料 1 万余册。保存年代最早的档案是清末档案，还有部分民国时期、伪满洲国时期、国民党统治时期的档案。已录入文件级档案 4 万多条，扫描文件 7000 多件。编辑出版了《开鲁县志》、《开鲁县组织史》等书籍，编辑了《中央 1 号文件汇编》、《开鲁县行政区划及边界纠纷文件汇编》等编研材料。

（王安杰）

库伦旗档案馆 现址库伦镇中心街，邮编 028200，电话(0475)4912508，馆长王铁山。成立于 1958 年。是集中统一保管旗机关、团体、企事业单位档案资料的国家综合档案馆，是旗级爱国主义教育基地和政务信息公开场所。馆库房面积 168 平方米。馆藏档案资料 9 万卷(册)。编辑出版了《库伦旗档案史料丛书》。

（王铁山 额尔敦仓）

奈曼旗档案馆 现址振兴街北旗委、旗人民政府院内，邮编 028300，电话(0475)4213617，馆长邱才，电话(0475)4225221。成立于 1959 年。是集中统一保管旗机关、团体、企事业单位档案资料的国家综合档案馆，是旗级爱国主义教育基地和政务信息公开场所。1999 年晋升为自治区一级馆，2005 年晋升为自治区档案馆利用服务考核优秀级。总建筑面积 850 平方米，库房面积 375 平方米。馆藏档案资料 116491 卷(册)，其中资料 8509 册。保存年代最早的是明崇祯八年(1635 年)的档案，另外还有少量北洋军阀统治时期、日伪统治时期、国民党统治时期的档案。加强了对奈曼历史文化档案奈曼王爷等历史名人档案的征集力度。微机录入了档案文件的检索条目 7 万条。编集出版《奈曼旗组织史资料》、《奈曼西湖的变迁》等书籍。（陈靖）

扎鲁特旗档案馆 现址泰山大街 1 号，邮编 029100，电话(0475)7222155，馆长王喜荣，电话(0475)7228100。成立于 1959 年。是集中保管旗级机关、团体、企事业单位档案资料的国家综合档案馆，是旗级爱国主义教育基地和政务信息公开场所。1998 年晋升自治区一级馆，2004 年利用服务考核晋升自治区优秀级。总建筑面积 2400 平方米，库房面积 1200 平方米。馆藏档案 6.7 万卷(册)，资料 1.3 万册。加强了对扎鲁特历史档案，琶杰、毛依罕等历史名人档案的征集力度。（陈明）

锡林郭勒盟档案馆 现址锡林浩特市锡林大街 25 号，邮编 026000，电话(0479)8214056，馆长王镇波，电话(0479)8212424。成立于 1959 年。是集中统一保管盟级机关、团体、企事业单位档案资料的国家综合档案馆，是盟级爱国主义教育基地，行政规范性文件查阅场所。1999 年晋升为自治区特级档案馆。2005年利用服务工作评为自治区优秀级。总建筑面积2090平方米,库房面积500平方米。馆藏档案资料17.75万卷(件、册),其中资料2.79万册。有明清、民国和革命历史档案资料。精品档案有毛泽东、江泽民、乌兰夫的题词,胡耀邦、胡锦涛、朱镕基、温家宝视察锡盟的照片等。已将防治"非典"、2004年3.24抗震救灾工作档案收集进馆。收集了68名著名人物档案100余卷。已初步建成文件级目录数据库约26万条,利用行署网站建立了档案馆网页。编写了《锡盟自然灾害录》、《锡盟行政区划沿革》、《中共锡盟组织史资料》、《锡盟档案志》、《锡盟革命烈士英名录》、《锡盟2003年防控"非典"工作概要》等资料。

二连浩特市档案馆 现址市口岸办大楼三楼,邮编011100,电话(0479)7539529,馆长孙亚艳,电话(0479)7539530。成立于1959年。是集中统一保管市级机关、团体、企事业单位档案资料的综合档案馆,是行政规范性文件查阅场所。建筑面积500多平方米,库房面积120平方米。馆藏档案资料12956卷(册),其中资料4312册。已将市建城50周年、中蒙友好合作论坛等一批重大活动、重要历史事件档案资料接收进馆。征集了胡耀邦等国家领导人的照片与资料。编写了《二连浩特市志》,联合编辑出版了《二连市组织史》、《中共二连浩特党史大事记》等。

锡林浩特市档案馆 现址团结大街16号,邮编026000,电话(0479)8222894,馆长吴占全,电话(0479)8240950。成立于1959年。是集中统一保管市级机关、团体、企事业单位档案资料的国家综合档案馆,是爱国主义教育基地,行政规范性文件查阅场所。1999年晋升为自治区特级档案馆,2005年被自治区评为利用服务考核良好级单位。总建筑面积120平方米,库房面积88平方米。馆藏档案资料46200卷(册),其中资料5600册。保存年代最早的是少量的革命历史档案。已将人口普查、防治"非典"工作等重大活动、重要历史事件的档案收集进馆。征集了重要人物档案资料。编缉出版完成了《锡林浩特市志》、《贝子庙简史》、《锡林浩特党史大事记》、《锡林浩特市党、政、军、统、群系统组织史资料》、《锡林浩特市档案工作发展史》等。

阿巴嘎旗档案馆 现址别力古台镇别力古台街3号,邮编011400,电话(0479)2022206,馆长王志军。成立于1959年。是集中统一保管旗直党政群机关、企事业单位和苏木(镇)档案资料的国家综合档案馆。2004年晋升为自治区一级档案馆。馆使用面积120平方米。馆藏档案资料3.95万卷(册),其中资料总数1.4万(册)。已将防治"非典"及名人名产名胜等档案资料收集进馆。编研有《阿巴嘎旗档案馆全宗指南》、《阿巴嘎旗行政区划文件汇编》、《阿巴嘎旗历年抗灾保畜工作汇编》、《阿巴嘎旗档案工作大事记(1959—2004年)》。

苏尼特左旗档案馆 现址满都拉图镇达日罕大街,邮编011300,电话(0479)2526664,馆长满都呼。成立于1959年。2001年晋升为自治区一级档案馆。总建筑面积235平方米,库房面积115平方米。馆藏档案资料38586卷(册),2673件,其中资料12334册。馆藏档案资料的历史跨度360多年,保存年代最久的是明清档案,有少量的革命历史档案。查干敖包庙联合全宗档案被列入《中国档案文献遗产名录》。编写了《苏尼特左旗志》、《党史大事记》等。

苏尼特右旗档案馆 现址赛汉塔拉镇赛汉大街,邮编011200,电话(0479)7222388,馆长苏宝音。成立于1959年。1999年晋升为自治区一级档案馆。总建筑面积168.4平方米,库房面积143.8平方米。馆藏档案资料25388卷(册),其中资料8105册。馆藏档案资料的历史跨度300余年,保存年代最早的是清代、民国时期档案资和革命历史档案。编辑出版了《苏尼特右旗志》(蒙、汉两种)、《中国共产党内蒙古自治区苏尼特右旗组织史资料》、《中国县情大全——苏尼特右旗》、《内蒙古自治区旗县情大全——苏尼特右旗》、《星光——可爱的锡林郭勒》、《苏尼特右旗史志资料丛书》(1～4本蒙文)等资料汇编10多种300多万字。一批编研成果获得内蒙古自治区级"先进集体标兵单位"奖和"最佳组织"奖。

东乌珠穆沁旗档案馆　现址乌里雅斯太镇乌拉盖街，邮编026300，电话(0479)3222372，馆长乌力吉，电话(0479)3222163。成立于1958年。是集中统一保管旗各机关、团体、企事业单位档案资料的综合档案馆，是旗爱国主义教育基地，现行文件阅览中心。1999年晋升为自治区一级档案馆。总面积700平方米，库房面积150平方米。馆藏档案31537卷，图书资料8634卷。有少量革命历史档案。已将"非典"、地震中形成的文件、光碟，"东乌珠穆沁旗成立五十周年大庆"等重大活动档案收集进馆。征集了著名人士、诗人波·都古尔著作、诗词入馆。

西乌珠穆沁旗档案馆　现址旗党政办公大楼，邮编026200，电话(0479)3526747，馆长王国元，电话(0479)3522205。成立于1959年。是集中保管全旗行政机关、群众团体、企事业单位档案资料的综合档案馆，旗爱国主义教育基地，行政规范性文件查阅场所。2001年晋升为自治区一级档案馆。馆库房面积180平方米。馆藏档案资料31164卷(册)，其中资料6752册。保存最早的有部分明清档案和民国时期的王爷府档案。已将地震灾害、防治"非典"、创吉尼斯——2048博克大赛、马文化节等一批重要历史事件档案资料收集进馆。征集党和国家领导人和国外友人来我旗视察的有关图片、题词等资料。编写了《中共西乌旗组织史》、《西乌旗历史发展概况》、《文化大革命大事记》、西乌旗组织沿革、档案馆指南等，每年编写《西乌珠穆沁旗年度大事记》。

太仆寺旗档案馆　现址宝昌镇宝龙小区南端行政大楼东侧楼三楼，邮编027000，电话(0479)5238475，馆长曹俊，电话(0479)5238087。成立于1 959年。是集中统一保管太仆寺旗旗级机关团体、企业事业单位，乡(苏木)镇档案资料的综合档案馆，是旗级爱国主义教育基地之一，2000年晋升为内蒙古自治区一级档案馆。总建筑面积240平方米，库房面积150平方米。馆藏档案24375卷(册)，资料6274册。加大了对已撤乡并镇档案的移交工作的力度，加强了破产国营企业档案的收集，已将朱镕基总理视察该旗的照片收集进馆，同时计划征集周恩来总理的题词手迹等重要历史档案资料，开始抢救革命历史档案。编写了全旗副科级以上干部花名册，历届党代会、人代会简介，《1985－2005年大事记》、《太仆寺旗机构改革》。

镶黄旗档案馆　现址新宝拉格镇，邮编013250，电话(0479)6222374，馆长巴特尔，电话(0479)6223643。成立于1959年。2004年挂牌成立现行文件阅览中心，2005年建立爱国主义教育基地。2001年晋升为自治区一级档案馆。面积为400平方米，库房面积1 14平方米。馆藏档案18902卷，802件。编制了《镶黄旗党史大事记》(1945－2000)、《中共中央内蒙古自治区镶黄旗组织史资料》(1945－1987)、(1988－2000)、《镶黄旗领导干部名人录》、《镶黄旗档案馆大事记》和历届党代会、那达幕大会、人代会、政协会、工会、团代会、妇女代表大会情况简介等资料。

正镶白旗档案馆　现址明安图镇北山街三组12号，邮编013800，电话(0479)6521279，馆长王慧。成立于1959年。是集中统一保管旗机关、团体、企事业档案资料的综合档案馆，是旗级爱国主义教育基地，行政规范性文件查阅场所。2004年晋升为自治区一级档案馆。总建筑面积237平方米，库房面积108平方米。馆藏档案资料26473卷(册)，其中资料6163册。已将防治"非典"工作、历届"那达慕"大会等重大活动、重要历史事件的档案资料接收进馆。征集了曾在建国前担任过镶白旗和正镶白联合旗妇委会主任、副主任职务，在50年代前往北京参加过全国民兵先进个人、受到周恩来总理接见、并奖给她一枝步枪的劳力玛，全国劳动模范巴图等名人档案35卷。案卷文件级目录已全部录入微机。

正蓝旗档案馆 现址上都镇旗党政机关综合办公楼，邮编027200，电话（0479）4222516，馆长萨仁格日勒，电话（0479）4226775。成立于1958年。是集中统一保管旗机关、团体、企事业单位苏木乡镇档案资料的国家综合档案馆。2003年批准为旗爱国主义教育基地，1999年晋升为自治区一级档案馆。面积345平方米，库房面积264平方米。馆藏档案17578卷（册），其中资料4480册。编写了《中国共产党正蓝旗委员会历届代表介绍》、《正蓝旗档案事业四十年发展史》，和有关单位编写了《中国共产党正蓝旗委员会组织史》、《正蓝旗工会工作发展史》、《正蓝旗水利工作大事记》等档案史料汇编十余种。

多伦县档案馆 现址多伦淖尔镇东仓大街209号，邮编027300，电话(0479)4522796，馆长姜波。成立于1959年。是集中统一保管全县各机关团体、企事业单位档案资料的综合档案馆。1997年晋升为自治区二级档案馆。建筑面积460平方米，库房面积380平方米，馆藏档案21842卷，资料15376卷册。接收了首次农业普查、防治“非典”工作等重要事件的档案资料进馆。编撰了《多伦县组织史》、《多伦县名人选录》、《多伦县县志》、《多伦粮禽志》等多种史料。

乌兰察布市档案馆 现址集宁区恩和路83号，邮编012000，馆长达林太，电话13088579959。成立于1959年。是集中统一管理和保管市直机关、团体、企事业单位档案资料的国家综合档案馆。2000年晋升为自治区一极档案馆。馆库面积269.8平方米。现存各类档案11万余卷册，资料1.5万册。馆藏档案资料的历史跨度200余年，最早有清朝和民国时期的档案资料，有少量的革命历史档案。接收了防治“非典”工作方面的档案，乌市重要人物档案，民间书画展档案，个人收藏品（主要是票证）展览档案等。编纂、汇编、出版了《乌盟行政区域沿革》、《乌盟科研成果受奖项目汇编》、《提高知识分子生活待遇文件汇集》、《乌盟自然灾害及抗灾救灾经验简介》、《乌盟矿产一览》、《盟委书记、盟长讲话、文稿汇编》等80余种，780多万字(不包括未出版的汇编资料)的编研资料。在乌市行政审批中心设立了现行文件查阅中心。 （达林太）

集宁区档案馆 现址恩和路93号，邮编012000，电话(0474)8222011，馆长孟涛，电话(0474)8205138。建立于1959年。是集中统一保管区级机关、团体、企事业单位档案资料的综合档案馆。2001年晋升为自治区特级档案馆，2006年晋升为自治区综合档案馆功能建设利用服务考核二级单位。总建筑面积944平方米，库房面积620平方米。馆藏档案130293卷，图书资料14826册。通过举办展览、利用新闻媒体、参加有关活动等提供档案利用。利用馆藏资源，开展档案编研。

丰镇市档案馆 现址新城区新区党政大楼，邮编012100，电话(0474)3251809，馆长徐宏，电话(0474)3262035。成立于1959年。被评为自治区一级档案馆，2004年被评为全区档案工作先进集体。总建筑面积401平方米，库房面积261平方米，现有馆藏档案资料51855卷(册)，其中资料6681册。对市委、政府、县革委会的档案全部进行案卷级的微机存储与检索。

卓资县档案馆 现址卓资山镇新建街政府旧楼，邮编012300，电话(0474)4902101，馆长王洪胜。成立于1959年。1999年晋升为自治区二级档案馆。总建筑面积300平方米，库房面积160平方米。馆藏档案3.85万卷(册)，资料5800册。编纂了《卓资县历届党代会简介》、《卓资县历届人代会简介》、《卓资县历届政协会简介》、《卓资县自然灾害编年》、《卓资山熏鸡》、《卓资县历次政治运动简述》、《卓资县历史沿革》、《卓资县大事记》、《卓资县志》、《卓资县人物志》等。 （王洪胜）

化德县档案馆 现址长顺镇长春大街1号,邮编013350,电话(0474)7900456,馆长董海琴,电话(0474)7902423。成立于1959年。2000年晋升为自治区一级档案馆。总建筑面积221平方米,库房面积187平方米。馆藏档案资料43126卷(册)。其中资料13421册。已将防治"非典"工作等重要档案资料收集进馆,征集了原国民党新民县第二任县长杭思源、剪纸艺人薛金花等大量档案资料。编写了《化德县大事记》、《化德县历年灾情及救灾情况介绍》等编研材料。

商都县档案馆 现址新区党政综合大楼一楼。邮编013450,电话(0474)6918616,馆长叶世海,电话(0474)6918166。成立于1960年。1995年被评为"全国档案管理先进集体"。总建筑面积为380平方米,库房面积280平方米。馆藏档案资料3.5万卷(册),其中资料5173册。编辑档案史料和参考资料50种658904万字,出版资料1册达50万字。主要有:边界问题文件汇编;党代会、人代会简介,商都县大事记,国民经济统计资料之最,知识分子、老干部花名表,落实改右政策花名表,历任商都县正副书记、县长名序集,各部委办群众团体主要领导干部名序集。

兴和县档案馆 现址城关镇新城区党政大楼之一楼东侧,邮编013650,电话(0474)7213145,馆长崔谨。成立于1959年。1993年晋升为自治区三级档案馆。总建筑面积180平方米,库房面积不足90平方米。馆藏档案资料121676卷(册),其中资料13876册。编辑出版了约120万字的《兴和县志》,约35万字的《中国共产党内蒙古自治区兴和县组织史资料》。

凉城县档案馆 现址县政府综合楼,邮编013750,馆长胡天俊,电话(0474)4209404。成立于1959年。馆藏档案25640卷,资料10500册。编纂了各种文字参考资料30种116册,175万字,其中有党代会简介、人代会简介、专业户辑录、《鸿茅酒》、《凉城县人事年表》、《凉城县矿产资源史料辑录》、《县委文件汇编》、《两战时期凉城县党史大事记》、《凉城县党史资料》3期、《蛮汉山抗日斗争史》、《凉城县志》等。

察哈尔右翼前旗档案馆 现址土贵乌拉镇解放路,邮编012200,电话(0474)3902464,馆长任瑞元。建筑面积742平方米,库房面积226平方米,馆藏档案资料932958卷册其中资料11600册。

察哈尔右翼中旗档案馆 现址科布尔镇,邮编013550。电话(0474)5902700。成立于1959年。现有库房78平方米。馆藏档案47313卷(件),资料16200册。

察哈尔右翼后旗档案馆 现址白音察干镇,邮编012400。成立于1959年。建筑面积900平方米,库房面积400平方米。馆藏档案33146卷,资料16896册。编辑各种资料20余种。

四子王旗档案馆 现址新区统建东路党政大楼内,邮编011800,电话(0474)5202211,馆长合日夫,手机13847444984。成立于1959年。1997年晋升为自治区二级档案馆。馆库面积187平方米,库房面积102平方米。馆藏档案资料30148卷(册),480件,其中资料7431册,馆藏档案资料历史跨度380余年。馆内保存清朝康熙二十五年"四子部郡王旗扎萨克印",纯银造,缣帛档案藏文庙词,长4米,宽0.78米。

鄂尔多斯市档案馆 现址市康巴什新区西经4路、5路和西纬路相交处,邮编017004,电话(0477)8588431,馆长道布庆,电话(0477)8588439。成立于1959年。是集中统一保管市级机关、团体、企事业单位档案资料的国家综合档案馆,是市级爱国主义教育基地和行政规范性文件查阅利用场所。2000年晋升为自治区特级档案馆,2001年认定为自治区档案利用服务优秀级先进单位,2006年晋升为自治区综合档案馆功能建设一级档案馆。总建筑面积6800平方米,库房面积2800平方米。馆藏档案资料 1 2 万卷(册),其中资料 2 万册,历史跨度 360 多年。保存最早的清朝档案、民国档案和革命历史档案。历史档案 90%为蒙文,还有少量的汉文、藏文、满文档案。被列入《中国档案文献遗产名录》的档案是“清廷封小扎木苏为札萨克镇国公的诰封”,最早的是“清顺治三年(1646 年)的大清律”,最大的档案是“达拉特旗红顶台吉家谱”,面积为24.96平方米。已将撤盟设市,防治“非典”、“内蒙古第三届国际草原文化节暨首届鄂尔多斯国际文化节”、“保持共产党员先进性教育”、“鄂尔多斯机场前期工程”等重大活动、重大项目档案资料收集进馆。征集了革命先辈、老领导及著名企业家、科技人士、艺术家等知名人物的档案资料。对馆藏 1 2 万多条档案目录进行了数字化,鄂尔多斯市档案信息网站已建立。编辑出版了《鄂尔多斯市档案志》、《成吉思汗八百室》、《新校勘成吉思汗金书》、《绿色档案荒漠治理者的足迹》、《蒙古族楹联文化》、《席尼喇嘛》等档案史料汇编 3 0 多种。与内蒙古自治区档案馆合编的《成吉思汗陵档案史料汇编》、《成吉思汗陵西迁东归档案史料汇编》、《商更斡尔阁白室文献汇集》即将出版。

东胜区档案馆 现址鄂尔多斯市中部偏东的东胜区工业园区,邮编 017000,电话(0477)8500554,馆长王培荣,电话(0477)8502900。成立于 1959 年。是集中统一保管区级机关、团体、企事业单位档案资料的综合档案馆,是区级爱国主义教育基地,现行文件查阅利用中心。1999 年晋升为自治区一级档案馆;1991 年荣获国家级先进档案馆称号。总建筑面积 1200 平方米,库房面积 800 平方米。馆藏档案资料 114797 卷(册),其中资料 19394 册。已将第四届国际生态卫生大会、鄂尔多斯第二届民族体育运动会、防控“非典”工作、三个代表重要思想和保持共产党员先进性教育,江泽民视察东胜市、温家宝视察东胜区、同一首歌《走进鄂尔多斯》、内蒙古自治区精神文明建设经验交流现场会、内蒙古自治区第三届国际草原文化节、首届鄂尔多斯国际文化节等一批重大活动以及秦直道遗址、鄂尔多斯酒和沙棘醋优质产业等地方特色档案资料收集进馆。已建成馆藏全宗级目录数据库。编辑了《东胜区志》、《东胜区档案馆志》、《东胜区档案局发展史》、《东胜大事记》、历届党代会以及防控非典等地方志、党史、档案资料汇编和专题概要等内部资料。 (杜建军)

达拉特旗档案馆 现址达拉特旗旗所在地,邮编 014300,馆长金巴特尔,电话(0477)5212617。成立于 1959 年。是集中保存、管理全旗档案资料的文化事业机构,是自治区特级档案馆,全旗爱国主义教育基地。2005 年,档案馆利用服务晋升为自治区优秀级。2006 年,档案馆功能建设达到自治区综合档案馆功能建设二级。建筑面积 985 平方米。馆藏档案 65000 多卷,资料 8700 多本(册)。馆藏档案来源于全旗现行机关、团体、企事业单位、撤并机关单位、转制企业、临时机构以及达旗有关著名人物,还有部分国家领导人来达旗视察时的重要资料。自编或合编了各种档案史料 25 种,文件汇编 12 种,共计 162 万字。

准格尔旗档案馆 现址薛家湾镇世纪中学东门对面,邮编 010300,电话(0477)3972631,馆长甄福兴,电话(0477)3970789。成立于 1959 年。是集中统一管理全旗各单位需要永久、长期保存的各种门类、各种载体档案资料,开展档案利用服务工作的综合档案馆,是全旗爱国主义教育基地和现行文件利用服务中心。1999 年晋升为自治区一级档案馆,2007 年晋升为自治区综合档案馆功能建设一级档案馆。总面积 1530 平方米,库房面积 530 平方米。馆藏档案资料 75823 卷、件、册。建立了馆藏档案案卷级、文件级目录数据库,全文档案数据库,现行文件全文数据库,开放档案案卷目录数据库,建立了档案馆内部局域网,实现了档案信息检索、利用系统现代化。编写了《党史资料选辑》、《准格尔旗组织史资料》、《准格尔旗旗志》(初稿)、档案志、档案馆指南、历届党代会索引、历届人代会索引；编有党代会、人代会、政协会、工代会、团代会、妇代会简介；编有《准格尔旗保持共产党员先进性教育活动概要》、《准格尔旗防控"非典"疫情专题概要》、《准格尔旗漫瀚调艺术形成及活动情况概要》、《准格尔旗旅游景观概要》、《准格尔旗煤炭史略》、《准格尔旗基础数字汇集》；与史志办、组织部合编的有《准格尔旗史料》、资料辑存、《中国县情大全》(准格尔旗)、《准格尔旗政府机构沿革》、《中国共产党内蒙古自治区准格尔旗组织史资料》、《准格尔旗领导人名录》、《中国共产党准格尔旗大事记》等编研成果材料。

鄂托克前旗档案馆 现址敖勒召其镇苏力迪西街党政综合楼一楼内，邮编 016200，电话(0477)7623059，馆长边子文，电话(0477)7629089。成立于 1980 年。负责接收、收集、整理、提供利用全旗各单位档案的综合档案馆，旗级爱国主义教育基地，现行文件信息服务中心。2002 年晋升为自治区特级档案馆。馆库建筑面积 134 平方米。馆藏档案共 20509 卷(册)，资料 7000 册。2003 年建成档案网站，实现了开放档案、现行文件目录上网。撰写出 21 种 146.83 万多字的编研成果。征集名人、名产、名胜档案。举办了档案事业成就展和馆藏精品图片展，并开展网上展览。

(李玉奇)

鄂托克旗档案馆 现址乌兰镇布日都路，邮编 016100，电话(0477)6212945，馆长张永红，电话(0477)6219116。成立于 1959 年。是集中统一管理各单位需要保存的各种门类载体的档案史料，开展档案利用服务工作的综合档案馆，是全旗爱国主义教育基地和现行文件利用服务中心。1998 年晋升为自治区二级综合档案馆，2006 年晋升为自治区综合档案馆功能建设二级档案馆。总建筑面积 530 平方米。馆藏档案资料 50481 卷(册、件)，其中图书资料 13249 册。有名人、名产、名胜等名优特色档案及重大活动档案。编写了《章文轩的历史简介》初稿；《鄂托克旗组织史资料(1987—1995 年)》、档案局大事记、组织沿革、党代会简介、人代会简介、妇代会简介、《鄂托克旗地名工作汇编》、团代会简介、《金土史纲》、《鄂托克旗名人录》、《中共鄂托克旗党史大事记》等编研材料。馆藏档案录入文件目录 148933 条，刻录到光盘存储 148933 条，原文扫描档案 8582 张。鄂托克旗档案局(馆)在鄂尔多斯在线旗区网站建成独立网站(网页)。

杭锦旗档案馆 现址锡尼镇莫干淖尔路，邮编 017400，电话(0477)6628329，馆长奇治民，电话(0477)6622199。成立于 1959 年。是集中统一保管旗直机关、团体、企事业单位档案资料的综合档案馆，是旗级爱国主义教育基地、行政规范性文件查阅场所。1999 年晋升为自治区特级档案馆。总建筑面积 515 平方米，库房面积 188 平方米。馆藏档案 6 万卷(册)，资料 12486 册。已将杭锦旗穿沙公路修建工作、杭锦旗甘草节等重大活动的档案资料收集进馆。同时，将"中国十大杰出青年"乌日更达赖、内蒙古自治区书法协会会员张嘉贞的有关作品和有关材料征集进馆。征集了杭锦旗王爷萨克贝斯阿拉坦敖其尔及其他的第三夫人江景美等历史名人照片与重要历史档案资料。收集了地毯厂仿古地毯图样、杭锦旗地质图纸、土壤改良利用分布图等档案资料。编研有《杭锦旗历届党代会简介》等 18 种，30 万字。其中《杭锦旗志》和《杭锦旗组织史资料》(1949 年 10 月—1987 年 12 月)已出版发行。

(刘莉)

乌审旗档案馆 现址嘎鲁图镇达布察克路，邮编 017300，电话(0477)7212368，馆长钱凤忠。成立于 1959 年。是集中统一管理旗机关、团体、企事业单位档案资料的综合档案馆。1998 年晋升为自治区一级档案馆。多次得到区、市两级档案部门授予的荣誉称号。馆库面积 245 平方米。馆藏档案资料 76202 卷，其中资料 16230 册。馆藏特色档案资料有 1965 年内蒙古自治区党委书记乌兰夫为乌审召公社的题词:“学习乌审召人愚公移山、改造沙漠、建设草原、改天换地的革命精神。”同年 12 月 2 日《人民日报》发表通讯《牧区大寨》和社论《发扬乌审召人民的革命精神》。1966 年,国务院总理陈毅陪同马里国贵宾的题词,有全国劳模宝日勒岱和殷玉珍的治沙事迹材料。

伊金霍洛旗档案馆 现址阿勒腾席热镇,邮编 017200,馆长卢国正,电话(0477)8681730。成立于 1959 年。1997 年晋升为自治区一级档案馆;1999 年被命名为爱国主义教育基地。馆库面积 1200 平方米,库房面积 650 平方米。馆藏档案中有成吉思汗陵园照片档案、图纸、图书、旅游等相关档案资料尤为珍贵。

巴彦淖尔市档案馆 现址临河区胜利南路,邮编 015000,电话(0478)8234454,馆长刘森魁,电话(0478)8234353。成立于 1959 年。是集中统一保管市级机关、团体、企事业单位档案资料的综合档案馆,建立了现行文件中心。2001 年晋升为自治区特级档案馆。建筑面积 3100 平方米,库房面积 1000 平方米。馆藏档案资料 11.4 万卷(册),其中资料 2.6 万册。馆藏最早的档案形成于 1926 年,历史跨度 80 余年。已将防治“非典”工作,撤盟建市活动、全区科技博览会、历届河套文化艺术节等一批重大活动、重要历史事件的档案资料征集进馆。同时,征集全市名优产品档案和著名人物档案,名优产品有河套白酒、河套雪花粉、“天下第一瓜”磴口华莱士及获世界吉尼斯之最的金川保健啤酒。著名人物档案有抗美援朝一等功刘光子,著名书法家、中国书法家协会会员、中国诗书画研究院研究员邢秀的书法作品集,全国劳模“五一”劳动奖章获得者、“三八”妇女节获奖者和各条战线的优秀工作者等。建立了招工、转正、定级、调动、职称等机读目录数据库。编辑了《巴彦淖尔盟档案馆指南》,汇编了党务文件汇编和政务文件汇编,重新编写了《巴彦淖尔市档案志》等。

临河区档案馆 现址解放街 2 号,邮编 015000,电话(0478)8214503,馆长李斌宽,电话(0478)8215185。成立于 1959 年。是集中统一接收和保管市直机关,团体、企事业单位、乡镇、办事处的档案及撤销机关的全部档案和资料的国家综合档案馆。1997 年晋升为自治区一级档案馆。总建筑面积 780 平方米,库房面积 500 平方米。馆藏档案 42633 卷(册、盒),图书资料 10198 册。特色档案有临河区不同时期各项事业成就画册,临河地区知名企业、产品简介及商标档案,临河市特色农业、支柱产业及瓜果、蔬菜、小麦等名优产品简介等。

五原县档案馆 现址葵花广场东侧,邮编 015100,电话(0478)5212845,馆长张三元。成立于 1959 年。是接收与征集本级各机关、团体及其所属单位档案以及有关资料的综合档案馆。总建筑面积 10170 平方米,库房面积 520 平方米。馆藏档案资料 49205 卷(册),其中资料 16401 册。

磴口县档案馆 现址巴彦高勒镇东风管区县委大院,邮编 015200,电话(0478)4212935,馆长范文岗。成立于 1959 年。属旗县级综合档案馆,1999 年晋升为自治区一级档案馆。建筑面积 680 平方米,库房面积 161.35 平方米。馆藏档案资料 32525 卷(册),其中资料 16025 册。编写了《磴口县大事记》、《磴口县生态环境演变及生态沿革》、《磴口县档案工作年鉴》、《磴口县档案利用典型效益实例汇编》等 14 种,178 万字的编研材料。

乌拉特前旗档案馆 现址乌拉山镇团结路西,邮编 014400,电话(0478)3212560,馆长李治安,电话(0478)7972809。成立于 1959 年。是集中统一保管旗各机关、苏木乡镇、企事业单位形成的档案,是旗级爱国主义教育基地。1998 年晋升为自治区一级档案馆。总建筑面积 625 平方米,库房面积 250 平方米。馆藏档案资料 55080 卷(册),其中资料 6000 册。保存年代最早的是民国 28 年的档案和资料。率先在全市设立信息网站。征集名人档案 18 卷。汇编《优抚、养老、失业、社会救助》、《三农政策》、《地政、地界、土地纠风》、《历年鼠疫、病虫害发生及其防治》等15种1000多万字的编研成果。

乌拉特中旗档案馆 现址海流图镇哈太路，邮编015300，电话(0478)5912310，馆长陈国胜。成立于1959年。是本旗档案资料保管利用基地和查阅现行文件的规定场所。1997年晋升为自治区一级档案馆。获得了区级先进档案馆等多种荣誉称号。总建筑面积为1130平方米，库房面积为150平方米。馆藏档案资料有5.2万卷(册、盘、盒)。特色档案有理藩院下发的度碟、伊克昭盟盟属地图(蒙旗详图)、咸化寺名称原件、绥远八旗牧场图、九世班禅真迹，年代无法鉴定的蒙藏文经典、宗教历史、传说故事和各种唐卡等。收集了防治“非典”工作、保持共产党员先进性教育活动及名人名优产品等档案资料。 (布和)

乌拉特后旗档案馆 现址巴音宝力格镇巴音前达门街，邮编015543，电话(0478)4666523，馆长旭荣胡，电话(0478)4666522。始建于1973年。旗档案馆现行文件资料信息服务中心于2003年正式挂牌建立。是集中统一管理档案的文化事业机构，是永久、长期保管档案资料的基地。2001年晋升为自治区特级档案馆。面积636平方米，库房面积556平方米(新馆库与文化大楼共建，预计于2007年年底竣工，总建筑面积2500平方米，库房面积1200平方米)。馆藏档案24982卷(册)、15733件，资料5560册。加强了对地方特色档案、著名人物档案、重大活动档案、破产转制企业档案、撤销单位档案等接收入馆。目前录入案卷级、文件级目录15000条。制作档案馆建馆30周年宣传画册，举办了档案成就展、图片、实物档案展览。自编、合编、参与编写了30多种600多万字的编研资料和档案汇编。其中出版发行的有《中国共产党乌拉特后旗组织史资料》、《乌拉特后旗志》、《乌拉特后旗档案馆室概览》、《乌拉特后旗档案志》等。

(娜仁花)

杭锦后旗档案馆 现址杭锦后旗塞上东路，邮编015400，电话(0478)6622750，馆长贺兴启。成立于1959年。是集中管理档案的文化事业机构。2000年晋升为自治区一级档案馆。方总建筑面积376平方米，库房面积200.79平方米。馆藏资料47038卷(册)、5622件，其中资料11194本(册)。馆藏档案中保存最早的是清朝光绪年间档案，有少量民国档案。建立了档案资料目录及原文、图片、声像等多个数据库。编纂了《杭锦后旗档案志》初稿，汇编了“会议简介”、“专题汇集”等60余万字的编研材料。

阿拉善盟档案馆 现址巴彦浩特镇颠鲁特西路3号，邮编750306，电话(0483)8332167，馆长高国霞。成立于1981年。是盟级爱国主义教育基地、盟现行文件资料服务中心。1999年晋升为自治区一级档案馆。总建筑面积3080平方米，库房面积640平方米。馆藏档案37950卷。特色档案有阿拉善荒漠及其利用改造、腾格里沙漠飞播牧草、肉苁蓉人工栽培技术、船采盐工艺改造试验等。计算机录入条目达10万余条，原文扫描1万多张。编研成果有《阿拉善盟组织史资料》、《阿拉善盟志》、《中国共产党阿拉善盟地方史》、《阿拉善年鉴》等21种，共计834.3万字。

阿拉善左旗档案馆 现址巴彦浩特西花园街014号，邮编750300，电话(0483)8222182，馆长布仁巴依尔，电话(0483)8222162。成立于1959年。是集中统一保管旗历史档案和旗直机关、团体、企事业单位现行档案资料的综合档案馆。2002年晋升为自治区特级档案馆。建筑面积919平方米，库房面积330平方米。馆藏档案资料76068卷(册)，其中资料14445册。馆藏档案资料的历史跨度300余年，保存年代最早是清康熙二十四年(1685年)到民国38年(1949年)的原始档案6990卷，还有历史资料1471卷(册)。清代历史档案，大部分是蒙文、也有蒙满文合璧、蒙汉文合璧以及满文和藏文档案，形状结构主要是档册卷和折子。档案内容详实地记载了阿拉善九代十王执政260多年中的政治、经济、军事、文化、宗教等各方面的情况。其中珍贵档案有康熙至宣统间皇帝册封王爷、福晋和重要官员的诏书及官印,有王爷家族谱表,有六世班禅拜见乾隆时途经阿旗的记录,有盐务以及阿拉善派兵征讨准噶尔、镇压回部等材料。民国档案有冯玉祥、张学良、吉鸿昌、傅作义、九世班禅等给阿旗王爷及官员的信,有本旗为国民革命军从蒙古国驮运军火的材料,有就日军设立特务机关问题与国民政府的往来公文,有共产国际派遣人员4人惨遭杀害及外国开办教堂等的材料。建国后档案有彭德怀、杨得志等人就和平解放阿旗、剿匪及争取德王残部投诚等问题至阿旗政府的电报、信件,有划界、畜牧业社会主义改造与发展等档案。资料有国内罕见的《亲征平定朔漠方略》蒙文手抄本,有《皇清开国方略》、《大清公典》、《御制增订清文鉴》、民国《党务公报》、《法规汇编》等。2002年馆藏清代历史档案首次收入《中国档案文献遗产名录》。编印了《阿拉善左旗档案志》、重要文件汇编、地界资料、组织史资料等,完成了《奉命征讨准噶尔史料汇编》、《六世班禅经过阿拉善史料汇编》和盐务、矿产资源、农牧商业、宗教事务、诉讼案件、王公等多个专题史料的编写工作。对历史档案开展裱糊、扫描,对部分馆藏档案建成文件级目录数据库,开通了局域网。

阿拉善右旗档案馆 现址额肯呼都格镇,邮编737300,电话(0483)6022256,馆长马西巴图,电话13804736039。成立于1973年。是集中统一保管全旗机关、团体、企事业单位档案资料的综合档案馆,1998年晋升为自治区二级档案馆,2003年评为“旗级文明单位”。总建筑面积200平方米,库房面积80平方米。馆藏档案资料8000卷(册)。编写了《阿拉善右旗志》、《中国共产党阿拉善右旗党史大事记》、《阿拉善右旗组织史》等,共计300多万字的书稿。（马西巴图）

额济纳旗档案馆 现址达来呼布镇古日乃路,邮编735400,电话(0483)6521886,馆长徐青云。成立于1959年。是集中统一保管全旗机关、团体、企事业单位和苏木(镇)场档案资料的国家综合档案馆。2004年晋升为自治区一级档案馆。总建筑面积359平方米,库房面积157平方米。馆藏档案资料3.1万卷(册),其中资料1.5万册。馆藏档案资料历史跨度200余年。保存年代最早的是清乾隆四十四年(1779年)的档案。征集入馆额济纳旗甘蒙划界、行政区划变更、重大活动、国家自治区领导的题词20余幅;征集1958年额济纳旗为支援国防建设搬迁旗府及农牧民的照片及附函;额济纳旗历代王爷、和平起义投诚人员及中共早期党员苏剑肃、关布加布等人物照片;李德平烈士的照片224幅,文字材料50件(篇)。额济纳旗旧土尔扈特部回归祖国300周年庆典、金秋胡杨生态旅游节、“神舟”飞船发射等大型活动,之际举办了各类展览。编纂出版了《额济纳旗组织史资料》、《额济纳旗志》、《中国共产党额济纳旗历史大事记》和《额济纳之最》等大型地方史志图书,其中,《额济纳旗志》荣获内蒙古自治区首届“地方志奖”二等奖。

辽 宁 省

辽宁省档案馆 现址沈阳市皇姑区北陵大街45—11号。邮编110032，馆长孙成德，电话(024)23856970、86892548。成立于1954年8月，是集中统一保管省级机关、团体、企事业单位档案资料的国家综合档案馆，是省级爱国主义教育基地、省指定的行政规范性文件查阅场所。1995年晋升为国家一级档案馆。建筑面积2万平方米，库房面积15000平方米。馆藏档案142万卷(册)，其中资料5万册。馆藏档案资料的历史跨度1200余年。保存年代最早的是唐代档案，保存最多的是民国档案，约占馆藏总量的二分之一；有部分日伪档案、革命历史档案、东北大区档案。"唐档"、"戚继光手迹"、"清代玉牒"、"明太祖实录稿本"被列入《中国档案文献遗产名录》。已将党和国家领导人来辽宁、辽宁老工业基地改造、调整、振兴等一批重大活动、重要历史事件的档案资料收集进馆。同时，有计划地向国内外征集重要历史档案资料，征集了郅顺义等英雄模范、吴天威等爱国华人、张学良等历史名人的照片与资料及反映辽宁地区历史风貌的大量档案资料。已建成馆藏案卷级目录数据库，完成了建国后文件级目录数据采集工作。目前纸质档案数字化、缩微档案数字化工作正同步展开。辽宁省档案信息门户网站已经建立，目前已经上网档案目录数据40余万条。出版发行了《中国明代档案汇编》、《满铁与移民》、《满铁与民工》、《盛京皇宫和关外三陵》、《馆藏张学良档案》、《奉系军阀档案史料汇编》等专题档案史料汇编50多种7000余万字。一批编研成果获国家和辽宁省级优秀成果奖。利用档案举办了日本侵略东北罪证展、九一八事变图片展、辽宁人民革命斗争档案珍品展、辽宁人民抗日斗争图片展等一批具有一定社会影响的藏品陈列展。 (里蓉)

东北大学档案馆 现址沈阳市和平区文化路3号巷11号，邮编110004，馆长丁立新，电话(024)83687452、83687591。成立于1988年，2003年晋升为科技事业单位档案管理国家一级单位。建筑面积1457平方米。馆藏档案80885卷。收有江泽民、李岚清等党和国家重要领导人亲笔题词及张学良、赵一荻、徐放等著名人士捐赠的书画和生活用品。

(陈均)

沈阳市档案馆 现址和平区沈水路196号，邮编110004，馆长许芳，电话(024)23347716、23343700。成立于1960年，是集中统一保管沈阳市市级机关、团体、企事业单位档案资料的国家综合档案馆，是市级爱国主义教育基地、沈阳市人民政府指定的已公开现行文件集中向社会提供利用的场所。1995年晋升为国家二级档案馆。总建筑面积21779平方米，库房面积7000平方米。馆藏档案资料46万卷(册)。保存最早的档案为清代档案。编辑出版档案史料10余种、2000万字，有《沈阳旧影》、《老沈阳——盛京流云》、《沈阳英华》、《永恒的记忆——党和国家领导人视察沈阳工业建设》等，以及《沈阳资讯》等内部图书资料。利用档案举办的展览有："沈阳的记忆"主题展、"沈阳市十万家庭档案珍藏展"、"铁西新区展"、"沈阳世园会专题展"、"地球上的红飘带——纪念中国工农红军长征胜利70周年图片展"等。 (马凤云)

沈阳市城市建设档案馆 现址和平区龙泉路12号，邮编110004，馆长焦洁，电话(024)23894348、23893165。成立于1980年，是集中保管沈阳城市规划、建设、管理档案资料的国家专门档案馆。建筑面积6000平方米，现存档案200195卷，其中各种比例尺地形图3万张，图书资料4000余册。档案资料的历史跨度260余年，保存年代最早的是清代档案，包括1746年(清乾隆十一年)的地契、被列入世界文化遗产名录的"一宫三陵"(沈阳故宫、清福陵、清昭陵、清永陵)建筑档案。研发了城建档案管理信息系统。开展了沈阳市城市地理信息系统项目建设。编辑出版了城建档案编研资料27种，2003年至今全馆获得各类奖项55项。其中，《沈阳市城建档案(地名)管理地理信息系统》项目获国家档案局优秀科技成果三等奖和辽宁省档案局优秀科技成果一等奖；"青年大街"、"泉源小区"档案获国家档案局科技成果三等奖、辽宁省档案局优秀科技成果特等奖。

沈阳机车车辆有限责任公司档案馆 现址皇姑区昆山西路75号，邮编110035，馆长李洪权，电话(024)62056100、62053316。成立于1986年。1988年晋升档案管理国家二级单位。建筑面积1085平方米，库房面积673平方米。馆藏档案99413卷，底图213901张。编研资料有《Th型500米长钢轨列车简介》、工厂住宅指南、工厂历年机构变更简介、货车产品介绍、重点设备简介等。曾3次被评为沈阳市档案系统先进单位。 (王玲)

和平区档案馆 现址沈阳市和平区十一纬路68号，邮编110003，馆长张曼，电话(024)22833373、22878438。成立于1978年，是集中统一保管区机关、团体、企事业单位档案资料的国家综合档案馆，是区级爱国主义教育基地，是和平区政府指定的行政规范性文件查阅场所。2003年晋升为辽宁省特级档案馆。总建筑面积1000平方米，库房面积140平方米。现有馆藏档案资料26096卷(册)，其中资料1464册。馆藏档案资料的历史跨度70余年。保存最多的是建国后的档案，占馆藏总量的90%以上。目前已将和平地区棚户区改造、罗士圈子拆迁、浑河胜利大桥工程等重大工程项目及时跟进和收集。征集了宋庆龄、康克清的亲笔题词，满洲省委领导人、方涛小组成员及活动地点、中共地工人员照片，伪满时期的劳工证、良民证、银行株券、奉天总图、商阜界地图等。对革命历史档案和照片进行了扫描。档案馆建立了目录录入中心，录入档案目录52万条。编辑出版了《和平区历史资料图片》、《和平区房地产概览》、《和平旧影》等专题档案史料汇编近10万多字。40多项编研成果获得省、市优秀成果奖。利用档案资料举办了"建党80周年历史图片展"、"永存的丰碑"曹营章事迹展、家庭档案珍品展等。 (姜俊岭)

沈河区档案馆 现址沈阳市沈河区盛京路25号，邮编110011，副馆长杨舒健，电话(024)24846838、24864033。成立于1980年，是集中统一保管区级机关、团体、事业单位档案资料的国家综合档案馆，是区级爱国主义教育基地、区政府指定的行政规范性文件查询场所。1995年晋升为省一级档案馆。总建筑面积827平方米，其中库房面积527平方米。现有馆藏档案62528卷册，资料3215卷册。馆藏档案主要是1948年建区以来形成的各种门类档案。馆藏档案检索体系较为完备。开通了沈河区档案信息网。对与人民群众生活密切相关的档案全部进行了数字化处理。举办了"知沈河、爱沈河，建设新沈河"、"家庭档案话今昔以史为鉴育新人"等展览。

(方尚元)

大东区档案馆 现址沈阳市大东区小河沿路22号，邮编110042，馆长李娟，电话(024)24839662、24311280。成立于1959年，是集中统一保管大东区区级机关、团体、企事业单位档案资料的国家综合档案馆，是大东区爱国主义教育基地、大东区政府指定的现行文件查阅场所。1997年晋升为辽宁省一级档案档案馆。总建筑面积600平方米，库房面积200平方米。现有馆藏26246卷(册)，资料300余卷(册)。保存最多且较齐全完整的是建国以后的档案。利用档案举办了《大东历史概况》、《劳模风采、群星璀璨》、《大东"九五"回眸》等展览。 (张蕊)

皇姑区档案馆 现址沈阳市皇姑区庐山路3号，邮编110031，馆长彭克俭，电话(024)86847807、86856808。成立于1986年。是集中统一保管大东区区级机关、团体、企事业单位档案资料的国家综合档案馆。1998年晋升为省一级档案馆。总建筑面积500平方米，库房总面积150平方米。现有馆藏档案资料

63611卷(册),其中资料6721册。馆藏档案资料的历史跨度为121年。年代最早的是清代档案。征集接收了全国各时期领导人视察区内资料、第一任区委书记工作手册、全国优秀少先队大队旗、光绪丁亥年出版东华全禄、大清律例、暴风雪纪实等大量档案资料。创建了城建、房产、教育、文化档案分馆。

铁西区档案馆 现址沈阳市铁西区重工北街64号,邮编110026,馆长刘放,电话(024)25110021、25525771。成立于1986年。2005年晋升为辽宁省特级档案管理先进单位。建筑面积8292平方米,库房面积740平方米,馆藏档案58961卷,19280件。开展了工业、劳模、工人村等重点档案的征集工作。2004年现行文件服务中心正式启用。2005年建成区档案信息网站。制作了大型电视专题片《铁西之变》,举办了"劳模的足迹"、"铁西新区建设经济强区构建和谐新区"成果展等大型展览,建成了"工人村生活馆"。 (陈颖)

苏家屯区档案馆 现址沈阳市苏家屯区翠柏路14号,邮编110101,馆长高凤林,电话(024)89814420、89816009。成立于1978年,是集中统一保管苏家屯区机关、团体、企事业单位档案资料的国家综合档案馆,是区级爱国主义教育基地、区现行文件服务中心。1992年晋升为辽宁省一级档案馆。总建筑面积1136平方米,库房面积717平方米。现有馆藏档案50429卷,资料1240册。馆藏档案全部为建国以后档案。已建成馆藏文件级目录数据库5个、全文级文件数据库1个,共输入文件级目录数据8.9万条。2005年,成立区现行文件服务中心。

东陵区档案馆 现址沈阳市东陵区文化东路22号,邮编110015,馆长杨福海,电话(024)24212811、24212781。成立于1979年,为辽宁省一级档案馆。是集中统一保管东陵区机关、乡镇街等单位档案资料的国家综合档案馆,是东陵区政府指定的行政规范性文件查阅场所。总建筑面积1074平方米,库房面积600平方米。馆藏档案资料36556卷(册),其中资料400册。馆藏档案以建国后档案为主。 (王承艳)

沈北新区档案馆 现址南极街15号,邮编110121,馆长关维义,电话(024)89604500、89860168。是集中保管全区机关、团体、企事业单位档案资料的国家综合档案馆,是区级爱国主义教育基地、区政府指定的现行文件查阅场所。馆库房面积618平方米。馆藏档案49200卷、51493件,资料13072册。征集原新城子区景物照片2000余张。建立了局域网,每年录入目录12000条,现行文件实行网上公开。已完成75项编研成果。《新城子区发展简史》获辽宁省优秀科技成果二等奖,《新城子区旅游指南》获辽宁省优秀科技成果三等奖。举办了张德山事迹展等。 (刘福东)

于洪区档案馆 现址沈阳市黄海路48号,邮编110141,馆长朴宜冬,电话(024)25319112、25319208。成立于1979年,是集中统一保管于洪区区级机关、团体、企事业单位档案资料的国家综合档案馆,是区级爱国主义教育基地、于洪区政府指定的行政规范性文件查阅场所。1998年晋升为辽宁省一级档案馆。建筑面积1300平方米,库房面积905平方米。馆藏档案资料近5万余卷(册)。已收集了防治"非典"、于洪区建区四十周年暨八运会、于洪区委新楼竣工图、于洪区抗击暴风雪等档案资料档案资料汇编成果有20多种、100万字。

辽中县档案馆 现址辽中镇政府路128号,邮编110200,馆长秦国胜,电话(024)87829673、27887856。成立于1959年,是集中统一保管全县机关、团体、企事业单位档案资料的国家综合档案馆,是县级爱国主义教育基地、县政府指定的现行文件公开查阅场所。1998年晋升辽宁省一级档案馆。建筑面积936平方米,库房建筑面积750平方米。馆藏档案资料69978卷(册),其中资料32602册。保存最早的是建国前革命历史档案,比较齐全完整的是建国后的档案。已将辽中县招商引资、防治“非典”工作、土地承包合同等档案资料收集进馆。征集了“活着的烈士”傅景全、第一任县长王兴华、辽中镇商业街改造、辽中旧址、日伪时期辽中地图等资料或照片。采集利用率高的馆藏档案建立数据库，并实现全文管理。（张晓梅）

康平县档案馆 现址康平镇中心街144号，邮编100500，馆长刘彦超，电话(024)87342940、87332101。成立于1958年，是集中保管县直机关、团体、企事业单位档案资料的国家综合档案馆，是县级爱国主义教育基地、县政府指定的现行文件查阅场所。1997年12月晋升为辽宁省三级档案馆。建筑面积1200平方米，库房面积511.6平方米。馆藏档案21124卷(册)，资料2245卷(册)。馆藏档案绝大多数都是建国后档案。已将防治“非典”、农村费税改革、企业转制、第二轮土地承包合同等档案接收进馆。（于明东）

法库县档案馆 现址法库镇正阳街200号，邮编110400，馆长付国兴，电话(024)87124479、87119255。成立于1959年，是集中保管本县机关、团体档案资料的国家综合档案馆，是县级爱国主义教育基地。2000年晋升为辽宁省一级档案馆。建筑面积1200平方米，库房面积446平方米。现存档案资料54117卷(册)，其中资料11147卷(册)。已建成档案特藏室。照片档案已全部数字化。编研资料20多种，编号出版了《法库地名概览》、《计划经济时期的法库工业企业》等。（沈立侠）

新民市档案馆 现址市府路12－4号，邮编110300，馆长陈作茹，电话(024)87854498、87851929。成立于1958年，是国家综合档案馆、新民市爱国主义教育基地、市政府指定的现行文件查阅场所。1995年晋升为辽宁省一级档案馆。建筑面积1500平方米，库房面积1000平方米。馆藏档案资料58079卷(册)，其中资料13698册。保存最多且较齐全完整的是建国后档案。已将撤县设市暨首届荷花节庆典、“1.31”特大交通事故、防治“皮肤炭疽疫情”、防治禽流感、开展共产党员先进性教育活动、抗击暴风雪等档案收集进馆，接收了知青、婚姻、第二轮土地承包合同档案，征集了中央领导贾庆林、回良玉到新民视察工作的档案，征集到反映新民历史情况的资料113册、照片1368张。设有30余平方米展室，常年展出。（贾玉洁）

大连市档案馆 现址中山区中南路49号，邮编116015，馆长孔丽红，电话(0411)82880183、82898120。成立于1961年，是全市永久保管党政综合档案的基地和社会各界利用档案史料的服务中心、市爱国主义教育基地、市政务信息公开场所。1999年晋升为国家一级档案馆。总建筑面积1.3万平方米，库房建筑面积5940平方米。馆藏档案资料37.1万卷(册)，其中资料2.96万册。藏有清朝乾隆、嘉庆、道光、咸丰等时期地契档案。已收集了党和国家领导人来连视察的重要接待档案以及亚欧经济部长会议、WTO非正式小型部长会、大连国际服装节、槐花节、烟花爆竹节、“非典”防治工作等重大活动档案资料，老字号、老票证、劳模、名优特产品档案及重点文物保护单位等档案资料。已建立比较完善的检索体系，录入馆藏档案案卷级、文件级条目和人名215万余条，开发应用了计算机档案管理系统，目前已建成馆藏全宗、案卷、文件级目录数据库和现行文件数据库。重要档案和人名实行计算机检索。2000年建立局域网，2002年起用于“数字档案馆”建设，2003年开通大连档案信息网。编辑出版《大连百年》、《热土华章——档案与振兴大连老工业基地研究》、《大连老照片》、《旅大特殊时期老票证》、《大连灾情实录》、《大连市接待来访外宾纪事》、《SARS档案》、《大连市保护建筑简介》等档案参考资料、汇编70余种约650.6余万字。制作了《走向辉煌的大连档案事业——纪念〈档案法〉颁布十周年》、《闪光的足迹——大连档案事业纪实》、《人生档案——崔新一同志先进事迹》、

《凝固的记忆》等电视专题片。利用档案举办了“不能忘却的历史——日俄战争100周年”、“以史为鉴，面向未来——纪念抗日战争胜利60周年、世界反法西斯战争胜利60周年暨大连解放60周年”、“大连风情”、“同心铸长城，共谱和谐曲——大连双拥共建工作成果”、“伟大的征程——纪念中国共产党成立85周年”等大型图片展览。举办了“走进档案文化·解读大连古今”系列讲座。（于佳）

大连市城市建设档案馆 现址高尔基路28号，邮编116011，馆长王策，电话（0411）83638412、83638412。成立于1981年，是集中保管大连市城市规划、建设、管理档案资料的国家专门档案馆。1999年晋升国家一级城建档案馆。建筑面积2085平方米，库房面积900平方米。馆藏档案13.8万卷（册）。馆藏档案历史跨度100余年。保存年代最早的是1905年的满蒙地域图，保存最多的是现代建筑档案，约占馆藏总量的四分之三。已建成馆藏档案案卷级目录数据库，实现了城市地形图动态管理。编辑出版了《大连四十年》、《当代大连城市建设》、《大连建设年鉴》、《城建档案业务指导手册》、《城市建设档案管理及编制整理著录办法》、《解读大连市区道路名称》。

（吕萍）

开发区档案馆 现址大连市金马路199-3号，邮编116600，馆长孙秀兰，电话（0411）87612726、87612614。成立于1988年，是集中统一保管区管委会机关、团体、事业单位档案资料的国家综合档案馆，是区爱国主义教育基地、区管委会指定的现行文件管理中心。1999年晋升为辽宁省一级档案工作先进单位。建筑面积8500平方米，库房面积3000平方米。馆藏档案43355卷，资料500多册。文件级目录数字库转换工作全面展开。1995年被评为市档案工作先进单位，1996年至2006年为市档案工作目标管理达标单位和优秀单位；2004年，获省“十五”期间档案管理先进单位。

（孙香玉）

中山区档案馆 现址大连市金城街10号，邮编116001，馆长王钦，电话（0411）82659744、82659742。成立于1981年，是集中统一保管中山区区级机关、团体、企事业单位档案资料的国家综合档案馆，是区级爱国主义教育基地，中山区政府指定的政务信息公开场所和规范性文件查阅场所，1994年晋升为辽宁省一级档案馆。总建筑面积2000平方米，库房面积735平方米。馆藏档案资料42967万（册），其中资料1207册。馆藏档案资料的历史跨度65年。保存年代最早的是民国时期的档案资料，有少量的革命历史档案。已经将防治“非典”工作、保持共产党员先进性教育活动等档案资料收集进馆，征集了朱镕基和彭佩云等党和国家领导人的题词、照片，及外国元首访问大连市中山区的照片等。已建成馆藏档案文件级和案卷级目录数据库。中山区档案信息网站已经建立。编辑出版了《大连市中山区旅游指南》、《赤胆忠心铸就辉煌中山》、《大连市中山区社区建设的足音》和《街史漫话——大连市中山区街道发展史》等专题史料50种，260万字。（杨国华）

西岗区档案馆 现址大连市八一路238号，邮编116013，馆长王自钦，电话（0411）82402216、82400112。成立于1980年，是集中统一保管全区机关、团体、企事业单位档案资料的国家综合档案馆，是区政府行政规范性文件查阅中心、区级爱国主义教育基地。总建筑面积1138平方米，库房面积110平方米。馆藏档案资料41186卷。存有少量的革命历史档案，建国以后的档案比较齐全完整。防治“非典”工作、建区60周年等一批历史重大活动的档案资料及友好往来的馈赠纪念品等实物已收集进馆。档案检索系统完备，馆藏档案目录已全部实现计算机检索。（都春荣）

沙河口区档案馆 现址大连市至诚街18号，邮编116021，馆长殷爱民，电话（0411）84613175、84637303。成立于1984年，是集中统一保管沙河口区机关、团体、企事业单位档案资料的国家综合档案馆，是区级爱国主义教育基地、沙河口区区委区政府指定的政务信息公开场所。1994年晋升为辽宁省一级档案馆。2004年，被辽宁省人事厅、辽宁省档案局授予“十五”期间“辽宁省档案系统先进集体”称号。总建筑面积1106平方米，库房面积300平方米。现有馆藏档案资料4.5万卷（册）、2.6万件，资料0.25万册，馆藏档案历史跨度60余年。编辑出版档案资料汇编40余种，计260万字。（李玉玲）

甘井子区档案馆 现址大连市华北路1-1号，邮编116033，馆长杨万全，电话（0411）86656684、86641757。成立于1982年，1995年晋升省一级档案馆。总建筑面积2500平方米，库房面积1168平方米。现有馆藏档案资料77975卷(件)。有少量革命历史档案，比较齐全完整的是建国以后的档案。编辑出版120万字的档案史料。档案信息网站已经建立。建立综合档案、专题档案数据库，完成档案文件级数据录入，实现计算机自动检索。

（王英）

旅顺口区档案馆 现址大连市黄河路北一巷29号，邮编116041，馆长张东升，电话(0411)86613369、86610871。成立于1959年，是集中统一保管区级机关、团体、企事业单位档案资料的国家综合档案馆，是区级爱国主义教育基地、区政府指定的行政规范性文件查阅场所。1996年12月晋升为省一级档案馆。建筑面积1700平方米，库房面积736平方米。馆藏档案59262卷，资料近5000册。征集到珍贵资料如《满洲写真大观》，老照片等大量档案资料。已建成馆藏全宗级案卷目录数据库，并建立档案信息网站。编辑出版《旅顺纪事》(开放篇)、《铁证》等专题档案史料汇编20多种236多万字。1996年至1999年连续四年在大连市档案工作目标管理评比中被评为优胜单位，2004至2006年被评为大连市档案工作先进单位。（金祖良）

金州区档案馆 现址大连市迎湖街1号，邮编116100，馆长刘锡安，电话（0411）87692603、87693836。成立于1959年4月，是集中统一保管区直机关、团体、企业事业单位档案资料的国家综合档案馆，是区级爱国主义教育基地、区政府指定的现行文件利用中心。1996年晋升为省一级馆。总建筑面积1930平方米，库房面积1200平方米。馆藏档案73840卷，资料7316卷（册）。馆藏档案最早的是1946年革命历史档案。已经接收破产企业档案、重点工程档案、信用档案、社保档案、土地承包档案等。建立了案卷级目录和文件级目录数据库，录入文件级目录58万余条。建立了金州档案史志信息网。（钟晓红）

长海县档案馆 现址大长山岛镇东山B园1号，邮编116500，馆长王守德，电话(0411)89888383、89882603。成立于1959年，是集中统一保管长海县机关、团体、企业事业单位档案资料的国家综合档案馆，是县级爱国主义教育基地。1994年晋升为省一级档案馆。馆藏档案44181卷（件），资料4386册。编辑出版《长海县档案馆指南》、《长海县旅游景点简介》等30余种编研成果，400多万字。（袁理）

瓦房店市档案馆 现址金栾路67号，邮编116300，局长魏俊恕，电话(0411)85691160、85691370。成立于1959年，是国家综合档案馆。1992年晋升为省一级档案馆。总建筑面积1500平方米，库房面积680平方米，馆藏档案145228卷，资料3893册。接收了土地承包、婚姻、公证等各种门类的专门档案。编辑了《瓦房店之最》、《复州史话》、《复县志略诠释》。（姜宏）

普兰店市档案馆 现址普兰店镇中心路三段47号，邮编116200，馆长潘廷家，电话(0411)83112251、83134667。成立于1959年，是集中统一保管市级机关、团体、企事业单位档案资料的国家综合档案馆，是市级爱国主义教育基地，市政府规范性文件查阅场所。1996年晋升为辽宁省一级档案馆。总建筑面积1985平方米，库房面积1000平方米。现有馆

藏资料 13.1 万卷(册)，其中资料 1.5 万册。开设了档案信息网站。（潘廷家）

庄河市档案馆 现址黄海大街一段 408 号，邮编 116400，馆长丁克勤，电话(0411)89812190、89812388。成立于 1959 年，是集中统一保管市机关、团体、企事业单位档案资料的国家综合档案馆。1997 年晋升为省一级档案管理先进单位。2002 年至 2005 年，连年获得大连市档案工作先进单位。建筑面积 1230 平方米。馆藏文书档案 39350 卷，馆藏档案最早是清朝民间契约档案，主要是建国后档案。（陈春夫）

鞍山市档案馆 现址绿化街 41－1 号，邮编 114004，馆长宋广义，电话(0412)5837312、5831273。成立于 1963 年 3 月，是集中保管市党政群机关档案的国家综合档案馆，市级爱国主义教育基地，市政府指定现行文件查询场所。1998 年晋升为省一级档案馆。建筑面积 2664 平方米，档案库房面积 960 平方米。馆藏档案 16.2 万卷，资料 1.6 万册。馆藏档案历史跨度 200 余年。保存年代最早的为清代档案。已经启动"城市记忆工程"系列拍摄活动。已录入文件级条目 90 多万条。鞍山档案信息网站现有检索条目 64 万条，各类信息发布 800 多篇。编辑出版了《鞍山旅游系列丛书》、《百年纪事——鞍山历史上的今天》、《天南地北鞍山人》、《钢都先锋》和《党和国家与鞍山老工业基地》等约 270 多万字。（单庆）

铁东区档案馆 现址鞍山市东民生路 42 号，邮编 114001，馆长王晓明，电话(0412)6524116、5582355。成立于 1981 年，是保存区委、区政府各类档案的国家综合档案馆，区爱国主义教育基地、区政务信息公开场所。2002 年晋升为省一级档案管理先进单位。2004 年被授予"辽宁省档案系统先进集体"称号。建筑面积 400 平方米。现存档案资料 3.7 万卷。馆藏婚姻档案 11 万余条条目已经全部录入微机。编辑铁东区社区简介、铁东区企业破产档案汇编等 18 种 40 册。（英娟）

铁西区档案馆 现址鞍山市公益街 3 号，邮编 114012，馆长徐国强，电话(0412)8651879、8651000。成立于 1985 年，是集中保管区党政群机关和企事业档案的国家综合档案馆，区级爱国主义教育基地、区政府指定现行文件查询场所。1999 年晋升为省一级档案馆。建筑面积为 1500 平方米，库房面积 540 平方米。馆藏档案 28780 卷、资料 800 多卷册。馆藏档案全部实现微机检索。编研材料有《铁西区档案馆指南》、《铁西区档案资料编研汇集》、《铁西区婚姻档案信息汇集》、《家谱序言选编》、《家谱文萃》等。（宫侃）

立山区档案馆 现址鞍山市北中华路 341 号，邮政编码 114031，馆长刘再业，电话(0412)6824634。成立于 1959 年。是保管区政府直属部门档案的国家综合性档案馆。建筑面积 330 平方米，库房 150 平方米。馆藏档案 20017 卷。编写了《立山区志》、《立山区大事记汇编》、《立山区民主党派简介》、《立山区六代会简介》、《立山区党的建设廉政建设文件汇编》、《立山区发展经济优惠政策汇编》等 23 册 191 万字。（刘再业）

千山区档案馆 现址旧堡路 49 号，邮编 114041，馆长刘彦，电话(0412)2313538、2313801。成立于 1985 年，是集中保管区党政机关档案的国家综合档案馆，是区爱国主义教育基地。1999 年被评为省一级档案工作先进单位。建筑面积 500 平方米，库房面积 200 平方米。馆藏档案近 4 万卷，资料 1000 册。（刘娜）

台安县档案馆 现址台安镇恩良东路 5 号，邮编 114100，馆长金继秀，电话(0412)4823315、4836075。成立于 1959 年，是集中保管县党政群机关档案的国家综合档案馆，县级爱国主义教育基地，是县政府指定的现行文件查询场所。建筑面积 1025 平方米，库房面积 600 平方米。馆藏档案 2.8 万卷。包括张学良、潘恩良档案、旧政权名人档案、土地台账等。已创办档案信息网站。（史建华）

岫岩满族自治县档案馆 现址岫岩镇阜昌路58号，邮编114300，馆长吴玉清，电话(0412)7829091、7806586。成立于1959年，是县级爱国主义教育基地。2005年晋升为省一级档案馆。建筑面积1113.6平方米，库房面积544平方米。馆藏档案50925卷、资料8006册。保存年代最早为清代档案。编研成果有61种89册、107.7万字。 (张颖)

海城市档案馆 现址黄河路1号，邮编114200，馆长高明岩，电话(0412)3605733、3605766。始建于1959年，是国家综合档案馆、市爱国主义教育基地、市政府指定的现行文件查询中心、2004年晋升为省特级档案馆。建筑面积1268平方米，库房面积560平方米。馆藏档案70870卷，资料6550卷册。馆藏婚姻及军转档案已基本实现微机查询。编制了75册600万字的编研材料，包括《海城年鉴》等。 (那耆)

抚顺市档案馆 现址河堤北路2号，邮编113006，馆长金铎，电话(0413)3886057、3886058。成立于1960年，是集中统一保管市级机关、团体、企事业单位档案资料的国家综合档案馆。是市委、市政府指定的公开现行文件利用中心和全市政务信息公开场所。2004年晋升为省一级档案馆。建筑面积3000平方米，库房面积1000平方米。馆藏档案资料11.3万卷(册)，其中资料1.1万册。馆藏档案资料的历史跨度百余年。保存年代较早的是民国档案，约占馆藏总量的三分之一；较齐全的是建国以后的档案。日本侵占抚顺制造的震惊中外的“平顶山惨案”档案资料是珍藏档案的代表。已将毛泽东、邓小平、江泽民、吴邦国、温家宝等领导人视察抚顺老工业基地和市棚户区改造工程、百万吨乙烯工程等重大活动档案，雷锋、“爱国拥军好妈妈”胡玉萍、“雷锋入伍接兵人”戴明章、抚顺老红军等名人档案接收进馆。编辑出版了《党和国家领导人视察抚顺纪要》、《抚顺之最与精粹》、《辉煌八十年》、《抚顺档案志》、《天南地北抚顺人》、《回忆雷锋续编》等专题档案史料65种410多万字。利用档案举办了“党和国家领导人视察抚顺”、“发展中的抚顺”、“‘雷锋入伍接兵人’戴明章档案资料展”等一批展览。

(刘成贵 韩迎琴)

抚顺市城市建设档案馆 现址凤翔路41号，邮编113008，馆长周春明，电话(0413)2440981。成立于1980年，2002年晋升为国家一级城建档案馆。建筑面积1966平方米，库房面积625平方米。馆藏档案77369卷。有1929年抚顺公会堂工程档案、1931年抚顺市街地境界线图等。拥有大型工程图纸处理系统、城市建设档案管理信息系统。(徐健)

抚顺矿业集团有限责任公司档案馆 现址新抚区中央大街东十路12号，邮编113008，馆长高伟，电话(0413)2534171。成立于1960年，建筑面积1851平方米，库房面积1434平方米。1989年晋升为国家一级档案管理企业。2005年被授予省“十佳”档案工作先进集体荣誉称号。 (齐淑云)

新抚区档案馆 现址抚顺市公园五路新光一号，邮编113008，馆长庞延，电话(0413)24220670、24220670。成立于1985年，是集中统一保管区机关、企事业单位档案资料的国家综合档案馆，是区级爱国主义教育基地。1998年晋升为省一级档案馆。总建筑面积458平方米，库房面积210平方米。馆藏档案31715卷，馆藏资料3275册。 (官伟)

东洲区档案馆 现址抚顺市搭连路2号，邮编113004，馆长袁秀云，电话(0413)4663031、4663089。成立于1982年。2000年晋升省一级档案馆。馆库房面积280平方米。馆藏档案资料4.2万卷。 (李春山)

望花区档案馆 现址抚顺市丹东路西段3号，邮编113001，馆长王玉坤，电话(0413)6888062、68880620。成立于1985年，是集中统一保管望花区机关、企事业单位档案资料的国家综合档案馆。1999年晋升为省二级档案馆。馆库房面积186平方米。馆藏档案24731

卷(册),资料1812册。 (王玉坤)

顺城区档案馆 现址长春街4号,邮编113006,馆长鲁长祥,电话(0413)7496200。成立于1978年,是集中统一保管望花区机关、企事业单位档案资料的国家综合档案馆。1996年晋升为省一级档案管理单位。建筑面积为1374平方米,库房面积为400多平方米。馆藏档案资料4.4万卷。 (鲁长祥)

抚顺县档案馆 现址新城路中段20—3号,邮编113006,馆长孙维东,电话(0413)7599554、7599555。成立于1962年,是集中统一保管县乡机关、团体、企事业单位档案资料的国家综合档案馆,是县委、县政府指定的现行文件服务中心、政务信息公开场所。1999年晋升为省二级档案馆。建筑面积850平方米,库房面积500平方米。馆藏档案资料59720卷(册),资料18349册。 (孙维东)

新宾满族自治县档案馆 现址新宾镇兴京街260—1号,邮编113200,馆长曲秀成,电话(0413)5080140、5081370。成立于1959年。是集中统一保管县级机关、团体、企事业单位档案资料的国家综合档案馆,是县级爱国主义教育基地、已公开现行文件服务中心。1996年晋升为省二级馆。建筑面积1286平方米,库房面积710平方米。馆藏档案资料51144卷(册),其中资料4315册。已将庆祝满族县成立二十周年、保持共产党员先进性教育活动等重大活动档案资料收集进馆。同时征集了部分清代满族谱牒等重要历史资料。

(焦凤英)

清原满族自治县档案馆 现址清原镇清河路13号,邮编113300,馆长王波,电话(0413)3023093、3022491。成立于1959年,是集中统一保管全县机关、团体、企业事业单位档案资料的国家综合档案馆。1997年晋升为省三级档案馆。建筑面积500平方米,库房面积200平方米。馆藏档案资料23200卷(册),其中资料3200册。已征集王仁斋、孙铭武、孙铭宸、周建华、柳万熙、吴希孟、赵连山等革命烈士档案资料。编研出版了《清原县志》、《清原满族自治县志》300万字、内部资料《清原县党史资料选编》150万字。 (王立新)

本溪市档案馆 现址胜利路34号,邮编117000,馆长孙诚,电话(0414)2170230、2170226。成立于1960年,是集中统一保管市级机关、团体、企事业单位档案资料的国家综合档案馆,是市级爱国主义教育基地、市政府指定的行政规范性文件查阅场所。2003年晋升为省特级档案馆。建筑面积2100平方米,库房面积1200平方米,馆藏档案24.6万卷册,资料2万册。馆藏档案资料的历史跨度218年,保存年代最早的是清代档案,保管最多、内容最为齐全完整的是建国后档案,约占馆藏总量的98%。已将部分重大事项、重大活动,如共产党员先进性教育活动、“非典”防治、国家领导人视察、棚户区改造等档案资料征集进馆。启动了本溪记忆工程,有计划地建立名人档案,收集满族民间谱书,翻拍录制重大活动、重大历史事件的珍贵影像资料,对本溪地区遗址遗迹进行调查。已建成馆藏文件级目录数据库、人名数据库,照片数据库。建立本溪档案信息网站,已提供16000页文件上网服务。现行文件数字化占馆藏现行文件总量的80%。编辑档案史料汇编40多种500多万字,包括《本溪历史人物传》、《本溪地域文化丛书》、《董鄂氏人物传略》、《建州女真暨董鄂部研究》等。利用档案举办了“可爱的本溪”、“百年本溪掠影”等陈列展览。 (赵喜红)

本溪市城市建设档案馆 现址东明四路3号,邮编117000,馆长谢忠明,电话(0414)7119886、7119888。成立于1981年。1990年晋升为辽宁省一级档案馆。建筑面积1519平方米,库房面积268平方米。馆藏档案5.8万卷(册),底图23240张。 (张颖)

本溪钢铁(集团)有限责任公司档案馆 现址东明路31号,邮编117000,馆长于胜连,电话(0414)7827626、7828030。成立于1987年。建筑面积1500平方米,库房面积1150平方米。馆藏档案资料 115720 卷册，底图 160935 张，建立了文件级档案目录数据库。编辑的《创业者风采》一书获辽宁省档案局优秀科技成果奖。（于胜连）

平山区档案馆 现址本溪市新欣街 17 号，邮编 117000，馆长李群茂，电话（0414）2183250、2183251。成立于 1994 年，是集中统一保管区机关、企事业单位档案资料的国家综合档案馆，市爱国主义教育基地之一，区政府指定的行政规范性文件查阅场所。1997 年晋升为省一级档案馆。建筑面积 526 平方米，库房面积 458 平方米。馆藏档案资料 30227 卷（件）。已将平山区建区五十周年、防治"非典"、二轮土地承包的重大活动、重要历史事件的档案资料收集进馆。在政府信息网站上专门建立了网页和开放文件电子目录中心。档案馆著录案卷级目录 10 万余条。

（王淑杰）

溪湖区档案馆 现址本溪市站前街，邮编 117002，馆长张坚，电话（0414）5836936、13841442565。成立于 1979 年，是集中统一保管区机关、团体、企事业单位档案资料的国家综合性档案馆，区级爱国主义教育基地、区政府指定的现行文件中心。1991 年晋升为省二级档案馆。建筑面积 63 平方米，库房面积 43 平方米。编辑了《溪湖发展五十年》、《溪湖回族简史》、《火连寨史事简说》、《溪湖历史回顾》等编研材料。举办了"溪湖百年展"等展览。

（王佩荣）

明山区档案馆 现址本溪市地工路，邮编 117022，馆长李文惠，电话（0414）3154630。成立于 1979 年，是国家综合档案馆、区爱国主义教育基地、省二级档案馆。建筑面积 300 平方米，馆库房 120 平方米。馆藏档案 15931 卷。

（李文惠 于世伟）

南芬区档案馆 现址本溪市中心路 145 号，邮编 117014，馆长陈宝，电话（0414）3839379。成立于 1986 年，是集中统一保管区级机关、团体、企事业单位档案资料的国家综合档案馆。1996 年晋升为省二级档案馆。建筑面积 300 平方米，库房面积 240 平方米。馆藏档案 3 万卷，资料 2000 余册。已将《南芬区十一五发展规划》等重大会议、重大活动的档案资料收集进馆。南芬区档案综合信息网页建成并发挥作用。开发编研成果 30 多项。

（陈宝）

本溪满族自治县档案馆 现址小市镇园林巷 8 号，邮编 117100，馆长佟春莉，电话（0414）6821141、6834692。成立于 1959 年，是集中统一保管县机关、团体、企事业单位档案资料的国家综合档案馆，是县级爱国主义教育基地、县政府指定的现行文件利用中心。1998 年晋升为省一级档案馆。建筑面积 787 平方米，库房面积 290 平方米。馆藏档案资料 93738 卷（册），其中资料 9783 卷册。已将"百年县庆"、"保持共产党员先进性教育"活动档案接收进馆。收藏有东北道教发祥地九顶铁刹山的档案资料。已初步建立了馆藏档案文件目录数据库，完成了知青、婚姻、招工等项档案文件目录数据采集工作，录入数据 30 万条。编辑了《林海茫茫树参天——树木选编》、《本溪县抗美援朝担架队概述》、《燕东揽胜》等 40 多种编研材料。（刘堂利）

桓仁满族自治县档案馆 现址桓仁镇文化路 33 号，邮编 117200，馆长齐景民，电话（0414）8822979、8824626。成立于 1959 年，是集中统一保管县级机关、团体、企事业单位档案资料的国家综合档案馆，县级爱国主义教育基地，县政府指定的行政规范性文件查阅场所。2000 年晋升为省一级档案馆。建筑面积 1561 平方米，库房面积 719 平方米。馆藏档案资料近 10 万卷（册）。馆藏档案资料的历史跨度 80 余年。保存年代最早的是民国时期档案。比较齐全完整的是建国以后的档案。重点加强了对新农村建设服务的档案管理工作，接收了第二轮土地承包、林业改革等档案进馆，建立了世界文化遗产——五女山专门档案库房。编辑档案史料汇编 40 余种。

（李金梅）

丹东市档案馆 现址兴七路3—1号，邮编118000，馆长刘曙光，电话(0415)3146103、3177611。成立于1964年，是集中统一保管市机关和撤销单位档案的国家综合档案馆。2000年晋升为省一级档案馆。建筑面积3500平方米，库房面积1200平方米。馆藏档案16.6万卷(册)，资料2.2万卷(册)。保存年代最早的档案为清末和民国时期海关的档案。比较齐全完整的是建国以后现行机关的档案。已经对全市重点项目、老街旧巷及棚户区改造工程、家谱档案等接收进馆。建立了较为完整的档案检索体系，使用档案管理软件，完成案卷级机读目录6万条，文件级机读目录38万条，全息扫描17万页。编写档案馆指南等编研成果30余种700余万字，出版了《丹东乡镇办事处概况》、《丹东市党政军领导人名录》、《爱心使者》、《寻找丹东鲜为人知的历史》等档案史料汇编。利用馆藏档案汇编《档案资政》等内部资料。制作了电视专题系列片《江城丰碑》。（宋敏）

元宝区档案馆 现址丹东市新柳街8号，邮编118000，馆长陈健冰，电话(0415)2811602、2811602。成立于1984年，是集中统一保管区机关、团体、企业事业单位档案资料的国家综合档案馆。1990年晋升为省三级档案馆。建筑面积230平方米，库房面积150平方米。馆藏档案资料18959卷(册)，其中资料154卷(册)。馆藏档案资料主要是建国以后形成的档案。已将防治非典、禽流感工作，"三讲"、"三个代表"、"保持共产党员先进性"学习教育活动等重大活动，税费、林权制度改革、棚户区改造、企业转制、农业承包、婚姻登记等项档案资料收集进馆。编辑了《元宝区企业和企业家简介》、《元宝区旅游资源概况》、《元宝区的"第一"和"最早"》等材料。（于永臣）

振兴区档案馆 现址丹市人民路56号，邮编118002，馆长王占文，电话(0415)2027608、2027607。成立于1984年，是集中统一保管区级机关、团体、企业事业单位档案资料的国家综合档案馆，是区级爱国主义教育基地，区政府行政规范性文件查阅场所。2001年晋升为省二级档案馆。馆建设面积220平方米，库房面积200平方米。现有馆藏档案17000卷，资料1338册。馆藏档案和资料全部是建国后的档案。（王小霞）

振安区档案馆 现址丹东市珍珠街339号，邮编118001，馆长孙杰，电话(0415)2890046。成立于1977年，是集中统一保管区级机关、团体、企事业单位档案资料的国家综合档案馆，区级爱国主义教育基地。1999年晋升为省二级档案馆。建筑面积210平方米，库房面积120平方米。馆藏档案资料34415卷(册)，其中资料812卷(册)。已经征集了革命烈士手稿、照片，敌伪人员在振安区组织情况，丹沈铁路占地图纸等档案资料进馆。编辑了《振安区古城、古遗址简介》、《振安区直属部门职能、职责简介》、《振安区先进人物事迹简介》等编研资料。

宽甸满族自治县档案馆 现址宽甸镇中心路237号，邮编118200，馆长于远财，电话(0415)5122758、5186226。成立于1959年，是集中保管全县机关、团体、企事业单位档案资料的国家综合档案馆，县级爱国主义教育基地。1997年晋升为省二级档案馆。建筑面积1206平方米，库房面积604平方米。馆藏档案资料111865卷(册)，其中资料20055卷(册)。馆藏档案资料的历史跨度127年。保存年代最早的是1879年的《宽甸县水丰水库水没地移民资料》，保存最多的是建国以后的档案。

东港市档案馆 现址东港南路188号，邮编118300，馆长隋续业，电话(0415)7145348、7145080。成立于1959年。2003年晋升为省一级档案管理先进单位。2005年被评为省档案工作十佳单位。馆库房面积445平方米。馆藏档案资料103033卷(册)，其中馆藏档案98912卷。建国后的档案比较齐全完整。在政府网站上建立档案网页，年点击率均在12万人次以上。编辑出版了《东港百年灾情录》等档案编研材料 79 种 438.4 万字。

（孙淑兰）

凤城市档案馆 现址邓铁梅路 68 号，邮编 118100，馆长佟圣波，电话（0415）8130234、8150508。成立于 1959 年，是市政府指定的现行文件服务中心和爱国主义教育基地。1999 年晋升为省二级档案工作先进单位。建筑面积是 1147 平方米，库房面积 628 平方米。馆藏档案资料 11 万卷册。现已征集进馆有佟、赫、那、关等家谱及肖劲光、陈云、刘澜波、溥杰等名人题字及全国人大代表毛丰美、冯振飞、李茂丰，世界竞走冠军王丽萍等人与江泽民、胡锦涛等党和国家领导人合影等档案资料。编辑出版了《凤城市档案馆指南》、《凤城地区抗日战争情况介绍》等材料。 （曾庆珍）

锦州市档案馆 现址上海路六段五号，邮编 121000，馆长王玉民，电话（0416）2810474、2843806。成立于 1959 年，是集中统一保管市直机关、团体档案资料的国家综合档案馆，是市政府指定查阅政府信息的公开场所。1990 年晋升为省二级档案馆。建筑面积 4100 平方米，库房面积 942.6 平方米。馆藏档案资料 14.3 万卷（册），资料 1.1 万册。馆藏档案资料的历史跨度 60 余年。建国后形成档案资料占馆藏总量的 90%。已建成案卷级档案目录数据库 2.5 万条，文件级档案目录数据库 29.7 万条，人名目录数据库 6.8 万条。建立锦州市档案信息网站，提供 1200 页数字化档案全文服务，发布开放档案目录信息 10.3 万条，现行文件目录信息 2844 条。编辑出版了《锦州新兴工业》、《锦州市关于社会保障工作文件汇编》、《锦州人文、生态、环境系列丛书》等资料 100 多万字。 （王铁越）

古塔区档案馆 现址锦州市人民街三段 2 号，邮编 121000，馆长翟红，电话（0416）2915052、2399076。成立于 1980 年。2000 年晋升为省二级档案馆。建筑面积 77.5 平方米，库房面积 47.5 平方米。馆藏档案 114564 卷册。

凌河区档案馆 现址锦州市解放路五段 25 号，邮编 121000，馆长粘风华，电话（0416）2912344、2912778。成立于 1981 年，是集中统一保管区机关、街道、企事业单位档案资料的国家综合档案馆，区级爱国主义教育基地，区委、区政府制定的行政规范文件查阅文件中心。1997 年晋升为省一级档案馆。建筑面积 216 平方米。馆藏档案资料 34506 卷册，其中资料 4947 册。已经建立档案信息网站，共有 5700 条信息实现网上查询。

太和区档案馆 现址解放西路 226 号，邮编 121012，馆长穆荣凤，电话（0416）5168203、5168208。成立于 1980 年，是集中统一保管区机关、团体、企事业单位档案资料的国家综合档案馆，区级爱国主义教育基地，区委、区政府指定的行政规范性文件利用中心。1999 年晋升为省二级档案馆。建筑面积 175 平方米，库房面积 135 平方米。馆藏档案资料 15703 卷（册），其中资料 552 册。馆藏档案资料历史跨度近 60 年，保存的大多为建国后的档案。已将区内革命烈士档案、锦州民间秧歌赴香港回归庆典演出照片等收集入馆。建立了馆藏各全宗案卷级和文件级目录库，干部任免、婚姻信息数据库等，各类档案信息 13 万余条。编辑了《锦州市太和区科研成果简介》、《锦州市太和区疫情汇编》、《太和区机关文书立卷手册》、《太和区基础数字汇编》等。

黑山县档案馆 现址黑山镇中大中路 194 号，邮编 121400，馆长邢树忠，电话（0416）5522758、5537716。成立于 1959 年，是集中统一保管县直机关、团体、企事业单位档案资料的国家综合档案馆，县级爱国主义教育基地，县政府指定的现行文件利用中心。1997 年晋升为省二级档案馆。建筑面积 1060 平方米，库房面积 400 平方米。馆藏档案资料 39738 万卷（册），其中资料 6594 万册。馆藏档案资料保存最多的是建国后的档案，约占馆藏总量的四分之三。先后征集了《张大元帅哀挽录》、《佟氏宗谱》、辽沈战役黑山阻击战资料等。编辑了《黑山县档案局(馆)发展史》、《黑山百年灾害录》、《黑山二人转简介》等专题档案史料汇编52种100万字。

义县档案馆 现址义州镇南关街87号，邮编121100，馆长于万库，电话(0416)7721486、2760908。成立于1960年，是集中统一保管县直机关、团体单位档案资料的国家综合档案馆。2000年晋升为省二级档案馆。建筑面积984平方米，库房面积384平方米。馆藏档案资料35894卷，其中资料12000册。馆藏档案资料的历史跨度80余年。保存年代较早的是敌伪时期的档案。保存最多的是现行机关档案，约占馆藏总量的五分之四。

凌海市档案馆 现址大凌河镇中兴大街5号，邮编121200，馆长穆爱东，电话(0416)8123213、8130808。成立于1959年。是集中统一保管市机关、团体、企事业单位档案资料的国家综合档案馆，凌海市现行文件利用中心。1999年晋升为辽宁省二级档案工作先进单位。建筑面积600平方米，档案库房面积450平方米。馆藏档案25288卷，资料5102册馆藏档案较早的是日伪及民国档案。编写了31种编研材料，总计50余万字。其中《村级档案管理手册》、《驻凌海外地企业征用土地情况简介》、《机关档案员必读》获省档案局科技进步三等奖，《锦县支援抗美援朝斗争情况简介》、《锦县知识青年上山下乡运动简介》获省档案局优秀科技成果二等奖。 (黄刚)

北宁市档案馆 现址广宁东路31号，邮编121300，馆长朱新华，电话(0416)6622792、6623034。成立于1959年，是集中统一保管市直机关等单位档案资料的国家综合档案馆，县级爱国主义教育基地，市政府指定的现行文件服务中心。2000年晋升为省一级档案馆。建筑面积1000平方米，库房面积600平方米。馆藏档案28899卷册。馆藏档案资料的历史跨度一百余年，保存年代最早的有一幅闾山全景图。大部档案资料为建国后档案。编辑了《订单农业档案的形成与作用》、《北宁市1949—2000年自然灾害简介》、《保护地蔬菜栽培及病害防治技术选编》等材料。

营口市档案馆 现址公园路，邮编115000馆长张庆斌，电话(0417)3508200、3508201。成立于1960年，是集中保管市级机关、团体、企事业单位档案的国家综合档案馆，是营口市现行文件利用中心。1997年晋升为省一级档案管理单位。馆使用面积1万余平方米。馆藏档案12万余卷(册)，资料约6000册。档案最早年代为清代档案。已经建立营口档案工作动态网站。编辑《营口地方志》、《营口日本人发展史》、《营口军政志抄》、《营口村镇》、《营口简明百科》等专题材料1000多万字。

营口市城建档案馆 现址公园路，邮编115000，馆长刘美珍，电话(0417)3324408、3324336。成立于1980年。1999年晋升为省一级档案管理单位。使用面积1400余平方米。馆藏档案4.1万卷(册)，其中照片档案500余卷(册)。建立了市建设档案馆网站。

营口经济技术开发区档案馆 现址昆仑大街8号，邮编115007，馆长刘立柱，电话(0417)6251162、6208561。成立于1984年，是集中保管区机关、企事业档案资料的国家综合档案馆。库房面积130平方米。馆藏档案13869卷，资料850册。建立了档案数据库，已完成案卷级条目3421条，文件级28425条。建立了营口开发区档案信息网。

站前区档案馆 现址营口市新兴大街东49号，邮编115002，馆长张玉东，电话(0417)2668111、2668104。成立于1985年，是集中保管区级机关、团体、企事业单位档案的国家综合档案馆。1991年晋升为省二级档案管理单位。使用面积180多平方米。馆藏档案12566卷(盒)，资料3314册。建立了独立域名网站。编辑了《中共站前区委文件汇编》、《站前区人民政府文件汇编》、《站前区人大历次会议材料汇集》、《劳动人事文件汇编》、《经济工作文件汇编》、《站前区工作亮点汇集》、《站前区大事记》等材料。

西市区档案馆 现址营口市渤海大街4段57号，邮编115002，馆长董洪明，电话(0417)4827742。成立于1983年，是集中保管区级机关、企事业单位档案史料的国家综合档案馆。1999年晋升为省二级档案管理单位。馆藏档案1.8万卷。编辑《西市区档案馆全宗介绍汇编》、《西市区基础数字汇编》、《营口市西市区招商引资指南》、《西市区组织机构沿革资料》、《西市区大事记》、《外商投资企业和外国企业相关政策及税收优惠问答》、《西市区经济发展预期目标汇编》等编研资料14种60多万字。

老边区档案馆 现址营口市龙山大街。邮编115005，馆长刘兴胜，电话(0417)3865019、3868246。成立于1979年，是集中保管区级机关、企事业单位档案史料的国家综合档案馆，区现行文件利用中心。1998年晋升为省一级档案管理单位。建筑面积900平方米，库房面积300平方米。馆藏档案25701卷(册)，资料6301册。最早档案为清代档案。建立了老边区档案馆网站。编辑材料20多种，约200万字。

盖州市档案馆 现址大清河北岸，邮编，115200，馆长韩颖，电话(0417)7689053、7689010。成立于1959年，是集中保管市级机关、团体、企事业单位档案的国家综合档案馆。1997年晋升为省二级档案管理单位。建筑面积1700平方米，库房面积700平方米。馆藏档案45843卷(册)。编辑了《盖平县农业方面基础数字汇集》、《盖州百年自然灾害纪实》等材料。

大石桥市档案馆 现址人民大街5号。邮编115100，馆长孙强，电话(0417)5613702、5615900。成立于1959年，是集中保管市级机关、团体、企事业单位档案的国家综合档案馆，市现行文件利用中心。2005年晋升为省一级档案管理单位。建筑面积1000平方米，库房面积500平方米。馆藏档案5万卷(册)。形成年代最早的档案为清政府颁给骑校卫顾有进的褒奖诏书和顾有进及家人画像。建立了市档案局网站。编辑了《大石桥市籍在外名人谱》、《辽宁省大石桥市革命烈士英名录》、《大石桥市知名企业简介》等编研材料。

阜新市档案馆 现址中华路45号，邮编123000，馆长张俊军，电话(0418)6536309、6536301。成立于1963年，是集中统一保管市直机关、团体、企事业单位档案资料的国家综合性档案馆。1997年晋升为省一级档案馆。建筑面积1415平方米，库房面积995平方米。馆藏档案资料105779卷(册)，其中资料14938册。建国后的档案较齐全完整。已将“阜新经济转型”、“中国—阜新玛瑙节”等重大活动、重要历史事件的档案资料收集进馆。已经建立了馆藏档案数据库，包含档案原文1千余份、目录78万余条、照片档案1千余张。在因特网和党政信息网上分别建立了网站。编辑出版了《中共阜新市委历次代表大会简介》、《阜新历年农业灾害辑录》、《阜新乡镇概况》等档案史料70余种635.1万字。 （王淑芹）

阜新市城建档案馆 现址中华路63号，邮编123000，馆长刘亚萍，电话(0418)2820360。成立于1980年。建筑面积1000平方米。拍摄制作电视专题片《改善人环境建设精美城市》。编研课题“声像档案为阜新经济转型服务的研究和实践”荣获省档案局优秀科技成果一等奖。馆连续四年获市档案工作目标优胜奖和市“十佳”档案工作先进集体。馆长刘亚萍曾先后荣获全国城建档案先进个人和省“十佳”档案工作者称号。 （刘亚萍）

阜新矿业(集团)有限责任公司档案馆 现址中华路89号，邮编123000，馆长赵春芳，电话(0418)2823032、6548820。成立于1951年。1990年晋升为国家一级企业档案馆。同年被评为能源部档案工作先进集体。1993—1996年曾获省和全国煤炭系统档案工作先进集体称号。建筑面积1000余平方米。馆藏档案173757卷。编写的《阜新矿务局安全警示录》、《阜新矿区沉陷区状况研究》均获省科技进步一等奖;《血的教训》获省档案资源开发利用成果一等奖。《阜新矿区采煤沉陷区综合治理实施方案》向国家申请了11.8亿元资金。建立了档案管理网站。（张艳华）

海州区档案馆 现址阜新市街心路7号,邮编123000,馆长陈立新,电话(0418)2822986、2822986。成立于1980年,是集中统一保管区级机关、团体、企业事业单位档案资料的国家综合性档案馆,区级爱国主义教育基地、区政府政务信息公开场所。1997年晋升为省二级档案馆。建设面积270平方米,库房面积132平方米。馆藏档案10279卷,资料3079册。编研材料31种。已经征集到1936年朝阳松树嘴子天主教修道院院长苏公晋铎银庆纪念照片、1956年全省天主教神长教友会议全体合影等照片。2005年被省人事厅、档案局评为全省"十五"档案工作先进集体。（王静）

新邱区档案馆 现址阜新市新邱大街53号,邮编123005,馆长高今创,电话(0418)2695041、2862563。成立于1981年,是集中统一保管区级机关、团体、企事业单位档案资料的国家综合性档案馆,区现行文件服务中心。1998年晋升为辽宁省二级档案馆。总面积100平方米。馆藏档案资料3.9万卷(册),其中资料0.4万册。已将新邱矿破产工作、防治"非典"工作、第二轮土地承包工作、第四次五次人口普查、工业普查、基本单位普查工作等一批重大活动、重要历史事件的档案收集进馆。征集了区政府和阜蒙县政府、区政府和细河区政府行政区域界线协议书附图等档案资料。档案信息网站已经建立。（高今创）

太平区档案馆 现址阜新市太平大街1号,邮编123003,馆长赵玉杰,电话(0418)6539622、6539621。成立于1981年,是集中统一保管区级机关、团体及事业单位档案资料的国家综合档案馆,区现行文件服务中心。1998年晋升省一级档案管理先进单位。建筑面积231平方米,库房面积180平方米。编辑了22种编研材料。（于丽颖）

清河门区档案馆 现址阜新市清河大街1号,邮编123006,馆长黄玉凤,电话(0418)2782557、2780185。成立于1984年,是集中统一保管区直机关、团体、企事业单位档案资料的国家综合档案馆,区现行文件查阅中心,区政府信息公开场所。1996年晋升为省一级档案馆。面积120平方米,库房面积80平方米。馆藏档案资料1万卷(册)。建立了清河门区档案信息网站。编辑专题档案史料13册50万字。（黄玉凤）

细河区档案馆 现址阜新市中华路25号,邮编123000,馆长谢艳梅,电话(0418)3965087。成立于1981年,是集中统一保管全区各机关、团体、企事业单位及各乡镇档案的国家综合性档案馆,区现行文件服务中心。1996年晋升为省二级档案馆。建筑面积126平方米,库房面积96平方米。馆藏档案资料10766卷(册),其中资料3021册。建立了细河区档案管理网站。（姜子良）

阜新蒙古族自治县档案馆 现址民主路45号,邮编123100,馆长马翠芬,电话(0418)8822964、8824178。成立于1959年,是集中统一保管县级机关、团体、企事业单位档案资料的国家综合档案馆,县级爱国主义教育基地,县政府指定行政规范性文件查阅场所。1992年晋升为省一级档案馆。建筑面积1005平方米,库房面积405平方米。现有馆藏资料57560卷(册、件),其中资料18587册。馆藏档案具有民族特色,有蒙汉文对照档案和反映地方民族特色的《贤劫经》、蒙医《四部医典》、《三合便览》、《观音普丹吉的引子》等民族古籍档案。防治"非典"、"三讲"活动、防控"禽流感","保持共产党员先进性教育"等重大事件、重大活动的档案都已接收进馆。建立了档案信息网站,建立了文件级数据库。（宫宝林）

彰武县档案馆 现址彰武镇人民大街15号,邮编123200,馆长王永建,电话(0418)6949057、6949219。成立于1958年,是集中统一保管全县各机关、团体、企事业单位及各乡镇档案的国家综合档案馆,县现行文件服务中心。1996 年晋升为省二级档案馆。建筑面积 931 平方米,库房面积 450 平方米。馆藏档案资料 47994 卷(册),其中资料 11575 册。已将辽宁省名优产品“三元丁”防水卷材、中国彰武白鹅节及国家重点工程项目档案资料征集进馆。编研材料有 10 种 57 万字。已建立档案信息网站。 (孔晓菊)

辽阳市档案馆 现址青年大街 37-2 号,邮编 111000,馆长叶红钢,电话(0419)2307687、2309969。成立于 1959 年,是集中统一保管市级机关及其所属机构、破产企业档案的国家综合档案馆,市级爱国主义教育基地和国防教育基地,现行文件阅览中心。1996 年晋升为省二级档案馆。建筑面积 4330 平方米,库房面积 1875 平方米。馆藏档案资料 21 万多卷册,其中,清代、民国档案 6.8 万卷。建立了馆藏机读目录 5 万条。建立了辽阳档案信息网和内部局域网。编辑出版了《建国五十年辽阳大事记》、《千华山志》、《辽阳金石录》等专题资料 70 多种。利用馆藏档案先后举办了“馆藏图片展”、“后金史展览”、“辽阳老照片展”等展览。

辽阳市城市建设档案馆 现址武圣路 149 号,邮编 111000,馆长赵毅,电话(0419)3717295。成立于 1981 年,建筑面积近 2000 平方米,库房面积为 200 平方米。馆藏档案 8 万余卷,底图档案 7924 张。完成了馆藏档案进行编目、标引、检索工作。开通了辽阳市城建档案馆网站。撰写并拍摄的《辽阳古建筑铁闻》、《辽阳的桥》、《清水绕古城》、《沧桑巨变护城河》、《辽阳广佑寺》、《奋进的辽宁中部城市群》等。2003 年被建设部评为国家一级城建档案馆。2004 年被国家建设部、国家档案局评为全国城建档案工作先进集体。2006 年被评为省精神文明创建工作文明单位。

白塔区档案馆 现址辽宁省辽阳市民主路 33 号,邮编 111000,馆长戴晓莉,电话(0419)2321472,网址:www.lybtq.gov.cn/。成立于 1986 年 4 月 21 日建筑面积 90 平方米,库房面积为 66 平方米,馆藏档资料 13948 卷、4335 张照片其中资料 600 册。

文圣区档案馆 现址辽阳市新运大街 173 号,邮编 111000,电话(0419)2131416、2131416。成立于 1985 年,是区现行文件利用服务中心。1999 年晋升为省二级档案馆。建筑面积 84 平方米,库房面积 56 平方米。馆藏资料 8908 卷(册),其中资料 360 册。已将防治“非典”工作、保持共产党员先进性教育活动资料、禽流感、农村二轮土地承包合同等重要资料收集进馆。建立了文圣区档案信息网站。编辑了《文圣区历届党代会简介》、《文圣区历届人代会简介》、《文圣区组织史资料》、《文圣区五十年大事记》、《文圣区档案馆指南》、档案局大事记、区人大会编、文圣区勘界编研材料、《文圣区的历史沿革及发展情况》、《文圣区档案利用效果汇编》等编研材料。 (王萍)

宏伟区档案馆 现址辽阳市健康路 9 号,邮编 111003,馆长王晓明,电话(0419)5305045、5305042。成立于 1985 年。馆藏档案 13692 卷,资料 372 册。编写了 21 种材料、文件汇编 315 本。建立了档案馆网站。

弓长岭区档案馆 现址辽阳市政务中心主楼南侧 103 室,邮编 111008,馆长吴忠艳,电话(0419)5809104、5809103。成立于 1986 年,是国家综合档案馆。1997 年晋升为省一级档案馆。总建筑面积 422 平方米。在区政府网站上设立了档案网页。馆藏档案资料 20587 卷(册),照片 1244 张。已将全区土地二轮承包和“三个代表”学习活动的全部档案接收进馆。

太子河区档案馆 现址辽阳市青年大街 57 号,邮编 111000,馆长闫伶,电话(0419)4125649。成立于 1985 年,是集中统一保管区级机关、团体、企事业单位档案资料的国家综合档案馆,区级爱国主义教育基地,区政府指定行政规范性文件查阅场所。2000 年晋升为省二级档案馆。建筑面积105平方米，库房面积75平方米。馆藏档案资料9237卷(册)，其中资料448册。已将防治“非典”、“三个代表”学习、保持共产党员先进性教育等工作等档案资料收集进馆。已经开通了太子河区档案局网站。编写出《太子河区农业科研开发成果》、《太子河区人文集萃》等79种资料，1200余万字。（闫伶）

辽阳县档案馆 现址辽阳县首山镇人民街26号县政府一楼，邮编111200，馆长刘凤，电话(0419)7777522。成立于1990年，建筑面积400平方米，库房面积200平方米，馆藏档案资料23608卷，其中资料165册。

灯塔市档案馆 现址市政务中心，邮编111300，馆长吴文芳，电话(0419)8583297、8583298。成立于1978年9月，是集中统一保管市级机关、团体、企业事业单位档案资料的国家综合档案馆，是县级爱国主义教育基地，市政府指定的行政规范性文件查阅场所。1999年晋升为省一级档案馆。建筑面积520平方米，库房面积420平方米。馆藏档案资料38500卷册，其中资料3500册。已将市勘界档案、第二轮土地承包合同档案等一批重大活动的档案和《灯塔水灾志》、《吴氏家谱》等资料收集进馆。已建成馆藏档案全宗级目录数据库。建立了灯塔市档案信息网站。编研成果包括《灯塔县历任县长简介》、《灯塔市抗美援朝烈士名录》等30多种1500多万字。

盘锦市档案馆 现址惠宾大街113号，邮编124010，馆长郭兴武，电话(0427)2837250、2836782。成立于1985年，是集中统一保管市直机关、团体、企事业单位档案资料的国家综合档案馆，市级爱国主义教育基地、市政府指定已公开现行文件查阅场所。1999年晋升为省一级档案馆。建筑面积3130平方米，库房面积1000平方米。馆藏档案48214卷。已经接收破产企业档案22776卷。投资组建了因特网、党政内网、局域内网和档案信息数据库。

盘锦市城建档案馆 现址惠宾大街，邮编124010，馆长王振凯，电话(0427)2833215、2823906。成立于1985年。1996年晋升为省一级档案馆。馆库房面积为870平方米。馆藏档案28290卷(册)。已建成馆藏全宗级目录数据库。盘锦市城建档案信息网站已经建立。

双台子区档案馆 现址盘锦市胜利街双兴北路401号，邮编124000，馆长郑喜萍，电话(024)3837330、3822701。成立于1986年，是集中统一保管区直机关、团体、企事业单位档案资料的国家综合档案馆。1990年晋升为省三级档案工作先进单位。使用面积130平方米。馆藏档案3160卷(册)，资料1150份，编研材料15种。

兴隆台区档案馆 现址盘锦市兴南路，邮编124010，馆长张岳生，电话(0427)2824684、2831611。成立于1986年，是集中统一保管区机关、团体、企事业单位档案资料的国家综合档案馆。1991年晋升省一级档案馆。建筑面积960平方米，库房面积720平方米，馆藏档案33211卷，资料1550册。编写了《兴隆台区党史大事记》、《兴隆台区革命烈士录》、会议简介、《兴隆台区大事记》、组织史资料、《兴隆台区志》、《兴隆台区文件选编》、《兴隆台年鉴》(1997—1998)、《兴隆台年鉴》(1999—2000)、《兴隆台年鉴》(2001—2002)、《兴隆台年鉴》(2003)、《兴隆台年鉴》(2004—2005)等650万字。

大洼县档案馆 现址大洼镇中心路63号，邮编124200，馆长张宝勤，电话(0427)6786198、6867345。成立于1984年，是集中统一保管县党政机关、团体及企事业单位档案资料的国家综合档案馆，是县政府指定政府现行文件服务场所。1996年晋升为省一级档案馆。建筑面积1064平方米，库房面积460平方米。现有馆藏档案31290卷、30013件，资料3000册。已建成馆藏档案文件级目录数据库。

盘山县档案馆 现址综合办公大楼一楼，邮编124101，馆长于泊，电话(0427)3552262、

3552260。成立于1959年，是集中统一保管县级机关、团体、企事业单位档案资料的国家综合档案馆，是县级爱国主义教育基地、县政府指定行政规范性文件查阅场所。2000年晋升为省二级档案馆。建筑面积560平方米，库房面积300平方米。现有馆藏档案资料25369卷(册)，其中资料2646册。保存年代最早的是清代档案，保管数量最多的是建国后档案。现已收集到市成立二十周年成就展上报照片资料、盘山县建县百年系列活动资料、历史名人李龙石文集和当今文人王百录、杨兴作品等。出版发行了《盘山县志》、《盘山年鉴》(2001－2004)、《盘山水利百年》、《盘山酒业发展史》等著作。

铁岭市档案馆 现址南马路16号，邮编112000，馆长朱英丽，电话(0410)4844096、4852634。成立于1973年，是集中统一保管市级机关、团体、企事业单位档案资料的国家综合档案馆，市现行文件服务中心，市政府指定的行政规范性文件查阅场所。2004年晋升为省一级档案工作先进单位。建筑面积4595平方米，库房面积2000平方米。馆藏档案67254卷，6492件，资料8157册。建立了馆内局域网和档案信息网站，建立了容纳50余万条数据的全市档案目录中心。先后编写档案史料20余种200多万字。

银州区档案馆 现址铁岭市红旗街南马路50号，邮编112000，馆长董敏杰，电话(0410)2822792。成立于1980年，是集中统一保管区直机关、团体、企事业单位档案资料的国家综合档案馆，是区级爱国主义教育基地。1997年晋升为省一级档案馆。建筑面积400平方米，库房面积200平方米。馆藏档案资料35799卷(册)，其中资料3664册。馆藏档案保存年代最早档案为民国档案。保存最多的为建国后档案。征集了周恩来1962年视察铁岭县地运所村的照片，1985年日本创价大学校刊编辑部为纪念创价大学创立15周年和周恩来在创价大学校园里植树10周年来访时赠送的“百布巾”和创价大学校刊照片，日本友人访问铁岭照片及《铁岭》一书，有现代诗人于良创作的《诗集》，曲艺家李忠堂的艺术创作材料等。已建成馆藏重要全宗目录数据库。编研材料《铁岭市银州区档案志》、《银州史话》、名人录等41种2000余万字。

清河区档案馆 现址铁岭市红旗街昌盛路，邮编112003，馆长徐炳华，电话(0410)2115220。成立于1985年，是集中统一保管区直机关、团体、企事业单位档案资料的国家综合档案馆，区文件服务中心。1993年晋升为省二级档案馆。建筑面积200平方米，库房面积80平方米。馆藏资料8935卷(册)。

铁岭县档案馆 现址工人街33号，邮编112000，馆长邓春柱，电话(0410)4842671、4832300。成立于1959年，是集中统一保管县直机关、团体、企事业单位档案资料的国家综合档案馆，县级爱国主义教育基地，县政府指定行政规范性文件查阅场所。2006年晋升为省一级档案馆。建筑面积1188.87平方米，库房面积670平方米。馆藏档案资料68000卷(册、件)，其中馆藏档案资料11000册。已将区划档案、地名档案、公证档案、婚姻档案、老复员军人、退伍士兵、招工调配介绍信存根，破产倒闭企业职工档案接收进馆。已对重点全宗的部分档案和查档率较高的档案进行了著录，约21000余条。 (邓春柱)

西丰县档案馆 现址西丰镇莱市街，邮编112400，馆长姜树权，电话(0410)7842342、7844701。成立于1986年，是集中统一保管县级机关、团体、企事业单位档案资料的国家综合档案馆，爱国主义教育基地、县政府指定的现行文件服务中心。1996年晋升为省二级档案馆。建筑面积为1037平方米，库房面积为430平方米。馆藏档案22731卷(册)，资料9958册，纂写编研资料有《柞蚕发展史》、《烟草发展史》、《全国省、市、县命名模范先进人物名录》、灾情录、《盛京围场的封禁与开垦》等。

昌图县档案馆 现址县昌图镇北街，县委后院东侧，邮编 112500，联系电话（0410）5823819。馆长贾东旭，电话（0410）5818920。成立于1959年，是集中统一保管乡科级机关、团体、企事业单位档案资料的国家综合档案馆，是县级爱国主义教育基地、政府指定的行政规范性文件查阅场所。1996年晋升为省二级档案馆。总建筑面积1052.5平方米，库房面积800平方米。现有馆藏档案资料71240卷（册），其中档案66478卷（册），资料4762册。馆藏档案资料的历史跨度近百年。馆藏档案以纸质为主，还有录音、录像、照片、光盘等载体的档案。加大对乡科级单位档案移交工作的规范管理，加强了对重大活动档案的收集。已将“三讲”、“保持共产党员先进性教育”、昌图国家人大代表和党代表等名人档案以及“三农”特色档案收集进馆。检索体系比较完善，结婚登记档案复制全引目录20890条。已向社会开放档案4个全宗2000余件。编辑出版了《昌图在外名人录》、《昌图县大事记》等参考资料20余万字。现行文件上网为公众查阅服务。

调兵山市档案馆 现址市政府办公大楼一楼东侧，邮编112700，馆长刘敏，电话（0410）6961290。成立于1982年，是省二级档案管理先进单位。建筑面积130平方米，库房面积为80平方米。馆藏档案11500多卷。

开原市档案馆 现址开原大街228号。邮编112300，电话（0410）3825927。成立于1959年，是集中统一保管市直机关、社会团体、企事业单位档案资料的国家综合档案馆。1991年晋升为省二级档案馆。建筑面积1000平方米，库房面积200平方米。馆藏档案资料41105卷（册），其中资料3472册。馆藏档案资料的历史跨度100余年，保存年代最早的是清朝时期的《开原县志》，保管最多的建国后档案。编研材料35种。

朝阳市档案馆 现址长江路三段66号，邮编 122000，馆长卢景云，电话（0421）2811623、2811622。成立于1959年，是集中保管市级机关、团体、企业事业单位档案资料的国家综合档案馆，市级爱国主义教育基地，市政府指定的现行文件利用中心。1998年晋升为省一级档案馆。建筑面积5100平方米，库房面积1500平方米。馆藏档案资料21万卷（册），其中资料1.5万册。编辑出版了《升腾的朝阳》、《机关文书立卷指南》等专题档案史料30种，1000万字。举办了“奋进的足迹”、“升腾的朝阳”等展览。 （王淑芝）

朝阳市城建档案馆指南 现址朝阳大街二段38号，邮编122000，馆长柴润宝，电话（0421）2813696、2813673。成立于1986年，建筑面积为550平方米。馆藏档案36000余卷。实现了馆藏档案主要类别的微机检索。

（张久林）

双塔区档案馆 现址朝阳市文化路二段5号，邮编 122000，馆长修玉玲，电话（0421）6682715、6682758。成立于1984年，是集中统一保管区级机关、团体、企事业单位档案资料的国家综合档案馆，区级爱国主义教育基地、区政府指定的现行文件查阅场所。1993年晋升为省一级档案管理单位。建筑面积180平方米，库房面积60平方米。馆藏档案资料2.8万卷（册），其中资料1.3万（册）。比较齐全完整的是建区以后的档案。加强了对重点项目档案以及农村二轮土地承包合同档案等的收集。 （鲍连华）

龙城区档案馆 现址朝阳市中山大街二段8号，邮编122000，馆长张卫光，电话（0421）3813530。成立于1986年，是集中统一保管区级机关、团体、企业事业单位档案资料的国家综合档案馆，区级爱国主义教育基地，现行文件利用中心。2000年晋升为省一级档案馆。建筑面积384.5平方米，库房面积125.4平方米。馆藏档案资料2.1万卷（册），其中资料0.5万册。比较齐全完整的是建区以来的档案。目前已将防治“非典”工作、“三讲”活动、保持共产党员先进性教育、防控禽流感、凌钢新区建设等重大活动、重要历史事件的档案资料收集进馆。为李刚等人建立了名人档案。已完成建区以来档案案卷级目录、文件级目录数据采集5万余条。编印了《前进中的龙城》、《朝阳市龙城区雁归来工程名人录》、重要文件汇编、组织机构沿革、《龙城化石》等档案资料10余种150余万字。举办了“庆祝建区20周年图片展”等展览。　（张全旺）

朝阳县档案馆　现址朝阳大街二段73号，邮编122000，馆长焦玉玲，电话（0421）2812216、2817493。成立于1990年，是集中保管县级机关、团体、企事业单位档案资料的国家综合档案馆，县现行文件利用中心。1995年获全国档案工作先进集体称号，连续五年被评为省级文明单位。建筑面积1266平方米，馆藏档案共52630卷（册）。与县委组织部共同建立了赵尚志纪念馆，为省级党史教育基地。　（暴雅丽）

建平县档案馆　现址人民路53号，邮编122400，馆长郭平阳，电话（0421）7813043、7817584。成立于1958年，是集中保管县级机关、团体、企事业单位档案资料的国家综合档案馆，县级爱国主义教育基地、县政府现行文件利用中心。1993年晋升为省一级档案馆。建筑面积3226平方米，库房面积1500平方米。馆藏档案资料6.7万卷（册）。比较齐全完整的是建国后档案。开始了对建国后档案案卷级目录数据采集工作。出版发行了《建平县百年回顾》纪念册、《建平县人民代表大会简介》等专题档案史料汇编100余万字。利用档案举办了“建县百年档案展”和“抗战胜利60周年档案展”等展览。　（赵伟利）

喀喇沁左翼蒙古族自治县档案馆　现址大城子镇昌盛街11号，邮编122300，馆长王力华，电话（0421）4822508、4823975。成立于1958年，是集中统一保管县级机关、团体、企事业单位档案资料的国家综合档案馆，爱国主义教育基地，县委、县政府指定的现行文件资料利用中心。1993年晋升为省一级档案馆。建筑面积5000平方米，库房面积1600平方米，展室面积400平方米。馆藏档案共24000卷，资料24000卷册。馆藏《乌梁海氏家族谱》入选第二批《中国档案文献遗产名录》。2001年，《喀喇沁左旗王府档案汇编》被列为国家少数民族古籍“十五”规划项目。2005年，《清代喀喇沁左翼旗蒙文档案译文选编》被列入国家清史工程。编辑出版了《喀左县志》、《喀左年鉴》、《荣誉录》、《乌梁海氏家族谱》、《中共喀左地方史》等史料汇编20多种共2000多万字。

（吴丽泽）

北票市档案馆　现址政府路3号，邮编122100，馆长王玉玲，电话（0421）5823253、5810843。成立于1959年，是集中统一保管机关、团体、企事业单位档案资料的国家综合档案馆，县级爱国主义教育基地，市政府指定现行文件公开查阅场所。1999年晋升为省一级档案馆。建筑面积810平方米，档案库房350平方米。馆藏档案资料161083卷（件）。征集了日本侵占北票煤炭资源档案资料以及尹湛纳希、抗日英雄栾天林、乌兰、著名作家玛拉沁夫等名人档案。计算机检索条目达3.6万条。编辑并公开出版档案资料5种。建立了北票档案信息网页，点击率目前已近12000人次。

（王秀丽）

凌源市档案馆　现址市府路西段61号，邮编122500，馆长张玉凤，电话（0421）6824124、6823843。成立于1959年，是集中统一保管市级机关、团体、企事业单位档案资料的国家综合档案馆，县级爱国主义教育基地，市政府指定已公开现行文件利用中心。1994年晋升为省一级档案馆。建筑面积650平方米，库房面积180平方米。馆藏档案资料5.24万卷（册），其中资料1.73万册。汇编出版《凌源历届党代会简介》、《凌源历届人代会简介》、《凌源历届政协会议简介》、《凌源土特产品简介》、《土地管理文件汇编》等编研资料9种20多万字。利用档案举办了“知荣辱、树新风、学名人、爱家乡”等展览。　（吴彦东）

葫芦岛市档案馆　现址龙湾大街31号，

邮编 125000，馆长陈利众，电话（0429）3113430、3320330。始建于 1990 年，是集中统一保管市级机关、团体及事业单位档案资料的国家综合档案馆，市政府指定的行政规范性文件查阅场所。建筑面积 4600 平方米，档案库房面积 600 平方米。馆藏档案档案资料 13412 卷(册)。已征集了航天英雄杨利伟声像档案与资料、日侨俘幸存者采访纪实录像档案等。全部实现了馆藏档案文件级目录检索及电子计算机检索。葫芦岛市档案信息网站建立。已在网上公布 6000 份现行文件和 3500 多卷档案文件级目录。编辑出版《档案工作文件选编》、《葫芦岛市名优新特产品简介》等 9 项专题档案史料汇编。

葫芦岛市城市建设档案馆 现址龙湾大街 9 号，邮编 125000，馆长蔡军，电话（0429）3113792、3156689。成立于 1990 年，是集中统一保管葫芦岛市城市规划、建设档案资料的专门档案馆。1998 年晋升为省一级档案馆。建筑面积 350 平方米，库房面积 150 平方米。馆藏档案资料 12406 卷(册)，已建成馆藏目录数据库。编辑出版了《葫芦岛市城建档案馆指南》。

连山区档案馆 现址葫芦岛市中央大街 15 号，邮编 125001，馆长敬希红，电话（0429）2124216。成立于 1959 年，是集中统一保管区级机关、团体、企事业单位档案资料的国家综合档案馆，区现行文件服务中心。曾被评为省档案系统“十五”先进单位。馆藏档案资料 32954 卷(册)，其中资料 7324 册。

龙港区档案馆 现址葫芦岛市锦葫路 73 号，邮编 125003，馆长周艳华，电话（0429）2102403、2102331。成立于 1983 年，是集中统一保管区级机关、团体、企事业单位档案资料的国家综合档案馆，区级爱国主义教育基地，区政府指定的档案资料查阅场所。1997 年晋升为省一级档案馆。建筑面积 250 平方米，库房面积 100 平方米，馆藏档案资料 4784 卷。

南票区档案馆 现址葫芦岛市区政府楼内，邮编 125027，馆长刘伟男，电话（0429）4192323。成立于 1988 年，使用面积 100 平方米。馆藏档案 3500 卷。

绥中县档案馆 现址绥中镇中央路一段八号，邮编 125200，馆长郭林，电话（0429）3927340、3927341。成立于 1986 年，是集中统一保管县级机关、团体、企事业单位档案资料的国家综合档案馆。建筑面积 1002.87 平方米。馆藏档案 20938 卷，资料 8093 册。编研材料有《绥中县志》、《绥中百年大事记》、《绥中年鉴》、《众志成城战疫魔》等 48 种。完成了档案管理目录数据库的编制。

建昌县档案馆 现址县政府办公大楼一楼，邮编 125300，馆长王淑文，电话（0429）7710286、7710283。成立于 1959 年，是爱国主义教育基地和现行文件中心。使用面积 800 平方米，其中库房面积 200 平方米。馆藏档案 15938 卷、5324 件，资料 6008 册。

兴城市档案馆 现址兴海路三段 11 号，邮编 125100，馆长王建华，电话（0429）5133666、5152945。成立于 1959 年，是爱国主义教育基地、现行文件中心。1999 年晋升为省一级档案馆。建筑面积 1042 平方米，库房面积 396 平方米。馆藏档案资料 39984 卷(册)。建立了及档案信息网站。编辑出版了《兴城旅游》、《魅力兴城》、《兴城古今人物》等 30 余种编研资料。举办了纪念毛泽东诞辰 110 周年、纪念邓小平诞辰 100 周年及勿忘九一八振兴中华、没有共产党就没有新中国、保持共产党员先进性教育成果等展览。

吉　林　省

吉林省档案馆　现址长春市新发路577号，邮编130055，电话(0431)88902629，馆长薛云，电话(0431)88902785，网址jilinda.gov.cn。成立于1959年。是集中统一保管省级机关、团体、企事业单位档案资料的国家综合档案馆。是省爱国主义教育基地及全省青少年爱国主义教育基地。1997年晋升为国家一级档案馆。总建筑面积13378平方米，库房面积6000平方米。馆藏档案80万卷(册)、资料25260册。保存年代最早的为清代乾隆朝。馆藏特色是日本侵华时期的档案，有近10万卷，90%为日文。这些档案是日本帝国主义在我国特别是东北进行侵略和殖民统治的翔实记录，具有较高的利用和研究价值。其中满洲中央银行、关东宪兵队等档案属世界仅存史料。《清代吉林公文邮递实寄邮件》和《清代吉林打牲乌拉捕贡山界与江界全图》入选《中国档案文献遗产名录》。加强了馆藏档案的科学管理和对国家重点档案加强的保护和抢救工作，基本实现了档案的整理著录、利用登记、检索等环节的计算机操作。馆藏档案检索体系比较完善，目前已建成馆藏档案、资料和现行文件三个数据库。出版了《731部队罪行铁证》、《"特别移送"研究》、《关东宪兵队报告集》等专题史料汇编1800多万字。举办了"吉林百年珍藏"展览，赴日本参加了民间组织举办的"战争展"，在香港举办"以史为鉴——日本制造伪满洲国图片展"等展览。与电视台合作拍摄了《刺刀下的家书》、《阳光下的罪恶——731部队罪行揭秘》、《邓小平在吉林》等多部电视专题片。2006年，在省政府政务大厅设立了吉林省档案馆现行文件查阅室。

吉林省气象档案馆　现址长春市西安大路6236号，邮编130062，电话(0431)87958076，馆长谢今范，电话(0431)87958107。成立于1986年。是集中保管全省所有气象站各类原始资料、各类气象报表、中国气象局和各省气象局资料交换的部门档案馆。1996年晋升为科技事业国家二级档案管理单位。总面积480平方米，库房面积200平方米。馆藏档案2.12万(卷)册，资料0.42万(卷)册。馆藏有长春1909年至今近百年的气温、降水资料、相对湿度、气压等资料。东北沦陷期日本关东厅观测所、伪满中央观象台整编出版的《满洲气象累年报告》、《满洲平均气温及降水量图》等；《华北、东北近五百年旱涝史料》、《华东地区近五百年旱涝史料》、《全国近五百年旱涝史料》、《台风年鉴》、《历史天气图》等整编资料。主要气象数据从建站已全部进行了信息化处理，建立了气象数据库。从2003年起对国家基本(准)的降水自记纸利用三年多时间进行扫描后提取，建立了分钟数据文件。在风能源开发上，吉林省气象局与省发改委联合下发文件，加强风能资源监测和评估工作的管理，为吉林省的风电厂建设提供了科学和可靠的依据。　(徐洁　王忠仁)

吉林省地名档案资料馆　现址长春市绿园区辽阳街639号，邮编130062，电话(0431)87917366，馆长王学德，电话(0431)87933347。成立于1985年。1997年被评为省一级档案馆、省档案工作标兵单位。建筑面积1100平方米，库房面积850平方米。馆藏档案资料22.4万卷(册)，其中地名档案21万卷，民政档案1.4万卷、图书资料2.2万余卷(册)。编辑出版了《吉林省、市、州地名录》、《吉林省地名地情文库》、《吉林省行政区划概览》、《吉林省民政文件汇编》等书籍，参与编纂了《中华人民共和国地名词典》(吉林省卷)、《中华人民共和国地名录》吉林省部分、《西藏自治区地名志》下卷、《民政档案管理》、《中国古今地名大词典》吉林省部分等书籍。　(姜同鉴)

吉林省地质资料馆　现址长春市朝阳区南昌路120号，邮编130061，电话(0431)88580820，馆长张宁克，电话(0431)88580320。总面积300平方米，库房面积165平方米。主要保存自1907年日本人木幡富治编写的《满洲帽儿山海龙域附近矿产地踏查报文》至今全省各时期的地质成果资料，到2006年底馆内存有各类地质资料6229种。这些地质资料包括区域地质调查、能源矿产子表、金属矿产、非金属矿产、水气矿产、水文地质、工程地质、环境地质、地球物理、地球化学、遥感地质勘查资料、地球物理勘查、地球化学勘查、遥感地质勘查、地质工程技术、地质科学研究、标准等。编辑出版了《吉林省矿产资源现状及初步分析》、《吉林省长白山区矿产资源评价》、《吉林省矿产资源图及说明书》、《吉林省矿产资源地质环境和矿产开发政策研究》、《吉林省矿产资料概况》、《吉林省志·吉林省矿产志》、《吉林省矿产资源对经济建设保证程度论证》等地质资料编研成果。

吉林省电力有限公司档案馆　现址长春市人民大街4629号，邮编130021，负责人李文伟，电话(0431)85793520。成立于1989年。1999年公司档案馆被评为全国档案工作优秀集体。总面积为400平方米，其中库房面积为304平方米。馆藏档案53916卷、34333件，排架长度为1553米。历史档案有吉林省清末始建的宝华电灯有限公司、长春发电所、长春商埠电灯厂等厂貌照片，满洲电业株式会社新京支电所辖各线路平面图、各送电线路铁塔、变电所系统图等。建国后档案有公司机关文书档案、会计档案、科技档案、声像档案、实物档案及撤销机构进馆档案、人事档案等。

长春市档案馆　现址长春市绿园区景阳大路320号，邮编130062，电话(0431)86012050，馆长梁伟，电话(0431)86012051。成立于1959年。是集中统一保管市级机关、团体、企事业单位档案资料的国家综合档案馆。是市爱国主义教育基地，政府公开信息集中查询场所。1999年晋升为国家一级档案馆。2006年晋升省AAA级档案馆。总建筑面积11151平方米，库房面积3000平方米。现存1828年(清道光八年)以来各个历史时期的档案资料572787万卷(件、册)，其中资料14600册。2003年长春档案信息资源门户网站开通，累计在互联网上开放档案目录118万条，全文8万件；局域网上运行档案目录数据280万条，全文数据库20万件。其中百万工人调配档案专题数据库在利用工作中发挥了特殊作用，赢得了工人群众的广泛赞誉，取得了良好的社会效益。编辑了《长春档案史料摘编》、《档案咨政参考》等多种资料。有计划地到国内外征集与长春有关的档案史料，在市直机关实行电子文件实时归档、提前进馆；现行文件报送和政务公开信息报送“三位一体”的管理模式，优化了馆藏档案结构。设立“馆藏档案珍品展”陈列室。在互联网上开设展览室，利用档案举办网上展览；开辟专栏，公布档案史料；举办档案图片巡回展等方式进行爱国主义宣传教育。(刁艳梅)

长春轨道客车股份有限公司档案馆　现址长春市青荫路435号，邮编130062，馆长于超，电话(0431)87902023。成立于1954年。是集中统一保管公司档案、图书、情报资料的企业档案馆。1999年馆晋升为企业档案工作目标管理国家一级。建筑面积3628平方米，库房建筑面积2830平方米。馆藏档案49205卷，底图560150张。编写了厂志、年鉴、大事记、组织机构沿革、全宗介绍、会议简介、科研成果简介、工程项目简介、专题介绍、劳模录等。开展了《文书档案数字化管理》、《科技档案数字化管理》和《科技图书情报资料计算机管理》等创新项目，实现网上查询利用。

(于增利)

南关区档案馆　现址长春市自由大路3388号，邮编130022，馆长李瑞，电话(0431)85284796。成立于1984年。是集中统一保管区级机关、团体档案资料的国家综合档案馆。1995年晋升为省一级档案馆。建筑面积800平方米。馆藏档案69234卷，资料5839册。完成馆藏精品和重点档案的数据采集和数据库建设。“南关·档案”网站已改版升级，积极地为区政务网提供档案信息。编辑出版了《南关区志》、《吉林省长春市南关区政军统群组织史资料》等，编印了《南关区档案志》、《南关区地名志》等参考资料 22 册，约 80 余万字；多次举办南关区档案事业发展图片展。

宽城区档案馆 现址长春市宽城区青岛路 107 号，邮编 130051，电话(0431)82797273，馆长杨静，电话(0431)82703609。成立于 1983 年。是保管区直机关、团体、企事业单位档案资料的国家综合档案馆，是区政务信息公开查询点。1999 年晋升为省一级档案馆。总建筑面积 180 平方米，库房面积 126 平方米。馆藏档案资料 32805 卷(册)，其中资料 3460 册。有革命历史档案、建国后档案和本区域内一些名人的照片资料等。目前已建成馆藏档案案卷级目录数据库。2006 年底宽城档案信息网站正式开通。编辑了《宽档信息》、《宽城区历年出席省、市劳动模范、先进工作者名册》、《宽城区机关历年组织沿革》等。

朝阳区档案馆 现址长春市朝阳区前进大街 1855 号，邮编 130012，电话(0431)85109282，馆长薄羽，电话(0431)85187100。成立于 1987 年，是集中统一保管区直机关、团体、企事业单位档案资料的综合档案馆。2000 年被评为省一级档案馆。总建筑面积 342 平方米，库房面积 186 平方米，现有馆藏档案 66725 卷。馆加强对重大活动档案的收集，目前已将保持共产党员先进性档案资料、国家领导人胡锦涛来朝阳区南湖街道视察资料、吴仪到富豪社区卫生服务站视察资料收集进馆 。馆藏案卷目录已建成目录数据库，开展了文件级案卷目录录入工作。从 2004 年起，区档案馆在朝阳区社区服务大厦开辟了查阅服务区，方便了公众查阅档案资料。

二道区档案馆 现址长春市自由大路 5379 号，邮编 130031。馆长夏淑云，电话(0431)84644734。成立于 1984 年，是集中统一保管区级机关、团体单位档案资料的国家综合档案馆。于 2000 年被评为省一级档案馆。总面积 320 平方米，库房面积 135 平方米。二道区档案馆馆藏档案 47585 卷，资料 1378 册。保存最多的是建国后档案。特色档案 392 卷，主要收集了刘英俊、小巷经理谭竹清等及获市级以上劳动模范等先进人物的事迹材料。建立了档案目录中心。编辑出版了《中共二道河子区历次代表大会(会议)简介》、区组织史、《二道区档案工作文件汇集》等 。

绿园区档案馆 现址长春市绿园区和平大街 2288 号，邮编 130061，电话(0431)87605012，馆长王福成，电话(0431)87605014。成立于 1980 年。是集中统一保管区级机关、团体、企事业单位档案资料的综合档案馆。区级爱国主义教育基地、行政规范性文件查阅场所。2003 年晋升省一级档案馆，2006 年晋升省 AAA 级档案馆。总建筑面积 1042 平方米，库房面积 227 平方米。馆藏档案资料 54542 卷(册)，其中 资料 3002 册(件)。馆藏档案资料历史跨度 50 余年。馆藏档案目录全部实现文件级检索。开通了绿园区档案网站，将可开放档案全文上网。2006 年，绿园区档案馆举办了内容丰富、形式多样的展览。

双阳区档案馆 现址长春市双阳区西双阳大街 600 号，邮编 130600，电话(0431)84223688，馆长朱淑艳，电话(0431)84223165。成立于 1959 年。是集中统一保管区直机关、团体、企事业单位档案资料的国家综合档案馆。区级爱国主义教育基地。1999 年晋升省一级馆。2006 年，在全省各级综合档案馆“四个基地”建设中，档案存储基地和信息交流基地晋升省 AAA 级。总建筑面积 831 平方米，库房面积 310 平方米。档案资料 14.6 万卷册，其中资料 1.4 万册。馆藏档案最早年代为 1919 年。建立了双阳档案网站和馆藏档案文件级数据库。同时，对馆藏重点、精品档案进行了数字化处理。编辑出版了《双阳档案大事记》等专题资料 10 余种 100 多万字，举办了“流金岁月”等专题展。 (祖克民)

农安县档案馆 现址农安镇兴华路 325 号，邮编 130200，电话(0431)83227345，馆长何凤丽。成立于1959年。是集中统一保管县级机关、团体、企事业单位档案资料的国家综合档案馆、县爱国主义教育基地、县政府指定的行政规范性文件查阅场所。1999年晋升为省一级档案馆。总建筑面积1200平方米,库房600平方米。馆藏档案资料115109卷册,其中资料6200册。特色档案资料有《康德二年宪书》、《大满洲国地图》等。编印了《农安县解放战争时期烈士英名录》等。

九台市档案馆 现址九台市九台大街33号,邮编130500,电话(0431)82323335,馆长张岩,电话(0431)82323335。成立于1959年。是集中统一保管市直属机关、团体、企事业等单位档案资料的国家综合档案馆。建筑面积1356平方米,其中库房面积588平方米。馆藏档案资料70834卷册,其中资料5071册。保存档案年代最早的是伪满洲国时期的《康德四年县志》。建成了馆藏全宗级目录数据库,完成了馆藏档案70%的文件级目录数据录入工作。编辑出版《九台自然屯规划分布图》、《罗明星列传》等。现行文件利用中心进入市政府政务办公大厅,在市政府网站上建立了九台市档案馆专页。

榆树市档案馆 现址市政府办公大楼一楼,邮编130400,电话(0431)83622887,馆长陈雅莉,电话(0431)83624554。成立于1959年。是集中统一保管市级机关、团体、企事业单位档案资料的国家综合档案馆。1998年晋升为省二级档案馆。建筑面积306平方米,库房面积194平方米。现有馆藏档案105517卷,资料3999册。市档案馆开展了档案资料征集,建立了榆树名人档案库。完成了30%的馆藏档案文件级档案目录采集工作。榆树档案网站正式开通,开展了网上查询档案信息业务。编辑了《榆树档案志》等多种资料,拍摄了榆树市农业科技档案信息"金种子"等影视专题片。举办了"纪念小乡带头人——齐殿云"展览。

(崔东兰)

德惠市档案馆 现址市德惠路54—2号,邮编130300。馆长梁文吉,电话(0431)87218649。成立于1959年。是集中统一保管市级机关、团体、企事业单位档案资料的国家综合档案馆。建筑面积1200平方米,库房面积687.9平方米。现有馆藏档案72125卷(件)、资料14611卷(册),包括前清时期、革命历史时期和建国后等档案资料。积极开展征集档案工作,先后征集到族谱、名人资料、诗歌、小说等具有地方特色的实物和资料。编辑出版了《万宝山事件》、《德惠建县时间考》、《民国年间积谷》等30余种编研材料。

吉林市档案馆 现址高新区吉林大街68号,邮编132013,电话(0432)4666916,馆长郭蕴德,电话(0432)4676579。成立于1960年。是集中统一保管市级机关、团体、企事业单位档案资料的国家综合档案馆,省一级档案馆、市级爱国主义教育基地。建筑面积5000平方米,库房面积1596平方米。档案资料27.6万卷(册),其中图书资料1.6万册。馆藏档案年代最早的是雍正三年(1725年)档案。特色档案有被列为革命文物的1925年的"五卅"运动传单、1930年的中共吉林县委传单、东北抗日联军与日军作战、抗美援朝战勤、"一五"期间吉林市人民支援国家七项重点工程建设及周恩来等50余位党和国家领导人视察吉林市的照片等。积极开展档案征集工作,先后有44位知名人士档案、京剧艺术档案和吉林雾凇等档案入馆。馆藏档案检索体系初具现代化规模,并在吉林市档案信息网站上提供已公开档案及现行文件信息。编辑出版了《走向新世纪——纪念吉林市解放50周年》、《正义的胜利——吉林市抗美援朝专辑》等编研成果,其中部分成果获省级奖励。先后举办了"吉林市名人事迹展"、"成多禄生平及作品展"、"馆藏档案珍品展"。

(张立光)

昌邑区档案馆 现址吉林市中兴街105号,邮编132002,电话(0432)2755172,馆长王玉梅,电话(0432)2790755。成立于1984年。是集中统一保管区级机关、团体、事业单位和部分基层特色档案资料的综合档案馆、区级爱国主义教育基地、区政府指定的现行文件查阅场所。1998年晋升为省一级档案馆；2005年晋升省AAA级综合档案馆。总建筑面积933平方米，库房面积299平方米。馆藏档案资料99121卷(件、册)，其中资料3750册。馆藏有革命历史档案和建国后21个门类的档案。已建成馆藏档案文件级检索数据库，部分档案已实现数字化。建立了昌邑区档案信息网站，开展网上档案提供利用工作。编印了《人代会重要文件汇编》、《昌邑文史》、《昌邑民俗风情》等档案汇编和参考资料。制作了“回顾历史 爱我中华票券展”等专题片。

（王玉梅　韩秉瑞）

龙潭区档案馆　现址吉林市龙潭区遵义东路65号，邮编132021，电话(0432)3041925，馆长张爱萍，电话(0432)3041923。成立于1984年。是集中保管区机关企业事业单位档案的国家综合档案馆、区爱国主义教育基地、已公开现行文件查阅场所。1999年晋升省一级档案馆。2006年晋升省AAA级档案馆。总建筑面积700平方米，库房面积198平方米。馆藏档案资料97001卷，其中资料2927册。建立了龙潭区档案信息网站，建成文件级目录数据库、重点档案数据库、规范性文件数据库、利用频率较高档案数据库和精品档案数据库。举办了“龙潭区成就展”、“龙潭区满族风情展”等展览。开展了档案寄存业务。

船营区档案馆　现址吉林市松江中路87号，邮编132011，电话(0432)4831142，馆长李延波，电话(0432)4877568。成立于1984年。是集中统一保管区级机关、团体、企事业单位档案资料的综合档案馆。1998年晋升为省一级档案馆。总建筑面积800平方米。馆藏档案资料100544卷册，其中资料7352册。编辑出版了《船营区重要文件汇编》、《船营区组织史》、《船营区名胜古迹》等专题档案史料汇编28种668.1万字。建立了船营区档案信息网站和船营区现行公开文件利用中心。

丰满区档案馆　现址吉林市丰满区恒山西路警民街81号，邮编132013，馆长仝顺增，电话(0432)4661731。成立于1983年。是集中保管区级机关、团体、企事业单位档案资料的国家综合档案馆、区爱国主义教育基地。1998年晋升为省一级档案馆，2005年晋升省AAA级档案馆。建筑面积为822平方米，其中库房面积206平方米。馆藏档案全部为建国后档案。特色档案有知青档案、丰满区旅游资源照片档案、婚姻档案等。建成馆藏文件级数据库，完成馆藏全部档案文件级目录的录入工作。拍摄了《丰满旅游风光》专题片，编辑出版了《丰满旅游》画册。　（胡凤彦）

永吉县档案馆　现址永吉大街滨北路323号，邮编132200，电话(0432)4239372，馆长王晓东，电话(0432)4239373。成立于1959年。是集中统一保管县级机关、团体、企事业单位档案资料的国家综合档案馆、爱国主义教育基地、现行文件利用中心、档案寄存服务中心。1997年晋升为省一级档案馆。2005年晋升为省AAA档案馆。总面积1100平方米，其中库房面积为381平方米。馆藏档案资料12.8万卷册，其中资料6000册。实现了馆藏档案文件级目录微机检索，建立了永吉档案信息网站。编辑出版了《永吉物产》、《永吉风光》等书籍和汇编资料。

蛟河市档案馆　现址民主路19－4号，邮编132500，电话(0432)7250859，馆长孟宪江，电话(0432)7250860。成立于1959年。是集中保管市各机关、团体、企事业单位档案资料的国家综合档案、市爱国主义教育基地、市政府指定的现行文件查阅利用场所。2005年晋升省AAA级档案馆。总建筑面积1280平方米，库房面积600平方米。档案资料14.7万卷册，其中档案14.4万卷册。馆藏档案的历史跨度70余年，有少量伪满档案和革命历史档案。馆藏档案进行了文件级著录标引。编辑出版了《蛟河市志》、《抗美援朝在蛟河》等档案资料汇编。开放“沧海桑田看蛟河”、“关东石材”和“未成年人教育”等展厅。

桦甸市档案馆 现址人民路南端道西侧38号，邮编132400，电话(0432)6222324，馆长张彦民，电话(0432)6222545。成立于1959年。是集中统一保管市级机关、团体、企事业单位档案资料的国家综合档案馆、市级爱国主义教育基地、市人民政府指定的现行文件利用中心查阅场所。2000年晋升省一级档案馆；2006年晋升省AAA级档案馆。总建筑面积1400平方米，其中库房面积400平方米。现有馆藏档案资料13.5万卷，其中资料4528册。馆藏档案资料历史跨度106年。馆加强了对重大活动档案的征集，将特大洪灾、清水绿堤等档案资料征集进馆。建立了局域网。编辑档案史料汇编46种150多万字，制作了《兰台放歌》等专题片。 （陈喜发）

舒兰市档案馆 现址人民大路257号，邮编132600。电话(0432)8258232，馆长何庆阳，电话(0432)8258230。成立于1959年。是集中统一保管市直机关、乡镇及企事业单位档案资料的国家综合档案馆、市级爱国主义教育基地、市政府指定的行政规范性文件查阅场所。1996年晋升为省三级档案馆。建筑面积2000平方米。现有馆藏档案资料61601卷册，其中资料16343册。馆藏档案资料历史跨度100余年。保存年代最早的是清代档案。建成了馆藏目录数据库，完成了清代、民国档案案卷级目录以及建国后文书档案文件级目录采集工作。市馆网站于2003年正式开通，在网上提供档案资料服务，并且通过网站对外发布各类信息万余条。编辑出版了《中国共产党舒兰县委员会组织机构沿革》等各种资料。

（林亚君）

磐石市档案馆 现址人民路市政府综合办公楼内，邮编132300，电话(0432)5223787，馆长张磐，电话(0432)5223484。成立于1959年。是集中统一保管市各机关、团体、企事业单位档案资料的国家综合档案馆、市爱国主义教育基地、市政府指定的行政规范性文件查阅场所。1999年晋升为省一级档案馆。总建筑面积1300平方米，库房面积350平方米。馆藏档案资料10.8万卷。除少量革命历史档案外，其余是建国后档案。馆加强了对专业档案的收集工作。已收集审计、财会、环保等18种门类档案。馆目录级检索达30余万条，精品档案、利用率较高档案全部实现全文检索。出版发行了《磐石县志》等档案书籍，利用档案资源举办了“百年巨变看磐石”大型图片展。

四平市档案馆 现址市铁西区英雄大街1719号，邮编136000，电话(0434)3625786，馆长王雅丽，电话(0434)3635893。是1983年由原四平地区档案馆和原四平市档案馆合并后成立的。是集中保管市级机关、团体、企事业档案资料的国家综合档案馆、市级爱国主义教育基地、市政府指定的行政规范性文件查阅场所。2002年晋升为省一级档案馆，2005年晋升为省AAA级档案馆。总建筑面积3060平方米，其中库房面积626平方米。现有馆藏档案100280卷(册)，其中资料8356册。保存最早的是形成于1937年的旧政权档案。有少量革命历史档案，比较齐全的是建国后的档案。特色档案有党和国家领导人邓小平、李富春、杨尚昆、李鹏、洪学智等到四平市视察工作时的照片、题词。目前已建立目录级数据库和四平市档案馆信息门户网站。

四平市城建档案馆 现址铁西区南新华大街5号，邮编136000，电话(0434)3223511，馆长李淑湘，电话(0434)3223330。成立于1983年。是集中统一保管四平市城市建设档案资料的专门档案馆。1996年晋升为省一级城建档案馆。多次被评为省、市、建设局系统先进单位。总建筑面积1500平方米，库房面积850平方米。馆藏档案5万余卷，照片档案1330张，底图档案1388个，项目41665张，录像带58盘，光盘150张，图书资料3300册，编研成果36项96万字。已基本上完成了馆藏档案的项目级著录工作，实现了馆藏档案微机检索。馆藏图纸档案已大部分完成了扫描、刻

录光盘，实现了馆藏图纸档案电子贮存，建立了电子目录检索。（林松鹤）

铁西区档案馆 现址四平市铁西区海丰大路2118号，邮编136000，馆长廖荣臣，电话(0434)3273098。成立于1985年。是集中统一保管区级机关、团体、企事业单位档案资料的国家综合档案馆。1991年被评为省三级档案馆。建筑面积293平方米，其中库房面积190平方米。馆藏档案78442卷(件)，资料3930册。已接收区属婚姻登记档案33700卷，公证档案19289卷，交通档案43卷，国家领导人到红嘴总公司视察照片档案13件，采访马仁兴烈士亲友的照片、录音档案100余件等。

（王春颖）

铁东区档案馆 现址四平市经济开发区大路469号，邮编136001，电话(0434)5018835，馆长杨桂芹。成立于1985年。是集中统一保管区级机关、团体、企事业单位档案资料的国家综合档案馆，是区政府指定的行政规范性文件查阅场所。1993年晋升省三级档案馆。馆库房面积为59平方米，有馆藏档案资料1万余卷(册)。为全区党政机关、群众团体和部分事业单位的档案。保存年代较早的有邓小平等人视察四平市铁东区六马路小学的照片、讲话摘要。还有地方名人档案、防治"非典"专门档案等。资料有《铁东区民间文学集》、《环卫之光》、《四平市铁东区党、政、军、统、群组织史》、《铁东区国民经济统计资料》等。编印了《铁东区大事记》等参考资料。

（杨子忱）

梨树县档案馆 现址梨树镇向阳街2号，邮编136500，电话(0434)5224676，馆长冷绍金，电话(0434)5224078。1959年成立。是县级国家综合档案馆、成立了已公开现行文件利用中心。1999年晋升为省一级档案馆，是"九五"期间全国档案工作先进集体。建筑面积1000平方米，库房面积400平方米。馆藏档案资料81538卷(册)。馆藏档案资料的跨度100余年，最早的是清光绪年间有关税收、农田、牲畜、矿物、戒烟等方面的档案。馆藏珍贵档案有乔石、李鹏、温家宝等国家领导人来梨树视察工作的照片档案，有张学良写给梨树公署臧伯彭县长的亲笔信。编辑出版了《梨树县志》等参考资料。（范永福）

伊通满族自治县档案馆 现址伊通镇人民大路99号，邮编130700，电话(0434)4222837，馆长胡万军，电话(0434)4222418。成立于1959年。是集中统一保管县直机关、团体、乡镇等单位档案资料的国家综合档案馆。成立了现行文件利用中心。1998年晋升为省先进一级档案馆。总建筑面积1000平方米，库房面积400平方米。现有馆藏档案资料78827卷(件)，保存年代最早的是民国档案。征集到了英模、史志、名胜古迹等档案资料。现已完成馆藏全部档案的案卷级和文件级目录的数据采集工作。馆藏重点档案、精品档案、部分婚姻档案实现了计算机全文检索。编辑出版了《伊通满族自治县志》等资料。

（李万喜）

公主岭市档案馆 现址西公主大街180号，邮编136100，馆长董德，电话(0434)6215505。成立于1959年。是集中统一保管市直机关、团体、企事业单位档案资料的国家综合档案馆、县级爱国主义教育基地、政府指定的行政规范性文件查阅场所。2002年晋升为省一级档案馆，2005年晋升省AAA级档案馆。总建筑面积2037平方米，库房面积913平方米。馆藏档案资料178284卷(册)，其中，资料3356册。馆藏档案的历史跨度100多年。保存年代最早的是清代档案，保存最多的是建国后档案，有少量革命历史档案。馆加强了对重大活动档案的收集力度，将防"非典"等形成的档案接收进馆。同时征集了张学良为"凤至小学"题词的手稿等。已建成全宗级目录数据库，完成了文件级目录数据采集工作。对馆藏革命历史档案进行缩微复制。编辑出版发行《公主岭年鉴》、《公主岭人物志》等专题档案史料约1000多万字。（许艳红）

双辽市档案馆 现址郑家屯辽河路1929号,邮编136400,电话(0434)7223682,馆长许晓燕,电话(0434)7223228。成立于1959年。是集中统一保管市级机关、团体、企事业单位档案资料的国家级综合档案馆。1997年被评为省一级档案馆。总建筑面积1100平方米,库房面积330平方米。馆藏档案资料52.4万卷(册),其中资料1.1万册。现已建成馆藏全宗级目录数据库,完成了新中国成立后档案案卷级目录数据采集工作。成立了双辽市档案资料目录中心,收存全市有关单位档案资料目录。编写了《双辽县历史沿革》等各种参考资料45种59万多字。同时利用政务大厅窗口将规范性文件全文上网。 (董云英)

辽源市档案馆 现址人民大街217号,邮编136200。电话(0437)3524383,馆长于淑云。成立于1959年。是集中统一保管市级机关、团体、企事业单位档案资料的国家综合档案馆,市爱国主义教育基地。1997年被评为省二级档案馆。总建筑面积1750平方米,库房面积为850平方米。馆藏档案资料34万余卷。馆藏档案最早形成于清光绪二十八年。积极开展档案征集工作,中共辽宁二地委(中国共产党在辽源的前身)档案资料、抗击非典、“12.15”辽源市中心医院重大火灾等重要档案资料接收进馆。积极开展馆藏清代、民国和新中国成立后档案案卷级目录数据采集录入工作,建立了专门数据库。辽源市档案信息网于2006年正式纳入辽源市政府公众信息网络平台。编辑了《西安县教育史料》、《我军在西安地区游击活动纪事》等多种编研材料和专题史料。开展了《纪念改革开放20周年辽源市商品票证回顾展》。成立了“档案咨询服务中心”、“企业档案寄存中心”、“现行文件利用中心”。

龙山区档案馆 现址辽源市民康路28号,邮编136200,电话(0437)3172506,馆长代桂华,电话(0437)3172506。成立于1984年。是集中统一保管区机关、团体、企事业单位档案资料和全区婚姻档案的国家综合档案馆。1998年被评为省二级档案馆。建筑面积300平方米,其中库房面积120平方米。现有馆藏档案资料8万余卷,馆藏档案跨度30余年。馆加大了婚姻档案的管理力度,及时把办理完毕的婚姻登记材料,进行收集、整理并归档。编制了各种检索工具,编写了《吉林省辽源市龙山区行政区划沿革》等参考资料。

西安区档案馆 现址辽源市人民大街1077号,邮编136200,电话(0437)3635258,馆长王满,电话(0437)3635226。成立于1985年。是集中统一保管区级机关、团体、企事业单位档案资料的国家综合档案馆、区爱国主义教育基地。2005年成立了现行文件利用中心。1997年晋升为省二级档案馆。总建筑面积140平方米,库房面积60平方米。馆藏档案资料4.8万卷(册),其中资料650册。目前已建成馆藏档案文件级数据库,重点档案和精品档案全文数据库等。建立了西安区档案局信息网站,并加入政府公众信息网。

东丰县档案馆 现址东丰镇东风路293号,邮编136300,电话(0437)6211919,馆长马美娟。成立于1959年。是集中统一保管县级机关、团体、企事业单位档案资料的国家综合档案馆、县政府指定的行政规范性文件查阅场所。2000年晋升为省二级档案馆。总建筑面积375平方米,其中库房面积238.7平方米。馆藏档案资料11万卷件,历史跨度100余年。将建县百年庆典、“神州鹿苑”溥杰、张学良和杨汝岱的题词等征集进馆。目录全部实行文件级检索,馆藏重点、精品及利用频率较高的档案全部实行全文检索。编辑出版了《中共东丰县委组织史》等档案资料。

东辽县档案馆 现址白泉镇连泉路3号,邮编136600,电话(0437)5108173,馆长孙伟,电话(0437)5108321。成立于1958年。是集中统一保管县级机关、团体、企事业单位档案资料的国家综合档案馆、县级爱国主义教育基地、县政府指定的行政规范性文件查阅场所。

1999年晋升为省二级档案馆。总建筑面积1050平方米,库房面积432平方米。馆藏档案资料91231卷(册),历史跨度300余年。馆加大了档案移交、征集工作力度,将防治"非典"工作、建县百年工作等档案资料收集进馆。目前已建成馆藏全宗级目录数据库。编辑出版了《东辽县志》等书籍。 (高元春 睢强)

通化市档案馆 现址市东昌区玉泉路135号,邮编134001,电话(0435)5083506,馆长肖北青,电话(0435)5083501。是1985年成立。是集中统一保管建国后市(地、县级)及原通化地区直属机关、团体及部分所属企业事业单位档案资料的国家综合档案馆。1999年被评为省一级档案馆。总建筑面积2000平方米,其中库房面积1300平方米。馆藏档案126954卷,其中资料4869卷(册)。比较珍贵的档案有:东北抗日联军及解放战争时期部分史料、党和国家领导人朱德、江泽民等来通化视察时的题词和照片等。在通化市行政审批中心内设立了现行文件服务窗口;编辑出版了《通化地区解放战争大事记》等参考资料70余种。

东昌区档案馆 现址通化市滨江东路2570号,邮编134000,馆长隋连玉,电话(0435)3963449。成立于1986年。是集中统一保管区直属机关、团体、部分企事业单位档案资料的国家综合档案馆。1998年被评为省二级档案馆。建筑面积239平方米,其中库房面积87平方米。馆藏档案43412卷(件)、资料2578册。1990年以来,先后编写了区历届党代会、人代会、政协会议简介、《东昌区区划沿革》、《东昌区工作大事记》、《东昌区组织机构》、《东昌区领导人名录》、《基础数字汇编》等档案参考资料。

二道江区档案馆 现址通化市二道江区东通化大街34号,邮编134003,馆长丛贵军,电话(0435)3713433。成立于1986年。是集中保管区直机关、团体、企事业单位档案资料的国家综合档案馆。1998年被评为省二级档案馆。馆现有面积140平方米,库房面积50平方米。馆藏档案资料33000卷(册),其中资料300册。建立了目录中心。先后编辑印发了《二道江区大事记》等参考资料26种240余万字。 (郑德洁)

通化县档案馆 现址快大茂镇团结路42号,邮编134100,电话(0435)5224319,馆长王德福,电话(0435)5226146。成立于1963年。是集中统一保管县级机关、团体企事业单位档案资料的国家级综合档案馆。1998年晋升为省先进一级档案馆。建筑面积1100平方米,库房面积400平方米。馆藏档案77722卷。最早的是清代档案,其中较有特色的是朝鲜韩党在通化的活动以及大刀会反帝反封建、抵御外敌侵略等活动的档案资料。目前正对馆藏档案文件级目录进行数据采集。编辑出版了《通化县档案馆指南》等专题文件汇编20余种。 (李广臣)

辉南县档案馆 现址朝阳镇兴工路53号,邮编135100,电话(0435)8222402,馆长宫喜库,电话(0435) 8222904。成立于1959年。是集中统一保管县直属机关、团体、部分企事业单位档案资料的国家综合档案馆、县爱国主义教育基地、县政府指定的现行文件中心。1998年被评为省二级档案馆,2002年被评为"九五"期间工作先进单位。建筑面积1986平方米,库房面积619平方米。馆藏档案资料88884卷册,其中资料1665册。馆藏档案资料的历史跨度60余年。馆加强了对重大活动档案的接收。目前已将防治"非典"、《辉发史略》等资料收集进馆,并征集了大量名人、实物及老辉南县地图等。编辑各种汇编36种。

(孟庆金 王建华)

柳河县档案馆 现址柳河大街县政府办公大楼。邮编135300,电话(0435)7225927。馆长高继敏。成立于1959年,是集中统一保管县级机关、团体、企事业单位档案资料的国家综合档案馆。馆库面积578平方米。馆藏档案68888卷,6944件,主要以县直机关和乡镇政府2005年以前形成的文书档案为主,有民国档案、革命历史档案、婚姻档案、科技档案、财会档案、实物档案、照片档案和专业档案8种类别。编辑出版了《柳河县历届党代会和人代会简介》等参考资料。

梅河口市档案馆 现址市银河大街580号，邮编135000，电话(0448)4222227，馆长邢文，电话(0448)4249229。成立于1958年。是集中统一保管市级机关、团体、企业事业单位档案资料的国家综合档案馆。1999年晋升为省二级档案馆。总建筑面积为1231平方米，库房面积180平方米。现有馆藏档案资料9.3万卷(册)，其中资料0.4万册。馆藏档案资料的历史跨度100余年。保存年代最早的是明清档案，保存最多的是民国档案，有少量革命历史档案；比较齐全完整的是建国以后的档案。馆征集了彭真等的题词、照片等。合编出版了《中国共产党吉林省梅河口市组织史资料》。 (胡晓丹)

集安市档案馆 现址市鸭江路3001号，邮编134200，电话(0435)6222192，馆长殷庆刚，电话(0435)6217793。成立于1959年。是集中统一保管市级机关、团体、企事业单位档案资料的国家综合档案馆、市级爱国主义教育基地。1997年评为省二级档案馆。建筑面积1200平方米，其中库房面积300平方米。馆藏档案资料15.5万卷。特色档案包括清末、民国、日伪时期乡土志、县志、县情调查、外交文牍等重要史料以及申报世界文化遗产的全部档案等。馆征集了抗日战争、解放战争、抗美援朝时期的史料及雷锋团在集安驻军时等史料，其中书画作品116件，奖章、证书400多件，资料4274卷册，照片3127张，民俗实物820多件。先后编辑完成了党代会、《集安市志》等28种编研资料。 (张晓丽)

白山市档案馆 现址市八道江区滨江东街23号，邮编134300，电话(0439)3263005，馆长初国仁，电话(0439)3263001。成立于1959年。是集中统一保管市直机关、团体和企事业单位档案资料的国家综合档案馆。2002年建立了现行文件资料服务中心。1995年被评为“八五”期间“全国档案系统先进集体”，1997年晋升为省先进一级档案馆。总建筑面积4200平方米，库房面积2100平方米。馆藏档案资料107713卷(册)，其中资料28488册。保存最早的是清宣统档案，保存最多、较齐全完整的是建国后档案。馆加大档案征集工作力度，将“七道江会议”、“四保临江”、白山市暨靖宇县纪念杨靖宇将军诞辰100周年等档案资料收集进馆。已建成馆藏档案文件级目录数据库。编辑出版发行《白山建设二十年》等档案史料汇编近30种7427800余字。

(于国丽)

八道江区档案馆 现址市江北开发区，邮编134300，电话(0439)3361137，馆长赵君荣，电话(0439)3361135。成立于1986年。是集中统一保管区级机关、团体、企事业单位档案资料的国家综合档案馆、区政府指定的行政规范性文件查阅场所。建筑面积1000平方米，库房及展厅面积超过500平方米。馆藏档案资料10万余卷(册)，历史跨度约20年。其中资料200余卷(册)。本馆加大了对重大活动档案的收集力度，将东北抗联杨靖宇抗联史等重要历史文献和遗迹征集进馆。

江源区档案馆 现址江源大街32号，邮编134700，馆长王以刚，电话(0439)3722492。成立于1985年。是集中统一保管区直属机关、团体及乡镇档案资料的国家综合档案馆。1999年晋升为省二级档案馆。建筑面积350平方米。馆藏档案资料57662卷(册)，其中资料812册。馆藏档案全部为建国后档案。开设了现行文件服务中心。

(王以刚 杨书静)

抚松县档案馆 现址抚松镇景天路18号，邮编134500，联系电话(0439)6106068，6106067，馆长孙晨旭。成立于1959年，是负责收集和集中保管县委、县政府及所属机关、团体、企事业单位形成的具有保存价值的档案资料的国家综合档案馆，是县级爱国主义教育基地,是抚松县政府指定的现行文件服务查阅场所。2000年晋升为吉林省一级档案馆。总建筑面积1200平方米,库房面积114平方米。现有馆藏档案资料54794卷(册),其中档案44261卷(册),资料10533册。馆藏档案资料的历史跨度约100年。2003年以来,馆加大了对县局级单位档案移交工作的规范管理,征集接收了"三讲"、"保持共产党员先进性教育"等重大活动档案资料进馆。档案馆装有安全、消防报警及库房温湿度调控消毒等设备。开展了馆藏全宗级目录数据库、案卷级目录数据库的采集工作。（孙秀梅　刘亚梅）

靖宇县档案馆　现址靖宇镇靖宇大街154号,邮编135200,电话(0439)7225935,馆长曲亚男,电话(0439)7239962。成立于1959年。是集中统一保管全县机关、团体、企事业单位档案资料的国家综合档案馆。1997年晋升为省二级档案馆。建筑面积约为350平方米,库房面积180平方米。馆藏档案资料67722卷(册),其中资料3275册。保存年代最早的是民国档案,数量最多的是建国后档案。编制了各种检索工具,目前正在开展馆藏档案目录录入工作。编写了《靖宇县大事记》等参考资料。

长白朝鲜自治县档案馆　现址长白镇长白大街55号,邮编134400,电话(0439)8222191,馆长张玉兰,电话(0439)8221778。成立于1959年。是集中统一保管县级机关、团体、企事业单位档案资料的国家综合档案馆、县爱国主义教育基地。1999年晋升为省一级档案馆,2005年获全省档案系统先进集体。总建筑面积1750平方米,库房面积800平方米。馆藏档案资料59683卷(册),其中资料6689册。馆藏档案资料的历史跨度100余年。特色档案有反映中朝两国关系及朝鲜族民族语言文字档案。正在开展建国后档案案卷级、文件级目录录入工作。

临江市档案馆　现址市新民路中部,邮编134600,电话(0439)5233760,馆长韩丽华,电话(0439)5222971。成立于1986年,是集中统一保管市直机关、团体、企事业单位、乡镇等档案资料的国家综合档案馆、市现行文件资料查询服务中心。1999年被评为省二级档案馆。总面积778平方米,库房面积428平方米。馆藏档案资料73968卷件,其中资料638册,历史跨度100余年。保存年代最早的是清末档案,保存最多的是建国后档案。特色档案有1927年临江县十万官民拒绝日本在临江设立领事分馆的斗争、"四保临江"战役等档案史料。征集了陈云、肖劲光等党和国家领导人题词、东北抗日联军曹国安师长生平等档案资料,建立"珍藏库"。成立了档案目录中心,完成馆藏档案50%的目录数据采集工作。

（樊祥利）

松原市档案馆　现址市沿江东路339号,邮编138000,电话(0438)2139078,馆长朱莉,电话13756783001。成立于1994年,是集中统一保管松原市市级机关、团体、企业事业单位档案资料的国家综合档案馆、市级爱国主义教育基地、市政府指定的行政规范性文件查阅场所。总建筑面积1266平方米,库房面积180平方米。馆藏档案38231卷、资料1460册。已将地名、勘界、统计、"非典"、先进性教育、东博会,历届党代会、政协会、人代会等一批重大活动、重要历史事件的档案资料接收进馆。同时,征集了苏赫巴鲁、柏青、廉世和、杨柏森、朱世贤等名人档案资料。馆藏档案整体实现文件级计算机检索,馆藏重点、精品及利用率高的档案全部实现计算机全文检索。松原市档案信息网站已经建立。编辑档案史料20多种100多万字。利用档案举办了建市十五周年成就展、馆藏图片展等。

宁江区档案馆　现址市宁江区文化路1号,邮编138001,电话(0438)3123294,馆长马晶,电话(0438)6188201。成立于1995年。是集中统一保管区级机关、团体、企事业单位档案资料的国家综合档案馆、区级爱国主义教育基地、区委区政府指定的行政规范性文件查阅中心。建筑面积302平方米,库房面积为150

平方米，馆藏档案28365卷(件)。将1998年抗洪，国家及省领导视察宁江等档案资料接收进馆；同时征集到了新城俯正堂、伯都讷的军令、诏书等大量的档案资料。馆所保存的档案全部实现文件级管理，将精品、重点及常用档案进行全文扫描。

前郭尔罗斯蒙古族自治县档案馆　现址市松江街甲2号，邮编131100，电话(0438)2122454，馆长修明杰，电话(0438)2123438。成立于1959年。是集中统一保管县直机关、团体、乡镇、企事业单位档案资料的国家综合档案馆、县爱国主义教育基地、县政府指定的现行文件查阅场所。1999年晋升为省二级档案馆。总建筑面积1200平方米，库房面积为180平方米。馆藏档案36523卷，资料3175份(册)。馆将县五十周年大庆、防治“非典”、历届查干湖旅游节、捕鱼节、党代会、人代会等档案资料接收进馆。征集著名民俗学家王迅、“千人齐奏马头琴”吉尼斯世界纪录证书、地震救灾等大量档案资料。

长岭县档案馆　现址长岭镇岭城路，邮编131500，电话(0438)7222652，馆长董艳华，电话(0438)7222628。成立于1959年。是集中统一保管县直机关、团体、乡镇及企事业单位档案资料的国家综合档案馆，1998年晋升为省一级档案馆。总建筑面积1900平方米，库房面积520平方米。馆藏档案资料59261卷册，其中资料4963册。档案资料历史跨度90年。馆将新中国成立前档案全部数字化，新中国成立后档案文件级数字化检索。编辑印制了长岭县大事记、重要文件汇编、档案摘报等参考资料。　　(刘海龙)

乾安县档案馆　现址乾安镇宇宙大路1399号，邮编131400，电话(0438)8223063，馆长张观泰，电话(0438)8222747。成立于1959年，是集中统一保管县机关、团体及部分企事业单位档案资料的国家综合档案馆、县爱国主义教育基地、县政府指定的行政规范性文件查阅场所。总建筑面积720平方米，库房面积355平方米。馆藏档案资料26000卷(册)，其中资料2682册。馆藏档案资料的历史跨度81年。已建成馆藏档案全宗级目录数据库，完成了建国后档案案卷级目录数据采集工作，对破损资料进行了缩微复制。乾安县档案馆建有独立网站，馆藏各种档案信息实现了社会共享。

扶余县档案馆　现址春华路789号，邮编131200，电话(0438)5865451，馆长李纯德，电话(0438)5861032。成立于1960年。是集中统一保管县级机关、团体、企事业单位档案资料的国家综合档案馆、县爱国主义教育基地、县政府指定的行政规范性文件查阅场所。2004年晋升为省二级档案馆。总建筑面积1430平方米，库房面积220平方米。馆藏档案110957卷(册)，其中资料6066册。馆藏档案资料历史跨度140年。

白城市档案馆　现址文化东路1号，邮编137000，电话(0436)5099896，馆长王桂芝，电话(0436)3244196。成立于1963年。是集中保管市直机关、团体、企事业单位档案资料的国家综合档案馆，成立了市现行文件利用中心。1998年晋升为国家一级档案馆。2005年、2006年馆交流基地、加工基地先后达到省AAA级标准。总建筑面积600平方米，馆库面积为90平方米。馆藏档案72026卷件，资料5911册。主要是建国后档案，还有部分民国伪满时期档案。接收了农业那达慕、建市十周年庆典、军事、“非典”、名人、婚姻、经书、普查等不同门类与载体档案进馆。1999年开始进行档案管理现代化方面的尝试，进行了电子档案与纸质档案同步接收。自行研发的项目曾多次获省、市级科技进步奖。馆藏档案文件级目录、精品档案全文已全部录入数据库中，实现馆藏档案文件级检索及精品档案全文微机查阅。在现代化办公方面，建成了局域网，并在政府网上设立网页，提供档案信息共享服务。

洮北区档案馆　现址白城市洮安东路67

号，邮编137000，电话(0346)5089684，馆长张景海，电话(0436)5089681。成立于1958年。是集中统一保管区机关、团体、事业单位档案资料的国家综合档案馆。1998年被评为省一级档案馆。总建筑面积1500平方米，库房面积750平方米。馆藏档案资料11.5万卷(册)，其中资料5000册。编辑出版了《白城市大事记》等参考资料。 (付丹)

镇赉县档案馆 现址镇赉镇永安西路19号，邮编137300，电话(0436)7222516，馆长张印，电话(0436)7223164。成立于1960年。是集中统一保管县直机关、团体、企事业单位档案资料的国家综合档案馆、县爱国主义教育基地、2005年成立了现行文件利用中心。1999年晋升为省一级档案馆，存储、加工、交流基地达到省AAA级标准。总建筑面积1084平方米，库房面积456平方米。馆藏档案资料80273卷(册)，其中资料7656卷(册)。保存有清代、民国、革命历史时期及建国后的档案。将抗洪抢险、防治“非典”、知青档案、革命烈士档案等收集、征集进馆。开展了馆藏档案数字化工作。编辑了“区划沿革”等专题资料。利用档案举办了“九八抗洪图片展”等展览。

(陆蕴峰)

通榆县档案馆 现址开通镇民主东路229号，邮编137200，电话(0436)4225607，馆长孙玉峰，电话(0436)4235607。成立于1959年。是集中统一保管县级机关、团体、企事业单位档案资料的国家综合档案馆，2005年设立了现行文件利用中心。1999年晋升为省二级档案馆。2006年，存储和加工基地达到省AAA标准。总建筑面积432平方米，其中库房面积180平方米。馆藏档案55612卷，资料4561册。保管比较齐全完整的是建国以后的档案，还有部分清末、民国时期和革命历史档案属于国家重点档案。资料中有日本昭和年间出版的《世界画报》4册，是日军侵华罪行的佐证。编辑出版了《通榆县各类灾情实录》等18种资料汇编和《崛起的通榆》等20部专题片。

(齐思航)

洮南市档案馆 现址团结东路223号，邮编137100，电话(0436)6223296，馆长蔡荣繁，电话(0436)6223296。成立于1959年。是集中统一保管市直机关、事业单位档案资料的国家综合档案馆、市爱国主义教育基地、市政府指定的现行文件利用中心。1998年晋升为省二级档案馆。面积580平方米。馆藏档案资料7.7万卷(册)。馆藏档案形成最早年度为1902年，明清、民国、革命历史等重点档案4300卷。已建成馆藏全宗级目录数据库和档案信息平台，并积极为洮南市政务网提供档案信息共享服务。编辑了《洮南档案史料》等专题档案史料汇编30多种2000多万字，并利用档案资料举办展览。 (时凤祥)

大安市档案馆 现址人民路21号，邮编131300，电话(0436)5223945，馆长谭军，电话(0436)5223945。成立于1959年。是集中统一保管市级机关、团体、企事业单位档案资料的国家综合档案馆、市爱国主义教育基地、市政府指定的行政规范性文件查阅场所。2000年晋升为省一级档案馆。2005年被命名为省档案系统先进集体。总建筑面积1176平方米，库房面积720平方米。馆藏档案资料123167卷、783292件，保存最多的是建国后档案，保存最早的是清代档案。编写了《中共大安县(市)委组织机构沿革》等参考资料。

(谭军)

延边朝鲜族自治州 现址延吉市建工街明和胡同197号，邮编133001，电话(0433)2812443，馆长楚瑞馨，电话(0433)2812334。成立于1960年。是集中统一保管州级机关、团体、企事业单位档案资料的国家综合档案馆。并开设了现行文件利用中心。1997年晋升为省一级档案馆。总建筑面积6324平方米，库房面积1276平方米。现存自清光绪二十七年(1901年)以来各个历史时期的档案资料175205卷册，其中资料17152件册。馆将“州庆办”、“民博会”、“延龙图城市发展协调办”等一批重大活动的档案资料接收进馆。同时，有计划地向州内外征集历史档案资料和名人档案资料。目前已建成清代和民国档案案卷级、现行档案文件级目录数据库。编辑出版了《延边清代档案史料汇编》等档案史料和参考资料，加强网站和政府政务信息公开场所建设，开通了"现行文件"网上查询系统。

延吉市档案馆 现址市铁南路 44 号，邮编 133001，电话(0433)2821179，馆长金善淑，电话(0433)2820667。成立于 1957 年。是集中统一保管市级机关、团体、企事业单位档案资料的国家综合档案馆、市政府指定的行政规范性文件查阅场所。2000 年晋升为省二级档案馆。总建筑面积 1336 平方米，库房面积 240 平方米。馆藏档案资料 15.48 万卷册，其中资料 800 卷。接收了延吉市党代会、人代会、博览会等档案资料，征集了宋顺女等名人的照片资料。出版了《中国共产党吉林省延吉市组织史资料》等 20 多种档案史料。

图们市档案馆 现址市友谊街 30 号，邮编 133100，馆长李连才，电话(0433)3662664。成立于 1966 年。是集中统一保管市直属机关、团体、企事业单位档案资料的国家综合档案馆。2000 年晋升为省二级档案馆。总建筑面积 210 平方米，其中库房面积 85 平方米。馆藏档案 137700 卷。编辑了《中国共产党图们市组织史资料》、《图们市外商投资企业简介》等。

敦化市档案馆 现址市新华路 1001－4 号，邮编 133700，电话(0433)6222824，馆长闫士杰，电话(0433)6759699。成立于 1959 年。是集中统一保管市级机关、团体、企事业单位档案资料的国家综合档案馆、市政府指定的行政规范性文件查阅场所。面积 1200 平方米，其中库房面积 500 平方米。馆藏档案资料 95157 卷(册)，其中资料 1609 册。馆藏档案资料的历史跨度 71 年。保存年代最早的是清代档案资料。建立了敦化市档案信息门户网站；在市政务大厅设立了现行规范性文件查阅场所；开展了非公有档案寄存服务。编辑完成《敦化市行政区划沿革》等专题档案史料汇编 10 余种 80 多万字。

珲春市档案馆 现址市河南街矿泉胡同 517 号，邮编 133300，馆长李虎范，电话(0433)7562605。成立于 1959 年。是集中统一保管市级机关、团体、部分企事业单位和破产企业档案资料的国家综合档案馆。1998 年被评为省二级档案馆。面积有 710 平方米，库房面积 300 平方米。馆藏档案 125240 卷，资料 3165 册。以建国后档案为主，还有 94 卷革命历史档案。编辑出版了《中国共产党吉林省珲春县组织史资料》、《珲春市开发开放优惠政策文件汇编》等资料。 (南丽华)

龙井市档案馆 现址市安民街六道河路，邮编 133400，电话(0433)3223662，馆长崔昌善，电话(0433)3232550。成立于 1959 年。是统一保管市直机关、团体、企事业单位档案资料的国家综合档案馆。1996 年晋升为省二级档案馆。建筑面积 1140 平方米。馆藏档案资料 105716 卷件。现有案卷目录、全引目录、开放档案目录以及复员、退伍、转业、处分、因公伤残人员等专题目录和人名索引。此外，还有非全宗形式档案案卷目录 17 册，编写了全宗介绍和档案馆指南等介绍性材料。

和龙市档案馆 现址市文化路 24 号，邮编 133500，电话(0433)4222013，馆长郑吉善，电话(0433)4220913。成立于 1959 年。是集中统一保管市级机关、团体、企事业单位档案资料的国家综合档案馆。1999 年晋升为省二级档案馆。建筑面积 1180 平方米，库房面积 400 平方米。馆藏档案资料 90303 卷册，其中资料 3027 册。保存年代最早的是 1945 年的档案。革命历史档案 2800 件(283 卷)。已建立馆藏档案目录中心、现行文件利用中心和档案资料寄存中心。编印了《和龙概况》、《和龙县大事记》、《和龙市青山里简况》、《和龙市十三勇士简介》等参考资料。

汪清县档案馆 现址汪清镇汪清街东 967 号，邮编 133200，电话(0433)8812650，馆长李炳辉，电话(0433)8856567。成立于1959年。是集中统一保管县直属机关、企事业单位档案资料的国家综合档案馆。2004年设立了现行文件利用中心。1999年晋升为省一级档案馆。总建筑面积1164平方米，库房面积300平方米。馆藏档案资料86452卷(册)，其中资料4670册。加大档案收集力度，将汪清县首届黑木耳节档案收集进馆。对馆藏档案进行科学管理，完成文件级档案录入，对部分专业档案进行扫描。

安图县档案馆 现址明月镇龙安路42－1号，邮编133600，馆长汪克明，电话(0433)5834238。成立于1959年。是集中统一保管县级机关、团体、企事业单位档案资料的国家综合档案馆、县青少年爱国主义教育基地，2003年建立了现行文件利用服务中心。1998年晋升为省一级档案馆。2006年晋升为省AAA级档案馆。总建筑面积1300平方米，库房面积为180平方米。馆藏档案资料102028卷(册)，其中资料5535册。《长白山江岗志略》等清代珍贵档案资料和胡锦涛等国家领导人视察长白山时的珍贵照片为馆内特色收藏。2004年建立了档案馆网站。编辑出版了《长白山名称考》等，其中《长白山下第一县——安图服务指南》，成为介绍安图县的重要指南。馆内县情展厅已接待7000多人次参观。

(隋吉林)

黑龙江省

黑龙江省档案馆 现址哈尔滨市南岗区花园街204号，邮编150001，电话(0451)53637650，馆长于佩常，电话(0451)53641007。成立于1964年。是省级国家综合档案馆，履行省级及直属机关档案的保管利用职能，是省级爱国主义教育基地、已公开现行文件查阅利用中心、省政府指定的政府信息公开的场所。1999年晋升为国家一级档案馆。建筑面积7400平方米，库房面积3400平方米。馆藏档案资料50.3万卷(册)，其中资料4.6万册。有清代档案、民国档案、革命历史档案。馆藏档案资料的历史跨度为300余年，最早的档案形成于1684年(清康熙二十三年)。价值珍贵的黑龙江将军衙门档案被视为镇馆之宝，其中的五大连池火山喷发满文档案和清代呼兰府《婚姻办法》档案，已被列入《中国档案文献遗产名录》。已建成革命历史档案文件级目录数据库12万条，民国档案案卷级目录数据库28万条。黑龙江省档案信息门户网站已经开通。编辑出版了《“七三一”部队罪行铁证——关东宪兵队“特殊输送”档案》(中、日文版)、《东北边疆历史档案选编·黑龙江卷》(30册)、《东北历史档案通览·黑龙江卷》、《东北日本移民档案·黑龙江卷》、《满铁调查报告》(48册)、《中国档案精粹·黑龙江卷》、《黑龙江历史记忆》等档案史料书籍，举办了“黑龙江省档案馆馆藏日本关东宪兵队‘特殊输送’档案图片展”、“光辉的历程——纪念中国共产党成立80周年革命文物暨图片展”、“让档案为历史作证——纪念中国人民抗日战争暨世界反法西斯战争胜利60周年大型档案图片展”、“在那抗日战场上——纪念七七事变70周年档案图片展”等档案专题展览。 (臧晓敏)

哈尔滨工程大学档案馆 现址哈尔滨市南岗区南通大街145号，邮编150001，电话(0451)82519766，馆长白长平，电话(0451)82519533。成立于1991年。自2001年以来4次荣获黑龙江省高校档案工作先进集体。馆使用面积1300平方米。馆藏档案有哈尔滨军事工程学院、哈尔滨工程大学两个全宗。馆藏档案91640卷，资料2903册。有毛泽东批准同意陈赓任哈尔滨军事工程学院院长的文件，毛泽东签发的中央军委对哈尔滨军事工程学院学员的“训词”；哈军工第一期“工学”报、哈尔滨军事工程学院各学年的教育计划；周恩来、朱德、董必武、陈毅、贺龙等的题词及视察哈军工时的照片等珍贵史料。建立了馆内局域网及学生成绩档案管理系统。编辑印发《档案信息简报》。编写了《哈尔滨工程大学档案管理制度汇编》、《哈尔滨工程大学部门立卷归档工作实用手册》等。还编辑了《本科专业的设置与变迁》、《精品课程建设材料汇编》等10多种编研资料。编纂了《哈尔滨工程大学50年通鉴》、《辉煌的哈军工》、《校庆画册》等。

(王敏)

哈尔滨工业大学档案馆 现址南岗区大直街92号，邮编150001，馆长张雅茹，电话(0451)86413399。成立于1991年。2003年荣获全国档案工作优秀集体称号。馆使用面积1000多平方米，库房816平方米。馆藏档案资料近12万卷(件)。学生成绩单已实现数字化全文检索与利用。撰写论文百余篇，完成档案科研项目三项。利用馆藏档案配合学校中心工作多次举办档案展览。编写了《哈工大大事记》、《哈工大获奖科研成果档案简介汇编》、《哈尔滨工业大学组织史资料》、《哈工大博士研究生发表论文情况汇编》、《哈尔滨工业大学知名人士介绍》等近十种。

哈尔滨理工大学档案馆 现址哈尔滨市南岗区学府路52号，邮编150080，电话(0451)86390345，馆长崔成邱。成立于1996年。总建筑面积1500平方米，库房面积950平方米。馆藏档案资料4.9万卷，图纸6.3万张。建设了馆藏档案案卷级和文件级目录数据库，机读目录21万条。

黑龙江工程学院档案馆 现址哈尔滨市

道外区红旗大街 999 号，邮编 150050，电话(0451)88028969。馆长李大莉，电话(0451)88028881。成立于 1992 年。是集中统一保管原黑龙江交通高等专科学校、哈尔滨工程高等专科学校和黑龙江工程学院行政、教学、科研等档案资料的高校档案馆。2002 年晋升为省二级档案馆。总建筑面积 1542 平方米，库房面积 880 平方米。馆藏档案资料 24538 卷册。已将防治“非典”工作、共产党员先进性教育活动、本科教学工作水平评估等重大活动的档案资料收集进馆。

哈尔滨市档案馆 现址南岗区学府小四道街 29 号，邮编 150086，电话(0451)86689328，馆长邵继红，电话(0451)86688900。成立于 1969 年。是集中统一保管市直机关、团体、企事业单位档案资料的国家综合档案馆，是市级爱国主义教育基地，成立了现行文件利用中心。2002 年晋升为国家一级档案馆。总建筑面积为 12900 平方米，库房使用面积 4800 平方米。馆藏档案、资料 330450 卷(件、册)，其中资料 19507 册。建立了“哈尔滨市档案信息网”门户网站。已将中国哈尔滨·韩国周、保持共产党员先进性教育、松花江水污染事件应对处置工作等重大活动、突发事件的档案资料接收进馆。征集了李立三、蔡畅、朱其文等在哈期间的珍贵照片与历史资料。筹建“爱国主义教育基地——百年沧桑哈尔滨”馆藏档案图片资料展，并在“哈尔滨档案信息网”创办“网上展厅”，举办“抗联英雄事迹展”、“纪念哈尔滨解放 60 周年展”两期专题展。

哈尔滨市城建档案馆 现址道里区地段街 167 号，邮编 150010，电话(0451)84617327，馆长尹玉民，电话(0451)87653218。成立于 1987 年。总建筑面积 3418 平方米。库房面积 1972 平方米。馆藏档案 95713 卷，资料 1900 册。馆藏档案资料的历史跨度 101 年，保存年代最早的是 1906 年哈尔滨市郊规划图。编发了《城建动态》、《城建档案简讯》等档案信息资料。参与编写了《哈尔滨城市建设》大型画册；与黑龙江省电视台合作摄制了《建筑·凝固的音乐》、《中央大街综合整治》、《璀璨的哈尔滨保护建筑》等专题片。拍摄了建设工程、重点工程、大型会议、建设系统重要活动及全市保护性建筑等照片。收集了一批记录哈尔滨历史的老照片。馆存几百盘录像资料和光盘，照片 3 万余张。

松北区档案馆 现址哈尔滨市松北区松北一路 38 号，邮编 150028，电话(传真)(0451)88107638。电子邮箱：songbei_da@163.com，成立于 2004 年。馆使用面积 240 平方米，库房 160 平方米。馆藏档案资料近 5000 卷(盒)。

道里区档案馆 现址哈尔滨市道里区工部街 66 号，邮编 150018，电话(0451)84550488，馆长仲继华，电话(0451)4550088。成立于 1988 年。是集中统一保管区直机关、团体、企事业单位档案资料的国家综合档案馆，是区级爱国主义教育基地。2002 年晋升为省一级档案馆。2003 年成立了现行文件查阅中心。2000—2003 年评为全省档案系统先进单位。总建筑面积 530 平方米，库房面积 400 平方米。馆藏档案 4.3 万卷，资料 2100 册。有少量的革命历史档案。已完成案卷级目录数据的著录工作，文件级目录著录达到 70%。编辑出版《道里区党政军统群系统组织史资料》、《中共道里区历史大事记》、《道里区地方志》等史料汇编 4 种 170 多万字。

南岗区档案馆 现址哈尔滨市南岗区，邮编 150006，电话(0451)82708441。成立于 1997 年。建筑面积 1330 平方米，库房面积 1100 平方米。2003 年成立了南岗区现行文件阅览中心。建立了南岗区爱国主义教育基地。馆藏案卷总数为 13091 卷、1090 件。案卷级机读目录的著录工作已全部完成；文件级机读目录数量为 8.7 万条。

道外区档案馆 现址哈尔滨市道外区北十四道街 55 号，邮编 150020，电话(0451)

88981328,馆长郭绍辉。于1996年成立。负责全区档案收集、整理、保管、抢救及档案信息资源开发利用,是区爱国主义教育基地,2000年晋升为省一级档案馆。总建筑面积1000平方米,库房面积800平方米。馆藏档案资料28127卷(件、册),其中资料68册。案卷级机读目录完成1.5万条,文件级机读目录完成15万条,纸质档案全息扫描完成0.5万页。编写了《道外区行政组织沿革》、《太平区组织史资料》、《道外区概况》、《太平区志》等。

香坊区档案馆 现址哈尔滨市香坊大街160号,邮编150036,电话(0451)55627984,馆长王宇虹,电话(0451)55656222。成立于1997年。是集中统一保管区直机关、企事业单位的档案资料的综合性档案馆,爱国主义教育基地和现行文件利用中心。总建筑面积533平方米,库房面积340平方米。现有馆藏档案38412卷和13000件,资料2000余册。已将黑龙江省首届菊花展、香坊区首届"香飘万里"文化艺术节和"永远的动力"大型图片展等收集近馆。已建成馆藏全宗级目录数据库,开展了重要全宗档案全息扫描。

平房区档案馆 现址哈尔滨市平房区友协大街98号,邮编150060,电话(0451)86501253,馆长单长清,电话(0451)86512472。成立于1996年。2003年成立现行文件利用中心。2001年晋升为省三级馆。建筑面积90平方米。馆藏档案资料19398卷(册)、3271件,其中资料1万册。案卷级机读目录8362条,文件级机读目录57326条,全文数据库已初步建立,现已扫描录入5000页。 (孙冬莅)

呼兰区档案馆 现址哈尔滨市呼兰区南京路8号,邮编150025,电话(0451)57358733,馆长刘树森。成立于1962年。是集中统一保管区机关、团体、企事业和乡镇单位档案、资料的综合档案馆,2004年建立爱国主义教育基地,是区现行文件查阅场所。2000年晋升为省一级档案馆。总建筑面积880平方米,库房面积285平方米。馆藏档案51082卷,资料4836卷(册)。建立了数据库,开展文件级著录8.9万条,案卷级0.9万条。

阿城区档案馆 现址哈尔滨市阿城区民权大街41号,邮编150300,电话(0451)53722136,馆长杨桂芳。成立于1958年。集中保管区直机关、团体、企事业单位档案。2000年晋升省一级档案馆。2002年开设了市级爱国主义教育基地。2003年增设现行文件查询中心。总建筑面积2000平方米,库房面积800平方米。馆藏档案34330卷(册),资料11713册。已将金源文化节等一批重大活动的档案资料收集进馆。征集了抗日战争时期人员财产损失情况资料等。编辑出版《阿城县志》、《中共黑龙江省阿城市组织史资料》、《中共阿城市党的活动纪事》等档案史料汇编10余种、300多万字。

依兰县档案馆 现址依兰镇光明街24号,邮编154800,电话(0451)57223593,馆长郭致超,电话(0451)57238071。成立于1958年。2003年建立了县级爱国主义教育基地,成立了现行文件利用中心,是县政府指定的行政规范性文件查阅场所。1985年、1986年获佳木斯市先进档案馆;1988年被评为一级单位。2007年被评为全省档案系统先进集体。1999年晋升为省一级档案馆。总建筑面积1347平方米,库房面积752平方米。馆藏档案资料47731卷(册),其中资料8869册。2005年抓了"三姓"卢、舒、葛谱牒档案的抢救整理工作和依兰历史文化名城档案的抢救、挖掘整理工作。编辑了《依兰旧闻录》。 (韩春)

方正县档案馆 现址城北行政服务中心,邮编150800。电话(0451)57116835。成立于1958年。建筑面积350平方米,库房面积175平方米。馆藏案卷49226卷,资料20008册。

宾县档案馆 现址宾县政府院内,邮编150400,电话(0451)57983901,馆长陆雅芬。成立于1958年。是集中统一保管县级机关、团体、企事业单位档案资料的国家综合档案馆。1999年晋升为省一级档案馆。总建筑面积440

平方米,库房面积106平方米。馆藏档案58191卷(册),资料7260卷(册)。征集了王以哲、吕大千等历史名人的照片与资料,还有苗立杰(宾县出生)等现代名人的照片与资料。已建立馆藏档案目录数据库,完成了案卷级目录数据的录入工作,文件级目录录入达馆藏的70%。编写了《宾县概况》、《宾县历年自然灾害概述》、《宾县旅游指南》、《宾县新旧地名对照》、《宾县区村沿革》、《宾县"五荒资源"简介》、《中共宾县县委组织机构沿革》等档案史料。

木兰县档案馆 现址木兰镇奋斗路,邮编151900,电话(0451)57095858,馆长陈传伟。成立于1958年。是集中统一保管县各级机关、团体、企事业单位档案资料的综合档案馆,是县级爱国主义教育基地。1999年晋升为省二级档案馆。总建筑面积826平方米,库房面积350平方米。馆藏档案资料46386卷(册),其中资料4598册。馆藏档案资料的历史跨度100余年。保存年代最早的是民国档案,有少量的革命历史档案。正在进行馆藏档案数字化建设,案卷级目录采集工作已全部完成。

通河县档案馆 现址通河镇通江街人民路8号,邮编150900,电话(0451)57436044,馆长王培,电话(0451)57436036。2001年被评为省二级档案馆。馆库面积495平方米。馆藏档案27508卷,资料1897册。已将1998年防预特大洪水档案、防治非典档案、保持共产党员先进性教育档案,通河县历届党政领导,名人录档案全部接收入馆。编辑出版《通河档案》、《通河百年》文字版,《通河百年》精装图片版,《通河旅游》画册等一批具有一定社会影响的书籍。

延寿县档案馆 现址县政府院内,邮编150700。成立于1959年。成立了"延寿县爱国主义教育基地"、现行文件中心。1999年晋升为省一级馆。库房面积785平方米。馆藏档案36929卷,图书资料7524册。编写出版了"延寿之歌"一书。还编写了《延寿县大事记》、《延寿概况》、《延寿县新旧地名对照表》、《延寿县政府组织沿革》及县志、年鉴、党史等综合性编研资料等。

双城市档案馆 现址双城镇和平大街19号,邮编150100,电话(0451)53122380,馆长宋春岩,电话(0451)53127108。成立于1958年。是集中统一保管市直机关、团体、企事业单位档案资料的综合档案馆,是市级爱国主义教育基地,行政规范性文件查阅场所。2000年晋升为省一级档案馆。建筑面积1200平方米,库房面积800平方米。馆藏档案资料10万余卷(册)。已将社会主义新农村规范化小城镇建设等档案资料收集进馆。

尚志市档案馆 现址市政府一楼(东大直街186号),邮编150600,电话(0451)53322362,馆长陶智良。成立于1958年。总面积近380平方米。馆藏档案资料53276卷(册)其中资料7426册。收藏着中华民国时期珠河县公署和苇河县公署的完整档案资料,中华民国时期珠河县公署和苇河县公署的完整档案资料。

五常市档案馆 现址五常镇金山大街市政府一楼,邮编150200,电话(0451)53528183,馆长李树成,电话13804632799。1960年成立。1994年晋升为省二级档案馆。建筑面积590平方米,库房面积250平方米。馆藏档案资料45362卷。编写了《抗日英雄汪雅臣传》、《双龙队在五常抗日活动》、《五常剿匪斗争》,书记、市长名录等。

齐齐哈尔市档案馆 现址市区内,邮编161005。成立于1963年。是永久保管档案的基地和经济建设、科学研究等方面利用档案史料的中心。馆库房面积2040平方米。馆藏档案257495卷,资料58764册。馆编研史料9大类23种,共计千余万字,其中包括编辑出版的《齐齐哈尔市文化大革命十年》、《风雨同舟铸辉煌——齐市军民抗洪记实》等大型专著。

龙沙区档案馆 现址齐齐哈尔龙沙区卜奎南大街南端,邮编161000,电话(0452)2331416,馆长徐春杰。成立于1985年。是集中统一保管区机关档案资料的综合档案馆，是区爱国主义教育基地。1999年晋升为省一级馆。2004年被市政府授予档案系统先进集体。馆库房面积226平方米。档案资料26872卷(册)，其中资料5000卷。已建成馆藏文件级目录数据库。

建华区档案馆 现址齐齐哈尔建华区卜奎大街214号，邮编161006，电话(0452)2558028，馆长张同林，电话(0452)2552742。成立于1984年。是集中统一保管区机关档案资料的综合档案馆，是区级爱国主义教育基地，是行政规范性文件查阅场所，1999年晋升为省二级档案馆。总建筑面积200平方米，库房面积160平方米。馆藏档案43665卷，资料2000余册。已将2003年防治"非典"工作、历届绿博会、先进性教育活动、与韩国友好往来材料、纪念物等档案材料收集进馆。已完成了案卷目录近两万条的录入工作。利用档案举办了八荣八耻展览。

铁锋区档案馆 现址齐齐哈尔市铁锋区，邮编161000。电话(0452)2188682。馆室面积120平方米。馆藏档案资料4.5万卷。

昂昂溪区档案馆 现址齐齐哈尔市区府路38号，邮编161031，电话(0452)6327828，馆长姚丽华。馆藏档案11190卷，馆藏资料1352册。编写了《昂昂溪区志》、《龙东烽火》、《卜奎星火》、《昂昂溪区组织史资料》等10余种150余万字的资料。

碾子山区档案馆 现址齐齐哈尔市碾子山区人民政府四楼东侧，邮编161046。成立于1986年。面积180平方米。馆藏档案29052卷。有中国·碾子山"6.28"登山节特色档案、抗洪救灾、企业产改等重大活动档案。编辑了档案馆指南，区委、区政府组织沿革，党代会简介、人代会简介、政协会议简介、社员会议简介，碾子山文史资料，碾子山区地区水情，雅鲁河、石碑山概况，地震台概况等参考资料。

梅里斯达斡尔族区档案馆 现址齐齐哈尔市富梅路44号区政府办公楼内，邮编161021，馆长敖秀芝，电话(0452)6562194。成立于1985年。是集中统一保管区级机关、团体、部分企事业单位档案资料的国家综合档案馆。2000年晋升为省一级档案馆。总建筑面积124.80平方米，库房面积94.80平方米。馆藏档案25530卷(册)、资料8400册。编辑出版了《梅里斯达斡尔族区志》、《组织史资料》、《统计年鉴》、《文史资料》等。

龙江县档案馆 现址龙江镇三道街长青路，邮编161100。成立于1958年。库房面积700平方米。馆藏有清末档案2561卷，民国档案10088卷，解放战争时期的革命历史档案164卷，建国后到1980年县委、县政府及县直部门文书档案21688卷。收藏古籍图书、报刊等7650册(卷)。

依安县档案馆 现址永勤路124号县政府办公楼内，邮编161500，电话(0452)7024133，馆长焦军，电话(0452)7030954。成立于1958年。是集中统一保管县直机关、团体、乡镇机关档案资料的综合档案馆，是县爱国主义教育基地，是现行文件服务利用中心。1998年晋升为省一级档案馆。总面积392平方米，库房面积196平方米。馆藏档案资料77606卷(册)，其中资料13673册。保存年代最早的是民国档案，有少量革命历史档案。已将防非典、防禽流感、上游和跃进水库大坝护坡除险加固工程、依明公路乌裕尔河大桥扩建工程档案资料接收进馆。征集了具有地方特色的档案资料，为第八、九届全国人大代表苏在兴、全国见义勇为十大标兵王贵连等12位知名人士建立了名人档案。编撰了《依安年鉴》、《农村工作会议汇编》、《依安县档案志》等编研材料。

泰来县档案馆 现址泰来镇卫星街，邮编162400。电话(0452)8222246。成立于1952年。总建筑面积1600平方米，库房面积400平方米。2000年馆晋升为省一级馆。馆藏档案总数29286卷(册)，资料11565册(件)。馆藏全宗的案卷目录、全引目录进行微机著录。

加强了对重点专业档案、撤销机构档案和组织部、人事局管理的退离休和死亡干部人事档案的接收。加强抗洪抢险、抗灾自救档案资料的征集工作。

甘南县档案馆 现址甘南镇，邮编162100。电话(0452)5622518。成立于1958年。负责收集、保管本地区档案史料，是甘南县档案目录中心和县政府行政规范性文件指定查阅索取场所；是青少年教育基地和未成年人思想道德建设实践活动基地。馆藏档案55000卷、6000余册图书资料。

富裕县档案馆 现址城南府右路曙光写字楼，邮编161200，馆长初长武，电话(0452)3139256。是县爱国主义教育基地，现行文件利用中心。1999年晋升省一级馆，先后荣获省、市级先进集体称号。馆库使用面积129.12平方米。馆藏档案资料72569卷(册)。多为蒙、满、汉合璧文书。特色档案有满语教材1～5册，另有富裕漫画集及画展原件、照片等。

(谭华)

克山县档案馆 现址克山县人民政府2号院2号楼1楼和6号楼6楼，邮编161600，电话(0452)4522725，馆长刘树泉，电话13946248488。成立于1986年。是集中统一保管县级机关、各乡镇以及事业单位档案资料的国家综合档案馆，是县级爱国主义教育基地、行政规范性文件查阅场所。1992年晋升为省一级档案馆。总建筑面积1000平方米，库房面积300平方米。馆藏档案资料42398卷(册)，其中资料4006册。馆藏档案的历史跨度78年。保存年代最早的是民国档案，有少量革命历史档案。

克东县档案馆 现址克东镇，邮编164800。成立于1956年。负责档案接收、整理、统计、利用工作。总建筑面积600平方米，库房面积300平方米。馆藏档案32714卷，资料5386册。

拜泉县档案馆 现址朝阳街39号，邮编164700，馆长丛笑宇，电话(0452)7328175。成立于1958年。是集中统一保管县机关、团体、事业单位档案资料的综合档案馆，是县级爱国主义教育基地。2001年晋升为省一级档案馆。总建筑面积400平方米，库房面积200平方米。馆藏档案资料52228卷(册)，其中资料4200册。馆藏档案资料的历史跨度84年，保存年代最早的是民国档案，革命历史档案。

(陈桂莲)

讷河市档案馆 现址市区内，邮编161300。成立于1958年。总建筑面积600平方米，库房面积300平方米。馆藏档案44179卷，资料11782册。有民国档案486卷，革命历史档案135件。

鸡西市档案馆 现址市检察院西侧，邮编158100，电话(0467)2395501，馆长王燕杰，电话(0467)2395500。成立于1959年。是集中统一保管市各机关、团体、企事业单位档案资料的国家综合档案馆，是市级爱国主义教育基地，现行文件查阅中心。2000年晋升为省一级档案馆。总建筑面积2300平方米，库房面积270平方米。馆藏档案资料73420卷(册)，其中资料2400册。保存年代最早的是民国时期的档案，还有少量的革命历史档案。已将防治“非典”工作、本市重大体育赛事、中俄交流周等重大活动档案收集进馆。(刘玉萍)

鸡东县档案馆 现址县政府大楼一楼，邮编158200，馆长高宝峰，电话(0467)8607751。成立于1965年。为省二级馆。是爱国主义教育基地，开展了现行文件查阅中心工作。馆140平方米，库房面积为120平方米。库存档案卷数为14023卷。

虎林市档案馆 现址虎林镇建设西街1号，邮编158400，馆长张健，电话(0467)5822477。成立于1959年。1999年被评为省一级档案馆。2003年建立了现行文件中心，2004年建立县级爱国主义教育基地。馆藏档案45000余卷，馆藏特色档案有边境外事档案、实物档案(包括印章档案215枚)。

密山市档案馆 现址市政府办公楼内，邮编158300，馆长刘晓君，电话(0467)5238695。成立于1958年。是省二级档案馆。建立了爱国主义教育基地和现行文件中心。库房面积240平方米。馆藏档案40839卷42万件。

鹤岗市档案馆 现址市工农区育才路68号，邮编154101，电话(0468)6110777，馆长梁江平。成立于1958年。是集中统一保管市直机关、团体、企事业单位档案资料的国家综合档案馆，是市级爱国主义教育基地，是行政规范性文件查阅场所。1998年晋升为省一级档案馆。2000—2003年连续四年被评为全省档案系统先进集体。2004—2006年连续三年被评为省档案系统目标考核优秀单位。总建筑面积2621平方米，库房面积473平方米。馆藏档案资料103361卷(件)，其中资料12179册。有少量革命历史档案。有计划征集革命历史名人及日伪时期矿山老照片等档案资料。已建成了文件级目录数据库和全文数据库。

向阳区档案馆 现址鹤岗市向阳区，邮编154100，电话(0468)3224480。馆长王宏伟。成立于2005年。馆库面积65平方米，馆藏量为15684卷册。

工农区档案馆 现址鹤岗市工农区，邮编154101，馆长郑梅。电话(0468)3357669。成立于2005年。馆库面积达70平方米。馆藏档案资料17276卷册。

南山区档案馆 现址鹤岗市南山区，邮编154101，馆长刘文博。电话(0468)3305423。成立于2005年。馆库面积86平方米，馆藏量为17856卷册。

兴安区档案馆 现址鹤岗市兴安区，邮编154102，馆长吴坤德。电话(0468)3622031。成立于2005年。馆库面积79平方米。馆藏量为15267卷册。

东山区档案馆 现址鹤岗市东山区，邮编154106，馆长杜永华。电话(0468)3537108。馆库面积102平方米。馆藏量为18923卷册。

兴山区档案馆 现址鹤岗市兴山区，邮编154105馆长王金鹏。电话(0468)3526010。成立于2005年。馆库面积96平方米。馆藏量为19658卷册。

萝北县档案馆 现址文明路2号，邮编154200，电话(0468)6828670，馆长李刚，电话(0468)6822382。成立于1958年。是集中统一保管县机关、团体、企事业单位和各乡镇档案资料的综合档案馆，是县级爱国主义教育基地，行政规范性文件查阅场所。2000年晋升为省一级档案馆。建筑面积700平方米，库房面积145平方米。馆藏档案资料3.5万卷册，其中资料1.2万卷册。照片档案有转业官兵战斗在北大荒，纪念垦荒三十周年，中央领导视察北大荒等。已将全县副处级以上的名人档案、萝北县重大活动、7.16中俄旅游节，关系民生的婚姻档案、公证档案、重大工程建设档案等大批档案资料收集进馆。

绥滨县档案馆 现址松滨大街西段南侧，邮编156200，电话(0468)7862717，馆长杨兴龙。成立于1964年。是县级爱国主义教育基地，现行文件保存及查阅场所。1999年晋升为省一级档案馆。总面积780平方米，库房面积480平方米。馆藏档案资料21656卷(册)，其中资料4072册。保存档案最早的是1915年。接收了部分破产企业档案、重点工程档案、先进性教育档案。

双鸭山市档案馆 现址尖山区文化路55号，邮编155100，电话(0469)4272578，馆长高雅芬，电话(0469)4270929。成立于1959年。是集中统一保管市直机关、团体、企事业单位档案资料的国家综合档案馆，是市级爱国主义教育基地，已公开现行文件查阅场所。1998年晋升为省一级档案馆。1996年以来，连续在全省工作目标考核中保持"优秀"成绩。建筑面积1800平方米，其中库房面积750平方米。馆藏资料9.6万卷(册、盒、盘)，其中资料1.4万册。诉讼档案、企业注销档案、区划档案、工人录用存根等档案全部接收入馆。已建成馆藏目录数据库15个，案卷级目录完成馆藏总量的96.6%，文件级目录完成馆藏总量的

36.6%，可实现微机检索；在双鸭山市政务网开设专页，已公开现行文件目录全部实现网上查询；编辑出版了30万字，300多幅照片的《双鸭山档案志》（1986－2000年），征集编纂了专题史料《双鸭山之最》、《年度全市各级各类档案局馆基本情况长编》等22万字；利用馆藏档案开展爱国主义教育基地网上展览活动，受教育人数达4.5万人次。

双鸭山市城建档案馆 现址市尖山区向阳小区建设大厦规划局一楼，邮编155100，电话（0469）4270181，馆长韩丽华。成立于1984年。连续多年被评为省城建档案管理先进单位。馆舍面积304平方米，其中库房105平方米。城建档案17625卷，还有照片档案10517张。拍摄了大量的城市建设声像档案，真实生动地记载了城市面貌的发展历史。

尖山区档案馆 现址新兴大街119号，邮编155100，馆长江雨浓，电话（0469）4240851。馆库面积22平方米。馆藏档案7538卷，743件。

岭东区档案馆 现址岭东区东矿路1号，邮编155120，馆长李晓涛，电话（0469）4382060。馆库面积150平方米。馆藏档案12431卷。

四方台区档案馆 现址四方台区振兴路11号，邮编155131，馆长周颖，电话（0469）4340592。馆库面积30平方米。馆藏档案9765卷。

宝山区档案馆 现址宝一路258号，邮编155131，馆长李顺，电话（0469）4320807。馆库面积13平方米。馆藏档案4742卷。

集贤县档案馆 现址福利镇繁荣街65号，邮编155900，电话（0469）4662735，馆长陈润泽。成立于1958年。是集中统一保管县机关、党群、事业单位档案资料的国家综合性档案馆，是县级爱国主义教育基地，行政规范性文件查阅场所，1999年晋升为省一级馆。总建筑面积1169平方米，库房面积503平方米。馆藏档案资料45157卷（册），其中资料7767册。已接收防治“非典”、防治“禽流感”、县处级干部政绩、婚姻、“三讲”教育活动，保持共产党员先进性教育活动档案进馆。编辑出版了《集贤县档案志》一、二册和《集贤县60年之最》一书及各种代表会议简介。（李作清）

友谊县档案馆 现址友谊路中段，邮编155800，电话（0469）5812527。成立于1985年。是集中统一管理县委、县政府各个时期的机关、团体、企事业单位档案资料的综合档案馆，是县爱国主义教育基地，现行文件利用中心。2000年晋升为省二级档案馆。总建筑面积330平方米，库房面积为120平方米。馆藏档案资料32479卷（件），其中资料1654册。已建立馆藏档案案卷级目录数据库。

宝清县档案馆 现址宝清县中央大街136号，邮编155600，电话（0469）5424262，馆长姜天伟。成立于1959年。是集中统一保管县机关、团体、企事业单位档案资料的国家综合档案馆，建立了行政规范性文件查阅场所。1999年晋升为省一级档案馆。总建筑面积800平方米，库房面积500平方米。馆藏档案资料25633卷（册），其中资料6187卷（册）。保存年代最早的是民国档案。

饶河县档案馆 现址饶河镇新阳街，邮编155700，电话（0469）523539，馆长李晓红，电话（0469）5622170。成立于1965年。是集中统一保管县级机关、团体、企事业单位档案的国家综合档案馆，是县级爱国主义教育基地、行政规范性文件查阅场所。2000年晋升为省三级馆。总建筑面积430平方米，库房面积80平方米。馆藏档案资料25928卷（册），其中资料6683卷（册）。接收了县民政局保管的婚姻档案，工商局个体户注销档案。

大庆市档案馆 现址萨尔图区东风新村人民西路4号，邮编163311，电话（0459）6364640，馆长奚成军，电话（0459）6364968。成立于1980年。是集中统一保管市级机关、团体、企事业单位档案资料的国家综合档案馆，是市级爱国主义教育基地、行政规范性文件查阅场所。1998年晋升为省一级档案馆。总建筑面积4288平方米，库房面积1640平方米。馆藏档案资料115072卷，其中资料7311卷。已接收了破产企业档案；1998抗洪抢险档案、防“非典”档案、地震档案；省、市和地企运动会档案；大庆市文化年活动档案及主要历史事件档案。已完成了50万页文书档案的扫描工作。大庆市档案信息网站已建立。编辑出版了《亲切的关怀》、《大庆市历届人民代表大会简》、《中国人民政治协商会议大庆市委员会历届会议简介》、《大庆行政区域划界文件材料汇编》、经济合同汇编、设备档案汇编等编研成果。（刘素华）

大庆市城建档案馆 现址开发区火炬新街4号，邮编163316，电话(0459)6293475，馆长吕树刚，电话(0459)6293480。成立于1985年。是集中保管大庆市城市建设档案的专门档案馆。2004年晋升为国家一级档案馆。总建筑面积3500平方米，库房面积1125平方米。馆藏档案8000余卷。加强了对重大活动档案的收集，尤其是重点工程竣工档案，基本做到当年竣工当年归档。馆藏档案全部进行了项目级录入。基本实现了城建档案的收集、管理、归档、查询等业务办公自动化、管理网络化，建立了城建档案信息网。

大庆油田档案馆 现址大庆市让胡路区奉献路，邮编163453，电话(0459)5953720，馆长郭德洪，电话(0459)5985360。成立于1997年。曾获“全国档案工作优秀集体”和黑龙江省“全省档案工作先进单位”荣誉称号。馆(含所属档案室)总建筑面积80260平方米。库房面积50156平方米。全油田馆(室)藏各类档案1687651卷6785367件，馆藏资料717233册；已建成馆藏文件级目录中心。馆藏的文书档案已经全部进行了电子扫描。声像档案已经全部数字化。大庆油田档案馆门户网站已经建立。编辑出版《大庆油田年鉴》、《大庆石油管理局年鉴》；编辑出版了《大庆油田有限责任公司组织机构沿革》；主持编写《黑龙江省志·石油工业志》和《大庆油田志》等，共计1400余万字。档案编研资料166种1219.9万字。（窦长河）

萨尔图区档案馆 现址大庆市萨尔图区东风新村东风路4号，邮编163311，电话(0459)4661266，馆长刘英，电话(0459)6181605。成立于1984年。是集中统一保管区机关、团体、企事业单位档案资料的综合档案馆。2000年晋升为省一级档案馆。总建筑面积1000平方米，库房面积500平方米。馆藏档案资料27545卷(册)，11428件，其中资料1379册。已将死亡干部档案、婚姻档案、公正档案收集进馆。已初步建成全宗级目录数据库，完成了馆藏婚姻档案目录的数据采集工作，形成机读目录35001条。（洪丽娜）

大庆市龙凤区档案馆 现址龙凤区龙华路6号，邮编163711，馆长辛艳，电话(0459)6243316。成立于1984年。是集中统一保管区机关、团体、企事业单位档案资料的综合档案馆，成立了现行文件查阅中心。2001年晋升为省一级档案馆。总建筑面积230平方米，库房面积197平方米。馆藏档案16503卷(册)，10518件。已初步建成全宗级目录数据库，完成了馆藏婚姻档案目录的数据采集工作。编有大事记、会议简介、馆藏简介、全宗介绍、干部任免文件汇编、统计数字汇编等档案史料汇编8种10多万字。（孙丽明）

让胡路区档案馆 现址大庆市让胡路区中央大街38号，邮编163712，电话(0459)5593590，馆长赵金波，电话(0459)6306962。成立于1980年。是集档案整理、保管、查阅、微机录入等功能于一体的综合档案馆。1999年晋升为省一级档案馆，同年被评为全省档案系统先进单位。总建筑面积800平方米，库房面积600平方米。馆藏档案25126卷12170件，资料1489册。接收了公证档案、婚姻档案、招商引资档案。婚姻档案、公证档案全部形成机读目录检索；建立了让胡路区档案局(馆)信息网，将1996年至今的已公开现行文

件目录公开在信息网上。 （陈霞）

大庆市红岗区档案馆 现址市萨大中路南26号，邮编163511，电话(0459)4194814，馆长李标，电话(0459)6788177。成立于1980年。是集中统一保管区级机关、团体、企事业单位档案资料的国家综合档案馆，1999年晋升为省一级档案馆。总建筑面积600平方米，库房面积300平方米。馆藏档案24948卷(件、盘、张)，资料967册。已将处级干部“三讲”教育活动、“三个代表”学习教育活动、防治“非典”活动、保持共产党员先进性教育活动等档案资料收集进馆。 （赵艳慧）

大同区档案馆 现址大同镇同发路，邮编163515，电话(0459)6172769，馆长梁运冬，电话(0459)4411533。成立于1980年。是集中统一保管区机关、团体、企事业单位档案资料的综合档案馆，是区级爱国主义教育基地、行政规范性文件查阅场所。2000年晋升为省一级档案馆。总建筑面积1500平方米，库房面积1200平方米。馆藏档案资料3万卷(册)，其中资料0.4万册。已将防治“非典”工作档案、创建卫生城市工作档案、合作经济组织档案、新农村建设档案等重要档案资料收集进馆。已建成馆藏档案目录数据库，完成了文书档案案卷级目录采集工作 。 （付丽华）

肇州县档案馆 现址八厂西街中医院家属楼二楼，邮编166400，电话(0459)8521499，馆长张芝慧，电话13504650499。成立于1958年。是集中统一保管县机关、团体、企事业单位档案资料的综合档案馆。1998年晋升为省二级档案馆。总建筑面积532平方米，库房使用面积235平方米。馆藏档案资料46609卷(册)，589件，其中资料15099册。已将死亡干部档案、名人档案、宗教档案收集进馆。已初步建成案卷级和文件级目录数据库。

（贾宝仁）

肇源县档案馆 现址县人民政府院内，邮编166500，电话(0459)8236429。馆长颜祥林，电话(0459)8222503。成立于1958年。是集中统一保管县各机关、团体、企事业单位档案资料的国家综合档案馆，是行政规范性文件查阅场所。1999年晋升为省一级档案馆。建筑面积800平方米。馆藏档案52576卷。

林甸县档案馆 现址建设路西侧政府院内，邮编166300，电话(0459)3323820，馆长宋友，电话(0459)3317982。成立于1958年。是集中统一保管县级机关、团体、企事业单位档案资料综合档案馆，是县级爱国主义教育基地、行政规范性文件查阅场所。建筑面积500平方米，库房面积300平方米。馆藏档案资料29264卷(册)。保存年代最早的是民国档案、革命历史档案。建立了馆藏全宗级目录数据库。 （于福艳）

杜尔伯特蒙古族自治县档案馆 现址泰康镇草原广场，邮编166200 ，电话(0459)3422144，馆长胡涛，电话(0459)3422776。成立于1958年。是集中统一保管县级机关、团体、企事业单位档案资料的综合档案馆，是行政规范性文件查阅场所。总建筑面积800平方米，库房面积310平方米。馆藏档案21000余卷(册)，资料5000多册。已将“整党”、“三讲”、“非典”及各种普查工作的档案及本县名人档案征集进馆。

伊春市档案馆 现址市新兴西大街106号，邮编153000，电话(0458)3645362，馆长王淑珍，电话(0458)3643556。成立于1959年。是集中统一保管市机关、团体、企事业单位档案资料的国家综合档案馆，是市爱国主义教育基地，是现行文件中心，是行政规范性文件查阅场所。1998年晋升省一级馆。总建筑面积3232平方米，库房面积为1152平方米。馆藏档案80489卷，资料7979册。已将历届中国黑龙江(伊春)森林旅游节及经贸活动、伊春林区早期开发建设等重要档案资料接收进馆。同时有计划地征集了全国劳模马永顺、孙海军、张子良等名人档案资料。馆藏重要档案案卷级和文件级目录数据录入工作正在进行中。编写了《伊春市概况》、《组织机构沿革》、《中共伊春历史大事记》、《中共伊春组织史资料》、《伊春市档案志》等资料。举办了“把光明留在人间——董立国同志捐献眼角膜纪实”专题展览。

伊春市城建档案馆 现址伊春区新兴中大街，邮编153000，电话(0458)3969715，馆长樊爱光，电话(0458)3969961。成立于1985年。是集中统一保管市规划、建设和管理中直接形成的对城市和社会具有保存价值的文字、图纸、图表、声像等各种载体的文件资料。馆舍总面积200多平方米。城市建设档案10189卷、照片档案580张，光盘51盘、地形199张。馆藏档案有城市勘测、城市规划、城市规划建设管理、市政工程、公用设施、交通运输、工业建筑、民用建筑、园林绿化、环境保护、乡镇建设、人防工程以及地下管线等。

伊春区档案馆 现址伊春市伊春区新兴中路86号，邮编153000，电话(0458)3603558，馆长张立军。成立于1994年。是集中统一保管区机关、团体、企事业单位档案资料的地方综合档案馆，2004年成立现行文件查阅中心，是行政规范性文件查阅场所。2002年晋升为省一级档案馆。总建筑面积219.73平方米，库房面积163.03平方米。馆藏档案13221卷、3028件，资料549册。已将伊春区防治“非典”工作、保持共产党员先进性教育活动档案资料收集进馆。同时有计划地征集了全区名人档案资料。馆藏重要档案案卷级和文件级目录数据录入工作正在进行中。撰写《人物传略——武殿生》、《人物传略——白旭斌》、《革命烈士名录》、《劳动模范、标兵名录》等。举办了“庆祝伊春区建区50周年”大型图片展。

南岔区档案馆 现址伊春市联合街，邮编153100，电话(0458)3476322，馆长袁淑霞。1990年晋级为省级档案管理先进单位。馆库房面积130平方米。馆藏档案资料31151卷(册)，其中资料320册。

友好区档案馆 现址伊春市府前路172号，邮编153031，电话(0458)3298322，馆长刘国平，电话(0458)3298321。成立于1993年。是集中统一保管区级机关、团体、企事业单位档案资料的国家综合档案馆，是县级爱国主义教育基地，行政规范性文件查阅场所。2002年晋升为省二级档案馆。总建筑面积977.5平方米，库房面积718平方米。馆藏档案资料5.45万卷(册)，其中资料0.06万册。已将防治“非典”工作和保持共产党员先进性教育活动等重大历史事件的档案资料收集进馆。收集了名人档案。编写了友好区(局)概况、友好区档案馆指南。汇编了友好区先进党总支、支部名录、友好区先进集体、先进个人名录、友好区委组织沿革、友好区政府(林业局)机构沿革。参与了1987—1998年、1999—2003年两部区委组织史的编写和出版发行。

西林区档案馆 现址伊春市西林区西林大街2号，邮编153025，电话(0458)3712505，馆长唱秋利，电话(0458)3713069。成立于1985年。是集中统一保管区级机关档案资料的综合档案馆，是区级爱国主义教育基地。2000年晋升为省级标兵单位。总面积200平方米，库房面积100平方米。馆藏档案资料11845万卷(册)，其中资料85册。征集了区内历史名人的照片及区内抗联遗址地图等大量档案资料。编辑了《西林区档案史料》、《西林区妇代会简介》、《西林区劳模会简介》、《西林区党代会简介》、《西林区基层单位党政班子组建情况表》、《西林区发展经济文件汇编》。

翠峦区档案馆 现址伊春市保安街区政府院内，邮编15303，电话(0458)3987071，馆长张晶，电话13845853770。成立于1997年。是集中统一保管机关、企事业单位档案资料的综合档案馆，是区行政规范性文件查阅场所。1999年晋升为国家二级档案馆。建筑面积350平方米，库房面积250平方米。馆藏档案3.04万卷。已将林权制度改革档案、改制企业档案、非典工作档案收集进馆。同时征集了部分翠峦区名人的照片和资料。

新青区档案馆 现址伊春市黎明街长风路,邮编 153036,电话(0458)3581761,馆长赵云丽。成立于 1984 年。建立了现行文件查阅中心。1998 年晋升省二级档案馆。档案库房面积为 134 平方米。现存档案 5.4 万卷。编写出《新青档案汇编指南》、1986—1998 年党史资料一份。

美溪区档案馆 现址伊春市美溪区胜利街,邮编 153025,电话(0458)3630513,馆长佟月玲。成立于 1956 年。是集中统一管理区机关、团体、企事业单位档案资料的综合档案馆,是区级爱国主义教育基地、行政规范性文件查阅场所。2003 年晋升为省二级档案馆。总建筑面积 300 平方米,库房面积 260 平方米。馆藏档案资料 23593 卷,其中资料 3221 卷。对在建的工程项目档案进行了登记和指导,旅游、社保和自然保护区档案也做了收集整理工作。

金山屯区档案馆 现址伊春市金山屯区政府办公大楼对面,邮编 153026,电话(0458)3738241,馆长郭胜君,电话(0458)3738557。成立于 1959 年。是集中统一保管区机关、团体、企事业单位档案资料的综合档案馆,是区级爱国主义教育基地。总建筑面积 504 平方米,库房面积约 252 平方米。馆藏档案 21601 卷。

五营区档案馆 现址伊春市五营中心大街 151 号,邮编 153033,电话(0458)3816968,馆长王瑞玉。成立于 1957 年。是集中统一保管区级机关、团体、企事业单位档案资料的综合档案馆,是区级爱国主义教育基地,是行政规范性文件查阅场所。总建筑面积 300 平方米,库房面积 200 平方米。馆藏档案 24526 卷(册、盒),2751 件,资料 1090 册。加大对社区、旅游、民营企业、“天保工程建设”档案工作的规范管理,加强了对重大活动、名人档案的收集。

乌马河区档案馆 现址伊春市乌马河区政府院内,邮编 153011,电话(0458)6105626,馆长齐玲。是集中统一保管区机关、团体、企事业单位档案资料的综合档案馆,是爱国主义教育基地,是行政规范性文件查阅场所。总面积 230 平方米,库房面积 200 平方米。馆藏档案资料 21958 卷,其中资料 5938 卷。将防治非典工作,林权制度改革第一批重大活动征集进馆。

汤旺河区档案馆 现址伊春市汤旺河镇东风大街 102 号(区政府院内),邮编 153037,电话(0458)3532755,馆长魏晓峰,电话 13846608199。电子邮件 yctwhszb@126.com。建于 1960 年。是集中统一保管区机关、团体、企事业单位档案资料的综合档案馆,是行政规范性文件查阅场所。1989 年被评为省档案系统先进单位。1990 年晋升省二级档案馆。建筑面积 608 平方米,库房 528 平方米。馆藏档案 78674 卷(册),资料 485 卷(册)。有 1964 年邓小平等党和国家领导人、省、市来此视察、检查指导工作的照片,历次党代会、人代会、政协全委会,重大事件、重大建设工程等重要历史资料。

带岭区档案馆 现址伊春市育西社区迎宾路 156 号,邮编 153106,电话(0458)3439561,馆长文晓斌。成立于 1960 年。是集中统一保管区级机关、团体、企事业单位档案资料的综合档案馆,是区级爱国主义教育基地,行政规范性文件查阅场所。总建筑面积 1000 平方米,库房面积 600 平方米。馆藏档案资料 3.9 万卷(册),其中资料 0.6 万册。

乌伊岭区档案馆 现址伊春市乌伊岭区幸福街 4 号,邮编 153038,电话(0458)3522346,馆长王海英。成立于 1963 年。是集中保管区机关、团体、企事业单位档案资料的国家综合档案馆,是区级爱国主义教育基地、行政规范性文件查阅场所。1990 年晋升为省二级档案馆。总建筑面积 400 平方米,库房面积 300 平方米。馆藏档案资料 65980 卷(册),其中资料 3080 册。收集了保持共产党员先进性教育活动中的档案资料、撤销单位的财务档案和档案资料、区“十佳公仆”个人资料、照片等档案资料。建立了馆藏全宗级目录数据库，档案案卷级目录数据采集工作正在进行之中。编写的资料主要有《历次党代会简介汇编》、《乌伊岭区人民代表团大会简介汇编》、《乌伊岭区职工(会员)代表大会简介汇编》、《历次团代会简介汇编》、《历次妇女代表大会简介汇编》、《中共乌伊岭区委常委会议记录摘抄》、《乌伊岭区基本情况概况》、《乌伊岭区干部任免卡》、《乌伊岭档案馆藏介绍》、《乌伊岭区档案局大事记》、《乌伊岭区地理概况》、《乌伊岭区国民经济数字汇编》、《乌伊岭区土壤气候情况汇编》、《乌伊岭区河流情况汇编》、《乌伊岭区制度汇编》、《乌伊岭区(林业局)志》、《中共乌伊岭区(林业局)组织史》、《档案升级材料汇编》、《乌伊岭区(局)大事记》等。

红星区档案馆 现址伊春市红星区中心大街，邮编 153035，馆长王立杰，电话 13704582881。成立于 1957 年。是集中统一保管机关、团体档案资料的国家综合档案馆，是区级爱国主义教育基地，是行政规范性文件查阅场所。总建筑面积 420 平方米，库房面积 360 平方米。馆藏档案资料 23747 卷(册)，其中资料 702 册。完成了文件级目录数据库录入工作。

上甘岭区档案馆 现址伊春市上甘岭区中心大街，邮编 153032，电话(0458)3832270，馆长吕翠。2005 年挂牌成立现行文件中心。总建筑面积 300 平方米。馆藏档案资料 22228 卷(册)，其中资料 71 册。编写了上甘岭区历届党代会简介、历届工代会简介、历届职代会简介、历届妇代会简介、历届团代会简介、区(局)政府工作会议概况、干部任免情况等编研资料，共装订 11 册，计 40914 字。于 1992 年出版发行了《上甘岭年鉴》。

嘉荫县档案馆 现址朝阳镇江山路 234 号，邮编 153200，电话(0458)2628768，馆长程丽，电话(0458)2629529。成立于 1958 年。是集中统一保管县机关、团体、企事业单位资料的综合档案馆，是县级爱国主义教育基地和已公开现行文件查阅中心。1999 年晋升为省一级档案馆。总建筑面积 600 平方米，库房面积 300 平方米。馆藏档案资料 25519 卷(册)，其中资料 2849 册。有民国档案 1409 卷，革命历史档案 8 卷。

铁力市档案馆 现址市建设大街市政广场院内，邮编 152500，电话(0458)2282174，馆长刘淑艳，电话(0458)6971711。成立于 1963 年。是集中统一保管市机关、企事业单位及农村档案，是市爱国主义教育基地。2000 年晋升为省一级馆。总建筑面积 700 平方米，库房面积 360 平方米。馆藏档案 34783 卷，1977 件。已将防治“非典”工作，重要人物档案、世界冬季特奥会全国特殊奥林匹克自行车、高尔夫球、网球邀请赛等重要的档案接收进馆。征集了铁力市 2004 年国家级优秀旅游城市，2005 年中国特色魅力城市 200 强档案、2006 年中国县域旅游品牌 20 强档案、2006 年晋升国家级生态示范区档案。编辑出版了《铁力县志》、《铁力年鉴》、《铁力市组织史资料》等，《铁力县志》获得省森工总局二等奖。

佳木斯市档案馆 现址市前进区保卫路 320 号，邮编 154002，电话(0454)8246051，馆长吴国庆，电话(0454)8227688。成立于 1959 年。是集中统一保管市级机关、团体、企事业单位档案资料的国家综合档案馆，是市级爱国主义教育基地、现行规范性文件查阅中心。1997 年晋升为省一级档案馆。总建筑面积 4888 平方米，库房面积 960 平方米。馆藏档案资料 12.2 万卷(册)，其中资料 2.1 万册。馆藏档案最早的明清档案。编辑出版了《佳木斯自然资源概况》、《佳木斯市资本主义工商业的社会主义改造》、《佳木斯市档案馆指南》、《北国双拥模范城》等各种史料、资料近 40 种 500 多万字。其中出版的三种史料获市优秀成果奖。

(王静波)

郊区档案馆 现址佳木斯市友谊路 16 号，邮编 154004，电话(0454)8560903，馆长郑立晖。晋升为省二级档案馆。荣获黑龙江省档案标兵、省续志先进集体、市档案先进集体荣誉称号。2001年建立了爱国主义基地。库房总面积为60平方米。馆藏档案资料12740卷(盒、册)其中资料825册。

桦南县档案馆 现址桦南县前进路中段，邮编154400，电话(0454)6222713，馆长顾艳华，电话(0454)6234866。成立于1959年。是集中统一保管县直机关、团体、企事业单位档案资料的国家综合档案馆，是爱国主义教育基地，行政规范性文件查阅场所。2006年被授予全市档案工作先进集体。1998年晋升为省一级档案馆。总建筑面积1000平方米，库房面积200平方米。馆藏档案35917卷、10494册，其中资料8083册，图书2411册。接收了县保持共产党员先进性教育活动档案和县“三个代表”教育活动档案，收集了全县五一劳动奖章获得者、省劳模等著名人物荣誉证书、作品、手稿等档案资料进馆。

桦川县档案馆 现址悦来镇中兴路，邮编154300，电话(0454)3833638，馆长陈朝东。成立于1959年。是集中统一保管县级机关、团体、企事业单位档案资料的国家综合档案馆，是县级爱国主义教育基地、行政规范性文件查阅场所。馆库面积200平方米。馆藏档案资料39168卷(册)。其中资料826册。

汤原县档案馆 现址汤原镇，邮编154700，馆长赵洪君，电话(0454)7321457，邮箱:tyxdaj_0000@126.com。成立于1958年。库房面积185平方米。馆藏档案资料50057卷(件)，资料1200册。编写出版了30万字的《汤原一百年》，审定了《红色汤原》一书。

抚远县档案馆 现址抚远镇正阳路，邮编156500，馆长姜明凡 ，电话(0454)2132511。是省一级馆。面积180平方米，库房面积120平方米。馆藏档案资料25378卷，其中资料3462册。

同江市档案馆 现址市中兴路中段，邮编156400，馆长徐胜民，电话(0454)8959025。成立于1966年。成立了市爱国教育基地、现行文件管理中心。面积959平方米。2002年晋升为省二级馆。馆藏档案19438卷(盒)，资料5466册。

富锦市档案馆 现址市区内，邮编156100。电话(0454)2322192。成立于1958年。面积1200平方米，实际使用面积为400平方米。档案馆藏45692卷，2876件。

七台河市档案馆 现址市大同路45号，邮编154600，电话(0464)8277102，馆长王希文，电话(0464)8277132。成立于1980年。是集中统一保管市级机关、团体、企事业单位档案资料的国家综合档案馆。2001年晋升为省一级档案馆。总建筑面积1000平方米，库房面积400平方米。馆藏档案27983卷、3740件，资料14083册。做好市里的重大活动档案资料及名人档案的收集工作。

新兴区档案馆 现址市新兴区政府，邮编154600，电话(0464)8357026，馆长周丽鹃。成立于2001年。有文书档案2710卷，照片档案10册1313张。

桃山区档案馆 现址桃山区政府，邮编154600，馆长杨玉蓉。成立于2001年。办公室2间，库房1间。馆藏文书档案620卷、1680件。

茄子河区档案馆 现址市茄子河区政府，邮编154600，电话(0464)8816606，馆长耿宝臣。成立于2001年。馆藏文书档案460卷，人事档案800卷、财会档案200卷、科技档案(图纸)2卷，照片档案1本。

勃利县档案馆 现址勃利镇友谊东街338号，邮编154500，电话(0464)8521637，馆长孙德波。成立于1958年。是集中统一保管县党政机关、团体、企事业单位档案资料的国家综合档案馆，是勃利县爱国主义教育基地、县政府现行文件利用中心。1999年晋升为省二级档案馆。建筑面积400平方米，库房面积260平方米。馆藏档案和资料30400卷(册)，其中资料6960册。馆藏档案有民国档案、革命历史档案、建国后的档案。民国档案、革命历史档案已建成案卷级、文件级目录数据库。

（孙德波）

牡丹江市档案馆 现址市江南新区党政办公中心，邮编157000，电话(0453)6528294，馆长程文玺，电话(0453)6540002。成立于1962年。是集中统一保管市级机关、团体、企事业单位档案资料的国家综合档案馆，是市级爱国主义教育基地、现行文件利用中心。1999年晋升为省一级档案馆。总建筑面积3500平方米，库房面积2700平方米。馆藏案卷81631卷、33573件，资料16603卷(册)。最早年代为1810年。将征集工作重点放在名人档案、重大活动(事件)档案和具有地方特色资料上，目前，进入牡丹江市名人档案库的就达140多人，包含市级党政领导、全国劳模、军界、文艺界、工商界、专家学者、老红军、抗联战士等。馆接收了沙兰特大洪灾档案、援藏档案、中国·黑龙江首届木业洽谈会、水污染事件、一氧化碳中毒事件、第十一届省运会、木博会等重大活动(事件)的档案资料。征集了《雪乡牡丹江》、《牡丹江雪堡》等资料。建立了牡丹江市档案信息网站(www.mdjda.cn)、《牡丹江档案》信息简报。编写出版了《牡丹江市档案馆指南》、《牡丹江市档案馆指南》(郊区分册)、《牡丹江市历任市委书记、市长名录》、《牡丹江市档案工作统计数字汇集》、《档案工作文件汇编》、《牡丹江市档案局组织史资料》、《中共牡丹江市委历届会议简介》、《牡丹江市人民代表大会历届会议简介》、《政协牡丹江市委员会历届会议简介》、《牡丹江市档案工作大事记》、《“九五”期间牡丹江市信息大事记》、《牡丹江市大事记》等6类、347万字的编研材料。

东安区档案馆 现址牡丹江市东长安街65号，邮编157000，电话(0453)6934535，馆长姜守义，电话(0453)6955590。成立于1998年。总面积80平方米，其中库房面积60平方米。馆藏档案资料1.2万卷(册)，其中资料2000册。

阳明区档案馆 现址牡丹江市光华街68号阳明区政府办公楼内，邮编157013，电话(0453)6332585，馆长夏凤娟。成立于1998年。总面积为80平方米，库房面积为60平方米。馆藏档案3082卷7530件，资料45册。已将各行政村第二轮土地延包档案、领导干部“三讲”档案、防治“非典”档案等收集进馆。正在进行文件级目录数据库采集工作。

爱民区档案馆 现址牡丹江爱民区西祥伦街82号爱民区人民政府院内，邮编157011，电话(0453)6559162，馆长李晶群，电话13945326381。成立于1998年。总面积80多平方米，库房面积40平方米。馆藏档案4659卷、8319件。

西安区档案馆 现址牡丹江市西长安街22号，邮编157000，馆长郭诗忠(兼职)，电话(0453)5899675。现行文件查阅中心于2004年成立。库房45平方米。馆藏档案3961卷。文件级目录全部实现了计算机检索。

东宁县档案馆 现址县党政办公中心大楼，邮编157200，电话(0453)3623445，馆长盛晓东，电话(0453)5857926。成立于1958年，是集中统一管理县级机关团体、企事业单位档案资料的国家综合档案馆，是县级爱国主义教育基地，是县政府规范性文件查阅场所。2000年晋升省一级馆。连续多年被省、市、县评为先进集体，2006年，被牡丹江市委、市政府授予档案工作先进县荣誉称号。总建筑面积1200平方米，库房面积600平方米。馆藏档案资料38472卷(册)，其中资料6000余册，保存最早的档案是1925年的民国档案。目前，已完成馆藏全宗级目录数据库、民国档案数据库、已公开现行文件目录数据库、死亡干部目录数据库、东宁县档案馆目录数据库等的采集录入工作。利用馆藏照片举办了主题为“率宾府里涌春潮”图片展，编发了《支农惠农政策汇编》、《东宁县农业科技人才档案信息资料》等。

林口县档案馆 现址县政府院内，邮编157600，电话(0453)3528802，馆长张运福，电话 13019063037。成立于 1958 年。是县政府指定的现行文件查阅中心单位。1997 年晋升为省二级档案馆。总建筑面积 1000 平方米，库房面积 800 平方米。馆藏档案 31164 卷，图书资料 2900 册。已将林口县重要历史事件的档案资料及名人档案接收进馆。

绥芬河市档案馆 现址市乌苏里大街 95 号，邮编 157300，电话(0453)3945825，馆长付丽艳，电话(0453)3994088。成立于 1976 年。是集中统一保管市机关、团体、企事业单位档案资料的国家综合档案馆，是市级爱国主义教育基地、现行文件提供利用中心。2002 年获得全省档案工作先进集体荣誉称号，多次获得牡丹江市档案工作先进集体荣誉称号，1999 年晋升为省一级档案馆。总建筑面积 1000 平方米，库房面积 160 平方米。馆藏档案资料 23101 卷(册)，其中资料 2486 册。馆藏档案资料历史跨度 50 余年。保存年代最早的是解放前期的报刊资料。目前已建成馆藏文件级目录数据库。 (郑传君)

海林市档案馆 现址市政府 8 号楼，邮编 157100，电话(0453)7222351，馆长霍玉文，电话(0453)7222989。成立于 1963 年。是集中统一保管市机关、团体、企事业单位档案资料的国家综合档案馆，是市级爱国主义教育基地、现行文件提供利用中心。1991 年获得全国档案工作先进集体荣誉称号，多次获得黑龙江省、牡丹江市档案工作先进集体荣誉称号，1999 年晋升为省一级档案馆。总建筑面积 992 平方米，库房面积 300 平方米。馆藏档案资料 42246 卷(册)，其中资料 7578 册。已建成馆藏文件级目录数据库。加强了对名人档案资料、历史档案资料和重大活动(事件)档案资料的收集、征集力度。 (王春红)

宁安市档案馆 现址宁安镇沿江东街市政府办公楼，邮编 157400，电话(0453)7622304，馆长包淑华。成立于 1956 年。是集中统一保管市级机关、团体、企事业单位档案资料的国家综合档案馆，是市级爱国主义教育基地。为省二级档案馆。馆库面积 300 平方米。馆内保存着 1879 年至今档案 24912 卷(册)，图书资料 3688(件)。加大了征集工作力度，已征集 1993 年撤县设市、2005 年抗洪救灾等重大事件(活动)档案进馆。征集了宁安特色档案资料进馆。

穆棱市档案馆 现址市八面通镇长征路 256 号市委院内，邮编 157500，电话(0453)3123617，馆长吕中义。成立于 1958 年。是集中统一保管市机关、团体、企事业单位档案资料的地方综合档案馆，行政规范性文件查阅场所。1996 年被评为省二级馆。总建筑面积 621 平方米，库房面积 400 平方米。馆藏档案资料 52822 卷(册)。保存年代最早的是清光绪时期的档案，民国档案有 7981 卷，有少部分革命历史档案。

黑河市档案馆 现址市通江路 2 号，邮编 164300，电话(0456)8260775，馆长蔡国义，电话(0456)8282168。成立于 1964 年。是集中统一保管市机关、团体、企事业单位档案资料的国家综合档案馆，是市级爱国主义教育基地和规范性文件查阅场所。2000 年晋升为省一级档案馆。总建筑面积 1368 平方米，库房面积 1168 平方米。馆藏档案资料 80446 卷(册)，其中资料 12386 册。保存年代最早的是 1901 年的清朝档案，还有民国档案和革命历史档案。接收了防治"非典"工作，先进性教育活动等档案材料入馆。建成民国档案、革命历史档案、已公开现行文件目录数据库。并积极开展建国后档案文件级目录数据采集工作。编写了《中共黑河地区组织史资料》、《黑河地区大事记》、《黑河地区政军统群系统组织史资料》、《黑河地区历界党代会、工代会、妇代会、团代会简介》、《黑河行署文件汇集》等档案史料汇编 33 种，97.45 万字。并与黑河市委宣传部、黑河市摄影家协会共同举办了"黑河市建国五十年成就展"、"黑河市区城市建设档案成就展"和赵恭民"摄影艺术展"。 (吴素君)

黑河市城建档案馆 现址市区东兴路 9

号，邮编164300，电话(0456)8231412，馆长徐敏，电话13945738159。成立于1994年。是黑河市建设档案收集、管理，为城市建设提供服务的专业档案管理单位。1998年晋升为省二级档案馆。总建筑面积110平方米，库房面积50平方米。馆藏档案近万卷。已将在该市有较大影响的重点工程、黑龙江公园、大水源地、机场改扩建、垃圾处理场等工程档案收集进馆。汇编了《黑河城市简介》、《黑河市城建档案馆指南》、《黑河市城建档案馆大事记》、《黑河市重点工程简介》、《黑河市城建档案简讯》。

爱辉区档案馆 现址黑河市海兰街153号，邮编164300，电话(0456)6101635，馆长李树和，电话(0456)6101636。成立于1959年。是集中统一保管区机关、团体、企事业单位档案资料的国家综合档案馆，是市级爱国主义教育基地，行政规范性文件查阅场所。2000年晋升为省一级馆。总建筑面积1400平方米，库房面积480平方米。馆藏档案资料5万卷(册)，其中资料4000册。档案资料的历史跨度100余年。年代最早的是清代档案资料，最多的是民国档案，有少量革命历史档案。已接收文书、科技、人物、家谱、“三个代表”、“防非典”、名人等档案资料。已建成民国档案、革命历史档案目录数据库，建国后档案文件级目录采集工作完成馆藏档案20%。编辑出版了《爱辉县概况》、《黑河市文物保护单位——振边酒厂》、《爱辉区档案志》等。举办了“明清民国档案展览”、“中国共产党在爱辉专题展览”。

（高巍岩）

嫩江县档案馆 现址嫩江镇新华街嫩兴西路25号，邮编161400，电话(0456)6160683，馆长范开雷，电话(0456)6160680。成立于1960年。是集中统一保管县机关、企事业单位档案资料的综合档案馆，是县级爱国主义教育基地。2000年晋升为省一级档案馆。总建筑面积810平方米，库房面积500平方米。馆藏档案资料28375卷(册)，其中资料5096册。保存年代最早的清代档案，民国档案数量较多，共6151卷，有少量的革命历史档案。

（梁玉兰）

逊克县档案馆 现址边疆镇边防街24号，邮编164400，电话(0456)4453164，馆长燕祥君，电话13945747606。成立于1959年。是集中统一保管县级机关、团体、企事业单位档案资料的国家综合档案馆，是市级爱国主义教育基地，设立了现行文件资料查阅室。2000年晋升为省一级馆。馆库房面积460平方米。馆藏档案28455卷，资料3030册，馆藏档案有民国档案、革命历史档案、现行档案。已将全国第五次人口普查，保持共产党员先进性教育活动纸质和电子档案接收进馆，征集革命知识青年的榜样——金训华，2005“感动中国”十大人物之一陈健等建立名人档案。举办了“纪念逊克解放60周年”等展览。2002年，逊克县档案馆与俄罗斯布拉戈维申斯克市档案馆进行了成功互访。 （丁秀菊）

孙吴县档案馆 现址孙吴镇，邮编164200。成立于1954年。是集中统一保管县级机关、团体、企事业单位档案资料的综合档案馆，是县级爱国主义教育基地、现行文件查阅场所。1999年晋升为省二级档案馆。总建筑面积183平方米，库房面积150平方米。馆藏档案资料32842卷(册)，其中资料3564册。保存最早的是日伪满时期的档案和资料；有少量的革命历史档案。面向社会和学校做了多次专题报告，举行大型的图片展，进行爱国主义教育。成立了孙吴伪满洲史研究所，开始专项研究，通过简报的形式沟通国内外的学者和友人。 （郑淑清）

北安市档案馆 现址市区西直街18号，邮编164000，电话(0456)6426093，馆长高清武，电话(0456)6672142。成立于1958年。是集中统一保管市机关、团体、企事业单位档案资料的国家综合档案馆，市级爱国主义教育基地，是行政规范性文件查阅场所。1998年晋升为省一级档案馆，总建筑面积200平方米，库房面积140平方米。馆藏档案资料51152卷

(册)，其中资料4890册。馆藏档案资料的历史跨度90年。保存年代最早的是民国档案，有少量的革命历史档案。收集进馆了破产企业档案、重点工程建设档案、保持共产党员先进性教育档案等，名人档案库建设已初具规模。已实现部分档案的机读和检索，声像档案全部实现了数字化。编辑档案资料汇编35万字。 (王振生)

五大连池市档案馆 现址市内北五公路西侧政府综合办公楼内，邮编164100，电话(0456)6322347，馆长王洪臣。成立于1963年。是集中统一保管市级机关、团体、企事业单位档案资料的综合档案馆。1998年晋升为省二级档案馆。馆藏档案21238卷，资料2961册。有少量民国档案、革命历史档案。

(顾春铎)

绥化市档案馆 现址市迎宾路2号，邮编152000，电话(0455)8388330，馆长刘绍仁。成立于1964年。是集中保管市直机关、团体和直属企事业单位档案的综合档案馆，市爱国主义教育基地，已公开现行文件查阅中心。1996年晋升为省一级馆。建筑面积1556平方米，库房面积720平方米。馆藏档案资料68384卷(册)，其中资料14756册。已建有案卷级目录和文件级目录数据库，数据总量达16459条，部分全宗的重要档案已采取图像扫描的方式进行了数字化处理，同时已开始建立以照片、视频为主要形式的多媒体数据库。编辑并内部出版了10余种200余万字的档案史料。

北林区档案馆 现址绥化市人和街96号。邮编152054，电话(0455)8315455、8107783，馆长刘立柱。电话(0455)8315445 8107786。成立于1958年。是集中统一保管区级机关、团体、事业单位档案资料的综合档案馆，是区级爱国主义教育基地、行政规范性文件查阅场所。1964年后，曾先后八次获省委、省政府和绥化地委、绥化行署、绥化市委、绥化市政府授予的红旗单位、先进集体称号。1997年晋升为省二级档案馆。总建筑面积630平方米，库房面积250平方米。馆藏档案资料47189卷册，其中资料8000卷册。馆藏档案资料的历史跨度300余年，保存年代最早的是清初档案资料。已建成馆内外档案目录中心，8000余条微机著录。 (赵松玫)

安达市档案馆 现址市区内，邮编151400。成立于1959年。面积210平米。馆藏档案22000卷。1991年晋升为省三级馆。2000年获全省档案工作先进集体称号。

肇东市档案馆 现址市城西正阳街北市行政审批中心办公楼5楼，邮编151100，馆长张福，电话(0455)7781923。成立于1958年。是集中统一保管市级机关、团体、企事业单位档案资料的综合档案馆，是市爱国主义教育基地。1998年晋升省一级档案馆。1999年被授予“全国档案工作先进集体”称号。总建筑面积1100平方米，库房面积300平方米。馆藏档案资料52006卷(册)，其中资料12549册。已完成革命历史档案、民国档案，市委、市人大永久档案文件级目录数据采集工作。编辑出版了《肇东县志》、《肇东简史》、《肇东革命斗争史》等共一千余万字。

海伦市档案馆 现址市雷炎大街市政府东侧，邮编152300，电话(0455)5722931，馆长刘晓光。成立于1958年。是集中统一保管市直机关、团体、企事业单位档案资料的综合档案馆，是市爱国主义教育基地。1999年晋升为省一级馆。建筑面积1000平方米。馆藏档案资料75749卷(册)，其中资料4920册。编辑出版了《海伦抗日活动简介》、《海伦市发展四十年》等编研资料40本。 (于海波)

望奎县档案馆 现址望奎镇文明路48号，邮编152100，电话(0455)6462988，馆长陈春杰。成立于1954年。1999晋升为省二级档案馆。总建筑面积520平方米，库房面积230平方米。馆藏档案24550卷(册)，资料7852册。编辑出版了《望奎县沿革》、《望奎县革命斗争史》、《望奎年鉴》等档案史料和资料40多种约300万字。

兰西县档案馆 现址兰西县通宾路，邮编151500，电话(0455)5630174，馆长杨诚，电话13945567428。成立于1958年。是集中统一保管县级机关、企事业单位、农村乡镇政府档案资料的县级综合档案馆，是县级爱国主义教育基地，是现行文件查阅利用中心。1999年晋升为省二级档案馆，2000－2003年被授予“全省档案系统先进集体”。建筑面积为446平方米，库房面积为223平方米。馆藏档案资料33461卷(册)，保存年限最早的是民国档案，还有少量革命历史档案资料。已将第一、二、三届中国(兰西)亚麻节活动档案资料和《兰西县亚麻风采录》、首届中国长城民间艺术展获奖作品“兰西挂钱”等收集进馆。征集了兰西名人的档案和照片。(杨诚 张柏宇)

青冈县档案馆 现址县政府院内3号楼，邮编151600，馆长逯国良，电话13845529989。成立于1958年。1998年获得省级标兵单位。馆库面积600平方米，馆藏档案18091卷，资料1534卷。有民国档案38卷，历史照片488张。

庆安县档案馆 现址中央大街18号，邮编152400，电话(0455)8172911，馆长彭少文。成立于1958年。是集中统一保管县党政机关档案资料的国家综合档案馆。1995年晋升为省二级档案馆。总建筑面积为560平方米，库房面积为200平方米。馆藏档案资料46098卷(册)，其中资料6580册。保存的档案有少量的革命历史档案。征集了三届中国黑龙江庆安绿色食品节档案、世界残奥会冠军姚振宇档案、五一奖章获得者刘文军的声像档案，还珍藏一本非常珍贵的谱牒档案，即《孟子氏家流寓余庆支谱》。

明水县档案馆 现址县党政综合办公中心楼内，电话(0455)6222616。成立于1958年。总建筑面积120余平方米。馆藏档案30749卷，资料7772册。

绥棱县档案馆 现址繁华路237号，邮编152200，电话(0455)2936162，馆长徐桂梅。成立于1958年。是集中统一保管县级机关、乡(镇)、企事业单位档案资料的综合档案馆，是县级爱国主义教育基地，建立了现行文件利用中心。1998晋升为省二级档案馆。总建筑面积580平方米，库房面积460平方米。馆藏档案资料39101卷，其中资料3169册。馆藏档案资料的历史跨度近百年，保存年代最早的是民国档案。已将“三个代表”重要思想学习活动、东北抗联在绥棱抗日活动、绥棱县伪满时期经济和社会状况、绥棱县著名人士等档案资料收集进馆。编辑出版了《绥棱县农村变革》、《绥棱县组织史资料》、《绥棱县志》以及配合有关部门编辑出版了《绥棱县革命斗争史》等档案史料，共有200多万字。

大兴安岭地区档案馆 现址加格达奇区世纪大道西一道街行署4号楼，邮编165000，电话(0457)2123887，馆长侯建国，电话(0457)2123877。成立于1970年。是集中统一保管机关、团体、企事业单位档案资料的国家综合档案馆，是地(市)级爱国主义基地、行政规范性文件查阅场所。1992年晋升为省三级档案馆。总建筑面积1594平方米，库房面积634平方米。馆藏档案资料52265卷(册)、3793件，其中资料16344册。建立了馆藏档案案卷级和文件级目录数据库，同时进行了重要文件档案的录入扫描，声像档案一部分数字化。编辑了《大兴安岭地区大事记》、《大兴安岭地区区划体制文件汇编》、《大兴安岭地区5.7、5.6两次特大森林火灾》等专题档案史料20多种、400多万字，共计62册。(张淑梅)

加格达奇区档案馆 现址加格达奇区人民路18号，邮编165000，电话(0457)2125249，馆长汤福华。成立于1986年。是集中统一保管区机关、企事业单位档案的县级综合档案馆。1993年晋升为省三级档案馆。建筑面积210平方米，库房使用面积90平方米。馆藏档案资料28662卷(册)，其中资料1168(册)。已收集了“三讲”档案、“保持共产党员先进性教育”档案、人物档案、地方名优产品档案进馆。

编辑了全宗指南、加格达奇区火灾情况介绍、组织沿革、党代会简介、劳模会简介等编研资料，并编写了加格达奇区自 1958－2003 年其间的组织史资料（已正式出版）及《加格达奇区区志续一》（1990－2005 年）。

新林区档案馆 现址新城街北山，邮编 165023，电话（0457）3181153，馆长徐敬国，电话（0457）3181137。成立于 1992 年。是集中统一保管区机关、团体、企事业单位档案资料的综合档案馆，是区级爱国主义教育基地、行政规范性文件查阅场所。1999 年晋升为省二级档案馆。建筑面积 910 平方米，库房面积 800 平方米。馆藏档案 22911 卷（册），资料 4532 册。有“6.30”洪水录像带及镇场址和领导检查等方面的照片。 （安宝明）

松林区档案馆 现址松岭区公安局后身，邮编 165012，电话（0457）3321044。成立于 1965 年。2000 年考评为省三级档案馆。库房面积 400 平方米。馆藏档案资料 37800 卷册。

（梁萍）

呼中区档案馆 现址呼中镇中新大街，邮编 165036，电话（0457）343881，馆长杨沛忠，电话 13199325118。成立于 1989 年。是集中统一保管区级机关、团体、企事业单位档案资料的国家综合档案馆，是区级爱国主义教育基地，行政规范性文件查阅场所。馆库面积 600 平方米。馆藏档案 26121 卷（册），1195 件，资料 1755 卷（册）。有杨尚昆 1 9 9 6 年来呼中自然保护区视察工作时拍摄的珍贵历史照片。参与编辑了《呼中区志》、《中共呼中区组织史资料》。

呼玛县档案馆 现址呼玛县龙江街，邮编 165100，电话（0457）3513808，馆长乐桂琴，电话（0457）3513826。成立于 1958 年。是集中统一保管县各机关、团体、企事业单位档案资料的国家综合档案馆，是县级爱国主义教育基地，行政规范性文件查阅场所。1992 年晋升为省三级档案馆。2004 年授予地区档案系统先进集体荣誉称号。馆使用面积 300 平方米，库房面积 200 平方米。馆藏档案资料 46003 卷（册）。保存年代最早的是 1912 年的民国档案。征集了 3 个名人档案进馆，开展了馆藏档案案卷级及文件级数据著录工作，将现行公开利用文件公布在政府网上，方便公众查阅。

（谭晓梅）

塔河县档案馆 现址县城建设大街，邮编 165200，馆长胡艳丽，电话（0457）3609071。成立于 1982 年。是集中保管县机关、团体、企事业单位档案资料的综合档案馆，是县爱国主义教育基地，现行文件利用中心。1990 年晋升为省二级档案馆。面积 477 平方米，库房面积 400 平方米。馆藏档案 25912 卷，资料 3311 册。

漠河县档案馆 现址西林吉镇二十五区，邮编 165300，电话（0457）2887311，馆长刘艳玲，电话 13845702382。成立于 1986 年。是集中统一保管县机关、团体、企事业单位档案资料的综合档案馆，是县级爱国主义教育基地、行政规范性文件查阅场所。1998 年晋升为省三级档案馆。2003 年被授予“全省档案系统先进集体”。总建筑面积 400 平方米，库房面积 135 平方米。馆藏档案 19 185 卷、4 164 件，资料 1318 册。收集了反映漠河重大事件的档案有“5.6”火灾照片及光盘，反映漠河地方特色的档案有北极光节照片、中国漠河冰雪汽车挑战赛录像、桦树皮手工艺品等。（杨敏慧）

上 海 市

上海市档案馆 现址仙霞路326号,邮编200336,电话总机(021)62751700,网址:www.archives.sh.cn。馆长吴辰,电话(021)62753313。另有位于中山东二路9号的上海市档案馆外滩新馆和位于斜土东路348号的上海档案科技教育楼。成立于1959年,是上海市集中保管和开发利用档案信息资源的市级国家综合档案馆,是政府公开信息集中查阅场所和市爱国主义教育基地、科普教育基地,是国际档案理事会城市档案馆委员会成员单位。1997年成为国家一级档案馆。总建筑面积4万多平方米,其中库房面积19991平方米。馆藏档案280多万卷。主要有中国共产党上海地方组织在民主革命斗争时期形成的档案、国民政府上海市地方政权档案、日伪上海特别市政府档案、租界档案、中国民族工商业产生发展过程中形成的档案、中华人民共和国成立后上海市党政机关和华东大区一级行政机关档案。该馆馆藏"江南机器制造局档案"、"上海总商会档案"和《共产党宣言》中文首译本已被列入《中国档案文献遗产名录》。2001年起,专设档案接收征集机构,近年来收集了东亚运动会、2001年上海APEC会议、亚行年会等重大活动档案,集中收集了一批党和国家领导人题词、手迹、照片,征集到巴金、赵朴初、夏征农等名人档案和一些著名历史企业档案,并到美国、法国和中国台湾等地区收集有关上海历史的档案。配备专职摄录人员,对全市的重大活动和城市面貌变化情况进行声像记录。积极推进档案信息化建设,已经实现了馆藏档案案卷级目录的计算机检索,截至2006年档案数据库共有全文信息2540万页,检索基本数据935万条,专题数据35.1万条。1999年开通"上海档案信息网",2003年建立公务网上海市档案局馆网站。2004年上海市档案馆外滩新馆正式启用,它是由位于外滩景观区的一幢近代优秀保护建筑改建而成,其建筑面积9300多平方米。外滩新馆向社会提供80多万卷(册)开放档案资料、3万多条政府公开信息查阅服务及其他服务,业已成为上海市级政府公开信息和档案文件资料的查阅中心、城市发展历史的展示窗口、党团组织的活动基地、未成年人思想道德建设的第二课堂和市民享受档案文化的休闲场所。编辑出版《档案春秋》、《上海档案》等期刊,《上海工人三次武装起义》、《清代上海房地契档案汇编》、《工部局董事会会议录》、《日本在华中经济掠夺史料》等档案史料汇编数十种共3000多万字,以及《上海租界志》、《城市记忆》、《上海老工业》、《日军占领时期的上海》、《上海档案史料研究丛书》等图册、著作、论文集;拍摄了8集电视连续剧《一号机密》、百集电视系列片《追忆——档案里的故事》和《外滩万国建筑群》、《装饰艺术派建筑在上海》等电视专题片;举办了"母亲河——黄浦江的昨天、今天和明天"、"上海风情"、"做时代先锋,为党旗增辉——建国以来上海市共产党员先进事迹档案文献图片展"、"城市记忆系列展"等多个展览,一些展览曾赴亚洲、欧洲、北美、南美、非洲、澳洲的多个国家展出。该馆与各国档案界相互开展考察、学习等活动,召开了"档案与上海史"、"租界与近代上海"、"面向未来的城市档案馆"、"为公众服务"、"面向用户的档案数字化"等多个国际学术研讨会。 (李军)

国家极地档案馆 现址上海市浦东新区金桥路451号(中国极地研究中心内),邮编200136,电话(021)58713642,馆长张占海,电话(021)58713605。成立于1990年。是集中统一管理我国极地(包括南极和北极)考察档案资料的事业机构。馆藏档案1500多卷,主要来自承担极地考察任务的单位、个人在考察、研究、建站和航渡过程中直接形成或收集的档案资料。档案内容主要分为四大类:极地考察规划、组织、管理、政策法规等综合类;南北极各科学领域专业考察与研究类;南北极考察航行和设备档案类;南北两极考察站建设工

程类。馆库面积 200 平方米。建立了档案目录数据库。 （赵惠莉）

上海市城市建设档案馆 现址上海市长宁区宋园路 10 号，邮编 200336，电话（021）62707688，党支部书记左志，电话（021）62707688。成立于 1987 年。由上海市城市规划管理局领导，是全市城市建设档案的存储、利用中心。先后三次获得建设部颁发的“全国城建档案工作先进集体”称号，是国家一级城建档案馆；连续 5 届十年获得上海市“文明单位”称号；先后被评为上海市“花园单位”、“平安单位”、“文明班组”、“共青团号”和市建设系统“学知识、学科学、学技术”先进集体；连续 6 次获虹桥街道社区精神文明建设“十佳共建单位”称号。总建筑面积 11000 余平方米。馆藏有 1855 年迄今的各类城市建设档案近 40 万卷，涉及工业、民用建筑、市政、交通、环保、军事、水利、名胜古迹、园林绿化等 12 类建设工程。其中有 4 万多卷建国前上海租界的历史档案，包括：英美公共租界建筑档案，法租界建筑档案，以及美、英、法、德、日、意、瑞士等 7 国在沪租界的地籍图。除汇丰银行、沙逊大厦、上海跑马总会、马勒花园等建筑的老档案外，东方明珠、南浦大桥、中环线、轨道交通各条线路等上海市政重大工程项目的建设档案也都保存在上海市城建档案馆内。开发研制了“城建档案计算机综合管理系统”，实现了业务管理、工作动态及各类信息的网上流转和资源共享。已经出版发行了《上海传统民居》、《留住城市的记忆·上海建筑百年》、《岁月》、《留住城市的记忆》以及《鸟瞰上海 20 景》、《老上海影剧院》、《苏州河两岸老建筑》、《上海老学校》和《上海老饭店》五本明信片等城建档案文化产品。联合上海电影集团永乐文化传播有限公司摄制的大型电视专题片《留住城市的记忆·上海建筑百年》，获 2004 年度上海电视台纪实频道特别大奖。 （陈冬琳）

上海市文化艺术档案馆 现址上海市静安区巨鹿路 709 号，邮编 200040，电话（021）54033063，传真：（021）54043345，馆长俞瑾云，电话（021）54033568，网址：www.aash.com.cn。成立于 1987 年。是收集、管理、监督和指导上海各文艺团体和各区、县文化艺术单位的艺术档案。总建筑面积 900 平方米，其中库房面积约 700 平方米。馆藏总量为 63493 件，档案资料历史跨度 200 余年。有 1778 年以来的早期评弹文献资料；1925 年用宣纸抄写的具有极高艺术价值的现存手抄孤本《丝竹易知》；20 年代实况摄录记录梅兰芳、荀慧生等艺术大师三十余岁时的戏曲舞台艺术形象的无声电影；18 世纪至民国年间的老戏单、老戏考、老说明书；1964 年大型音乐舞蹈史诗《东方红》的全套资料等。利用馆藏资料汇编了《前进中的上海文化艺术》、《上海舞台艺术历史典藏展》、《上海舞台艺术剧目汇编》、《上海舞台艺术说明书集锦》四部汇编。每年对上海的舞台剧目进行拍摄制作，积累音像档案已达 2412 盘、剧目数 1548 个。举办了“前进中的上海文化艺术——暨革命文化史料和文化艺术档案资料成果展”、“海纳百川——上海舞台艺术历史典藏展”，参与了“中国社会发展成果——上海馆文化部分图片展”、“梅兰芳、周信芳诞辰 100 周年、周信芳艺术生涯展”、“上海越剧百年舞台艺术图片展”和“上海民族民间艺术博览会大型展览”等。分别于 2002 年和 2006 年开发了“上海艺术档案数据库”和“上海文化名人数据库”软件。 （朱丽君）

上海市气象档案馆 现址上海市徐汇区蒲西路 166 号，邮编 200030，电话（021）54896532。馆长杨礼敏，电话（021）54896521。成立于 1986 年，其前身为法国天主教会 1872 年 12 月创办的徐家汇天文台。1999 年晋升为国家二级档案馆，目前是青少年科普教育基地之一。总建筑面积 949 平方米，其中库房面积 667 平方米。现有馆藏档案 5.5 万卷（册），历史跨度 135 年，主要包括气象科技管理档案、气象记录档案、气象业务技术和服务档案、气象科学研究档案、气象基建档案、气象仪器设备档案和国内外气象科技资料等，其中气象记录档案占整个馆藏档案的90%左右。馆藏中国连续时间最长的地面气象记录档案，自1872年12月徐家汇观象台建台至今从未间断，已有135年的气象记录历史；馆藏中国首幅东亚地面天气图至今已有112年历史，是自1895年12月31日由徐家汇观象台运用无线电通讯，将收集到的马尼拉、东京等国内外十多个主要城市的气象实时要素汇集绘制而成的；馆藏中国第一个气象雷达站档案资料，是1959年我国第一个英国制造的马可尼气象雷达探测站的探测记录，是我国首幅气象雷达探测素描图和照片，成为我国气象发展史上气象探测手段的一个转折点。馆藏台风科研成果珍品档案多篇，主要有：(1)馆藏最早台风论著(Le Typhoondu 31 Juillet 1879 PAR LE P. Marc Dechevrens S. J)，主要分析1879年7月31日入侵中国且影响上海的一次台风个例，此为我馆馆藏台风研究的最早论著，对研究影响上海的台风帮助甚大；(2)馆藏上海百年一遇的最大一次台风分析论著[The Typhoon of July 28 1915 (The Chinhai Typhoon) And Its Effects At Shanghai By Louis FROC, S. J]，它着重记载了这次台风袭击上海时的受灾实景照片和灾情；(3)馆藏中国最早的台风路径图集，即《620个台风路径(1893－1918)》(ZI－KA－WEI Observatory Atlas Of The Tracks of 620 Typhoons 1893 － 1918 by LOUIS FROC S. J)，该文收集了1893－1918年所观测到的620个台风和1264个低气压资料整编而成的台风路径，它是当时远东航海必备手册和教学典型材料，也是当今研究台风活动规律的宝贵档案资源。 (吴永琪)

上海市科技成果档案资料馆 现址上海市徐汇区中山西路1525号15楼，邮编200235，电话(021)64645557转4507或4511，馆长金骏彪，电话(021)64384356。1993年成立。1999年晋升为科技事业单位档案管理国家二级。主要业务：接收、收集、整理、保管上海市科委在科研项目管理过程中形成的各类科研项目管理的档案材料；开发科技成果档案信息资源；受市科委委托，市科技档案馆配合市档案局对全市重大科研项目档案进行管理。总建筑面积1000平方米，其中库房面积300平方米。现有馆藏科技成果档案资料8万余卷(册)，门类有：上海市科技进步奖、科研计划项目、软科学项目、科技成果登记项目、高新技术成果转化项目、星火项目、火炬项目、科委基建项目、《上海科技年鉴》文稿等九大类档案。时间跨度为1958—2006年。目前正在对馆藏的科研档案资料进行数字化扫描工作。《上海科技年鉴》是由上海市科委主办、市科技档案馆承办的记载上海科技进步的专业性年刊，创刊于1991年，对国内外公开发行。内容有基础研究和高技术研究、科技促进经济社会发展、科技管理与服务、上海市科技工作大事记等篇章。配套的全文数据库光盘具有全库浏览和各类检索功能。《上海科技年鉴》曾多次荣获国家级和市级档案编研成果奖项。 (袁金妹)

上海市工商行政管理档案馆 现址上海市徐汇区肇嘉浜路301号，邮编200032，电话(021)64220000。1995－2000年先后两次被评为上海市档案工作先进集体。2003年被授予“第二届上海市工商行政管理系统文明窗口”称号。2005年被上海市人民政府评为“2004年度文明单位”。成立于1991年。总建筑面积约为1500平方米，其中库房约为1000平方米。馆内主要保管内资企业、外资企业及外商机构的注册登记档案，部分注销企业档案，解放初期部分商户、公司企业档案，部分沪埠商标档案等工商行政管理专业档案；此外还有部分商标图籍、政策汇编、研究成果等资料。自1994年率先尝试纸质档案的数字扫描管理，目前已在上海整个工商系统内普及了工商企业登记档案的图文影像扫描管理系统，基本实现了档案的信息化管理和利用。 (麦学斌)

复旦大学档案馆 现址上海市杨浦区邯郸路220号，邮编200433，电话（021）65642208，馆长沈如松，电话（021）55664139。成立于1988年。总建筑面积3100平方米，其中库房面积2300平方米。馆藏案卷共22万卷。珍贵档案有毛泽东、朱德等党和国家领导人分别为复旦大学、上海医学院题写的校名以及接见陈望道、周谷城等教授的照片；马相伯、蔡元培等人的信函、手札；美国总统里根和法国总统德斯坦等外国首脑访问复旦的录像；我国第一台模拟计算机、第一支X光管等科研课题的研制报告、工作总结。复旦档案馆为陈望道、陈同生等人建立了名人档案，收藏他们的证件、证书、手稿、著作及照片等。馆还收藏有王蘧常、郭绍虞、孙雪泥、吴养木等名家的书法、绘画作品等。编辑出版了《百年复旦》、《复旦大学档案馆馆藏名人手札选》等。利用档案，举办了“纪念马相伯诞辰150周年”、“陈望道先生档案捐赠展”等专题展览。

（丁士华）

同济大学档案馆 现址上海市杨浦区赤峰路67号，邮编200092，电话(021)65980365，馆长冯方一，电话（021）65984570。成立于1987年。负责统一管理全校各种门类的档案。1997年晋升为国家一级档案管理单位；1998年被评为上海市高教档案工作先进集体；2001年被评为上海市“三八”红旗集体。总建筑面积2100平方米，其中库房面积为1500平方米。馆藏档案有138181卷。2004年开展档案数字化工作，2006年底已将馆藏的案卷级目录全部输入了档案网络管理系统。到2007年馆已将部分教学类档案全文扫描并上传至档案网络管理系统。馆较早建立了自己的网页作为对外宣传、介绍档案工作的一个窗口。2006年，更新增了“校友捐赠”、“百年同济”、“校史概况”等专栏，并上传了馆藏1800多张历届毕业生照片。出版了《同济英烈》、《冲破黑暗迎曙光》、《同济大学史》(第一卷)等编研材料。为迎接同济百年校庆，馆负责或参与编写的《百年同济百名院士》、《同济大学百年志》也已出版。

（吴坚）

华东师范大学档案馆 现址上海市中山北路3663号，邮编200062，电话(传真)(021)62221252，馆长朱小怡，电话(021)62233134。成立于1988年。1997年被授予科技事业单位档案管理国家一级单位称号。总建筑面积983平方米。馆藏档案始于1924年，总计78114卷，183184件。档案有私立大夏大学全宗(1924—1951年)，其中有革命烈士陈骏、陈亮、郭莽西的有关材料；鲁迅、郭沫若、田汉、陈伯吹、胡和生等人在校学习、任教或演讲的文字记载等。私立光华大学全宗(1925—1951年)，其中有周而复、周煦良、赵家璧、姚依林、钱钟书、徐志摩、乔石、尉健行、荣毅仁、董寅初等人在该校或附中学习、任教或演讲的文字记载等。上海市半工半读师范学院全宗(1964—1972年)、上海市南林师范学校全宗(1982—1997年)、上海幼儿师范高等专科学校全宗(1952—1997年)、上海教育学院全宗(1953—1998年)、上海第二教育学院全宗(1974年—1998年)和华东师范大学全宗(1951—2006年)中比较重要的有原华东师范大学党委书记常溪萍的工作日记；中国首批博士研究生、原校长王建磐的博士论文；中科院院士何积丰教授承担并荣获国家自然科学二等奖的“设计严格安全的完备演算系统”系列材料；加拿大前总督让娜·索维等外宾的访问材料；名人题词及电子版校报等。2001年由档案馆负责筹建的华东师范大学校史陈列展开展。展览占地总面积470平方米，图文声像并茂，生动全面地反映了学校发展的历史概况。现已接待国内外参观者数千人，成为对师生进行爱国荣校教育的基地、学校对外交流的窗口。2003年起，全面实行网络化管理，已实现全校文件材料网上编目、归档和检索，并开通了网上学籍信息查询、校报全文检索阅读、华师新闻视频检索点播、“华东师范大学历史上的今天”、网上校史展等信息服务功能。华东师范大学档案馆还是全国首家省市级高校档案馆网站“上海高校档案信息网”的技术支持和信息编辑单位。华东师范大学档案馆重视档案科研，继成功开发“学生成绩翻译软件”和“学籍档案信息管理与利用系统”后，又于2006年顺利通过“数字档案馆建设方案研究”课题专家验收，主要理论研究成果《数字档案馆建设理论与实践》一书即将公开出版。（吴李国）

上海交通大学档案馆 现址上海市徐汇区华山路1954号，邮编200030，电话(021)62933019，馆长陈华新，电话(021)62933735。于1986年成立。目前已形成以档案馆为主体、校史博物馆、董浩云航运博物馆、船舶数字博物馆、钱学森图书馆（在建）并存。基本建成为“学校档案保管基地、爱国主义教育基地和校史研究基地，为学校和社会建设提供档案信息的服务中心”。先后获“全国档案工作先进集体”、“上海市档案工作先进集体”和“上海市三八红旗集体”、校级“文明单位”等数十项荣誉称号。总建筑面积约1280平方米，其中库房面积约860平方米。馆藏有自1896年建校以来的各类档案近11万卷。特色馆藏有：建校以来所有学生的成绩表；反映学校历史沿革的珍贵照片资料；两千多位知名校友的人物档案。历史档案、文书档案（包括党群、行政档案）、教学档案、照片档案已全部完成数字化处理，共扫描档案200余万页，著录目录级信息近100万条，挂接文件图片近70万张，录入10余万名师生员工的信息，并实现校园网上档案信息的查询及利用。利用馆藏资源举办了“交大英烈展”、“珍品藏品展”、“两弹一星”专题展、“钱学森回国五十周年展”和“钱学森科学思想图片展”等数十个专题展览，受到校内外各界的一致称赞。同时利用校史文献、文物，开发了具有上海交通大学特色的多种礼仪用品。（郑慧玲）

华东理工大学档案馆 现址上海市梅陇路130号，邮编200237，电话(021)64253340，馆长刘荣，电话(021)64253340。成立于1986年。总建筑面积约1580平方米（包括校史馆），其中库房面积740平方米。馆藏档案64949卷，资料4600多册。并建有一个馆内局域网和一个主页网站。已全面实行了计算机辅助档案管理。主要编研成果有《华东理工大学大事记（1952－2006）》、《华东理工大学党史大事记（1988－2006）》、《华东理工大学组织机构沿革与领导成员（1952－2003）》、《华东理工大学志（1992.7－2002.6）》等。（陆宪良）

上海大学档案馆 现址上海市宝山区上大路99号，邮编200444，电话(021)66133192。1994年由原上海工业大学、上海科学技术大学、上海大学、上海科技高等专科学校的档案馆（室）合并组建而成。1999年晋升为科技事业单位国家二级档案管理单位，并先后获得市“三八红旗集体”、“巾帼文明岗”和上海大学优秀“三八集体”、“文明窗口”等称号。建筑面积1800平方米，其中库房800平方米。主要馆藏档案门类有教学、科研、行政、党群、财务、基建和学生档案等，馆藏61049卷（册）、学生档案35100多卷。汇编了《钱伟长在上海教育活动二十年》、《上海大学书画图录汇编》、《上海大学毕业生就业去向汇编》等。

（徐忠勇）

上海财经大学档案馆 现址上海市国定路777号，邮编200433，电话(021)65904357，馆长朱迎平，电话(021)65904357。成立于2002年。总建筑面积1350平方米，其中库房面积520平方米。馆藏档案64178卷。自2001年起使用计算机辅助档案管理系统，现输入案卷级、文件级目录12余万条，并开发了学生档案转递查询系统。建立了校史陈列室，面积400平方米。编纂了《上海财经大学九十年（学校沿革、学校人物、校史纪事）》、《上海财经大学志稿（1978—2006年）》，并每年为《上海教育年鉴》、《虹口年鉴》、《杨浦年鉴》撰写有关条目。（黄豪）

上海师范大学档案馆 现址上海市桂林路100号，邮编200234，电话(021)64323750，馆长张惠达。成立于1991年。集中统一保管学校党政、教学、科研、人事等全部档案。1999年晋升为科技事业单位档案管理国家二级单位;人事档案为上海市干部人事档案合格单位和目标管理一级单位。总建筑面积770平方米,其中库房面积500平方米。馆藏档案资料58530卷。致力于档案的信息化建设,部门归档全部通过"南大之星"档案管理软件进行;对馆藏学生成绩总单、学生卡片、建校以来的校报以及基建档案中的图纸进行了全文数字化扫描,总数达60万页;还自行设计、研制了《上海师大学生转档信息》网络软件。(叶政)

上海应用技术学院档案馆 现址上海市漕宝路120号,邮编200235,电话(021)64941369,馆长朱景蕃,电话(021)64941369。成立于2001年。总建筑面积560平方米,其中库房面积350平方米。馆藏有上海应用技术学院、上海轻工业高等专科学校、上海冶金高等专科学校、上海化工高等专科学校4个全宗。馆藏综合档案已达36000余卷,人事档案近3700卷,学生档案13000余袋,另有相当数量的资料、照片等。2002年建成了馆内局域网。2004年起,全院各归档部门安装了档案管理软件,实现了学校档案网上归档、指导与计算机检索。 (朱景蕃 朱光)

上海市房屋土地资源管理局档案馆 现址上海市浦东新区南泉北路201号房地大厦13楼,邮编200120,电话(021)58876467,馆长戴宝庆,电话(021)58876467。成立于1991年。馆库房建筑面积约383平方米。馆藏实体档案资料从1986年起至2006年止,分5个全宗(上海市土地局、上海市房产局、上海市房屋土地管理局、上海市住宅局、上海市房屋土地资源管理局)约10万卷(册),其中档案9.7万卷(册),资料约3000卷。保存较多的是有关上海市土地批地情况的用地档案,完整地记录了1986年上海市第一块批租地块至今的用地、批地情况。建立了馆藏档案数据库,完善了档案检索体系。参与编辑出版了30卷本《上海道契》,它是影印1847－1911年间上海道契的档案集本,辑集了英、美、法、俄、德、日、意、比、荷、葡、西班牙、奥地利、瑞士、瑞典、挪威、丹麦、巴西等20种册籍的道契,以及目前所存的一部分华册道契,共约1万余件契证,并收入了约5000件相关的附件。(金清)

上海氯碱化工股份有限公司档案馆 现址上海市闵行区龙吴路4747号,邮编200241,电话(021)64340000,馆长陈宝顺,电话(021)64343006。成立于1993年,是集中统一保管上海氯碱化工股份有限公司所有十大类企业档案和上海天原集团公司部分档案的企业档案馆。1997年晋升为企业档案工作目标管理国家二级单位。总建筑面积1500平方米,其中库房面积725平方米。现有馆藏档案89565万卷(册、件),保存有国家重点工程项目——上海三十万吨乙烯吴泾工程的全套档案;原吴泾化联公司、原天原化工厂、上海氯碱总厂、上海氯碱化工股份有限公司及上海天原(集团)有限公司的重要档案;党和国家领导人、原化工部领导、上海市府、市委领导及社会知名人士视察本公司的珍贵照片和题词;《氯碱有昨天、今天、明天》等大量的荣誉、声像档案。馆拥有计算机档案管理系统,已存有各类档案目录和部分全文扫描的数字化信息,并于近期完成了档案管理系统与公司OA系统的接口连接,从而大大方便了电子文件的归档和档案查阅。 (陈宝顺)

上海飞机制造厂档案馆 现址闸北区场中路3115号,邮编200436,电话(021)56680051,馆负责人刘春明。成立于1988年。负责全厂各类档案的集中统一管理,同时还承担全厂从飞机到民品生产的技术资料和工程图纸的管理控制任务。馆藏档案有20世纪70年代,研制成功我国自行设计制造的大型干线客机Y－10飞机;80年代,工厂成功与美国麦道公司合作生产的MD82飞机等档案。

(刘春明)

上海市电信有限公司档案馆 现址市彭

江路500号，邮编200072，电话（021）66314881。2000年，由原市邮电管理局档案馆与原市电话局档案馆合并而成，负责上海市电信有限公司的档案管理工作和公司总部档案实体的归档、保管、利用等工作。原市电话局1997年获“国家一级档案管理企业”称号，并于1995年、2000年连续两次获得“上海市档案系统先进集体”称号；上海市电信有限公司档案馆2004年获得“上海市档案系统先进集体”称号。总建筑面积3141平方米，其中库房面积2285平方米。馆藏档案131887卷（其中建国前档案14462卷）、82654件、底图13135张、照片10959张，此外还包括录音、录像、光盘等载体档案及实物档案。馆藏档案的历史跨度130多年，其中年代最早的为晚清时期丹麦大北电报公司的档案资料。建立了从机关总部到二级单位的档案管理系统，实现了远程查询及借阅功能。　　（张正敏）

上海市邮政公司档案馆　现址虹口区北苏州路276号邮政大楼内，邮编200085，电话（021）63066603，负责人戴荣新，电话（021）63241924。成立于1999年。是集中统一保管上海邮政系统机关及各直属单位档案资料的机构。2006年，馆所属文史中心被评为市档案“四五”普法先进单位。总建筑面积1530平方米。其中，公司本部库房130平方米，浦东库房1400平方米。馆藏档案64000余卷，图书资料近4000册，荣誉档案700余件，声像档案5500余件。馆藏档案记载着上海邮政从大清时期至民国末期的发展变故。现存最早的历史档案为1896年大清邮政初始时期的文献资料。声像档案中有建国前上海邮政的历史老照片400余幅。为上海邮政博物馆展厅陈列提供了大量资料和照片；先后完成了《上海邮政史》、《可爱的中国邮政——上海分册》、《上海邮政储汇简史》等志书的编撰工作；先后为上海电视台拍摄记录片《上海百年》、《星期五档案》等提供历史照片50余幅；向上海市城建档案馆等单位联合举办的“走过的岁月——城市让生活更美好”城建摄影作品征集展提供了17幅反映上海邮政发展变迁的历史照片，其中6幅入选参展并获奖。　　（戴荣新）

上海高桥石油化工公司档案馆　现址市浦东新区大同路1285号，邮编200137，电话（021）58711001，馆长钱工一，电话（021）58612257。成立于1984年。是集中统一管理和保管公司机关和下属单位档案资料的企业档案馆。1990年晋升为企业档案工作目标管理国家二级单位。总建筑面积3263平方米，其中库房面积1974平方米。馆藏档案147521卷（册）和53433件。其中馆藏档案有记载上海高桥石油化工公司档案成立的文件；有中央领导、各级政府的批示；有公司深化企业内部改革、企业改制分流，以及抓生产经营和各种现代科学管理的原始材料；有公司与世界30多个国家和地区进行合资、合作、贸易往来、学术交流等涉外活动形成的档案；有新工艺、新技术、新产品近30余项科研成果档案；还有新建、扩建和改建的50多个工程建设项目档案。2005年起，使用“档案管理系统”，将规范性文件上网，方便了各单位和职工查阅。

（钱工一）

中国石化上海石油化工股份有限公司档案馆　现址上海市金山区北随塘河路72号，邮编200540，电话（021）57957289，馆长乔丽华，电话（021）57931223。成立于1987年。是一个集油、化、纤、塑为一体的特大型企业档案馆，是上海市档案学会的团体会员、国际档案理事会C级会员单位。1990年晋升为企业档案工作目标管理国家二级单位。曾获1995年“全国档案工作先进集体”、2000年“上海市企业档案工作先进单位”、“2004年度上海市企业信用档案工作先进集体”、“上海市‘三五’档案法制宣传教育先进集体”、“上海市‘四五’档案普法优秀组织单位”等多项荣誉。总建筑面积2560平方米。馆藏档案资料79756卷（册），其中资料11213册。馆藏档案记载着自1972年2月毛泽东主席、周恩来总理亲自批准建厂以来，历经围海造地，一、二、三、四期工程建设和实现股份制改制的历史足迹。2002年开发了《上海石化档案信息管理系统》，实现了档案全文信息从输入、存储、管理到利用的电子化管理。（杨企中）

上海铁路局档案馆 现址市闸北区天目东路80号上海铁路局机关内，邮编200071，馆长应保民，电话(021)51223010。1989年晋升为国家二级档案单位。馆用房1204.82平方米，其中库房面积688.29平方米。馆藏档案592154卷。馆存有新中国建立初期上海市军管会接收京沪区铁路管理局，成立江南铁路局发布的通知、命令等文件，有1949年8月毛泽东、朱德、刘少奇、彭德怀、周恩来签发的中国人民革命军事委员会任免上海铁路局局长、政委以及1949年8月1日成立上海铁路管理局的命令等，还有钱塘江大桥、南京长江大桥等重大工程档案。（邢倩）

黄浦区档案馆 现址上海市广西北路158号15楼，邮编200001，电话(021)53530528，馆长许国兴，电话(021)63616005。成立于1963年。黄浦区档案馆是集中统一保管黄浦区级机关、团体、企业事业单位档案资料的国家综合档案馆，是区级爱国主义教育基地、政府公开信息查阅点。2002年晋升为上海市一级档案馆，2007年通过市一级档案馆复查认定。总建筑面积2300平方米，其中库房面积1300平方米。现有馆藏档案资料共22.3万卷(册)，其中资料1.3万册。馆藏档案资料的历史跨度200余年。保存较早较为丰富的是同治年间出版的《上海县志》和光绪年间地契；历史老照片5000多幅；200多件较为珍贵的历史资料、实物。馆藏档案中有1937年上海动物园档案，建校230多年的敬业中学解放前档案，解放前完整的享誉远东第一的上海大光明电影院英文档案，1942年至1949年区保甲委员会和区公所的历史档案，反映建国初期我党领导的沪中区委地下党活动和区接管会的档案，以及大量反映建国后区级机关党和政府工作活动的档案和在该区的市属工业行业党组织活动的档案。而最具特色的是丰富的商业档案和文物保护档案，其中包括登记开业、歇业、商业普查、公私合营清产合资档案；100多户百年老店、名店的调查档案；商业网店调整档案；老城厢地区丰富的文物调查保护档案。馆藏档案以纸质为主，还包括录音、录像、光盘等载体档案。2000年因“撤二建一”，各区级机关作为撤销单位，档案全部接收进馆。建成的目录中心数据库，保存有案卷级和婚姻、知青等12种专题档案目录250万条，全文级档案数据38万页，照片5000幅。黄浦档案信息门户网站已建立。与有关部门共同编辑出版了《福州路文化街》、《黄浦史诗》、《黄浦春秋》、《上海外滩》等专题档案史料汇编10多种，300多万字，2000多幅图片，一批编研成果获国家和上海市优秀成果奖。利用档案资料在南京路步行街、福州路文化街等地举办展览。

卢湾区档案馆 现址上海市重庆南路100号，邮编200020，电话(021)63310062，馆长施国平，电话(021)63310476。成立于1963年。是集中统一保管区级机关、团体、企事业单位档案资料的国家综合档案馆，是区政府指定的政府公开信息查阅场所，是区级爱国主义教育基地。2002年被评为上海市一级档案馆，2007年通过市一级档案馆复查认定。总建筑面积2700多平方米，库房面积1300多平方米。馆藏档案19.6万卷(册)，资料1.4万册。馆藏档案资料有少量建国前历史档案。征集了反映百年淮海路变迁、打浦桥地区发展的照片及刘海粟、汪亚尘等名人字画、题词。馆藏档案信息数据库存有档案案卷级信息21万条，文件级信息90万条，全文数字化80万幅，还有户籍、婚姻登记、独生子女证、知青、动拆迁等专题档案信息51万条，建成了较为完善的馆藏档案检索体系。通过上海卢湾档案信息网提供政府公开信息、现行文件、开放档案、诚信档案查询服务，同时开展网上档案查询服务。出版发行了《淮海路百年写真》、《探索·发展——上海卢湾区社区工作文献集》等资料,拍摄了《尚贤坊》、《俄侨在上海》等电视专题片,举办了"卢湾区档案馆馆藏精品展"、"淮海中路历史图片展"等特色展览。(李艳艳)

徐汇区档案馆 现址上海市徐汇区漕溪北路336号区政府大院内,2005年9月起临时迁至漕溪北路100号,邮编200030,电话(021)64872222转3005,馆长励富民,电话(021)64289919。成立于1963年。是集中统一保管徐汇区机关、团体、企业事业单位档案资料的综合档案馆,是上海指定的政府信息公开查阅和依申请集中受理点。1999年被评为上海市一级档案馆,2006年底通过市一级档案馆复查认定。2003年获"全国档案系统先进集体"荣誉称号。总建筑面积2080平方米,其中库房面积948平方米。馆藏档案资料209057卷(册),馆藏中保存年代最早的是1939年至1943年的徐汇区地区日伪时期档案,较有特色的是徐汇区文艺团体档案,主要记载着五六十年代徐汇区春泥越剧团、凌霄评弹团,长江沪剧团和70年代徐汇区电影管理站、徐汇沪剧团等文艺团体从建立、发展到撤销的情况。馆藏档案以纸质为主,还包括录音、录像、影片、照片、光盘等载体的档案。注重不断优化馆藏结构,加强对重大活动、项目档案的接收以及名人档案、实物的征集。如:2006年特奥世界邀请赛、第五届全国残疾人运动会、第八届全运会及41块地块的批租档案等档案资料已接收进馆;征集到的物品有篮球明星姚明在中、小学时的资料、照片,奥运会冠军吴敏霞签字的游泳衣等。与区级部门档案室连接的徐汇档案综合信息管理系统一期、二期先后建成,馆藏档案目录中心建设完成,已存有馆藏全部案卷级目录、专题档案信息、60余万页全文信息以及通过系统自动采集的视频资料。上海徐汇综合信息网网站已经建立。联手区属有关部门举办了"历史回眸——百年徐家汇图片展"和"家庭档案展"等展览,与上海永乐文化传播有限公司联合摄制的"国歌诞生的土地"于2006年在上海电视台纪实频道播出。

(庄秀珍)

长宁区档案馆 现址上海市长宁路599号16号楼,邮编200050,电话(021)62511241,馆长邹登荣,电话(021)62513499。成立于1963年。是集中统一保管档案的基地和社会各界利用档案的中心。1995年被认定为市一级档案馆,2006年通过市一级档案馆复查认定。总建筑面积3700多平方米,库房面积2700平方米。馆藏档案资料约8万卷(册),历史跨度62余年,保存年代最早的是长宁保甲区联保办的档案和资料。加大对"三重"档案的收集力度,已接收进馆的有:列入市、区重大工程的地铁2号线车站项目,凯桥、华山绿地工程项目,第一届东亚运动会、第八届全运会的体操项目等重大活动、重点基建项目的档案;长宁区党员先进性教育办公室、"非典"指挥部、重大工程项目办公室形成的重要历史事件的档案、资料。馆自2003年开始在全区54个职能部门和街道(镇)全面推广运行以长宁区电子政务网为平台的电子文件归档和电子档案管理系统。该系统作为国家档案局一级科研项目获得2006年国家档案局优秀科技成果一等奖、2006年度上海市档案科技成果一等奖和上海市科学技术进步三等奖。

(查斐佳)

静安区档案馆 现址上海市老成都北路7弄20号,邮编200041,电话(021)63581318,馆长张海根,电话(021)63581238。成立于1964年,是集中统一保管静安区区级机关、团体、企事业单位档案资料的国家综合档案馆,是上海市市级爱国主义教育基地、区政府指定的政府信息公开集中查阅点。2004年晋升为上海市一级档案馆。总建筑面积2000平方米,其中库房面积700平方米。馆藏档案资料14.5万卷(册),资料9000册。馆藏档案资料的历史跨度100余年。保存最早的1903年的工部局学校档案;比较齐全的是建国以后的档案。馆内建有档案目录中心系统,实行全区档案信息共享机制，并已启动电子文件集中保管工程。目前，档案目录中心系统共有目录数据140万条，全文数字化信息62万页。公开出版了《育才春秋》、《抗战时间的上海静安》、《南京西路140周年》等编研成果。馆内还有中国共产党第二次全国代表大会会址和平民女校旧址，全年对外开放。（侯巍青）

普陀区档案馆 现址上海市大渡河路1668号1号楼C区，邮编200333，电话(021)52564588，馆长侯龙其，电话(021)52803787。成立于1964年。是集中统一保管区级机关、团体、区属企事业单位档案资料的综合档案馆，是区政府信息公开集中受理、查阅场所。2000年晋升为上海市一级档案馆，2006年通过市一级档案馆复查认定。总建筑面积1700平方米，其中库房面积800平方米。馆藏档案122072卷，资料10520册。保存年代最早为1928年的档案，有少量革命历史档案。馆藏档案实行计算机检索查阅。编辑出版《普陀年鉴》、《中国票证大观》、《普陀春潮——城市建设十年》及《沪西地区革命斗争史话》、《普陀区现存文物介绍》、《江泽民总书记在普陀》、《档案利用实例汇编》(1～15辑)等内部资料50余种。（张云辉）

闸北区档案馆 现址上海市秣陵路46号闸北区政府政务大楼6－7层，邮编200070，电话(021)63805390转，馆长陈世清，电话(021)63173766。成立于1964年。是政府直属的文化事业机构，负责集中统一管理区域内历史档案和建国后区级机关等形成的具有保存价值的档案，同时向社会各方面提供利用服务。总建筑面积2551平方米，其中库房面积1029平方米。1999年晋升为上海市一级档案馆，2006年通过复查认定。馆藏档案148919卷，资料13019册。主要有民国12－38年(1923－1949年)北站、闸北区公所两个旧政府机关、闸北区卫生事务所以及被誉为沪上第一所“女师”的南洋女子中学等33所中小学档案。有与百姓生活密切相关的公证档案、婚姻档案、房屋动迁等十余种专业档案。实现了馆藏档案目录计算机检索、照片档案的图像浏览以及重要档案、现行文件全文的网上查阅。

虹口区档案馆 现址上海市虹口区欧阳路415号，邮编200081，电话(021)65089109，馆长夏志毅，电话(021)65218132。成立于1964年，是集中统一保管区级机关、团体、企业事业单位档案资料和开发利用档案信息资源的国家综合档案馆，是虹口区政府指定的政府信息公开查阅场所。1998年晋升为上海市一级档案馆。总建筑面积2335平方米，其中库房面积923平方米。档案20.6万余卷，资料2万余册。档案起止时间从1913年至今。馆藏档案以纸质为主，还包括照片、录音、录像、光盘等载体的档案以及实物档案。其中有旧政权提篮桥区、北四川路区和虹口区三个区公所形成的历史档案；私立澄衷中学、私立麦伦中学、私立京沪中学、私立粤东中学、私立晏摩氏女子中学以及12所私立小学等学校的历史档案；建国后原提篮桥区、北四川路区、虹口区人委和区人民政府、区人大、区政协、工青妇组织等撤销机构以及基层撤销单位形成的档案。现行机构档案主要有中共虹口区委、区人大、区政府、区政协及区各职能部门形成的档案，区重点工程档案、“三讲”、防治“非典”工作、先进性教育等重大活动档案。区档案馆还保存有毛泽东等老一辈无产阶级革命家在虹口活动的照片；京剧大师梅兰芳的照片；革命烈士俞秀松日记；一些名人字画以及乾隆、嘉庆、道光年间的卖地契等馆藏精品。先后编纂了《百年虹口》、《虹口区档案馆指南》、《档案利用实例》、《虹口相册》、《虹口书目》等编研材料，并每年编辑出版《虹口年鉴》。已向社会开放档案近万卷，每年接待近4000人次利用档案。

（王群）

杨浦区档案馆 现址上海市榆林路707号，邮编200082，电话(021)65414720，馆长尤进宇，电话(021)65840845。成立于1963年。是全区集中保管和开发利用档案资料信息的国家综合档案馆。2003年晋升为上海市一级档案馆。总建筑面积2600平方米，其中库房面积1394平方米。馆藏档案14万余卷。档案起止时间为1943年至今。主要有旧政权榆林、杨树浦两区公所保甲长名册、自卫大队名册、国大代表名册和户籍册等；建国后中共沪东区委、榆林区委和人民政府等各撤销机关、基层撤销单位以及榆林、杨树浦两区民主党派区委会档案；中共杨浦区委、区人民政府等现行机构档案。馆积极开展"杨浦文化寻根"，征集了大量有代表性的珍贵照片和文字资料、字画、旧地图、家谱、史志、奖章、土地房产所有证等档案资料和实物。目前保存有：清末秀才的考卷、杨浦区第一任区长的委任状和笔记本、国民政府抗日将军戴安澜、谢晋元和孙明瑾的有关资料，以及龚学平和李敖给上海市市东中学的题词等。编纂了《杨浦文化寻根图集》、《杨浦百年史话》、《大上海计划的追忆》等40余种参考资料。（陈毅敏）

闵行区档案馆 现址上海市闵行区莘庄地铁南广场（在建），邮编201100，电话(021)64135563，馆长李春晖，电话(021)64130185。是区政府直属事业单位，负责全区重要档案的接收、收集、整理、保管和提供利用的国家综合档案馆。2001年被命名为区级爱国主义教育基地，2005年被指定为区政府信息公开集中查阅和受理点。闵行区档案馆于1998年晋升为上海市一级档案馆，2006年通过市一级档案馆复查认定。总建筑面积12800平方米。馆藏档案22.3万卷。档案起始年代为清光绪年间，主要有民国时期的党、政、军、警、地产、金融档案；新中国建立后，闵行区、上海县党政机关、文教卫生、科研等档案。馆内通过局域网、政务网、公务网实现网上办公，建成"闵行区史陈列室"和"馆藏陈列室"等。

（姜月红）

宝山区档案馆 现址市淞宝路104号，邮编200940，电话(021)56567419，馆长仇小平，电话(021)56582568。成立于1959年。是集中统一保管区级机关、团体、企事业单位以及各乡镇、街道档案资料的国家综合档案馆。内设"沈同衡陈列馆"和"司同陈列馆"。2000年晋升为上海市一级档案馆，2006年通过市一级档案馆复查认定。同年，被命名为区爱国主义教育基地。总建筑面积3117平方米，其中库房面积726平方米。馆藏288113卷档案，10740册资料。保存年代最早的是民国档案。馆藏档案以建国后纸质为主，除文书档案外，还有被列为上海市重点工程的逸仙高架道路基建档案，以及房产、婚姻等10种专业档案，并征集到一些党和国家领导人题词、名人字画等珍贵档案。2004年起，陆续开发了"档案目录中心"和"电子文件归档"两套信息系统，建立了馆藏档案目录数据库。先后开设现行文件阅览室和政府信息公开集中受理点。2001年以来，先后举办了"建党80周年图片展"、"宝山革命英雄业绩图片展"，参与筹建了上海解放纪念馆、陈伯吹纪念馆。（陶洪英）

嘉定区档案馆 现址上海市嘉定区博乐南路111号，邮编201800，电话(021)69989057，馆长蔺乐平，电话(021)69989058。成立于1959年。是集中统一保管区级机关、镇、街道、团体、企事业单位档案资料的国家综合档案馆，是区指定的政府公开信息集中查阅场所。上海市一级档案馆、嘉定区文明单位。总建筑面积2511平方米，其中库房607平方米，展厅面积150平方米。馆藏档案14.2万卷，图书资料20386册。地方报纸和家谱为馆藏特色，藏有《寥天一鹤》等地方性报纸63种，收有嘉定王、浦、廖等37部家族谱。此外，还有嘉定县部分民国及日伪时期形成的档案；比较齐全完整地收集了嘉定农民"五抗"斗争、顾作霖烈士及外冈游击队档案。开发了"嘉定区档案信息管理系统"，通过区政务网平台建立了网上档案目录中心和电子文件中心，并形成了婚姻、公证等10个专题目录。目前，案卷级、文件级目录输入率分别达100%、80%，全文数字化达108万页。"嘉定档案志鉴网站"

已建成，并设有政府公开信息查阅等功能。先后出版发行了《嘉定改革开放25年要览》、《嘉定历史文献丛书》等书籍17种，举办了“汽车让城市更美好，档案为历史作见证”展览及“看档案、谈变化、展未来”等活动。已征集到了钱大昕、胡厥文、赵小兰等名人的珍贵资料。

（沈越岭）

浦东新区档案馆 现址上海市浦东新区行政办公中心合欢路201号，邮编200135，电话（021）28949832，馆长钱娟，电话（021）28949836。1997年晋升为上海市一级档案馆，是上海市文明单位，上海市科普教育基地，浦东新区“十佳”爱国主义教育基地、浦东新区政府公报开放点、浦东新区政府信息公开查阅点曾被评为上海市档案系统先进集体。2006年，获得上海市首届“五一”劳动奖章先进集体荣誉称号。建筑面积共15700平方米，库房7000平方米，并建有2000平方米的档案后库。馆藏档案总量180万卷（册），历史跨度240余年，缩微卷片83400多米，录音、录像、光盘档案2000多盘，数字化档案容量达3000GB，图书资料16000多册（件）。馆藏档案以综合文书档案、城建专业档案为主，同时还收藏有数量繁多的古董、礼品、印章、石刻、书画、鱼鳞图、古籍善本等多种门类和载体的珍品档案。馆藏实体档案实现条形码管理，并全部建了立案卷级目录，文件级目录覆盖率达到80%以上。浦东新区档案馆建立了覆盖全部业务的档案现代化应用系统，采用ISO流程化质量管理体系，大力推进馆藏档案全文数字化，实现了馆藏资料的自动化利用管理。编写出版《浦东抗日斗争史略》、《浦东碑刻资料选辑》、《浦东新书录》、《建设工程竣工档案编报实务》、《浦东书画家——馆藏作品集》、《浦东城市记忆——浦东名宅、浦东的路、浦东别墅》系列光盘等一批反映浦东历史文化和开发建设成果的多种形式出版物累计约70万字、200分钟。2006年新馆开馆以来，推出了以“浦东记忆”为主题的“馆中馆”系列展、“浦东档案事业成果展”、“浦东新区档案科研成果展”等专题展，“浦东开发开放展”在常设性公众文化场馆“浦东展览馆”常年展出。

金山区档案馆 现址上海市金山区朱泾镇罗中路100号，邮编201500，电话（021）57325619，馆长辛毅，电话（021）57320059。成立于1959年，是全区永久保管档案的基地，是本地区科学研究和各方面工作利用档案史料的中心。2000年晋升为上海市一级档案馆，2006年通过市一级档案馆复查认定。总建筑面积2050平方米，其中库房面积850平方米。馆藏档案资料185072卷（册）。馆藏档案目录中心共存有全部132个全宗的案卷级目录、文件级目录、专题档案文件级目录及65万页全文扫描的档案信息。汇编了《中共金山区（县）组织机构沿革》、《金山区（县）境域及行政区域演变资料汇编》、《聚焦金山——2004年世界女子沙排新闻档案》、《金山特色菜肴汇编》等汇编资料，其中《金山年鉴》、《金山档案志》公开出版。2004年区档案馆作为区政府信息公开公共咨询、受理点，在档案利用大厅开辟了专门的查阅服务区，通过“金山区政府信息公开目录系统”实现网上查询。 （金鸿萍）

松江区档案馆 现址上海市松江区中山中路38号，邮编201600，电话（021）37736565，馆长董华炎，电话（021）37736588。成立于1959年，是集中统一保管松江区区级机关、团体、企业事业单位档案资料的国家综合档案馆，是区级爱国主义教育基地、行政规范性文件及政府信息公开查阅场所。2000年晋升为上海市一级档案馆。总建筑面积5058平方米，其中库房面积为1590平方米。现有馆藏档案资料113281卷（册），其中资料3049册。馆藏档案资料的历史跨度600余年。保存年代最早的是元末明初丝棉袍实物档案一件。珍贵档案有清朝乾隆十五年（1750年）《遵宪给业方单》；中国人民解放军渡江前夕，上海地下党组织派来松江工作的缪鹏所作的《SK县情况初步调查报告》原件；孙中山先生1912年访问松江清华女校时的合影。加强了对重大活动的档案收集，松江纪念建县1250周年暨第三届“松江——上海之根文化旅游节”、松江区创建国际花园城市、全国农运会等重大活动的档案资料收集进馆。馆藏5万多幅照片基本能反映松江建国后各个历史阶段情况。馆藏目录中心数据库总量1030600条，全文信息100多万页，并已与上海市档案目录中心连接。松江档案信息网站已经建立，公布了3.64万条的档案开放信息提供社会查询。编研出版了《松江档案信息》、《老干部照片集》、《松江档案信息》、《史海掘金》、《兰台探索》、《档案里的小故事》等专题档案史料汇编，近40万字；利用档案举办了“老照片、新照片，看看松江大发展”等展览。（陆钱华）

青浦区档案馆 现址上海市青浦城区公园路86弄28号，邮编201700，电话(021)69721557，馆长程忠菊，电话(021)69721318。成立于1958年。是集中保管区级机关、团体、企事业单位档案资料的国家综合档案馆，是区级爱国主义教育基地、信息公开公共查阅窗口和依申请受理窗口。1998年晋升为上海市一级档案馆，2006年通过市一级馆复查认定。总建筑面积4020平方米，其中库房面积1800平方米。馆藏档案26万卷，资料1.3万册。建国前馆藏中比较珍贵的历史档案有《12世纪南宋时期何氏八百年》中医世家材料；明朝万历三十六年(1608年)记述青浦知县韩原善为政清廉的《韩侯遗爱祠碑记》(泥金卷)；1848年“漕船夫”痛打美国传教士的“青浦教案”材料；1883年周立春、周秀英抗粮斗争的英雄业绩材料；民主革命先行者许泳霓先生领导“同志团”光复青浦的日记、布告；还有历代《青浦县志》、青浦地方报纸、名医、名人诗画。建国后比较珍贵的档案有1961年陈云赴本县小蒸公社视察工作时召开的座谈会档案、1986年和1987年陈云为革命烈士等的题词和对烈士子女的亲笔信件、陈云及家属人员的照片等；还有消灭吸血虫病反映“送瘟神”的全过程的档案、对越自卫反击战中英勇献身王春龙、张亚平烈士的材料及生前讲话录音，1991年的抗洪救灾档案等。接收了陈云百年诞辰纪念活动、保持共产党员先进性教育活动材料、第五届世界龙舟赛、第一、第二届淀山湖文化艺术节、防止“非典”档案、三峡移民、经济普查等重大活动、重要工作的材料及时完整地收集归档。同时，从2003年起，要求所有向档案馆移交档案的单位，在移交纸质档案的同时一并移交电子目录。2004年建成了档案综合管理系统，被市信息委评为2005年度上海市区县信息化应用优秀成果奖。汇编了“土地房屋管理文件”、“小城镇社会保险、征地养老等文件”等公开信息，开办了“当代青浦籍名人馆”。

（倪金明）

南汇区档案馆 现址上海市南汇区惠南镇县东街15号，邮编201300，联系电话(021)58023174。馆长金卫东，电话(021)68001205。成立于1959年，是集中保管全区重要档案的基地和社会各界利用档案资料的中心，是南汇区指定的行政规范性文件查阅场所。2003年晋升为市一级档案馆。局(馆)总建筑面积1276平方米，其中库房面积450平方米。馆藏文书档案16.9余万卷，图书资料有1万多册。较为珍贵的档案有清末时期的房田契、分家据、合同等。馆藏档案的历史跨度为1920年至2006年。2004年开设政府信息公开查阅窗口，并在查档大厅添置电脑触摸屏。2006年，建成档案目录分中心管理平台。馆藏所有档案，全部实现案卷级著录，重点专题实现文件级著录。编辑出版了《南汇印象》、《桃花魅影》、《大地风采》、《桃花盛开的地方——历届上海桃花节回眸》等。

奉贤区档案馆 现址上海市南桥镇解放中路502号，邮编201400，电话(021)57420169，馆长屠晓，电话(021)57420167。成立于1959年。是集中统一保管区级机关、团体、企业、事业单位档案资料的国家综合档案馆，是区级爱国主义教育基地、政府公开信息的查阅场所。1999 年晋升为上海市一级档案馆。总建筑面积 1629 平方米,其中库房面积 757 平方米。馆藏档案资料 141257 卷(册),资料 21651 卷(册)。起迄年限自清同治六年(1867 年)至 2005 年。重要档案有形成于清同治六年的《鼎丰公记酱园合股议据》等。加强了对重大活动档案的收集。目前已将 2001 年撤县设区揭牌、区第一届运动会、上海市黄浦江上第四座公路大桥奉浦大桥建成通车等一批重大活动、重要历史事件、重大工程项目的档案资料收集进馆。征集到了胡耀邦、江泽民、吴邦国来奉题词等,党和国家及上海市领导人对奉贤的题词、在奉活动照片;奉贤区区境勘界档案;奉贤区名人档案等大量档案资料。发行了《奉贤县档案馆指南》、《奉贤县大事记》、《奉贤县档案利用效果实例选编》、《奉开放档案数据库、政府公开信息目录数据库,完成了馆藏档案全部案卷级目录的数据录入工贤县基础数字汇编》、《古华书萃》、《奉贤收藏》、《阅读奉贤(1979－2005)》、《奉贤地区档案信息指南》等专题档案史料汇编 25 种 47 册计 311 万字。一批科研成果获得上海市级优秀成果奖,其中《农业农村档案工作研究》课题,获上海市档案局课题研究二等奖,具有国内领先水平的研究成果《档案学术评论概要》一书已公开出版。2006 年和 2007 年先后两次参加奉贤区"宣传大蓬车"巡回下乡活动,以利用档案,做成《奉贤"十五"成果展览》和《档案就在你身边》的展板 24 块,到社区展出 32 次,观看档案馆展览版面的基层干部和群众达 8 万余人次。利用档案举办了"和谐风采·社会生活·人物百幅艺术摄影作品展"、"沧桑·辉煌五十年——奉贤档案馆珍藏展"等具有一定社会影响的藏品陈列展,并先后制作《奉贤"十五"成果展览》和《档案就在你身边》的展板到社区进行巡展。 (王洪权)

崇明县档案馆 现址崇明县城桥镇人民路 68 号,邮编 202150,电话(021)59627024,馆长张利钧,电话(021)59622324－8380。成立于 1959 年。是集中统一保管县级机关(团体)、乡(镇)等单位档案资料的国家综合档案馆,是县级爱国主义教育基地,政府公开信息集中查阅点。现为上海市一级档案馆。总建筑面积 2165 平方米,其中库房面积 1012 平方米。馆藏档案 106067 卷(册),资料 1694 册。其中反映 1513 年至 1561 年、1604 年至 1984 年的崇明历史面貌的 6 部《崇明县志》,最为珍贵;此外,鲁惠公后裔崇明籍施氏家谱,1554 年知县唐一岑指挥军民同入侵倭寇浴血奋战英勇殉国的纪载,清同治三年(1864 年)崇明县正堂布告及 1919 年至 1949 年间综合反映崇明面貌的 10 种崇明报刊也十分珍贵。目前已建成馆藏档案案卷级目录数据库,建立了婚姻、知青、农民建房、招工、征兵等档案的专题目录档案数据库共 76 万条,完成了重要档案全文数字化 100 多万页。编辑出版《崇明籍著名人士在国内外》、《崇明岛旅游指南》,《崇明之最》,《李凤苞》等近二十种资料、书刊,同时定期编纂出版《崇明年鉴》。 (周建国)

江　苏　省

江苏省档案馆　现址南京市青岛路1号，邮编210008，电话(025)83309700，馆长韩杰，电话(025)83591801。成立于1958年。是集中统一保管省级机关、团体、企事业单位档案资料的国家综合档案馆，省级爱国主义教育基地，国际档案理事会东亚地区分会成员单位。1995年被评为全国首家国家一级档案馆。总建筑面积17800平方米，其中库房面积9200平方米。馆藏档案609232卷、180125件，资料58266册。影片档案45523盘。馆藏档案历史跨度近500年，存有少量明清档案，有民国档案、革命历史档案。馆藏档案《韩国钧朋僚函札》被列入《中国档案文献遗产名录》。依法接收应进馆档案。加大对重要活动、重大事件档案，在经济建设和社会发展进程中有突出贡献和重要影响的名人档案，反映本地区名特优产品及自然、历史、文化档案的征集力度，把江苏"率先建成小康社会，率先基本实现现代化"进程中产生的，对国家、社会有保存价值的，与人民群众密切相关的各类档案资料收集进馆。已初步建成省电子文件中心。利用档案资料举办各类陈列展览，建立了"江苏档案"门户网站。开辟了查档"绿色通道"，实行全天候无假日接待。　（罗玲玲）

南京师范大学档案馆　现址南京市文苑路1号(南京师范大学仙林校区内)，邮编210046，馆长彭志斌，电话(025)85891462。成立于2003年。成立后，将学校文书、人事、学生、教务、财务、科技等档案集中统一管理。学校档案管理为"省级达标单位"，获"全省档案工作先进集体"，人事档案管理为中共中央组织部颁发的"干部人事档案工作目标管理一级单位"，获"江苏省干部人事档案工作先进单位"称号。档案库房及办公用房962平方米(其中库房836平方米)，馆藏档案34737卷、28165张照片。近年加强了特色档案建设，其中"金陵女子大学档案"入选《江苏省珍贵档案文献》；开展了"档案资源开发与校园文化建设"课题研究，800平方米的校史馆已逐步建设成为"南京师大校本文化宣传与教育阵地"和爱国主义教育基地。档案信息化建设列入学校事业发展"十一五"规划，作为"211工程"的公共服务体系建设项目内容，确立了"数字档案馆"建设的目标。

南京工业大学档案馆　现址南京市中山北路200号(南京工业大学虹桥校区)，邮编210009，馆长杨明萍，电话(025)83239736。成立于2002年。面积约为550平方米。馆内设有综合档案室、人事档案室和学生档案室。2003年，档案馆人事档案工作目标管理获评国家一级单位。2004年档案馆荣获江苏省省级"巾帼示范岗"荣誉称号。2005年又被评为全省在宁高校中唯一一个省级巾帼示范明星岗，档案工作通过省级认定达到省一级标准。馆藏档案最早始于1948年。现有南京化工大学、南京建筑工程学院、南京工业大学三个档案全宗，档案8万多卷、2万多件、资料1248册。2006年完成了档案管理系统与学校办公自动化系统的无缝链接，实现文档一体化管理；同时把档案馆网站建设成为发布档案工作动态、提供档案检索利用、展示档案工作成果的档案工作重要窗口。编撰了《南京工业大学年鉴》等档案编研成果。2006年建成了南京工业大学校史陈列馆。

南京市档案馆　现址北京东路41号，邮编210008，馆长尹玉兰，电话(0251)83223295。成立于1959年。1998年被国家档案局评为国家一级档案馆，先后获得了全国档案系统先进集体、2004年度全省档案系统先进集体、2005—2006南京市市级机关作风建设人民满意单位等荣誉称号1998年被市委、市政府命名为市级爱国主义教育基地。建筑面积9478平方米。馆藏档案资料65万卷册，内容涵盖了本市近一个世纪政治、经济、文化、社会等建设与管理的档案，有不少具有重要价值和地方特色的档案史料。有列入第一批《中国档案文献遗产名录》的记载孙中山先生疾病治疗、遗体安葬、陵墓建设与管理和纪念活动的中山陵档案;有反映侵华日军在南京大屠杀及审判汪伪汉奸的档案;有在民族工商业中具有重要地位的江南汽车公司、永利铔厂的档案;有中华人民共和国成立后,军事接管、建立和巩固人民政权,改革开放等记载南京市委、市政府及全市人民进行社会主义革命和建设历程的档案史料。在馆藏档案中还有距今已有百年历史,当时采用西方测绘技术绘制的晚清地图——《金陵省城图》及清道光年间的地契、民国时期的资料等。近几年来先后主办和参与举办了各类展览近 20 个。同时还利用馆藏档案资料编纂出版了《南京大屠杀史料集》等书籍。2003 年,建成了本馆爱国主义教育基地展馆和馆藏珍品陈列室,先后接待本市机关、学校和全社会以及全国各地的参观者近 5000 人次。2003 年本馆利用人民政府网站、政府公报信息开展了现行文件利用工作。

玄武区档案馆 现址南京市珠江路 455 号玄武中心大厦 19 楼,邮编 210018,馆长刘苏宁,电话(025)83682117。成立于 1964 年。为省一级国家档案馆。馆藏特色档案有 800 件著名小学教育家、已故斯霞老师的照片、证书、书信、各界评价材料及本人创作作品等,已编纂成斯霞名人档案专辑。该编研成果获江苏省档案编研优秀成果二等奖。自 1985 年编辑第一册《玄武年鉴》始,已出版 21 册,并获 2005 年南京地区年鉴评比综合一等奖。连续获得南京市 2000－2005 年度档案工作先进集体。2003 年党政机关现行文件中心在本成立,收集文件近 500 份,并同时上网公布。2005 年举办了一期反映玄武区历史文化和经济发展的大型展览,展览内容已编辑成《沧桑玄武》画册。

白下区档案馆 现址南京市太平南路 69 号白下区人民政府大楼 6 楼,邮编 210002,电话(025)84556602,馆长王安玉。建立了全区现行文件中心。先后被评为南京市档案工作先进集体、白下区文明单位等荣誉称号。总面积 1300 平方米。馆藏档案资料 42297 卷册。馆藏金庆民、张海东等名人档案。建立了局域网、白下区档案管理系统和白下档案网站。举办了以亲切关怀、历史遗迹、繁华商贸、白下景胜、和谐安康为主要内容的陈列展览。在郑和纪念馆内以纪念郑和下西洋 600 周年为主要内容的陈列展览,整个展览展厅分为郑和家史、航海经历、学术论坛三大块内容。

秦淮区档案馆 现址南京市秦虹路 1 号区政府综合办公楼一楼,邮编 210022,馆长周云,电话(025)52651215。成立于 1964 年,是秦淮区爱国主义教育基地,江苏省和南京市档案工作先进单位。建筑面积 1470 平方米。馆藏档案起止年代为 1949－1998 年,档案有 74 个全宗 30643 卷,资料 2925 册。还收集有党和国家领导人视察秦淮的照片、题词,以及著名人士的书画作品等珍贵档案资料。2004 年建成 180 平方米陈列馆暨区情展览馆,展出主题宣传片、区域模型等。建立已公开现行文件利用中心,汇集全区 2000 年以来形成的现行文件。建立全区文档一体化管理系统、秦淮档案网站、内部局域网,馆藏全部档案的案卷级目录数据库、文件级目录数据库、全文数据库和多媒体数据库,部分开放档案和现行文件实现网上检索。

建邺区档案馆 现址南京市水西门大街 58 号建邺大厦三楼,邮编 210017,电话(025)86492052,馆长庄会柏,网址:www.njjyda.gov.cn。成立于 1964 年。1991 年晋升省二级档案馆;1999 年认定为省一级档案馆。2002 年被认定为区级爱国主义教育基地。2005 年被认定为南京市党史教育基地。馆库建筑面积 1400 余平方米。馆藏档案 4 万余卷,资料 0.3 万册。内容反映商贸住宅、名胜古迹、旅游文化、民族宗教等地方特色档案。建立了馆藏全部档案的文件目录数据库及馆藏重要档案的全文数字化,实现计算机检索。档案馆设区历史展览馆、现行文件查阅利用服务中心，开展寄存档案业务。

鼓楼区档案馆 现址南京市山西路124号区政府大院内，邮编210009，馆长勾文迪，电话(025)83230298。成立于1964年。1999年底晋升为江苏省二级档案馆，1996年被评为"'八五'期间南京市档案工作先进集体"、1999年为"江苏省档案系统先进集体"，1996年至1997年、2000年至2005年均被评为"南京市档案工作先进集体"。馆库建筑面积1056平方米。馆藏档案资料5.3万卷(件)。2003年建成"区现行文件查阅利用中心"并对外开放，2003年建成馆藏档案文件级目录96万条的数据库，实现计算机检索查档，2007年完成"区电子文件中心"建设并投入使用。

下关区档案馆 现址南京市中山北路540号2号楼，邮编210011，馆长毛贤荣，电话(025)58591766。成立于1964年。为省一级馆。馆库建筑面积1300平方米。馆藏区级机关各部门、街道和部分区属企事业单位档案42732卷(册)，图书、资料3327册。内容涉及下关区政治、经济、文化、教育、城市建设等各方面。馆藏特色档案主要为建国前形成的南京市运输报关、轮船商业、粮食商业同业公会下关事务所的历史档案，和建国后党和国家领导人来本区视察形成的照片以及亲笔题名和题词等。设有阅档室、文件利用中心和爱国主义教育基地等对外服务窗口。近年来接待的参观者近1000人次。

浦口区档案馆 现址南京市浦口区江浦街道文德路18号，邮编211800，副馆长吴国华，电话(025)58882487。为省二级档案馆。成立了"浦口区现行文件利用中心"。馆库面积948平方米，馆藏档案资料6.2万多卷(册)、照片7000多张。馆藏档案有民国档案、史志档案、文书档案、各种门类的专业档案。资料有建国前线装古籍及建国后编写的各种史志、年鉴、报刊杂志、统计等地情资料。建有各类档案目录数据库，共录入各类条目近100万条；建成局域网络，与区政务网联通实现了办公自动化，并与市政务网联通，实现了全市档案信息资源共享；建设开通《南京·浦口档案》网站。

栖霞区档案馆 现址南京市尧化门街189号栖霞区政府大院内，邮编210046，馆长吴双林，电话(025)85664156。网页www.njgxg.gov.cn/col/col215/index.html。建筑面积2000平方米，设有开放档案和现行文件查阅中心、爱国主义教育基地、栖霞区声像档案管理中心。是省二级国家综合档案馆。连续被评为"南京市档案系统先进集体"。建于1981年。馆藏档案有5万余卷、资料2000余册及实物档案等。目前已征集各类照片3500余张。馆藏档案建有完善的检索系统，其中案卷级和文件级机读目录70多万条，完成重要全宗全文数字化12万页。

雨花台区档案馆 现址南京市雨花台区共青团路38号，邮编210012，馆长谢宝龙，电话(025)52456907。被评为省二级档案馆，2003年被命名为区级爱国主义教育基地，同时建立了区现行文件中心和雨花档案信息网站。网址为：www.yhda.gov.cn。馆库面积480平方米。馆藏档案资料48075卷册。建有40多万条的案卷级、文件级目录数据库。编区志、年鉴等史志资料、文件汇编24种。成功举办了"留下的足迹"等一系列档案史料陈列展。

江宁区档案馆 现址市江宁区东山街道秋月路，邮编211100，电话(025)52281153，馆长赵鹤康。2006年命名为南京市级爱国主义教育基地。2006年被认定为省特二级国家档案馆。自2001年以来，先后被省市档案局，市区委、政府授予"全省档案系统先进集体"、"南京市档案系统先进集体"、"建设新南京有功单位"、"江宁区文明单位"、"尊师重教先进单位"等。建筑面积5680平方米，其中库房面积3000平方米。馆藏自公元1850年至2005年间的各类载体的档案资料86360卷(册、盒)。档案年代跨度约155年。全部馆藏档案的目录输入计算机，建立案卷级、文件级目录数据库，同时将重要的、年代久的档案进行全文扫描。成立现行文件中心和电子文件中心，依托区政府办公网络，提供档案查询服务。

六合区档案馆 现址南京市雄州镇环城中路2号，邮编211500，电话(025)57123640，57103478，馆长卢立才。建于1956年。是集中保存和管理档案的国家综合档案馆。馆藏档案资料4万余卷。主要有土地、房产、婚姻、人口、工业普查、改制等档案；资料有《申报》、《四部备要》等。

溧水县档案馆 现址永阳镇大东门街68号，邮编211200，馆长巫永发，电话(025)57212360。1991年被评为省二级馆。成立于1959年，馆库建筑面积1280平方米。馆藏61940卷档案，起止时间为1580年至2004年。馆藏特色档案主要有：明万历、清顺治、康熙、乾隆、光绪五个版本的《溧水县志》，溧水籍著名艺术家苏民、濮存昕父子捐赠的《濮氏宗谱》等。馆藏资料12603册，主要内容为县办刊物、各有关单位自编出版物和内部资料、党政报刊、史志文献。档案馆建有65.3万余条的馆藏档案文件级目录数据库，全面实现计算机检索。馆内设有县现行文件利用中心，向社会各界提供免费查阅服务。

高淳县档案馆 现址县淳溪镇通贤街，邮编211300，馆长姜志，电话(025)57320559。建筑面积1875平方米，库房面积1000平方米。1999年被评为省二级档案馆。是县级爱国主义教育基地及现行文件利用中心。馆藏档案125个全宗，38530卷(册)，资料5600多册。馆藏档案主要内容有革命历史档案、民国档案、建国后全县各党政机关、群众团体、区乡镇和企事业单位的各种门类和载体的档案。馆藏档案主要门类有文书、科技、工程、婚姻、土地证、林权证、水面权证、统计、普查、审计、公证等。馆内陈列室定期举办档案资料陈列展览。近年来建成了馆内局域网络，建立了文件级目录数据库。馆内的各项基础业务工作都利用计算机来进行。

无锡市档案馆 现址市解放南路634号市政府大院内，邮编214001，馆长汤可可，电话(0510)82702482。2001年，达省二级标准。2002年馆被批准为无锡市爱国主义教育基地，"无锡市文件资料服务中心"。建筑面积1700平方米(含地下人防工程500平方米)。馆藏档案439221卷(册)，照片档案9819张。特色馆藏有解放前的徽章档案216枚。馆举办"彰显文化底蕴 打造文化名城"、"百年辉煌—无锡早期商标展"等大型展览。2006年以来，馆依法开展地方民族工商企业档案的抢救性进馆工作，共有186543卷档案被征集、接收进馆。2007年，馆正式开通"无锡市电子文件中心"，成为无锡市在政务内网和互联网上发布政务信息的重要窗口。

崇安区档案馆 现址无锡市县前街288号，邮编214003，馆长曹海燕，电话(0510)82830511。成立于1985年。自成立以来，多次被评为市档案工作先进集体，1999年升为江苏省二级档案馆。2004年建立崇安区现行文件查阅中心。馆库房150平方米，办公业务用房150平方米。馆藏档案来源本区各机关、部门、街道及企事业单位。2004年12月从广西柳州市图书馆征集到一批辛亥革命时期的锡金军政分府文书档案，共有7册和18件，总计约13万字。这批档案资料，真实记录地方革命政权的各项制度、政策、措施和活动，在全国范围内相当罕见，已入选江苏省珍贵档案文献。

北塘区档案馆 现址无锡市小三里桥街23号，邮编214044，馆长王悦风，电话(0510)82611551。1985年建立。馆藏档案资料20027卷册、4094件。主要是建国后党政机关、群众团体、街道办事处，以及部分企事业单位的档案，有婚姻、会计、统计、人口普查、工业普查、地名普查、纪检案件、《惠山百景图》手稿等档案。资料有清《金匮县志》，有本区的组织史、地方志、大事记、文史资料、工业生产资料、统计资料等，有反映北塘区历史面貌的老照片等。

滨湖区档案馆 现址无锡市太湖西大道鸿桥路，邮编214123，馆长邵其莹，电话(0510)85441272、85441359。2001年被命名为区爱国主义教育基地。2002年晋升为江苏省一级国家综合档案馆。2003年成立区文件资料服务中心。2003年被江苏省档案局评为全省档案系统先进集体。馆库建筑面积5000多平方米，其中库房2000多平方米。设立现行文件和档案利用阅览大厅、陈列展览厅、计算机中心和多媒体会议室等。馆藏档案资料10万余卷(册)，其中档案97120卷(册)，有文书、科技、婚姻、公证、会计审计、声像、实物等门类的档案，有党和国家领导人视察本区的照片、题词等。民国时期本区村民的卖田文书、文契，以及有关区域特色的档案资料。利用者利用档案，可直接通过开放档案的案卷目录、文件级目录在网站上自行检索。

惠山区档案馆 现址无锡市惠山区堰桥镇文惠路8号(区行政中心4号楼)，邮编214174，馆长许一江，电话(0510)83598573，网址：www.huishan.zov.cn/daj/defanlt.asp。2005年晋升为江苏省二级馆，同年被命名为区“爱国主义教育基地”。馆库面积1050平方米。馆藏档案资料35456卷。建立了馆藏档案文件级目录数据库、重要文件全文数据库、局域网和(局)馆网站。

锡山区档案馆 现址无锡市锡山区华夏中路7号，邮编214101，电话(0510)88203241，馆长辛伯庆。1999年被评为江苏省档案工作先进集体，2001年被评为江苏省一级档案馆，2006年被评为无锡市文明单位。建筑面积2642平方米。馆收藏了《金匮县志》(1881年)，《金匮县舆地全图》(1908年)，《太湖备考》(1750年)，《太湖备考续编》(1879年)，1936年国民党航测的无锡县地籍图等特色档案资料。把平面展板、老照片及逐年编纂的《锡山区概览》(2007年更名为《锡山年鉴》)等档案资料挂上档案网。2006版《锡山区概览》在全国年鉴编校质量检查评比中获特等奖。

新区档案馆 现址无锡市新区管委会行政管理中心B楼三楼。负责收集、整理、保管和提供利用全区分管范围内的档案，是永久保管档案的基地。1996年成立。2005年目标管理被认定为江苏省一级。并多次获全市档案系统先进集体殊荣。建筑面积380平方米。馆藏档案30397卷16024件。编有档案馆指南和多种文件汇编、专题汇编等。

江阴市档案馆 现址市澄江西路159号，邮编214431，馆长卞宏，电话(0510)86849800。已建立无锡市爱国主义教育基地、现行文件利用中心。档案馆为省特一级馆，1998年以来，馆党支部3次被评为市级机关先进党支部，2次被评为创建文明机关先进部门、无锡市档案工作先进集体和江苏省档案工作先进集体等荣誉称号。馆库面积2950平方米，馆大楼实行智能化管理，建有自动探测、自动控制系统、消防报警系统和海量存储系统。馆藏15.3万余卷(册)。特色档案有明嘉庆、清道光、光绪《江阴县志》，徐霞客《梧塍徐氏宗谱》、孤本《兰堂集》和《至性至文》、《殿试策论》等重要文献资料400余件。已收集现行文件资料近5000件。

宜兴市档案馆 现址市陶都路8号，邮编214206，馆长潘永平，电话(0510)87986166。1954年成立。2005年晋升江苏省特二级国家档案馆。档案馆工作多次受到无锡市委、市政府和江苏省档案局、省劳动人事厅的表彰奖励。已成立了现行文件利用中心和无锡市爱国主义教育基地。建筑面积5160平方米，库房和设备配置符合档案“八防”要求。馆藏档案、资料24万余卷(册)，除了建国后宜兴党政群团机关、区乡镇机关、直属企事业单位的档案外，还有一批科技、经济、历史、人文等地方特色的档案，包括宜兴陶瓷档案、名人档案、珍贵书画和实物档案、古县志、老家谱等。档案馆按规定及时向社会开放档案，数字化档案馆建设也已启动，近几年，每年正式出版两部编研成果，每年接待查档人员约4500人次。

徐州市档案馆 现址市民主南路9号，邮编221003，电话(0516)83735588，馆长毕新民。2000年晋升省一级档案馆。2001年在全省档案系统中首家建成“江苏省爱国主义教育基地”，成立了现行文件服务中心。2003年被人事部、国家档案局表彰为“全国档案系统先进集体”。2000年，因在全省率先晋升省一级档案馆被市政府荣记集体三等功。是省、市“巾帼文明示范岗”。建筑面积4200平方米，库房面积1250平方米。馆藏档案147438卷(件)，资料19843册。

云龙区档案馆 现址徐州市东三环68号，邮编221004，馆长姚琳，电话(0516)83664831。2003年，被确定为爱国主义教育基地，并成立了现行文件中心。2003年12月被省档案局评为省三级馆。馆现有库房200平方米。馆藏有建国后党政群机关、部分直属企事业单位、乡、办事处的文书档案、会计档案、科技档案、婚姻档案和各类专门档案。2001年以来，积极开展档案信息化建设，目前馆藏所有档案已全部完成文件级目录的录入工作，实现了微机检索。多次利用馆藏资料举办展览进行爱国主义教育。同时，馆还通过加强编研工作，开放建国后满30年的档案，宣传贯彻《中华人民共和国档案法》及其“实施办法”、解答咨询等形式，积极为社会各界提供服务。

九里区档案馆 现址徐州市九里区九里山西路1号，邮编221140，馆长黄淑香，电话(0516)85771546、85877032。成立于1996年。是集中保管我区档案和区级爱国主义教育基地以及现行文件利用中心。荣获市档案系统“九五”、“十五”先进集体。馆藏档案4129卷(件)，资料1000余册，涉及文书、户粮、婚姻、人普、会计、科技、实物等门类档案。库房及办公用房约100平方米。馆藏主要有多年来党和国家领导人参观本区两汉文化的照片、题名、题词等。近年来，馆藏档案目录已进行微机化管理。

泉山区档案馆 现址徐州市苏堤路10号(泉山区政府)院内，邮编221006，电话(0516)85806067，馆长张燕，电话(0516)85806069。2005年建立现行文件利用中心，同年被区委宣传部定为“爱国主义教育基地”。2005年在全市市区中率先晋升为国家二级档案馆。先后被市、区各级授予“徐州市十五档案工作先进集体”、“徐州市巾帼文明示范岗”、“泉山区三八红旗集体”、“泉山区文明单位”等光荣称号。成立于1986年，总建筑面积180平方米，其中库房面积110平方米。馆藏共计10964卷，起止年代为1958年至2005年。馆藏档案全部实行微机检索。

丰县档案馆 现址县城人民路8号，邮编221700，馆长马艳群，电话(0516)89222549。1959年成立。是县爱国主义教育基地，现行文件利用中心。为江苏省三星级档案馆。总建筑面积1000平方米。馆藏档案资料近7万卷册。主要有明版《丰县志》、清版《丰县志》和族谱、民国《丰报》、《黄体润日记》、民国丰县司法档案、刘邦一支后裔在日本的家谱《大藏朝臣原田家历传》、革命历史档案等。布置有丰县档案史料陈列展室。

沛县档案馆 现址沛城歌风路11号县政府院内，邮编221600，馆长李龄海，电话(0516)89676816。成立于1959年。1993年晋升为江苏省一级档案馆，1999年被县委宣传部命名为爱国主义教育基地，2005年成立了现行文件利用中心。沛县档案局(馆)系“九五”期间徐州市档案工作先进集体并连续多年被县机关党委表彰为先进基层党组织。总建筑面积1400余平方米。馆藏档案7万余卷。其中建国前的档案649卷，照片档案900余卷。参考资料有各种志谱、内部参考资料和地方各种报刊等。

铜山县档案馆 现址新区府西路8－1号，邮编221116，馆长赵志存，电话(0516)83911579。2002年被复审为省二级档案馆。

2006年被徐州市人事局、档案局评为“十五”期间档案先进单位，被县委评为精神文明单位。在年度机关评比活动中均名列前十名。总建筑面积3500平方米，库房面积约2500平方米。馆藏档案52748卷，资料11886(册)。馆藏档案形成时间最早的是1830年(清道光十年)。编写了组织沿革、大事记、本县历届党代会、人代会简介、领导人更迭、干部任免、晋升职称等参考资料和文件摘编。

新沂市档案馆 邮编221400，电话(0516)88980859，馆长胡志新。成立于1959年。2003年成立“新沂市现行文件资料服务中心”，2004年建立“新沂市爱国主义教育基地”。1997年被认定为“江苏省一级档案馆”。建筑面积2390平方米。馆藏档案资料71050卷(册)，档案的起止年度为1805年至2001年。内容主要有清代圣旨、1945年至1948年国民党地方机关形成的材料，1930年至1949年中共地方组织及其领导的各类革命组织、团体从事革命斗争、支前等活动形成的档案资料；1949年至1997年中共新沂市(县)委、政府、机关、群众团体、民主党派及部分企事业单位在各项工作中形成的各种档案。馆藏资料有各种志谱、内部参考资料和国家、地方各种报刊等。

邳州市档案馆 现址市青年东路64号人民公园院内，邮编221300，馆长王飞竭，电话(0516)86222337。始建于1959年。现为省三星级综合档案馆。建筑面积2038平方米，其中库房建筑面积1100平方米。馆藏档案自1851年(清咸丰辛亥年)至2000年。主要有邳州志、补，曹氏支谱；1913年至1948年国民党邳县地方机关形成的文件材料；1928年至1949年中共地方组织从事革命、生产斗争、支前活动中形成的档案资料；1948年至2000年市(县)委、市(县)政府机关、乡镇、社会群众团体、企事业单位在各项工作中形成的档案材料。馆藏资料包括各种报刊、杂志、内部参考资料等。不仅实现了全部馆藏档案的文件级计算机检索，而且建有邳州档案信息网(www.pzda.com)。

常州市档案馆 现址市龙城大道1280号5号楼，邮编213022，馆长林珍大，电话(0519)5681008。成立于1959年。连续9年被市委、市政府授予“团结、廉洁、开拓”好班子、“常州市文明单位”称号；“九五”、“十五”期间均被评为全省档案系统先进集体，获省级“巾帼文明示范岗”称号。2007年被认定为江苏省特级档案馆和省级爱国主义教育基地。建筑面积达11000平方米。保管了1806年至2004年重要档案史料42万卷(册)。馆藏有信访、职称、诉讼、婚姻、地籍、收养、勘界、仲裁、审计、退休职工、律师事务所等专门档案。现保存最早的档案是清嘉庆十一年(1806年)的名人书画，最早的报纸是1918年的《晨钟报》。清代的武进怀北乡鱼鳞册、民国商标档案、常州名人字画、外事礼品档案、荣誉实物档案以及“文革”时期常州地区出版的小报传单尤具地方特色和珍贵。在全省率先建立了电子政务环境下的电子文件中心。实现了馆藏全部档案目录计算机检索。文件档案查阅中心成为提供政府信息、文件档案、电子档案阅览等综合性服务窗口。举办了“学习先进典型、体现党员先进性”大型图片展。

天宁区档案馆 现址常州市常锡路116号，邮编213014，馆长金淑红，电话(0519)6663682。成立于1987年。1999年，被命名为区爱国主义教育基地，2003年，成立区文件中心。2003年荣获“江苏省档案工作先进集体”，2005年，被评为江苏省二级国家档案馆。2007年荣获省级“巾帼文明岗”称号。建筑面积近600平方米，馆藏档案11860卷，11573件，资料1083卷(册)。档案形成时间最早为1956年。建立了数据库，其中文件级目录217917条，案卷级目录11801条。已将形成之日起满30年的可开放的档案及资料向社会开放，并建有实体文件中心和网上文件中心。

钟楼区档案馆 现址常州市钟楼区投资

管理服务中心东大楼二楼(星港路88号),邮编213023,电话(0519)8890957。馆长钱雅珍。成立于1987年。1999年,定为区爱国主义教育基地。2003年,成立"钟楼区现行文件中心"。1997年被市档案局评为"八五"档案工作先进集体,2006年晋升为省二级档案馆。面积1100平方米。馆藏档案共6706卷,都是建国以来形成的,大部分是文书档案,部分婚姻、会计、户粮、人口普查档案,少量居民建房、征用土地、建筑执照档案,还有一定数量的声像档案。编写了21种23万字左右的各种简介、组织机构沿革、人事更迭、文件材料汇编,区委、区政府大事记,全宗介绍等。

戚墅堰区档案馆 现址常州市河苑路8号区政府大院内,邮编213011,馆长朱丽莎,电话(0519)8771063。2005年通过省二级馆认定,是永久保管本区重要档案资料的基地和开发利用档案史料、现行文件的中心,也是进行爱国主义教育的基地。总建筑面积218平方米,库房面积124平方米,保管了自1950年建区以来的档案10545卷、9963件。

新北区档案馆 现址常州市新北区衡山路8号,邮编213022,馆长沈祖太,电话(0519)5127035。成立于1993年。已成为区爱国主义教育基地。2005年晋升为江苏省一级国家档案馆,2004年被省建设厅表彰为"2001—2003年度江苏省城建档案工作先进集体"。总建筑面积650平方米,馆藏档案资料26366卷(盒、册),4971件,资料1108册。建立文件级目录数据库110883条,部分档案实现了全文数字化。建立了新北区档案网站,馆内建有局域网,连接政府办公自动化平台,方便了电子档案的及时接收、归档和利用。现行文件、开放档案资料目录全部在触摸屏和网上提供查阅。建立了档案展览陈列室,2005年成功举办"建区13年回顾展"。

武进区档案馆 现址常州市武进行政中心内,邮编213159,馆长朱福田,电话(0519)86310276。被批准为市爱国主义教育基地。2006年晋升为江苏省特二级档案馆。建筑面积近5000平方米。馆藏档案15.1万多卷。全部实行文件级目录数据库管理,并将馆藏的珍贵和重要档案进行了全文数字化处理。建有武进名人特色档案,武进籍的历史和近现代名人、当代武进籍的外地名人资料馆内俱全。建立了武进档案信息网和电子文件中心。2006年,建成了拥有200多平方米的武进历史档案展览馆。

溧阳市档案馆 现址市溧城镇东大街188号,邮编213300,网址:www.jslydaj.com,馆长周志清,电话(0519)7285567。成立于1959年。2005年分别被命名为"溧阳市爱国主义教育基地"和"未成年人思想道德建设爱国主义教育基地",2003年建成常州市首家现行文件服务中心并对外开放。2002年晋升为省一级档案馆。2003年获全省档案系统先进集体称号;2002－2006年度连续被市委表彰为"团结、廉洁、开拓"好班子;被市委、市政府授予2001－2002年度、2003－2004年度、2005－2006年度"溧阳市文明单位(标兵)"称号;2007年度保管利用科被评为省级巾帼文明示范岗。馆库建筑面积1810平方米。档案资料87587万卷(册)、23335件。特色档案资料有:新四军江南指挥部纪念活动照片档案、茶叶节档案;宋元明清溧阳县志;溧阳家谱等。开通了局域网和溧阳档案信息网。举办各种展览,参与全市"三下乡"活动,开通网上展厅。

金坛市档案馆 现址市县府路63号市政府大院内,邮编213200,馆长吴寅,电话(0519)2822098。成立于1959年。"九五"期间被评为常州档案工作先进集体,连续12年被授予"金坛市文明单位"称号,2002年、2003年连续被金坛市委评为"团结、廉洁、开拓"好班子。为江苏省一级档案馆。建筑面积1553平方米,其中库房面积780平方米。馆藏47402卷档案,13644册资料,档案形成最早时间为清代,其中较为珍贵的档案有新四军布告、党和国家领导人的题词、民国时期的金坛地籍图。

珍贵的资料有段玉裁的《说文解字注》、于敏中的《日下旧闻考》、华罗庚的《堆垒素数论》、《秧歌灯古唱本》、《张氏家谱》、《金坛县志》。2000年金坛市档案馆被命名为我市爱国主义教育基地，2003年开通了金坛档案馆网站，建立了现行文件服务中心。全面完成了馆藏档案案卷级、文件级目录的数字化。

苏州市档案馆 现址市三香路998号市行政中心大院，邮编215004，馆长祖苏，电话(0512)68617209。2000年本馆晋升为江苏省一级先进馆，同年被命名为苏州市爱国主义教育基地，2004年增设内设机构现行文件查阅中心。市档案馆被市文明办评为2004－2005年度市级文明单位，2003年荣获江苏省档案系统先进集体称号。总建筑面积5500平方米，库房面积达2000平方米。馆内配有档案密集架、中央空调、自动火警灭火系统、文件缩微系统、计算机光盘存贮系统等。最具地方特色和历史特色的档案是形成于1905－1949年的苏州商会档案，其中晚清苏州商会档案已于2002年列入首批《中国档案文献遗产名录》。建立了市工投公司档案中心，将该系统共130多万卷改制企业档案进行集中统一管理并提供利用。总投入600余万元的数字档案馆项目通过国家档案局验收。加强爱国主义教育基地建设，共举办10个大型展览，参观人数达5万余人次，其中“苏州商会成立百年展览”是商会百年纪念活动之际，在苏州历史名街山塘泉州会馆创办的较大规模的大型展览。编辑出版各种汇编书籍10余种，其中《馆藏名人——少年时代作品选》作为全市未成年人教育读物赠送给苏州多所百年老校。与华中师范大学近代史研究所联合主办“近代中国社会群体与经济组织暨纪念苏州商会成立一百周年国际学术研讨会”，举办了中国版协研究会成立20周年庆典暨第十届全国年鉴学术年会。

沧浪区档案馆 现址苏州市十梓街338号区政府办公大院内，邮编215006，馆长韩宁，电话(0512)65243559。成立于1985年。2005年通过江苏省二级综合档案馆的验收，建筑面积200平方米，其中库房面积100平方米。馆藏档案22366卷(件)，资料2510册。沧浪区档案馆（局）信息网站建成，网址为www.szcl.gov.Cn/da/。

平江区档案馆 现址苏州市平江区临顿路176号，邮编215005，馆长沈志强，电话(0512)67271907。成立于1985年。2005年末建立了现行文件查阅中心。为省二级档案馆。馆藏档案3万余卷，资料4000余册。总建筑面积400平方米，其中库房面积350平方米。

金阊区档案 现址苏州市后宝元街23号，邮编215008，馆长袁洪滨，电话(0512)65513332。2004年通过省二级国家档案馆的重新认定考评。成立了区现行文件查阅中心。成立于1984年。总建筑面积约1000平方米(其中库房实用面积为355平方米)。馆藏档案37689卷(件)，主要为建国后档案。举办了新金阊、新气象陈列展，编辑出版了《金阊区志》，继续编辑了《金阊年鉴》等。

相城区档案馆 现址苏州市相城区嘉元路区行政中心区域内，邮编215131，电话(0512)85181066，馆长陶洪。成立于2001年。是集中保管区各机关、事业单位各类档案和有关资料的基地。2005年被评定为江苏省二级国家综合档案馆。同年被确定为区爱国主义教育基地，现行文件查阅中心。建筑面积5200平方米，库房面积1500平方米。馆藏档案35000多卷，主要为原吴县市11个乡镇机关的档案资料及建区以来的城建档案，乡镇机关档案包括1991年至2001年所形成的文书档案，以及村建、司法、婚姻、纪检等专门档案。

苏州高新区、虎丘区档案馆 现址苏州高新区运河路8号，高新区管委会大院5号楼，邮编215011，电话(0512)68251888转。高新区档案成立于1994年，虎丘区档案成立于1984年，1993年达省三级档案馆。2005年达省二级档案馆。负责区域内各单位经济建设和各项事业发展等方面的档案资料接收、整理、保管。

吴中区档案馆 现址苏州市城南东吴北路县前街53号，邮编215128，馆长陆卫平，电话(0512)65252364。2004年晋升为江苏省首批特二级档案馆。1991年、1995年、2000年全国档案系统先进集体；连续数年获苏州市、吴县市、吴中区文明单位称号。2004年被确定为苏州市级爱国主义教育基地。2003年，成立了现行文件资料服务中心。馆库建筑面积3388平方米。馆藏档案146742卷(册)，主要有建国前的清代档案、民国时期档案、革命历史档案；建国以后的震泽县、吴县、吴县市、吴中区机关、乡镇机关和有关企事业单位形成的各门类档案。建立了局域网。

常熟市档案馆 现址市虞山镇金沙江路8号，邮编215500，电话(0512)52883070，馆长沈秋农 。成立于1959年。2004年晋升为江苏省特二级国家综合档案馆。1999年、2003年两次被人事部、国家档案局表彰为“全国档案系统先进集体”。2001年建立了“常熟市现行文件阅览中心”。2004年，被省委宣传部命名为“江苏省爱国主义教育基地”。建筑面积5100平方米，馆藏档案资料32万卷(册)。馆内建立了电子监控、温湿度自控、防火防盗报警、密集架存放和计算机网络管理五大系统，馆藏档案主要有明清档案、民国档案、革命历史档案及建国后档案四大部分。馆内珍藏的特色档案有清代、民国期间的契约档案、志谱档案、老报纸档案、地方特色文化档案及翁同龢、徐枕亚、常熟籍两院院士等一批近现代名人档案。2002年，建成了独立的档案门户网站——“常熟之窗”。

张家港市档案馆 现址市杨舍西街168号，邮编215600，馆长陈志芳，电话(0512)58138922。2000年被命名为张家港市爱国主义教育基地，2001年增挂“张家港市现行文件资料服务中心”牌子，2005年被指定为市政务公开信息查阅中心。1993年晋升为江苏省一级档案馆。多次荣获江苏省、苏州市档案工作先进集体和张家港市文明机关称号。成立于1965年。馆库面积2428平方米。馆藏档案有文书、科技、专门、名人、声像实物及历史档案(碑拓)和重要史志谱牒。1998年建设局域网，现有档案目录数据库、现行文件数据库、资料目录数据库和图文数据库，2002年开通了档案信息网。

昆山市档案馆 现址昆山市青阳中路225号，邮编215300，电话(0512)57714103，馆长郭秧全 ，网址：www. da j. ks. gov. cn，邮箱：daj@ks. gov. cn。成立于1959年。1997年被命名为市爱国主义教育基地，2005年成立市现行文件中心。2000年晋升为省一级档案馆。建筑面积4800平方米。馆藏各类档案资料9万多卷(册)。昆山明清时期历代县志和昆山籍人氏家谱、族谱及昆山知名先贤的著作，具有明显的地方特色和较高的历史研究价值。2005年昆山市政府投资190多万修建爱国主义教育基地大楼，面积980平方米。

吴江市档案馆 现址市松陵镇中山南路1979号，邮编215200，馆长张志远，电话(0512)63016901。1999年被命名为爱国主义教育基地。1995年被评为江苏省一级档案馆。2001—2004年度，被评为苏州市档案系统先进集体。馆库建筑面积7500平方米，库房面积2700平方米。馆藏档案11万余卷，资料1.8万余卷(册)，有清代档案、民国时期档案、史志家谱档案及建国以后吴江县、市党政群团机关、区、乡镇以及公司、工厂、场圃、学校等企事业单位形成的档案，另有一定数量的专门档案，如地籍图、公证、工商企业登记和声像档案等。馆藏特色档案有(1832—1949年)丝绸档案和小城镇档案。建有爱国主义教育展厅并免费开放。先后建成了电子文件阅览中心和现行文件中心。

太仓市档案馆 现址市城厢镇县府街22号，邮编215400，馆长朱丹，电话(0512)53521876。成立于1959年。2000年被命名为爱国主义教育基地,评为苏州市档案工作先进单位,同年通过省一级馆考评验收;2003 年获江苏省档案系统先进集体;2004 年被命名为苏州市级爱国主义教育基地。2005 年通过省一级馆复查认定。馆库面积为 2749.12 平方米。馆藏档案 13 万卷,馆藏档案起时间起迄 1623 年至 2006 年。馆藏书画 719 幅,明清娄东画派"四王"艺术档案被列入"江苏省珍贵档案名录"。2003 年开设现行文件服务中心,拥有规范性文件资料 3000 多件。档案信息化步伐列全省前列,先后投资 400 万元用于数字档案馆建设。建成图片中心、视频中心,退伍士兵、独生子女等各类专题数据库 15 个。

南通市档案馆 现址市世纪大道 6 号,邮编 226018,馆长钱志平,网址:www.ntda.gov.cn,电话(0513)85216646。江苏省"一级国家档案馆"。2006 年被授予"江苏省爱国主义教育基地"。建筑面积为 8000 平方米,另租赁 5350 平方米企业厂房为改制企事业单位档案保管用房。馆藏档案资料 60 余万卷(册)。其中民国档案 34454 卷,张謇大生企业集团档案 9580 卷,是研究大生企业形成、发展和兴衰,研究中国近代经济发展史的重要史料,2003 年被列入《中国档案文献遗产名录》。2002 年南通档案信息网开通,已完成馆藏重要档案的文件级目录数据库建设,采取固定与流动相结合的档案史料展,采用网上发布和现行文件利用中心向社会提供服务。

崇川区档案馆 现址南通市跃龙南路 36 号,邮编 226001,电话(0513)85128776。是保存管理区党、政、群、团、事业单位各种门类、各种载体的重要档案的国家综合档案馆。2004 年被评定为省二级档案馆。成立于 1991 年。馆藏档案资料 11776 卷(册)、6770 件,其中资料 431 册。著录文书档案和婚姻档案条目 185665 条。

港闸区档案馆 现址南通市城港路 58 号区政府内,邮编 226005,馆长查玉华,电话 85609620。2004 年通过了江苏省二星级馆的认定,同年成立了区现行文件资料中心。馆库面积 190 平方米。馆藏档案 18096 卷、9714 件,馆藏资料 1811 册。馆藏文书档案、婚姻档案全部进行了数据录入,现有机读目录 21 万条。2003 年建立了港闸区档案馆网站。

南通开发区档案馆 现址南通市经济技术开发区中兴路星湖大厦十三、十四楼,邮编 226009,电话(0513)83596862。成立于 1991 年。是保存管理本区党、政、群团、企事业单位各种门类、各种载体以及城市建设工程档案的综合档案馆。馆总占有面积 300 平方米,库房面积 220 平方米。馆藏档案 51000 卷(件)。

海安县档案馆 现址县城人民中路 51 号,邮编 226600,电话(0513)88812087,馆长韦圣霞。成立于 1959 年。被县委命名为"爱国主义教育基地",2003 年建立现行文件资料服务中心。先后被评为县文明单位、创建国家卫生城市先进集体、南通市档案工作先进集体等。馆库建筑面积 775 平方米。馆藏档案 92200 卷,20388 件,资料 8827 册。主要是建国后海安县党政机关、群众团体和企事业单位的档案。此外有辛亥革命以后的民国档案资料、革命历史档案。这些档案资料集中反映了海安政治、经济、文化、教育、卫生、科学、外事、政法、民政等国民经济和社会发展情况。

如东县档案馆 现址掘港镇江海中路线 44 号,邮编 226400,馆长陈力,电话(0513)84512024。为江苏省三级档案馆。1980 年档案工作成绩显著受到南通市档案局表彰,1985 年被如东县委、县政府命名为文明单位,1987 年会计档案工作先进单位受市财政局、市档案局表彰,1992 年市档案系统先进单位受市人事局、市档案局表彰,2005—2006 年市档案工作先进集体、市档案工作综合考核评比先进集体一等奖、市资源建设先进集体、档案工作开拓创新先进集体。库房面积 947 平方米。馆藏档案 192688 卷。特色档案有:朱德 1959 年为我县历史纪念碑题词,郭沫若 1963 年为如东县县掘苴河闸题词,管氏宗谱,大清邮票。

2001年建立了现行文件中心，已输入文件级目录近60万条，电子公文5000多页。收集建立了名人档案和非物质载体档案。编写《江苏沿海十四县（市）开发建设专题信息》每月一期专送县领导参阅，着手编写《洋口港开发二十年集锦》。举办了“昨天的历史，今天的辉煌”图片展。

启东市档案馆 现址市汇龙镇民乐中路664号，邮编226200，馆长卫健，电话（0513）83309107成立于1959年。1998年，被命名为“爱国主义教育基地”，1991年，获得省二级先进档案馆称号。2003年获得全省档案系统先进集体称号。面积约2000平方米。照片档案是启东档案馆的一大特色，收集了旧城风貌、启东籍将军、启东特产等照片。整理了吕四渔港、棉花高产、启东版画等具有地方特色的档案资料。2002年成立现行文件资料服务中心，多次接待学生及社会各界来馆参观。每年接待查阅人员逾千人。

如皋市档案馆 现址如城镇海阳北路360号，邮编226500，馆长周光银，电话（0513）87515996。为省三级档案馆。曾获江苏省档案系统“七五”、“九五”、“十五”先进集体，连续17年获如皋市文明单位，自1995年以来，每两年均被评为南通市文明单位。建筑面积632平方米。馆藏有明清时期谱志类等江苏省、南通市级珍贵档案文献，藏有旧政权档案、革命历史档案等国家重要档案及相关珍贵档案资料。成立了现行文件资料服务中心、档案目录中心，馆藏档案文件级目录全部实现计算机管理；建有“如皋档案信息网”，部分现行文件及婚姻档案、知青档案文件级目录已实现网上查阅；建立了网上“爱国主义教育基地”——红十四军纪念馆。

通州市档案馆 现址市金沙镇青年巷2号，邮编226300，馆长张新丽，电话（0513）86512354。被省档案局、省人事厅联合表彰为1999年度全省档案系统先进集体；2001、2003、2005年连续被市委、市政府授予“文明单位”称号；2001年被市委、市政府授予“1999—2000年度事业管理先进单位”称号；1991年晋升为江苏省三级档案馆。馆库面积1000平方米。馆藏档案125000卷（盒），资料10800册（本）。馆内藏有1925—1949年中共通州市党组织形成的档案，有民国录像磁带，有清代末年状元张謇的家谱，有原中共中央总书记江泽民的题词等珍品。2004年在局（馆）网页上开通了爱国主义教育基地。2005年市馆建成馆藏档案目录中心，录入目录数据60万条。2002年局（馆）网页被评为市直机关十佳网页，获省档案信息工作二等奖；档案网站建设、现行文件资料服务中心和文书立卷改革工作被南通市档案局评为先进。编研成果《通州市农业结构调整典型经验、致富信息种植养殖知识汇编》被评为省档案系统二等奖。2006年被南通市档案局评为“南通市档案工作综合考核评比先进集体”。档案工作服务新农村建设、档案工作开拓创新两项获南通市档案工作单项考评评比一等奖。

海门市档案馆 现址市海门镇解放中路39号，邮编226100，馆长宋建平，电话（0513）82100142。1959年成立。1994年定为省二级档案馆。“八五”期间被省档案局、省人事局授予先进集体称号；“九五”和“十五”期间被南通市人民政府授予先进集体称号。馆库房面积1700平方米。馆藏档案资料102772卷（册）。其中比较重要、珍贵的有1537年《嘉靖海门县志》、1935年《民国海门图志》，1932年张謇大生三厂规划图，清代咸丰年间师山诗存，上海画院名誉长、海门画家王个簃珍贵书画等。

连云港市档案馆 现址市新浦区海昌北路104号院内，邮编222002，馆长陈瓦夏，电话（0518）5803362。2006年晋升为江苏省一级档案馆。2001年被市委、市政府授予“全市经济建设、社会发展先进单位”称号，被评为“十五”江苏省档案系统先进集体，连续8年获市级文明单位和文明机关称号，档案馆接待查档窗口连续6年被评为省、市级“青年文明号”。馆库面积21 69平方米。馆藏档案资料138709卷(件、册)。馆藏具有地方特色的档案有明、清及民国时期的地方志书、家谱、族谱,民国时期淮北盐务管理局及其下属公司、盐场形成的档案和锦屏磷矿公司档案,国民党东海县党部档案,中共新海连特委、徐海蚌工委形成的革命历史档案,以及市“文革”时期群众组织档案等。已建成馆藏全部档案的案卷级和文件级数据库,数据库总量达200余万条,初步形成了以市档案馆为核心,以其他各级各类档案馆、室为基础的覆盖全市的档案目录中心。2006年开发应用了网络版的档案馆管理系统,构建起档案馆数字化应用技术平台,初步实现了馆内各项业务的智能管理。设有常年开放的档案史料陈列展览,1999年被命名为市级爱国主义教育基地,与市12所大中小学校签定了共建基地协议。

连云区档案馆 现址连云区海棠路143号,邮编222042,电话(0518)2310947,馆长关义青,电话13775589211。成立于1992年,是集中保管区级机关、团体、企事业单位档案资料的地方综合档案馆。2005年馆建立“现行文件利用中心”。馆库面积约180平方米。馆藏档案3600余卷,其中资料89册。

连云港经济技术开发区档案馆 现址连云港经济技术开发区昆仑山路,邮编222047,电话(0518)2340903,馆长赵长学(兼),电话(0518)2341960。成立于1992年。2007年晋升为江苏省二星级档案馆。馆藏档案17540卷,13933件;资料460卷册。有李鹏、乔石、姬鹏飞、谷牧、朱镕基、回良玉、贾庆林、董建华等来区视察时的题词、声像档案,有国务院、省、市政府关于建立开发区的批复、总体规划、各项方针政策的档案,有各国客商在开发区投资建厂的意向书、可行性研究报告、合同等整套项目的档案,有建设基础设施、“六通一平”所形成的地质勘探、水文资料及地形图、地貌图,有区内市政管网和厂房、楼宇竣工档案。资料有本区《大陆桥导报》汇编本、《朝阳镇志》。

赣榆县档案馆 现址青口镇黄海路32号,邮编222100,电话(0518)6223158,馆长刘传义。2003年被命名为“市级爱国主义教育基地”;2004年增挂“赣榆县现行文件服务中心”的牌子,2006年晋升为江苏省二级馆;2006年在连云港市档案馆年检综合考核中获一等奖。总建筑面积2431.68平方米,其中库房1500平方米。馆藏档案53253卷、资料1921种13461册。馆藏档案最早形成时间为1647年,主要是建国前的史志谱类档案、民国档案、革命历史档案以及建国后县直党政机关、乡(镇)、企事业单位形成的档案,其中最为珍贵的是6321册木刻和石刻版的古籍线装书,多为孤本。建立了局域网及赣榆档案信息网站。2003年开始运用微机检索和利用档案资料;同年6月,该局(馆)利用馆藏档案史料和征集的照片实物等建起了“赣榆县档案馆档案史料陈列室”。

东海县档案馆 现址县城和平东路21号,邮编222300,馆长佟太保,电话(0518)5070589、5070580。1997年晋升为省一级综合档案馆,2001年被命名为连云港市爱国主义教育基地,至2006年先后4次被评为全省档案系统先进集体。馆库房面积1838平方米,馆藏档案82159卷(册)。馆藏中较为珍贵的有建国前当地革命历史资料,建国后党和国家领导人来东海视察的照片、题词,中国水晶之都——东海历届水晶节档案,建国后名人档案,以及地方史志等资料。2005年,馆建立现行文件利用中心,现已收集文件资料5150份(册),接待360人次。2002年以来,东海县档案馆爱国主义教育基地与学校、机关和企事业单位建立教育共建关系,先后4次举办了档案史料陈列及各种纪念展览,接待参观群众近2万人次。

灌云县档案馆 现址胜利西路县政府院内,邮编222200,馆长李琴,电话(0518)8812638。成立于1959年。馆藏档案56968卷,资料24900册(件)。较为珍贵有乾隆至宣统年间的地契、土地执照，咸丰十一年的圣旨。有明朝《隆庆海州志》、清朝《嘉庆海州志》、民国《江苏六十一县志》，有《新沂河年鉴》、灌云县《兵要地志》、《地名录》、《灌云县革命斗争纪略》、《灌云县志》和50年代《灌云报》及《江苏省革命烈士英名录》等。

灌南县档案馆 现址新安镇人民中路20号（县政府院内），邮编222500，馆长朱如光，电话（0518）3223240。2005年通过了江苏省二星级档案馆的复查认定。馆藏档案资料57288卷（册）。其中有1958年淮安建县后县乡以上党政机关、群众团体和部分企事业单位在各项活动中形成的文书档案、科技档案、会计档案、人口普查档案等；保存名人档案有比利时尤利卡奖章获得者、著名中医周达春研制的“五妙水仙膏”科技成果材料，有著名画家王小古的诗画；还有名优特产档案，如汤沟大曲、压铸机等获国优部优的材料等；有《汪氏家谱》、《汤氏家谱》十余种族谱档案等。在开展利用工作的同时，还开展爱国主义教育基地展览工作；成立了灌南县现行文件利用中心。

淮安市档案馆 现址市健康西路140号，邮编223001，馆长朱耀龙，电话（0517）3606123，网址 http://daj.huaian.gov.cn。2002年被江苏省档案局评定为“江苏省二级国家档案馆”，2003年命名为“淮安市爱国主义教育基地”。馆库建筑面积4200平方米。馆藏档案资料92912卷册。清代档案有同治年间房田契。民国档案有江苏银行清江分行会计档案，国民党淮阴党政军及社团组织材料，江苏省高等法院淮阴第二分院文书和诉讼档案。革命历史档案有中共淮盐特委、长淮特委、中共华中第六地委等相关文件材料。建国后档案有淮安市（原淮阴市）、淮阴地区、清江市党政机关、群众团体及部分企事业单位档案，有刘少奇、胡耀邦、朱镕基、温家宝、乔石、李岚清等党和国家领导人视察本地工作的照片，有华罗庚、于光远、周太和等科学家来淮考察的留影，有邓小平、李鹏、李一氓、张爱萍、赵朴初、荣高棠等人给淮阴有关单位的题词，有淮河整治和洪泽湖开发的材料，有著名京剧表演艺术家、荀派传人宋长荣的声像档案。资料有清同治《清河县志》、光绪《淮安府志》及淮阴市地方志、水利志、企业志，有《淮阴党史资料》、《淮阴文史资料》、政府法规文件汇编、国民经济和社会发展情况统计资料汇编、年鉴，有《救国时报》、《淮海报》、《晨报》等报刊，有关于名人韩信、吴承恩、周恩来、陈白尘的生平资料、作品等。馆藏档案文件级目录已全部实现计算机检索。 （鹿建平）

清河区档案馆 现址市北京北路103号区人民政府院内，邮编223001，馆长王亚美，电话（0517）3643799，电子信箱：qhqdaj@163.com。成立于1986年。2005年成立“清河区文件利用中心”。建筑面积84平方米，库房建筑面积60平方米。馆藏档案2910卷、8567件，照片档案465张。主要有文书档案、婚姻档案、城建执照档案、死亡干部档案等。

清浦区档案馆 现址淮安市淮海南路268号区行政服务中心六楼，邮编223002，馆长徐永年（兼职），电话（0517）3515000、3515076。成立于1987年。2005年挂区现行文件利用中心牌子。馆库面积300平方米。馆藏只有1983年建区后区直机关部门的一些文书、文件资料。

淮阴区档案馆 现址淮安淮阴区王营镇北京西路11号，邮编223300，馆长徐海，电话（0517)4931480。成立于1964年。2001年被江苏省档案局评定为省三级国家档案馆。1991年以来连续11年获市级文明单位称号。馆库面积1560平方米。馆藏档案资料61655卷（册），其中资料8261册。时间起迄为1812—2000年。馆藏档案主要有：史志谱类档案、革命历史档案、旧政权档案、复员退伍军人档案、各乡镇档案和区级机关、团体、事业单位档案。珍贵档案主要有：清代、民国时期形成的田契、房契、验契纸、印花税票等。2004年建成了内部局域网；2007年建成了“淮阴档案信息网”(挂靠淮阴区政府网站);2004年建立了馆藏档案目录数据库,各主要全宗档案利用工作已实现微机检索。

楚州区档案馆 现址淮安楚州区西长街141号,邮编223200,电话(0517)5912841,馆长颜景杭,电话(0517)5913695。成立于1959年。1990年被评为省“二级国家综合档案馆”。总面积1500平方米,其中库区面积900平方米。馆藏档案、资料277644卷(册),其中资料14065册。馆藏有明清档案、民国档案和革命历史档案,周恩来书信手迹、国家领导人书画、博里农民画等特色档案200余件,婚姻档案179524卷等。

涟水县档案馆 现址县委院内(涟水县城安东路6号),邮编223400,电话(0517)2322465,馆长朱传俊。成立于1959年。1991年通过省三级馆验收,1992年又晋升为省二级档案馆。1995年获“江苏省档案系统先进集体”、“江苏省档案工作先进集体”称号;2003年被省局表彰为“全省档案系统先进集体”。2001年被命名为县级爱国主义教育基地。2005年成立了县现行文件利用服务中心。馆库建筑面积为793平方米。馆藏档案68475卷、4933件,资料12838册。2001年举办了建党80周年档案史料陈列展览。

洪泽县档案馆 现址县城高良涧镇东风路66号,邮编223100,馆长程泽仁,电话(0517)87269576。成立于1960年。2003年建立现行文件利用中心,同年建立爱国主义教育基地。1994年认定为省三级馆。总建筑面积1200平方米,其中库房面积700平方米。馆藏档案52844卷(册)786件,资料22120册。较有特色的档案资料有彭雪枫生平的地方史志资料,洪泽湖水产资源保护、开发、建设等,刘少奇、胡耀邦、温家宝、李岚清、张爱萍视察、关爱洪泽的照片,以“洪泽湖颂”为主题的全国著名书法家书法作品,洪泽湖水上运动会档案资料。已建成局域网。

盱眙县档案馆 现址淮河东路37号,邮编211700,电话(0517)8212117,馆长郑素兰,电话(0517)8222153。成立于1959年。2004年建立了“现行文件服务中心”,2005年被命名为县级爱国主义教育基地,2006年又被命名为“淮安市爱国主义教育基地”。为江苏省三级档案馆。馆库建筑面积1060平方米。档案资料67832卷(册),其中资料10723册。

金湖县档案馆 现址建设路300号,邮编211600,电话(0517)6895673,馆长雷兴科。面积554平方米。2002、2004年度被市委、市政府表彰为市级文明单位,2007年被江苏省档案局认定为省二星级档案馆。1999年建立现行文件利用中心,2000年成为县爱国主义教育基地。馆藏档案47290卷3484件,资料6985册。全部馆藏档案已建立数据库。珍贵档案有1940—1944年津浦路东办事处、新四军江北政治部期间胡服(刘少奇)、张云逸、徐海东、罗炳辉、邓子恢、方毅、陈质夫、汪少川、张灿明等人在金湖地方活动的档案。“中国金湖荷花艺术节”期间艺术作品,反映地方民俗的金湖民间80多岁老艺人艺术剪纸、民国石碑、族谱、家谱多件。通过公开向社会征集商品票证档案125件,结合历史文件、老照片举办“金湖县商品票证展”及“地方党史展”、“金湖县情展”等。

盐城市档案馆 现址市毓龙东路22号,邮编224001,馆长徐晓明,电话(0515)88119053。2006年被市委、市政府指定为政务信息公开场所。1997年被认定为江苏省二级档案馆。总面积为8000平方米,库房面积3500平方米。馆藏档案资料共约7.2万余卷(册)。其中年代最早的是清咸丰八年(公元1858年)的地契。馆藏珍贵的档案资料有党和国家领导人来盐视察的照片、题词,盐城县志及陆氏宗谱等。另外馆藏有盐城地区海岸带土地资源分布、海涂分布、海岸侵蚀动态档案。

亭湖区档案馆 现址盐城市毓龙东路22号盐城市档案馆五楼,邮编224002,馆长李洁莲,电话(0515)8172230。成立于1986年。馆内现存有1983年至1989年区委、区政府及所属各部门及撤销、合并部门的文书档案5981卷，5081册(件)，同时收藏少量地图、钱币、印模等实物档案及照片档案。馆藏中较有特色的是“户粮档案”，即20世纪60年代下放人员农转非档案及知青农转非档案。

盐都区档案馆 现址盐城市日月路1号，邮编224005，馆长商兆鑫，电话(0515)8117608。成立于1958年。1959年获“全国档案资料工作先进集体”称号；2005年被确认为盐都区爱国主义教育基地；2006年成立盐都区现行文件利用中心；同年被认定为江苏省二星级档案馆。馆库建筑面积1540平方米。馆藏档案73953卷，资料9913册，重点档案有明万历盐城县志，清乾隆、光绪盐城县志，盐城县旧政权档案，盐城县革命历史档案，1941年国民党中央各军事学校毕业生学籍登记表，胡乔木题写手迹一件。

滨海县档案馆 现址滨海县行政办公中心东辅楼，邮编224500，馆长薛天旷，电话(0515)4190690。成立于1959年。建筑面积3350平方米。2005年被命名为滨海县爱国主义教育基地，同时挂牌成立滨海县现行文件服务中心。2007年通过江苏省二级国家综合档案馆的评审验收。馆藏档案、资料5万余卷(册)。其中，根据本地区名人荟萃的特点，通过抢救和广泛征集，建立了滨海县名人档案汇集全宗，收集保存了顾正红、庞学勤、李敦甫、张华祝等滨海籍知名人士的生平简介、照片、手稿、证书、实物、作品等珍贵的档案资料。

射阳县档案馆 现址县合德镇红旗路53号，邮编224300，馆长刘必建，电话(0515)82362609。2006年被评为江苏省二级综合档案馆。2003年被命名为市级爱国主义教育基地。总建筑面积1700平方米，其中库房面积1150平方米。馆藏文书、村建、婚姻等各类档案、资料14.1万卷(件)。近几年来陆续接收了全县改制、破产企业档案60337卷进馆代保管。

建湖县档案馆 现址近湖镇境内，邮编224700。成立于1959年。是集中保管县级机关、团体、企事业单位档案资料的综合档案馆。总面积1700平方米，库房面积750平方米。馆藏档案资料66365卷(册)，其中资料9585册。广泛征集民间散存资料以及全县婚姻登记档案、文化艺术档案。

东台市档案馆 现址市红兰路88号，邮编224200，馆长孙亚宜，电话(0515)5263858。成立于1959年。是市爱国主义教育基地，2004年成立了市现行文件查阅中心。先后共获得全省档案工作先进集体、全省档案宣传工作特等奖等省、市级各类奖牌24块。馆库面积1023平方米。馆藏档案12万卷(册)。馆藏特色档案资料有清代《东台县志》、《东台县富安场安澜圩堤修筑史料》，民国时期婚姻档案及革命历史资料《新四军一师东台如皋遁东地区路线图》等。建成了民国档案数据库、革命历史档案数据库和各种专业专门档案数据库。

大丰市档案馆 现址市区大刘路9号，邮编224100，馆长曹建伟，电话(0515)3818881。1958年成立，1992年晋升为江苏省二级档案馆；1995年被评为全省档案系统先进集体；2006年被大丰市委、市政府表彰为“三个文明”综合先进单位、市直部门招商引资先进单位。2001年确定为市级爱国主义教育基地；2003年建立了现行文件中心。总面积为1100平方米，库房680平方米。馆藏档案54230卷，资料17069册。馆藏特色档案有革命历史档案、民国档案、专门档案、麋鹿档案及《小海场志》、国家领导人的题词与照片、香港回归百米书画等。

扬州市档案馆 现址市府西巷8号，邮编225002，馆长葛阳生，电话(0514)7968217。2004年认定为江苏省一级档案馆，2003年被评为全省档案系统先进集体，2005年被评为全省党员结对帮扶先进集体。2006年被命名为省级爱国主义教育基地。2002年建立现行文件中心，2005年迁入市行政服务中心。建筑面积5200平方米，其中库房面积1125平方米。馆藏档案98948卷，29763件，资料25964册。特色档案资料主要有清代契约档案、明清地方志书、有关省市志书年鉴、党和国家领导人题词、扬州名人档案、友好城市档案、音像档案及建国前地方党组织机关报刊等。先后举办了“人民利益高于一切”、“党和国家领导人与扬州”、“润扬大桥”、“今日扬州”等大型图片展览。近年来，结合需要编印出版了14种19册地情书，《落日辉煌话扬州》等多项成果在国家、省、市评比中获奖。

广陵区档案馆 现址扬州市文昌中路548号（广陵区人民政府内），邮编225002，馆长刘及新，电话（0514）7315039。成立于1985年。2005年被区指定为信息公开场所，建立了区现行文件资料利用中心，同年，区爱国主义教育基地挂牌。建筑面积630平方米，库房面积377平方米。馆藏档案资料共23638卷（册）、1219件，其中资料3229卷（册）。特色档案资料有：江泽民为《广陵区志》题词手迹。

邗江区档案馆 现址扬州市文昌中路620号，邮编225002，馆长徐宁，电话13056345033（手机）。成立于1990年。1994年晋升为江苏省二级国家综合档案馆。1995年被评为江苏省档案系统先进集体，2006年被扬州市人民政府表彰为“十五”期间档案史志工作先进集体。2000年被确定为区爱国主义教育基地。2003年建立区现行文件资料服务中心。建筑面积1116.5平方米，库房面积707平方米。馆藏档案66798卷（册）。馆藏特色档案资料有《毛泽东评点二十四史》线装本，明正德十四年《集千家注批点补遗杜工部诗集》，张爱萍在方巷“社教”照片，文革传单，盛氏、束氏家谱等。2003年建立邗江档案网站。

宝应县档案馆 现址宝应县城开发区，邮编225800，馆长陈国光，电话（0514）8284135。成立于1959年。现已成为全县档案管理中心、文件寄存中心、现行文件利用中心、政府信息发布中心和爱国主义教育基地。1998年，通过省一级馆评审。1999年和2003年，馆先后两次被评为全省档案系统先进集体。建筑面积7000平方米，库房面积3000平方米。馆藏档案近5万卷，包括四库全书、大百科全书在内的近2万册图书资料。

仪征市档案馆 现址市解放东路247号，邮编211400，馆长朱春友，电话（0514）3430760。1993年晋升为江苏省国家一级档案馆。2000年被命名为“仪征市爱国主义教育基地”。2002年成立仪征市现行文件中心。2006年被评为扬州市“十五”期间档案工作先进集体。1959年成立。总建筑面积1278平方米。馆藏档案83783卷（件）、资料14992册，专门档案35003卷。2006年底，已划控1万余卷（册）档案资料向社会开放。

高邮市档案馆 现址市府前街62号，邮编225600，馆长周成，电话（0514）4615098、5602698、5600699，网址1www.gyda.com.cn。成立于1959年。1993年晋升为“省三级档案馆”，2005年挂牌成立爱国主义教育基地并建成现行文件中心。成立于1959年。馆藏市级机关各部门和部分基层企事业单位及明清以来的历史档案共51346卷，资料10000余册。馆库面积400平方米。

江都市档案馆 现址市仙女镇人民路1号，邮编225200，电话（0514）6552329，馆长孙江川，电话（0514）6536792。成立于1959年。建筑面积837平方米。1993年评为省三级国家综合档案馆；2001年被表彰为全市档案工作先进集体；2006年被表彰为扬州市“十五”期间档案工作先进集体。馆藏档案80123卷，57894件，资料10271册。其中有全市婚姻登记、村民建房、名人题词、照片等专门档案和特殊载体的档案。2005年在市行政服务中心建成江都市政务信息公开查询窗口，共收集现行文件6765余件，文件汇编28册2100余件，供群众查找利用。

镇江市档案馆 现址市正东路141号市政府大院6号楼，邮编212001，馆长王欣，电话(0511)4424842。2003年市委授予"爱国主义教育基地"，成立现行文件中心。1996年评为省二级馆；2002—2004年度被市委、市政府评为文明机关；机关党支部连续7年被市级机关工委评为先进党支部。馆库面积1685平方米。馆藏档案142216卷，资料19122册。馆藏档案主要内容有抗日战争时期新四军茅山地委和解放战争时期镇江地委的档案资料。国民党镇江县党部、镇江县政府以及县参议会、警察局等机关的档案资料。史志谱类主要为镇江(丹徒)县志、镇江"三山"志，少数毗邻府县志。编纂时间最早为1332年，最晚为1927年，多数为清末民初所纂。

京口区档案馆 现址镇江市学府路39号，邮编212003，馆长蒋依民，电话(0511)5388509。成立于1985年。设立了爱国主义教育基地，成立了现行文件利用中心。1997年定为省二级档案馆。先后被省档案局评为"全省档案系统先进集体"、镇江市档案工作先进单位、京口区"文明单位"、"三服务先进单位"等，微机室获"省级青年文明号"。馆库面积约800平方米。馆藏档案21052卷。在馆藏档案中，专门档案占据突出位置，婚姻档案和公证档案在专门档案中发挥的作用和效益也日益显著。馆内还收集有全区获得国家、省、市级以上表彰的奖牌、奖状、奖杯、锦旗、荣誉证书以及荣誉实物等档案，建立了荣誉陈列室。实现了全部馆藏档案的文件级计算机检索，还编制了档案参考资料和文件汇编共33种。

润州区档案馆 现址镇江市润州路5号区政府大院内，邮编212005，电话(0511)85623194。成立于1989年。2006年评审为省二级国家档案馆。馆藏档案13190余卷，2147件。

丹徒区档案馆 现址丹徒区谷阳大道1号区政府大楼七楼，邮编212028，馆长陈一凡，电话(0511)8992588。2005年被江苏省档案局认定为国家二级档案馆，"八五"期间被省人事厅、省档案局授予"江苏省档案系统先进集体"称号，2001—2006年连续六年被镇江市委、市政府评为"镇江市档案工作先进集体"。建筑面积为1720平方米，库房面积850平方米。馆藏具有地方特色的档案主要有史志谱牒、丹徒报、龙山全宗档案和名人档案。档案馆的电子文件中心、电子档案中心、数字档案馆、爱国主义教育基地"四位一体"建设格局逐步形成。

丹阳市档案馆 现址丹阳市内，邮编212300，电话(0511)6525064，局长周祥庆。1959年成立。1995年被评为江苏省二级档案馆。总建筑面积1630平方米，库房面积648平方米。馆藏档案86549卷(件)，资料2万余册(件)。馆藏特色有：新中国第一个大型电力灌溉工程——珥陵电灌站档案、民国丹阳县档案、谱牒类档案、丹阳练湖的历史档案及资料。

扬中市档案馆 现址市行政中心办公大楼西侧，邮编212200，馆长王彦斌，电话(0511)5151541，网址：http//daj.yz.gov.cn 电子邮箱：yzdaj2007@163.com。为省二级国家综合档案馆。被命名为"爱国主义教育基地"。为省档案系统先进集体，市文明单位，党支部多次被评为"先进基层党组织"，保管利用科被授予"省级巾帼示范岗"荣誉称号。建筑面积5539平方米，其中库房面积1500平方米。馆藏档案112387卷，4927件，资料8124册。特色档案主要有：反映清朝扬中四面环江特殊地理位置的江堤保护、捐资修桥等的石刻档案，解放前作为"江心跳板"革命活动家档案，全国第一座由老百姓自筹资金建设的"扬中大桥"档案等。馆藏档案已建立文件级目录数据库，全文数字化正在展开。

句容市档案馆 现址市华阳镇人民路70号，邮编212400，馆长王庆鸣，电话(0511)7276237，手机13905297668。2000年被市委批准为爱国主义教育基地，2004年成立"现行文件资料利用中心"。为江苏省二级档案馆。

建筑面积1446.8平方米。馆藏档案总数61498卷,图书资料9078册。最早的档案有明清档案(1846－1911年),清朝江宁府劝农总局颁发的田产执照,杜卖房地产文契。民国时期档案,其中较珍贵的有:句容县政公报、大风报、壬午学社编印的壬午月报和励行学社编印的野风月刊,民国26年句容清丈队测绘各乡镇地籍原图、民国元年知事公署、审会所诉状等。另外还有句容名优特产品档案和科技研究档案。馆藏案卷级和文件级目录的录入已完成馆藏量的98%,建立了完整的历史档案数据库。目前已举办各类展览11次,接待参观者8000多人次。

泰州市档案馆 现址市海陵区府前路8号,邮编225300,电话(0523)6227612,馆长查桂山,电话(0523)6886369。成立于1959年。是集中保管泰州市、海陵区机关、团体、企事业单位档案资料的地方综合档案馆。1999年被命名为"泰州市爱国主义教育基地",2004年建立了"泰州市现行文件利用中心"。总面积1500平方米,库房面积1161平方米。馆藏档案82421卷(册),图书、报刊资料26733册。2006年馆图书资料数字化基本完成,馆藏档案已建立机读目录140余万条。

高港区档案馆 现址泰州市高港区港城路8号,邮编225321,电话(0523)6966329,馆长包志明。成立于1997年。2005年成立现行文件利用中心。馆库房面积40平方米。馆藏档案5000卷。2005年,开通高港区史志档案信息网。

兴化市档案馆 现址市政府大院5号楼,邮编225700,馆长谷幼农,电话(0523)3326588。成立于1959年。2000年命名为市爱国主义教育基地。2004年成立现行文件资料服务中心。1992年被江苏省档案局评定为省二级综合档案馆。面积5500平方米,其中库房面积1700平方米。馆藏档案8.1万余卷。馆藏最早的档案资料为1559年(明嘉靖三十八年)兴化县令胡顺华主持修纂的《兴化县志》。特色档案有县级领导工作笔记本、名特优产品档案、名人档案、1931年、1991年洪涝灾害照片、方言志等。

靖江市档案馆 现址市骥江东路26号,邮编214500,馆长王亚平,电话(0523)4822410。2003年被评为省一级馆。同年被评为靖江市爱国主义教育基地。馆库房面积为900平方米,馆藏档案10余万卷(册)。特色档案有明清时期《靖江县志》、《四库全书》,古字画40幅,地籍原图592张。

泰兴市档案馆 现址泰兴镇大会堂路2号(原市政府内)邮编225400 ,电话(0523)87657775,馆长李国华,电话(0523)87633212。成立于1959年。是集中保管市级机关、团体、企事业单位档案资料的综合档案馆。1995年通过省一级综合档案馆的等级认定,于2000年通过复查验收。同年被市评定为"泰兴市爱国主义教育基地"。2004年市现行文件服务中心挂牌开放。馆库房及办公楼面积共2038平方米。馆藏档案90365卷(册),各种资料12818册。有名特优产品档案、反映泰兴地方特色的《玉如意》、《扒抢记》及明、清时代的字画等特色档案和珍贵资料。清代著名画家戴熙的一幅山水画入选第一批江苏省珍贵档案。近年来加大了对名人(中科院院士、全国党代会、人代会代表等)档案、婚姻、会计、重大活动等专门档案的征集力度。编纂出版了《泰兴市情丛书》,该书共7册160万字。

姜堰市档案馆 现址市行政中心西侧,邮编225500,馆长赵进,电话(0523)8869709。成立于1959年。馆1999年被命名为市爱国主义教育基地。2005年成立现行文件利用中心。1990年获得江苏省二级档案馆等级证书,并受到扬州市档案局表彰。馆库建筑面积为870平方米。馆藏特色档案资料主要有党和国家领导人胡锦涛、江泽民亲属在姜的部分档案、照片;海军诞生地白马庙、新四军东进旧址——曲江楼的部分图片、资料;中国溱潼会船节的部分资料；京剧艺术家荀慧生来姜演出的照片；清代围棋国手黄龙士、著名学者高二适有关图片及资料；全套《申报》缩印本等。建立了馆内局域网。

沭阳县档案馆 现址沭城镇北京南路16号，邮编223600，馆长姜硕东，电话(0527)3552779。1998年通过"省二级"档案馆验收。2004年被省档案局、人事厅授予"全省档案工作先进单位"。成立于1959年。现有馆库面积360平方米。馆藏档案81554卷，图书、资料8204册。"十五"期间建立了县域档案网站，完成中心数据库三分之一录入。率先建立了全县现行文件阅览中心，包括实物阅览中心和网上阅览中心两个部分。

泗阳县档案馆 现址众兴镇众兴中路68号，邮编223700，馆长王公权，电话(0527)88500602。成立于1959年。2004年被授予市级文明单位。面积约500平方米。馆藏档案73112卷，资料13210多册。最早的档案为1900年。建立了档案信息网。管理工作以计算机为主，档案资料初步实现了数据化。

泗洪县档案馆 现址泗洲中大街18号，邮编223900。成立于1959年。建筑面积1300多平方米。馆藏档案65654卷、6995件，资料7017册。是县委、县政府直属事业单位，主要职能是永久保管全县国家档案并对社会提供利用。其中有胡耀邦、江泽民视察泗洪的照片。清雍正帝敕命档案弥足珍贵。

浙 江 省

浙江省档案馆 现址杭州市曙光路45号，邮编310007，馆长王立忠，电话(0571)85118174、85119228。成立于1965年，是集中统一保管档案资料的国家综合档案馆，爱国主义教育基地、已公开现行文件查阅中心。1998年晋升国家一级档案馆。总建筑面积11000平方米，库房面积7500平方米。馆藏档案近54万卷(件)。“茅以升钱塘江大桥工程档案”和“汤寿潜保路运动”档案被列入《中国档案文献遗产名录》。编纂了《浙江革命历史档案史料选编》、《日军侵略浙江实录》、《浙江省档案馆馆藏书画选》、《浙江省档案馆馆藏民国名人手迹》等1600余万字。举办了“浙江省纪念中国人民抗日战争暨世界反法西斯战争胜利60周年大型图片展”、“浙江省纪念红军长征胜利70周年大型图片展”等大型展览。档案数据库条目达200万条，全文档案数据库100多万画幅，照片1.5万张，电视新闻条目近2万余条。建成了“浙江档案网”，网站访问量达135万人次。 (莫剑彪)

浙江省气象档案馆 现址杭州市艮山西路73号，邮编310017，馆长葛小清，电话(0571)81992827、86783608。成立于1985年，是以统一保管全省气象档案资料专门档案馆。总建筑面积288平方米，库房面积220平方米。馆藏档案资料5.4万卷(册)，其中资料4000册。馆藏档案资料的历史跨度100余年。已收集杭州、台州两地区约4万卷(册)气象档案。已完成全省19个气象站自建站到今降水自记纸的数字化处理。已建成档案馆目录数据库。

浙江省区划地名档案馆 现址杭州市湖墅南路118号文晖大厦13楼，邮编310005，电话(0571)88820363。馆长章俊杰，电话(0571)88830293。总面积430平方米，库房面积150平方米，目前收藏地名档案资料47423卷(册、幅)，专业资料7345册(幅)，工具书72种133册，收藏全省各市、县(市、区)编纂出版的地名志(录)、各类地名图册1328册，拥有各种比例尺地图9种5506幅，地名卡片资料11万张；收录全省1853个乡镇的地名资料和1442个名胜古迹的地名资料，信息量达98850条。储存省市县勘界线和交会点光盘资料104张，1:1万全省界线图464册，其中包括工作底图144册，协议附图320册；勘界协议书资料3324本。 (石惠芝)

浙江省测绘资料档案馆 现址杭州市保俶北路83号，邮编3100012，馆长洪顺利，电话(0571)88054189、88081577。创建于1986年。是集中保存、管理测绘科技档案的专门档案馆。创建于1986年。库房面积745平方米。馆藏档案4000余卷，基础比例尺数字化地形图近千幅，覆盖全省的系列比例尺地形图484幅，航空摄影底片12万余帧。 (洪顺利)

浙江省地质资料档案馆 现址杭州市体育场路498号，邮编310007，电话(0571)85116962、87056378。建于20世纪80年代，是保存地质、矿产档案资料的专门档案馆。库房面积392平方米。馆藏有6400余种各类地质资料，其中建国前的有175种，最早的地质报告可上溯至1918年。 (刘西滨)

杭州市档案馆 现址香积寺路3号，邮编310004，电话(0571)85372560、85355222。成立于1965年，是集中管理档案资料的基地，爱国主义教育基地，现行文件查阅服务的中心。1996年晋升省一级馆。1997年晋升国家二级馆。总建筑面积9274平方米，库房面积4000平方米。馆藏档案88万余卷，资料14955册。馆藏最早的档案形成于清康熙三十一年(1692年)。征集到明嘉靖二十六年初刻本《西湖游览志》和《西湖游览志余》、雍正十三年武英殿刻本《西湖志》等近400卷。已将“西湖博览会”、防治“非典”、“七艺节”、“全球化论坛”、“旅游交易会”、“国际动漫节”等档案资料接收进馆。已建立馆藏文件级、案卷级目录数据库472万余条，全文数据库650.6万余页。编著了《建国以来西湖文献资料汇编》、《百年经典杭州》、《近代杭州图集》、《抗日烽火中的杭州》、《杭州古旧地图集》、《中国杭州通鉴》等资料。

杭州市城建档案馆 现址杨六堡路8号，邮编310004，馆长黄伟明，电话(0571)85351055、85351546。1986年正式建立，履行城建档案行政管理和城建档案保管利用两种职能。是省一级城建档案馆、国家一级城建档案馆。总建筑面积4000平方米，库房面积1500余平方米。馆藏档案25万余卷，照片5万张、录像1.5万分钟。档案形成时间最早为19世纪初，还有百年前珍贵的风景名胜等历史资料。制作了《构筑大都市 建设新天堂》、《鸟瞰新杭州》、《光荣与梦想——杭州城市建设55周年》以及《33929工程建设纪实》、《杭州——高起点推进城市化》、《杭州的昨天、今天和明天》等资料16种，《运河综合整治与保护开发一期工程纪实》、《红楼》、《南宋风情图》、《庆春路》、《三口五路整治纪实》、《复兴大桥》、《迎接钱江新时代——"九五"成就专题片》等电视专题片24部。制作"全国健康与环境"、"全国人居环境发展"等大型专题展览和。2006年建成城市建设陈列馆，面积900余平方米，被定为爱国主义教育基地。

(黄丽莺)

上城区档案馆 现址杭州市惠民路3号，邮编310002，馆长马黎宪，电话(0571)87823501，成立于1986年。2002年建立上城区档案馆网站，2005年现行文件中心挂牌。2006年成为杭州美术职高、浙江经济职业技术学院学生实习基地。2006年晋升省一级档案馆。总建筑面积330平方米，库房面积200平方米。现有馆藏档案53757卷、11153件，资料5429册，照片1596张，光盘95张。机读文件级目录387192条，开放档案4028卷已输入计算机，可进行条目检索。11万多对婚姻档案实现计算机检索，190余万页文书档案全文扫描。馆藏特色档案资料包括毛泽东视察小营巷街道的原始照片；世界吉尼斯最小京剧票友王东睿为朱镕基总理伴奏的照片等。

(张秀敏)

下城区档案馆 现址文晖路1号，邮编310004，馆长陈平，电话(0571)85820898。建于1985年，是负责保管机关、企事业单位档案资料的基地。2001年晋升省二级档案馆。建筑总面积400平方米，库房300平方米。馆藏档案19792卷。90%以上的档案已录入档案信息管理系统。 (陈平)

江干区档案馆 现址杭州市庆春东路1号，邮编310020，馆长傅宝珠，电话(0571)86974891。建立于1987年，是集中统一保管机关、团体、企事业单位档案资料的国家综合档案馆，区政府指定的行政规范性文件查阅场所。1998年晋升省二级档案馆。馆库总面积400平方米，库房306平方米。馆藏档案20061卷，资料3291册。馆藏档案资料的历史跨度59余年。建立了档案管理数据库，有45万余条档案数据供全区在线用户利用。

(王高荣)

拱墅区档案馆 现址杭州市台州路1号，邮编310015，馆长华丽红，电话(0571)88259691、88259693。成立于1985年，是管理档案资料的国家综合档案馆，成立了现行文件查阅服务中心。2004年晋升省二级档案馆。总建筑面积400平方米，库房面积350平方米。馆藏档案19000余卷、7959件，1691册。已建有馆藏档案目录数据库。研发了拱墅区档案馆(室)数字化管理系统。 (华丽红)

西湖区档案馆 现址杭州市浙大路1号，邮编310013，馆长张欣，电话(0571)87935006、87935007。建于1987年，是集中保管机关、团体、企事业单位档案资料的国家综合档案馆，爱国主义教育基地、区委、区政府指定的行政规范性文件查阅场所。建筑面积224平方米，库房面积120平方米。馆藏档案13000余卷、11600余件，资料2000余册。 (吕佳)

滨江区档案馆 现址杭州市江南大道100

号，邮编 310051，馆长张思红，电话（0571）87702007、88217860。成立于 1997 年，是保存和管理档案的国家综合档案馆，成立了现行文件中心。2004 年晋升省二级档案馆。馆总建筑面积 200 平方米。馆藏档案 4294 卷、23053 件，资料 2475 卷、册。（陈丽芳）

萧山区档案馆 现址杭州市体育路 36 号，邮编 311203，馆长杨朝华，电话（0571）82623649。成立于 1960 年，是集中统一保管机关、团体、企事业单位档案资料的国家综合档案馆，爱国主义教育基地、区政府指定的行政规范性文件查阅场所和政府信息公开申请受理点。1998 年晋升省一级档案馆。总建筑面积 2361 平方米，库房面积 1454 平方米。馆藏档案 87118 卷、19556 件，资料 13387 册。馆藏档案资料的历史跨度 300 余年。《来氏家谱》被列入"浙江档案文献遗产"。已将"2006 世界休闲博览会"、全套中国福利彩票等重要档案资料征集进馆。已建成馆藏档案文件级目录、婚姻登记、户口迁移、干部任免等 20 余种条目数据库和区四套班子档案、馆藏婚姻档案的全文数据库。档案信息网站已经建立，提供近 40 万条文件条目上网服务，为区内所有的部委办局提供 250 万条档案目录数据。编辑《口述档案》等近 30 项编研材料 250 万字。（李璐）

余杭区档案馆 现址杭州市临平街道西大街 33 号，邮编 311100，馆长范文良，电话（0571）86224848、86229844。是集中统一保管机关、团体、企事业单位档案资料的国家综合档案馆，成立了现行文件查阅服务中心。1997 年晋升省二级档案馆。总建筑面积 1650 平方米，库房面积 1200 平方米。馆藏档案资料 101398 卷（件、册），其中资料 15629 册。收集到江泽民、姬鹏飞等领导人的手迹原件，章太炎、何思敬、孙晓村等名人资料及反映日本侵华事实的文字图片集——《浙赣作战记录》、《圣战美术》等。（虞瑛 屠晓琦）

桐庐县档案馆 现址迎春南路 298 号，邮编 311500，馆长马珍仙，电话（0571）64212700、64212701。成立于 1958 年，是爱国主义教育基地，设立了现行文件阅览中心。2004 年晋升省一级档案馆。总面积 1580 平方米，库房 660 平方米。馆藏档案 8.2 万卷（册）、5.6 万件。已收集华夏中药节、富春江山水节、"神州风韵"剪纸节等档案。建立了 50 多万条数据的文件及目录数据库。档案信息网站已建立。编辑《桐庐县历年自然灾害汇编》、《桐庐档案馆指南》、《桐庐档案人事记》、《桐庐与名人》等资料 48 种。（向志平）

淳安县档案馆 现址千岛湖镇新安北路 25 号，邮编 311700。电话（0571）64813694，馆长鲁春福。成立于 1959 年，是集中统一保管淳安县县级机关、团体、企事业单位和乡镇机关档案资料的国家综合档案馆。是全县档案信息和现行文件利用中心。1997 年通过省二级档案馆目标管理认定，2006 年建立了淳安档案网站。建筑面积 2215.6 平方米，库房面积 1700 平方米。现有馆藏档案 70966 卷，12564 件，资料 12203 册。馆藏最早的档案是清朝康熙年间的地契，比较珍贵的档案有睦剧艺术档案、字画档案、新安江水库移民档案、千岛湖"3.31"事件档案、中央领导视察淳安的照片及各类印章、像章。建立了婚姻和户口迁移档案数据库，有各类数据库目录近 70 万条。已向社会开放档案资料 18534 卷（册）。2006 年接待移民查档达 3 万余人次。（江宣之）

建德市档案馆 现址府西路 82 号，邮编 311600，馆长王雪霖，电话（0571）64721396。成立于 1960 年，是集中统一保管机关、团体、企事业单位档案资料的国家综合档案馆，是政府信息公开文件查阅场所。总建筑面积 1576 平方米，库房面积 1214 平方米。馆藏档案 13.8 万卷，资料 1.2 万册。馆藏最早档案为明景泰四年（1453 年）的圣旨。建有民国档案案卷级目录数据库、婚姻档案数据库、招工档案数据库。档案信息网站于 2002 年建立。编辑了《陆游在严州》、《严陵景物略》等资料。（汪建林）

富阳市档案馆 现址桂花路25号，邮编311400，馆长张国繁，电话(0571)63347923、63323660。成立于1959年，是集中统一保管机关、团体、企事业单位档案资料的国家综合档案馆，爱国主义基地，市政府指定的行政规范性文件查阅场所。1999年晋升省二级档案馆。总建筑面积1622平方米，库房面积1200平方米。馆藏档案63391卷(册)，资料26264册。征集了郁达夫、徐玉兰等名人资料。编辑了《富阳之纸业》、《富阳旅游》、《富阳档案志》等资料。利用档案举办了“历史不会忘记——省级以上劳动模范图片展”、“富阳档案事业建设成就展”等展览。与其他单位合作创办了“受降厅”，用大量实物资料和图片资料揭露了日军在浙江残害中国人民的暴行。

(钱云祥)

临安市档案馆 现址市政府机关大院内，邮编311300，电话(0571)63723983，馆长周建明。成立于1959年。是集中保管市级机关、团体、企事业单位档案资料的县级国家综合档案馆，是市委、市政府指定的现行文件查阅场所。2006年通过省二级档案馆目标管理认定。建筑面积1635平方米，库房面积540平方米。现有馆藏档案110711卷(件)，资料11695册。馆藏档案中年代最早的是太平天国时期的完粮串。馆藏档案以纸质为主，有少量照片、光盘、实物档案。近年来，馆加大了社会保障、破产企业、重大活动、撤销单位档案的接收力度，已将历届中国天目山森林旅游资源博览会等档案接收进馆。2003年临安档案网正式开通。

(朱建潮)

宁波市档案馆 现址解放北路91号，邮编315010，馆长孙伟良，电话(0574)87186999、87186985。成立于1983年，是集中统一保管机关、团体、企事业单位档案资料的国家综合档案馆，爱国主义教育基地、市政府指定的行政规范性文件查阅场所。1998年晋升国家二级档案馆。总建筑面积达14856平方米，库房面积3680平方米。馆藏档案130079卷(件)，资料22549册。保存年代最早的是形成于康熙五十年(1711年)的地契。已将历届浙洽会、历届服装节、历届甬港经济合作论坛及第十届金鸡百花电影节、防治“非典”、保持共产党员先进性教育等档案资料收集进馆。已建成馆藏全宗级档案目录，完成了馆藏所有档案的案卷级目录、文件级目录数据采集工作。声像档案已全部数字化。2001年建成“宁波档案网”网站。开放利用的机读目录有20万条全部可以在网站上检索，并建立了网上现行文件服务中心。编写了《档案工作政策法规选编》、《宁波市名优产品选编》、《1949：宁波反轰炸纪实》、《香港回归与宁波》等资料。利用档案举办了“宁波市纪念中国人民抗日战争暨世界反法西斯战争胜利60周年大型图片展”、“百年沧桑老宁波——宁波市档案馆馆藏图片展”等展览。

(黄世芬)

宁波市城建档案馆 现址长春路10号，邮编315010，馆长蒋纪昌，电话(0574)87302743、87293309。建立于1981年，是收集、保存、保管和提供利用城建档案的基地。是省一级档案馆。馆藏档案7万余卷。引进了深圳数字伟图“城建档案管理”专业软件，对所有馆藏档案进行了四级著录。建立了城建档案馆网站。

(龚理理)

海曙区档案馆 现址宁波市灵桥路229号，邮编315000，馆长陈蕾，电话(0574)87192736、87192732。成立于1988年，是集中统一保管机关、团体、企事业单位档案资料的国家综合档案馆，爱国主义教育基地、区政府指定的行政规范性文件查阅场所。2005年晋升省二级档案馆。总建筑面积420平方米，库房面积150平方米。馆藏档案10537卷。已全部制成电子目录，条目数共计177856条。接收了防治“非典”、历届商贸文化艺术节、省示范文明城区创建、保持共产党员先进性教育等档案。馆内布置了《好人王延勤》、《81890服务中心》、《新时代女警官杨凌娜》等陈列专题。

(黄伟萍)

江东区档案馆 现址宁波市桑田路935号，邮编315041，馆长余伊连，电话(0574)87831779、87841115。成立于1988年，省一级档案馆，是集中统一保管机关、团体、企事业单位档案资料的国家综合档案馆，爱国主义教育基地、区委、区政府指定的行政规范性文件查阅场所。建筑面积1580平方米，库房面积300平方米。馆藏档案4.4万多卷，资料4000余册。《史氏祖宗画像、传记及题跋》被列入了《中国档案文献遗产名录》。举办了“硬笔书法作品展”、“三胞风采展”、“知荣辱、明廉耻漫画图片展”、“纪念香港回归十周年”等展览。编辑《江东区人大志》、《史氏祖宗画像及题跋》、《江东区大事记》、《江东遗存》等资料10余种150万字。 (俞志荣)

江北区档案馆 现址宁波市江北区新马路61弄江北区政府3号楼，邮编315020，电话(0574)87356234，馆长张利君。成立于1987年。2003年被评为宁波市档案系统先进集体。2004年现行文件查阅中心正式启动。2005年通过省二级档案馆目标管理认定。建筑面积380平方米，库房面积180平方米。馆藏档案16355卷，资料2018册。截至2006年底，完成了46个全宗档案的计算机录入，完善了婚姻登记、村民建房等档案的数据库建设。2005年档案信息网改版投入运行，两年多来，网站总访问量已达333825人，平均日访问量881.17人，2005年被省档案局评为全省优秀网站。 (王玲)

北仑区档案馆 现址宁波市长江路四明山交界处，邮编315800，馆长田建华，电话(0574)86780564、86780561。成立于1988年，是集中统一保管机关、团体、企事业单位档案资料的国家综合档案馆，区政府指定的现行文件查阅场所。总建筑面积24213平方米，库房面积4512.28平方米。馆藏档案25010卷(册)。 (李琦君)

镇海区档案馆 现址宁波市招宝山街道胜利路155号，邮编315200，电话(0574)86274011—3105，馆长顾柳影，电话(0574)86275245。成立于1981年。是集中统一保管区级机关、团体、企事业单位档案资料的综合档案馆、区级爱国主义教育基地、镇海区现行文件查阅点。1999年晋升为省一级档案馆。总建筑面积960平方米，库房面积417平方米。馆藏档案资料6.9万卷(册)，其中资料1.2万册。馆藏档案资料的历史跨度220余年。保存年代最早的是1783年的契约。另外还有镇海籍名人包玉刚、邵逸夫、叶澄衷、倪光南等家谱。已将防治“非典”工作，保持共产党员先进性教育活动、镇海区创建国家级生态示范区等一批重大活动的档案资料收集进馆。

(顾柳影)

鄞州区档案馆 现址宁波市惠风东路568号，邮编315100，馆长陈嘉祥，电话(0574)87525688、87525680。成立于1988年，是集中统一收藏保管机关、团体、企事业单位档案资料的国家综合档案馆，区委、区政府已公开现行文件查阅中心，爱国主义教育基地。2007年晋升省一级档案馆。建筑面积5400平方米，库房面积1570平方米。馆藏档案120751卷，资料3355册。编辑《鄞州行政简史》、《鄞州民营工业企业发展大略》等资料215万字。已建成数字化档案馆的档案自主平台、交换平台。

(孙晓红)

象山县档案馆 现址丹城后堂街21号，邮编315700，馆长翁华清，电话(0574)65723200。成立于1959年，是集中统一保管机关、团体档案资料的国家综合档案馆，爱国主义教育基地、县政府指定的政务信息公开场所，1998年晋升省一级档案馆。总建筑面积1175平方米，库房面积800平方米。馆藏档案资料98432卷(册)，其中资料19348册。馆藏档案资料的历史跨度500余年。档案信息网站已建立，提供1万页数字化档案全文服务。编辑了《象山籍人士在国内外》、《京城雷锋出象山——孙茂芳先进事迹报道选编》等资料60余万字。 (张选挺)

宁海县档案馆 现址县前街18号，邮编315600，馆长袁春林，电话(0574)65562085、65563262。成立于1959年，是集中统一保管机关、团体、企事业单位档案资料的国家综合档案馆，爱国主义教育基地，建立了现行文件阅览中心。2001年晋升省一级档案馆。建筑面积1610平方米，库房面积910平方米。馆藏档案81959卷，资料8694册。已建成馆藏档案文件级目录数据库。建立了档案信息门户网站。编辑了《宁海历年水灾综合分析》、《现代人物志》、《绿色宁海》、《宁海抗日纪事》等30余种近250万字资料。（俞伟）

余姚市档案馆 现址大黄桥路183号，邮编315400，馆长诸伯钧，电话(0574)62708934。成立于1959年，是集中统一保管机关、团体、企事业单位档案资料的国家综合档案馆，爱国主义教育基地，市委、市政府指定的信息公开场所。1998年晋升省一级档案馆。总建筑面积2039平方米，库房面积676平方米。馆藏档案222255卷(册)，资料6734册。征集了中国塑料博览会、黄宗羲国际学术研讨会等档案、余姚名人档案和省级以上重点工程档案。编辑了《余姚民间艺术》、《余姚境域县政概略》等资料。（傅珏瑛）

慈溪市档案馆 现址浒山街道档案馆路100号，邮编315300，馆长蔡伟仁，电话(0574)63981908。成立于1959年，是集中统一保管机关、团体、企事业单位档案资料的国家综合档案馆，爱国主义教育基地、市政府指定的行政规范性文件查阅场所。1998年晋升省一级档案馆。总建筑面积6678平方米，库房面积1400平方米。馆藏档案资料22万卷(册)，其中资料1万册。完成了全部馆藏档案案卷级目录数据采集工作。举办了“历史的见证 永恒的记忆——纪念慈溪抗战胜利60周年档案图片展”。（蔡友国）

奉化市档案馆 现址中山东路18号，邮编315500，电话(0574)88900608，馆长林静俊。成立于1951年。是县级国家综合档案馆，是市爱国主义教育基地，2003年成立市现行文件查阅服务中心。2005年晋升为浙江省一级档案馆。总建筑面积2290.7平方米，库房面积941.5平方米。现有馆藏档案77087卷(册)、13974件，资料9278卷(册)。保存年代最早的档案是1796年(清朝嘉庆元年)的《户部执照》，保存最多的是建国后档案，其中1915年反映奉化服装业的《奉化服装告示》原件及巴人著作原稿被省档案馆评为首批浙江档案文献遗产。馆已建成全宗级目录数据库，并建立了婚姻档案、土地征用、人员任免、先进表彰、计划生育、纪委案件档案等专题数据库。近年来，还将抗击非典型肺炎、效能建设、创建省级文明城市、创建省级卫生城市、共产党员先进性教育活动、山林延包等档案资料收集进馆。编辑了《奉化“红帮裁缝”服务业概况》、《奉化市档案史话》、《奉化市重点水利工程选编》、《奉化在外知名人事录》、《奉化市特色农产品》等资料。（周云霞）

温州市档案馆 现址府西路1号，邮编325009，馆长章剑青，电话(0577)88960260、88968969。成立于1959年，是集中统一保管机关、团体、企事业单位档案资料的国家综合档案馆，爱国主义教育基地，成立了现行文件中心。2005年晋升省一级档案馆。总建筑面积9600平方米，库房面积2000平方米。馆藏档案资料183781卷(册)，其中资料24939册。珍贵馆藏有龙跃捐赠档案、吴百亨专题档案和“温州模式”档案。已将首届“世界温州人大会”、历届中国国际轻工产品博览会(温州)、第七届艺术节等档案资料接收进馆。征集了在外温州名人、温州国际友好城市、温州“金名片”等档案资料。已录入文件级条目92万条，全文扫描62万页。编辑了《品牌温州人》、《关怀——党和国家领导人在温州》、《当代温州人物》、《温州“金名片”》、《温州市大事记》等资料。

温州市城建档案馆 现址雪山路75弄1号，邮编325000，电话(0577)88520002，馆长刘朝鑫，电话(0577)88529172。属省一级国家档案馆、国家一级城建档案馆。成立于1981年。建筑面积3258平方米，其中库房1598平方米。现有馆藏档案资料92986卷(册)，其中馆藏档案83986卷，资料11000卷(册)。编研成果主要有：《温州市城建档案馆指南》、《温州市高层建筑汇编》(2004年)、《新世纪仓廪——龙弯粮油中转库》(录像)、《楠溪江古村落》、《泰顺廊桥》、《泰顺古建筑》、《温州市石韵》、《温州2003年小巷专集》、《泰顺古屋》、《迈向大都市》(录像)、《空中看温州》等。

(汤章虹)

鹿城区档案馆　现址温州市广场路188号，邮编325000，馆长潘乐春，电话(0577)88030738、88030737。成立于1985年，是集中统一保管机关、团体、企事业单位档案资料的国家综合档案馆。总面积400平方米，库房面积370平方米。馆藏档案近3万卷，资料近1万册。编辑了《中国共产党温州市鹿城区历史大事记》等资料。(李丽)

龙湾区档案馆　现址温州市龙湾区行政管理中心二楼，邮编325058，电话(0577)86968089，馆长沈旭东。成立于2002年。库房面积35平方米，仅接收区委办公室、区府办公室各种载体的档案。馆共有档案3921卷，馆藏资料1809册，馆藏档案以纸质为主，还包括录音、录像、影片、照片、光盘等载体的档案。

(姜群英)

瓯海区档案馆　现址温州市将军桥兴海路50号，邮编325005，馆长余显民，电话(0577)88511952、88522797。成立于1987年，是集中统一保管机关、团体、企事业单位档案资料的国家综合性档案馆，爱国主义教育基地。馆库房面积30余平方米。馆藏档案3580卷。正逐步输入条目建成馆藏全宗目录数据库。编写了《瓯海区大事记》等资料。

(周小梅)

洞头县档案馆　现址北岙镇县前路12号，邮编325700，馆长林光辉，电话(0577)63480654、63482389。成立于1982年，是集中统一保管机关、团体、企事业单位档案资料的国家综合档案馆，县政府指定的现行文件查阅场所。1998年晋升省三级档案馆。总建筑面积503平方米，库房面积187平方米。馆藏档案19735卷(册)，资料3167册。已将温州(洞头)半岛工程建成通车暨第五届"渔家乐"民俗风情旅游节开幕式、旅游——百岛之旅、防治"非典"等档案资料收集进馆。已建成馆藏全宗级目录数据库。(曾国团)

永嘉县档案馆　现址上塘镇广场路65号，邮编325100，馆长麻荣妙，电话(0577)67252734、67252953。成立于1959年，是集中统一保管机关、团体、企事业单位档案资料的国家综合档案馆，县政府指定的现行文件查阅中心。2002年晋升省二级档案馆。总建筑面积2424.7平方米，库房面积1500平方米。馆藏档案93009卷。已建立文件级目录数据库，采用现代档案管理软件采集信息和提供查询利用。已开通档案信息网站。编辑的《永嘉历代进士》和《永嘉县大事记(1949－2001)》分别获得全省档案系统优秀编研成果一、二等奖。此外还有《楠溪历代诗话》等资料。

(周坚克)

平阳县档案馆　现址昆阳镇，邮编325400，馆长魏起钏，电话(0577)63712351、63712350。建于1959年，是集中统一保管机关、团体、企事业单位档案资料的国家综合档案馆、爱国主义教育基地，设立了现行文件中心。1998年晋升省一级档案馆。总建筑面积1183平方米，库房面积543平方米。馆藏档案66587卷。馆藏年代最早的档案是1861年清代咸丰十一年的屋契。珍贵档案有民国县府残酷镇压民间团体"大刀会"及"征剿"刘英、粟裕领导的中共地下武装力量的记录；毛泽东对城西公社干部坚持参加生产劳动的"五・九"批示及大渔湾海战全歼蒋匪等档案史料；明代隆庆以来的历修县志；反映畲族历史的《雷氏宗谱》及林霁山、黄公望、谢侠逊、苏步青等名

人档案史料。（包崇调）

苍南县档案馆 现址灵溪镇玉苍路，邮编325800，馆长潘孝荣，电话（0577）64761403、64703599。成立于1983年，是集中统一保管机关、团体、企事业单位档案资料的国家综合档案馆，爱国主义教育基地，建立了现行文件服务中心。2001年晋升省二级档案馆。总建筑面积1128平方米，库房面积600平方米。馆藏档案10.31万卷（册），其中资料1.1万册。馆藏档案资料的历史70余年。已建立了档案信息门户网站。输入档案目录达20多万条。编研了《苍南县当代人物名录》、《苍南县地方文献要览》、《苍南县档案馆指南》、《苍南民俗》等资料30余种500余万字。

（陈玮玲）

文成县档案馆 现址大峃镇建设路125号，邮编325300，馆长夏宏伟，电话（0577）67866076。建于1985年，是集中统一保管机关、团体、企事业单位档案资料的国家综合档案馆，县指定的政务信息公开场所。1999年晋升省二级档案馆。总建筑面积844平方米。库房面积313平方米。馆藏档案40603卷，资料14456册。已将防治"非典"、文成中国刘基第一届、第二届文化节等档案资料收集进馆。

（叶苏红）

泰顺县档案馆 现址罗阳镇东大街6号，邮编325500，电话（0577）67581277、67592359。成立于1959年，是集中保管机关、团体、企事业单位档案资料的国家综合档案馆，成立了现行文件服务中心。1995年晋升省三级档案馆。总建筑面积1402.27平方米，库房面积1067平方米。馆藏档案资料37351卷（册、盒），其中资料1735册。接收了破产企业、二轮土地承包、土改时期土地房产证存根档案。建立了泰顺档案网。（徐向红）

瑞安市档案馆 现址仓前街134号，邮编325200，馆长沈永锋，电话（0577）65613781、65651215。成立于1959年，是集中统一保管机关、团体、企事业单位档案资料的国家综合档案馆、现行文件中心和爱国主义教育基地。2002年晋升省一级档案馆。建筑面积1384平方米，库房面积560平方米。馆藏档案13万余卷，资料1.3万册。建立了档案目录数据库，现有条目134万余条。建立了档案住处网站（www.radaj.gov.cn）。（王刚峰）

乐清市档案馆 现址人民路2号，邮编325600，馆长吴金汉，电话（0577）62521780、62550936。成立于1988年，是集中统一保管机关、团体、企事业单位档案资料的国家综合档案馆，爱国主义教育基地、青少年思想教育基地，市指定的现行文件阅览中心。1999年晋升省一级档案馆。总建筑面积2080平方米，库房面积1044平方米。馆藏档案78506卷、2074件。编写了《日军侵略乐清暴行记事》、《乐清市土地管理文件选编》、《乐清市农业政策文件选编》、《乐清市五十年大事记》、《中国电器之都》、《乐清市当代留学人员风采》、《乐清人文史话》等资料53种440万字。

（李华）

嘉兴市档案馆 现址海盐路塘路201号，邮编314050，电话（0573）82532121、82532986。建于1959年，是集中统一保管机关、团体、企事业单位档案资料的国家综合档案馆，爱国主义教育基地，市委、市政府指定的政务公开信息场所之一。2000年晋升省一级档案馆。总建筑面积8380平方米，库房面积845平方米。馆藏档案15万卷、资料2万册。馆藏珍贵档案有南湖红船图纸和被列入浙江省档案文献遗产名录的《秀洲钟》等。纪念建党80周年、南湖船文化节、防治"非典"及"乍嘉苏"高速公路工程等档案接收进馆。编辑《申报嘉兴史料》、《世纪的跨越——嘉兴市第四次党代会以来》、《简读嘉兴》等资料30余种1000万余字。

（王剑平）

嘉兴市城建档案馆 现址中环南路花园路口，邮编314050，馆长胡剑华，电话（0573）83990079、82872190。成立于1985年，是集中统一保管城市建设档案资料的专门档案馆。

建筑面积620平方米，库房面积400平方米。馆藏档案79317卷。2001年晋升省一级档案馆。开发了城建档案系统管理软件。编印了大事记、年鉴、档案馆指南、城市简介、市重点工程汇编，档案利用实例和文件汇编等资料。文件汇编(第二辑)获省建设厅1998年编研成果三等奖。《嘉兴市重点工程和实事工程选编(1989—1998)》获全省第三届档案优秀编研成果(1997—1998)三等奖。（虞红妍）

南湖区档案馆 现址嘉兴市中环东路，邮编314033，馆长胡金凤，电话(0573)82838415、82838411。成立于2002年，是集中统一保管档案的国家综合档案馆、爱国主义教育基地，是区现行文件公开场所。2006年晋升省二级档案馆。总建筑面积1126平方米，库房面积390平方米。馆藏档案10528卷、7123件，资料800余册。（陈天传）

秀州区档案馆 现址洪兴西路秀洲，邮编314031，馆长金茂祥，电话(0573)82717505、82720278。成立于1985年，是集中统一保管机关、团体、企事业单位档案资料的国家综合档案馆，区委、区政府指定的党务政务信息公开场所。总建筑面积832平方米、库房面积750平方米。馆藏档案资料6.6万卷(册)，其中资料2000册。馆藏档案资料的历史跨度95年。保存年代最早的是清代《闻川志稿》的复制件。最有特色的是秀洲农民画档案。征集了党和国家领导人视察活动，朱彝尊等历史名人和曝书亭、国界桥、能仁寺等古迹的档案资料。建立了档案信息门户网站。

（陈燕萍）

嘉善县档案馆 现址魏塘镇嘉善大道126号，邮编314100，电话(0573)84228280，馆长缪雪军。建于1966年。是集中统一保管嘉善县县级机关、团体、企事业单位档案资料的国家综合档案馆，是县级爱国主义教育基地。1997年晋升为省一级档案馆，2003年成为行政规范性文件查阅场所。总建筑面积2300平方米，库房面积1165平方米。现有馆藏档案114873卷(册)，14761件，图书资料14203万册，馆藏档案历史跨度120余年。保存年代最早的是清光绪十二年形成的《祠堂宗谱》。馆藏档案以纸质为主，还包括录音、录像、照片、光盘、印章等实物档案。加大了对重大活动档案的收集工作，目前已将西塘旅游节、防治“非典”工作、保持共产党员先进性教育活动等一批重大活动的档案资料收集进馆。同时，还积极开展了嘉善籍知名人士的建档工作，已为528位嘉善籍知名人士建立了档案资料库。编辑出版了《嘉善改革开放纪事》、《嘉善经济概览》、《南社西塘社员遗稿》等档案资料汇编15种463万余字。（胡军）

海盐县档案馆 现址武原镇海滨东路42号，邮编314300，馆长张福祥，电话(0573)86029419、86022431。成立于1961年，是集中统一保管机关、团体、企事业单位档案资料的国家综合档案馆，爱国主义教育基地，县委、县政府指定的行政规范性文件查阅场所。1999年晋升省一级档案馆。建筑面积1753平方米，库房面积900平方米。馆藏档案100265卷，资料8841册。收集了体改和转制破产、农村二轮土地承包、南北湖旅游节、防治“非典”等档案资料进馆。征集了陈宗懋、沈闻孙、杨玉良、胡锡年、黄源、朱乃正等名人档案。编辑了《步鑫生》、《反腐倡廉案例选编》、《从“铁”海盐到铁产业》等资料。（陈林飞）

海宁市档案馆 现址海洲路226号行政中心4号楼，邮编314400，电话(0573)87288632，馆长崔金华。成立于1959年。2001年晋升为省一级档案馆，2004年成立现行文件查阅中心，2005年被命名为市爱国主义教育基地。总建筑面积5724平方米，库房面积2000余平方米。馆藏档案资料20万卷(件、册)。有少量的清代契约档案；有民国县政府、县地方法院等机构的档案、全县地形测绘图和丘领户册；有建国后党政机关、团体及部分企事业单位的档案，有“2.15”特大火灾、徐志摩诗歌节等重大活动、重大历史事件的档案;有海宁籍名人宋云彬、沈鸿、田方等人的著作、日记手稿、荣誉等档案。有海宁地方志,蒋百里、王国维、徐志摩等著名人物的著作、史料等。 (卢明华)

平湖市档案馆 现址环城南路18号,邮编314200,馆长沈建荣(0573)85019853。成立于1959年,是集中统一保管机关、团体、企事业单位档案资料的国家综合档案馆,建立了现行文件查阅服务中心。2000年晋升省一级档案馆。总建筑面积为3700平方米。馆藏档案236477卷、959件,资料1.5万余册。馆藏档案时间跨度从1847年至1949年。珍贵历史档案包括入选为"浙江省档案文献遗产"的清朝道光、光绪、宣统年间至民国时期的田地契单、股票息单、获奖凭证、金鼎商标和30余种类目的财务清册和老鼎丰酱园档案等。已建成馆藏案卷级目录数据库和婚姻档案等专题数据库及全市档案目录中心,共有数据条目72万多条,全文数据库7万多页。(姚知群)

桐乡市档案馆 现址市梧桐街道庆丰北路49号,邮编314500,电话(0573)88023736,馆长潘亚萍。成立于1959年。是桐乡市爱国主义教育基地。1999年晋升为浙江省一级档案馆。2004年成立市现行文件查阅服务中心。总建筑面积3134平方米,库房面积1384平方米。现有馆藏档案10.23万卷,资料1.05万册,另有寄存档案2.63万卷。加强了对重大活动档案的收集。目前已将桐乡市"非典"防治、创建全国优秀旅游城市、"三峡"移民等重大活动、重要事件的档案资料接收进馆。同时,广泛开展征集桐乡籍知名人士档案资料和地方特色档案资料的工作,征集了茅盾、丰子恺等名人的大量珍贵档案资料,以及"三跳"民间艺术档案、老照片档案等。已开展从市本级机关单位接收电子文件、电子档案的工作。桐乡市档案馆网站已建立,目前已向社会公众提供22万多条开放档案目录和现行文件全文查询。编辑出版了《真实的记录——桐乡市改革开放文件资料选编》(包括农业卷、企业卷、对外开放卷)、《"情系家乡"当代桐乡名人、书画家征集作品选编》、《桐乡历代文选》等专题档案史料汇编。利用档案举办了"凤栖梧桐——桐乡历史与成就展"、"情系家乡——当代桐乡名人、书画家征集作品展"、"桐乡市档案事业发展巡礼"等展览。 (陶小萍)

湖州市档案馆 现址市行政中心,邮编313000,馆长郑义龙,电话(0572)2398080、2398081。是集中管理各单位类档案资料的基地,爱国主义教育基地,成立了现行文件查阅中心。2003年晋升省一级档案馆。建筑面积4547平方米,库房面积为3047平方米。馆藏档案117245卷,资料37244册。已将第一至三届"湖笔文化节"和创建全国优秀旅游城市等档案材料的接收进馆。2005年创建了"流动档案馆模式",深入街道、社区为群众提供档案服务。 (马炼鸿)

湖州市城市建设档案馆 现址莲花庄路137号,邮编313000,馆长孙琳,电话(0572)2023735、2023519。建立于1987年,是集中统一收集、保管全市城建档案的基地,是开发、利用城建档案信息资源的信息中心。2002年晋升省一级档案馆。建筑面积1200平方米,库房面积700平方米。馆藏档案16万卷,底图3235张,资料1060册。馆藏档案资料的历史跨度145余年。建立了城市建设档案馆网站。编辑(撰)《湖州市重点工程简介》、《湖州市城建档案馆文件汇编》、《湖州市城建档案利用效益100例》等9种资料。《湖州市重点工程简介》获省级优秀编研成果二等奖。(孙琳)

德清县档案馆 现址乾元镇广场路2号,邮编313216,馆长杨杏山,电话(0572)8422291、8421860。成立于1960年,是集中统一保管机关、团体、企事业单位档案资料的国家综合档案馆,县委、县政府指定的政务信息公开场所。2002年晋升省二级档案馆。总建筑面积为2159平方米,库房面积600平方米。馆藏档案60370卷、29074件,资料9508册。馆藏档案资料历史跨度400余年。收集了登山节、游子文化节和全国劳模档案。已完成建国前档案案卷级目录数据库。建国后档案文件级目录数据库已完成25万条目录录入。

（王会平）

长兴县档案馆 现址龙山新区文化广场，邮编313100，馆长张满山，电话（0572）6023699、6032600。是集中保管机关、团体、企事业单位档案资料的国家综合档案馆，爱国主义教育基地，设有现行文件查阅中心。建筑面积7000平方米，库房面积1500平方米。馆藏档案22万卷。（王志华）

安吉县档案馆 现址灵芝西路1号，邮编313300，馆长唐银荣，电话(0572)5123282。成立于1959年，是集中统一保管机关、团体、企事业单位档案资料的国家综合档案馆，建立了现行文件查阅服务中心。2001年晋升省二级档案馆。2003年建立了档案信息网站。总建筑面积1200平方米，库房面积600平方米。馆藏档案45452卷、6845件，资料11520册。馆藏有历年举办旅游节、文化节档案资料，吴昌硕、胡宗南等名人档案以及反映地方特色的竹制品文书档案。编写了《安吉县情》、《安吉档案馆指南》等资料45万余字。（章慧）

绍兴市档案馆 现址胜利西路163号，邮编312000，馆长卞峰煜，电话(0575)85132863、85224291。成立于1979年，是集中统一管理机关、团体、企事业单位档案资料的国家综合档案馆，爱国主义教育基地，建立了全省第一个党政文件查阅中心。1998年晋升省一级档案馆。2003年被评为全国档案系统先进集体。建筑面积1929平方米，库房面积900平方米。馆藏档案30.6万卷，资料1.9万册。建成了婚姻档案库，加强了电子文件接收。建成了由222.5万条目录级数据、190余万件(页)全文数据、8000余张(条)多媒体数据、13万张照片数据组成的档案数据库，并提供60余万条和17万页原文的网上提供利用。编辑了《绍兴劳模风采》等资料200余万字。举办了绍兴市荣誉档案展、绍兴经济文化建设成就展、书画展等展览8次。（李旭光）

绍兴市城市建设档案馆 现址人民西路248号，邮编312000，馆长屠剑虹，电话(0575)85127009、85123882。成立于1984年，是集中统一保管城市建设档案的专门档案馆。2000年晋升国家一级城建档案馆。2004年被评为全国城建档案工作先进集体，2006年被命名为省级文明单位。总建筑面积2000平方米。馆藏档案资料149391卷（册），其中馆藏档案146117卷（包括照片10486张、录像带78盒、光盘49张），资料3274册。接收了小舜江供水工程等重点建设项目和地下管线普查档案等。2003年绍兴市城建档案信息网站建成运行。馆藏14余万卷档案全部实行计算机检索，部分重要档案进行了数字化扫描处理。编辑了《绍兴老屋》、《绍兴古桥》、《绍兴街巷》等资料。（屠剑虹）

绍兴县档案馆 现址柯桥群贤路1661号，邮编312030，电话(0575)84138418，馆长李阿阳。成立于1959年。是集中统一保管绍兴县县级机关、团体、镇(街)、企事业单位档案资料的国家综合档案馆，是市(地)级爱国主义教育基地和文明单位，现行文件查阅服务中心。1997年，是全省首家被认定的省一级档案馆。总建筑面积2070平方米，库房面积1380平方米。馆藏档案101455卷，资料16693册。收藏有清代康熙六年至宣统三年的“朱批奏本”、“奉天诰命”、兵部“瓴照”、吏部、户部“热照”、“宪牌”和1462年绍兴“禹陵重建窆石亭记”；1592年“大禹钩娄碑碑拓”以及民国时期中国驻日本首席武官肖叔宣给军事委员会委员长蒋介石关于日本军事情况及侵略中国动态的报告；著名教育家蔡元培给王子余及堂兄弟梦燕、文渊的亲笔信等珍贵历史档案。馆加强了对重大活动、重点工程项目等档案的收集，已将“2005、2006年中国(绍兴)国际纺织品博览会”、“2005年中国最发达县域经济论坛”的重大活动档案363件和2003年以来的重大活动、重要会议、重要接待等20500幅照片、96张光盘收集进馆。建立了档案信息网(内、外网)。目前已建成馆藏全宗级、文件级和专题目录数据库,有各类数据160余万条。编纂了“绍兴县馆藏历史档案精品丛书”《清代档案集萃》、《商会档案集锦》、《教育档案集录》、《金融档案汇集》、《契约档案选集》等。

(陶关土)

新昌县档案馆 现址人民中路190号,邮编312500,馆长梁碧珍,电话(0575)86020622、86025505。成立于1961年,是集中统一保管机关、团体、企事业单位档案资料的国家综合档案馆,爱国主义教育基地,县政府指定的行政规范性现行文件查阅场所。1996年晋升省一级档案馆。1999年被授予全国档案系统先进集体称号。总建筑面积1400平方米,库房面积630平方米。馆藏档案资料98412卷(册),其中“新昌调腔艺术档案”、“梁柏台作文、日记、信稿”等珍贵档案被列入《浙江省档案文献遗产名录》。编辑《新昌档案工作五十年》、《新昌县档案馆馆藏珍品荟萃》、《长毛兔之乡》等资料10余种100余万字。

(梁樟标)

诸暨市档案馆 现址滨江南路建设大厦,邮编311800,馆长王玉英,电话(0575)87014245、87013737。成立于1959年,是主管全市档案工作的职能部门和文化事业机构,爱国主义教育基地、市政府指定的文件查阅服务中心。2000年晋升省一级档案馆。总建筑面积1320平方米。馆藏档案16万卷(件)。已建立重要全宗文件级条目及户籍、婚姻等专题目录数据库存共计100余万条。已建立档案信息网站。 (宣静野)

上虞市档案馆 现址上虞市,邮编312300,馆长朱金根,电话(0575)82213747、82029399。是集档案集中保管中心、档案便民查阅中心、档案信息资源中心和爱国主义教育基地为一体的国家综合档案馆。建筑面积13400平方米,库房面积4800平方米。馆藏档案270000卷册,资料15061册。珍贵馆藏有1920年9月由上海共产主义小组出版的《共产党宣言》中文首译本、清代康熙二十三年皇帝圣旨(诏书)等。机读目录近150多万条。编写资料46种148万字。 (陈晓军)

嵊州市档案馆 现址剡湖街道龙会一路6号,邮编312400,馆长张丁正,电话(0575)83031185、83568318。成立于1959年,是集中统一保管机关、团体、企事业单位档案资料的国家综合档案馆,爱国主义教育基地,是嵊州市文件资料查阅服务中心和档案资料寄存中心。1997年晋升省一级档案馆。建筑面积1400平方米。馆藏档案13.3万卷。珍藏档案、资料有“浙军都督府”汤寿潜致著名人士信函底稿和宋嘉定七年《剡录》(清同治本)以及清光绪年间撰修的《金庭王氏族谱》等,其中《金庭王氏族谱》于2003年入选“浙江档案文献遗产”。开通了档案信息网站。编写了《绿满嵊州》、《农业经营方式变革文选》、《嵊州市新农村建设信息选编》、《嵊州名人录》等资料。

(汪伟民)

金华市档案馆 现址马路里82号和新华街301号,邮编321000,馆长张晓峰,电话(0579)82338993、82338410。始建于1982年,是集中统一保管档案资料的国家综合档案馆,现行文件查阅服务中心。1996年晋升省二级档案馆。1998年被授予省档案系统精神文明建设先进集体。总建筑面积3091平方米,库房面积1868平方米。馆藏档案21.7万卷(册),资料2.3万册。馆藏档案资料中的施光南的手稿被列入省档案文献遗产名录。征集、接收了国际茶花节、撤地建市二十周年等档案资料,清乾隆以来历修县志、宗谱,严济慈、施复亮、艾青、施光南、陈双田等名人档案,汇集唐宋以来金华名人诗词、文稿、著作的《金华丛书》等。建立了档案信息网站。建立了文件级目录和全文数据库以及民国档案和革命历史档案目录中心。编辑了《金华市自然灾情录》、《古婺新旅》、《盛会纪略——2003中国金华国际茶花大会暨国际茶花节档案资料选编》等资

料。 （王健）

金华市城建档案馆 现址国贸街5号，邮编321017，馆长庄杰智，电话(0579)82377878、82398119。成立于1987年，是全市城建档案的储存、咨询、服务的信息中心。2004年晋升省二级档案馆。1995年、1998年被评为省城建档案工作先进集体。建筑面积1978平方米，库房面积1375平方米(5层)。馆藏档案资料5万余卷，底图档案30张。馆藏最早的城建档案为1915年《金华县地形图》。

（应高峰）

武义县档案馆 现址花园殿巷97号，邮编321200，馆长王文政，电话(0579)87662330、87672808。建立于1981年，是永久保管全县范围内档案的基地和利用档案史料的中心，爱国主义教育基地，县政府指定的党政文件信息查阅中心。1998年晋升省一级档案馆。总建筑面积3000平方米，库房面积1500平方米。馆藏档案资料168542卷，其中资料11129册，历史跨度500余年。保存年代最早的是明弘治十三年诏书1帧、清宣统二年宣平县官立务本两等小学毕业文凭1张和明清年间各种契约等。已将1995中国武义温泉节、防治“非典”、全国首个村务监督委员会——武义后陈村村务监督委员会等档案资料收集进馆。

（巩惠芝）

浦江县档案馆 现址人民东路38号，邮编322200，馆长吕新昌，电话(0579)84121046、84124139。建于1984年，建立了党政文件查阅中心。建筑面积455平方米，使用面积261平方米。1998年晋升省二级档案馆。馆藏档案8万卷。接收了改制企业档案32510卷，征集了部分家谱、宗谱、江南第一家等资料。开通了档案信息网站。完成了民国档案、婚姻档案和山林权证档案三个专题数据库建设，完成了10万余条婚姻档案、生产指挥组档案、山林档案、人口普查档案的文件条目输入工作。

（朱灵仙）

磐安县档案馆 现址安文镇龙山路1号，邮编322300，馆长胡良田，电话(0579)84662658、84665370。建立于1988年，是集中统一保管机关、团体、企事业单位档案资料的国家综合档案馆，1996年晋升省三级档案馆。总建筑面积664平方米，库房面积332平方米。馆藏档案125883卷，资料4918册。已将“创建国家级文明卫生城镇”、“中国香菇之乡”、“中国中药材之乡”等档案资料收集进馆。收集了地籍房产档案、移民档案、保险档案和婚姻档案等民生档案。

兰溪市档案馆 现址兰荫路25号，邮编321100，馆长方雪峰，电话(0579)88899281。成立于1959年，是集中保管机关、团体和企事业单位档案资料的国家综合档案馆，成立了现行文件查阅中心。2000年晋升省二级档案馆。总建筑面积1200平方米，库房面积670平方米。馆藏档案9.1万卷，资料1.7万卷。特色馆藏的是贯休、李渔等兰溪籍名人档案，清朝《大清天下地图》等史图字画，诸葛氏宗谱等等。开发了全文数据库和目录数据库。建立了兰溪市档案网。编辑了《侵华日军在兰暴行录》、《兰溪县私营商业的社会主义改造》、《兰溪县手工业十年发展史》等资料。（周峰）

义乌市档案馆 现址县前街21号，邮编322000，馆长宗丰琴，电话(0579)85523563、85530056。建于1959年，是国家综合档案馆、党政文件查阅中心。建筑总面积1637平方米，库房面积1365平方米。馆藏档案16万卷(盒、幅、枚、张)。 （龚燕华）

东阳市档案馆 现址吴宁镇圣巷23号，邮编322100，电话(0579)86623913，馆长张忠鸣。成立于1960年，是集中统一保管东阳市各个历史时期党政机关、群众团体和部分企事业单位的各种门类载体档案资料的县级国家综合档案馆。1999年通过省二级档案馆目标管理认定。总建筑面积1310平方米，库房面积968平方米，现有馆藏档案13万余卷，资料6000余册，保存有民国档案，少量革命历史档案和比较齐全完整的建国后档案，其中有蒋介石手迹17件。馆加强了对重大活动档案的收集，目前已将村长论坛、博士大会、建县1800周年等重大活动的档案收集进馆。已建有民国档案、婚姻档案、招工档案等目录数据库。馆编有《日寇入侵东阳罪行辑录》、《东阳历代都乡名称一览》等专题档案史料汇编，利用档案举办了“三乡觅迹、三乡辉煌、三乡档案”和“家庭档案话发展”等展览。 （张窈芳）

永康市档案馆 现址金城路25号行政中心5号楼，邮编321300，电话(0579)87101797，馆长周跃忠。成立于1960年，是县级国家综合档案馆，是市(县)级爱国主义教育基地，是现行文件查阅中心。2003年晋升为省一级档案馆。建筑面积4000平方米，库房面积1600平方米。馆藏档案101810卷(盒)、6470件(包括寄存档案)，资料15162(册)。有领导外事活动赠品、领导题词、书法作品、绘画作品、像章、古钱币等。馆藏婚姻、土地档案建立了目录数据库。建立了局域网和档案网站。2006年建立了视频信息自动采集系统。 （施玉林）

衢州市档案馆 现址市荷花三路市府大院内，邮编324000，电话(0570)3080924，馆长刘耀倪。成立于1960年。是市级国家综合档案馆，是市(地)级爱国主义教育基地、市(地)级现行文件查阅中心。先后获得“全国档案系统先进单位”和“浙江省‘十五’期间全省档案事业发展先进市”称号，2002年晋升省一级档案馆。总建筑面积2346平方米。馆藏档案16.3万卷，资料2.3万册。保存有宗谱、地契、民国档案和建国后档案。加强了对重大活动档案的收集，目前已将第一届“衢州烂柯杯”中国围棋冠军赛、“衢州国际孔子文化节”等重大活动档案资料收集进馆，并积极探索改制企业档案工作新路子，已接收3.1万多卷破产企业档案。已向社会开放了档案资料近16万卷册，在满足机关、企事业单位查阅档案和利用的同时，重视涉及民生档案的利用，其中较多的有知青下放、婚姻、工龄等相关证明。近年来，出版了多部优秀编研成果，其中《非典之疫非常之策》(上、中、下)获省档案优秀编研成果评选二等奖。 （徐靖波）

柯城区档案馆 现址衢州市西安路24号，邮编342000，馆长胡锡明，电话(0570)3038616、3026599。成立于1996年，是集中统一保管机关、团体、企事业单位档案资料的国家综合档案馆，建立了现行文件查阅中心。建筑面积438平方米，库房面积240余平方米。馆藏档案8676卷(册)，资料12399卷(册)。已将本区内撤并单位、转制企业、历史遗留问题——土碗社、建区20周年、科工会、区委党代会、人代会等档案资料收集进馆。编纂了《柯城年鉴》(2004－2005年)、《中国共产党柯城区历史大事记》(1985－2004)、《柯城区荣誉录》(1985－2005)、《柯城区历届党代会、人代会、政协会议简况》等资料。 （钱慧卿）

衢江区档案馆 现址衢州市衢江新区行政中心，邮编324022，馆长何晓红，电话(0570)3838933、3838997。成立于1992年，是集中统一保管机关、团体、企事业单位档案资料的国家综合档案馆，爱国主义教育基地。总建筑面积为4180平方米，库房面积1145平方米。馆藏档案资料31242卷(册)，其中资料5100册。完成了民国档案案卷级目录数据采集工作。

（何晓红）

常山县档案馆 现址天马镇人民路3号，邮编324200，馆长王玉姣，电话(0570)5021531。成立于1980年，是集中统一保管机关、团体、企事业单位档案资料的国家综合档案馆。2002年晋升省一级档案馆。总建筑面积1525平方米，库房面积281平方米。馆藏档案资料47822卷(册)，其中资料9403册。基本完成了对馆藏档案的文件级条目输入。自2005年起采集常山新闻，制作视频档案。建立了常山档案信息网。编写了《改革开放二十年基础数字汇编》等资料。 （程振）

开化县档案馆 现址城关镇解放街54号，邮编324300，馆长王静君，电话(0570)6014767、6023477。成立于1959年，是集中统一保管机关、团体、企事业单位档案资料的国家综合档案馆，爱国主义教育基地、县政府指定的行政规范性文件查阅场所。建筑面积3200平方米。馆藏档案9.62万卷、资料8500余册。（余鑫）

龙游县档案馆 现址太平西路2号，邮编324400，馆长张峰，电话（0570）7021577、7023283。成立于1984年，是永久保管档案的基地，是科学研究和社会各方面利用档案资料的中心，建立了现行文件查阅服务中心。1993年晋升省三级档案馆。总建筑面积1247.1平方米，库房面积456.57平方米。馆藏档案6.5万余卷，资料6120册。开展了数字档案馆建设，安装了馆藏档案资源管理、在线接收利用、局馆办公等三个平台。建立了近40万条文件级目录数据库。建立了档案信息网站。（肖剑红）

江山市档案馆 现址中山路118号，邮编324110，馆长黄诚，电话（0570）4036608、4036688。成立于1960年，是集中统一保管机关、团体、企事业单位档案资料的国家综合档案馆，爱国主义教育基地、市政府指定的行政规范性文件查阅中心。1999年晋升省三级档案馆。总建筑面积2591平方米，库房面积936平方米。馆藏档案资料90867卷（册）。馆藏档案资料的历史跨度400余年。《清漾毛氏族谱》被列入《中国档案文献遗产名录》，“清—长台一组契约”被列入《浙江档案文献遗产名录》。（姜志书）

舟山市档案馆 现址昌国路236号，邮编316000，馆长乐蓉英，电话（0580）2600179、2024315。成立于1959年，是集中统一保管机关、团体、企事业单位档案资料的国家综合档案馆，爱国主义教育基地，市政府指定的行政规范性文件查阅服务中心。2001年晋升省一级档案馆。总建筑面积1995平方米，库房面积1008平方米。馆藏档案资料100845卷（册），其中资料20819册。馆藏档案资料的历史跨度170余年。已经接收中国舟山国际沙雕节、中国海鲜美食文化节、舟山渔民画艺术节、南海观音文化节、首届世界佛教论坛、党和国家领导人视察等档案资料。已完成馆藏文件级条目数据近80万条。电子文件中心、电子档案目录中心包含数据110万条，电子文件3万余份。编辑《舟山学子在海外》、《舟山革命烈士名录与事迹选编》、《风采》、《日本“里斯本丸”沉船事件档案史料专题汇编》、《康熙定海县志点校本》等资料20余种300余万字。（董献）

舟山市城市建设档案馆 现址城西河路47号，邮编316000，馆长方卸朝，电话（0580）2054837、2044398。成立于1987年，是集中统一保管城市建设档案的专门档案馆。1997年晋升省二级城建档案馆。总建筑面积842平方米，库房面积340平方米。馆藏档案4万卷。馆藏档案最早为1974年。馆藏特色档案有反映部分定海古城旧貌的音像资料、舟山鸦片战争遗址公园“百将题碑”中的共和国将军题词手迹等。编研成果《舟山市城建档案馆指南》获省第五届档案优秀编研成果三等奖，《舟山市城建档案馆论文集》获省城建档案编研成果三等奖。（王晓燕）

定海区档案馆 现址舟山市定海区昌国路236号，邮编316000，电话（0580）2026837，馆长陈珍艳。成立于1978年。建筑面积200多平方米（租用）。2004年，成立定海区文件查阅服务中心。馆藏档案39709卷（盒），650件，资料2000余册。主要包括建国后定海区机关、团体、企事业单位档案。有反映定海人文变迁、定海解放后建设和发展、土地、房产、学历和婚姻的档案；还有地方史志、宗谱等。馆寄存有三毛遗物档案，也已将定海区“海天之乡”民间文艺系列活动、定海区委保持共产党员先进性教育活动档案资料收集进馆，并征集了丁光训、习近平的照片。已建成婚姻、土地、户迁档案及部分重要全宗目录数据库。定海档案网站提供了4260页数字化档案全文服务。（陈珍艳）

普陀区档案馆 现址舟山市海华路589号,邮编316100,馆长张友荣,电话(0580)3013757。成立于1978年,是集中统一保管机关、团体、企事业单位档案资料的国家综合档案馆,区行政规范性文件查阅场所。1996年晋升省二级档案馆。总建筑面积5300平方米,库房面积1360平方米。馆藏档案资料10万余卷(册)。已经征集沙雕节、民间民俗文化节、“绿眉毛”等仿古船活动资料。

(陈龙岳)

岱山县档案馆 现址高亭镇人民路88号,邮编316200,馆长张帆,电话(0580)4473413、4473177。成立于1978年,是集中统一保管机关、团体、企事业单位档案资料的国家综合档案馆,爱国主义教育基地、县政府指定的行政规范性文件查阅场所。1999年晋升省二级档案馆。总建筑面积618平方米,库房面积412平方米。馆藏档案37208卷(件),资料7399册。馆藏档案资料的历史跨度80余年。已完成了文件级目录输入27万条。岱山县档案信息门户网站于2002年建立。

(沈艳)

嵊泗县档案馆 现址菜园镇沙河路348号,邮编202450,馆长毛立军,电话(0580)5085841、5081871。成立于1978年,是集中统一保管机关、团体、企事业单位档案资料的国家综合档案馆,县政府指定的行政规范性文件查阅场所。1997年晋升省二级档案馆。总建筑面积486.85平方米,库房面积289平方米。馆藏档案3万卷(册),资料7000册。已将中国·嵊泗贻贝文化节等档案资料收集进馆。馆藏档案电子目录273748条,其中案卷级24939条,文件级248809条。嵊泗县档案信息门户网站已经建立。编辑了《嵊泗县重大海损事故汇编》、《嵊泗县防治非典型肺炎大事记》等资料30余种100余万字。 (王晓燕)

台州市档案馆 现址台州市市府大楼二楼,邮编318000,电话(0576)88510776,馆长王小军。成立于1981年,是集中统一保管台州市市级机关、团体和部分企事业单位档案资料的国家综合档案馆,是市委、市政府的信息发布中心,是市级爱国主义教育基地。1999年晋升为浙江省一级档案馆。在“六五”、“七五”、“八五”、“九五”期间连续获得浙江省档案工作先进集体称号,在“十五”期间又获全省档案业务建设优秀奖。建筑面积500平方米,库房350平方米。馆藏档案78109卷、48006件,馆藏资料1万余册。编辑出版了64册、1400多万字的档案参考资料,其中《台州年鉴》从1983年至2006年连续23年共编写了23部,计1000余万字。 (楼亦斗)

椒江区档案馆 现址台州市青年路404号,邮编318000,电话(0576)88830289、88830029。成立于1988年,是集中统一保管机关、团体、企事业单位档案资料的国家综合档案馆,爱国主义教育基地、区政府指定的行政规范性文件查阅场所。2001年晋升省一级档案馆。总建筑面积1265.85平方米,库房面积765.3平方米。馆藏档案资料5.1万卷(册)、2.9万件,其中资料6000册。征集到民间珍藏的毛泽东像章,解放一江山岛战役照片资料,《浙台黄礁何氏宗谱》、《临邑家子周氏宗谱》等家谱等。利用馆藏档案举办了“生活的记忆——老照片展览”、“档案与社会——档案馆服务功能展示”等展览。已完成建国后档案案卷级和文件级目录数据著录工作,数据达到99.3万条。照片档案已全部数字化。建立了档案信息门户网站。 (王云)

黄岩区档案馆 现址台州市区政府,邮编318020,馆长方灵芝,电话(0576)84033026、84276186。成立于1959年,是集中统一保管机关、团体、企事业单位档案资料的国家综合档案馆,爱国主义教育基地、区政府指定的行政规范性文件查阅场所。1999年晋升省二级档案馆。馆库房面积700多平方米。馆藏档案资料60397卷(册、件),其中资料13921册。已将“中国模具之都——黄岩”、黄岩柑桔节、党代会、人代会、政协会等档案资料收集进馆。

征集了陈芳允等名人资料。建立档案信息门户网站。已输入机读目录近570000条。编纂了《黄岩人才》、《黄岩籍在外人士》、《黄岩柑桔文件资料汇编》等资料。 （崔旭）

路桥区档案馆 现址台州市区政府大楼，邮编318050，馆长项锡贵，电话(0576)82453995、82455171。成立于1995年，是集中统一保管档案资料的基地，区委、区政府指定的行政规范性现行文件查阅场所。总建筑面积500平方米，库房面积350平方米。馆藏档案4213卷、13105件，照片799张。已将《路桥志略》、重要领导人视察照片、题词等收集进馆。已建成馆藏档案全宗级目录数据库，并完成了馆藏重要档案全文数字化建设。编辑了《路桥年鉴》等资料。 （洪晔）

玉环县档案馆 现址珠港镇东城路6号，邮编317600，电话(0576)87222234、87223181。成立于1980年，是集中统一保管机关、团体、企事业单位档案资料的国家综合档案馆，是县委、县政府指定的政务信息公开场所。1997年晋升省一级档案馆。总建筑面积669平方米，库房面积442平方米。馆藏档案54127卷，资料12299册。建立了视频采集系统。建立了档案信息网站。 （张弦）

三门县档案馆 现址海游镇人民路59号，邮编317100，馆长张如贵，电话(0576)83332254。成立于1981年，2000年达省二级目标管理工作。现馆库面积1200平方米。馆藏档案51965卷。 （吴煜）

天台县档案馆 现址玉龙路1号，邮编317200，馆长夏祥广，电话(0576)83930261、83930258。成立于1959年，是爱国主义教育基地。2000年晋升省一级档案馆。馆库面积3041平方米。馆藏档案61996卷，资料8065册，历史跨度300余年。珍贵档案有周恩来总理留赠天台文化名人曹天风的手迹、郭沫若游览天台国清寺的题词及朱镕基、尉健行等党和国家领导人视察天台的照片。现有机读目录60多万条。 （梁森将）

仙居县档案馆 现址城关解放街84号，邮编317300，馆长赵杨弟，电话(0576)87820617、87787765。建立于1959年，是集中统一保管机关、团体、企事业单位档案资料的国家综合档案馆，县委、县政府指定的行政规范性文件查阅场所。2000年晋升省二级档案馆。总建筑面积810平方米，库房面积560平方米。馆藏档案41341卷(册)、11116件，资料6713册，历史跨度100余年。馆藏数据库已完成56万条文件级数据采集。 （毕小云）

温岭市档案馆 现址人民东路258号，邮编317500，馆长程根法，电话(0576)86223502、86222937。成立于1959年，是集中统一保管机关、团体、企事业单位档案资料的国家综合档案馆，建立了现行文件阅览中心。1997年晋升省一级档案馆。总建筑面积3600平方米，库房面积1200平方米。馆藏档案资料9.18万卷(册)，历史跨度100余年。已将防治“非典”、温岭石文化旅游节、千年曙光节等档案资料收集进馆。已经建立档案信息门户网站，连续二年被评为全省优秀网站。 （林丽云）

临海市档案馆 现址东方大道99号(临海市人民政府大院内)，邮编317000，电话(0576)85312927，馆长林升华，电话(0576)85112110。1959年成立。总面积约600平方米，库房面积450平方米。馆藏档案37989卷11379件，资料9445册，有文书档案、人物档案、科技档案、专门档案(包括人口普查、工业普查、1952年农村土地房产所有权存根、原山林定权发证存根、新山林延包换发证、第二轮土地承包档案、知青档案、婚姻档案等15种)。保存着《温家宝总理视察台风重灾区临海推船沟村纪实》录像带和照片，有抗击“非典”工作档案、江南长城节专题特色档案，临海第一个党组织(中共临海县特别支部)支部书记——张崇文将军赠送给本馆的2213册(件)书籍和珍贵手稿资料等。并征集到各级领导在临海公务活动形成的照片90多张。承办编制的《临海年鉴》已经有21部。馆藏档案文件级目录数据和专题目录数据库累计总量 40 万条。

丽水市档案馆 现址花园路 1 号，邮编 323000，馆长徐永武，电话(0578)2090535。成立于 1980 年，是集中统一保管机关、团体和部分企事业单位档案资料的国家综合档案馆，市委、市政府的信息发布中心，爱国主义教育基地。1994 年晋升省三级档案馆。总建筑面积为 12650.6 平方米。馆藏档案资料 72639 卷册。珍贵馆藏有：清代档案有光绪间的地契，民国时期浙江货物税局丽水分局、邮政管理局丽水电信局、浙江地方银行丽水分行、浙江省处州师范档案及地契。革命历史档案有中国工农红军挺进师在丽水活动时的标语照片等。有万里、田纪云、陈慕华、胡乔木等到丽水视察时的谈话记录及照片。珍贵资料有明成化、万历、崇祯和清康熙等时期的《处州府志》。2006 年接收了六千多幅新中国电影海报，开办了爱国主义教育基地——新中国电影海报展馆。目录数据库基本建成，已完成了 50 万页的全文扫描工作。档案信息网站获 2005 省优秀网站荣誉称号。 (毛清英)

莲都区档案馆 现址丽水市行政中心西区档案大楼的四、五两层，邮编 323000，电话(0578) 2090569，馆长赵如祥，电话(0578) 2090566。成立于 1959 年。是区档案保管基地、档案信息服务中心、现行文件查阅中心和爱国主义教育基地。省二级标准综合档案馆。建筑面积为 2780 平方米，档案库房面积为 800 平方米。馆藏档案资料 104821 卷，其中破产企业 59628 卷，资料 7528 册。开展了征集老相片、家谱族谱、名人档案等活动。数字档案馆(一期工程)已顺利建成并通过验收。

龙泉市档案馆 现址贤良路 333 号，邮编 323700，馆长朱志伟，电话(0578)7262043。成立于 1959 年，是集中统一保管机关、团体、企事业单位档案资料的国家综合档案馆。是现行文件查阅利用中心、爱国主义教育基地。2006 年晋升省二级档案馆。总建筑面积 4170 平方米，库房面积 1000 平方米。馆藏档案 103421 卷，资料 13774 册。被列入《浙江省档案文献遗产名录》的是《清源何氏宗谱》。已建成土地房产、山林权证、婚姻登记、库区移民等专题档案 34 万页的全文数据库和 53 万条文件级目录数据库。举办了“金庸龙泉论剑”、“纪念建党 85 周年”等展览。 (张志伟)

青田县档案馆 现址鹤城镇水南火车站，邮编 323900，馆长詹志敏，电话(0578) 6821279、6831770。馆建于 1959 年，是集中管理机关、团体、企事业单位档案资料的国家综合档案馆，建立了现行文件利用中心。1995 年晋升省三级档案馆。馆舍建筑面积 2056 平方米。目前馆藏 36690 卷，资料 18300 多册。

(杨大兴)

云和县档案馆 现址云和镇城北路 6 号，邮编 323600，馆长夏长水，电话(0578) 5121315、5134141。成立于 1980 年。是县政府指定的政务信息公开场所。2000 年晋升省二级档案馆。馆库房 360 平方米。馆藏档案 54589 卷，资料 8500 册。珍贵档案有清康熙至光绪年间的地契、分家协议、宗谱，太平军、红军在县境活动的报告，抗战期间临时省会迁址云和有关情况，日军轰炸和鼠疫流行情况报告等，“浙江铁工厂”档案被列入《浙江省档案文献遗产名录》。收集了第一、第二届中国木制玩具节、“三月三”江南畲族风情旅游节、县二轮土地承包、山林延包等档案。建成了“云和档案信息网”。 (柳敏)

庆元县档案馆 现址松源镇石龙街 26 号，邮编 323800，馆长叶荣兴，电话(0578) 6121480、6120728。成立于 1980 年，是集中统一保管机关、团体、企事业单位档案资料的国家综合档案馆，现行文件查阅中心。总建筑面积为 1379.62 平方米，库房面积为 919 平方米。馆藏档案 38704 卷、3579 件，资料 3918 册。已接收了香菇节等档案，建立了吴克甸、吴鸣翔等名人档案。 (杨晓娟 范敦媛)

缙云县档案馆 现址五云镇复兴街 154 号，邮编 321400，馆长麻镇南，电话(0578)

3146090。成立于1981年，是集中统一保管机关，企事业单位档案资料的国家综合档案馆，成立了现行文件查阅中心。1996年晋升省三级档案馆。总建筑面积890平方米，库房面积614平方米。馆藏档案59792卷，资料12517册。珍贵馆藏有清朝有同治至光绪年间的花户细册、毕业文凭，缙云县抗日阵亡将士名册录，周恩来签字缙云籍蔡鸿猷烈士的证明信和开发国家旅游风景区——仙都，李铁映、谷牧、王芳等名人来缙云考察的资料。

（钦蓉蓉）

遂昌县档案馆 现址妙高镇县前街1号，邮编323300，馆长徐爱芽，电话（0578）8122812、8123086。成立于1960年，是集中统一保管机关、团体、企事业单位档案资料的国家综合档案馆，爱国主义教育基地、现行文件查阅中心。2005年晋升省二级档案馆。总建筑面积844平方米，库房面积520平方米。馆藏档案资料94344卷（册），资料9866册。馆藏珍贵档案有清朝道光至光绪、宣统年间的山林地契，中国工农红军挺进师在浙西南艰苦卓绝的游击战活动史实，营救美国飞行员史实资料。“潘氏宗谱木刻板片”和1943年绘制的遂昌县33个乡镇户地联络图2003幅被评为省级档案文献遗产。

（李红）

松阳县档案馆 现址西屏镇府前街1号，邮编323400，馆长程松华，电话（0578）8062451。成立于1985年，是统一保管机关、团体、企事业单位档案资料的国家综合档案馆，是现行文件查阅中心。总建筑面积802平方米，库房面积458平方米。馆藏档案40788卷、10247件，资料9470册。馆藏“松阳高腔”档案入选“浙江省档案文献遗产”。“芳溪堰”、“本草纲目（清版）”和“松阳商会”等珍贵档案文献为馆藏珍品。

（李雪梅）

景宁畲族自治县档案馆 现址鹤溪镇府前西路19号，邮编323500，馆长尤建平，电话（0578）5082307、5082177。成立于1987年，是集中统一保管机关、团体、企事业单位档案资料的国家综合档案馆，县政府指定行政规范性文件查阅场所。2000年晋升省二级档案馆。总建筑面积888.35平方米，库房面积371.50平方米。馆藏档案资料41725卷（册），其中资料5420卷（册），历史跨度200余年。征集了《明万历景宁县志》、《清雍正十三年景宁县志》、《乾隆景宁县志》、同治时期县志等资料。编辑了畲乡优惠政策、大事记、政策制度汇编等资料10余种。

（吴丽丽）

安　徽　省

安徽省档案馆　现址合肥市长江中路39号(中共安徽省委院内),邮编230001,电话(0551)2606668,馆长李学香,电话(0551)2609719。成立于1959年。是集中统一保管省级机关、团体、企事业单位档案资料的国家综合档案馆,是省级爱国主义教育基地,现行文件资料利用服务中心。1998年晋升为国家一级档案馆。总面积8640平方米,库房面积4525平方米。馆藏档案资料44万卷(册、件),其中资料14万册。馆藏年代最早的是宋代档案,建国前档案包括明清档案、民国档案、革命历史档案,共7万多卷(件),“明代徽州土地产权变动和管理文书”、“明代徽州江氏家族阄书”被列入《中国档案文献遗产名录》。征集了党和国家领导人在皖公务活动的照片档案,完整征集了日本侵华时期出版的《支那事变画报》、《支那写真全集》等,形成了系统反映日军侵华罪行的画报档案资料。建有档案珍品库房。已建成馆藏全宗级目录数据库,加强了对建国后文件级目录数据采集工作。已向社会开放档案资料近13万卷(件)。出版发行了《安徽省各级各类档案馆概览》、《中国共产党安徽省历次代表大会(代表会议)文件资料汇编》、《中共安徽省委文件选编》、《安徽省民众抗日事迹选编》等专题档案史料汇编。利用档案举办了“纪念中国人民抗日战争胜利60周年图片展”、“纪念建党八十五周年图片展”、“纪念抗日战争爆发70周年——历史的见证”等展览。（张敏）

合肥市档案馆　现址政务文化新区东流路100号2区A座,邮编230022,电话(0551)3537366,馆长李广宏,电话(0551)3537361。成立于1959年。是集中统一保管市直机关、团体、企事业单位档案资料的国家综合档案馆,设立现行文件利用服务中心,市指定的政务信息公开场所。2004年晋升为省一级综合档案馆。总建筑面积11000平方米,库房面积6000平方米。馆藏档案138800卷(件),资料13359册。保存年代最早的是嘉庆年间《合肥县志》,有2件革命历史档案。已接收36家破产改制企业档案,将防治“非典”工作、国际徽商大会、本市对外友好交往等重大活动(事件)的档案资料收集进馆。征集党和国家领导人的视察照片、名人字画、家谱等档案资料六千多件。2003年获“安徽省档案抢救征集工作优胜奖”。已建立馆藏档案文件级目录数据库,录入案卷级和文件级目录70万条。合肥市档案信息门户网站已经建立。编写和参与编写了《合肥市四十年经济史料选编》、《中共安徽省合肥市组织史资料》、《光辉的足迹》等24种资料,总字数达100多万字。举办了“档案工作者个人藏品展”、“馆藏档案珍品展”、“纪念建党86周年图片展”等。（彭红梅）

瑶海区档案馆　现址合肥市瑶海区明光路1号瑶海区政府大楼十四层,邮编230011,电话(0551)4497918,馆长史云,电话(0551)4497868。成立于1998年。是集中统一保管区级机关、团体、企事业单位档案资料的国家综合档案馆。2004年晋升为省二级档案馆。建筑面积近150平方米,库面积约120平方米。馆藏档案资料6295卷(册),其中资料1051册。已建成馆藏全宗级目录数据库。征集地方志、大事记等史料20余册。参与了原东市区委1988至2000年组织史的编研工作,编写了《东市区档案馆概览》等。

（丁苹玲）

庐阳区档案馆　现址合肥市濉溪路295号,邮编230001,电话(0551)5699486,馆长余成厚,电话(0551)5699485。馆1998年成立。区档案资料存储基地,档案信息开发利用中心,是区爱国主义教育基地之一。2004年晋升省二级档案馆。馆库房面积约800平方米。馆藏档案总数4215卷(件),资料1325册。编写了《合肥市庐阳区档案馆指南》、《合肥市中市区人民政府文件汇编》、《合肥市中市区“三讲”教育理论学习心得体会材料汇编》、《合肥市庐阳区人民政府文件汇编》、《庐阳区调研论文集》等资料，共计 55.4 万字。还积极参与合肥市庐阳区组织史等史料编写工作，共计编写 21 万字。

蜀山区档案馆 现址合肥市梅山路 107 号蜀山区机关办公楼九楼，邮编 230031，电话和传真(0551)5121751。2004 年通过安徽省二级综合档案馆考评。面积 102 平方米。保管档案 5960 卷 1835 件。输入可机检目录 19317 条。参与编写了《西市区组织史》、《西市区规范文件汇编》、《蜀山区第一次党代会》等材料约 37 万字。

包河区档案馆 现址合肥市包河大道 118 号包河区政务中心大楼，邮编 230051，电话(0551)3357125，馆长徐智明。始建于 1984 年。是区指定的信息公开场所和爱国主义教育基地、青少年教育基地。为省二级档案馆。馆库房面积 100 平方米。档案总数 4 万多卷。加大了档案资源整合力度，特别是对与群众切身利益密切相关的专业档案实行了集中统一管理，并征集了一批重要档案进馆。

长丰县档案馆 现址水湖镇长丰路 85 号(县委大院内)，邮编 231100，电话(0551)6671776，馆长姚文俊，电话(0551)6672832。成立于 1965 年。是集中统一保管县级机关、团体、企事业单位档案资料的地方性综合档案馆，建立了"现行文件利用中心"，是县爱国主义教育基地。总面积 1090 平方米，库房面积 750 平方米。馆藏档案资料 35694 卷(册)，其中资料 2468 册。已完成文件级目录输入。编辑了《长丰县大事记》(文化大革命时期)，与长丰县党史办公室编辑出版《长丰县组织史资料》(第二卷)。 (陆守兵)

肥东县档案馆 现址店埠镇人民路 15 号，邮编 231600，电话(0551)7711469，传真(0551)7711469，馆长程道行，电话(0551)7749199。成立于 1959 年。是集中统一保管县各机关、团体、企事业单位档案资料的国家综合档案馆，是县级爱国主义教育基地，现行文件服务中心。2006 年晋升为省二级档案馆。建筑面积 1100 平方米，库房面积 795 平方米。馆藏档案资料 66544 卷(件、册)。珍藏有党和国家领导人、解放军将领及各界知名人士为瑶岗纪念馆所题写的字词；原国务院副总理张劲夫家谱一套；肥东籍著名民歌手殷光兰的个人照片、资料；剪辑各种党报党刊上刊登有关肥东人和事的文章、照片。

肥西县档案馆 现址上派镇巢湖路 90 号，邮编 231200，电话(0551)8841087，馆长解启明，电话(0551)8826387。成立于 1958 年。是集中统一保管县乡两级机关、团体、企事业单位档案资料的国家综合档案馆。总建筑面积 475 平方米，库房面积 375 平方米。馆藏档案 102070 卷件，资料 5423 册。有少量清代的志书和民国档案。其中最为珍贵的是农业生产责任制发源地肥西县山南镇小井庄首创包产到户档案、淠史杭引水灌溉工程建设档案、周恩来视察本县肥光高级社、朱德视察本县公路乡张公塘和官亭交通水库工地的档案，原安徽省委书记万里两次赴本县山南镇考察包产到户的档案，1991 年国务院副总理吴学谦、对台办主任王兆国视察三河抗洪救灾的档案，诺贝尔奖金获得者、美籍华人杨振宁博士客居三河镇的档案材料等。 (葛新)

芜湖市档案馆 现址市镜湖区华兴街 29 号，邮编 241000，电话(0553)3836671，馆长胡正强，电话(0553)3825524。成立于 1960 年。是集中统一保管和开发利用档案资料的国家综合档案馆，设有现行文件资料服务中心，是市级爱国主义教育基地。1996 年晋升省一级档案馆。总建筑面积 3530 平方米，库房面积 2200 平方米。馆藏档案 89214 卷，资料 35446 册。加强对档案资料的收集工作，保证重大活动档案资料全部收集进馆。征集到一批党和国家领导人在芜湖活动的题词、照片等档案资料。编纂了《双赢的交流》、《芜湖制造》等档案参考资料，获得安徽省档案学优秀成果奖。建立机读档案数据库，对馆藏主要全宗及利用较为频繁的全宗，进行文件目录输入工作，已输入文件级目录70多万条；建立了“芜湖市档案信息网”。

镜湖区档案馆 现址芜湖市长江南路35号，邮编241000。馆2007年成立区现行文件利用服务中心。档案用房500平方米，其中库房400平方米。档案资料65000卷、30866件，其中各类资料2352册。编有区志、大事记、数据汇编、组织沿革、发展史、组织史、党史大事记、工业志文件汇编等各种参考资料。检索工具有机检、手检目录。

鸠江区档案馆 现址芜湖市九华山北路鸠江区政府大楼东三楼内，邮编241000，电话(0553)5864839，馆长李贤兰，电话13955380357。成立于1993年。是集中统一保管区机关、团体、企事业单位档案资料的国家综合档案馆，是县级爱国主义教育基地，区政府指定的行政规范性文件查阅场所。2003年晋升为省二级档案馆。总建筑面积550平方米，库房面积300平方米。馆藏档案资料3.5万卷(册)，其中资料1万册。已将防治“非典”、“保持共产党员先进性教育”、“三讲”、“社会主义新农村建设”等一系列重要历史事件的档案资料收集进馆。征集了粟裕在芜湖战斗历史的大量档案资料。目前已建成馆藏全宗级目录数据库，完成20万余条档案目录输入工作。编辑出版了《鸠江区志》。

(李贤兰 靳勇)

芜湖县档案馆 现址湾止镇芜南路县行政大院，邮编241100，电话(0553)8811192，馆长席绪荣，电话(0553)8912245。成立于1958年。是集中保管县各机关、团体、企事业单位档案资料的国家综合档案馆，是县指定的现行文件查阅场所。总建筑面积2000平方米，库房面积900平方米。馆藏档案资料4。5万卷(册)其中资料5000册。目前每年完成10万条文件级目录录入任务，编辑出版各类编研成果近40万字。

繁昌县档案馆 现址县城北门春谷商市检察院大楼，邮编241200，电话(0553)7916135，馆长傅金星，电话(0553)7911833。成立于1959年。是全县档案资料集中保管基地和利用中心。1997年晋升为省二级综合档案馆，2001年度被授予省档案系统“九五”期间先进集体。总建筑面积1500平方米，库房面积1000平方米。馆藏档案32148卷(册)，资料8694册，最早的档案是1921年北乡里远冲、大干冲、小干冲等处试探煤矿矿区图。收集县志、婚姻登记、家谱等档案1千余卷和朱镕基、蒋正华等在繁昌考察工作时的题名、题辞。录入了部分文书档案目录及专门档案数据25万条，并建立了“繁昌档案”网站(http://indexwww.com)，开通了网上查询档案服务。编纂了《党和国家领导人在繁昌》、《马仁山风景区资料汇集》、《中国(芜湖)国际茶叶博览交易会档案资料汇集之峨桥茶市专辑》等各种资料23种60多万字。

南陵县档案馆 现址籍山镇籍山路党政综合大楼西侧，邮编242400。始建于1958年。1999年被授予“全国档案系统先进集体”，并连续多次被省、市、县授予档案工作先进集体、先进县、先进档案馆和市级文明单位称号。为安徽省一级综合档案馆。建筑面积1600平方米。馆藏档案82335卷，4768件，资料15000余册。目前输入文件级目录约162150条，上山下乡、知青待业、林业三定、婚姻档案及现行文件等类档案可直接进行计算机检索。建立了档案管理局域网。

九华山风景区档案馆 现址化城路68号，邮编242811，电话(0566)2831224，馆长查向荣，电话(0566)2821033。成立于1981年。是集中统一保管风景区机关、团体、企事业单位档案资料的档案馆。总建筑面积318平方米，库房面积108平方米。馆藏档案资料3.7万卷(册、件)，其中资料1.2万册。馆藏档案资料的历史跨度200余年，包括清乾隆至民国期间的历史档案、佛教档案等。同时风景区档案馆还保存有党和国家领导人来九华山视察的珍贵档案和名人书画等档案。已将风景区防治"非典"工作、保持共产党员先进性教育活动、九华山风景区管理机构下迁、党和国家领导人来风景区视察等一批重大活动、重要历史事件的档案资料收集进馆。已征集了清、民国期间的历史档案和佛教档案。

蚌埠市档案馆 现址胜利中路51号，邮编233000，电话(0552)2046170，馆长张新航，电话(0552)3110958。成立于1961年。是集中统一保管市党政机关、群众团体、企事业单位档案资料的国家综合档案馆，是市级爱国主义教育基地。1991年晋升为省一级档案馆。总建筑面积1500平方米，库房面积900平方米。馆藏档案资料141851卷(册)，其中资料24290册。馆藏档案资料的历史时间跨度近百年。有民国时期蚌埠旧政权档案、本地区革命历史档案。已将防治"非典"工作、保持共产党员先进性教育等一批重要活动、重要历史事件的档案资料收集进馆。征集了历届党和国家领导人来蚌埠视察照片以及家谱、选民证和花鼓灯歌词手稿等反映地方特色的档案资料。目前正进行馆藏档案文件级目录数据采集工作，已采集数据50余万条，资料目录全部进入数据库，部分声像档案实现了数字化管理。蚌埠市档案局(馆)建立了网站。编辑出版了《蚌埠解放》、《珠城精英》等专题档案史料汇编约100余万字。与安徽省档案馆共同编辑出版了《日本侵华在安徽的罪行》一书。利用档案资料建立了"淮畔明珠——蚌埠"展览厅，常年对外开放。

龙子湖区档案馆 现址市解放路480号，邮编233060，电话(0552)3050655，馆长鲁永晨。是省二级档案馆。建筑面积180平方米。馆藏档案5737卷(件)，资料3594册。有落实政策、平反冤假错案、打击经济犯罪、人口普查、审计、会计、烈士、实物等档案材料。

蚌山区档案馆 现蚌埠市南山路89号，邮编233000，电话(0552)2070376，馆长，段玲领。成立于1989年。是集中统一保管区级机关、团体、企事业单位档案资料的国家综合档案馆，是区级爱国主义教育基地，现行文件服务中心，区政府指定的行政规范性文件查阅场所。1996年晋升为省二级档案馆，2001年重新评估为省二级档案馆。总建筑面积200平方米，库房面积100平方米。馆藏档案资料24万件，其中资料5万件。保存年代最早的是明清档案和资料。已将防治"非典"、"禽流感"工作、人口普查、重大招商引资项目、保持共产党员先进性教育等重要档案资料收集进馆。婚姻、计划生育档案齐全完整。已建成馆藏全宗级目录数据库。对馆藏开放档案进行数字化。蚌山区档案信息利用蚌山区政府网站将已开放档案目录向因特网用户服务。参与编辑出版蚌山区组织史、蚌山区人大志、蚌山区政协资料、蚌山区军事史等。参与"百年蚌山"重要图片展。

禹会区档案馆 现址蚌埠市红旗一路240号，邮编233000，电话(0552)7115347，馆长杨洁。成立于1989年。是集中统一保管区级机关、团体、企事业单位档案资料的国家综合档案馆，是区爱国主义教育基地、现行文件服务中心。1997年晋升为省二级档案馆。总建筑面积49平方米，库房面积21平方米。馆藏档案资料9015卷(件、册)，其中资料343册。已将保持共产党员先进性教育活动、防治"非典"、防汛抗洪工作等重大活动档案资料收集进馆。已完成馆藏档案案卷级目录和文件级目录数据的采集工作，纸质档案已全部数字化。 (杨洁)

淮上区档案馆 位于淮上区行政办公中心大楼六楼，邮编:233002。联系电话:0552—2829620。馆长王芸。档案馆成立于1989年，是区级爱国主义教育基地和现行文件利用中心。总建筑面积220平方米，库房面积160平方米。馆藏档案资料达73万件(卷)，其中资料1200册。

怀远县档案馆 现址县圣泉大道北侧，邮编233400，电话(0552)8215102，馆长陈林，电话13855256161。成立于1958年。是集中保管县级机关、团体、企事业单位档案资料的国家综合档案馆，是市级爱国主义教育基地，现行文件服务中心。荣获“九五”期间全省档案系统先进集体称号，1997年晋升为省一级档案馆。新馆面积3085平方米，库房面积1200平方米。馆藏档案4万余卷，图书资料2万余册。有国家领导人江泽民、温家宝等来县视察工作的讲话录音、照片以及清嘉庆版《怀远县志》、民国档案等较为珍贵的档案资料。编纂了《怀远县档案馆指南》等资料，其中有一部分在国家、省、档案报刊发表。

五河县档案馆 现址新城区行政服务中心东此角，邮编233300，电话(0552)2310129，馆长丁星品。成立于1958年。是集中统一保管县级机关、团体、企事业单位档案资料的国家综合档案馆，是县级爱国主义教育基地。1999年晋升为省二级档案馆。总建筑面积3700平方米，库房面积1300平方米。馆藏档案资料45000卷(册)、60000件。馆藏档案资料的历史跨度180年。有民国档案、革命历史档案。征集有清道光八年(1828年)五河县建大王庙所立石碑。组织专人对县城改造开发前的原貌进行拍照、摄影，已拍照片3000多张、影像资料3盘。编纂史料59册、946000字，主要是与县党史办合编的《中共五河县组织史资料》，计48万字。 (丁星品)

固镇县档案馆 现址城关镇浍河路194号，邮编233700，电话(0552)6012371，馆长徐凤芹。成立于1965年。是集中统一保管各乡镇、县直各单位、驻固各直属单位档案资料的国家综合档案馆，是县级爱国主义教育基地、现行文件服务中心。2001年晋升为省一级档案馆。建筑面积1023平方米，其中库房面积504平方米。馆藏档案26094卷，资料5693册。馆藏档案资料历史跨度88年。保存年代最早的是民国时期的档案。已将防治“非典”工作、抗洪抢险、固镇县首届“花生节”、淮北西大门抗战烈士陵园收藏的老将军题词及实物档案接收和征集进馆。对馆藏重要档案进行数字化。 (张云修)

淮南市档案馆 现址田家庵区洞山中路9号，邮编232001，电话(0554)6678286，馆长刘全秀，电话(0554)6642603。成立于1959年。是国家综合档案馆，市级爱国主义教育基地，市委指定的现行文件利用场所。1996年晋升为省一级档案馆。总建筑面积2500平方米，库房面积1140平方米。馆藏档案14.2万卷。保存年代最早是清末和民国时期设在淮南矿区的企业、事业机构所形成。已将防治“非典”、“保持共产党员先进性”教育活动等一批重大活动档案资料收集进馆。为配合退休职工实行社会化管理的需要，2004年起，开始代管淮南市退休职工档案。已建成馆藏档案案卷级目录数据库，文件级目录数据库正在建设中。淮南市档案信息网站已经建立。2006年馆举办陈列展——“能源城的记忆”。

(唐昭敏)

大通区档案馆 现址淮南市大通民主东路政府楼五楼西侧，邮编232033，电话(0554)2519335，馆长崔海凤，电话13866317577。成立于1984年。是集中保管区级机关、团体、企事业单位档案资料的国家综合档案馆。1998年晋升为省二级档案馆。建筑面积200平方米，库房面积140平方米。馆藏档案资料138350卷(件、册)，其中资料4350册。2002年以后档案实现了计算机目录检索。

(崔海凤)

田家庵区档案馆 现址淮南市国庆中路128号区政府四楼，邮编232007，电话(0554)2698060，馆长黄敏。成立于1984年。是集中统一保管区直机关、团体、企事业单位档案资料的国家综合档案馆。1999年通过复审晋升为省二级综合馆。荣获“八五”、“十五”期间全省档案系统先进集体。建筑面积180平方米，其中库房面积120平方米。馆藏档案1.7万卷(件)，资料6000余册。将部分单位的专业档案及防治“非典”、“禽流感”、“中国豆腐文化节"、"少儿艺术节"、"保持共产党员先进性教育"等重大活动、重要历史事件的档案资料收集进馆。已建成馆藏档案目录数据库，录入目录10万余条。2002年建立了"田家庵区档案信息网"，成立了"田家庵区现行文件服务中心"，配合有关部门编辑了《田家庵区志》、《廖家湾村志》等11种公开出版、内部参考利用等档案史料100余万字。

谢家集区档案馆 现址淮南市谢家集区平山路，邮编232052，电话(0554)5677580，馆长程忠杰。成立于1986年。是国家综合档案馆，区行政规范性文件查阅场所。1998年晋升为省二级档案馆，2000年获省先进集体。建筑面积240平方米，库房面积180平方米。馆藏档案8077卷、3771件，资料2390册。还有极珍贵的清朝水师提督杨岐珍的资料。

(程忠杰)

八公山区档案馆 现址淮南市丁山路八公山区政府办公大楼二楼，邮编232072，电话(0554)5611936，馆长孙博，电话(0554)5617163。成立于1984年。是集中统一保管八公山区党政机关、团体、企事业单位形成的各种文字、图表、音像等不同形式历史记录的基地。2000年晋升为省二级档案馆。总建筑面积96平方米，库房面积80平方米。馆藏档案6557卷(件)，资料4480册。馆藏案卷级目录和95%以上的文件级目录已输入档案管理软件。 (刘艳)

潘集区档案馆 现址淮南市黄山路42号，邮编232082，电话(0554)4976589，馆长沈宏发。成立于1984年。是集中统一保管区机关、团体、事业单位档案资料的综合档案馆，是区级爱国主义教育基地，区指定的行政规范性文件查阅场所。2003年晋升为省二级档案馆。总面积60平方米，库房面积40平方米。馆藏档案10517卷、14194件，资料2000册。纸质档案数字化占馆藏纸质档案的68%。

(孙多敏)

凤台县档案馆 现址县城关镇龙潭路，邮编232100，电话(0554)8611153，馆长李云轩。始建于1959年。是集中统一保管县直机关、团体、乡镇、企事业单位档案资料的国家综合档案馆。1999年晋升为省二级档案馆。建筑面积1309平方米。馆藏档案42175卷，图书资料12017册。建国前档案主要有清朝时期的志书及部分建国前革命政权在凤活动的档案。接收了防"非典"、先进性教育等重大活动的档案，还接收了军转干部及退伍士兵档案、土地证档案、科技档案等。70%以上的案卷级目录已录入计算机，并向社会开放档案资料3.6万卷(册)。 (王永军)

马鞍山市档案馆 现址花山区湖东中路12号，邮编243000，电话(0555)2322693，馆长闫照斌，电话(0555)2360831。成立于1958年。是集中统一保管市级机关、团体、企事业单位档案资料的国家综合档案馆，是市级爱国主义教育基地、马鞍山市政府指定的行政规范性文件查阅场所。1991年晋升为省一级档案馆。建筑面积2321平方米，库房面积1500平方米。馆藏档案资料18.7万卷(册)，其中资料1.7万余册。抓好重大活动声像资料和地方特色档案资料的接收征集。建立了文件级目录数据库，累计已录入文件级目录60万条；建立马鞍山市档案信息门户网站。编辑出版了《档案工作手册》和《档案工作追忆》等图书资料，一大批档案编研论文在全国核心期刊上发表，并获得国家、省、市级优秀成果奖。尤其是利用馆藏档案举办了"城市的记忆展"、"辉煌50年建市成就展"。

当涂县档案馆 现址县姑孰镇南营路兰台巷2号，邮编243100，电话(0555)6711464，馆长王超然，电话(0555)2928100。成立于1958年。是集中保管县级机关、团体、企事业单位及乡镇机关档案资料的国家综合档案馆，是县级爱国主义教育基地、当涂县政府指定的行政规范性文件查阅场所。2003年晋升为省一级档案馆。2006年荣获省档案系统先进集体。总建筑面积1497平方米，库房面积1000

平方米。馆藏档案资料 45717 卷(册),其中资料 9562 册。馆藏档案资料历史跨度 100 多年。保存年代最早的是清朝后期的地方史志资料,比较珍贵的是《明通鉴》。编写参考资料 8 种 50 余万字,主要有《当涂县党代会文件汇编》、《当涂县大事记》、《当涂矿业》、《当涂历史人物》等。 (汪本柱 苏元妹)

淮北市档案馆 现址相山区花园路 3 号,邮编 235000,电话(0561)5200130、5200131,馆长张庆祥,电话(0561)5201789。成立于 1979 年。是集中统一保管市机关、团体、企事业单位档案资料的综合档案馆,2003 年被命名为市级爱国主义教育基地,成立了现行文件利用服务中心。1997 年晋升为省一级档案馆。被市委、市政府授予第十届、十一届淮北市文明单位标兵;连续三年评为全省档案工作先进单位。总建筑面积 2070 平方米。馆藏档案约 10 万卷(件),其中社保退休职工档案 4 万多卷,各种资料 1 万多册。建成了局域网,安装了档案管理软件,完成了重点全宗的目录录入工作,开始使用微机调阅档案。 (纵茜)

濉溪县档案馆 现址濉溪县沱河路县政府院内。邮编:235100,局(馆)长任民,电话:(0561)2223778。成立于 1958 年 10 月,建筑面积 1360 平方米,库房面积 1020 平方米,馆藏档案资料 11 万卷(件)(册)(本),图书报刊资料 7300 多册(本),网址:www.suixida.gov.cn,传真:(0561)2228286。

铜陵市档案馆 现址淮河大道 269 号,邮编 244000,电话(0562)2877895,馆长周新书,电话(0562)2860221。成立于 1958 年。是集中统一保管市级机关、团体、企事业单位档案资料的国家综合档案馆,是市级爱国主义教育基地。省一级档案馆。总建筑面积 2448 平方米,其中库房面积 1665 平方米。馆藏档案资料 103518 卷(册、件),其中资料 17343 册。馆藏档案资料的历史跨度 200 余年。保存年代最早的是明清档案和资料,有少量的旧政权档案。首次在全省接收了企业退休人员档案。已将市八届青铜博览会以及中央领导人来铜视察等重大活动档案资料收集进馆。编撰了《铜陵市大事记》、《铜陵市人代会简况》、《醒来——铜陵》等档案参考资料,并参与和配合有关部门开展了资料的编撰工作。

铜陵县档案馆 现址五松镇笠帽山东路,邮编 244100,电话(0562)8814806。成立于 1959 年。是集中保管县直机关、团体、企事业单位和所辖乡(镇)档案资料的综合档案馆。2000 年评为省档案工作先进集体。同年晋升为省二级档案馆。建筑面积 1700 平方米,库房面积 1020 平方米。馆藏档案 53862 卷(件),资料 8492 册。保存年代最早的档案形成于光绪二十三年。将机构改革单位撤并、撤乡并镇区划调整、二轮土地承包合同、农村税费改革、保持共产党员先进性教育等一批重要档案和部门的专业档案接收进馆。编写了《铜陵县档案馆志》、《铜陵县大事记》、《铜陵县档案利用效果汇编》、《铜陵县行政区划汇编》、《铜陵县旅游资源之一——溶洞景观》,与有关部门合编了《铜陵县志》、《中共铜陵县组织史料》。

安庆市档案馆 现址市菱北新路 30 号,邮编 246003,电话(0556)5346600,馆长殷传生,电话(0556)5346588。是集中统一保管市直机关、团体和其他组织档案资料的国家综合档案馆,是市级爱国主义教育基地,现行文件资料利用服务中心。1996 年晋升为省一级档案馆。1999 年、2003 年连续两届被评为全国档案系统先进集体,2002 年至 2004 年,在省档案局组织的全省省辖市档案工作综合评估中连续三年获得第一名。总建筑面积 5150 平方米。馆藏档案 114319 卷(册),资料 35193 册。馆藏档案资料的历史跨度 400 余年,保存最早的是明清档案;有少量的民国时期和革命历史时期档案。已将防治"非典"工作、安庆市历届黄梅戏艺术节等一些重大活动的档案资料收集进馆,对 7 家破产企业档案接收进馆并整理归档,同时有计划地征集重要历史档案资料,征集了毛泽东在安庆、赵朴初书画作品、黄梅戏艺术档案、邓稼先家谱、陈独秀档案资料、党和国家领导人在安庆视察工作等历史名人的照片资料和题词等。已建成馆藏全宗级目录数据库，完成建国后档案案卷级目录和文件级目录的录入。编辑出版了《安庆先锋》、《黄梅戏之最》、《人民公仆》、《兰台风采》、《安庆档案志》等专题档案史料汇编 56 种，2000 多万字。举办了《可爱的安庆》、《人民公仆》档案陈列展。　　（曹山东）

怀宁县档案馆　现址高河镇政和路 128 号县领导机关大院内，邮编 246121，电话(0556)4611261，馆长朱明。成立于 1958 年。是集中统一保管全县各机关、团体、企事业单位档案资料的国家综合档案馆，是县爱国主义教育基地，现行文件利用中心。2005 年晋升为省一级档案馆。总建筑面积 1880 平方米，库房面积达 1000 平方米。馆藏档案资料 5.1 万卷（册），其中资料 2 万余册，馆藏档案资料的历史跨度 200 余年。保存年代最早的是清代档案，有少量革命历史档案。征集了“两弹元勋”邓稼先、全国人大代表万利云等怀宁名人的照片与资料。建成了馆藏档案全宗级目录数据库，完成了全部档案案卷级、部分全宗文件级目录数据采集工作，建立了怀宁县档案馆网站。编撰了《怀宁县历年来区乡变动情况》等专题档案史料 12 种 88.3 万字。

枞阳县档案馆　现址枞阳镇凤凰山路 22 号（县委党校院内），邮编 246701，电话(0556)2811334，馆长夏志中。成立于 1959 年。是统一保管县级机关、团体、企事业单位档案资料的国家综合档案馆，是县级爱国主义教育基地，是行政规范性文件查阅场所。1997 年晋升为省一级档案馆。总建筑面积 1588 平方米，库房面积 1100 平方米。馆藏档案资料 47604 卷（册），其中资料 1386 册。

潜山县档案馆　潜山县档案馆位于潜山县梅城镇潜阳路县委大院内，邮编：246300。联系电话：0556－8921862。馆长陆华朝，电话：13866018871。潜山县档案馆成立于 1958 年，是集中统一保管潜山县县级机关、团体、企事业单位档案资料的国家综合性档案馆，是县级爱国主义教育基地、潜山县政府指定的行政规范性文件查阅场所。1997 年晋升为省一级综合档案馆。总建筑面积 1153 平方米，库房面积 770 平方米，现有馆藏档案资料 45397 卷（册），其中馆藏档案 37111 卷（册），资料 8286 册。保持年代最早的是清朝档案和资料。包括小说大家张恨水、京剧鼻祖程长庚等潜山籍历史名人的照片与资料及潜山历史地图等档案资料。

太湖县档案馆　现址新城建设路 2 号，邮编 246400，电话(0556)4162247，馆长詹福学。成立于 1958 年。是集中统一保管县级机关、团体、企事业单位档案和资料的国家综合档案馆，是县级爱国主义教育基地、县指定的行政规范性文件查阅场所。1997 年馆达省一级标准。总建筑面积 1360 平方米，库房面积 800 平方米，馆藏档案 43310 卷件，资料 11000 多册，保存年代最早的是明末清初的档案和资料。有原全国政协副主席赵朴初、作家石楠、黄梅戏表演艺术家马兰等名人档案，以及太湖名人与党和国家领导人合影及实物档案等。

宿松县档案馆　现址孚玉镇人民中路 159 号，邮编 246501，电话(0556)7821939，馆长吴忠斌。成立于 1958 年。是集中统一保管县机关、团体、企事业单位档案资料的综合档案馆。库房面积 198 平方米。馆藏档案资料 41232 卷（件、册），其中资料 11320 册。保存年代最早是清康熙三十二年的田地、房屋、山场买卖契约，有少量革命历史档案。自编与其他单位合编了《宿松县历代行政官职》、《宿松县历任县长》、《宿松县土改史料选编》等 15 种 110 万字。　　（唐晓平）

望江县档案馆　现址华阳镇牌坊路 5 号，邮编：246200。馆长汪松求，电话：0556－7171454，成立于 1958 年。馆藏档案 24057 卷，各类资料 13513 册。

岳西县档案馆 现址天堂镇花果山路振兴巷(县委大院内),邮编246600,电话(0556)2172393,馆长江晓玲,电话(0556)2173540。成立于1980年。是全县档案保管和利用的中心,县爱国主义教育基地,县指定的行政规范性文件查阅场所。2002年晋升为省一级档案馆。2007年评为省“十五”期间档案系统先进集体。建筑面积1060平方米,库房面积600平方米。馆藏档案34743卷、5452件,资料7121册。对馆藏重要档案进行了数字化。已将抗洪救灾、防治“非典”、共产党员先进性教育等重大活动档案材料接收进馆。征集了王步文等革命先辈、刘有道等名人及名木古树等风土人情的照片与资料。编纂了《中国共产党岳西县委员会历次党代会简介》等,协助出版了《红色岳西》、《岳西县志》、《中国共产党岳西县委大事记》等革命教育读本。(储永红)

桐城市档案馆 现址市委大院,邮编231402,电话(0556)6121650,馆长严新宇,电话(0556)6136287。成立于1958年。是集中统一保管市级机关、团体、企事业单位档案资料的综合档案馆,是市级爱国主义教育基地,现行文件服务中心。1997年晋升为省一级档案馆。建筑面积2000平方米,库房面积1000平方米。馆藏档案资料6万卷(册),其中资料1万册。珍贵档案资料有清光绪三十年《大清全地图》,清康、乾年间父子双宰相张英、张廷玉及“桐城派”文学代表方苞、戴名世等人的著作,历修县志和县内外名志,还有本地名人方以智、潘赞化等著作、手迹等。编辑出版了《桐城县档案志》、《中共桐城县组织史》、《桐城县档案馆指南》等专题档案史料汇编20余种100多万字。

黄山市档案馆 现址屯溪区安东路市委市政府大院内,邮编245000,电话(0559)2355885,馆长余亚青,电话(0559)2355028。成立于1964年。是集中统一保管市直各机关、团体、企事业单位档案资料的市级国家综合档案馆,承担“黄山市现行文件资料利用服务中心”职能。总建筑面积743.6平方米,库房面积373平方米。馆藏档案约6万卷(件),资料近万册。馆藏徽州历史档案2.2万件(册),其中清代以前和民国档案各有1万多件(册),另有部分革命历史档案。徽州历史档案是馆藏档案中最有特色的部分。主要有族谱、土地契约、税票、课草、诉讼文书、账簿、徽商书信、典籍刻本等。馆藏珍品明代徽州歙县“芳坑江氏分家阄书”,被列入《中国档案文献遗产名录》。加强对地方特色档案、重点工程项目、重大节庆活动档案及党和国家领导人、重要国宾来黄山考察的档案资料的接收进馆。近年来还开展了“城市记忆工程”照片的拍摄。连续三年被评为“安徽省档案征集利用优胜奖”。馆藏建国后档案案卷级目录的数据库建设已完成,文件级目录数据的采集达20万条。开通了局域网并建立了“黄山档案信息”网站,及时发布全市档案工作的动态信息。编写了《黄山市档案馆指南》和《徽州历史档案总目提要》,拍摄了电视专题片《李改胡的故事》、《徽州历史档案精品》,完成了国家清史编修工程《档案·安徽社会史料汇编》项目赋予的任务。

(汪晓红)

屯溪区档案馆 现址黄山市屯溪区长干东路172号,邮编245000,电话(0559)2319216,馆长许秋明。成立于1958年。现为区级爱国主义教育基地,区现行文件利用中心。1994年被定为省二级档案馆。馆藏档案38067卷册。其中明代档案有民间契约、合同,清代档案有嘉庆至宣统年间的鱼鳞册、房地契、租批、税票等。民国档案有记录徽州茶叶生产、销售、出口的茶叶公会档案和茶商公济局征信录,有国民党第三战区及其它机关团体的部分文件材料。革命历史档案有党政群机关和军管会档案。建国后档案有全区乡以上党政机关、群众团体和部分企事业单位的档案,有邓颖超、康克清题词,有关于徽墨和屯溪文物普查及老街等旅游景点的档案,还有一些字画、照片、印章和墨模。资料有记载戴震家世的《戴氏族谱》和其它家谱，有地方志书，有程大位《算法统综》、方泳涛医案、徽州气候、黄山纪胜、休宁话记略、中医中药和山林资源调查资料等。

黄山区档案馆　现址黄山城区太平西路86号，邮编245700，电话(0559)8532530，馆长程立忠，电话(0559)8509430。成立于1958年。是集中统一保管区级机关、团体、企事业单位档案资料的国家综合档案馆，是区级爱国主义教育基地，区政府指定的行政规范性文件查阅场所。1995年晋升为省二级档案馆。总建筑面积3020平方米，库房面积1890平方米。馆藏档案资料12.50万卷(册)，其中资料0.58万册。征集到清代太平县田契，清代太平县捐银正实收(复印件)，各级领导和著名学者视察黄山、太平湖的手迹字画、黄山旅游录像带、照片、奖杯等档案资料。编研出版《黄山区历次党代会、人代会简介》、《太平县简介》、《中共黄山区组织史》等14种118万多字，其中《风雨三十年》获国家档案局征文二等奖，《徽州历史文化档案的种类和利用》获市人事局、市科协优秀论文三等奖、市档案协会论文一等奖。　(李玉平)

徽州区档案馆　现址岩寺镇文峰路63号区政府办公楼二楼，邮编245061，电话(0559)3583875，馆长吴之兴，电话(0559)3514346。成立于1990年。是集中统一保管区级机关、团体、企事业单位重要档案资料，区级爱国主义教育基地，档案信息利用服务中心，是区政府指定的行政规范性文件集中查阅场所。总面积约90平方米，其中库房面积40多平方米。馆藏档案资料31900余卷、2846件，资料694册。“三讲”教育、“三个代表”学习教育活动、防治“非典”及“保持共产党员先进性教育活动”的档案资料已全部接收进馆。

歙县档案馆　现址县城西街1号，邮编245200，电话(0559)6512771，馆长汪俐。成立于1958年。是集中统一保管县直机关团体、乡镇企事业单位档案资料的国家综合档案馆，是县级爱国主义教育基地，县现行文件利用中心。2001年晋升省一级档案馆。总建筑面积900平方米，库房面积540平方米。馆藏档案资料总数7.17万卷(册)。重要项目、重大事件、重大节庆活动等资料已征集进馆。土地、婚姻、林业、招工、工程项目等专业档案已收集进馆。完成档案目录微机录入20余万条。编写了《歙县档案馆指南》、《歙县城乡商业档案史料》等编研材料。　(邵宝振)

休宁县档案馆　现址海阳镇柏树路23号，邮编245400，电话(0559)7512447，馆长陈秀华，电话(0559)2661113。成立于1958年。是集中统一保管县机关、团体、企事业单位档案资料的国家综合档案馆，是县级爱国主义教育基地，行政规范性文件查阅场所。2002年晋升省一级档案馆。总建筑面积1050平方米，库房面积700平方米。馆藏档案资料5.4万多卷(件)，资料9454册。馆藏档案保存年代最早的是明清档案，其中最主要的是从清顺治一直延续到民国年间的历史土地档案，有鱼鳞图册、征收田赋、田赋串票、田赋征册、赋税青册、户领丘册归户表、土地陈报表、丘形图。已将防治“非典”工作，近几年的黄山茶叶暨名优农产品交易会等重大活动的档案资料收集进馆，同时征集和接受捐赠印谱、家谱等档案资料，还开展接收寄存档案业务。目前已建成馆藏全宗级目录数据库，建成了机读目录案卷级3260条，文件级115006条。完成了建国前(历史土地档案鱼鳞册)文件级目录数据采集工作。编辑出版《休宁名茶集锦》、《海阳“拾古”手稿》等档案史料汇编18多种，128多万字。

(张眉)

黟县档案馆　现址黟县县城北街33—75号，邮编245500，电话(0559)5522291，馆长吴桂兰。成立于1958年。是集中统一保管县级机关、团体、企事业单位档案资料的国家综合档案馆，是县级爱国主义教育基地，是县政府指定的行政规范性文件查阅利用场所。2003

年晋升为省二级档案馆。总建筑面积620平方米，库房面积407平方米。馆藏档案资料36765卷（册），其中资料5811册，馆藏档案资料的历史跨度达800余年，保存年代最早的是南宋嘉泰元年黄箓法坛龙简。明清档案有业主执照、户部执照、监照、公文封、私人邮封、地契、租簿、清乾隆年间贡墨1枚，光绪年间安徽发行的纸币。民国档案有：委任状、结婚证、鸡毛信实寄封、日本画家古邨的木版彩色水印画1套12张。革命历史档案有中国人民解放军第二野战军借粮证等。资料有清代俞正燮的《癸巳存稿》的木刻版，光绪年间重刻的《新安志》，康熙以来历修县志，有《西递明经胡氏宗谱》等资料，有民国年间《古黟新语》、《黟报》、《黟声》、《乡潮》等地方特色报刊，有晚清"黟山派"书画名人字画，有南宋、明清、民国年间祭祀、保护水土、建造桥、路亭的碑刻档案等。征集了30块碑刻档案和300多件历史档案。现还将西递、宏村申报等与文化遗产工作档案征集进馆，正有计划地开展黟县地方方言小调等口述档案和碑刻档案的征集工作。和其他单位编辑出版了《黟县志》、《黟县组织史》、自行编纂了《黟县档案馆指南》、《黟县档案史》、《中共黟县历次党代会简介》、《黟县历次人代会简介》、《名人与黟县》等史料汇编10余种，70余万字。

祁门县档案馆 现址326省道祁门段55号里程碑处，邮编245600，电话（0559）4506916，馆长何祖田。成立于1958年。是集中统一保管县级机关、团体、企事业单位档案资料的国家综合档案馆，是县级爱国主义教育基地，县政府指定的行政规范性文件查阅场所。2002年晋升为省二级档案馆。"十五"期间，获黄山市档案系统先进集体。总建筑面积2580平方米，库房面积800平方米。馆藏档案资料5.7万卷（件、册）。历史跨度502年。完成部分全宗文件级档案目录数据录入工作。对部分历史档案和"祁红"档案进行陈列展出。（江兴家）

滁州市档案馆 现址市育新路174号（市委大院内），邮编239001，电话（0550）3022474，馆长陈永其，电话（0550）3034622。是市爱国主义教育基地和现行文件服务中心。2002年晋升为省一级档案馆。建筑面积1948平方米，库房面积1000平方米。馆藏档案资料66235卷（册），其中资料18295册。编印了《淮南地区抗日战争史》、《淮北解放战争史》、《新四军四师抗日战争史》、《皖东北革命史》、《蚌埠地区革命史有关资料》、《滁县地区农业生产责任制资料汇编》、《滁县地区建国以来大事记》、《滁县地区机构沿革简介》、档案馆指南、档案志等档案资料100余万字。建立了档案馆局域网，已录入文件级目录近40万条。2007年建设并开通了滁州市档案信息网站，网址：www.czsdaj.com。（沈冯先）

琅琊区档案馆 现址滁州市琅琊路16号，邮编239000，电话（0550）3025993，馆长姜传柱，电话（0550）3034508。成立于1993年。是集中保管区级机关、团体、企事业单位档案资料的国家综合档案馆，区指定的行政规范性文件查阅场所。建筑面积380平方米，库房面积220平方米。馆藏资料1802册。

南谯区档案馆 现址滁州市东大街125号，邮编239000，电话（0550）3112643，馆长丁岭，电话（0550）3115477。成立于1958年。是集中统一保管区级机关、团体、企事业单位档案资料的国家综合档案馆，是区级爱国主义教育基地，2003年晋升为省一级档案馆。总建筑面积1297平方米，库房面积1040平方米。馆藏档案资料4.66卷（册），其中资料1.16万册。保存年代最早的是明清档案资料，以及民国档案和革命历史档案；比较齐全完整的是建国以后的档案。

来安县档案馆 现址县城塔山中路县委大院内，邮编239200，电话（0550）5612373，馆长李道东，电话（0550）5634882。成立于1958年。是集中统一保管县级机关、团体、企事业单位档案资料的国家综合档案馆，是县级爱国主义教育基地，是县政府指定的行政规范性文件查阅场所。2004年晋升为省一级档案馆。总建筑面积1580平方米，库房面积760平方米。馆藏档案资料42951卷(册)，其中资料7445册。馆藏档案资料的历史跨度170余年。保存年代最早的是清道光十年(公元1830年)出版的线装《来安县志》。有少量历史档案。具有特色的是人口普查、林业三定、土地证、字画等档案资料，较珍贵的是刘少奇1958年为《来安报》的题词及“给来安县委一封信”的手迹。已收集了反映来安革命斗争历史，历年党和国家领导人来我县视察，来安名人，建国后历任县委书记、县长、县省以上劳模等方面的资料、照片。 (朱道才)

全椒县档案馆 地址：全椒县儒林南路政府综合楼(6楼、7楼)。邮编：239500。局(馆)长：陈仁善，0550－5218016(办)，13505507629(手机)，全椒县档案馆成立于1959年8月(档案局成立于1980年3月)。现馆建筑面积1450平方米，库房面积700平方米，现馆藏档案17.8万卷(其中图书、报刊2.5万册)。网址：htt//www.ahqjdaj.com。邮箱：xb1968229@163.cmo。

定远县档案馆 现址县城东新区内，邮编233200，电话(0550)4022662，馆长刘勤。成立于1958年。是集中统一保管县直机关、团体、企事业单位及各乡镇档案资料的国家综合档案馆。总建筑面积2702平方米，其中库房面积1200平方米。馆藏档案资料5.3万余卷(册)，其中资料1.2万册。内容有文书档案、科技档案、声像档案和全国第三次人口普查档案、林业三定档案、婚姻档案、知青档案等专门档案。 (章应国)

凤阳县档案馆 馆址：安徽省凤阳县政府大院，邮编：233100，馆长程文斌，电话0550－6715408，馆成立于1958年，馆建筑面积1185平方米，库房面积580平方米，馆藏档案8.5万卷、资料3.6万册。邮箱：2005chwb@163.com。

天长市档案馆 现址市建设路市政府院内，邮编239300，馆长何永，电话(0550)7021463。成立于1958年。建筑面积1096平方米，库房面积690平方米。馆藏档案25932卷，资料5025册。包括建国前档案118卷，明清《天长县志》10卷，宣统至民国契约1卷，土地呈报书768册，第三次全国人口普查资料4169册。

明光市档案馆 现址安徽省明光市广场路38号，电话0550－8022340，邮编239400，馆长邱良圣。馆长室电话：05508037939，建馆时间：1958年11月19日，馆建筑面积1135平方米，馆藏档案资料59600卷(册)，其中资料15600册。

阜阳市档案馆 现址清河中路539号(市委院内)，邮编236032，电话(0558)2259860，馆长郭文启，电话(0558)2280078。成立于1958年。是集中统一保管机关、团体、企事业单位档案资料的国家综合档案馆，是市级爱国主义教育基地，是市政府指定的行政规范性文件查阅中心。1991年授予“全国档案系统先进集体”称号；2003年获省颁发的“档案工作突出进步奖”。总面积1750平方米，其中库房面积947平方米。馆藏档案近14万卷(册)，图书资料21100册。已录入文件级目录20多万条。举办了“阜阳百年”老照片展活动。 (邓朝阳)

临泉县档案馆 现址人民路182号县委院内，邮编236400，电话(0558)6512610，馆长李伟。成立于1958年。是集中统一管理县直机关、团体、企事业及区乡档案资料的综合档案馆。1991年晋升为省一级档案馆，七五、八五、九五期间获全省档案工作先进集体。建筑面积1416平方米，库房面积720平方米。保管档案67601卷(件)，馆藏资料6678册。馆藏档案最早年代是1930年。接收了工程建设、农业税清册、纪委案件、印章等专业档案进馆。在保存的文书档案中，“文革”期间临泉各派之间的活动材料保存比较齐全，有战报、传单、武斗情况等。 (丁亚群)

太和县档案馆 现址城关镇人民中路46号，邮编236605，电话(0558)8622245，负责人邹德琼，电话(0558)8610298。成立于1958年。是全县档案保管和利用的中心，是市爱国主义教育基地。县档案馆系“八五”期间阜阳地区档案工作先进单位、“九五”和“十五”期间安徽省档案系统先进集体。建筑面积1580平方米。馆藏档案345064卷(件)，资料11045册。已将党和国家领导人视察太和、全国著名歌唱家、演员、书画家在太和活动及反映太和历史变迁、重大活动的录音、录像和照片档案资料收集进馆；还将反映全国书画之乡太和特色的书画艺术档案接收进馆；同时征集了毛主席像章、民国时期《太和县志》、印章、奖匾、金阑谱、学生证等珍贵档案进馆。馆开通了太和档案信息网站，实现了开放档案网上检索，筹建了档案馆局域网，安装档案管理软件，初步建立馆藏档案文件级目录数据库。多次举办开放档案流动展览，制作档案宣传电视专题节目在太和县电视台“民主与法制”栏目播放。

(邹德琼)

阜南县档案馆 现址县城淮河西路中段，县委、县政府办公楼一楼，邮编236300，电话(0558)2899002，馆长李峰，电话(0558)2899629。成立于1958年。是集中统一保管全县机关、团体、企事业单位档案资料的国家综合档案馆。馆藏档案19012卷(件)，资料1113册。目前正在有步骤地开展文书档案文件级目录的录入工作，加强对党和国家领导人到阜南县视察的档案资料及照片的征集工作。

(刘金银　张素洁)

颍上县档案馆 现址颍城解放南路19—22—9，邮编236200，电话(0558)4412041，馆长张颖。成立于1958年。是集中统一保管县机关团体、企事业单位档案资料的国家综合档案馆。1991年被评为省二级先进单位。建筑面积720平方米，库房面积430平方米。馆藏档案资料56291万卷(册)。其中资料8288卷(册)。保存最早的是明清档案资料；有少量革命历史档案、旧政权档案。对开放档案进行了文件级目录数据的输入工作，网上档案利用规模逐步扩大。

界首市档案馆 现址市人民东路1号市委、市政府院内，邮编236500，电话(0558)4885980，馆长李勇奇，电话(0558)4885990。成立于1958年。是集中统一保管市直机关、团体、企事业单位档案资料的国家综合档案馆、界首市现行文件利用服务中心。建筑面积2350平方米，库房面积584平方米。馆藏档案资料207044卷(册)，其中资料11830册。建立了馆藏档案文件级目录数据库和珍贵档案图文数据库。开通了档案信息网站，提供网上查询档案文件级目录10万余条。(王斌)

亳州市档案馆 现址亳州工业路龙兴综合楼。邮编236800。馆长胡平，电话:(0558)5126038。成立于2001年。建筑面积约120平方米，其中库房面积70多平方米。馆藏档案资料38100余卷(件、册)，其中资料450多册。

谯城区档案馆 现址亳州市半截楼谯城区委办公楼东楼，邮编236800，馆长张炳先，电话(0558)5525033，馆成立于1958年。馆建筑面积960平方米。其中库房面积510平方米。馆期待档案48197卷、17143件，资料7362册。

涡阳县档案馆 现址老县委大院内，邮编233600，副馆长张振中(主持工作)，电话(0558)7212217，13965767865(手机)，馆成立于1958年10月14日，馆建筑面积600平方米，其中库房面积434平方米，馆藏档案资料52709卷(册)，其中资料9125册。

蒙城县档案馆 现址县城周元东路35号县委大院南端，邮编233500，电话(0558)7623372，馆长盛永庆。成立于1958年。是集中统一保管县机关、团体、企事业单位档案资料的综合档案馆，2004年成立现行文件利用中心。1992年晋升为省二级综合档案馆。多次荣获省、市先进。2006年再次被评为全省档案系统先进集体。总建筑面积900平方米，库房面积820平方米。馆藏档案资料11.2万余卷(册)。馆藏档案保存年代最早的是清朝同治年间的圣旨和讣告。有机读目录16579条。

(孙咏梅)

利辛县档案馆 馆址利辛县城关镇五一路8号,邮编236700,馆长程参军,电话0558—8812164。成立于1978年6月。建筑面积425平方米,其中库房面积350平方米,馆藏档案20285卷(件),馆藏资料5610册,电子邮箱:lxdangan ju@126.com。

宿州市档案馆 现址市行政中心市政府院内,邮编234000,电话(0557)3040759,馆长殷玉林,电话(0557)3053617。馆始建于1961年。1992年被批准为"省一级档案馆"。2002年成立"宿州市现行文件服务中心",被市政府指定为行政规范性文件查阅场所,2003年被授予市级爱国主义教育基地称号。2005年被安徽省档案局授予"现代新型档案馆建筑优胜奖"称号。总建筑面积4000平方米,其中库房面积2000平方米。馆藏档案资料10万卷(册)。接收了"三讲"档案、"非典"档案、"先教"档案并建立了宿州市籍名人书画档案等。编辑出版了《宿州籍在外人才通讯录》、《可爱的宿州》、《宿州之窗》、《宿州年鉴》等史实资料800多万字。

埇桥区档案馆 现址市胜利路埇桥区人民政府院内,邮编234000,电话(0557)3025014,馆长赵建国,电话(0557)3025405。成立于1958年。是集中统一保管区级机关、团体、企事业单位档案资料的国家综合档案馆,是区爱国主义教育基地。2001年晋升为省一级综合档案馆。总建筑面积1268平方米,库房面积845.3平方米。馆藏档案资料74705卷(册),其中资料21430册。保存年代最早的是民国档案和革命历史档案。已征集埇桥区名人书画代表作品、文学专著、书稿、摄影作品、碟片等资料。正着手征集党和国家领导人在埇桥活动的资料;埇桥马戏;淮北花鼓戏等非物质文化遗产的重要资料。自编了《宿县古今》、《宿县土壤》、《宿县历届党代会简介》、《宿县革命斗争大事记》、《宿县历代战争表》、《陈胜吴广起义》、《宿县农业基本数字统计汇编》、《宿县档案馆指南》及其他资料20余种。多次举办档案资料陈列展览。

(王云)

砀山县档案馆 馆址安徽省砀山县政务新区西楼,邮编:235300,馆长孟庆品,电话(0557)8095118,馆成立于1958年。馆建筑面积3600平方米,其中库房使用面积1200平方米。馆藏档案69906卷册(其中资料21591册)、以件为单位10905件。网址:dangzhiban@163.com。

萧县档案馆 现址县龙城镇大同街138号,邮编235200,馆长刘永杰,电话(0557)5032854 。馆藏档案资料44666卷册,革命历史档案有中央给皖北省委的信和萧县县委关于党建、军事、经济等方面的资料,建国后档案有全县乡以上党政机关,企事业单位和群众团体的文书档案、声像档案、科技档案、农业税收册、纪检档案,人口普查档案、人事档案、书画艺术档案及胡耀邦、胡锦涛等国家领导人来萧县视察形成的档案材料。资料有清嘉庆县志,有民国期间的《萧县政府公报》、《萧县报》、《官佐通迅录》、《江苏萧县行政干部训练所同学录》。有记载明太祖朱元璋家世《朱氏族谱》和《王氏族谱》近年编写的《萧县历届县委及负责人变动情况》、《萧县志》、《萧县组织史资料》等。

灵璧县档案馆 现址县委大院内,邮编234200,电话(0557)6022187,馆长张海芹,电话(0557)3226330。成立于1958年。是集中统一保管县直机关、团体、企事业单位档案资料的综合档案馆,是县爱国主义教育基地,现行文件资料利用服务中心。2000年晋升为安徽省一级档案馆。总建筑面积1400平方米,库房面积640平方米。馆藏档案资料48051卷(册),其中资料8869册。输录县委、县政府等19个重要全宗文书档案文件级目录11543

条，案卷级目录245条。开发了利用率较高的土改时土地证、知青档案、现行文件等专门档案管理软件。修订了《灵璧县档案馆指南》，编印了《灵璧县档案志》等资料约15万字。

（尤卉）

泗县档案馆 现址城东开发区县行政中心一楼西侧，邮编234300，电话（0557）7022251，馆长巩友连，电话（0557）7022093。成立于1958年。是集中统一保管县直机关、人民团体、企事业单位档案资料的综合档案馆。总建筑面积455平方米，库房面积271平方米。馆藏档案资料32000余卷（册）。保存年代最早的有清乾隆年间至民国年间的地契；革命历史档案主要内容有泗县行政区划、泗南县管镇区详图、革命人物和烈士照片；石梁河农民暴动回忆录、抗日战争和解放战争回忆录；旧政权档案主要内容有党、政、特、警人员证件、任用书、登记表、逮捕令、官佐简历、士兵清册，安徽省立泗县中学校舍平面图等；日伪泗县政府档案主要内容有政军特警人员履历表、公务人员所得税扣缴清单、爱训学警姓名清册。资料有清康熙年间《泗州志》、光绪年间《泗虹合志》、《泗州杨尚书遗诗》、戚继光著《戚门十三剑》、革命烈士王子玉遗迹《人道》和《作文》等。征集了新四军四师师长彭雪枫生前在新四军活动的一些照片，泗州戏、八宝眼药、药物布鞋、家谱等档案资料，以及地方名人赠送的民间故事和文学作品。（娄有明）

六安市档案馆 现址市佛子岭路市行政中心2号楼，邮编237000，电话（0564）3379190，馆长胡家英，电话（0564）3379355。成立于1959年。总建筑面积3000平方米，库房面积1800平方米。馆藏档案72835卷，9148件，资料6082册。馆藏档案资料历史跨度400余年。已将毛泽东、朱德、曾庆红等党和国家领导人在六安活动的照片资料接收进馆。开展了破产改制企业档案寄存业务。

金安区档案馆 现址佛子岭路与安丰路交叉口，邮编237003，电话（0564）3261360，馆长吴以宏，电话（0564）3261361。始建于1980年。是集中保管区机关、团体、企事业单位档案资料的国家综合档案馆，是区现行文件利用服务中心、区爱国主义教育基地。总建筑面积2000平方米，库房面积505.44平方米。馆藏档案资料167339卷（件）册，其中资料8268册。已将农业税收、“防非”、民政婚登、司法公证、保持共产党员先进性教育活动及六安瓜片等档案资料收集进馆。已完成机读目录5万条。编辑有《六安市抗洪救灾大事记》、《六安市档案志》、档案馆概览、档案工作大事记、《六安市党政群机关“三定方案”》和《公务员过度方案汇编》等。（王平）

裕安区档案馆 现址市龙河西路，邮编237000，电话（0564）3301630，馆长朱明昭，电话（0564）3301628，网址：www.yadaj.cn。成立于1962年。主要保管原六安县党、政、群机关、农村各区乡镇机关、部分企事业单位以及裕安区直机关的档案资料，是县级国家综合档案馆，县级爱国主义教育基地，是档案信息资料查阅利用中心。建筑面积650平方米，库房面积400平方米。馆藏档案资料4.2万余卷（件、册），其中资料6000余册。馆藏档案资料的历史跨度约150余年，保存最早而且比较完整的历史档案是清代的《六安州志》和有的革命历史档案、民国档案。已征集并制作完成了全国十大将军县——六安县34位（裕安区32位、金安区2位）开国将军的史实档案，徐向前元帅指挥的苏埠四十八天战役和独山立夏节起义等重大革命历史档案。裕安区是“六安瓜片”的主产区，在芜湖国际茶叶博览会上被誉为“中国茶王”，其特色档案亦将征集完成。建立了档案信息门户网站。编辑有档案志、档案馆指南和1991年抗洪救灾大事记。

（郝宗保）

寿县档案馆 现址县委机关院内，邮编232200，电话（0564）4022293，馆长夏承开，电话（0564）4038661。成立于1958年。是集中保管全县机关、团体、企事业单位档案资料的综合档案馆，是县爱国主义教育基地，行政规范性文件查阅利用中心。2005年晋升为省一级档案馆。建筑面积为1500平方米。馆藏档案总量107020卷(件)，馆藏资料8284册。馆藏档案年代最早的是1902年清两江总督部堂奖札。有党和国家领导人毛泽东、刘少奇参观寿县楚大鼎和江泽民、李鹏、张震来寿县视察灾情的珍贵镜头。馆内所藏最早的史料是《寿州志》(公元1550年)，有《合肥县志》、《凤阳府志》和《芍陂纪事》等志书；有《大公报》、《寿县日报》等报刊；有《江氏宗谱》、《陶氏宗谱》和《吕氏宗谱》等家谱；馆藏有国民党陆军军官学校第1～3期同学录、民国16－18年间南洋医科大学毕业生同学录及黄埔丛书等；有安徽省最早党组织——中共寿县小甸集特支早期党员的活动材料，还珍藏有国际书画名人方兆麟等书画作品。输入文件级机读目录8万余条，部分目录实现了网上查询。编写资料300余万字，有《寿县历史文化荟萃》、《寿县县委党史大事记》、《寿县抗洪抢险大事记》等。

(韩娟)

霍邱县档案馆 现址于城关镇县委大楼西侧，邮编237400。建于1992年。是文件服务中心和爱国主义教育基地。库房面积600平方米。馆藏档案3万余件，资料1.6万余册。档案分文书档案、科科技档案和专门档案，以文书档案为主。

舒城县档案馆 现址县城关镇梅河路403号，邮编231300，馆长傅成和，电话(0564)8621272。成立于1958年。2003年被批准为爱国主义教育基地。1999年晋升为省一级综合档案馆。2006年被六安市档案局授予档案系统先进集体。总建筑面积1415平方米，其中库房面积为700平方米。馆藏档案40万卷。特色档案有清代1567年刻本《本草纲本》、清代户部执照、地契、县志、抗战地图、国家领导人毛泽东、温家宝和回良玉等在舒城的珍贵照片和资料等。已开通档案信息网站。建成了爱国主义教育展览厅，对社会免费开放。

(孙浪)

金寨县档案馆 现址梅山镇南溪路小庙巷13号，邮编237300，电话(0564)7062856，馆长李阳葵，电话(0564)7068775。成立于1959年。是集中统一保管区机关、团体、企事业单位档案资料的国家综合档案馆。1991年被授予“全国档案系统先进单位”。1991年晋升为省二级档案馆。总建筑面积1805平方米，库房面积903.97平方米。馆藏档案资料139048卷(册)，其中资料7921卷(册)，托管经委、商业、城建等系统14家破产改制企业档案20992卷。档案有解放初期房地产证存根、退伍军人档案、知青、林业“三定”、计生、统计普查等关系民生的档案；收集了金寨籍59位老将军的照片、传记、信件等500余件；邓小平、江泽民、曾庆红、洪学智等党和国家领导人题词原件8件，珍贵照片200多张，光盘4盘；寄存代管的有破产改制企业档案，还有书稿、工作笔记、家谱等私人文书。机读目录近10万条。

霍山县档案馆 现址霍山县政务新区，成立于1959年，建筑面积为4700平方米，其中库房面积是2050平方米，现任馆长陈久立，电话:(0564)5022716，邮编237200，馆藏档案资料达35多万卷(件、册)，其中资料49735册。

宣城市档案馆 现址宣州区鳌峰东路31号，邮编242000，电话(0563)3025723，馆长林静，电话(0563)3010852。成立于1958年。是集中保管市级机关、团体、企事业单位档案资料的国家综合档案馆，市指定的行政规范性文件查阅场所。2004年晋升为省一级档案馆。建筑面积1274平方米，库房面积666平方米。馆藏档案资料56044卷(册)，其中资料18896册。保存年代最早的是明清档案和资料，还有少量革命历史档案。接收了防治“非典”工作、“文房四宝”艺术节、首届安徽省宣城市旅游招商促销会的档案。征集了军旅诗人丁芒文集，18集电视连续剧《税务局长》VCD一套，以及王恩茂、陈作霖等名人照片和资料。馆藏档案已完成案卷级目录的录入，部分全宗已进行文件级目录录入。

宣州区档案馆 现址市中山路73号，邮编242000，电话(0563)3023325，馆长吕长芳，电话(0563)3023349。成立于1959年。建筑面积1260平方米，库房面积550平方米。馆藏档案53458卷，资料14455册。开展了改制企业档案、会计档案的接收和寄存工作。

宁国市档案馆 现址宁城北路1号政府院内，邮编242300，电话(0563)4036771，馆长王慎红，电话(0563)4036798。成立于1958年。是集中保管市机关、乡镇、办事处、企事业单位档案资料的国家综合档案馆，是市爱国主义教育基地，已公开现行文件利用中心。2002年晋升为省一级档案馆。建筑面积1650平方米，库房面积619平方米。馆藏档案资料144076卷(册)，其中资料25656册。有文件级目录数据60万条。宁国市档案信息网站已建立。 (葛蔚)

郎溪县档案馆 现址郎川路42号，邮编242100，电话(0563)7021152，馆长程干亮。成立于1958年。库房面积600平方米。馆藏档案资料33167卷(件、册)其中资料4392册。征集了夏雨初、陈文革命先烈等历史名人资料。编印了《郎溪县志》、《党史大事记》和《抗洪大事记》等专题档案史料汇编30多种300多万字。收藏了建平存稿(孤本)，特别是勘界分布图、协议以及林业三定等大量的第一手原始材料。 (吴练红 朱曼)

广德县档案馆 现址桃州镇景贤街35号，邮编242200，电话(0563)6022931，馆长洪立根。成立于1958年。是集中保管县直机关、团体、企事业单位、乡镇档案资料的国家综合档案馆。建筑面积600平方米。馆藏档案27700卷，资料25600册。收集了少量明清时期史料，"中国十大竹子之乡"第四届联谊会暨全国竹(藤)业经济发展研讨会档案材料收集进馆，加强对林业"三定"档案、土地房产、婚姻登记档案、破产企业档案等重点档案的接收利用。

泾县档案馆 现址红星广场北端行政中心大楼附楼，邮编242500，电话(0563)5102752，馆长贾承根，电话(0563)5102751。成立于1958年。是集中保管县机关、团体、企事业单位档案资料的综合档案馆，现行文件服务中心，县爱国主义教育基地。建筑面积3200平方米，库房面积1800平方米。馆藏档案157890卷，各类资料13817册。建立了泾县档案信息局域网，开展了档案数字化工程，开成机读目录157955余条。编研成果有《中共泾县党史资料选编》、《中共泾县党史简编》、《泾县民兵斗争史》、《泾旌太解放战争史》、《泾县组织史资料》、《泾县历届党代会、人代会、政协会会议简介》、《泾县区乡镇机构沿革介绍》、《泾县档案馆大事记》等。 (章小平)

旌德县档案馆 现址旌阳镇营坎路21号，邮编242600，电话(0563)8021331，馆长章薇，电话(0563)8022968。成立于1958年。是集中保管县级机关、团体、企事业单位档案资料的国家综合档案馆，是县爱国主义教育基地。2001年晋升为省一级档案馆。建筑面积1500平方米，库房面积1000平方米。馆藏档案资料13.6万卷(册)，其中资料1.6万册。保存年代最早的是明清档案资料。最珍贵的是马克思半身银质塑像。编写了《旌德县自然村简册》、《旌德县解放前党组织的创建和发展概况》、《旌德县党史大事记(1949－1999)》等专题档案史料汇编10多种40多万字。

(胡波)

绩溪县档案馆 现址县城适之街，邮编245300，电话(0563)8162371，馆长曹健斌，电话(0563)8162375。成立于1958年。是集中保管县机关、团体、企事业单位档案资料的国家综合档案馆，县爱国主义教育基地，县指定的行政规范性文件查阅场所。2002年晋升为省一级档案馆。2003年荣获全国档案系统先进单位。建筑面积1588平方米，库房面积450平方米。馆藏档案资料105113卷(册、件)，其中资料9387册。保存年代最早的是明清档案

和资料。（余建辉）

巢湖市档案馆　现址半汤路54号，邮编238000，电话（0565）2314672，馆长王光碧，电话（0565）2315478。成立于1965年。是集中统一保管市级机关、团体、企事业单位档案资料的国家综合档案馆，市指定的行政规范性文件查阅场所。总建筑面积1900平方米，库房面积1100平方米。馆藏档案资料5.7万卷（册），其中资料0.6万册。馆藏档案资料的历史跨度120余年。保存年代最早的是清朝档案和资料；有少量革命历史档案。征集了刘伯承、郭沫若、冯玉祥等著名人物来巢活动的照片和资料。已建成馆藏档案全宗案卷级目录数据库。编辑了《巢湖地区自然灾害历史资料汇篇》、《巢湖地区1991年抗洪救灾百日志》、《巢湖专署1950年至1951年中小学概况汇集》等编研资料。利用馆藏档案举办档案展览。（李小冬）

居巢区档案馆　现址区政府大院中央，邮编238000，电话（0565）2313452，馆长许东，电话（0565）2312098。成立于1959年。是集中保管区级机关、团体、企事业单位、乡（镇）、街道档案资料的国家综合档案馆，是区级爱国主义教育基地，区政府指定的行政规范性文件查阅场所。1998年晋升省一级档案馆，2003年又重新认定为安徽省一级档案馆。总建筑面积2450平方米，库房面积900平方米。馆藏档案资料141294万卷（册），其中资料8178册。有革命历史档案、民国档案和建国以后的档案。现录入文件级目录40多万条。建立了档案信息门户网站。编辑出版了《中共巢湖市（巢县）组织史资料》、《巢县人民革命斗争史》、《巢湖市（巢县）自然灾害纪实》、《巢县档案工作纪实》、《巢县人民政府土地（房屋）买（典）契档案简介》等。举办了“居巢三上将图片展”。

庐江县档案馆　现址县城黄山路与塔山路交汇处东北侧的县委、政府大院内，馆长张成平，邮编231500，电话（0565）7322694。成立于1958年。是集中统一保管县机关、团体、企事业单位档案资料的国家综合档案馆，是县级爱国主义教育基地。2000年晋升为省一级档案馆。2001年被授予省先进集体称号，局（馆）机关党支部连续五年被评为县先进党支部，10多人次受省、市县级表彰奖励。建筑面积1400平方米，库房面积840平方米。馆藏档案资料63676卷（册），其中资料7500册。保存最早的是清朝乾隆年间的档案资料。征集了一些名人和家谱档案资料。有温家宝、朱镕基视察庐江工作中形成的档案资料、图像，世界第七次何氏（以澳门行政长官何厚铧为首）宗亲恳亲大会会议材料、活动照片和清代不同年代的契约等档案资料尤为珍贵。初步建成案卷级目录数据库。馆建立了农业科技示范户三位一体的信息网络。编纂各类史料21种200多万字，主要有《庐江县志》、《庐江县组织史》、《庐江县行政区划演变》、《农业和农村档案资料汇编》、《1991年抗洪抢险纪实》等资料。

（赵啸龙）

无为县档案馆　现址城新区中江路，邮编238300，电话（0565）2516919，馆长李方荣，电话（0565）2516987。成立于1958年。是集中统一保管县机关、团体、企事业单位档案资料的国家综合档案馆，是县级爱国主义教育基地。1991年馆被国家档案局、国家人事部授予“先进单位”称号。先后7次被省委、省政府、省档案局、省人事厅评为“先进单位”，连续18年被县委、县政府命名为“文明单位”。1999年晋升为省一级先进馆。总建筑面积3123平方米，库房面积1896平方米。馆藏文书、专门档案153583卷（册），资料8211卷（册）。馆藏档案中，“文革”期间造反派组织形成的材料内容比较丰富、完善。组建了档案局域网。

含山县档案馆　现址县环峰镇环峰北路，邮编238100，电话（0565）4333010。馆长汤达胜，电话（0565）4331526。馆于1959年成立。是管理县级机关、乡镇、团体、企事业单位档案资料的国家综合档案馆，是县指定的现行文件利用中心。总建筑面积2700平方米，库房面积 2515 平方米。馆藏档案资料约 60000 卷(册),其中寄存 19000 卷,资料 15000 册。有少量的革命历史档案和民国时期的历史档案。目前已接收 10 个企业近 19000 卷档案寄存进馆,接收党和国家领导人江泽民、朱镕基、温家宝等来含山的照片、录音等大量档案资料。对利用频繁的档案开始了微机著录,并发挥了微机辅助调阅的作用。编研了《含山古今》、《含山农谚》、《含山县自然灾害纪实》等 18 个材料,共 20 万字。

和县档案馆 现址县历阳西路 158 号,邮编 238200,电话(0565)5312060,馆长王竹梅,电话(0565)5312060。成立于 1958 年。是集中统一保管县级机关、团体、企事业单位和民营企业档案资料的国家综合档案馆,是县爱国主义教育基地。2006 年馆被评为"十五"期间全国档案系统巾帼建功"双十佳"先进集体;"十五"期间全省档案工作先进集体。总建筑面积 2636 平方米,库房面积 1400 平方米。馆藏档案资料 15 万卷(册),其中资料 7000 余册。保存年代最早的是明清档案和资料,如乾隆时期的《历阳诗囿》、清代同治六年(1867 年)刻印的《历阳典录》等,民国档案和革命历史档案较少。收集了"中国·和县蔬菜博览会"历年的档案资料以及现场会的档案资料。征集了毛泽东转送给侯国焘的《毛泽东全集》等资料。编写的资料有:《和县档案工作纪实》、《和县档案工作大事记》、《和县 1991 抗洪救灾斗争纪实》、《和县档案馆概况》、《和县档案系统光荣册》、《和县档案馆指南》、《和县历年档案工作会议暨业务培训班介绍》、《和县历届人代会简介》、《和县历届党代会简介》、《和县自然灾害纪实》、《和县档案利用效果选编》、《和县档案馆全宗介绍》、《和县县委、县政府及区机关历史考证》等,约 50 万字。和县档案信息网站于 2004 年建立。

池州市档案馆 现址市百牙中路 1 号,邮编 247100,电话(0566)2043723,馆长杨伦孝。成立于 1976 年。是集中管理市机关、团体、企事业单位档案资料的国家综合档案馆,市爱国主义教育基地,行政规范性文件查阅场所。省二级档案馆。档案管理科获"十五"全省档案系统先进集体称号。建筑面积 2500 平方米,库房面积 1570 平方米。馆藏档案资料 22430 卷(册、张)其中资料 1912 册。保存年代最早的是革命历史档案和资料。已将江泽民同志来九华山视察、朱镕基同志视察长江干堤池州排险加固工程、"九八"军民抗洪抢险等一批重大活动重要历史事件档案资料收集进馆。征集戏曲活化石——池州傩戏档案资料、征集党和国家领导人、国内外著名人士来池视察、全国劳动模范龙冬花、全国著名民歌手姜秀珍的照片、字画与资料。已建馆藏档案文件级目录数据库,建立了档案信息网页。参与编辑出版或独编《池州地区档案志》、《池州地区志》、《改革开放中的池州——档案事业篇》、《池州地区组织史》、《池州地区地直单位组织机构沿革概要》、《池州地区档案馆指南》等专题档案史料汇编 10 多种 100 多万字。 (赵川徽)

贵池区档案馆 现址池州市百牙中路 1 号,邮编 247000,电话(0566)2023914,馆长包国标。成立于 1958 年。是集中统一保管区级机关、团体、事业单位及各乡、镇、街道档案资料的综合档案馆,2003 年批准为区级爱国主义教育基地。馆藏 24635 卷档案,其中资料 8714 册。编制有土改证户主目录、土地征用目录、干部退休退职目录、干部任免目录、档案馆简介、历届党代会简介、历届人代会简介、劳动局全宗全引目录、知青办全宗全引目录等,计 450 万字左右。 (丁贤玉)

东至县档案馆 现址东至县尧渡镇尧城路 18 号县委院内,邮编 247200,电话(0566)7011521,馆长刘文革。成立于 1959 年。是集中统一保管县机关、团体、企事业单位档案资料的国家综合档案馆,是县级爱国主义教育基地、县政府指定的行政规范性文件查阅场所。2000 年晋升为省二级档案馆。面积 1031 平方米,库房面积 450 平方米。馆藏档案 40786

卷、资料 10123 册。编写有《东至县档案馆指南》,合编《中国共产党东至县组织史资料》,由该局副局长张治安编著的《东至周氏家族》、《尧舜之乡的传说》,共有档案资料编研成果 9 种 217.57 万字。

石台县档案馆 现址蓬莱路 1 号,邮编 245100,电话(0566)6022562,馆长胡景春。成立于 1965 年。是集中统一保管县各乡镇和县直机关、团体、企事业单位档案资料的综合档案馆。2006 年被授予“2001—2005 年度全市档案部门先进集体”称号。建筑面积 2500 平方米,库房面积 1800 平方米。馆藏档案资料 6.2 万卷(册)。编辑出版了《七里置县探源》、《会主山之迷》、《吴应箕九试南都述要》、《杜牧情怡贡溪乡》等人文、地情资料共计 50 余万字。

青阳县档案馆 现址蓉城镇公园路,邮编 242800,电话(0566)5021205,馆长汪平安,电话(0566)5021503。成立于 1958 年。是集中统一保管县各级机关、团体、企事业单位档案资料的国家综合档案馆,是县级爱国主义教育基地、现行文件利用中心。2002 年晋升为省一级档案馆。总建筑面积 2500 平方米,库房面积 1500 平方米。馆藏档案资料 47334 卷(册),其中资料 11926 册。馆藏档案资料的历史跨度 260 余年。保存年代最早的是清代档案,有少量革命历史档案;有郭沫若、老舍的题词手迹;胡耀邦等党和国家领导人来青视察的照片。编写有《青阳县志》、《青阳县档案志》、《青阳县档案馆指南》、《青阳县革命历史档案全宗概览》、《青阳县档案馆全宗介绍》等十余种,约 200 万字。 (荣建平)

福 建 省

福建省档案馆 现址铜盘路，邮编350003，馆长丁志隆，电话(0591)87862284、87830268。成立于1959年，是集中统一保管机关、团体、企事业单位档案资料的国家综合档案馆，爱国主义教育基地、省政府指定的行政规范性文件查阅场所。国家一级档案馆。馆建筑总面积7010平方米，库房面积2826平方米。馆藏档案资料48万余卷(册)，其中资料4万余册。已建立馆藏档案基础数据库和重要档案全文数据库、多媒体数据库。开通了福建省数字档案信息管理系统及在线利用服务平台。编辑了《福建事变档案资料》、《福建华侨档案史料》、《闽台关系档案资料》、《老福建——岁月的回眸》、《台湾义勇队档案》等资料40余种1600万字。举办了艰难岁月、历史的记忆、党旗飘扬、八闽之光、谷文昌精神永恒、弘扬抗美援朝精神、为了永做中国人——抗日烽火中的台湾义勇队和毛泽东与福建——纪念毛泽东诞辰110周年、邓小平诞辰100周年等展览。

福建省科技档案馆 现址北环西路108号，邮编350003，(0591)87881986。成立于1989年。2005年被评为省“四五”档案法制宣传教育先进单位。2006年获省档案工作先进集体称号。馆现有库房面积60平方米、办公室面积50平方米。馆藏档案1.7981万卷。文书数据库已有案卷级目录4449条、文件级目录及其全文42109条(件)。科技档案数据库已有目录157893条、档案全文453918页。

(朱文)

福建省气象档案馆 现址乌山路108号，邮编350001，馆长李梅，电话(0591)83342948、83322938。成立于1983年，是集中统一管理全省气象记录档案资料的专门档案馆。2000年晋升国家二级科技事业档案管理单位。2001年晋升省一级档案馆。馆藏气象档案资料3万余卷(册)。建筑面积1050平方米，库房面积600平方米。

福建省基础地理信息中心 现址华林路205号，邮政编码350003，主任：简灿良，(0591)87873407、87873406。成立于1984年，负责全省测绘档案资料的收集、整理、保管、维护、提供和杜会化服务。是省一级国家专门档案馆。总建筑面积1290平方米，库房面积637平方米。藏档案资料为1.5万卷，资料1.4万本(册)，地图2.5万余幅5万余张，数字地图20万幅，航摄遥感影像数据3.8万余片。自主研发了“福建省测绘档案管理信息系统”、“福建省大地控制点成果管理和查询系统”、“福建省测绘成果分发服务系统”、“福建省测绘成果标绘系统”等。

福建省国土资源档案馆 现址五四路285号，邮编350003，馆长林榕光，电话(0591)87717090。馆负责全省地质资料、土地档案的接收、保管。建筑面积约2000平方米。馆藏地质资料12万余件，土地档案7000余卷，资料2万余册。已建成地质资料目录数据库。

福州市档案馆 现址闽江大道235号，邮编350008，馆长李运启，电话(0591)83859037。成立于1963年，是负责机关、团体及所属单位档案保管和利用的国家综合性档案馆，爱国主义教育基地，市委、福州市政府指定的已公开现行文件查阅场所。1999年至2001年连续被评为福建省档案工作先进集体。2006年被评为档案信息工作先进单位。总建筑面积12000平方米，库房面积3000平方米。馆藏档案资料27.5万卷(册)，其中资料2.8万册。已将海峡两岸经贸交易会、中国福建商品交易会、福州市十大名片评选、友好往来等档案资料收集进馆。建立了110万条档案目录的数据库和重要档案内容数据库和多媒体档案数据库。建立了计算机网络中心和档案网站(http://fz.fj—archives.org.cn)。编辑了《福州解放》等7种资料。 (林敏)

鼓楼区档案馆 现址福州市津泰路98号，邮政编码350001，电话(0591)87511996。

建于1989年，是集中统一保存和管理区直单位档案资料的国家综合档案馆，设立了现行文件利用中心。馆藏案卷5527卷。

台江区档案馆 现址福州市台江路88号安平1号楼，邮编350009，馆长王建勇，电话(0591)83265062、83205335。成立于1990年，是保存机关、团体档案资料的国家综合档案馆。总面积928平方米，库房面积202平方米。馆藏档案资料12474卷(册)，其中资料1835册。已建成馆藏文件级目录数据库。

仓山区档案馆 现址福州市麦园路52号，邮编350007，电话(0591)83139985。成立于1989年，是集中保管机关、团体、企事业单位档案资料的国家综合档案馆，成立了现行文件利用中心。馆藏档案8049卷，资料3541卷(册)。建立了档案信息网站。 (陈非)

马尾区档案馆 现址福州市建星路1号，邮编350015，电话(0591)63213306、63213308。成立于1985年，是集中统一保管机关、团体、企事业单位档案资料的国家综合档案馆，区委、区政府指定的已公开现行文件利用中心。馆现有馆藏档案12990卷，资料5564册。已建成馆藏档案文件级目录数据库。建立了档案信息网站。

晋安区档案馆 现址福州市福新路238号，邮编350011，电话(0591)87520904。成立于1984年，是集中统一保管机关、团体、企事业单位档案资料的国家综合档案馆，现行文件查阅场所。省一级档案馆。建筑面积1256平方米。馆藏档案3.8万余卷，资料9952册。

闽侯县档案馆 现址交通路2号，邮编350100，馆长陈建金，电话(0591)22982132、22068259。成立于1959年，是集中统一保管机关、团体、企事业单位档案资料的国家综合档案馆，爱国主义教育基地，县政府指定的行政规范性文件查阅场所。1999年晋升省二级档案馆。总建筑面积910平方米，库房面积455平方米。馆藏档案42534卷，资料7709册。已将县第一、二届茉莉花节、招商月、保持共产党员先进性教育活动等档案收集进馆。编辑了《闽侯县建置志》、《闽侯县大事记》、《闽侯县档案大事记》、《闽侯县档案馆指南》、组织史资料等资料10余种57万字。

(黄桂玉)

连江县档案馆 现址凤城镇北路81号，邮编350500，馆长郑楠枰，电话(0591)26232164、26136396。成立于1959年，是集中统一保管机关、团体、企事业单位档案资料的国家综合档案馆，县政府指定的行政规范性文件查阅场所。1988年晋升省一级档案馆。建筑面积2228平方米，库房面积570平方米。馆藏档案资料13.2万卷(册)，其中资料1万册。加强了对土地承包、山林滩涂发证、土地房产发证契税、县乡勘界、旧城改造、司法公证、婚姻登记等档案的收集。已完成39个重要全宗的33.6万条文件级目录数字化。建立了档案信息网站。 (张于天)

罗源县档案馆 现址凤山镇北大路15号，邮编350600，馆长连添梅，电话(0591)26831964、26820978。成立于1958年，是集中统一保管机关、团体、企事业单位档案资料的国家综合档案馆，县政府指定的行政规范性文件查阅场所。总建筑面积1006平方米，库房面积360平方米。馆藏档案6万余卷，资料7645卷(册)。已建立馆藏全宗级目录数据库和档案信息门户网站。编写了《罗源县建国后四十年大事记》、《罗源县机关单位职位配置、内设机构、人员编制情况一览表》等资料。

闽清县档案馆 现址梅城镇西门街50号，邮编350800，电话(0591)22332670。成立于1958年，是集中统一保管机关、团体、企事业单位档案资料的国家综合档案馆，县委、县政府指定的已公开现行文件利用场所。省二级档案馆。总建筑面积1701平方米，库房面积874平方米。馆藏档案资料38435卷(册)，其中资料9015册。 (涂秀清)

永泰县档案馆 现址樟城镇县府路32号，邮编350700，馆长徐秀就，电话(0591)

24832205、24856549。成立于1958年,是集中统一保管机关、团体、企事业单位档案资料的国家综合档案馆,县政府指定的行政规范性文件查阅场所。2006年晋升省一级档案馆。建筑面积1364平方米。馆藏档案43344卷,资料4826册。已建成了馆藏全宗目录数据库。

平潭县档案馆 现址潭城镇,邮编350400,馆长施生国,电话(0591)24396766、24288533。馆库面积1470平方米。馆藏档案53100卷,资料7930册。保存年代最早的档案是清朝乾隆、道光皇帝圣旨。 (施生国)

福清市档案馆 现址市政府院内,邮编350300,馆长吴绪兴,电话(0591)85246201、85259374。成立于1958年,是集中统一保管机关、团体、企事业单位档案资料的国家综合档案馆,爱国主义教育基地。2001年晋升省一级档案馆。总建筑面积1518平方米,库房面积700平方米。馆藏档案10.8万卷(册),资料1.09万册。编辑《玉融名胜古迹》、《龙高暴动》、《1949年在融南下干部人员名册汇编》等资料38.82万字。

长乐市档案馆 现址郑和西路171号,邮编350200,馆长林国胜,电话(0591)28922470、28811378。成立于1958年,是集中统一保管机关、团体、企事业单位档案资料的国家综合档案馆,爱国主义教育基地,市政府指定的现行文件查阅及政务信息发布场所。2006年晋升省一级档案馆。总建筑面积5020平方米,库房面积2832平方米。馆藏档案资料78639卷(册),其中资料10056册。设立了中国长乐文献馆。 (林文宜)

厦门市档案馆 现址湖滨北路80号,邮编361012,馆长宋协会,电话(0592)5080043、5091922。成立于1963年,是集中统一管理机关、团体、事业、企业单位档案资料的国家综合档案馆,爱国主义教育基地,市委、市政府指定的政务信息公开场所。国家一级档案馆。馆藏档案22万多卷(册)、1.2万件,资料1.3万册(卷)。征集了明代墓志铭、“小柴”钢琴比赛、中国“九·八”贸洽会、国际马拉松赛等档案资料。建立了馆藏档案目录数据库和档案住处网站。编辑《闽台关系档案资料选编》、《近代厦门涉外档案史料》、《厦门抗日战争档案资料》、《近代厦门社会掠影》、《厦门党史画册》等17种500余万字资料。

思明区档案馆 现址厦门市禾祥东路168号,邮编361001,馆长陈天来,电话(0592)5862882。1998年成立,设立了现行文件利用中心。馆库房面积430平方米。馆藏档案3万余卷档案,资料上千册。省二级档案馆。

海沧区档案馆 现址厦门市滨湖北路9号,邮编361026,电话(0592)6051644。成立于2004年3月,是集中统一保管机关、团体、企事业单位档案资料的国家综合档案馆,爱国主义教育基地,区委、区政府指定的现行规范性文件查阅场所。建筑面积600平方米,库房面积400平方米。馆藏档案5万余卷。运行了全部区级单位文档在线收发文登记、自动归档、在线咨询、在线年检在线查询等功能的管理软件。

湖里区档案馆 现址厦门市兴隆路23号,邮编361006,电话(0592)6024302。成立于1998年,是集中统一保管机关、团体档案资料的国家综合档案馆,区政府指定的政务信息公开场所。是省二级档案馆。总建筑面积600平方米,库房面积350平方米。馆藏档案资料9193卷(册),其中资料1500册。已建成馆藏档案目录数据库。已建立档案信息网站。

集美区档案馆 现址厦门市岑东路168号,邮编361021,电话(0592)6689102、6689178。1983年成立,是集中统一保管机关、事业等单位档案资料的国家综合档案馆,区委、区政府指定的现行文件利用中心。省二级档案馆。馆藏档案2.3万卷,资料7363册。馆藏档案目录数据占馆藏档案90%以上。建立了档案信息网站。 (李玉清 林华婷)

同安区档案馆 现址厦门市三秀路141号,邮编361101。成立于1958年,是国家综合档案馆。建筑面积1100平方米,库房360平方米。2003、2006年被授予省档案系统先进单位称号。是省一级档案馆。馆藏档案58965卷,资料7085册(本)。

莆田市档案馆 现址建设西路839号,邮编351100,电话(0594)2630219。成立于1963年,是保存和管理机关、团体、企事业单位档案资料的国家综合档案馆,爱国主义教育基地、市政府指定的现行文件利用查阅场所。省一级档案馆。总建筑面积3436平方米,库房面积1231平方米。馆藏124861卷,资料27837册。征集到南少林遗址考证史料、妈祖史料、50年代房产地籍档案、60年代东圳水库建设照片档案等。建立了馆藏档案目录数据库。建立了档案信息网站。编制了《莆田市档案馆指南》、《建市十五周年以来莆田市获奖科技成果汇编》、《莆田市外商投资优惠政策汇编》等资料。举办了《忆历史辉煌、展今日风采》展览。

城厢区档案馆 现址莆田市福厦路沟头社区,邮编351100,馆长雷碧霞,电话(0594)2696557,2612956。成立于1991年,是集中统一保管机关、团体、企事业单位档案资料的国家综合档案馆,成立了现行文件利用中心。2005年晋升省二级档案馆。建筑面积869平方米,库房面积207平方米。馆藏档案资料47982卷(册),其中馆藏资料626册。建立了档案信息网站和馆藏档案文件级目录数据库。

涵江区档案馆 现址莆田市新涵大街,邮编351111,馆长方明坚,电话(0594)3597734、3313995。成立于1987年,是集中统一保管机关、团体及其所属单位档案的国家综合档案馆,区委、区政府指定的公开信息和政策性规范性文件查阅场所。2005年晋升省二级档案馆。2000年加挂"区城建档案室"牌子,履行收集、保管、利用职能。建筑面积1800平方米。馆藏档案3.1万卷,资料966册。

(林春梅)

荔城区档案馆划 现址莆田市梅山街320弄10号,邮编351100,馆长林海英,电话(0594)2292686、2281756。成立于2002年,是集中统一保管机关、团体、企事业单位的国家综合档案馆,建立了现行文件利用中心。省二级档案馆。建筑面积1508平方米,库房面积1136平方米。馆藏档案36478卷,资料5695册。

仙游县档案馆 现址正觉巷38号,邮编351200,馆长张福盛,电话(0594)8293267。成立于1959年,是集中统一保管机关、团体、企事业单位档案资料的国家综合档案馆,县委、县政府指定的已公开现行文件利用中心。2006年晋升省一级档案馆。建筑面积1315平方米,库房面积822平方米。馆藏档案资料91058卷册,其中资料12520册。这些馆藏档案中以纸质档案为主。已建成馆藏民国档案案卷级目录数据库,建国后档案文件级目录数据库36万条。编写了《仙游县近千年气象灾害资料》、《甜蜜的事业》、《仙游县机构改革概说(修订本)》等18种80万字资料。

(邱宗灿)

三明市档案馆 现址高岩新村1幢,邮编365000,馆长刘秋群,电话(0598)8241259、5171205。成立于1963年,是集中统一保管机关、团体、企事业单位档案资料的国家综合档案馆,市政府指定行政规范性文件查阅场所。省一级档案馆。总建筑面积1200平方米,库房面积500平方米。馆藏档案资料87578卷(册),其中资料21275册。已建成全宗级目录数据库。档案信息网站已建立。编辑《三明农村经济工作重要文件选编》、《市精神文明建设文件资料选编》、《三明市外商投资企业项目基本资料》等资料13种203万字。

(阙祖昌)

三明市城建档案馆 现址新市中路208号,邮编365001,馆长张瑞瑛,电话(0598)8599506、8592050。成立于1986年,是集中统一保管城市建设档案的专门档案馆。1999年晋升国家一级城建档案馆。建筑面积798平方米。库房面积 296 平方米。馆藏档案资料 2.5 万卷(册),其中资料 2000 余册。已实行馆藏档案案卷级录入。编辑《客家祖地花灯》、《桑梓笔话》等资料约 50 万字。

梅列区档案馆 现址三明市新市北路,邮编 365000,馆长黄兰香,电话(0598)8262486、8213268。成立于 1986 年,是集中统一保管机关、团体、企事业单位档案资料的国家综合档案馆,爱国主义教育基地、区委区政府指定的政务信息公开场所。省二级档案馆。建筑面积 1100 平方米,库房 1000 平方米。馆藏档案资料 7309 卷(册),其中资料 999 册。已初步建立了馆藏档案文件级目录数据库,完成档案数据录入 10 万多条。 (苏晓霞)

三元区档案馆 现址崇宁路 10 号,邮编 365001,电话(0598)8337539。是国家综合档案馆,成立于 1987 年。设立了现行文件服务中心。省二级档案馆。馆藏档案 13549 卷,资料 1458 册。编写了组织史资料、大事记、机构设置文件目录汇编、处级领导班干部任免文件汇编等资料。

明溪县档案馆 现址雪峰镇民主路 9 号,邮编 365200,馆长李耀辉,电话(0598)2813850、2893309。成立于 1963 年,是集中统一保管机关、团体、企事业单位档案资料的国家综合档案馆,爱国主义教育基地。建筑面积 1517 平方米,库房面积 705 平方米。馆藏档案资料 37527 卷(册),其中资料 7200 册。

(李耀辉)

清流县档案馆 现址清流县龙城街 22 号,邮编 365300,馆长黄梅清,电话(0598)5322560、5320089。成立于 1961 年,是集中统一保管机关、团体、企事业单位档案资料的国家综合档案馆,爱国主义教育基地、县现行文件服务中心。省一级档案馆。总建筑面积 2100 平方米,库房面积 1200 平方米。馆藏档案资料 43599 卷册,其中资料 7474 册。建立了馆藏档案数据库和档案信息网站。编写了《清流县革命斗争史》、《裴应章》和《知青在清流》等资料。

宁化县档案馆 现址翠江镇中山路 1 号,邮编 365400,馆长张启平,电话(0598)6822531、6837889。成立于 1958 年,是集中统一保管各单位档案资料的国家综合档案馆,爱国主义教育基地、县政府指定的已公开现行文件利用中心。省一级档案馆。总建筑面积 2218 平方米,库房面积 1584 平方米。馆藏档案资料 85679 卷(册),其中资料 13858 册。馆藏档案资料的历史跨度 300 多年。保存年代最早的是《宁化县志》(清代线装本)。已建成馆藏民国档案案卷级目录数据库、建国后部分全宗文件级目录数据库。档案信息网站已开通。编辑《宁化县政党志》、《风展红旗如画》等资料 28 种 98 万字。 (王元新)

大田县档案馆 现址凤山西路 40 号,邮编 366100,馆长林如耀(0598)7222183。成立于 1959 年,是集中统一保管机关、团体、企事业单位档案资料的国家综合档案馆,爱国主义教育基地、县政府指定的现行文件利用中心。省三级档案馆。建筑面积 640 平方米,库房面积 300 平方米。馆藏档案资料 41552 卷(册),其中资料 6036 册。建立部分全宗档案的文件级目录数据库。 (李建忠)

尤溪县档案馆 现址城关镇民主路 6 号,邮编 365100,馆长苏国耀,电话(0598)6323204、6321506。成立于 1958 年,是集中统一保管机关、团体、企事业单位档案资料的国家综合档案馆,爱国主义教育基地,县委、政府指定的已公开现行文件查阅场所。省一级档案馆。总建筑面积 2023 平方米,库房面积 1214 平方米。馆藏档案资料 64734 卷(册),其中资料 9600 册。已建成馆藏全宗级、案卷级目录数据库。档案信息门户网站和政务内网已建立。

沙县档案馆 现址府西路 2 号,邮编 365500,馆长张邦锡,电话(0598)5822051、5845660。成立于 1958 年,是集中统一保管机关、团体、企事业单位档案资料的国家综合档案馆。省一级档案馆。建筑面积1356平方米。馆藏档案资料58837卷(册),其中资料7981册。完成馆藏民国档案案卷级数据、建国后档案部分文件级数据的采集工作。编写了《沙县历史上的今天》、《宋儒罗从彦先生的历史贡献》、《沙县动员和安置知识青年概况》等资料。

将乐县档案馆 现址古镛镇建新路13号,邮编353300,馆长杨舒萍,电话(0598)2322370、2266908。成立于1959年,是集中统一保管机关、团体、企事业单位档案资料的国家综合档案馆,爱国主义教育基地,设立现行文件服务中心。省一级档案馆。总建筑面积1320平方米,库房面积480平方米。馆藏档案资料94253卷(册),其中资料10534册。馆藏档案资料的历史跨度200余年。已将首届将乐县知青联谊会、高速公路开通、县人代会等档案资料收集进馆。

泰宁县档案馆 现址和平中街25号,邮编354400,馆长李兰忠,电话(0598)7832450、7839080。成立于1958年,是集中统一保管机关、团体、企事业单位档案资料的国家综合档案馆。省二级档案馆。馆藏档案资料3.95万卷(册),其中0.75万册。已建成馆藏文件级目录数据库。建立了分布式档案网站。编辑出版了《泰宁县两个文明建设发展概况》、《泰宁县大事记》等资料。

建宁县档案馆 现址濉城镇民主街12号,邮编354500,馆长余霖,电话(0598)3982954、3975518。是集中统一保管机关、团体、企事业单位档案资料的国家综合档案馆,爱国主义教育基地,设立了现行文件查阅利用中心。省一级档案馆。总建筑面积937平方米。馆藏档案资料53062卷(册)。建立了文档一体化网络管理系统和馆藏档案目录数据库。建立了档案信息网站。 (余传发)

永安市档案馆 现址新安路216号,邮编366000,馆长林永铁,电话(0598)3833676、3856163。成立于1959年,是集中统一保管机关、团体及企事业单位档案资料的国家综合档案馆,爱国主义教育基地,建立了现行文件利用中心。省一级档案馆。总建筑面积1352平方米,库房面积835平方米。馆藏档案资料6.3万卷(册),其中资料1万册。建立了档案网站。 (林素梅)

泉州市档案馆 现址庄府巷24号,邮编362000,馆长洪静华,电话(0595)22985677、22183487。成立于1985年,是集中统一保管机关、团体、企事业单位档案资料的国家综合档案馆,爱国主义教育基地、市委、市政府指定的政策规范性现行文件公开场所。2003年晋升省特级档案馆。1999年、2003年被授予全国档案系统先进集体称号。2003年、2006年被授予省档案系统先进集体称号。总建筑面积5240平方米,库房面积2900平方米。馆藏档案109658卷、16880件,资料40500册。建立了档案馆网站。已完成馆藏档案资料目录数据库,建立了重要档案全文数据库和照片档案数据库。编辑出版了《民国时期泉州华侨档案史料》、《泉州重要文献选编》等资料20种。

泉州市城建档案馆 现址兰台路1号,邮编362000,馆长骆沙舟,电话(0595)22102086、22102082。成立于1986年。面积为6800平方米。馆藏档案65312卷,底图31254张。

鲤城区档案馆 现址泉州市七星街22号,邮编362000,馆长苏卫红,电话(0595)22773323、22777786。1958年成立,是集中统一保管机关、团体、企事业单位档案资料的国家综合档案馆,爱国主义教育基地。2004年晋升省特级档案馆。建筑面积2428平方米,库房面积1456平方米。馆藏档案12万卷册,资料1.1万卷册。完成福建省分布式档案基础数据库。已建立档案信息网站。

丰泽区档案馆 现址泉州市津淮街,邮编362000,馆长李忠恩,电话(0595)22508962、22508972。成立于1997年,是集中统一保管机关、团体、企事业单位档案资料的国家综合档案馆,区委、区政府指定的行政规范性文件查阅场所。总建筑面积 680 平方米,库房面积 420 平方米。馆藏档案资料 10341(册),其中资料 452(册)。建立档案信息网站(www.da.qzfz.gov.cn)。完成分布式档案基础数据库。

洛江区档案馆 现址泉州市万安开发区,邮政编码 362011,馆长黄跃群,电话(0595)22631077。成立于 1997 年,是集中统一保管机关、团体、企事业单位档案资料的国家综合档案馆,区委、区政府指定的政策规范性现行文件公开场所。馆藏档案 3000 余卷(盒、袋)、资料 700 余册(件)。

泉港区档案馆 现址泉州市泉港区公务大楼,邮编 362801,馆长陈建雄,电话(0595)87987500。成立于 2001 年,是集中统一保管机关、团体、企业事业单位档案资料的国家综合档案馆,区政府指定的现行文件查阅中心。馆藏档案 598 卷、3976 件,资料 80 卷(件)。

惠安县档案馆 现址螺城镇中山北路 50 号,邮编 362100,馆长黄平辉,电话(0595)87383404、87394719。成立于 1959 年 9 月,是集中统一保管机关、团体、企事业单位档案资料的国家综合档案馆,爱国主义教育基地、县政府指定的行政规范性文件查阅场所。省一级档案馆。总建筑面积 1902 平方米,库房面积 1200 平方米。馆藏档案 6.6 万卷,资料 1.29 万册。已收集了第三届中国雕刻艺术节、全县慈善公益事业捐款活动、惠安县第二届运动会、惠女服饰等档案资料。已完成全馆档案目录数据库。

安溪县档案馆 现址凤城镇大同路 1 号,邮编 362400,馆长吴艺彤,电话(0595)23232457、23287158。成立于 1958 年,是集中统一保管安机关、团体、企事业单位档案资料的国家综合档案馆,爱国主义教育基地。省一级档案馆。建筑面积 1466 平方米,库房面积 800 平方米。馆藏档案资料 62695 卷(册),其中资料 8370 册。 (林木生)

永春县档案馆 现址桃城镇衙口街 1 号,邮编 362600,馆长林金胜,电话(0595)23882059、23883820。成立于 1959 年,是集中统一保管机关、团体、事业单位档案资料的国家综合档案馆,爱国主义教育基地,现行文件资料利用中心。省一级档案馆。总建筑面积 1062 平方米,库房面积 486 平方米。馆藏档案资料 71343 卷,资料 9862 册。 (刘双英)

德化县档案馆 现址浔中镇,邮编 362500,馆长郑高敏,电话(0595)23522832。成立于 1958 年,是集中保管机关、团体、企事业单位档案资料的国家综合档案馆,爱国主义教育基地,现行文件资料利用中心。省一级档案馆。总建筑面积 2730 平方米,库房面积 1200 平方米。馆藏档案 4 万余卷,资料 1.3 万册。建立了档案基础数据库和专题数据库。建立了档案网站。编辑出版了《中共德化县委重要文件选编》、《德化县委、县政府扶持企业发展优惠政策文件汇编》等资料。

石狮市档案馆 现址八七路,邮编 362700,馆长颜福瑜,电话(0595)88712008。成立于 1990 年 6 月,是集中统一保管机关、团体、企事业单位档案资料的国家综合档案馆,爱国主义教育基地,市政府指定的行政规范性文件查阅场所。省二级档案馆。1998 年被授予省农业农村档案工作先进单位。馆藏档案 25307 卷(册),其中资料 7380 册。

晋江市档案馆 现址南山路 1 号,邮编 362200,馆长李细金,电话(0595)85682094、85669310。1959 年成立,是集中保管机关、团体、企事业单位档案资料的国家综合档案馆,爱国主义教育基地,市政府指定的行政规范性文件查阅场所。2004 年晋升省特级档案馆。总建筑面积 1546 平方米,库房面积 850 平方米。馆藏档案 117377 卷(册)、14489 件,资料 11782 册。馆藏档案资料的历史跨度 400 余年。已将建市庆典、中国(晋江)国际鞋业博览会、世界晋江同乡总会成立庆典、纪念施琅将军暨清廷收复台湾 320 周年庆典等档案收集进馆。已建立案卷目录数据库和建国后档案的文件级目录数据库。编有《中共晋江县地方史大事记》、《晋江重要文献》和《晋江组织史》、《晋江市企业档案录》等10余种资料。

南安市档案馆 现址柳新路1号，邮编362300，馆长郑文章，电话(0595)86382260。成立于1959年，是集中统一保管机关、团体、企事业单位档案资料的国家综合档案馆，爱国主义教育基地、市政府指定的行政规范性文件查阅场所。总建筑面积3100平方米，库房面积1800平方米。馆藏档案资料60664卷(册)，其中资料11319(卷)册。馆藏资料跨度160余年。建立了档案信息网站。

(郑文章)

漳州市档案馆 现址胜利西路118号，邮编363000，馆长梁少云，电话(0596)2030924、2023665。1984年成立，是集中统一保管机关、团体、企事业单位档案资料的国家综合档案馆，市委、市政府指定的现行文件查阅利用场所。省一级档案馆。总建筑面积1800平方米，库房面积665平方米。馆藏档案6.13万卷、资料2.12万册。馆藏档案资料的历史跨度120余年。收集到防治"非典"、海峡两岸花博会、保持共产党员先进性教育活动等档案。完成民国档案目录数据采集和新建国后档案目录数据录入。建立了档案信息网站。

芗城区档案馆 现址钟法路佳苑名门7幢，邮编363000，馆长陈必辉，电话(0596)2662766、2662067。成立于1958年，是集中保管机关、团体、事业单位档案资料的国家综合档案馆，区政府指定的已公开现行文件中心。省一级档案馆。馆藏档案31987卷，资料19902册。 (郑竹闰)

云霄县档案馆 现址莆美镇宝城社区，邮编363300，电话(0596)8511970。成立于1958年，是保存和管理机关、团体及企事业单位档案资料的国家综合档案馆，建立现行文件利用中心。省三级档案馆。总建筑面积1500平方米，库房面积500平方米。馆藏档案资料15675卷(册)，其中资料4512册。编辑资料近10种约60万字。

漳浦县档案馆 现址绥安镇县府路1号，邮编363200，馆长杨朝旺，电话(0596)3221492。成立于1958年，是集中统一保管机关、团体、企事业单位档案资料的国家综合档案馆，县政府指定的行政规范性文件查阅场所。省二级档案馆。现存档案2.6万卷(册)，资料0.9万册。编写了《漳浦县在台人员花名册》、《漳浦县民国时期历任县长》、《漳浦县各个朝代知县名册》、《漳浦县历任县委书记名册》等资料。 (赵惠卿)

诏安县档案馆 现址南诏镇，邮编363500，馆长张金焕，电话(0596)3322822。成立于1958年，是集中统一保管机关、团体、企事业单位档案资料的国家综合档案馆。总建筑面积858平方米，库房面积470平方米。馆藏档案资料4.6万卷(册)，其中资料8000卷(册)。馆藏档案资料的历史跨度300余年。

(张金焕)

长泰县档案馆 现址城关，邮编363900，电话(0596)83222133。成立于1958年，是集中统一保管机关、团体、企事业单位档案资料的国家综合档案馆，县委、县政府指定的行政规范性文件查阅场所。总建筑面积860平方米，库房建筑面积287平方米。馆藏档案23047卷，资料6799册。建立了馆藏档案目录数据库。

南靖县档案馆 现址山城镇，邮政编码363600，电话(0596)7822353。成立于1958年。馆藏档案25053卷，资料10077册。

(林木兰)

平和县档案馆 现址东大街840号，邮编363700，电话(0596)5232680、5210367。成立于1958年，是集中统一保管机关、团体、企事业单位档案的国家综合档案馆，县政府指定的行政规范性文件查阅场所。省一级档案馆。总建筑面积1140平方米，库房面积840平方米。馆藏档案资料30519卷册，其中资料7350册。

华安县档案馆 现址靖河路15号，邮编363800，馆长黄景忠，电话(0596)7362222、7191389。成立于1958年，是集中统一保管机关、团体、企事业单位档案资料的国家综合档案馆。省一级档案馆。总建筑面积1000平方米，库房面积366平方米。馆藏档案25119卷，资料7606卷(册)。已编制全部档案案卷级目录和文件级目录。编辑了1928—1991年《华安大事记》，历届党代会、人代会、团工妇代会简介、区域沿革简况，自然灾害等资料近200万字。 (林坤龙)

龙海市档案馆 现址海澄镇民政路27号，邮编363102，馆长周建东，电话(0596)6745365、6757589。成立于1958年，是市政府指定行政规范性文件查阅场所。建筑面积1217平方米，库房面积427平方米。馆藏档案资料5.9万卷(册)，其中档案5.1万卷(册)。 (蔡艺山)

南平市档案馆 现址三元路182号，邮编353000，馆长阮少明，电话(0599)8871081、8835242。成立于1964年，是集中统一保管机关、团体、企事业单位档案资料的国家综合档案馆。省二级档案馆。建筑面积2359平方米，库房面积795平方米。馆藏档案资料7万余卷，其中资料1.9万册。档案信息网站已建立。编研成果有15种333万字。 (曾晓明)

延平区档案馆 现址三元路，邮编353000，馆长连礼荣，电话(0599)6112736。1959年成立，是集中统一保管机关、团体、企事业单位档案资料的国家综合档案馆。省二级档案馆。馆藏档案63097卷(册)，其中资料7358册。

顺昌县档案馆 现址双溪镇城中路50号，邮编353200，馆长郑碧晶，电话(0599)7822963、7830373。成立于1958年10月，是集中统一保管机关、团体、企事业单位档案资料的国家综合档案馆。省一级档案馆。总建筑面积1060平方米，库房面积540平方米。馆藏档案资料44847卷(册)，其中资料7575卷(册)。

浦城县档案馆 现址513路132号，邮编353400，馆长徐亚玲，电话(0591)2822177、2873001。成立于1984年，是集中统一保管机关、团体、企事业单位档案资料的国家综合档案馆，现行文件利用中心。省二级档案馆。总建筑面积678平方米，库房面积403平方米。馆藏档案资料48732卷(册)，其中资料12354册。已建成民国档案案卷级目录数据库。

光泽县档案馆 现址217路122号，邮编354100，馆长吴有忠，电话(0599)7922423、7935769。成立于1958年，是集中保管机关、团体、企事业单位档案资料的基地，县委、县政府指定的文件查阅利用场所。1988年晋升省一级档案馆。建筑面积716平方米，库房面积412平方米。馆藏档案37660卷(册)，其中资料8638册。编写《光泽县历年灾情变化》、《光泽县革命斗争史》、《光泽新志》、《民国末期的光泽戡建会》等资料。

松溪县档案馆 现址大街44号，邮编353500，馆长：吴玉萍，电话(0599)2321068、2385685。成立于1958年，是集中统一保管机关、团体、企事业单位档案资料的国家综合档案馆。省三级档案馆。总建筑面积1000平方米，库房面积700平方米。馆藏档案资料3.973万卷(册)，其中资料1.298万册。已将防治“非典”、林权档案等重要档案资料收集进馆。已完成建国前档案案卷级目录数据采集工作。建立了档案信息网站。 (黄志英)

政和县档案馆 现址中元路93号，邮编353600，馆长吴笑满，电话(0599)3321237、3322651。成立于1959年，是集中统一保管机关、团体、企事业单位档案资料的国家综合档案馆。总建筑面积1140平方米，库房面积648平方米。馆藏档案资料33918卷，其中资料6321册。编写了《政和县组织史》，建国后大事年表等资料。

邵武市档案馆 现址新建路8号，邮编

354000，馆长何建斌，电话(0591)6322385、6327066。成立于1958年，是国家综合档案馆。省一级档案馆。建筑面积1245平方米，库房面积650平方米。馆藏档案5.3万卷，资料1.1万册。编辑资料10余种近60万字。

武夷山市档案馆　现址文化宫11号，邮编354300，馆长王国材，电话(0599)5302320、5316236。成立于1959年，是集中统一保管机关、团体、企事业单位档案资料的国家综合档案馆。总建筑面积1384平方米，库房面积850平方米。馆藏档案资料59214卷(册)，其中资料8364册。馆藏档案资料的历史跨度300余年。　(王瑞兴)

建瓯市档案馆　现址胜利路43号，邮编353100，馆长叶由高，电话(0599)3833296、3867381。成立于1959年10月，是集中统一保管机关、团体、企事业单位档案资料的国家综合档案馆，爱国主义教育基地、市政府指定的已公开现行文件利用中心查阅场所。2002年至2004年被评为省档案系统先进集体。总建筑面积1236平方米，库房面积800平方米。馆藏资料7.1万卷(册)。馆藏档案资料的历史跨度500余年。　(杨波宇)

建阳市档案馆　现址西北桥5号，邮编354200，馆长郭建生，电话(0599)5822376。成立于1958年，是保管机关、团体、事业单位档案资料的国家综合档案馆。建筑面积1295平方米。馆藏档案47572卷，资料14659册。建立了馆藏档案文件级目录数据库。编辑了《建阳市法规汇编》、《建阳县历年自然灾害简况》、《岁月留影》等资料14种。

龙岩市档案馆　现址军民路41号，邮编364000，馆长黄玲，电话(0597)2324779、2315088。成立于1960年，是集中统一保管机关、团体、企事业单位档案资料的国家综合档案馆，爱国主义教育基地，建立了现行文件阅览中心。省一级档案馆。总建筑面积3864平方米，库房面积1470平方米。馆藏档案资料约10万卷(册)，其中资料1万册。已收集2005年至2006年市“11.18”经贸洽谈会、第13届省运会等档案进馆。建成档案分布式基础数据库，有馆藏档案文件级目录数据795929条。举办了“历史上的龙岩”展览。

(黄曦)

龙岩市城建档案馆　现址登高中路70号，邮编364000，馆长连宗祺，电话(0597)2324796、2322950。成立于1989年，是集中管理城市规划、建设档案的专门档案馆。1999年被评为国家一级城建档案馆。建筑面积为1873平方米，库房面积397平方米。馆藏档案17212卷，其中底图31350张，资料5080册。

新罗区档案馆　现址龙岩市中山东路45号，邮编364000，馆长陈筱花，电话(0597)2309652、2329638。成立于1958年，是集中管理机关、团体、企事业单位档案资料的国家综合档案馆，爱国主义教育基地，区委、区政府指定的查阅已公开现行文件场所。省一级档案馆。总建筑面积3665平方米。馆藏档案资料11.5万卷(册)，其中资料0.7万册。馆藏档案资料的历史跨度200余年。建有馆藏档案文件级目录数据库。档案信息网站已经建立。编辑了《执政·探索·辉煌》、《龙岩市组织史资料》、《经济工作文件汇编》和《龙岩市新罗区档案馆征地数据汇编》等资料。　(项京)

长汀县档案馆　现址汀州镇兆征路19号，邮编366300，馆长丘仁源，电话(0597)6831880。成立于1958年，是集中保管机关、团体、企业事业单位档案资料的国家综合档案馆，爱国主义教育基地、县政府指定的行政规范性文件查阅场所。省二级档案馆。建筑面积965平方米。馆藏档案资料61464卷，其中资料11909卷。已将瞿秋白纪念馆开馆仪式、长征胜利70周年纪念邮票首发式、长汀一中百年校庆等档案进馆。编写了《历史的记忆》、《闽西苏维埃政府的廉政建设》、《侵华日军历次轰炸长汀史实》等资料。

永定县档案馆　现址凤城镇中山路1号，邮编364100，馆长王鉴勋，电话(0597)

5832740、5821749。成立于1958年，是集中保管机关、团体、企事业单位档案资料的国家综合档案馆，爱国主义教育基地，现行文件利用中心。省二级档案馆。档案网站已开通。

（李永生）

上杭县档案馆 现址临江镇北大路12号，邮编364200，馆长邱永南，电话（0597）3842054、5231858。成立于1958年，是集中统一保管机关、团体、企事业单位档案资料的国家综合档案馆，爱国主义教育基地，县委、县政府指定的现行文件利用中心。省一级档案馆。总建筑面积1194平方米，库房面积700平方米。馆藏档案资料61178万卷，其中资料9638册。馆藏档案资料的历史跨度282年。已将“置县千年”、领导干部“三讲”及上杭林氏族谱等档案资料接收进馆。编辑了《上杭县改革开放二十年工作纪实》等资料。

武平县档案馆 现址平川镇政府路51号，邮编364300，馆长杨晓红，电话（0597）4822044、4866118。成立于1958年，是集中统一保管机关、团体、企事业单位档案资料的国家综合档案馆，爱国主义教育基地，县委、县政府指定的政务信息公开场所。省二级档案馆。总建筑面积1700平方米，库房面积1200平方米。馆藏档案档案36133卷，资料7053册。收集了武平一中百年校庆活动、刘亚楼将军及名胜特产等档案资料。编辑了档案大事记、历届党代会汇编、历届人代会汇编等资料。

连城县档案馆 现址莲峰镇中山路50号，邮编366200，馆长程福兰，电话（0597）8922194。成立于1958年，是集中统一保管机关、团体、企事业单位档案资料的国家综合档案馆，爱国主义教育基地，县委、县政府指定的政务信息公开场所。省二级档案馆。总建筑面积1505平方米，库房面积1405平方米。馆藏档案42882卷（件），资料11885卷（册）。建立了档案文件级目录数据库。

漳平市档案馆 现址和平路41号，邮编364400，馆长张水花，电话（0597）7532393、7532109。成立于1958年，是集中统一保管机关、团体、企业事业单位档案资料的国家综合档案馆，爱国主义教育基地，市政府指定的现行文件查阅利用中心场所。省二级档案馆。总建筑面积908平方米。馆藏档案资料64055卷（册），其中资料14051册。已征集“花乡画乡茶乡”三乡文化等档案资料。建立了档案信息网站。

宁德市档案馆 现址署前路14号，邮编352100，馆长黄玉章，电话（0593）2822616、2805336。成立于1958年9月，是集中保管机关、团体、企事业单位档案资料的综合国家档案馆，爱国主义教育基地，建立了现行文件利用中心。为省一级档案馆。总面积2024平方米，库房面积681平方米。馆藏档案资料102157卷（册），其中资料19185册。档案信息网站已建立。编辑了《闽东革命历史图片档案》（英烈篇）、《闽东革命历史图片档案》（温暖篇）、《宁德城市建设图片档案》（今昔篇）等资料。

（林兴）

蕉城区档案馆 现址宁德市815中路11号，邮编352100，馆长林朱发，电话（0593）2822693、2898806。成立于1958年，是集中统一保管机关、团体、企事业单位档案资料的国家综合档案馆。省二级档案馆。总建筑面积705平方米，库房面积575平方米。馆藏档案资料47304卷（册），其中资料8310册。

（薛赞平）

福安市档案馆 现址冠杭路21号，邮编355000，馆长林者，电话（0593）6382553、6557388。成立于1959年，是集中保管机关、企事业单位档案资料的国家综合档案馆，建立了现行文件利用中心。省一级档案馆。馆建筑总面积1270平方米，库房面积847平方米。馆藏档案45984卷，资料9206册。接收了部分撤销单位、破产企业、土地延包、人事工资、全国粮食清查、宗谱族谱等档案资料。档案信息网站已建立。

福鼎市档案馆 现址市政府内，邮编355200，馆长林仕凤，电话(0593)7853454、7805986。成立于1961年，是集中统一保管机关、团体、企事业单位档案资料的国家综合档案馆。省二级档案馆。总建筑面积1700平方米，库房面积600平方米。馆藏档案资料29191卷(册)，其中资料2720册。已将撤县建市、太姥山文化旅游节、防治"非典"、1982年山林权、1999年第二轮土地承包、1952年土改税契等档案资料进馆。已建立了档案目录数据库。建立了档案信息网站。 (张纯)

霞浦县档案馆 现址松城街道617路，邮编355100，馆长柳智勇，电话(0593)8893891、8850072。成立于1958年，是集中统一保管机关、团体、企事业单位档案资料的国家综合档案馆，县政府指定的现行文件利用服务中心。省一级档案馆。总建筑面积1173平方米，库房面积480平方米。馆藏档案资料57226卷(册)，其中资料7134册。馆藏档案资料的历史跨度246年。编辑《霞浦县党的革命斗争历史概况》、《霞浦县老区三年工作情况》、《霞浦县少数民族分布情况》等资料20余种800万字。 (杨陈银)

古田县档案馆 现址民主路5号，邮编352200，馆长杜新坤，电话(0593)3882928。成立于1958年12月，是集中统一保管机关、团体、企事业单位档案资料的国家综合档案馆，爱国主义教育基地，县委、县政府指定的政务信息公开指定场所。省一级档案馆。建筑面积1600平方米。馆藏档案资料11万卷(册)，其中资料1.69万册。建立了古田县华侨档案、林权证、土地房产证、结婚登记、库区移民、知青等专题数据库。

屏南县档案馆 现址古峰镇，邮编352300，馆长黄庆夏，电话(0593)3322041。成立于1959年，是集中统一保管机关、团体、企事业单位档案资料的国家综合档案馆，县政府指定的行政规范性文件查阅场所。省三级档案馆。总建筑面积1200平方米，库房面积1000平方米。馆藏档案资料44429卷册，其中资料20556册。建立了馆藏档案目录数据库。

寿宁县档案馆 现址鳌阳镇胜利街128号，邮编355500，馆长郭渊春，电话10593)5522417。成立于1958年，是集中统一保管机关、团体、企事业单位档案资料的国家综合档案馆，爱国主义教育基地、县政府指定的行政规范性文件查阅场所。总建筑面积756平方米，库房面积200平方米。馆藏档案资料2.6471卷(册)，其中资料0.7361万册。馆藏档案的历史跨度300余年。 (郭渊春)

周宁县档案馆 现址狮城镇北门路30号，邮编355400，馆长谢世甫，电话(0593)5622249。成立于1958年，是集中统一管理机关、团体、企事业单位档案资料的国家综合档案馆，爱国主义教育基地，县委、政府指定的行政规范性文件查阅场所。省一级档案馆。建筑面积552平方米。馆藏档案22448卷，资料7805册。建立了馆藏档案文件级目录数据库。开通了档案信息网站。

柘荣县档案馆 现址柳东路109号，邮编355300，馆长谢晓利，电话(0593)8352511、6196606。成立于1963年，是保管机关、团体、企事业单位档案资料的国家综合档案馆，县委、政府指定的现行文件利用中心。2003年被授予全国档案先进集体称号。建筑面积940平方米。馆藏档案30829卷，资料8010本。开通了档案信息网站。

江 西 省

江西省档案馆 现址南昌市红谷滩新区怡园路，邮编 330038，馆长李安全，电话 (0791)6242052、6240201。成立于 1962 年，是集中保管机关、团体、企事业单位档案资料的国家综合档案馆，省政府指定的已公开现行规范性文件查阅利用场所。1997 年晋升国家二级档案馆。总建筑面积 18000 平方米，库房面积 12000 平方米。馆藏档案资料 274753 卷。建立了档案信息网站和局域网，纸质档案数字化全面启动，照片档案已基本完成数字化工作。已完成馆藏档案案卷级目录数据库、革命历史档案文件级目录数据库、照片档案数据库、劳动模范数据库等 20 个检索数据库的建设。现行档案文件级数据库已采集条目 100 余万条。编辑了《江西革命历史文件汇集》、《中共江西省委文件汇编》、《中央革命根据地史料选编》、《湘赣革命根据地史料选编》、《湘鄂赣革命根据地文献资料》、《井冈山革命根据地史料选编》、《闽浙赣革命根据地史料选编》、《中央革命根据地工商税收史料选编》、《闽浙赣革命根据地财政经济史料选编》、《日军侵略江西罪行史料选编》等资料料 30 余种 1010 万字。利用档案举办了"中国档案精品展"、"党和国家领导人与江西人民在一起图片手迹展"、"红色的记忆——江西革命历史档案展"和"上海知青在江西图片展"等展览。

（郑海滨）

江西省气象档案馆 现址南昌北二路 109 号，邮编 330046，馆长李志鹏，电话(0791)6295994、6235982。成立于 1959 年，是收集、管理建国后全省气象记录档案的专门档案馆。1987 年被评为全国气象系统科技档案管理工作优秀单位。1999 年晋升为科技事业档案管理国家二级单位。馆库房面积约 480 平方米。馆藏档案 27038 卷，资料 500 余册，各类机读载体气象档案资料 50GB。自主开发研制的《江西省气象记录档案管理系统》中录入档案目录信息 4 万余条。建立了全省地面基本气候资料数据库。开通了气象科学数据共享网站。

（王钰）

江西省艺术档案馆 现址南昌市象山北路 54 号，邮编 330008，馆长吴济华，电话(0791)6783562、2190139。成立于 1989 年，是从事收集、整理、保管艺术档案并提供利用的省级专门档案馆。总面积为 200 平方米。馆藏档案资料 4500 卷(册、盒)，其中资料 418 卷(册)。馆藏档案资料的历史跨度 80 余年。馆藏特色档案包括历届玉茗花戏剧节、音乐舞蹈节、江西艺术节以及江西省参加国际、国内艺术比赛、汇演的优秀剧(节)目、名老艺人精品等剧(节)目档案，民间舞蹈集成、民歌集成和赣剧、采茶戏、弋阳腔、吁河戏剧目及濒临绝种的古老剧种青阳腔、海盐腔、宜黄腔等优秀传统剧目档案资料。建立了江西名人艺术档案库。编辑了《青阳腔研究文集》、《赣剧弹腔剧目汇考》等资料。建立了江西非物质文化遗产保护网站。

（黄俊）

南昌市档案馆 现址雄洲路 119 号，邮编 330038，馆长李国华，电话(0791)3886198、3886223。电子邮箱 dajdag@nc.gov.cn。成立于 1968 年，是集中统一保管机关、团体、企事业单位档案资料的国家综合档案馆，爱国主义教育基地，市政府指定的行政规范性文件查阅场所。2004 年晋升省一级档案馆。总建筑面积 5147.3 平方米，库房面积 3675 平方米。馆藏档案资料 164030 卷(册)，其中资料 14607 册。馆藏中珍贵档案的有朱德、林伯渠、刘伯承、董必武、郭沫若等为"八一"南昌起义纪念塔题词的手稿；有大革命时期我党创办的革命刊物《红灯》；还有清代出版的地方史料《南昌府志》、《万寿宫通志》及《大清帝国地图》、《各国地图》、《中国分省地图》等。已收集到历届南昌经贸月活动、创建全国卫生城市活动、首届国际军乐节、市政府获奖受赠牌、匾、杯等档案等。已完成全部档案的案卷级目录数据库建设、部分重要档案已建成文件级数据库。建立了档案信息门户网站。编纂了《南昌胜迹》、《南昌灾情录》、《南昌英名录》、《南昌市档案志续志》、《南昌市档案工作大事记》等10余种120万字的资料。举办了“实物档案珍品展”、“纪念抗日战争胜利六十周年档案史料展”、“纪念‘八一’南昌起义八十周年档案史料图片展”等展览。（熊小鹏）

东湖区档案馆 现址南昌市叠山路136号，邮编330006，馆长陈耀武，电话（0791）6214095、6271953。馆是集中统一保管机关、团体、企事业单位档案资料的国家综合档案馆，区政府指定的行政规范性文件查阅场所。2005年晋升为江西省一级档案馆。总建筑面积120平方米，库房面积为70平方米。馆藏档案资料14044卷（册），其中资料864册。建成了馆藏全宗级目录数据库。建立了档案信息网站。

西湖区档案馆 现址南昌市抚生路369号，邮编330025，馆长李巍彪，电话（0791）6564947。成立于1987年，是统一保管全区档案事业的基地，爱国主义教育基地，区政府指定的现行文件查阅利用的公开场所。2000年晋升省一级档案馆。2006年获省档案工作先进集体称号。总建筑面积280平方米，库房面积100平方米。馆藏档案资料13066卷（册）。开展了档案目录数据库建设，开通了“南昌西湖档案信息网”。编撰了《西湖区志》、《西湖区组织史》、《西湖区档案工作手册》等资料。

青云谱区档案馆 现址南昌市井岗山大道388号，邮编330001，馆长尚雪珍，电话（0791）5221177、3260755。成立于1973年，是集中统一保管机关、团体、企事业单位档案资料的国家综合档案馆，区政府指定的行政规范现行文件查阅场所。2005年晋升省二级档案馆。总建筑面积79.4平方米，库房面积38.6平方米。馆藏资料7405卷（册），其中资料645册。馆藏档案检索档案目录比较完善。建立了档案信息网站。编纂资料有《青云谱区档案志》、《青云谱区历届党代会简介》、《青云谱区历届人大会简介》、《青云谱区历届政协会议简介》等10余种10余万字。

湾里区档案馆 现址南昌市洪崖路3号，邮编330004，馆长樊贵良，电话（0791）3765493。成立于1976年，是集中统一保管机关、团体、事业单位档案资料的国家综合档案馆，爱国主义教育基地、区政府指定的行政规范性文件查阅场所。2005年晋升省二级档案馆。总建筑面积52平方米，库房面积16平方米。馆藏资料10868卷、件（册），其中资料807册。已输入案卷级目录267条，文件级目录4122条。及时整理规范并收集进馆保持共产党员先进性教育档案54卷，609件。（李婷）

青山湖区档案馆 现址南昌市南京西路699号，邮编330029。馆长薛先麟，电话（0791）8100221。成立于1985年，是集中统一管理全区档案资料的基地。总建筑面积130平方米，库房建筑面积100平方米。馆藏档案资料320000卷。

南昌县档案馆 现址莲塘镇，邮编330200。成立于1960年，是集中统一管理全县档案的文化事业机构。建筑面积2100余平方米，库房面积1400余平方米。馆藏档案57850卷（件）、资料31193册。

新建县档案馆 现址新建大道，邮编330100，馆长肖明珍，电话（0791）3702837、3707120。成立于1954年，是国家二级档案馆。总建筑面积900平方米，库房面积700平方米。馆藏档案51907卷、2300件，资料4193册。（肖明珍）

安义县档案馆 现址解放大街168号，邮编330500，馆长王礼放，电话（0791）3422601。成立于1960年，是集中统一保管机关、团体、企事业单位档案资料的国家综合档案馆，爱国主义教育基地、县政府指定的行政规范性文件查阅场所。1996年晋升省三级档案馆。总建筑面积680平方米，库房面积340平方米。馆藏档案20041卷、7022件，资料5359册。馆藏档案资料历史跨度500余年。已将防治“非典”、1997年特大防洪抗灾、建设社会主义新农村、“一河两岸”工程、新时代广场工程、郭家沙排灌工程等档案资料收集进馆。对本县的“千年古村群”风俗村进行全方面的拍照、摄影，进行电子存储。正在筹建馆藏全宗级目录数据库。编辑了《一张地图——侵华日军的罪证》等资料。

进贤县档案馆 现址栖贤路，邮编331700，馆长姜志峰，电话(0791)5622567、5622566。成立于1959年，是集中统一保管机关、团体、企事业单位档案资料的国家综合档案馆，县委、县政府指定的行政规范性文件查阅场所。1996年晋升省二级档案馆。总建筑面积2800平方米，库房面积900平方米。馆藏档案资料63862卷(册)，其中资料18650册。馆藏档案资料的历史跨度为400余年，保存年代最早的资料是明代嘉靖四十二年(公元1563年)编修出版的《进贤县志》。已将2002—2004年军山湖杯螃蟹节、防治“非典”等档案资料收集进馆。馆藏档案检索体系比较完善。编辑了《进贤县档案工作基础数字汇编》、《进贤县自然灾害情况简介》、《进贤县档案志编目》、《进贤县历届党代会、人代会、团代会、妇代会、工代会简介》等资料。 (姜志峰)

景德镇市档案馆 现址珠山东路21号，邮编333000，馆长雷瑞麟，电话(0798)8222494、8222497。成立于1964年，是集中统一保管机关、团体、企事业单位档案资料的国家综合档案馆，市政府指定的行政规范性文件场所。1994年晋升省一级档案馆。总建筑面积990平方米，库房面积660平方米。馆藏档案6万卷(册)，资料2万册。馆藏档案资料的历史跨度180余年。已将中央领导视察工作、瓷博会等档案资料收集进馆。初步建立了陶瓷名人档案。 (鲍亚明)

昌河飞机工业(集团)有限责任公司综合档案馆 现址景德镇市朝阳路，邮编333002，馆长王秀梅，电话(0798)8462060。成立于1989年，职责是集中统一管理全公司各类档案，库房面积324平方米。馆藏档案12260卷，底图12万份。实现了馆藏档案目录的数字化。

昌江区档案馆 现址区政府，邮编333000，馆长汪立琴，电话(0798)8333018。成立于1978年，1995年晋升省二级档案馆。1983年被评为全省档案工作先进单位。馆库面积近60平方米。 (汪立琴)

珠山区档案馆 现址景德镇市中山北路319号，邮编333000，电话(0798)8525764。于1984年成立，是国家综合档案馆，省三级档案馆。库房面积64平方米。馆藏档案资料共计4435卷(册)，其中资料287册。 (邹莉)

浮梁县档案馆 现址浮梁镇，邮编334000，馆长冯云龙，电话(0798)2620205。馆藏档案10630卷，资料4900册。编辑了《浮梁衙署史话》、《浮梁人物》、《浮梁旅游》、《浮梁县志》等资料。 (陈强)

乐平市档案馆 现址乐平市，邮编333300。馆藏档案55133卷、5903件，资料7253册。已建立现行文件资料利用服务中心。 (方金鼎)

萍乡市档案馆 现址市政府，邮编337002，馆长晏启良，电话(0799)6832318、6834254。成立于1959年，是负责收集、整理、保管和提供利用机关、团体、企事业单位档案资料的国家综合档案馆，爱国主义教育基地、市政府指定的政府信息公开查阅场所。1993年晋升省二级国家档案馆。建筑面积1050平方米。馆藏档案资料70323卷(册)，其中资料20314册。馆藏档案资料历史跨度180余年，保存年代最早的是清道光癸未年编修的《萍乡县志》。馆藏珍贵档案是刘少奇、邓小平、聂荣臻、李维汉、孔源、吴烈等老一辈革命家的题词和刘少奇致范明庆并安源镇工会的信。特色档案是傩文化照片档案，包含了萍乡现存的48座傩庙、500余具神态各异的傩面具以及傩舞表演照片739幅。收集了国家副主席曾庆红视察、央视“心连心”艺术团慰问演出、傩文化、武功山旅游等档案和喻宜萱、颜龙安等名人档案。建立了馆藏档案案卷级和文件级目录数据库。已完成案卷级目录数据采集46943条，文件级目录数据采集280430条。建立了档案信息网站。编撰了《萍乡市大事记（1986—2002）》、《萍乡沿革》、《萍乡概述（1986—2002）》等资料17种145.3万字。

（刘 萍）

萍乡市城建档案馆 现址跃进北路360号，邮编337000，馆长姚筱犟，电话（0799）7021458、7021459。成立于1999年，是集中统一保管城市规划、建设和管理档案资料的专门档案馆。2006年晋升为省一级城建档案馆。2005年获省城建档案先进单位称号。总建筑面积800平方米，库房面积400平方米。馆藏档案6482卷。编写了2004年查档利用十例、2005年查档利用十例、重点工程简介、萍城道路变迁等资料。已建成馆藏数据库，基本完成了馆藏档案文件级目录数据著录工作。

（姚筱犟）

萍乡矿业集团有限责任公司档案馆 现址昭萍东路3号，邮编337003，馆长徐松明，电话（0799）6582974。成立于1957年，是集中保管公司各部门形成档案资料的综合性档案馆。建筑面积502平方米，库房面积为404平方米。馆藏资料3.07万卷，其中馆藏档案2.54万卷。馆藏档案资料历史跨度117年。实现了计算机目录检索。（易建畅）

萍乡钢铁有限责任公司档案馆 现址安源区，邮编337019，馆长周斌，电话（0799）3293703、3498823。成立于2004年1月，是集中统一管理全公司各类档案的基地。建筑面积2000平方米，库房面积近1300平方米。馆藏43780卷（件），底图14万张。2006年通过了企业档案工作目标管理国家二级认定。

（姚薇娟）

安源区档案馆 现址萍安中大道217号，邮编337000，馆长胡立萍，电话（0799）6661697、6661150。成立于1983年，是集中统一保管机关、团体、企事业单位档案资料的国家综合档案馆，区政府指定的行政规范性文件查阅场所。1998年晋升省二级档案馆。总建筑面积504平方米，库房面积278平方米。馆藏档案25268卷（件），资料6386册。

（张莉华）

湘东区档案馆 现址区会议中心，邮编337016，馆长李水洪，电话（0799）3441011、7051900。成立于1981年，成立了已公开现行文件利用中心。1998年晋升省二级档案馆。馆藏档案16665卷（件），资料6396册。已输入案卷级和文件级条目万余条。（刘海梅）

莲花县档案馆 现址琴亭镇新建东街147号，邮编337100，馆长朱元戎，电话（0799）7221137。成立于1959年，是集中统一保管机关、团体、企事业单位档案资料的国家综合档案馆，爱国主义教育基地、县政府指定的行政规范性文件查阅场所。2000年晋升省级三级档案馆。总建筑面积1105平方米，库房面积415平方米。馆藏文书档案20700卷、6045件，资料7558册。编研资料有组织沿革、档案馆指南、大事记等。（朱元戎）

上栗县档案馆 现址上栗镇平安北路，邮编337009，馆长张晓清，电话（0799）3662362。成立于1986年，是集中统一保管机关、团体、企事业单位档案资料的国家综合档案馆，爱国主义教育基地，县政府指定的行政规范性文件查阅场所。2006年晋升省一级档案馆。总建筑面积408平方米，库房面积308平方米。馆藏档案18785卷（件），资料10015册。馆藏档案资料的历史跨度60余年。已将爆竹祖师——李畋诞辰庆典活动、中国·上栗焰花爆竹节、“3.11”花炮事故等档案资料收集进馆。编制《上栗县机构改革方案文件汇编》、《上栗县在职领导干部论文汇编》、《上栗县社会经济基础数字汇编》等资料10余种220余万字。

（刘静）

芦溪县档案馆 现址芦溪镇，邮编

337200，电话（0799）7551581。成立于1984年，是集中统一保管机关、团体、企事业单位档案资料的国家综合档案馆，成立了现行文件中心。2000年晋升为江西省一级档案馆。建筑面积314平方米，使用面积255平方米。馆藏档案12377卷、7102件，资料7882册。收集和征集了县（区）换届、世界旅游小姐中国赛区总决赛、武功山登山活动、武功山申报国家地质公园、世界遗产等档案资料和易瑞生、钱怀璞、王林、王簏水、范曾等名人资料。建立了档案信息网站。（易敏）

九江市档案馆 现址庐峰路48号，邮编332000，馆长梅昌华，电话（0791）8587163、8582085。成立于1959年，是集中统一保管机关、团体、企事业单位档案资料的国家综合档案馆，爱国主义教育基地、市政府指定的行政规范性文件查阅场所。2001年晋升省一级档案馆。总建筑面积1720平方米，库房面积810平方米。馆藏档案74351卷（件），资料11762册。馆藏档案资料的历史跨度100余年。已将申办魅力城市、京九铁路全线铺通、"11.26"地震、防治"非典"等档案资料收集进馆。征集了日军侵华画报、"九八"抗洪、中华老字号及反映市容变迁和社会发展的老照片等大量档案资料。已建成馆藏档案全宗级目录数据库，完成了民国档案案卷级目录数据采集工作。档案信息网站已经建立。编辑了《九江历史上的今天》、《众志成城》、《九江民营经济在发展》等资料。举办了"九八抗洪胜利五周年"、"九江市百名优秀人才事迹展"、"纪念抗日战争胜利六十周年图片展"等展览。

庐山区档案馆 现址九江市十里大道1388号，邮编332007，馆长汪金保，电话（0792）8251701、8832116。成立于1985年，建立了现行文件利用中心。建筑面积230平方米，库房面积48平方米。馆藏档案为案卷14547卷（件），资料2626册。

浔阳区档案馆 现址九江市庾亮北路2号，邮编332000，电话（0792）8224831。成立于1981年，是集中管理全区档案的国家综合档案馆，爱国主义教育基地和现行文件利用中心。2005年晋升省一级档案馆。库房面积170平方米的档案库房。馆藏档案资料9600卷（册、件）。

九江县档案馆 现址九江市沙河街镇，邮编332100，馆长杨春艳，电话（0792）6812288、6811516。成立于1963年，是永久保管全县档案的综合档案馆，爱国主义教育基地，建立了现行文件查阅中心。1991年晋升省二级档案馆。建筑面积400余平方米。馆藏档案21998卷（件），资料20650册。实现了馆藏档案文件级目录计算机检索。特色档案有方造英、罗光祖等九江名人档案、1998年抗洪的档案资料。已实现馆藏档案文件级目录计算机检索。

武宁县档案馆 现址新宁镇，邮编332320，电话（0792）2761267。成立于1959年，是集中管理全县档案的综合档案馆，爱国主义教育基地和现行文件利用中心。1996年晋升省三级档案馆。2006年获省档案系统先进集体称号。建筑面积964平方米。馆藏档案资料71020卷、件。已征集《武宁佛教志》、《林海春秋》、《武宁菜谱》、《武宁山歌》等资料，张、熊等姓氏家谱，武宁弥陀寺全面落成、11.26地震等档案资料，周瞳、陈重印、孟建柱等名人档案资料进馆。建成了档案基础数据库，现有目录数据55947条。开通了档案局网站（www.jxwnda.cn）。

修水县档案馆 现址凤凰山路51号，邮编332400，馆长孙彬，电话（0792）7221485、0792－2268355。成立于1959年，建立了现行文件查阅（利用）中心。总建筑面积1568.6平方米，库房面积840平方米。馆藏档案近10万卷（件），其中资料14646卷。1992年晋升省二级档案馆。编写《修水史略》、《新华书店简史》等资料。

永修县档案馆 现址涂埠镇，邮编330304，电话（0792）3229840 、3228302。成立于1959年，是集中统一保管机关、团体、企事业单位档案资料的国家综合档案馆，爱国主义教育基地。1992年晋升国家二级档案馆。总建筑面积1204平方米，库房面积731平方米。馆藏档案资料47961卷(册)、3159件，其中资料13392册。馆藏档案资料的历史跨度70余年。在建馆藏档案案卷级目录数据库。

德安县档案馆 现址蒲亭镇永兴支路，邮编330400，馆长吴从利，电话(0792)4332545。成立于1954年。1994年晋升省二级档案馆。2003年度被评为省档案系统先进集体。总建筑面积760平方米，库房面积500平方米。馆藏档案资料94765卷。

星子县档案馆 现址紫阳南路105号，邮编332800，馆长郭松山，电话(0972)2669757。成立于1959年，是集中统一保管县级机关、团体、企事业单位档案资料的国家综合档案馆，县政府指定的行政规范性文件查阅场所。1997年晋升省三级档案馆。总建筑面积700平方米，库房面积400平方米。馆藏档案20654卷(件)，资料7435卷(册)。已将防治“非典”、紫阳堤工程等档案资料收集进馆。收集有周恩来总理视察星子时与放牛娃周桂花的合影，陶渊明故居辨考及其世系追溯材料，明正德南康府志和清同治以来所修县志及其他等珍贵资料。

都昌县档案馆 现址东风大道89号，邮编332600，馆长桑青，电话(0792)5223312。成立于1959年，是集中统一保管机关、团体、企事业单位档案资料的国家综合档案馆，爱国主义教育基地，县政府指定的行政规范性文件查阅场所。总建筑面积586平方米，库房面积496平方米。馆藏档案47125卷(件)，资料19819册。1990年晋升省二级综合档案馆。征集有县内张氏、刘氏、高阳许氏、吕氏、占氏、查氏等姓氏的宗谱，宋代都昌名人冯琦所著的《厚斋易学》等。编纂了《都昌县档案工作历史纪实》、《中共中央关于农业工作文件汇编》等资料。建立了档案信息网页。完成了重点全宗案卷目录的计算机录入工作。

湖口县档案馆 现址大中路45号，邮编332500，馆长周东芬，电话(0792)6336362、13870232019。成立于1959年，是集中统一保管机关、团体、企事业单位档案资料的国家综合档案馆，爱国主义教育基地，县委、县政府指定的现行文件查阅中心。1996年晋升省二级档案馆。总建筑面积600平方米，库房面积256平方米。馆藏档案16290卷、7762件，资料10244册。保存年代最早的是1935年湖口县国民政府档案。

彭泽县档案馆 现址龙城镇东风路226号，邮编332700，馆长刘腊生，电话(0792)5625753。成立于1959年，是集中统一保管机关、团体、企事业单位档案资料的国家综合档案馆，成立了现行文件查阅中心。1991年晋升省三级档案馆。总建筑面积930平方米。馆藏档案28840卷、10713件，资料5445册。保存年代最早资料为清代同治版本的《彭泽县志》。开展了建国后档案案卷级目录数据采集工作。

瑞昌市档案馆 现址赤乌中路明理巷7号，邮编332200，馆长徐新美，电话(0792)4222226。成立于1959年，是集中统一保管机关、团体、事业单位档案资料的国家综合档案馆，成立了现行文件查阅中心。总建筑面积1000平方米，库房面积600平方米。馆藏档案资料48845卷(件)，其中资料6721册。现存年代较早的有明朝万历十八年《皋湖堰修建受益议约》与清朝乾隆、嘉庆年间的地契等档案。

新余市档案馆 现址仙来中大道288号，邮编338000，馆长黄鸿珍，电话(0790)6441476、6411066。成立于1959年，是集中统一保管机关、团体、企事业单位档案资料的国家综合档案馆，爱国主义教育基地、市委市政府指定的政务信息公开场所。1994年晋升省一级档案馆。总建筑面积2342平方米，库房面积1327平方米。馆藏档案资料10.1万余卷(册)，其中资料3.5万余卷(册)。馆藏档案的历史跨度186年。已将第十二届省运动会等档案收集进馆。征集了何大一、傅抱石等名人的档案资料。已建成馆藏案卷级、文件级数据库和现行文件全文数据库，完成了民国档案案卷级目录数据采集工作。建立了档案信息门户网站。

新余市城建档案馆 现址仙来中大道146号，邮编338000，馆长刘陆李，电话（0790）6430643。成立于1995年，是集中统一保管重要城建档案的基地。2003年晋升省一级城建档案馆。2006年获省城建档案工作先进单位称号。总建筑面积为900平方米。馆藏档案13160卷，底图541张，资料780本。

新余钢铁有限责任公司档案馆 现址冶金路1号，邮编338001，馆长李天平，电话（0790）6292989、6292919。成立于1996年，负责全面管理新钢公司档案工作。1998年被认定为档案管理国家一级企业。馆建筑总面积1375.84平方米。馆藏档案70608卷。文书、会计、科技、荣誉档案的目录已输入新钢内部网。已经编撰年鉴20种1400万字。

渝水区档案馆 现址新余中抱石大道281号，邮编338025，馆长易永庆，电话（0790）6222341、6222342。成立于1985年，是集中保管机关、团体、企事业单位档案资料的国家综合档案馆，区政府指定的行政规范性文件查阅场所。1996年晋升省一级档案馆。建筑面积480平方米，库房面积270平方米。馆藏档案14737卷（册），资料4468册。特色档案资料有清同治十三年编修的《新余县志》和民国25年编修的族谱等。编写了《渝水区调处土地、山林、水利权属纠纷文件汇编》、《1984—1994年机构设置文件目录》等资料20余种。

分宜县档案馆 现址分宜镇府前路1号，邮编336600，电话（0790）5881608。成立于1959年，是集中保管机关、团体、企事业单位档案资料的国家综合档案馆，建立了已公开现行文件利用中心，爱国主义教育基地。1995年晋升省一级综合档案馆。总面积839平方米，库房面积520平方米。馆藏档案21021卷9041件。另有明朝严嵩与世宗皇帝来往奏章、御批汇编《南宫奏议》、《历官表》缩微胶卷和还原成文字的材料，各时期编修的《分宜县志》等资料7765册。录入重要文件级条目3万余条。

鹰潭市档案馆 现址府前路1号，邮编335001，馆长熊志南，电话（0701）6441319、6433686。成立于1983年，是集中统一保管机关、团体、企事业单位档案资料的国家综合档案馆，爱国主义教育基地、市政府指定的行政规范性文件查阅场所。1997年晋升省一级档案馆。总建筑面积1800平方米，库房面积1280平方米。馆藏档案83181卷（件）。建有馆藏案卷级、文件级目录数据库。档案信息门户网站已经建立开通。

月湖区档案馆 现址鹰潭市胜利东路6号，邮编335000，馆长吴萍，电话（0701）6221641。成立于1984年，是集中统一保管机关、团体、企事业单位档案资料的国家综合档案馆，建立了已公开现行文件利用中心。1997年晋升省二级档案馆。总建筑面积600平方米，库房面积400平方米。馆藏档案资料15774卷（册），其中资料5711（册）。编辑了《月湖区区志》、《月湖区大事记》、《月湖区组织史》、乡镇企业志等资料。

余江县档案馆 现址邓埠镇站前中路11号，邮编335200，馆长黄根花，电话（0701）5893201、13870001190。成立于1959年，是集中统一保管机关、团体、企事业单位档案资料的国家综合档案馆，县政府指定的行政规范性文件查阅场所。1992年晋升省三级档案馆。总面积200平方米，库房面积160平方米。馆藏档案4.03万卷（册、件），资料100册。馆藏档案资料的历史跨度90余年。（李宝山）

贵溪市档案馆 现址冶金大道29号，邮编335400，馆长童伏良，电话（0701）3311256、13870006208。成立于1958年，是集中统一保管机关、团体、企事业单位档案资料的国家综合档案馆，爱国主义教育基地、市政府指定的行政规范性文件查阅场所。1996年晋升省一级档案馆。总建筑面积4997平方米，库房面积3000平方米。馆藏档案资料60013卷(册)，其中资料5629卷(册、件)。馆藏档案资料的历史跨度145年。已将梨温高速公路建设工程、市中心水厂工程、浙赣铁路建设工程档案收集进馆。编辑了《贵溪市档案馆馆藏全宗介绍》、《贵溪市土地征用情况汇编》、《贵溪市建国以来洪涝灾情汇编》等资料。

赣州市档案馆 现址水南新区兴国路，邮编341000，馆长罗洪波，电话(0797)8391620、8391624。成立于1963年，是集中统一保管机关、团体、企事业单位档案资料的国家综合档案馆，市政府指定的行政规范性文件查阅场所。现为省二级档案馆。总建筑面积1670平方米，库房面积1400平方米。馆藏档案资料54450卷(册)，其中资料23532册。馆藏档案资料的历史跨度80余年。已建成馆藏全宗目录数据库，完成了建国后档案案卷级目录数据采集工作。编辑出版了《赣南档案》等资料。利用档案参加了全省陈列展。 (肖赣军)

赣州市城建档案馆 现址东阳山路3号，邮政编码341000，馆长朱晓明，电话(0797)8238757、8238376。成立于1992年，是负责收集、整理、保管、提供利用城市建设档案资料的专门档案馆。1999年晋升省一级档案馆。2003年被认定为国家二级城建档案馆。总建筑面积有750平方米，库房面积350平方米。馆藏档案6万余卷，底图8200多张，资料1670册。保存档案资料最早的是清嘉庆年间的《赣县志》。已经录入近4万卷档案信息。编写了《赣州市城建档案馆指南》、《赣州市城市简介》、《赣州市重点工程简介》、《赣州市城市基础数字汇编》等资料。 (张兴灿)

章贡区档案馆 现址赣州市健康路15号，邮编341000，馆长阙庸，电话(0797)8352854。成立于1956年，是集中统一保管机关、团体、企事业单位档案资料的国家综合档案馆。1992年晋升省二级档案馆。总建筑面积684平方米，库房面积421平方米。馆藏资料38764卷(册)，其中资料11541册。馆藏档案资料的历史跨度100余年。 (罗家文)

赣县档案馆 现址梅林大街9号，邮编341100，馆长钟志红。电话(0797)4439206。成立于1960年，是集中统一保管机关、团体、企事业单位档案资料的国家综合档案馆，爱国主义教育基地，县政府指定的已公开现行文件查阅场所。1991年晋升省二级档案馆。总建筑面积1200平方米，库房面积800平方米。馆藏档案资料45268卷(册)、1108件，其中资料12573册。已将保持共产党员先进性教育、中国客属恳亲会等档案资料收集进馆。建立了馆藏全宗级目录数据库，完成了部分档案案卷级目录数据采集工作。编辑了《可爱的家乡》、《赣县志》、《中国共产党大事记》、《古县新城》等资料。 (缪雪珍)

信丰县档案馆 现址水东路156号，邮编341600，馆长谢明，电话(0797)3362189、3362286。成立于1981年，是集中统一保管机关、团体、企事业单位档案资料的国家综合档案馆，成立了已公开现行文件利用中心。1993年晋升省二级档案馆。2006年被评为省档案工作先进集体。总建筑面积1462平方米，库房面积900平方米。馆藏档案资料89111卷(册)，其中资料26098册。档案信息网站已经建立。 (兰花)

大余县档案馆 现址南安镇建设路16号，邮编341500。馆长张先和，电话(0797)8722101。1959年成立。1991年晋升省二级档案馆。总建筑面积为198.45平方米，库房面积505平方米。馆藏档案22232卷(册)，资料6458册。馆藏档案资料的历史跨度270年。保存年代最早的资料是清朝《南安府志》(清同治七年)。 (王剑英)

上犹县档案馆 现址和平路90号，邮编341200，馆长黄晓红，电话(0797)8541091。成立1959年，是集中统一保管机关、团体、企事业单位档案资料的国家综合档案馆，县政府指定的现行文件利用中心。1992年晋升省二级档案馆。馆藏档案22546卷(件),资料22477卷(册)。已完成了民国档案案卷级目录数据采集工作。征集了李伯勇、阳春、李坊洪、罗光瑞等手稿和作品、谢、黄氏族谱等档案资料进馆。 (叶为菁 张建华)

崇义县档案馆 现址横水镇体育路1号,邮编341300,馆长杨自生。电话(0797)3812193。成立于1959年,是集中统一保管机关、团体、企事业单位档案资料的国家综合档案馆,爱国主义教育基地,县政府指定的现行文件查阅场所。1992年晋升省二级档案馆。总建筑面积470平方米,库房面积360平方米。馆藏档案资料2.98万卷(册),其中资料3370册。馆藏档案的历史跨度400余年。正在进行全宗级、案卷级、文件级目录数据库数据等采集工作。县档案信息门户网站于2005年建立,提供了近万页数字化档案全文上因特网服务。编写了《组织史》、《崇义县林业改革资料选编》、《中共崇义县委、崇义县人民政府关于林业工作文件选编》、《崇义县档案工作大事记》、《崇义县档案年鉴》、《档案利用实例汇编》等资料。 (杨自生)

安远县档案馆 现址欣山镇九龙路2号,邮编342100,馆长陈达邦,电话(0797)3732234。成立于1959年,是集中保管机关、团体、企事业单位档案资料的国家综合档案馆,是现行文件利用中心。1996年晋升省二级档案馆。2003年被评为省档案系统先进集体。总面积680平方米,库房面积429平方米。馆藏档案29877卷(册),资料4820册。馆藏明清档案中有清朝乾隆至同治年间买卖地契、户部执照和布政史札等。馆藏资料中有中国(赣州)第五届脐橙节、客家民俗、三百山国家森林公园等资料以及同治《安远县志》、《安远县知青志》和宗教经籍、姓氏族簿等。

(田惠裕)

龙南县档案馆 现址中山街庙前20号,邮编341700,馆长蔡菊晖,电话(0797)3512713。成立于1964年,是集中统一保管机关、团体、企事业单位档案资料的国家综合档案馆,爱国主义教育基地、县政府指定的行政规范性文件查阅场所。1991年晋升省三级档案馆。总建筑面积478平方米,库房面积约260平方米。馆藏档案资料4.1万(卷),其中资料1.85万册。清代档案有嘉庆年间(1799年)诰封残档等。革命历史档案有信南县委、三南中心县委、三南游击队、东南工合龙南指导站等地下组织活动和赣粤边游击战争、抗日救亡、解放战争等内容。征集了部分姓氏族谱资料。编辑了《龙南县历史沿革》、《龙南县自然灾害与防治纪略》等资料16种852万字。

(蔡菊晖)

定南县档案馆 现址历市镇,邮编341900,局长任建群,电话(0797)4291291、4282011。是集中统一保管机关、团体、企事业单位档案资料的国家综合档案馆,县政府指定的行政规范性文件查阅场所。1992年晋升省三级档案馆。总建设面积303平方米,库房面积130平方米。馆藏档案资料数量24557卷、7535件,历史跨度400余年。

(胡娟 关晓兰)

全南县档案馆 现址城厢镇寿梅路41号,邮编341800,馆长袁添荣,电话(0797)2632306、13033268774。成立于1962年,是集中统一保管机关、团体、事业单位档案资料的国家综合档案馆,县委、县政府指定的行政规范性文件查阅利用服务中心。1992年晋升省三级档案馆。总建筑面积220平方米,库房面积170平方米。馆藏档案资料3万余卷(册),其中资料2000余册(卷)。馆藏档案资料的历史跨度为90年。征集了建县百年大庆、县六大工业园区规划和邵华泽题写的“百盛塔”墨宝等资料。

宁都县档案馆 现址梅江镇,邮编342800,馆长杨小明,电话(0797)6832172。成立于1959年,是集中统一保管机关、团体、企事业单位档案资料的国家综合档案馆。1994

年晋升省三级档案馆。总建筑面积400平方米，库房面积260平方米。馆藏档案资料3.2万卷（册、件），其中资料1.3万册。馆藏档案资料历史跨度为70余年。

于都县档案馆　现址贡江镇龙脑一段5号，邮编342300，馆长肖子祥，电话(0797)6233256、6212066。成立于1958年，是集中统一保管机关、团体、企事业单位档案资料的国家综合档案馆。1991年晋升省三级档案馆。总建筑面积1512平方米，库房面积451平方米。馆藏档案资料53205卷（册），其中资料21850册。馆藏档案资料的历史跨度近200年。收集了中华苏维埃共和国中央执行委员会第1号布告和江泽民总书记亲笔题写的"于都长征大桥"等档案。　（张桂林）

兴国县档案馆　现址潋江镇兴国五中院内，邮编342400，电话(0797)5322202。成立于1962年，是集中统一保管机关、团体、企事业单位档案资料的国家综合档案馆。馆库房面积410平方米（租用）。馆藏档案资料610129卷，其中馆藏档案31930卷。征集了部分中央领导视察活动档案和钟、肖、赖等姓氏族谱。

会昌县档案馆　现址红旗大道1号（县委院内），邮编342600，馆长李红莺，电话(0797)5622648、5637189。始建于1960年3月，是集中统一保管机关、团体、企事业单位档案资料的国家综合档案馆，县政府指定的行政规范性文件查阅场所。1991年晋升省三级档案馆。总建筑面积为398平方米，库房面积为197平方米。馆藏档案资料30847卷（册），其中资料7189册。保存年代最早档案资料的是清同治以来历修《会昌县志》。已将保持共产党员先进性教育、防治"非典"、湘江大桥、珠兰乡中心示范小学等档案资料收集进馆。已经进行民国档案案卷级目录数据采集工作。编撰了《会昌县志》（新版）、《会昌县苏区革命烈士名册》、《会昌县历届党代会简介》、《会昌县历届人代会简介》、《中共会昌组织史资料》等资料。参与举办了"上海知青在江西"展览。

（何桂州）

寻乌县档案馆　现址长宁镇，邮编342200。馆藏档案20465卷，资料6685册，照片335张。馆库房面积300平方米，库房面积240平方米。　（赵华）

石城县档案馆　现址琴江镇学前路9号，邮编342700，电话(0797)5712295。成立于1959年，是集中统一保管机关、团体、企事业单位档案资料的国家综合档案馆。1992年晋升省三级档案馆。馆藏档案资料24999卷（册、件），其中资料5420册。编写了《石城县志》、《石城年鉴》、《石城人民革命史》、《石城县组织史》等资料。　（王水长）

瑞金市档案馆　现址象湖镇谢洞口2号，邮编342500，馆长胡春花，电话(0797)2522091。成立于1959年，是集中统一保管机关、团体、企事业单位档案资料的国家综合档案馆，市政府指定的已公开现行文件查阅中心。1992年晋升省三级档案馆。总建筑面积500平方米，库房面积250平方米。馆藏档案资料24517卷（册），其中资料6209册。馆藏档案资料的历史跨度400余年，保存年代最早的是明清瑞金县志稿。已将江泽民、胡锦涛等领导视察活动、历年来瑞金市红色旅游文化博览会的档案收集进馆。已建成馆藏民国档案全宗级目录数据库。　（陈东）

南康市档案馆　现址南康市，邮编341400，电话(0797)6605378。成立于1959年，是集中统一保管机关、团体、企事业单位档案资料的国家综合档案馆，设立了已公开现行文件利用中心。1993年晋升省三级档案馆。2003、2006年被评为省档案工作先进集体。库房面积258.06平方米。馆藏档案21840卷，资料4860册。完成了民国档案全宗级目录数据采集工作。　（黄振权）

宜春市档案馆　现址秀江中路280号，邮编336000，馆长罗春香，电话(0795)3222713。成立于1959年，是集中统一保管机关、团体、企事业单位档案资料的国家综合档案馆，市委、市政府指定的现行文件服务中心，爱国主义教育基地。1994 年晋升省一级档案馆。2003 年获全国和全省档案系统先进集体称号。总建筑面积 1950 平方米，库房面积 1140 平方米。馆藏档案资料 9.8 万卷(册)，其中资料 3.6 万册。馆藏珍贵档案资料有清代编修的府志、县志和省内外名志和有明《况太守集》、《天工开物》等。已将“三讲”教育、防治“非典”、第五届全国农民运动会、先进性教育等档案资料收集进馆。已建成了馆藏档案案卷级数据库和文件级数据库。编辑《宜春地委文件汇编》等资料 30 种 1380 余万字。

(李辉耀)

宜春市城建档案馆 现址宜阳大道 7 号，邮编 336000，馆长袁成宇，电话(0795)3213181、3227674。成立于 2004 年。2005 年晋升省二级城建档案馆。2006 年被评为全省城建档案工作先进单位。建筑面积约 300 平方米，库房面积 150 平方米。馆藏档案资料约 1000 卷。

袁州区档案馆 现址宜春市中山路 401 号，邮编 336000，馆长柳莺莺，电话(0795)3223151。成立于 1959 年，是集中统一保管机关、团体、企事业单位档案资料的国家综合档案馆，区委、区政府现行文件服务中心。1992 年晋升省二级档案馆。总建筑面积 580 平方米，库房面积 260 平方米。馆藏档案资料 4.6 万卷，资料 1.9 万册。馆藏档案资料中保存年代最早的有宋代慈化寺高僧普庵用血调金粉手书的《普庵颂金刚般若波罗蜜经》、《释迦牟尼化迹全谱》等禅宗档案、明代、清代编修的《袁州府志》,《宜春县志》等档案。收集了全国第五届农民运动会和曾庆红视察活动资料等。建立了档案局网页，实现了局域网、政务网、互联网三网并连。编辑资料 10 余种 40 余万字。

(易城富)

丰城市档案馆 现址新城区，邮编 331100，馆长晏新亮，电话(0795)6298381。始建于 1959 年，是集中统一保管机关、团体、企事业单位档案资料的国家综合档案馆，市委、市政府现行文件服务中心。1992 年晋升省二级档案馆。总建筑面积 1000 平方米，库房面积 420 平方米。馆藏档案 48624 卷(册)、1538 件，资料 17826 册。接收了丰城赣江大桥等重点工程档案。输入文件级目录 37043 条。

(徐继平)

樟树市档案馆 现址药都路 15 号，邮编 331200，馆长余雪如，电话(0795)7333722。成立于 1959 年，是集中统一保管机关、团体、企事业单位档案资料的国家综合档案馆，市委、市政府现行文件服务中心、爱国主义教育基地。1992 年晋升省二级档案馆。总建筑面积为 600 平方米，库房面积 350 平方米。馆藏档案 5.9 万卷(册)，资料 7500 册，馆藏档案资料的历史跨度约 150 年。保存年代最早的是清朝同治、道光年间修订的府(县)志 30 余册。编辑了《清江革命史》、《经济政策文件选编》等资料。 (卢卫平)

高安市档案馆 现址解放路 136 号，邮编 330800，馆长何剑鸣，电话(0795)5212252。成立于 1959 年，是集中统一保管机关、团体、企事业单位档案资料的国家综合档案馆，市委、市政府现行文件服务中心。1999—2003 年被评为省档案系统先进集体。总建筑面积 1556 平方米，库房面积 1267 平方米。馆藏档案 65137 卷、8216 件，资料 12072 册。接收了筠州大桥、大观楼重建工程、吴有训纪念馆等建设项目和高安采茶戏、高安腐竹等档案资料，征集了《碧落桥志》、《瑞州府志》、《朱轼宗谱》等志书。建立了案卷级和文件级目录数据库，机读目录达 51 万余条。编辑了《高安市解决山林、土地、水利纠纷文件汇编》、《彭崑生同志高安工作期间讲话材料汇编》、《铁证》等资料。

(朱力)

奉新县档案馆 现址狮山大道，邮编 330700，馆长武四萍，电话(0795)4622425。成立于 1959 年，是集中统一保管机关，团体、企事业单位档案资料的国家综合档案馆，县委、县政府现行文件服务中心。1994 年晋升省二级档案馆。现有面积450平方米，库房面积250平方米。馆藏档案资料56328卷(册)，其中资料20904册。已征集胡耀邦、钱正英等视察活动资料和宋应星、张勋等名人史料。已建立案卷级和文件级目录数据库。编辑了《奉新县大事记》、《奉新县农业开发总体战文件选编》、《基础数字汇编》等资料。（赵小萍）

万载县档案馆 现址县党政大楼，邮编336100，馆长王应惠，电话(0795)7100298。成立于1954年，是集中统一保管机关、团体、企事业单位档案资料的国家综合档案馆，爱国主义教育基地，县委、县政府现行文件服务中心。1992年晋升省二级档案馆。建筑面积770平方米，库房面积348平方米。馆藏档案58270卷(册)，资料13077册。已有馆藏全宗案卷级目录和部分全宗的文件级目录。编印了《于无声处展春秋》,《情况交流》、《万载档案》等资料。（彭吉友）

上高县档案馆 现址沿江路59号，邮编336400，馆长黄明发，电话(0795)2511685、2516266。成立于1959年，是集中统一保管机关、企事业单位档案资料的国家综合档案馆，爱国主义教育基地，县委、县政府现行文件中心。1992年晋升省二级档案馆。1993年和2006年获全省档案系统先进单位称号。建筑面积700平方米，库房面积500平方米。馆藏档案资料53346卷(册)、7079件，其中资料17071册。编辑了《上高县解决山林、水利、地界纠纷文件选编》、《中共上高县党史》、《档案法规文件汇编》等资料。（罗兰生）

宜丰县档案馆 现址新昌镇盐步北路19号，邮编336300，馆长卢丁兰，电话(0795)2765558。成立于1959年，是集中统一保管机关、团体、企事业单位档案资料的国家综合档案馆，县委、县政府现行文件服务中心。1992年晋升省二级档案馆。总建筑面积766平方米，库房面积388平方米。馆藏档案资料7万卷(册)，其中资料2.4万册。馆藏档案资料的历史跨度300余年。编辑了《宜丰县档案志》、《中国共产党江西省宜丰县组织史资料》、《苎麻、茶叶、柑桔资料专项辑》、《宜丰新闻人物录》等资料。（刘军）

靖安县档案馆 现址双溪镇北门外4号，邮编330600，馆长符彩玲，电话(0795)4662238。成立于1959年3月，是集中统一保管机关、团体、企事业单位档案资料的国家综合档案馆，县委、县政府现行文件中心。1994年晋升省二级档案馆。总建筑面积612平方米，库房面积318平方米。馆藏档案资料35000卷(册)，其中资料3220册。征集了况钟、陈方千等名人资料和佛教名寺宝峰寺的寺志等。（曹斌）

铜鼓县档案馆 现址定江东路386-6号，邮编336200，馆长何国文，电话(0795)8722811。成立于1961年，是集中统一保管机关、团体、企事业单位档案资料的国家综合档案馆。1992年晋升省二级档案馆。总建筑面积305平方米，库房面积200平方米。馆藏档案3.3万卷(册)、资料3.1万册。编辑了《铜鼓县历届党代会简介》、《铜鼓县历届人代会简介》、《铜鼓县志》、《铜鼓县组织机构沿革》等资料。（刘立新）

上饶市档案馆 现址金龙岗26号，邮编334000，馆长张冬玉，电话(0793)8223061。成立于1958年，是集中统一保管机关、团体、企事业单位档案资料的国家综合档案馆，成立了现行文件利用中心。1992年晋升省二级档案馆。2003年被评为省档案系统先进集体。总建筑面积为2500平方米，库房面积1500平方米。馆藏资料80420卷(册)，其中资料8273册。馆藏档案资料保存年代最早的是乾隆五年(1740年)的《龙虎山志》。已将国家领导人视察活动，三清山、婺源等风景旅游区档案，防治“非典”和大坳水库建设等档案资料收集进馆。已完成市委、市政府、人大、政协、组织部等档案文件级条目的录入工作。编辑有《中共上饶农业志》、《中共上饶地区组织史资料》、《上饶地区历史沿革》、《闽赣苏区文件资料选编》、《上饶集中营战斗史》、《赣东北革命斗争史》等资料。配合电台、报纸举办了纪念抗战胜利60周年等一系列宣传活动。

信州区档案馆 现址三江南大道185号，邮编334000，馆长方莲娇，电话(0793)8207803、8293953。成立于1959年，是集中统一保管机关、团体、企事业单位档案资料的国家综合档案馆，区政府指定的行政规范性文件查阅场所。2000年晋升省一级档案馆。总建筑面积2400平方米，库房面积1600平方米。馆藏档案68000卷、12616件，资料9500册。馆藏档案的历史跨度58年。馆藏珍贵档案有1010卷“茅家岭集中营”档案和刘少奇、朱德、江泽民、李鹏等党和国家领导人对茅家岭革命历史纪念碑(馆)的亲笔题词。已建成馆藏重要全宗级目录数据库，实现了馆藏部分全宗目录计算机检索。 (彭松荣)

德兴市档案馆 现址银城镇朝阳山四村6号，邮编334200，馆长阮晓琴，电话(0793)7522650。成立于1959年，是保管机关、团体、企事业单位档案资料的国家综合档案馆，爱国主义教育基地，现行文件服务中心。1991年晋升省二级档案馆。总建筑面积1100平方米，库房面积1000平方米。馆藏档案资料82300卷(册)，其中资料30805册。馆藏珍贵档案有朱德、沈钧儒等领导人视察工作的照片和叶元茂、邵士平等名人档案资料。征集接受了《德兴市志》、《德兴市政协志》、《三清山志》等地方史志资料，抗洪救灾、保持共产党员先进性教育资料等档案。编纂《德兴党史资料汇集》、《德兴县政、军、统、群组织史》、《德兴市垦殖场的崛起与发展》等10种资料。

上饶县档案馆 现址旭日镇前府路11号，邮编334100，馆长陈乾兴，电话(0793)8443390。成立于1959年，是集中统一保管机关、团体、企事业单位档案资料的国家综合档案馆，县政府指定的行政规范性文件查阅场所。1991年晋升省二级档案馆。总面积961平方米，库房面积为727平方米。馆藏档案资料42105卷(册)，资料6126册。已将防治“非典”、企业档案及林改工作等重要档案资料收集进馆。

广丰县档案馆 现址永丰镇考场路，邮编344600，馆长张小平，电话(0793)2652109。成立于1959年，是集中统一保管机关、团体、企事业单位档案资料的国家综合档案馆，爱国主义教育基地、县委县政府指定的行政规范性文件查阅场所。1997年晋升省二级档案馆。总建筑面积840平方米，库房面积600平方米。馆藏档案资料11万卷(册、件)，其中资料14236册。馆藏档案资料的历史跨度逾百年。

玉山县档案馆 现址冰溪镇，邮编334700，馆长周淑娟，电话(0793)2552405、2562887。成立于1958年，是集中统一保管档案的重要基地和利用档案史料的中心。1992年晋升省一级档案馆。总建筑面积830平方米，库房面积750平方米。馆藏档案53979卷(件)，资料18981册。馆藏资料有清代道光时编纂的《玉山县县志》、民国时期的《蒋介石画册》、《黄埔军校同学录》和方志敏烈士在怀玉山被捕途经玉山拍摄的照片等。编撰了《玉山县获省、部以上地方名特优产品选集》等资料。

(杨桂芬)

铅山县档案馆 现址河口镇人民路168号，邮编334500，馆长余亚云，电话(0793)5332399、5334180。成立于1959年，是集中统一保管机关、团体、企事业单位档案资料的国家综合档案馆，爱国主义教育基地，县政府指定的行政规范性文件查阅场所，1995年晋升省三级档案馆。面积360平方米，库房面积260平方米。馆藏档案6.2万余卷(册)，资料1.8万余册。征集了吴官正视察照片、清代铅山县县志、辛氏家谱等资料。

横峰县档案馆 现址岑阳镇解放北路35号，邮编334301，馆长王国清，电话(0793)7126003。成立于1959年，是集中统一保管机关、团体、企事业单位档案资料的国家综合档案馆，县政府指定的行政规范性文件查阅场所。1992年晋升省三级档案馆。总建筑面积130平方米,库房面积100平方米。馆藏档案资料39245卷(册),其中资料7052册。馆藏档案资料的历史跨度400余年。已将"三个代表"学习、保持共产党员先进性教育等重要档案资料收集进馆。

弋阳县档案馆 现址南岩镇辉煌路1号,邮编334400,馆长汪莲英,电话(0793)5826472。成立于1956年,是集中统一保管机关、团体、企事业单位档案资料的国家综合档案馆。1992年晋升省二级档案馆。2006年被评为省档案系统先进集体。总建筑面积1700平方米,库房面积1200平方米。馆藏档案36012卷、3876件、资料1.03万册。已收集《弋阳县龟峰风景区照片简介》、《弋阳县老红军、老战士照片简介》、《弋阳县历任领导人生平简介》等资料。编有《弋阳县社队工作纪实》、《弋阳县水利工作纪实》、《弋阳县农业工作纪实》、《弋阳县林业工作纪实》等资料10余万字。

余干县档案馆 现址玉亭镇四衙路2号,邮编335100,馆长彭水玲,电话(0793)3203519、3398521。成立于1959年,是集中统一保管机关、团体、企事业单位档案资料的国家综合档案馆,爱国主义教育基地,行政规范性文件查阅中心。1993年晋升省二级档案馆。总建筑面积1650平方米,库房面积1250平方米。馆藏档案资料81300卷(册),其中资料5100册。保存年代最早的档案资料是清康熙、道光、同治历修《余干县志》。已完成了民国档案案卷级目录数据采集工作。

(李文才)

鄱阳县档案馆 现址鄱阳镇锦宇大道8号,邮编333100,馆长吴桂香,电话(0793)6279585。成立于1959年,是集中统一保管机关、团体、企事业单位档案资料的国家综合档案馆,县级爱国主义教育基地,县政府指定的行政规范性文件查阅场所。1992年晋升省二级档案馆。2003年被评为档案系统先进单位。总建筑面积1889平方米,库房面积625平方米。馆藏档案资料69488卷(件、册),其中资料11028册。馆藏档案资料的历史跨度100余年。已将招商引资、重大建设项目、工业园区等资料收集进馆。编辑有《鄱阳档案》、《鄱阳县"文化大革命"十年大事记》、《鄱阳县沿革》、《鄱阳县农业总体开发专题资料汇编》、《鄱阳县档案馆全宗介绍》、《鄱阳县档案馆概况》资料。

(杨群)

万年县档案馆 现址陈营镇,邮编335500,馆长陶玉秀,电话(0793)3833516。成立于1959年,是集中统一保管机关、团体、企事业单位档案资料的国家综合档案馆,爱国主义教育基地,县政府指定的行政规范性文件查阅场所。1991年晋升省二级档案馆。建筑面积3200平方米。馆藏档案35299卷、3045件,资料20158册。

婺源县档案馆 现址紫阳镇东升路7号,邮编333200,馆长汪海蓉,电话(0793)7367035。成立于1959年,是集中统一保管机关、团体、企事业单位档案资料的国家综合性档案馆,成立了已公开现行文件利用服务中心。1992年晋升为省二级档案馆。总建筑面积约为1200平方米,库房面积约为800平方米。馆藏档案资料52538卷(册),其中资料9292册。编辑了《中国共产党婺源县历届代表大会概况》、《婺源县历届人民代表大会概况》和《婺源县历届劳模会、先代会》等会议文件汇编。

(曹珉)

吉安市档案馆 现址鹭洲东路1号,邮编343000,电话(0796)8224076。成立于1963年,是集中统一保管机关、团体、企事业单位档案的国家综合档案馆,成立了现行文件利用中心。总建筑面积1755平方米,库房面积700平方米。馆藏档案资料77633卷(件、册),其中资料17924册。保存年代最早的档案资料是光绪年间的吉安府志、县志。馆藏吉安四大名人欧阳修、文天祥、周必大、胡铨的文集,毛泽东、朱德、郭沫若、江泽民、李鹏、胡锦涛、曾

庆红等视察时的档案等。已建成馆藏全宗级目录数据库。编写了《吉安地区档案志》、《吉安市重大自然灾害史》等资料。（宋瑞芳）

吉州区档案馆 现址吉安市平安路1号，邮编343000，馆长肖丽萍，电话(0796)7038998。成立于1959年，是集中统一保管机关、团体、企事业单位档案资料的国家综合档案馆。是现行文件资料查阅场所。1996年晋升省二级档案馆。总建筑面积为223.6平方米，库房面积91.8平方米。馆藏档案资料31336卷(册)，其中资料5556卷(册)。馆藏档案资料的历史跨度250余年。征集了“共和国吉安籍将军”和“十万工农下吉安”等具有地方特色的档案。建立了重要馆藏档案案卷级目录数据库和重要全宗档案文件级目录数据库。编辑了《中共吉安市党史大事记》、《台湾学子利用档案，钟情庐陵文化》等资料。

青原区档案馆 现址区政府，邮编343009，电话(0796)7020577。成立于2004年，是集中统一保管机关、团体、企事业单位档案资料的国家综合档案馆。馆库房面积200平方米。已将防治“非典”、退耕还林、区历届旅游文化节、党员先进性教育、青—东公路建设、法院办公楼建设、师院附中教学建设等档案资料进行收集整理。（巫爱梅）

井冈山市档案馆 现址市党政大楼，邮编343600，电话(0796)6890536。成立于1959年，是集中统一保管机关、团体、企事业单位档案资料的国家综合档案馆，是现行文件资料查阅利用场所。馆藏档案资料档案20500余卷、1447件，资料1259卷。

吉安县档案馆 现址庐陵大道29号，邮编343100，电话(0796)8442378。1959年成立，是县已公开现行文件利用中心。1999年晋升省二级档案馆。总建筑面积为697.2平方米，库房面积378平方米。馆藏档案40191卷、件，资料5269册。收集了文天祥集、吉州窑概况、陂头“二七”会议、东固山反“围剿”战斗等资料。编纂了10余种50万字资料。

吉水县档案馆 现址文峰镇文峰中大道458号，邮编331600，馆长郭细龙，电话(0796)3522593。成立于1959年，是集中统一保管机关、团体、企事业单位各类档案资料的国家综合档案馆，县委、县政府指定的已公开现行文件服务中心和档案信息服务中心，1996年晋升为省二级档案馆。总建筑面积621.6平方米，库房面积414.4平方米。馆藏资料45424卷(册、件)，其中资料7852册。馆藏档案资料的历史跨度250年。（罗海英）

峡江县档案馆 现址水边镇玉笥大道95号，邮编331409，馆长陈林喜，电话(0796)3680333。成立于1959年，是集中统一保管机关、团体、企事业单位档案资料的国家综合档案馆，爱国主义教育基地、全县行政规范性文件查阅场所。1986年晋升省二级档案馆。库房面积330平方米。馆藏档案资料11296卷(册)，资料1826册。已收集了新县城东迁，大桥建设等档案资料。

新干县档案馆 现址金川镇南新区，邮编331300，电话(0796)2602609。成立于1959年，是集中统一保管机关、团体、企事业单位档案资料的国家档案综合档案馆，爱国主义教育基地，县政府指定的行政规范性文件查阅场所。2000年晋升省一级档案馆。2003年获省档案工作先进集体称号。总建筑面积3100平方米，库房面积1500平方米。馆藏档案资料39185卷(册)，其中资料7457册。馆藏档案资料的历史跨度280余年。已将防治“非典”工作、党员先进性教育、企业改制、县重点建设工程等档案资料收集进馆。编辑了《曾山在新干》、《全县各条战线荣获全国、全省、全区(市)荣誉称号光荣册》、《新干县(十佳)荣誉册》、《中共新干县历届代表大会简介》等资料。

永丰县档案馆 现址跃进路23号，邮编331500，馆长张淑清，电话(0796)2511224、2288897。成立于1959年，是集中保管机关、团体、企事业单位档案资料的国家综合档案馆，建立了现行文件利用中心。1997年晋升省一级档案馆。总建筑面积 1261.4 平方米，库房面积 400 平方米。馆藏档案资料 41854 卷(册)，其中资料 6361 卷(册)。已将防治“非典”、撤乡并镇、企业改制等档案和《欧阳修家谱》、《姜子牙族谱》等资料接收进馆。

泰和县档案馆 现址澄江镇，邮编 343700，电话(0796)5332430。成立于 1979 年，是集中统一保管机关、团体、企事业单位档案资料的国家综合档案馆，是现行文件资料查阅利用场所。1995 年晋升省二级档案馆。总建筑面积 800 平方米，库房面积 560 平方米。馆藏档案资料 6 万卷(册)，其中资料 1.6 万册。 (龙桃红)

遂川县档案馆 现址工农兵大道 7 号，邮编 343900，馆长顾小群，电话(0796)6322285。成立于 1959 年，是集中统一保管机关、团体、企事业单位档案资料的国家综合档案馆。1993 年晋升省二级综合档案馆。总建筑面积 800 平方米，库房面积 500 平方米。馆藏档案 32428 卷、4092 件，资料 4092 册。保存年代最早的是清朝道光、同治年代的《龙泉县志》。征集了江泽民、李鹏、胡锦涛等领导人视察和中央电视台“心连心”艺术团慰问演出等档案资料以及狗牯脑茶 1915 年获巴拿马国际博览会金奖奖状原件、部分新修姓氏族谱等。完成了馆藏民国档案案卷级目录数据采集工作。

(黄伍生)

万安县档案馆 现址建国路 1 号，邮编 343800，馆长肖珍萍，电话(0796)5701475。成立于 1959 年，是集中统一保管机关、团体、企事业单位档案资料的国家综合档案馆，爱国主义教育基地，县指定的行政规范性文件查阅场所。1992 年晋升省三级档案馆。总建筑面积 480 平方米，库房面积 300 平方米。馆藏档案 16430 卷，资料 8600 册。馆藏档案资料的历史跨度 400 年。收集了赣江大桥、赣江防洪堤护坡、嵩阳大桥等工程和李鹏视察万安水力发电厂等档案资料。编纂了《万安县志》、《万安年鉴》、《万安英烈》、《万安革命斗争史》等资料。

(朱冬梅)

安福县档案馆 现址平都镇，邮编 343200，电话(0796)7622501。成立于 1959 年，是集中统一保管机关、团体、企事业单位档案资料的国家综合档案馆，是行政规范性文件查阅场所。1996 年晋升省三级档案馆。总建筑面积 260 平方米，库房面积 215 平方米。馆藏档案资料 33208 卷(册)，其中资料 2942 册。馆藏档案资料的历史跨度 80 余年。已将防治“非典”、“三讲”、“三个代表”等档案资料接收进馆。编写了档案工作大事记、档案馆指南等资料。

永新县档案馆 现址禾川镇幸福街 3 号，邮编 343400，馆长刘发辉，电话(0796)7722643。成立于 1959 年，是国家综合性档案馆。1997 年晋升省二级档案馆。总建筑面积 1290 平方米，库房面积 500 平方米。馆藏档案资料 36294 卷(册)、4821 件。馆藏档案的历史跨度 300 余年。保存最早档案资料有明代《十科策》和明清县志《禾川书》。编辑了《永新人物传》、《永新史鉴》等资料。 (甘果)

抚州市档案馆 现址市行政中心，邮编 344000，馆长赵臻，电话(0794)8282426、8250969。成立于 1961 年，是集中统一保管机关、团体、企事业单位档案资料的国家综合档案馆，设立了已公开现行文件利用中心。总建筑面积 6000 平方米，库房面积 3500 平方米。馆藏档案资料 10.6 万卷(册)，其中资料 3.55 万卷(册)。现已建成内部局域网。已完成馆藏国家重点档案的目录数据采集工作，著录档案案卷级目录 2.5 万条。 (杨斌)

临川区档案馆 现址抚州市赣东大道 839 号，邮编 344000，馆长吴国高，电话(0794)8222887。成立于 1958 年。建筑面积 712 平方米。馆藏档案 55625 卷、24329 件，资料 37326 册。

南城县档案馆 现址建昌镇，邮编 344700，电话(0794)7254368。成立于 1959 年 4 月，1992 年晋升省二级档案馆。建筑面积 539 平方米。馆藏档案 21037 卷、3621 件，资料 18215 册。馆藏珍贵档案资料有：清康熙年间编修《正德建昌府志》、道光年代编修的《南城县志》、同治年间编修的《重刊麻姑山志》、民国编修的《南城县志》1套14册、“麻姑山碑文”中外名人书帖297幅和《洪门学说研究成果集》。

黎川县档案馆 现址京川大道，邮编344600，电话（0794）7566851。始建于1959年，是隶属县委、县政府的科学文化事业机构。1994年晋升为省二级档案馆。建筑面积300平方米，库房面积210平方米。馆藏档案22087卷、5752件，资料8932册。馆藏珍贵档案资料有：朱熹家谱、明代高僧《无明和尚语录》、清代建筑船屋相关资料等。

（江建华）

南丰县档案馆 现址琴城镇桔都大道，邮编344500，电话（0794）3226176。成立于1959年，1992年晋升省二级档案馆。建筑面积360平方米。馆藏档案42107卷、2647件，资料18800册。馆藏珍贵资料有清代吴氏族谱和曾巩年谱、手迹等。

崇仁县档案馆 现址巴山镇，邮编344200，馆长周红梅，电话（0794）6322165。成立于1959年，设立了已公开现行文件服务中心。建筑面积573平方米。馆藏档案21312卷、4998件，资料25972册。

乐安县档案馆 现址长征路129号，邮编344300，馆长刘二花，电话（0794）6592435、13970424432。1959年成立，成立了现行文件服务中心。1995年晋升省三级档案馆。总建筑面积500平方米，库房面积400平方米。馆藏档案资料29440卷（册）、5224件，其中资料11315册。

宜黄县档案馆 现址凤冈镇学前街42号，邮编344400，馆长潘发荣，电话（0794）7602421。馆藏档案资料37401卷册、3655件。珍藏革命历史资料有土地革命时期武装斗争、第二次国内革命战争时期战役，苏区分布图等档案和红军红二师军旗，苏区纸币、银币、铜币及建设公债券等实物档案。保存有谭纶、黄爵滋、乐史、谢阶树、欧阳竞无等宜黄名人家谱资料和宜黄县志、宜黄民间歌曲、民间语言、宜黄晨报、日报，宜黄县情等地方特色资料。

金溪县档案馆 现址秀谷镇，邮编344800，电话（0794）5292797。成立于1959年，成立了已公开现行文件服务中心。1995年晋升省三级档案馆。建筑面积1050平方米，库房面积515平方米。馆藏档案14399卷、9128件，资料3678册。进行了民国档案及建国后档案案卷级、文件级目录采集工作，已完成2万余条目录输入。

资溪县档案馆 现址鹤城镇城西大道，邮编335300，电话（0794）5798067。成立于1959年，是集中保管机关、团体、企事业单位档案资料的国家综合档案馆，爱国主义教育基地、行政规范性文件查阅场所。1992年晋升省三级档案馆。总建筑面积2009平方米，库房面积646平方米。馆藏档案资料4.3万卷（册），其中档案2.3万卷（册）。

东乡县档案馆 现址孝岗镇龙山北路，馆长俞文明，邮编331800，电话（0794）4232810。成立于1959年，是集中统一保管机关、团体、企事业单位档案资料的国家综合档案馆。1996年晋升省三级档案馆。1991年被评为全国档案系统先进单位。总建筑面积600平方米，库房面积400平方米。馆藏档案2.9万卷（件），资料1.1万卷（册）。收集有王安石、白居易后裔族谱等。 （俞文明）

广昌县档案馆 现址盱江镇建设西路7号，邮编344900。电话（0794）3622174。成立于1959年，成立了现行文件服务中心。1999年晋升为省二级档案馆。总建筑面积626.8平方米，库房面积289.8平方米。馆藏档案资料29693卷（册）、3252件，其中资料10007册。馆藏档案资料的历史跨度为150余年。已收集了首届国际莲花节、白莲、孟戏、摩崖石刻天书等特色档案。建立了馆藏档案全宗级数据目录库。目前已输入了档案目录5万余条。

山 东 省

山东省档案馆 现址济南市纬一路484号，邮编250001，馆长张奎明，电话(0531)82034374、86904116。成立于1963年1月，是集中统一保管省级机关、团体、企事业单位档案资料的国家综合档案馆，是省级爱国主义教育基地，省委、省政府指定已公开现行文件和政务信息集中查阅利用场所。1996年晋升为国家一级档案馆。1997年以来，一直保持省直机关文明单位称号。总建筑面积10380平方米，库房面积4890平方米。现有馆藏档案资料78.5万卷(册)，其中资料8.3万册。馆藏档案资料的历史跨度近200年。保存年代最早的是清代档案。保存比较系统而完整的是革命历史档案。建国后档案是馆藏档案的主体。已经征集档案资料、实物、声像、字画、票证等近10万件。设立了齐鲁名人、毛泽东像章、票证、公务外事礼品、名人字画展室等特色档案陈列室。已建立馆藏全宗级目录数据库。编辑出版了《山东革命历史档案资料选编》、《山东革命历史文件汇集》、《山东财政史料》、《老一代革命家与山东》、《毛泽东与山东》、《邓小平与山东》、《山东历史上的今天》、《山东省劳动模范手册》、《打开尘封的记忆——细说档案里的故事》等专题档案史料汇编、著作等50余种2300万多字。利用档案举办了"百年抗侮——山东人民抗击侵略档案史料展"、"血与火的记忆——纪念抗日战争胜利60周年图片展"等展览。

济南市档案馆 现址建国小经三路37号，邮编250001，馆长赵启民，电话(0531)86925751、82038862。成立于1958年，是集中统一保管市级机关、团体、企事业单位档案资料的国家综合档案馆，是市级爱国主义教育基地、市政府指定已公开现行文件和政务信息集中查阅利用场所。1996年晋升为国家一级档案馆，2005年被评为省特级档案馆。建筑面积5000平方米，其中库房面积3200平方米。馆藏档案资料352645卷(件、册)。形成年代最早的为清代档案。积极开展"五三惨案"、"城市记忆工程"及重大活动、重要会议材料的收集工作。开展了张海迪等名人建档工作。已完成全部馆藏档案目录和230余万条文件级目录、110万页档案全文及近3万幅照片数字化工作。已经开通济南档案信息网站。编辑出版《济南"五三惨案"档案文献选辑》、《济南开埠百年》、《档案工作探索与发展新论》等图书。举办"济南开埠百年档案图片展"等多个大型展览，参与《1928：历史的诉说》、《禁毒在泉城》等多部电视专题片摄制。

(徐晓雷)

济南市城建档案馆 现址经四路183号，邮编250001，馆长梁科生，电话(0531)86135234、86135299。成立于1981年，国家一级城建档案馆。现有馆库总建筑面积3593平方米，档案库房2246.34平方米，配有档案存储、缩微制作、声像编辑、电视监控等设备。馆藏纸质档案76700卷，设计底图档案15万张，管线工程档案30200卷(幅)。2005年，济南市城建档案馆网站(www.jnuca.gov.cn)正式开通。投资开发的济南市地下管线动态管理系统的成功运行，实现了地下管线的动态管理。(周莉)

历下区档案馆 现址济南市七家村19号，邮编250013，馆长李方慧，电话(0531)86959842、86555815。成立于1958年，是集中统一保管区级机关、团体、企事业单位档案资料的国家综合档案馆，爱国主义教育基地。2004年晋升山东省特级档案馆。总建筑面积2000平方米，其中档案库房370平方米。馆藏档案45732卷(册)，资料13765册。全部馆藏实现计算机文件级检索。已经建立档案网站。编辑《中共历下区组织史资料》、《历下区干部统计资料》、《历下区机构设置情况》等编研资料、文件汇编200余万字。(王昕)

市中区档案馆 现址济南市胜利大街51号，邮编250002，馆长黄青山，电话(0531)82078703、82078706。成立于1959年。是集中保管区机关、团体、企事业单位档案的国家综合档案馆，区级爱国主义教育基地和区政府指定的政务信息公开场所。1998 年被晋升省二级档案馆。总建筑面积 1456 平方米，库房面积 750 平方米。馆藏档案资料 49142 卷(册)，其中资料 12338 册。建立文件级目录数据库，文件级目录 169000 条。编辑了《市中区大事记》、《市中区基本情况数字汇编》、《市中区保持共产党员先进性教育活动文件汇编》等资料，共计 200 余万字。(杨青)

槐荫区档案馆 现址济南市经十西路 275 号，邮编 250117，馆长马希武，电话(0531)87589138、87589142。成立于 1960 年，是集中统一保管区级机关、团体、企事业单位档案资料的国家综合档案馆，爱国主义教育基地，2004 年晋升省一级档案馆。建筑面积 527 平方米。馆藏档案 41908 卷，资料 9574 册。全部馆藏实现文件级检索。编辑《槐荫区大事记》、《槐荫区档案馆利用效果汇编》、《中共济南市槐荫区基层组织史》、《中共槐荫区代表大会文献汇编》。(钟莉)

天桥区档案馆 现址济南市堤口路 53 号，邮编 250031，馆长王建国，电话(0531)85872599、85872600。成立于 1959 年，区级爱国主义教育基地和区政府指定政务信息公开场所。2004 年晋升省一级档案馆。总建筑面积 541.3 平方米，库房面积 310 平方米。现馆藏档案 30011 卷、册，资料 14644 册。建立了名人档案、三产大市场照片专辑、背街小巷整治照片专辑等。编印了《走近档案》便民手册。(刘岩)

历城区档案馆 现址济南市山大北路 47 号，邮编 250100，馆长王怀安，电话(0531)88115270、88115266。成立于 1958 年，是保管全区各级各类机关单位档案资料的国家综合档案馆，区级爱国主义教育基地，区政府指定的行政规范性文件查阅场所。2006 年晋升为省特级档案馆。总建筑面积 1700 平方米，库房面积 700 平方米。馆藏档案 79776 卷，资料 16917 册。加强对重大活动档案如重点项目和工程、防治“非典”工作等档案的收集，开展了征集行政、军旅、企业、教育、艺术等社会各界名人档案资料活动。已建立档案信息网站。编辑出版《历城档案馆馆藏指南》、《历城民谷与民间故事》、《历城英模》、《人大工作汇编》、《区委常委读书心得汇编》等资料达 200 多万字。参与“济南开埠百年图片展”等展览。(国强)

长青区档案馆 现址济南市清河街 2265 号，邮编 250300，馆长马忠平，电话(0531)87221961、87217597。成立于 1962 年，是集中统一保管区机关、团体、企事业单位档案的国家综合档案馆，区爱国主义教育基地、区政府指定行政规范性文件查阅场所。1999 年晋升省一级档案馆。总建筑面积 1625 平方米，库房面积 425 平方米。现有馆藏档案资料 50186 卷，其中资料 19633 卷(册)。馆藏档案资料的历史跨度 330 余年，年代最早的是清代档案，比较齐全完整的是建国后的档案。已将大学城的部分规划图、校园建设图及老城改造前的照片接收进馆，并征集了如庄东晓、宫川英男等人档案材料和《孝堂山拓片》等重要的历史档案资料。已建成馆藏案卷级目录数据库。编辑出版《长清档案馆指南》、《长清档案大事记》等专题档案史料 20 多种 900 多万字。利用档案举办了“光辉历程展览”。(张红)

平阴县档案馆 现址府前街 25 号县委院内，邮编 250400，馆长刘孝友，电话(0531)87883735、87883005。成立于 1960 年，是国家综合档案馆，县级爱国主义教育基地、县政府指定行政规范性文件查阅场所。连续 5 年被授予省开发利用档案信息资源先进集体称号。2004 年晋升省一级档案馆。总建筑面积 1420 平方米，其中库房面积 650 平方米。现有馆藏档案资料 52288 卷(册)，其中资料 21561 册。馆藏档案以文书档案为主，另包括照片、声像、电子、实物等载体档案。建有馆藏珍贵档案全文数据库和部分档案案卷级、文件级目录数据

库。筹办了"迎七一"资料展览、"光辉历程"大型展览。（李颖）

济阳县档案馆 现址纬二路六号，邮编251400，馆长张善柱电话（0531）84227065、84241468。成立于1963年，是集中统一保管县机关、团体、企事业单位档案资料的国家综合档案馆，县级爱国主义教育基地、现行文件查阅场所。2005年晋升省一级档案馆。总建筑面积750平方米，库房面积450平方米。馆藏档案资料29585卷（册），其中资料11936册。馆藏档案资料的历史跨度近200年。保存年代最早的是明清档案，比较齐全完整的是建国以后的档案。建立了全部馆藏档案资料目录数据库。建立了"济阳县档案信息网站"。开展了宝贵资料抢救及城市记忆工程工作。编辑出版了《中共济阳县组织史资料》（第二卷）、《中共济阳地方史》（第一卷），编写了《济阳大事记》。（罗珊珊）

商河县档案馆 现址商中路318号，邮编251600，馆长贾胜俊，电话（0531）84880146、84880146。成立于1958年，是集中统一保管县机关、团体、事业单位档案资料的国家综合档案馆，县爱国主义教育基地。2004年晋升省一级档案馆。总建筑面积1194平方米，库房面积705平方米。馆藏档案资料40947卷（册），其中资料13628册。比较齐全完整的是建国后的档案。已将防治"非典"工作、地热开发、商河鼓子秧歌等重大活动和地方特色档案资料接收进馆。已建成馆藏案卷级目录数据库。（吕霞）

章丘市档案馆 现址章丘市内，邮编250200，馆长时延连，电话（0531）83212461、83213569。成立于1959年。是集中统一管理市机关、团体、企事业单位档案资料的国家综合档案馆，是县级爱国主义教育基地、市政府指定的现行文件查阅场所。2005年晋升省特级档案馆。总建筑面积1820平方米，库房面积1000平方米。馆藏档案4.6万卷，资料有1.3万册。档案信息数据库总量达到40万条。建立了档案信息网站。编研成果7种285万字，内部印发编研资料20种205万字。（沈月娟）

青岛市档案馆 现址延吉路148号，邮编266034，馆长于新华，电话（0532）85838364、85813375。成立于1961年，市爱国主义教育基地，1999年晋升为国家一级档案馆。建筑面积13800平方米。现有档案51.1万卷7.1万件，资料4.4万册。馆藏最早的档案形成于1671年。开展了重大活动档案、国有破产企业档案、公民出生档案、学籍档案等接收进馆工作，先后赴德国、美国、日本征集复制了大批档案资料；2002年启动"城市记忆工程"，形成反映青岛风貌的2.5万分钟音像档案。2003年8月，青岛市数字档案馆建成并投入使用，"数字档案馆关键技术研究"项目获得国家档案局科技进步一等奖。馆藏档案全部实现文件级计算机检索，拥有各种目录数据1200万条、全文数据1000万页。2002年创建青岛档案信息网，目前网站访问量达到655万人次。编辑并公开出版《青岛数字全书》等13部约2000万字的史料汇编，编纂了中国城市通鉴丛书的首部——《中国青岛通鉴》；先后参与《青岛要塞》、《百年胶济》、《青岛历史上的今天》等12部27集电视专题片的编创和拍摄工作。自2001年以来共举办"纪念中国共产党成立80周年"等25个大型展览，在德国举办了"百年青岛"展览。举办了三届"走近档案，认识青岛"中小学生夏令营，与驻青高校共建大学生教育实践基地，举办"兰台文化之旅"活动。面向社会开办了"青岛历史文化讲坛"。

青岛经济技术开发区档案馆 现址长江中路369号，邮编100078，馆长张卫东，电话（0532）86988959、86989070。网址：www.qkda.com。成立于1976年，是集中统一保管区级机关、团体、企事业等单位档案资料的国家综合档案馆，区级爱国主义教育基地、区管委指定的政务信息公开信息场所。2000年晋升省一级档案馆。馆库房面积1300

平方米。馆藏档案47000余卷，资料16000余册。2004年建立数字档案馆。编辑出版档案专题资料和档案汇编20余种1000多万字。利用档案举办了10余次展览。

市南区档案馆 现址青岛市宁夏路288号，邮编266071，电话(0532)85839890。成立于1959年，是集中统一保管区级机关、团体、企事业单位档案资料的国家综合档案馆，区爱国主义教育基地、区委区政府指定现行公开文件公开场所，2004年晋升省二级档案馆。建筑面积2000平方米，库房面积447平方米。馆藏档案5.1万卷(件、册)，资料0.5万卷(册)。馆藏档案的主要内容是建国后档案。2005年建成数字化档案馆，建立了馆藏档案目录数据库，文书档案全文数据库，多媒体档案数据库和婚姻、就业、下乡专题档案人名数据库。实现了文件级目录检索，其他档案案卷级目录检索。

市北区档案馆 现址青岛市延吉路80号，邮编266033，馆长沈文玉，电话(0532)85801266、85801320。成立于1987年，是国家综合档案馆，区级爱国主义教育基地，区委、区政府指定查阅现行公开文件场所。2002年晋升省一级档案馆。1999年和2003年被授予"全省档案工作先进集体"称号。总建筑面积1500余平方米，库房面积300平方米。馆藏档案资料52544万卷(册)，其中资料17115万册。已将"中国青岛(市北)都市经济促进月"、防治"非典"、保持共产党员先进性教育、青岛文化街改造等一批重大活动档案资料接收进馆。征集到解放前青岛市民结婚证书、抗战时期青岛市历史地图(复印件)等。已完成馆藏案卷级、文件级和婚姻、就业等专题目录数据库建设。编辑出版了《市北区组织史料》、《台东区组织史料》、《台东区大事记》、《市北区十年大事记》等专题资料79.9万字。

四方区档案馆 现址青岛市鞍山二路48号，邮编266032，馆长薛惠欣，电话(0532)83757273。馆库房面积为100平方米。已晋升省二级档案馆，爱国主义教育基地，现行公开文件查阅中心。2004年起连续三年被评为省开发利用档案信息资源先进集体，2000、2004年被评为省档案宣传工作先进集体。2006年建成数字档案馆，目前馆藏各种门类档案案卷级、文件级目录全部实现计算机检索利用。

崂山区档案馆 现址青岛市崂山区行政大厦15层，邮编266061，馆长辛兆山，电话(0532)88996632、88996563。成立于1959年，是集中统一保管区级机关、团体、企事业单位档案资料的国家综合档案馆，区委、区政府指定的政务信息公开场所。2004年晋升省特级档案馆。总建筑面积2550余平方米。馆藏档案资料7.2万卷(册)。形成年代最早的为明朝熹宗皇帝颁赐。2004年建成数字档案馆，获国家档案局科技成果三等奖。现有馆藏目录数据45万余条，全文数据100万余页。编纂了《崂山春秋》、《中共崂山区组织史资料》等26种、1200多万字的资政资料。举办了"岁月留痕　历史记忆"等展览。

李沧区档案馆 现址青岛市308国道615号，邮编266100，馆长侯淑芬，电话(0532)87610731、87637952。1995年正式成立，2006年晋升省一级档案馆。总面积1100平方米，库房面积800平方米。馆藏文书档案13052卷，图书资料2272册。建设成为数字化档案馆。

城阳区档案馆 现址青岛市正阳路201号，邮编266109，馆长张兆田，电话(0532)87866452、87866450。成立于1995年，是区政府指定的行政规范性文件查阅场所。总建筑面积600平方米，库房面积300平方米。馆藏档案资料8928卷(册)，其中资料2046册。已将山东国际农产品博览会、青岛红岛蛤蜊节、夏庄樱桃山会、青岛韩国美食节等重大节庆活动档案资料征集进馆。馆藏档案全部完成数字化。编辑出版了《城阳史话》、《城阳概况》、《城阳区大事记》、《城阳民间故事集》、《城阳区志》等资料。"魅力城阳——城市化建设成就图片展"获2006年市档案系统优秀工作成果一等奖。

胶州市档案馆 现址北京路行政服务中心大楼,邮编266300,馆长尹光兴,电话(0532)82206237、82206238。成立于1959年,是集中统一保管市级机关、团体、企事业单位档案资料的国家综合档案馆,市爱国主义教育基地,市委、市政府指定政务信息公开场所。2006年晋升省特级档案馆。1995、1999、2003年连续三次被授予全省档案工作先进集体称号。建筑面积3000余平方米。馆藏档案10万余卷,资料2万余册。已录入档案案卷条目6万余条,输入文件级条目60万条,档案机读目录检索率达到100%。编辑出版《胶州市大事记》(1987—1996)、《胶州简志》、《胶州概况》、《胶州年鉴》等7种资料300余万字。

即墨市档案馆 现址朝阳路117号,邮编266200,馆长韩丛珠,电话(0532)88513676、88512879。成立于1959年,是市级爱国主义教育基地。1999年晋升省一级档案馆。总建筑面积1878平方米,库房1000平方米。馆藏档案86714卷,资料13745册。建立了数字档案信息传输平台、数字档案信息采集平台、数字档案信息存储管理平台和数字档案信息应用平台,实现了电子公文的实时移交。

平度市档案馆 现址红旗路97号,邮编266700,馆长徐明堂,电话(0532)87362759、87360977。总建筑面积1700平方米,库房面积300平方米。馆藏档案77039卷册。保存年代最早的是清光绪年间的地契、税契,保存最多、比较齐全完整的是建国后档案。已经征集市级领导班子成员个人专门档案、小城镇建设照片档案、宗家庄木版年画、赴日劳工名录、名人字画、族谱、碑帖等大量档案资料。建成了43万余条的目录数据库、5000余幅照片档案数据库、4万余条房产档案专题目录数据库和7万余条婚姻档案目录数据库。出版发行了《平度简志》、《平度年鉴》、《平度地名志》等一批史志资料。平度市档案馆创建了"清晰历史记忆 真诚服务社会"和"送档案下乡服务大篷车"两个档案服务名牌。

胶南市档案馆 现址向阳路81号,邮编266400,馆长逄培祥,电话(0532)88183058、88184765。成立于1959年,是集中档案资料保管、现行文件查阅和爱国主义教育基地于一身的国家综合档案馆,2002年晋升省一级档案馆。总建筑面积1129平方米。现有馆藏档案资料71336卷(册),其中资料19485册。馆藏档案资料历史跨度250余年。保存年代最早的是清朝资料《灵山卫志》,比较齐全完整的是建国以后的档案。完成了5140张照片档案和270930页的文书档案的全文扫描的工作。

莱西市档案馆 现址烟台路82号,邮编266600,馆长王守华,电话(0532)88485027、88483048。成立于1963年,是集中统一保管市各级机关、团体、企事业单位档案资料的国家综合档案馆,市爱国主义教育基地,市委、市政府指定政务信息公开场所,省一级档案馆。建筑面积1800平方米。馆藏4.5万余卷档案,资料1.2万余册。已录入档案案卷目录4.5万余条,文件级目录60万条。馆内4.5万余卷档案机读目录检索率达到100%。编辑出版《莱西县志》、《莱西简志》、《莱西概况》、《莱西年鉴》等多种资料300万余字。

淄博市档案馆 现址人民西路24号,邮编255000,馆长马国舟,电话(0533)3182029、3162166。成立于1959年,是集中统一保管市级机关、团体、企事业单位档案资料的国家综合档案馆,市级爱国主义教育基地,市委、市政府指定的政务信息公开场所。1999年晋升为省一级档案馆。总建筑面积2252平方米,库房面积960平方米。馆藏档案118842卷、24983件,资料23449册,以建国后档案为主。保存年代最早的是清朝乾隆年间的地契。征集政界、文学艺术界名人档案320余卷(册)5100余件、字画180幅、照片5万余张、2006

年以来的“淄博早新闻”音频档案，“淄博记忆工程”、重大活动拍摄图片4万余张，“淄博新闻”刻录光盘1200余张。研发了“淄博市数字档案馆管理系统”，建立了馆藏档案全文和文件级目录等7个数据库。研发了“淄博市电子文件归档管理系统”。开通了互联网和政务网档案网站。编辑出版了《淄博概况》、《淄博市档案馆指南》、《淄博市经济论文选编》、《二十一世纪信息管理与研究》、《新时期档案理论与实践》、《兰台文萃》、《淄博市法人代表档案大全》、《淄博市商标档案大全》等。利用档案举办了“淄博市纪念红军长征胜利70周年档案史料展”、“重走长征路”、“可爱的淄博”图片展。

淄川区档案馆 现址淄博市般阳路35号，邮编255100，馆长李先荣，电话(0533)5181472。成立于1959年，是集中统一保管区直机关、团体、企事业单位档案资料的国家综合档案馆。1993年晋升为省二级档案馆。总建筑面积1345平方米，库房面积440平方米。馆藏档案资料33481卷(册)，其中资料7894册。 (赵立新)

张店区档案馆 现址淄博市兴学街25号，邮编255010，馆长李颖，电话(0533)2184574、2180190。始建于1959年，是集中保管区直机关、团体、企事业单位档案资料的国家综合档案馆，区委、区政府指定的文档信息服务中心和现行文件查阅中心。1995年获省档案工作先进集体称号，2000年、2006年被授予省级档案宣传先进单位。2004年晋升省一级档案馆。建筑面积643平方米，库房面积320平方米。馆藏档案25810卷，资料14844册。1999年，《档案缩微与县区级档案馆现代化管理模式研究》获山东省档案系统科技成果二等奖。编印《张店区志》、《中共党史大事记》、《中共张店区组织史》等资料汇编24种500余万字。

博山区档案馆 现址淄博市县前街46号，邮编255200，馆长孙悦欣，电话(0533)4110134、4181453。成立于1959年，是集中统一保管区档案资料的国家综合档案馆，区级爱国主义教育基地，区政府指定的行政规范性文件查阅场所。1994年晋升省一级档案馆。建筑面积1140平方米，库房面积570平方米。馆藏档案50438卷(册)，馆藏资料15160册。已建成馆藏全宗目录级数据库，重要文件全文数据库。编辑出版了《博山人物》、《博山地方武装史》等编研成果。《博山地方武装史》获省党史成果二等奖。承办了“八路军山东游击第四支队驻博办事处”和“博莱蒙三县边区联防办事处”两处旧址展览。

临淄区档案馆 现址淄博市齐城路19号，邮编255400，馆长郭竑，电话(0533)7180340、7176799。成立于1964年，是集中统一保管区级机关、团体、企事业单位档案资料的国家综合档案馆，区爱国主义教育基地、区委、区政府指定的文档信息服务中心和现行文件查阅中心。2004年晋升省一级档案馆。总建筑面积1130平方米，库房面积570平方米。馆藏档案50452卷(件)，资料15000余册。馆藏档案资料历史跨度300余年。形成时间最早的是清代康熙年间的嘉靖《青州府志》。馆藏特色档案资料为齐文化档案资料，藏有齐文化专著47种268册。已经将第一、二、三届国际齐文化旅游节、足球起源地、防治“非典”和禽流感工作、名人名产等一批重大活动的档案资料收集进馆。 (于强)

周村区档案馆 现址淄博市新建中路1号，邮编255300，馆长张玉，电话(0533)6425111。成立于1958年，是区委区政府指定现行文件查阅场所。2004年晋升省一级档案馆。总建筑面积1350平方米，库房面积480平方米，现有馆藏档案55972卷(件)，资料12012册。2004年开通档案网站。

(徐宁)

桓台县档案馆 现址索镇兴桓路，邮编256400，馆长田承祥，电话(0533)8180117、8166855。始建于1958年，是集中统一保管县直机关、团体、企事业单位档案资料的国家综合档案馆，县爱国主义教育基地，县政府指定的行政规范性文件查阅场所。1995年晋升省一级档案馆。1999年、2003年被评为全省档案系统先进集体。总建筑面积900平方米，库房面积420平方米。馆藏档案资料52641卷（册、件）。已经建成数字化档案馆。

（吕修滨）

高青县档案馆 现址田镇黄河路81号，邮编256300，馆局长孙向纪，电话（0533）6967118、6989987。成立于1962年，是集中统一保管县级机关、团体、企事业单位档案资料的国家综合档案馆，县级爱国主义教育基地，县委、县政府明确指定的政务信息公开场所。1994年晋升省二级档案馆。总建筑面积1312平方米，库房面积670平方米。馆藏档案资料3.27万卷（册），其中资料0.75万册。编写了《高青县档案馆指南》、《中共高青县组织史资料》、《高青县大事记》等资料42万余字。

沂源县档案馆 现址胜利路11号，邮编256100，馆长李庆霞，电话（0533）3250100。成立于1961年，是县级爱国主义教育基地。2004年晋升省特级档案馆。总建筑面积1080平方米，其中库房面积550平方米，馆藏档案164601卷、1567件，资料17069册。建立了杜丽、杨荆石等名人档案。（张艳秀）

枣庄市档案馆 现址文化中路69号，邮编277102，馆长李斌，电话（0632）3314174、3323516。建于1985年4月，是集中统一保管市级机关、团体、企事业单位档案资料的国家综合档案馆，市级爱国主义教育基地。2002年晋升省一级档案馆。总建筑面积2700平方米，库房面积1700平方米。馆藏档案79552卷，资料20308册。编写了《枣庄年鉴》（档案部分）、《枣庄市档案志》（1986－2006年）、《档案整理规程新编》等编研资料。举办了“迎接党的十六大——枣庄市辉煌成就展”、“枣庄革命历史图片展”、“建设社会主义新农村图片展”等展览。（蒋峰）

枣庄市城建档案馆 现址文化西路36号，邮编277100，馆长钟家勇，电话（0632）3695162、3695156。成立于1984年，是集中统一保管城市规划、建设和管理中形成档案的专门档案馆，是市级爱国主义教育基地。2004年晋升为国家一级城建档案馆。总建筑面积3000平方米，库房面积1400平方米。馆藏城建档案资料3万余卷（册），资料4200册，管线图2766袋。馆藏档案的历史跨度近100年。保存有建国前的枣矿东井煤矿地质对照图、地形图。2002年安装了城建档案综合管理信息系统，建立了馆内局域网。完成了《枣庄市解放路地下管网基础数据汇编》、《枣庄市市区主次干路、支路基本情况专题汇编》、《枣庄市城市地下管线档案管理情况调研》等成果。

（钟家勇）

枣庄矿业（集团）公司档案馆 现址泰山南路118号，邮编277000，馆长霍玉惠，电话（0632）4081472、4081472。成立于1956年，是集中统一保管本单位档案资料的企业档案馆，市级爱国主义教育基地。2002年晋升为国家二级档案馆。总建筑面积340平方米，库房面积160平方米。馆藏档案资料32000余卷（册），其中资料400余册。馆藏档案资料的历史跨越120余年。保存年代最早的是中兴公司历史档案5000余卷（册）。（霍玉惠）

市中区档案馆 现址枣庄市君山中路313号，馆长杜明亮，邮编277101，电话（0632）3083109、3083108。是集中统一保管区直机关、企事业单位档案资料的国家综合档案馆，区委、区政府指定的文档服务中心。2004年晋升省一级档案馆。总建筑面积1560平方米。现有馆藏档案资料21860册。征集了158位市中籍在区外工作的知名人士资料、回忆录手稿、鲁南民间刺绣作品实物以及历史老照片。

（高云 李然）

薛城区档案馆 现址枣庄市永兴东路343号，邮编277000，馆长卢志峰，电话（0632）4481826、4434031。成立于1981年，是集中统一保管区直机关、团体、企事业单位档案资料的国家综合档案馆，区级爱国主义教育基地，区委、区政府指定行政规范性文件查阅场所和现行文件服务中心。2004 年晋升为省一级档案馆。总建筑面积 1043 平方米，库房面积 600 平方米。馆藏档案 3 万余卷，资料 1 万余册(件)。征集了民间文学三集成档案，铁道游击队老队员的战利品等资料、实物。编辑了《铁道游击队在薛城》、《薛城区招商引资优惠政策汇编》、《薛城区历届人代会议汇编》、《薛城区历届政协会汇编》、《薛城区历届党代会汇编》等二十多种资料。 (马运强)

峄城区档案馆 现址枣庄市坛山路 32 号，邮编 277300，馆长谷立文，电话 13376320771、13969486758。成立于 1985 年，是区级爱国主义教育基地，现行文件利用中心。2004 年，区档案馆晋升省一级档案馆。建筑面积为 750 平方米，库房面积为 530 平方米。馆藏档案 16000 余卷，资料 4000 余册。编写了《峄城区大事记》、《档案利用效果实例汇编》、《档案馆档案利用情况分析》、《档案库房内外温湿度分析》等。 (皮婧)

台儿庄区档案馆 现址枣庄市金光路 171 号，邮政编码 277400，馆长周晓荣，电话(0632)6611315、6601315。成立于 1985 年，是集中保管区级机关、团体、企事业单位档案资料的国家综合档案馆，爱国主义教育基地、区委、区政府指定的现行文件查阅场所。2006 年晋升省一级档案馆。总建筑面积 1200 余平方米，使用面积 800 平方米。馆藏档案 51875 卷(盒)，资料 3252 册。已完成 100 余万条文件级条目著录。建有档案网站。 (阚言茂)

山亭区档案馆 现址枣庄市山亭区新城，邮编 277200，馆长陈付华，电话(0632)8811097、8811099。是全区保管档案的中心，是区级爱国主义教育基地，区政府指定行政规范性文件查阅场所。2005 年晋升省一级档案馆。总建筑面积 1400 平方米，库房面积 700 平方米。馆藏档案 19112 卷(盒)，资料 10579 册。征集了“防非”英雄张普善档案等进馆。 (张延平)

滕州市档案馆 现址北辛路政务中心，邮编 277500，馆长谢观玉，电话(0632)5513952、5500026。始建于 1958 年，是集中统一管理市直机关和企事业单位档案资料的国家综合档案馆，市级爱国主义教育基地、现行文件查阅场所。2000 年晋升省一级档案馆。2003 年被评为全省档案系统先进集体，2004 年被评为全省档案管理考核先进单位。2006 年被评为全省档案系统先进集体、全省档案宣传工作先进单位。总使用面积 1890 平方米，库房面积 1600 平方米。馆藏档案 42530 卷，资料 15000 余册。建立了功能完备的档案网络管理系统，实现了局域网内多客户端维护机读目录数据库。 (杨其玲 李宾)

东营市档案馆 现址辽河小区 190 号，邮编 257091，馆长王相溪，电话(0546)8331010、8339310。成立于 1985 年 7 月，是集中统一保管市级机关、团体、企事业单位档案资料的国家综合档案馆，市级爱国主义教育基地，市委、市政府指定的政务公开信息集中查阅场所。2005 年晋升省特级档案馆。总建筑面积 3277 平方米，库房面积 960 平方米。馆藏档案 52133 卷(册，件)，资料 39326 册。原渤海军区革命历史照片档案、建国以来党和国家领导人视察东营照片档案、沿海滩涂资源调查档案等进入档案馆。建立了全部馆藏的文件级目录数据库。建立了档案信息网站。编辑了《东营劳模录》等资料。 (黄文广)

东营区档案馆 现址东营市宁阳路 89 号，邮编 257000，馆长袁存河，电话(0546)8222581、8230919。成立于 1990 年，是集中统一保管区机关、团体、企事业单位档案资料的国家综合档案馆，区级爱国主义教育基地，区政府指定的行政规范性文件查阅场所。2004 年晋升为省二级档案馆。总建筑面积 5000 平方米，库房面积 1200 平方米。现有馆藏档案资料 3.1 万卷(册)，其中资料 1.2 万册。

(袁存河 盖增荣)

河口区档案馆 现址海宁路158号，邮编257200，馆长李希三，电话(0546)3656097、3656336。成立于1985年，区级爱国主义教育基地。2006年晋升为山东省一级档案馆。总建筑面积1150平方米，库房面积285平方米。馆藏档案资料48298卷(册、件)，其中资料7109册。建立了“河口档案信息网”网站。出版发行了《河口二十年》、《中共河口区委重要决策选编》等专题档案资料十几种100多万字。 (王富玲)

垦利县档案馆 垦利县档案馆是国家综合档案馆。馆长王吉美，电话(0546－2521850)。建筑面积980平方米，库房面积550平方米。馆藏档案资料7.68万卷。

(王吉美)

利津县档案馆 现址利一路111号，邮编257400，馆长石景槐，电话(0546)622541、5621817。成立于1962年，是集中统一保管县机关、团体、企事业单位档案资料的国家综合档案馆，县爱国主义教育基地、县政府指定的现行文件查阅场所。2004年晋升省一级档案馆。总建筑面积1000平方米，库房面积750平方米。现有馆藏档案资料5.2万卷(册)，资料1.2万册。馆藏档案资料的历史跨度60余年。保存年代最早的是1938年的档案和清朝的县志。已经将防治“非典”工作、“共产党员先进性教育活动”以及防治“禽流感”等活动的档案资料收集进馆。已著录数据库目录级档案6万余条。 (石景怀)

广饶县档案馆 现址府前街1号，邮编257300，电话(0546)6441279。成立于1958年，是县级爱国主义教育基地、县政府指定的行政规范性文件查阅场所。2004年11月晋升省特级档案馆。总建筑面积2000平方米，库房面积300平方米。馆藏档案4.6万卷(册)，资料2.2万册。建成了档案目录数据库和档案专业信息网站。编辑出版了《天南地北广饶人》、《广饶历史上的今天》、《情系广饶》等档案资料。 (师立华)

烟台市档案馆 现址毓璜顶西路16号，邮编264000，馆长赵海，电话(0535)6254244、6261988。成立于1962年，是集中统一管理市级机关、团体、企事业单位档案资料的国家综合档案馆，市现行文件服务中心指定场所，1999年晋升省一级档案馆。1991年、1999年两次荣获全国档案系统先进集体称号。总建筑面积1800平方米，库房面积700平方米。现有馆藏档案资料15万卷(册)，其中资料3万册。馆藏档案资料历史跨度140余年，保存比较完整部分是建国以后档案。已征集到在烟台举办的国际国内重大活动、联合国人居奖等重要档案资料和地方特色档案2万余件。编写了《胶东战时邮政》等档案史料汇编30多种800多万字，举办展览十余个。(郑博)

烟台经济技术开发区 现址珠江路28号，邮编264006，馆长王继刚，电话(0535)6372770、6392835。成立于1993年，是集中统一保管区级机关、团体、企事业单位档案资料的国家综合档案馆。2006年晋升省一级档案馆。馆使用面积1100平方米。档案库房600平方米。馆藏档案11635卷(盒)。现有馆藏文书档案、文件级条目全部录入计算机，共5万余条。 (王继刚 辛文功)

芝罘区档案馆 现址烟台市府街76号，邮政编码264001，馆长岳寿波，联系电话(0535)6226880、6223195。成立于1959年，是集中保管区级机关、团体、企事业单位档案资料的国家综合档案馆，是区级爱国主义教育基地。1993年晋升为省二级档案馆。总建筑面积480平方米，库房面积200平方米。现有馆藏档案资料4.4万卷(册)，其中资料1.4万册。馆藏档案资料的历史跨度80余年。保存年代最早的是革命历史档案，保存最多的是建国后档案，约占馆藏总量的98%。已建成重要全宗目录数据库。编辑了《芝罘区抗日战争史料》、《古老芝罘展新姿》、《芝罘区概况》、《档案馆指南》、《档案工作法规文件汇编》、《芝罘区档案利用效果汇编》等100多万字的编研资

料。 （殷建中）

福山区档案馆 现址烟台市县府街185号，邮编265500，馆长王钧，电话（0535）6356239、0535－6356365。成立于1962年，是集中保管区级机关、团体、企事业单位档案资料的国家综合档案馆，区级爱国主义教育基地，区政府指定的行政规范性文件查阅场所。1995年晋升省一级档案馆。总建筑面积1866平方米，库房面积1400平方米。馆藏档案资料3.9万卷（册），其中资料1万余册。已征集到的档案资料有明朝万历、清朝康熙、乾隆时期编制的福山县志13本、《王氏族谱》、《鉴所法令》、《商人宝鉴》等历史资料。

（柳玉庆）

牟平区档案馆 现址烟台市牟平区区政府大街196号，邮编264100，馆长孙文博，电话（0535）4219351、4219099。成立于1959年，是集中统一保管机关、团体、企事业单位档案资料的国家综合性档案馆。1994年晋升省一级先进档案馆。总建筑面积1511平方米，库房面积860平方米。现有馆藏档案、资料71736卷（册），其中资料16701册。保存年代最早的是明清史志资料。已建成馆藏档案文件目录级数据库。 （衣玉华）

莱山区档案馆 现址烟台市枫林路24号，馆长邴兴波，邮编264003，电话（0535）6891540、6891558。成立于1996年，是集中统一保管区级机关、团体、企事业单位档案资料的国家综合档案馆，区级爱国主义教育基地、行政规范性文件查阅场所。2005年晋升为山东省二级档案馆。馆藏文书档案971卷，资料152册。建立了档案信息网站。

（乔洪锐）

长岛县档案馆 现址县府街88号，邮编265800，电话（0535）3212564。成立于1963年，是集中统一保管县乡机关、团体、企事业单位档案资料的国家综合档案馆，县级爱国主义教育基地、现行文件服务中心。2005年晋升省一级档案馆。总建筑面积249平方米，库房面积144平方米。馆藏档案资料26916卷（册），其中资料11311册。已收集第十三次全国海岛联席会议暨首届海岛发展论坛、申报国家级地质公园、海岛民俗文化旅游节百米长卷等档案资料进馆。完成全部馆藏档案文件级著录工作。编辑了《长岛县档案馆指南》、《中共长岛历史大事记》、《中共长岛县组织史资料》等资料汇编20多种30多万字。

（肖丽娜）

龙口市档案馆 现址港城大道1001号，邮编265701，电话（0535）8517462。成立于1962年1月。2006年晋升为省特级档案馆。总建筑面积7000平方米，库房面积1500平方米。馆藏档案资料35150卷（册），其中资料5847册。 （程建令）

莱阳市档案馆 现址金水路1号，邮编265200，馆长盖永新，电话（0535）7213049、7230632。成立于1962年，是集中统一保管市直机关、团体、企事业单位档案的综合性档案馆，县级爱国主义教育基地，市政府指定的行政规范性文件查阅场所。2004年晋升为省一级档案馆。2004年起连续三年被评为山东省档案宣传先进单位。总建筑面积600余平方米。馆藏档案32000余卷，资料11000余册。征集保存了莱阳籍名人档案88人共96盒，全国知名企业山东龙大集团、山东鲁花公司等名优产品、名优企业档案12盒。 （杨凯杰）

莱州市档案馆 现址莱州市府前街96号，邮编261400，电话（0535）2222307。成立于1960年。2005年评定为省特级档案馆。总建筑面积1984平方米，库房面积782平方米。馆藏档案5.6万卷，资料1.3万余册。馆藏清代档案有同治年恭亲王免禁天主教的“谕单”。2002年创建现行文件查阅中心。2003年建立“莱州档案信息网”。 （王永和）

蓬莱市档案馆 现址钟楼东路1号，邮编265600，馆长孙健，电话（0535）5642958、5642958。成立于1958年，是集中统一保管市级机关、团体、企业事业单位档案资料的国家综合档案馆，市爱国主义教育基地。1999年晋升省一级档案馆。总建筑面积1100平方米，库房面积354平方米。现馆藏档案资料6.4万卷(册)，其中资料1.9万册。征集了蓬莱海市蜃楼、蓬莱日报、和平颂蓬莱青少年艺术盛典、登州圣会堂、中国最早的聋哑学校——启喑学馆、名人字画等档案资料。建立了档案管理网站和馆内局域网络，开发了多种计算机检索程序。编辑出版了《蓬莱市档案馆指南》、《蓬莱区划概览》、《苏轼与登州》、《蓬莱揽胜》等资料汇编。（郭增林）

招远市档案馆 现址市府前路6号，邮编265400，馆长邵志敏，电话(0535)8213768、8236925。成立于1962年。建筑面积1469平方米，库房面积600平方米。馆藏档案50279卷(册)。文件级目录数据库已达469312条。

（王寿健）

栖霞市档案馆 现址盛世路栖霞市行政中心大楼，邮编265300，馆长曲国成，电话(0535)5212127。成立于1958年10月，是集中统一保管市直机关、团体、企事业单位档案资料的国家综合档案馆，县级爱国主义教育基地、市政府指定的行政规范性文件查阅场所。2004年晋升省一级档案馆。总建筑面积1500平方米，库房面积800平方米。馆藏档案69270卷，资料28460卷册。保存年代最早的是清朝时期资料，馆藏档案有革命历史档案和建国以后的档案，保存最完整的是建国以后的档案。（慕玉英）

海阳市档案馆 现址海政路44号，邮编265100，馆长王全强，电话(0535)3222213、3222251。成立于1959年，是国家综合档案馆，县级爱国主义教育基地、市政府指定的行政规范性文件查阅场所。2005年晋升省一级档案馆。库房面积120平方米。现有档案16182卷，资料8419册。

（王全强 王勇）

潍坊市档案馆 现址胜利街326号，邮编261041，馆长徐智刚，电话(0536)8239138、2976007。成立于1963年，是集中统一保管潍坊市市级机关、团体、企事业单位档案资料的国家综合档案馆，市级爱国主义教育基地、市直机关政治思想教育基地，设有现行文件利用中心。2002年晋升省一级档案馆。馆库房建筑面积1700平方米。馆藏档案资料12万余卷(册)，其中资料52200卷(册)。开展了以“城市重大变迁记忆工程”、“市委市政府重大活动记载工程”和“超常规、跨越式发展记录工程”为专题的“三大记录工程”，将相关档案资料收集进馆。举办了“纪念抗日战争胜利60周年档案史料图片展”等多期展览。建立了潍坊市档案局网站。

潍城区档案馆 现址潍坊市经济开发区，邮编261057，馆长徐文理，电话(0536)8188377、8188380。是区爱国主义教育基地，设有现行文件利用中心。2000年被认定为综合档案馆目标管理省一级先进馆。建筑面积为1778平方米，库房面积为500平方米。馆藏档案40378卷。举办了“弹指挥间，沧桑巨变—纪念潍县解放五十周年”、“照片档案展”、“档案效益展”。摄制了《发展中的潍城档案事业》，编辑出版了《潍州名人录》第一、二辑。

寒亭区档案馆 现址潍坊市民主东街236号，邮编261100，馆长郭利华，电话(0536)2276371、2276376。成立于1962年9月，是集中保管本行政区域档案资料的国家综合档案馆。2000年晋升省规范化目标管理一级档案馆。建筑面积1300平方米，库房面积600平方米。馆藏档案43738卷(册)、资料36516册。馆藏最早的是清代地方志资料、家谱资料，藏有被列为民间文化遗产抢救工程的杨家埠木版年画等特色档案。全部馆藏实现微机检索。（费蕾）

坊子区档案馆 现址维坊市西五马路2号，邮编261200，馆长张国昌，电话(0536)7661683、2281399。成立于1985年，是集中统一保管区级机关、团体、事业单位档案资料的国家综合档案馆，市级爱国主义教育基地。

2004年晋升为省二级档案馆。总建筑面积1200平方米，库房面积240平方米。馆藏档案资料15078卷(册、件)，其中资料2150册。

奎文区档案馆 现址潍坊市胜利东街373号，邮编261041，馆长王晓玲，电话(0536)8229960、8279861。成立于1994年，是集中统一保管区级机关、团体、企事业单位档案资料的国家综合档案馆。开通了奎文档案信息网。编撰了《奎文大事记(1994－2004)》，采集“奎文新闻”视频信息4000余分钟。2003年被评为档案管理考核省级先进单位。

(范德泉)

临朐县档案馆 现址民主路75号，邮编262600，馆长张月香，电话(0536)3212435、3219196。成立于1959年，是集中统一保管全县各种重要档案资料的国家综合档案馆，县级爱国主义教育基地，设立了现行文件服务中心。1995年晋升省一级档案馆。总建筑面积1200平方米，库房面积600平方米。馆藏档案61221卷(件)，资料12058册。建立了奇石、沂山国家级森林公园特色档案。编辑出版了《临朐县档案馆指南》。 (李云)

昌乐县档案馆 现址利民街7号，邮编262400，馆长杜延芬，电话(0536)6222598。成立于1959年，是集中统一保管县级机关、团体、企事业单位档案资料的国家综合档案馆，县级爱国主义教育基地，设立了现行文件服务中心。2000年晋升省一级档案馆。总建筑面积1510平方米，库房面积573平方米。馆藏档案资料52267卷(册)，其中资料13422册。已建立了昌乐县档案馆网站。编辑出版了《中共昌乐县地方斗争史》、《民间节日简介》等20种编研资料。

青州市档案馆 现址范公亭西路1601号，邮编262500，馆长许志勇，电话(0536)3822661、3221065。成立于1959年，是集中统一保管市级机关、团体、企业事业单位档案资料的国家综合档案馆，市级爱国主义教育基地、青州市政府指定的行政规范性文件查阅场所。1992年晋升省一级档案馆。总建筑面积1508平方米，库房面积648平方米。馆藏档案资料130864卷(册件)，其中资料13864册。馆藏档案资料的历史跨度一百余年。保存年代最早的是清末档案和资料，另外还有革命历史档案；比较齐全完整的是建国以后的档案。已将20余家破产企业7万余卷档案资料收集进馆。已建成馆藏全宗级目录数据库。编辑出版了《青州市大事记》。

诸城市档案馆 现址府前街2号，邮编262200，馆长孙培连，电话(0536)6113034、6211703。成立于1963年，是集中统一保管市各机关、团体、企业事业单位档案资料的国家综合档案馆，市爱国主义教育基地、现行文件利用中心、档案寄存中心。2005年晋升为省特级档案馆。总建筑面积1200平方米，库房面积600平方米。馆藏档案资料86628卷(册)，其中资料15127册。馆藏档案资料的历史跨度400余年。保存最早的是明清资料，建国前档案有革命历史档案130卷，建国后的档案资料比较齐全。建成文件级目录数据库约计49万条。2002年建成“诸城市档案信息中心”网站。 (娄红)

寿光市档案馆 现址市商务小区，邮编262700，馆长刘林松，电话(0536)5221304、5228097。成立于1959年，是全市党政机关、团体、企事业重要档案资料保管基地，市爱国主义教育基地。1995年被授予全国档案系统先进集体称号；1998年晋升省一级档案馆，2004年晋升省特级档案馆。建筑面积5206平方米。馆藏档案资料数量62856卷(册)。已将中国寿光国际蔬菜博览会、保持共产党员先进性教育活动、村长论坛等一批重大活动、重要历史事件的档案资料接收进馆。编辑出版了《东西南北寿光人》、《兰台之声》、《寿光历史上的今天》、《中国共产党寿光历史大事记》等档案史料汇编80多种460多万字。

安丘市档案馆 现址青云大街中段，邮编262100，馆长王培范，电话(0536)4398801、

4398808。成立于1959年，是集中统一保管市直机关、团体、企事业单位档案资料的国家综合档案馆。1998年晋升省一级档案馆。1999年被授予全省档案工作先进集体称号。总面积3000平方米，库房面积1000余平方米。馆藏档案资料61518卷(册)，其中17929册。编辑了《五湖四海安丘人》、《安丘组织史资料》等档案史料40多种。举办了爱国主义教育展览。（袁峰 王燕云）

高密市档案馆 现址人民大街375号市政府院内，邮编261500，馆长高志新，电话(0536)2323553、2323699。成立于1959年，是集中统一保管机关、团体、企事业单位档案资料的国家综合档案馆，市爱国主义教育基地。设立了现行文件阅览室。1999年被授予全省档案工作先进集体称号，并晋升省一级档案馆。总建筑面积1323平方米，库房面积820平方米。馆藏档案资料5.4万卷(册)，其中资料1.3万册。馆藏档案资料的历史跨度300余年。保存年代最早的是清康熙年间的《高密县志》，保存最多的是建国后档案。编辑出版了《高密大事记(1949－2005)》等。举办了城市建设记忆工程“感天动地小康河”等展览。

昌邑市档案馆 现址市委院内，邮编261300，馆长穆效彬，电话(0536)7212038、7211660。成立于1960年，是集中统一保管市级机关、团体、企事业单位档案资料的国家综合档案馆，市爱国主义教育基地，设立了现行文件利用中心。1994年晋升省一级档案馆。总建筑面积1545平方米，库房面积750平方米。馆藏档案资料54486卷，其中资料11962册。2004年建立了“昌邑网上档案”网站。出版发行了《天南地北昌邑人》、《侨乡宏图》、《昌邑名医》、《昌邑名师》、《昌邑知名企业档案》等资料汇编。

济宁市档案馆 现址红星中路15号，邮编272045，馆长刘凡营，电话(0537)2348417、2348676。始建于1958年，是集中统一保管市级机关、团体、企业事业单位档案资料的国家综合性档案馆，市级爱国主义教育基地，市政府指定的行政规范性文件查阅场所。2002年被认定为省一级档案馆。2006年晋升省特级档案馆。总建筑面积1200平方米，库房面积600平方米。馆藏档案资料15.23万卷(册)，其中资料2.25万册。已将防治“非典”档案、全市副市级以上领导干部公务活动照片、济宁籍的全国劳模和先进工作者档案资料收集进馆。已录入文件级条目200多万条。建立了网站，总点击率达到8万余人次。承担的“电子政务数字信息化档案管理平台”项目获国家档案局优秀科技成果二等奖。编辑出版了《济宁档案馆藏集珍》、《济宁市经济改革文件汇编》等资料。拍摄制作了《孔孟之乡、运河之都的济宁档案》、《在历史与未来之间》、《再为兰台谱华章》、《沿着运河走来》等专题片。

济宁市城建档案馆 现址光河路74号，邮编272000，馆长耿鲁峰，电话(0537)2376221、2376229。建筑面积1650平方米，库房面积1100平方米。馆藏档案3万余卷，地形图1297幅，地下管线图846幅。

（杨丽）

市中区档案馆 现址建设中路29号区政府院内，邮编272033，馆长张凤云，电话(0537)2167036。是爱国主义教育基地，设有现行文件服务中心。2001年，被评为“九五”期间全省档案工作先进单位。2002年晋升省一级档案馆。2004—2006年获得全省档案宣传工作先进单位。馆库面积460平方米。

（王洪伟）

任城区档案馆 现址太白中路4号，邮编272013，馆长李龙涛，电话(0537)2353582。2000年晋升省一级馆。馆库建筑面积1500平方米，其中库房450平方米。馆藏总量达56162卷(册)。开通了档案网站。

（王如景）

微山县档案馆 现址奎文路县委院内，邮编277600，馆长张业田，电话(0537)8221717。馆始建于1959年，是爱国主义教育基地。建筑面积1271平方米，其中库房面积771平方米。2002年被评为规范化目标管理省一级档案馆。2003年开通了微山档案信息网。

（於欣颖）

鱼台县档案馆 现址北环路县政府院内，邮编272300，馆长田秀荣，电话（0537）6259576。是县爱国主义教育基地，设立了文档服务中心。馆库房面积380平方米。馆藏档案42866卷，资料8748册，实物188件，照片3573张，珍贵档案733卷。（张克浩）

金乡县档案馆 现址府前街2号，邮政编码272200，馆长乔守祥，电话（0537）8721685。始建于1959年，省二级档案馆。总面积1100平方米，其中库房面积700平方米。馆藏档案23724卷，资料12100册。建立了大蒜专题档案，收集到历次大蒜节影视资料，党和国家领导人田纪云、姜春云、李德生、卢嘉锡等为金乡大蒜的题词等。馆藏有刘伯承元帅为羊山战役题词两幅。（赵志强）

嘉祥县档案馆 现址中心街33号，邮编272400，馆长贾军节，电话（0537）6821983。总面积1244平方米，其中库房面积368平方米。2002年被认定为规范化目标管理省一级先进档案馆。2003—2005年被评为全省档案宣传工作先进单位。2006年被评为全省档案信息资源开发利用先进单位。（崔富刚）

汶上县档案馆 现址宝相寺路25号，邮编272500，馆长展成奎，电话（0537）7212248。始建于1959年，设立省爱国主义教育展室和文档服务中心。总面积1008平方米，其中库房面积600平方米。2002年晋升省一级档案馆。2003被授予省档案工作先进集体称号。

（房瑞连）

泗水县档案馆 现址县政府院内，邮编273200，馆长魏启涛，电话（0537）4221313。成立于1960年1月，建立了现行文件服务中心和爱国主义教育基地。1996年晋升省一级先进档案馆。总面积1042平方米。馆藏档案26056卷、资料6371册。（王延坤）

梁山县档案馆 现址人民南路11号，邮编272600，馆长刘景冉，电话（0537）7321650。成立于1958年，是国家综合档案馆，省一级档案馆，设立了县文档服务中心。馆库面积为1521平方米。馆藏档案63720卷。建立了梁山档案馆网站。2003年被评为全省档案工作先进单位。2006年被评为全省档案资源建设年活动先进单位。

曲阜市档案馆 现址春秋路1号，邮编273100，馆长王国栋，电话（0537）4498368。成立于1959年，是国家综合档案馆，市爱国主义教育基地，设立了现行文件利用中心。2006年晋升省特级档案馆。建筑面积近4000平方米，库房面积1800平方米。馆藏档案7.5万卷（册）。2005年开通了曲阜档案信息网。

（王成舜）

兖州市档案馆 现址西城区行政办公中心一楼，邮编272100，馆长刘衍清，电话（0537）3412235。成立了文档服务中心。馆库面积近2000平方米。2006年晋升省特级档案馆。2007年被评为省档案工作先进集体。

（刘衍清　李长江）

邹城市档案馆 现址岗山北路669号，邮编273500，馆长边茂春，电话（0537）5213235。建筑面积1800平方米。馆藏档案74384卷，资料14617册。建立了文档服务中心和爱国主义教育基地。创办了邹城市档案信息网站。2003年被授予省档案系统先进集体称号。2006年晋升省特级档案馆。

（马利军　毛建）

泰安市档案馆 现址市政大楼B区一楼，邮编271000，馆长徐玉生，电话（0538）6991125。成立于1962年，是全市保管利用档案的中心，市级爱国主义教育基地。已设立现行文件阅览室。2006年晋升为省特级档案馆。总建筑面积3000平方米，库房面积450平方米。馆藏档案资料20.8万卷（册），其中资料2.5万册。珍贵档案有1045年宋代石质档案、清康熙五十二年满汉文敕命及泰山特色档案资料等。将泰安重大城市改建工程档案、泰山国际登山节、泰山石刻照片等接收进馆。已建成数字档案馆，共有目录数据310万条，全文数据150万页。编辑出版了《泰安档案》、《泰安历史纪年》、《中共泰安历史大事记》、《相邀泰山——泰山国际登山节掠影》等档案资料汇编25种400多万字。利用档案举办了“烽火泰安—抗日战争胜利60周年回顾展”、“泰山国际登山节回顾展”等。（庞岱民）

泰安市城建档案馆 现址东岳大街40号，邮编271000，馆长杨斌，电话（0538）8227479、8206372。成立于1990年，是集中统一保管城市规划区域内城建档案资料的专门档案馆。2004年晋升省一级档案馆。建筑面积981.2平方米，库房面积440平方米。现有馆藏资料21437卷。编写了城市简介、数字汇集、档案指南、文件汇编、专题汇编、利用实例汇编等编研材料。（陈迎）

泰山区档案馆 现址区委院内，邮编271000，馆长贾法桂，电话（0538）8224681、8337666。创建于1959年，是集中保管全区各机关、团体、企事业单位档案的基地，设立了现行文件阅览室。2005年晋升省二级档案馆。建筑面积1400平方米，库房面积710平方米。馆藏档案61714卷，资料12410册。对区属企业改制、产权变动档案、婚姻档案、公证档案、“非典”档案等专门档案和重大活动档案接收进馆。编写了《泰山区物产》、《泰山文史丛考》、《岱下集》等史料300余万字。

（于冉冉）

岱岳区档案馆 现址泰山大街区政府大楼，邮编271000，馆长杨中东，电话（0538）8568019、8566985。成立于1985年，1995年晋升省三级档案馆。总面积1070平方米。馆藏档案24604卷，5703件。参与了《岱岳区志》、《泰安市郊区组织史资料》、《泰安市郊区党史大事记》、《泰安市郊区大事记》等资料的编写工作。（程建民）

宁阳县档案馆 现址府前街4号，邮编271400，馆长杨吉贺，电话（0538）5621159、5620059。成立于1959年，是集中统一保管县直各机关、团体、企业事业单位档案资料的国家综合档案馆，县级爱国主义教育基地。1998年晋升省一级档案馆。1999年被评为全省档案系统先进集体和全省农业农村档案工作先进单位。2003年至2006年连续被考核为省一级档案馆。建筑面积1100平方米，库房面积700平方米。现馆藏档案资料8.6万卷（册），其中资料1.5万册。馆藏档案资料历史跨度400余年，最早的是明清档案，多数是建国以后的档案。已收集宁阳大枣、蟋蟀、种子等特色档案。馆藏所有全宗档案资料案卷级目录、文件级目录、人名专题目录实现数字化，数据采集210万条目。编辑《宁阳县档案馆指南》、《档案工作指南》、《宁阳县大事记》等档案资料汇编30多种、900多万字。（李光）

东平县档案馆 现址东平镇龙山大街019号，邮编251700，馆长蔡俊山，电话（0538）2821913、2826689。成立于1962年，是集中统一保管县级机关、团体、企事业单位档案资料的国家综合档案馆，建立了已公开文件阅览室。2006年晋升省一级档案馆。建筑面积1200平方米，库房面积633平方米。馆藏档案资料5.4卷（册），其中资料1.1万册（件）。馆藏资料最早的清道光年间的《东平州志》。征集了部分清末、民国时期契约、建国初期土地房产证等档案资料。已建立馆藏档案全宗级目录数据库。编印了《东平县人民政权》、东平县农业自然灾情、东平县教育事业发展、东平县党史、东平县大事记等资料39种，1327.7万字。（梁兴众）

新泰市档案馆 现址开拓路西首，邮编271200，馆长宋吉璞，电话（0538）7222925、7231695。成立于1984年，是集中统一保管市级党政机关、团体、事业单位档案资料的国家综合档案馆，山东省一级档案馆。总建筑面积1660平方米，库房面积300平方米。馆藏档案资料11万卷册，其中资料22000册。馆藏年代最久远的是清光绪十七年(1891年)的《新泰县志》。接收了文化艺术名人、全国名家书法作品邀请展作品、天宝樱桃、楼德煎饼、沈家庄黄花菜等特色档案。（吴兆云　冯明科）

肥城市档案馆　现址龙山路30号，邮编271600，馆长李国民，电话(0538)3228667、3228719。成立于1960年3月，是集中统一保管市直机关、团体、企事业单位档案资料的国家综合档案馆，爱国主义教育基地，建立了现行文件阅览室。1999年晋升省一级档案馆。2003年被授予全国档案系统先进集体称号。总建筑面积1223平方米。馆藏档案74668卷(册)，资料31025册。档案目录级数据200万条，重要全宗原文数据100万页。（姜新）

威海市档案馆　现址统一路角山巷6号，邮编264200，馆长张建国，电话(0631)5223954、5231116。成立于1958年，是集中统一保管市级机关、团体、企事业单位档案资料的国家综合档案馆，市级爱国主义教育基地、市行政审批服务窗口、现行文件阅览中心。2004年晋升省特级档案馆。总建筑面积3700平米，库房建筑面积1800平米。馆藏档案87357卷，资料17632册。1998年以来连续五次出国查档，征集到大批英租威海卫历史档案、历史照片和图书资料。现已发表研究文章数十篇、出版历史专著多部、制作电视专题节目数十部(集)、举办历史展览多期。实现了全部馆藏档案数字化，在全省率先开展了创建数字化档案室活动。（梁延秀）

威海火炬高技术产业开发区档案馆　现址文化西路288号，邮编264209，馆长郭强清，电话(0631)5629185、5621450。成立于1992年，是集中统一管理区机关、事业单位档案资料的国家综合档案馆。2006年晋升省特级档案馆。总建筑面积800平方米，其中库房面积500平方米。馆藏档案资料21460卷(件)。（孙建英）

威海经济技术开发区档案馆　现址青岛中路48号，邮编264205，馆长孙浩，电话(0631)5986100。成立于1994年，是集中统一保管区机关、团体、企业事业单位档案资料的国家综合档案馆，爱国主义教育基地。2005年晋升省一级档案馆。总建筑面积1600平方米，库房面积1200平方米。馆藏档案达25000余卷。（孙浩）

环翠区档案馆　现址威海市新威路75号，邮编264200，电话(0631)5224236，馆长林琳，电话(0631)5221864。成立于1991年。1994年被评为省一级先进馆，1999年被评为“山东省档案工作先进集体”，2003年被评为“山东省档案系统先进集体”、“山东省档案宣传工作先进单位”。馆库总面积为306平方米。馆藏各类档案22014卷，图书资料7993册。利用馆藏档案编写了《威海市环翠区大事记》、《档案和家》等共计30种362万字的编研材料。建立了完善的档案检索体系，并建立了22万条档案目录数据库和40万页档案原文数据库，在威海市率先建立了环翠档案信息网。分别在2006年和2007年利用馆藏家庭档案和资料，举办了“环翠区家庭档案展”和“环翠区家庭档案巡回展”。从2006年开始开展了“城乡记忆工程”，采用拍摄照片、录像片并收集相关的文字资料等方式，全面、真实、客观地记录城乡的发展变化历程，现在已经完成了全区3个居委会、2个镇的拍摄工作并将光盘接收入馆。

文登市档案馆　现址文山路30号，邮编264400，馆长鞠向明，电话(0631)8451643。成立于1958年，是集中保管市级机关、团体、企事业单位档案资料的国家综合档案馆，是现行文件阅览中心，爱国主义教育基地。2005年晋升省特级档案馆。总面积1131平方米，库房面积646平方米。馆藏档案资料8.5万卷，其中资料2.7万册。（王钦璞　刘芳）

荣成市档案馆　现址府前街9号，邮编264300，馆长鞠志强，电话(0631)7562957、7566086。成立于1958年，是国家综合档案馆，爱国主义教育基地。2004年晋升省特级档案馆。总建筑面积2400平方米,库房面积640平方米。馆藏档案6万卷(册),资料2.2万册,历史跨度300余年。建立了档案网站。

（周明法）

乳山市档案馆 现址文化街28号,邮编264500,馆长宋文臣,电话(0631)6622447、6622847。成立于1962年,是集中统一保管市级机关、团体、事业单位档案资料的国家综合档案馆,爱国主义教育基地。1991年被授予全国档案系统先进集体称号。2006年晋升省特级档案馆。总建筑面积1020平方米,库房面积560平方米,馆藏档案资料52978卷、22901件。已建成馆藏文件级目录数据库。编辑出版了《血染马石山》一书。（王健）

日照市档案馆 现址烟台路203号,邮编276826,馆长梁作芹,电话(0633)8776291、8778918。1959年成立,是集中统一保管市直机关、团体、企事业单位档案资料的国家综合档案馆,爱国主义教育基地,市政府指定的行政规范性文件查阅场所。省一级档案馆。总建筑面积5700平方米,库房面积1000平方米。馆藏档案资料12.6万卷(册),其中资料2.3万册。已将创建国家卫生城、保持共产党员先进性教育活动、日照茶博会等档案资料接收进馆。编辑了《市级领导活动汇编》、《开拓创新跨越发展》、《走向开放服务社会》、《馆藏珍贵照片集锦》、《现行文件汇编》、《日照市全国劳动模范简介》等十余种材料。

（张传满）

日照港(集团)有限公司档案馆 现址黄海一路109号,邮编276826,馆长车玉芹,电话(0633)8382562、8382242。成立于1987年,负责全港各类档案的收集整理、安全保管和提供利用工作。1991年晋升为国家一级档案管理企业。2004年晋升省特级档案馆。2005年被授予省开发利用档案信息资源成果先进集体称号。总建筑面积1200平方米,其中库房面积507平方米。馆藏档案资料12.48万卷(册/张),底图59922张。已建成数字档案馆。编辑了《日照港历任领导情况简介》、《日照港码头泊位情况介绍》、《日照港口大事记》、《日照港机构沿革》、《重要文件目录汇编》、《日照港职工代表大会专题介绍》、《日照港获地市级以上荣誉汇编》等资料。

东港区档案馆 现址山东省日照市海曲中路19号,邮编276800,馆长庞维斌,电话:(0633)8253362,成立于1996年7月9日,建成于2005年10月,馆建筑面积1800平方米,其中库房面积114平方米。馆藏档案6424卷2678件,馆藏资料71册。网址:www.dgda j.net/index.asp。

岚山区档案馆 现址岚山区轿顶山路,邮编276807,馆长张秋生,电话(0633)2611311,成立于2006年8月,馆建面积100平方米,库房面积70平方米。馆藏档案共有1个全宗,1603卷,300件。电子信箱:lsdag@163.com。

日照经济技术开发区 日照市天津路99号日照经济开发区机关综合办公大楼。邮编:276826,馆长于峰,电话:8352820。成立于1994年1月,馆建筑面积:60平方米。馆藏文书档案1252卷10058件。会计档案502卷;183册。实物档案73件。照片档案23册;1172张。录音录像档案33盘。电子文件2365件。

五莲县档案馆 现址人民路19号,邮编262300,馆长李曰军,电话(0633)5213365、5231087。成立于1959年,是集中统一保管全县机关、团体、企事业单位档案资料的国家综合档案馆,爱国主义教育基地,现行文件服务中心。1995年晋升省一级档案馆。总建筑面积1183平方米,其中库房面积581平方米。馆藏档案资料56361卷(册),其中资料14055册。征集第四届国际金瓶梅学术讨论会有关金学研究史料、克鲁普斯卡娅国际扫盲奖牌、证书等档案资料进馆。编辑出版了《魅力兰台》、《档案管理考核》、《档案信息化建设与规范标准》、《五莲县扫盲工作材料汇编》等资料。

（钊守亮）

莒县档案馆 现址浮来中路9号，邮编276500，馆长吴玉琳，电话(0633)6222018、6206098。成立于1959年，是集中统一保管县级机关、团体、企事业单位档案资料的国家综合档案馆，爱国主义教育基地，现行文件服务中心。1997年晋升省一级档案馆。总建筑面积1200平方米，库房面积600平方米。馆藏档案42074卷，资料12530册。（杨全文）

莱芜市档案馆 现址文化北路1号，邮编271100，馆长徐勤君，电话(0634)6226594、6233356。成立于1960年，是集中保管市直机关、团体、企事业单位档案资料的国家综合档案馆，爱国主义教育基地。2000年晋升省一级档案馆。总建筑面积3800平方米。馆藏档案资料81375(卷)册，其中资料17680册。已建立了14个机读档案资料目录数据库，拥有目录485701条。编辑出版档案史料42种359.27万字。（左玉倩）

莱城区档案馆 现址莱芜市凤城西大街148号，邮编271100，馆长陈培富，(0531)6110067、6114983。成立于1995年，是国家综合档案馆，爱国主义教育基地，现行文件服务中心。馆库房面积260平方米。馆藏档案15000卷(册)，其中资料800册。（赵琴）

钢城区档案馆 现址莱芜市府前大街，邮编271104，馆长康颂国，电话(0634)6881920。成立于1994年，是集中统一保管区级机关、团体、企事业单位档案资料的国家综合档案馆，爱国主义教育基地，区政府指定的现行文件查阅中心。总建筑面积548平方米，其中库房面积306平方米。馆藏档案资料1.8万卷(册)，其中资料0.6万册。已将防治“非典”工作档案、小城镇建设档案等档案资料收集进馆。已建成馆藏全宗级目录数据库。（张玉华）

临沂市档案馆 现址金雀山路53号，邮编276001，馆长胡爱军，电话(0539)8327941、8120202。馆最早成立于1958年，是集中统一保管市直机关、团体、企事业单位档案资料的国家综合档案馆，爱国主义教育基地，文档信息服务中心。2005年晋升省特级综合档案馆。总建筑面积4800平方米，库房面积1505平方米。馆藏档案100791卷(件)，资料2.5万余册。已接收进馆、李少言、柳成行、王鸿祯、徐叙瑢、薛其坤、薛群基、王火等名人档案资料。建立了馆藏全部档案约70.2万条的机读目录数据库。编辑出版了《临沂古今名人事略》、《临沂历代灾情史录》、《临沂历史上的今天》、《走进临沂》、《临沂批发城指南》等编研资料。举办了“馆藏珍品展”、“珠算史料展”、“临沂市改革开放20周年成就展”、“临沂市庆祝建国五十周年成就展”、“临沂市档案事业成就展”、“爱我沂蒙展”、“红色之旅”雕塑展等。

临沂市城建档案馆 现址红旗路73号，邮编276003，馆长刘志文，电话(0539)8227882、8232379。成立于1990年，是集中保管全市城市建设档案的专门档案馆。现有库房面积1500平方米。馆藏档案3.6万余卷(张)。

兰山区档案馆 现址临沂市考棚街7号，邮编276002，馆长宋芳，电话(0539)8198308。成立于1960年，是爱国主义教育基地，现行文档信息服务中心。2002年晋升省一级档案馆。总建筑面积1191平方米，其中馆库面积766平方米。馆藏档案41891卷，资料12293件(册)。已建成区档案网站。（陈臣）

罗庄区档案馆 现址临沂市湖北路，邮编：276017，馆长徐攀，电话(0539)8246011、8246749。成立于1995年，库房面积60平方米，馆藏档案1万余卷，

河东区档案馆 现址临沂市府前街1号，邮编276034，电话(0539)8388803。成立于1995年，是集中统一保管区机关、团体、企业事业单位档案资料的国家综合档案馆，现行文件服务中心。2005年晋升省二级档案馆。馆库房面积60平方米。馆藏档案资料6076卷(册)，其中资料500余册。编辑出版了《中共河东区组织史资料》、《中共河东区党史大事记》、《临沂市河东区政协志》等资料约100

万字。

沂南县档案馆 现址人民路40号，邮编276300，馆长李先国，电话(0539)3221053、13153931796。成立于1962年，是集中统一保管县机关团体、企事业单位档案资料的国家综合档案馆，爱国主义教育基地，县委、县府指定的行政规范性文件查阅场所。1995年晋升省一级档案馆。总建筑面积为1068平方米，其中库房面积706平方米。馆藏档案113009卷(件)，资料16383册。已收藏《山东各界联合大会会刊》、《诸葛亮研讨会文集》、《北寨汉墓拓片》、《向导报》等珍贵的历史资料。已录入档案文件目录28万条。编辑了《沂南旅游指南》、《沂南科技人才库》、《沂南县第十四届人民代表大会第二次会议文件汇编》、利用档案实例汇编、档案馆大事记等资料。

郯城县档案馆 现址团结路11号，邮编276100，馆长潘志民，电话(0539)6221025、6118019。成立于1960年1月，是集中统一保管本县档案资料的国家综合档案馆，爱国主义教育基地，已公开现行文件提供利用中心。2002年晋升省一级档案馆。总建筑面积1070平方米，库房面积600平方米。馆藏档案资料5.8万卷(册)，其中资料1.1万(册)。编有《郯城县银杏志》、《郯城县自然灾害简史》等资料。

(马维平)

沂水县档案馆 现址沂水镇正阳路15号，邮编276400，馆长张曰团，电话(0539)2251315、2252818。成立于1960年，是集中统一保管机关、团体、企事业单位档案资料的国家综合档案馆，爱国主义教育基地、文档信息服务中心。2004年晋升为省特级档案馆。总建筑面积2200平方米，库房面积800平方米。馆藏档案资料6.7万卷(册)。已建成馆藏档案案卷级目录数据库，输入文件级目录40余万条。建立了“沂水档案”网站。编写《沂水县灾情资料汇编》、《沂水县建国以来历次机构改革情况简介》等资料280余万字。(王盛)

苍山县档案馆 现址念桥路，邮编277700，馆长冯秀丽，电话(0539)5211487。成立于1960年，是集中统一保管县级机关、团体、企事业单位档案资料的国家综合档案馆，爱国主义教育基地，县政府指定的行政规范性文件查阅场所，2004年晋升省一级档案馆。总建筑面积800平方米，库房面积400平方米。馆藏档案31058卷(册)。已将县政府行政大楼的启用、东泇河两岸的改造工程、在苍山县召开的第四届中国(临沂)农业博览会等档案资料收集进馆。已建成馆藏全宗级目录数据库。编辑出版《苍山县档案馆指南》、《苍山县自然灾害记实》、《山东南菜园》、《苍山县重大事件汇编》等，并参与编写了《中共苍山县组织史资料》、《苍山县大事记》，共计112.2万字。

(郑存祥)

费县档案馆 现址政通路3号，邮编273400，馆长刘振忠，电话(0539)5222903、5223381。成立于1963年，是集中统一保管机关、企事业单位档案资料的国家综合档案馆，爱国主义教育基地，县政府指定的行政规范性文件查阅场所。2002年被评为省档案系统先进集体。2004年晋升省一级档案馆。总建筑面积1593平方米，库房面积630平方米。馆藏档案资料60457卷(册)，历史跨度为372年。

平邑县档案馆 现址莲花山路15号，邮编273300，馆长陈山坤，电话(0539)4211884。于1962年建立，是集中统一保管县机关、团体、企业事业单位档案资料的国家综合档案馆，爱国主义教育基地，现行文件咨询服务中心。2002年晋升省一级档案馆。2003年被省档案局授予省档案工作先进集体称号。建筑面积为1100平方米，库房利用面积为700平方米。馆藏档案资料64815卷(册)，10092件，其中资料14623册。已将防治“非典”工作、保持共产党员先进性教育活动、创建文明城市等档案资料接收进馆。已建成馆藏文件级目录数据库。编辑《中共平邑县委组织史资料》、档案馆指南等资料40种600万字。举办了“辉煌平邑”、“爱国主义教育展览”等展览。

（冯慧敏）

莒南县档案馆 现址华鲁街51号，邮编276600，电话(0539)7212298。成立于1959年3月。是爱国主义教育基地，设有现行文档服务中心。1991年晋升省二级档案馆。编辑了《莒南县档案馆指南》、《莒南灾情史》、《历史的一页》、《莒南县村级组织史资料》等资料33种。

蒙阴县档案馆 现址蒙山路79号，邮编276200，馆长李宗滋，电话(0539)4271336、4271336。成立于1960年，是集中统一保管县机关、团体、企业事业单位档案资料的国家综合档案馆，爱国主义教育基地，现行文件服务中心。2000年晋升省一级档案馆。总建筑面积1100平方米，其中库房面积440平方米。馆藏档案资料74451卷(册)，其中资料14394册。馆藏档案案卷目录和文件级目录已全部计算机著录。已建立了档案馆信息网站。编辑出版《中共蒙阴县组织史资料》、《中共蒙阴县党史大事记》等资料20余种300万字。2006年获省档案宣传工作先进单位、省档案资源建设年活动先进单位称号。

临沭县档案馆 现址沭新路文化广场东南角，邮编276700，馆长陈德兴，电话(0539)2132363、2132393。成立于1961年，设有现行文件服务中心，爱国主义教育基地。2003年晋升省一级档案馆。总建筑面积1138平方米，其中库房面积520平方米。馆藏档案资料78810卷册，其中资料8879册。

（张教霞）

德州市档案馆 现址湖滨中大道1299号，邮政编码253000，馆长牛玉胜，电话(0534)2327535、2327810。成立于1963年，是集中统一保管市级机关、团体、企事业单位档案资料的国家综合档案馆，行政规范性文件查阅场所。1994年晋升省二级档案馆。总建筑面积528平方米，其中库房面积248平方米。馆藏档案87264卷(件、册)，其中资料12821册。馆档案资料的历史跨度200余年。已将胡耀邦、李鹏、朱镕基等党和国家领导人视察工作照片、谈话记录及题词、防“非典”工作、保持共产党员先进性教育活动等档案资料收集进馆。编辑了《德州地区档案工作纪实》、《德州地区县市建置沿革汇编》、《德州史话》等30种材料150万字。举办了“血与火的记忆——纪念抗日战争胜利60周年图片展”。（隋桂婷）

德州市城建档案馆 现址青龙街69号，邮编253020，馆长王子云，(0534)2671112、2671111。成立于1987年，负责接收和保管在城市建设活动中形成的具有保存价值的档案材料的专门档案馆。2000年晋升国家一级城建档案馆。2005年晋升省一级档案馆。总建筑面积2008平方米，其中库房面积800平方米。馆藏档案资料34953卷(册)，资料500册。建立了城建档案管理信息系统。编辑出版了《德州市城建档案馆指南》、《德州市建设纪实》等资料。编辑制作了65部电视专题片。举办了三期档案展览。（宋兆池）

德城区档案馆 现址德州市东方红路48号，邮编253012，馆长聂兴一，电话(0534)2671726、2671725。成立于1980年，是集中统一保管区级机关、团体、企业事业单位档案资料的国家综合档案馆，建立了档案文件服务中心。2004年晋升省一级档案馆。总建筑面积700平方米，其中库房面积326平方米。馆藏档案资料52686卷(册)，其中资料25596册。馆藏档案资料的历史跨度219余年。保存年代最早的是清乾隆五十三年编修的《德州志》。已将防治“非典”工作，第九、十届德州市商贸洽谈会等档案资料收集进馆。已建成全宗级目录数据库。编辑出版《古邑史踪》近10万字。（刘岩）

陵县档案馆 现址陵城镇政府街156号，邮编253500，馆长赵守新，电话(0534)8221021。总建筑面积1188平方米，库房面积607平方米。馆藏档案36873卷，资料13474册。2003年成立现行文件服务中心。

（郝福玲）

宁津县档案馆 现址中心大街189号，邮编253400，馆长王学英，电话(0534)5221723。1959年建立，是集中统一保管县直机关、团体、企事业单位档案资料的国家综合档案馆，现行文件查阅中心。1991年被授予省档案系统先进集体。2004年晋升省一级档案馆。总建筑面积1370平方米，库房面积652平方米。馆藏档案43239卷8128件，资料14988册。已建成馆藏文件级目录数据库、照片档案目录数据库、实物档案数据库。出版了《山东宁津书画家作品集锦》。 (柴学燕)

庆云县档案馆 现址光明路1369号，邮编253700，局馆长王立广，电话(0534)3321101。成立于1959年，是集中统一保管县级机关、团体、企事业单位档案资料的国家综合档案馆。2004年晋升为省二级档案馆。总建筑面积1200平方米，库房面积510平方米。馆藏1945－2002年58个全宗的文书档案14101卷，资料近1万册。

临邑县档案馆 现址苍圣大街署前路1号，邮编251500，馆长魏灵，电话(0534)4221048、2141800。成立于1958年，是集中统一保管机关、团体、企事业单位档案资料的国家综合档案馆，爱国主义教育基地，县政府指定的现行文件查阅中心。2004年晋升省特级档案馆。总建筑面积1182平方米，库房面积516平方米。馆藏档案资料55858卷(册)，其中资料10357册。保存最早的有清朝光绪年间《来禽馆集》、《大清帝国全图》、《德平县志》等资料。已征集到了地方特色档案有“中国临邑槐花节”、《一沟沟》、“秧歌词”、《邢氏家乘》等。建立了档案信息网站。编辑《临邑县档案馆指南》、《临邑县著名人物简介》、《临邑县名胜与民间习俗》等资料17余种。利用档案举办了“光辉历程”、“在希望的田野上”、“我的家园我来建”等展览。 (夏维波)

齐河县档案馆 现址齐鲁大街187号，邮编251100，馆长刘承柱，电话(0531)5322115。成立于1959年，是集中保管存放县级档案的国家综合档案馆，设立了现行文件阅览中心。2005年晋升省一级档案馆。总建筑面积1578平方米，库房面积778平方米。馆藏档案24482卷、2432件，资料12159册。

平原县档案馆 现址县城内，于1959年正式建立，是保管县直机关、企事业单位档案资料的国家综合档案馆。总建筑面积1060平方米，库房面积600平方米。馆藏档案51910卷，资料12048册。

夏津县档案馆 现址南城街252号，邮编253200。始建于1959年3月。建筑面积1274平方米，库房669平方米。馆藏档案35072卷，资料26000册。

武城县档案馆 现址振华街，邮编253300，馆长马宗琦，电话(0534)6211205。成立于1961年，是集中保存、管理档案的综合档案馆，现行文件服务中心。建筑面积2300平方米。馆藏档案25880卷。

乐陵市档案馆 现址湖滨东路，邮编253600，馆长王常青，电话(0534)6268311、6268313。成立于1958年，是集中统一保管市级机关、团体、企事业单位档案资料的国家综合档案馆，设立了现行文件阅览中心。2002年被评为省宣传工作先进单位。总建筑面积300平方米，库房面积200平房米。馆藏档案资料32346卷(件)，其中资料8120册。编制了《乐陵县志》、《乐陵组织史》、《报刊摘编》、《民营经济工作汇编》等资料10余种。建立了档案馆网站。

禹城市档案馆 现址禹城市内，邮编251200。建筑面积1184平方米，库房面积540平方米。馆藏档案资料50261卷(册)，其中档案34826卷。

聊城市档案馆 现址东昌东路101号，邮编252000，馆长杨兴成，电话(0635)8262321、8262313。成立于1959年，是集中统一保管市级机关、团体、企事业单位档案资料的国家综合档案馆，市委、市政府指定的现行文件查阅利用场所。2005年晋升省一级档案馆。总建筑面积1363平方米，库房面积590平方米。馆藏档案资料90500卷（册），其中资料2.22万册。馆藏档案资料的历史跨度达480余年。保存年代最早的是明代正德年间的志书。建立了档案信息网站。编辑出版了《聊城地区档案志》、《聊城地区档案馆指南》、《中共聊城地区（市）组织史资料》、《聊城历史大事记》等。

东昌府区档案馆 现址聊城市红星街23号，邮编252000，馆长付士杰，电话（0635）8413025、8413027。成立于1959年，是集中统一保管区机关、团体、企事业单位档案资料的国家综合档案馆，爱国主义教育基地，区委、区政府指定的现行文件阅览中心。1999年晋升省一级档案馆。总建筑面积1557平方米，库房面积650平方米。馆藏档案34647卷，资料23028册；录音录像档案18盘。已将防治“非典”工作、保护共产党员先进性教育活动等档案资料收集进馆。建立了档案信息网。

阳谷县档案馆 现址大众街14号，邮编，252300，馆长魏淑逵，电话（0635）6212915。始建于1958年，是集中统一保管县级机关、团体、企事业单位档案资料的国家综合档案馆，爱国主义教育基地，省一级档案馆。总建筑面积530平方米，库房面积385平方米。馆藏档案28910卷，资料10853册。

莘县档案馆 现址振兴街，邮编252400，馆长贾刚，电话（0635）7312796。成立于1963年，是集中保管全县档案资料的国家综合档案馆。馆藏档案资料36555卷册，其中资料8968册。馆藏档案历史跨度95年。编辑《莘县党史资料》、《莘县志》，计102.7万字。

茌平县档案馆 现址中心街182号，邮编252100，馆长刘淑琴，电话（0635）4276377、4276376。成立于1959年，是集中保管县级机关、团体、企事业单位档案资料的国家综合档案馆，爱国主义教育基地。2004年晋升省二级档案馆。建筑面积972平方米，库房面积456平方米。馆藏档案19278卷（册）。

（常芊）

东阿县档案馆 现址文化街143号，邮编252200，馆长邢宪庆，电话（0635）3289037。建于1963年，是全县党政机关、社会团体和企事业单位档案的保存基地。2004年晋升省二级档案馆。总建筑面积960平方米，库房面积630平方米。馆藏档案19986卷，资料12196册。已将“三讲”工作、喜鹊之乡、梵呗文化节等档案资料收集进馆。编辑出版了《中共东阿县组织史料》、《中共东阿县党史大事记》、《中共东阿县地方史》、《东阿县志》等资料。

冠县档案馆 现址红旗北路109号，邮编252500，馆长徐芙蓉，电话（0635）5236144。成立于1959年，是集中统一保管全县机关、团体、企事业单位档案资料的国家综合档案馆，爱国主义教育基地。2005年晋升省一级档案馆。2006荣获省档案资源建设年活动先进单位称号。总建筑面积1001平方米，库房面积473平方米。馆藏档案资料3.2万卷（册），5162件。已将防治“非典”工作、第三次全国武训精神研讨会等档案资料收集进馆。已经开通档案信息网。（张晓莉）

高唐县档案馆 现址金城路73号。邮编252800，馆长张道建，电话（0635）3951143。始建于1959年，是集中统一保管县机关、团体、企事业单位档案资料的国家综合档案馆，爱国主义教育基地。2005年晋升省一级档案馆。总建筑面积1200平方米，库房面积517平方米。馆藏档案23769卷，资料13752册。

临清市档案馆 现址龙华街5号，邮编252600，馆长赵子辉，电话（0635）2325129。成立于1959年，是集中统一保管市级机关、团体、企事业单位档案资料的国家综合档案馆，爱国主义教育基地，行政规范性文件查阅场所。总建筑面积1249平方米，库房面积620平方米。馆藏档案资料50900卷（册），其中资料12600册。馆藏档案资料的历史跨度300余年。保存年代最早的是清雍正年间的地契档案。

滨州市档案馆 现址黄河五路385号，邮编256603，馆长吕耀英，电话(0543)3162012、3162038。成立于1963年1月，是集中保管市级机关、团体、企事业单位档案资料的国家综合档案馆，爱国主义教育基地，市政府指定的行政规范型文件查阅场所。1992年晋升省三级档案馆。2003年被授予省档案系统先进集体称号。总建筑面积10919平方米，库房面积1800平方米。馆藏档案资料28.3万卷(件、册、幅)，其中资料3.3万册(件、幅)。馆藏档案资料的历史跨度300年。保存年代最早的是明代志书资料。已建成馆藏全宗级目录数据库。编辑出版《滨州市档案馆指南》、《滨州市档案志》、《名人事略》、《滨州市重要文件汇编》、《滨州市劳模名录》、《滨州市拔尖人才名录》等资料52种325万字。 (冯金英)

滨州市城建档案馆 现址黄河五路531号，邮编256613，馆长李玉凤，电话(0543)3221148。2006年晋升省一级档案馆。1996年、2001年被评为省城建档案工作先进单位。馆库面积200平方米。馆藏档案9950卷、资料136册。 (孙海燕)

滨城区档案馆 现址黄河六路532号，邮编256600，馆长王宝众，电话(0543)3327083、3312212。成立于1986年，是国家综合性档案馆，区政府指定的行政规范性文件查阅场所、爱国主义教育基地。2005年晋升省一级档案馆。总建筑面积为1054平方米，库房面积为375平方米。馆藏档案21658卷，资料19080册。 (王之英)

惠民县档案馆 现址县府前街1号，邮编251700，馆长张惠平，电话(0543)5326905、13905437786。成立于1958年，是集中统一保管县机关、团体、企事业单位档案资料的国家综合档案馆，建立了现行文件服务中心。2004年晋升省一级档案馆。总建筑面积为1231平方米，库房面积636平方米。馆藏档案46563卷(册)，资料10641册(本)。已著录文件级目录5万余条。编辑出版《古邑沧桑——惠民县历史图片集》、《中共惠民地方史》等资料44种143.4万字。 (武伟军 张惠平)

阳信县档案馆 现址阳城四路663号，邮编250018，馆长崔福利，电话(0543)8232600、8232615。是集中统一保管县级机关、团体、企事业单位档案资料的国家综合档案馆，爱国主义教育基地，现行文件服务中心。2004年晋升省一级档案馆。总建筑面积400平方米，库房面积102平方米。馆藏档案2.3万卷(册)，资料1.2万册。 (张彪)

无棣县档案馆 现址府前大街，邮编251900，馆长盖为民，电话(0543)6329242。成立于1958年，省一级先进档案馆，爱国主义教育基地。建筑面积1500平方米。现存档案资料6万余卷(册)。征集了著名旅美书画家李山、建筑设计大师张镈的个人生平及作品资料，成立了“李山美术馆”、“张镈纪念馆”两个名人档案馆。 (穆天勇)

沾化县档案馆 现址富城路363号，邮编256800，馆长姜延美，(0543)7321448、15805432077。始建于1958年，是县爱国主义教育基地，设立了现行文件服务中心。1996年晋升省一级档案馆。1995年、1999年被授予省档案系统先进集体称号。总建筑面积1270平方米，馆库面积560平方米。馆藏档案47300卷册。 (于金花)

博兴县档案馆 现址博城五路339号，邮编256500，馆长郑振清，电话(0543)2321778。始建于1958年，是县机关、团体、企事业单位档案资料的保管基地，县级爱国主义教育基地，设立了现行文件服务中心。2004年晋升省一级档案馆，获得省级档案系统先进集体。总建筑面积1400平方米，库房552平方米。馆藏档案28384万余卷，资料2万余册。出版了《博兴县档案馆指南》、《博兴县档案馆珍藏》等资料。 (夏桂芹)

邹平县档案馆 现址鹤伴一路，邮编256200，馆长李维进，电话(0543)4351077、4351091。始建于1960年，是县级综合档案馆，爱国主义教育基地，建成了现行文件服务中心。1999 年晋升省一级档案馆。总建筑面积 5300 平方米,库房面积 1000 平方米。馆藏档案 5.4 万卷(件),资料 2.5 万册。建成馆藏全部目录级和部分文件级数据库。出版档案史料汇编 40 多种 2000 多万字。

(吴敬仰)

菏泽市档案馆 现址中华路 1389 号,邮编 274033,馆长梁振坤,电话(0530)5333013、5320801。成立于 1959 年,是集中统一保管市级机关、团体、企事业单位档案资料的国家综合档案馆,爱国主义教育基地,设立了现行文件服务中心。1996 年晋升省一级档案馆。总建筑面积 1100 平方米,库房面积 500 平方米。馆藏档案资料 87672 卷册,其中资料 17918 册。馆藏档案的历史跨度 260 多年。保存年代最久远的是清朝时期的《定例续编》。征集了牡丹栽培、牡丹品种、菏泽国际牡丹花会活动及书画界名人、书画作品等档案进馆。编辑出版了《花乡京九歌》、《菏泽文化大揽》、《菏泽自然灾害大事记》、《菏泽档案工作记实》等资料。举办了"新老照片展"、"抗战胜利 60 周年图片展"等展览。

牡丹区档案馆 现址荷泽市中华西路,邮编 274000,馆长晁岱生,电话(0530)5928926、5928973。成立于 1957 年,是集中统一保管区机关、团体、企事业单位档案资料的国家综合档案馆,爱国主义教育基地。1991 年晋升省三级档案馆。总建筑面积 1080 平方米,档案库房面积 750 平方米。馆藏档案资料 80587 卷(册),其中资料 20542 册。建立了文件级目录数据库。编辑出版了《菏泽名胜》、《菏泽名人》、《菏泽名产》档案局(馆)大事记等资料 9.65 万字。

曹县档案馆 现址府前路,邮编 274400,馆长方彤,电话(0530)6211039。成立于 1959 年,是集中统一保管县级机关、团体、企事业单位档案资料的国家综合档案馆。1998 年晋升省二级档案馆。建筑面积 160 平方米,库房面积 100 平方米。馆藏档案 34805 卷册。

定陶县档案馆 现址陶朱公大街,邮编 274100,馆长刘杰,电话 13954089376。1963 年成立,是青少年教育基地,设立了现行文件服务中心。2006 年晋升省一级档案馆。2003 年获省档案系统先进集体称号。2006 年省档案资源建设年活动先进集体和省档案宣传工作先进单位称号。建筑面积 1378 平方米,库房面积 741 平方米。馆藏档案 32705 卷、971 件,资料 11477 册。征集了《定陶采风》、《商祖范蠡》、《曹国王陵仿山》、《曹氏族谱》、《戚氏族谱》等特色资料 90 余册。 (李国盛)

成武县档案馆 现址文亭街 143 号,邮编 274200,馆长梁运河,电话(0530)8622883。成立于 1959 年,是保管全县各机关、团体、企事业单位档案资料的国家综合档案馆,青少年爱国主义教育基地,设立了现行文件服务中心。1993 年晋升省三级档案馆。2004—2006 年获省档案宣传工作先进单位荣誉称号。总建筑面积 1082 平方米,库房面积 533 平方米。馆藏档案 30226 卷,资料 6313 册。

(梁运河 郭超萍)

单县档案馆 现址县委院内,邮编 274300,馆长段付华,电话(0530)4661919。成立于 1959 年,是集中统一保管县级机关、团体、企事业单位档案资料的国家综合档案馆,爱国主义教育基地。馆库房面积 200 平方米。馆藏档案资料 23000 卷册,其中资料 6000 卷册。编写了《单县三千年灾情纪实》等资料。

巨野县档案馆 现址古城街 114 号,邮编 274900,现任馆长肖志方,电话(0530)8221001、13583032848。1999 年被评为省档案工作先进集体,2003 年被评为省档案系统先进集体,2005 年被评为省档案宣传工作先进单位。总建筑面积 324 平方米,库房面积 158 平方米。馆藏档案 20464 卷、1677 件,资料 7641 册。 (朱晓光)

郓城县档案馆 现址临城路 10 号,邮编 274700,馆长祝玉潺,电话(0530)6523749、6524069。成立于 1958 年,是集中统一保管县级机关、团体、企事业单位档案资料的国家综合档案馆，爱国主义教育基地。1991年晋升为省三级档案馆。总建筑面积1158平方米，库房面积为494平方米。馆藏档案50000余卷(册)，资料7340余册。编辑出版了《郓城县档案馆指南》、《郓城县名人、名胜、名产荟萃》、《郓城县组织史资料》、《党旗下的郓城人》、《郓城师范志》等资料。

鄄城县档案馆 现址鄄二路北段24号，邮编274600，馆长邓忠印，电话(0530)2421237。成立于1976年，使用面积为530平方米。馆藏档案20777卷。已收集了700余人的档案资料，建立名人档案100余卷。编纂出版了《鄄城人物志》等资料。

东明县档案馆 现址曙光路21号，邮编274500，馆长潘玉东，电话(0530)7211820。成立于1958年，是集中统一保管县级机关、团体、企业事业单位档案资料的国家综合档案馆。1998年晋升省二级档案馆。总建筑面积1039平方米，库房面积450平方米。馆藏档案资料24817卷(册)，其中资料7592册(本)。馆藏档案资料的历史跨度120余年。

河 南 省

河南省档案馆 现址郑州市金水路17号省委院内，邮编450003，电话(0371)65902268，馆长王国振，电话(0371)65903558。成立于1958年。是集中保管省直机关、团体、企事业单位档案资料的国家综合档案馆。1999年晋升为国家一级档案馆。总建筑面积9000平方米，库房面积4000平方米。馆藏档案资料39万卷(册)，其中资料6.8万册。保存年代最早的是清代档案，有329卷，保存的民国档案有4.3万卷，革命历史档案7千余卷，比较齐全完整的是建国以后的档案，有27万余卷。已将防治"非典"工作、"三讲"教育活动、保持共产党员先进性教育活动、"讲正气、树新风"主题教育活动等一批重大活动的档案资料收集进馆。同时，相继开展了名人档案、名特优产品档案、党和国家领导人视察河南档案、书画档案、对外交往档案以及散存在社会的历史资料收集和征集进馆。编辑出版了《河南革命历史文件汇集》、《豫皖苏边区财经史料汇编》、《毛泽东在河南》等专题档案史料汇编37多种，近3000万字。

河南大学档案馆 现址河南省开封市明伦街85号，邮编475001，电话(0378)2860321，馆长王星麟，电话(0378)2822199。成立于2001年。省级档案管理先进单位，河南省干部档案工作先进集体。建筑面积529.2平方米，库房面积410.4平方米。馆藏档案资料53873卷(件)。在校园网建立了档案馆网页，面向公众开展档案宣传、咨询工作。建立了档案管理数据库，已输入文件级目录139834条。开发了"人事档案计算机管理软件"、"毕业生成绩中英文微机管理系统"单机版，均已投入使用。2006年校史馆出版了介绍国家级文物保护单位、河南大学近代建筑群的专著《黉宫圣殿》。编辑出版了《河南大学校史》、《河南大学忆往》、《河南大学统战八十年》等10余种文集、图片集、光盘。已征集河南大学抗战时期以及嵇文甫、赵纪彬、马可、樊粹庭等名人文字资料、照片、实物。自2002年至2006年河南大学档案馆人员出版专著3部，在《档案学研究》、《档案学通讯》、《中国档案报》、《兰台世界》等刊物发表论文74篇，科研项目获得各级奖励33项。 (于红英)

黄河档案馆 现址河南省郑州市金水路11号，邮编450003，电话(0371)66022149，馆长易成伟，电话(0371)66020263。成立于1983年。是我国为研究和治理开发黄河提供档案史料等信息资源服务的专业档案馆，是集中统一保管治黄档案资料信息的永久基地。1999年获得全国水利系统档案工作先进单位称号。2002年黄委机关晋升为国家二级档案管理单位。总建筑面积为2520平方米，其中库房面积1609.85平方米。馆藏各类档案、资料40余万卷(册)；图纸45万张。馆藏档案资料的历史跨度有几百年。保存年代最早的是明、清档案和资料，其中有明、清两代550多年间的治河典籍，历代河官的治河论著和沿河府、州、县志及金代至民国年间的治黄碑碣拓片等。加大了对档案资料的征集力度，于1986年派出两名拓裱人员，赴沿河有关省(区)45个市、县，调查拓制黄河碑碣拓片，共拓裱石刻228幅，形成治黄石刻拓片历史档案；还有计划地向国内外征集重要历史档案资料，征集了王化云等治黄先辈名人的照片与资料及1936年的河工方砖等实物档案资料。已建成并投入运用"治黄档案信息计算机管理与服务系统"，完成了馆藏档案案卷级目录数据采集工作，建立了馆藏档案资料目录数据库。编辑出版了《王化云治河文集》、《黄河的儿子——回忆王化云》、《黄河金石録》、《黄河历史研究》、《民国治黄大事记》、《黄河水利委员会组织沿革》、《黄河档案概览》、《黄河档案利用效果实例》、大型画册《王化云》。2002年，还制作了反映黄河档案面貌的大型电视纪录片《走向辉煌》等。其中《民国治黄大事记》、《黄河档案概览》及《黄河水利委员会组织沿革》等一批编研成果分别获得中国档案学会和河南省档案学会颁发的档案学优秀成果奖。

（郭丽萍　张雁　李英　许登霞）

郑州市档案馆　现址郑州市委、市政府院内，邮编450007，电话(0371)67181283，馆长贾欣营，电话(0371)67183416。成立于1959年。建筑面积3200平方米。馆藏档案资料236200卷(册)。于1996年晋升省一级标兵档案馆。已将“非典”防治工作、丙戌年黄帝故里拜祖大典、俄罗斯总统普京参观登封少林寺等重大活动档案资料收集进馆。2004年建立了名人档案库，先后征集了吴桂贤、魏巍、孙甜甜等120多位郑州籍社会各界名人的光盘、照片、实物等档案资料6274件(册)。2004年建立了视频采集系统，实现了省市重大活动的自动采编 。在建立馆藏全宗级目录数据库的基础上，全部案卷目录和部分全宗的文件级目录全部输入微机，现行文件及部分珍贵档案资料实现了全文数字化。举办了“百年郑州”展览，先后筹办了“党史党建展览”、“郑州市档案利用效果展”、“郑州建设成就摄影展”等具有一定社会影响的展览活动。编辑了《郑州市大事记》、《郑州市名优产品集》、《郑州市各种会议简介》等文献史料400多万字的编研材料。

（张魁）

中原区档案馆　现址郑州市中原区桐柏路200号，邮编450007，馆长林陆，电话(0371)67692852。成立于1985年。是区政府指定的行政规范性文件查阅场所，2003年晋升为省标二级标兵档案馆。总建筑面积300平方米。馆藏档案资料21574卷(册)。机读目录达到112560条。中原区档案信息网站已建立，有宣传、公开信息、档案查询、在线反馈几大功能。编写了区党代会、人代会、干部任免、处分、大事记等资料汇编，发挥了积极的作用。

（丁韵涛）

二七区档案馆　现址郑州市二七区政通路85号二七区政府办公楼12层，邮编450015，馆长王宪梅，电话(0371)68186043。成立于1985年。是集中统一保管区机关、团体、企事业单位档案资料的综合档案馆，2002年晋升为省一级标兵档案馆。总建筑面积1000平方米，库房面积850平方米。馆藏档案资料77605件(卷)。2005年逐步建立文件级机读目录数据库，实现区委、政府重要全宗档案和专业档案的文件级目录机检。已扫描区委、政府自1948年成立以来原始的档案资料。逐步实现档案全文信息查询。（武冬梅）

管城回族区档案馆　现址郑州市管城街47号，邮编450000，馆长蔡豫，电话(0371)66233945。成立于1985年。是市级爱国主义教育基地和区政府现行文件查阅利用中心。2000年晋升为省一级标兵档案馆，2007年晋升为省一级新标兵档案馆。建筑面积800平方米。馆藏档案资料51865卷。馆藏档案以纸质为主，并有声像、照片、实物等其它载体档案及书法、绘画、剪纸等极具观赏和收藏价值的特色珍贵档案。编纂的大型传统文化丛书《图文老郑州》先后获中国档案学会第五次档案学优秀成果档案学著作类二等奖、中国民间文学艺术著作奖二等奖、河南省社科三等奖、郑州社会科学优秀成果一等奖。举办了朱和平先进事迹展、第二十届河南省青少年科技创新大赛获奖作品和科幻画一等奖作品展，吸引数万人参观，受到社会各界一致好评。承担完成的河南省科技攻关项目“基于Internet的数字档案管理系统”，取得了重要的科技成果并通过了省级鉴定，正在推广应用。馆藏全宗级目录数据库已建成并实现计算机检索，馆藏纸质档案数字化转换工作正在有计划有步骤地开展。（李跃年）

金水区档案馆　现址郑州市东风路16号，邮编450002，馆长王宝昀，电话(0371)63526030。成立于1986年。2002年晋升为省一级标兵档案馆。馆库房面积200平方米 。馆藏档案48024卷。已建成全宗级目录数据库，完成了主要文书档案和婚姻档案案卷级目录数据采集工作。2003年建立了档案信息门

户网站，政府及职能部门现行文件、政策法规均可登录郑州市金水区档案信息网现行文件查阅中心全文查阅。（吴孟凤）

上街区档案馆 现址郑州市上街区中心路132号，邮编450041，馆长时永莲，电话(0371)68923274。成立于1985年。是集中统一保管区机关、团体、企事业单位档案资料的国家综合档案馆，是区爱国主义教育基地、行政规范性文件查阅中心。2000年晋升为河南省一级标兵档案馆。总建筑面积466平方米，库房面积386平方米。馆藏档案资料12.9万卷(件)，其中资料1.3万卷(件)。目前已建立了档案局域网，完成了2002－2006年文件级归档目录的数据采集工作，建成了馆藏全宗目录数据库。建立了上街档案信息门户网站。

（樊立）

惠济区档案馆 现址郑州市开元路8号，邮编450054，馆长崔慧清，电话(0371)63639292。1997年晋升为省标一级标兵档案馆。总建筑面积1825平方米。馆藏档案资料4.2万卷册。馆藏档案最早的有1948年的解放郑州的军事地图，有郑州专署关于民政、治黄的革命历史档案等。建国后档案有毛泽东视察黄河和燕庄的档案，有郑州市邙山区与日本三重县河芸町友好往来的档案等。资料有清嘉庆年间出版的《康熙字典》、《状元诗经》、民国28年再版的《郑县志》及《蓝氏族谱》，有1946－1948年的《东北日报》、《解放日报》等。建立有档案信息网站。开始馆藏档案目录数字化转换工作。（高歌）

中牟县档案馆 现址城关镇府前街13号，邮编451450，馆长张虎强，电话(0371)62181868。成立于1959年。是县爱国主义教育基地、现行文件查阅中心。2000年，晋升为河南省一级标兵档案馆。总建筑面积2000平方米。馆藏档案资料6万卷(册)，保存最早的档案为1948年的民国档案。档案珍品主要有明、清版《中牟县志》，清同治、光绪的敕旨等。已建成中牟档案史志信息网站和中牟县馆藏全宗文件级条目数据库。（张虎强）

巩义市档案馆 现址市育英街29号，邮编451200，馆长崔新茹，电话(0371)64353697。成立于1980年。1998年晋升为河南省一级标兵档案馆。巩义市档案馆多年来连续被评为郑州市先进集体，2006年获巩义市"公仆杯"铜杯。建筑面积7520平方米。馆藏档案资料93199余卷、件，其中有"李时升画像"、"乾隆二十六年圣旨"、"海瑞奏折"等珍品。开展了目录数据库建设，安装了档案管理软件，建成了巩义市档案信息网和内部局域网。

（杨巾帼）

荥阳市档案馆 现址索河路西段50号，邮编450100，馆长孟晓宾，电话(0371)64662236。成立于1981年。是集中统一保管市机关、团体、企事业单位档案资料的国家综合档案馆，市级爱国主义教育基地。2000年晋升为河南省一级标兵档案馆。总建筑面积1100平方米，库房面积800平方米。馆藏档案资料74297卷，其中资料25218册。馆藏档案资料的历史跨度400年，保存年代最早的档案形成于明代嘉靖年间。已将防治"非典"工作，"魅力荥阳"第一届摄影展等档案资料收集进馆。征集了董天知等革命先辈的资料。

（司俊贤）

新密市档案馆 现址市青屏大街86号，邮编452370，馆长张岱红，电话(0371)69822910。成立于1959年。1995年晋升为省一级标兵档案馆，1999年被命名为"新密市爱国主义教育基地"。总建筑面积2572.5平方米。馆藏档案资料94838卷(册)。实现了党委、政府全宗档案信息检索现代化。征集到民国密县中学的同学录、密县民众教育馆等单位的机构沿革、由黄帝与其大将风后演创的《风后八阵兵法图》、清道光的《杨忠义公自订年谱》及历史名人的照片、资料等。

（张岱红）

新郑市档案馆 现址市区人民路124号，邮编451100，馆长高珍，电话(0371)62692493。

成立于1958年。是郑州市爱国主义教育基地、新郑市政府指定的行政规范性文件查阅场所。1999年晋升为河南省一级标兵档案馆。总建筑面积685平方米。现有馆藏档案资料56812卷(册),其中民国时期《新郑县志》等被录入《河南省档案珍品评介》。已将黄帝故里拜祖大典形成的资料收集进馆。同时,编辑出版了《新郑县档案志》等档案史料汇编20多种65万字。部分编研成果获得了河南省档案科学技术进步二等奖,郑州市档案学会优秀成果一等奖。 (贾锦霞)

登封市档案馆 现址少林大道211号,邮编452470,馆长范涛,电话(0371)62862618。成立于1958年。2002年晋升为河南省一级标兵档案馆,总建筑面积2000平方米,库房面积500平方米。馆藏档案资料53934卷册。2001年以来,通过制作专题片、编辑出版物、开发文化旅游产品、举办“任长霞同志先进事迹展览”、打造旅游点、与省内三十余家景点加盟等方式,成功地将登封市档案馆铸成了爱国主义教育基地、未成年人体验教育基地、党员活动基地中的一个亮点和众多旅行社到登封开展红色旅游业务的首选之地。目前,馆已融入了当地的旅游产业链条,最高日接待量达3000多人次。 (陈星)

开封市档案馆 现址金明区黄汴河南街7号,邮编475000,电话(0378)3265553,馆长李云平,电话(0378)3268688。成立于1959年。是集中统一保管市级机关、团体、企事业单位档案资料的国家综合档案馆,是市政府指定的规范性文件查阅场所,还是现行文件查阅中心。1992年晋升为河南省二级先进档案馆。总建筑面积3628.59平方米,库房面积2301.7平方米。馆藏档案资料201624卷(册),其中资料44622册。馆藏档案最早年代为1904年,有少量的历史档案和革命历史档案。加大了对市级单位档案移交工作的规范管理,特别是破产企业档案的移交与管理,加强了对市重大活动、重大工程项目档案的收集与管理。同时有计划地向国内外征集宋代档案资料,开封名人档案资料。已建有馆藏全宗级目录数据库,建国后档案案卷级目录数据正在采集中。开封市档案信息资源网已建成,正积极为开封市政务网提供数字化档案信息。

(徐春来)

开封市城市建设档案馆 现址包公湖南路16号,邮编475000,电话(0378)3980982,馆长张现民,电话(0378)3932758。成立于1981年。总建筑面积450平方米,其中库房240平方米。馆藏档案资料27000卷。主要接收建设系统各专业管理部门移交的业务管理文件资料和建设单位报送的工程档案,发放“建设工程档案合格证”;拍摄重点工程拆迁前后、建设过程中、竣工后的照片、录象资料;催缴管线产权单位报送地下管线档案资料;清欠重点工程历史欠账。逐步建立了城建档案计算机管理系统,其局域网预设了20个接口。为政府、建设行政主管部门或其他机关和个人提供“建设工程建筑规划许可证”、“建设工程用地规划许可证”和建设工程竣工档案等各种档案、照片和录像资料,方便他们办理房地产权证、拆迁索赔和经济纠纷等。建馆以来,多次受到河南省档案局、河南省建设厅、开封市档案局等上级部门的表彰。 (张现民)

龙亭区档案馆 现址开封市西大街109号,邮编475001,电话(0378)2883656,馆长杨晓影。成立于1998年。是集中统一保管龙亭区机关、团体、事业单位档案资料的区级综合档案馆,是政府指定的行政规范性文件查阅场所。总建筑面积76平方米,库房面积58平方米。馆藏档案资料5083卷,其中资料58卷。在加大对区属企业职工档案及城建档案的规范管理的同时,征集了如御街商铺概况图等重要档案资料。 (禹芳)

顺河回族区档案馆 现址开封市顺河区南土街28号,邮编475000,电话(0378)3388670,馆长马宝兰,电话(0378)3388670。成立于1995年。建筑面积为60平方米,库房面积40平方米。馆藏档案资料18554万卷(册)。有文书档案、专门档案、财会档案、人口普查档案、城建档案、声像档案等。

(高翠月)

鼓楼区档案馆 现址开封市鼓楼区南书店街18号,邮编475000,电话(0378)5995890,馆长尚艳伟,电话(0378)5995890。成立于1995年。集中统一保管区机关、团体、事业单位档案资料。档案用房面积30平方米。馆藏档案数量4499卷。馆积极开展档案的利用和档案资料的整理工作,为鼓楼区的经济建设和各项社会事业的发展,提供了优良的服务,也获得了一些可喜的成绩。1996年被评为开封市档案系统目标管理先进单位。1997年被评为"开封市档案系统先进集体";1998年被评为全市档案宣传先进单位,同年被评为档案系统"先进集体";1999年、2001年、2004年被评为全市档案宣传先进单位;2000年、2002年、2003年被评为开封市档刊发行先进单位;2005年获区委区政府招商引资先进单位奖。

(袁静)

禹王台区档案馆 现址开封市三里堡街45号,邮编475003,电话(0378)3386810,馆长吕艳梅,电话(0378)3386810。成立于1995年。是集中统一保管区机关团体、企事业单位档案资料的综合档案馆。总建筑面积120平方米,库房面积100平方米。馆藏档案资料9760卷(册)。加强了对重大活动的档案的收集,如防治"非典"工作的档案资料已收集进馆。2005年馆在区行政服务大厅设立有专门的服务区,将规范性文件上网,方便公众查阅。

(吕艳梅)

金明区档案馆 现址开封市顺河区汴京大道81号,邮编475002,电话(0378)2941159,馆长徐为真,电话(0378)2941159。成立于1988年。是集中统一保管区机关,乡、事业单位档案资料的综合档案馆,是区政府指定的行政规范性文件查阅场所。总建筑面积110平方米。馆藏档案资料19000余卷(件、册),其中资料3000卷(册)。馆收集到1974年中共中央办公厅给水稻乡花生庄农民柴国栋的一封信,感谢他为毛泽东寄去西瓜一事;有国务院1958年颁发的全国农业社会主义建设先进单位奖章一枚,有养狐专业户张素真的特色档案。编有全宗介绍、区、乡党代会、人代会、妇代会、团代会会议简介、郊区干部任免花名册、档案室简介共28册,编有《档案利用效果典型实例》1册。

(徐为真)

杞县档案馆 现址西关大街路北,邮编475200,电话(0378)8992120,馆长陈旭东,电话(0378)8992120。成立于1959年。是集中统一保管县各级党政机关、团体、企事业单位档案资料的国家综合档案馆,是市级爱国主义教育基地、县政府指定的行政规范性文件查阅场所。1998年晋升为"河南省二级标兵档案馆"。总建筑面积1600平方米,库房面积600平方米。馆藏档案资料57136卷(册),其中各种珍贵资料20566册。馆藏档案资料的历史跨度400余年。保存年代最早的是明清档案和资料,保存有部分民国档案和革命历史档案。目前已将明清时期的《记难图》、《圣旨》等档案资料收集进馆。同时,有计划地征集了杞县历史名人的照片与资料,建立了二十多人的名人档案。编辑出版《杞县档案志》、《杞县档案馆指南》等专题档案史料汇编20多种100多万字。

(陈旭东)

通许县档案馆 现址城关镇行政路1号县委院内,邮编475400,馆长杜蔚芝,电话(0378)4973056。1992年升级为"河南省三级先进档案馆"。2003年成立现行文件利用中心。馆库总面积1247平方米。馆藏档案资料67580卷册。清代档案有咸丰至光绪年间的地契。民国档案有县国民党执委会党员名册、检查片、中央银行关金票等。革命历史档案有解放通许县城祝捷大会的照片。建国后档案有乡镇以上党政机关、群众团体和部分企事业单位的文书、会计、科技、干部纪检、死亡干部档案。资料有乾隆以来的历修县志和部分专业志，民国以来20多个姓氏的家谱，建国后毛春林、张曙光等革命回忆录和《通许报》，李铁映、温家宝视察通许的照片，各类报刊杂志等。特色档案有全县1953年各村土改时的土地房产证存根、复退军人档案、旧印章、阶级成分档案、土地买卖契约等。

（杜蔚芝 周向红 陈慧）

尉氏县档案馆 现址城关镇渔市街11号，邮编475500，电话（0378）7990876，馆长杨永明，电话（0378）7971788。成立于1980年。是集中统一保管县级机关、团体、事业企业等单位档案资料的国家综合档案馆，是县政府指定的行政规范性文件查阅场所。总建筑面积1270平方米。馆藏档案资料6.8万卷（册），馆藏档案资料的历史跨度近300年，保存最早的有清朝和民国时期的档案和资料。馆加大了村级档案的规范化管理，先后帮助建立了十八里镇鱼鸭混养、张市镇大桃、水坡镇蔬菜种植等农业特色档案，为尉氏县的新农村建设作出了贡献。（刘红云）

开封县档案馆 现址县府东街宏声胡同6号，邮编475100，电话6663311，馆长王春燕，电话13839986905。成立于1958年。是集中统一保管县各乡镇（场）县直机关单位，团体、企事业单位档案资料的综合档案馆。是县指定的行政规范性文件查阅场所。1996年晋升为河南省一级标兵档案馆。总建筑面积1540平方米，库房面积540平方米。馆藏档案39341卷（册），资料20340卷（册），保存最早的有建国时期的土地证。馆加大了收藏的范围，对一些重大活动，如对开封县因体制改革撤销合并的一部分乡镇和机关单位档案及时进行了接收，县城规划建成了警民一条街、黄龙河、世纪广场等有关资料进行了收集存档，收集了“非典”时期的档案，党和国家领导人到开封视察的照片，孙中山孙女到开封寻根问祖的照片，2006年根据上级指示，将民政局的婚姻登记档案接收进馆。（马振华）

兰考县档案馆 现址建设路12号，邮编475300，电话（0378）6997166，馆长王令启，电话（0378）6997166。成立于1958年。是集中统一保管县级机关、团体、企事业单位档案资料的国家综合档案馆。1995年晋升为河南省二级档案馆。2000年、2001年被评为开封市档案先进集体；2004年被评为河南省档案工作先进集体。建筑面积960平方米，库房面积420平方米。馆藏档案资料29700卷（册），其中资料15000册。保存有明清时代圣旨二帧，明清古书62本；民国时期档案61卷；建国后的档案比较完整，其中焦裕禄档案45卷。编写了《中共兰考县历次党代会简介》、《兰考县党代会文件汇编》、《兰考县人代会文件汇编》、《兰考县政协会文件汇编》、《兰考县人事任免、机构沿革》、《兰考县名人录》、《兰考县征用土地汇编》、《兰考县下放人员汇编》、《毛主席的好学生——焦裕禄手稿汇辑》等。

（赵珍珺）

洛阳市第一档案馆 现址西工区凯旋东路53号，邮编471000，电话（0379）63937417，馆长公根志，电话（0379）63910801。成立于1958年。是集中统一保管和提供利用市级机关、团体、企事业单位档案资料的国家综合档案馆。1997年晋升为河南省一级标兵档案馆。总建筑面积2273平方米，库房面积1173平方米。现有馆藏档案资料117236卷（册），其中资料41517册。保存最早的是清代档案，其次有部分民国和革命历史档案。珍贵档案有刘少奇、周恩来等党和国家领导人视察洛阳的照片，牡丹花会档案、民国《洛阳县志》，创刊至今的《洛阳日报》等资料。部分目录和照片档案已输入微机，可较快地提供利用服务。已将吴邦国、温家宝等党和国家领导人来洛阳视察档案、洛阳的“两院”院士陈俊武、李俊贤、开国将领余克勤、全国劳模赵春娥、豫剧大师马金凤以及国务院首批公布的国家级非物质文化遗产——河洛大鼓等重要档案资料收集进馆。编辑了《洛阳市委常委名录》、《洛阳市乡镇概览》、《洛阳市辉煌“十五”》等编研材料。2004

年起在市行政服务大厅设立了窗口，开展了已公开现行文件的提供利用。 （公根志）

洛阳市第二档案馆 现址市行署路3号院，邮编471000，电话(0379)63937628，馆长孙海虹，电话13803881143。成立于1959年。是集中保管原洛阳地区党政机关、团体、企事业单位档案资料的国家综合档案馆。1997年晋升为河南省一级标兵档案馆。总建筑面积1800平方米，库房面积1200平方米。馆藏档案资料136897卷(册)，其中资料34507卷(册)。馆藏档案历史跨度一百余年。保存年代最早的是清道光档案资料。接收原洛阳地区中级人民法院档案资料；破产企业档案。完成了馆藏常委、政府全宗文件级著录工作及常委全宗文件级目录的输入工作。编撰专题档案史料汇编40余种130多万字，其中出版发行的专题13种，约9万多字。2004年起，在市政府现行文件服务大厅开辟了查阅服务区。

老城区档案馆 馆址环城西路58号，邮编471009，馆长崔云云，电话(0379)63955608，馆成立于1987年2月，馆建筑面积150平方米，其中库房面积100平方米，馆藏档案4475卷，馆藏资料270册。

西工区档案馆 行署路3号院，邮编471000，馆长温红，电话(0379)63892587，馆成立于1986年8月，馆建筑面积100平方米，其中库房面积80平方米，馆藏档案3875卷，馆藏资料1710册。

瀍河回族区档案馆 现址市九都东路18号，邮编471002，电话(0379)63994820，馆长杨利霞。成立于1989年。现有面积60平方米，馆藏四大门类(文书、专业、科技、声像)档案5200卷、件，资料272册，起止年代为1957—1990年，部分重要单位的档案接收至2001年，其中有5张照片被列为国家重点档案。

涧西区档案馆 西苑路12号，邮编471003，馆长周玲，电话(0379)64823205，馆成立于1986年6月，馆建筑面积300平方米，其中库房面积110平方米，馆藏档案12374卷，馆藏资料968册。

吉利区档案馆 吉利区河阳道路855号，邮编471012，馆长张莲梅，电话13949211234，馆成立于1991年1月，馆建筑面积140平方米，其中库房面积140平方米，馆藏档案2278卷，馆藏资料356册。

洛龙区档案馆 开元大道222号，邮编471023，馆长牛英豪，电话(0379)63322617，馆成立于1988年2月，馆建筑面积226平方米，其中库房面积144平方米，馆藏档案20265卷，馆藏资料2404册。

孟津县档案馆 现址县桂花中路县委大院，邮编471100，电话(0379)67912275，馆长崔明仁。成立于1958年。现有面积900平方米。馆藏档案资料2.7万卷(册)，其中资料1.3万卷(册)。保存最早的是明清时期的县志，民国和建国前档案数量较少，大部分是建国后到1990年前后的档案资料，部分重要单位的档案接收到2005年。馆藏档案以文书和纸质为主，包括七种专门档案及照片实物等档案资料。

新安县档案馆 现址县老城慕蓉大街中段367号，邮编471800，电话(0379)67262288，馆长陈宏。成立于1958年。1991年获得“省三级先进档案馆”，1992年获得“省二级先进档案馆”，2001年获得“省一级标兵档案馆”，2002年获得“市级文明单位”称号，2004年获得“省级卫生达标先进单位”称号。建筑面积1500平方米。馆藏档案资料8.1万卷(册)，其中资料1.8万卷(册)。保存最早的是明清时期的县志，民国和建国前档案数量较少。馆藏档案以文书和纸质为主，包括近二十余种专业档案及录音、录像、照片、光盘、实物等档案资料。

栾川县档案馆 现址幸福北路12号，邮编471500，电话(0379)66822437，馆长李素卿，电话13949213117。成立于1958年。是集中统一保管县机关、团体、企事业单位档案资料的综合档案馆，是县级爱国主义教育基地，是县现行文件利用中心。建筑面积2144平方米，库房面积722平方米。馆藏档案资料32363万卷(册)，其中资料8865万册。将规范性文件与政府公众信息网连接全文上网，方便公众查阅。

嵩县档案馆 现址行政路7号县政府大楼一楼，邮编471400，馆长陈桂森，电话(0379)66311921。成立于1958年。是集中统一保管县级机关、团体、企事业档案资料的国家综合性档案馆。1999年晋升为省三级标兵档案馆，2006年荣获市级档案系统先进单位。总建筑面积为387平方米，其中库房面积215平方米。馆藏档案资料43421卷(册)，其中资料12632册。馆藏档案资料的历史跨度400年。保存年代较早的是明清时期的县志，较珍贵的还有1974年王震给嵩县的一封信和胡耀邦视察嵩县时的重要指示、与县领导的合影。

汝阳县档案馆 现址县城人民路40号，邮编471200，电话(0379)68211235，馆长姚喜芳。成立于1958年。1991年获得“省三级先进档案馆”，1996年达“省三级标兵档案馆”，2000年随县档案局获“市级文明单位”称号。馆库面积320平方米。馆藏档案资料5.6万卷(册)，其中资料1.5万卷(册)。保存最早的是明清时期的县志，民国和建国前档案数量较少。馆藏档案以文书和纸质为主，包括近10种专门档案及录音、录像、照片、光盘、实物等档案资料。于2004年开展了现行文件利用工作。

宜阳县档案馆 现址县城兴宜西路18—3号，邮编471600，电话(0379)68882510，馆长赵正义。成立于1958年。是集中统一保管县机关、团体、企事业单位档案资料的县级国家综合档案馆。1990年晋升省三级先进档案馆。1995年晋升三级标兵档案馆。2003年成立现行文件阅览服务中心。总建筑面积400平方米(租用)，其中库房面积250平方米。馆藏档案资料5万卷册，其中资料1.2万册。馆藏档案资料的历史跨度400余年。珍贵档案有原国家领导人胡耀邦视察宜阳的题词、照片；明清县志、契约；土地改革档案。保存年代最早的是明清档案资料。 (王佩)

洛宁县档案馆 现址凤翼路北，邮编471700，电话(0379)66231039，馆长曲脉旺，电话(0379)66268579、13783169872。成立于1959年。是集中保管县各部门、各单位档案资料的国家综合档案馆，内设现行文件服务中心。1991年晋升为河南省三级档案馆。馆藏档案资料6.82万卷(册)，其中资料1.84万册。馆藏珍品档案有康熙皇帝封邑人福建福宁州知州师佐及其妻韦氏“宜人”的“奉天诰命”圣旨；1986年胡耀邦视察洛宁时的题词等。

伊川县档案馆 现址县城人民大街1号县政府院内，邮编471300，馆长马义军，电话(0379)68332192。成立于1958年。1999年晋升为省标二级档案馆。2001—2006年连年被评为市先进档案馆。馆库面积780平方米。馆藏档案5.2万余卷(册)。重点档案有《乾隆五十五年八旬万寿圣节海外各国进贡单》、康熙四十五年《河南程氏正宗谱》、《江左镇杜氏家谱》、日军侵华地图等。2005年开展了现行文件利用工作。

偃师市档案馆 现址市华夏路35号，邮编471000，电话(0379)67712708，馆长王聚军，电话(0379)67731706。成立于1958年。是统一管理市党政机关、人民团体和企事业单位档案资料的国家综合档案馆，是市爱国主义教育基地和政府指定的规范性文件查阅场所。2002年底晋升为河南省一级标兵档案馆。建筑面积4142平方米，其中库房面积1000平方米。馆藏档案资料8万卷(册)。有明、清《文献通考》、《资治通鉴》，也有现代《中华人民共和国文献》和《中国古典百部名著》等文献典籍，字画类收集有清《兰石画谱》、民国《故宫书画集》和当代著名书法家张海先生等书画作品百幅。已建成馆藏全宗级目录数据库，实现办公网络化。

平顶山市档案馆 现址市新城区市政大

厦一楼，邮编467000，电话(0375)2662765，馆长杨东亚，电话(0375)2666858。成立于1959年。是集中统一保管市级机关、团体、企事业单位档案资料的国家综合档案馆，市爱国主义教育基地，市现行文件利用中心。1996年晋升为河南省一级标兵档案馆。总建筑面积5300平方米，其中库房面积近2000平方米。馆藏档案资料9万卷，其中资料2万卷(册)。馆藏档案资料历史跨度50余年。有重点地接收了第一届亚洲皮划艇赛、第二届中国曲艺节、防治“非典”等一批重大活动、重要历史事件的档案资料进馆，征集了大量的名人档案、知青档案、艺术档案等。编写了《实用档案管理学》、《平顶山市各级档案馆指南》、《河南省平顶山应国墓地史料研究》、《平顶山市档案利用效果汇集》等书籍，同重点大学档案馆合作编辑出版了《信息检索与档案管理》、《新编文献复制技术》等书籍。“国有产权变动企业科技档案管理及价值评估的研究”、“档案馆环境文化研究”、“档案信息在防汛中的作用研究”等一大批成果获得国家档案局优秀成果三等奖、平顶山市科学进步一等奖和河南省档案学、水利科学、商业科学优秀成果一等奖。

(邢露砾)

新华区档案馆 现址市新华区政府南楼五楼，邮编467000，电话(0375)3380736，馆长常耀琴，电话(0375)3380736。成立于2000年。是集中统一保管区机关、团体、事业单位档案资料的国家综合档案馆。总建筑面积约60平方米，库房面积约60平方米。馆藏档案资料13034卷(册)，其中资料1040卷册。已将防治非典工作、“三讲”、“三个代表”、“保持共产党员先进性”等重大活动、重大历史事件的档案资料收集进馆。开展了已公开现行文件的公开查阅服务。 (李慧莉)

卫东区档案馆 现址市卫东区东安路北段，邮编467000，电话(0375)3992713，馆长郭毅珍，电话(0375)3992713。成立于2003年。2005年成立现行文件利用中心，是区政府指定的行政规范性文件查阅场所。总建筑面积1100平方米，库房面积550平方米。馆藏档案5010卷(册)，资料1020卷(册)。已将防治“非典”工作、“保持共产党员先进性”教育、创建优秀旅游城市等一批重大活动、重要历史事件的档案材料接收进馆。征集本辖区先进事迹、名人名产等大量档案资料。 (崔艳玲)

湛河区档案馆 现址市建设路与光明路交叉口路南(湛河区政府大院)，邮编467000，电话3388360，馆长赵建敏，电话13783298976。成立于1985年。是集中统一保管区机关、团体、企事业单位档案资料的国家综合档案馆，是爱国主义教育基地，区政府指定的行政规范性文件查阅场所。1990年晋升为省颁“三级”档案馆。馆实有面积140平方米，库房面积60平方米，现有馆藏档案资料1.17万卷(册)，其中资料3036卷(册)。馆藏档案资料的历史跨度50余年。已将全区防治“非典”、“禽流感”和“先进性教育活动”的档案资料收集进馆。征集了参加抗美援朝，上甘岭战役后被授予二级战斗英雄特等功臣赵毛臣和农民企业家全国劳动模范刘嘉等革命老一辈，历史名人的照片与资料。对馆藏图片、宅基地、婚姻、干部任免等档案实行计算机管理。编写完成了郊区志、档案馆指南、馆藏全宗介绍、会议简介、专题档案史料汇编等十几种参考资料。 (赵建敏)

宝丰县档案馆 现址县衙前街49号，邮编467400，馆长于宝平，电话(0375)7121183。总建筑面积636平方米，库房面积562平方米。馆藏档案资料58875卷(册)，其中资料10873册。征集到文化产业档案316件，革命历史档案1226卷。2006年组织拍摄了专题片《宝丰档案掠影》，在宝丰电视台连续播出后，收到了良好的宣传效果。 (刘龙义)

叶县档案馆 现址新城区文化路东段县委综合办公大楼二楼，邮编467200，电话(0375)8052386，13343901396。馆长李红月。成立于1958年。是集中统一保管县党政机关、人民团体、企事业单位档案资料的国家综合档案馆，2005年建立了已公开现行文件利用中心。总面积约450平方米，其中库房面积约200平方米。馆藏档案资料4.1万卷(册)，其中资料2.2万卷(册)，馆藏档案资料历史跨度约150余年。保存年代最早的是清朝同治年间的圣旨。加强了对重大活动档案的收集，已将防治“非典”、党员先进性教育活动等一批重要档案资料收集进馆。同时，征集了黄宗楼、赵长春等名人档案资料进馆。编撰了《叶县档案馆指南》、《库房设备统计表》、《档案检查、编研、利用统计表》、《档案资料的存放地点概况》等工具书。 (刘超)

鲁山县档案馆 现址老城大街119号，邮编467300，电话(0375)5052254，馆长黄国强，电话(0375)7910599。成立于1958年。集中统一保管着全县县级机关、团体、企事业单位的档案资料。总建筑面积260平方米，其中库房面积120平方米，馆藏档案65000多卷(册)，资料14000多册。还有革命历史档案。馆加强了对重大活动档案的收集。对2004年的世界刘氏第四届寻根联谊大会的活动资料和重要人士对世界刘氏寻根联谊大会的题字(画)进行整理进馆。同时，对全县的婚姻档案进行规范管理并移交入馆。编写了《鲁山县历次党代会简介》、《鲁山县历次人代会简介》、《鲁山概况》、《鲁山县历年来自然灾害》、《鲁山革命史》、《鲁山党史人物》等专题资料。

(崔静)

郏县档案馆 现址西大街10号老县委后院，邮编467100，电话(0375)5172998，15837563228。馆长赵淑玲。成立于1958年。是集中统一保管县党政机关、人民团体、企事业单位档案资料的国家综合档案馆，2005年建立了已公开现行文件利用中心。总面积约800平方米，其中库房面积约710平方米。馆藏档案资料63292卷(册)，其中资料10075卷(册)。馆藏档案资料历史跨度约70余年。已将防治“非典”、党员先进性教育活动等一批重要档案资料收集进馆。同时，征集了祁建华等名人档案和一些名人字画，编撰了《郏县档案馆指南》、《档案工作条例汇编》、《郏县档案志》等。 (赵淑玲)

舞钢市档案馆 现址市中心路舞钢市委院内东侧，邮编462500，电话(0375)7288256，馆长梅爱勤。成立于1981年。是集中统一保管市机关、团体、企事业单位档案资料的国家综合档案馆，是县级爱国主义教育基地，市指定的现行文件查阅场所。1989年评定为省“三级先进档案馆”；1993年晋升为省“二级先进档案馆”；1997年转轨为省“二级标兵档案馆”；2003年晋升为省“一级标兵档案馆”。总建筑面积1523平方米，库房面积1212平方米。馆藏档案资料47667卷(册)，其中资料9489卷(册)。馆藏特色档案是舞钢公司生产的特厚钢板和1951年舞阳县人民政府颁发的“土地房产所有证存根”。从2006年起参与重要政务和重大活动(事项)档案采集管理工作。

(梅爱勤)

汝州市档案馆 现址市丹阳中路72号，邮编467500，电话(0375)3331211，馆长杨红霞。成立于1959年。成立了已公开现行文件利用中心。1990年晋升为“河南省三级先进档案馆”，1997年转轨为“河南省三级标兵档案馆”。建筑面积1817平方米，库房面积844平方米。馆藏档案长33450卷，馆藏资料24400册。馆藏珍品有金代铜印、明代碑刻拓片、清代圣旨和房地产契约1100多卷(件)，明清刻本古书5300多册。编写有《中共临汝县委大事记》、《临汝县人民政府大事记》、《中共汝州市历次代表大会概况》、《汝州市历次人民代表大会简介》、《政协汝州市会议简介》、《建国前中共临汝县党组织领导机构演变情况》、《汝州市历年来自然灾害概况》、《征用土地专题概要》等50多种专题史料汇编。开通了汝州档案信息网站，进行网上咨询服务。

(杨红霞)

安阳市档案馆 现址行政东区党政综合

办公大楼，邮编 455000，电话(0372)2550158，馆长史景山，电话(0372)2550277。成立于1959年。是集中统一保管市级机关、团体、企事业单位档案资料的综合档案馆，是市指定的政务信息公开场所。2004年晋升为省一级标兵档案馆。总建筑面积4500平方米，库房面积1000余平方米。馆藏档案资料8.9万卷(册)，其中资料1.7万册。保存年代最早的是乾隆五十二年的《彰德府志》等清代档案和资料。目前已将防治“非典”工作、党政综合楼及公务员小区建设、保持共产党员“先进性”教育工作等一批重大活动的档案资料收集进馆。同时，有计划地征集了崔兰田、马紫晨等名人档案资料。目前已建成馆藏档案数据库，基本完成各类档案的文件级目录数据采集工作；安阳市档案信息网站已经建立。编辑出版了“安阳名人简介”、“馆藏精品档案简介”等专题档案史料汇编30多种2000余万字。举办了豫剧名家崔兰田“艺术生平展”等具有一定影响的藏品陈列展。“殷墟申遗光辉历程展”荣获安阳市殷墟申遗集体三等功。

安阳市城建档案馆 现址安阳市北关区安漳大道44号，邮编455000，电话(0372)2253108，馆长刘丽娜，电话(0372)2253109。成立于1986年。是集中统一保管市城市规划、建设、管理档案的专门档案馆。1998年晋升为河南省一级城建档案馆、市级文明单位。总建筑面积1000平方米，库房面积700平方米。馆藏档案21667卷(册)，其中城建档案17733卷，资料3934卷(册)，照片底片2945张，录音、录像带60盒。最早的档案是中华民国20年(1931年)日本北支那方面军参谋部测量队测绘的安阳地区五万分之一地形图。珍贵档案有民国期间编修的《续安阳县志》和1960年中华人民共和国文化部对安阳殷墟保护范围的重要批复以及划定的殷墟保护范围图。2006年7月殷墟跻身《世界文化遗产名录》，成为中国第33处世界遗产。馆藏档案全部实现微机管理，档案录入、输出、检索方便快捷，此管理软件获河南省建设事业科技进步二等奖、市一等奖。出版了《安阳市建筑志》、《安阳市城市建设志》；编印了《安阳市古代建筑大事记》、《安阳市城建档案指南》、《安阳市城建档案馆大事记》、《安阳市城建档案馆馆藏简介》、《安阳市城建档案文件汇编》等资料。

文峰区档案馆 现址安阳市文明大道中段，安阳市文峰区人民政府院内，邮编455000，电话(0372)5100177，馆长许晓霞，电话13598130921。成立于1996年。是集中统一保管区级机关、团体、企事业单位档案资料的国家综合档案馆，是当地政务信息公开场所。建筑面积200平方米，库房面积100平方米。馆藏档案资料近27000卷(册、件)，其中资料6000余册。另有录像带140余盘，照片5000余张。馆藏档案资料全部是建国以后的。

北关区档案馆 现址安阳市洹滨南路50号，邮编455000，电话(0372)2263984，馆长王朝飞，电话(0372)2263985。成立于1988年。总建筑面积110平方米，其中库房面积80平方米。由于库房面积小，没有集中收集保管全区各单位的档案，只限收区委、区政府文书档案和民政局的婚姻档案。

殷都区档案馆 现址安阳市梅东路殷都区政府院内，邮编455004，馆长秦素英，电话(0372)3995896。馆库面积约80平方米。馆藏文书档案4263卷14359件，人事档案1000余卷。

龙安区档案馆 现址安阳市北关区民航路26号，邮编455000，电话(0372)2927917，馆长李景菊，电话(0372)2927916。成立于1989年。是集中统一保管区直机关、团体、企事业单位档案资料的综合档案馆，是区政府指定的行政规范性文件查阅场所。1993年晋升为省二级档案馆。建筑面积200平方米，库房面积120平方米。馆藏档案资料58000余卷(册)，其中资料13000余册。馆藏档案资料的历史跨度40余年。已将防治“非典”工作、区划调整后的乡(镇)机关、改制企业等档案资料收集进馆。同时，有计划地向社会各界征集各种民间档案资料。目前已建成馆藏案卷级、文件级目录数据库。

安阳县档案馆 现址市解放路大道7号安阳县委、县政府大院，邮编455000，电子邮箱ayxdaj@163.com，电话(0372)5937274，馆长许文海，电话(0372)5965899。成立于1959年。是集中保管县级机关、团体、企事业单位档案资料的国家综合档案馆，建立了现行文件利用中心。为河南省二级档案馆。建筑面积1700平方米，其中库房面积700平方米。馆藏档案、资料计53107卷(册)，其中资料11723卷(册)。档案资料历史跨度180余年。保存最早的是清朝嘉庆时安阳县知县贵泰主修的《安阳县志》。馆加强了对重大活动及破产改制企业档案的收集进馆工作，先后接收"安阳县第一届农民运动会"档案、防治"非典"档案及多家县属改制破产企业档案。为"当代愚公"杨皂及"优秀教师"刘亚民建立了地方名人档案。

汤阴县档案馆 现址县城人民路52号(县委机关院内)，邮编456150，电话(0372)6213359，馆长李银生电话(0372)6209168。成立于1958年。是集中统一保管县级机关、团体、企事业单位档案资料的国家综合档案馆，是县指定的现行文件利用中心。总建筑面积886平方米，其中库房面积443平方米。馆藏档案资料4.1万卷(册)，其中资料1.1万册。馆藏档案资料的历史跨度100余年，保存年代最早的是清朝的资料。岳飞诞辰900周年纪念活动，防治"非典"等一批重大活动、重要历史事件的档案资料已收集进馆。档案检索现已实现了计算机案卷级目录检索。

滑县档案馆 现址县城解放路中段县委大院内，邮编456400，电话(0372)8115737，馆长周建民，电话(0372)8116791。成立于1958年。是集中统一管理县直机关、团体、企事业单位及22个乡镇档案资料的综合档案馆。2005年设立了"现行文件资料提供利用中心"。总建筑面积960平方米，库房建筑面积320平方米。馆藏档案资料63933卷(件、册)，其中资料19292册。保存最重要的档案资料是赵紫阳给家乡滑县的亲笔致信、1946年赵紫阳在万古烈士陵园为沙区工商局局长赵明琦烈士题的碑文拓件、河南省副省长贾心斋投诚时的照片、滑县第一任县委书记聂真和夫人合影，还有反映滑县历史面貌的旧县志及各种资料。

内黄县档案馆 现址县城朝阳路中段，内黄县政府院内，邮编456300，电话(0372)7711606，馆长王启俊。成立于1979年。是全县机关、团体、企事业单位档案资料集中统一保管的国家综合档案馆，是县主要的行政规范性文件查阅场所。总建筑面积280平方米，库房面积140平方米。馆藏档案资料71619卷(册)，其中资料9369册。馆藏档案资料最早为民国27年(1938年)，历史跨度为70年，馆藏档案以规范性文件资料和专门档案(退伍军人档案、婚姻登记档案、诉讼档案等)为主，有少量革命历史档案。

林州市档案馆 现址市人民中路25号，邮编456550，电话(0372)6812265。成立于1958年。是集中统一保管市机关、团体、企业事业单位档案资料的综合档案馆，是县级爱国主义教育基地，市现行文件阅览中心。2004年晋升为河南省一级标兵档案馆。馆库面积1548平方米。馆藏档案资料7.8万卷(册)。红旗渠特色档案资料15000件，国家级领导人题词38多幅。馆加大了对重大活动档案、红旗渠特色档案、名人档案以及散存在社会上珍贵档案的征集接收工作。对馆藏重点、珍贵档案和利用率较高的专门档案实行了微机化管理。编写出版了档案馆指南、《山碑》、《红旗渠》、《林县组织史资料》等编研资料百余种。

鹤壁市档案馆 现址市淇滨区九洲路市政府院2号综合楼内，邮编458030，电话(0392)3327755，馆长高鹏，电话(0392)3327916。成立于1959年。是集中统一保管市级机关、团体、企事业单位档案资料的国家综合档案馆，是市级爱国主义教育基地、市政府指定的行政规范性文件查阅场所。总建筑面积 3500 平方米。馆藏档案资料 103600 卷(册)，其中资料 11774 册。保存年代最早的是清朝档案资料。已将防治“非典”、防治禽流感、重要历史事件的档案资料收集进馆。征集了名丑牛得草、泥猴张张希和等名人的档案。目前已完成了馆藏文书档案卷级目录数据的录入工作。鹤壁市档案网站已经建立，开辟有“现行文件查阅”、“档案查阅”等栏目。内部印发《历史上的今天》、《鹤壁市重要会议简介》、《鹤壁市历届党代会》、《鹤壁市历届人代会》等一批编研成果。

山城区档案馆 现址鹤壁市山城区红旗街 91 号，邮编 458000，电话(0392)2667106，馆长李冰，电话 13939277010。成立于 2001 年。是集中统一保管山城区区级机关、团体、事业单位档案资料的国家综合档案馆，是区政府指定的行政规范性文件查阅场所。总建筑面积 100 平方米，库房面积 40 平方米。馆藏档案资料 17668 万卷(册)，其中资料 1620 卷(册)。馆藏档案资料的历史跨度 44 年。已将防治“非典”、禽流感、保持共产党员先进性教育活动工作的档案收集进馆。 (单守娥)

淇滨区档案馆 现址鹤壁市华夏南路区委院内，邮编 458030，电话(0392)3356928。成立于 1986 年。总面积 160 平方米，其中库房面积 70 平方米。馆藏档案 8700 卷(册)，馆藏资料 3200 册。档案主要有土地房产证，移民工程档案，防治非典档案，移民工程图纸及各村分界底图。编有“全宗介绍”、“全宗名册”、“档案资料存放地点索引”、“干部任免人名索引”、“受处分人名索引”等。

浚县档案馆 现址县城东黎阳路 5 号，邮编 456250，电话(0392)2157373，馆长侯新锋。成立于 1980 年。1991 年被国家人事部、国家档案局授予“全国档案先进单位”；2000 年，由河南省一级档案馆晋升为省三级标兵档案馆。总建筑面积 2300 平方米，库房面积 860 平方米。馆藏档案 58754 卷(册)，馆藏资料 18776 册。具有重大历史价值的资料有清顺治时期的《荒政考略》、《救荒政略》；明朝的《王氏家谱》和清中后期的圣旨等。还保存了印章、农村干部、四清、阶级成分、死亡干部、婚姻、土地证、户籍等专业档案资料。

淇县档案馆 现址淇县红旗路中段县政府综合楼一楼，邮编 456750，电话(0392)7231552，馆长张丽丽，电话(0392)7205189。成立于 1962 年。是集中统一保管县级机关、团体、企事业单位档案资料的综合档案馆，是县级爱国主义教育基地，县政府指定的行政规范性文件查阅场所。2001 年晋升为“河南省三级标兵档案馆”。总建筑面积 420 平方米，库房面积 270 平方米。馆藏档案资料 5 万卷(册)，其中资料 1 万册。馆藏档案历史跨度 4 百余年。保存年代最早的是明清档案和资料。征集了社会重要历史及全国拥军模范靳月英等名人档案资料。 (张丽丽)

新乡市档案馆 现址市人民路 173 号，邮编 453000，电话(0373)2047733，馆长梁永萍，电话(0373)2032275。成立于 1959 年。是集中统一保管档案资料基地、爱国主义教育基地、已公开现行文件利用中心、档案信息服务中心四位一体的文化事业机构。1995 年晋升为河南省一级标兵档案馆。先后获“河南省档案系统先进集体”、“省一级标兵档案馆”、“全国档案系统先进集体”、“省级文明单位”、“省档案系统文明建设示范单位”等荣誉称号。建筑面积 3509 平方米。馆藏民国档案、革命历史档案、建国后档案和明清志书等资料 26 万余卷(册)。新乡档案信息网 2001 年 5 月进入互联网。共有 20 余项科研成果获国家、省档案科技进步奖，其中“档案宣传模式研究”获国家档案局科技成果三等奖，“新乡档案信息网标准化、规范化建站模式研究”、“光盘档案整理规范”、“WBJ650A 型图书档案微波杀菌灭虫机性能效果实用研究”等项目分获省档案科技进步一、二、三等奖。编研出版了《新乡市档案珍品荟萃》、《党和国家领导人视察新乡纪实》、《新乡大事百年回眸》等资料30多种。

红旗区档案馆 现址新乡市公园北街20号,邮编453000,电话(0373)3023223,馆长冯淑彬,电话(0373)2230838。成立于1990年。是集中统一保管区级机关、团体、企事业单位档案资料的国家综合档案馆,是区政府指定的行政规范性文件查阅场所。2005年晋升为省二级标兵档案馆。总建筑面积600平方米,库房面积40平方米。馆藏档案资料2010卷(册),其中资料599册。

卫滨区档案馆 现址新乡市人民路479号,邮编453000,电话(0373)2826114,馆长赵春河,电话(0373)2826114。成立于1990年。2005年被指定为政府信息公开场所。总建筑面积96平方米,库房面积72平方米。馆藏档案资料6913卷(册)。适时接收重大活动档案资料,"三讲"档案、2003年抗击"非典"档案、保持共产党员先进性教育活动档案、第二届儒家伦理与东亚地区公民道德教育论坛档案等。编写了《中共新华区委组织史资料》、《中共新乡市新华区历次代表大会简介》、《中共新华区委、新华区人民政府大事记》、改革开放文件汇编等重要资料。

凤泉区档案馆 现址新乡市区府路中段区政府大院内,邮编453011,馆长徐素青,电话(0373)3918080。成立于1993年。是区指定的政务信息公开场所。2005年,晋升为省二级档案馆。馆库面积150平方米。馆藏档案4350卷3677件。编辑了《凤泉区大事记》等5万字的编研材料。建立了凤泉区档案信息网站,同时在行政服务大厅设立了政策法规阅览处。

牧野区档案馆 现址新乡市学院路南段区政府大院内,邮编453000,馆长王爱婷,电话(0373)3069535。是区政府指定的行政规范性文件查阅场所。2006年晋升为省二级标兵档案馆。馆库面积150平方米。馆藏档案2516卷(册),有科技档案、公证档案、婚姻档案、印章档案、突发事件档案等。

新乡县档案馆 现址金穗大道57号,邮编453000,电话(0373)5083983,馆长张玉青,电话(0373)5085983。成立于1981年。是保管县直机关和县事业单位档案资料的县级综合档案馆。2004年晋升为河南省二级档案馆。总建筑面积550平方米,库房面积335平方米。馆藏档案资料38794万卷(册),其中资料6854万册。馆藏档案资料的历史跨度60余年。已将防治"非典"工作,"三讲"、"三个代表"时期的档案资料收集进馆。征集了毛泽东各个时期的珍贵照片200余张。有计划地征集了地方特色档案,如地方名人字画、家谱等。已建成馆藏全宗级目录数据库,完成革命历史档案、民国档案、敌伪档案案卷级目录数据采集工作。完成了《新乡县名人汇编》、《新乡县文化名胜古迹介绍》、《新乡县1949至2000年作物产量情况汇编》、《新乡县烈士名录》、《新乡县严重水旱灾情和抗灾纪实汇编》、《新乡县古代、近代、现代战事》、《新乡县历任政府书记、县长名录》、《新乡县民国经济统计指标汇编》等。同时完成了档案专题《新乡县委、政府大事记》;续编了县党代会、人代会、政协会会议简介;编写了历届团代会、妇代会等会议简介近8万字。

获嘉县档案馆 现址花园路北测的县政府东楼,邮编453800,电话(0373)4592325,馆长宋连会。成立于1959年。是集中统一保管全县机关、团体、企业档案资料的国家综合档案馆,是县政府指定的现行文件查阅场所。1998年晋升为省三级标兵档案馆。总建筑面积800平方米,库房面积500平方米。馆藏4万多卷(册),其中资料14354册。档案资料的历史跨度400余年,保存年代最早的为明清档案和资料,还有日伪、民国档案、革命历史档案。编纂出版了《同盟山史料汇编》、《全县获省(部)、市级科技成果奖的项目汇编》、《全县获省(部)、市级名优产品奖的项目汇编》、明末故宫建筑文献《冬宫纪事》(孤本)、馆藏珍品简介汇编。近年来征集了不少珍贵资料,清朝书九百多册;贺氏保存的三百余年的珍贵资料316卷册;1991年征集了美术协会会员,肖鸿德的个人档案。

原阳县档案馆 现址新城区原阳县委、县政府综合大楼一楼东侧,邮编453500,电话(0373)7586504,馆长白文祥,电话13503436536。成立于1958年。是集中统一保管县机关、团体、企事业单位档案资料的综合档案馆,2007年成立行政规范性文件查阅场所。1996年转为省三级标兵档案馆。建筑面积160平方米,库房面积120平方米。馆藏档案资料6万余册,其中资料2万册。馆藏档案资料的历史跨度200多年。保存最早的是清朝康熙年间的档案和资料。

延津县档案馆 现址建设路北段县委院内,邮编4532260,电话(0373)7626247,馆长崔素娥。成立于1985年。是集中统一保存乡镇、县直各机关、团体档案资料的国家综合档案馆,是县指定的现行文件查阅场所。2006年晋升为省二级档案馆。总建筑面积800平方米,库房面积400平方米。馆藏总量55000卷(册),其中资料18780册。保存年代最早的为民国档案和资料。民国档案和革命历史档案已经完成文件级数据采集工作。

封丘县档案馆 现址县东大街县委院内,邮编453300,馆长方崇森,电话(0373)8284412。成立于1983年。是集中统一保管县机关、团体、企事业单位档案资料的国家综合档案馆,是县指定的行政规范性文件查阅场所。2002年晋升为省二级标兵档案馆。总建筑面积906平方米,库房面积458平方米。馆藏档案资料35589卷(册),其中资料17434册。保存年代最早的是民国档案,有少量革命历史档案。已将防治"非典"、禽流感,供血普查工作等重大活动的档案资料收集进馆。在县政府信息网站建立了档案信息网页。

长垣县档案馆 现址人民路中段,县行政综合楼内,邮编453400,电话(0373)8889332。馆长陈淑贞。成立于1958年。是集中统一保管县级机关、团体、企事业单位档案资料的综合档案馆,县政府指定的行政规范性文件查阅场所。1997年晋升为省标县一级档案馆。馆库房使用面积650平方米。馆藏档案资料25391卷(册)。最早为明清档案资料,有少量革命历史档案。已将烹饪、防腐等地方特色档案收集进馆,并有计划地征集了地方历史名人的照片和资料。

卫辉市档案馆 现址卫州路1号市综合办公区院内,邮编453100,电话(0373)4495093,馆长魏红清,电话(0373)4494094。成立于1959年。是集中统一保管市直机关和各乡镇档案资料的综合档案馆,是市指定的政务信息公开场所。1996年被评为河南省三级标兵档案馆。总建筑面积为800平方米,库房面积为600平方米。馆藏档案资料2.6万卷(册),其中资料1万册。历史跨度100余年。近年来,接收了婚姻档案、防治非典档案等,建立了"全国乡镇党委书记的榜样——吴金印"名人档案和比干纪念会档案。编辑了《市委市政府工作大事记》、《馆藏珍品简介》、《卫辉市自然灾害资料汇编》、《走进卫辉》等专题汇编11种100多万字。《走进卫辉》一书于2006年公开出版发行,并获"河南省档案科技进步一等奖"。

辉县市档案馆 现址市东大街1号,邮编453600,电话(0373)6233121。成立于1958年。是集中统一保管市直机关、团体、企事业单位和各乡镇档案资料的综合档案馆,是市指定的行政规范性文件资料查阅场所。1988年评为河南省三级先进档案馆,1993年晋升为河南省二级先进档案馆,1999年通过新标准认定为河南省二级标兵档案馆。总建筑面积880平方米。库房面积377平方米。馆藏档案资料43184卷(册),其中资料9580册。保存年代最早的是革命历史档案和民国时期档案 。加大了名人档案和字画档案的收集整理。目前已完成革命历史档案和民国时期档案的全宗级目录数据库和部分建国后档案的主题词著录工作。“辉县市档案信息网”已经开通。编纂、收集和印制了《辉县志》、《四月会调查》、《岳氏族谱》、《古共邵氏族谱》、《辉县市大事记》、《辉县市风景名胜》、《百泉湖复水工程》等。

焦作市档案馆 现址市人民路市政大厦一楼，邮编454000，电话(0391)3569230。1958年成立。是集中统一保管市级机关、团体、企事业单位档案资料的国家综合档案馆，是市委、市政府指定的非设密现行文件查阅场所，是市级爱国主义教育基地。2000年晋升为河南省一级档案馆。总建筑面积3100平方米，库房面积2000平方米。馆藏档案资料12万卷(册)，其中资料3万册。馆藏有少量革命历史档案，还有中共焦作矿区委员会、中共焦作煤矿委员会、焦作矿区人民政府和焦作镇的档案，保存最多最齐全的是1956年建立焦作市以后市直机关形成的档案。特色资料主要有焦作市及所辖县市区各种志书、组织史资料、年鉴、焦作名胜古迹介绍、地名考和谱牒资料等。开展了馆藏档案资料目录数据库的建设工作。目前文件级目录和专题目录数据已达29万条，市委、市政府等部分馆藏重点全宗和利用率较高的招工、知青等专门档案实现了计算机检索。2004年焦作档案信息网在互联网上正式开通。网站开辟了检索阅览室、照片珍藏库和共产党员先进性教育专栏。编辑出版了《党和国家领导人视察焦作情况文集》、《焦作历代名人简介》、《焦作历届领导人名录》、《焦作百年文献》、《焦作50年图库》等档案参考资料近30种。

解放区档案馆 现址焦作市解放区政府办公楼七楼，邮编454000，电话(0391)2568818，馆长王喜全，电话(0391)2568818。成立于2004年。是集中统一保管区机关、团体、企事业单位档案资料的国家综合档案馆，是区级爱国主义教育基地，区政府指定的行政规范性文件查阅场所，2005年晋升为省二级档案馆。2006年度被评为全市档案工作先进单位。总建筑面积350平方米，库房面积260平方米。馆藏档案资料5500卷(册)，其中资料200册 。馆藏档案资料的历史跨度55年。目前已基本建成馆藏全宗级目录数据库，完成了建区以来档案案卷级的目录数据采集工作。

中站区档案馆 现址焦作市解放西路中路段5号，邮编454191，电话(0391)2946542，馆长李中生。成立于2004年。是集中统一保管区党政机关，团体，企事业单位档案资料的国家综合档案馆，是区级爱国主义教育基地，2004年成立现行文件利用中心。总面积180平方米，库房面积135平方米。馆藏档案资料5160卷(册)，其中资料480册。加大了对区级单位档案移交工作的规范管理，加强了对重大活动档案的指导，目前已将有偿供血普查档案收集进馆。

马村区档案馆 现址焦作市马村区光明路789号，邮编454171，电话(0391)3940798，馆长王玉玲，电话(0391)3940798。成立于2004年。是集中统一保管区级机关、团体、企事业单位档案资料的综合档案馆，是区政府指定的行政规范性文件查阅场所。总建筑面积为80平方米。馆藏档案资料4521卷(册)，其中资料952册。已将防治“非典”工作、爱滋病暨既往有偿供血人员健康普查工作等一批重大活动、重要历史事件的档案资料收集进馆。

(赵慧)

山阳区档案馆 现址焦作市山阳区人民路1969号，邮编454003，电话(0391)3555138，馆长聂海洲，电话15978703926。成立于2004年。是集中统一保管区级机关、团体、企事业单位档案资料的国家综合档案馆，是区政府指定的行政规范性文件查阅场所。总建筑面积250平方米，库房面积120平方米。馆藏档案资料25897卷(册)，其中资料15539卷(册)。馆藏档案资料的历史跨度55年。馆藏档案以纸质为主，还包括录音、录像、影片、照片、光盘等载体的档案。馆藏档案检索体系比较完善。

修武县档案馆 现址县环城南路27号，邮编454350，电话(0391)7118375，馆长张金梅，电话(0391)7118375。成立于1959年。是集中统一保管县直机关、团体、企事业单位档案资料的国家综合档案馆。2003年晋升为国家一级标兵档案馆。总建筑面积800平方米，库房面积288平方米。馆藏档案资料63827卷(册)，其中资料22851册。馆藏档案资料的历史跨度81年。地方特色档案有云台山水、松花蛋、当阳峪陶瓷等，还有修武县辛亥英烈程毅的遗物、修武县部分重要姓氏的家谱如《薛氏家谱》、《范氏家谱》等档案资料和实物。编辑出版专题档案史料汇编10余种260万字。5年来利用档案资料举办各种展览6期。

博爱县档案馆 现址清化镇中山路505号，邮编454450，电话(0391)8663551，馆长杨淑伦。成立于1958年。是集中统一保管县直机关、团体、企事业单位档案资料的国家综合档案馆，是县级爱国主义教育基地，县政府指定的行政规范性文件查阅场所。2003年晋升为省一级标兵档案馆。总建筑面积1200平方米，库房面积800平方米。馆藏档案资料46068卷(册)，其中资料5342册。征集有国家领导人江泽民、温家宝、罗干等视察博爱的珍贵照片；反映地方特色的青天河风景区照片、博爱三绝、《太行山下小江南》录像、寨卜昌明清豪宅资料；防治“非典”、艾滋病普查等。编印了《博爱县整党专题介绍》、《博爱县名胜古迹简介》等8种专题概要和《博爱县七方民兵营史料汇编》、《新民主主义革命时期博爱县早期革命活动史料汇编》等。

武陟县档案馆 现址县城兴华路6号，邮编454900，馆长李末华，电话(0391)7281063。成立于1959年。是集中统一保管全县档案史料的基地。2004年被命名为爱国主义教育基地，同年晋升为河南省一级标兵档案馆。总建筑面积1800平方米，库房面积460平方米。馆藏档案62287卷(册)，其中资料9180册。编写有档案馆指南、大事记、会议简介、专题概要和档案史料汇编等26种编研材料。对县委、县政府全宗的档案输入了微机，逐步实现档案微机化管理。 (李末华)

温县档案馆 现址县城振兴路西段，邮编454850，电话(0391)6102574，馆长郑小引，电话(0391)2255598。成立于1958年。是集中统一保管县级机关、团体、企事业单位档案资料的国家综合档案馆，是县级爱国主义教育基地。1991年晋升为国家三级档案馆。总建筑面积3000平方米，库房面积1000平方米。馆藏档案资料41008卷，其中资料18567册。馆藏档案资料的历史跨度400多年，保存年代最早的是明清档案和资料。已将省部级以上国家领导来温视察、调研资料，省级以上劳动模范的材料以及全县农村干部群众献血的档案资料收集进馆。同时，有计划地向全县征集太极拳、古建筑、百年老树等方面的档案资料。

济源市档案馆 现址市沁源路济源市行政二区，邮编454650，电话(0391)6633162，馆长王爱竹，电话(0391)6633160。成立于1956年。是集中统一保管市级机关、团体、企事业、乡镇、街道办事处档案资料的国家综合档案馆，是市爱国主义教育基地，市政府指定的行政规范性文件查阅场所，1994年晋升为省一级标兵档案馆。总建筑面积为9868平方米，库房面积5000平方米。现有馆藏档案资料169630卷(册)，其中资料54249册。馆藏有部分民国档案和革命历史档案。目前已将防治“非典”工作、“党员先进性教育活动”的档案收集进馆。同时还接收了全市的重大工程的科技档案，征集了当地名人档案。目前已建立了局域网，积极筹建馆藏目录数据库。编印了《济源历史上的今天》，举办了“回眸”历史照片展和“济源岁月”、“愚公精神”大型展览。

沁阳市档案馆 现址市县东街10号(市政府大院)，邮编454550，电话(0391)5611911，馆长李胜花。成立于1958年。是集中统一保管市机关、团体、企事业单位档案资料的国家综合档案馆，市爱国主义教育基地，市级文明单位，河南省一级档案馆。建筑面积 1800 平方米，其中库房面积 800 平方米。馆藏档案资料 62000 余卷(册)，其中资料 5712 册。馆藏档案资料最早的是清朝的。珍贵档案资料有清道光年间编撰了《河内县志》、清康熙年间编撰的《怀庆府志》等。建立了档案陈列展览室、荣誉展室。建立了局域网，开通了沁阳市档案信息网。2004 年和市行政服务中心共同开展了已公开现行文件利用工作。编写了《沁阳市档案馆指南》、《省部级以上领导人视察沁阳专题概要》、《沁阳市自然灾害专题概要》、《沁阳市旅游景点介绍》、《新世纪、新沁阳》、《峥嵘岁月》等成果。

孟州市档案馆 现址东河阳大街 3 号市委院内，邮编 454750，电话(0391)8195726，馆长王桂林，电话(0391)8182291。成立于 1958 年。是集中统一保管市级机关、团体、企事业单位档案资料的县级综合档案馆，是市爱国主义教育基地，市政府指定的行政规范性文件查阅场所。2004 年晋升为省一级标兵档案馆。总建筑面积 1200 平方米，库房面积 960 平方米。馆藏档案资料 6.2 万卷(册)，其中资料 1.3 万卷(册)。馆藏档案资料的历史跨度 300 余年。保存年代最早的是康熙三十四年的《孟县志》。

濮阳市档案馆 现址市石化路西段，邮编 457000，馆长吴健民，电话(0393)8259711。是河南省一级档案馆，是市爱国主义教育基地，2003 年成立现行文件利用中心。建筑面积 3600 平方米。馆藏档案 67098 卷，资料 26290 册。清代档案有光绪年间江南实业学堂颁发的毕业凭照、聘书等。民国档案有豫北师管区司令部、安阳地区法院、河南省第三行政督察公署、河南省豫北道公署等进行政治、军事活动的材料，有伪满洲国发行的债券、储蓄票和储蓄证券。革命历史档案有中共冀鲁豫区党委、太行五地委及平原省濮阳地委的文件，由地方党委为建立抗日民族政权所制定的财税政策、土地政策、婚姻条例等。建国后档案有原安阳地区及濮阳市党政机关、群众团体、企事业单位档案，有朱德、陈毅在濮阳研究作战方案的照片，有江泽民、李鹏、胡锦涛视察原安阳地区、濮阳市的照片，还有“中华第一龙”之称的龙文化档案，有闻名国内外曾获多项国际大奖的市杂技团的艺术档案，有市创建全国卫生城市的全部档案。资料有《状元阁印孔子家语》、《汲古阁重订字汇》、《嘉靖开州志》等明代刊本十余种，有《奕理指归图》、《春秋大事表》、《钦定历代职官表》等清代刊本 2 0 多种，有《冀鲁豫三省黄河平面图》、《太行土地改革资料》、《党内文件汇刊》及所辖各县的旧志与新志，有《战友报》、《豫北人民》、《直南大众》等报刊。建成了馆局域网。 (刘艳茹)

华龙区档案馆 现址濮阳市华龙区内，邮编 457001。成立于 1988 年。2004 年为省二级标兵档案馆。面积达 400 平方米。馆藏档案 2208 卷，资料 23000 份册。编写有人代会、党代会、妇代会政协会议简介等参考资料，各种编研材料 20 余种，近 32 万字。

清丰县档案馆 现址县城朝阳路中段老县委院内，邮编 457300，馆长白政权，电话(0393)7222776。1996 年评审为省三级标兵档案馆。馆库面积 144 平方米。特色档案有：孝子张清丰——清丰亭档案、县城文明建设档案、“三优杯”竞赛活动档案、社教活动档案、富民工程档案、白色工程档案等。

南乐县档案馆 现址南乐县委院内，邮编 457400。成立于 1958 年。馆库建筑 300 平方米。馆藏档案 74326 卷，资料 10000 册。主要有文书、科技、声像、专门档案。编研了县历史大事记、党代会简介、人代会简介、政协简介、妇代会简介、团代会简介等。

范县档案馆 现址县老城东大街 4 号，邮编 457500，馆长斯凤彩，电话(0393)5252905。成立于 1980 年。2001 年建立了爱国主义教育基地，设立了现行文件服务室。1989 年被评为

“河南省三级先进档案馆”。1998年晋升为“河南省二级标兵档案馆”。2002年、2004年被濮阳市人事局、市档案局联合授予“全市档案工作先进集体”称号。2003年被县委、县政府评为“治安模范单位”。建筑面积800平方米。馆藏档案63000余卷，资料7600册。有防汛、滩区治理、名人、重大事件、非典、名优名产等地方特色档案。还存有历年来县委、县政府获得的部分奖杯、锦旗、证书等。对馆藏党政永久档案目录进行了输入，建立了局域网站，开通了档案信息网(www.fanxianw.com/fxdw/daj.htm)。开展了档案网上查询、跟踪服务。

台前县档案馆 现址台前县县城内，邮编457600。成立于1979年。馆藏档案12474卷(件)，资料5801册。编写了《中共台前县委工作大事记》、《台前县人民政府大事记》、《中共台前县历届党代会简介》、《台前县人代会简介》、《台前县农业自然灾害概要》、《台前县档案工作概况》等参考材料。

濮阳县档案馆 现址濮阳县县城内，邮编457100。成立于1958年。馆库面积380平方米。馆藏档案60825卷、2779件。检索工具有主题目录、人名目录、资料目录、全宗介绍、档案馆指南等550多册。

许昌市档案馆 现址市区七一路东段四家巷3号，邮编461000，电话(0374)2331622，馆长姚宗堂，电话(0374)2331622。成立于1959年。是集中统一保管市级机关、团体、企事业单位档案资料的国家综合档案馆。是省级文明单位，河南省档案系统精神文明建设示范单位，河南省档案工作先进集体。1996年晋升为河南省一级标兵档案馆。市档案馆查阅利用窗口被市妇联授予“巾帼文明示范岗”。总面积2050平方米。馆藏档案资料134488万卷(册)，其中资料41618万册。开展“留住历史”、“档案资料世纪征收年”、“书画家作品收藏展”等活动，采取多种形式，广泛征集散存在社会上的珍贵历史档案、名人档案、特色档案及各种载体的声像档案、实物档案等。加大对全市重大活动、重大事件档案征集力度，及时收集“非典”、“禽流感”防治档案、“三个代表”工作队驻村、学教活动、保持共产党员先进性教育活动及新农村建设档案。编辑出版了《许昌自然灾害史录》、《许昌历史上的今天》、《许昌名人》等档案资料。在许昌电视台开办了“历史上的今天”栏目，连续播出一年。利用馆藏档案资料开办档案史料陈列室和实物档案陈列展览。建立完善了馆藏档案目录数据库、室藏档案目录数据库、现行文件目录数据库、照片档案目录数据库和全文管理数据库。建成开通了“许昌档案信息网”。

(孙艳丽)

许昌城市规划建设档案馆 现址市劳动路16号(许昌市建设委员会院内)，邮编461000，馆长詹志英，电话(0374)2162288。成立于1996年。归口市规划局，是收集、整理、编制并向社会提供利用市区城建档案资料的基地和信息咨询服务中心。馆库面积280平方米。馆藏各类档案1万余卷，另外还有记录城市变迁的10余盘录像带(光盘)和600多张照片。

魏都区档案馆 现址许昌市人民路20号，邮编461000，电话(0374)2621255，股长康松娟，电话(0374)5882329。成立于1958年。是集中保管区直、党政机关，团体、企事业单位档案资料的综合档案馆，是行政规范性文件查阅场所。建筑面积共1495平方米，库房面积1400平方米。馆藏档案资料86376万卷，其中资料25020万册。馆藏档案的历史跨度80年，保存年代最早的为民国档案和资料，有少量的革命历史档案。目前已将4乡、6个办事处的婚姻档案收集、接收进馆，同时对现行文件进行大量收集。珍贵档案主要有《俎氏族谱》、《古代帝王画像》31幅经初步鉴定，为明末清初画家在丝绢上所绘，可谓稀世之珍品。《河南禁烟季刊》1册，刊名为蒋介石所题。《力行日记》记载彭国政烈士生前1946年生活写照，16开孤本，毛笔书。

许昌县档案馆 现址许昌市新许路12号县政府院内，邮编461100，电话（0374）5135411，馆长周小丽。成立于1958年。是集中统一保管县级机关、团体、各乡镇、企事业单位档案资料的国家综合档案馆，是市级文明单位，县现行文件利用中心。2003年晋升为河南省一级标兵档案馆。总建筑面积1700平方米，库房面积900平方米。馆藏档案资料8万卷（册），其中资料2万册，馆藏档案资料的历史跨度400余年。保存年代最早的是明清档案和资料。已将防治“非典”工作、“保持共产党员先进性教育”等活动的档案收集进馆。还征集了国家领导人乔石、胡锦涛、回良玉、布赫等来许昌视察活动的照片，县著名企业家、全国人大代表郑有全的档案资料。目前已完成了重点全宗档案目录数据采集工作，正在对重点档案进行数字化处理。

鄢陵县档案馆 现址县人民路，邮编461200，电话（0374）7105966，馆长张桂红。成立于1959年。是集中统一管理档案的文化事业机构，负责接收、收集、整理和提供利用全县范围内的档案资料，是县爱国主义教育基地，县委指定的行政规范性文件查阅场所。1996年晋升为省一级标兵档案馆。建筑面积670平方米，库房面积600平方米。馆藏档案资料80236万卷（册）。其中资料16623册。馆藏档案资料保存年代最早的是明清档案资料，有少量旧政权档案和革命历史档案。已将防治“非典”工作、第一至第六届中原花木交易博览会重大活动档案资料收集进馆，同时收集鄢陵县名人字画档案、家谱、族谱、尹宙牌拓片、醉翁亭记拓片等大量档案资料。

襄城县档案馆 现址城关镇东大街38号，邮编461700，电话（0374）3582000，馆长李永鹤，电话（0374）2716039。成立于1958年。是集中统一保管县党政机关、群众团体、企事业单位档案资料的国家综合档案馆，是县级爱国主义教育基地和现行文件利用中心。2005年，在全省首家晋升为省新标一级档案馆。2006年，襄城县档案馆旧址被确定为省级文物保护单位。馆库建筑面积2100平方米。馆藏档案资料80637卷（册），其中资料25597册。接收婚姻登记、退伍军人等专门档案进馆，征集了花冈暴动领导人耿淳等名人档案。编印了《襄城名胜古迹简编》等40余种档案史料。利用档案举办了“花冈暴动——纪念抗战胜利六十周年展”等陈列展。 （谭战胜）

禹州市档案馆 现址禹王大道9号，邮编461670，电话（0374）8279908，馆长张烨，电话13569947555。成立于1958年。是集中统一保管市级机关、团体、企事业单位档案资料的综合档案馆，是市级爱国主义教育基地，是市政府指定的行政规范性文件查阅场所。1993年晋升河南省一级档案馆，1995年晋升为河南省标兵档案馆。总建筑面积2500平方米，库房面积1800平方米。馆藏档案资料158666卷（册），其中资料14660册。馆藏档案历史跨度400余年，保存档案最早的是明清档案和资料，有部分民国时期的档案和革命历史档案，其中建国后的专门档案利用率较高。加大了对撤并、撤销单位档案的接收工作，加大对重大活动如禹州市中药材交易大会档案、“非典”档案的征集接收工作，同时还征集有共和国卫士马国选及全国劳动模范、英烈人物等禹州名人照片与资料，在此基础上又加大了对禹州市特色档案钧瓷档案及中药材标本档案接收力度。利用率较高的退伍军人档案已全部录入计算机，建立了禹州市档案信息网站。

（孙丽敏）

长葛市档案馆 现址八七路市政府院内，邮编461500，电话（0374）2752669，馆长魏聚河，电话（0374）6022369。成立于1958年。是集中统一保管市机关、团体、企事业单位档案、资料的综合档案馆，是市爱国主义教育基地。1991年晋升为河南省一级先进档案馆，河南省档案系统精神文明示范单位。总建筑面积1690平方米。馆藏档案资料66199万卷（册），其中资料 26701 册(本)。珍藏年代最长的是清朝嘉庆年间的圣旨、长葛县志、早期地下党在长葛的活动档案和 1958 年毛泽东视察长葛的照片等珍贵资料。征集了国家著名画家田零字画 107 幅,清朝雍正十三年《杨氏家谱》上、下卷,东魏敬史君碑拓片,冯玉祥施政纲领碑刻拓片,"清慈禧御画碑刻拓片"等大量历史档案资料。 (詹志民)

漯河市档案馆 现址郾城区淮河路 10 号,邮编 462001,电话(0395)3133849,馆长应二才,电话(0395)3160615。成立于 1958 年。是集中统一保管市级机关、团体、企事业单位档案资料的国家综合档案馆,成立了"红头文件开架阅览中心"。1996 年晋升为河南省一级标兵档案馆,1999 年荣获"全国档案系统先进集体"称号,2007 年被命名为河南省"巾帼文明岗"。建筑面积 2554 平方米,库房面积 1150 平方米。馆藏档案资料 13.1 万卷(册、张),其中资料 2.9 万册。保存有革命历史档案、旧政权档案、建国后档案以及《中越边界全图》等珍贵的明清档案资料。目前,中原食品节、许慎国际研讨会、"非典"防治、保持共产党员先进性教育等重大活动档案已收集进馆。征集到河南教育家周祖训、许学研究专家顿嵩元收藏的大量珍贵档案资料,建立了特藏室。建立了馆藏文件级目录数据库、照片档案数据库和内部局域网,开展了档案数字化工作。编辑出版了《漯河大事记》、《漯河内陆特区风采录》、《漯河档案馆藏珍品荟萃》等编研成果,获得了河南省档案局、河南省档案学会优秀成果奖。

漯河市城建档案馆 现址市郾城区黄河路 441 号,邮编 462001,电话(0395)3131190。馆长李浩,电话(0395)3150202。成立于 1988 年。2000 年晋升为河南省一级城建档案馆,多次被河南省建设厅评为"省建设系统城建档案工作先进集体",2004 年被建设部、国家档案局授予"全国城建档案工作先进集体"称号。建筑面积 600 平方米,库房面积 300 平方米。馆藏档案资料 1.8 万卷(册),其中资料 0.2 万册。加大对全市重大工程和重大活动进行跟踪拍摄。在城市改造中,把旧城改造的原貌、房屋拆迁、重点工程等施工情况及建成后的新貌都拍摄下来,收集入馆。编辑制作了《让历史为今天喝彩》画册,拍摄制作了电视专题片《漯河的昨天、今天、明天》,为人们了解漯河城市历史提供了丰富翔实的资料。漯河市城建档案馆积极开展形式多样地档案编研工作,编纂了城建档案馆指南、建筑工程档案汇编、城建档案文件汇编、建设文摘、重点工程简介、利用效果汇编、城建档案工作大事记等编研资料。

源汇区档案馆 现址漯河市源汇区建新路 66 号,邮编 462000,电话(0395)2111992,馆长李艳华,电话(0395)2111995。成立于 1990 年。是集中统一保管区级机关、团体、企事业单位档案资料的国家综合档案馆。建筑面积 300 平方米,库房面积 120 平方米。馆藏档案资料 1.1 万卷(册),其中资料 0.2 万册。征集到一批"四清"、"文革"时期的珍贵资料。编辑出版了《源汇区 1986—2000 年财政收入状况》、《区史区情简报》(期刊)等编研成果,拍摄制作《潮涌沙澧河畔》电视专题片,承办纪念抗日战争胜利 60 周年纪念活动,举办爱国主义教育图片展等。

郾城区档案馆 现址漯河市郾城区海河路中段区政府院内,邮编 462300,电话(0395)6165226,馆长陈云霞。成立于 1958 年。是集中统一保管区级机关、团体、企事业单位档案资料的国家综合档案馆。2003 年晋升为河南省一级标兵档案馆。建筑面积 1880 平方米,库房面积 850 平方米。馆藏档案资料 8.3 万卷(册),其中资料 2 万册。参与了郾城区重要会议、重大活动、重要事件的跟踪拍摄。编辑出版了《永恒郾城》、《沙澧巨变》、《郾城人物荟萃》、《漯河市郾城区各单位实绩档案汇编》等书刊资料。

舞阳县档案馆 现址县城东大街 57 号,

邮编462400，电话(0395)3300380，馆长蔡会枝，电话(0395)3300350。成立于1958年。是集中统一保管县各党政机关、团体、企事业单位档案资料的国家综合档案馆。1998年晋升为河南省二级标兵档案馆。建筑面积1214平方米，库房面积588平方米。馆藏档案资料5.9万卷(册)，其中资料2.7万册。馆藏档案资料有反映舞阳悠久历史的《明嘉靖南阳府志》、《清道光县志》等；有反映自然地理概貌的《舞阳地名资料汇编》、《七五·八洪水专题概要》等；有反映风土人情、土特产和工艺技术的《舞阳方言》、《舞阳烟草》、《风味小吃》等；有反映经济发展及发展特点的《舞阳剪裁产品介绍》、《明宇盐化工集团公司碱回收治污工程简介》等；有反映文化艺术的《五福临门》、《樊哙侯》、《凤鸣梧桐》等；名人列传有《前蜀王王建》、《抗日烈士沈东平》等。

临颍县档案馆　现址县人民路中段，邮编462600，电话(0395)5958378，馆长孙素芬，电话0395－5958379。成立于1958年。是集中统一保管县级机关、团体、企事业单位档案资料的国家综合档案馆，是县档案资料信息中心，县政府指定的行政规范性文件查阅场所。1995晋升为河南省三级标兵档案馆。建筑面积3892平方米，库房面积600平方米。馆藏档案资料5.9万卷(册)，其中资料1.8万册。注重收集革命历史档案、旧政权档案、社会名人档案和具有地方特色的民俗、民风、名优特产档案进馆。

临颍县南街村档案馆　现址县城关镇南街村颍松大道南侧文化大院，邮编462600，电话(0395)8851327，馆长王洪凯。成立于2000年。是市级爱国主义教育基地、全国著名村级档案馆。占地面积4500平方米，库房面积400平方米。馆藏档案资料4790卷(盒、件)。其中名人题词及书画450件，有朱镕基、乔石、曾庆红、李长春、罗干、曹刚川等25位党和国家领导人来南街村视察时所形成的珍贵档案资料。开馆以来，作为南街村红色旅游的重要景点，档案馆陈列室每年接待外来参观者40余万人次，讲解4000多场次。参观者有党和国家领导人及军队领导，有中央党校、中国社科院、北京大学、清华大学等科研院校的知名学者教授，以及部队、学校和各地组织的近万个参观团。编辑整理《治村方略举要》，配合村里进行"三大活动"、"'三个代表'学教活动"、"保持共产党员先进性教育活动"；还利用馆藏优势为中组部、中央党校及部分省市各级党校、基层党组织举办党员培训班、党风廉政教育活动提供优质服务。

三门峡市档案馆　现址市黄河路西段31号，邮编472000，电话(0398)2822038，馆长赵龙涛，电话(0398)2852700。成立于1959年。是集中统一保管市级机关、团体、企事业单位档案资料的国家综合档案馆，是市指定的行政规范性文件查阅场所。1995年晋升为河南省三级标兵档案馆。总建筑面积2066平方米，库房面积1200平方米。馆藏档案资料127116卷(册)，其中资料23196册。已征集了江泽民视察三门峡时的文件资料；中外女领导人研讨会、全国优秀女检察官白洁先进事迹材料等大量档案资料。编纂出版了《永久的记忆——三门峡市区划调20年照片档案集锦(1986－2006)》等20余种编研材料。　(赵正肃)

湖滨区档案馆　现址三门峡市和平路中段，邮编472000，电话(0398)2958552，馆长高少婷。成立于2002年。是集中统一保管区机关、团体、企事业单位档案资料的国家综合档案馆。总建筑面积60平方米，库房面积40平方米。馆藏档案资料3574卷(册)。2005年起，成为区政府指定的现行文件利用中心。

(郑金红)

渑池县档案馆　现址胜利北街49号，邮编472400，电话(0398)4812526，馆长王彩虹，电话(0398)4810397。成立于1958年。是集中统一保管县级机关、团体、企事业单位档案资料的国家综合档案馆，是县级爱国主义教育基地，行政规范性文件查阅场所。1991年晋升为省一级先进档案馆。1996年晋升为省一级标兵档案馆。总建筑面积1260平方米，库房面积600平方米。馆藏档案资料34736卷(册)，其中资料8145册。有少量革命历史档案。编辑出版了《中国共产党渑池组织史》、《渑池县党史大事记》、《豫西公学》、《渑池县历代知县》、《渑池县文化名人》、《渑池县矿产资料简介》和《渑池画册》等编研资料。协助拍摄了《仰韶情》、《永远的丰碑》等县情、党史教育片。 (刘邦霞)

陕县档案馆 现址市黄河路北八街坊，邮编472000，电话(0398)2810357，馆长薛秋霞。成立于1958年。是集中统一保管县直机关、乡镇、团体、企事业单位档案资料的国家综合档案馆，是县级爱国主义教育基地，陕县政府指定的现行规范性文件查阅中心。1991年晋升为河南省一级先进档案馆。总建筑面积1084平方米，库房面积400平方米。馆藏档案资料47770卷(册)。馆藏档案资料的历史跨度260年。保存年代最早的是乾隆十二年(1747年)的档案资料。 (薛秋霞)

卢氏县档案馆 现址城西大街县委机关大院，邮编472200，电话(0398)7872912，馆长李啸东，电话(0398)7871383。成立于1959年。是集中统一保管县级机关、团体、企事业单位档案资料的国家综合档案馆，是县级爱国主义教育基地，县已公开现行文件利用中心。2004年达到“省一级标兵档案馆”标准。总建筑面积2075平方米，库房面积1000平方米。馆藏档案资料54233万卷(件)册，其中资料8528册。馆藏档案资料历史跨度约200余年，保存年代最早的是清康熙年间编撰的《卢氏县志》(复印本)和光绪《卢氏县志》；存有少量革命历史档案；特色档案有卢氏籍历史文化名人曹靖华档案；卢氏县扶贫攻坚专题档案。

(屈静霞)

义马市档案馆 现址市千秋路中段，邮编472300，电话(0398)2202612，馆长董群保，电话(0398)2202613。成立于1985年。是集中统一保管市机关、团体、企事业单位档案资料的国家综合档案馆，是市政府指定的行政规范性文件查阅场所。1991年晋升为河南省三级先进档案馆。总建筑面积200平方米，库房面积80平方米。馆藏档案资料1.1万卷(册)。加大了对全市各单位档案移交工作的规范管理，加强了对重大活动档案的收集。

(王赞辉)

灵宝市档案馆 现址市金城大道17号市政府大院后院，邮编472500，电话(0398)2728082，馆长李效民。成立于1959年。是集中统一保管市各乡镇、市直各机关团体、企事业单位档案资料的综合档案馆，是市指定的行政规范性文件查阅场所及现行文件阅览中心。1996年评定为省级三级标兵档案馆。总建筑面积2942平方米，库房面积900平方米。馆藏档案资料56002卷(册)、2133件。征集有党和国家领导人胡耀邦、江泽民、温家宝等珍贵照片、题词，民间档案资料有剪纸、名人字画、历史书稿、姓氏家谱、史志等。编辑了《天南地北灵宝人》一书。在落实移民政策、土地宅基地、工龄等方面发挥了档案的积极作用。

(种会妮)

南阳市档案馆 现址市七一路53号，邮编473000，电话(0377)63398558，馆长武乐善，电话(0377)63398269。成立于1959年。是集中统一保管市级机关、团体、企事业单位档案资料的国家综合档案馆，是市级爱国主义教育基地，市指定的政务信息公开发布场所。河南省一级标兵档案馆。建筑面积2973平方米，库房面积2118平方米。馆藏档案资料220151卷(册、件、张)，其中资料29152册。馆藏档案资料所属年代为1796—2006年。建国前的档案2000余卷。编辑出版了《南阳地区辛亥革命资料汇编》、《工农红军战斗在南阳》、《南阳大事记》、《1949—2000年干部任免名录》、《南阳地区历史、古迹、土特产品概略》等专题档案史料和参考资料30余种1000余万字。一批编研成果获得河南省优秀成果奖。利用档案举办了“领袖与南阳”、“纪念反法西斯战争胜利60周年”等展览。馆藏开放档案和全部资料可通过内、外网进行文件级查询,已公开的现行文件实现了内、外网的全文查询。

宛城区档案馆 现址南阳市建设中路666号,邮编473000,电话(0377)62082302,馆长高自典,电话(0377)63263705。成立于1958年。是区政府指定的行政规范性文件查阅场所、区级爱国主义教育基地。1996年晋升为河南省一级标兵档案馆。2004年被省人事厅、档案局评为先进集体,被市委、市政府认定为市级标兵文明单位。馆库房面积1260平方米。馆藏档案资料79008卷(册),其中资料10717册。2006年与政府信息网连接。已将张衡、张仲景、徐万年等一批具有地方特色的重要历史事件的档案资料收集进馆。多篇文章被国家、省级专业杂志刊登,7项调研课题被省局评为优秀科研成果。

卧龙区档案馆 现址南阳市滨河路中段,邮编473000,电话(0377)63482166,馆长孙建功,电话13949382851。成立于1959年。是集中统一保管区级机关、团体、企事业单位档案资料的国家综合档案馆,是区级爱国主义教育基地,区行政规范性文件查阅场所。1995年晋升为河南省一级标兵档案馆。总建筑面积3074平方米,库房面积1587平方米。馆藏档案资料10.4万卷(册),其中资料2.2万卷(册)。馆藏较为突出的是人物档案,共计13个全宗3052卷(件、册、张)。加大了对声像档案、专业档案及重大活动档案的收集。相继将第五届冯友兰学术思想研讨会、南阳星申报及评审、“南阳曲艺全集”及“板头曲”等档案资料收集进馆。并启动了“城市记忆”工程,将系列记录城市发展面貌。2005年又建立了特藏特色档案资料库。2006年开通了档案信息网。对馆藏党委、政府核心全宗、旧政权档案、革命历史档案以及声像档案全部进行了数字化。编辑出版了《南阳古今》、《世纪哲人冯友兰》画传、《姚雪垠文学创作七十年》画传(省科研成果二等奖)、《古韵南阳》(省科研成果一等奖)等档案史料,共计102.4万字。2005年与南阳市博物馆联办了“南阳百年老照片展”。

南召县档案馆 现址县城中华路32号,邮编474650,电话(0377)62038628,馆长李萍,电话(0377)66907135。成立于1958年。是集中统一保管县级机关、团体、企事业单位档案资料的国家综合档案馆,是县级爱国主义教育基地,县指定的行政规范性文件查阅场所。2003年晋升为河南省一级标兵档案馆。总建筑面积1050平方米,库房面积500平方米。馆藏档案资料703860卷(册)。其中有清朝时期的档案、民国档案、革命历史档案。已将南召县第四、五届运动会,防治“非典”工作、中国北顶五朵山道教胜地等一大批重大活动、重要历史事件的档案资料收集进馆。征集了邓小平佚文《论忠诚与老实》以及袁宝华、王永民等名人照片与大量档案资料。已建成馆藏全宗级目录数据库,完成了清代档案、民国档案、革命历史档案以及建国后县委、政府核心档案案卷及目录数据采集工作。编辑有《南召县大事记》、《南召县名胜古迹专题介绍》、《中国共产党南召县史料汇编》等专题档案史料汇编27种150多万字。 (牛长俊)

方城县档案馆 现址县城文化路238号(县委院内),邮编473200,电话(0377)67232701,馆长杨泽彬,手机13937734597。成立于1958年。是集中统一保管全县机关、团体、企事业单位档案资料的国家综合档案馆,是县级爱国主义教育基地,县政府指定的行政规范性文件查阅场所。1997年晋升为河南省一级档案馆。总建筑面积1507平方米,库房面积870平方米。馆藏档案资料91848卷,其中资料18316册。馆藏档案资料的历史跨度400余年。保存年代最早的是明清档案和资料,另有部分民国、革命历史档案。征集了杜凤瑞、郭如月等名人及清朝道光年间“钦赐翰林府”匾与方城黄石砚等特色档案资料。

西峡县档案馆 现址人民路，邮编474500，电话(0377)69662515，馆长李龙。成立于1959年。是集中统一保管县级机关、团体、企事业单位档案资料的国家综合档案馆，是县级爱国主义教育基地，政府指定的现行政策法规文件阅览中心，1996年晋升为省一级标兵档案馆。总建筑面积3564平方米，库房面积2700平方米。馆藏档案资料69671卷(册)，其中资料15695册。馆藏档案资料的历史跨度60余年。目前已将1984年中共中央书记胡耀邦视察西峡工作、防治"非典"工作、第四届中国·南阳张仲景医药节玉雕节暨经贸洽谈会、西峡县创建中国南阳伏牛山世界地质公园、保持共产党员先进性教育活动等重要历史事件的档案资料收集进馆。已建成馆藏核心全宗目录数据库，完成了建国后档案案卷级目录数据采集工作。出版发行了《西峡县人民抗击非典纪实》、《领导专家谈西峡》、《美好西峡》等专题档案史料汇编58种1000多万字。一批编研成果获得国家和河南省级优秀成果奖。

镇平县档案馆 现址县府前街98号镇平县委大院内，邮编474250，电话(0377)65921312，馆长张吉祥，电话(0377)65978098。成立于1958年。是集中保管全县各级机关、团体、企事业单位档案资料和提供档案信息服务的国家综合档案馆，县爱国主义教育基地，县现行文件查阅利用中心和政务公开场所。1996年晋升为河南省一级标兵档案馆。总建筑面积2070平方米，库房面积1503平方米。馆藏档案65799卷，资料15086册。其中比较珍贵的有清康熙、光绪年间编修的《镇平县志》。民国时期的"宛西地方自治材料"。林则徐写给李德生(镇平籍)的书信。彭雪枫生平事迹及其在《拂晓报》上发表的部分文章。原国家主席杨尚昆给彭雪枫纪念馆的题词手迹及镇平蒙古族王氏、镇平魏氏、张氏族谱等。已将县举办的历届"玉雕节"、"民间艺术大赛"、"彭雪枫将军事迹"、"镇平支疆同乡联谊会"、李长春视察镇平照片等大批重大活动、重要历史事件的档案资料征集进馆。编写了《镇平县大事记》、《镇平历年自然灾害》、《镇平玉雕发展史》、《镇平地毯发展史》、《腾飞——镇平工业经济发展纪略》、《中共镇平地下党组织斗争简史》、土地征批用专题目录、工人招录及干部任免处分目录等近百种编研资料和检索工具。 (王同阳)

内乡县档案馆 现址大成路2号，邮编474350，电话(0377)65332731，馆长任海银。成立于1958年。是集中统一保管县党政机关、群众团体、企事业单位档案资料的国家综合档案馆，是县级爱国主义教育基地，2004年建立了现行文件阅览中心。1992年晋升为省一级先进档案馆，1997年晋升为省一级标兵档案馆。总建筑面积880平方米，库房面积560平方米。馆藏档案资料72083卷(册)，其中资料14720册。馆藏档案资料的历史跨度百余年。珍贵的有《内乡县志》、《地方自治》、《我所知道的别廷芳》，被列入《世界非物质文化遗产》的内乡宛邦档案。加强了对重大活动和地方特色档案的收集，目前世界生物圈保护区——宝天曼、伏牛山地质公园创建等档案资料已收集进馆，同时，有计划地征集了富有地方特色的4A级"清代内乡县衙"等档案资料。编写出版了《内乡文史资料》、《内乡文化丛书》、《内乡县衙与衙门文化》、《内乡县志》等。

淅川县档案馆 现址县城人民路131号，邮编474450，电话(0377)65050988，馆长全建国，电话(0377)65050388。成立于1958年。是集中统一保管县级机关、企事业单位档案资料的综合档案馆，1998年被命名为爱国主义教育基地。1988年晋升为河南省二级馆，1989年晋升为河南省一级先进档案馆，1996年晋升为河南省"一级标兵档案馆"。总建筑面积1224平方米，库房面积927平方米。馆藏档案74739卷(册)，资料17567册。已完成核心全宗、地方特色档案资料等计算机著录查询数据库的建设工作。先后举办展览5期。

(周燕)

社旗县档案馆 现址赊店镇北中心街54号，邮编473300，电话(0377)68800598，馆长周清瑞，电话(0377)68800599。成立于1980年。是集中统一保管县各机关、团体、企事业单位档案资料的县级综合档案馆，县级爱国主义教育基地，行政规范性文件查阅场所。2003年晋升为河南省一级标兵档案馆。总建筑面积910平方米，库房面积870平方米。馆藏档案资料72067卷(册)，其中资料14021册。保存年代最早的是清代档案和资料，有少量革命历史档案。已征集到清代的族谱、古碑文的拓片等历史档案资料，彭雪枫将军、李汝梅烈士的书信及党和国家领导人视察社旗的档案资料等。

唐河县档案馆 现址县城关镇新民街736号县委机关院内，邮编473400，电话(0377)68922131，馆长张书芬。成立于1958年。是集中统一保管全县档案资料的基地和提供利用中心，是县级爱国主义教育基地，县已公开现行文件阅览服务中心。南阳市市级文明单位，河南省一级标兵档案馆。被省、市人事和档案部门授予“八五”和“九五”期间省、市“档案工作先进集体”称号，被县委评为“唐河县2006年度最佳服务部门”。总建筑面积920平方米，库房面积747平方米。馆藏档案资料70021卷(册)，其中资料15231册。馆藏档案资料的历史跨度290年。馆藏珍品有黑陶瓷，清乾隆二十八至五十年的土地契约、清同治甲戌《御批历代通鉴辑览》。李先念、程子华、薄一波等党和国家领导人题词等。目前已将第一、第二届中国南阳黄牛节档案资料接收进馆并征集了张星江烈士、扫盲功臣马景武、黄牛专家李复兴、文学家田中禾、公安一级英模郑榜义、博士后田锡全等人的照片与资料。姬氏、谢氏、王氏、杨氏、刘氏等十几种家谱档案充实馆藏。编写档案利用效果典型实例汇编，编制专题材料40多种。公开出版《南阳大事记》5本，参与县党史大事记的编写发行4本，联合编辑出版了《唐河县组织史》、《宛东中专校志》与《魅力唐河》。国家档案科技项目立项1个，省档案科技项目立项21个，获省优秀档案科技成果奖8项，省档案学优秀成果奖12项。 (殷晓荣)

新野县档案馆 现址县城关镇书院路13号，邮编473500，电话(0377)66269867，馆长王守廷。成立于1958年。是集中统一保管县机关、团体、企事业单位档案资料的国家综合档案馆，县爱国主义教育基地，现行文件阅览中心。为河南省一级标兵档案馆。建筑面积1520平方米，库房面积495平方米。馆藏档案42078卷，资料12840册。馆藏资料中有一部分古书古志，具有较高的研究和文物价值。开展了自主编研，同时积极参与配合县城史志和文史资料的编纂工作。征集力度加大，围绕县城重大活动和名产、名人、名胜开展了以“古稀尖精”为主的档案征集工作。

桐柏县档案馆 现址县委办公大楼后西小楼一楼，邮编474750，电话(0377)68219009，馆长杨顺林，电话13949300969。成立于1958年。是县级爱国主义教育基地，是县现行文件阅览服务中心。2002年晋升为省一级标兵档案馆。总建筑面积1200平方米，库房面积900平方米。馆藏档案资料66055卷(册)。珍贵的档案资料有明嘉靖年间的《南阳府志》，元至正六年(1346年)年铜印两枚，清道光八年(1828年)皇帝敕命一道及官员画像3幅，清乾隆十八年桐柏县志。民国年间的《袁世凯书牍》、《时代日报》等。刘氏、毛氏、张氏、王氏等家(族)谱11册。已将2003年“防非典”战役、“中国桐柏首届淮河源文化旅游节”、全球华人首次祭祀盘古大典、桐柏英雄纪念馆、中国天然碱产业发展战略暨中部崛起之路高层论坛、保护母亲河——中国青年河南淮河之源文化节等重大活动档案资料收集进馆。建立完成馆藏党委政府核心全宗、地方特色档案资料、革命历史档案、旧政权档案查询数据库。印制了清乾隆十八年《桐柏县志》，翻印了《桐柏矿产开发指南》、《桐柏地质矿产》两本书，编辑了

《领导专家谈桐柏》一书。

邓州市档案馆 现址市新华路100号，邮编474150，馆长刘振奇，电话(0377)60909199。成立于1958年。是市永久保管档案资料的基地，是市级爱国主义教育基地，市指定的行政规范性文件查阅场所。1995年晋升为河南省一级标兵档案馆。总建筑面积1203平方米，其中库房面积703平方米。馆藏档案资料108627卷(册)。其中珍贵的档案资料有《曾·郭氏家谱》、《关氏家谱》、《重修邓县志》、大清地理图等。 (陈志亚)

商丘市档案馆 现址府前路1号市委院内2号楼，邮编476000，电话(0370)3289113，馆长王道安，电话(0370)3288628。成立于1958年。是集中统一保管市级机关、团体、企事业单位档案资料的国家综合档案馆，市政府指定的现行文件利用中心和信息查阅场所。1998年晋升为省三级档案馆。2004年被评为河南省档案工作先进集体。建筑面积5000平方米，库房面积2000平方米。馆藏档案资料104312卷(册、件)，其中资料24693册。馆藏档案资料的历史跨度269余年。保存年代最早的是清朝乾隆二年(1738年)乾隆颁发的《诰敕文书》。有少量的革命历史档案、旧政权档案。已将全国十运会点火仪式、国际华商文化节、"三讲"和保持共产党员先进性教育等重大活动档案资料收集进馆。建立了档案馆网站，已经开始为社会提供档案目录数据，并积极为商丘市政府网提供数字化档案信息共享服务。编纂出版了《中共商丘地委重要文件汇编》、《商丘行署重要文件汇编》，与市委党史研究室合作编辑出版了《中共商丘党史大事记》、《中共商丘党史资料选》；编写了《中共商丘地委大事记》、《商丘行署大事记》、专题概要；《商丘市档案馆指南》、馆藏所有全宗的全宗介绍等。征集名人档案3 6卷(件)。

梁园区档案馆 现址商丘市平原办事处桂林路88号，邮编476000 ，电话(0370)2532217，馆长高建坤，手机13608640168。成立于1958年。是集中统一保管区级机关、团体、企事业单位档案资料的国家综合档案馆。1994年晋升为省三级标兵档案馆。建筑面积399平方米，库房面积337平方米。馆藏档案资料37206卷(册)，其中资料12113(册)。馆藏档案资料的历史跨度50年，保存年代最早的是革命历史档案。已将防治"非典"工作等重大活动的档案资料收集进馆。征集了我区特级优秀教师刘保蕊等名人的照片与资料。

睢阳区档案馆 现址小隅首东一街5号，邮编476100，电话(0370)3326780，馆长杨清海，电话(0370)3278258。成立于1958年。是集中统一保管区机关、团体、企事业单位档案资料的国家综合档案馆。1990年晋升为国家三级档案馆。面积160平方米。馆藏档案近5万卷，资料5942本(册)。收集了1985年以来的乡镇档案、"非典"档案、保持共产党员先进性教育活动档案、土地延包档案和一部分本地名人档案；做好提供利用工作，解决了很多土地纠纷和个人工龄问题。 (杨清海)

民权县档案馆 现址民权县城庄子大道中段28号，邮编476800，馆长史爱玲。2004年晋升省三级标兵档案馆。建筑面积1 080平方米，其中库房面积900平方米。馆藏档案资料8万卷(册)。主要有《李氏家谱》、《胡氏家谱》、《赵氏家谱》等，有《民权古代名人录》、《民权县团以上干部在外工作人员录》、《民权古代名人诗选》等。 (胡庆惠)

睢县档案馆 现址县城湖北岸县委院内，邮编476900，馆长孟静涵，电话(0370)8152912。1989年被省档案局命名为省三级标兵档案馆。建筑面积240平方米，其中库房面积160平方米。馆藏档案资料23481卷，其中资料3712册。

宁陵县档案馆 现址永乐北路第二政府招待所院内，邮编476700，电话(0370)7813002，馆长冯先荣，电话13569305162。成立于1958年，是集中统一保管县直各机关、乡(镇)、企事业单位档案资料的综合档案馆。

1998年晋升为省三级标兵档案馆。2006年被商丘市档案局评为先进综合档案馆。总建筑面积200平方米，库房面积1 20平方米。馆藏档案13682卷，图书资料12142册，报刊1040本。已将防治“非典”工作、“三讲”教育活动、“梨花节”等活动的档案资料收集进馆。

柘城县档案馆 现址北环路柘城行政新区院内，邮编476200，电话(0370)59287，馆长白燕，电话13592398338。成立于1958年。是集中统一保管县级机关、团体、企事业单位档案资料的国家综合档案馆，是县级爱国主义教育基地、县指定的现行文件管理中心。总建筑面积1200平方米，库房面积700平方米。馆藏档案资料3.6万卷(册)，其中资料0.8万卷。馆藏档案资料的历史跨度100余年。已将“辣椒节”活动、防治“非典”工作等一批重大活动的档案资料收集进馆。柘城信息网站初步建立，内容突出档案信息服务，其主要栏目有档案查询、柘城概况、招商引资、党政机构、乡镇在线、社会事业、工作动态等。编辑出版了《柘城年鉴》、《柘城大事记》等档案史料。

虞城县档案馆 邮编476300，电话(0370)4112821，馆长卢秀莲，电话13598369166。成立于1958年。是集中统一保管县级机关、团体、企事业单位档案资料的综合档案馆。2000年晋升为河南省三级标兵档案馆。建筑面积1200平方米，库房面积270平方米。馆藏档案资料24500卷(册)，其中资料9610册。馆藏档案资料的历史跨度60余年。已将防治“非典”、防治“禽流感”及“三讲”教育、“三个代表”学教活动和“共产党员先进性教育”的资料收集进馆。

夏邑县档案馆 县府路西段55号县委院内，邮编476400，馆长韩永胜，电话13781599806。成立于1958年。是集中统一保管县级机关、团体、企事业单位档案资料的国家综合档案馆。1999年12月晋升为河南省二级标兵档案馆。总建筑面积1200平方米，库房面积724平方米。馆藏档案资料共56737卷(册)，其中资料16598册。保存年代最早的是明朝万历三十八年(公元1611年)圣旨两道。已将孔祖文化节、农机展销会、家乡联谊会等档案资料收集进馆。同时开展重点档案、历史档案的普查、接收和征集工作。编辑出版了《夏邑县档案馆指南》，举办了夏邑县档案事业发展成就展览。一批编研成果获得省、市级奖励，其中1998年《新型照片档案装具研究》获河南省档案科学进步二等奖，《丰富档案馆藏，优化档案结构》获2001年河南省优秀调研成果二等奖，8篇调研文章获商丘市三等奖。

永城市档案馆 现址市委、政府院南，邮编476600，电话(0370)2718305，馆长张艳梅，电话13592387000。成立于1958年。是集中统一保管市直机关、乡(镇)、企事业单位档案资料的综合档案馆。成立了“现行文件利用中心”。2003年晋升为省三级标兵档案馆。2006年度被商丘市档案局评为先进综合档案馆。建筑面积340平方米，其中库房面积280平方米，爱国主义教育基地展览面积60平方米米。馆藏档案7.9卷(件)册，图书资料2.4万册，保存年代最早的是明清时期的档案和资料。已将“非典”防治、“三讲”教育、“永城市撤县设市十周年暨第一届中国面粉洽谈会”、“讲正气、树新风”主题教育等重大活动的档案资料收集进馆。

信阳市档案馆 现址市东方红大道260号，邮编464000，电话(0376)6211123，馆长高兴春，电话(0376)6235878。成立于1980年。是集中统一保管市级机关、团体和企事业单位档案资料的国家综合档案馆，是市级爱国主义教育基地，市政府指定的行政规范性文件查阅场所。2004年晋升为河南省一级标兵档案馆。总建筑面积2463平方米，库房面积458平方米。馆藏档案资料6.4万卷(册)，其中资料1.1万册。已将华国锋给“茗阳阁”的题词和江泽民对“鄂豫皖革命纪念馆”的题词接收进馆，收集有防治“非典”工作、保持共产党员先进性教育活动、历届信阳茶叶节等一批重大活动档案资料。编印了《中国信阳茶叶节概况》、《信阳老区建设新貌》等16种编研材料。

（许永）

浉河区档案馆 现址信阳市五星路3号，邮编464000，电话(0376)6652209，馆长刘波，电话(0376)6652205。成立于1959年。是集中统一保管区直机关、团体、企事业单位档案资料的国家综合档案馆，是区级爱国主义教育基地，区政府指定的行政规范性文件查阅场所。1998年晋升为国家二级档案馆。建筑面积8200平方米，库房面积600平方米。馆藏档案资料4.2卷(册)，其中资料1.2万卷(册)。馆藏档案资料的历史跨度70余年。有少量革命历史档案。已将防治"非典"、"禽流感"、"先进性教育"、"茶文化节"等一批重大活动，重要历史事件的档案资料收集进馆。何大复等革命先辈等历史名人资料及春秋时期樊夫人龙赢盘匾，信阳市历史地图等征集进馆。编研《信阳市十年抗洪抢救专题概要》、《信阳市档案史料》20余种。

（汤硕）

平桥区档案馆 现址信阳市平桥区县府路4号，邮编464100，电话(0376)3772310，馆长柳金玲，电话(0376)3774039。成立于1958年。是集中统一保管区级机关、团体、企事业单位档案资料的国家综合档案馆，是区级爱国主义教育基地、区指定的现行文件查阅服务中心。2004年晋升为河南省一级标兵档案馆。总建筑面积1824平方米。馆藏档案资料6万卷(册)，其中资料1.01万册。加大了对重大活动档案和地方特色档案资料的收集。对馆藏档案进行科学管理，重点档案得到保护和抢救。已向社会开放了应开放的档案资料。

（柳金玲）

罗山县档案馆 现址县城天元中路，邮编464200，电话(0376)2124533，馆长于霞。成立于1959年。是集中统一管理县各乡镇、县直各单位档案资料的国家综合档案馆，是县级爱国主义教育基地，县指定的现行文件利用中心。2004年晋升为河南省一级标兵档案馆。建筑面积1210平方米。馆藏档案42851卷册，其中资料10423册。馆藏最早档案资料形成于明万历元年(1573年)，少量保存有明清、民国、新民主主义革命时期档案资料。收集了李先念在罗山、温家宝视察罗山、先进性教育活动、"非典"防治工作、"禽流感"防治工作、何家冲红25军长征出发地等档案。面向社会征集了清朝治水名臣黎世序、清末执政院事丁振铎、历史学家尚钺等档案资料。

光山县档案馆 现址县东城区，邮编465450，电话(0376)8858508，馆长文贤章。成立于1958年。是集中统一保管县党政机关、团体、企事业单位档案资料的综合档案馆，是光山县的爱国主义教育基地。1992年晋升省三级先进档案馆；1993年晋升省二级标兵档案馆；1994年省档案局授予光山县21人为省先进档案工作者；1998年1人被授予"优秀兰台公仆"；荣获全国档案先进工作者1人。总建筑面积1000平方米，库房面积600平方米。馆藏档案46236卷(册)，资料近万册。馆藏档案资料的历史跨度200余年，保存年代最早的是清代乾隆县志。已收集进馆的有防治"非典"工作、"中国共产党先进性教育"、"禽流感"档案。征集有李先念、徐向前等革命先辈的题词、题字；征集有文圣常院士学术著作两本；征集有胡氏家谱、韩氏家谱、范氏家谱等大量的宗谱档案。编辑有《光山县武装斗争史料汇编》、《光山县"七五"至"十五"国民经济和社会发展计划汇编》、《光山县财政预算和财政预算执行情况文件汇编》、《光山县卫生防疫档案资料文摘》、《中国共产党光山县历次代表大会简介》、《光山县大事记》、《光山县档案馆指南》等资料。

（王连枝）

新县档案馆 现址县城关朝阳路169号，邮编465550，电话(0376)2981830，馆长闫东，电话(0376)2972619。成立于1958年。是集中统一保管全县机关、团体、企事业单位档案资料的国家综合档案馆，是县级爱国主义教育基地，县政府指定的行政规范性文件利用中心。2004年晋升为河南省一级标兵档案馆。总建筑面积600平方米。馆藏档案资料共62428卷(册)。历史跨度120余年。保存最早的是光绪年间的档案。（张志文）

商城县档案馆 现址温泉大道中段166号,邮编465350,电话(0376)7922155,馆长叶昭祥,电话(0376)7935526。成立于1958年。集中统一保管全县科级机关、团体、企事业单位档案资料,是全县爱国主义教育基地,县政务信息公开场所及现行文件利用中心。2001年被评为市级文明单位,2005年被评为河南省二级国家综合档案馆。建筑面积500平方米,库房面积140平方米。馆藏档案资料67847卷(册)、件,其中资料16565册(卷)。征集部分革命历史档案、旧政权档案、散失民间的珍贵档案资料等。接收了名人、名胜、防治"非典"、禽流感等大量档案资料。编研档案资料40余份,如《商城县名由来初探》、《商南起义》、《商城县档案馆指南》等。馆藏档案资料检索工具完善,目前部分全宗目录数据库已建成。商城县档案信息网已经建立,数字化档案信息可在网上为用户提供服务。

（肖彬昌）

固始县档案馆 现址中山大街38号,邮编465200,电话(0376)4942156,馆长熊先群。成立于1980年。是集中统一保管县级机关、团体和企事业单位档案资料的国家综合档案馆,是县级爱国主义教育基地,县指定的行政规范性文件查阅场所。2002年晋升为河南省二级标兵档案馆。总建筑面积800平方米。馆藏档案资料5.2万卷(册),其中资料1.2万册。馆藏档案资料的历史跨度200余年。保存年代最早的是清乾隆年间的档案和资料,有部分旧政权档案和革命历史档案。加强了对名人、名产档案的接收、征集。建立了魏青刚名人档案、固始鸡、柳编等名产档案,征集了清代著名植物学家吴其濬、何氏家谱等档案资料。（陈静）

潢川县档案馆 现址定城办事处跃进东路26号,邮编465150,电话(0376)3931713,馆长张善祥。成立于1959年。是集中统一保管县机关、团体、企事业单位档案资料的国家综合档案馆,是县级爱国主义教育基地,县指定的现行公文利用服务中心,2004年晋升为省二级标兵档案馆。总建筑面积220平方米,库房面积120平方米。馆藏档案资料74000卷(册),其中资料28000册。馆藏档案资料的历史跨度近200余年。保存年代最早的是清朝康熙时期档案和资料,有部分革命历史档案和民国时期档案。目前已收集民国大事记,中央、省、专署、县文件汇集、汇编,有解放以来党报、党刊汇集和50年代潢川日报;有名人名产和地方特色档案及土改时期的房屋土地契约等;有清朝乾隆年间光州知州们所著石刻孤本《光州志》;有石刻版《康熙字典》;有唐朝吴道子碑刻观音老母拓片等古代藏品珍贵档案。同时接收有"防治非典"、保先教育、首届潢川花展等重大活动档案 。编辑有县委政府工作大事记、组织沿革、历届党代会、人代会、妇代会、团代会、总工会汇编及农、林、水数字资料20多种40余万字,并积极为潢川县政府网站提供档案信息共享服务。

淮滨县档案馆 现址行政办公新区,邮编464400,电话(0376)7761044,馆长韩培军。成立于1962年。是集中统一保管县级机关、团体、企事业单位档案资料的国家综合档案馆,是县指定的行政规范性文件查阅场所。2005年晋升为省二级档案馆。总面积1000平方米,库房面积800平方米。馆藏档案资料29742卷(册),其中资料9634本(册)。馆藏档案资料的历史跨度50余年。积极开展档案寄存、征集工作。本馆寄存有李自然、戴光辉的个人档案,收集了信阳籍人士,现住台湾的皮影大师詹国祥老先生的信件、散文、杂记等资料 ,收集全国劳动模范、省人大代表孙德地的档案资料。（芦建华）

息县档案馆 现址东环路南段,邮编464300,电话(0376)5851430,馆长张秀学,电话 13703767263。成立于 1958 年。2000 年晋升为河南省二级标兵档案馆。建筑面积为 1450 平方米，库房面积为 1200 平方米。馆藏档案 33000 卷。保存年代最早的是明清、民国时期、革命历史档案资料。（郭迎雪）

周口市档案馆 现址市七一路中段市委办公院内，邮编 466000，电话(0394)8269543。成立于 1965 年。是集中保管市机关、团体、企事业单位各类档案的国家综合档案馆。馆内设有现行文件阅览中心，爱国主义教育基地正在筹建中。建筑面积 1500 平米，库房面积 800 平方米。馆藏档案资料 128626 卷册，其中资料 35688 册。较为珍贵的是清光绪年间周口市境内扶沟县志书，及部分民国时期的志书、照片等。馆珍藏一套《四明丛书》。目前已收集了全国第四次人口普查(周口市境内)信息光盘、防治“非典”工作、姓氏文化节、老子文化节活动、“三讲”教育等一批重大活动的档案资料。征集了我市国家一级演员、著名越调表演艺术家申凤梅的个人档案资料。编印了《走进周口》、“非典”文件汇编、地方病防治、市政府大事记、档案工作大事记等专题档案史料汇编。

川汇区档案馆 现址周口市川汇区中州路北段 4 5 号，邮编 466001，电话(0394)8100650。成立于 1965 年。是集中统一保管区级机关、团体、企事业单位档案资料的国家综合档案馆，是区级现行文件阅览中心所在地，1992 年晋升为河南省二级先进档案馆。总建筑面积 600 平方米，库房面积 510 平方米。馆藏档案 25652 卷册，资料 7835 册。馆藏档案资料的历史跨度 59 年，保存年代最早的是民国档案和资料，有少量革命历史档案。编印有《周家口与颍歧口考证》、《周口市档案志》等。已将防治“非典”工作、“禽流感”工作，保持共产党员先进性教育活动等一批重大活动的档案资料收集进馆。

项城市档案馆 现址市水寨镇西大街 18 号，邮编 466200，电话(0394)4321453，馆长程浩忠，电话 13838625628。成立于 1958 年。是集中统一保管市级机关、团体、企事业单位档案资料的国家综合档案馆，是市(县)级爱国主义教育基地，是市(县)级指定的行政规范性文件查阅场所。2003 年晋升为河省一级标兵档案馆。总建筑面积 2300 平方米，库房面积 900 平方米。馆藏档案资料 6873 l 卷(册)，其中资料 10182 册。馆藏档案资料的历史跨度 300 余年，保存年代最长的是明清修县志，有少量的民国资料和革命历史档案。已将防治“非典”工作及其它重大活动工作的档案资料收集进馆。已征集了袁世凯、张伯驹等历史名人及反映项城市成就的汝阳刘毛笔、莲花味精、皮革、医药等档案资料。编写了项城大事记、档案文摘、专题概要、史料汇编等 20 多种 50 多万字。

扶沟县档案馆 现址县城中心，县工会西邻，邮编 461300，电话(0394)6221391，馆长黄永利，手机 13333948369。成立于 1959 年。是集中统一保管县直机关、团体、企事单位档案资料的国家综合档案馆，是县政府指定现行文件阅览中心。建筑面积 370 平方米，库房面积 300 平方米。馆藏资料档案 70726 卷(册)，其中资料 41726 册。最早的是清光绪年间档案，有少量的革命历史档案。征集到吉鸿昌等英模人物档案 100 多卷，社会名人、著名作家、招商引资项目、县重点高中校庆活动档案 200 多卷。编制有扶沟县气象灾害录、干部任免索引、人代会简介、党代会简介等利用工具 40 多种。出版发行了《新时期档案工作的理论与实践》一书，获省科研二等奖。

西华县档案馆 现址箕城路中段县委院内，邮编 466600，电话(0394)2551852，馆长康莉。成立于 1958 年。是集中统一保管县直机关、团体、企事业单位档案资料的综合档案馆，是县级爱国主义教育基地，县政府指定的行政规范文件查阅场所。1995 年晋升为省三级标兵档案馆。总建筑面积 360 平方米。馆藏档案资料 7.9 万卷(册)，其中资料 2.7 万册。保存年代最早的是清乾隆年间档案。征集有杜岗会师及国家、省市领导视察西华的光盘、题词。另外还收集了西华名人档案、名胜古迹档案、地方特色档案等。编研了《西华县大事记》、《西华县75.8洪水灾害及抗洪抢险情况概述》、《西华县抗美援朝专题概要》、《西华县林业专题概要》等档案史料汇编。

商水县档案馆 现址商水县委办公楼，邮编466100，电话(0394)5441131，馆长王颖。成立于1958年。1992年晋升为河南省二级档案馆。总建筑240平方米，库房面积220平方米。馆藏档案资料36748卷(册)，其中资料11686卷(册)。已将防治"非典"、禽流感、村镇合并移交等档案接收进馆。开展了已公开现行文件利用中心，将规范性文件全文上网。

太康县档案馆 现址太康县西大街，邮编461400，馆长杨全洲，电话13507680516。成立于1958年。是集中保管县党、政、企事业单位档案资料的综合档案馆，是县政府指定的行政规范性文件查阅场所。1992年晋升为省二级档案馆。总建筑面积759平方米，库房面积322平方米。馆藏档案资料54487卷(册)，其中资料17720册。征集了100余册族谱档案资料。 (王志凌)

鹿邑县档案馆 现址紫气大道中段(中共鹿邑县委院内)，邮编477200，电话(0394)7223240，馆长王霞。成立于1958年。是集中统一保管县直机关、团体、企事业单位及全县各乡镇档案资料的国家综合档案馆。1989年晋升为省三级档案馆。总建筑面积347平方米，库房面积240平方米。馆藏档案资料48688卷(件、册)，其中资料22330册。馆藏有鹿邑县宋河酒业、草编、皮革、尾毛加工(俗称"水、草、皮、毛")等特色档案，历史名人老子、陈抟的资料，还有鹿邑籍著名作家陈廷一的著作等。

郸城县档案馆 现址县计生委西50米，邮编477150，电话(0394)3228106，馆长张晓文。成立于1958年。负责集中统一保管全县直机关、团体、企事业单位档案资料。1992年晋升为河南省三级档案馆。使用面积220平方米，库房面积100平方米。馆藏档案38106卷(册)。明清及建国前革命历史档案、旧政权档案少。防治"非典"工作及其它重大活动工作的档案资料收集进馆，同时收集了周礼荣、李治安、李宗田等名人档案，并将一些专业档案、科技档案接收进馆。

淮阳县档案馆 现址城关镇醒众街18号，邮编466700，电话(0394)2964896，馆长董建军。成立于1983年。是集中统一保管县直机关、团体、企事业单位及乡(镇、场)机关档案资料的国家综合档案馆。1993年晋升为省级二级档案馆。总建筑面积200平方米，库房面积105平方米。馆藏档案资料3.5万卷(册)，其中资料9500册。馆藏档案资料的历史跨度40余年。保存年代最早的是民国档案，比较齐全完整的是建国以后的档案。

沈丘县档案馆 现址县行政新区政协楼一楼，邮编466300，电话(0394)5105580。成立于1958年。是集中统一保管县级机关、团体、企事业单位档案资料的国家综合档案馆。建筑面积500平方米，库房面积260平方米。馆藏档案资料51117卷(册)，其中资料17052册。档案资料起止时间为清末至2006年。接收了防治"非典"工作与"保持共产党员先进性"教育活动的档案资料。

黄泛区农场档案馆 现址黄泛区农场朝阳区中心中路中段，邮编466632，电话(0394)2579054，馆长李保红，电话(0394)2579049。成立于1965年。是集中统一保管场级机关、团体、企业单位档案资料的国家综合档案馆。总建筑面积360平方米，库房面积280平方米。馆藏档案资料2333卷(册)，其中资料347册。馆藏档案资料的历史跨度50余年。已将防治"非典"工作、"保持共产党员先进性"等重大活动、重要历史事件的档案资料收集进馆，同时，也收集了一些重要的历史书籍。

驻马店市档案馆 现址解放路中段，邮编

463000，电话(0396)2913134，馆长刘先，电话(0396)2902657。成立于1965年。是集中统一保管市级机关、团体、企事业单位档案资料的国家综合档案馆，是市级爱国主义教育基地，市指定的现行行政规范性文件服务中心。1999年晋升为省一级标兵档案馆。建筑面积2767平方米，库房面积1200平方米。馆藏档案资料57114卷、件、册，其中资料14431册。保存年代最早的是明清《汝宁府府志》。目前已将防治"非典"、"禽流感"工作、"三讲"等一批重大活动、重要历史事件的档案资料收集进馆，同时，有计划地向国内外征集了驻马店市重要历史名人档案资料，征集了红色革命根据地——竹沟等革命历史档案资料。编辑出版有《档案法知识问答》、《档案法规知识选编》、《驻马店工作大事记》、《驻马店市档案工作大事记》、《驻马店市档案利用效果汇编》、《75.8洪水概要》等专题档案史料汇编计20多种300多万字。一批编研成果获得驻马店市级优秀成果奖。（赵荣花）

驿城区档案馆 现址驻马店市解放大道西段，邮编463000，电话(0396)2828375，馆长魏林，电话(0396)2828376。成立于1963年。是集中统一保管区机关、团体、企事业单位档案资料综合档案馆，是区政府指定的行政规范文件查阅场所。2002年晋升为省一级标兵档案馆。总建筑面积达2000平方米，库房面积1200平方米。馆藏档案资料81705卷，其中资料18743册。保存年代最早的是明清档案和资料，有少量革命历史档案。征集了杨靖宇等历史名人的照片档案。编辑了《驿城区档案影视脚本》，上报信息资料30多万字。

（陈果）

确山县档案馆 现址县盘龙镇新民路，邮编463200，电话(0396)7022136，馆长张宏伟，电话(0396)7017136。成立于1959年。是集中统一保管县各级机关、团体、企事业单位及乡镇机关档案资料的国家综合档案馆，是县级爱国主义教育基地，是确山县行政规范性文件资料查阅场所。2003年晋升为省一级标兵档案馆。总建筑面积1520平方米，库房面积500平方米。馆藏档案资料153781卷(册、件)，其中资料9553册。保存有民国档案和革命历史档案；杨靖宇等革命先辈的历史档案资料及建国后的土地证存根、录音、磁带、照片等载体的档案。接收了《竹沟英名录》、防治"非典"、"马氏宗谱"、史志和"保持共产党员先进性教育"活动等一批珍贵档案资料。征集了刘少奇夫人王光美、李先念夫人林佳楣、河南省委书记马忠臣等领导人的珍贵照片。编写了"确山县大事记"、"确山县委大事记"、"确山县人民政府大事记"、"档案文摘"、"档案史料汇编"、"会议简介"等编研材料。（张宏伟）

泌阳县档案馆 现址县行政路中段，邮编463746，电话(0396)7922885，馆长胡远琴，电话13803963518。成立于1958年。是集中统一保管县机关、团体、企事业单位档案资料的国家综合档案馆，2005年成立现行文件中心。1989年被驻马店地区档案局授予"文明局馆"称号，同时晋升为省三级标兵档案馆。总建筑面积达800平方米，库房面积750平方米。馆藏档案资料38329卷、册，其中资料10905册。馆藏档案资料保存年代最早的是清代档案资料，有少量革命历史档案。已将防治"非典"工作、"第四届中国盘古文化节"、"艾滋病防治"、"中国泌阳香菇专业会议"、"'98矿难抢险"、"禽流感防治"等一批重大活动、重要事件的档案资料收集进馆。征集清道光八年《泌阳县志》、康熙五十三年《泌阳县志》等重要历史档案资料。已建成全宗级目录数据库，档案文件级目录数据采集工作正在进行中。

（李景峰）

遂平县档案馆 现址县瞿阳镇开源路与建设路交叉口，邮编463100，电话(0396)4922974，馆长张子明，电话(0396)4903331。成立于1958年。是集中统一保管县委、县政府、县直机关、团体、企事业单位及乡镇机关档案资料的国家综合档案馆。是县青少年爱国主义教育基地，县指定的行政规范性文件资料查阅场所。2006 年晋升为省一级档案馆。总建筑面积 2016 平方米，库房面积 860 平方米。馆藏档案资料 62150 卷、册。其中资料 18992 册。保存年代最早的是清顺治时期的县志，有部分旧政权档案，少量民国历史档案。馆藏嵖岈山人民公社档案，全面记载了人民公社的建立、发展、演变的历史，是近年来专家、学者利用的热点。编辑有《嵖岈山史话》、《遂平县情》、《遂平县历史事件与人物汇编》、《嵖岈山1958》等史料汇编和跨年度“基础数字汇集”等，为纪念“75.8”抗洪 30 周年和先进性教育活动，我们编印了《砥柱》一书，编印有中共遂平县委、县政府大事记，遂平县党代会、人代会、政协、工代会、团代会、妇代会简介，防“非典”文摘，“75.8”洪灾、“防治禽流感”等档案史料汇编 26 种。

西平县档案馆 现址县城西平大道 203 号，邮编 463900，电话(0396)6222632，馆长吉祥，电话(0396)6255178。成立于 1958 年。是集中统一保管县各机关、团体、企事业单位档案资料的国家综合档案馆，是县级爱国主义教育基地和现行文件中心。1991 年晋升为河南省一级先进档案馆。建筑面积 1064 平方米，库房面积 792 平方米。馆藏档案资料 64699 卷、件、册，其中资料 18717 册。保存年代最早的是清代档案和资料，有少量民国和革命历史档案。已将防治“非典”、“禽流感”工作的档案资料收集进馆。征集到了清代民间地契和民国时期的家谱等档案资料。编辑了《区、乡、社组织机构沿革》、《西平县 75.8 洪水灾害概述》、《西平县种植业档案介绍》等。

（姜树华）

上蔡县档案馆 现址县蔡都镇红学巷 6 号，邮编 463800，电话(0396)6922211，馆长米反修，电话(0396)6925029。成立于 1958 年。是集中统一保管县机关、团体、企事业单位档案资料的国家综合档案馆，是县行政规范性文件公开查阅场所。总建筑面积 650 平方米，库房面积 450 平方米。馆藏档案 79563 卷、资料 8128 册。馆藏档案资料历史跨度进 80 年。保存有部分旧政权档案，有少量革命历史档案。已将艾滋病、“非典”、“高致病性禽流感”防治等工作的档案资料收集进馆。征集了秦丞相李斯、重阳文化等重要历史资料。（苏静）

汝南县档案馆 现址汝宁镇行政街中段，邮编 463300，电话(0396)8022248，馆长李国卫。成立于 1958 年。是集中统一保管县机关、团体、企事业单位档案资料的国家综合档案馆，建有现行文件服务中心。1991 年晋升为河南省三级先进档案馆。建筑总面积 226 平方米，库房面积 202 平方米。馆藏档案资料 33496 卷、件、册，其中资料 11226 册。馆藏档案资料历史跨度 400 多年。保存年代最早的是明清档案和资料，还有少量民国档案和革命历史档案。已接收有防治“非典”、“禽流感”档案和地方名人档案。（邱春兴）

平舆县档案馆 现址县城解放街 162－1 号县委院内，邮编 463400，电话(0396)5022921，馆长普迎建，电话(0396)5022090。成立于 1958 年。是集中统一保管县各级机关、团体、企事业单位档案资料的国家综合档案馆，是县级爱国主义教育基地、现行文件服务中心。1997 年晋升为河南省三级标兵档案馆。总面积 456 平方米，库房面积 184 平方米。馆藏档案资料 52501 卷、册，其中资料 5384 册。收集了五种地方特色档案：白芝麻选育与利用，部优产品—德式白铁剪工艺，抽纱绣工艺，玉米皮编织系列工艺，镁质水泥瓦。

（王传国）

新蔡县档案馆 现址古吕镇人民路，邮编 463500。电话(0396)5922153，馆长张诚。成立于 1958 年。是集中统一保管县级机关、团体、企事业单位档案资料的国家综合档案馆，是县级爱国主义教育基地，县指定的行政规范性文件查阅场所。总建筑面积 886 平方米，库房面积 634.2 平方米。馆藏档案资料 5.3 万卷(册)，其中资料 1.3 万册。馆藏档案资料的历史跨度61余年。保存年代最早的是民国档案和资料。已将防治“非典”工作、爱滋病普查与防治重大活动的档案资料收集进馆。征集了任芝铭民主人士、李丁陇等历史名人的照片与资料。已建成馆藏全宗级目录,建国后案卷级目录数据采集工作。 (刘立民)

正阳县档案馆 现址县正阳镇东大街3号,邮编463600,电话(0396)8922236,馆长左艳丽。成立于1959年。是集中统一保管县级机关、团体、企事业单位档案资料的国家综合档案馆。2003年晋升为省一级标兵档案馆,市级文明单位。建筑面积1049平方米,库房面积746平方米。馆藏档案资料3.6万卷(册、件),其中资料1.3万册。馆藏档案资料的历史跨度80余年。保存年代最早的是民国档案;有少量革命历史档案。已将防治“非典”工作、“禽流感”防治工作等重大活动的档案资料收集进馆。征集孔剑舞等革命先辈历史名人及刘文功英模人物的照片与资料,编写了《正阳县档案志》、《正阳县人物志》、《王勿桥醋业史》等10多种20多万字;10多篇论文获得市科院优秀成果奖。 (向松涛)

湖 北 省

湖北省档案馆 现址武汉市武昌区水果湖洪山路87号，邮编430071，电话(027)87233343，馆长石山，电话(027)87237861。成立于1959年。是省委、省政府直属的正厅级事业单位，是湖北省重要的档案保管基地和爱国主义教育省级示范基地。1997年晋升为国家一级档案馆。总建筑面积18000平方米，库房面积7440平方米。馆藏档案资料573103卷(件、册)，其中资料81479册。馆藏明清及民国档案、革命历史档案、中南大区档案、省直机关档案、名人档案共438个全宗。历史跨度350余年。保存年代最早的是1651年(南明永历五年)的印章档案，保存数量多的是省直机关档案、民国档案和中南大区档案，有少量革命历史档案。汉冶萍公司档案和江汉关档案被列入《中国档案文献遗产名录》。建立了初具规模的全省历史档案资料目录数据库，并开展了有关目录信息的交流、咨询、编辑、加工和出版工作。目前，馆藏机读档案目录已达79万余条，馆藏纸质档案全文数字化已达253万画幅，缩微档案345万画幅。湖北省档案信息门户网站于2000年建立，2003年对网站重新进行整体设计，现馆藏开放档案目录信息和已公开现行文件实现了网上查询。开展了名人档案和其他重要珍贵档案的征集工作，并面向社会开展了档案寄存业务。举办了“湖北省纪念中国共产党成立80周年图片展”、“建国55周年湖北省建设和发展成就图片展”、“红军长征与湖北——纪念红军长征胜利70周年图片展”，与中央档案馆联合编纂出版了《侵华日军在湖北暴行史料》一书，并获得中国档案学会档案编纂类成果二等奖；2006年公开出版了《湖北省档案局(馆)志》。2007年主持编修《湖北省志·档案志》，参与了省委组织部“部史部风”课题的研究和湖北省大型史志《中国共产党湖北志》的编纂工作。 (许华利)

华中科技大学档案馆 现址武汉市洪山区路瑜路1037号，邮编430074，电话(027)87542150，馆长江国富，电话(027)87540182。成立于1991年。2000年原华中理工大学、同济医科大学、武汉城市建设学院合并而成。学校档案工作多次受到中组部、教育部、卫生部、科技部、湖北省档案局、省人事厅、省教委的表彰，并被授予先进集体称号。建筑面积2195平方米，库房面积1606平方米。馆藏有党群、行政、教学、科研、外事、设备、基建、出版、财会、人事、人物和教师业务档案等。馆藏共有档案267307卷，43261件。馆藏档案中有周恩来总理来校时接见全校师生的照片；有江泽民、李鹏等党和国家领导人为华中理工大学四十周年校庆的题词；有中央领导在教育部部属高校科技成果展览会参观的照片及科技成果展览的题词等。编辑了《华中科技大学档案工作法规与制度汇编》、《华中理工大学博士学位论摘要集》、《华中理工大学建校以来文件选编》、专题汇编、科研成果汇编、推广成果选编、专利成果汇编等，出版发行了《华中理工大学教授志》和《缩影——华中理工大学四十年》。

(肖波)

江汉大学档案馆 现址武汉经济开发区三角湖路8号，邮编430056，馆长李世祥，电话(027)84225903。成立于2002年。是集中统一保管学校档案资料的综合档案馆，也是学校教学实习基地。现已达到企业科技事业单位档案工作规范管理AA级标准。建筑面积为1634.8平方米，其中库房面积为668平方米。馆藏档案资料37811卷(件、册)，资料2348册。有党和国家领导人的一些题词及少量当代知名画家、书法家作品。已建成5个全宗的部分案卷级、文件级目录数据库。已启动数字化档案馆建设项目，完成了第一期学籍档案数字化扫描档案635卷，建有江汉大学档案馆网站。 (石华)

中国第一冶建设有限责任公司档案馆 现址武汉市青山区工业大道3号一冶科技大楼，邮编430080，电话(027)68868381。馆负责接收、收集、整理、保管和提供利用本馆范围内的档案。1988年获得国家二级企业档案管理合格证书。1991年晋升为国家一级档案馆。曾先后被市档案局、冶金档案学会评为“档案先进单位”,2003年被评为“全国档案工作优秀集体”。总建筑面积807平方米,库房面积690平方米。馆藏档案资料54000卷(件),其中资料3000卷(件)。自主研制开发了“一冶档案信息管理系统”,实现了文件资料的收集、整理、归档、保管、利用等信息化管理工作。目前已录入各类档案信息2万多条,荣誉档案已全部数字化。编纂了《冶金工业》。

(张聪颖)

武汉市档案馆 现址江岸区一元路5号,邮编430017,电话(027)82812716,馆长杨朝伟,电话(027)82777428。成立于1959年。是集中统一保管市级机关、团体、企事业单位档案资料的国家综合档案馆,是市级爱国主义教育基地,市指定的现行文件查阅场所。1996年认定为国家一级档案馆。是全国、全省档案系统先进集体、省级文明单位。总建筑面积为5905.2平方米,库房面积2220平方米。馆藏档案资料48万卷(册),其中资料2.4万册。保存最早的是清康熙十三年(公元1674年)的档案,历史跨度300余年。武汉国际渡江节、国际杂技节、防治“非典”等档案资料都已接收进馆。征集到了著名杂技表演艺术家夏菊花、曲艺表演艺术家夏雨田、著名企业家陈尔程及陈毅元帅夫人张茜等名人的档案资料。已建立目录库数据120万条,全文库数据300万幅。“武汉档案”门户网站已经开通,开放档案目录和现行文件已上网公布。目前,《档案资料数据应急响应及安全备份》等课题正在加紧研究。编辑出版档案史料26种。近年来编辑出版了《大武汉旧影》、《大武汉新影》、《辛亥革命史料研究目录》、《东湖史话》、《武汉对外开放史》、《武汉抗战图志》、《武汉史话丛书》等档案史料,其中,《大武汉旧影》、《大武汉新影》、《武汉对外开放史》、《武汉史话丛书》、《武汉抗战图志》等一批编研成果获国家和省、市优秀成果奖。举办了“不忘历史,珍惜今天——收回汉口租界图片展”、“江城三次特大洪水照片档案展”、“20世纪武汉重大事件”、“武汉沧桑历史图片展”、“纪念抗日战争胜利60周年——武汉抗战图片展”、“纪念辛亥革命95周年”网上展等展览。 (夏斌)

江岸区档案馆 现址武汉市江岸区六合路1号,邮编430010,电话(027)82738069,馆长袁远,电话(027)82739057。成立于1983年。是集中统一保管区级机关、团体、企事业单位档案资料的国家综合档案馆,是区级爱国主义教育基地、区政府指定的行政规范性文件查阅场所。1997年晋升为湖北省一级档案馆。建筑面积1125平方米,库房面积684平方米。馆藏档案资料11.2万卷(册),其中资料4.2万册。馆藏档案资料的历史跨度80余年。保存年代最早的是民国时期档案资料。已将防治“非典”工作、“三车”治理工作、“法轮功”等一批重大活动、重大事件的档案资料收集进馆。征集到全国爱国拥军模范李祖珍、全区最早的全国农业劳动模范祝方清、全国优秀教师章德慧、全国“三八”红旗手李春培等一批全区知名劳动模范人物档案进馆。1999年起在全区开展了家庭档案创建活动,已为区档案馆收集到珍贵档案信息源千余条。已建成馆藏全宗级目录数据库,完成了馆藏档案案卷级目录、开放档案目录及部分文件级目录数据库采集工作。江岸区档案信息网站已经建立,可提供开放档案、现行文件等目录查阅。编辑出版《江岸史话》、《家庭档案服务体系与管理模式的研究》等档案专题成果20多种近百万字。开发研制的“文书档案与档案管理一体化计算机软件系统”被武汉市档案局评为档案科学技术成果奖,成功研制了“世纪之珠”文档消毒柜,被武汉市评为科学技术成果奖。开展的“家庭档案服务体系与管理模式研究”被国家档案局评为科研项目三等奖。利用档案举办了“历史的印迹——中央领导人在江岸”等大型图片展23个，并进行流动展。

（李绮云）

江汉区档案馆 现址武汉市江汉区新华下路15号，邮编430015，电话(027)85481522，馆长弓汉洪，电话(027)85481573。成立于1984年。是集中统一保管区级机关、团体、企事业单位档案资料的国家综合档案馆，是区级爱国主义教育基地，区政府指定的行政规范性文件查阅场所。2000年晋升为湖北省一级档案馆。总建筑面积1098平方米。馆藏档案资料120316卷(册)，其中资料35881册。馆藏档案资料的历史跨度180余年。保存年代最早的是清代光绪、宣统年间房屋地契等档案资料。已录入目录数据50余万条，录入全文25余万幅。已将防治“非典”工作、解决有证三轮摩托车问题、企业改制等一批重大活动、重要历史事件的档案资料收集进馆。征集了老红军回忆录，圣若瑟私立学校校刊，打扣巷(龙王庙)码头石碑，汉绣，帝主宫画像，江汉“老字号”照片、字画及实物等。编辑出版《江汉史话》、《社区档案建设与管理》、《探索与创新》、《江汉区都市商贸旅游行》等专题档案史料汇编13种300余万字。《江汉史话》、《社区档案建设与管理》分别获中国档案学会优秀成果二等奖和武汉市档案局科研成果奖。“江汉区电子文档集成管理系统”通过省、市专家论证已获区科技项目立项。（常立）

硚口区档案馆 现址武汉市硚口区荣华一路特1号，邮编430030，电话(027)83753034，馆长许智。成立于1984年。是集中管理区机关、团体、企事业单位档案资料的综合档案馆，是区级爱国主义教育基地和区政府设立的行政规范性现行文件查阅场所。1999年认定为湖北省一级档案馆。建筑总面积4870平方米。馆藏138490卷(件、册)，其中资料44903册。历史跨度百余年。年代较早的是清末产籍档案及少量近代汉口工业史档案。建立了体育名人档案库，收集了韩爱萍、田秉毅、童辉、尚幅梅、陈静、乔红、伏明霞、肖海亮、刘黎敏、韩晶娜、高凌、李婷、胡佳、杨维14位从硚口区走出的世界冠军资料、照片。开展了以城市记忆为主题的“硚口－大汉口起源”物质文化资源的挖掘整理和非物质文化遗产的抢救保护。其中，《近代汉口工商业档案抢救与保护》被列为国家档案馆专项经费资助项目。建有馆藏目录数据库和部分档案原文数据。编辑出版了《民营企业档案管理概论》、《硚口史话》、《硚口——世界冠军的摇篮》等专题史料80余万字。与湖北大学共同研究的“民营经济档案管理模式研究”课题，获得国家档案局2004年度优秀成果二等奖，武汉市人民政府2005年度科学进步三等奖。《民营企业档案管理概论》还获得中国档案学会第五届优秀成果评选著作类一等奖。“今日硚口”、“辉煌十五星光璀璨——硚口区十五成果回顾”等一批具有社会影响的展览和编研成果。

（王国斌）

汉阳区档案馆 现址武汉市汉阳区北城巷2号，邮编430050，电话(027)84843225，馆长刘振杰，电话(027)84772745。成立于1983年。是集中统一管理区直机关、团体、事业单位档案资料的国家综合档案馆，是区级爱国主义教育基地，区指定的现行规范性文件查阅中心。2004年晋升为省一级档案馆。总建筑面积800平方米，库房面积570平方米。馆藏档案资料82060卷(册)，其中资料29181卷(册)。加大了对专业档案和重大活动档案、名人、名校、名厂档案，重要历史事件档案资料的收集、征集。编写了《汉阳史话》、《南岸嘴中国角》、《武汉市汉阳区历史、建设、发展图片集》、《纪念武汉抗日战争胜利60周年图片集》、《俞伯牙与钟子期知音传说》、《汉阳风采摄影大赛图片集》、《千年锦绣》等，举办了武汉抗战胜利60周年图片展览，武汉市汉阳区历史、建设、发展图片展览。（刘克敏）

武昌区档案馆 现址武汉市武昌区中山路307号，邮编430061，电话(027)88936141，馆长范景柱，电话(027)88936330。成立于

1983年。是集中保管区档案的基地和利用档案信息的中心，是区爱国主义教育基地，与2001年成立了现行文件利用阅览室。先后获得区级最佳文明单位、武汉市市级文明单位、全省档案工作先进单位以及全省档案工作“优质服务年”、“科技年”活动先进单位。1997年被评为湖北省省一级档案馆。建筑面积630平方米。馆藏档案资料112898万卷(册)，其中资料25337册。已将防治“非典”工作、“三车”整治、经贸洽谈会等一批重大活动档案资料进馆。征集复制到清代《武昌府志》、《江夏县志》、民国时期的《武昌要览》、“董必武与武汉中学”、中央领导在武昌和武昌区历届领导人的照片等。并整理建立了由吴天祥、武昌首义、武昌地方志、中共历史、民国史料、基础数据、武昌教育、防汛抗洪等9类组成的馆藏特色档案资料。2004年开展了城市记忆工程档案资料征集、收集工作，采取摄像、照相等技术手段，较好地记录了武昌现存的历史文化风貌，收集、整理相关文字图片、录像实物等，初步建立起了“城市记忆工程”专门档案。开展了馆藏全宗级目录数据入录工作，已录入50万余条档案目录数据，对近20万幅档案进行了全文扫描，开通了档案馆网站，上网公布了开放档案及现行文件目录。　(熊炜)

青山区档案馆　现址武汉市青山区罗家路937号，邮编430081，电话(027)68862988，馆长阮丹，电话(027)68862984。成立于1986年。是集中统一保管区级机关、团体、企事业单位档案资料的国家综合档案馆，是区级爱国主义教育基地和现行文件查阅中心。2000年晋升为湖北省一级档案馆。2005、2007年两度荣获湖北省档案系统先进集体。总建筑面积1606平方米，其中库房面积400平方米。馆藏档案资料105291卷(件、盘)，其中资料28354册。已将防治“非典”、整治“三车”、防治高致病性禽流感、“先进性教育”、绿荫广场、建六路立交桥等重大活动和建设项目的档案接收进馆。同时，面向社会征集名人、名师、名间艺人的资料，建立名人档案库。编辑出版了《青山史话》、《青山文苑》和《青山五十年》。承办了“青山五十年成就展”、“社区变迁图片展”等大型展览。“青山区重点建设项目竣工前档案验收情况的调查与思考”获中国档案学会第五次档案学优秀成果学术论文类三等奖。

(石义清)

洪山区档案馆　现址武汉洪山区街道口珞瑜村，邮编430079，电话(027)87869633，馆长曾和平，电话(027)87862506。成立于1983年。是集中统一保管区级机关、团体、企事业单位档案资料的国家综合档案馆，是区级爱国主义教育基地。2003年晋升为湖北省一级档案馆。总建筑面积1160平方米，库房面积525平方米。馆藏档案资料62384卷(册)，其中资料20627册。已将防治“非典”工作、先进性教育活动、“洪山菜薹”节、家园行动计划、二轮延包、城中村改造、重点建设项目建档等重大活动的档案资料收集进馆。已建成馆藏全宗级目录数据库，完成了建国后案卷级目录数据采集工作，已录入档案目录26万条，扫描馆藏档案20多万幅面，编辑出版《洪山史话》、《洪山区组织史》等专题档案史料3种150多万字。

(吴敏　许华荣　贾燕)

东西湖区档案馆　现址武汉市东西湖区“武汉市护理学校”内，邮编430040，电话(027)83243653，馆长童锦群，电话(027)83897103。成立于1985年。是集中统一保管区机关、团体、企事业单位档案资料的国家综合档案馆，2005年晋升为省二级档案馆。总建筑面积823.04平方米，其中库房面积310平方米。馆藏档案资料共50968(卷、册、盒、件)，图书资料11585盒(册、本)。已建立目录数据库18万条，全文扫描9万幅。编辑出版了《东西湖史话》、编辑了内部发行《抗日时期新四军在巨龙》、《档案违法案例评析》、《东西湖区档案馆指南》、协助区党史办编辑《东西湖区十年辉煌》、《东西湖大事记》、《东西湖人物志》、《东西湖地名志》、《东西湖艺文志》等资料。

(袁英)

汉南区档案馆 现址武汉市汉南区纱帽正街55号，邮编430090，电话(027)51485063，馆长罗声华，电话(027)84758159。成立于1984年。是集中统一保管区级机关、团体、企事业单位档案资料的国家综合档案馆，是区级爱国主义教育基地，是区政府指定的行政规范性文件查阅场所。2005年晋升为湖北省二级档案馆。总建筑面积800平方米，库房面积240平方米。馆藏档案资料21461卷(册、件)，其中资料7323册。已将汉南甜玉米节、我爱你——五星红旗、全国著名书画作品等重大活动的档案资料收集进馆。征集了朱光亚、彭佩云等国家领导人在汉南区题词、照片等档案资料。已建馆藏全宗级数据库，完成了档案案卷级、卷内目录级数据采集工作。编辑出版了《汉南史话》、《汉南区历次党代会概略》、《汉南甜玉米》、《中共汉南区委组织史》等专题史料汇编。 (刘东旭)

蔡甸区档案馆 现址武汉市蔡甸区汉阳大街559号，邮编430100，电话(027)84990516，馆长郑立宏，电话(027)84942321。成立于1959年。是集中统一保管区级机关、团体、企事业单位档案资料的国家综合档案馆，是区级爱国主义教育基地，是区现行文件开放利用中心，是行政规范性文件查阅场所。2000年晋升为湖北省一级档案馆，2006年被评为"湖北省先进档案局"、被武汉市委、市人民政府授予"市级文明单位"称号。总建筑面积1600平方米，库房面积1000平方米。馆藏档案资料87337卷(册)，其中资料20066册。馆藏档案资料历史跨度约400余年。保存年代最早的是明清《县志》等资料。征集了陈昌浩、吴运铎等蔡甸区籍名人档案以及"汉阳一中事件"等档案资料。已建成馆藏全宗级目录数据库，完成了建国后档案案卷级目录数据采集工作。编辑出版了《蔡甸史话》等专题档案史料汇编34种。 (陈祖奇)

江夏区档案馆 现址武汉市江夏区纸坊街复江道43号，邮编430200，电话(027)87953367，馆长李永华，电话(027)87952106。成立于1959年。是集中统一保管区级机关、团体、企事业单位档案资料的国家综合档案馆，是区级爱国主义教育基地、区政府指定的行政规范性文件查阅场所。2000年晋升为省一级档案馆。总建筑面积1470平方米，库房面积440平方米。馆藏档案资料76110卷(册)，其中资料14696册，馆藏档案资料保存年代最早的是民国4年的档案和资料。搜集了曾在江夏战斗过的陈潭秋、恽代英、项英等人的事迹，同时还搜集了有打响推翻封建帝制第一枪的熊秉坤、"左联"五烈士之一的李求实、烈女唐义贞，武昌地方组织创始人之一的李硕勋等著名革命人物在内的一批革命先行者在江夏谱写的光辉事迹。馆藏档案检索体系比较完善。机读目录案卷级2.2万条，文件级23.9万条，积极为江夏区政务网提供数字化档案信息共享服务。编辑出版了《江夏史话》等专题档案史料汇编，利用档案举办了"江夏烈士纪念馆"和"项英生平馆"等陈列展。

(陈秀芳)

黄陂区档案馆 现址武汉市黄陂区前川街南潭路26号，邮编430300，电话(027)85931432，馆长乐全运。成立于1959年。是集中保管区级机关、团体、企事业单位档案资料的国家综合档案馆，是区级爱国主义教育基地、区政府指定的行政规范性文件查阅场所。2004年晋升为湖北省一级档案馆。总建筑面积1600平方米，库房面积800平方米。馆藏档案资料11.7万卷(册)，其中资料2.44万卷(册)，保存年代最早的是清代史志等档案资料，还有少量的民国档案和革命历史档案。档案信息数据已完成32.4万余条，全文录入10.3万幅面。建立了武汉市黄陂区档案馆(局)网站。编辑出版了《黄陂史话》、《历届木兰文化艺术节》等十余种编研资料。

(王顺长、张顺生)

新洲区档案馆 现址武汉市新洲区邾城街红旗路4号，邮编430400，电话(027)

86921515，馆长张朝咏，电话(027)86923829。成立于1959年。是集中统一保管区直机关、人民团体、企事业单位档案资料的国家综合档案馆，是区级爱国主义教育基地、区政府指定的行政规范性现行文件查阅场所。2003年晋升为湖北省一级档案馆。总建筑面积为1650平方米，库房面积为560平方米。馆藏档案资料120248卷册。馆藏档案资料的历史跨度为102年。保存年代最早的档案形式于清光绪三十一年。完成了全宗级目录数据库、机读案卷级目录65822条、机读文件级目录198416条，已扫描档案6万余幅面。完成出版《新洲史话》等专题编研成果十余种，百余万字。

（冯少堂）

黄石市档案馆 现址市团城山开发区桂林北路2号，邮编435000，电话(0714)6350407，馆长徐兴燕，电话(0714)6366586。成立于1960年。是集中统一保管市级机关、团体、企事业单位档案资料的国家综合档案馆，是市级爱国主义教育基地、现行文件中心。2004年晋升为湖北省一级档案馆。总建筑面积3750平方米，库房面积1350平方米。馆藏档案资料11.5万卷(册)，其中资料2.6万册。馆藏档案资料的历史跨度500余年。最早的档案——明弘治八年(公元1496年)的契约、我党早期机关报《向导》(1921—1926年)合订本，民国时期(1946年)筹建黄石市的规划方案等一大批珍贵的档案资料。征集了《世纪黄石》、黄石作家文艺专集等具有地区特色的档案资料。编辑出版了《黄石市情概览》、《黄石市组织史资料》等一批编研成果共30余万字；举办了"辉煌的黄石"档案史料展；成立了档案数字化处理中心，并对馆藏珍贵档案以及重点单位档案进行了数字化处理。（陈丹若）

阳新县档案馆 现址兴国城区儒学路14号，邮编435200，电话(0714)7322244，馆长王定生 。成立于1958年。是县综合档案馆，县级爱国主义教育基地，县政府指定的现行文件查阅场所。1995年晋升省三级档案馆。总建筑面积1260平方米，库房面积660平方米。馆藏档案资料16.9万卷(册)，其中资料5.2万册。保存年代较早的是明嘉靖甲寅年(公元1554年)《嘉靖兴国州志》，距今已有400余年。并有少量革命历史档案。征集到了阳新县大革命时候乡村苏维埃印章多枚和照片多幅，还征集到民国时期出版的《陈秋门先生年谱》。完成了建国后档案案卷级目录数据采集工作，扫描复制馆藏档案资料20.5万幅面。在互联网上开通了"阳新县档案史志网"。编辑出版了《宋代以来自然灾异表》、《阳新科技名录》、《阳新县多名录》、《阳新山名录》、《解放以来行政事业单位编制汇编》、《阳新县自然资源情况简介》等13种100余万字的资料。

（刘国斌）

大冶市档案馆 现址市城北经济技术开发区观山路15号，邮编435100，电话(0714)8762067，馆长胡细银，电话(0714)8761873。成立于1958年。是集中统一保管市级机关、团体、企事业单位档案资料的国家综合档案馆，是市级爱国主义教育基地。总建筑面积1800平方米，库房面积900平方米。馆藏档案资料5.3万卷(册)，其中资料0.8万册。其中最早的档案清乾隆三十六年为(1771年)湖广总督富明安奏请清河径湖地界时，划定的河径湖界址记载下来的界址底册。有少量的革命历史资料。征集到一大批彭德怀、程子华等革命先辈在大冶进行革命斗争的历史资料。建立了大冶市档案馆网站。参与了市委、市政府、市志办等单位编印的《中共大冶县组织史资料》、《人冶县志》同治版翻印、《大冶县志》修订版、《大冶年鉴》等。还编印了大冶市大事记、组织沿革、会议简介、大冶县历年自然灾害录、档案效益实例选编等二十余种，数字在100万以上。（杨建玲）

十堰市档案馆 现址茅箭区市府路6号，邮编442000，电话(0719)8686561，馆长杨芳展，电话(0719)8686841。成立于1979年。是集中统一保管市直机关、团体、企事业单位档案资料的国家综合档案馆，是市级爱国主义教育基地，是市政府指定的行政规范性文件、政府信息查阅场所。1999 年晋升为省一级档案馆。总建筑面积 1485 平方米，其中库房面积 510 平方米。馆藏档案资料 10.5 万余卷(册)，其中资料 2.1 万册。保存年代最早的是宋、明、清《郧阳府志》(复印件)，馆藏中有少量民国档案、革命历史档案。先后从日本、台湾、北京、上海等地及社会上征集到宋朝、明朝、清朝 13 部《郧阳府志》、《郧台志》、《道志》、《郡志》和《太和山》志(影印件)，征集二十余件原件清朝时期的家谱、地契、征粮定税登记簿；征集到部分历史档案及党和国家领导人视察郧阳、十堰市的照片、文革"毛瓷"、名优特产品、恐龙蛋化石等实物档案。馆藏婚姻档案、职称档案、部分重要全宗档案、已公开现行文件、馆藏资料等实现了计算机检索，部分重要纸质档案、照片档案实现了数字化管理。编辑出版了《郧阳志汇编》、《郧阳行台考略》、《红色郧阳》、《洪流》、《锄月耕云记春秋》等资料。同时围绕中心工作编辑了有关党建、南水北调、农业产业结构调整、公路、水利、扶贫开发等专题史料，研究编研了红二十五军长征、中原刘邓大军、创建鄂豫陕根据地的历史资料。利用档案举办展览，利用报纸、广播、电视媒体宣传档案工作，公布馆藏档案信息。 (袁汉学)

茅箭区档案馆 现址十堰市茅箭区武当路 71 号，邮编 442012，电话(0719)8787707，馆长魏远征，电话(0719)6886528。成立于 1988 年。是集中统一保管区级机关、团体、企事业单位档案资料的国家综合档案馆。总建筑面积 300 平方米，库房面积 200 平方米。馆藏档案资料 1.1 万卷(册)，其中资料 0.1 万册。馆藏档案资料的历史跨度七十多年。保存年代最早的是 1946 年新四军中原突围部队在东沟村建立均郧房县委和东沟革命根据地时期产生的珍贵档案。已将茅箭区东沟爱国主义教育基地、伏龙山风景名胜、杜鹃节和登高节等重大活动、重要历史事件及其它反映茅箭区地方特色的档案资料收集进馆。征集到新四军中原突围部队在东沟村革命中留下的借据、电文等 15 件珍贵档案。已建成馆藏全部全宗案卷级目录数据库和重要全宗文件级数据库。建有茅箭档案信息网。 (顾瑛)

张湾区档案馆 现址十堰市公园路 85 号，邮编 442001，电话(0719)8223998，馆长肖平，电话(0719)8496126。成立于 1989 年。是集中统一保管区直机关、团体、企事业单位档案资料的国家综合档案馆。是区政府指定的行政规范性文件、政府信息查阅场所。2003 年晋升为省三级档案馆。总建筑面积 140 平方米，其中库房面积 70 平方米。馆藏档案资料 2.1 万卷(册)，其中资料 0.9 万册。征集到清乾隆年间地契文本、恐龙蛋化石及明清黄龙会馆等档案，还有饮食文化节、樱花节会展档案和《方滩考古发掘实录》等特色档案。由于张湾区曾是东汽公司总部所在地，馆内还收集有《二汽大事记》、《东风公司年鉴》等珍贵档案资料。建有张湾区档案信息网站。

(李松鹤)

郧县档案馆 现址城关镇兴郧路 2 号，邮编 442500，电话(0719)7233771，馆长杨战报，电话(0719)7236624。成立于 1959 年。是集中保管县党政机关、人民团体、企事业单位档案资料的国家综合档案馆，是县级爱国主义教育基地，是现行文件服务中心。2002 年晋升为省一级档案馆。总建筑面积 957 平方米，库房面积 512 平方米。馆藏档案资料 10.2 万卷(册)，其中资料 3.6 万册。馆藏档案资料的历史跨度 535 余年，保存年代最早的明清档案资料。有少量革命历史档案。已将南水北调移民档案、郧阳汉江大桥、青曲南方古猿头骨化石、恐龙蛋化石、郧县名优特产品、杨献珍等历史名人的照片与资料等档案收集进馆。

(王国铭)

郧西县档案馆 现址城关镇青年路 3 号，邮编 442600，电话(0719)6227176，馆长许杰，电话 13872769996。成立于 1960 年。是集中统一保管县级机关、团体、企事业单位档案资料的国家综合档案馆，是县级爱国主义教育基地、县政府指定的行政规范性文件查阅场所。1998年晋升为省三级档案馆。总建筑面积1306.5平方米，库房面积572.7平方米。馆藏档案资料9.2万卷(册)，其中资料1.1万册。馆藏档案资料的历史跨度140余年，保存年代最早的是清朝档案和资料，有部分革命历史档案和民国档案。其中特别珍贵的档案包括红军传单《什么是红军?》、民国25年郧西县志、周总理签名奖状、郧西恐龙蛋化石、中国黄姜之乡证书证牌以及红25军、新四军、解放军在郧西战斗活动遗址遗迹照片等珍贵历史档案。接收党的十六大代表胡安梅个人档案和黄姜产业档案。已完成了建国后文书档案案卷级目录和近10万条文件级目录数据采集工作，革命历史档案和声像档案已全部数字化。郧西县档案信息网已经建立。编辑出版了年鉴性史料《记录》，每年定期向社会公布馆藏档案信息20多万字。编写了《郧西县大事记》、《郧西县自然灾害汇编》等专题档案史料汇编30种500多万字。 (黄朝祥)

竹山县档案馆 现址城关镇人民路92号，邮编442200，电话(0719)4225146，馆长童乐山。成立于1959年。是集中统一管理县级机关、团体、企事业单位档案资料的国家综合档案馆，是县级爱国主义教育基地，县政府指定的现行文件服务中心。1996年晋升为省三级档案馆。总建筑面积905平方米，库房面积384平方米。馆藏档案资料7.8万卷(册)，其中资料0.8万册。馆藏档案资料的历史跨度200余年。保存年代最早的是清嘉庆年间档案资料。 (邵宏)

竹溪县档案馆 现址城关镇北大街75号，邮编442300，电话(0719)2726215，馆长谭孝均，电话(0719)2728806。成立于1960年。是集中统一管理县级机关、团体、企事业单位档案资料的国家综合档案馆，是县级爱国主义教育基地，县人民政府指定的行政规范性文件查阅和利用服务中心。总建筑面积1338平方米，库房面积600平方米。馆藏档案资料7.5万卷(册)，其中资料0.9万册。保存年代最早的有同治年间的志书，记载了竹溪县1476年建县以来的历史。案卷级目录数据库已全部建立，部分重要档案全文数字化管理工作正在进行中。 (任承书)

房县档案馆 现址县城关镇南街57号，邮编442100，电话(0719)3224287，馆长江德志，电话13886842266。成立于1959年。是集中统一保管县级机关、团体、企事业单位及乡镇党政机关档案资料的国家综合档案馆，是县级爱国主义教育基地、现行文件服务中心。2005年在湖北省档案馆功能建设考评中评为优良等次同时晋升为省一级馆。总建筑面积1320平方米，其中库房面积571.22平方米。馆藏档案资料75546卷(册)，其中资料13376册。馆藏档案资料的历史跨度1046年，保存最早的是摘抄《太平环宇记》中有关房县的历史沿革；有少量明清、民国时期和革命历史档案。编写了《房县大事记》、《房县、林区边界问题专集》、《房县文化大革命纪略》、《房县档案志》等。 (黄金龙)

丹江口市档案馆 现址沙陀营路138号，邮编442700，电话(0719)5213066，馆长张寅斌，电话(0719)5232106。成立于1960年。是集中统一保管市级机关、团体、企事业单位档案资料的国家综合档案馆，是市级爱国主义教育基地，市现行公文查阅中心，1998年晋升为省二级档案馆。建筑面积1294平方米，库房面积776平方米。馆藏档案资料5.9万卷(册)，其中资料2.5万册。馆藏档案资料的历史跨度130余年。保存年代最早的是清代同治八年关于修筑均州河堤的皇帝谕书，民国档案保存的较为完整，有少量革命历史档案。已建2万余条案卷级目录数据库。编辑出版了《丹江口市档案馆指南》、《丹江口市库区大事记》、《丹江口市库区建设始末》等史料。

(徐荆襄)

宜昌市档案馆 现址市胜利4路50号，邮编443000，电话(0717)6256022，馆长李家法，电话(0710)6256249。成立于1958年。是集中统一保管市级机关、团体、企事业单位档案资料的国家综合档案馆，是市级爱国主义教育基地、市政府指定的已公开现行文件利用中心。2004年晋升为省一级档案馆。总建筑面积6300平方米，库房面积2000平方米。馆藏档案资料153436卷(册)，其中资料19727册。最早档案为康熙四十二年(1703年)的奉天诰命，重点档案有1876年至1949年间的宜昌英文海关、邮政档案。已将2002年亚洲议会联盟领导人访宜、尼泊尔国王访宜、温家宝总理在宜调研、防治"非典"工作、国际龙舟拉力赛、全国体育舞蹈比赛等一批重大活动、重要历史事件的档案资料收集进馆。征集到张自忠将军之孙赠送的台湾拍摄的抗战纪录片《一寸河山一寸血》、《杨守敬年谱》等大量档案资料。开展了重要全宗的案卷级文件级目录数据采集工作，已录入数据20多万条。宜昌档案信息门户网站已经建立。编辑出版了《宜昌海关史略》、《档案利用效果选编》、《宜昌档案事业五十年》、《展望新世纪档案文集》、《基层档案人员工作手册》、《宜昌府志》(重刊)、《见证移民》等专题档案史料汇编30多种300多万字。利用档案举办了"档案·历史的足迹"、"纪念抗战胜利六十周年史料展"等一些具有社会影响的藏品陈列展。 (程锡勇)

西陵区档案馆 现址宜昌市珍珠路83号，邮编443000，电话(0717)6768128，馆长姚维启。成立于1998年。是集中统一保管区级机关、团体、企事业单位档案资料的国家综合档案馆，是区政府指定的行政规范性文件查阅场所。总建筑面积480平方米，库房面积200平方米。馆藏档案资料5000余卷(册)，其中资料1400(册)。 (邹柱远)

伍家岗区档案馆 现址宜昌市伍家岗区八一路二号，邮编443000，电话(0717)6563797，局长陈荣，电话(0717)6562106。成立于1997年。是集中统一保管辖区内机关、团体、企事业单位档案资料的国家综合档案馆，是区级爱国主义教育基地。馆库房面积142平方米。馆藏档案资料8171卷(册)，其中资料363册。征集了部分抗日战争、抗美援朝等档案资料。已将防治"非典"工作、抗日战争、抗美援朝等一批重大活动、重要历史事件的档案资料收集进馆，征集了辖区内知名人士资料及照片。微机录入档案目录数据，并建立局网页。编研出版了《伍家岗年鉴》(2002－2006)6本，《中国共产党伍家岗区组织史资料(第一卷)》、《修志人员手册》、档案馆指南、专题资料汇集等书籍。 (梁桂芬)

点军区档案馆 现址宜昌市江南大道161号，邮编443004，电话(0717)6671228，馆长林元发，电话(0717)6080156。成立于2005年。是集中统一保管区直机关及大型企、事业单位档案资料的综合档案馆，是区级爱国主义教育基地、区政府指定的行政规范性文件查阅场所。总建筑面积80多平方米，库房面积60平方米。馆藏档案资料1.34万件。

(张洪玮)

猇亭区档案馆 现址宜昌猇亭区正大路55号，邮编443007，电话(0717)6516730(传真)，馆长李敬君，电话(0717)6515896。成立于2001年。是集中统一保管区直机关及大型企事业单位档案资料的综合档案馆，是区级爱国主义教育基地，区政府指定行政规范性文件查阅场所。2004年被省档案局、省人事厅授予先进单位。总建筑面积120平方米，库房面积80平方米。馆藏档案资料共5682卷(册)，其中资料598册。机构改革中撤并单位的档案及达到进馆年限的区直单位的档案及时接收进馆。征集了部分抗日战争、抗美援朝等历史档案资料；征集国家领导人曾庆红来猇，地方特色的名人、名言、名录，区级领导人工作笔记本，防治"非典"及98抗洪等档案资料的收集。馆藏档案数据80%以上录入文件级目录数据库，部分重要文件采用全文管理，并建有局域网页。编辑了《中国共产党猇亭区组织史资料(第一卷)》、《318 国道猇亭段建设》、《猇亭区历次党代会文史资料》、《区级领导人作品集》等书刊。 (蒋家钦)

夷陵区县档案馆 现址宜昌夷陵区正安街 1 号,邮编 443100,电话(0717)7821351,馆长陶礼忠。成立于 1959 年。是集中统一保管区机关、团体、企事业单位档案资料的国家综合档案馆,是区级爱国主义教育基地,已公开现行文件利用中心。1998 年晋升为省一级档案馆。2001 年、2004 年分别被省档案局评为先进档案馆。总建筑面积 1273.5 平方米,其中库房面积 440 平方米。馆藏档案资料 112921 万卷(册),其中资料 17937 卷(册)。馆藏档案资料的历史跨度 200 余年。保存年代最早的是明清档案和资料,有极少量革命历史档案。加强了对全区重大活动(如桔柑节、名酒节等活动)档案的收集;对撤县设区的几千枚印章进行了收集整理。馆藏档案数据库共录有案卷级目录和文件级目录 134696 条,扫描 5390 页,夷陵档案网站已经建立。编辑出版了《宜昌县档案馆指南》,汇编了《夷陵区国有企业改革政策汇编》,编写了《夷陵区(宜昌县)抗战以来财产损失与人员伤亡大事记》。利用档案资料分别于 2003 年、2005 年举办了两次展览。 (刁军)

远安县档案馆 现址鸣凤镇鸣凤大道冷家巷 4 号,邮编 444200,电话(0717)3812354,馆长郝明路,电话(0717)3812342。成立于 1958 年。是集中统一保管县机关、团体、企事业单位档案资料的国家综合档案馆,是县级爱国主义教育基地,是县档案资料查阅利用中心场所。2001 年晋升为省一级档案馆。总建筑面积 1490 平方米,库房面积 787 平方米。馆藏档案资料 65947 卷(册),其中资料 8886 册(盒),另有托管档案 76000 卷。保存年代最早的是明清时代的档案。已建立馆藏全宗级、案卷级、文件级目录数据库。远安县档案信息网站建立开通。建立了档案特藏室。编辑出版《远安人名录》、《清末远安》、《远安十五大事记》、《中共远安简史》等专题档案史料汇编十多种 100 多万字。 (王亦文)

兴山县档案馆 现址县政府大楼 212 号,邮编 443711,电话(0717)2583090,馆长万能尧。成立于 1959 年,是集中统一保管县级机关、团体、企事业单位档案资料的国家综合档案馆,是县级爱国主义教育基地,县政府指定的规范性文件查阅场地。1994 年晋升为省三级馆。库房面积 316 平方米。馆藏档案资料 90615 卷(册),其中资料 7396 册。馆藏档案资料的历史跨度 183 余年。保存年代最早的是民国档案和资料,有少量革命历史档案。加强了对重大活动档案、地方特色档案、破产企业档案的收集和社会重要历史档案资料的征集工作。已完成了建国前民国档案案卷级目录数据采集工作。编辑出版了《兴山县大事记》、《兴山县县志》、《兴山县人民革命史》、《兴山县党史人物传》、《兴山县小水电发展概况》、《兴山县重大自然灾害情况汇编》、《兴山县组织机构变动情况表》等编研资料。 (郝朝玉)

秭归县档案馆 现址茅坪镇长宁大道,邮编 443600,电话(0717)2886007,馆长宋发早。成立于 1959 年。是集中统一保管县党政机关、社会团体、企事业单位档案的基地,是县爱国主义教育基地,是县指定的已公开现行文件利用的中心。原任馆长余从英获"全国三八红旗手"、"全国档案系统劳动模范"称号。1984 年、1988 年两次被评为湖北省先进档案馆,2004 年被批准为省一级。总建筑面积为 1300 平方米,其中库房面积 343 平方米。馆藏档案资料 99517 卷册,其中资料 20194 册。保存最早的资料为清朝时期编纂的不同版本的《归州志》。加大了对专业档案和移民档案的接收力度。开展了电子档案的接收工作。

(向德才)

长阳土家族自治县档案馆 现址龙舟坪镇清江三路 10 号,邮编 443500,电话(0717)5322445,馆长张国振,电话(0717)5322445—

8001。成立于1959年。是集中统一保管县直机关、团体、企业单位档案资料的国家综合档案馆，是县级爱国主义教育基地，现行文件服务中心。2005年晋升为省一级档案馆。建筑面积1493平方米，库房面积843平方米。馆藏档案资料111991卷(册)，其中资料23495卷(册)，馆藏档案中形成最早的为清乾隆元年(公元1736年)。有康熙、乾隆、道光、同治四个时期的《长阳县志》，布政使司官契、长阳户科推收粮票、土地房屋当约、分关、招庄、包迁等文契。馆藏民国档案中，能反映国民党时期旧政府及其办事机构的一些活动情况。具有地方特色的档案是反映土家族民俗文化的牒谱、山歌、南曲及农村合作医疗档案等。

(陈群峨)

五峰土家族自治县档案馆 现址五峰镇西北路5号，邮编443400，电话(0717)5821273－801，馆长叶厚全，电话(0717)5821273－808。成立于1956年。是集中统一保管县级机关、团体、企事业单位档案资料的综合档案馆，是县级爱国主义教育基地，是县指定行政规范性文件查阅场所。总面积1166平方米，库房面积653平方米。馆藏档案资料8.4万卷(册)，其中资料1.5万(册)。保存年代最早的是明清档案资料，有少量的民国档案和苏区调查档案资料。已将自治县成立二十周年、茶叶艺术节、民间故事、本土作家编辑出版的书籍和手稿等档案资料进馆。同时征集了抗日战争时期五峰人口伤亡和财产损失、五峰忠烈将士、贺龙以五峰为中心活动等档案资料。编辑出版《蒿坪苏区红旗飘》、《五峰群英普》、《中共五峰简史》、《点亮群山》、《中日仁和坪战役记实》等专题资料30余种2000万字。利用档案举办了"五峰县庆二十年"、"保持共产党员先进性教育展"等活动，发挥了积极的作用。已建立全宗级目录数据库2个，对重要全宗文件级采集6万余条。建成了五峰档案信息网。

(何德清)

宜都市档案馆 现址市陆城园林大道42号，邮编443300，电话(0717)4823224，馆长袁道杰，电话(0717)4823236。成立于1959年。是集中统一保管市级机关、团体和企事业单位档案资料的国家综合档案馆，是市级爱国主义教育基地，是档案利用和现行文件阅览中心。2003年晋升为省一级馆。2003年被授予"全国档案系统先进集体"称号。建筑面积1256平方米，库房面积510平方米。馆藏档案资料12万(卷)册。馆藏档案资料的历史跨度约100年，保存最早的是清朝的档案资料，保管最多的是民国档案，有少量革命历史档案。近年来，档案馆加大了接收和收集工作力度，加强了对名人、名优产品、名胜古迹、重大活动等具有宜都地方特色档案资料的收集。目前"青林寺谜语"、"宜都梆鼓"等非物质文化遗产档案资料已收集进馆。杨守敬、胡敌、贺炳炎等历史名人的档案资料有一定数量。检索体系完备，建立了档案目录数据库和宜都档案信息网。依法向社会开放档案3万卷(册)，编研档案资料20余种500万字，包括《象形中华民国人物舆地全图简介》、《宜都市情概览》、《抗五四洪水汇编》等。

(鄢辉尧)

当阳市档案馆 现址玉阳办事处子龙路9号，邮编444100，电话(0717)3232531，馆长袁红星。成立于1959年。是集中统一保管市级机关、团体、企事业单位档案资料的国家综合档案馆，是市级爱国主义教育基地、市政府指定的行政规范性文件查阅场所。1994年晋升为湖北省一级档案馆。总建筑面积1410平方米，库房面积846平方米。馆藏档案资料118411卷(册)，其中资料12268册。馆藏档案资料的历史跨度100余年。保存年代最早的是清末的和民国档案资料。有计划地征集当阳名人作品，建立当阳名人作品库。已建成馆藏重要全宗级目录数据库；当阳市档案信息网站已经开通。

(尤开英)

枝江市档案馆 现址胜利路28号，邮编443200，电话(0717)4214657，馆长段传法，电话(0717)4217166。成立于1963年。是集中统一保管市机关、团体、企事业单位档案资料的国家综合档案馆，是市爱国主义教育基地、市政府指定的行政规范性文件查阅场所和现行文件服务中心。2000年晋升为省一级综合档案馆。总建筑面积1250平方米，库房面积780平方米。馆藏档案资料84252卷（册），其中资料15882册。馆藏档案资料的历史跨度330余年。保存年代最早的是清代档案和资料，有少量革命历史档案。已将撤县设市、温家宝总理枝江行、保持共产党员先进性教育等一批重大活动、重要历史事件的档案资料收集进馆。已建成馆藏全宗级目录数据库，完成了建国前档案案卷目录数据采集工作。枝江市档案信息门户网站已经建立。编辑了《枝江县自然灾害史记》、《枝江市档案馆指南》、《’98防汛抗洪纪实》、《日本侵华罪行实录》等专题档案史料汇编10多种500多万字。

（潘慧蓉）

襄樊市档案馆 现址襄城区荆州街73号，邮编441021，电话（0710）3514774，馆长尚明洋，电话（0710）3537793。成立于1959年。是集中统一保管市级机关、团体、企事业单位档案资料的国家综合档案馆，是市级爱国主义教育基地。1992年晋升为湖北省一级档案馆。总建筑面积1630平方米，库房面积557平方米。馆藏档案资料12.9万卷（册），其中资料3.2万册。馆藏档案资料的历史跨度600余年。保存年代最早的是明清档案和资料，有少量民国档案和革命历史档案。已将襄樊市第一届热气球邀请赛、防治“非典”工作、国际亚细亚民俗学会第九次大会、湖北省第十二届运动会等重大活动档案资料收集进馆。征集了著名军旅作家、长篇传记小说《黄继光》的作者韩希梁等二十多位文化名人的档案资料以及反映襄樊历史的地图、照片等大量档案资料。已建立了近30万条的目录数据库，扫描馆藏照片4000多张。编辑出版了《襄樊千年灾情录》、《襄樊当年今日》、《襄樊方言集成》、《襄樊之最》、《丁宝斋文集》等，共12种300多万字。有的编研成果获得省级和市级优秀成果奖。利用档案举办了“襄樊在我心中”、“襄樊好风日，留醉众宾朋”、“纪念红军长征胜利70周年”等具有一定社会影响的档案陈列展。

（蒲云惠）

襄城区档案馆 现址襄樊市襄城区檀溪路60号，邮编441021，电话（0710）3607343，馆长李桂琴，电话（0710）3606353。成立于1991年。是集中保管区机关、团体、企事业单位档案资料的国家综合档案馆，是区级爱国主义教育基地，区政府指定的行政规范性文件查阅场所。2005年晋升为省一级档案馆。总建筑面积160平方米，库房面积80平方米。馆藏档案资料7815卷、2482件。保存年代最早的是民国时期的档案。以将“毒鼠强”治理整顿、“农村税费改革”、“保持共产党员先进性教育”、“土地二轮承包”、防治“非典”、襄城区2003年抗洪抢险等一批重大活动、重大历史事件的档案资料接收进馆。征集了民国时期的税章、阶级成份划分等一批有价值的档案资料。建立了全国劳动模范、五一奖章获得者肖明芝、襄城区著名的作家任金亭、邓耀华等一批名人档案资料。已建立机读文件目录数据库，案卷级目录已输入7477条，文件级目录输入18197条，扫描全文8000多幅。编写了《襄城旅游揽胜》、《襄城文史》、《襄城大事记》、利用效果实例等22万字左右的档案编研资料。

（梅萍）

樊城区档案馆 现址襄樊市樊城区高庄路8号，邮编441002，电话（0710）3250003，馆长潘雪梅，电话（0710）3232210。成立于1996年。是集中统一保管区直机关、团体、企事业单位资料的国家综合档案馆，是区现行文件利用基地和爱国主义教育基地。2006年晋升为省三级档案馆。建筑面积140平方米，库房面积60平方米。馆藏档案资料1.3万卷（册），其中资料0.3万册。接收了全国武术水上擂台赛、襄樊市诸葛亮文化节、“防非”、樊城区第一届运动会等重大活动档案进馆。基本建成了馆藏档案目录级数据库，正在建设文件级数据库。编辑出版了《樊城区组织史》、《樊城区荣誉录》、《樊城区街巷话史》、《民国时期樊城各会馆概况》、《樊城名人名胜传说》、《樊城大事》等资料。馆开展了"日寇侵华罪行录"、"樊城招商引资"、"领导关怀档案事业"等展览活动。（陈前鹿）

襄阳区档案馆 现址襄樊市襄阳区航空路275号，邮编441104，电话(0710)2817781，馆长任长建，电话13972097015。成立于1959年。是市级爱国主义教育基地和区行政规范性文件查阅场所，2004年被晋升为省一级档案馆。总建筑面积1694平方米，库房面积647平方米。馆藏总量为74630卷(册)，其中资料10829册。馆藏中保管最早的档案是清道光十年的契约，距今180多年，最珍贵的档案是光绪癸巳年《古文辞类纂》、光绪二十七年《襄阳兵事略》及光绪乙酉年、元年、同治十二年的《襄阳府志》和《襄阳县志》及《大清帝国全图》、《钦定二十四史》等。襄阳区档案信息网站已经建立，开通了襄阳区计算机通讯网，实现了在全区范围内的文档互传，建设了档案管理馆(室)一体化系统。征集了一大批比较珍贵的革命历史、人文风情、文学艺术等查考价值比较重要的档案。（任长建 王伟）

南漳县档案馆 现址城关镇万山路81号，邮编441500，电话(0710)5231161，馆长鲁常林，电话(0710)5230007。成立于1959年。是集中统一保管县级机关、团体、企事业单位档案资料的国家综合档案馆，是市级爱国主义教育基地、县政府指定的行政规范性文化查阅场所。2005年晋升为省一级档案馆。总建筑面积1113.5平方米，库房面积522.18平方米。馆藏档案资料8.3万卷(册)，其中资料1.7万册。馆藏档案资料的历史跨度143余年。保存年代最早的是清朝档案和资料，有少量革命历史档案。已将"艺术扶贫·创作采风"、防治"非典"工作、"三讲"、"三个代表"及"先进性教育"活动等一批重大活动的档案资料收集进馆。征集了张怀念、伍荣显等南漳名人的照片与资料、端公舞、巫音等非物质文化遗产及楚文化发源研究资料等大量资料。编写了《南漳县自然灾害情况简介》、《南漳县洪涝灾害百年录》、《南漳风景名胜导游》、《南漳县土特产品名优录》、《南漳县民俗音乐汇集》等档案专题史料汇编20种58万字。

（严青龙）

谷城县档案馆 现址县府街52号，邮编441700，电话(0710)7232420，馆长高仕海，电话(0710)7236920。成立于1960年。是集中统一保管县级和乡镇机关、团体、企事业单位档案资料的国家综合档案馆，是县级爱国主义教育基地，建立有已公开现行文件服务中心。1998年晋升为湖北省一级馆。总建筑面积1024平方米，其中库房面积546平方米。馆藏档案资料6.4万卷(册)，其中资料2.2万册。馆藏档案资料历史跨度160余年，保存档案最早形成于清道光二十年，还有少量的革命历史和民国旧政权档案。珍贵档案资料有"第三区第四乡政府贫农团、雇农工会、红色常备队、预备队员名册"、民国时期"木刻印刷板"、革命历史照片和文革时期照片及清同治《谷城县志》。编辑、汇编《谷城百年》、《谷城县国民经济统计资料》等参考资料37种300余万字。已采集目录数据8万多条，建立了谷城档案信息网，开通了网上查询服务。（严必洪）

保康县档案馆 现址城关镇东后街26号，邮编441600，电话13308677552，馆长陈静茂，电话(0710)5885889。成立于1958年。是集中统一保管县级机关、团体、企事业单位档案资料的国家综合档案馆，是市级爱国主义教育基地。2005年晋升为省一级档案馆。总建筑面积1056平方米，库房面积450平方米。馆藏档案资料6.7万卷(册)，其中资料1.5万卷(册)。革命历史档案中有反映中原局党委、桐柏区党委、汉南工委及保康地下党组织革命活动的档案文件资料，民国档案有民国时期保康县政权组织、经济和社会活动及历史著名人物的档案。加强了重大活动、重点项目、知名人物等档案的征集。正在进行馆藏档案案卷级、文件级的目录录入工作。编撰了《保康县档案馆指南》、《保康县社会发展简史与档案馆概况》等29种近80万字的专题资料。

（张晓红）

老河口市档案馆 现址市胜利路19号，邮编441800，电话(0710)8222469，馆长马勇。成立于1960年。是集中统一保管市级机关、团体、企事业单位档案资料的综合档案馆，市级爱国主义教育基地。1999年晋升为省一级档案馆。总建设面积1300平方米，库房面积529平方米。馆藏档案资料6.9万卷(册)，其中资料1.2万册。馆藏档案资料的历史跨度200余年，保存年代最早的是清代1813年木制印刷板，有少量民国档案和革命历史档案。已将本市"梨花节"，防治"非典"、"禽流感"等一批重大活动、重要历史事件的档案资料收集进馆。征集了张光年等文化名人的档案资料。编辑出版和联合出版了《老河口市志》、《老河口年鉴》、《老河口地方组织史资料》、《老河口市历史之最》等专题档案史料，30多种近千万字。每年至少一次利用档案向中小学生举办陈列展。

（张展）

枣阳市档案馆 现址市朝阳路2号，邮编441200，电话(0710)6222359，馆长孙传晖，电话(0710)6221206。成立于1959年。是集中统一保管市级机关、团体、企事业单位档案资料的国家综合档案馆，是市级爱国主义教育基地，市政府指定的行政规范性文件查阅场所。1994年晋升为省一级档案馆。总建筑面积2107平方米，库房面积1454平方米。馆藏档案资料10.7万卷(册)，其中资料1.1册。馆藏档案资料历史跨度近300年。保存最早的是清代1715年的地契档案。已将宗教活动、防治"非典"、"禽流感"等一批重大活动、重要历史事件的档案资料收集进馆。征集了黄火青等革命先辈、韩希梁等文化名人的档案资料。编辑出版和联合出版了《枣阳志》、《枣阳年鉴》、《枣阳地方组织史资料》、《日本侵华沙河惨案》等专题档案史料，汇编了30多种近千万字。每年至少一次利用档案向中小学生举办陈列展。

（孙传晖　张代军）

宜城市档案馆 现址市北街5号，邮编441400，电话(0710)4212073，馆长章德全，电话(0710)4223283。成立于1959年。是集中统一保管市级机关、团体、企事业单位档案资料的国家综合档案馆，是市级爱国主义教育基地，市政府指定的行政规范性文件查阅场所。1995年晋升为省一级档案馆。总建筑面积1171平方米，库房面积509平方米。馆藏档案资料5.2万卷(册)，其中资料0.7万册。已建成馆藏全宗级目录数据库，完成了2万条案卷级目录和7万条文件级目录数据采集工作。对重要全宗进行了全文扫描。对明清档案和47幅名人字画进行了仿真复制。已将防治"非典"工作、国际铁人三项赛、农村税费改革、楚文化研讨会、全国中小城市发展论坛年会的档案资料收集进馆。编辑出版了《宜城市在外工作人员名录》、《纪念张自忠将军》、《楚皇城史话》等图书。

（李翔）

鄂州市档案馆 现址市明堂路69号，邮编436000，电话(0711)3830282，馆长周秀华，电话(0711)3224079。1958年成立。是集中统一管理市机关、团体、企事业单位档案资料的国家综合档案馆，是市爱国主义教育基地及现行文件中心。1997年晋升省一级档案馆。总建筑面积2053平方米，其中库房面积1036平方米。馆藏全部档案11万卷(册、件)。其中图书资料1.6万册，馆藏最早的档案是道光十年的地契。馆藏保存有毛泽东视察长江珍贵照片，已将鄂州市创建优秀旅游城档案、非典档案、禽流感档案收集进馆，建立了名人名家档案，同时对不属于综合档案馆收集的社会团体、个人档案还采取寄存的方式保管。1998年防汛抗洪期间，主动编发了5期《领导参考》，馆与市委办公室联合编制了《中央、省、市有关减轻农民负担文件汇编》，指导、协助农业部门编写《避灾农业》。编写了《鄂州档案写真》、《鄂州档案存真》、《鄂州档案纵横》、《修志指南》、《鄂州人物》、《中共鄂州革命史》、《“三农”档案工作指南》，每年出版《鄂州年鉴》，并点校了光绪版《武昌县志》等。馆藏313个全宗档案的案卷目录已全部录入微机，已经实行微机检索。其中有部分全宗的档案已经实行全文检索，建立了鄂州档案信息网。 （杨虹）

梁子湖区档案馆 馆址鄂州市梁子湖区政府大院，邮编436060，馆长姓名张春华，电话(0711)2414566，成立于1987年10月，建筑面积28，馆藏档案资料总数2769卷、件，资料335册。

鄂州市华容区档案馆， 馆址鄂州市华容区政府大院，邮编436030，馆长姓名袁艳艳，电话(0711)5051679，成立于1993年11月，建筑面积20，馆藏档案资料总数5518卷、册，资料(册)0。

鄂城区档案馆 馆址鄂州市明塘路70号，邮编436000，馆长姓名赵秋珍，电话(0711)5902550，成立于1991年8月，建筑面积80平方米，馆藏档案资料13384卷，资料625册。

荆门市档案馆 现址市象山二路20号，邮编448000，电话(0724)6059991，馆长关明成，电话(0724)6059988。成立于1959年。是集中统一管理市级机关、团体、企事业档案资料的国家综合档案馆，是市级爱国主义教育基地、市行政规范性文件查阅场所。2005年晋升省一级档案馆。建筑面积4400平方米，库房面积1000平方米。馆藏档案资料10.9万卷(册)，其中资料3.1万册。征集到了包括新石器、明代、清代档案、侵华日军地图和遗物、清代科举考试试卷等珍贵的档案资料1万多件，及重大活动档案。完成了《荆门神韵》、《荆门寻古》、《全民动员 铲除邪教》等28个编研课题，近300万字的编研成果。举办了“荆门档案事业发展成就展”、“荆门市纪念抗战胜利60周年档案图片展”、“荆门市档案征集工作成果展”等多种形式的展览活动。 （彭明发）

东宝区档案馆 馆址荆门市金虾路6号，邮编448000，馆长姓名朱正忠，电话(0724)2354241，成立时间1997.4.16，建筑面积150，馆藏档案资料总数15443卷、件，资料(册)191。

京山县档案馆 现址新市镇城中路47号(县政府大院)，邮编431800，电话(0724)7331431，馆长吴月华。成立于1959年。是集中统一保管县级机关、团体、企事业单位和其它组织档案资料的国家综合档案馆，是县级爱国主义教育基地。2005年晋升为省一级档案馆。建筑面积为1084平方米，库房面积605平方米。馆藏档案资料5.9万卷(册)，其中资料1.4万册。馆藏档案资料历史跨度为120余年，保存年代最早的是清光绪八年《京山县志》，有少量的民国档案和革命历史档案。已将防治“非典”、“三讲”、“三个代表”重要思想教育活动、“绀弩大道建设”、“京山河整治”等一批重大活动、重点工程的档案资料收集进馆；征集到了李先念、陈少敏、郑位三等革命先辈抗战时期在京山战斗工作的照片，江泽民视察京山的照片、光盘以及一些历史档案资料。编写了《京山县历史自然灾害资料汇编》、《京山古今》、《京山地名志》等编研资料。

（孙东波）

钟祥市档案馆 现址石城大道中路12号，邮编431900，电话(0724)4222528，馆长周明章。成立于1959年。是集中统一保管全县机关、团体、企事业单位档案的国家综合档案馆。1995年晋升为“湖北省一级档案馆”。总建筑面积1585平方米，其中库房面积589平方米。馆藏档案资料8.8万卷(册)，其中资料2万册。保存年代最早的是明清档案和资料。收藏《世界文化遗产——明显陵》、《承天大志》、《安陆府志》、民国《钟祥县志》、《嘉靖内传》、《二十四史》等珍贵资料1000余册。

（张李学）

孝感市档案馆 现址城站路71号，邮编432000，电话(0712)2852765，馆长陈新安，电话(0712)2856682。成立于1964年。是集中统一保管市直机关、团体、企事业单位档案资料的国家综合档案馆,是市级爱国主义教育基地,市现行文件服务中心。1998年晋升为省一级档案馆。总建筑面积1700平方米,库房面积1070平方米。馆藏档案资料7.9万卷(册),其中资料1.4万册。已将第二届全国农运会档案、历届党和国家领导人来孝视察照片及题词、孝感和国内外城市缔结友好信物、海内外孝感籍名人书画及文稿等珍贵档案资料收集进馆。重点全宗档案建立了文件级目录数据库,对珍贵档案进行了扫描复制,逐步实现了网上信息传输和资源共享。编辑出版了《知我孝感——档案史料选编》、《孝感文化名人》等专题档案资料。 (胡云清)

孝南区档案馆 现址书院街2号,邮编432000,电话(0712)2859437,馆长胡宝华,电话(0712)2059603。始建于1958年。是集中统一保管区级机关、团体、企事业单位档案资料的综合档案馆,是区级爱国主义教育基地、区政府指定的行政规范性文件查阅场所。1999年晋升为省二级档案馆。总建筑面积761平方米,其中库房面积480平方米。馆藏档案资料6.9万卷(册),其中资料1.7万册。征集了饶民太等革命先辈、李先念、江泽民等名人的照片与资料等。已建成馆藏全宗级目录数据库,完成了建国后档案案卷级目录数据采集工作。 (段腊清)

大悟县档案馆 现址城关镇府前街3号,邮编432800,电话(0712)7222504。馆长李桂双。成立于1959年。是集中统一保管县机关、团体、企事业单位档案资料的国家综合档案馆,是县级爱国主义教育基地和已公开现行文件查阅中心。1997年晋升为省一级档案馆。总面积1268平方米,其中库房面积860平方米。馆藏档案资料8.1万卷(册),其中资料2.1万册。已征集到红军借粮账本、新五师献草证、黎元洪族谱等一批珍贵档案。档案目录数据的机读采集工作基本完成。编写了《大悟县土特产资源》、《大悟县矿产资源》、《大悟旅游》等编研资料。 (刘海峰)

云梦县档案馆 现址城关镇曲阳路66号,邮编432500,电话(0712)4323717,馆长彭新明,电话13797108666。成立于1959年。是集中统一保管全县党政机关团体、企事业单位个人档案资料的国家综合档案馆,是县政府指定的现行规范性文件查阅中心。总建筑面积800平方米,库房面积350平方米。馆藏档案资料2.8万卷(册),其中资料0.4万册。已将江泽民、董必武等视察云梦的照片收集进馆,同时征集了地方特色档案资料。编辑出版《古泽云梦,我可爱的家乡》等十多种。

(杨松柏)

应城市档案馆 现址市城中街道办事处王桥路9号,邮编432400,电话(0712)3222198,馆长朱忠发。成立于1959年。是集中统一保管市机关、团体、企事业单位档案资料的国家综合档案馆,是市级爱国主义教育基地和现行文件服务中心。2001年晋升为省一级馆。总建筑面积1620平方米,库房面积800平方米。馆藏档案资料7.8万卷(册),其中资料2.7万册。馆藏档案资料的历史跨度近200年。保存年代最早的是光绪木刻版《应城志》。

(余荣德)

安陆市档案馆 现址安陆市委、市政府院内,邮编432600,电话(0712)5222141,馆长朱光锋,电话13508696088。成立于1959年。是集中统一保管市级机关、团体、企事业单位档案资料的国家综合档案馆,是市级爱国主义教育基地、市政府指定的行政规范性文件查阅场所。2000年晋升为省二级馆。总建筑面积1630平方米,库房面积588平方米。馆藏档案资料6.1万卷(册),其中资料1.6万册,保存年代最早的是清道光二十三年的安陆县志。已建立20%全宗文件级数据库,完成了国家重点档案数据采集工作,建立了安陆档案信息网站。编写了《安陆历史上重大自然灾害情况》、《中共安陆组织史》等材料。 (王安林)

汉川市档案馆 现址市仙女山街道办事处西正街42号，邮编431600，电话(0712)8282276，馆长程灿文。成立于1959年。是集中统一管理全市机关、团体、企事业单位的国家综合档案馆，是市级爱国主义教育基地和已公开现行文件利用服务中心。是省一级档案馆。馆库总建筑面积1120平方米，库房面积850平方米。馆藏档案资料7.4万卷(册)，其中资料1.4万册。保存年代最早的是清代光绪年间的《汉川县志》、《刁汊渔子图》及340卷民国档案和少量的革命历史档案。2006年建成了市档案馆局域网，开通了汉川档案信息网站，录入机读档案目录14万多条，扫描珍贵档案资料119幅，实现了网上信息转输和资源供享。汇编了《汉川水患史料简编》等专题档案史料及重大活动资料、大事记等19种517册。(周秀荣)

荆州市档案馆 现址荆州区荆东路54号，邮编434020，电话(0716)8441099，馆长朱祥炎，电话(0716)8452900。是集中统一保管市级机关、团体、企事业单位档案资料的国家综合档案馆，是市级爱国主义教育基地，是市指定的行政规范性文件查阅场所。1999年晋升为省二级档案馆。总建筑面积1639平方米，其中库房面积834平方米。馆藏档案资料15万卷(册)，其中资料2.2万册。完成了旧政权档案案卷级条目的录入工作，建国后档案文件级数据库的建设已经启动。建立了“荆州市档案信息网”。收集了荆州市“龙舟节”、荆州市防治“非典”等重要档案。(申文荆)

沙市区档案馆 现址荆州市沙市区文化宫路8号区委大院内，邮编434000，电话(0716)8219339，馆长周元山，电话(0716)8249519。成立于2000年。档案库房80平方米。馆藏档案资料3803卷(册)，其中资料16册。已将防治“非典”工作等重大活动的档案资料收集进馆。有计划地向社会公开征集重要历史档案资料。还成立了现行文件服务中心，开辟了查阅服务厅。(罗娟)

荆州区档案馆 现址荆州市荆州中路80号，邮编434020，电话(0716)8467338，馆长罗永猛，电话(0716)8904588。成立于1958年。是集中统一保管区直机关、团体及镇、办、场单位档案资料的国家综合档案馆，是区级爱国主义教育基地、现行文件服务中心。1996年晋升为省一级档案馆。总建筑面积1100平方米，其中库房面积400平方米。馆藏档案资料7.5万卷(册)，其中资料1.5万册。现存档案形成的最早年代是1919年。有全国著名书画家字画169幅以及部分党和国家领导人视察荆州的照片等珍贵档案。建立了部分馆藏全宗级目录数据库，完成了对利用率较高的档案案卷级目录数据采集工作。(胡德富)

公安县档案馆 现址县斗湖堤镇油江路21号，邮编434300，电话(0716)5226886，馆长王艳娟。成立于1959年。是集中统一保管全县档案资料的国家综合档案馆，1999年被定为“爱国主义教育基地”，2005年成立县现行公文阅览中心。2000年晋升为省一级档案馆。总建筑面积1460平方米，其中库房面积640平方米。馆藏档案资料7.5万卷(册)，另有资料1.6万卷(册)。有档案馆指南、《民国档案重要史料摘要与概述》、《民国时期公安县的汉流》等大量编研材料。建立了35个重要全宗案卷级数据库12006条，文件级数据库5117条，并对部分重要档案进行了全文扫描。建立了县档案信息网页。(王德权)

监利县档案馆 现址县容城镇民主路1号，邮编433300，电话(0716)3262741，馆长陈义书。成立于1958年。是集中统一保管全县机关、团体、企事业单位档案资料的国家综合档案馆。1996年认定为省三级档案馆。总建筑面积1442平方米，其中档案库房面积为916平方米。馆藏档案资料5万卷(册)，有反映湘鄂西革命时期监利县苏维埃政府主要活动的珍贵革命历史档案；有清康熙和同治年间《监利县志》；有反映历史人物伍子胥的谱牒《伍氏族谱》；有反映清朝台湾守备段正信、台湾凤山县和县段光奎在台任职记载的《段氏族谱》;有清朝才子、监利籍人氏王柏心所著《百柱堂稿通》;有享誉海内外的监利籍书法家王遐举、王铁猛两兄弟的简历、墨宝和作品等。编写了《监利县历代县令、知县、县长及其政绩简介》、《监利县历年水旱灾害情况简介》等编研资料近300万字。（周统才）

石首市档案馆 现址南岳山路75号,邮编434400,电话(0716)7813549,馆长薛菁华。成立于1958年。是集中统一保管市机关、团体、企事业单位档案资料的国家综合档案馆,是市爱国主义教育基地、现行文件服务中心。2005年晋升为省一级档案馆。总建筑面积2000平方米,库房面积1200平方米。馆藏档案资料7.2万卷(册),其中资料0.7万册。有明清、革命历史、中华民国、建国后档案。建立了石首档案信息网站;编写了《石首建国以来各级党政机构成立及变化史料汇编》、《石首县边界纠纷文件汇编》、《石首市党史资料汇编》等42种编研材料。（方红艳）

洪湖市档案馆 现址洪湖市行政中心,邮编433200,电话(0716)2422252,馆长陈翔,电话(0716)2209906。成立于1959年。是集中统一保管市各机关、团体、企事业单位档案资料的国家综合档案馆,是市政府信息公开的重要窗口。建筑面积1500平方米,库房面积540平方米。馆藏档案资料9.1万卷(册),其中资料1.1万册。开展了编辑档案史料工作,不定期向社会公布档案信息。有史料汇编20余种近100万字。（刘章鸿）

松滋市档案馆 现址新江口镇民主路168号,邮编434200,电话(0716)6222571,馆长杨继梅,电话(0716)6227302。成立于1959年。是集中统一保管市级机关、团体、企事业单位的国家级综合档案馆,是市级爱国主义教育基地,是市行政规范性文件查阅场所。1995年晋升为省二级档案馆。建筑面积2050平方米,其中库房面积863平方米。馆藏档案资料6.4万卷(册),其中资料1.5万册。有民国档案,还有少量的革命历史档案。完成了民国档案文件级目录和建国后部分档案案卷级目录数据采集工作。编辑出版了《松滋县档案馆指南》、《松滋历年自然灾害和防汛情况资料汇编》、《松滋抗战史料》等各种参考资料31种200多万字。（雷卫军）

黄冈市档案馆 现址黄州区七一路十号,黄冈市委大院内,邮编438000,电话(0713)8617215,馆长周清。成立于1958年。是集中统一保管市直机关、团体、企事业单位档案资料、集现行文件中心、档案信息中心、爱国主义教育基地为一体的国家综合档案馆。2005年被评为省一级馆。建筑面积共754平方米,馆库使用面积287平方米。馆藏档案资料13万卷(册),其中资料2.7万册。一批珍贵、有特色的档案资料接收进馆:有周恩来、董必武、李先念、胡耀邦、江泽民、李鹏、朱镕基、温家宝等中央领导人以及省委领导视察黄冈的讲话材料、题词、照片等,黄高同学录、黄埔同学录、湖北留日同乡录、黄州府志、赤壁碑帖、中日友好人士赠送的东坡赤壁画展等,还有市(地委)、政府(行署)主要负责人的重要活动材料,一大代表包惠僧、著名的哲学家熊十力的书信、著作、家谱、照片,黄冈名作家丁永怀、吴洪激作品、创作笔记,黄冈撤地建市等重大活动的文字材料、录音录像、照片及兄弟地市与黄冈友好往来赠送的实物礼品等。建立了档案信息网站。同黄冈市委统战部、市工商联一起联合举办了“崛起的黄冈市区民营企业”图片巡回展。（余竑劼）

黄州区档案馆 现址黄冈市黄州区清源门1号(黄州区委大院内),邮编438000,电话(0713)8357875,馆长罗兴华。成立于1958年。是统一集中保管档案的综合性档案馆,是政府指定的行政规范性文件查阅场所。1990年晋升为省二级档案馆。总建筑面积620平方米,库房面积418平方米。馆藏档案资料12万卷(册),其中馆藏档案资料的历史跨度500余年。保存年代最早的是明清档案和资料,有少量革命历史档案和民国档案。具有地方特色的珍贵档案是著名人物档案(包括陈潭秋、张浩、包惠僧等档案材料;林彪照片及档案材料;科技名人李四光、熊十力档案材料;文化名人苏东坡、闻一多、秦兆阳档案材料等)。建立了黄州档案门户网站,民国档案等实现网上查询,建立了部分全宗级、文件级数据库。

(张燕)

团风县档案馆 现址团风镇人民路1号县政府办公大楼八楼,邮编438800,电话(0713)6156107,馆长何华。成立于1997年。是集中统一保管县各级机关、团体、企事业单位档案资料的国家综合档案馆。库房面积140平方米。有近2000册资料。建立了馆藏档案资料目录数据库,建立了照片档案数据库,建成开通了"团风档案信息网"。(张柏涛)

红安县档案馆 现址城关镇小北街10号县委、政府机关大院内,邮编438400,电话(0713)5242537,馆长刘中华。成立于1958年。是集中保管县级机关、团体、企事业单位档案资料的国家综合档案馆。1995年晋升省二级馆。总建筑面积1713平方米,库房面积685平方米。馆藏档案资料13.8万卷(册),其中资料1.6万册。馆藏档案资料的历史跨度近140年,保存最早的是清同治八年(1869年)修《黄安县志》(红安原名黄安)。有少量民国档案和革命历史档案。加强了对红安革命历史档案资料、党和国家领导人视察红安及红安籍将军档案资料的征集工作。馆藏珍贵档案有:黄麻暴动经过情形,鄂豫皖根据地政治运动、农民运动、招收红军、军事战斗等方面材料;有党和国家领导人、红安籍老红军、老首长关于红安革命与建设的题词、题字、题诗、信函、谈话纪要、讲话材料、照片;有红安籍将军、烈士、乡土名人档案资料。建立了民国档案、特色档案、照片档案、部分建国后档案目录数据库条目近3万条。开通了红安档案信息网站。(袁宗涛)

罗田县档案馆 现址凤山镇民建街47号,邮编438600,电话(0713)5052343,馆长丰良钢,电话(0713)5052930。成立于1959年。是集中统一保管县级机关、团体、企事业单位档案资料的国家综合档案馆,县爱国主义教育基地,现行文件服务中心。1997年晋升为省一级档案馆。建筑面积1228平方米,库房面积645平方米。馆藏档案资料10.7万卷(册),其中资料1.5万册。保存年代最早的是少量的明清档案和资料,有部分民国档案。建立了馆藏全宗目录数据库,目前已完成建国后部分档案案卷的目录数据采集工作。开通了罗田县档案网站。(丰良钢)

英山县档案馆 现址温泉镇莲花路22号,邮编438700,电话(0713)7013517,馆长王剑波,电话(0713)7013161。成立于1958年。是集中统一保管县级机关、团体、企事业单位及社会组织档案资料的国家综合档案馆,是县级爱国主义教育基地,县政府指定的行政规范性文件的查阅场所。总建筑面积为1288平方米,库房面积720平方米。馆藏档案资料9.5万卷册,其中图书资料0.9万册。馆藏档案资料的历史跨度为90年。保存年代最早的是民国档案。加强了对改制、破产企业档案的收集。已将县第1～16届茶叶节和6家改制、破产企业的档案收集进馆。馆藏重要全宗进行了案卷级及文件级著录和民国档案的案卷级数据采集工作。参与编史修志、编写文史资料,每年为社会公布馆藏档案信息5.7万字。

(周本章)

浠水县档案馆 现址清泉镇十字横街62—10号(县人民政府院内),邮编438200,电话(0713)4233704,馆长马映红,电话(0713)4283553。成立于1959年。是集中统一保管县机关、团体、企事业单位档案资料的国家综合档案馆,是县级爱国主义教育基地。1998年晋升为省一级档案馆。总建筑面积1313平方米,库房面积797平方米。馆藏档案资料11.6万卷(册、件),其中资料1.4万册。保存年代最早的是明清档案和资料。征集了胡耀邦、温家宝等党和国家领导人视察浠水时的照片、录音、题字手迹和闻一多等历史名人的照片与资料。建立了浠水县档案信息网站。

（翟自然）

蕲春县档案馆 现址齐昌大道138号县委大院内，邮编435300，电话（0713）7222141，馆长余继明。成立于1958年。是集中统一保管全县档案资料的国家综合档案馆。1996年晋升为省三级档案馆。总建筑面积1340平方米，其中库房面积230平方米。馆藏档案资料20.85万卷（册），其中资料1.15万（册）。保存年代最早的是明清年间出版的图书、资料，有少量历史革命档案。收集了大量有关李时珍的图书资料，如《本草纲目》、《李时珍的传说》、《李时珍传记选》、《医案医治录》、《李时珍逝世390周年学术论文集》、《首届全国药学史学术论文集》等，还有著名教授、学者黄侃、胡风等人的资料、著作及传记等。建立了民国档案、特色档案、照片档案、部分建国后档案目录数据库条目近3万条。开通了蕲春档案信息网站。

（熊盛德）

黄梅县档案馆 现址黄梅镇广场路6号政府大院内，邮编435500，电话（0713）3324231，馆长石火箭。成立于1959年。是集中统一保管县级机关、团体、企事业单位档案资料的国家综合档案馆。2001年晋升省一级档案馆。总建筑面积1226平方米，库房面积630平方米。馆藏档案资料12.2万卷（册），其中资料0.9万卷（册）。保存年代最早的是明清档案资料。已列入“非物质文化遗产”的黄梅戏档案是重点特色档案，共计2579卷（张），分为剧本、曲谱、传统剧目、重点剧目和照片五大部分。建立了档案信息网站。已录入8万条文件级和案卷级数据。

（徐守海）

麻城市档案馆 现址市金桥大道旁，邮编438300，电话（0713）2912315，馆长喻建。成立于1959年。是集中统一保管市级机关、团体、企事业单位档案资料的国家综合档案馆，是市级爱国主义教育基地和市政府指定的行政规范性文件查阅场所。1993年定为省三级档案馆。总建筑总面积2000平方米，库房面积700平方米。馆藏档案资料11.6万卷（册），其中资料1万册。馆藏档案资料的历史跨度300余年。保存年代最早的是清朝编印的《麻城县志》，保存有大量的旧政权档案和革命历史资料。举办了爱国主义展览。

（陶建国）

武穴市档案馆 现址武穴办事处公园侧路16号，邮编435400，电话（0713）6222087，馆长张明亮，电话（0713）6253889。成立于1958年。是集中统一保管市级机关、团体、企事业单位档案资料的国家综合档案馆，是市级爱国主义教育基地，是市行政规范文件查询中心。总建筑面积1300平方米，库房面积600平方米。馆藏档案资料7.5万卷（册），其中资料2.2万卷（册）。馆藏档案资料历史跨度95年。其中，曾国藩日记等珍贵资料5308册，43姓谱牒1449册。近年来，还收集了不少名人的著述。已建立案卷级目录数据库，输入目录7万余条。

（张明亮）

咸宁市档案馆 现址市温泉路21号，邮编437100，电话（0715）8256487，馆长程学娟，电话（0715）8126560。成立于1980年。是集中统一保管市级机关、团体、企事业单位档案资料的国家综合档案馆，是市级爱国主义教育基地，市政府指定的现行文件服务中心。2002年晋升为省一级档案馆。总建筑面积900平方米，库房面积700平方米。馆藏档案资料5.7万卷（册），其中资料1.1万册。保存年代最早的是清代和民国时期的档案资料。已将长江堤防整险加固工程建设、中国第四届竹文化节、湖北省第十届运动会、抗“非典”、防治禽流感、文明城市创建等活动档案接收进馆。收集到了党和国家领导人胡耀邦、李先念、朱镕基、李岚清等来咸宁视察的照片，向阳湖文化研究档案、名人访谈光盘，以及清代房契、民俗婚帖、民国食盐供应证等一批珍贵档案资料。已建立重要全宗案卷级和文件级目录数据库、人名及机构名称索引数据库；建立市委、市政府等重要全宗案卷和文件级目录、归档文件目录数据26万条;完成档案原文数字化扫描加工62万页。2003年建立了咸宁档案方志网站,并与市政府门户网站相链接。

(钱立新)

咸安区档案馆 现址咸安区怀德路35号,邮编437000,电话(0715)8322056,馆长余腊英,电话13329988868。成立于1959年。2005年馆被命名为爱国主义教育基地,同时成立区现行文件服务中心。1994年晋升为省三级档案馆。总建筑面积为1370平方米,库房面积617平方米。馆藏档案资料6.9万卷(册),其中资料2.2万册,保存最早的是明清时期的资料。已建成档案史志局域网及馆藏全宗案卷级和目录级数据库。征集珍贵档案资料104册,特色档案77册。 (李建红)

嘉鱼县档案馆 现址鱼岳镇沙阳大道95号,邮编437200,电话(0715)6322209,馆长赵显发,电话(0715)6325226。成立于1959年。是集中统一保管县级机关、团体、企事业单位档案资料的国家综合档案馆,是县级爱国主义教育基地,县政府指定的行政规范性文件查询场所。1999年晋升为省三级档案馆。总建筑面积1670平方米,库房面积900平方米。馆藏档案资料7.9万卷(册),其中资料0.6万册。馆藏档案资料的历史跨度100余年,馆藏珍贵档案有:清朝《嘉鱼县志》、清朝《嘉鱼堤志》等。出版发行了档案史料汇编18种,部分重要档案已进行数字化加工。

(赵显发 卞锋)

通城县档案馆 现址县隽水镇解放东路1号,邮编437400,电话(0715)4322988,馆长廖四方,电话13807244281。成立于1961年,是县爱国主义教育基地。总建设面积1293平方米,库房面积416平方米。馆藏档案资料14万卷(册),其中资料1万卷(册)。保存最早的是清代县志和宗谱,保存有部分民国档案。比较珍贵的档案有清乾隆二十九年孤本、残本《通城县志》,彭子璋家系列地契,湘鄂赣革命根据地省委书记、革命烈士陈寿昌及红军在通城活动文献资料等。县内主要姓氏宗谱、地方名人照片资料、民国壮丁收条等珍贵档案陆续征集进馆。编纂发行资料十余种,其中《红色通城》在保持共产党员先进性教育中被指定为全县党员必读教材。建立了计算机局域网。

(冯立群)

崇阳县档案馆 现址前进路72号,邮编437500,电话(0715)3376663,馆长饶志高,电话(0715)3376663。成立于1981年。是集中统一保管县级机关、团体、企事业单位档案资料的国家综合档案馆,是县级爱国主义教育基地,县政府指定的现行文件服务中心。2007年晋升为省一级档案馆。总建筑面积1403平方米,库房面积702平方米。馆藏档案资料9.3万卷(册),其中资料0.7万册。保存年代最早的是康熙和民国时期的档案资料。收集到了中共中央总书记胡耀邦视察崇阳,陈寿昌、赵国泰等革命烈士照片,以及康熙九年版、乾隆六年版、同治五年版《崇阳县志》,民国档案、清代地契史料等珍贵档案资料。已建立重要全宗案卷级和文件级目录数据库;完成档案原文数字化扫描加工7万页。2005年建立了崇阳县档案网络。 (黄云兰)

通山县档案馆 现址县城林园路5号,邮编437600,电话(0715)2394458,馆长方近东,电话13886532166。成立于1959年。负责集中统一保管县直机关、团体、企事业单位和乡镇的档案,是县爱国主义教育基地。于1999年升省三级馆。总建筑面积1100平方米,库房面积440平方米。馆藏档案资料近10万卷(册),其中资料近2万册。珍贵档案有《咸宁报》创刊号、通山第一任县长任命书、同治六年和光绪二十二年《通山县志》、民国档案、名人题字等。还收集有革命历史档案,通山名产、名人、名胜、名俗等特色档案的图片资料近千幅。 (程玉兰)

赤壁市档案馆 现址市蒲圻办事处公园路2号,邮编437300,电话(0715)5222794,馆长黄旭平，电话(0715)5227579。成立于1958年。是集中统一保管市机关、团体、企事业单位档案资料的国家综合档案馆，是市爱国主义教育基地、市政府指定的行政规范性文件查阅场所。2002年晋升为省一级档案馆。总建筑面积1280平方米，库房面积790平方米。馆藏档案资料8.1万卷(册)，其中资料0.9万册。馆藏档案资料保存最早的是民国档案资料。已将赤壁市建市二十周年，防治"非典"、"禽流感"工作等一批重大活动、重要历史事件的档案资料收集进馆。 (刘庆华)

随州市档案馆 现址市沿河大道，邮编441300，电话(0722)3326130，馆长文勇，电话(0722)3062136。建于1963年。是集中保管市各机关、团体、企事业单位档案资料的国家综合档案馆。1995年被认定为省一级馆。总建筑面积5323平方米，其中库房面积2000平方米。馆藏档案资料11万卷(册)，其中资料2.2万册。馆藏档案资料历史跨度近200年。馆藏档案形成时间最早为清嘉庆二十二年(1817年)的档案和资料。较为珍贵的有清朝随县城关镇地产契约。馆藏档案检索部分已实行微机著录。编写了《随州市档案馆指南》、《随州产品大全》、《荆楚新随州》等编研材料达10余种近20余万字。 (李莉)

曾都区广水市档案馆 现址市城关府前街8号，邮编432700，电话(0722)6232624，馆长余清水，电话13972981628。成立于1965年。是集中统一保管市各机关、团体、企事业单位档案资料的国家综合档案馆，是市级爱国主义教育基地，市政府指定的规范性文件查阅场所。1999年晋升为省二级档案馆。总建筑面积2240平方米，其中库房面积1000平方米。馆藏档案资料约7万卷(册)，其中资料近2万册。馆藏档案资料历史跨度130多年。保存年代最早的是《同治应山县志》，成书于1871年，内有一代忠烈杨涟墓碑文志、台湾国民党荣誉主席连战的祖先连庠、连庶、连南夫等人物志。另有革命烈士档案、知名人物档案(如祖居应山的著名美籍华人作家聂华苓档案、全国劳动模范余光恕等劳模档案等)。已接收进馆人口普查宣传材料、珍稀菇品(白灵菇)国际研讨会在广水市召开的现场等声像档案，和部分照片档案3000余张，字画(广水籍书法名家作品)200余幅。加大了对省级以上劳模档案、地方特色档案(如在明代就被称为贡面的奎佳食品(面条)有限公司档案)的征集。建有案卷级目录数据库。编写了《广水市档案馆指南》、《广水市历届党代会情况介绍》、《广水市历届人代会文件资料汇编》、《广水市档案馆档案利用效益汇编》(共11期)等编研材料达10种18万字。 (祝行健)

恩施土家族苗族自治州 现址市东风大道593号，邮编445000，电话(0718)8221737，馆长陈芳，电话(0718)8226309。成立于1960年。是集中统一保管州直机关、团体、企事业单位档案的国家综合档案馆，是州爱国主义教育基地和州政府指定的已公开现行文件查阅场所。2003年晋升为省一级档案馆。建筑面积1971平方米，其中库房面积866平方米。馆藏档案资料111192卷(件、册)，其中资料35763册。还有清朝档案、部分民国档案。时间最早的档案是清道光二十年(1840年)。收集了重点工程项目、重大活动等档案进馆，征集了部分名人档案和家谱族谱等档案资料。已建立恩施州档案信息网站。编写了《恩施州档案馆指南》、《中共恩施州组织史》、《中共恩施简史》、《恩施州历次党代会简介》、《恩施州历次人代会简介》等编研材料。(庞青云)

恩施市档案馆 现址市府路23号，邮编445000，电话(0718)8211554，馆长覃登春，电话(0718)8212328。成立于1959年。是集中统一保管市机关、团体、企事业单位档案资料的国家综合档案馆，是市级爱国主义教育基地和现行文件服务中心。2005年被评为省三级档案馆。总建筑面积1400平方米，其中库房建筑面积630平方米。馆藏档案资料96392卷(册)，其中资料11049卷(册)。馆藏档案保存年代最早的是民国档案，有少量的革命历史档案。初步建立了馆藏档案检索体系和目录数据库，开办了局域网。编纂出版了《恩施市五十年大事记》、《中共恩施市简史》、《恩施市组织史资料》、《恩施市档案馆指南》。

（戴书文）

利川市档案馆 现址市都亭镇解放路385号，邮编445400，电话(0718)7282260，馆长向太顺，电话(0718)7266578。成立于1958年。是市级爱国主义教育基地。2005年晋升为省二级档案馆。建筑面积2236平方米，库房面积960平方米。馆藏档案资料104655卷(册)，其中资料13928册。清代档案仅有少量房地产契约，时间最早的是1803年。依托湖北省档案信息网建立了利川档案信息网。征集了1935年至1938年出版的中国共产党宣传建立抗日民族统一战线政治主张的机关报——《救国时报》、反映利川五大水系之一梅子河治理万年账一本、《民间石雕艺术——利川民间墓碑建筑》图片等大量档案资料和民风民俗资料。编辑出版了档案馆指南、《红色利川》画册、《抗战时期地下党在利川》等专题史料汇编6种100多万字。（王建华）

建始县档案馆 现址业州镇奎星楼路28号，邮编445300，电话(0718)3222224，馆长李谋林，电话(0718)3222285。成立于1959年。是集中统一管理全县党政机关、群众团体、部分企事业单位、农村乡(镇)档案及有关资料的国家综合档案馆，是县爱国主义教育基地。1997年晋升为省二级档案馆。2001年被表彰为省档案工作优质服务年活动先进单位；2002年、2005年被省表彰为先进集体。总建筑面积1622平方米，库房面积823平方米。馆藏档案资料14万余卷(册)，其中资料2.1万册。馆藏档案的历史跨度177年，保存年代最早的是清道光十年(1830年)的档案，还有少量革命历史档案资料，收藏了同盟会创始人、孙中山的得力助手朱和中，辛亥革命先驱吕大森、王训民，国民党高级官员吴国桢等重要人物档案。此外，从北京图书馆、故宫博物馆征集回原已失散的清嘉庆、通光年间《建始县志》复制件各一套；在石垭子乡案卷中保存有清道光、咸丰、同治、光绪年间的民间诉状、亩捐字据、典当文书、房地产买卖契纸等，其中道光十年的一纸土地买卖契约是馆藏中年代最远的一份档案。编写了《中共建始县历次党代表大会简介》、《建始县历届人民代表大会简介》、《建始县档案馆介绍》、《中共建始县组织史资料》、《建始县志》、《建始县地名志》、《建始县抗战史料》、《建始县档案馆指南》、《建始县晚清至民国志略》等各种史志、专题资料19种计380万字。

（冯玲华）

巴东县档案馆 现址信陵镇朝阳路27号，邮编444300，电话(0718)4334052，馆长陈世友，电话(0718)4333172。成立于1959年。是集中统一保管县级机关、团体、企事业单位档案资料的国家综合档案馆。总建筑面积2975平方米，库房面积987平方米。馆藏档案资料64818卷(册)，其中资料8717册。馆藏档案中以葛洲坝库区移民搬迁档案、三峡工程库区移民搬迁档案、三峡库区国有企业改制档案、水布垭工程库坝区移民搬迁档案、明清资料、民国档案和革命历史档案最具特色、最为珍贵。编纂了《巴东县志》、《加强国有改制企业档案管理的对策与建议》等编研资料。以“印象巴东”为平台，对外展览珍贵和特色档案。

（税明成）

宣恩县档案馆 现址珠山镇群巷2号，邮编445500，电话(0718)5832723，馆长龙爱国，电话(0718)5822639。成立于1959年。是集中统一保管县级机关、团体、企事业单位档案资料的国家综合档案馆，是县级爱国主义教育基地、县级现行文件服务中心。2006年晋升为省三级档案馆。总建筑面积1337平方米，库房面积378平方米。馆藏档案资料37878卷(册)，其中资料5642册。馆藏档案资料的历史跨度一百余年。保存年代最早的是清朝同治二年宣恩县县志、康熙字典，有少量的民国档案。收集有“爱民模范”周国知档案资料，有胡耀邦、胡锦涛等中央领导视察宣恩县的照片。已经建立了档案信息网站。对建国后档案进行案卷级、文件级目录采集。

（覃遵戍）

咸丰县档案馆 现址高乐山镇红旗路21号，邮编445600，电话（0718）6822076，馆长李红英。成立于1959年。是集中统一保管县级机关、团体、企事业单位档案资料的综合档案馆，是县级爱国主义教育基地和现行文件服务中心。2005年晋升为省三级馆，同年获全省档案系统先进集体。建筑面积1340平方米，库房面积900平方米。馆藏档案资料55030卷（册），其中资料15722册。保存年代最早的主要有民国时期湖北省立中学迁址咸丰教学期间的档案，有孙中山的秘书冯子恭回咸丰后捐献的与孙文、孙科、汪精卫、陈诚的往来信件、照片等，有孙中山的《五权宪法》手稿。还有部分革命历史档案，主要有中国共产党咸丰县地下组织活动及贺龙等领导的红二、六军团在湘、鄂、川、黔边界清匪反霸、建立苏维埃政权的档案。已将全省第三届少数民族运动会、纪念忠堡大捷胜利七十周年活动的档案收集进馆。征集了1984年胡锦涛一行来咸视察工作时留下的档案，咸丰元年地契，咸丰烟叶在民国时期获巴拿马太平洋博览会银奖照片等档案。

（万秀银）

来凤县档案馆 现址翔凤镇凤中路2号，邮编445700，电话（0718）6282407，馆长曾华玉。成立于1959年。是集中统一保管县级机关、团体、企事业单位档案资料的国家综合档案馆。2004年成为县爱国主义教育基地、县政府指定的行政规范性文件查阅场所。1997年晋升为省二级档案馆。总建筑面积1545平方米，库房面积600平方米。馆藏档案资料66453卷（册）、4346件。馆藏档案的历史跨度150余年。保存年代最早的是清朝1860年即清咸丰九年土地契约档案；馆藏民国档案11913卷。已将反映具有土家族特色的《摆手舞与舍米村》、《西兰卡普》南剧剧本等珍贵资料、举办“牛王节”、“摆手舞”等重大活动的档案资料接收进馆。征集了重要领导人到来凤县视察的照片、题词及具有一定影响的书画作品。已建成馆藏部分全宗目录数据库。编纂出版了《民国实录》等档案史料。

（陈蓉辉）

鹤峰县档案馆 现址容美镇连升路11号，邮编445800，电话（0718）5282260，馆长魏鉴平。成立于1959年。是集中保管县级机关、团体、企事业单位档案资料的国家综合档案馆，是县爱国主义教育基地和县政府指定的行政规范性文件查阅场所。2006年升为省三级馆。总建筑面积1307平方米，其中库房720平方米。馆藏档案资料42363卷（册），其中资料7886册。保存最早的是乾隆年间的三个复印件；有民国档案及少量苏区史料和少数民族家谱。珍贵档案有廖汉生题字、乾隆年间的《容阳兴设小学堂记》和《祭洞神文》复印件。时间跨度220余年。

（郭淑静）

仙桃市档案馆 现址市艺波路11号，邮编433000，电话（0728）3271556，馆长万祥盛，电话（0728）3253398。成立于1958年。是保管市级机关、团体、企事业单位档案资料的国家综合档案馆，是市指定的已公开现行文件利用中心，档案信息服务中心和爱国主义教育基地。2005年晋升为省一级国家综合档案馆。建筑面积1950平方米，库房面积850平方米。馆藏档案资料6.4万卷（册），其中资料1.2万册。馆藏档案资料的历史跨度200余年。保存年代最早的是明嘉庆年年间的资料，有少量民国档案和革命历史档案。加大了对重大活动和反映仙桃风土人情的档案史料征集工作。如体现“中国仙桃体操之乡”的体育赛事、仙桃籍体操名将的照片、奖杯及文字材料；国家领导人视察仙桃、防汛抗灾、移民建镇、招商引资等重要活动中形成的各类材料。征集了明嘉庆年间《沔阳州志》、张难先手迹、沔阳剪纸、民间族谱等档案资料。编辑了《减轻农民负担文件汇编》、《本世纪仙桃（沔阳）历次水灾简介》、

《仙桃二十年》、《今日仙桃》、《革命老区仙桃》、《贺龙与沔阳》、《仙桃抗日战争纪实》等资料40多卷(册)(其中公开出版物5册,内部发行刊物资料18册)。《继承光荣革命传统,保持共产党员先进性》作为全市党的先进性教育乡土教材的读本。 (刘华荣)

潜江市档案馆 现址市园林办事处建设街74号,邮编433100,电话(0728)6242743,馆长徐联发,电话(0728)6292076。成立于1959年。是集中统一保管市机关、团体、事业单位档案资料的综合档案馆,是市级爱国主义教育基地,市政府指定的现行文件服务中心。1999年晋升为省一级档案馆。总建筑面积1940平方米,库房面积458平方米。馆藏档案资料77169卷(册),其中资料15811册。馆藏档案资料的历史跨度为300余年,保存年代最早的是清朝光绪年间县志,有少量具有研究参考价值的民国档案、革命历史档案和比较齐全完整的建国以后的档案。2005年加强了对重大活动档案的收集,有计划地以各种方式征集一些有历史意义、价值的文献档案资料,特别是对李汉俊、李书城、曹禺等潜江历史著名人物的档案资料及党和国家领导人视察潜江的照片进行了征集。汇编出版了《潜江大事记》、《中国共产党潜江简史》、《潜江县组织沿革》、《潜江市档案馆利用效果汇编》、《潜江市档案馆指南》等资料,目前正在编写《潜江市志》、《中国共产党潜江历史》。 (叶艳)

天门市档案馆 现址市竟陵鸿渐大道110号,邮编431700,电话(0728)5246297,馆长刘光剑,电话(0728)5887875。成立于1959年。是集中统一保管市乡科级以上党政机关、团体、企事业单位的档案资料的国家综合档案馆,是市爱国主义教育基地和现行文件利用中心。总建筑面积1430平方米,库房面积501平方米。馆藏档案资料8万余卷册,其中资料2万余册。馆藏档案资料形成年代最早的是明代画家郭诩绘制的《竟陵山水图》,清代的资料有乾隆年间的《天门县志》等。还有民国档案和革命历史档案。接收了一批较为珍贵的档案史料。尤其是“文革”期间形成的档案及其重大活动的档案史料收集比较齐全。

(李承锋)

神农架林区档案馆 现址林区常青路政府大院内,邮编442400,电话(0719)3332436,馆长许贵卿,电话(0719)3336798。成立于1979年。是集中统一保管区直机关、团体、企事业单位及各乡镇档案资料的综合档案馆,是区爱国主义教育基地、现行文件阅览中心,区政府指定的行政规范性文件查阅场所。2003年升为省一级馆。总建筑面积788平方米,库房面积260平方米。馆藏档案资料6.1万卷(册),其中资料1.7万卷(册)。馆藏档案资料的历史跨度百余年。保存年代最早的是清朝档案和资料,还有少量的革命历史档案。已将区重大活动、历年来中央以及省领导到神农架林区的题词以及活动情况声像材料收集整理存档,还编写了历年的大事记。同时有计划地到周边县市、省里以及中国地质博物馆征集到了重要历史档案——民国初期的《神农架探察报告》、《开发房县、神农架、竹溪、茶盘溪天然林情况报告勘察计划》等资料以及神农架林区开发建设以来属于国家级动植物、中药材、珍贵花卉等资料。 (胡琴英)

湖　南　省

湖南省档案馆　现址长沙市车站北路205号，邮编410001，电话(0731)2688561，馆长刘歌宁，电话(0731)2688550。成立了"湖南省现行文件服务中心"。总建筑面积17000余平方米，库房面积9500平方米。馆藏档案40余万卷(册)，资料23483册。清代档案有湖南巡抚关于湖南农业、水利、田赋、粮价、教育等方面的奏折，有私立学校和民间地产契约等。民国档案中有黄埔军校档案，有国民党政府资源委员会在湖南所属机构的档案，还有何键、王东原的日记。革命历史档案有中共湘区执委、湖南区委、省委、省工委及其领导下的特委、中心县委、县委及省工会、农会、妇联和学联等群众团体的文件材料，还有湘鄂赣、湘鄂西、湘赣、湘鄂川黔等革命根据地的档案。征集进馆江永"女书"档案和滩头年画档案数百件。建立了300多平方米的特藏室，收入特藏档案2.2万件。独立或与其他单位联合编辑出版了《中国共产党八十年湖南图志》、《湘魂——湖湘人杰与近现代中国》、《湖南党委工作纪事(2004)》、《湖南党委工作纪事(2005)》、《湖南档案史料——纪念学雷锋活动40周年专刊》、《解放战争时期中共湖南省工委历史文献资料》、《湖南革命历史文件汇编(1937—1949)》、《湖南百年老照片》等档案史料。其中《湖南百年老照片》被中国人民政治协商会议全国委员会办公厅、政协全国委员会文史和学习委员会评为优秀文史资料图书一等奖。在馆内和本馆网站上举办了"湘魂——湖湘人杰与近现代中国"、"江永女书文化展"、"黄埔魂·中国心——黄埔军校档案史料展"、"湖南抗战"、"湖南省档案馆档案展"等展览。其中"湘魂——湖湘人杰与近现代中国"展览获"东方红杯档案文化优秀成果"一等奖。建立了湖南省档案信息网站，在馆内和网上向利用者提供了计算机检索。　(郭峰)

长沙市档案馆　现址观沙岭路6号，邮编410015，馆长彭富庚，电话(0731)8668777。1998年晋升省一级档案馆。建筑面积18045平方米，其中标准库房3400平方米，备用库房2000多平方米。馆藏档案资料181629卷册。清代档案有康熙至宣统年间的房地产契约、权证。民国档案有《长沙市政汇刊》、《辛亥首义革命同志调查表》等。革命历史档案有中共长沙市工委及其领导下的外围组织人员名册、登记表等。建国后档案有毛泽东与长沙有关人士来往书信的照片、杨开慧等烈士的照片、反映长沙工业改革的影片《奋飞》等，有长沙市工商户档案和公证档案。

长沙市城市建设档案馆　现址长沙市雨花区左家塘曙光中路185号，邮编410007，电话(0731)4123975，馆长冯兆平。建筑面积5200多平方米。馆藏档案20余万卷，图书资料5200册。建立了馆内计算机局域网和"长沙市建设信息网站(www.cscclc.com)"(外网)。拍摄《让青山、碧水、绿洲作证！——长沙城市建设三年大变样》等电视专题片40多部；编著了30余种编研资料，共计500多万字。获得了"湖南省建设行业文明单位"、"湖南省青年文明号"、"湖南省城建档案工作先进集体"以及"全国城建档案工作先进集体"、"全国建设系统精神文明建设先进单位"等众多荣誉称号。

芙蓉区档案馆　现址长沙市人民东路189号政府机关院内，邮编410016，电话(0731)4683500，馆长高东方。成立于1986年。是集中统一保管区直党政群团机关、事业单位档案资料的国家综合档案馆，是爱国主义教育基地，现行文件服务中心。2005年晋升为省一级档案馆。2004—2005年湖南省档案工作综合先进单位。库房和办公用房共509平方米，其中库房320平方米。馆藏档案25183卷、29499件和资料1000余册。编纂了《芙蓉区地方志》、《中共芙蓉区地方史》，举办了照片档案展等。

天心区档案馆　现址长沙市湘府路298

号区委机关大院，邮编 410011，馆长王晓文，电话(0731)5898325。成立于 1986 年。建筑面积 507 平方米，库房面积 220 平方米。馆藏档案 7800 卷。

岳麓区档案馆 现址长沙市金星大道北一段 517 号，邮编 41006，电话(0731)8999357。1997 年获省一级档案管理合格证。2005 年成立现行文件服务中心。馆库面积 270 平方米。馆藏档案 14731 卷。有江泽民、李鹏、姜春云等视察龙王港防洪工程时留下的亲笔题词和照片。

开福区档案馆 现址长沙市开福区政府机关大院内，邮编 410008，馆长王静芳，电话(0731)4558127。2002 年晋升省一级档案馆。“八五”、“九五”时期评为长沙市档案工作先进集体。馆库面积 400 平方米。馆藏档案 27305 卷。接收 21 个重点工程指挥部的档案共计 1166 卷(盒)。建立了局域网。 (袁奕)

雨花区档案馆 现址长沙市雨花区香樟东路 8 号，邮编 410014，电话(0731)5880240，网址 www.szdaj.yuhua.gov.cn。电子信箱 l: daj@yuhua.gov.cn，馆长曾振环。成立于 1983 年。是区爱国主义教育基地、区现行文件服务中心、区政务信息公开中心。2006 年获全省“十五”档案馆建设先进单位称号。2007 年通过了档案工作规范化管理省特级验收。总建筑面积 4000 平方米，库房面积 500 平方米。馆藏档案 30995 卷，图书资料 3620 册。建立了目录数据库、全文数据库、重大活动多媒体数据库和档案网站。

长沙县档案馆 现址开福区潘家坪路 108 号，邮编 410008，电话(0731)4390705，馆长孔国清，电话(0731)4390138。成立于 1958 年。是集中统一保管县机关、团体、企事业单位和乡镇档案资料的综合档案馆，县级爱国主义教育基地。2005 年晋升为省一级档案馆。总建筑面积 1812 平方米，库房面积为 1500 平方米。馆藏档案资料 10 万卷(册)，历史跨度 470 余年，有明清档案资料和民国时期档案、革命历史档案，还有“三重”档案和全县改制企业档案。已建立馆藏全宗目录级数据库，建立长沙县史志档案网。编辑出版了《长沙县志》、《长沙县年鉴》等书籍，一批编研成果获全国和省、市优秀成果奖。在县政务中心设立现行文件查阅窗口。 (熊翠红)

望城县档案馆 现址高塘岭镇雷锋东路 52 号，邮编 410200，电话(0731)8062187，馆长杨松林，电话(0731)8062169。1995 年成立。1998 年晋升为省一级档案馆。是全县行政规范性文件查阅中心。总建筑面积为 1820 平方米，库房建筑面积 1029 平方米。馆藏档案资料 6.8 万卷(册)。有原版《白芙堂算学丛书》。已将“同一首歌”走进望城——湘台高峰论坛、首届中国“和”文化节、千龙湖国际龙舟赛等一批重大活动的档案资料收集进馆，国有改制企业档案也陆续移交进馆，征集了雷锋、郭亮等名人的档案资料。2001 年设立了“望城之光”展览室。

宁乡县档案馆 现址二环西路新行政中心内，邮编 410600，电话(0731)8980619。成立于 1958 年。是集中统一保管县级机关、团体、企事业单位档案资料的综合档案馆，是行政规范性文件查阅场所。馆库房面积 320 平方米。馆藏档案资料 15.45 万卷(册)，其中资料 1.95 万册。古籍档案资料 49569 卷，有清末、民国初期版本的《四库全书》、碑帖、墓志铭、石经等。革命历史档案有何叔衡、王凌波、姜梦周、姜亚勋等老一辈革命者生平形成的文字及实物档案。已建成馆藏全宗级目录数据库，完成了建国后重要档案案卷级目录数据采集工作。编辑出版了《宁乡抗日纪实》、《宁乡党史人物》、《宁乡党史大事记》、《宁乡县历届人民代表大会回顾》等专题档案史料汇编。利用档案举办了“古今档案珍品展”、“宁乡四髯生平事迹展”、“何叔衡同志专题展”等一批具有一定社会影响的藏品陈列展。

浏阳市档案馆 现址市金沙中路三巷八号，邮编 410300，电话(0731)3669776，馆长潘艳平，电话 13467316395。成立于 1958 年。是集中统一保管市极机关、团体、企事业单位档案资料的国家综合档案馆，是市爱国主义教育基地、规范性文件查阅场所。2003 年晋升为省一级档案馆。总建筑面积 2880 平方米，库房面积 2088 平方米。馆藏档案资料 17 万余卷(册)。其中资料 1.4 万卷(册)，寄存档案 5.6 万余卷(册)，照片档案 6547 张。馆藏档案的历史跨度 700 余年。保存年代最早的是 1314 年《圭斋文集》。明清档案 215 卷(册)，民国档案 958 卷(册)，革命历史档案 64 卷(册)。将浏阳市第一界至第七界国际花炮节、首届旅游节等重大活动档案资料收集进馆。征集了浏阳新民学会成员集体照片，浏阳籍参加秋收起义牺牲的革命烈士的照片及《康熙字典》国民党第六期《陆军学校同学录》，家谱、族谱等档案资料，征集了浏阳市重点建设工程档案、浏阳革命烈士档案、复员退伍军人档案、婚姻档案、国土档案。完成了档案案卷目录数据采集及部分卷内文件目录数据的采集工作。编辑出版《浏阳年鉴》80 万字。出版发行《潘心源日记》。编辑了历届花炮节内部参考资料等专题档案史料 35 种。

株洲市档案馆　现址沿江中路 3 号人大院内，编码 412000，馆长言克演，电话(0733)8224113。成立于 1964 年。2002 年成立现行文件服务中心。2005 年正式授牌批准为市级爱国主义教育基地。1994 年达省二级档案馆。建筑面积 2065 平方米。馆藏档案资料近 16 万卷(册)。有党和国家领导人来株视察的照片、手迹及反映株洲市发展变化和旧貌新颜的照片。开通了“株洲档案超市网站”。征集了反映本土文化的老文书、老票证、老照片及实物，炎陵山区 560 多种中药标本等珍贵史料。

株洲市城建档案馆　现址株洲市内，邮编 412007，馆长陈华元，电话(0733)8830649、13307330567。成立于 1981 年。2001－2006 年先后获得了“全国城建档案工作先进集体”、“全省城建档案工作先进集体”、“十五期间株洲市档案工作先进集体”、“建设系统目标管理红旗单位”、“先进基层党支部”、“先进基层工会”、“先进职工之家”等荣誉称号。馆库面积 3080 平方米。馆藏档案 6 万余卷，底图 7776 张。建立了城建档案信息网站(www.zzcjda.com)。

荷塘区档案馆　现址株洲市新华东路 20 号，邮编 412000，馆长易新星，电话(0733)8428387、13973337842。成立于 2003 年。2005 年设立现行文件服务中心。馆库面积近 500 平方米。馆藏档案 5244 卷。

(易新星)

芦淞区档案馆　现址株洲市芦淞区太子路 668 号行政中心大院内，邮编 412000，馆长魏力辉，电话(0733)8580729。2003 年评定为省二级档案馆。建筑面积 1844 平方米，库房面积 503 平方米。馆藏档案资料 2 万余卷。

石峰区档案馆　现址株洲市响田路区政府机关大楼 12 楼，邮编 412005，馆长崔丽华，电话(0733)2629862。2004 年设立了“石峰区爱国主义教育基地”和“石峰区现行文件服务中心”。自成立以来多次获得“株洲市档案工作目标管理先进单位”称号。2006 年被授予“株洲市‘十五’期间档案工作先进单位”。2004 年晋升为省一级档案馆。总面积 450 平方米，库房面积 350 平方米。馆藏档案 24512 卷，资料 572 册。重要档案已实现微机管理。

(胡重春)

天元区档案馆　现址株洲市天元区政府院内，邮编 412007，馆长王红平，电话(0733)8837395。馆库面积 23 平方米。馆藏档案 23000 卷。编辑出版了《株洲高新区、株洲市天元区年鉴》(2003、2006)2 部。　(王洪平)

株洲县档案馆　现址渌口镇学堂路(县委机关院内)，邮编 412100，馆长谭艳，电话(0733)7618317。成立于 1975 年。1998 年被评定为省二级档案馆。建筑面积 1433 平方米。馆藏档案资料 36579 卷(册)，其中资料

6796册(本)。有毛泽东到渌口伏波岭考察湖南农民运动的材料。有毛泽东1960年接见罗哲烈士爱人曹会芳及其外孙女合影题词影印件。（谭艳）

攸县档案馆 现址城关镇文化路杨家园1号(县委机关院内),邮编412300,馆长刘湘林,电话(0733)4223802。2005年馆升为省二级档案馆。先后被评为湖南省档案宣传工作先进集体、株洲市档案系统先进单位和档案学会工作先进单位。建筑面积2080平方米,库房面积1500平方米。馆藏档案3.9万卷,资料1.5万册。馆藏档案文件目录输入电脑约58万条。2006年创办了攸县档案史志信息网站(www.yxdasz.com)。

（肖伟平）

茶陵县档案馆 现址城关镇交通街156号县委机关院内,邮编412400,馆长彭东明,电话(0733)5221631。成立于1959年。是爱国主义教育基地和现行文件公开利用的中心。先后10次受到省、市表彰。1997年晋升为省三级馆。建筑面积2220平方米,库房面积1600平方米。馆藏档案195699卷,图书资料18082册。馆内重要档案资料有《茶陵州志》、民国档案和毛泽东、朱德、陈毅、苑希先等老一辈革命家在茶活动档案以及25位茶陵籍共和国将军的档案、列宁中央博物馆寄给茶陵县列宁中学的来信、照片等。（杨秋林）

炎陵县档案馆 现址北环路23—4号,邮编412500,馆长张晓建,电话(0733)6222488。1998年达省三级档案馆。建筑面积1265平方米,库房面积825平方米。馆藏档案24481卷,资料9384册。有清代残档27件。收集酃县人民1921年至1949年期间革命斗争的档案300余卷。有何孟雄、张平化、张经武、周里、郭春涛、马安健、金庆民等名人档案30卷,谱牒档案110册。建立炎帝陵档案专库,收藏炎帝陵自1986年恢复建设以来的资料以及党和国家领导人、社会各界知名人士的题词、绘画5000余卷(件)。（刘向红）

醴陵市档案馆 现址市城区刘家巷14号,邮编412200,馆长汤鹏天,电话(0733)3233020、(0733)3233973。馆于2005年升省二级馆。2000年以来,年年被株洲市档案局评为档案工作先进单位。开设了现行文件服务中心。库房使用面积889平方米。馆藏档案7万余卷,资料2.3万册。2004年开通了醴陵档案史志网站。1987年起连续编辑年鉴20部,每年一鉴,2005年完成《醴陵市志》续修,并编辑出版《醴陵人民革命史》,2006年年鉴获全省一等奖。（邱家财）

湘潭市第一档案馆 现址市广云路602号,邮编411100 ,馆长刘光明,电话(0732)8264273。1991年达省三级档案馆。2001年被授予“爱国主义教育基地”。馆库总面积为919平方米。馆藏总量为41798卷。征集了当地重大活动、重大事件、著名人物的档案。

（常红）

湘潭市第二档案馆 现址市雨湖区建设北路69号,邮编411100,馆长彭贻庆,电话(0732)8221163。2005年成立市现行文件服务中心。总建筑面积1100平方米,库房面积400平方米。1996年达省二级馆。馆藏量为102663卷(册)。馆藏特色档案资料有解放初期市人民政府布告,“文革”期间传单、报纸、刊物,毛泽东诞辰一百周年纪念活动,齐白石国际艺术节档案资料,郑培民等48名著名人物档案。与有关单位合编《中国共产党湘潭历史图志》、《湘潭小城镇春秋》,拍摄档案电视专题片《记忆永恒》获湖南省“东方红杯档案文化优秀成果奖”二等奖。2003年开通档案信息门户网站。2004年以来开展档案信息化建设,已录入数据24万条,全文扫描16000页。

（彭贻庆）

湘潭市城建档案馆 现址市熙春路15号,邮编411100,馆长彭亦,电话(0732)8257207。成立于1981年。2004、2005、2006年连续三年被评为“全省城建档案工作先进单位”,2004、2005年连续两年被评为“市建设系统目标管理先进集体”。为省二级档案馆。建筑面积 2468 平方米。馆藏 6 万余卷。建立“湘潭市城市建设城建档案信息网”，为城市规划、建设、管理、工程项目论证、产权归属等提供档案服务。（朱进）

雨湖区档案馆 现址湘潭市雨湖区政府机关一院，邮编 411100，馆长周爱群，电话(0732)8205898。为省二级档案馆。面积 200 平方米。馆藏档案 10100 卷，资料 2175 册。（肖尚质）

岳塘区档案馆 现址湘潭市岳塘区政府院内二办公楼，邮编 411102，馆长刘倩，电话(0732)5577834。2005 年建立现行文件服务中心。省二级档案馆。馆库面积 153 平方米。馆藏档案资料 13000 卷册。有建立昭山经贸旅游区文件及各级领导来开发区开展调研、考察工作的照片，其中有郑培民到开发区考察时的照片及文字；有区重点工程建设档案。（刘倩）

湘潭县档案馆 现址市观湘门直街 60 号，邮编 411100，馆长彭东亮，电话(0732)8393056。馆库面积 2100 平方米。馆藏总量 25 万卷册，其中资料 2.5 万册。爱国主义教育基地常年开放“湘潭解放史料展览”、“馆史馆藏展览”，可播放有关档案专题电视片。（谭静江）

湘乡市档案馆 现址市县前街湘乡市委机关大院内，邮编 411400，馆长谭合荣，电话 13975271062。2004 年被批准为“湘乡市爱国主义教育基地”，2005 年“湘乡市现行文件服务中心”挂牌。1997 年通过了省二级验收。总建筑面积 1663 平方米，库房面积 1080 平方米。馆藏档案 107138 卷，资料 31000 册，其中《湘乡民报》、曾国藩家书最为珍贵。（杨连军）

韶山市档案馆 现址市英雄路市行政中心内，邮编 411300，馆长郭元勋，电话(0732)5682132。成立于 1987 年。总面积 362 平方米，库房面积 135 平方米。收藏特色珍贵资料有毛泽东早期革命活动的档案；旧民主主义革命者、中国共产党早期领导人进行革命斗争的档案；毛泽东六位亲人的档案，建国以来国家领导及外国元首来韶山参观、访问的档案等。（彭铭）

衡阳市档案馆 现址市华新开发区延安路 10 号，邮编 421001，馆长彭利军，电话(0734)8810302。是市爱国主义教育基地。建筑面积 4831 平方米，库房面积 1296 平方米。馆藏档案 10 万余卷，资料 1 万余册。有明清地方史志，各类契约，新民主主义革命时期我党领导人、地下工作人员在衡阳开展革命活动的情况，市党政机关、团体在社会主义革命和建设中形成的文书、照片、科技、名人档案等。建立了案卷级目录数据库，卷内目录及全文数据库。衡阳档案信息网运行良好，所辖 7 县 5 区均已建立子网站。编写的《衡阳历史上的今天》已出稿待印。

衡阳市城建档案馆 现址衡阳市石鼓区环城北路 57 号，邮编 421001，馆长曾毅，电话(0734)8221573。成立于 1981 年。1999 年晋升为省一级档案馆。2001 年被建设部评为“精神文明”先进单位，多次被市委、市政府授予“双文明”单位，市建设系统目标管理工作先进单位；2007 年 5 月市城建档案馆被湖南省建设厅评为先进单位。馆库建筑面积 1589 平方米，库房面积 570 平方米。馆藏档案 6.3 万卷，储存了衡阳市整个城区原貌。（李振华）

珠辉区档案馆 现址衡阳市珠晖区内，邮编 421002。成立于 1986 年。馆藏档案 3545 卷(册)。（段沁芳）

雁峰区档案馆 现址衡阳市龙船巷三号，邮编 421001，馆长谭朝晖，电话 13974759988。馆库面积 108 平方米。馆藏档案共 6462 卷。（胡春美）

石鼓区档案馆 现址衡阳市石鼓区司前街 40 号，邮编 421001，馆长肖金华，电话(0734)8225796。1998 年升为省二级档案馆，2006 年被评为全市档案信息化工作优胜单位。

馆库面积 64 平方米。

蒸湘区档案馆 现址衡阳市解放路 176 号，邮编 421001，馆长刘锦玲，电话(0734) 2896012。成立于 1986 年。2000 年晋升为省一级档案馆。库房面积 550 平方米。馆藏档案 31865 卷，资料 1563 册。接收了机构改革撤并部门和改制企业的全部档案。

(刘锦玲)

南岳区档案馆 现址衡阳祝融南路综合行政办公大楼，邮编 421900，馆长眭利平，电话(0734) 5663949、13975453626。2002 年至 2005 年连年被评为《全市档案工作目标管理》先进单位；2004 年被市妇联授予“巾帼文明示范岗”荣誉称号。面积 252 平方米。馆藏特色档案有：民国时期档案 180 卷；民清时期档案 200 卷；抗战时期档案 400 卷，旅游、宗教档案 2320 卷；党和国家领导人的照片 580 张、名人墨宝书法 148 幅；大庙维修资料 45 本；书记、区长的论文、调研文章、大会报告、南岳区大事记、党政领导工作记事共 70 本。在南岳大庙开展了大型的纪念抗战民族忠烈图片展览。

(胡月英)

衡阳县档案馆 现址西渡镇春风东路 29 号，邮编 421200，馆长莫秀英。成立于 1959 年。建筑面积 1320 平方米。1996 荣升为省二级档案馆。馆藏档案 37880 卷。编纂了《衡阳县历史沿革》、《衡阳县解放十周年》、《衡阳县大事记(1949－1985)》等 37 种史料，其中有 6 种荣获市档案史料编纂二、三等奖。

(莫秀英)

衡南县档案馆 现址新县城新塘路，邮编 421001，馆长刘启和。总面积 2912 平方米。馆藏档案 108000 卷(册)，其中珍藏了明清档案、民国档案，革命历史档案等重点档案 2960 卷。

(刘启和)

衡山县档案馆 现址开云镇人民广场一号，邮编 421300，馆长李庭辉，电话(0734) 5818187。2007 年被评为全省档案系统先进单位。馆库房 540 平方米。馆藏档案资料 7 万余卷。征收重大活动、名人、本土文化的文字、书画、图片、光碟等资料。其中有中科院院士赵淳生、“一代女魂”唐群英、全国劳模康菊英以及部分族谱，乾隆年间《南岳志》等。

(赵慧)

衡东县档案馆 现址衡东县内，邮编 421400，馆长文堂保，电话 5222244。成立于 1966 年。是县重要的爱国主义教育基地。馆藏档案资料达 13 余万卷(册)。有明清时期编纂的《衡山县志》、清代缣帛文书和山林田土地契；有民国时期南岳游干班、伪衡山县党政军及其部门的公文、名册等；有反映 1927 年湖南农民运动的革命历史档案；有 1949 年建国后刘少奇、李立三、邓小平、胡耀邦、江泽民等党和国家领导人的批示、题匾；资料有记载孔子及其后代迁徙情况的孔氏族谱和其他姓氏族谱。

祁东县档案馆 现址洪桥镇文化路 24 号，邮编 421600，馆长周双桥，电话(0734) 6264317，电子邮箱 qddaj.001@163.com。成立于 1986 年。总建筑面积 1600 平方米，库房 980 平方米。馆藏档案 55645 卷。有江泽民、王首道分别为曹炎烈士墓碑、祁东图书馆的亲笔题字和革命历史时期王首道与雷晋乾的合影照。编写了《祁东县档案馆指南》、《祁东黄花》、《祁东烤烟》、《祁东草席》、《祁东文艺》、《祁东民间歌曲集》、《祁东煤炭资料汇编》、《祁东文史》、《祁东自然灾害资料汇编》、《祁东县科学技术协会两次代表大会简介》等。

(王和平)

耒阳市档案馆 现址市西湖路文体会议中心，邮编 421800，馆长梁春林，电话(0734) 4332655。成立于 1959 年。馆库面积 1200 平方米。馆藏档案 70952 卷(盒)，资料 5288 册。省二级档案馆。是耒阳市文明单位、衡阳市园林式单位和湖南省文明卫生单位。

(梁春林)

常宁市档案馆 现址市委大院内，邮编 421500。成立于 1958 年。1996 年升为省二级馆。库房总面积达1290平方米。馆藏档案66937卷(册),资料3600卷(册)。征集散存在社会上的革命历史档案和专门档案(重点工程建设和特色档案)。编写了《常宁县解放后大事记》、常宁县历次区划、小型水库汇编、常宁地名录等有关资料。（王相尧）

邵阳市档案馆 现址市城北路6号(市政府大院内),邮编422000,馆长周后平,电话(0739)5362255。2004年成立现行文件服务中心。1998年晋升为省二级档案馆。总建筑面积1812平方米,库房面积1116平方米。馆藏档案资料197310卷(册)。有知青、招工、落实政策、精简下放档案。较为珍贵的有明宣德年间的香炉、邵阳文革时期的图章等。

（周后平）

邵阳市城建档案馆 现址大祥区迎春路77号,邮编422000,馆长罗逸心,手机13607391871。成立于1981年。总建筑面积为3172平方米,库房面积占1000平方米。馆藏档案2万多卷,建立馆内局域网和城市建设信息中心视频会议室。2004年举办了邵阳市城市建设巡礼展。2005年制作介绍本馆电视专题片《见证》在电视台公开播放,2006年制作专题片《破冰》、《秀城之笔》,反映邵阳城市的发展与变化。编印《邵阳市城建档案服务指南》、大事记、《邵阳市建设工程概况》等资料。

（陈恭）

邵阳市特色档案馆 现址宝庆中路437号市委大院内第七办公楼,邮编422000,馆长朱邵军,电话(0739)5320033。1990年晋升省三级档案馆。主要负责保管邵阳境内的历史档案与名人、名胜、名特产档案及重大活动档案、党政领导公务活动档案。面积为1500平方米,库房面积为900平方米。现有各类特色档案资料13027卷,14885件。全部特色档案的目录已进行电子化处理,可进行文件级目录电脑检索。（海飚）

双清区档案馆 现址邵阳市双清政府办公楼七楼西楼,邮编422001,馆长蒋利群,电话(0739)5260862。成立于1997年。库房面积160平方米。馆藏档案资料10480卷。

大祥区档案馆 现址邵阳市大祥区机关大院内,邮编422000,馆长刘弦,电话(0739)5325158。评为省三级档案馆。建筑面积200平方米。馆藏档案1568卷。收藏蔡锷家谱等特色档案5卷。建立了综合管理系统多媒体局域网,推行文件服务电子检索和电子查询。

（邓定生）

北塔区档案馆 现址邵阳市市北塔区政府大楼内,邮编422000,馆长李俊,电话(0739)5622102。馆库面积120平方米。馆藏档案资料8000余卷(盒),寄存有粮食系统、供销系统等改制企业的财务、文书档案资料12000余卷(盒)。（李俊）

邵东县档案馆 现址两市镇解放路45号,邮编422800,馆长张立文,电话(0739)2652123。成立于1958年。1999年被授予县爱国主义教育基地,2004年成立现行文件服务中心。1996年晋级为省二级档案馆。总建筑面积1290平方米,库房面积680平方米。馆藏档案资料117765卷(册),其中资料10047册。特色档案资料有乾隆五十年禁止差役敲诈勒索的奉宪禁碑一块,反映日军侵华历史的《圣战美术》画册一册,民国36年《城镇地基一览图》一套以及匡互生、袁国平、贺绿汀、周美华等邵东名人的档案资料。（王荣）

新邵县档案馆 现址新邵县委院内,邮编422900,馆长兰香玲,电话(0739)3130051。1998年县授牌档案馆为“爱国主义教育基地”,2005年成立了“现行文件服务中心”。1997年升为省三级档案馆。建筑面积848平方米,使用面积653平方米。馆藏档案7.18万余卷。

（陈敏）

邵阳县档案馆 现址城塘渡口镇凤凰街178号(县委机关大院),邮编422100,电话(0739)6821147,馆长陈朝辉,手机13036720789。成立于1958年。1998年被确定为县爱国主义教育基地,2001年开展现行文件利用服务工作。1999年被评为省二级档案馆，库房建筑面积770平方米。馆藏档案70232卷，资料16094册。有1925年以来的早期革命活动档案、南方抗大——塘田战时讲学院档案、旧应时中学和武东中学档案、解放总队湘中二支三团档案、衡宝战役下花桥五龙岭战斗档案等。（陈朝辉）

隆回县档案馆 现址桃洪镇交通街150号县委大院内，邮编422200，电话（0739）8232597，馆长李曲。建立了爱国主义教育基地，成立了“现行文件查阅服务中心”。2003年评为市档案工作目标先进管理单位；2004—2006年连续三年被市评为“档案信息化建设”先进单位。馆库面积为2130平方米。馆藏档案94253卷。完成了5.5万条案卷级目录计算机录入工作，编写了近70万字的《隆回县档案馆指南》；征集整理了滩头年画、花瑶文化等一些民风民俗档案和魏源等一些名人档案。（刘芳元）

洞口县档案馆 现址县委机关大院之内，邮编422300，馆长朱云连，手机13975992799，传真号（0739）7222390。1998年升为省一级馆。1999年被评为全国档案系统先进单位，近5年连续被评为市目标管理考核先进单位。总建筑面积1574平方米。馆藏档案9.2万卷，馆藏资料1.6万册。（尹祝和）

绥宁县档案馆 现址绥宁县委大院内，邮编422600，馆长黄海珠，电话（0739）7611317。2006年被市评为档案利用服务工作先进县。馆库面积1449平方米，使用面积为960平方米。馆藏档案25962册，3831件，资料9752册。有自康熙年间起的各种县志和族谱；山林、土地、人口、地名等科技档案。（黄海珠）

新宁县档案馆 现址金石镇凝秀社区解放路122号，邮编422700，馆长刘小平，电话（0739）4822359。成立于1958年。1998年建成爱国主义教育基地；2004年成立现行文件服务中心。馆库总面积720平方米。馆藏特色档案资料有1200卷（件），有明清历史档案、名人名优名特产档案以及国家级名胜风景区莨山旅游开发档案。（刘小平）

城步苗族自治县档案馆 现址儒林镇内，邮编422500，馆长欧阳祯，电话（0739）7361499（办）、13973585666。成立于1985年。成立了现行文件服务中心、爱国主义教育基地。1999年晋升为省一级馆。总建筑面积1099平方米。（周跃清）

武冈市档案馆 现址市委机关院内，邮编422400，馆长陈显凡，电话（0739）4221381。成立于1958年。2001年成立爱国主义教育基地，2004年成立“现行文件服务中心”。馆库建筑面积930平方米。1998年晋升为省一级档案馆。2004年至2005年被市评为档案规范化管理先进单位。清代档案有钦差南洋大臣署两江总督部堂给二等学生赏给的七品顶带功牌；陆军部尚书江西总督部堂的任官信札等。民国档案有中央陆军学校武冈二分校1～5期同学录，官佐简历，照片、教育大纲，该校主任李明灏将军的亲笔信函等。馆藏《武冈州志》、《武冈乡土志》和武冈县志首卷《解放十年》最能反映武冈的历史兴衰、乡土人情和古迹名胜。（陈显凡）

岳阳市档案馆 现址市炮台山路，邮编414000，馆长刘大江，电话（0730）8214896。成立于1980年。2001年升省一级档案馆并被授予爱国主义教育示范基地；2003年荣获全国档案系统先进集体、岳阳市文明标兵单位；2006年被评为省文明单位。建筑面积2500平方米，库房面积900平方米。馆藏档案资料12万卷（册），有文革档案、谱类档案、巴陵戏剧档案、名人档案、府县志档案资料等。创建了“岳阳档案”网站，馆藏档案文件级目录数据库已经建成（有文件级目录65万条）。举办了岳阳档案事业20周年成就展、岳阳历史名人·当代英模档案展览、岳阳城肖像档案展览、岳阳籍将军简介展览；编研出版了《岳阳自然灾害史》、《岳阳市调整农业产业结构档案文集》、

《岳阳史记名人》、《岳阳发展简史》、《岳阳历史上的今天》等5本书。《岳阳史记名人》获全国档案学优秀成果三等奖、湖南省档案文化优秀成果一等奖、岳阳市第六届社科成果二等奖。《岳阳历史上的今天》分别在岳阳晚报、岳阳电视台、岳阳广播电台连载、连播1年。自编自摄的《依法治档谱新章》电视片在岳阳电视台播放。编著的58万字的《洞庭湖200年档案》一书将于2007年由岳麓书社出版发行。

(任欣欣、王馥兰)

岳阳市城建档案馆 现址岳阳市南湖大道2号建设局院内,邮编414000,馆长田文彬,电话(传真)(0730)8219202。建筑面积2000平方米,库房面积700平方米。馆藏档案46860卷,底图1288张,照片2372张。珍贵的档案有隆庆岳州府志及岳阳楼、君山公园等名胜古迹档案。保存了岳阳楼主楼、三醉亭、仙梅亭等设计资料及该楼整修期间所形成的全部照片档案。二十多年来,多次被评为省、市档案工作先进集体。其中,2000年至2006年,每年被评为全省城建档案工作先进集体;2005年被省政府授予“全省文明窗口单位”称号。

岳阳楼区档案馆 现址岳阳楼区政府大院(巴陵中路),邮编414000,馆长李惠兰,电话(0730)8245485。2005年度全省档案宣传工作先进单位,2005年度全市社区档案建设先进单位,2006年度全市档案工作先进单位。馆库面积360平方米。馆藏档案15368卷,图书资料5000余册。

云溪区档案馆 现址岳阳市云溪区政府机关第二办公楼一楼,邮编414009,馆长徐剑平,电话(0730)8415029。2002年成立区现行文件公众阅览中心。馆库面积300平方米。馆藏档案2115卷。2006年建立了云溪区档案网页。

君山区档案馆 现址君山区政府办公楼三楼,邮编414005,馆长蔡君平,电话(0730)8172787。成立于2005年。面积不足100平方米。馆藏文书档案28760卷,资料324册。2005年成立了现行文件阅览中心。

岳阳县档案馆 现址城关镇东方路115号(县委机关院内),邮编414100,馆长屈红玲,电话(0730)7621141。1997年为省三级档案馆。2002年成立现行文件公众阅览中心,同年档案馆被确认为爱国主义教育基地。1988年至2006年中有四年被评为湖南省档案工作先进单位;有17年被评为岳阳市档案工作目标管理先进单位;有四年被岳阳县委、县政府评为双文明建设先进单位。馆库面积456平方米。特色档案有党和国家领导人朱镕基、李岚清、温家宝等来县视察的照片、录音、录像6盘;名人档案;张谷英民俗文化村、大云山国家森林公园、相思园等地方民俗文化档案和中原局冀南区组织部、华中局省委组织部及彭鳌、郭亮等地下党组织革命活动档案、湘北抗战、王震、王首道领导的南下支队开展消灭国民党反动派、土匪、土豪劣绅革命活动等革命历史档案。2004年建起了岳阳县档案信息目录中心。2005年开通了岳阳县档案网站。

(殷智慧)

华容县档案馆 现址原县委机关大院对面,邮编414200,馆长肖向荣,电话(0730)4222695。成立于1958年。1986年馆被评为“湖南省优秀档案馆”;1997年晋升为“湖南省二级档案馆”。建筑面积为1530平方米,库房800平方米。馆藏档案47689卷(盒),资料33670册。馆藏珍品有明清年间的府志、县志、史料与名人遗集原件;华容县留法学生创办的《海外乡谈》原件,本县革命烈士黄祖轲撰写的《第二次东征日记》,华容县革命根据地1931年至1944年使用的苏区货币原件;毛泽东主席邀请本县劳模代表蔡铁年参加国宴的请贴;国务院主持在华容县召开的“全国四级农业科学实验网经验交流会议”形成的文件材料;自嘉庆年间年至现在的谱牒档案等。

湘阴县档案馆 现址文星镇江东西路老县委大院内,邮编414600,馆长葛辉群,电话13487792531。成立于1958年。2001年馆被认定为湘阴县爱国主义教育基地，2002年成立现行文件服务中心。2002年、2003年、2005年被评为岳阳市档案工作先进单位。1997年晋升为省二级档案馆。库房面积1100平方米。馆藏档案资料7.2万卷册。珍贵档案资料有明朝嘉靖到民国时期五次编修的《湘阴县志》和《湘阴神鼎山志》、《湘阴风俗志》、《湘军志》、《长沙府志》；清朝、民国时期湘阴城关居民房产买卖契约；土改时期形成全县城镇居民房产产权证书存根等。开展了"送档案下乡"活动，举办了档案展览，制作了档案网站。

平江县档案馆 现址北街615号县委机关院内，邮编414500，馆长余共鸣，电话(0730)6222016。馆1997年被评定为省二级档案馆，2001年以来连续5年被评为市目标管理先进单位，2006年被评为市特色档案资源建设先进单位。2001年被县授牌为"县级爱国主义教育基地"。馆库面积360平方米。馆藏档案76343卷，资料6487册。有史志谱牒档案，平江籍将军档案专库22600件，名人档案988件。建立展览室，展出平江籍老红军、老将军珍贵档案300多件，实物36件。汇编《连云之光》(党和国家领导人与平江)丛书，全书共45万余字，照片360余张。 (刘慧平)

汨罗市档案馆 现址市建设路24号(市委机关院内)，邮编414400，馆长刘炜，电话(0730)5222273。2002年成立现行文件公众阅览中心。2004年晋升省一级档案馆。从2002年至2006年，连续被评为岳阳市档案工作目标管理先进单位和中共汨罗市委、市政府"三个文明"建设先进单位。2007年被评为全国档案系统先进集体。馆库面积1534平方米。特色档案有记载任弼时革命一生的材料、照片；屈原碑林401幅手稿，包括党和国家领导人及全国知名书法家的手迹；1944年原湘阴县长谢宝树《守土日记》，记载抗战时期的情况。2003年建起了汨罗档案信息中心并开通了汨罗档案网站。

临湘市档案馆 现址市委院内，邮编414300，电话(0730)3722204，馆长李露霞。成立于1958年。1997年晋升为省二级档案馆。2002年成立现行文件公众阅览利用中心，2003年馆被确定为"爱国主义教育基地"。总建筑面积1750平方米，库房面积1000平方米。馆藏档案71820卷(册)。文件级目录数据已基本形成。2005年完成了临湘档案网页的建设。

常德市档案馆 现址市武陵区建设东路88号(市委机关院内)，邮编415000，馆长杜九洲，电话(0736)7786388。成立于1980年。已连续九年被湖南省档案局评为全省档案系统目标管理先进单位；2003年晋升为湖南省特级国家综合档案馆，被国家人事部、国家档案局授予"全国档案系统先进集体"的称号；多次被市委市政府评为全市量化目标管理红旗单位。2003年被市委确定为爱国主义教育基地。建筑面积3340平方米。馆藏档案资料389669卷(册、盒)。有载入世界"基尼斯"记录大全的《中国常德诗墙》诗词、书法、绘画原件作品1271幅。内部局域网建有目录、全文、多媒体三个数据库，开辟了电子档案机读阅览室，建立了内容丰富的局(馆)网站。承办了"武陵峰火——中共常德·地方组织80周年大型图片展"、"侵华日军常德细菌战暴行展"、"常德人民艰苦创业事迹展"等展览活动。

(魏子亚)

常德市城市建设档案馆 现址市区内，邮编415000，馆长黄道家，电话(0736)7717592。1984年成立。连续4年被湖南省建设厅评为"全省城建档案工作先进单位"，2007年被评为全国"巾帼文明岗"。馆库面积1156平方米。馆藏档案2.6万卷(册)，地形图777张，照片4782张，科技资料及地方志书1.6万余册。对50多项城市重点工程和300多项房屋建筑工程以及市政建设工程进行了档案的专项验收，共收集竣工档案1.2万余卷。

武陵区档案馆 现址常德市武陵区委、区政府机关院内，邮编415000，馆长吴泽群，电话(0736)7258446。成立于1958年。建筑面积

1577平方米。馆藏档案资料共计151472卷(册),其中图书资料23051册。建立了档案目录数据库和档案信息网站。比较珍贵的有反映常德抗日会战、常德细菌战的档案;明嘉靖以来历代所修府志县志和各行业志,以及具有较大历史价值的实物档案和诗词、书法作品、图书等。先后举办或协办了"辉煌的崛起——常德城市人居环境图片展览"、"庆祝建军80周年军魂展"等展览。(王孜登 聂志刚)

鼎城区档案馆 现址常德市鼎城区武陵镇临沅路64号,邮编415101,馆长刘俊波,电话(0736)7386155。1999年被确定为爱国主义教育基地,2005年挂牌成立"现行文件查阅中心"。1996年晋升为省二级档案馆。总建筑面积1566平方米。馆藏总量59602卷(册)。特色档案有明嘉靖《嘉靖常德府志》、清嘉庆《常德府志》、清同治《武陵县志》;有日本昭和13年版本1:10000航测图5张,真实地反映出日本侵华常德细菌战战机撒播病源路线;有解放前后洞庭湖水患实况照片,大跃进成果展览照等。还有土改时期土地房产证存根、田亩清册,山林、土地各普查权证存根等。地方民俗文化资料有山歌、故事、历史传说、渔鼓、常德丝弦等文集。本地革命历史人物黄爱、鲁毅、刘泽远等烈士事迹回忆录。

(高萍)

安乡县档案馆 现址民主街90号,邮编415600,馆长李士文,电话(0736)4313124。1996年晋升为省二级档案馆,2001年以来连续三次被市档案局评为目标管理考评先进单位。建筑面积1320平方米,库房面积875平方米。馆藏档案73063卷,图书资料21892册。民国档案约有1万多卷。布置了近50平方米的爱国主义教育基地展厅,收集了现行文件1126件,建立了联系政府的工作网站。

(谢金霞)

汉寿县档案馆 现址龙阳镇体育路9号县委大院内,邮编415920,馆长周显发,电话(0736)2862631。1995年被授予"全国档案系统先进集体"称号。建筑面积1583.8平方米。馆藏档案资料84183卷(册)。征集接收了毛泽东、朱德、江泽民、李鹏、胡锦涛等党和国家领导人以及帅孟奇、张学良、易顺鼎等近现代名人弥足珍贵的史料上千件。建成县级档案馆计算机局域网,开通了社会档案信息网。建立了全文、目录与多媒体数据库,题名录入30多万条,全文扫瞄5万多页,多媒体录入达1.5万兆。编研资料50多个,逾400多万字。

(蒋文辉)

澧县档案馆 现址澧阳镇澧阳南路111号,邮编415500,馆长黄生连,电话(0736)3222314。成立于1958年。是县现行文件查阅中心、档案寄存托管中心和爱国主义教育基地。2003年晋升为省二级档案馆,被评为市级文明卫生单位和市级园林式单位。馆库面积1515平方米。馆藏档案资料57024卷册,其中图书资料6354册。收藏有同治年间修成本《直隶澧州志》、《孟姜山志》。建立了局域网。已将澧县移民建镇、"城头山遗址"特种邮票首发式、澧县葡萄节等重点工程和重大活动的档案资料、照片光碟收集进馆;将《澧县民间文学"三集成"》、澧县非物质文化遗产代表作、澧籍人士著述、澧县17个姓氏族谱等征集入库。编著翻印了《直隶澧州志》、《莫道宏画册》、《纪念抗日战争胜利六十周年暨红军长征胜利七十周年书画作品集》、《燕中炎讲话材料专辑》、《莫道宏在澧工作期间发言材料汇集》、《澧浦著述珍藏录》等。(刘春华)

临澧县档案馆 现址安福镇县委机关大院内,邮编415200,馆长周琼,电话(0736)5822663。成立于1952年。建立了现行文件中心和档案寄存中心。2001年晋升为省二级档案馆。建筑面积1800平方米。馆藏档案资料64146卷(册),其中资料11000册。有著名人物档案《林伯渠日记》手稿,民国档案《中华自由党》资料。还有孙中山总统府代理参军长林修梅上将、中国作协原副主席丁玲等148位名人档案。收集有改革开放以来反映经济社会发展的荣誉档案，收藏有42个姓氏的家谱族谱档案，收集整理了具有特色的名优特新产品档案。2001年建立了县荣誉馆。

（周琼）

桃源县档案馆 现址漳江镇正东街13号县人民政府大院内，邮编415700，馆长曾凡军，电话（0736）6622323。成立于1959年。总建筑面积1540平方米，库房面积924平方米。馆藏档案138465卷。有康熙二十四年（1685）版《桃源县志》。有贺龙、肖克的革命活动资料。有家（族）谱档案罗、翦、宋等28个姓氏。还有爱国将领文天祥、史学家翦伯赞、近代民主革命家宋教仁等人的档案材料。举办了历史讲座、图片展览等多种形式的爱国主义教育活动。

（曾凡军）

石门市档案馆 现址楚江镇，邮编415300。成立于1959年。爱国主义教育基地于1999年授牌，现行文件查阅中心于2003年成立。1999年晋升为省一级档案馆。建筑面积1046平方米。馆藏档案107866卷册（不包括企业寄存档案），图书资料13263册。有特色档案土家族成份档案、林权证档案、中药材标本档案等。

（李星云）

津市市档案馆 现址市大同路50号，邮编415400，馆长肖艺，电话（0736）4212623。成立于1959年。1999年晋升为省二级馆，2003年建立了现行文件查阅利用中心，2004年建成爱国主义教育基地。总建筑面积1700平方米，馆库面积1200平方米。馆藏档案51915卷，资料6954卷（册）。接收了全市改制企业的文书、财务档案，农村税费改革档案。编写了《津市市档案馆指南》。编写了参考资料20多种，主要有《津市市大事纪要》、《津市市历年行政区划变更人口统计》、《津市市历届先代会集锦》、《津市市血吸虫病防治资料汇编》、《津市市历年最高水位》、《津市市火灾情况》、《津市市历年获省级以上名优特产集》、《津市市小食品档案汇集》等。

（金义军）

张家界市档案馆 现址永定区教场路252号，邮编427000，馆长于平，电话（0744）8222619。馆库面积245平方米。1997年达省四级馆标准。馆藏档案26789卷，8629件（张、个、张、盒），资料2625册。有自张家界市成立以来的本市重大活动：'99世界特技飞行大赛，2006俄罗斯空军张家界天门山特技飞行表演，中央电视台“心连心”栏目组来张家界慰问演出活动的档案资料（含文书档案、照片档案及大赛实况光盘），旅游档案的重要组成部分——历届湖南张家界国际森保节的文书档案、照片及部分实物档案；国家领导人和外国友人来张家界视察的照片、题词。张家界境内王、周、魏、谷、汤、张等18个姓氏的谱类档案。国家和省非物质文化遗产桑植民歌，张家界地方剧阳戏，花灯的相关档案资料。

（宋术秀）

张家界市城建档案馆 现址市南庄中路28号，邮编427000，馆长张秋云，电话（0744）2119858。成立于1986年。2001年被评为“湖南省三级档案馆”。近六年来馆均被评为“全省城建档案工作先进集体”。总面积700平方米。馆藏档案35000多卷，图书资料5000多册。编研了资料8本《张家界市城建大事记》、《张家界市建设志》、《张家界市重点工程简介》、《张家界市建设局机构沿革》、《张家界市城建档案馆大事记》、《张家界市城建档案馆指南》、《张家界市城建档案馆资料汇编》、《城建档案利用效果实例汇编》。

永定区档案馆 现址西溪坪办事处区治大院西侧附楼二楼，邮编427000，馆长李永清，电话（0744）8596292。省二级档案馆。库房面积450平方米。档案63996卷，资料14185册。

武陵源区档案馆 现址区人民政府办公楼五楼，邮编427400，馆长唐汇欣，电话（0744）5618810。成立于1991年。库房面积220平方米。档案资料19000多卷册。主要收集遗产保护、动植物、地质研究、民族民俗文化等。

（唐汇欣）

慈利县档案馆 现址零阳镇，邮编427200。成立于1958年。总面积1322平方米，库房面积732平方米。馆藏档案63527卷，资料3529册。有明清及民国时期的州志三种共30本，县志三种共38本，九溪卫志一种2本，族谱20个姓氏99本。建成了国有破产企业档案库和现行文件中心。

桑植县档案馆 现址在县政府大院内，邮编427100，馆长王远胜，电话13907448138，(0744)6222098。分别于1991、1999年被省档案局、省人事厅授予先进集体。成立于1959年。面积1560平方米。馆藏档案145030卷。珍贵的有清乾隆版和同治版《桑植县志》，反映贺龙、廖汉生等老一辈无产阶级革命家革命斗争的历史档案和贺龙档案，以及建国后党和国家领导人周恩来、邓小平、叶剑英等来桑植视察的录音、录像、照片、题词等档案。

（王辉）

益阳市档案馆 现址市桃花仑西路746号，邮编413000，馆长彭述和，电话(0737)4212013。成立于1980年。1998年晋升为省二级馆，同年12月被市确定为爱国主义教育基地，并被市委、市政府授予文明建设先进单位称号。总建筑面积1900平方米，库房1050平方米。馆藏档案资料68530卷(册)。馆藏最具地方特色的档案是历届中国(益阳)国际竹文化节、全国五城会、全国残运会、省九运会等重大活动档案，名优特产档案，朱镕基、温家宝等领导人题词等。编辑出版了《益阳市档案馆指南》、《益阳市百年大事记》。

（梁毅敏）

资阳区档案馆 现址益阳市五一西路109号(资阳区委区政府院内)，邮编413001，电话(0737)2669272，馆长郭云，电话13607379587。1999年确定为爱国主义教育基地。2000年晋升为省一级档案馆。总建筑面积1652平方米，其中库房面积527平方米。馆藏档案63640卷。有周恩来、胡耀邦、朱镕基等领导的照片；有记载著名文艺评论家周扬、著名作家周立波系周瑜之后的族谱；有档案界前辈曾三的题词；有毛泽东给曾韵柯的亲笔信及毛泽东在湖南长沙第一师范学校读书时的《同学通讯录》等珍贵档案。

（党利）

赫山区档案馆 现址益阳市赫山北路68号，邮编413002，电话(0737)2623625，馆长曲灵英。成立于1958年。2005年达省二级馆。建筑面积1067平方米。馆藏档案30537卷，资料11765册。2005年建立了爱国主义教育基地——名人业绩展厅(三周一曾、叶紫、林凡等名人档案)。

南县档案馆 现址南洲镇兴盛路县政府办公楼二楼，邮编413200，馆长徐辉赞，电话(0737)5221535。成立于1958年。1998年评为省一级馆。1999年、2005年授予全省档案工作先进单位。总面积560平方米，馆库260平方米。馆藏档案61920卷(册)。重要的档案有日军1943年在厂窖进行大屠杀的历史资料；南县人民抗洪抢险的史料。资料有《南县志》及各专业志书；南县籍人士、原台湾立法院院长黄少谷捐赠的图书。

桃江县档案馆 现址桃花江镇太平路56号，邮编413400，馆长刘俊兴，电话(0737)8887048。成立于1958年。馆库面积930平方米。2001年晋升为省二级档案馆。馆藏档案57613卷、资料7321册。有清朝嘉庆、道光、同治、光绪时期各类民间契约。有毛泽东于1940年前后给夏在伯回信及毛泽东于解放初期给外甥张锦斌的复信影印件。照片档案反映党和国家领导人(温家宝、姜春云、毛致用等人)来桃视察工作的照片。接收全县21万农户农税改革电子档案和税改、土地延包纸质档案入馆。

安化县档案馆 现址县委政府机关院内，邮编413500，馆长陈学海，电话(0737)7865223。成立了现行文件查阅中心。2006年晋升为省一级馆。面积2057平方米，库房面积832平方米。特色档案有南明王朝圣旨、安化县名人档案、毛泽东研究学会档案、原县委书记李厚宽个人档案、农村税费改革档案、梅山文化档案、冰碛岩档案等。

（晏小莺　徐湘华）

沅江市档案馆　现址市庆云山路108号，邮编413100，电话（0737）2721400，馆长熊晓华，电话13607373712。成立于1974年。是集中保管市各级机关、团体、企事业单位档案资料的综合档案馆，1999年被命名为市爱国主义教育基地，2005年成立市现行文件服务中心。1988年晋级为省三级档案馆。总建筑面积1037平方米，库房面积440平方米。馆藏档案36252卷，资料8370卷。2005年档案信息网站建立。（庄巨澜）

郴州市档案馆　现址苏仙北路26号即中共郴州市委院内，邮编423000，馆长刘开树，电话（0735）2871643。成立于1985年。是市级"爱国主义教育基地"，现行文件中心。1999年定为省一级档案馆。三次被省局评为档案工作目标考核先进单位。建筑面积2783平方米，库房面积1248平方米。档案资料总数达到72000卷（册）。特色档案有国家领导人视察郴州的照片、中国女排集训照片、明代《永乐大典》誊印本80册，《万历郴州志》等。同时还寄存破产企业档案4万余卷。

北湖区档案馆　现址郴州市人民西路9号，邮编423000，馆长肖光新，电话（0735）2220360。成立于1963年。是本区爱国主义教育基地，建立了现行文件服务中心。1988年晋升为省二级档案馆。馆库面积1300平方米。馆藏档案25000余卷。建立了档案目录数据库、档案全文数据库和北湖区档案信息网（www.bhac.gov.cn）。

苏仙区档案馆　现址郴州市郴资大道15号王仙岭风景区对面，邮编423000，馆长陈午升，电话（0735）2856009、13975751611。是爱国主义教育基地、现行文件利用中心。先后被省市档案部门和区委区政府评优、表彰十余次。总建筑面积为1786平方米，库房面积为827平方米。馆藏档案资料73680卷册。有《万历郴州志》、《郴州总志》、《郴县志》、家谱族谱等。此外，还有丝虫防治档案为全省独办。

（陈珍）

桂阳县档案馆　现址八字塘社区（桂阳县四大家办公楼后），邮编424400，电话（0735）4470282，馆长彭石宝，电话13549572878。成立于1959年。1999年晋升为省二级档案馆。2001年被命名为"桂阳县爱国主义教育基地"，2005年建立"现行文件服务中心"。至2006年，连续8年被评为省档案宣传工作优秀单位，连续12年被评为市档案工作先进单位。总建筑面积4453平方米，库房面积1704平方米。馆藏档案资料102910卷册。建立桂阳县档案信息网站。征集重大社会活动档案、农产品特色档案、文化艺术档案、照片档案、家谱族谱等。（彭石宝）

宜樟县档案馆　现址县政府大院，邮编424200，馆长吴冬清，电话（0735）3721244、3729569。成立于1959年。是县级爱国主义教育基地，现行文件服务中心。2004年馆晋升为省一级档案馆。2000年至2006年连续被评为全市档案工作先进单位，2004年至2007年连续被评为全省档案宣传工作先进集体。建筑面积1122平方米，库房面积750平方米。馆藏档案4.3万卷（册），其中资料1.4万多册。珍贵特色档案有北宋六年"宜章县尉朱记"印章1枚、明末清初佛教《经书》四卷、江泽民总书记为邓中夏同志故居的题词二幅，有原省委书记王茂林题词。历代族谱家谱34卷等。（吴冬清　丁帮良）

永兴县档案馆　现址城关镇大桥路55号，邮编423300，馆长曾庆彪，电话（0735）5522240。是县爱国主义教育基地，2004年成立现行文件中心。1999年晋升为省一级档案馆，1996年至2006年连续十一年被评为市档案工作目标管理先进单位。2003年获档案工作全国先进集体，1998年和2004年被评为省档案宣传发行工作先进单位。面积647平方米，库房面积753平方米。馆藏特色档案有黄克诚大将等本县名人档案;有江泽民等党和国家领导人为黄克诚大将铜像题词等名人手迹;有重大活动的照片和光盘档案;有永兴腐竹、永兴四黄鸡和永兴冰糖橙等名优特产资料;有民风民俗、旅游景点资料;有民国时期的徽章、旧纸币类实物档案。（刘艳萍 刘小英）

嘉禾县档案馆 现址县城人民北路20号(县政府机关院内),邮编424500,馆长唐青松,电话(0735)6622420。成立于1963年。县授牌成立爱国主义教育基地。1991年至2006年,先后评为"九五"时期档案工作先进单位、档案资源先进单位,档案目标管理先进单位。1998年定为省二级档案馆。总建筑面积1100平方米。馆藏档案31091卷,资料2978册。特色档案有清同治版《嘉禾县志》及其木质雕版印版,清同治及光绪年间地契,黄埔军校同学录,叶剑英、蒋介石签署的毕业证,革命烈士《雷渊博笔记及歌本》原件,辛亥革命元老李国柱亲笔的《李国柱自传》及辛亥革命时期战争中阵亡的烈士录,开国将领肖克回故乡的照片等。

临武县档案馆 现址城关镇内,邮编424300,馆长罗欠欠,电话(0735)6322965。2005年建立了现行文件中心,爱国主义教育中心。建筑面积1500平方米,库房1200平方米。馆藏档案资料73560卷册,其中资料12500册。

汝城县档案馆 现址城关镇东正街9号(县委院内),邮编424100,馆长何玉洲,电话(0735)8222839。成立于1958年。是县爱国主义教育基地、现行文件服务中心。多次荣获省、市档案工作先进单位和县"优秀领导班子",被授予郴州市"文明单位"、郴州市优秀事业单位法人等荣誉称号。1997年晋升省二级档案馆。建筑面积1028平方米。

（郑大文 郭延清）

桂东县档案馆 现址县政府院内,邮编423500,馆长黄建雄,电话(0735)8623292。2005年成立现行文件中心。馆库面积360平方米。馆藏档案45070卷,资料7807册。编辑桂东档案史1.3万字,举办台胞陈祥乾先生捐赠国画书法《两岸情》书画展。

（钟为光）

安仁县档案馆 现址县城七一西路3号,邮编423600,馆长刘中保,电话13037357075、(0735)5227307。被确定为县爱国主义教育基地,2005年建立现行文件利用服务中心。馆库面积1300平方米。馆藏档案22350卷,资料1662册。特色档案资料及实物有民国时期各种委任状,同日军奋战的资料,解放军中将唐天际的信件等,有陶铸、张平化视察的材料。资料有明嘉靖《衡州府志》、清嘉庆《安仁县志》,有东方人的绘画,唐天际的题词,有日本友人赠送的礼品,有《安仁报》、《安仁农民报》等报刊,有解放初期各行政区域印章以及王、张、欧阳姓氏的族谱。

资兴市档案馆 现址市晋宁路1号市政府院内,邮编423400,馆长王若花,电话(0735)3322527。总建筑面积1475平方米。1998年晋升为省一级档案馆。馆藏档案36078卷,资料1万多卷册。反映资兴特色的档案有党和国家领导人李鹏、乔石视察资兴的题词、录像,工农红军的珍贵臂章,朱德、陈毅上井冈山途中在资兴进行游击战争中留下的字据(红军借条)、21种地方族谱(其中徐氏族谱还保留了木刻状元头像等12块印板)、兴宁县志(1817年)、旅游、外交(资兴与美国拉雷多市结为友好城市的赠品、协议等)、农特产品资料等珍贵档案。（刘英用）

永州市档案馆 现址冷水滩区湘永路58号(市委大院),邮编425000,电话(0746)8358937,馆长何升华,手机13907460480。成立于1974年。1999年被市确定为"爱国主义教育基地"。多次评为省档案目标管理考核先进单位。总建筑面积4888平方米,库房2888平方米。馆藏档案资料20.38万卷册,其中资料3.40万卷册。地方特色档案有江永女书、永州名人、名优产品、名胜古迹、文学艺术、风俗民情、史志、谱类等档案。建立并开通了档案信息网站(www.yzdaw.gov.cn),馆藏档案资料目录全部实行计算机管理和检索利用。编写档案编研材料40多种，计260万字。开办了永州历史、建设成就及馆藏特色档案展览。（欧阳之顺）

零陵区档案馆 现址永州市零陵区南津中路9号，邮编425006，电话(0746)2888289，馆长马梅英，电话13974676293。成立于1980年。是集中统一保管区级机关、团体、企事业单位档案资料的国家综合档案馆，是区级爱国主义教育基地，行政规范性文件查阅场所。1993年晋升为省三级档案馆。先后7次被评为全省先进单位，连续10年被评为全市先进单位。总建筑面积1200平方米，库房面积600平方米。馆藏档案资料10.2万卷(册)，其中资料0.5万册。馆藏档案保存年代最早的是明清档案和资料，有少量的民国档案和革命历史档案。已将'92国际怀素书艺研讨会暨书法展、先进性教育、衡枣高速公路零陵段建设项目、永连公路零陵段建设项目等一批重大活动、重大建设项目档案资料收集进馆。征集了一大批革命历史和明清宗族谱等档案资料。利用馆藏档案资料编写了30多种参考资料。（张庆军）

冷水滩区档案馆 现址永州市梧桐路579号区行政中心23层办公大楼的1～3层，邮编425000，馆长刘锦荣，电话(0746)8327335。1958年成立。1989年晋升为省四级国家档案馆。1997年被确定为"爱国主义教育基地"。2006年评为全省"十五"期间档案馆舍建设先进单位及全市档案馆舍建设先进单位；2007年被评为全省档案宣传工作先进集体。总建筑面积3100平方米，档案库房655平方米。馆藏档案资料6.1万卷册，其中资料1.6万卷册。（胡新华）

祁阳县档案馆 现址县城浯溪镇龙山路2号，邮编426100，电话(0746)3222440，馆长罗升平，电话(0746)3258826。成立于1958年，是集中统一保管县级机关、团体、企事业单位档案资料的国家综合档案馆，是县级爱国主义教育基地和县政府指定的行政规范性文件查阅场所。1998年晋升为省二级档案馆。总建筑面积1240平方米，其中库房面积870平方米。馆藏档案资料108300万卷(册)，其中资料5300册。馆藏档案资料的历史跨度400余年。保存年代最早的是明清档案。其中1949年以前历史档案、祁剧艺术档案和浯溪碑刻档案被列为国家重点档案。征集了祁剧古老剧本30余册，族谱100余册。（李新国）

东安县档案馆 现址县行政中心内，邮编425900，电话(0746)4212645，馆长周军，手机13907464552。成立于1959年。是集中统一保管县级机关、团体、企事业单位档案资料的国家综合档案馆，是指定的东安县现行文件查询中心。1990年晋升为省三级档案馆。建筑面积507平方米。馆藏档案资料3.68万卷(册)，其中资料0.17万册。较珍贵的是中华民国早期邮票、爱国将领唐生智档案、历史名人文光普日记。（潘明明）

双牌县档案馆 现址县城迎宾路9号，邮编425200，电话(0746)7729522，馆长王佐君，电话13349668629。成立于1977年。是集中统一保管县级机关、团体、乡镇、企及事业单位档案资料的国家综合档案馆。1995年晋升为省三级档案馆。1994年被县评为先进单位、2004－2005年被评为全市档案工作综合先进单位及全市农业农村档案工作先进单位。总建筑面积1200平方米。馆藏档案资料7、8万卷(册)，其中资料2、4万册。馆藏最珍贵的档案是以明朝成化十年《皇恩苗疆禁例》为代表的明、清、民国档案，联合国秘书长安南为本县"和"文化节的题词，党和国家领导人为本县的题词等。（王佐君）

道县档案馆 现址春陵街县委政府机关大院内，邮编425300，电话(0746)5237397，馆长王春山，手机13974661075。成立于1959年。是集中统一保管县各机关单位、乡镇场、企事业单位档案资料的国家综合档案馆，是县爱国主义教育基地和现行文件查阅中心。

1996年晋升为省二级档案馆。曾经两年被评为省先进档案馆，4年被评为市先进档案馆。建筑面积1200平方米，库房面积700平方米。馆藏档案资料57600卷(件)，其中资料5500册。（王春山）

江永县档案馆 现址县城文艺路4号县委大院内，邮编425400，馆长周秋玉，电话(0746)5723964。成立于1959年。是集中管理全县各机关、团体、企事业单位档案资料的国家综合档案馆，是县级爱国主义教育基地、现行文件查阅中心。1998年晋升为省三级档案馆。总建筑面积422平方米，库房面积211平方米。馆藏档案资料3万余卷(册)，其中资料9700余卷(册)。最珍贵和最有特色的是1950年毛泽东写给桃川镇王汝霖复信的亲笔手稿和“江永女书”档案。“江永女书”被列入《中国档案文献遗产名录》。加大了对“江永女书”、“瑶族古都千家峒”、“千年古村上甘棠”等特色文化档案资料的收集、整理、保护工作。（黄宗剑）

宁远县档案馆 现址舜陵镇建设路32号，邮编425600，电话(0746)7223082，馆长刘照成，电话13707466588。成立于1958年。是集中保管县机关、团体、企事业单位档案资料的国家综合档案馆。1996年晋升为省二级档案馆。曾荣获2002—2003年度永州市档案工作目标管理先进单位、2004—2005年永州市档案工作先进单位，2007年被评为永州市档案系统先进集体和湖南省档案系统先进集体。总建筑面积1200平方米，库房面积760平方米。馆藏档案资料12万卷(册)，其中资料0.9万卷(册)。馆藏档案资料中有明清档案、民国档案、革命历史档案、名人字画等，有李鹏、肖克、李铁映、陈立夫、陈守仁、欧阳中石、何海霞、陈大络等名人为九疑山舜帝陵的题词、绘画。（胡锟）

蓝山县档案馆 现址塔峰镇城东路23号县委县政府大院内，邮编425800，电话(0746)2213319，馆长廖德想。成立于1958年。是集中统一管理全县机关、团体、企事业单位和乡镇、农林场档案资料的国家综合档案馆，是全县现行文件查阅场所。1991年晋升省四级档案馆。总建筑面积1400平方米，库房面积600平方米。馆藏档案31000卷，资料5000多册。有少量明清、民国和革命历史档案。（廖德想）

新田县档案馆 现址县行政中心，邮编425700，电话(0746)4712929，馆长谢一平。成立于1961年。是集中统一保管县级机关、团体、企事业单位档案资料的国家综合档案馆，是县级爱国主义教育基地、县级已公开的现行文件服务中心。2002－2003年被评为全市档案工作目标管理先进单位，2004－2005年分别被评为全市农业农村档案工作先进单位和全市档案系统“四五”普法工作先进单位，1998年晋升为省二级档案馆。总建筑面积3050平方米，库房使用面积1000平方米。馆藏档案资料达4万余卷(册)。（陈坚）

江华瑶族自治县档案馆 现址沱江镇春晓路80号(江华县委大院内)，邮编425500，电话(0746)2327614，馆长周少燕，电话(0746)2322382。成立于1958年。是集中统一保管县级机关、团体、企事业单位档案资料的国家综合档案馆，是县级爱国主义教育基地、县级已公开的行政规范性文件查阅场所。1999年被评为省档案工作先进集体，2006年被评为2004－2005年省档案工作先进单位，2000－2001年、2002－2003年、2004－2005年连续三次被评为市档案工作目标管理先进单位，1997年晋升为省一级档案馆。总建筑面积1421平方米，库房面积996平方米。馆藏档案资料100020卷(册)，其中资料15311卷(册)。馆藏档案资料的历史跨度700余年。保存年代最早的是南宋《评皇券牒》档案、明清契约档案和民国档案，有少量革命历史档案。已将“江华女书”、瑶族特色档案、矿产资源档案、婚姻登记档案、土地承包档案、防治“非典”、自治县成立50周年的档案资料收集进馆。征集了江华、李启汉、陈为人等革命先辈的照片与资料及县勘界地图等大量档案资料。已输入文件级条目2万多条。完成了局域网、互联网、联结政府网“三网”建设。编辑出版了《江华档案宣传作品选》、《江华历代诗文选》、《瑶家风情录》、《古老的盘王殿》、《江华文庙》等。配合江华县庆举办了“江华民俗展览”、“自治县成立五十周年成就展”。（黄爱萍）

怀化市档案馆 现址市迎丰中路665号怀化市委、市政府机关大院内，邮编418000，电话(0745)2722083，馆长易小青，电话(0745)2712501。1999年被批准为“怀化市爱国主义教育基地”。2004年“怀化市现行文件查询中心”和“怀化市档案寄存中心”挂牌成立。2005年本馆规范化管理晋升为省一级。现有局面积5112平方米，库房面积3312平方米。馆藏档案资料95810卷(册)，其中资料25768册。有中国戏剧“活化石”之称的“目连戏”档案，有全套录像带母带50盒、剧本200本、照片100张。2004年建立了怀化档案信息网站，网址：www.hhdaj.com。2005年与市政府政务网链接。馆藏案卷目录、重点档案全部实现数字化。1999年“怀化市爱国主义教育基地”挂牌以来，先后自行设计举办了三场大型展览，其中2003年举办的“湘西剿匪胜利50周年大型图片展”，获省档案学会“东方红”杯档案文化成果奖二等奖。2005年，被怀化职业技术学院定为实习基地。

（林顺万　童兰新　易小青）

洪江区档案馆 现址怀化市洪江区新民路181号(洪江区政府机关大院内)，邮编418200，馆长袁立晖，电话(0745)7622964。成立于1958年。建立了区爱国主义教育基地、现行文件中心。2005年晋升为省一级档案馆。馆库总面积1004平方米。特色馆藏档案共10卷，主要为洪江“古商城”类以及大量珍贵照片档案。

鹤城区档案馆 现址怀化市人民南路399号，邮编418000，电话(0745)2274462，馆长黄云。2004年考核为省三级档案馆。库房面积933平方米。馆藏档案29186卷，资料13740册。馆藏特色档案有建国前历史档案、杨氏族谱、怀化上河阳戏、征地档案、土地房产证、土地详祥查航拍资料。还有反映国家领导人视察怀化、怀化市变化发展的照片音像档案。

（李松柏、黄云）

中方县档案馆 现址县生态城象形路，邮编418005，馆长高佳运。成立于2002年。是集中统一保管县机关团体、乡镇、企事业单位档案资料的综合档案馆，是县级爱国主义教育基地，行政规范性文件查阅场所。建筑面积1800平方米。馆藏档案资料2万余件。已收藏《荆坪古村》等珍贵的历史资料、照片、实物等。建立了部分馆藏档案的文件级目录数据库。

沅陵县档案馆 现址辰洲西街，邮编419600，电话(0745)4266410，馆长杨金翠。成立于1958年。是县级机关、企事业单位、乡(镇)党政档案的永久保管基地，是各方面利用档案资料的中心。2005年晋升为省一级馆。馆库建筑面积1300平方米。馆藏档案资料近10万余卷(册)。

辰溪县档案馆 现址辰溪县委、县政府大院内，邮编419500，电话(0745)5232366，馆长张勇。成立于1958年。1979年被评为全省档案工作先进单位。馆库使用面积804平方米。馆藏档案、资料达8万余卷(册)。有辰州府志、民国时期档案、辰河高腔、声像实物和湘西剿匪档案等。

溆浦县档案馆 现址卢峰镇胜利街112号县委县政府院内，邮编419300，馆长何海华，电话(0745)2161899。1996年晋升规范化管理省一级。曾被评为全国和省市档案系统先进集体。馆库使用面积1300平方米。馆藏档案资料105102卷册。有溆浦县志、国民党政军警特溆浦县各机关单位档案；有部分中共第一任女中央局委员、妇运先驱向警予档案，有1927年“马日事变”后组织全省农军攻打长沙重大史实的“漾日电报”；有胡耀邦、朱镕基视察溆浦的题字、照片，毛泽东、江泽民、李鹏等中央领导致向警予、荆嗣佑等溆浦籍人士书信、题字题词等；还有舒、刘等 20 姓族谱。

（谌汉业　舒育群）

会同县档案馆　现址会同县城北开发区，邮编 418300，馆长张丽，电话(0745)8822692。成立于 1958 年。为爱国主义教育基地，2005 年会同县现行文件查询中心挂牌成立。1996 年晋升为省二级档案馆。建筑面积 1760 平方米。馆藏档案资料 66812 卷(册、件)，其中资料 22715 册。征集了婚姻、房产(土地)、革命历史档案(粟裕、贺琼、剿匪)、非物质文化遗产(会同县肖氏竹编工艺、高椅傩戏杠菩萨)申遗、高椅古民居申遗、炎帝故里在会同新说、鹰嘴界国家级自然保护区等特色档案。馆藏实物档案有：明代洪武年圣旨、海昌陈玉墀题诗古碑、会同县第一女子学校校碑等。

（林泽成、张丽）

麻阳苗族自治县档案馆　现址县委、政府大院内，邮编 419400，馆长李银友，电话(0745)5823120，网址：www.mydaj.cn。成立于 1958 年。被授予县级"爱国主义教育基地"称号，成立了现行文件查阅中心。晋升为省一级档案馆。总建筑面积 1002 平方米。馆藏档案 86576 卷(册)1838 件，资料 12608 册，馆藏有名人档案、药材标本档案、福寿档案、农民画、书法档案、碑文、拓片档案、族谱档案、印章印模档案等。输入了案卷级目录和文件级目录共 7 万条。（郭清）

新晃侗族自治县档案馆　现址晃山路 1 号(行政中心)，邮编 419200，馆长王建红，电话(0745)6221235。成立于 1958 年。建立了现行文件查阅服务中心、爱国主义教育基地。2004 年升为省一级档案馆。1996 年以来连续 8 年被评为市档案工作目标管理先进单位，十多次被评为县先进集体，2007 年被评为全省档案工作先进集体。建筑面积 2800 平方米。馆藏档案资料 5.6 万卷(册)。开通了新晃档案信息网。自编合编"新晃侗族自治县大事记"、"夜郎史话"、"红军长征在新晃"、"档案利用实例"等 40 余种。（姚群）

芷江侗族自治县档案馆　现址芷江镇北正街 207 号，邮编 419100，馆长鲍建华，电话(0745)6822876。成立于 1985 年。成立了现行文件查询中心、爱国主义教育基地。2007 年晋升为省一级档案馆。馆库建筑面积 910 平方米。馆藏档案 71868 卷(件)，资料 10484 册(件)。举办了红军长征胜利专题展览和馆藏精品档案展览。

靖州苗族侗族自治县档案馆　现址渠阳东路 69 号，邮编 418400，馆长吴成刚，电话(0745)8224092。已被县命名为爱国主义教育基地，挂牌成立了现行文件查询中心。为省一级档案馆。馆库面积 1395 平方米。馆藏档案 47333 卷、17568 件，资料 14228 册。特色档案资料主要有明万历以来历修的《靖州直隶州志》、《靖州武备志》，清代地契档案，国家非物质文化遗产《苗族歌鼟》，民国时期的《靖县民报》，靖州《雕花蜜饯》等。建立了档案目录数据库，已将全部案卷目录和 2001 年以来的归档文件目录进行了计算机录入。

通道侗族自治县档案馆　现址县委、县政府大院内，邮编 418500，馆长赵丽霞，电话(0745)8623141。成立了现行文件中心、爱国主义教育基地。馆库面积 1040 平方米。成立于 1985 年。有明清时期的田契、地契、房契、公关契书、继承书等多种。有距今一千多年唐、宋到大清时期的侗币 27 枚及艺术图章及佛教印证等。特色档案 355 卷(件)，主要是侗民族各种资料：《款词》、《也》、《琵琶歌》、《情歌》、侗话卡片等，张柏如著作《侗族服饰探秘》、《侗族建筑艺术》等。

洪江市档案馆　现址黔城镇内，邮编 418100，馆长付小平，电话(0745)7212053。成立于 1986 年。建立了洪江市爱国主义教育基地，现行文件查询中心。1996 年定为省二级档案馆。建筑面积 1093 平方米。馆藏 8 万余卷。

（段天坤）

娄底市档案馆　现址市乐坪东街 13 号，

邮编417000,电话(0738)8215832。1992年晋升为省二级档案馆。建筑面积2116平方米。档案资料9万余卷册。有反映中国共产党早期革命领袖蔡和森、国际共产主义战士罗盛教、民主革命先驱陈天华、清代名臣曾国藩等娄底籍著名人物的档案史料。建立了局域网,录入档案案卷、文件级条目30余万条,全文扫描10多万页。娄底市档案馆加挂现行文件服务中心的牌子。 (郭灿远)

娄底市城建档案馆 现址娄底市湘阳街,邮编417000,馆长张湘,电话(0738)8314354(传真),网址:www.ldcjda.com。成立于1982年。年年保持"全省城建档案先进集体"称号。馆库面积1500平方米,其中库房600平方米。馆藏档案资料22000卷。续编了城建大事记、重点工程简介、城建数字汇编等编研成果30多万字。建立了城建档案广域网,实现档案信息资源共享。

娄星区档案馆 现址娄底市长青中街区政府机关院内,邮编417000,馆长王铁军,电话(0738)6697516。始建于1960年。1996年晋升为省二级馆。建筑面积1640平方米。征集社会上散存的历史档案有明代著名画家文征明的山水园林绢画,沈士的长幅牡丹图,清代书法大家邓石如的墨宝,堪称稀世珍品。此外,民国时期反映抗日战况的《湘乡垒报》,旧契据、族谱等。

冷水江市档案馆 现址市锑都中路(市政府机关院内),邮编417500,馆长扶素华,电话(0738)5212246。2006年晋升省一级馆。现行文件服务中心于2005年成立。建筑面积为1402平方米,库房766平方米。馆藏有谢冰莹的照片、谭谈的手稿、"百年老矿——锡矿山"的资料,以及一些宗教用品的实物档案。

(扶素华)

涟源市档案馆 现址市人民中路(市委机关大院内),邮编417101,馆长梁国文,电话(0738)4980562。2007年馆晋升为省一级档案馆。2004年成立市现行文件服务中心并向社会开放。馆库面积1534平方米。特色档案有明清档案、国立师范、黄埔军校同学录、富田桥豆腐、邱氏族谱4卷,涟源地形图、房屋田土三表册、湖南省(分县)地图(民国30年10月)、湄江风光。

双峰县档案馆 现址城中北路29号(县委机关院内),邮编417700,馆长胡润坤,电话(0738)6822841。成立于1958年。2005年晋升为省一级档案馆。2005年建立了双峰县现行文件中心。建筑总面积1080平方米,库房面积600平方米。馆藏档案45778卷(册),资料8724卷(册)。加强了馆藏资源建设,曾国藩等名人档案、永丰辣酱等名优产品档案、中药材标本等资源档案、三二〇绕线工程等三重档案、家谱等特色档案相继征集入馆。

(胡润坤)

新化县档案馆 现址上梅镇,邮编417600。成立于1958年。1994年晋升为省二级档案馆。面积1203平方米,库房900平方米。馆藏档案14万余卷,资料25544卷(册)。

湘西土家族苗族自治州 现址吉首市人民南路5号(州委院内),邮编416000,电话(0743)8560372,馆长吴清芝。成立于1958年。被州委、州政府授牌爱国主义教育基地。2006年升省一级档案馆。总建筑面积5000平方米。馆藏总量为13.8万余卷(册),其中包括有从战国、秦汉、明清到民国及现代的文书、科技、声像、名人、实物等多门类的档案资料。建立起档案信息化管理网络。馆内设有"神秘的湘西"大型综合展览。

吉首市档案馆 现址市乾州新区市政大楼附楼,邮编416007,馆长陈晓瑜,电话(0743)8511756。1995年晋升为省二级档案馆。建立了现行文件中心。2004年被评为湘西自治州"十佳"档案馆;2004年、2005年、2006年连续三年被评为全州档案工作先进单位及全州档案宣传工作先进单位;2006年被评为全省档案馆综合工作先进单位及全省"十五"时期档案馆建设先进单位;2006年被评为全市文明建设先进单位；2007年被评为全省档案宣传工作先进单位。馆库面积3200平方米。举办了“档案馆四十年成就展”和“走进吉首”大型综合图片展览。

泸溪县档案馆 现址泸溪县白沙镇常青路，邮编416100，馆长陈高喜，电话(0743)4262747。2003年晋升为省二级馆，同年被授予全州档案系统安全保护先进单位，2006年被授予全州档案系统目标管理先进单位，2004年授牌馆为全县爱国主义教育基地，2005年成立县现行文件利用中心。建筑面积2000平方米。馆藏档案129722万卷(盒、册)，资料6782册。

凤凰县档案馆 现址县委大院内，邮编416200，馆长麻金文，电话(0743)3221169。成立于1958年。省二级国家档案馆。2005年成立了现行文件利用中心。库房面积670平方米。馆藏7万余卷档案。有清道光、光绪皇帝圣旨5幅；有清朝时编写的田、陈、王、杨氏等族谱和《凤凰厅志》、《苗防备览》、《苗防屯证考》、《皇朝疆域图》等孤本；有历任党和国家领导人胡耀邦、朱镕基、吴邦国、曾庆红、罗干、尉建行、胡启立、李铁映、钱其琛、杨静仁、杨汝岱、罗豪才等和国家各部委主要领导视察凤凰的题词、声像等档案资料，有熊希龄、沈从文、黄永玉、陈渠珍等名人档案。

花垣县档案馆 现址县城城南，邮编416400，馆长秧林林，电话(0743)7218330。省三级档案馆，馆藏档案资料67012卷册。有原国务院总理朱镕基视察花垣照片；实物档案有苗族服饰及名人字画，包括著名艺术家黄永玉老先生的手迹字画等。资料有《苗防备览》、《广治平略》、《国立八中》、《乾嘉苗民起义资料》等。 (*石群莉*)

保靖县档案馆 现址迁陵镇北门街一号，邮编416500，馆长黄群，电话(0743)7722596。成立于1959年。1998年被授予爱国主义教育基地，2004年成立现行文件利用服务中心。1998年晋升为省二级档案馆。1986年获全省档案工作先进集体，1991年获全国档案工作先进集体。馆库面积为2500平方米。有家谱、奥运会举重冠军杨霞档案、著名作家彭学明档案及本地乡土风情档案。

古丈县档案馆 现址古阳镇正街29号(县委机关院内)，邮编416300，馆长向银燕，电话(0743)4722320、4727285。成立于1958年。2005年成立县现行文件查阅服务中心。曾获全省档案工作先进单位、全州档案依法行政工作先进单位、全州档案工作先进单位等称号。建筑面积908平方米，其中库房面积608平方米，馆藏档案8万余卷，资料11154余册。

永顺县档案馆 现址灵溪镇大西街64号(县委大院内)，邮编416700，电话(0743)5222534，成立于1958年。1999年被定为县爱国主义教育基地，2004年成立现行档案文件查阅服务中心。为省一级档案馆。馆库面积约1000平方米。馆藏档案8.5万卷(册)。馆藏珍贵档案有明清编写的《永顺县志》、《永顺府志》、圣旨；少数民族档案有《土司族谱》；书画艺术档案有肖克、费孝通、何海霞和清咸丰年间永顺籍画家周正南等墨宝；名人档案有李烛尘、王时、田荣等照片、奖牌等。

龙山县档案馆 现址县委机关大院内，邮编416800，馆长陈占锋，电话(0743)6223405。成立于1958年。1999年加挂爱国主义教育基地牌子，2005年加挂县现行文件查阅服务中心牌子。2003年被评为全州十佳档案馆，2006年被评为州达标先进单位。建筑面积1495.23平方米，其中库房面积953.1平方米。馆藏特色档案资料有清嘉庆、光绪年间编纂的《龙山县志》和《龙山县乡土志》。有名人字画，黄永玉的“月是故乡明”、“红荷图”、“展程”、“龙山二千二百洞”，“洞洞奇魁不可知”、“吓子图”；赵朴初的“太平山”；费孝通的“发展资源优势、龙腾武陵山区”；毛致用的“惹迷洞”。有党和国家领导人来龙山视察档案。有《陈氏支谱》、《范氏支谱》、《张氏支谱》、《梁氏支谱》、《鲁氏支谱》等。

广 东 省

广东省档案馆 现址广州市天河区龙口中路128号，邮编510630，值班电话(020)3874910。，馆长徐大章，电话(020)39749009。查档电话(020)38749035，38749036公众网站“广东档案信息网”，网址：www.da.gd.gov.cn。成立于1958年，是永久保管省一级机构档案并向社会提供利用的国家综合档案馆，是省级爱国主义教育基地、省高校学生社会实践基地、广东省政府信息查阅场所，是国际档案理事会东亚分会成员单位。1997年晋升为国家二级档案馆。2007年被国家档案局全国档案事业发展综合评估组评定为全国档案事业发展综合评估先进单位。总建筑面积44758平方米，库房面积达19234平方米。馆由于创新的设计理念、优秀的工程质量、高新的施工方法、高效的节能环保荣获中国土木工程詹天佑大奖。馆藏档案786725卷又65481件，资料105782卷(册)，历史照片31033张，直接拍摄的重要政务活动档案照片55万多张。加强了对重大活动档案的收集，开展了名人档案、“知青”档案及抗日战争口述史、改革开放口述史、“知青”口述史的征集工作。举办了“百年广州”、“党的光辉照广东”、“永远的春天——邓小平与广东改革开放”、“台湾同胞抗日斗争图片展”、“开放之路——广东对外交往历史图片展”、“馆藏广东名人档案展”等大、中型展览30多个。2006年和2007年分别在广州市和加拿大温哥华市举办了“卑诗风情摄影展”、“岭南映象·世纪变迁——中国广东省档案馆珍藏照片选展”、“欧盟50年展”。先后与中山大学、华南理工大学等16所高校签订共建协议。通过举办“名人名家讲堂”、设立“公众开放日”等形式，拓展档案馆的服务功能，得到广泛好评。编辑出版了170多种、5000多万字的档案史料汇编，其中《广东革命历史文件汇编》、《广东澳门档案史料选编》、《日军侵略广东档案史料选编》等多次获国家及省级奖项。《中国参加关税与贸易总协定起草及关税减让谈判档案史料选编(1947—1949)》、《香港九龙城寨档案史料选编》等获得史学界的高度赞誉。与中央电视台、香港凤凰卫视、广东卫视等合作拍摄了《日军掠童档案》、《丘逢甲》、《珠江怒潮》、《叶剑英主政华南》、《粤海农垦知青纪实》等电视专题片，与广东电视新闻台联合推出专题电视栏目“解密档案”。广东省档案馆信息网站于2004年开通，目前已上传近40万条开放档案目录及大量的资料信息。300多万页馆藏1949年以后的开放档案已全文数字化并上传本馆业务网，利用者可便捷地在本馆阅览大厅直接查阅电子全文。建立了已公开现行文件全文数据库，并挂接在“广东档案信息网”；在网站上还开设“省人民政府公报”栏目，及时将省政府、省府办文件提供给社会利用，不断深化现行文件利用服务。

广东省国土资源档案馆 现址广州市东风东路739号，邮编510080，电话(020)87768351，馆长钟田英，电话(020)87757019。成立于2000年。2004年晋升为省二级档案馆。总建筑面积为2300多平方米，库房建筑面积约900平方米。馆藏档案总计43.5万卷(件)(建国前档案数量较少，基本上是民国时期的广东、海南省的地形图档案)。各类档案目录数据库已建成，地质资料档案、土地管理档案的全文检索正在建设中，并已建成广东省国土资源档案馆门户网站、广东省地质资料信息网。

广东省气象档案馆 现址广州市越秀区福今路6号，邮编510080，电话(020)87675935，馆长钱光明，电话(020)87763851。成立于1986年 。承担全省气象档案的收集、管理工作。1998年和2002年，先后晋升为国家二级、国家一级科技事业档案管理单位，2000年被中国气象局评为全国气象档案工作先进集体。总建筑面积737平方米，库房面积242平方米。馆藏各类纸质气象档案13594

卷、资料 2 万多册、图书 3 万多册。时间最早的档案是 1908 年的广州海关地面气象观测记录报表;时间最早的资料是 1907 年的旱涝史料。对全部馆藏档案、资料、图书目录已输入计算机。

广东省区划地名档案馆 现址广州市东风中路 300 号西侧之一 4 楼,邮编 510030,电话(020)83345295,馆长王新,电话(020)83191540。成立于 2000 年。负责接收、征集、整理、保存、保护行政区划、地名、行政区域界线和其他档案资料及其开发利用,开展行政区划和地名理论研究等。总建筑面积 185 平方米,库房面积 68 平方米。馆藏勘界、地名、区划等地图资料 15000 张,包括勘界地形图,地名图,行政区划图,第一、二代分县图,海图等;文书资料 8000 份,包括界线走向说明书、勘界协议书、界线联检文书、地名补更调查材料、行政区划调整资料等。编辑出版了《广东省政区图册》。

华南理工大学档案馆 现址广州市天河区五山路 381 号华南理工大学校园内,邮编 510640,电话(020)87111964,传真(020)87113040,网址:www.scut.edu.cn/archives,馆长陈国坚,电话(020)87111964。成立于 1995 年。1998 年晋升为省二级科技事业档案管理单位。曾获"档案工作先进协作组"、"普通高校档案工作达标升级优秀单位"、"广东省高校档案工作优秀集体"称号,1998 年该馆 7 名同志获国家档案局授予的"在科技事业单位档案工作目标管理活动中有突出贡献的人员"的光荣称号。馆舍总面积约 900 平方米,库房面积 568 平方米。馆藏档案 51187 卷(件),资料 694 册。主编或参编、正式出版的图书有 12 种,合计 314.9 万字,如《华南理工大学教育思想文集》、《华南理工大学教授名录》、华南理工大学名师丛书"冯秉铨"、"张进"、"符罗飞"等等,同期正式出版的光盘有 1 套,发行 5000 张。历年来,该馆人员在正式出版的报刊上发表论文共 53 篇,总计 15.5 万字,内部参考文章 19 篇,共 8 万字。 (欧阳慧芳)

中国石油化工股份有限公司广州分公司档案馆 现址广州市黄埔区石化路化工区,邮编 510726,馆长柳丽,电话(020)82128028。成立于 1990 年。是集中保管本企业各类档案资料的企业档案馆。2004 年被评为"广东省重点建设项目档案工作先进单位"。负责实施的"电子文档一体化"项目获得 2005 年度中国石化企业管理现代化创新成果、广东省企业管理现代化优秀成果二等奖。2005 年馆晋升为国家二级档案馆。2006 年度荣获广东省档案工作年度评估优秀单位。总建筑面积 3740.94 平方米,库房面积 2728.13 平方米。馆藏 83902 卷。已经建立了档案信息管理系统和网上查询系统,馆藏案卷级和文件级数据库基本建成,并对档案进行数字化,目前已建立档案数据 32.5 万多条,扫描档案原文 22.1 万多张,其中工程图纸 12.5 万张,文件 9.6 万张,全部提供给企业用户网上查阅。编写了《广州石化档案馆概况》、《广州石化征地、建筑物简介》、《广州石化无形资产管理档案资料汇编》、《广州石化基本建设工程项目简介》等。

广州市档案馆 现址市法政路 30 号,邮编 510046,电话(020)83105131,馆长何伍爱,电话(020)83105101。成立于 1959 年。是国家综合档案馆,是永久保管市各种档案、资料的基地,是政府规范性文件查阅场所,是国际档案理事会东亚地区分会成员单位。1995 年被评为国家一级档案馆。1991 年起,三次被国家档案局、人事部授予全国档案系统先进集体称号。1994 年起,连续 8 次被评为广州市突出贡献先进。建筑面积 3800 多平方米,库房建筑面积 2520 平方米。馆藏档案 103 万卷,资料 24000 多册。"广州中山纪念堂建筑设计图纸档案"被列入首批"中国档案文献遗产名录"。建立了建国前档案资料案卷级目录和建国后档案文件级目录数据库。编研成果有《香港回归大事记》、《广州大事记》、《广州解放史录》、《广州档案事业概要》、《广州历史地图精粹》、《抗战时期广州老照片》、《侵华日军广州暴行录》、《百届广交会》、《广州抗击非典纪实》等。其中,《广州历史地图精粹》获广州市哲学社会科学优秀成果著作类三等奖,中国档案学会优秀学术成果一等奖,《侵华日军广州暴行录》获中国档案学会优秀成果二等奖。利用档案举办了“广州档案编研成果展览”、“清代广州教育史料展览”、“古城广州历史地图展览”、“岭南历史文化名人广州史迹展览”、“抗战广州老照片展览”、“广州地区抗战史迹展览”、“广州十三行展览”、“纪念孙中山诞辰暨中山纪念堂历史陈列展览”等。

广州市房地产档案馆 现址市豪贤路193-195号6至8楼,邮编510030,馆长张乐平,电话(020)83196761。成立于1993年。馆建筑总面积15750平方米,库房面积10760平方米。馆藏量约370万卷。收藏有明清至今广州各时期的房地契约,较完整地保存了1921年至今广州市区范围内房地产产权登记及土地登记档案。目前发现年代最早的档案材料是明朝天启三年(1623年)的房地买卖契约,较有地域特色的是二次鸦片战争期间清政府与英法政府签订的沙面等地区的不平等“租借”土地契约。编写了《物业档案管理》一书,列入建设部组织编写的中专房地产经济与管理、物业管理专业教学丛书;2003年与广东省档案局、湛江市房管局合著《房地产档案管理》,该书获中国档案学会第五次档案学优秀成果档案著作类三等奖。承担的广东省档案科技项目“房地产登记档案信息公开模式研究”已顺利结题,课题成果《房地产登记档案信息公开》出版在即。依托馆珍贵史料制作的《广州市房地产档案》电视专题系列片,于2007年3月起在广州电视台经济频道开播。

南沙区档案馆 现址广州市南沙区港前大道1号,邮编511458,电话(020)84985703,馆长何世藻,电话(020)84985788。成立于2006年。是集中统一保管区级机关、企事业单位档案资料的国家综合档案馆,按党政综合档案馆、城建档案馆和国土房地产档案馆“三馆合一”的模式建立,是南沙区政府指定的现行文件查阅场所。总建筑面积1106平方米,馆库面积800平方米。馆藏档案资料16.5万卷(件),其中房地产档案约有12万卷。收集有温家宝、吴仪、张德江等国家、省、市领导人到南沙视察以及南沙开发区政务活动的照片。区档案馆对南沙区地貌和南沙开发区建设项目进行了航拍,建立了航拍照片档案。组织编研和内部印刷了《陈明德副市长南沙政务活动大事纪实》(2003—2006)、《南沙开发区建设指挥部历年重要文件汇编》、《南沙区大事记》等资料。2007年馆在香港举办了南沙新春联谊会图片展览。

荔湾区档案馆 现址芳村大道西塞坝路七号,邮编510360,电话(020)81690297,馆长林伟森,电话(020)81690600。成立于1960年。是区委、区政府政务信息公开的场所之一。1983年以来多次获得“广东省档案工作先进集体”和“广州市档案系统先进集体”等荣誉称号,1997年晋升为省特级档案馆。馆(局)建筑面积约3000平方米,库房面积约900平方米。馆藏档案29.7万卷(册),5.9万件,资料8983册。其中有《点石斋时事画报》、《泮溪酒家贵宾留言簿》、名家书画和广彩、牙雕等一批珍贵档案。已建成目录数据库,现有目录数据74.9万条。馆加强对档案文化的开发利用,先后进行了“西来初地·华林寺·禅宗文化”开发,清代十三行档案文献开发,“西关风华”书画长卷创作,西关风情紫砂壶与普洱茶文化的开发,泮溪酒家档案资料开发等活动;并开展了名人档案征集工作,开展了独具岭南特色的“荔湾五宝”(牙雕、玉雕、木雕、广彩、广绣)艺术品的征集开发工作。

越秀区档案馆 现址广州市署前路8号,邮编510080,电话(020)87656404,馆长涂经武,电话(020)87767996。成立于1960年。是集中统一保管区级机关、团体、企事业单位档案资料的国家综合档案馆，行政规范性文件查阅场所。2003年晋升为省特级馆。总建筑面积约1000平方米。馆藏档案164569卷，资料9372册。举办了“清代广州教育史料展览”、“广州古城历史地图展”，并出版了《广州历史地图精粹》。主动参加区委举办的以“党的光辉耀越秀”为主题的“越秀区保持共产党员先进性教育活动专题图片展”工作。承办了“岭南历史文化名人广州史迹展”，为广州市重点文化建设项目——南粤先贤馆建设工作的开展奠定了基础。还积极开展各种资料的编写工作，编有《越秀花市》、《越秀区辖内少数民族、宗教简介》、《走马东山——东山一日游概述》、《东山名校巡礼》等具有越秀、东山特色的档案资料。2002年通过区局域网与区内各单位、部门互联，统一使用文档一体化档案管理软件。并拥有通过区信息中心发布的网页。

（白俭）

海珠区档案馆 现址广州市宝岗大道1号，邮编510220，电话(020)34387977，馆长叶柏莉，电话(020)84482566。成立于1959年。是集中保管区级机关、团体、企事业单位档案资料的国家综合档案馆，是现行规范性文件查阅场所。1996年晋升为省一级档案馆。建筑面积450平方米，库房面积220平方米。馆藏档案70880卷，资料6027册。自编合编了30多种、500多万字的档案参考资料。

（邝建国）

天河区档案馆 馆藏档案的来源主要是接收区委、区政府所属部门、区人大、区政协、区纪委、区直属各局、镇、街道、公司形成的永久、长期保存的档案。档案进馆的方式采用区委、区政府全宗每年接收进馆，区直属各局、镇、街道、公司全宗每十年接收一次。专业档案的接收按国有和省、市档案局的规定进行接收。馆藏档案全部是广州市天河区建立后的档案，共有文书档案、基建档案、设备档案、科研档案、地名普查、人口普查合计、婚姻登记、照片、声像、已故人员等11个门类的档案。这些档案真实地记录了全区近15年来各项事业发展的情况，对研究天河区的发展过程，促进全区各项工作的开展，有着不可缺少的作用。馆藏资料分为本馆编写的参政资料，本地区编写的资料，内部文件和资料，档案书刊、工具书、图书、报刊等方面。这些资料为党政领导和机关工作的需要起了一定的作用。编纂的参政资料和检索工具有：《天河区情况简介》、《天河区档案馆概况》、《天河地区大事记1949－1989》、《天河区大事记1985－2005年》、《天河区组织史资料1984－1988》、《天河区党代会议简介》、《天河区人代会议简介》、《天河区政协会议简介》、《天河区法规文件汇编》、《天河国民经济和社会发展统计资料》等。天河区档案局(馆)于1985年8月成立，原址广州市云鹤南街17号院，1987年10月搬迁到广州市中山大道石牌桥东侧区政府大楼，1999年初搬至广州市员村天府路1号天河区政府5号楼三、四层。

档案局(馆)现有人员13人，局长邓勇。档案局下设办公室、监督指导科、保管利用科3个科室。档案馆总面积约有2400平方米，三楼设有局长室、办公室、指导科、陈列室、电脑室、培训室、档案用具仓库、消毒室；四楼设库房、阅览室、整理室。档案局(馆)装有中央空调。“二氧化碳”自动灭火装置、声光报警器等先进设施，档案局(馆)现有10台电脑、2台扫描仪、2台复印机、6台抽湿机、2台照相机、温湿度检测仪等设备。库房有档案密集架、档案柜、资料柜等。

白云区档案馆 现址广州市广园中路238号政府楼八楼西，邮编510405，电话(020)86380893，馆长宋川英，电话(020)86372812。成立于1978年。1997年馆被评定为省特级档案馆工作达标单位。总面积1061平方米，库房面积680平方米。档案总数为80813卷、8811件，馆藏资料6116册。可以运用计算机检索的有99个全宗目录达32万条。征集了人和镇及其大巷村、矮岗村有关土改时期和

“四清运动”的档案及1949年旧番禺区(包括白云区)国民经济统计资料、公社印章等;还征(收)集了当代中国书法家、中国书画家协会常务理事梁洁喜的书法作品、证书、照片和手稿、农民艺术家戴桂波的作品、手稿,建立名人档案50多卷。与区委宣传部联合举办了“爱我白云——老照片征集”活动,从各种渠道收集老照片3000余张,底片近万张。其中较有价值的有:1972年美国前总统尼克松和夫人访问白云区,国家领导人李鹏和夫人在白云区访问,建造人和大坝、和龙水库等。还收集了2005年国家领导人回良玉副总理来江高水沥红葱基地视察,宇航员杨利伟加参白云区科技周的活动照片等。2005年区政府计划投资300万元在区档案馆开展“广州市白云区档案局(馆)电子文档库系统”建设。该项工程首期建设顺利完成。

黄埔区档案馆 现址广州市大沙地东路333号东面5－6楼,邮编510700,电话(020)82378596,馆长李和民,电话(020)28378552。成立于1981年。是负责接收、征集区属机关、团体、企事业单位的档案及具有地方特色档案的综合档案馆,是行政规范性文件查阅场所。2000年晋升为省特级档案馆。建筑面积1100平方米,库房面积450平方米。馆藏档案资料62503万卷(册),其中资料9567册。已建成馆藏档案案卷级目录数据库。编辑出版《明清宫廷黄埔秘档图鉴》,举办了“千年古港,开放初地——黄埔区历史档案展”。

番禺区档案馆 现址区政府行政办公中心内,邮编511400,电话(020)84636371,馆长何海宏,电话(020)84636361。成立于1959年。2004年被确定为区爱国主义教育基地。2003年成为省特级档案馆,2006年成为省示范档案馆。建筑面积5600平方米,库房面积1862.5平方米。2005年建成电子档案数据中心和电子文件处理中心,建立了全区文档信息的门户网站。馆藏各档案92042卷、28065件,资料9138册。馆藏最早的档案为民国时期的档案,最早资料为清代康熙时期的《番禺县志》。馆内常设有区档案局书画珍藏展览、马承宽博士馆、日用工业品实物收藏展览、荣誉市民事迹展览、半个世纪的足迹图片展览、荣誉室及陈列室等7个展览。

花都区档案馆 现址广州市花都区新华街建设路1号,邮编510800,联系电话(020)86832049,馆长陈耀辉,电话(020)36898628。成立于1959年。1991年被评定为广东省一级档案馆。连续几年被评为广东省、广州市档案系统先进单位。总建筑面积1450平方米,库房面积660平方米。馆藏档案39329卷,14324件,资料9074册。档案形成时间最早的是1941年。目前已建成馆藏全宗级目录数据库,完成部分重要文件及照片数字化,共计目录418892条,文件2204份,照片1300多张。2006年12月开通花都区档案信息网,设置了“开放档案”、“现行文件中心”等18个栏目。已向社会开放档案资料9万多卷(册)。编辑出版《花县档案馆指南》、《花县名优土特产》、《花县名胜古迹》等13种专题档案史料。每年定期出版《花都大事记》和《花都年鉴》。2003年馆成为区政府指定的行政规范性文件查阅场所,将现行文件全文上网,方便公众查阅。

(冯丽华)

增城市档案馆 现址市荔城镇和平路22号,邮编513000,电话(020)82752154,馆长刘少敏,电话(020)82729963。成立于1958年。是集中保管增城市77个市级全宗单位档案,是市现行文件查阅场所。1997年晋升为省一级档案馆。2006年被评为广东省先进单位。总建筑面积700平方米,库房面积568平方米。馆藏档案资料41883卷(册),其中资料25082册(件)。国内罕见的千年畲族祖图被列入《2005中国档案珍品展目录》。2004年开通和建立了增城市档案信息网和现行行政规范性文件查阅服务中心,并逐步实现了公共网上直接查询服务。开展了“如歌岁月 增城记忆”的大型征集活动。

从化市档案馆 现址街口街东城路99号,邮编510900,电话(020)87921829,馆长徐惠贞,电话(020)87931602。成立于1958年。是永久保管档案的基地,是市政府信息公开场所,成立了现行文件阅览室。1992年评为省一级档案馆。2006年评为广州市档案系统先进集体。建筑面积1085平方米,库房面积229平方米。馆藏档案25341卷42705件,资料10220册。有少量民国档案和革命历史档案。有刘少奇、周恩来、朱德、陈毅、叶剑英、邓颖超等党和国家领导人在从化的珍贵照片。

(陈坚雄)

韶关市档案馆 现址市薰风路9号市委大院内,邮编512001,电话(0751)8897227,档案馆代码:444030。馆长卢中强,电话(0751)8896922。网址:http://sgda.shaoguan.gov.cn。成立于1983年。是集中统一保管市级机关、团体、企事业单位档案资料的国家综合档案馆,是市级爱国主义教育基地,行政性规范性文件查阅场所。1994年晋升为省二级档案馆。总建筑面积1000.45平方米,库房面积370.40平方米。档藏档案91649卷(册),11385件,其中资料20198册,音像档案4761张(盒)。已将韶关市共产党员先进性教育活动、实践排头兵活动等档案资料收集进馆。征集了本市辖区内重要历史档案资料、名人档案、资料、名人字画、地方名产、特产资料等。完成了民国以前的档案和部分建国后档案案卷级目录数据采集工作。韶关市档案信息网站已经建立。编辑出版《韶关大事记》、《建国五十年韶关大事记》、《韶关志》等主题档案史料汇编16种465万字。

韶关市城市建设档案馆 现址韶关市武江区惠民南路112栋,邮编512025,电话(0751)8765837,馆长吴柏盛,电话(0751)8610182。成立于1986年。2001年晋升为省特级城建档案馆。总建筑面积1576平方米,库房面积640平方米。馆藏档案资料3.4万卷(册),其中资料0.3万册。开始逐步实行档案数字化管理,建立了韶关市城建档案馆网站(www.sgcjda.com)。每年拍摄城市建设的各种电子图片,建立了大型电子图片资料库。汇编出版了《韶关市园林绿化规划汇编》、《韶关市主要建设工程概况》、《韶关市区7.15洪水档案》等编研成果。

广东韶关钢铁集团有限公司档案馆 现址韶关市曲江区韶关钢铁集团有限公司办公大楼二楼,邮编512123,电话(0751)8789463,馆长聂伟,电话(0751)8791500。成立于1989年。1991年韶钢晋升为国家二级档案管理企业。总建筑面积1192平方米,库房面积520平方米。各类型档案20.7621万卷(册),底图227300张,已入档案馆库房的档案有10万多卷,完成数字化处理的档案有4万多卷。主要科研成果有:《韶钢数字档案馆建设》(2005年广东省现代管理成果二等奖)、《现代企业制度下的企业档案管理模式创新研究》(2005年韶钢管理现代化成果一等奖)、《电子图纸档案的形成与规范管理》(广东省档案科研项目)。

(程坤)

武江区档案馆 现址韶关市惠民南路128号,邮编512026,电话(0751)8757010。馆长何笔生,电话(0751)8616292。成立于1990年。是集中统一保管区级机关、团体、企事业单位档案资料的国家综合档案馆,是行政规范性文件查阅场所。2001年评为省二级档案馆。馆使用面积450平方米,库房面积100平方米。馆藏档案资料7663卷(册),其中资料3212册。保存最早的是“三反”、“五反”时期的档案。

浈江区档案馆 现址韶关市浈江区韶瑶路10号,邮编512023,电话(0751)8223993,馆长陈木茂,电话(0751)8220226。成立于1989年。是集中统一保管区级机关、团体、事业单位档案资料的国家综合档案馆,是行政规范性文件查阅场所。2001年晋升为省二级档案馆。面积500平方米,库房面积128平方米。馆藏档案资料8230卷(册),其中资料3018册。重点全宗目录可以进行电脑检索。

曲江区档案馆 现址韶关市曲江区马坝镇府前中路22号,邮编512102,电话(0751)6666613,馆长黄忠民,电话(0751)6682136。成立于1961年。是集中统一保管区各级机关、团体、企事业单位档案资料的综合档案馆。1991年晋升为省二级档案馆。2006年被评为省档案先进集体。总建筑面积570平方米,库房面积250平方米。馆藏档案14168卷(册),资料10583册。保存年代最早的是唐代张九龄族谱档案和资料。收藏有“文化大革命”期间毛主席像章575枚,保存了少量建国初期发行的人民币。征集了胡耀邦、江泽民、李长春、张德江等党和国家领导人视察曲江工作时的照片与资料。抓好文件级档案目录数据库、专题性档案目录数据库的建设。编辑了《曲江县国民经济发展情况汇编》、《曲江县大事记》等专题档案史料汇编。 (廖文成)

始兴县档案馆 现址太平镇红旗路51号县委县政府大院内,邮编512500,电话(0751)6130062,馆长李子亮,手机13827970443。1960年正式成立。1994年晋升为省二级档案馆。2005年馆被县政府列为现行文件查阅场所。建筑面积为1004平方米,库房面积为700平方米。馆藏档案17460卷,资料10290卷。重要的有叶选平、钱伟长到始兴县视察时的题词,原国民党将领张发奎写给始兴县委的信件、回忆录及广东省首届长香菇节相关材料;资料有自明朝嘉靖年间以来的县志、土特产介绍、家谱,及唐朝宰相张九龄在始兴的传闻轶事等。已初步建立了馆藏全宗目录数据库,共录入文件级和案卷级目录21000多条。

(单小红)

仁化县档案馆 现址新城路2号,邮编512300,电话(0751)6352185,馆长黄桂文。成立于1978年。是集中保管县级机关、团体、企事业单位档案资料的国家综合档案馆,是现行文件阅览场所。1993年被评为省二级档案馆。总建筑面积1581平方米,库房面积1185平方米。馆藏档案资料30364卷册,其中资料13584册。保存年代最早的是清朝光绪二十一年的《王氏族谱》,较珍贵的有民国年间发行《明史》以及《资治通鉴》等。有阮啸仙1928年在仁化县董塘地区组织农民运动的档案。利用档案资料编纂了10多种近5万字的档案参考资料。

翁源县档案馆 现址县城建国路14号,邮编512600,电话(0751)2872346,馆长黄细珍。成立于1959年。是集中统一保管县级机关、团体、企事业单位和辖区内乡镇档案资料的国家综合档案馆,是县级爱国主义教育基地、青少年教育基地、行政规范性文件查阅场所。2008年晋升为省一级档案馆。总建筑面积650平方米,库房面积500平方米。馆藏档案资料56428卷(册),其中资料19868册。

乳源瑶族自治县档案馆 现址乳城镇鹰峰中路县政府大院内,邮编512700,电话(0751)5384559,馆长赵文彬,电话(0751)5373812。成立于1964年。2001年被评定为省一级目标管理达标单位。总建筑面积1737平方米,库房面积480平方米。馆藏档案16948卷,资料5849册。重点接收县庆四十周年档案资料和具有地方特色的瑶族档案、族谱、党和国家领导人到乳源工作活动的照片,破产国有企业等档案入馆。编辑出版了《乳源党史大事记》、《历届党代会文件选编》、《瑶族风情录》等史料和地情资料,利用档案照片举办了一次自治县成就展。 (娄平)

新丰县档案馆 现址县城公园内6号,邮编511100,电话(0751)2253364,馆长嵇春明。成立于1959年。是集中统一保管县机关、团体和企事业单位档案资料的国家综合档案馆,行政规范性文件查阅场所。2001年晋升为省一级馆。总建筑面积1130平方米,库房面积750平方米。馆藏档案17517卷、556件,特殊载体档案568件(张),资料2429册。保存年代最早的档案是民国档案,资料是道光年代《长宁县志》。还有革命老战士龙景山、赵淮生等回忆录;编印了《新丰县大事记》、《新丰县自然灾害史料纪实》、《新丰县水利水电发展概况》、《新丰县交通运输发展概况》、《新丰县邮电通讯发展概况》、《新丰县名优特产简介》等13种共56.8万字的参考资料。

乐昌市档案馆 现址乐昌镇广福路49号(市政府院内),邮编512200,电话(0751)5551044,馆长周小群。成立于1959年。是集中保管市级机关、团体、企事业单位档案资料的国家综合档案馆,是市现行文件查阅场所。1990年评为省二级档案馆。建筑面积2318平方米,库房面积800平方米。馆藏档案资料31297卷(册)其中资料8854册。保存年代最早的是清代资料。乐昌市"马蹄节"、十里防洪河堤工程、乐昌峡水利枢纽工程、乐昌市2006年"7.15"特大洪灾等一批重大活动、重要历史事件的档案资料收集进馆。征集了毛泽东、朱德等老一辈无产阶级革命家在乐昌革命活动资料及赵朴初题词真迹,李鹏、王任重、李长春、马万祺等视察乐昌珍贵照片。已完成部分档案文件级目录录入工作。编辑出版了《乐昌县概况》、《乐昌地情史略》、《乐昌市人民政府工作报告文献汇编》等专题档案史料20多种150万字。还编辑出版了《金融志》、《烟草志》等8部专业志书。对清朝康熙五十八年、同治十年、民国20年的《乐昌县志》进行了重新修订、勘校、点注。即将出版《乐昌市志》100多万字。

南雄市档案馆 现址雄州镇爱民路42号,邮编512400,电话(0751)3822505,馆长张永石。成立于1959年。是集中统一保管市级机关、团体、企事业单位档案资料的综合档案馆。1991年评为省二级目标管理达标单位。建筑面积1185.96平方米。馆藏档案19065卷,资料4542册。保存年代最早的是清朝乾隆十八年《南雄府志》、道光四年《直隶南雄州志》。编写各种资料15种471780字。编印《南雄档案编研资料》10期。

深圳市档案馆 现址福田区福中三路深圳市民中心B区,邮编518026,电话(0755)82001627,馆长林波,电话(0755)82001819。网址:www.szdaj.gov.cn。成立于1979年。是集中统一保管市机关、团体、企事业单位档案资料的国家综合档案馆,是行政规范性文件查阅场所。1998年晋升为国家一级档案馆。2004年深圳市城建档案馆成建制并入深圳市档案局。总建筑面积23900平方米,库房面积6638平方米。深圳市档案馆现有馆藏档案资料28万卷(册),市城建档案馆馆藏档案36万卷,两馆共有照片96000张、光盘6000张、录像带570盒。保存年代最早的档案资料是1866年意大利传教士绘制的羊皮纸地图《新安县全图》,有少量的民国档案和革命历史档案。加强了全市重大政务、外事和重大突发事件以及重点工程的拍摄,大力开展共和国老将军书画档案的征集,现已有近千位老将军的书画档案收藏进馆。已建成馆藏文件级目录数据库和婚姻档案、土地证、干部任免等8个专题档案数据库。纸质档案数字化200万页,90%的照片档案已数字化。深圳市档案信息门户网站已经建立,通过因特网社会公众可以进行馆藏综合档案的全宗级检索和城建档案的项目级检索。编撰出版了《明清时期深圳档案文献演绎》、《民国时期深圳档案文献演绎》、《建国三十年档案文献演绎》、《深圳创业者肖像摄影集》、《深圳名厦》、《深圳高层建筑实录》、《深圳标徽汇萃》、《深圳十年大事记》等档案文献汇编。其中《明清两朝深圳档案文献演绎》一书,被列入深圳市首届"读书月"百种推荐书目之一。利用档案举办了"共和国老将军书画展"、"基建工程兵转业建设深圳20周年照片档案展"、"深圳特区开创初期档案文献展"、"鹏城记忆——深圳档案文献展"等一批具有社会影响的档案展览。

大亚湾核站档案馆 现址深圳市东部大亚湾畔核电基地内,邮编518024,电话(0755)84476500,馆长汪红梅,电话(0755)84470502。成立于1990年。多次荣获国家级、省部级、市级颁发的各类奖项。总建筑面积 2688 平方米，库房面积 1642 平方米。馆藏档案丰富，现有纸质档案 10 万卷，实物档案 324 件，照片档案 698 盒，岩芯档案 1619 箱。

罗湖区档案馆 现址深圳市文锦中路罗湖区管理中心大厦 27 楼，邮编 518003，电话(0755)25666182，馆长何小南，电话(0755)25666183。成立于 1985 年。是集中统一保管区直属机关、团体、企事业单位档案资料的国家综合档案馆，是罗湖区政府指定的现行文件查阅利用中心。2001 年晋升为省特级档案馆。总建筑面积 461 平方米，库房面积 292 平方米。馆藏档案资料 54995 卷(册)，其中资料 4752 册。已建成馆藏全宗级目录数据库，并有计划地逐步进行馆藏档案的数字化。

福田区档案馆 现址深圳市福民路 123 号福田区委大楼 30 楼，邮编 518048，电话(0755)82928067，馆长陈婵女，电话(0755)82918546。成立于 1985 年。是全区档案工作的主管部门和政务信息公开场所。2001 年被评定为省特级档案馆。总面积 615 平方米，库房面积 250 多平方米。馆藏档案 56922 卷、22355 件，照片 8465 张，资料 2550 册，数字化机读目录 182674 条。编写了档案馆指南、年鉴、《福田区大事记》、《福田区组织机构沿革》、《福田历史、现状与未来》等编研资料 20 多种 90 多万字。

宝安区档案馆 现址深圳市宝城四区，邮编 518101，电话(0755)27756704，馆长吴德文，电话(0755)27758563。成立于 1958 年。2000 年晋升为省特级综合档案馆，2007 年被省档案局授予"广东省示范档案馆"称号。建筑面积 3700 平方米，库房面积 1500 平方米。馆藏档案 23 万多卷(件)，资料约 1 万册，照片 2.5 万张。开通了"宝安档案与史志"网站，举办了"光荣的宝安"历史图片展等展览，编纂、出版 20 余种书籍、画册，形成了"宝安文史丛书"文化品牌。

龙岗区档案馆 现址深圳市龙岗区中心城清林中路 31 号，邮编 518172，电话(0755)28924496，馆长纪小明，电话(0755)28924497。成立于 1994 年。是集中统一保管区属机关、团体、企事业单位档案资料的国家综合档案馆。2004 年区馆被授予"全省档案系统先进集体"称号。多次被深圳市档案局评为档案工作先进集体和优秀基层单位。总面积为 800 多平方米，库房 300 多平方米。馆藏档案 10 万多卷(件)。编辑出版了《龙岗区大事记》(1993—1996 年)、《龙岗区大事记》(1997—2000 年)、《龙岗区大事记》(2001—2004 年)和《龙岗人物》，并同中共惠阳区委党史研究室合著《中共共产党惠阳地方史》。此外，深圳市龙岗区档案馆还结合实际编写了土地联审、人事任免、非典等各种专题文件汇编。

珠海市档案馆 现址东风路 1 号市政府大院内，邮编 519000，电话(0756)2222682，馆长许文生。成立于 1980 年。1994 年被评为省二级档案馆，1996 年晋升为首家省特级档案馆，2003 年被评为"全国档案系统先进集体"。总建筑面积 2200 平方米，库房面积 1550 平方米。馆藏档案共 77782 卷，资料 10000 多册。少量建国前档案主要是 1925 年叶剑英在香洲训练新兵时形成的香洲新编团档案。加强了对重大活动档案资料的收集、照片档案的征集和重大活动的拍摄，完整地保存了本市重大活动档案资料和大量珍贵的照片档案。同时，通过征集和接受社会捐赠等方式，征集了一批反映珠海人文历史和特区特色的谱牒档案、名人档案、实物档案、题词档案等。1996 年实现了全部馆藏档案的文件级计算机管理，目前档案目录数据已达 62 万条；2002 年开通了珠海档案信息网(www.zhda.gov.cn)，2003 年开始了馆藏档案数字化工作，开发完成并开通了"珠海市档案局电子档案数据中心"系统，对 200 余万页馆藏档案进行了全文数字化处理，实现了部分馆藏档案的全文检索。档案科研也取得重大成果，完成了"照片档案数字化格式研究"、"档案专用耐久彩色喷墨打印墨水"

等多个科研项目。已汇编、出版编研资料 40 多种 1000 多万字，如《珠海市档案馆指南》、《珠海地区灾情录》、《珠海市二十年大事记》、《珠海历史回眸》等，2003 年与市地方志办公室联合在《珠海特区报》上开办《珠海历史回眸》专栏，2005 年又联合《珠江晚报》开辟"解密珠海——寻找逝去的记忆"专栏。参与筹建珠海市革命史料陈列馆展览以及主办"珠海的昨天、今天、明天"等大型图片展。建立了珠海市文件管理中心网站（http://www.zhwj.cn）。

香洲区档案馆 现址珠海市香洲翠景路 99 号，邮编 519000，电话(0756)2516125，馆长李红，电话(0756)2517103。成立于 1987 年。是集中统一保管区级机关、团体、企事业单位档案资料的综合档案馆。2001 年晋升为省一级档案馆。库房面积 500 平方米。馆藏档案资料 48780 卷(件)，其中资料 7620 册。编制了 46 种档案编研资料和较为齐全的检索工具。

斗门区档案馆 现址珠海市斗门区井岸镇朝福路 130 号，邮编 519100，电话(0756)5522814，馆长黄浓溢，电话(0756)5102450。成立于 1981 年。是集中统一保管区级机关、团体、企事业单位档案资料的国家综合档案馆，2003 年增设了现行文件阅览服务中心。1995 年晋升为省二级档案馆。总建筑面积 700 平方米，库房面积 600 平方米。馆藏档案 58093 卷、单件归档文件 13571 件、照片档案 4155 张，资料 6533 册(件)。计算机可检索馆藏所有全宗的文件级档案目录 50 多万条。编辑了《中共斗门县组织史资料》、《斗门县人民政府法规性文件汇编》、《斗门县大事记》、《斗门县人物志》等多种编研资料。

汕头市档案馆 现址市海滨路 8 号市委大院内 7 号楼，邮编 515036，电话(0754)8437076，馆长肖汉铿。总建筑面积 2478 平方米，库房面积 1100 平方米。网址：http://stda.shantoll.sov.cn。1998 年评为馆藏省特级档案馆工作达标单位。馆藏档案 122954 卷；资料、报刊 28304 册。已基本实现档案文件级目录的计算机检索。馆藏最早的档案资料是康熙至宣统间诗书手稿和英、法等在汕头设立的领事馆、洋行的材料。有国民革命军东征军北伐和周恩来等人活动的记录，有潮汕铁路和南洋华侨进出汕头口岸的资料，有汕头港进出口贸易和潮州海关的材料，有国民党组织侦缉叶剑英等人的材料，有侵华日军暴行记录；革命历史档案包括海陆丰苏维埃和南昌起义部队进入潮汕以及周恩来、彭湃等人的活动记录，有东江纵队和第四野战军解放汕头的材料；建国后档案有党和国家领导人胡锦涛、江泽民等视察汕头的记录材料，有全国战斗英雄麦贤得个人档案等。 (黄祖煜)

汕头市城建档案馆 现址汕头市中山路 213 号，邮编 515041，电话(0754)8572073，馆长吴世扬，电话(0754)8528645。成立于 1985 年。是集中统一保管全市城建档案并提供利用的科技文化事业单位，2003 年晋升省特级城建档案馆。总建筑面积 2614 平方米，库房面积 500 平方米。馆内建立有计算机局域网，已完成馆藏全部档案的项目级、案卷级、文件级目录数据的采集工作，实现了馆藏档案的计算机管理。在汕头建设网上建立了站点。馆藏档案资料 55259 卷(册)，其中资料 3493 册。保存年代最早的是形成于民国 21 年(1932 年) 7 月的《汕头市改造计划图》和民国 36 年(1947 年)《汕头市详细图》。保存最多的是建设工程档案，包括汕头海湾大桥、汕头液化石油气库、汕头深水港煤码头、汕头国际大酒店等省市重点工程、重要基础设施工程及海滨花园、东厦花园、金禧花园等大型住宅小区档案均已接收进馆。编纂了《汕头市城乡建设志》等 12 种、150 多万字的档案参考资料。在馆内开辟了专门的展览厅，集中反映本市在城市建设、城建档案事业发展等各方面所取得的成就。

(许嫚)

汕头市房地产档案馆 现址汕头市金平

区金源园8幢5—6楼，邮编515041，电话(0754)3929326，馆长阮立攀，电话(0754)3929329。成立于1993年。总建筑面积2010平方米，库房面积800平方米。馆藏各类档案资料142万件(册)，记载了汕头市区房地产自民国初期至今的产权产籍情况，部分还涉及晚清时期产权情况，馆藏档案资料的历史跨度近300年。档案利用实行电脑自动化检索，与发证单位共享数据，保证查询结果的准确和实时。

濠江区档案馆 现址汕头市府前路政府机关大院内，邮编515071，电话(0754)7380563，馆长钟泽辉。2002年成立。2003年馆被评为省二级档案馆。建筑面积200多平方米，库房面积110平方米。馆藏档案资料10426卷(册)，其中资料2404册。对馆藏全宗级目录进行录入。汇编了《达濠区历届党代会文件资料汇编》、《达濠区历届政协会议文件资料汇编》十多种汇编材料。 (陈敏)

龙湖区档案馆 现址龙湖区政府办公大楼七楼西侧，馆长郑少辉，邮编515041；电话：(0754)88263574。成立于1992年，建筑面积约310平方米，其中库房面积约80平方米。馆藏档案有江泽民、李鹏、叶选平等中央、省领导和著名华侨李嘉诚先生等海内外知名人士亲赠的书画手稿。

金平区档案馆 现址市龙眼路93号1幢六楼，邮编515041，电话(0754)8625735，馆长黄振辉，电话(0754)8626736。成立于2003年。是集中统一保管区级机关、团体、企事业单位档案资料的国家综合档案馆。2005年晋升为省二级档案馆。总建筑面积300平方米，库房面积130平方米。馆藏档案资料14819卷(件)，其中档案12588卷(件)，资料2231册。 (黄振辉)

潮南区档案馆 现址区党政办公大楼主楼502室，邮编515144，电话(0754)7761592，馆长马洪生。成立于2003年。面积46平方米，无库房。馆藏报刊和现行文件资料1251件(册)。

南澳县档案馆 馆址：南澳县人民政府大院内，邮编515900，电话(0754)86802232。成立于1959年12月31日，建筑面积230平方米，其中库房面积：160平方米。馆藏档案资料：12954卷(册)，其中资料5100册。

潮阳区档案馆 现址中华路136号(区政府大院内附楼三楼)，邮编515100，电话(0754)3822302，馆长胡加坤。成立于1958年。是集中保管区直机关、团体、企事业单位及所属镇、街道档案资料的国家综合档案馆，是行政规范性文件查阅场所。1993年评为省二级档案馆。建筑面积1276平方米。馆藏档案36162卷，资料8516册。保存年代最早的是明、清时期潮阳县志和民国档案、革命历史档案。完成馆藏文件级目录的录入工作。 (郑素曼)

澄海区档案馆 现址文冠路党政大楼14楼，邮编515800，电话(0754)5877938，馆长蔡志群，电话(0754)5876159。成立于1959年。2005年设立了现行文件利用中心。2003年晋升为省一级档案馆。1991年、2004年评为全省档案系统先进单位。建筑面积1200平方米，库房面积600平方米。馆藏档案资料31521卷，其中资料4705册。保存年代最早的是民国档案。 (王少婉)

佛山市档案馆 现址市岭南大道14号4号楼，邮编528000，电话(0757)83369609，馆长麦炎祥，电话(0757)83323919。成立于1958年。2002年馆晋升为省特级档案馆。建筑面积3997平方米，库房面积1620平方米。馆藏档案资料24.9万卷(件、册)。馆藏档案保存年代最早、数量最多的是民国档案，最早形成于1914年，有少量革命历史档案。另外有少量较珍贵的史料，包括乾隆年间、道光年间和民国年间的《佛山忠义乡志》，民国年间的《梁氏族谱》。接收了大量的公证档案、婚姻档案；收集了教育家邓泽棠等名人的档案近600件；派专人参加市内重大政务活动拍摄，形成了大量的数码照片；对转制企业和机构重组单位的档案及时跟踪。2005 年开始对馆藏档案进行数字化处理，目前扫描档案约 150 万页，建立档案数据库，基本实现计算机检索目录。2004 年在市政府公众网开通了现行文件查询中心。出版发行了《珠江纵队史料》、《珠江、粤中革命根据地财政税收史料选编》、《中国共产党佛山市组织史资料》(1921—1987 年)、《佛山市大事记》(1949－1989)、《佛山市大事记》(1990－2000)、《佛山市档案志》等 20 多项成果约 200 万字，1992 年至今历年《佛山档案》约 130 万字。在市政府公众网开通了《佛山发展历程档案选展》网上展览。

禅城区档案馆 现址岭南大道北 80 号 1 号楼 12 楼，邮编 528000，电话(0757)83382944，馆长邵西莹。成立于 2003 年。是集中统一保管区级机关、团体、企事业单位档案资料的综合档案馆，是禅城区政务信息公开场所。2004 年通过省一级档案馆的复查。总建筑面积 780 平方米，库房面积 330 平方米。馆藏档案资料 52996 万卷(册)，其中资料 16858 册。完成馆藏全宗档案目录数据的录入。

(林晓珲)

顺德区档案馆 现址大良德民路 3 号，邮编 528333，电话(0757)22830711，馆长吴锡标，电话(0757)22830788。成立于 1958 年。是集中管理区级机关、团体、企事业单位档案及城市建设档案、房地产权档案的国家综合档案馆，是区已公开现行文件查阅场所和本区大学生思想政治教育实践基地。1998 年晋升为省特级馆，2004 年被授予省示范档案馆。2000 年和 2003 年先后获省档案先进集体和全国档案系统先进集体。总建筑面积 4560 平方米，档案库房 1560 平方米。馆藏档案 115.04 万卷，资料 1.6 万册。馆藏档案最早为清康熙五十九年的房地契证，资料最早为明万历年《顺德县志》。已录入馆藏档案案卷级和文件级条目共 227 万条，缩微复制重点全宗档案约 60 万幅，已有 5000 卷共 120 万页的文书档案和 1.2 万张馆藏照片进行了数字化处理。

南海区档案馆 现址南海区桂城天佑四路 56 号，邮编 528200，电话(0757)86229618，馆长汪会洲，电话(0757)86239011。成立于 1959 年。是集中统一保管区机关、团体、企事业单位档案资料的综合档案馆，2000 年被命名为爱国主义教育基地。1997 年晋升为省特级档案馆；2004 年被评为省首个示范档案馆。建筑面积 6400 平方米，库房面积 2400 平方米。馆藏档案资料 280135 卷(册)，其中资料 11779 册。馆藏最早的档案是清道光十一年(1831)《阖乡启筑河朗围基碑记》，有民国档案 2451 卷，大部分为建国后的档案。建立了名人珍贵档案库，收集了康有为、邹伯奇、陈永锵、林锦屏等南海籍名人档案资料和邹伯奇的南北恒星图(缩微版)、西樵山文化石、粤剧戏服等珍贵实物；参与了南海区重大活动事项照片拍摄工作。开展了现行文件阅览服务，利用档案举办展览，建立了档案目录数据库，开通了现行文件查询中心系统，启动了数字档案中心首期工程。

三水区档案馆 现址市三水区人民政府大院内 2 号楼，邮编 528100，电话(0757)87732034，馆长卜映芬，电话(0757)87732314。成立于 1958 年。是集中统一管理区级机关、团体、区属企事业、镇一级机关档案资料的国家综合档案馆。2004 年晋升省一级档案馆。总建筑面积 933 平方米，库房面积 336 平方米。馆藏档案 32523 卷、16976 件，资料 10165 卷(册)。保存年代最早的是民国档案，较有利用价值的是 1953 年的房屋土地分户册档案。征集有体操名将俞枫、全国劳动模范李海章、社会名人梁乃枝、陆探芳等档案资料。建立了档案机读目录数据库。编写有《三水历史名人》、《三水大事记》、《三水概览》、《第七届亚洲艺术节资料汇编》、《三水改革开放 20 年重要文献选编》等 10 多种有价值的参考资料和 30 多种重要文件汇编，共 2000 多万字；已刻录成光盘保存的重大活动照片档案有 101800 多张。

高明区档案馆 现址高明区荷城街道路华路景乐巷28号，邮编528500，电话(0757)88822667，馆长区广贤，电话(0757)88883606。成立于1983年。是集中保管区机关、团体、企事业单位档案资料的国家综合档案馆，是区爱国主义教育基地、行政规范性现行文件查阅场所。2007年晋升为省一级档案馆。建筑面积2380平方米，库房面积1100平方米。馆藏档案资料3.57万卷(册)。加强了对重大活动和重点工程项目档案的收集。有计划地开展了历史档案资料的征集。已建成了馆藏全宗级目录数据库，馆藏档案目录全部实现了信息化。开展了对馆藏档案的数字化工作，建立了高明档案信息网站。编有《高明抗日史料简述》、《佛山市高明区大事记》等编研资料。利用档案资料举办了"流金岁月 风雨沧江——高明发展历史档案文献选展"等展览。

(麦剑平)

江门市档案馆 现址市胜利路117号侧，邮编529000，电话(0750)3272250，馆长黎秀芳，电话(0750)3272233。成立于1959年。是集中统一保管市直机关、企事业单位档案资料的国家综合档案馆，是市爱国主义教育基地，政策文件资料的查阅场所。2004年晋升为省特级档案馆。建筑面积5713平方米，库房面积2350平方米。馆藏档案资料78256卷(册)、23070件。其中资料20921本(册)。馆藏档案资料的历史跨度140余年，保存年代最早的是清朝档案。馆藏有珍稀的清代光绪二十三年粤海关在江门北街租地建客货上落站及关房等文书，还有同治四年清政府皇帝亲自签发的嘉奖江门地方官的功牌等。输入计算机文件级目录已达82万条，江门市档案方志网已经建立起来。举办了"江门解放57年解放历程"和协助江门市委、市府举办了"五邑华侨风采展"、"纪念司徒美堂诞辰135周年"等展览。编写参考资料26种，汇编档案史料13种。

(刘萍)

蓬江区档案馆 现址市建设二路18号区政府大楼南面附楼首、二层，邮编529030，电话(0750)8222362，馆长黄世斌，电话(0750)8222818。成立于1996年。2005年蓬江区现行文件查询中心正式挂牌成立。2001年晋升为省一级档案馆。总面积457平方米，库房面积220平方米。馆藏档案资料67907卷(件/册)。馆藏所有档案目录进行了计算机著录，已著录案卷级目录39604条，文件级目录316141条。加大了对防治"非典"、房改政策等重大事项、活动的档案收集工作。

江海区档案馆 现址市东海路338号江海区机关大院一号楼，邮编529040，电话(0750)3861512，馆长吴俊勇，电话(0750)3861180。成立于1988年。2001年被评为省一级工作达标单位。总建筑面积为682.25平方米，库房面积为340平方米。馆藏档案总数31207卷(件)，资料3650册。保存年代最早的是部分阶级成分资料和土地证。已建成馆藏全宗级目录数据库，其中案卷级目录27105条，文件级目录172402条。成立了现行文件利用中心，并开通江海区档案信息网10个栏目。

新会区档案馆 现址市会城同庆路1号行政中心四楼，邮编529141，电话(0750)6390575，馆长林国富，电话(0750)6390063。成立于1958年。是国家综合档案馆，集中保管全区镇级以上机关、团体、部分企事业单位的档案资料，是行政规范性文件查询场所。2003年晋升为省一级档案馆。总建筑面积2063平方米，库房面积650平方米。馆藏档案资料87130卷(册)，其中资料8442册。特色档案有1922年由新会协作主义同志研究会出版的《半月刊》、《觉悟周报》；有周恩来、朱德、董必武、叶剑英等中央和国家领导人到新会视察的照片、题词、录音档案等。资料有明清时期的县志和创刊于1912年的《新会醒报》、记载赵氏家族一千多年繁衍历史与南宋灭亡情节的赵氏及其他11个姓氏的族谱、家谱；有明代理学家陈献章、近代名人梁启超、陈垣、巴金

的资料、书信。（陈艳珍）

台山市档案馆 现址台城镇中山路21号，邮编529200，传真(0750)5529345，馆长黄苏照，电话(0750)5522247，网址 http://dangan.tsinfo.com.cn/，邮箱 vi188@163.com。成立于1958年。建筑面积1672.42平方米，库房面积524.2平方米。1997年晋升为省一级目标管理达标单位。馆藏档案37284卷，2545件，资料14673册。编纂了37种、567.5万字的档案参考资料，主要有：《陈宜禧与新宁铁路》、《新宁铁路创办人陈宜禧》、《台山排球运动史》、《台山自然灾害史》、《台山县地理志》、《台山县侨乡志》、《台山华侨史料》、《台山名胜古迹》、《台山大事记》（第一、二、三册）、《侨乡丰碑录》、《侨乡门楼风姿》、《中国共产党广东省台山市党组织史资料》、《中国共产党广东省台山市基层党组织史资料》、《爱国主义教育阅读本》、《台山百年》、《台山捐投项目荟萃》、《台山档案志》、《台山档案馆指南》、《台山家庭建档荟萃》等编研史料。

开平市档案馆 现址市长沙光华路1号市行政机关大院内，邮编529300，电话(0750)2236098，馆长余英瑞，电话(0750)2237678。成立于1959年。是集中统一管理市各机关、团体、企事业单位档案资料的国家综合档案馆和现行文件查询中心，也是市爱国主义教育基地。2002年晋升为省一级档案馆工作达标单位。总建筑面积2370平方米，库房面积720平方米。馆藏档案70375卷、7603件、资料12661（册）。保存最早的是清康熙时期的资料；最具特色的是解放前几种开平地方报纸以及反映侨乡民风民俗，联系海外侨胞思想、生活以及文化交流的各种侨刊和反映开平历史悠久的史志、族（家）谱等；有少量民国档案和革命历史档案。征集了司徒美堂、邓荫南等开平籍名人的资料。自动化检索目录数据库达到291548条。建立了开平市档案信息网页。编辑出版和内部发行了《开平大事记》、《开平英烈传》、《日本帝国主义侵华（开平）罪行》、《开平之最》等29种编研资料。

鹤山市档案馆 现址沙坪镇前进路18号，邮编529711，电话(0750)8888520，馆长吕绍强，电话(0750)8886013。成立于1958年。是集中保管市级机关、团体、企事业单位档案资料的国家综合档案馆，是现行文件查阅中心。1994年晋升为省一级档案馆。建筑面积723平方米，库房面积395平方米。馆藏档案资料40343卷（册），其中资料11437册。保存年代较早的是清朝档案、民国档案、革命历史档案。保存档案资料有鹤山百科全书、土壤、地名普查、广播新闻稿、土地证等专门档案，有撤销单位和破产企业的档案，有胡蝶、宋军、李铁夫等名人档案，有乾隆、光绪年以来修编的县志、族谱、名人墨宝等。（黄燕霞）

恩平市档案馆 现址市恩城镇解放路市府大院内，邮编529400，电话(0750)7728180，馆长梁美琼，电话(0750)7729187。成立于1961年。是集中统一保管市级机关、团体、企事业单位档案资料的综合档案馆，是市级爱国主义教育基地，2003年成立了现行文件服务中心。1993年晋升为省二级档案馆。2004年评为省农业农村档案工作先进单位；2005年评为省巾帼文明示范单位。总建筑面积480平方米，库房使用面积210平方米。馆藏档案资料43367卷（册），其中资料6000卷（册）。保存年代最早的是1766年（清乾隆三十一年）县志和民国档案。馆藏有中国第一个飞机设计师、飞行家冯如先生的档案资料和编研材料达四十多种。（岑瑞锋）

湛江市档案馆 现址赤坎区北云路18号市委办公大院内，邮编524046，电话(0759)3180372，馆长王小冰，电话(0759)3180398。1958年建立。2001年晋升为省一级综合档案馆。总建筑面积1032平方米。馆藏档案资料共68910卷（册）、9079件。馆藏资料保存有清朝光绪年间地方志、民国时期《大光报》等。有邓小平、江泽民、胡锦涛等中央、省领导视察湛江的照片。加强收集市重大活动声像档案；积极开展对名人档案、珍贵旧照片资料的征集、收集工作。馆藏档案文件级目录共528292条全部实行电子计算机检索。建立了湛江市现行文件网和湛江档案信息网两个网站。编辑了《湛江发展之路》、《湛江市大事记》等专题档案史料汇编20多种200多万字。举办了"湛江建市60周年档案图片展"和"湛江'十五'经济社会发展成就展"。

湛江市城建档案馆 现址湛江市霞山区民享路31号,邮编524002,电话(0759)2211011,馆长姜兵和,电话(0759)2282749。成立于1981年。是集中统一保管、接收和征集涉及全市范围内具有永久和长期保存价值的城建档案资料的专门档案馆。2002年晋升为省一级城建档案馆。2004年被评为全国城建档案工作先进单位;现任馆长姜兵和被国家建设部授予全国城建档案先进工作者称号。总建筑面积1754.1平方米,库房面积291.9平方米。馆藏档案44450卷,各类图纸33588张,图书资料4430册;照片29370张。馆藏档案资料的历史跨度100余年,保存年代最早的是1853年法文图,保存最多的是建设工程管理类和竣工类档案,有少量的民国城建档案。已将馆藏档案全部输入计算机管理,1998年建立本馆网站。编有《港城新姿》、《湛江城市规划建设回顾10年》、《湛江城建信息》、《湛江建设十年画册(1979－1987)》、《湛江市城市总体规划图集》、《湛江市城市规划史料》、《湛江市1950－1995年城市建设基础资料汇编》等编研成果;馆拍摄反映湛江城市建设风貌的300多幅照片,先后在《城建档案》、《广东画报》、《香港文汇报》等10多种刊物刊登。

湛江市房地产档案馆 现址湛江市霞山区解放东路28号,邮编524013,电话(0759)2211506,馆长李旭霞,电话(0759)2231380。成立于1995年。是收集、整理、保管利用全市房地产档案资料的部门档案馆。1999年晋升为省特级档案馆。总建筑面积1183.5平方米,库房面积876平方米。馆藏档案资料31.5万卷(册),其中资料0.5万册。年代最久远的是清朝乾隆三十五年的房地产断卖契,距今已有230余年,保存最早由官方颁发的房地产权证为清光绪十四年的房地产契尾,法国殖民统治湛江时期颁发的契证最具历史意义,建国后的房地产档案最为完整齐全。实现了电脑自动编目、自动检索、自动管理。 (陈明)

湛江市赤坎区档案馆 馆址:广东省湛江市赤坎区百姓路1号,邮编:524033,馆长:劳敬,办公电话:(0759)3221089,手机:13828274778。网址:www.chikan.gov.cn/,QQ:316949015,邮箱:quidanganju@163.com。成立于2000年2月23日,建筑面积300平方米,其中库房面积:150平方米。馆藏档案13087卷、16917件,资料3100册。

霞山区档案馆 现址湛江市霞山区解放西路22号,邮编524013,电话(0759)2173797,馆长王梅秀。成立于1988年。是集中统一保管区级机关、团体、企事业单位档案资料的国家综合档案馆。2001年晋升为省二级档案馆。档案库房面积65平方米。馆藏档案7403卷,8860件,资料3693册。文件级档案目录数据采集已完成80%。 (钟琼梅)

坡头区档案馆 湛江市坡头区档案馆成立于1990年8月2日,与湛江市坡头区档案局合署办公,一套人员两个牌子。应有人员编制6人,实有人员编制7人。现任局(馆)长徐信荣,办公电话:(0759)3950443,移动电话:13702476268。邮政编码:524057,电子邮箱:ptda443@163.com。

麻章区档案馆 现址湛江市政通东路区政府大楼二楼,邮编524094,电话(0759)2733052,馆长李东琼,电话(0759)2733189。成立于1987年。是集中管理区直机关、团体、企事业单位档案资料的国家综合档案馆,是行政规范性文件查阅场所。2001年评为省二级目标管理达标单位。面积300平方米,库房面积210平方米。馆藏档案10761卷,资料2263册。自编和合编了《麻章区抗法革命斗争史》、

《麻章区民情民俗》、《郊区抗日解放时期革命史》、《麻章区、郊区名人录》等8种参考资料和9种史料汇编。

遂溪县档案馆 现址遂城镇中山路133号，邮编524300，电话(0759)7759139，馆长邓卿，电话(0759)7762478。成立于1961年。是集中统一保管县直机关、团体、企事业单位档案资料的国家综合档案馆。1999年晋升为省二级档案馆。获得2002年省档案目标管理三年攻坚先进单位、2006年省先进集体、2001年至2006年连续5年获得湛江市先进单位称号。总建筑面积650平方米，库房面积222平方米。馆藏档案资料27124卷，1347件。其中图书资料5557册。

徐闻县档案馆 馆址徐闻县人民政府大院内。邮编524100。馆长卢光轩。电话：(0759)4879016(办公室)，13802349166(手机)。成立于1958年11月11日正式成立。馆藏建筑面积623平方米，其中库房面积400平方米。馆藏档案40411卷，资料4878册。

廉江市档案馆 现址廉城北街一路21号，邮编524400，电话(0759)6625483，馆长黎松荣。成立于1958年。是集中统一保管市各镇、市直机关、团体、企事业单位档案资料的国家综合档案馆，2004年成立现行文件服务中心。1994年晋升为省二级档案馆。2001年、2006年荣获省档案系统先进集体。总建筑面积828平方米，库房面积621平方米。馆藏档案资料2.7万卷(册)，其中资料0.98万卷(册)。保存最早是民国档案，少量革命历史档案和资料。馆加大档案资料接收工作力度，特别是土地证存根、土地产量分户清册、破产企业档案接收和族谱等档案资料的收集。

(邓维棠)

雷州市档案馆 现址雷城镇雷州大道8号，邮编524200，电话(0759)8812305，馆长何达光，电话13827162411。成立于1961年。是集中统一保管市各机关、企事业单位、团体档案资料的国家综合档案馆，市现行文件阅览中心。1990年被评为省二级目标管理达标单位。总建筑面积630平方米，库房面积420平方米。馆藏档案资料48465卷(册)，其中资料5996册，馆藏档案资料的历史跨度约300余年，保存年代最早的是清朝康熙年间资料，最早的档案是民国档案。

吴川市档案馆 现址梅录街道文明路10号，邮编524500，电话(0759)5604770，馆长陈上庆，电话13702682553。成立于1961年。是集中统一保管机关、团体和事业单位档案资料的国家综合档案馆，是行政规范性文件查阅场所。2001年被确认为省二级档案馆工作达标单位。1983年、1987年和2006年被评为省档案工作先进单位；馆干部庞杰、馆长陈上庆分别于1983年和2006年被评为省档案工作先进工作者。总建筑面积565平方米，库房面积248平方米。馆藏档案2.5万卷(册)。馆藏档案的最早时间是1931年的民国档案。内有记录爱国将领张炎和民国广东省政府主席李汉魂的事迹材料。馆藏图书资料2776册，最早时间的是清代的《高州府志》、《吴川县志》。

茂名市档案馆 现址市区迎宾一路46号安达大厦内，邮编525000，馆长吴华，电话(0668)2910936。成立于1960年。是集中统一保管市机关、企事业单位档案资料的国家综合档案馆。2003年被市政府指定为现行文件阅览服务中心。库房面积695平方米。馆藏档案资料66566卷(册)，其中资料9880册。档案、资料、现行文件目录已全部录入计算机。馆藏珍贵照片有：党和国家领导人(包括胡耀邦、江泽民、李鹏、朱镕基等)、省委省政府主要领导视察茂名的照片；外国友人，港、澳、台知名人士来我市参观指导时的照片，本市重大政务活动的照片、录像等。编写出版了档案馆指南、名医指南、创业者的风采、茂名市革命英雄传、茂名市自然灾害史等编研材料。

电白县档案馆 现址水东镇海滨新区向阳大道1号，邮编525400，电话(0668)5115021，馆长蔡伟东，电话15976558299。成立于1959年。是集中统一保管县级机关、团体、企事业单位和镇档案资料的国家综合档案馆，是行政规范性文件查阅场所。1997年晋升为省二级档案馆。建筑面积1000平方米，库房面积600平方米。馆藏档案资料19158卷(册)，其中资料5409册。保存较早的有民国档案、革命历史档案。对馆内档案条目进行电脑录入。编辑出版了《王占鳌》、《赵守桐回忆录》等史料。 (赖秋明)

高州市档案馆 现址中山路59号市府大院内，邮编525200，电话(0668)6664130。成立于1959年。是集中统一保管市机关、团体、企事业单位档案资料的综合档案馆，是现行文件查阅场所。1999年晋升为省一级档案馆。2006年获全省档案工作先进集体。建筑面积1392平方米，库房面积960平方米。馆藏档案资料87938卷(册)，其中资料9757册。有民国档案、革命历史档案。珍贵档案有沙田起义朱也赤等烈士英雄事迹以及高州各地革命斗争史、毛泽东1939年在延安给梁毅的亲笔信。江泽民2000年春出席高州市领导干部“三个代表”教育动员大会形成的有关文书、声像、实物档案。编写了《高州县档案志》、《高州市档案馆抗日战争档案史料综述》等十多种资料。

(甘小琼)

化州市档案馆 现址市北京路市府大楼西239号，邮编525100，电话(0668)7356583，馆长龚永珍，电话(0668)7359833。成立于1958年。是集中统一保管全市副科以上单位档案资料的国家综合档案馆，是现行文件阅览服务中心。1997年被评定为省二级档案馆工作达标单位。总面积425平方米，库房面积300平方米。馆藏档案资料40551卷(册)，其中图书资料、报纸杂志6452卷(册)。保存年代最早的是乾隆年间的《高州府志》、《化州志》以及民国档案。

信宜市档案馆 现址市环山路29号市委大院内，邮编525300，电话(0668) 8812432，馆长黎春凤，电话(0668) 8833918。1961年成立。是集中统一保管市各机关、团体、企事业单位档案资料的国家综合档案馆，是县(市)级爱国主义教育基地，是市已公开现行文件阅览中心场所。1999年被评为省二级档案馆工作达标单位。总建筑面积764平方米，库房面积509平方米。馆藏档案资料29263卷(册)，其中图书资料3017册(本)。重点档案除了大量的民国档案之外，还有少量的清末年间的卖田契、卖地契，还有部分中央和省领导视察信宜的珍贵照片和题词。 (韦月祥)

肇庆市档案馆 现址市天宁北路80号市委大院内，邮编526040，电话(0758)2282915，馆长余刚林，电话(0758)2260898。成立于1959年。是集中统一保管市级机关、团体、企事业单位档案资料的国家综合档案馆，是政务信息公开场所和文档资料信息服务中心。1994年晋升为省二级档案馆。总建筑面积2434.98平方米，库房面积1500平方米。馆藏档案资料82150卷(册)，其中资料12818册。收集到本市检查指导工作、旅游观光、学术交流的中央领导、各国友人、知名人士留下的书画、手迹、照片等特色档案，包括有朱德、陈毅、叶剑英、陶铸等老一辈革命家视察本市的老照片一千多张，有著名画家刘海粟、黎雄才、秦鄂生和国家领导人华国锋、李鹏、赵朴初等的字画140多幅。已基本建成馆藏全宗级、文件级和专题目录数据库，有各类数据80余万条，逐步开展了网上查档服务。自编或与有关单位合作汇编出版《肇庆地区自然灾害史》、《肇庆地区土地、人口变化情况》、《肇庆土特产志》、《肇庆行政区域历史沿革》、《乡镇企业文件选编》等档案史料25种，近242万字。利用档案举办了“肇庆巨变50年”、“伟大旗帜 光辉历程”、“肇庆大型图片档案展”等。

(赵丕军)

肇庆市城建档案馆 现址市信安路78区规划大院内，邮编526060，电话(0758)2765126，馆长张跃红，电话(0758)2765128。1987年成立。是集中统一管理和保管肇庆市城市建设档案的重要基地。2001 年晋升为省特级城建档案馆。馆库面积 2189 平方米，库房面积 561 平方米。馆存档案 6 万多卷，资料 6810 册。有明、清、民国时期肇庆府城图；肇庆历次城市总体规划及各种详细规划档案。编纂了《肇庆市城市规划建设志》、《肇庆市城市规划基础资料(三)》、《肇庆市城建档案馆指南》、《肇庆市风景名胜古迹简介》等一系列编研材料。

肇庆市房产档案馆 现址市端州区和平路 43 号，邮编 526060，电话(0758)2760050，馆长刘广庆，电话(0758)6816360。2002 年成立。面积 900 平方米，库房面积 500 平方米。馆藏档案 147475 卷。采用电子计算机将全部房地产档案资料录入，提高了工作效率。

端州区档案馆 现址市古塔中路 15 号区机关大院内，邮编 526060，电话(0758)2733729，馆长赵丕宽，电话(0758)2700863。成立于 1961 年。是集中保管区属机关、团体、企事业单位档案资料的国家综合档案馆，现行文件服务中心。1992 年晋升为省二级档案馆。馆库面积为 1100 平方米。馆藏档案资料 33367 卷(册)，其中资料 2957 册。馆藏文件级录入的目录已全部刻录成光盘进行备份。全区抗击“非典”、“三讲”教育、保持共产党员先进性教育、端砚文化节的档案接收进馆。有广东省领导陪同西哈努克亲王等游览肇庆星湖、李长春视察端州工业经济发展情况的照片、介绍端州投资环境的《春满端州》纪录片、《端州名砚》VCD 等；有叶选平为端州工业开发区标志碑的题词。 (宋毓平)

鼎湖区档案馆 现址坑口罗隐大道区政府大院内，邮编 526070，电话(0758)2622150，馆长陈志坚。成立于 1994 年。是集中统一保管区级机关、团体、企事业单位档案资料的国家综合档案馆，是区级爱国主义教育基地，是行政规范性文件政务公开的场所。1995 年晋升为省二级档案馆。馆库面积 1010 平方米。馆藏档案资料 13507 卷(册)、5193 件，其中资料 4447 册。已将进馆档案目录全部录入计算机管理。编辑了《肇庆市鼎湖区防洪手册》、《肇庆市鼎湖区“三农”政策文件汇编》、《肇庆市鼎湖区应急预案汇编》、《肇庆市鼎湖区农业示范基地资料汇编》、《肇庆市鼎湖区沙浦农民革命斗争史》、《肇庆市鼎湖区龙一贝丘遗址资料汇编》等。

广宁县档案馆 现址南街镇文化路 93 号，邮编 526300，电话(0758)8632671，馆长陈世健。成立于 1959 年。是集中统一保管县级机关、团体、企事业单位档案资料的国家综合档案馆，是爱国主义教育基地，行政规范性文件查阅场所。2001 年晋升为省二级档案馆。总建筑面积 1040 平方米，库房面积 520 平方米。馆藏档案资料 2.8 万卷(册)，其中资料 0.7 万册。保存年代最早的是民国档案，有少量革命历史档案。已将全国各地书法家为我《万竹园》书法碑林投稿书法底稿 76 份，全国劳动模范贾东亮、全国一级工艺美术大师欧阳良矩等一批重大活动的档案资料收集进馆。完成建国后档案卷内目录数据录入 2 万多条。编辑出版了《广宁档案史料》；还编有《广宁建县由来》、《广宁县城垣建置及沿革》、广宁县土特产、代表会简介等。

怀集县档案馆 现址怀城镇解放中路 68 号，邮编 526400，电话(0758)5523349，馆长朱少桓，手机 13827561796。成立于 1959 年。是集中统一保管全县档案资料的国家综合档案馆，2005 年成立现行文件服务中心。2000 年被评为省二级档案馆。2006 年被省档案局评为先进集体，1999、2006 年被怀集县委、县政府评为“县文明单位”。总建筑面积 512 平方米，库房面积 229 平方米。馆藏档案资料 34145 卷(册)，其中资料 8960 卷(册)。保存年代最早的是清朝档案和资料，还有民国档案和革命历史档案及具有时代特色和怀集地方特色的土地房产证存根和山林土地证存根档案。已将省、市主要领导来怀及怀集县委、县政府主要领导重大政务活动照片收集进馆，还征集有名人字画及怀集县历史地图等档案资料。编辑出版了《中共怀集县组织史》、《毛荣楷在怀集工作图文集萃》等，汇编专题档案史料 18 种 63.6 万多字。

封开县档案馆 现址江口镇红卫路 12 号，邮编 526500，电话(0758)6663702，馆长陈培田，电话(0758)6669937。成立于 1961 年。是集中统一保管县各机关、团体、企事业单位档案资料的国家综合档案馆，是已公开现行文件利用服务中心。1990 年晋升为省二级档案馆。荣获省档案工作先进单位，省农业、农村档案工作先进单位等十多项奖励。建筑面积 770 平方米，库房面积 590 平方米。馆藏档案资料 36296 卷(册)，其中资料 11710 册。保存最早的是民国档案。编有《封开县自然灾害史》等 16 种，60 多万字编研材料。

（林海秋）

德庆县档案馆 现址朝辉路德庆县旧县委大院内，邮编 526600，电话(0758)7773007，馆长陈世明，电话(0758)7781782。1999 年馆晋升为“省一级”档案馆工作达标单位。总建筑面积 663.62 平方米，实用面积 480 平方米。馆藏档案总数 30009 卷、2928 件、图书资料 5208 册。馆藏珍贵档案资料有明、清和建国后的德庆州志、专业志等志书一批及我县国家级保护文物德庆三元塔、学宫、悦城龙母等名胜古迹工程档案。

高要市档案馆 现址市府前大街 25 号，邮编 526100，电话(0758)8392134，馆长区新林，电话(0758)8396838。成立于 1958 年。是集中保管市属机关、企事业单位档案资料的国家综合档案馆，是已公开现行文件服务中心。1991 年晋升为省一级档案馆。建筑面积 1097 平方米，库房面积 548 平方米。馆藏档案 36945 卷，资料 10827 册。保存年代最早是清朝档案。馆藏重点档案文件级目录已电脑录入。编辑了 120 多种编研材料供查阅。

（杜敏强）

四会市档案馆 现址市汇源路 8 号，邮编 526200，电话(0758)3322130，馆长邵志明。成立于 1959 年。是集中保管机关、团体和部分企事业单位档案资料的综合档案馆，2004 年内设现行文件服务中心，2006 年建立起爱国主义教育基地。1993 年评为省二级档案馆。总建筑面积为 2143 平方米，库房面积 1801 平方米。馆藏档案 45000 卷(件)。最早年代为 1686 年。报刊、资料等 14799 册(件)。编写了 40 余种 300 多万字的编研资料“吉祥四宝”(《四会柑桔》、《四会玉器》、《四会禅宗》、《四会吉他》)全面介绍四会特色。对重点档案进行全文扫描，制成电子文档，馆藏档案目录基本输入电脑，初步实现了自动检索。

惠州市档案馆 现址市三新南路 9 号，邮编 516003，电话(0752)2827081，馆长彭华君，电话(0752)2829098。成立于 1963 年。是集中统一保管市直机关、团体、企事业单位档案资料的国家综合档案馆，是市政府指定的政务信息公开场所。2006 年晋升为省特级档案馆。建筑面积为 6300 平方米。馆藏档案 61586 卷、3826 件，馆藏资料 13029 册。保存有叶剑英、徐向前、聂荣臻、王震、廖承志的题词、信件，江泽民、李鹏、朱镕基、李瑞环等视察惠州的照片及一大批有价值的历史资料。馆藏档案资料及现行文件目录已全部数字化，实现了自动化检索；2005 年 6 月，开通公众信息网站。

惠城区档案馆 现址市龙丰上排新联路 1 号惠城区行政中心 1 楼，邮编 516008，电话(0752)2386140，馆长何建新，电话(0752)2386139。成立于 1978 年。是集中统一保管机关、团体、企事业单位及乡镇、街道办事处形成的档案资料的国家综合档案馆，是查阅规范性文件的场所，是现行文件利用中心。2001 年晋升为省二级档案馆，2004 年、2006 年被授予“全省档案系统先进集体”。建筑面积 1500 平方米，库房 1000 平方米。馆藏档案、资料 33551 卷(册)，其中馆藏档案 28035 卷(册)、资料 5516 册。征集有明嘉靖《惠州府志》、《东江英烈传》等。编有《抗战时期日军侵占惠城区人口伤亡和财产损失调查资料》、《惠城区“文化大革命”资料选编》、《惠城区干部任免文件汇编》等。

惠阳区档案馆 现址惠阳区淡水街道办金惠大道，邮编516211，电话(0752)3823678，馆长黄永辉，电话(0752)3823688。网址：http://dangan.huiyang.gov.cn/。成立于1959年。是集中统一保管区级机关、团体、企事业单位档案资料的国家综合档案馆，是现行文件阅览中心。2000年评为省二级档案馆。总建筑面积7045平方米，库房面积1511平方米。馆藏档案资料4.3万卷(册)，其中资料1万册。馆藏档案的历史跨度400余年。保存最早的是明清档案和资料，有嘉靖、乾隆、光绪版本的《惠志略》、《惠州府志》、《归善县志》、《惠州西湖志》及字画档案、民国档案等。已将广东惠阳高级中学百年校庆等重大活动的档案资料收集进馆。征集了叶挺等惠阳籍革命先辈、彭宝林等烈士的照片与资料等档案资料。已完成了建国后档案案卷级、文件级目录数据采集工作。2006年惠阳区档案信息网站建成开通。 (李伟洪)

罗县档案馆 现址博惠路82号，邮编516100，电话(0752)6206296，馆长肖新民，电话(0752)6206181。成立于1958年。2003年成立现行文件阅览中心。1994年被评为省二级档案馆。总建筑面积1056平方米，库房面积756平方米。馆藏档案有民国档案、革命历史档案。民国档案有黄埔军校及博罗县国民党党政军团机关的部分档案，革命历史档案有东江游击纵队活动的史料及袖章、印模等。馆藏档案35774卷，3373件，资料9076册，报纸1300册。已将所有馆藏档案的目录输入电脑，输入目录数达41万多条，实行电脑检索目录查阅档案。2007年建立了博罗县档案信息网站。 (李柳梅)

惠东县档案馆 现址平山人民路23号，邮编516300，电话(0752)8822151，馆长谢国振，电话(0752)8810179。成立于1965年。是集中统一保管县各镇(街道、管委会)级机关和县级机关、团体、企事业单位档案资料的国家综合档案馆，是行政规范性文件查阅场所。1996年晋升省二级档案馆。总建筑面积1023平方米，库房面积750平方米。馆藏档案资料4.5万卷(册)，其中资料1.3万册。已建立馆藏全宗级目录数据库，档案信息网站也已开通，并开展网上档案利用工作。编辑出版了《百年阴阳历》、《惠东县志》、《惠东县组织史资料》等6种参考资料，编辑了《惠东县主要资源和土特产简介》、《惠东县档案馆馆藏档案资料内容简介》等24种专题档案史料汇编。

梅州市档案馆 现址市江南新中路市政府大院内，邮编514023，电话(0753)2188199，馆长钟伟基，电话(0753)2188193。成立于1965年。是集中统一保管市级机关、团体、企事业单位档案资料的国家综合档案馆，2004年馆建立了现行文件利用中心。1994年晋升为省二级馆。总建筑面积6028平方米，库房面积2000平方米。馆藏有36671卷档案，资料有9118卷(册)。比较珍贵的档案资料有清光绪版本的《嘉应州志》；历史名人宋湘、丘逢甲、黄遵宪和著名侨胞曾宪梓、田家炳等的有关资料；有授“梅州星”、“曾宪梓星”、“田家炳星”的资料；有江泽民、胡耀邦、叶剑英、乔石、温家宝、吴邦国、杨尚昆、王震、邹家华、郭沫若、叶选平、谢非、李长春、张德江等人来梅视察的讲话、照片、题词等；有梅县机场、广梅汕铁路建设、世界客届联谊大会和世界客属第十二次恳亲大会、神州百姓闹元宵、中国山区发展战略国家研讨会等大型活动的文件材料。

(凌秀凤)

梅江区档案馆 成立于1988年3月，现址为梅州市梅江区仲元东路51号区政府大院内，邮编为514000。馆长侯海岸，电话(0753)2196780、2196817。档案馆建筑面积1360平方米(其中680平方米地方借给2个单位办公)，库房面积340平方米。馆藏档案共13706卷又8580件、659张(盒、件)，资料4786册。

网址:www.meijiang.gov.cn/sonweb/daij。

梅县档案馆 现址新县城政府大院内,邮编 514700,电话(0753)2589152,馆长温伟华,电话(0752)2589708。成立于 1958 年。是集中保管县级机关、团体、企事业单位档案资料的国家综合档案馆。2003 年晋升为省一级档案馆。建筑面积 1776 平方米,库房面积 1576 平方米。馆藏档案资料 44761 卷(册),其中资料 5679 册。保存年代最早是明清档案和资料,保存较多是民国档案,有少量革命历史档案。与党史、地方志单位编辑出版了《梅县党史》、《革命史》、《梅县志》等,还编辑县五套班子文件汇编。陈列全县各种奖杯、奖牌等供参观。

大埔县档案馆 现址湖寮镇同仁路 191 号,邮编 514200,电话(0753)5522581,馆长房亦海,电话(0753)5539996。成立于 1958 年。是集中保管县级机关、团体、企事业单位档案资料的国家综合档案馆,是已公开现行文件利用服务中心。1997 年晋升为省一级档案馆。建筑面积 1153.28 平方米,库房面积 400 平方米。馆藏档案 34438 卷,资料 7289 册。保存有明清、民国、革命历史档案。编纂了《大埔县党政群组织史》、《大埔县志》、《大埔县农村发展道路》等 28 种、240 多万字的档案参考资料。

(何胜勇)

丰顺县档案馆 现址丰顺县行政中心综合大楼内办公,邮编 514300,电话(0753)6688323,馆长张炽礼,电话(0753)6688322。成立于 1961 年。丰顺县档案馆为国家综合档案馆,2005 年馆设立现行文件利用中心。1996 年晋升为省二级档案馆。使用面积为 1500 平方米,库房面积 1350 平方米。馆藏档案 15442 卷(册),资料 5220 册。编写了《丰顺县历届人代会简介》、馆藏档案全宗简介、档案法规制度汇编、丰顺县大事记、中共丰顺县组织史资料、县领导讲话汇编、《县委、县政府关于丰顺县征用土地批复专题目录》、《关于机关干部住房标准规定专题目录》等。

五华县档案馆 现址县城华一东路 1 号,邮编 514400,电话(0753)4433298,馆长陈育方,电话(0753)4430498。成立于 1958 年。是集中保管县级机关、团体、企事业单位档案资料的国家综合档案馆,2005 年设立了现行文件利用中心。2000 年晋升为省一级档案馆。2004 年评为省档案系统先进事体。建筑面积 1537 平方米,库房面积 540 平方米。馆藏档案 25473 卷(件),资料 6608 册。保存年代最早是民国档案,还有少量革命历史档案。馆藏档案目录三分之一录入电脑。 (巫秀梅)

平远县档案馆 现址大柘镇平城南路三巷 5 号(平远县委大院内),邮编 514600,电话(0753)8824217,馆长龙运通。成立于 1961 年。是集中统一保管县机关、团体、企事业单位需永久和长期保管的档案,并对档案进行科学整理、鉴定、保管、统计和提供利用。1998 年晋升为省一级档案目标管理达标单位。总建筑面积为 881 平方米,库房面积 258 平方米。馆藏档案资料 37189 卷,3163 件,其中资料 9636 卷。已录入档案条目 82024 条,案卷目录 2202 条。

蕉岭县档案馆 现址蕉城镇石伯公路 1—1 号,电话(0753)7873681,馆长钟喜明,电话(0753)7871573。成立于 1961 年。是集中保管县级机关、团体、企事业单位档案资料的国家综合档案馆,是县行政规范性文件查阅场所。1998 年晋升为省一级档案馆。建筑面积 1034 平方米,库房面积 517 平方米。馆藏档案资料 3.5 万卷(册),其中资料 1.2 万册。保存年代最早的是民国档案和资料,有少量革命历史档案。完成建国后档案案卷级目录数据采集工作。彩用自编和合编方式编纂了《蕉岭县基本情况》、《蕉岭县地方历史》、《蕉岭县组织史料》等 15 种 236.5 万字的档案参考资料。

兴宁市档案馆 现址兴城振兴路市委大院内,邮编 514505,电话(0753)3382730,馆长陈时伦,电话(0753)3388731。成立于 1958

年。是集中统一保管市机关、团体、企事业单位档案资料的国家综合档案馆,成立了现行文件利用中心。1996 年晋升为省一级档案馆。建筑面积 883.5 平方米,库房面积 265.2 平方米。馆藏档案资料 67898 卷(册),其中资料 11815 册。保存年代最早的是民国档案,有少量革命历史档案。

汕尾市档案馆 现址市政府办公楼二楼B楼,邮编 516600,电话(0660)3363725,馆长周滨,电话(0660)3393798。成立于 1989 年。是集中统一保管市级机关、团体、企事业单位档案资料的国家综合档案馆,成立现行文件阅览室。2003 年晋升为省一级档案馆。被评为省综合档案目标管理三年攻坚先进单位、档案工作目标管理 2001－2003 年度先进单位、巾帼文明岗、保密工作(2000－2005)先进单位等荣誉称号。总建筑面积 560 平方米,库房面积 320 平方米。馆藏档案资料 39049 卷(件、册),其中资料 7335 册。已将有关首届泛珠三角(广东汕尾)民间艺术节、防治"非典"工作等档案收集进馆,正在收集的还有纪念彭湃诞辰 110 周年、汕尾市建市 20 周年等重大活动、重要历史事件的档案资料。征集了汕尾籍"中国民俗学之父"钟敬文先生的一些资料。部分档案可利用档案管理软件进行文件级检索,目前机检目录达 55580 多条。汕尾市档案信息门户网站于 2005 年底建立。编辑出版了《汕尾大事记(1987－2005 年)》、《汕尾年鉴》(1999 年刊),其后每年出版一部,至 2007 年共 9 部,约 740 万字。

汕尾市城建档案馆 现址市政和路市城市规划局办公大楼,邮编 516600,电话(0660)3362172,馆长陈沛,电话(0660)3370889。成立于 1991 年。是集中统一接收和保管市城市规划、建设及其管理活动中直接形成的对国家和社会具有保存价值的文字、图纸、图表、声像等各种载体的文件材料的基地。2004 年晋升为省特级城建档案馆。总建筑面积 1558 平方米,库房面积 148 平方米。馆藏档案、资料 18890 卷(册),其中资料 1661 册。接收了一批重点建设工程的竣工档案和重要的地下管线工程档案、风景名胜古迹档案资料。已建立和逐步完善城建档案数字化、信息网络管理。收集地下管线工程档案资料,通过计算机进行扫描和整理、校对数据,建立起城市地下管线信息管理系统。编研出版了《汕尾市城市规划建设发展轨迹》(VCD)、《汕尾市风景名胜》、《汕尾市城市简介》等 8 种编研材料。

汕尾市城区档案馆 现址香城城路城区政府办公楼,邮编 516600,电话(0660)3361994,馆长王清红,电话(0660)3368994。成立于 2002 年。是集中统一保管区政府机关、团体、企事业单位档案资料的国家综合档案馆,设立了现行文件阅览室。2002 年晋升为省二级档案馆。建筑面积 350 平方米,库房面积 150 平方米。馆藏档案资料 21967 卷(册、件)其中资料 3155 册。编辑出版了《汕尾市城区大事记》、《汕尾市城区概况》、《汕尾市城区组织史》、《汕尾市城区革命烈士英名录》等编研资料 60 多万字。

海丰县档案馆 现址县城红城大道西 988 号县政府大院内,邮编 516400,电话(0660)6600167,馆长黄大毅,电话(0660)6600168。成立于 1959 年。是集中统一保管县级机关、团体、企事业单位档案资料的国家综合档案馆,是现行文件阅览场所。2000 年晋升省二级档案馆。2004 年被授予"全省档案系统先进集体",2006 年被授予"省档案工作先进集体"。建筑面积 2145 平方米,库房面积 910 平方米。馆藏档案资料 34935 卷(件),其中资料 5340 册。保存年代最早的是明嘉靖版、清乾隆版、清光绪版《海丰县志》、《惠州府志》。有革命文物"海丰县农民协会"金属章。有海陆丰苏维埃政权成立的档案资料,有杨尚昆、钱其琛、田纪云、谢非、洪学智、李长春、张德江等视察海丰的照片,有海陆丰白字戏《金叶菊》等影碟,有启功、关月山等书画作品,有彭湃、陈炯明、陈其尤等名人史料。出版物有《海丰县民国档案选编》、《中国共产党海丰县组织史料》等。

（黄大毅）

陆河县档案馆　现址县政府大院内，邮编516700，电话(0660)5524911，馆长彭国城，电话(0660)5517916。成立于1988年。是集中统一保管县级机关、团体、企事业单位档案资料的国家综合档案馆。2003年晋升省二级档案馆。面积560平方米，库房面积150平方米。馆藏档案资料9883卷(册、件)，其中资料3509册。编研了陆河客家民俗风情及当地特产、旅游景点介绍材料。

河源市档案馆　现址市新市区沿江东路5号，邮编517000，馆长张小环，电话(0762)3823396。成立于1990年。是集中统一保管市机关、团体、企事业单位档案资料的国家综合档案馆。2007年晋升为省一级档案馆。2005年被评为广东省档案工作先进集体。总建筑面积2100平方米，库房面积1800平方米。馆藏档案资料3万卷(册)，其中资料0.8万册。馆藏档案资料的历史跨度300余年。保存年代最早的是清朝乾隆时期。已将防治“非典”工作、亚洲旅游小姐决赛、市创建全国优秀旅游城市等一批重大活动、重要历史事件的档案收集进馆。征集了孙中山、阮啸仙、李力锦、陈希少等名人的照片与资料。完成了全部档案案卷目录数据注录工作。编辑《河源市历届人代会简介》、《河源市风俗宗教情况简介》、《河源市自然灾害史》等13种档案参考资料和《河源市政府工作报告》、《河源市历届人代会会议材料汇编》等档案史料汇编，利用档案开办了档案展览厅。

源城区档案馆　现址市源城区公园路1号(区政府大院内)，邮编517000，电话(0762)3335314，馆长廖小波，电话13923686692。成立于1988年。是集中统一保管区直机关、团体、企事业单位档案资料的国家综合档案馆，是区政府指定的行政规范性文件查阅场所。2000年晋升为省二级档案馆工作达标单位。总建筑面积近700平方米，库房面积350平方米。馆藏档案资料21837卷(册)，其中资料5748册。保存年代最早的是民国档案和资料。目前已将河源市创建国家优秀旅游城市、省文明城市、全国双拥模范城市、招商引资等一批重大活动、重要历史事件的档案资料收集进馆。征集了槎江人物等名人的照片与资料及河源市历史地图等大量档案资料，目前已建成馆藏全宗级目录数据库，完成了建国后档案案卷级目录数据采集工作。编辑撰写了《源城区档案馆全宗指南》、《源城区档案馆大事记》、《源城区档案馆组织沿革》、《源城区各镇、场、办事处简介》、自然灾害史等档案史料汇编，协助编写了《源城区大事记》、《源城区志》等史料。

紫金县档案馆　馆址紫金县紫城镇秋江路东路38号县党政办公大楼内，邮编517400，馆长龚火生，办公电话：(0762)7822901，传真电话：(0762)7822482，电子信箱：zjfz@sina.com。成立于1958年11月，建筑面积970平方米，其中库房面积520平方米，馆藏档案资料42709卷、册，其中资料7450册。

龙川县档案馆　现址县政府大院内左侧，邮编517300，电话(0762)6752915，馆长陈桂平，电话(0762)6885890。1999年被评定为省一级综合档案馆，是县级爱国主义教育基地。2004年先后评为“全省档案系统先进集体”、“河源市农业农村档案工作先进单位”、“创建中国优秀旅游城市工作先进单位”；2006年被评为“广东省档案工作先进”和“河源市档案工作先进集体”。成立于1985年。总建筑面积630平方米，库房面积420平方米。馆藏档案48550卷，资料4000册。

连平县档案馆　现址元善镇公园路1号(即县政府大院内)，邮编517100，电话(0762)4332273，馆长蒋廷亨。成立于1958年。是集中统一保管县级机关、团体、事业单位档案资料的国家综合档案馆，是行政规范性文件查阅场所。2001年晋升为省二级档案馆。总建筑面积960平方米，库房面积480平方米。馆藏档案资料1.8余万卷(册)，其中资料0.3余万册。保存年代最早的是清朝雍正八年(1730年)出版的《连平州志》;有少量的民国档案和革命历史档案。

和平县档案馆 现址和平县阳明镇解放路58号(县政府大院内),邮编517200,馆长:王宁,电子信箱:hpdaj550@126.com。电话(0762)5611298,成立于1958年,档案馆大楼于1984年建成使用,建筑面积960平方米,库房建筑面积650平方米,目前馆藏档案资料总量37180卷(册),其中资料11593(册)。

东源县档案馆 现址县政府大院内五号楼,邮政编码517500,现任馆长何文胜,办公电话(0762)8831365,档案馆前身是原河源县档案馆,1988年撤县设立河源市,原河源县档案馆分别设河源市源城区档案馆、河源市郊区档案馆,1993年撤区改县,设立东源县档案馆。1987年前在馆馆藏的档案原则上归属源城区档案馆管理,涉及到乡镇地域图及土地房产证等部分档案归属东源县档案馆管理。为此,县档案馆馆藏档案资料全部是1988年后收集整理的。到2008年止,县档案馆馆藏档案19815卷,其中资料1890卷(册)。档案馆总建筑面积有2000平方米,库房面积1500平方米。

阳江市档案馆 现址阳江市东风二路60号,邮编529500,电话(0662)3324999,馆长陈宝德,电话(0662)3328559。2006年晋升为省一级档案馆。总建筑面积2532.65平方米,库房面积615平方米。馆藏档案52742卷,资料11254卷(册)。已购买、征集了一批有历史价值的档案史料、照片。例如:民国时期《两阳民国日报》、《两阳新商日报》、部分族谱、照片。以及散存于社会的在本市居住的阳江书画家的书画。馆藏全宗的档案目录全部数字化,完成文件级目录23万多条。

阳西县档案馆 2000年6月成立,同年12月被省、市考评组评审升为"省二级"档案馆工作达标单位,现任馆长林日全,办公电话(0662)5537721,手机13824983988;邮编:529800。由于建县初没有规划建设档案馆,在办公用房比较紧张的情况下,县档案(局)馆办公、库房只能安排在县政府大院内政府办公大楼顶层(五楼),使用面积220平方米,其中库房面积150平方米,为妥善解决县档案馆库房突出问题,县政府已决定购买检察院办公大楼,作为档案局(馆)的办公大楼,面积为3578.19平方米。现馆藏档案资料有12239卷(件、册),其中文书档案9379卷又108件;专门档案1225卷;资料1527册。

阳东县档案馆 现址阳东县城德政路1号,邮编529900,电话(0662)6611447,馆长谢少映,电话(0662)6614408。1997年设立。是集中统一保管县机关、团体、企事业单位档案资料的国家综合档案馆,是县级爱国主义教育基地,行政规范性文件查阅场所。2000年晋升为省一级档案馆。总建筑面积800平方米,库房面积168平方米。馆藏档案资料11236卷(册),其中资料1987册。已建成全宗级目录数据库,完成了文件级目录12万多条。收集广东省委书记张德江六进阳东平地村工作生活足迹的资料图片。开展了历史名人档案征集。

阳春市档案馆 现址市春城街道府前路102号,邮编529611,电话(0662)6162325,馆长黄辉祥,电话(0662)6162328。成立于1961年。是集中统一保管市机关、团体、企事业单位档案资料的综合档案馆,是市政府指定的现行文件阅览服务场所。2000年晋升为省二级档案馆。总建筑面积853平方米,库房面积426平方米。馆藏档案资料35541卷(册),其中资料14500册。馆内还收藏有珍贵的实物档案,如岭南画派大师关山月的《梅花图》,黎雄才的《观瀑图》等。 (司徒允)

清远市档案馆 现址市人民二路18号,邮编511518,电话(0763)3382235,馆长王振华,电话(0763)3384198。成立于1988年。是集中统一保管市直机关、团体、企事业单位档案资料的国家综合档案馆,2003年馆现行文件阅览中心成立并对外开放。2001年晋升为省二级档案馆达标单位。库房面积340平方米。馆藏档案资料45567卷(册),其中资料4160册。重点单位的档案目录和馆藏资料的目录已全部录入计算机。已开通了清远档案信息网站。编辑出版了《清远市建市十五周年大事记》、《清远市名优特产选介》、《发展中的阳光新城》、《清远市1994年特大洪涝灾害纪实》等专题档案史料汇编20多种。

清城区档案馆 现址东城澜水新区行政文化中心,邮编511510,电话(0763)3939006,馆长马镜明,电话(0763)3939005。1988年成立。是集中统一保管区机关、团体、企事业单位档案资料的国家综合档案馆,是区政府指定的现行文件查阅场所。1996年被评为省二级档案馆。总面积为1500平方米,馆库面积1200平方米。馆藏档案资料近7.2万卷(册),其中资料6800册。馆藏档案资料的历史跨度近300年。保存年代最早的是清朝资料。

佛冈县档案馆 现址石角镇振兴北路县人民中心东楼后,邮编511600,电话(0763)4283283,馆长李小珑,电话13602921309。成立于1958年。是集中统一保管县直机关、团体、企事业单位档案资料的国家综合档案馆。1997年被评定为省二级目标管理达标单位。总建筑面积2500平方米,库房面积1300平方米。馆藏档案资料63200卷(件、册)。接收进馆的档案均实行计算机案卷级和文件级录入,实行计算机检索。

阳山县档案馆 现址县城松荣路22号,邮编513100,电话(0763)7882547,馆长肖国雄。成立于1961年。是集中统一保管县机关、乡镇、企事业单位档案资料的国家综合档案馆。2001年晋升省二级档案馆。建筑面积1020平方米,库房面积700平方米。馆藏档案资料42144卷(册)。近年来主要抓了破产转制企业档案的接收工作。

连山壮族瑶族自治县档案馆 现址县城吉田镇勤政路5号,邮编513200,电话(0763)8737048,馆长覃业伙。成立于1961年。是集中统一保管区机关、团体、企事业单位档案资料的国家综合档案馆,2004年成立了文件阅览中心。1999年评为省二级档案馆。建筑面积742平方米,库房面积380平方米。馆藏档案资料55396卷(册)其中资料11178册。保存年代最早的是民国档案,资料最早的是康熙年鉴刘允元编纂的《连山县志》。从社会征集到记载连山境内各种宗谱、族谱史料10多种。计算机录入案卷级目录0.27万条,文件级4.33万条。编写有17种参考资料。

连南瑶族自治县档案馆 现址三江镇朝阳街161号,邮编513300,电话(0763)8662522,馆长曾金旺。成立于1963年。1991年晋升为省二级档案馆。总建筑面积1524平方米,库房面积800平方米。馆藏档案54252卷(册),资料8337册。具有民族特色的资料有《连南八排瑶语》、《瑶家风情》、《广东瑶族古代历史》、《连阳八排风土记》等。

清新县档案馆 现址太和镇府前街3号县科技楼三楼,邮编511800,电话(0763)5814521,馆长陈朝永,电话(0763)5833521。成立于1988年。是集中统一保管县机关、团体、企事业单位档案资料的国家综合档案馆,是行政规范性文件查阅场所。1999年晋升为省一级档案馆。建筑面积353平方米,库房面积193平方米。馆藏档案30776卷5530件,资料3487册。编纂了《清新县石灰岩地区人口迁移工程介绍》、《清新县"5.12"特大洪涝灾害纪实》等编研材料。 (黄善勤)

英德市档案馆 现址英城(街道)利民路1号,邮编513000,电话(0763)2222654,馆长陈广禄,电话(0763)2221356。成立于1959年。是集中统一保管各镇(街道)和市直各单位档案的主要基地。1995年被评为省二级档案综合管理达标单位。建筑面积1200平方米,库房面积672平方米。馆藏档案资料47967卷(册),其中资料7459册。保存年代最早的民国档案。编写了《英德市大事记》、《英德县档案馆指南》、《英德县档案志》等资料。

（陆军）

连州市档案馆 现址市星河路聚源大厦六楼，邮编513400，电话（0763）6678650，馆长伍成和，电话（0763）6678885。成立于1959年。是集中统一保管市机关、团体、企事业单位档案资料的国家综合档案馆，是市现行文件阅览中心。2000年晋升省二级档案馆。建筑面积1200平方米，库房面积600平方米。馆藏档案资料50917卷（册），其中资料8436册。保存年代最早的档案是民国档案，资料是1864年的《广东通志》。已录入馆藏案卷级目录1万条，文件级目录8万条。编写了《连州大事记》、《连州名胜古迹与旅游景点简介》、《连州市瑶、汉二大民族概况》等史料汇编。举办了"国际档案周"、"古郡新市——连州"图片展览。与连州报社举办了"连州档案工作新风貌"宣传栏目。

东莞市档案馆 现址市鸿福路99号市行政办事中心西楼，邮编523888，电话（0769）22839793，馆长成洪生，电话（0769）22839782。成立于1958年。是集中统一保管市直机关、团体、企事业单位档案的国家综合档案馆。2005年晋升为省特级档案馆。总建筑面积3426平方米，库房面积802平方米。馆藏档案97673卷51830件，资料12074册。有民国档案和革命历史档案。珍贵的是东莞历史、风土民情的历代志书和族谱，包括明天顺《东莞县志》、清雍正《东莞县志》、清嘉庆《东莞县志》和清宣统《东莞县志》等50余册，以及《凤岗陈氏家谱》、《温塘袁氏族谱》、《东莞县县政纪要》等。已将东莞市防治"非典"工作、保持共产党先进性教育、创建中国优秀旅游城市、创建国际花园城市等一批重大活动、重要历史事件的档案资料收集进馆。征集了何炎燊、杨宝霖等地方名人档案资料。已建成馆藏档案文件级目录数据库，并于2005年开始对馆藏档案进行扫描共150万页，馆藏档案的86%可实现电脑检索，14%可实现全文检索。2003年建立了东莞市档案信息门户网站。按季度编辑出版《东莞档案》，向社会公布东莞市档案馆工作动态及馆藏档案信息。编纂了《东莞改革开放纪实》、《东莞县行政区划变化情况资料汇编》、《东莞八景》等30多种参考资料共计159万字；分别与市政协、市党史研究室、市方志办共同编辑出版了《东莞历代地图选》、《建国五十周年东莞大事记》、《中国共产党东莞历次代表大会文献选编》等资料。利用档案在馆内举办"档案珍品展览"，并配合省档案馆举办"馆藏名人书画联展"。

（朱联璧）

中山市档案馆 现址市兴中道1号人大政协大楼附楼，邮编528403，电话（0760）8328069，馆长冯荣球，电话（0760）8315272。成立于1958年 。是负责收集、保管并提供利用本市具有重要保存价值的各种门类、各种载体档案的综合档案馆，是市级爱国主义教育基地、行政规范性文件查阅场所。1999年晋升为省特级档案馆。总建筑面积2300平方米，其中库房500平方米。馆藏档案10万余卷，资料近万册，其中以嘉靖至光绪年间历朝编纂的《香山县志》尤为珍贵。征集了反映中山历史的有价值的民间档案史料共3.6万件。编纂了编研资料21种，其中公开出版的《香山明清档案辑录》荣获2005－2006年度中山市宣传文化精品著作类二等奖（一等奖空缺）、2005－2006年度中山市社科优秀成果一等奖；近年相继以教育、民俗等主题举办的多次展览，均获好评。建立了市电子档案馆系统，形成数字化档案信息数据超过100万条；建立于2001年的中山档案信息网已成为社会大众了解政务信息和中山市情的重要窗口。

潮州市档案馆 现址市湘桥区昌黎路70号，邮编521000，电话（0768）2228361，馆长郑耀宣。成立于1958年。是集中统一保管市级机关、团体、事业单位及原潮安县乡镇（公社）一级档案资料的国家综合档案馆，是行政规范性文件查阅场所。1998年晋升为省一级档案馆，1996年、2006年被评为广东省档案工作先进集体。总建筑面积 1386 平方米，库房面积 480 平方米。馆藏档案资料 73480 卷(册)，其中资料 8508 册。保存年代最早的是民国档案。有建设韩江大桥竣工图纸资料；土改期间韩江南北堤预留地，布告和加固工程资料；农业税分户登记清册。史料有《潮州府志》、《潮州西湖志》、《韩江记》及 1995 新编的《潮州市志》。征集了国家级教育专家丁有宽的部分名人档案。采集案卷级和卷内文件级目录数据 25 万多条。潮州市档案信息网站已经建立。

湘桥区档案馆 现址市新洋路北段湘桥区政府办公大楼七楼，邮编 521000，电话(0768)2100096，馆长苏泽江。成立于 2005 年。是集中统一保管区级机关、团体、企事业单位档案资料的综合档案馆。总建筑面积 120 平方米，其中库房面积 70 平方米。馆藏档案 1574 卷。逐步将馆藏档案的文件级目录录入计算机。

潮安县档案馆 现址县党政办公大楼 5 楼，邮编 515638，电话(0768)5815179，馆长张纪熹。成立于 1995 年。是集中统一保管县机关、团体、企事业单位和乡镇档案资料的国家综合档案馆。馆藏档案资料 6000 卷(册)，其中资料 1000 多册。已建潮安县信息门户网站。 (张纪熹)

饶平县档案馆 现址黄冈镇河南大道 1 号，邮编 515700，电话(0768)7505775，馆长吕德荣。成立于 1958 年。是集中统一保管县直机关、团体、企事业单位以及各镇、场档案资料的国家综合档案馆，是县爱国主义教育基地、已公开现行文件利用中心和县指定的规范性文件查阅场所。1998 年被评为省二级档案馆。总建筑面积 1100 平方米，库房面积 500 平方米。馆藏档案资料 4.3 万卷(册)，其中资料 1 万册。馆藏档案资料的历史跨度约 530 年。保存年代最早的是明成化十三年(1477 年)饶平县建城的城墙砖，以及明清饶平《东里志》手抄本等档案资料。有民国档案、革命历史档案、学籍档案、“黄冈丁未革命”档案。收集了一批反映饶平人民抗击台风、重大纪念活动、名人著作和书画等档案和图片资料。采用自编或合编等方式，编纂各种档案参考资料 30 种、230 余万字。

揭阳市档案馆 现址榕城区新兴北路 83/11 号，邮编 522000，电话(0663)8622552，馆长张素忠，电话(0663)8610699。成立于 1958 年。是集中统一保管市级机关、团体、企事业单位档案资料的综合档案馆，是市级爱国主义教育基地，是行政规范性文件查阅场所。1999 年晋升为省一级档案馆。总建筑面积 897 平方米，库房面积 360 平方米。馆藏档案资料 41236 卷(册)，其中资料 7256 册。馆藏档案资料的历史跨度 80 多年，保存年代最早的是民国档案，有少量的革命历史档案。征集揭阳名人档案 59 人 570 份；对馆藏档案目录进行数字化，累计共录入目录 72000 多条；2003 年揭阳市档案馆网站开通。协助出版年鉴、史志，出版档案汇编、全宗指南、编研材料共计 1988.8 万字。 (江少冰)

榕城区档案馆 现址榕城区区委区政府机关办公大楼主楼 609 号，邮编 522000，电话(0663)8614799，馆长陈英华，电话(0663)8670356。总建筑面积 215 平方米，库房面积 142 平方米。馆藏档案资料 2585 卷(册)，其中资料 850 多册。已将审计档案、纪检案件档案、信访档案、已故人员档案陆续接收进馆。对已进馆档案的文件级条目进行电脑录入。 (陈英华)

揭东县档案馆 现址县党政办公大楼后八楼西侧，邮编 515500，馆长陈建英，电话(0663)3263710，成立于 2002 年，建筑面积 520 平方米，其中库房面积 420 平方米。馆藏档案资料：9174 卷(册、盒、件、张)；其中资料 1578 册。网址：www.jdxda.cn。

揭西县档案馆 现址县委党校院内，邮编 515400，电话(0663)55684665，馆长刘俊杰。成立于 1965 年。是统一保管机关、团体、企事业单位档案资料的国家综合档案馆，是行政规范性文件查阅场所。1997 年晋升省二级档案馆。馆档案资料 14837 卷(册),其中资料 3762 册。征集了社会姓氏族谱、名人著作、志书。

惠来县档案馆 现址惠城镇南门大街 1 号,邮编 515200,电话(0663)6682545,馆长蔡振顺,手机 13828105369。成立于 1961 年。集中统一保管县各机关、团体、企事业单位档案资料的综合档案馆。2000 年被评为省二级档案馆。总建筑面积 295 平方米,库房面积 275 平方米。馆藏档案资料 25785 卷(册),其中资料 3270 册。编纂了 10 多种 150 万字的档案参考资料,主要有《惠来县大事记》、《惠来县档案局简介》、《档案信息》、《惠来县组织史资料》等。

普宁市档案馆 现址市流沙大道普宁市人民政府大院内档案楼三至四层,邮编 515300,电话(0663)2222235,馆长韦炎辉,电话(0663)2255811。成立于 1959 年。是集中统一保管市机关、团体、企事业单位档案资料的国家综合档案馆。1999 年晋升为省一级档案馆,荣获广东省档案系统先进集体称号。总建筑面积 1120 平方米,库房面积 566 平方米。馆藏档案 23420 卷(册),其中资料 5903 册。编辑出版了《普宁县革命烈士英名录》、《普宁县建置与行政区域沿革》、《解放后普宁历次政治运动简况》等专题档案史料 14 种 110 多万字。 (王兰芳)

云浮市档案馆 现址市行政中心天鹅小区勤政路,邮编 527300,电话(0766)8988111,馆长关卓梅,电话(0766)8988962。成立于 1995 年。是集中统一保管市级机关、团体、企事业单位档案资料的国家综合档案馆,是市级爱国主义教育基地。总建筑面积 4000 平方米,库房面积近 700 平方米。馆藏档案 9613 卷 10644 件、图书资料共 1528 本(册)。已将第一、二届中国(云浮)国际石材科技展览会的档案资料收集进馆。完成了馆藏所有档案的案卷目录、卷内目录、文件级目录的录入。重要全宗的部分档案已扫描复制,照片档案全部数字化。云浮市档案信息门户网站已经建立。编有《云浮人物》(丛书之一)、《新的起点 新的征程》、《云浮市档案工作成果汇编》、省领导批示件汇编、《云浮市荣获全国五一劳动奖章及全国劳动模范称号人员简介》、《云浮市重大灾害选介及抗灾纪实》等近 40 种编研资料。利用图片档案举办了"千年回眸云浮足迹——云浮发展历史档案文献图片选展"、"云浮市城乡建设成就(2004—2007 年)图片展览"、"发展中的云浮档案事业——纪念《档案法》颁布 20 周年专题展览"。

新兴县档案馆 现址新城镇象岗路 1 号县府大院内,邮编 527400,电话(0766)2883184,馆长梁惠强,电话(0766)2893398。成立于 1959 年。是集中统一保管县机关、团体、企事业单位档案资料的国家综合档案馆,是行政规范性文件查阅场所。1998 年被评定为省二级目标管理单位。2000 年、2006 年被授予广东省档案系统先进集体称号。总建筑面积 480 平方米,档案库房面积 280 平方米。馆藏档案资料 3.3 万卷(册),其中资料 1.04 万册。馆藏档案资料的历史跨度 86 年。保存年代最早的民国档案。收集了《禅宗六祖》等档案资料。

云安县档案馆 云安县档案馆成立于 1996 年 8 月 8 日,馆址:云安县白沙塘行政区。邮编:527500,馆长何金锋,电话:(0766)8638088,手机:13902377638,网址:yadaj@yahoo.com.cn。馆藏档案 884 卷/776 件,全宗单位 4 个。新建档案馆选址位于云安县白沙塘综合区 1 号地块,占地面积 1752.69 平方米,计划建设三层、高 16.20 米,总建筑面积 3409.5 平方米,总投资 950 万元。2008 年 11 月举行县档案馆奠基动工仪式,计划于 2009 年底建成投入使用。

罗定市档案馆 现址广东省罗定市罗城镇宝定路 31 号,邮编 527200,馆长陈汝平,电话(0766)3765952、3722724。成立于 1958 年,建筑面积 1500 平方米,其中库房面积 740 平方米,馆藏档案 78925 卷、资料 8777 册。网址:www.luoding.gov.cn/govmach/daj。

广西壮族自治区

广西壮族自治区档案馆 现址星湖路北一里3号，邮编530022，馆长黄明初，电话(0771)5869148、5852862。1960年成立，是档案安全保管基地、爱国主义教育基地、自治区政府指定的向社会公众提供规范性文件公开免费查阅服务的场所。1998年晋升国家一级档案馆。建筑面积10000平方米，库房面积6800平方米。馆藏档案50.8万卷。馆藏档案形成时间最早形成于清光绪五年(1879年)。"百色起义档案史料"被列入《中国档案文献遗产名录》。拍摄收集了温家宝、农德孟、连战等到广西视察、访问和第1～3届中国—东盟博览会、中国—东盟商务与投资峰会、中国—东盟建立对话关系15周年纪念峰会的资料。征集了邓小平、张云逸和胡志明等名人档案史料。已建立馆藏档案全宗级、案卷级和文件级目录数据库，完成了馆藏档案全宗级、案卷级和重要全宗文件级目录数据采集工作。文件级目录录入100多万条。馆内设有爱国主义教育基地展览厅，长期面向社会开放。举办了"邓小平与广西——纪念邓小平诞辰一百周年"、"张云逸在广西"和"八桂伟业——纪念中国共产党广西组织建立80周年"、"胡志明主席与广西"等展览。编辑了《广西解放》、《中国共产党在广西档案选编(1950—1965)》、《胡志明与广西》等资料25种700余万字。

(覃世进)

南宁市档案馆 现址新民路65号，邮编530012，馆长黄桂成，电话(0771)2803690、2635148。成立于1960年，是集中统一保管机关、团体、企事业单位档案资料的国家综合档案馆，爱国主义教育基地、市政府指定的政务信息公开场所。2005年晋升自治区一级档案馆。2003年获全国档案系统先进集体称号。总建筑面积2258平方米，库房面积854平方米。馆藏档案资料7.48万卷(册)，其中资料6400册。馆藏档案资料的历史跨度90年。已将南宁国际民歌节、中国—东盟博览会、南宁国际学生用品展、第二届少数民族运动会、族谱、名人等档案资料收集进馆。已建成档案文件目录中心，完成了案卷级、文件级和未进馆档案目录数据采集工作，可供检索的文件级目录150万多条。建立了档案信息网站。纸质档案数字化近16万页，照片数字化2004张。编写了《南宁市档案馆指南》、《南宁市档案工作大事记》、《南宁市档案利用效果实例汇编》、《南宁市大事记》等资料25种数百万字。举办了档案收集、保护、利用成果展，档案法宣传板报展、"南宁旧城图片展"等展览。市电子文件中心建成并开始试运行。 (邓淑华)

南宁市城建档案馆 现址民乐路10号，邮编530012，馆长梁启雄。电话(0771)2807410、2827853。成立于1986年2月，集中统一管理城市基建档案。1997年晋升自治区二级档案馆。1999年晋升国家一级城建档案馆。总建筑面积3178.71平方米，库房面积1855.35平方米。馆藏档案资料10万余卷，馆藏档案中形成年代最早的有民国18年(公元1929年)由广西陆军测量局测绘的广西省部分市、县、乡、镇的78份十万分之一地形图。已建成馆藏目录数据库。声像档案全部实现数字化。 (梁启雄 吕闽春 胡雯)

青秀区档案馆 现址南宁市仙葫大道1号，邮编530213，馆长张秀兰，电话(0771)5566127。成立于2005年，是集中保管机关、团体、企事业单位档案资料的国家综合档案馆，区政府指定的政务信息公开场所。2005年晋升自治区二级档案馆。总建筑面积917平方米。馆藏档案资料7800盒(册)，其中资料1200册。已完成档案文件级目录数据采集工作，可供检索的文件级目录4.6万条。实施了"青秀区档案数字化系统开发"项目，对馆藏近26万多页的纸质开放档案资料进行图文数字化处理，已完成87.4%。编写了《青秀区志》、《青秀区大事记》、《青秀区经济社会事务管理职能及办事服务手册》、《青秀区组织机构沿

革》等资料。（唐莉）

兴宁区档案馆 现址南宁市解放路54号，邮编530012，馆长赵巍巍，电话（0771）2616329、2616319。成立于2005年6月，是集中统一保管机关、团体、企事业单位档案资料的国家综合档案馆，爱国主义教育基地和区政府指定的政务信息公开场所。2005年晋升自治区二级档案馆。总建筑面积1735.6平方米，库房面积1000平方米。现有馆藏档案资料5754卷（册），其中资料1040册。已完成全部馆藏档案文件级目录数据采集，可供检索的文件级目录10万余条。编写了《兴宁区志》、《兴宁区大事记》、《中共南宁市兴宁区委、人大、政协历届会议简介》等10余种资料。

（赵巍巍）

江南区档案馆 现址南宁市淡村路5号，邮编530031，电话（0771）4882684、4836242。成立于2005年，是集中统一保管机关、团体、企事业单位档案资料的国家综合档案馆，区委、区政府指定的政务信息公开场所。2005年晋升为自治区二级档案馆。总建筑面积850平方米，库房面积300平方米。馆藏档案3827卷，资料750册。馆藏档案资料最早形成于1979年。已将防治"非典"、"保持共产党员先进性教育"作、小街小巷改造、第六届南宁·东南亚国际美食节10＋1商业大道主会场等档案资料收集进馆。可供检索的目录5.6万条。编辑了《江南区志》、《江南区军事志》、《江南区大事记》、《江南区组织史资料》、基础数字汇编、档案利用效果实例》等200余万字资料。

（黄加作）

西乡塘区档案馆 现址南宁市衡阳西路11号，邮编530001，馆长卢璐，电话（0771）3116312、3136455。成立于2005年，是集中统一保管机关、团体、企事业单位档案资料的国家综合档案馆，爱国主义教育基地、区政府指定的现行文件查阅中心。2005年晋升自治区二级档案馆。总建筑面积1500平方米，库房面积350平方米。馆藏档案档案1.19万卷（册），资料1550余册。已将地区成立、城区党代会、傩戏、黄氏家族民居等档案资料征收集进馆。可供检索的文件级目录7.4万条。编有《旺州工业园》、《永新四十年辉煌看南宁》、《春到城北花满溪——南宁市城北区建区二十五年发展情况介绍》等资料。（莫慧明）

良庆区档案馆 现址南宁市德政路20号，邮编530219，馆长玉仁伟，电话（0771）4508903。成立于2005年，是集中统一保管机关、团体、企事业单位档案资料的国家综合档案馆，区政府指定的政务信息公开场所。总建筑面积100平方米，库房面积70平方米。馆藏文书档案1.4万件，资料138卷（册）。已将保持共产党先进性教育活动的档案资料收集进馆。已建成馆藏档案文件级目录数据库，可供检索的文件级目录1.5万条。

（玉仁伟）

邕宁区档案馆 现址南宁市蒲庙镇红星路，邮编530200，馆长黄守刚，电话（0771）4712242。1959年成立，是集中统一保管机关、团体、企事业单位档案资料的国家综合档案馆，爱国主义教育基地，区政府指定的行政规范性文件查阅场所。2000年晋升自治区二级档案馆。2003年荣获自治区档案系统集体二等功。建筑总面积610平方米，库房面积210平方米。馆藏档案档案3.16万卷，资料1.09册。档案起止年代为1931年至2007年。可供检索的文件级目录35万条。编有全宗介绍、全宗目录等资料。（黄守刚）

武鸣县档案馆 现址城厢镇兴武大道245号，邮编530100，馆长李文江，电话（0771）6222612。成立于1958年，是集中统一保管机关、团体、企事业单位档案资料的国家综合档案馆，爱国主义教育基地，县委、县政府指定的政务信息公开场所。1992年晋升自治区二级档案馆。2003年获自治区档案系统集体二等功。总建筑面积899.34平方米，库房面积429平方米。馆藏档案4.48万卷（册），资料9600册。已将中国壮乡·武鸣"三月三"歌圩活动、国际民歌节武鸣分会场活动和重大工程开工、验收庆典活动等档案资料收集进馆，还征集了志书、老干部回忆录、族谱及陆荣廷等历史名人的资料。已进行馆藏档案文件级目录数据采集工作，可供检索的文件级目录39万条。编辑了《武鸣县大事记》、《武鸣县自然灾害史料汇编》等资料22种86.7万字。

（王慧君）

横县档案馆 现址横州镇江滨西路9号，邮编530300，馆长谢明梅，电话（0771）7222400。成立于1959年，是集中统一保管机关、团体、企事业单位档案资料的国家综合档案馆，县委、县政府指定的政务信息公开场所。1993年晋升自治区三级档案馆。总建筑面积916平方米，库房面积为611平方米。馆藏档案2.7万卷(册)，资料1万册。已将全国茉莉花交易会等重大活动档案资料收集进馆。可供检索的文件级目录25万条。编辑了《横县县志》、《中共横县组织史资料》、《中共横县党史大事记》等资料。（赵祖明）

宾阳县档案馆 现址芦圩镇永武街235号，邮编530400，馆长谭杰人，电话（0771）8222642。成立于1958年，是集中统一保管机关、团体、企事业单位档案资料的国家综合档案馆，爱国主义教育基地，县委、县政府指定的政务信息公开场所。1991年晋升自治区三级档案馆。总建筑面积628平方米，库房面积400平方米。馆藏档案3.25万卷，资料6300册。已将国家副主席曾庆红视察宾阳、防治"非典"等档案资料收集进馆。可供检索的文件级目录40万多条。编写了《宾阳县历届党代会简介》、《中共宾阳县组织史资料》等资料70余万字。（严用明）

上林县档案馆 现址明山大道，邮编530500，馆长覃先军，电话(0771)5222641。成立于1959年，是集中统一保管机关、团体、企事业单位档案资料的国家综合档案馆，爱国主义教育基地，县委、县政府指定的政务信息公开场所。1991年晋升自治区三级档案馆。总建筑面积717平方米，库房面积687平方米。馆藏档案32.8万件，资料6000册。珍贵档案资料有上林县智城遗址唐代"岭南第一、第二碑"——《六合坚固大宅颂碑》、《智城碑》的碑文拓印件、《日本昭和十三年四等主计兵修业纪念佐世保海兵图》(日本侵华铁证)，国民党广西省主席黄旭初题字的《广西年鉴》(部分)、建国前《上林县志》、《八寨农民起义》、《民众报》等。已将壮族"三月三歌圩"、"四六韵"壮山歌、"龙母节"、"师公舞"、多声部民歌等档案资料征集进馆。可供检索的文件级目录24.6万条。（姚旭仁）

隆安县档案馆 现址城厢镇西路18号，邮编532700，馆长黄小燕，电话（0771）6521352、6524063。成立于1959年，是集中统一保管机关、团体、企事业单位档案资料的国家综合档案馆，县委、县政府指定的政务信息公开场所。1992年晋升自治区三级档案馆。总建筑面积705平方米，库房面积470平方米。馆藏档案2.1万卷，资料5000册。已完成馆藏档案案卷级和文件级目录数据采集工作，可供检索的目录有22.3条。编有《隆安县历届人代会和县政府人名录》、《隆安县各乡镇、村屯地名录》、《隆安县水电建设简况》、《隆安县龙虎山风景简介》、《隆安县文革大事记》、《日军在隆安暴行》等资料。（何美江）

马山县档案馆 现址白山镇西华街263号，邮编530600，馆长曾广先，电话（0771）6822357。成立于1973年，是集中统一保管机关、团体、企事业单位档案资料的国家综合档案馆，县委、县政府指定的政务信息公开场所。1991年晋升自治区三级档案馆。总建筑面积432平方米，库房面积244平方米。馆藏档案2万余卷，资料1万余册。可供检索的文件级目录18万余条。编撰《马山县志》、《马山县大事记》、《马山年鉴》、《马山县土地志》、《马山县教育志》、《马山县供电志》、《中共马山县组织史资料》等资料。（黄飞军）

柳州市档案馆 现址三中路66号，邮编

545001，馆长覃孟楚，电话(0772)2825592、2826729。成立于1959年，是爱国主义教育基地、市委、市政府指定的政务信息公开场所。2001年晋升自治区一级档案馆。2003年被评为全国档案系统先进集体。建筑面积6287平方米，馆库面积1740平方米。馆藏档案8.04万卷、9.07万件，资料3.09万册。征集到李宁、谢赛克、严当当等名人档案资料，白莲洞、胡志明旧居等全国重点保护单位和非物质文化遗产高沙锣鼓的档案资料。2002年率先在全区创建档案文件信息服务中心，并在市内商场、宾馆、医院等6个公共场所设置触摸屏，供市民查阅政府现行文件，被誉为“柳州模式”。2003年启动数字档案馆建设项目，完成机读目录115万条，档案全文扫描190多万页。建成档案信息网站。编辑资料29种379.3万字。举办了“保持共产党员先进性教育活动图片展”、“全国地方年鉴展”、“劳模风采展”、“计划经济票证藏品展”等展览。

城中区档案馆 现址柳州市龙城路西一巷1号，邮编545001，电话(0772)2834401。成立于2005年8月，是集中统一管理机关、事业单位档案资料的国家综合档案馆，爱国主义教育基地、区政府指定的行政规范性文件查阅场所。2006年晋升自治区二级档案馆。馆库总面积600平方米。馆藏档案16596卷(件)，资料647卷。

鱼峰区档案馆 现址柳州市学院路10号，邮编545005，馆长徐玉芳，电话(0772)3161157。成立于2005年，是集中统一保管机关、团体、事业单位档案资料的国家综合档案馆，爱国主义教育基地，政务信息公开场所。2005年晋升自治区二级档案馆。总建筑面积为450平方米，库房面积为320平方米。馆藏档案资料22106卷(册)。编撰了《鱼峰区档案馆指南》、《鱼峰区大事记》等资料。

柳北区档案馆 现址柳州市胜利路12—8号，邮编545002，馆长黄丽珍，电话(0772)2829926。成立于2005年，是集中统一保管机关、团体、企事业档案资料的国家综合档案馆，区政府指定的行政规范性文件查阅场所，爱国主义教育基地。2006年晋升自治区二级档案馆。总建筑面积2020平方米，其中库房面积1040平方米。馆藏档案资料33434卷(册)。已建成馆藏全宗级目录数据库。编辑了《柳北区地方志》、《柳北区大事记》、《柳北区档案馆指南》、《柳北区档案编研材料汇编》、《柳北区档案利用效果汇编》等资料。

柳江县档案馆 现址拉堡镇柳北路45号，邮编545100，馆长覃玉珍，电话(0772)7212649、7223690。成立于1959年，是集中统一保管机关、团体、事业单位档案资料的国家综合档案馆，爱国主义教育基地、现行文件信息服务中心。荣获区2000－2003年档案系统先进集体称号。2004年晋升自治区一级档案馆。建筑面积2398平方米，库房面积832平方米。馆藏档案资料49728卷(册)、13104件，其中资料5438册。已完成文书档案案卷级目录的录入，文件级目录录入25498条。编辑了《柳江县志》、《柳江年鉴》、《柳江县组织史》等资料159万字。举办了“崛起柳江”、“邓小平与广西”等展览。（韦美山）

柳城县档案馆 现址大埔镇胜利东路7号，邮编545200，电话(0772)7612204、7619659。成立于1958年，是集中统一保管机关、团体、企事业单位档案资料的国家综合档案馆，爱国主义教育基地、县政府指定的行政规范性文件查阅场所。2001年晋升自治区二级档案馆。总建筑面积512平方米，库房面积312平方米。馆藏档案资料3.5万卷(册)，其中资料4000余卷(册)。馆藏档案资料的历史跨度200余年。已将防治“非典”工作、撤乡并镇工作、县第一、第二届蜜桔节等档案资料收集进馆。征集到邓启明等历史名人的资料及柳城县历史地图、分界图等。已建成馆藏全宗级目录数据库。纸质档案数字化占馆藏纸质档案的12.70%，声像档案已全部数字化。

鹿寨县档案馆 现址鹿寨镇政军路8号，

邮编 545600，馆长张丽君，电话（0772）6812074、6825711。1960 年成立，是集中统一保管机关、团体、企事业单位档案资料的国家综合档案馆，档案文件信息服务中心，县政府指定的查阅现行文件的场所。总建筑面积 1300 平方米，馆藏档案 2.16 万卷，馆藏资料 4316 册。馆藏珍贵资料有《雒容县志》、《中渡沿革考略》、《广西年鉴》、《李母刘太夫人荣衰录》等。完成了建国后档案案卷级目录数据采集工作。采集文件级目录数据 2871 条。建立了县档案局网页。

融安县档案馆 现址长安镇立新街 126 号，邮编 545400，馆长王发玉，电话（0772）8135278。成立于 1960 年，是集中统一保管机关、团体、企事业单位档案资料的国家综合档案馆，县级爱国主义教育基地。2006 年晋升自治区二级档案馆。总面积 600 平方米，库房面积 400 平方米。馆藏档案资料 2.8 万卷（册），其中资料 7756 卷（册）。已收集到龙舟比赛、防治“非典”、“创全国卫生县城”等档案进馆。已完成馆藏档案案卷级目录的电脑录入工作。编写了《融安县志》、《中共融安县组织史资料》、《融安年鉴》、《中共融安县委历届党代会简介》、《融安县历届人代会简介》、《政协融安县历届委员会简介》、《融安县文史》等资料。

三江侗族自治县档案馆 现址江峰街 7 号，邮编 545500，馆长龙治红，电话（0772）8612352。成立于 1959 年，是集中统一保管机关、团体、企事业单位档案资料的国家综合档案馆，县政府指定的行政规范性文件查阅服务中心。1990 年晋升自治区三级档案馆。总建筑面积 400 平方米，库房面积 147 平方米。馆藏档案 1.98 万卷（件），资料 788 册。“郭沫若在程阳桥题词”档案被列入《中国档案文献遗产名录》。已将县 50 周年大庆等档案资料收集进馆。已建立馆藏全宗级目录数据库，完成建国后档案部分案卷级目录数据采集工作。编辑了《三江县地方志》、《三江县土地志》、《三江年鉴》等资料 262 万字。

融水苗族自治县档案馆 现址于融水镇拱城街 17 号，邮编 545300，馆长郭应翊，电话（0772）5122600、13878231357。成立于 1959 年，是集中统一保管机关、团体、企事业单位档案资料的国家综合档案馆，县政府指定的行政规范性文件查阅场所。1990 年晋升自治区级三级档案馆。总建筑面积 381 平方米，库房面积 168 平方米。馆藏档案资料 3.58 万卷（册），其中资料 1.1 万册。馆藏档案资料的历史跨度 290 余年。保存最早的是清乾隆三十六年（1771 年）的档案资料。

桂林市档案馆 现址榕湖北侧，邮编 541001，馆长赵荣桂，电话（0773）2823052、3116861。于 1959 年建馆，1997 年晋升自治区一级档案馆。库房面积 1101.2 平方米。馆藏档案 10 万余卷，资料 5 万多册。特色档案资料有解放前中共桂林地下党组织和桂北游击总队档案，党和国家领导人、外国首脑在桂活动声像档案，各界名人档案，抗战期间美国飞虎队在华活动记录等。建立了馆藏全宗级目录数据库（10 万余条）、文件级目录数据库（建国后档案 200 余万条）、专题目录数据库（40 余万条）。开发了电子档案在线管理系统，依托市电子政务网，对各单位产生的电子文件实施在线接收管理并提供利用。利用馆藏档案举办了新旧桂林对比展、革命历史档案陈列展、桂林市档案馆馆藏档案珍品展等展览。

（王冬玲）

阳朔县档案馆 现址阳朔镇县前街 1 号，邮编 541900，电话（0773）8822348。成立于 1959 年，是爱国主义教育基地和现行文件查阅中心。2001 年晋升自治区二级档案馆。库房面积 276 平方米。馆藏档案 3.3 万卷，图书资料 6400 册。特色档案主要有周恩来、邓小平、江泽民、李鹏等视察工作形成的音像资料、题词，胡志明、黄文欢、尼克松、佩雷斯·德奎利亚尔等外宾参观的音像资料和题词，徐悲鸿、吴作人、白雪石、王琦等人的珍贵书画作品等。

编辑了《阳朔县政府规范性文件汇编》资料30万字。（徐莉）

临桂县档案馆 现址临桂镇，邮编541100，馆长黄先娣，电话（0773）5583669。1959年建立，是现行文件查阅中心。1990年晋升自治区三级档案馆。建筑面积560平方米，库房面积400平方米。馆藏档案42257卷（册）。输入计算机条目67745条。

（李永智）

灵川县档案馆 现址灵川镇灵南路9号，邮编541200，馆长石付保，电话（0773）6812437。1971年成立，建立了现行文件利用中心。1990年晋升自治区三级档案馆。总面积750平方米，库房面积550平方米。馆藏档案3.5万卷。完成了建国后档案案卷级目录数据采集工作，文件级目录录入2万条。

（唐文丽）

全州县档案馆 现址全州镇桂黄中路132号，邮编541500，馆长马亚萍，电话（0773）4815735、4820002。成立于1959年，是县级爱国主义教育基地，建立了现行文件查阅中心。2006年晋升自治区二级档案馆。馆藏档案31801卷，资料15173册。（唐桂芳）

兴安县档案馆 现址兴安镇三台路32号，邮编541300，馆长顾云晖，电话（0773）6222365。成立于1960年，是爱国主义教育基地和现行文件查阅中心。2002年晋升自治区二级档案馆。总建筑面积1431平方米，库房面积755平方米。馆藏档案资料5.1万卷（册），其中资料2.7万册。已将灵渠国债项目、首届"桂林米粉节"等档案资料收集进馆。已建成馆藏全宗级目录数据库，完成了档案案卷级目录数据采集工作。（文舒恩）

永福县档案馆 现址永福镇凤城路73号，邮政编码541800，馆长曾心地，电话（0773）8550886、8519296。成立于1958年，1991年晋升自治区三级档案馆。建筑面积为400平方米，库房使用面积为280平方米。馆藏档案30000余卷（册）。馆藏档案资料的历史跨度90余年。（曾心地）

灌阳县档案馆 现址灌阳镇胜利路39号，邮编541600，馆长唐秀琼，电话（0773）4212248，4212953。1977年成立，是县级爱国主义教育基地。1990年晋升自治区三级档案馆。馆库房面积300平方米。馆藏档案29212卷，资料6318册。收集到了郑姓、刘姓、孙姓的族谱和名人档案。编辑11种专题资料30余万字。（王小明）

龙胜各族自治县档案馆 现址龙胜镇盛园路6号，邮编541700，馆长潘鸿祥，电话（0773）7512135。成立于1959年，1994年晋升自治区三级档案馆。总建筑面积504平方米，库房面积332平方米。馆藏档案29745卷（册）。馆藏档案资料的历史跨度70余年。

（周宏权）

资源县档案馆 现址资源大合镇城中路60号，邮编541400。馆长李秀兰，电话（0773）4311025、4311025。成立于1960年1月，爱国主义教育基地和现行文件查阅中心。2002年晋升自治区二级档案馆。建筑面积650平方米，库房面积400平方米。馆藏档案26325卷（册），其中资料6017册，保存年代最早的档案是反映本县唐朝至明清时期历史的《西延轶志》。编辑资料10余种80余万字。

（贺显辉）

平乐县档案馆 现址平乐镇中华街45号，邮编542400，馆长黄文人，电话（0773）7882825。成立于1958年，是集中统一保管机关、企事业单位档案资料的国家综合档案馆，现行文件查阅中心。2003年晋升自治区二级档案馆。建筑面积975平方米，库房面积600平方米。馆藏档案27630卷，资料3380册。

（黄远益）

荔浦县档案馆 现址荔城镇，邮编546600，馆长莫仲学，电话（0773）7235871、13877380267。1984年成立，是爱国主义教育基地和现行文件查阅中心。2002年晋升自治区二级档案馆。馆库房面积560平方米。馆藏档案28557卷。编研资料20余种40余万字。加强了对重大活动、名人档案、名优名产档案、民风民俗和民间文化艺术档案以及家谱、族谱等档案的征集。 （韦燕姚）

恭城瑶族自治县档案馆 现址恭城镇拱辰街72号，邮编542500，馆长吕生瑞，电话(0773)8212450、8217932。成立于1959年，2000年晋升为自治区二级档案馆。2003年荣立自治区集体二等功。总建筑面积1000平方米，库房面积400平方米。馆藏档案30479卷(册)。馆藏档案资料历史跨度200余年。保存年代最早的档案是绘制于清乾隆九年(公元1744年)的《梅山图》。 （潘全）

梧州市档案馆 现址秋湖路1号，邮编543002，馆长何敏汉，电话(0774)、3103788。成立于1959年，是集中统一保管机关、团体、企事业单位档案资料的国家综合档案馆，现行文件利用中心。1992年晋升自治区二级档案馆。2003年荣获区档案系统集体二等功。总建筑面积4000平方米，库房面积1500平方米。馆藏档案7万余卷，资料14695册。已将梧州国际宝石节等档案接收进馆。已完成档案案卷级目录数据采集工作。编辑了《梧州市志》、《梧州图片志》、《梧州街巷故事》、《锤炼》等资料。建立了档案信息网站。 （黎明）

苍梧县档案馆 现址龙圩镇政贤路18号，邮编543100，馆长聂铭辉，电话(0774)2682575。成立于1959年，是集中统一保管机关、团体、企事业单位档案资料的国家综合档案馆，成立了现行文件利用中心。1990年晋升自治区三级档案馆。总建筑面积540平方米，库房面积270平方米。馆藏档案2.7万卷(册)，资料8000卷(册)。编写有《苍梧县历届人代会简介》、《中共苍梧县历届党代会简介》、《苍梧县档案工作大事记》、《中共苍梧县委、县政府关于计划生育工作文件汇编》、《中共苍梧县组织史资料》等资料70余万字。

藤县档案馆 现址藤州镇登俊路57号，邮编543300，馆长周德超，电话(0774)7282234、2130010。成立于1959年，是集中统一保管机关、团体、企事业单位档案资料的国家综合档案馆，县行政规范性文件查阅场所。1998年晋升自治区三级档案馆。总建筑面积360平方米，库房面积216平方米。馆藏档案24508卷(册)，资料24467册。馆藏档案资料的历史跨度60余年。已完成了大部分档案案卷级和部分档案文件级目录数据采集工作。编辑了《藤县历次党代会、人代会、各界代表会简介》、县委机构沿革、党权志、政权志、档案志、《日本侵略者在藤县暴行录》、《李振亚传略》等资料22篇22.75万字。 （冯宇）

蒙山县档案馆 现址蒙山镇民主街41号，邮编546700，馆长谢振华，电话(0774)6282487、13807746956。正式成立于1959年11月，是集中统一保管蒙山县辖区内机关、团体、企事业单位档案资料的国家综合档案馆，是现行文件查阅利用中心。1991年晋升自治区三级档案馆。总建筑面积1188平方米，库房面积391平方米。馆藏档案41130卷，资料19550册。其中珍贵馆藏有清代至解放初期的房屋地契，太平天国在永安，永安教案档案资料，著名抗法将领苏元春、马盛治、苏元瑞史料及镇南关炮台图等档案史料。已经征集了启功、王光英、黄百裕、李永仁、吴善茂、梁羽生等名人资料入馆。编辑了《永安州与太平天国》、《永安州人抗法史》、《蒙山抗日风云录》等资料。 （杨世珍）

岑溪市档案馆 现址岑城镇城中路2号，邮编543200，馆长覃国力，电话(0774)8222926。成立于1958年，是集中统一保管机关、团体、企事业单位档案资料的国家综合档案馆，设立了已开放现行文件利用中心。是自治区三级档案馆。馆现有总面积150平方米，库房面积110平方米。馆藏档案2.8万卷(册)，资料1.5万(册)。馆藏档案资料历史跨度为90余年。

北海市档案馆 现址和平路东二巷2号，邮编536000，联系电话(0779)2020065、

2036099。成立于1959年,是集中统一保管机关、团体、企事业单位档案资料的国家综合档案馆,建立现行文件资料阅览室。2000年晋升自治区二级档案馆。总建筑面积1100平方米,库房面积668平方米。馆藏档案28794卷(册),资料17417卷(册)。已建成了全宗级目录数据库,完成了馆藏全部案卷级目录数据采集工作。档案信息网站已建立。编辑了《北海市对外开放十年大事记》、《亲切关怀　巨大鼓舞》(国家领导人视察北海画册)等资料。

(杨裕秀)

海城区档案馆　现址北海市长青北路13号,邮编536000,馆长饶佳,电话(0779)3062492。成立于1999年,是集中统一保管海机关、团体、企事业单位档案资料的地方综合档案馆,建立了现行文件资料阅览室。面积180平方米,库房面积150平方米。馆藏档案档案2204卷、10321件、8329张,资料有8979册。收集了国家领导人视察海城区、海城区建区20周年活动等档案资料进馆。

(许桂玲)

银海区档案馆　现址北海市世纪大道,邮编536000,馆长麦筱咏,电话(0779)3228420。成立于1997年,是集中统一保管机关各部门档案资料的地方综合性档案馆,目前没有独立建筑,在银海区政府大楼七楼办公,馆库面积62平方米。馆藏档案1362卷,资料360册。已建成馆藏全宗级目录数据库,全部完成了馆藏全宗、案卷级、文件级档案目录数据采集工作。

铁山港区档案馆　现址北海市铁山港区,邮编536018。馆长黄锋耀,电话(0779)8610767。成立于2002年8月,行使档案保管职能。库房面积200平方米,现藏有各门类档案资料46卷(册),其中资料4卷。

合浦县档案馆　现址廉州鎮康乐街1号,邮编536100,馆长刘黎明,电话(0779)7285517。成立于1958年,是集中统一保管级机关、团体、企事业单位档案资料的国家综合档案馆,建立了现行文件查阅中心。1998年晋升自治区二级档案馆。总建筑面积1188平方米,库房面积760平方米。馆藏档案资料49119卷(册),其中资料11675册,馆藏档案资料的历史跨度近百年。已录入案卷级目录32427条,文件级目录243条。编辑档案资料28种约19万字。

(杨永秀)

防城港市档案馆　现址市行政中心,邮编538001,馆长唐强光,电话(0770)2822717、2829812。成立于1990年,是集中统一保管机关、团体、企事业单位档案资料的国家综合档案馆。库房面积75.6平方米。馆藏档案资料3459卷(册)、18818件,其中资料2100份(册)。已将成立十周年市庆活动,中央、自治区领导人视察等档案资料收集进馆。案卷目录、文件级档案目录全部录入电脑GD2000管理系统。编纂了《防城港市年鉴》、《防城港大事记》、《档案工作文件汇编》等资料。

港口区档案馆　现址渔洲城建政路,邮编538001,馆长吴艳江,电话(0770)2861728。成立于2000年,是集中统一保管机关、团体、企事业单位档案资料的国家综合档案馆。总建筑面积90平方米,库房面积30平方米。馆藏档案5182卷(件),资料166册。馆藏档案资料的历史跨度39年。已将"三光企"革命武装起义纪念周年、港城中越(民间)龙舟邀请赛等档案资料收集进馆。已完成了馆藏全部案卷级目录和文件目录的录入工作,案卷级目录187条,文件级目录8561条。编纂了大约13万字的资料。

防城区档案馆　现址防城镇防北路112号,邮编538021,馆长唐上芬,电话(0770)3252323、2211291。成立于1958年,是集中统一保管机关、团体、企业事业单位档案资料的国家综合档案馆。总建筑面积1002平方米,库房面积514平方米。馆藏档案资料2.6万卷(册),其中资料7700册。馆藏档案资料的历史跨度100余年。已建成办公局域网,应用"GD2000"档案管理系统,逐步形成馆藏全宗

级目录和文件级目录数据库。 （苏祖胜）

上思县档案馆 现址民政路2号，邮编535500，馆长刘大陆，电话(0770)8512340。成立于1959年，是国家综合性档案馆。2001年晋升自治区三级档案馆。1991年至1994年、2003年分别获得自治区档案系统先进集体、集体二等功。总建筑面积640平方米，库房面积402平方米。馆藏档案20256卷，资料7511册。馆藏档案资料的时间跨度为80余年。馆藏档案资料具有特色的有民国4年编制的《上思县志》、建国后的印章档案等。录入了建国后主要全宗的文件级目录4.5万条。编印有《上思县大事记》、《土地山林专题》等10余种资料15万字。 （林谷）

东兴市档案馆 现址东兴市内，邮编538100，电话(0770)7694803。成立于1998年。馆藏档案8787件。编写了《东兴市组织史资料》一书30余万字。 （李凤茹）

钦州市档案馆 现址市行政中心，邮编535000，馆长何相健，电话(0777)3688466、2824517。成立于1981年，是集中统一保管机关、团体、企事业单位档案资料的国家综合档案馆，成立了现行文件阅览中心。2001年晋升自治区二级档案馆。建筑面积为1000平方米，库房面积500平方米。馆藏档案资料4万多卷(册)，资料1万多册。已建成馆藏全宗级目录数据库，完成了馆藏案卷级目录数据采集工作。征集了刘永福、冯子材等名人档案资料共800件(册)。

钦南区档案馆 现址人民路38号，邮政535000，馆长杨然，电话(0777)2828264。成立于1958年，是集中统一保管机关、团体、企事业单位档案资料的国家综合性档案馆，爱国主义教育基地，设立了现行文件查阅中心。面积668平方米。馆藏档案44000余卷，资料27000余册。 （李昌文）

灵山县档案馆 现址灵城镇和平路37号，邮编535400，馆长梁春红，电话(0777)5160085。成立于1960年，是集中统一保管机关、团体、企事业单位档案资料的国家综合档案馆，爱国主义教育基地，设立了现行文件阅览中心。1991年晋升自治区三级档案馆。总建筑面积666平方米，库房面积444平方米。馆藏档案资料35785卷(册)，其中资料8101册。国家重点档案特藏库面积60平方米。完成了档案案卷级目录数据采集工作，馆藏档案40％全宗的文件级目录实现了机检。建立了档案信息网站。

浦北县档案馆 现址小江镇西滨路173号，邮编535300，馆长龙小玲，电话(0777)8212256。成立于1984年，是集中统一保管机关、团体、企事业单位的档案资料的国家综合档案馆，是爱国主义教育基地，现行文件查阅利用服务中心。总建筑面积1267平方米，库房面积364.5平方米。现有馆藏档案23641卷、4290件，资料5543册。馆藏档案资料的历史跨度220余年(1785－2006年)。属于国家重点档案有清代的档案及粤桂边区、钦廉、白石水等地武装斗争的历史档案资料，共3115卷(册)。保存最早的清朝乾隆五十年(1785年)至光绪二十三年(1897年)的断卖田地、房屋契约等档案。已建成馆藏档案目录数据库。编印有《浦北县大事记》、《日寇罪恶录》和党代会、人民代表大会、青工妇代会文件汇编。

贵港市档案馆 现址江北大道，邮编537100，馆长董兆春，电话(0775)4524518、4525868。1958年12月成立，是集中统一保管贵港市级机关、团体、企事业单位档案资料的国家综合档案馆。总建筑面积676平方米，库房面积352平方米。馆藏档案资料41614卷(册)，其中资料9121册。馆藏档案资料的历史跨度70余年。收集了田纪云、郝建秀等视察活动，贵港港建设发展过程，市成立十周年庆典活动，陈勉恕、黄彰、谭寿林等名人的档案资料。已完成全宗级目录和建国后案卷级目录的录入。贵港档案信息网站已开通。

港北区档案馆 现址区行政中心，邮编537100，馆长徐建军，电话(0775)4258409、

4258528。成立于1996年,是集中统一保管机关、事业单位档案资料的国家综合档案馆,区政府指定的行政规范性文件查阅场所。总建筑面积约200平方米,库房面积100平方米。馆藏档案资料2100余件。

港南区档案馆 现址区行政中心,邮编537100,馆长李裕升,电话(0775)4331090。成立于1996年,馆库房面积为65平方米。馆藏档案175卷。现编有《港南区志》60万字。

覃塘区档案馆 现址区行政中心,邮政编码537121,馆长磨永,电话(0775)4861352、4861382。成立于1997年5月,总面积约150平方米,档案馆库房面积80平方米。馆藏档案资料1500余卷。已将上级主要领导视察我区工作以及我区重大活动珍贵照片1000多张收集进馆。征集了族谱、家庭档案等一批档案资料。

平南县档案馆 现址平南镇城东街344号,邮编537300,馆长李炳东,电话(0775)2988700、2989700。成立于1958年,是集中统一保管机关、团体、企事业单位档案资料的国家综合档案馆,是行政规范性文件查阅场所。1991年晋升国家三级档案馆。2004年被授予全区档案工作先进集体(记二等功)称号。总建筑面积1224平方米,库房面积918平方米。馆藏档案资料3.97万卷(册),其中资料1.17万册。馆藏档案资料的历史跨度80余年。已基本建成馆藏全宗级目录数据库,完成了民国档案案卷级目录数据录入。

桂平市档案馆 现址西山镇城北社区117号,邮编537200,馆长梁其荣,电话(0775)3382782。成立于1959年,是集中统一保管机关、团体、企业事业单位档案资料的国家综合档案馆,市委、市政府指定的行政规范性文件查阅场所。1991年晋升自治区三级档案馆。总建筑面积1030平方米,库房面积990平方米。馆藏档案资料62421卷(册),其中资料18066册,馆藏档案资料的历史跨度约100年。已将浔高百年校庆、澳大利亚温拿路市与我市结为友好城市档案资料收集进馆。编写了《桂平市县一千年自然灾害汇编》、《桂平县历届党代会简介》、《桂平县历届人代会简介》、《桂平县历任县委书记、副书记、县长、副县长一览表》、《桂平县土特产品资料介绍》等资料50余万字。

玉林市档案馆 现址人民东路533号,邮编537000,馆长罗宝荣,电话(0775)2825526、2805296。1963年成立,是集中统一保管机关、团体、企事业单位档案资料的国家综合档案馆,已公开现行文件查阅场所。2000年晋升自治区二级档案馆。总建筑面积共1247平方米,库房面积663.2平方米。馆藏档案资料49137卷(册),其中资料22350册。馆藏档案的历史跨度100余年。已完成馆藏档案案卷级、文件级目录数据的采集工作。

玉州区档案馆 现址玉林市玉州路1号。邮编537000,馆长陈薇,电话(0775)2823335、2838856。成立于1959年,是集中保管机关、团体、企事业单位档案资料的国家综合档案馆,设立现行文件查阅室。总建筑面积600平方米,库房面积400平方米。馆藏档案资料70201卷。馆藏档案资料的历史跨度80余年。编写了《县级玉林市社会主义时期党史资料大事记》、《党史专题资料》、《玉林市组织史资料》、《高山村志》等资料。

容县档案馆 现址容州镇北门街87号,邮编535700,馆长陈德勇,电话(0775)5322024、5327915。电子邮箱:rx5322024@163.com。成立于1958年,是集中统一保管机关、团体、企事业单位档案资料的国家综合档案馆,县政府指定的行政规范性文件查阅场所。总建筑面积340平方米,库房面积205平方米。馆藏档案资料4.6万卷(册),其中资料7000册。馆藏档案资料的历史跨度300余年。已建成了办公局域网,建立了馆藏案卷级目录数据库。编写了《容县农业手册》、《农村工作手册》、《容县历年水稻丰产经验汇集》、《农村支部工作经验》、《容县志》、《中国共产党容县组织史》以及邮电、税务、土地、武装等部门的行业志达30余种。

陆川县档案馆 现址温泉镇通政街23号，邮编537700，馆长李勇军，电话(0775)7222542、7227298。成立于1959年，是集中统一保管机关企事业单位档案资料的国家综合档案馆，建立了文件档案信息服务中心。1992年晋升自治区二级档案馆。建筑面积1000平方米，其中库房面积800平方米。馆藏档案资料72445卷(册)，其中资料13723册。编辑了《陆川县概况》、《陆川县县志(1949—1989)》等资料。

博白县档案馆 现址广西博白镇县城大街69号，邮编537600，馆长陈源，电话(0775)8222589、13132658767。创建于1960年。建筑面积1000平方米，使用面积约800平方米。馆藏档案64371卷(册)。征集了族谱、家谱、名人档案。编制了《博白县行政区域历史沿革》、《中共博白县委建国以来历届领导成员调查表》、《博白县政府建国以来历届领导成员调查表》、《国务院和地方各级人民政府建国以来各级有关土地管理的规定》、《历届县党代会简介》、《历届县人代会简介》、《1957—1962〈广西日报〉博白新闻汇编》、《博白县组织史资料》、《1991—1993年聘用、录用干部名册》、《1980年以来区、地、县计划生育文件汇编(征收社会抚养费部分)》、《博白名人档案陈列资料》等资料。

北流市档案馆 现址河东路1号，邮编537400，馆长丘敏，电话(0775)6299559、6298860。成立于1959年，是集中统一保管机关、团体、企事业单位档案资料的国家综合档案馆，爱国主义教育基地。2001年晋升自治区一级档案馆。建筑面积2188平方米。馆藏档案资料77299卷(册)，其中资料27000卷(册)。已将历界市领导人物照片、政协会议照片、刘奇葆书记考察北流照片等资料征集进馆。还征集了罗姓、丘(邱)姓、陈姓等百姓族谱20余本(套)。编辑了《中共北流县组织史资料》、《北流县志》等资料。

崇左市档案馆 现址南宁市明秀东路238号，邮编530002，馆长蒙冠宗，电话(0771)3134404、3932420。成立于1960年，建立了现行文件阅览服务中心。1999年7月晋升自治区二级档案馆。总建筑面积863平方米。馆藏档案文书档案57452卷、99645件，资料14165本(册)。已将建市以来的重大活动档案材料提前接收进馆。已录入馆藏档案案卷级目录3万多条、文件级目录25万条。

江州区档案馆 现址太平镇新民路16号，邮编532200，馆长龚立健，电话(0771)7820045。成立于1958年，是集中统一保管机关、团体、企事业单位档案资料的国家综合档案馆，现行文件阅览中心场所。1991年晋升自治区三级档案馆。总建筑面积641平方米，库房面积215.3平方米。馆藏档案资料28683卷(册)，其中资料6620册。馆藏资料保存年代最早的是清朝、民国时期的《太平府志》、《崇善县志》、《左县县志》。 (岑东)

凭祥市档案馆 现址南大路7号，邮编532600，馆长黄小荃，电话(0771)8520507。成立于1961年，是国家综合档案馆，爱国主义教育基地，建成了现行文件服务中心。2005年晋升自治区一级档案馆。建筑面积1060平方米，库房面积680平方米。馆藏档案24206卷(册)，资料10300册。已收集边境建设大会战、防治"非典"、历届中越商品交易会、旅游节等档案资料，邹家华、王丙乾、罗干等的照片和题词等档案。 (宋雨静)

扶绥县档案馆 现址新宁镇新宁路1号，邮编532100，馆长姬日新，电话(0771)7530053。成立于1963年，是集中管理档案资料的基地和中心，成立了文件档案信息服务中心。1990年晋升自治区三级档案馆。建筑面积720平方米，库房面积500平方米。馆藏档案2.6088万卷，资料1.2252万册。开通了档案信息网站。已建成馆藏全宗级目录数据库，有机读档案案卷级目录3000条、文件级目录

7.5349 万条。编写了资料 100 余种。建立扶绥籍名人档案 62 卷。（卢必坚　陈冬兰）

大新县档案馆　现址桃城镇民生街 9 号，邮编 532300，馆长吕华忠，电话（0771）3626184、13517676976。始建于 1959 年。1991 年晋升自治区三级档案馆。建筑面积 513 平方米，库房面积 340 平方米。馆藏档案 38000 余卷，图书资料 5898 册。

（许发英）

天等县档案馆　现址天等镇和平街 10 号，邮编 532800，电话（0771）3521117。成立于 1959 年，建筑面积 653 平方米，库房面积 245 平方米。馆藏档案 35000 余卷（册），馆藏资料跨度 100 余年。1991 年晋升自治区三级档案馆。

宁明县档案馆　现址城中镇，邮编 532500，馆长胡汉成，电话（0771）8620171。成立于 1959 年，是现行文件利用中心，履行档案保管、利用两种职能。1995 年晋升自治区三级档案馆。总建筑面积 690 平方米，库房面积 180 平方米。馆藏档案 22968 卷（册），资料 3507 卷（册）。（黄军怀）

龙州县档案馆　现址龙州镇兴龙路 5 号，邮编 532400，馆长张耀平，电话（0771）8812336、13788364588。成立于 1959 年。总建筑面积为 665 平方米。馆藏档案 13974 卷，资料 285 种 9160 册。

来宾市档案馆　现址柳州市友谊路 5 号，邮编 545001，馆长兰松，电话电话（0772）2213355、4278200。馆是集中统一保管机关、团体、企事业单位档案资料的国家综合档案馆。总建筑面积 566 平方米。馆藏档案 3 万余卷，资料 1 万余册。珍藏有广西罕见古代历史书籍——《四部备要》。逐步建立了档案目录数据库。（雷崇明）

兴宾区档案馆　现址前卫路 13 号，邮编 546100，馆长何小玲，电话（0772）4212165。始建于 1959 年，是集中统一保管机关、团体、企事业单位档案资料的国家综合档案馆。1999 年晋升自治区二级档案馆。总建筑面积 520 平方米，库房面积 240 平方米。馆藏档案资料 33594 卷（册），其中资料 14200 册。已录入文件级目录 32588 条。

合山市档案馆　现址人民中路 1 号，邮编 546500，馆长蓝文武，电话（0772）6627293。成立于 1984 年，是集中统一保管机关、团体、企事业单位档案资料的国家综合档案馆。馆藏档案 6327 卷。（林庆泽）

象州县档案馆　现址象州镇城光明路，邮编 545800，馆长龚国莹，电话（0772）4362420、13507822907。成立于 1962 年 4 月，是集中统一保管机关、团体、企事业单位档案资料的国家综合档案馆，县人民政府指定的行政规范性文件查阅场所。馆藏档案资料 32000 卷册，其中资料 5418 册。馆藏档案资料的历史跨度 100 余年。收集有 2005 年“6.21”特大洪涝灾害和各级领导视察、调研工作的档案资料。

武宣县档案馆　现址武宣镇城北路 9 号，邮编 545900，馆长黄啟议，电话（0772）5212813。成立于 1979 年，是集中统一保管机关、团体、企事业单位档案资料的国家综合性档案馆，县政府指定的行政规范性文件查阅场所。总建筑面积 465.39 平方米，库房面积 147.27 平方米。馆藏档案资料 23673 卷册，其中资料 4734 册。馆藏档案资料的历史跨度 100 余年。

金秀瑶族自治县档案馆　现址金秀镇功德路 27 号，邮编 545700，馆长莫伟成，电话（0772）6212371。成立于 1958 年，是集中统一保管机关、团体、企事业单位档案资料的国家综合档案馆，是金秀县政府指定的行政规范性文件查阅场所。1991 年晋升自治区三级档案馆。总建筑面积 483 平方米，库房面积 200 平方米。馆藏档案资料 41847 卷（册），其中资料 10769 册。特色珍藏瑶族档案有近 200 卷。包含了瑶族盘王节、瑶族民间文化和生活习俗、自治县 50 年建设成就等重要档案资料。采集机读文件目录 65000 多条。（金云）

忻城县档案馆 现址城关镇芝州一路9号，邮编546200，馆长蓝增忠，电话(0772)5512703。成立于1958年，是集中统一保管机关、团体、企事业单位档案资料的国家综合档案馆，爱国主义教育基地。1998年晋升自治区三级档案馆。总建筑面积640平方米，库房面积245平方米。馆藏档案16790卷，资料18011册。

贺州市档案馆 现址梧州市西江三路5号，邮编534001，馆长孙桂珍，电话(0774)2023946、5138085。成立于1959年1月，是集中统一保管机关、团体、企事业单位档案资料的国家综合档案馆，市政府指定的现行公开文件查阅中心。1999年晋升自治区二级档案。总建筑面积1070平方米，库房面积667平方米。馆藏档案资料59596卷(册)，其中资料25871册。馆藏档案资料的历史跨度一百余年。保存年代最早的档案是民国15年欧学胜的毕业证书，最早的资料是光绪二十四年(1898年)的《永安州志》。编制了《1958－1959年中共梧州地委机关大事记》、《梧州地区第一次党代会、团代会、妇代会、贫代会、工代会简介汇编》，与其他部门合编了《梧州地区组织史资料》(1925－1987)、《梧州地区文革大事记》(1966—1976年)、《梧州地区文革大事件》(1966—1976)、《中共贺州地区党史大事记》(1949—2000年12月)等资料。举办了"桂东大地党旗红——纪念中国共产党成立八十五周年贺州发展历程图片展"。

八步区档案馆 现址向阳路1号，邮编542800，馆长黄仁善，电话(0774)5281025。成立于1959年，是集中统一保管机关、团体、企事业单位档案资料的国家综合档案馆。总建筑面积1100平方米，库房面积500平方米。馆藏档案32015卷、6785件，资料8838册。馆藏全宗级案卷目录实现100％机检。

昭平县档案馆 现址东宁南街16号，邮编546800，馆长叶华，电话(0774)6682238、6692618。成立于1959年，是集中统一保管机关、团体、企事业单位档案资料的综合性档案馆，现行公开文件利用中心。2000年晋升自治区二级档案馆。总建筑面积702平方米，库房面积380平方米。馆藏档案24480卷。完成了馆藏档案的100％案卷级和部分文件级条目的微机录入，基本上实现了馆藏档案的电子检索。

钟山县档案馆 现址钟山镇广场路16号，邮编542600，电话(0774)8982717。成立于1959年，是集中统一保管机关、团体、企事业单位档案资料的国家综合档案馆，爱国主义教育基地，成立了钟山县现行文件查阅中心。1992年晋升自治区二级档案馆。总建筑面积1450平方米，设有6个库房，库房面积520平方米。馆藏档案资料52830卷(册)，其中资料16964册。

富川瑶族自治县档案馆 现址富阳镇新建路41号，邮编542700，电话(0774)7882727。成立于1963年，是集中统一保管机关、团体、企事业单位档案资料的国家综合档案馆，成立了富川现行文件查阅中心。1998年晋升自治区二级档案馆。总建筑面积1158平方米，库房面积430平方米。馆藏档案资料55835卷(册)，其中资料18000册。馆藏档案资料的历史跨度200余年。已将县成立10周年、20周年大庆、第七届中国南岭瑶族盘王节暨富川脐橙节等档案资料收集进馆。

百色市档案馆 现址向阳路13号，邮政编码533000，馆长余显琳，电话(0776)2824468、2836596。成立于1963年，是集中统一保管机关、团体、企事业单位档案资料的国家综合档案馆，市政府指定的已公开现行文件查阅场所。1990年晋升自治区二级档案馆。总建筑面积1000平方米，库房面积640平方米。馆藏档案资料46598卷(册)，其中资料12743册。革命历史档案主要反映邓小平、李明瑞、张云逸等领导百色起义建立右江工农苏维埃政府和中国工农红军第七军的情况，也有中共广西党组织领导右江地区各族人民开展土地革命和游击战争的历史记录。已收集了江泽民、胡锦涛、胡耀邦、李鹏、朱镕基等党和国家领导人视察活动、防治“非典”、撤地设市等档案资料。馆藏档案目录数据库已基本建成。编辑了《千姿百色》、《辉煌五年——百色市撤地设市五周年》、《红土地历史上的今天》、《百色地区自然灾害史料汇编》等资料。

（韦咏梅）

右江区档案馆 现址向阳路19号，邮政编码533000，馆长罗金敏，电话（0776）2824860、2832510。是集中统一保管机关、团体、企事业单位档案资料的国家综合档案馆，区政府指定的已公开现行文件查阅场所。1999年晋升自治区二级档案馆。馆库房面积800平方米。馆藏档案资料39197卷(册)，其中资料14670册。形成年代最早的清朝档案，主要有宣统、光绪年间百色镇居民的各种契约。收集了江泽民、胡锦涛等历届党和国家领导人视察等重大活动、重大建设项目、重大自然灾害等内容的档案资料。已完成案卷级目录的采集工作。（凌菁蔓）

田阳县档案馆 现址田州镇解放中路42—28号，邮编533600，馆长梁壮丽，电话(0776)3212405。成立于1963年，是集中统一保管机关、团体、企事业单位档案资料的国家综合档案馆，县政府指定的已公开现行文件查阅场所。1999年晋升自治区二级档案馆。总建筑面积720平方米，库房面积640平方米。馆藏档案资料42500卷(册)，其中资料11859册。收集了历届中央领导视察田阳、布洛陀壮族文化遗址考察、明朝抗倭斗争民族女英雄瓦氏夫人史传等档案资料。已基本完成案卷级目录的采集工作。（严 惠）

田东县档案馆 现址平马镇庆平路东园巷11号，邮编531500，局长谭永高，电话(0776)5222589、5233662。成立于1959年，是集中统一保管机关、团体、企事业单位档案资料的国家综合档案馆，县政府指定的已公开现行文件查阅场所。1992年晋升自治区二级档案馆。总建筑面积1285平方米，库房面积622平方米。馆藏档案资料43335卷(册)，其中资料9543册。收集了广西田东籍世界举重冠军杨斌的照片、历届体育运动会和芒果文化节照片、民族档案等。在建馆藏档案目录数据库。

（黄祖国）

平果县档案馆 现址马头镇，邮编531400，馆长杨仕萍，电话(0776)5821158、5886179。成立于1959年，是集中统一保管机关、团体、企事业单位档案资料的国家综合档案馆，成立了文档信息服务中心。1999年晋升自治区二级档案馆。馆库房面积1170平方米。馆藏档案资料44609卷(册)，其中资料10819册。馆藏保存年代最早的是太平天国档案和资料。已收集防治“非典”、企业改制、乡镇撤并等档案资料进馆。已建成建案卷级目录数据库。（韦金凤）

德保县档案馆 现址城关镇莲城大街26号，邮编533700，馆长周东豫，电话(0776)3530499、3530399。成立于1982年，是集中统一保管机关、团体、企事业单位档案资料的国家综合档案馆，爱国主义教育基地、县政府指定的现行文件利用查阅中心。1992年晋升自治区三级档案馆。总建筑面积429平方米，库房面积286平方米。馆藏档案资料40414卷(册)，其中资料6560册。已收集和征集了《镇安府志》、清代宣统年间的毕业文凭、原越南主席胡志明在德保被捕经过、邓小平三过天保、广西华银氧化铝项目建设、党和国家领导人视察等一批珍贵档案资料。已建成民国档案案卷级目录数据库、建国后档案案卷目录数据库。（李教才）

靖西县档案馆 现址新靖镇城中路58号，邮编533800，馆长许辉，电话(0776)6212205。成立于1959年，是集中统一保管机关、团体、企事业单位档案资料的国家综合档案馆，爱国主义教育基地，县政府指定的行政规范性文件查阅场所。1994年晋升自治区三级档案馆。靖西县档案建筑面积780平方米，库房面积 440 平方米。馆藏档案资料 30799 卷(册),其中资料 2851 册。已将靖西古城图、对越自卫反击战历史、陶器制作工艺、靖西壮锦织绣工艺等珍贵档案资料收集进馆。目前在建馆藏档案目录数据库,现已建成县级机关归档文件目录监控中心。（黄恩泽）

那坡县档案馆 现址城厢镇镇玉街 130 号,邮编 533900,馆长梁忠文,电话(0776)6822106。成立于 1959 年,是集中统一保管机关、团体、企事业单位档案资料的国家综合档案馆,县政府指定的已公开现行文件查阅场所。2000 年晋升自治区二级档案馆。建筑面积 400 平方米,库房面积 350 平方米。馆藏档案资料 27775 卷(册),其中资料 4855 册。目前在建馆藏档案目录数据库。（梁忠文）

凌云县档案馆 现址泗城镇正东小区 01 号,邮编 533100,馆长罗顶魁,电话(0776)7612445、7612445。成立于 1958 年,是集中统一保管机关、团体、企事业单位档案资料的国家综合性档案馆,爱国主义教育基地、县政府指定的已公开现行文件查阅场所。2000 年晋升自治区二级档案馆。总建筑面积 612 平方米,库房面积 557 平方米。馆藏档案资料 25516 卷(册),其中资料 4722 册。已收集到国画大师关山月的《凌云山水美如画》、《茶乡》等作品,参加过抗日战争、解放战争、抗美援朝战争的战斗英雄黎国香的立功奖章;县茶文化节文献史料;岑氏、曾氏、祝氏、杨氏、何氏族谱等档案资料。（吴和珍）

乐业县档案馆 现址同乐镇三乐街 4 号,邮编 533200,馆长吴秀碧,电话(0776)7922296、7922835。成立于 1963 年,是集中统一保管机关、团体、企事业单位档案资料的国家综合档案馆,爱国主义教育基地,县政府指定的已公开现行文件查阅服务中心。1991 年 5 月晋升自治区三级档案馆。建筑面积 660 平方米,库房面积 497 平方米。馆藏档案资料 28909 卷(册),其中资料 7006 册。

（吴秀碧 岑佳杰）

田林县档案馆 现址乐里镇新市街 109 号,邮编 533300,馆长黄建光,电话(0776)7212403、7217489。成立于 1958 年,是集中统一保管机关、团体、企事业单位档案资料的国家综合档案馆,爱国主义教育基地、县已公开现行文件阅览服务中心。1993 年晋升自治区三级档案馆。总建筑面积 457 平方米,库房面积 330 平方米。馆藏档案资料 28782 卷(册),其中资料 8289 册。馆藏档案资料的历史跨度 150 多年,保存年代最早的是清朝咸丰年间的“西林教案”的有关资料。在建馆藏档案目录数据库。（黄振凡）

隆林各族自治县档案馆 现址新州镇民权街 200 号(县人民政府办公楼东侧),邮编 533400,电话(0776)8202274,馆长杨再弘,电话(0776)8202274。成立于 1958 年。是集中统一保管全县党、政机关、社会团体、企业事业单位等各类综合档案的档案馆。是政府指定的行政规范性文件查阅场所。总建筑面积 620 平方米,库房面积 560 平方米。馆藏档案资料 37578 卷(册),其中资料 5279 卷(册)。馆藏档案历史跨越近 100 年。

西林县档案馆 现址八达镇新西路 016 号,邮编 533500,馆长王小议,电话(0776)8682010。成立于 1963 年,是集中统一保管机关、团体、企事业单位档案资料的国家综合档案馆,爱国主义教育基地,县委、县政府指定的行政规范性文件查阅场所。1993 年晋升自治区三级综合档案馆。建筑面积 618 平方米,库房面积 412 平方米。馆藏档案资料 24174 卷(册)、其中档资料 4716 册。已收集了有关“非典”防治、“西林教案”、岑氏家族之一的岑春煊的档案资料。馆藏档案日渐丰富,馆藏结构不断优化。已完成案卷级目录的采集工作。

（王前）

河池市档案馆 现址新建路 A88 号,邮编 547000,馆长王永峨,电话(0778)2282656、2288128。成立于 1965 年,是集中统一保管机关、团体、企事业单位档案资料的国家综合档案馆，市政府指定的行政规范性文件查阅场所。1995年晋升自治区二级档案馆。总建筑面积3081平方米，库房面积1070平方米。馆藏档案4.5万卷(册)，资料1.2万册。馆藏档案资料的历史跨度70余年。已将防治“非典”、东巴凤三县基础设施建设等档案资料收集进馆。已建成馆藏全宗级目录数据库，完成了馆藏60％案卷级、40％文件级目录数据采集工作。建立了档案信息网站。编辑了《河池地区近现代历史资料汇编》、《中国共产党广西壮族自治区河池地区组织史资料》等资料86万字。（吴念叔）

金城江区档案馆 现址南新西路127号，邮编547000，馆长覃彦峰，电话(0778)2283608。成立于1985年，是集中统一保管机关事业单位档案资料的国家综合档案馆，区政府指定的行政规范性文件查阅场所。1998年晋升自治区二级档案馆。总建筑面积728.24平方米，库房面积439平方米。馆藏档案33335卷，资料5456册。已将馆藏档案中部分查阅利用率较高全宗的文件级目录录入计算机。（杨丹青）

宜州市档案馆 现址庆远镇县前街49号，邮编546300，馆长廖作新，电话(0778)3212325、3210222。成立于1958年，是集中统一保管机关、团体、企事业单位档案资料的国家综合档案馆，市政府指定的行政规范性文件查阅场所。1990年晋升自治区三级档案馆。总建筑面积1762平方米，库房面积为1360平方米。馆藏档案资料3.3万卷册。已将中国村民自治的发祥地——屏南乡合寨村委会成立的档案资料收集进馆。已进行馆藏档案案卷级和文件级目录进行机检录入。

罗城仫佬族自治县档案馆 现址东门镇朝阳路169号，邮编546400，馆长何述坤，电话(0778)8212286。成立于1959年，是集中统一管理机关、团体、企事业单位档案资料的国家综合档案馆，县政府指定指定的行政规范性文件查阅场所。1995年晋升自治区三级档案馆。总建筑面积875平方米，库房面积为402平方米。馆藏档案26227卷，资料8026册。已完成馆藏部分全宗档案文件级目录的输入。编撰了《罗城仫佬族自治县“文革”大事记》、《罗城仫佬族自治县编制史料》等资料。

环江毛南族自治县档案馆 现址思恩镇桥东路159号，邮编547100，馆长覃应庞，电话(0778)8821577、823832。成立于1958年，是集中统一保管机关、企事业单位和团体档案资料的国家综合档案馆，县政府指定的行政规范性文件查阅场所。1991年晋升自治区三级档案馆。总建筑面积750平方米，库房面积450平方米。馆藏档案23472卷，资料4500册。进行了文件级目录输入。编印了《环江毛南族自治县组织史》、《环江县历届党代会简介》、《“文革”大事记》等资料。（覃美达）

南丹县档案馆 现址城关镇民生街34号，邮编547200，电话(0778)7232725。成立于1956年，是集中统一保管机关、团体、企事业单位档案资料的国家综合档案馆，爱国主义教育基地、县政府指定的行政规范性文件查阅场所。2001年晋升自治区一级档案馆。总建筑面积1384平方米，库房面积约250平方米。馆藏档案3.15万卷(册、盒)，资料4000册、盒。已将“7.17”重大透水事故抢险救灾、国际宣明会在南丹扶贫等档案资料已收集进馆。征集了丹泉酒厂系列产品(酒样)、南丹的各种矿样原样、白裤瑶族民族服装、民族风情照片等声像和实物档案。正在建立和完善案卷级和文件级目录数据库。编辑有《南丹县大事记》、《南丹县档案志》、《大厂矿务局征地文件汇编》等资料20余种约50余万字。

（刘华筱）

天峨县档案馆 现址六排镇城东街105号，邮编547300，馆长刘镇江，电话(0778)7822223。成立于1959年，是集中统一保管机关、团体、企事业单位档案资料的国家综合档案馆，县政府指定的行政规范性文件查阅场所。2001年晋升自治区二级档案馆。总建筑面积494平方米，库房面积256平方米。馆藏档案26176卷(册)，资料4250册。馆藏档案资料历史跨度70余年。编辑了《天峨概况》、《天峨县优惠奖励政策汇编》、《龙滩水电站开工庆典活动大事记》等资料15种750万字。

凤山县档案馆 现址凤城镇河曲路112号，邮编547600，馆长牙韩良，电话(0778)6812207、13977883287。成立于1959年，是集中统一保管机关、团体、企业单位档案资料的国家综合档案馆，县政府指定的行政规范性文件查阅场所。1998年晋升自治区三级档案馆。总建筑面积587平方米，库房面积391平方米。馆藏档案资料共26701卷，其中资料7985册。 (班麦隆)

东兰县档案馆 现址东兰镇陵园街65号，邮编547400，馆长韦文俊，电话(0778)6322316、6696660。成立于1959年，是集中统一保管机关、团体、企事业单位档案资料的国家综合档案馆，县人民政府指定的行政规范性文件查阅场所。1992年晋升自治区二级档案馆。总建筑面积1028平方米，库房面积720平方米。馆藏档案4.12万卷(册)，资料6300册。馆藏档案资料的历史跨度83年。已将东巴凤基础设施建设大会战和邓小平、张云逸、韦拔群等名人档案资料征集进馆。已建成馆藏全宗级目录数据库，完成了所有馆藏档案案卷级目录数据和部分全宗文件级目录数据采集工作。编辑了《东兰县档案志》、《东兰县档案馆指南》。

巴马瑶族自治县档案馆 现址巴马镇新建路368号，邮编547500，馆长侯霁泰，电话(0778)6212396。成立于1958年，是集中统一管理机关、团体、企事业单位档案资料的国家综合档案馆，县政府指定的行政规范性文件查阅场所。1993年晋升自治区三级档案馆。总建筑面积657平方米，库房面积为324平方米。馆藏档案23809卷，资料2697册。已完成馆藏部分全宗档案文件级目录的输入。编写了《中国共产党巴马瑶族自治县历次代表大会简介》、《巴马瑶族自治县编制史料》、《巴马瑶族自治县组织史》、《巴马瑶族自治县县志》等资料。

都安瑶族自治县档案馆 现址安阳镇大桥街33号，邮编530700，馆长赖玉香，电话(0778)5212337、5224631。成立于1958年，是集中统一保管机关、团体、企事业单位档案资料的国家综合档案馆，县政府指定的行政规范性文件查阅场所。2000年晋升自治区二级档案馆。总建筑面积1480平方米，库房面积1080平方米。馆藏档案7.3万卷(册)，资料1.9万册。馆藏档案资料的历史跨度400余年。建县50周年庆典活动等档案已接收进馆。编辑了《都安瑶族自治县档案馆指南》、《中国共产党都安瑶族自治县组织史资料(第二卷)》等。

大化瑶族自治县档案馆 现址大化镇新化东路，邮编530800，馆长班桂平，电话(0778)5812289。成立于1988年，是集中统一管理机关、团体、企事业单位档案资料的国家综合档案馆，县政府指定的行政规范性文件查阅场所。建筑面积971平方米，库房面积28平方米。馆藏档案8240卷(件)，资料600册。

(覃源荣)

海 南 省

海南省档案馆 现址海口市海府路49号，邮编570204，馆长许计划，电话(0898)65353577、65379786。成立于1958年，是集中统一保管机关、团体、企事业单位档案资料的国家综合档案馆，爱国主义教育基地，省委、省政府指定的已公开现行文件查阅场所。1999年晋升国家一级档案馆。建筑面积6200平方米，库房建筑面积2000平方米。馆藏档案12.1万卷，资料1.7万册。保存年代最早的是距今485年的明朝嘉靖元年档案。馆藏珍贵档案有黎族档案资料、西南中沙群岛档案资料和琼崖革命历史档案273卷。已收集党和国家领导人以及外国政要考察活动、博鳌亚洲论坛、日军侵琼、黎族古籍藏书、琼海“73.14”台风、黎族传统纺染织绣技艺、黎族钻木取火、黎族原始制陶技艺等项目档案资料。将53届、54届、55届世界小姐赛、中国百年电影欢庆节、海南岛欢乐节、观音开光大典、海峡两岸佛会等档案资料收集进馆。征集了乾隆二十六年敕命、嘉靖元年、乾隆十六年周氏世系表等；同时还征集了王文明、冯白驹、李硕勋、张云逸、周士第、宋庆龄、宋子文等名人档案资料。编辑了《海南省况大全》、《海南省中等学校校史调查》、《军队离退休干部、退伍、复员军人安置工作文件选编》、《海南土地改革运动资料选编》、《海南农业合作化运动资料选编》、《海南“大跃进”和“人民公社”运动资料选编》、《海南六十年代国民经济调整资料选编》、《海南“文化大革命”运动资料选编》等资料31种1045.5万字。举办了“琼崖峰火中的共产党员”、“历史回眸”、“首届海南名家书画展”等展览。开设了国际互联网主页。建成了馆藏案卷级、文件级目录数据库。馆藏声像档案已全部数字化。 (林玉美)

海口市档案馆 现址龙昆北路19号，邮编570145，馆长张小敏，电话(0898)66716772，66552121。成立于1959年，是集中统一保管机关、团体、企事业单位档案资料的国家综合档案馆，爱国主义教育基地，建立了现行文件利用中心。1999年晋升省一级综合档案馆。2003年荣获全国档案系统先进集体称号。总建筑面积3646平方米，库房面积1215平方米。馆藏珍贵有清代的雍正年间《琼州府附郭琼山县图说及琼山县图》、嘉庆年间《琼山县图》及乾隆、成丰、光绪、道光各朝海口市琼山区策试中士金榜和中进举人的金榜，海南陈氏、郑氏、林氏、冯氏、唐氏、黄氏、梁氏、蒙氏族谱等。 (钟兴)

琼山区档案馆 现址建国路1号，邮编571100，馆长吴璇，电话(0898)65884013。创建于1960年，是集中统一保管机关、团体、企事业单位档案资料的国家综合档案馆。省一级档案馆。总建筑面积720平方米，库房面积300平方米。馆藏档案资料22739卷(册)，其中资料6239册。珍贵资料有《正德琼台志》、《琼州府志》、清宣统三年(1911年)编写的《琼山府志》和吴、韦、陈、林、王等氏族谱。

(吴璇)

三亚市档案馆 现址榆亚路1号，邮编572000，馆长苏才忠，电话(0898)88272927、88254995。成立于1958年，是集中统一保管机关、团体、企事业单位档案的国家综合档案馆，开设了现行文件公共阅览室。总面积180平方米。馆藏档案资料39885卷(册)，其中资料2109册。已著录档案目录4万余条。

(张丽)

五指山市档案馆 现址国兴路，邮编572200，馆长王家平，电话(0898)86622123、86630971。成立于1987年，是集中统一保管机关、团体、企事业单位档案资料的国家综合档案馆，爱国主义教育基地。1997年晋升省三级档案馆。总建筑面积1100平方米，库房面积375平方米。馆藏档案资料4029卷(册)、2464件，资料998册。 (陈克锋)

琼海市档案馆 现址嘉积镇二横路5号，邮编571400，馆长符才益，电话(0898)

62822419、62836041。成立于1958年，是集中统一保管机关、团体、企事业单位档案资料的国家综合档案馆，市政府指定的行政规范性文件查阅场所。1996年晋升省一级档案馆。总建筑面积663平方米，库房面积413平方米。馆藏档案资料64760卷（件、册），其中馆藏资料7165册。编辑了《琼海市档案馆指南》等资料。 （符才益）

儋州市档案馆 现址那大中兴大街，邮编571700，馆长曾圣文，电话（0898）23322959、23316511。成立于1958年，是集中统一保管机关、团体、企事业档案资料的国家综合档案馆，市行政规范性文件、综合性资料查阅场所。1999年晋升省二级档案馆。总建筑面积1200平方米，库房面积550平方米。馆藏档案资料20060卷（册），其中资料6568册。已完成了馆藏全宗档案目录级的数据著录工作，建立了档案目录检索查询局域网络，可提供12万条档案目录数据。编辑了《不能忘却的纪念——儋县革命斗争历史剪影》等资料。（曾圣文）

文昌市档案馆 现址文城镇文岭里35号，邮编571300，馆长姚春燕，电话（0898）63222456。成立于1959年，是集中统一保管机关单位档案资料并向社会提供档案利用的行政事业单位，成立了现行文件查阅中心。1999年晋升省三级档案馆。总建筑面积300平方米，其中库房面积90平方米。馆藏档案16200卷，资料3000册。馆藏档案20余万条目录基本录入完毕。 （陈丹凤）

东方市档案馆 现址八所镇，邮编572600，馆长周方，电话（0898）25522730。成立于1959年，是集中统一保管机关、团体、企事业单位档案资料的国家综合档案馆。馆藏档案档案8000多卷（件），资料19123册（份），地图1000张（套）。珍藏档案资料主要有《先锋报》、《新民主报》、《前进报》、《感恩县志》、《昌化县志》、《日寇占领海南岛期间之设施》、《东方社会方言志》、《抗日战争和解放战争时期昌感崖地区财经税收工作回忆录》以及琼崖纵队革命斗争活动档案资料等。档案馆主页已在互联网上开通。 （符山）

定安县档案馆 现址定城镇城大众东路19号，邮编571200，馆长王春良，电话（0898）63823657、13518005285。成立于1960年，是集中管理档案的文化事业机构。1999年晋升省三级档案馆。建筑面积110平方米。馆藏档案资料13780卷（盒、册），其中资料6780册。 （王春良）

屯昌县档案馆 现址屯城镇，邮编571600，馆长林维德，电话（0898）67812953。成立于1960年，是集中统一保管机关、团体、企事业单位档案资料的国家综合档案馆。1996年晋升省三级档案馆。总建筑面积712平方米，库房面积313平方米。馆藏档案资料19837卷（册），其中资料10131册。

（林维德）

澄迈县档案馆 现址金江镇文化北路，邮编571900，馆长莫秀英，电话（0898）67622205、67615866。成立于1958年，是永久集中保管机关、团体、企事业单位档案资料的国家综合档案馆。1995年、1999年荣获全国档案系统先进集体称号。1995年晋升省一级档案馆。县档案总建筑面积816平方米。馆藏档案23260卷，资料3169册。编辑了《澄迈县革命烈士史料》、《澄迈县概况》、《美厚、坡尾干革命根据地革命斗争史》等资料。 （莫秀英）

临高县档案馆 现址临城镇文明东路，邮编571800，馆长王照强，电话（0898）28284295。于1961年成立，是永久集中保管全县档案资料的国家综合档案馆。1996年晋升省三级档案馆。1991年被授予全国档案系统先进集体称号。馆藏档案资料11488卷册、3659件。开通了互联网档案局（馆）网点。 （罗国州）

白沙黎族自治县档案馆 现址牙叉镇卫生路20号，邮编572800，馆长符玉琼，电话（0898）27723183、13907677292。成立于1961年，是集中统一保管机关、团体、企事业单位档案资料的国家综合档案馆人，是县政府指定的行政规范性文件查阅场所。1998 年晋升省三级档案馆。总建筑面积 195.52 平方米。馆藏档案 8680 卷册，资料 2000 册。编写了《白沙革命斗争史——民主革命时期》、《中共广东省白沙县组织史料》、《白沙史志》、《白沙文史》、《白沙县大事记》、《白沙县自然灾害情况(1952—1980)》、《白沙县财政税务志》、《白沙县建国前财经税收资料自编》、《白沙县农业区划报告》、《白沙县地名录》、《白沙县高级中级技术人员名录》等资料。（符玉琼）

昌江黎族自治县档案馆 现址石碌镇东风路 29 号，邮编 572700，馆长张永清，电话(0898)26622393。成立于 1961 年 6 月，是集中保管机关、团体和企事业单位档案资料的国家综合档案馆，1999 年晋升省三级档案馆，2004 年被评为省档案工作先进集体。馆库面积 440 平方米，库房 220 平方米。馆藏档案 5908 卷(件)，资料 1050 册。已完成计算机文件级著录 18000 条。（谭唐雄）

乐东黎族自治县档案馆 现址抱由镇民政路 20 号，邮编 272500，馆长陈永芳，电话(0898)85523458。成立于 1959 年，是集中统一保管机关、团体、企事业单位档案资料的国家综合性档案馆，爱国主义教育基地。1999 年晋升为省一级档案馆。总建筑面积 768 平方米，库房面积 380 平方米。馆藏档案资料 3.5 万卷、件(册)，其中资料 5000 册。馆藏档案资料的历史跨度 70 年。已将乐东“首届香蕉节”、黎苗传统节日“三月三”活动、污水处理重大工程项目等档案资料收集进馆。已建立全宗级目录数据库，完成了建国后档案文件目录数据采集、著录工作。编辑《乐东县志》、《革命斗争人物录》、《乐东要览》等资料 30 种 400 万字。（陈永芳）

陵水黎族自治县档案馆 现址陵城镇中心大道，邮编 572400，馆长王文，电话(0898)83322358、131376559588。馆于 1962 年成立。总面积 540 平方米。馆藏档案 14669 卷，资料 9019 册。1999 年晋升省三级档案馆。

（朱健兰）

保亭黎族苗族自治县档案馆 现址新民路，邮编 572300，馆长黄文琴，电话(0898)83668394。成立于 1957 年，是集中统一保管全县机关、团体、企事业单位档案资料的国家综合档案馆。总建筑面积 820.28 平方米，库房面积 317.52 平方米。馆藏档案资料 4802 卷(册)，其中资料 1588 本(册)。馆藏档案资料的历史跨度 50 余年。编写了《保亭县志》、《中共保亭黎族苗族自治县组织史资料》等资料。（黄运平）

琼中黎族苗族自治县档案馆 现址营根镇营城巷，邮编 572900，馆长陆世儒，电话(0898)86222719。成立于 1958 年，是全县集中保管和开发利用档案信息资源的中心，是国家综合档案馆。1999 年晋升省三级档案馆。总建筑面积 685 平方米，库房面积 74 平方米。馆藏档案档案 10938 卷、7942 件，资料 4178 册(张)。已将海南绿橙节、琼中黎族苗族三月三等档案资料收集进馆。（黄秀）

重 庆 市

重庆市档案馆 现址市沙坪坝区天星桥晒光坪56号，邮编400038，电话（023）65302840，馆长陆大钺，电话（023）63899382。成立于1960年。是集中管理各个历史时期市级党政机关、群团组织、部分重要企事业单位需要保存档案的重要基地，2003年建立了“重庆市档案馆现行文件阅览中心”。1996年获得“国家一级档案馆”称号。馆藏档案778702卷、14757件，馆藏资料64799册。这些档案和资料记载了重庆地区自1725年（雍正三年）以来特别是重庆建市以后各个时期的真实面貌，特别是抗战时期重庆作为“陪都”所形成的、被确定为全国重点档案的40余万卷“陪都档案”，更是馆藏的精品和重点。其中的“中国西部科学院档案”被列入第一批《中国档案文献遗产名录》。先后完成了AAPP会议、“非典”防治、第四届中国美食节、第五届亚太城市市长峰会档案的收集、整理和进馆工作。公开出版了《白色恐怖下的新华日报》、《抗战后方冶金工业史料》、《抗日战争时期国民政府经济法规》、《四联总处史料》、《卢作孚书信集》等10种大型史料汇编近1000万字，撰写并公开出版学术专著8部约200万字，于全国各级各类学术刊物上发表学术论文80余篇近100万字，共获得国家、省部和省级部门科研成果奖近50项，其中，1993年研制完成的“DA91—多效杀虫灵”荣获国家档案局1994年度科技进步二等奖和1995年度国家科技进步三等奖。创办了专门为市领导决策服务的《重庆档案信息拾萃》。 （唐润明）

重庆市公安局档案馆 现址市渝中区长江二路101号，邮编400042，电话（023）68811652，馆长许庆生，电话（023）63750013。成立于1995年。是集中统一保管市公安局机关档案资料的部门档案馆。档案馆先后获先进集体荣誉9项，先进个人30余人次。建筑面积3475平方米，库房面积2500平方米。馆藏档案326992卷、72764件，馆藏资料8482册。馆藏有江泽民为重庆公安的亲笔题词、刘伯承元帅任川军旅指挥长时的信札、文电稿、日记等珍品。曾向重庆市歌乐山革命烈士陵园、重庆警察博物馆等提供了珍贵的历史资料。将重庆市承办的“亚太城市市长峰会”安保工作、全国公安机关对口支援三峡库区公安机关等重大活动档案资料收集整理进馆。编有《重庆市1950年至1996年人口数汇编》、《重庆市禁烟禁毒专题文件汇编》等编研资料。馆藏档案文件级目录全部进行了数字化录入，文书等重要档案全部实现了数字化管理；建立了重庆市公安档案信息网站，向全国公安系统开放。

重庆市国土资源和房屋档案馆 现址市渝中区人和街15号星都大厦10楼，邮编400015，电话（023）63638667，馆长苟于强，电话（023）63652036。成立于1989年。1999年晋升为重庆市档案管理工作一级标准。2004年被重庆市档案局授予“档案行政执法先进单位”；2004年、2005年连续被重庆市档案学会授予“先进集体”的荣誉称号。总建筑面积1013平方米，其中库房面积300平方米。馆藏各类档案（资料）近10万卷（件），主要有30年代以来全市范围内的地质研究、矿产勘察、水文地质、矿产占用储量评估、地质灾害评估、压覆矿产评估等成果地质资料；重庆市直辖以来的矿业权档案；重庆市三峡库区地质灾害治理工程档案；80年代中期以来的主城区土地利用档案；主城区内商品房预售档案；各类住房制度改革档案；以及国土资源和房屋管理的有关法律法规、政策规章等文书档案。建立了档案目录数据库，应用计算机进行档案检索。同时建立了专业网站，并将档案、资料目录信息在网上公布。 （陈淑平）

重庆市城市建设档案馆 现址渝中区上清寺路69号，邮编400015，电话（023）63852299，馆长王方贵，电话（023）63856262。成立于1981年。1998年被建设部评为“全国城建档案工作先进集体”。2001年被市档案局、人事局评为重庆市"九五"档案工作先进集体，2004年被建设部、国家档案局授予"全国城建档案工作先进集体"。总建筑面积4335.6平方米，其中库房1050平方米。馆藏档案资料355206卷(册)，其中档案354504卷(册)，资料702册。馆藏档案资料的历史跨度160余年。保存年代最早的是清道光年间(1842年)的《江北厅志》。馆藏档案有综合类档案、勘察档案、规划档案、建设管理档案、建设工程档案、声像档案、实物档案等。其中，美国大使馆、重庆及美丰银行等设计图是本馆珍贵的历史资料，市馆珍藏的"陪都十年建设计划"，国民政府当时提出的重庆城市建设"多中心、组团式"的布局，长江、嘉陵江要建的桥梁名称、选址定点，都为新中国、新重庆的规划建设提供了依据。编研出版了《重庆城建档案年鉴》4卷，共150万余字。 (黄中荣)

重庆大学档案馆 现址市沙坪坝区沙坪坝北街83号，重庆大学B区校园内，邮编400045，电话(023)65123789，馆长郑善学，电话(023)65126053。总建筑面积3400多平方米，其中旧建筑面积2100多平方米，虎溪校区档案分建筑面积1300平方米。库房总面积2000多平方米。馆藏科技文书档案96295卷、14572件，照片档案15535张，底图17303张。保存了学校科技文书以及人事等14大类档案，以及教学评估、军工保密资质认证、保持共产党员先进性教育等专题档案。完成了档案管理信息系统与学校办公自动化系统的对接，实现了文档一体化管理；档案数字加工工作已正式启动，完成了馆藏档案目录数据库建设；人事档案库房安装，实现条码管理。编撰有《中共重庆大学历届党代会简介》、《科研成果档案信息汇编》、《重庆大学珍藏档案集锦》等编研和参考资料。为配合学校本科教学评估、军工资质认证、研究生教学评估、国家重点实验室评估、"211工程"、"985工程"建设验收、学校内部管理体制改革等提供了大量档案资料。 (杨艳)

中国石化集团四川维尼纶厂档案馆 现址重庆市长寿区维江路30号，邮编401254，电话(023)68974634，馆长杜平生。成立于1985年。集中统一保管企业建立三十多年来全部档案资料。总建筑面积为2995平方米，库房面积为1441平方米。馆藏档案近7万卷。档案主要有：获国家专利的天然气氧化法制乙炔技术的档案资料，企业改制分流档案，合资企业档案、铁路专用线档案等等。档案管理系统中有2万余卷近300万条档案数字记录。企业各部门通过企业局域网络实现了远程网上利用档案。 (杜平生)

重庆钢铁(集团)有限责任公司档案馆 现址重庆市大渡口区钢花路8号钢城大厦附楼(后楼)，邮编400080，电话(023)68877242，馆长黄二卫，电话(023)68846156。成立于1987年。是集中统一管理公司各类重要档案信息的中心。1999年获"全国档案工作优秀集体"称号。2000年、2005年分别获重庆市"九五"期间、"十五"期间档案工作先进集体称号。《现代企业制度下国有企业档案工作模式研究》、《技改工程建设档案管理模式创新》等15项科技成果分别获国家档案局优秀科技成果奖、中国钢铁工业协会冶金企业管理现代化创新成果奖、重庆市企业管理优秀成果奖。2003年创立的"重钢家庭档案俱乐部"为全国首创，成为企业文化建设和服务社区职工的新平台。1990年晋升为国家一级企业档案馆；1997年通过企业档案工作目标管理国家一级认定。建筑面积3258平方米。馆藏档案和资料近10万卷(册)，底图324864张。保存年代最早的是清朝档案和资料：有光绪十六年(1890年12月)张之洞就勘定炼铁厂基暨开采煤铁事宜上书光绪皇帝的奏折，汉阳铁厂地界图、地形图和生产情况统计资料等。以及反映汉阳铁厂西迁重庆组织生产，进行原燃材料的公路、水路运输及部分生产场景照片，有建国后党和国家领导人毛泽东、周恩来、朱德、刘少奇、邓小平、陈毅、江泽民、李鹏、乔石、温家宝等视察重钢的照片资料，以及重钢在建国后各个时期组织军工、民用生产管理、基本建设及技术改造的各类档案。征集到了汉阳铁厂时期、钢迁会时期重要史料、毛泽东视察重钢影视资料、在重钢工作过的名人资料等一批极为珍贵的史料、图片和实物。编辑出版了《重钢志》、《重钢年鉴》、《重钢冶金军工史》、《重钢文艺体育志》、《重钢历史上的今天》、《建国初期的第二十九兵工厂与一〇一厂》、《民国时期29兵工厂档案史料汇编》、《百年重钢》、《重钢百人手抄〈红楼梦〉》等，并自办了《重钢档案》、《决策参考》、《情报速递》等季刊和周刊。

（彭地富）

万州区档案馆 现址市万州区太白路57号，邮编404000，电话(023)58124216，馆长张光平，电话(023)58130678。成立于1976年。是集中统一保管区级机关、团体、企事业单位档案资料的国家综合档案馆。2000年晋升为重庆市三级国家综合档案馆。2003年以来，先后多次获得重庆市档案局移民档案工作先进集体、目标管理先进单位等荣誉称号。总建筑面积4509平方米，库房面积3400平方米。馆藏档案资料56.3万卷(册)，其中资料3.2万册。馆藏档案资料的历史跨度达290余年。保存年代最早的是清代档案资料。保存民国档案中有反映川东地下党组织活动的革命历史档案和党史文献；有记录抗战时期日本大轰炸万县的档案史料；有万县海关(辖湖北沙市、枝城、宜都和湘北部分关卡)从1917年至1946年所有档案资料；有连续30年逐日观测与报告的万县长江水位记录；有震惊全国的万县“九五”惨案档案等等。加强了对三峡库区移民、重点建设项目、重大活动档案的收集。目前已将万州长江大桥、长江二桥工程以及防治“非典”等重要活动的档案资料收集进馆。已建成馆藏全宗、目录级数据库，万州区档案信息门户网站已经建立。（冯长宝）

涪陵区档案馆 现址涪陵区高笋塘路13号，邮编408000，电话(023)87808009，馆长沈坚慧，电话(023)87808798。成立于1975年。是集中统一保管全区机关、团体、企事业单位档案资料的国家综合档案馆。2004年晋升为重庆市一级国家综合档案馆。总建筑面积7893.3平方米，库房面积3408.7平方米。馆藏档案资料253917卷(册)。历史跨度182余年，其中档案23972万卷(册)，资料14197万册。保存年代最早的是清道光五年(1826年)至光绪十三年(1887年)涪州州署房屋买卖赠送契约。加大了对区级单位档案移交和破产企业档案寄存的规范管理力度，加强了对重大活动和重要历史档案资料的征集。已将历届国家领导人来涪视察的照片、国家级重点保护文物——水下碑文白鹤梁、2003年本区救治重庆市第一例“非典”病人的录像带、2005年中国首批维和警察防暴队仅有的一位涪陵民警在海地共和国维和的档案征集进馆。已建成馆藏全宗数据库和手工检索目录数据库。编有《涪陵大事要览(1949－2003)》、《涪陵区非典防治工作要事集锦》等专题档案资料汇编10多种300多万字。（王小兰）

渝中区档案馆 现址渝中区中兴路234号，邮编400012，电话(023)63905766，馆长胡开河，电话(023)63905776。成立于1978年。是集中统一保管区级机关、团体、企事业单位档案资料的国家综合档案馆，是区政府指定的行政规范性文件查阅场所。1997年被评为重庆市一级国家综合档案馆。总建筑面积2380平方米，库房面积约600平方米。馆藏档案约11万卷，图书、报刊资料1.5万册。保存了一些珍贵的名人实物档案。如郭沫若为川剧《孔雀胆》的题词瓷盘。已将2005年亚太城市市长峰会，防治“非典”工作等重大活动、重要历史事件档案资料收集进馆。2002年开发了“渝中区档案数字化建设与利用示范工程”，共录入条目110多万条，扫描170多万页。渝中区档案信息门户网站已于2006年建立。

（朱平）

大渡口区档案馆 现址大渡口区文体支

路68号，邮编400084，电话(023)68832568，馆长罗志军，电话(023)68835466。成立于1981年。是集中统一保管区级机关、团体、企事业单位档案资料的国家综合档案馆。2001年晋升为重庆市三级国家综合档案馆。馆现有办公用房112平方米，库房面积116平方米。馆藏档案资料1.8万卷(册)，其中资料0.1万册。约5万条档案文件级目录实现计算机检索。编辑出版《重庆市大渡口区十年大事记(1995—2004)》。 (廖贵华)

江北区档案馆 现址江北区金港新区18号，邮编400025，电话(023)67560105，馆长孙微波，电话(023)67560101。成立于1978年。是集中统一保管区级机关、团体、企事业单位档案资料的国家综合档案馆，是区级爱国主义教育基地。2001年晋升为重庆市一级档案馆。总建筑面积3934平方米，库房面积2000平方米。馆藏档案资料近10万卷(册)，其中资料近1万册。编辑的资料有：《江北区档案史志资料》、《中共江北区历届代表大会、代表会议专题概要》、《江北区政权建设专题概要》、《江北区档案馆指南》、《江北区档案志》。与区委组织部、区史研究室合编的资料有：《中共重庆市江北区组织史》、《江北区政、军统群系统组织史》。参与区委与重庆社会科学院合编的《邓小平理论与江北区实践》一书。已建立64万条目录数据库和150万页原文数据库，建立了“重庆市江北区档案信息网”，并积极筹建江北区文档中心。2003年创建重庆市第一家档案馆爱国主义教育基地，把“以史为鉴、存史育人”的档案展览、区情展览送到基层和社区。坚持每年开展“档案下乡、服务三农”，把农户建档知识、务工政策、电脑现场查档送到街镇和乡村。

沙坪坝区档案馆 现址沙坪坝区天星桥晒光坪56号，邮编400038，电话(023)65347414，党组书记、局长吴红建，电话(023)65313037。成立于1978年。是集中统一管理区级机关、街、镇和区属各系统基层全民所有制单位属永久、长期保存的档案以及撤销单位的全部档案。2005年成立了“已公开现行文件利用中心”。1995年5月区档案馆被评为四川省三级标准；1996年4月达到四川省二级国家综合档案馆标准。馆藏档案资料197147卷(盒)，其中图书、资料共9485册(卷)。2006年开始数字化档案馆建设工作，共完成知青、招工、婚姻、残疾及重点文书档案442168条、2674414页全文电子扫描工作，基本实现了电脑检索查阅。2004年设立了“政府公报阅览处”。

九龙坡区档案馆 现址九龙坡区杨家坪西郊路27号，邮编400050，电话(023)68780278，馆长阮志平。成立于1981年。是区机关、团体、企事业单位档案信息保管基地，爱国主义教育基地，利用档案信息资源服务的中心。2001年晋升为重庆市一级档案馆。总建筑面积1200平方米，库房面积950平方米。馆藏档案资料51979卷(册)，8849件，其中资料5253册。已将区级机关2000年前的文书档案，街道、乡镇、民政局2004前的婚姻档案接收进馆，同时还接收了区的土地改革、“三反”、“五反”、知识青年上山下乡、“三讲”教育、保持共产党员先进性教育、第三届花博会、华岩寺开光大典等重大活动的档案资料收集进馆。对馆藏档案进行数字化，纸质档案数字化占馆藏纸质档案的40%。九龙坡区档案信息门户网站已建立，为区政务网提供档案信息共享服务。

南岸区档案馆 现址南坪南城大道199号区政府大楼，邮编400060，电话(023)62988524，馆长张荣清，电话62989314。成立于1980年。是集中管理档案的文化事业机构。2002年建立了“南岸区现行文件资料服务中心”。2001年，档案馆达到重庆市国家综合档案馆一级标准。总建筑面积728平方米，库房面积318平方米。馆藏档案资料10万余卷(册)，其中图书资料1.3万余册。馆收集了“三讲”、“土地承包”、“亚太城市市长峰会”等重大活动档案；征集有江泽民、胡锦涛等党和国家领导人视察南岸区的珍贵照片，航天员杨利伟与区领导的合影照，全国科协副主席、著名桥梁专家茅以升谈圆周率的亲笔信；征购具有南岸特色的黄桷垭农民油画，收藏有1912年生产的"洋火"等档案资料。馆藏全部婚姻登记、知青、招工档案和部分区委、区政府等重要全宗档案进行了数字化加工，2006年，建立了南岸区档案信息网站。编有《南岸区大事记》、《南岸区档案志》、《南岸区灾害事故史料辑录》、《南岸区解放后部分政事纪要30个专题》、《南岸区党政军组织史》等编研资料。

（刘沛林）

北碚区档案馆 现址北碚区双元大道196号，邮编400700，电话(023)68863589，馆长彭必祝，电话(023)68205267。成立于1978年。是集中统一保管区级机关、团体、事业单位档案资料的地方综合档案馆。2006年设立了已公开现行文件利用中心。1999年晋升为重庆市一级档案馆。2005年通过了重庆市一级档案馆复查。建筑面积1048平方米，库房面积700平方米。馆藏档案资料10万余卷(册)，其中资料1.8万册。馆藏档案数字化率已达95%，并建立了档案信息网（网址：www.beibei.gov.cn)，提供信息化网络服务。2003年先后建立了北碚区档案馆国土分馆、社保档案分馆、卫生档案分馆，地情档案分馆。编撰了《中国共产党重庆市北碚区组织史资料(1938.8—1987.10)》、《重庆市北碚区政、军、群系统组织史资料(1949.12—1987.10)》、《北碚文化遗址(古迹)专题介绍》、《张自忠烈士陵园介绍》、《北碚慈幼院介绍》等档案资料汇编。

（胡一珊）

万盛区档案馆 现址万盛区新田路117号，邮编400800，电话(023)48271680，馆长田志平，电话(023)48282634。成立于1983年。是集中统一保管区级机关、团体、企事业单位档案资料的国家综合档案馆，是区政府指定的现行文件利用中心。1999年晋升为重庆市二级国家综合档案馆。总建筑面积612平方米，库房面积477平方米。馆藏档案资料41928卷(册)，其中资料8402册。已将原国务院副总理陈永贵视察万盛区青年镇堡堂村"农业学大寨"的照片、重庆民间艺术家霍之瑞先生的书法手稿，香港"健康快车"等档案资料接收进馆。对馆藏招工档案、知青档案、婚姻档案等进行了数字化和计算机录入。 （霍强林）

双桥区档案馆 现址双桥区双龙西路108号，邮编400900，电话(023)43332737，馆长刘长春，电话43323417。成立于1990年。于2001年达到重庆市三级国家综合档案馆标准。总建筑面积120平方米，库房面积80平方米。馆藏档案4000余卷。馆藏有区党政机关、群众团体的各种档案。

渝北区档案馆 现址渝北区双凤桥街道义学路64号，邮编401120，馆长邓力，电话(023)67818976。成立于1958年。1998年被评为重庆市二级国家综合档案馆。1999年至2002年连续四年获市一等奖。2005年荣获市人事局、市档案局联合表彰的"档案工作先进集体"。建筑面积1075平方米。馆藏档案近17万卷，资料近2万余册(本)。馆藏档案的起止年限为清乾隆三十七年(1772年)至公元2003年。建立了机关局域网和渝北区档案信息网站，对部分重要档案进行了扫描录入，实现了微机查阅管理。

巴南区档案馆 现址巴南区鱼洞新市街92号，邮编401320，电子邮箱：cqbnda@126.com，电话(023)66222350，馆长白志斌，电话(023)66220154。成立于1959年。是集中保管(原巴县)区(县)级机关、团体和企事业单位档案资料的国家综合档案馆，是区指定的政府公报和已公开现行文件查阅场所，是区级爱国主义教育基地。2001年晋升为重庆市二级综合档案馆。总建筑面积1223.4平方米，库房面积725.6平方米。馆藏档案资料11.78万卷(册)，其中资料2.14万册。馆藏档案资料历史跨度100余年，保存年代最早的是清朝宣统二年形成的文件。比较珍贵的有反映邓小平、陈毅、黎纯一、谢陈常、陈家齐、周文楷等人留法勤工俭学；英舰炮击万县，人民抗议英人暴行；蒙溪档案学校招生；民国巴县政府派员整理清代巴县档案等档案史料。多次为大型画册《邓小平》、大型文献记录片《邓小平》和广安"邓小平故居陈列馆"等提供了珍贵的档案史料。（白志斌）

长寿区档案馆 现址长寿区凤城街道寿星广场附6楼，邮编401220，馆长艾文廷，电话(023)40244441。馆(原长寿县档案馆)成立于1959年。是集中统一保管区级机关、团体、事业和部分企业单位档案资料的国家综合档案馆，是区爱国主义教育基地。1997年晋升为重庆市二级档案馆。现有过渡房面积1200平方米，库房面积800余平方米。馆藏档案资料161509卷，其中资料21051册。馆藏档案资料最早形成于清嘉庆十九年(公元1779年)。编辑有《长寿区档案馆简明指南》。编辑出版发行有《长寿县征地史料汇编》、《长寿县蚕桑史料汇编》、《长寿县自然灾害专题概要》等专题档案史料汇编6种10余万字。其中《长寿县征地史料汇编》、《长寿县蚕桑史料汇编》，获原四川省二等奖。（但锡能）

黔江区档案馆 现址市黔江区城西街道一环路行署街998号，邮编409000，电话(023)79222104，馆长冉陆军，电话(023)79230768。成立于1959年。是集中统一保管区各街道、镇乡和区级机关、团体、企事业单位档案资料的国家综合档案馆，是区政府指定的行政规范性文件查阅场所。1993年晋升为四川省二级国家综合档案馆。总建筑面积2130平方米，库房面积1680平方米。馆藏档案、资料20万卷(册)，保存年代最早的是清代宣统年间的档案资料。2000年区县归并以前的应进馆档案以及区文化节、共产党员先进性教育等重大活动、重大事件形成的档案陆续接收进馆。同时，加大了革命历史档案资料、地方民族特色档案资料的征集力度。已完成馆藏重点档案案卷级及文件级条目录入，并在互联网上开通了档案馆网页。编制了档案志、档案馆简明指南、《黔江自然灾害简史》及其他专题史料对外提供利用。（陈光文）

江津区档案馆 现址江津区几江办事处大同路36号，邮编402260，电话(023)47521504，副馆长王晓梅，电话(023)47554265。成立于1959年。是集中统一保管区级机关、团体、企事业单位档案资料的国家综合档案馆，是区指定的行政规范性文件查阅场所。2007年晋升为重庆市二级国家综合档案馆。总建筑面积1396.41平方米，库房面积870平方米。馆藏档案资料19.7247万卷(册)，其中资料9801万册。馆藏档案资料的历史跨度85余年。保存年代最早的是民国档案和资料，有部分革命历史档案。已建成馆藏案卷级目录数据库。编辑出版《江津年鉴》、《江津信息实用大全》、《江津大事记》等档案史料汇编3种100多万字。利用档案举办了实施档案法、召开党代会、档案馆变迁、"保持共产党员先进性教育展"等一批具有一定社会影响的藏品陈列展等。（李崇玖）

合川区档案馆 现址合川区希尔安大道222号区政府大院内，邮编401520，电话(023)42756826，馆长郭良，电话(023)42756823。成立于1959年。是集中统一保管区各个历史时期(包括建国前后)各级党政机关、群众团体、部分企事业单位档案资料的国家综合档案馆，是爱国主义教育基地、区指定的政府公报和现行文件中心查阅场所。2006年晋升为重庆市二级国家综合档案馆。总建筑面积3100平方米，库房面积800平方米。馆藏档案资料20.6万卷(册)，其中资料3.5万册。馆藏档案资料的历史跨度390余年。保存年代最早的是清代档案和资料，有少量革命历史档案。三峡库区移民、防治"非典"工作、保持共产党员先进性教育活动等档案资料收集进馆。同时，有计划地向民间征集重要历史档案资料，征集了战时儿童保育院、国立二中、少年英雄刘文学、历史名城钓鱼城古碑文拓片等珍贵的照片与资料及合川历史地图等大量档案资料。已建成馆藏档案案卷级目录数据库,完成了建国前、后档案案卷级目录数据采集工作。声像档案已全部数字化。合川区档案信息门户网站已经建立,提供80万页数字化档案全文局域网服务。 (何文涛)

永川区档案馆 现址市永川区胜利路20号,邮编402160,电话(023)85382366,馆长李志君,电话(023)85382369。成立于1959年。是集中统一保管区各级机关、团体、企事业单位档案资料的国家综合档案馆,2003年成为政府指定的行政规范性文件查阅场所。2001年晋升为重庆市二级国家综合档案馆。总建筑面积1600平方米,库房面积800平方米。馆藏档案资料121907卷(册),其中资料11284卷(册)。编写有《永川县志》、《中国共产党永川市历次代表大会文件选编》、《抗日战争时期日军大轰炸人员伤亡及财产损失调研》、《永川县历代知县、知事、县长辑录》等专题资料。

(陈红云)

南川区档案馆 现址南川区西城果园路11号,邮编408400,电话(023)71422529,馆长周昆容,电话(023)85621448。成立于1959年。是集中统一保管区级机关(含乡镇、街道办事处)、团体、企事业单位档案、资料的国家综合档案馆,是全区爱国主义教育基地;是区指定的已公开现行文件利用服务中心。于1992年评定为四川省三级档案馆,1998年晋升为重庆市二级国家综合档案馆。建筑面积2520平方米,库房面积573平方米。馆藏档案103238卷(盒、册),资料10183册。已接收进馆林地权属、土地延包、婚姻登记、防治"非典"等重大活动和反映民生民权专业、专门档案。已建成"两网"(南川区档案局域网和档案信息网站)、"一中心"(南川区档案数字化扫描录入加工中心)。出版发行《民国时期对金佛山的开发与利用》、《南川县农业自然灾害史料选编》、《南川市精简机构史料专辑》等专题档案史料汇编13种、约260余万字。

(卓开舟)

綦江县档案馆 现址县城古南镇九龙大道23号,邮编401420,电话(023)48663385,馆长刘光朝,电话(023)48627517。成立于1959年。2006年现行文件利用中心挂牌运行。1998年晋升为重庆市三级国家综合档案馆。建筑面积1710平方米,库房面积1310平方米。馆藏档案11.9万卷,资料0.8万卷(册)。保存有民国档案和部分革命历史档案。民国档案中有韩国临时政府在綦江期间各类活动的原始材料。革命历史档案中有大革命时期中共四川省委秘书长邹进贤烈士、红四军军长王良烈士遗作、传略、遗书等材料。

(李德祥 任永禄)

潼南县档案馆 现址梓潼街道办事处正兴街47号,邮编402660,电话(023)44560369,局长夏正明,电话(023)44562938。成立于1959年。是集中统一保管县级机关、团体、企事业单位和乡镇档案资料的国家综合档案馆。2001年获得重庆市三级国家综合档案馆称号。建筑面积874平方米,使用面积685平方米。馆藏档案资料近8万卷(册),其中资料15000册。馆藏档案资料历史跨度90余年。保存年代最久的是民国档案和资料。已收集到党和国家领导人题词20余幅以及杨尚昆三次回潼照片2000余张,杨尚昆和杨闇公档案资料20余卷。

铜梁县档案馆 现址县巴川镇龙都大道50号(原巴川镇和平路70号)政府大院内南侧,邮编402560,电话(023)45632871,馆长张礼洪,电话(023)45632050。成立于1959年。2004年馆正式挂牌成立了铜梁县现行文件服务中心。1992年被评为四川省三级档案馆,1998年通过重庆市三级档案馆复查评审,2004年再次通过验收。建筑面积890平方米。馆藏档案71925卷另10935件,资料22965册。建成了馆藏全宗级、案卷级、部分文件级目录数据库,馆藏婚姻档案和县委、县政府等重要

全宗1979年后档案已全部实现机读，馆藏知青档案2540幅全部扫描数字化。（邱英）

大足县档案馆 现址县棠香街道办事处东关大转盘附近，邮编402360，电话（023）43762170，馆长顾建明，电话（023）43765288。成立于1959年。是集中统一保管县级机关、团体、企事业单位档案资料的国家综合档案馆，是县指定的行政规范性文件查阅场所。2001年达到重庆市二级国家综合档案馆标准。总建筑面积1600平方米，库房面积1200平方米。馆藏档案资料84776卷（册），其中资料2686册。馆藏档案资料的历史跨度近百年，保存年代最早的是民国档案。完成了大部分建国后档案案卷级目录数据采集工作。

（何勇）

荣昌县档案馆 现址昌元镇人民路2号（县府大院内），邮编402460，电话（023）46732398，馆长范正学，电话13883943660。成立于1959年。2004年建立起县政府已公开现行文件利用中心和政府公报查阅室。1999年馆被重庆市档案局评定为重庆市三级国家综合档案馆。库房面积808.75平方米。馆藏档案资料113220卷（册），其中资料10185卷（册）。档案形成最早为明清档案，有12件；零乱残缺的是民国档案，最珍贵的是革命历史档案，比较完整的是建国后的档案。依托本县电子政务网建立了荣昌县档案信息网、办公局域网和建立起档案数字化管理平台。编写有年鉴、大事记、会议简介、档案馆指南（1949—1985年）、《荣昌县档案局（馆）党史综述篇》、1986—2005年档案志和《荣昌县明清诗集》。

（叶建华）

璧山县档案馆 现址璧城中山南路205号，邮编402760，电话（023）41423426，馆长蒋道军，电话（023）41421135。成立于1960年。是集中统一保管全县机关、团体、企事业单位档案资料的国家综合档案馆。2001年晋升为重庆市三级国家综合档案馆。总建筑面积2379.83平方米，库房面积1321平方米。馆藏档案资料102510卷（册），其中资料4280卷（册）。档案资料的历史跨度90余年。保存年代最早的档案为民国6年，民国档案约占现有馆藏总量的三分之一，有华西实验区和璧山县地方实验法院等国家重点档案。已收集了中国西部鞋都、鞋博会、第一届重庆市花博会，以及名人档案等大批重大活动相关资料。建成了比较完善的检索体系及档案目录数据库。建成璧山县地情资料中心及网站，开辟了网上档案业务查询系统。编辑出版了《璧山年鉴》（1998－2006年）、《大医精诚——曾诚富》、《璧山县军事志》等地情资料书籍20余种500余万字。

（丁华蓉）

梁平县档案馆 现址县梁山镇人民南路1号，邮编405200，电话（023）53222542，馆长陈泽平，电话（023）53226933。成立于1959年。是集中统一保管县级机关、团体、企事业单位和镇乡人民政府档案资料的国家综合档案馆，是县级爱国主义教育基地和县级已公开现行文件利用中心。2001年晋升为重庆市二级档案馆，2006年晋升为重庆市一级国家综合档案馆，曾获重庆市“九五”、“十五”档案工作先进集体。总建筑面积1886.14平方米，库房面积1132平方米。馆藏档案资料10万余卷（册），其中资料7000余册。馆藏档案资料的历史跨度200余年。保存年代最早的是清代档案和资料，清同治年间的木刻档案最为珍贵；民国档案占馆藏总量的13%。建成了档案数字化加工中心和馆内局域网。编纂出版了《梁平县区级以上行政领导干部变化情况》、《梁平县区级以上党群领导干部之演变》、《美日帝国主义在梁罪行初编》、《梁平县档案志》、《中国国民党梁山县历史人物简介》、《中国国民党梁山籍将领简介》、《梁平县行政区划》、《中共梁平县组织史资料》、《梁平县经济委员会志》、《梁平县屏锦镇志》等21种1000万余字的编研材料。

（郑方军）

城口县档案馆 现址土城路北门口9号，邮编405900，电话（023）59222732，馆长周文清，电话(023)59223458。成立于1959年。是集中统一保管县机关、团体、企事业单位、镇乡档案资料的综合档案馆。2003年达重庆市国家综合档案馆三级标准。总建筑面积864平方米，库房面积450平方米。馆藏档案45805卷，资料6134册。保存年代最早的是明清档案和资料。已将撤区并镇档案整理进柜，并对县重点工程，厂矿企业档案进行了整理、移交。撰写了《中共城口县党史大事记》。

(张静)

丰都县档案修志馆 现址三合镇横四路中段南侧，邮编408200，电话(023)70710181，馆长秦飞，电话(023)70605448。成立于1959年。2001年县地方志办公室并入县档案馆，成立丰都县档案修志馆。建筑面积300平方米，库房面积250平方米。馆藏档案资料73370卷(册)，其中资料23397册。馆内还存有全国较少见的万有文库、大藏经等。在微机录入方面，民国档案已进行案卷级录入；建国后的档案文件级条目已录入了20万余条。编撰《丰都县档案史料选编》37期，其主要内容有：建国前后政府办事机构及人员情况，历代人代会、党代会、民国丰都地方医院、民国丰都香会、民国丰都乡土志、国民经济计划执行情况、历史上发生的灾异、农业科技知识、档案利用效果等。 (陈博)

垫江县档案馆 现址桂溪镇桂西大道南段行政机关办公中心旁，邮编408300，电话(023)74512303，馆长王彦，电话(023)74685196。成立于1959年。是集中统一保管县机关、团体、企事业单位档案资料的国家综合档案馆，是全县的爱国主义教育基地，县政府现行文件阅览中心。建筑面积1386平方米，库房面积为900平方米。馆藏档案65466卷、资料7451卷(册)。2006年档案馆被县委列为“垫江县青少年教育活动基地”、“垫江县政府现行文件阅览中心”。建立了“垫江县档案史志信息网”(www.djda.gov.cn)，设立了档案、党史、地方志等板块。加强档案数字化建设，按“先热门的档案、重点档案，后一般档案”的原则进行著录。 (黄宪勤)

武隆县档案修志馆 现址巷口镇建设中路113号，邮编408500，电话(023)77821506，馆长钱进，电话(023)77821296。成立于1959年。是集中统一保管县级机关、团体、企事业单位档案资料的国家综合档案修志馆，县政府指定的已公开现行规范性文件查阅场所。1999年晋升为重庆市国家二级综合档案修志馆。建筑面积730平方米，库房面积628.97平方米。馆藏档案资料92050卷(册)，其中资料9237册。保存最多的是建国后档案；有少量的民国档案。已将防治“非典”工作、中国重庆武隆国际山地越野赛、保持共产党员先进性教育活动以及城建档案等档案资料收集进馆。征集了国务院副总理吴仪在武隆视察农村合作医疗照片资料。 (李晓斌)

忠县档案馆 现址忠州镇体育路17号附8号，邮编404300。电话(023)54232253，馆长叶亚飞，电话(023)54246215。成立于1958年。1996年晋升为重庆市三级国家综合档案馆。总建筑面积978平方米，库房面积732平方米。馆藏档案10万余卷(册)，另有图书资料10242册。二、三期移民档案收集完整齐全，规范科学有序，并顺利通过国家终验。2006年，忠县档案局(馆)被重庆市档案局、移民局表彰为“三期移民档案工作先进集体”，并有4人被县、市评为先进个人或荣立三等功。积极做好破产企业档案和乡镇综合改革档案的接收，撤并乡镇档案全部接收进馆，并启动和建立了名人档案、实物档案，目前已接收有忠县籍著名作家、影视明星、高校博士生导师、全国劳模等名人档案227件。 (饶应国)

开县档案馆 现址新县城富厚街杨柳路127号，邮编405400，电话(023)52255560，馆长彭小勇，电话(023)52255586。成立于1958年。是集中统一保管县级机关、团体、企事业单位，各乡镇、街道机关档案资料的国家综合档案馆，是县政府指定的已公开现行文件查阅场所。1992年、2006年分别晋升为四川省三级、重庆市二级国家综合档案馆。总建筑面积2710平方米,库房面积1302平方米。馆藏档案资料15.6万卷(册),其中寄存破产企业档案3万卷(册),资料1万余册。馆藏档案资料的历史为150余年。保存最早的是民国档案资料。已将中石油开县罗家天然气井2003年12月23日发生的井喷、2005年3月25日发生的井漏;2004年9月4日开县遭遇百年一遇特大洪灾;防治“非典”工作;刘伯承元帅诞辰一百周年纪念活动;林权、第二轮土地承包合同、农业区划、人口、土壤、工业普查、勘界等专门档案资料收集进馆。已开始建立馆藏档案案卷级目录和文件级目录数据库,目前已将2264卷19.5万页婚姻档案全部数字化。《三峡工程移民档案资料科学管理研究》获国家和四川省优秀科研成果奖。 (彭小勇)

云阳县档案馆 现址双江镇望江大道846号,邮编404500,电话(023)55167911,馆长冉林,电话(023)55185010。成立于1959年。是集中保管县级机关、团体、企事业单位档案资料的地方综合档案馆。2004年馆建立现行文件利用中心和政府公报阅览室。2005年被命名为云阳县爱国主义教育基地。当年,云阳县档案馆晋升为重庆市二级国家综合档案馆。总面积2278平方米,库房面积1250平方米。馆藏档案资料185176卷(册),其中资料44186册。云阳县档案信息网站建立。2006年馆在库区率先开展移民档案接收试点工作,部分二、三期移民档案资料已落户云阳县档案馆。

(刘中明)

奉节县档案馆 现址新县城县政路42号,邮编404600,电话(023)56557395,馆长马清和,电话(023)56557396。成立于1959年。是集中统一保管县级机关、社会团体、企事业单位档案资料的国家综合档案馆,是县级爱国主义教育基地,县政府指定的政府公报、行政规范性文件阅览、查阅的场所。2006年晋升为重庆市一级国家综合档案馆。总建筑面积2500平方米,库房面积800平方米。馆藏档案资料81475卷(册),其中资料9257册。保存年代最早的是明清的资料;有少量革命历史档案。已将机关到期档案,科克伦三峡走钢丝,蒋介石给奉节龙潭煤矿的批复,防治“非典”工作、全国劳模、“十六大”代表冉绍之的先进事迹材料收集进馆。 (黄慧敏)

巫山县档案馆 现址祥云路72号,邮编404700,电话(023)57682595,馆长徐培鸿,电话(023)57691283。成立于1959年。是集中统一保管县党政机关、团体、企事业单位档案资料的综合档案馆,是县级爱国主义教育基地、现行文件查阅的场所。2006年晋升为重庆市一级国家综合档案馆。总建筑面积3097.51平方米,库房面积1050平方米。馆藏档案资料79264卷(册),其中资料28484册。收集了“非典”档案、移民分户档案、国家领导人视察巫山的重点档案等。同时,还收集了民间散存的革命先辈、历史名人的照片与资料以及家谱等大量的珍贵档案、实物。2004年对馆内的民国档案及部分现行重点档案全文进行了数字化加工,建立了案卷级目录数据库,建立了巫山县档案信息网站。编写了专题资料,有:《历代巫山县灾异摘要资料》、《巫山县历届党代会简介》、《红三军路过大昌情况》、《中共巫山县组织史资料》、《巫山县行政大事记》、《巫山的文化大革命》等。 (邓冬)

巫溪县档案馆 现址马镇坝新城,邮编405800,电话(023)51522030,馆长黄亿兴,电话(023)51909556。成立于1959年。属重庆市三级国家综合档案馆。总建筑面积1307.7平方米,其中库房面积777.6平方米。馆藏总量已达47114卷(册、张),其中资料11620卷(册),照片1990张。

石柱土家族自治县档案馆 现址南宾镇新开路19号,邮编409100,馆长秦少华,电话(023)73332138。成立于1959年。是集中统一管理全县各类档案资料,积极开展利用工作,为社会主义建设事业服务。2003年达重庆市三级国家综合档案馆标准。建筑面积720平方米,库房面积540平方米。馆藏档案资料7万余卷(册),其中各类资料8876册。开展档案行政执法,加大档案资源的开发和利用,不断改善馆库环境,积极推进档案信息化建设。

秀山土家族苗族自治县档案馆 现址红卫巷26号,邮编409900,电话(023)76668283,馆长白胜文,电话13908277759。成立于1959年。是集中统一保管县级机关、乡镇、团体、企事业单位档案资料和旧政权档案的基地,是县政府指定的现行文件利用中心。1997年晋升为重庆市三级国家综合档案馆。总建筑面积1035平方米,其中库房面积717平方米。馆藏档案资料51128卷(册),其中资料9054册。馆藏档案资料的历史跨度70余年。保存年代最早的是明国档案和资料。 (付明芳)

酉阳土家族苗族自治县档案馆区 现临时租驻于和平路十字街43号(原酉师附小),邮编409800,电话(023)75552346,馆长黎洪,电话(023)75532902。成立于1959年。是集中统一管理本县辖区内各乡(镇)、机关、团体、企事业单位档案资料的综合档案馆。馆藏档案8万多卷,图书资料2万册。馆藏档案中有民国档案;有反映酉阳历史成书于清同治年间的《直隶酉阳州志》;有西南地区及川东南地区五六十年代党、政、军工作情况《西南工作》、《川东资料》。收藏了中国共产党早期领导人赵世炎烈士革命活动《赵世炎资料汇编》、《赵世炎选集》以及部分中央领导在酉阳视察指导工作的资料等。编写了《酉阳土家族苗族自治县重大自然灾害汇编》(1951—1980年洪涝灾害部分)、《酉阳土家族苗族自治县杜仲的医药保健价值及栽培技术资料简编》等资料。

彭水苗族土家族自治县档案馆 现址汉葭镇鼓楼街县委大院内,邮编409600,电话(023)78442256,馆长何庆科,电话(023)78491675。成立于1959年。是集中统一保管县级机关、团体、企事业单位和全县39个乡镇档案、资料的国家综合档案馆,是全县爱国主义教育基地,县政府指定的行政规范性文件查阅场所。总建筑面积530平方米,库房面积370平方米。馆藏档案资料76199(卷)册,其中资料6588(册)。馆藏档案、资料的历史跨度294年。保存年代最早的是康熙四十九年(1710年)的第一部《彭水县志》,保存较少的是民国档案。完成馆藏档案目录数据库录入15000条。 (何庆科)

四 川 省

四川省档案馆 现址成都市花牌坊街191号，邮编610031，馆长胡金玉，电话(028)87661757、87663986。成立于1964年，是集中统一保管省级机关、团体、企事业单位档案资料的国家综合档案馆，省级爱国主义教育基地，省政府指定的已公开现行文件查阅中心。1998年晋升为国家一级档案馆。总建筑面积3.4万平方米，库房面积1.8万平方米。现有馆藏档案资料136.6万卷(册)，其中10万余(卷)册。馆藏档案资料的历史跨度300余年。最有特色的是清代巴县衙门档案，上溯乾隆十七年(1752年)下迄宣统三年(1911年)，是中国现存时间跨度较长，数量最多，保存最为完整的县级地方政权历史档案。电子数据60余万条。四川省档案信息门户网站已经建立，可提供6600多份数字化档案资料全文上网服务。编辑出版了《四川保路运动档案史料选编》、《四川教案与义和拳档案》、《川魂——四川抗战档案史料选编》、《巴蜀灾情实录》等20余种共计1000余万字资料。 (刘志愚)

成都市档案馆 现址清江东路280号，邮编610072，馆长赵德喜，电话(028)87313919。总建筑面积16256平方米，库房面积7129平方米。是市爱国主义教育基地，设立现行公开文件资料利用中心。1998年，晋升为国家一级档案馆。馆藏档案503947卷，资料30098册。珍品档案有清雍正九年(1731年)的家产分割契约，巴金、艾芜、邱笑秋、邓代昆、邓英等名人档案。 (干惠群)

锦江区档案馆 现址成都市点将台东二巷8号，邮编610061，馆长高伶，电话(028)84475023。是区爱国主义教育基地。2004年成为省二级档案馆。馆库面积695平方米。馆藏档案64621卷，资料14138本(册)。主要分是民国时期档案和建国后档案。举办了“迈进新世纪，越上新台阶”展览；制作了《锦江区区委、区政府重要文件汇编》电子光盘(2001—2006)。

青羊区档案馆 现址成都市江汉路222号，馆长邱莉，电话(028)86635360。1980年成立，为国家综合档案馆，区政府现行公开文件资料利用中心，区爱国主义教育基地。2004年成为省二级档案馆。馆库建筑面积768平方米，库房面积约392平方米。馆藏档案58234卷，资料8782册。主要为建国后档案。

(薛力声)

金牛区档案馆 现址沙湾路65号，邮编610031，馆长张竞越，电话(028)87705398。是区爱国主义教育基地。1999年成为省一级档案馆，并获全国档案系统先进集体称号。馆库房面积为2200余平方米。完成文件机读目录数据1152339条。建立金牛档案信息网站、发布现行公开文件资料332条。举办了“腾飞的金牛”大型综合展览。 (朱祥明)

武侯区档案馆 现址成都市高升桥东路16号，邮编610041，馆长喻君，电话(028)85078802。是区爱国主义教育基地，区现行公开文件资料利用中心。2004年成为省二级档案馆。馆库面积900平方米。馆藏档案11990卷，资料1937册。征集到成都国际电脑节、武侯区三国文化节、锦里一条街等档案资料880余件、照片600余张。举办了“传承蜀汉智慧，谱写武侯华章”展览。 (胡毓萍)

成华区档案馆 现址成都市府青路二段3号新34号，邮编610051，馆长巫华，电话(028)83266885。成立于1991年5月，是区机关档案资料保管基地，区爱国主义教育基地，设立现行公开文件利用中心。2004年成为省二级档案馆。2003年被授予省档案系统先进集体称号。建筑面积1655平方米。馆藏档案目录已全部数字化处理。 (朱明)

龙泉驿区档案馆 现址成都市龙泉镇东街79号，邮编610100，馆长应茂国，电话(028)86375551。是区爱国主义教育基地，区委、区政府指定的政务信息公开场所。2004年成为省二级档案馆。建筑面积766平方米。馆藏档案资料5.9万余卷(册)。最早档案为清代档案。2004—2005年免费为林农提供7.4万余份林权证查档、证明服务,减轻林农负担740余万元。(范乃光)

青白江区档案馆 现址成都市华金大道二段469号,邮编610300,电话(028)83696855。是区级爱国主义教育基地,区委、区政府档案信息及现行公开文件资料利用中心。2003年被评为省档案系统先进集体。2004年成为省一级档案馆。(王小平)

温江区档案馆 现址成都市柳城东大街118号,邮编611130,馆长左宏星,电话(028)82719916、82722052。建于1982年,是区政府公开信息服务中心。馆库总面积为906平方米,库房面积685平方米。馆藏档案64327卷,资料6616册。(刘国根 舒蓉)

新都区档案馆 现址下南街36号,邮编610500,馆长吴春华,电话(028)83996442。是区爱国主义教育基地、区现行公开文件利用中心。2004年成为省二级档案馆。馆库房面积954平方米。馆藏稀有档案为清代嘉庆至宣统(1805—1911年)106年间的地契196件,年代连续,内容丰富。(李莉)

金堂县档案馆 现址赵镇复兴街53号,邮编610400,馆长李富荣,电话(028)84982443。网址:http://dyj166321.muicc.com。成立于1959年,是保管县机构、企事业单位的档案资料的国家综合档案馆。设有现行文件查阅中心。2005年成为省三级档案馆。馆库房面积751平方米。馆藏档案资料72000余卷(册)。档案电子检索数据30余万条。建有"金堂档案园地"网站,点击达数万次。(贺毅)

双流县档案馆 现址东升镇顺城街1号,邮编610200,馆长田宏梁,电话(028)85822533。1992年成为省三级档案馆。馆库面积1474平方米。馆藏现存档案、资料共94601卷(册),41764件。编辑了:《中国共产党双流县委历次代表大会简况汇编》、《双流县人民代表大会历次会议简况汇编》、《双流县历任知县、县长姓名录》、《档案馆全宗指南》、《双流历史上的今天》、《双流县档案志》(1986—2005本)等材料。

郫县档案馆 现址政府路68号,邮编611730,馆长李克林,电话(028)87862088、87884193。成立于1959年,是爱国主义教育基地,县政府公开信息服务中心。2003年晋升省二级档案馆。建筑总面积792平方米,库房面积432平方米。建立了郫县档案信息网。(曾斐)

大邑县档案馆 现址晋原镇体育场东路72号,邮编611330,馆长洪鹰,电话(028)88292179。馆库面积2420平方米。馆藏档案资料39000卷册。清代档案有光绪至宣统间的地契等。1995年成为省三级档案馆。2005年成立公开信息服务中心。

蒲江县档案馆 现址鹤山镇大北街25号,邮编611630,馆长龚小莉,电话13882131002。建于1979年,是现行公开文件资料利用中心。2006年成为省二级答案馆。建筑面积768平方米,库房面积667平方米。馆藏档案46704卷、7070件,资料6351册。(佘琼英)

新津县档案馆 现址五津镇五津北路111号,邮编611430,馆长文丕祥,电话(028)82526658。馆库面积1100平方米。馆藏特色档案是清代新津县衙门档案和民国新津县政府档案27201卷。2005年晋升省档案工作规范化管理二级单位。举办了"新津人民抗战记录"档案展览。

都江堰市档案馆 现址都江堰市内,邮编611830,馆长徐良友,电话(028)87132407。成立于1959年,为国家综合档案馆。2005年晋升为省二级档案馆,市爱国主义教育基地、现行公开文件阅览中心。建筑面积1906平方米。馆藏档案资料75174卷(册)。(杨文立)

彭州市档案馆 现址天彭镇小南街,邮编611930,馆长刘天奇,电话(028)83701967。

1959年11月建立,1992年达到省三级档案馆标准。馆库房面积近330平方米。馆藏特色档案为上海“五卅”运动的领导者何秉彝烈士档案。 (刘富彬)

邛崃市档案馆 现址临邛镇南街99号,邮编611530,馆长杨涛,电话(028)88791233。是市爱国主义教育基地,市委、市政府命名现行公开文件资料利用中心。2001年达到省三级档案馆标准。2003年度被评为省档案工作先进集体。馆库面积690平方米。档案形成最早是清代光绪、宣统年间的契税档案。

(孙倚天)

崇州市档案馆 现址崇阳镇三元街1号,邮编611230,馆长雷成杰,电话(028)82272254。爱国主义教育基地,现行公开文件资料利用中心。2004年晋升省一级档案馆。新馆修建于2002年9月,建筑面积4148平方米。馆藏档案资料71478卷(册),资料15319册。 (甘跃)

自贡市档案馆 现址塘坎上路33号,邮编643000,馆长黄仲良,电话(0813)2206436、2202328。成立于1959年,是馆藏量居全省第二位的国家综合性档案馆。市现行文件利用中心。1997年晋升省二级档案馆。总建筑面积5391平方米,库房面积3136平方米。馆藏档案资料247161卷,其中资料39297册。馆藏3000余件盐业契约档案(1732—1949)已被列入《中国档案文献遗产名录》。编研有《自贡盐业契约档案选辑》(获国家档案科研成果一等奖、四川省哲学社会科学优秀成果二等奖)、《自贡盐业工人斗争史档案资料选编》(获省档案科研优秀成果一等奖)等成果。

(张国钢)

自贡市城建档案馆 现址中华路1号,邮编643000,馆长王勤,电话(0813)2205051。1981年成立,是自贡市城市建设档案资料的永久保存基地。1996晋升省二级城建档案馆。1995年、1998年、2005年被评为省先进城建档案馆。建筑面积800平方米。馆藏档案1.5万卷。实现了档案的计算机管理。

(王勤)

东方锅炉(集团)股份有限公司档案馆 现址自贡市黄角坪路150号,邮编643001,馆长谢宪华,电话(0813)4733339。建筑面积2300平方米。馆藏档案13万卷、830万张,底图2507760张,资料3536卷。1997年晋升国家一级档案工作目标管理企业。

(谢宪华)

四川理工学院档案馆 现址自贡市学苑街180号,邮编643000,馆长段雪梅,电话(0813)5505961、5505960。成立于2004年。1998年晋升为国家二级档案馆。总建筑面积2500平方米,库房面积2000平方米。馆藏档案资料31500卷(册、件),其中资料6170册。实现了全校档案信息网络化管理。

(周义敏)

自流井区档案馆 现址丹桂大道区政府大楼8层,邮编643000,馆长刘桥,电话(0813)8110057。省二级档案馆。建筑面积560平方米,库房面积400平方米。编辑了档案馆指南、大事记、基础数据汇编、干部论文集、重要会议简介、专题概要、专题目录、政府发文汇集等编研资料。 (张林)

贡井区档案馆 现址筱溪街盐马路1号,邮编643020,馆长雷进,电话(0813)3305954。为国家综合档案馆,省三级档案馆。设立了区现行文件阅览室。馆库面积114平方米。馆藏档案11004卷(件),资料2223册。

(雷进)

大安区档案馆 现址广华山54号,邮编643010,馆长胡金良,电话(0813)5522268。建立于1976年,为大安区人民政府直属事业单位。2006年晋升省二级档案馆。库房面积550平方米。馆藏档案22839卷、2603件。

(胡金良)

沿滩区档案馆 现址区委大院内,邮编643030,馆长郑纯录,电话(0813)5396008。2001年晋升省三级档案馆。建筑面积955.8

平方米,库房面积 462 平方米。馆藏档案资料 31500 余卷册。(郑纯录)

荣县档案馆 现址旭阳镇河街 225 号,邮编 643100,馆长蔡成胜,电话(0813)6201521。2000 年晋升省一级档案馆。1995 年获全国档案系统先进集体称号。建筑面积 1008 平方米,库房面积 960 平方米。馆藏档案 20 余万卷。(蔡成胜)

富顺县档案馆 现址富世镇西湖路 109 号,邮编 643200,馆长唐汉英,电话(0813)7114512。成立于 1959 年,省二级档案馆。设立了县现行文件查阅中心。总建筑面积 1344 平方米,库房面积 1130 平方米。馆藏档案资料近 12 万卷。(刘华杰)

攀枝花市档案馆 现址攀枝花市内,邮编 617000。成立于 1981 年,是集中统一保管攀机关、团体、企事业单位档案资料的国家综合档案馆,爱国主义教育基地,设立了现行文件服务中心。1998 年晋升省一级档案馆。总建筑面积为 3892 平方米,库房面积为 2919 平方米。馆藏档案资料 27.7 万余卷(册、件)。已将保持共产党员先进性教育活动和首届冬季旅游发展大会等档案资料收集进馆。建成了馆藏档案文件级目录数据库。建立了档案信息门户网站。编写了《攀枝花行政区划文献选编》等资料。

攀枝花市城建档案馆 现址紫藤巷 4 号,邮编 617000,馆长夏朝富,电话(0812)3320456、3320299。成立于 1981 年。2004 年晋升国家一级城建档案馆,被评为全国城建档案工作先进集体。建筑面积 3619 平方米,库房面积 2015 平方米。馆藏档案资料 24762 卷,地形图 180058 张。已将市重点工程“攀钢二期”、“五路两桥”、旧城改造、滨江大道、渡仁西线等建设工程档案收集进馆。建成城建档案管理信息系统并投入运行。制作了《攀枝花市城市住宅小区建设》、《彩虹横江畔——攀枝花的桥》等四部电视专题片。编制了《攀枝花市城建档案大事记》、《攀枝花市利用城建档案典型事例选编》、《中国西部钢铁钒钛、能源基地——攀枝花(简介)》等近 29 万字的编研资料。

攀枝花钢铁集团公司档案馆 现址攀枝花市向阳村,邮编 617067,馆长欧阳继元,电话(0812)3397367、3392063。成立于 1986 年,是永久保存公司各类重要档案的基地。1998 年晋升国家一级档案管理企业。总面积为 3046.4 平方米,库房面积 2484.4 平方米。馆藏档案 131502 卷,其中科技档案 82467 卷。攀钢(集团)公司档案管理系统已全面投入使用。

市东区档案馆 现址攀枝花市攀枝花大道 388 号,邮编 617067,馆长张忠庆,电话(0812)2227347。成立于 1983 年,是区属机关、企事业单位档案保管基地。2006 年晋升省二级档案馆。总建筑面积 510 平方米,库房面积 320 平方米。馆藏档案 15282 卷。

(李强)

市西区档案馆 现址攀枝花市白花路 7 号,邮编 617068,馆长陈良秀,电话(0812)5558037。成立于 1983 年,是集中统一保管区机关、团体、企事业单位档案资料的国家综合档案馆,区爱国主义教育基地、区现行文件文件服务中心。2000 年晋升省一级档案馆。2003 年被授予省档案系统先进集体称号。总建筑面积 1390 平方米,库房面积 750 平方米。馆藏档案 26381 卷、5328 件,资料 3343 册。接收了“长漂节”、“保持共产党员先进性教育活动”、“创全国优秀旅游城市”等活动档案。建成档案目录数据库。编写了西区政事纪要、土地征用档案简编、发展的长漂、西区档案志等参考资料。

仁和区档案馆 现址攀枝花市仁和镇一村 13 号,邮编 610761,馆长杨丽,电话(0812)2900429。成立于 1975 年,是区永久保管档案的基地,区现行文件服务中心。2000 年晋升省二级档案馆。馆现建筑总面积为 900 平方米,库房面积 600 平方米。馆藏档案资料 63602

卷(册、件)。接收保持共产党先进性教育、迎冬旅创国优、攀西石榴节等重大活动档案资料进馆。建成馆藏档案文件级目录数据库包含数据50余万条。建立了“攀枝花市仁和档案”网站。编写了《仁和建区三十年简介》、《仁和区机构变迁情况阅览表》等参考资料。

米易县档案馆 成立于1961年,是集中保管县级机关、团体、企事单位档案资料的国家综合档案馆,县现行文件服务中心。1998年晋升省三级档案馆。总建筑面积为1280平方米。接收保持共产党员先进性教育、省首届冬季旅游发展大会等重大活动档案资料进馆。建成馆藏档案文件级目录数据库,共有数据44万余条。编写了档案馆指南等参考资料。盐边县档案馆现址桐子林镇玉泉路48号。成立于1959年,是集中统一管理全县各类档案资料的基地。2002年晋升省三级档案馆。总建筑面积1342平方米,库房面积516平方米。馆藏档案41735卷,15382件,资料12120册。

泸州市档案馆 现址江阳西路6号,邮编646000,馆长袁卫平,电话(0830)3190386、3190350。成立于1983年,是集中统一保管市级机关、团体、企事业单位档案资料的国家综合档案馆,市级爱国主义教育基地。2000年晋升省一级档案馆。总建筑面积3140平方米,库房面积2082平方米。馆藏档案资料11万余卷(册)。完成机检目录11万余条。编纂发行《泸州市档案馆指南》、《泸州市人民政府为民办实事40件》等38种73.7万字的编研成果。举办了建市20周年成就展、市十五成就及十一五展望等展览。 (王健)

泸州市城建档案馆 现址江阳南路34号,邮编646000,电话(0830)3197735、3197735。成立于1986年,是集中统一保管市城市建设档案资料的专门档案馆。1999年晋升省二级档案馆。建筑面积约500平方米。1998年被评为省城建档案先进单位。2005年被评为省城建档案工作先进集体。馆藏档案20826卷。完成了馆藏档案目录数据库建设。

江阳区档案馆 现址泸州市星光路6号,邮编646000,馆长刘超,电话(0830)3123512、3123511。成立于1986年,是集中统一保管区级机关、团体、企事业单位档案资料的国家综合档案馆。2006年晋升省一级档案馆。建筑面积2365平方米。馆藏档案19193卷,资料4809册。 (李娟)

纳溪区档案馆 现址泸州市云溪西路一段199号,邮编646300,馆长王世贤,电话(0830)3266983、3266965。成立于1959年,2003年晋升省一级馆。总建筑面积为1053平方米,库房面积526平方米。现有馆藏档案3.7万卷,馆藏资料约0.5万册。最早的是清代档案,比较齐全完整的是建国以后的档案。 (游琳)

龙马潭区档案馆 现址泸州市龙马大道三段一号,邮编646100,馆长王秋梅,电话(0830)2522023、2522021。成立于1996年,是保管区级机关、团体、企事业单位重要档案的国家综合档案馆,区政府指定行政规范性文件查阅场所。建筑面积400平方米,库房面积200平方米。馆藏档案1089卷(册)。所有馆藏档案完成目录级著录。 (王堂勇)

泸县档案馆 现址福集镇民本街,邮编646100,馆长梁发伦,电话(0830)8192874、8184033。成立于1959年,是全县档案信息资源中心、县级爱国主义教育基地。2005年晋升省二级档案馆。建筑面积1400平方米,库房面积1000平方米。馆藏档案44501卷,资料5756册。馆藏档案资料的历史跨度100余年。保存年代最早是清代档案,保存最多的是建国后档案。 (王芳)

合江县档案馆 现址百花亭社区70号,邮编646200,馆长杜元高,电话(0830)5212237、5269002。成立于1960年,是集中统一保管全县机关、团体、企业事业档案资料的国家综合档案馆。1998年晋升省二级档案馆。总建筑面积1491平方米,库房面积848平方米。馆藏档案资料 94721 卷(册),其中资料 14377 册。馆藏档案资料的历史跨度 80 余年。保存年代最早的是民国档案,保存最多的是建国后档案。 (张高萍)

叙永县档案馆 现址陕西街 4 号,邮编 646400,馆长李祖涛,电话(0830)6222295。成立于 1959 年,是集中统一保管县机关、团体、企事业单位档案资料的国家综合档案馆。2006 年晋升省二级档案馆。建筑面积 102 平方米,库房面积 65 平方米。馆藏档案 73394 卷(盒、册),资料 7216 册。 (何平)

古蔺县档案馆 现址府前街 24 号,邮编 646500,馆长高逊,电话(0830)7222289、7222289。成立于 1960 年,是全县档案资料保管保护利用中心,县爱国主义教育基地、现行文件利用中心。1999 年晋升省二级档案馆。总建筑面积 1500 平方米,库房面积 330 平方米。馆藏档案资料 64226 卷(册),其中资料 10380 册。馆藏档案资料的历史跨度 100 余年。保存最早的是清代档案,保存完整的是建国后档案。建立了档案网站。利用档案资料汇编了二十余种资料。 (徐帮芬)

德阳市档案馆 现址庐山路 71 号,邮编 618000,馆长敖心诚,电话(0838)2503271。成立于 1983 年,是市级档案保管保护基地和档案信息中心,市爱国主义教育基地。2002 年被评为全国档案系统先进集体。2005 年晋升省一级档案馆。建筑面积 6616 平方米。开设有“德阳档案”网站(www. dysdaj. gov. cn)。馆藏档案 6 万余卷。

德阳市城建档案馆 现址黄河路庐山路交汇处,邮编 618000,馆长钟晓,电话(0838)2306418。2000 年晋升省一级城建档案馆。馆库房面积 1000 平米。馆藏档案 34981 卷。编写了城建档案基础数字汇编。

东方汽轮机有限公司档案馆 现址德阳市汉旺镇,邮编 618201,馆长郭惠文,电话(0838)6355507。国家二级档案管理企业。总建筑面积 4960 平方米,库房面积 3357 平方米。馆藏 65303 卷,底图 1884050 张。已建立案卷级机读目录 17840 条,文件级机读目录 187409 条。

中国第二重型机械集团公司档案馆 现址德阳市珠江路 1 号,邮编 618013,馆长宣华强,电话(0838)2341043、8519502。总建筑面积 4139 平方米,库房面积 2992 平方米。馆藏档案 173667 卷,底图 2458258 张,资料 127438 册。1988 年被评为档案管理国家二级企业。编辑出版了《第二重型机器厂厂史》、《第二重型机器厂厂史》续集、《第二重型机器厂军工史》、《第二重型机器厂科技档案目录》等。 (张汇川)

旌阳区档案馆 现址泰山北路二段 218 号,邮编 618000,馆长张兴林,电话(0838)2202771。成立于 1960 年,是区爱国主义教育基地。1998 年晋升省二级档案馆。建筑面积 916 平方米。馆藏档案 99463 卷,资料 8922 册。 (姚兴华)

中江县档案馆 现址凯江镇伍城南路 169 号,邮编 618100,馆长向晓黎,电话(0838)7202176。成立于 1994 年,是国家综合档案馆。2001 年晋升省三级档案馆。建筑面积 750 平方米,库房面积为 448 平方米。馆藏档案 103431 卷,资料 13849 本(册)。

广汉市档案馆 现址雒城镇房湖路 28 号,邮编 618300,馆长杨海嘉,电话(0838)5222745、5238136。2000 年晋升省三级馆。2003 年被评为全省档案工作先进集体。库房面积 825 平方米。馆藏档案资料 6 万余卷册,资料 6000 余册。 (杨海嘉)

什邡市档案馆 现址蓥峰北路三号,邮编 618400,馆长刘先炳,电话(0838)8202499。始建于 1963 年,是爱国主义教育基地、现行公开文件利用中心。1991 年、1999 年被授予省档案系统先进单位称号。2002 年晋升省一级档案馆。建筑面积 3415 平方米,库房面积 1780 平方米。馆藏档案资料 103937 卷(册),其中资料 18442 册。

绵竹市档案馆 现址剑南镇广场北100号，邮编618200，馆长李旭海，电话（0838）6202141。成立于1959年，是爱国主义教育基地，市现行文件阅览中心。2004年晋升省二级档案馆。建筑面积975平方米，库房面积660平方米。馆藏档案资料148990卷（册）。

绵阳市档案馆 现址红星街61号，邮编621000，馆长张维雄，电话（0816）2223056、2224760。成立于1964年，是集中统一保管绵阳市档案资料的国家综合档案馆，是市政府指定的行政规范化文件查阅场所。1998年晋升省一级档案馆。1991年、1999年两次被评为全国档案系统先进集体。建筑面积2548平方米，库房面积1462平方米。馆藏档案资料132766卷（册），其中资料31368册。已将亚洲龙舟锦标赛、世界拳击锦标赛、国际体育舞蹈公开赛、亚洲邮展、第四届全国农民运动会等重大活动共2889卷档案收集进馆。已著录馆藏档案案卷级目录数据8万条，文件级目条数据22万条。已建立档案信息网站。编辑出版了《绵阳市档案馆指南》、《绵阳市大事记》等资料。

绵阳市城建档案馆 现址健安街4号，邮编621000，馆长杨中林，电话（0816）2216342、2216792。成立于1986年，是保管城市建设档案资料的专门档案馆。1998年被评为全国城建档案先进集体。2003年评为四川省档案工作优秀集体。2000年晋升省一级城建档案馆标准。建筑面积2110平方米，库房面积962平方米。馆藏档案48390卷，底图17126张。实现了局域网内信息共享和办公自动化。建立了网站。 （梁效娅）

涪城区档案馆 现址绵阳市红星街115号，邮编621000，馆长郭秀光，电话（0816）2213468、2218023。成立于1959年，是集中保管区内档案资料的国家综合档案馆，爱国主义教育基地、现行文件服务中心。2005年晋升省一级档案馆。总建筑面积2704平方米，库房面积1938平方米。馆藏档案资料107826卷（册），其中资料9387册。区档案信息网站已建立。 （金涛）

游仙区档案馆 现址绵阳市芙蓉路13号，邮编621000，馆长唐杰荣，电话（0816）2289159。成立于2001年，是集中统一保管区级机关、团体、企业事业单位档案资料的国家综合档案馆。总建筑面积320平方米，库房面积190平方米。馆藏档案资料23126卷（件），其中资料580册。 （邵琼瑶）

三台县档案馆 现址潼川镇东河路150号，邮编621100，馆长蔡友方，电话（0816）5224028、5221239。成立于1959年，是集中统一管理县级机关、团体、企事业单位档案资料的国家综合档案馆，县政府指定的现行文件利用中心、爱国主义教育基地。2003年晋升为省一级档案馆。总建筑面积1744平方米，库房面积1344平方米。馆藏档案资料18余万卷（册），其中资料1.3万册。馆藏档案资料历史跨度近200年。保存年代最早的是清代档案。已将武引工程、国土审批等档案收集进馆。已录入案卷级目录41107条，文件级目录61880条。编辑了《三台县档案观指南》、《日军飞机轰炸三台史料》、《东北大学在三台》、《三台抗美援朝运动史述》、《三台郪江崖墓群述略》等资料20余种30余万字。

盐亭县档案馆 现址云溪镇政府街6号，邮编621600，馆长冯际翔。电话（0816）7122987、7120872。成立于1959年，是集中统一保管县乡机关、人民团体、企事业单位档案资料的国家综合档案馆，县级爱国主义教育基地，县政务公开信息查阅场所。2006年晋升省三级档案馆。馆藏档案资料80323卷（册），其中资料7409册。馆藏最早的是清代的文约、文契、契税官契等。编写了《盐亭县蚕桑发展史略》、《盐亭县公元前316年—1985年大事记》、《盐亭县历代政权演变资料汇编》、《盐亭县名优特新产品汇集》、《中国共产党四川省盐亭县组织史资料》（1927—1987）等资料30种近20万字。 （廖中南）

安县档案馆 现址花荄镇县办公大楼一层，邮编 622651，馆长顾德军，电话(0816)4336886、4336993。成立于 1959 年，是集中统一保管县级机关、团体、企事业单位档案资料的国家综合档案馆，县政府指定的行政规范性文件查阅场所。1991 年晋升省三级档案馆。总建设面积 580 平方米。现馆藏档案资料 8.1 万卷(册)，其中资料 2000 余册。馆藏档案资料的历史跨度 200 余年。保存年代最早的是清代档案。（张平）

梓潼县档案馆 现址文昌镇崇文街 80 号。邮编 622150，馆长秦加春，电话(0816)8212624、13881163957。成立于 1959 年，是集中统一保管县级机关、团体、企事业单位档案资料的国家综合性档案馆，县政府指定的行政规范性文件查阅场所。2002 年晋升省二级档案馆。建筑面积 1200 平方米。馆藏档案 71544 卷，其中资料 7568 册。案卷目录全部实现了计算机管理。编辑出版了《梓潼县档案馆指南》、《梓潼县大事记》等资料。

（曾日兴）

北川羌族自治县档案馆 现址曲山镇，邮编 622750，馆长苏义德，电话(0816)4821373、4823097。建立于 1959 年，是集中统一保管县内机关、团体、企事业单位档案资料的国家综合档案馆。2006 晋升为省二级档案馆。馆藏档案 50207 卷，资料 10000 余册。（黄亮）

平武县档案馆 现址政府街 4 号，邮编 622550，馆长张开泉，电话(0816)8822177、8826518。始建于 1959 年，是集中统一保管县级机关、团体、企事业单位档案资料的国家综合档案馆，县级爱国主义教育基地和行政规范性文件查阅场所。2006 年晋升省二级档案馆。总建筑面积 1169 平方米，库房面积 596.6 平方米。馆藏档案资料 7.7 万卷(册)，其中资料 1.5 万册。编辑《平武县档案馆指南》近 13 万字。（李国华）

江油市档案馆 现址诗仙路 74 号，邮编 621700，馆长张乐平，电话(0816)3221732、3229707。成立于 1959 年，是集中保管市级机关、团体、企业事业单位档案资料的国家综合档案馆，市级爱国主义教育基地，市政府指定的行政规范性文件查阅利用服务中心。2005 年晋升省一级档案馆。总建筑面积 1500 平方米，库房面积 900 平方米。馆藏档案 64275 卷、6153 件，资料 12422 册。征集了王右木、刘寿斌、邓怀才等名人照片与资料。编撰出版了《江油组织史》、《江油县志》、《中共江油地方史丛书》、《江油年鉴》等资料。（郭光桂）

广元市档案馆 现址公园街 51 号，邮编 628017，馆长文新德，电话(0839)3263435、3268378。成立于 1985 年，是集中保管市级机关、团体、企业事业单位档案资料的国家综合档案馆，市级爱国主义教育基地，市现行文件管理中心。2004 年晋升省一级档案馆。总建筑面积 4420 平方米，库房面积 3100 平方米。馆藏档案资料 105446 万卷(册)，其中资料 7907 册。馆藏档案资料的历史跨度 270 余年，保存年代最早的是乾隆年间的《广元县志》，保存最多的是建国后档案。已建成馆藏部分档案文件级目录数据库。编辑了《广元历史名人》、《昭化古城》、《女皇故里》、《国防建设与广元工业发展》等资料。

广元市城建档案馆 现址利州东路 612 号，邮编 628017，馆长黄宗正，电话(0839)3262300。成立于 1987 年，是集中统一保管城市规划、工业与民用建筑工程以及市政公用基础设施等档案资料的专门档案馆。2004 年晋升省一级档案馆。总面积 300 平方米，库房面积 200 平方米。馆藏档案资料 3.71 万卷(册)，其中资料 710 册，底图 5.1 万张。建成了城建档案案卷级目录数据库。编辑发行了《剑门蜀道行》、《广元城市建设纪事》等资料 10 余种 20 余万字。

元坝区档案馆 现址元坝镇京兆路，邮编 628021，馆长康映东，电话(0839)8723603、2810181。成立于 1990 年，是集中统一保管级机关、团体、企业事业单位档案资料的国家综合档案馆，爱国主义教育基地，区政府指定的行政规范性文件查阅场所。总建筑面积1460平方米，库房面积1000平方米。馆藏档案资料13928卷，其中1208卷。已将元坝区天保工程、光纤工程、长滩河治理工程等一批重大活动的档案资料收集进馆。（张玉梅）

朝天区档案馆 现址文昌路69号，邮编628012，馆长许凤碧，电话（0839）8622013、8621891。成立于1988年，是集中统一保管区级机关、团体、企事业单位档案资料的国家综合档案馆，区政府指定的行政规范性文件查阅场所。总建筑面积700平方米，库房面积200平方米。馆藏档案资料8万余卷（件），其中资料3万卷（件）。已将二轮土地延包的档案资料收集进馆。档案信息网站已建立。编辑了《朝天旅游》、《朝天区志》等资料。

旺苍县档案馆 现址东河镇新华街333号，邮编628200，馆长林登祥，电话（0839）4202551、4208939。成立于1959年，是集中统一保管县级机关、团体、企事业单位档案资料的国家综合档案馆，2000年晋升省一级档案馆。总建筑面积917平方米，库房面积560平方米。馆藏档案资料近10万卷（册），其中资料2万余册。保存年代最早的档案为清代契约，保存最多的是建国后档案。已建成馆藏全宗级目录数据库。

青川县档案馆 现址乔庄镇秦兴街188号，邮编628100，馆长谈树贤，电话（0839）7202491、7202491。成立于1959年，是集中统一保管县级机关、团体、企事业单位档案资料的国家综合档案馆。1995年晋升省三级档案馆。总建筑面积575平方米，库房面积400平方米。馆藏档案资料55326卷（册），其中资料13169册。编写了《青川县志》、《中共青川县组织史资料》、《青川县档案馆介绍》、《青川县档案局、馆沿革》、《下乡知青名册》、《天然的动植物园——国家级唐家河自然保护区》、《青川县历年利用档案效果汇编》、《青川县档案志（1928－2002）》等资料。

剑阁县档案馆 现址普安镇里仁巷9号，邮编628300，馆长李硕民，电话（0839）6601500、6080558。始建于1959年1月，是集中统一管理全县机关、企事业单位档案的国家综合档案馆，县级爱国主义教育基地、县政府指定的行政规范性文件查阅场所。1991年被授予省档案系统先进集体称号。1992年晋升省三级档案馆。馆藏档案68552卷（册），其中资料18357册。馆内保管有剑阁籍南宋礼部尚书黄裳绘制的天文图照片，清代道光时期的地契等。编辑出版了《剑门蜀道诗选》、《剑阁历史年表》、《剑阁古柏史料汇编》等7种近200万字的资料。

苍溪县档案馆 现址陵江镇解放路373号，邮编628400，馆长张笃选，电话（0839）5222595、5220301。成立于1960年，是集中统一保管全县机关、团体、企事业单位档案资料的国家综合档案馆，县级爱国主义教育基地、县政府指定的行政规范性文件查阅场所。2001年晋升省二级档案馆。总建筑面积883平方米，库房面积733平方米。馆藏档案11.3万卷、资料1.7万册。编辑了《苍溪红军录》等专题材料30多种40万字。（任守尧）

遂宁市档案馆 现址城河北街139号，邮编629000，馆长刘辉，电话（0825）2224849、2221202。网址 http://daj.scsn.gov.cn。成立于1985年，是集中统一保管市级机关、团体、企事业单位档案资料的国家综合档案馆。1994年晋升省三级档案馆。总面积1300平方米，库房面积950平方米。馆藏档案资料165310卷（册），其中资料9416册。馆藏最早的是清代乾隆年间的档案资料。编研成果主要有《遂宁档案志》、《遂宁档案史料集粹》、《观音信仰民俗探源》、《中华姓氏书法大辞典》、《开发民企档案资料促进企业更快发展》、《遂宁特大自然灾害备忘录》等。（王人友）

遂宁市城建档案馆 现址渠河中路999号，邮编629000，馆长吴德，电话（0825）2313086。网址：www.sncjda.cn。成立于

1987年，主要职责是收集、科学管理城市建设档案，为城市规划建设、社会公共管理、城市安全应对城市突发事件等提供服务。2006年晋升省一级城建档案馆。现有馆库用房1000余平方米。馆藏档案资料3万多卷。所有馆藏档案目录及前期文件已数字化。编研成果有《遂宁简介》、利用效果100例、重点建设工程和城建实事工程集粹、《城市的旋律》等。

（吴德）

蓬溪县档案馆 现址赤城镇蜀北路415号，邮编629100，馆长蒋经平，电话(0825)5395402。成立于1960年，是集中统一保管县级机关、团体、企事业单位档案资料的国家综合档案馆。1998年晋升省三级档案馆。总面积1200平方米，库房面积800平方米。馆藏档案资料75803卷(册)，其中资料3858册。编研成果有《蓬溪档案志》、《蓬溪县重要文件汇编》、《蓬溪县党代会简介》、《蓬溪县历代建制沿革资料》、《蓬溪县历年灾异汇编》、《蓬溪县历年土地征用资料汇编》等。（张林）

射洪县档案馆 现址太和镇伯玉路252号，邮编629200，馆长宫明亮，电话(0825)6622657、6629656。成立于1959年，是集中统一保管全县机关、团体、企事业单位档案资料的国家综合档案馆，县级爱国主义教育基地，县政府指定的行政规范性文件查阅场所，2000年晋升省二级档案馆。总建筑面积1220平方米，库房面积732平方米。现馆藏档案资料122153卷(册)，其中资料2083册。馆藏最早的是清朝乾隆时期的档案资料。

（韩六华）

大英县档案馆 现址政府街121号，邮编629300，馆长瞿刚，电话(0825)7823039、7822167。成立于1998年，是集中统一保管县级机关、团体、企业事业单位档案资料的国家综合档案馆，县政府指定的行政规范性文件查阅场所。总建筑面积460平方米，库房面积230平方米。馆藏档案资料3047卷(册)。

（谭伟）

内江市档案馆 现址翔龙路9号，邮政编码641000，电话(0832)2024223。成立于1965年，是集中保管市级党政机关、人民团体、企事业单位档案资料的基地。建筑面积为1237.2平方米。馆藏档案167303卷，资料30546册。

（钟益群）

市中区档案馆 现址人民路79号，邮编641000，馆长邓巩，电话(0832)8366939。建筑面积719平方米，库房面积539平方米。馆藏档案资料11万余卷(册)。特色档案是区革命历史档案联合全宗，是内江市仅存的唯一革命历史档案全宗。（林华）

东兴区档案馆 现址文英街137号，邮编641000，馆长陆其超，电话(0832)5088592、5088591。成立于1960年，是集中统一保管区内机关、团体、企事业单位档案的国家综合档案馆。2005年成为省三级档案馆。总建筑面积933平方米，库房面积624平方米。馆藏档案资料74350卷册，其中资料6797卷册。编印了《内江县抗日战争史料汇编》，参与编研《内江县志》、《内江县抗洪救灾资料汇编》等资料。（向本琴）

威远县档案馆 现址严陵镇杉树凹街70号4幢，邮编642450，馆长王仲元，电话(0832)8222707。2006年晋升省二级档案馆。总面积为1307.62平方米，库房面积574.69平方米。馆藏档案18507卷档案，559册资料。

（刘德才）

资中县档案馆 现址重龙镇，邮编641200，馆长邓敏超，电话13990546156。2004年晋升省二级档案馆。建筑总面积1560平方米，库房面积1200平方米。馆藏档案123288卷，资料17269册。（邱清西）

隆昌县档案馆 现址金鹅镇宾江路66号，邮编642150，馆长林明聪，电话(0832)3922348。于1959年建立。2000年晋升省三级档案馆。建筑面积1039平方米，库房面积750平方米。馆藏档案8万余卷，资料1万卷。

（邱俊明）

乐山市档案馆 现址高标巷136号，邮编614000，馆长周鸿雁，电话(0833)2130126、2116008。成立于1974年，是集中保管市级机关、团体、企事业单位档案资料的国家综合档案馆，市级爱国主义教育基地、现行文件利用中心。1999年晋升为省三级档案馆。总建筑面积4500平方米，库房面积2730平方米。馆藏档案资料13.5万卷(册)，其中资料2.5万册。馆藏清代档案110余件，时间从1770年(乾隆三十五年)至1911年(宣统三年)。已将"中国乐山第十五届兰博会"、防治"非典"、峨眉山金顶华藏寺恢复落成暨十方普贤开光法会活动、先进性教育等一批重大活动档案资料收集进馆。设立了"乐山档案"网站。

市中区档案馆 现址县街30号，邮编614000，馆长潘志宏，电话(0833)2131078、2075399。成立于1959年，是集中统一管理全区区属机关、团体企业单位资料的国家综合档案馆，区政府行政规范性文件的查阅中心。1994年晋升省三级档案馆。总建筑面积957平方米。馆藏档案5.4万卷进(册)，资料5800册。

(张智勇)

沙湾区档案馆 现址德胜大道，邮编614900，馆长欧世华，电话(0833)3441062、3444569。成立于1985年，是集中统一保管区级机关、团体、企事业单位档案资料的国家综合档案馆。2005年晋升省三级馆。总建筑面积400平方米。馆藏档案9504卷(册)，资料6198册(本)。

五通桥区档案馆 现址竹根镇茶花路162号，邮政编码614800，馆长宋跃军，电话(0833)3301482、3306881。成立于1985年，是统一保管区级机关、团体、企事业单位档案资料的国家综合档案馆，区政府指定的行政规范性文件查阅场所。总建筑面积1161平方米，库房面积500平方米。馆藏档案47916卷，资料2.1万件。

金口河区档案馆 现址滨河路173号，邮编614700，馆长罗全，电话(0833)2711089、2713668。成立于1981年，是集中统一保管区级机关、团体、企事业单位档案资料的国家综合档案馆。2006年晋升省二级档案馆。建筑面积200平方米，库房面积150平方米。馆藏档案资料9108卷(册)，其中资料2754册。编写了《金口河区档案馆指南》、《金口河区行政区域大事记》、历届党代会会议简介、历届人代会会议简介、历届政协会会议简介等。

犍为县档案馆 现址玉津镇西街72号，邮编614400，馆长潘复银，电话(0833)4221232。成立于1959年，是集中统一保管机关、团体、企事业单位档案资料的国家综合档案馆，爱国主义教育基地，县政府指定的行政规范性文件查阅场所。1992年晋升省三级档案馆。总建筑面积800平方米，库房面积600平方米。馆藏档案资料66944卷(册)，其中资料7881册。馆藏档案资料的历史跨度200余年。保管档案形成时间最早的是清代道光、光绪年间的房契。

井研县档案馆 现址研城镇民主街58号，邮编613100，馆长周旭波，电话(0833)3720565、3723559。成立于1959年，是集中统一保管机关、团体、企事业单位档案资料的国家综合档案馆，县级爱国主义教育基地。总建筑面积929平方米，库房面积508平方米。馆藏档案资料44036卷(册)，其中资料4170册。馆藏档案资料的历史跨度100余年。编辑了《井研县档案馆全宗指南》约12万字。

夹江县档案馆 现址焉城镇建设路2号，邮编614100，馆长李中有，电话(0833)5662548。成立于1959年，是集中统一保管县级机关、团体、企事业单位档案资料的国家综合档案馆。2004年晋升省三级档案馆。建于1978年，总建筑面积600平方米，库房面积400平方米。馆藏档案资料3.9万卷(册)，其中资料8000余卷(册)。馆藏档案资料的历史跨度近200年。

沐川县档案馆 现址建设街75号，邮编614500，馆长任远鸿，电话(0833)4602939、

4606697。成立于1960年，是集中统一保管全县机关、团体、企事业单位档案资料的国家综合档案馆。总建筑面积1326平方米，库房800平方米。馆藏档案30789卷，资料8233册。已将全县乡镇第二轮土地承包档案288卷6万余份，农村税费改革214册的档案资料收集进馆。

峨边彝族自治县档案馆 现址沙坪镇县街1号，邮编614300，馆长王春平，电话(0833)5222540。1959年7月成立，是国家综合档案馆。总建筑面积1896.37平方米，库房930平方米。馆藏档案16800余卷，资料28000余册。

马边彝族自治县档案馆 现址新建街228号，邮编614600，电话(0833)4511106。成立于1959年，是集中统一保管全县机关、团体、企业事业单位档案资料的国家综合档案馆，县级爱国主义教育基地。2002年晋升省三级档案馆。总建筑面积632平方米，库房面积378平方米。馆藏档案资料32711卷(册)，其中资料6439册。馆藏档案保存年代最早的是清代和民国档案，保存最多的是建国后档案。

(刘利芬)

峨眉山市档案馆 现址绥山西路7号，邮编614200，馆长梁亚梅，电话(0833)5522475、5525265。成立于1958年，是集中统一保管市级机关、团体、企业事业单位档案资料的国家综合档案馆。2004年晋升省三级档案馆。总建筑面积1023平方米，库房面积560平方米。馆藏档案为41075卷(册)，资料14775册。

南充市档案馆 现址北湖路88号，邮编637000，馆长庞开成，电话(0817)2222950、2895918。成立于1958年，是集中统一保管市级各机关、团体、企事业单位档案资料的国家综合档案馆，市政府指定的行政规范性文件查阅场所。1999年晋升省一级档案馆。总建筑面积3000平方米，库房面积1600平方米。馆藏档案资料21.88万卷(册、件、盘)，其中资料1.77万册。馆藏档案的历史跨度360余年。保存年代最早的是已入选《中国档案文献遗产名录》的国家重点档案——清代四川南部县衙门档案，共18208卷。已将中共中央总书记、国家主席胡锦涛视察南充、纪念朱德诞辰120周年、清代唐氏族谱等档案收集进馆。编撰《将帅故里揽胜》、《解读老照片》等资料13种约60万字。 (廖成)

顺庆区档案馆 现址果城路13号，邮编637000，馆长魏进成，电话(0817)2223174、6104733。成立于1959年，是集中统一管理区直属机关、团体、企事业单位档案资料的国家综合档案馆，区爱国主义教育基地，区现行文件服务中心。2001年晋升省二级档案馆。总建筑面积为644平方米，库房面积474平方米。馆藏档案资料45756卷(册)，其中资料6824册。已对重点档案文件级录入2.5万条，重点档案全文录入500条。 (马小华)

高坪区档案馆 现址鹤鸣东路68号，邮编637100，馆长冯学全，电话(0817)3332768。成立于1959年，是集中保管区级机关、团体、企事业单位档案资料的国家综合档案馆，爱国主义教育基地。1996年晋升省三级综合档案馆。馆库房面积800平方米。馆藏档案7万余卷，资料1万余册。已著录重要全宗文件级目录数据2万余条，接收区级机关档案2003—2006年文件级目录数据5万余条。

(韩天霞)

南部县档案馆 现址南隆镇文庙街8号，邮编637300，馆长赵洋椿，电话(0817)5522730、5580033。成立于1959年，是集中统一保管机关、企事业单位档案资料的国家综合档案馆。1991年晋升省三级档案馆。总建筑面积807平方米，库房面积400平方米。馆藏档案7.173万卷，资料7918册。已将南部"六·五"高考试卷被盗案件、胡锦涛视察等档案资料收集进馆。编撰《红四方面军在川北》、《南部县历代名人录》等资料40余种200多万字。 (王首清)

营山县档案馆 现址朗池镇模范街3号，

邮编 637700，馆长张梓荣，电话（0817）8221304、8219078。成立于1959年，是集中统一保管机关、团体、企事业单位档案资料的国家综合档案馆，县爱国主义教育基地、县现行公开文件资料服务中心。2002年晋升省二级档案馆。2003年被授予省档案系统先进集体称号。总建筑面积1262平方米，库房面积572平方米。馆藏档案资料74773卷（册、件），其中资料7383册。录入案卷级目录10630条，文件级目录1607条。编写资料100余万字。

（谭光林）

蓬安县档案馆 现址相如镇政府街18号，邮编637800，馆长罗敬，电话（0817）8622483、13990898996。成立于1980年，是集中统一保管县级机关、团体、企事业单位档案资料的国家综合档案馆，县级爱国主义教育基地，县政府指定的行政规范性文件查阅场所。2002年晋升省一级档案馆。总建筑面积1080平方米，库房面积594平方米。馆藏档案74766卷，资料4741册。（黄平）

仪陇县档案馆 现址新政镇，邮编637641，馆长杜运友，电话（0817）5152658、5152989。成立于1959年，是集中统一保管仪陇县机关、团体、企业事业单位档案资料的县级综合性档案馆。1991年晋升为省三级档案馆。总建筑面积2510平方米，库房面积1250平方米。馆藏档案资料9.8万卷（册），其中资料1.45万卷（册）。馆藏档案资料的历史跨度300年。保存年代最早的是清代的档案。已将防治“非典”工作、保持共产党员先进性教育、胡锦涛总书记等党和国家领导人视察仪陇、纪念朱德诞辰120周年等档案资料收集进馆。编辑出版了《仪陇县档案馆指南》、《仪陇县大事记》、《仪陇县时期行政区划图》、《仪陇县区乡行政》、《仪陇县百年自然灾害史料》等资料。（黄海波）

西充县档案馆 现址南台路47号，邮编637200，馆长谯德君，电话（0817）4232782、4229289。成立于1959年，是集中统一保管机关、团体、企事业单位档案资料的国家综合档案馆，县政府指定的行政规范性文件查阅场所。1998年晋升省三级档案馆。总建筑面积300平方米，库房面积240平方米。馆藏档案资料5万卷（册）。编写了《西充县历届县委、人大、政府、政协领导人名录》、《西充县1998—2003年大事记》、《县第十二届党代会简介》、《县第十二届人代会简介》、《县农业和农村档案工作专题概要》等资料。（马涌智）

阆中市档案馆 现址开发新区行政中心，邮编637400，馆长杨建旭，电话（0817）6222012、6306308。成立于1959年，是集中统一保管市级机关、团体、企事业单位档案资料的国家综合档案馆，市政府指定的行政规范性文件查阅场所，市级爱国主义教育基地。2000年晋升省二级档案馆。总建筑面积3980平方米。馆藏档案资料20.3万卷（册），其中资料2.8万册。馆藏档案资料的历史跨越300余年。保存年代最早的是清代档案。已将阆中市龙舟节、阆中市名醋节、阆中市桃花节等重大庆典活动档案和部分阆中籍名人档案资料、民间收藏实物征集进馆。编辑了《名城档案》四辑，《阆中党政领导名录》、《阆中大事记》等约128万字。利用档案举办了“建国五十周年档案展览”、“阆中建市10周年成就展”、“庆祝建党81周年档案展览”、“阆中捐赠档案展览”、“保持共产党员先进性教育活动展”等。

（寇永国）

宜宾市档案馆 现址都长街82号，邮编644000，馆长夏阳，电话（0831）5198107、5198100。成立于1964年，是集中统一保管市级机关、团体、企事业单位档案资料的国家综合档案馆，省一级档案馆。总建筑面积3064平方米，库房面积1750平方米。馆藏档案143641卷，资料17434卷（册）。完成建国后档案文件级数据125600条。

宜宾市城建档案馆 现址人民路233号，邮编644000，馆长陈宾，电话（0831）8224243。成立于1986年，是集中统一保管城市规划、建设、管理档案的专门档案馆。2002 年 10 月晋升国家二级城建档案馆。建筑面积 1350 平方米。馆藏档案 2.3 万卷，图纸 0.6 万张。举办了城市发展“昨天·今天”展览。

宜宾五粮液集团公司档案馆 现址酒源路 168 号，邮编 644007，馆长杨红专，电话(0831)3565379、3565050。成立于 1999 年，是公司各类档案的集中存储、保管、开发、利用中心。1997 年成为档案管理国家一级企业。1999 年荣获省档案工作优秀集体光荣称号。2003 年荣获全国档案工作优秀集体称号。2007 年获省档案工作规范化管理一级证书。建筑面积 10356 平方米，库房面积 5040 平方米。馆藏档案 78418 卷(件)。

中核建中核燃料有限原件公司档案馆 现址天池社区，邮编 644000，馆长肖桂香，电话(0831)8279449。是集中保管和提供利用公司各种门类载体档案的基地。1998 年被评为档案管理国家二级企业。2003 年被核工业集团公司授予档案工作先进集体。馆库房面积 2000 平方米，馆藏档案 4 万余卷。

翠屏区档案馆 现址人民路 80 号，邮编 644000，馆长崔刚，电话(0831)5169805、5169800。建立于 1959 年，是全区永久保管档案的基地，区政府信息公开场所。2003 年晋升省一级档案馆。总面积为 1328.81 平方米，库房 997 平方米。馆藏档案 53857 卷、7075 件，资料 11198 册。

宜宾县档案馆 现址柏溪镇三角路 102 号，邮编 644600，馆长蔡宇，电话(0831)6615129、6202635。成立于 1952 年，是集中统一保管县级机关、团体、企事业单位档案资料的国家综合档案馆。是省二级档案馆。总建筑面积 1029 平方米，库房面积 575 平方米。馆藏档案 68323 卷(册)，资料 7654 卷(册)。

南溪县档案馆 现址南溪镇东风街 28 号，邮编 644100，馆长杨时彬，电话(0831)3322336。成立于 1959 年，是集中统一保管全县机关、团体、企业事业单位档案资料的国家综合档案馆，县规范性文件查阅场所。1998 年晋升省三级档案馆。总建筑面积 1289 平方米，库房面积 716 平方米。馆藏档案 48919 卷，1255 件，资料 9929 册。建立了档案信息数据库。编有《南溪县历任(届)县委书记、副书记、县长、副县长名录(1949—1997)》。

江安县档案馆 现址江安镇西正街，邮编 644200，馆长张金，电话(0831)2622952、2627429。成立于 1959 年，是集中统一保管县机关、团体、企事业单位档案资料的国家综合档案馆。2000 年晋升省三级档案馆。总建筑面积 1380 平方米，库房面积 900 平方米。馆藏档案资料 57477 卷(册)，其中馆藏资料 8505 册，馆藏档案资料历史跨度 250 余年。已建成案卷级目录数据库 5633 条，文件级目录数据库 30895 条。

长宁县档案馆 现址长宁镇竹海路 66 号，邮编 644300，馆长张彬，电话(0831)4622798。成立于 1959 年，是集中统一保管县级机关、团体、企事业单位档案资料的国家综合档案馆。1994 年晋升省三级档案馆。馆使用面积 508 平方米，库房面积 444 平方米。馆藏档案资料 46728 卷(册)，其中资料 9195 册。馆藏档案资料历史跨度 79 年，保存最早的是民国档案。征集了江泽民、李鹏、吴邦国、曾庆红等领导人视察长宁蜀南竹海的档案。

高县档案馆 现址文江镇吉安路，邮编 645150，馆长丁汉全，电话(0831)5421050、5429638。建立于 1959 年 12 月，是全县永久保管档案的基地。1991 晋升省三级档案馆。总建筑面积 1151.9 平方米。馆藏档案 66358 卷，资料 12255 册。

珙县档案馆 现址珙泉镇荷花路 15 号，邮编 644500，馆长杨晓峰，电话(0831)7896566、7896566。始建于 1960 年，是集中保县级机关、团体、企事业单位档案资料的国家综合档案馆。1996 年晋升省三级档案馆。馆库房面积 1120 平方米。馆藏档案资料共 4 万余卷册。

筠连县档案馆 现址筠连镇，邮编645250，馆长周德琼，电话(0831)7721002。成立于1959年12月，是集中统一保管县级机关、团体、企事业单位档案资料的国家综合档案馆。1999年晋升省三级档案馆。建筑面积706平方米。馆藏档案49875卷，资料7141册。

兴文县档案馆 现址古宋镇田园街，邮编644400，馆长林健，电话(0831)8833463、8832701。成立于1959年，是集中统一保管县级机关、团体、企事业单位档案资料的国家综合档案馆。2006年晋升省二级档案馆。总建筑面积1623平方米，库馆面积964平方米。馆藏档案资料4.1万卷，其中资料0.5万册。馆藏档案资料的历史跨度300余年。编写了《兴文县大事记》、《兴文县档案局馆大事记》、《兴文县重要会议简介》、《兴文县重要基础数字汇编》、《中共兴文县委地方史大事记》等资料。

屏山县档案馆 现址锦屏镇北正街8号，邮编645350，馆长陈忠贵，电话(0831)5720074。成立于1959年，是集中统一保管县级机关、团体、企事业单位档案资料的国家综合档案馆，县政府指定的行政规范性文件查阅场所。2001年创建省三级档案馆。总建筑面积765平方米，库房面积574平方米。馆藏档案资料52409卷(册)，其中资料6345册。编辑出版了《屏山县档案馆指南》、《屏山县档案利用效果汇编》、《屏山县报刊摘编》。

广安市档案馆 现址思源大道2号，邮编638000，馆长何周，电话(0826)2398010、2360005。成立于1993年，是集中统一保管市级机关、团体、企事业单位档案资料的国家综合档案馆，市政府指定的政务信息查阅利用场所。总建筑面积6682平方米，库房面积4773平方米。馆藏档案资料10033卷(册)，其中资料209册。已建成市档案资源网。征集邓小平诞辰百周年纪念活动档案4361件。

(朱筱泓)

广安区档案馆 现址翠屏路8号，邮政编码638000，馆长范军，电话(0826)2222351、2226874。成立于1959年，2005年晋升省二级档案馆。建筑面积1530平方米，库房面积725平方米。馆藏档案资料91803卷(件)、册，其中资料13125册。收集邓小平诞辰百周年纪念活动档案300余件。著录机读文件级目录5043条、案卷级目录14713条。(李胜平)

岳池县档案馆 现址九龙镇，邮编638300，馆长刘方彬，电话(0826)5245010。成立于1959年，是集中统一保管县级机关、团体、企事业单位和乡镇档案资料的国家综合档案馆。2006年晋升省二级档案馆。总建筑面积1285平方米，库房面积800平方米。馆藏档案资料67126卷(册)，其中资料6728册。

(伍燕梅)

武胜县档案馆 现址清平街8号，邮编638400。馆长陈玲，电话(0826)6211705、6388808。成立于1959年，是集中统一管理县各级机关、团体、企事业单位档案资料的国家综合档案馆。2004年晋升省三级档案馆。总建筑面积1300平方米，库房面积552平方米。馆藏档案资料33962卷(册)，其中资料4723册。 (杨敏)

邻水县档案馆 现址鼎屏镇红旗路8号，邮编638500馆长廖毅，电话(0826)3222560。成立于1959年，是集中统一管理县级各机关、团体、企事业单位档案资料的国家综合档案馆，县爱国主义教育基地、现行文件中心。1990年晋升省二级档案馆。总建筑面积2080平方米，库房面积1040平方米。馆藏档案资料共109583卷(册)，其中资料7050册。建立馆藏档案目录数据库。编纂了《1927—1949年邻水灾害史》等10种资料。 (杨德健)

华蓥市档案馆 现址红星三路25号，邮编638600。副馆长丁宁省，电话(0826)4821686、4812065。成立于1979年，是永久保管县级单位档案资料的基地。1999年晋升省三级档案馆。总建筑面积2288平方米，库房

面积1400平方米。馆藏档案资料32479卷(册),其中资料3618册。　　(胡明)

达州市档案馆　现址通川中路169号,邮编635000,馆长张宗贵,电话(0818)2377207、2382377。成立于1980年,是集中统一保管市级机关、团体、企事业单位档案资料的国家综合档案馆,建立了现行文件查阅中心。1997年晋升省二级档案馆。总建筑面积2411平方米,库房面积1285平方米。馆藏档案资料115609(册),其中资料24907册。编辑出版了《达县地区自然灾害资料集(1949年前)》、《达县地区地下矿产资料汇编》、《达县地区基础数据汇编》等。

达州市城建档案馆　现址文华街72号,邮编635000,馆长李明祥,电话(0818)2124612、13079024887。成立于1982年,具有行使政府管理城建档案工作的职责。2001年晋升省二级城建档案馆。库房面积200余平方米。馆藏档案14000余卷。

通川区档案馆　现址通川中路196号,邮编635000,馆长石磊,电话(0818)2122823、2154708。成立于1978年,是集中统一保管机关、团体、企事业单位档案资料的国家综合档案馆,爱国主义教育基地、区政府指定的行政规范性文件查阅场所。馆库房面积86平方米。馆藏档案资料10855卷(册),其中资料3450册。

万源市档案馆　现址太平镇裕丰街18号,邮编636350,馆长张殿元,电话(0818)8622784。成立于1959年,是集中统一保管市级机关、团体、企事业单位档案资料的国家综合档案馆,市爱国主义教育基地、现行文件利用中心。1995年晋升省三级档案馆。总建筑面积2006平方米,库房面积984平方米。馆藏档案资料78641卷(册)、2759件,其中资料16993册。馆藏档案资料的历史跨度近300年。

达县档案馆　现址南外镇府南街,邮编635000,馆长姜成相,电话(0818)8092388、8092399。成立于1959年,是集中统一保管县级机关、团体、企事业单位档案资料的国家综合档案馆,县级爱国主义教育基地、现行文件阅览服务中心。1992年晋升省三级档案馆。建筑面积4890平方米,库房面积2670平方米。馆藏档案资料11万卷(册),其中资料7000册。馆藏档案资料的历史跨度200余年。保存年代最早的是道光地契,保存最多的是建国后的文书档案。编有《达县历任县长名录》、《达县历届人代会简介》、《达县历届党代会简介》、《达县大事记(1956—2006年)》、《达县基础数据汇编》。

宣汉县档案馆　现址东乡镇学坝街18号,邮编636150,馆长郭云发,电话(0818)5204173、5204226。成立于1959年,县级爱国主义教育基地,设立了现行文件中心。2006年晋升省二级档案馆。总建筑面积1530平方米,库房面积1080平方米。馆藏档案资料154685卷(册),其中资料30244册。征集有明嘉靖铜像、红军布币、苏维埃政府印章等档案材料。编辑了《民国建设科档案资料汇集》、档案利用资料拾萃等多种资料。

开江县档案馆　现址新宁镇淙城街9号,邮编636250,馆长吴仁忠,电话(0818)8183198、8188707。于1959年成立,是集中统一保管全县机关、团体、企事业单位档案资料的国家综合档案馆,县级爱国主义教育基地、现行文件查阅利用中心。1992年晋升省三级档案馆。建筑面积1388平方米,库房1098平方米。馆藏档案70102卷(册),资料9166本(册)。

大竹县档案馆　现址竹阳镇新华街94号,邮编635100,馆长张亦春,电话(0818)6223526、6228655。成立于1959年,是集中统一保管县级机关、团体、企事业单位档案资料的国家综合档案馆,县级爱国主义教育基地,县政府指定的行政规范性文件查阅场所。2000年晋升省一级档案馆。总建筑面积1276平方米,库房面积688平方米。馆藏档案资料

87331卷(册),其中资料11650册。

渠县档案馆 现址渠江镇和平街18号,邮编635200,馆长张昌碧,电话(0818)7322472、7226661。成立于1959年,是集中统一保管县级机关、团体、企事业单位档案资料的国家综合档案馆,县级爱国主义教育基地、县政府指定行政规范性文件查阅场所。1992年晋升省三级档案馆。建筑面积1213平方米,库房面积900平方米。馆藏档案资料7万余卷(册),其中资料3614册。

雅安市档案馆 现址友谊路102号,邮编625000,馆长杨力,电话(0835)2223057、2240094。成立于1959年,是全市永久保管档案的基地,市政府指定的行政规范性文件查阅场所。2001年晋升省三级馆。馆库房面积5100平方米。馆藏档案资料81213卷(册),其中资料20931册。已将第八届国际茶文化研讨会、首届蒙顶山国际茶文化旅游节、保持共产党员先进性教育等重大活动的档案资料收集进馆。文件级目录数据达10万条。建立档案网站。编著《雅安市档案馆指南》、《中共雅安历史大事记》、《中共雅安组织史》、《南路边茶》等资料。 (沈万琼)

雅安市城建档案馆 现址临江路91号,邮编625000,电话(0835)2225362。成立于1983年,是集中统一保管城市建设档案资料的专门档案馆。1999年晋升省三级档案馆。总建筑面积173.93平方米,库房面积99.4平方米。馆藏档案资料12469卷(册),底图档案5976张。 (郭敏)

雨城区档案馆 现址沙弯路247号,邮编625000,馆长王才洪,电话(0835)2822553、2820540。成立于1959年,是集中统一保管区级机关、团体、企事业单位档案资料的国家综合档案馆。2001年晋升省三级档案馆。总面积1000平方米,库房面积572平方米。馆藏档案资料78177卷(册),其中资料23452册。编有《雅安市档案志》、《雅安市志》、《中共雅安市委组织史资料》、建国36年大事记、党代会和人代会会议简介、档案馆指南,第三次、第四次人口普查专题概要和雅安市工作普查专题概要等资料。 (王怡)

名山县档案馆 现址蒙阳镇西大街70号,邮编625100,馆长杨志全,电话(0835)3222816、13508167925。成立于1959年,是集中统一保管县级机关、乡镇、团体、企事业单位档案资料的国家综合档案馆,爱国主义教育基地,建立了现行文件服务中心。2003年晋升为省二级档案馆。总建筑面积1080平方米,库房面积646平方米。馆藏档案资料共60604卷(册、盒),其中资料25660册。已将创建中国优秀旅游城市、保持共产党员先进性教育等重大活动形成档案资料收集进馆。

(杨静)

荥经县档案馆 现址严道镇创业街四号,邮编625200,馆长王立新,电话(0835)7622838。成立于1961年,是集中统一保管县级机关、团体、企事业单位档案资料的国家综合档案馆,县政府指定的行政规范性文件查阅场所。2004年晋升省三级档案馆。总建筑面积700平方米,库房面积350平方米。馆藏档案资料26857卷(册),其中资料9298册。编著了1986—2005年档案志。 (王立新)

汉源县档案馆 现址富林镇沿城路19号,邮编625300,馆长任其林,电话(0835)4222009。成立于1959年,是集中统一保管县级机关、团体、企事业单位档案资料的国家综合档案馆,县级爱国主义教育基地,县政府指定的公开性现行文件查阅场所。1992年晋升省三级档案馆。总建筑面积1254.85平方米,库房面积727.6平方米。馆藏档案资料7万卷(册),其中资料1.9万卷(册)。馆藏档案资料的历史跨度200余年,最早有1799年的《清溪县志》。录入全引目录38万条,106万字。

(徐朝杰)

石棉县档案馆 现址人民路13号,邮编625400,馆长蒋光忠,电话(0835)8862108。成立于1959年,是集中统一管理县级机关、团体、企事业单位档案资料的国家综合档案馆，县政府指定行政规范文件查阅场所。2003年晋升省三级档案馆。总建筑面积1035平方米，库房面积795平方米。馆藏档案22320卷。编著1951—2005年《石棉县档案志》。

（王晓芳）

天全县档案馆 现址城厢镇正西街44号，邮编625500，馆长孙修华，电话(0835)、7229010。成立于1959年，是集中统一保管县级机关、团体、企事业单位、乡镇档案资料的地方综合性档案馆，县政府指定的行政规范性文件查阅场所。1995年晋升省三级档案馆。总建筑面积1205平方米，库房面积574平方米。馆藏档案50573卷(盒)，资料6370册。馆藏档案资料历史跨度200余年。已将土地二轮承包档案、"林业两制"档案、国有企业改制档案、撤并乡镇档案等一批重大活动、重大历史事件的档案资料收集进馆。（刘强）

芦山县档案馆 现址芦阳镇南街76号，邮编625600，馆长郭俊，电话(0835)6523245。成立于1959年，是集中统一保管县机关、团体、企事业单位档案资料的国家综合档案馆，是县现行文件服务中心。2003年晋升省三级档案馆。总建筑面积965平方米，库房面积576平方米。馆藏档案30098卷，其中资料6330册。编研了《芦山县档案工作大事记》、《芦山县档案局馆组织机构沿革》、《芦山县档案馆简介》、《芦山县档案馆全宗介绍》、《芦山县常设机构职能、沿革及主要负责人(1950－1985)》、《各区政府、党委历届负责人(1950－1955)》、《历届人代会简介(1950－1989)》、《民国芦山县政府领导人员名单(1911－1949)》等资料。（王杰）

宝兴县档案馆 现址穆坪南街11号，邮编625700，馆长彭学兰，电话(0835)6822774、8301885。成立于1959年，是集中统一保管县级机关、企事业单位档案资料的国家综合档案馆，县政府指定的公开性现行文件查阅场所。1997年评为省三级档案馆。建筑面积955.41平方米，库房面积544平方米。馆藏档案资料23059卷册，其中资料10754册。

（乔永生）

阿坝藏族羌族自治州档案馆 现址马尔康镇达尔玛街2号，邮编624000，馆长曹智荣，电话(0837)2822383、2831282。成立于1964年。是集中统一保管州级机关、团体、企事业单位档案资料的国家综合档案馆，州级爱国主义教育基地、现行公开文件查阅利用中心。2005年晋升为省一级档案馆。总建筑面积3200平方米，库房面积1560平方米。馆藏档案8万余卷、资料1.4万余册。著录档案目录30万条。建立了州档案信息资源网站。举办了"长征路上新阿坝"和"阿坝州文化成果建设"展览。编辑出版了《阿坝州档案馆指南》、《阿坝州农业科技成果简介》、《日本飞机轰炸松潘》、《阿坝州平叛纪实》、《红军民歌》、《留在抚边的红色记忆》等资料。

汶川县档案馆 现址威州镇东街123－1号，邮编623000，馆长董加敏，电话(0837)6222686。成立于1959年，是集中统一保管档案资料的国家综合档案馆。2004年晋升省二级档案馆。总建筑面积1164.35平方米，库房面积700平方米。馆藏档案资料44693卷(册)，其中资料5766卷(册)。现征集有《索氏家谱》、地契、书籍、藏经、历史照片、地图等档案史料280件(册、张)。编写了《汶川县党政大事记》、《汶川县人民代表大会历次会议情况简介》、《汶川县初级教育发展概况》、《汶川县水电开发概况》、《汶川县汶顶一号"白玉米X330"杂交种简介》等编研材料。

（苏兴珂）

理县档案馆 现址西大街123号，邮编623100，馆长张桂蓉，电话(0837)6822687、8850022。成立于1978年，是集中统一保管理县机关、团体、企事业单位档案资料的国家综合档案馆，县级爱国主义教育基地、现行文件服务查阅利用中心，2005年晋升省二级档案馆。总建筑面积587平方米，库房面积386平

方米。馆藏档案资料 29003 卷(册),其中资料 8700 卷(册)。 (何文君)

茂县档案馆 现址凤仪镇羌心街,邮编 623200,馆长张树平,电话(0837)7422214、13568785009。成立于 1959 年,是集中统一保管县机关、团体、企事业单位档案资料的国家综合档案馆,爱国主义教育基地。2001 年晋升省二级档案馆。建筑面积 592 平方米,库房面积 357 平方米。馆藏档案资料 44228 卷(册),其中资料 15523 卷(册)。馆藏档案资料的历史跨度一百多年,保存年代最早的是清光绪二十五年水田地契。已将国家领导人来茂的重要照片、清道光茂州志、乾隆茂州志等重要资料征集进馆。 (骆涛)

松潘县档案馆 现址进安镇北街 1 号,邮编 623300,馆长马锡清,电话(0837)7232654、8800622。成立于 1960 年,1996 年晋升省三级综合档案馆。总建筑面积 655 平方米,库房面积 360 平方米。馆藏档案资料 27714 卷(册),其中档案 21295 卷。完成档案著录 5 万余条。

九寨沟县档案馆 现址永乐镇政府街 12 号,邮编 623400,馆长杨富贵,电话(0837)7732173。成立于 1979 年,是集中保管县机关、团体、企业事业单位档案资料的国家综合档案馆。1998 年晋升省三级档案馆。建筑面积为 800 平方米,库房面积 446 平方米。馆藏档案 21613 卷,资料 4747 册。完成著录 6 万余条。

金川县档案馆 现址屯上街县委院内,邮编 624100,馆长毛显英,电话(0837)2522144、8830088。成立于 1960 年,是集中统一保管县级机关、团体、企事业单位档案资料的国家综合档案馆,县政府指定的行政规范性文件查阅场所。总建筑面积 584.21 平方米,库房面积 400 平方米。馆藏档案 20425 卷(册),资料 5336 卷(册)。已将保持共产党员先进性教育活动档案资料收集进馆。

小金县档案馆 现址政府街 138 号,邮编 624200,馆长何晓兰,电话(0837)2782741、8818777。成立于 1960 年,是集中统一保管县机关、团体、企事业单位档案资料的国家综合档案馆,县级爱国主义教育基地。2006 年晋升省二级档案馆。总建筑面积 800 平方米,库房面积 509 平方米。馆藏档案资料 34824 卷(册),其中资料 8416 册。征集到古藏文资料、清代文约、红军文物、乾隆征战金川时使用的铁弹等珍贵档案资料。已建成馆藏档案全宗级目录数据库。编辑完成了《县档案馆档案虫害的调查与防治》、《房地产档案资料选编》、《县档案馆档案受潮的原因及防治》、《小金县红色旅游开发的情况报告》等资料。举办了“珍档荟萃”和“档案文化”主题展览。

黑水县档案馆 现址芦花镇西街,邮编 623500,馆长门本,电话(0837)6722789。成立于 1960 年,是集中统一保管全县机关、团体、企事业单位档案资料的基地和利用中心。1999 年晋升省三级档案馆。建筑面积为 553.91 平方米,库房面积为 415.5 平方米。现有档案资料 30325 卷,资料 6068 册。已录入 5 万余条案卷目录和卷内目录。

马尔康县档案馆 现址团结街 20 号,邮编 624000,馆长哈姆,电话(0837)2823945、8888070。成立于 1981 年,是集中统一保管县级机关、企事业单位档案资料的国家综合档案馆,县级爱国主义教育基地,县政府指定的行政规范性文件查阅场所,1994 年晋升省三级档案馆。总建筑面积 576.76 平方米,库房面积 328.17 平方米。馆藏档案资料 28394 卷,其中资料 4137 册(袋)。编制了县档案馆指南,翻译馆藏藏文档案 100 件。

壤塘县档案馆 现址壤柯镇岁吾塘中街 58 号,邮政编码 624300,馆长奉林,电话(0837)2378587。成立于 1975 年,是永久保管档案的基地和现行文件的利用中心。总建筑面积 598 平方米,库房面积 345.6 平方米。馆藏档案资料 27326 卷(册),其中资料 6412 册。1991 年晋升省三级档案馆。

阿坝县档案馆 现址德吉路 11 号,邮编 624600,馆长米晓玲,电话(0837)2482389、

13548388365。成立于1979年，是集中统一保管县级机关、团体、企事业单位档案资料的国家综合档案馆，县级爱国主义教育基地，县政府指定的行政规范性文件查阅场所。总建筑面积928平方米，库房面积480.96平方米。馆藏档案16395卷(册)，资料8723册。征集重要革命历史档案和藏区民风民俗档案及麦桑官寨、华尔功臣烈土司资料。已基本建成馆藏全宗级目录数据库。

若尔盖县档案馆 现址商业街4—36号，邮编624500，馆长卓玛塔，电话(0837)2298190、8960669。成立于1960年，是集中统一保管县级机关、团体、企事业单位档案资料的国家综合档案馆，县现行文件服务中心。2003年晋升省二级综合档案馆。总建筑面积700平方米，库房面积489平方米。馆藏档案资料30814卷(册)，其中馆资料15362册。编写专题档案史料汇编17种20多万字。

(蒋焱红)

红原县档案馆 现址邛溪镇霞穹中街，邮编624400，局长汪德云，电话(0836)2662020、8998088。成立于1960年，是永久保管档案的基地和档案信息利用中心。2004年晋升省二级档案馆。总面积建筑649平方米，库房面积403平方米。馆藏档案资料19395卷/册。现行文件服务中心数据库条目的数据量已达到4万余条。

甘孜藏族自治州档案馆 现址康定县子耳路49号，邮编626000，馆长卿伯林，电话(0836)2822264、6685019。成立于1960年，是集中统一保管州级机关、团体、企事业单位档案资料的国家综合档案馆，州级爱国主义教育基地。2003年晋升省一级档案馆。总建筑面积2400平方米，库房面积为1778.5平方米。馆藏档案资料10万余卷(册)，其中馆藏资料2.6万余册。馆藏档案的历史跨度700余年，元武宗至大二年(1309年)元朝第七任帝师桑吉伯给他巴伯的封文被列入首册《中国档案文献遗产名录》。已将首届康巴艺术节、通县油路工程档案进馆。出版了《甘孜州志·大事记》、《甘孜州档案志》、《甘孜州档案馆指南》、《甘孜档案》等资料。 (韩广富)

康定县档案馆 现址炉城镇西大街102号，邮编626000，馆长方针，电话(0836)2822844、2824113。成立于1960年，是集中统一保管县级机关、团体、企事业单位档案资料的国家综合档案馆。2002年晋升省二级档案馆。总建筑面积1680.7平方米，库房面积512平方米。馆藏档案资料32180卷(册)，其中资料1090册。编纂了《康定县档案馆全宗指南》、"重要文件汇集"、基础数据汇编、干部离、退休名册、历任干部任免汇集等。

(张健全)

泸定县档案馆 现址红军路306号，邮政编码626100，馆长杨开萍，电话(0836)3121464。是集中统一保管县级机关、团体、企事业单位档案资料的国家综合档案馆。2003年被评为省档案系统先进集体。2005年晋升省二级档案馆。总建筑面积778平方米。

(王琦英)

丹巴县档案馆 现址章谷镇民主街27号，邮政编码626300，馆长拥中泽郎，电话(0836)3523121。2001年晋升省二级档案馆。2003年被授予省档案工作先进单位称号。建筑面积585.78平方米，库房面积420平方米。馆藏档案26050卷，资料2748册。

(拥中泽郎)

九龙县档案馆 现址绵九街西巷子1号，邮编626200，馆长李跃龙，电话(0836)3322731。建筑面积600.08平方米。馆藏档案12356卷，资料3257册。2001年晋升省三级档案馆。 (杨卫东)

雅江县档案馆 现址川藏街，邮编627450。馆长阿华，电话(0836)5124573、13096265198。建筑面积220平方米。馆藏档案1万余卷。 (冯刚)

道孚县档案馆 现址解放西街6号，邮编626400，电话(0836)7122059。成立于1976

年，是集中统一保管县级机关、团体、乡(镇)、企事业单位档案资料的国家综合档案馆，县爱国主义教育基地。2006年晋升为省二级档案馆。馆库房面积456平方米。馆藏档案、资料3万余卷、册。 (卓呷)

炉霍县档案馆 现址商业街42号，馆长冉涛，电话(0836)8858598、7322501。建立于1962年，履行全县档案事业行政管理和机关、企事业单位档案的接收、保管保护、提供利用职能。2000年晋升省二级综合档案馆。馆库房面积为427.68平方米。馆藏档案档案资料28663卷(件)，其中资料5980册。

(彭丽霞)

甘孜县档案馆 现址东大街24号，邮编626700，馆长邓兴渠，电话(0836)7523207、13684494891。成立于1960年，2006年晋升省二级综合档案馆。馆面积400余平方米。馆藏档案2万余卷(册)。 (姚长波)

新龙县档案馆 现址如龙镇人民路64号，邮编626800，馆长任兴良，电话(0836)8122057、8122459。2006年晋升为省二级档案馆。建筑面积为630平方米。馆藏档案2万多卷，资料2000多册。 (任兴良)

德格县档案馆 现址德兴路38号，邮编627250，馆长田汝品，电话(0836)8222195。2004年晋升省三级档案馆。建筑面积679.64平方米。库房面积484.02平方米。

(张国英)

白玉县档案馆 现址建设镇，邮编627150，馆长罗猛，电话(0836)8322060。成立于1975年月，2004年晋升省三级档案馆。总面积660平方米。 (龙晓燕)

色达县档案馆 现址金马大道东路6号3幢，邮编626600，馆长何锋，电话(0836)8523263、8522245。成立于1975年，是集中统一保管县级机关、团体、企事业单位档案资料的国家综合档案馆。馆库面积625平方米。馆藏档案20062卷，资料6038册。

(董小勤)

理塘县档案馆 现址团结路112号，邮编627550，馆长拉措，电话(0836)5322252、13086356998。成立于1960年5月，是集中统一保管县级机关、团体、乡(镇)、企事业单位档案资料的国家综合性档案馆。1997年晋升省三级档案馆。2003年被授予省档案系统先进集体称号。馆库面积790平方米。馆藏档案3万余卷，资料3150册(本)。

巴塘县档案馆 现址夏邛镇县委院内，邮编627650，馆长晓红，电话(0836)5622507、8898289。成立于1960年，是集中统一保管县级机关、团体、企事业单位档案资料的国家综合档案馆。建筑面积670平方米，库房面积600平方米。馆藏档案资料15335卷、册，其中资料835册。 (晓红)

乡城县档案馆 现址香巴拉镇香巴拉北路10号，邮政编码627850，馆长唐康良，电话(0836)5826027。成立于1982年，是集中统一保管县级机关、乡镇、企事业单位档案资料的国家综合档案馆。1998年晋升省二级档案馆。总建筑面积713平方米，库房面积400平方米。馆藏档案资料22662卷(册)，其中资料4992册。编辑了《乡城县人代会文件汇编》等资料。举办了“红军长征胜利70周年档案资料图片展”等展览。 (赵展蔚)

稻城县档案馆 现址金珠镇贡巴路95号，邮编627750，馆长桑郎代杰，电话(0836)5728274、13618131208。成立于1961年，是集中统一保管县级机关、团体、企事业单位档案资料的国家综合性档案馆。2006年晋升省二级档案馆。馆库面积300平方米。

(吴红柳)

得荣县档案馆 现址河西上街12号，邮政编码627950，馆长苏雪华，电话(0836)5922323，13698147595。2006年晋升省二级综合档案馆。馆库面积为225平方米。馆藏档案13456卷，资料9651册。 (蒋琪)

凉山彝族自治州档案馆 现址西昌市三岔口南路55号，邮编615000，馆长查素文，电话(0834)2172380、2168798。成立于1963年9月,是集中保管州机关、团体、企事业单位档案资料的国家综合档案馆,州级爱国主义教育基地。2006年晋升省一级档案馆。总建筑面积1620平方米,库房面积732平方米。馆藏档案7.8万余卷、资料3.8万余册。建有案卷级文件级目录数据库(已录入11.5万余条)和全文存贮数据库。 (万加生)

西昌市档案馆 现址上顺城街16号,邮编615000,馆长姚天友,电话(0834)3223282、13708141536。成立于1980年,是集中保管市级机关、团体、企业、事业单位档案资料的国家综合档案馆,现行文件的利用中心。1999年晋升省二级档案馆。总建筑面积891平方米,库房面积668平方米。馆藏档案资料72653卷(册),其中资料24198册。馆藏档案资料历史跨度300余年。保存最早的是清朝康熙十三年(1674年)的档案。编辑资料有西昌市(县)历届党代会、人代会的会议简介、《西昌市风景名胜》、《党和国家领导人在西昌大事记》、《西昌市历年粮食生产、工农业总值、人口情况基础统计数字汇编》、《民国西昌教育概况》等。 (肖志福)

西昌市城建档案馆 现址胜利路126号,邮编615000,馆长王兵,电话(0834)3222112。成立于1987年,是集中保管城市建设档案资料的专门档案馆。1994年晋升省三级档案馆。建筑面积287平方米,库房面积112平方米。馆藏档案9098卷(件)、资料454册。 (王兵)

木里藏族自治县档案馆 现址扎昌街30—78号,邮编615800,馆长仁青拉初,电话(0834)6522225、6528785。成立于1964年,是集中保管县级机关、团体、企事业单位档案资料的国家综合档案馆,现行文件利用中心。总建筑面积2126平方米,库房面积582平方米。馆藏档案26895卷,资料8941册。已将俄亚纳西古寨申报世界物质文化遗产的档案资料收集进馆。举办了“学习王顺友先进事迹展”、“保持共产党员先进性教育展”等。 (撒拉扎什)

盐源县档案馆 现址盐井镇政府街86号,邮编615700,馆长李洪,电话(0834)6362905。成立于1959年,是集中保管县级机关、团体、企事业单位档案资料的国家综合档案馆,现行文件利用中心。1992年晋升省三级档案馆。总建筑面积892平方米,库房面积717平方米。馆藏档案30951卷、资料9533册。 (刘淑琼)

德昌县档案馆 现址西宁花园1号,邮编615500,馆长刘荣升,电话(0834)5282473。于1963年成立,是集中保管机关、团体、企事业单位档案资料的国家综合档案馆,县级爱国主义教育基地、现行文件利用中心。2005年晋升省一级档案馆。建筑面积1434平方米,库房面积1044平方米。馆藏档案资料75692卷(册),其中资料15812册。 (李必宏)

会理县档案馆 现址守府街39号,邮编615100,馆长张自伦,电话(0834)5622198。成立于1960年,是集中保管县级机关、团体、企事业单位档案资料的国家综合档案馆,现行文件的利用中心。1995年晋升省三级档案馆。总建筑面积871平方米,库房面积650平方米。馆藏档案38359卷,19343册。已著录文件级目录37645条。 (蒋文斌)

会东县档案馆 现址政通路115号,邮编615200,馆长胡庆云,电话(0834)5422067。成立于1959年,是集中保管县级机关、团体、企事业单位档案资料的国家综合档案馆,现行文件利用中心。1996年晋升省三级规范化档案馆。总建筑面积1002平方米,库房面积556平方米。馆藏档案资料56647卷(册),其中资料15150册。 (卢本惠)

宁南县档案馆 现址政府路2号,邮编615400,馆长王春毅,电话(0834)4572100、13908158186。成立于1960年,是集中保管县级机关、团体、企事业单位档案资料的国家综合档案馆,爱国主义教育基地、现行文件利用中心。2004年晋升省三级档案馆。总建筑面积1182平方米,库房面积500平方米。馆藏档案19691卷、资料7036册。已著录案卷级目录18535条、文件级目录25860条。

(范兴友)

普格县档案馆 现址新建北路1号,邮编615300,馆长何永芬,电话(0834)4773507。成立于1977年,是集中保管县级机关、团体、企业事业单位档案资料的国家综合档案馆,现行文件利用中心。1992年晋升省三级规范化档案馆。总建筑面积1155平方米,库房面积637平方米。馆藏档案资料37433卷(册),其中档案18769卷。(尚玲)

布拖县档案馆 现址措楚巷1号,邮编616350,馆长王建军,电话(0834)8531396、13881533267。成立于1959年,是集中保管县级机关、团体、企事业单位案资料的国家综合性档案馆,现行文件的利用中心。2003年晋升省三级档案馆。总建筑面积963平方米,库房面积630平方米。馆藏档案17459卷、资料14136册。已征集到彝族阿都文化载体的114卷彝文古籍。编辑了《布拖县志》、《中国共产党四川省布拖县组织史资料》、《布拖县文史资料选辑》、《布拖县档案馆指南》等多种资料。完成了16661条案卷级目录和42000条文件级目录的录入工作。(钟传君)

金阳县档案馆 现址天地坝镇北街1号,邮编616250,馆长赵升贵,电话(0834)8733115、8739893。成立于1960年,是集中保管县级机关、团体、企事业单位档案资料的国家综合性档案馆,现行文件利用中心。2002年晋升省三级档案馆。总建筑面积753平方米,库房面积426平方米。馆藏档案23951卷,资料11596册。已将金阳县第一、第二届青花椒节和建县50周年的档案征集进馆。

(吉史有火)

昭觉县档案馆 现址西街55号,邮编616150,馆长熊拉哈,电话(0834)8332362、8338883。成立于1960年,是集中保管县级机关、团体、企事业单位档案资料的国家综合档案馆,爱国主义教育基地,现行文件利用中心。2006年晋升省三级档案馆。总面积为1667平方米,库房面积1200平方米。馆藏档案15431卷、资料13584册。建立档案信息网站。已录入案卷级目录6745条、文件级目录134900条。(陈刚)

喜德县档案馆 现址中心街51号,邮编616750,馆长陈莉,电话(0834)7441077。成立于1960年,是集中保管县级机关、团体、企事业单位档案资料的国家综合档案馆,爱国主义教育基地,现行文件利用中心。2004年晋升省三级档案馆。建筑面积665平方米,库房面积430平方米。馆藏档案22148卷,资料6072册。(范敏)

冕宁县档案馆 现址城厢镇皂桷巷7号,邮编615600,馆长周强,电话(0834)6722565。成立于1960年,是集中保管县级机关、团体、企事业单位档案资料的国家综合档案馆,现行文件利用中心。2003年晋升省三级档案馆。总建筑面积845平方米,库房面积为645平方米。馆藏档案20826卷、资料14829册。馆藏档案的历史跨度为300余年。已将纪念彝海结盟七十周年活动、金洞子电站建项目的档案资料收集进馆。(杜荣)

越西县档案馆 现址越城镇西大街253号,邮编616650,馆长郑在刚,电话(0834)7612425。成立于1960年,是集中保管县级机关、团体、企事业单位档案资料的国家综合档案馆,现行文件利用中心。馆库房面积800平方米。现有馆藏档案24163卷、资料6677册。已录入案卷级目录2521条、文件级目录33224条。编辑了《越西县民国档案资料汇集》、《越西县地下党调查资料汇集》、《红军长征过越西资料汇集》、《越西县农民起义资料汇集》、《越西县彝族历史资料及社会调查资料汇集》等资料。(王兴芝)

甘洛县档案馆 现址新市坝镇团结南街26号,邮编616850,馆长卢建明,电话(0834)

7812677、7810006。成立于1960年，是集中保管县级机关、团体、企业事业单位与乡镇档案资料的国家综合性档案馆，爱国主义教育基地、现行文件利用中心。1991年晋升省三级档案馆。总建筑面积1532平方米，库房面积409平方米。馆藏档案22246卷、资料9187册。录入案卷级目录802条、文件级目录45309条。编辑出版了《甘洛县组织史资料》、《甘洛县文史资料》等10余种资料100多万字。举办了“档案资料、科技成果陈列展”。

（沈兴华）

美姑县档案馆 现址美东路20号，邮编616450，馆长阿牛史日，电话(0834)8242131、8242654。成立于1960年，是集中保管县级机关、团体、企事业单位档案的国家综合档案馆，现行文件利用中心。2001年晋升省三级档案馆。总建筑面积813平方米，库房面积546平方米。馆藏档案13706卷、资料8425册。第一、二届国际彝族毕摩文化节、县庆50周年，第四届国际彝族学会学术会议，首届“诗意美姑”作家笔会等重大活动的档案资料。已录入案卷级目录788条，文件级目录3万余条。

（彭杰）

雷波县档案馆 现址锦城镇宁远街25号，邮编616550，馆长杨宏，电话(0834)8822012。成立于1960年，是集中保管机关、团体、企事业单位档案资料的国家综合档案馆，现行文件利用中心。2000年晋升省二级档案馆。建筑面积671平方米，库房面积389平方米。馆藏档案25879卷、资料13136册。已录入案卷级目录2858条、文件级34033条。

（江连审）

巴中市档案馆 现址白云台，邮编636000，馆长许大尧，电话(0827)5261342。成立于1993年，是保管市直机关、团体、企事业单位档案的基地。征集到党和国家领导人来巴中视察的录像带2盒，《巴山丰碑》118集。

通江县档案馆 现址诺江东路61号，邮编636700，馆长袁德华，电话(0827)7221296、7110555。成立于1959年，是集中统一保管县级机关、团体、企事业单位档案资料的国家综合档案馆，爱国主义教育基地、已公开现行文件查阅场所。2006年晋升省二级档案馆。总建筑面积1353平方米，库房面积813平方米。馆藏档案资料60072卷(册)，其中资料7153册。保存年代最早的是清道光县志。建立了近40个县级部门的归档文件目录数据库。建立了档案信息网站。已将《灿烂的川陕苏区首府》、《神奇的诺水风光》、《悠久的银耳之乡》、《通江茶事概览》、《巴中古镇》等档案资料征集进馆。

（向崇华）

南江县档案馆 现址红星街55号，邮编636600，馆长赵湛，电话(0827)8224139、13908293936。成立于1959年，是集中统一保管全县机关、团体、企事业单位档案资料的国家综合档案馆，爱国主义教育基地，县政府指定的行政规范性文件查阅场所，1999年晋升省三级档案馆。总建筑面积960平方米，库房面积540平方米。馆藏档案资料119402卷(册)，其中馆藏档案113961万卷(册)。馆藏档案的历史跨度200余年。编缉出版了《南江县档案馆全宗指南》、《南江县档案局志》。

平昌县档案馆 现址江口镇新华三巷11号，邮编636400，馆长董坪，电话(0827)6230222。成立于1959年，是集中保管机关、团体、企事业单位档案资料的国家综合档案馆，县政府指定的行政性规范性文件查阅场所。1990年晋升省三级档案馆。总建筑面积1500平方米，库房面积790平方米。馆藏档案资料49687卷(册)，其中资料3941册。馆藏档案资料的历史跨度110年，保存年代最早的是清代光绪五年的档案。

眉山市档案馆 现址科工园区内，邮编612160，馆长文浩，电话(0833)8163383。成立于1997年。建筑面积2600平方米，库房面积1500平方米。馆藏档案3万卷。（文浩）

东坡区档案馆 现址眉山市迎宾巷21号，邮编620020，馆长熊福芝，电话(0833)

8399620、8221702。建立于1959年,1989年晋升省三级档案馆。总建筑面积1008平方米。馆藏档案69214卷,资料15108卷(册)。

(王炜)

仁寿县档案馆 现址文林路18号,邮编620501,馆长尹仕君,电话(0833)6201163、13778831642。建立于1959年,是全县档案资料保管、保护和档案信息资源开发利用的基地。1994年晋升省二级档案馆。1995年被评为全国档案系统先进集体。建筑总面积1200平方米,库房面积796平方米。馆藏档案资料121495卷(册)。

彭山县档案馆 现址新彭谢路2号,邮编620860,馆长李廷忠,电话(0833)7621451、7796785。总面积976平方米,库房面积600平方米。2005年晋升省二级档案馆。1999年12月被授予省档案系统先进集体称号。保存资料6107册。 (何秋萍)

洪雅县档案馆 现址洪川镇人民路6号,邮编620360,馆长赵君,电话(0833)7403242。省三级档案馆。总建筑面积为860平方米,库房面积420平方米。已录入卷内目录信息5万多条,采集全文5000多条,著录民国档案5281条。 (江川)

丹陵县档案馆 现址丹棱镇县街1号,邮编620200,馆长胡佳玲,(0833)7202253、7266665。1997年晋升省三级馆。库房面积1154平方米。馆藏资料10222册。

(龚永忠)

青神县档案馆 现址民主街26号,邮编620460,馆长何登才,电话(0833)8811445、13990367298。成立于1963年,是爱国主义教育基地。2004年晋升省二级档案馆。2003年获省档案系统先进集体称号。建筑面积1275平方米。馆藏档案55117卷册,资料4493册。建立档案数据249490条。 (毛建斌)

资阳市档案馆 现址厦场路,邮编641300,馆长王淙永,电话(0832)6110260、6110263。成立于1998年,是集中统一保管市级机关、团体、企事业单位档案资料的国家综合档案馆。已接收破产企业档案5万余卷。

雁江区档案馆 现址大东街8号,邮编641300,馆长邓梅,电话(0832)6247098。成立于1959年,是集中统一保管区机关、团体、企事业单位档案资料的国家综合档案馆。现有库房面积1240平方米。馆藏档案100518卷,资料4307册。

简阳市档案馆 现址简城镇政府街121号,邮编641400,馆长张杰,电话(0832)7222824、7221101。成立于1959年,是集中统一保管各级机关、团体、企事业单位档案资料的国家综合档案馆。爱国主义教育基地。1991年达到省三级综合档案馆标准,2001年晋升省二级档案馆。建筑面积1033平方米,库房面积649平方米。馆藏档案91282卷(册),资料4399卷(册)。

安岳县档案馆 现址岳阳镇兴隆街88号,邮编642350,馆长李绍成,电话(0832)4522365、3161386。成立于1960年,是集中保管县级机关、团体、企事业单位档案资料的国家综合档案馆。1990年晋升省三级档案馆。馆库房、办公区面积2000平方米。馆藏档案资料11.6万卷(册)。

乐至县档案馆 现址天池镇新南路104号,邮编641500,馆长罗文斌,电话(0832)3322057、3330200。成立于1958年,是集中统一保管机关、团体、企事业单位档案资料的国家综合性档案馆,县政府指定的规范性文件查阅场所。2006年晋升省二级档案馆。总建筑面积1237平方米,库房面积625平方米。馆藏档案资料64180卷(册),其中资料16132册。编纂了《乐至县灾情史料汇编》、《乐至县抗日战争史料汇编》、《乐至县蚕桑史料辑录等史实》等资料。

贵 州 省

贵州省档案馆 现址贵阳市南明区嘉润路10号,邮编550002,电话(0851)5530304,馆长刘强,电话(0851)5527050。成立于1960年。是集中统一保管省级机关、团体、企事业单位档案资料的国家综合档案馆,是省命名的爱国主义教育基地,是现行文件阅览中心。2003年晋升为国家一级档案馆。总建筑面积12248平方米,库房面积6368平方米。馆藏有清代档案、民国时期档案、革命历史档案、中华人民共和国成立后档案40余万卷,资料和图书6万余册。已建立馆藏文件级目录数据库,录入档案条目180余万条,档案目录上网70万条。现在馆内已初步实现办公自动化,建立了全省档案目录中心、计算机管理档案资料局域网络系统和计算机教学网络系统。贵州省档案馆网站于2003年正式开通,率先在全国开通了手机短信查询档案和现行文件目录的服务项目。编辑出版了《红军转战贵州——旧政权档案史料选编》、《贵州社会组织概览》、《贵州企业股份有限公司》、《贵州省农业改进所》等1500多万字的专题档案史料汇编,还与有关单位合作编辑出版了数十部汇编和书籍,并多次获得贵州省哲学社会科学优秀成果奖和中国档案学会的奖励。利用档案举办了"贵州省档案馆藏品陈列展"、"抗日战争中的贵州档案史料展"等专题展览。 (李文艺)

贵州大学档案馆 现址贵阳市花溪区,邮编550025,电话(0851)8292173,馆长杨廷三,电话(0851)8292136。是集中统一保管大学档案资料的文化事业单位档案馆。已达省科技事业单位工作三级标准。1995年获得"贵州省档案系统先进集体"的称号。总建筑面积1000多平方米。馆藏档案68431卷。

(姚红)

贵州师范大学档案馆 现址贵阳市宝山北路116号,邮编550001,电话(0851)6702052,馆长姜萍,电话(0851)6771278。集中统一保管本校党政、教学、科研、基建、设备、出版、外事、财会、声像及人事档案。总建筑面积300平方米。馆藏档案资料34258卷(件)。已将本科教学工作水平评估、申报博士授予单位和省属重点大学遴选等重大活动的档案收集进馆;实现了计算机文件级的检索与查询。编撰了《贵州师范大学年鉴》、《"十五"期间主要工作及基础数字汇编》、《"三育人"先进典型》和《校友风采录》等专题资料。(姜萍)

贵阳市档案馆 现址贵阳市半边街138号,邮编550004,电话(0851)6766494,馆长刘磊,电话(0851)5209979。成立于1960年。是集中统一保管市级机关、团体、企事业单位档案的国家综合档案馆,是市爱国主义教育基地。1998年被评定为省一级档案馆,1991年、1999年、2003年三次被授予全国档案系统先进集体。建筑总面积4353平方米,其中库房面积3040平方米。馆藏档案311790卷(件),资料31875册。保存有明清档案、民国档案、革命历史档案。建成贵阳市档案馆局域网,开通贵阳档案信息网(www.gyda.net.cn)。建立馆藏档案目录数据库,档案目录数据量105万余条,数字化处理反映贵阳城市风貌的老照片8000多张。编辑出版了《贵阳市档案馆指南》(第二版)、《贵阳老照片》、《贵阳旧事(1912—1949)》、《漫画贵阳——牛鼻子漫游老贵阳》、《漫画情歌——马得的贵阳情结》、《爱国民主人士贵州教育家——黄齐生》、《抗战期间贵阳艺术活动》、《抗战期间贵阳文学作品选》、《抗战期间黔境印象》等,举办了"贵阳解放50年历史回顾展"、"劳模精神永放光芒"、"中共贵阳市委、贵阳市政府为'民办实事'图片展"、"漂移的视线——两个法国人眼中的贵州"、"清宫秘档暨清代贵州历史文化展"等展览。

(冉梦云)

贵阳市城市建设档案馆 现址贵阳市云岩区半边街138号,邮编550004,电话(0851)6768880,馆长丁平,电话(0851)6751471。1990年成立。是集中统一保管市城市建设档案资料的国家专门档案馆。2003年晋升为国家一级城建档案馆。总建筑面积2088平方米,库房面积1400平方米。馆藏档案89992卷,资料6524册,照片档案2万余张,录像档案5000余分钟,光盘80张。保存最多的是各类城市建设工程档案,约占馆藏档案的70%,其它为城市规划和建设管理类档案。贵阳机场、贵阳火车站等一批省、市重点工程的竣工档案相继接收进馆;编撰了《丰碑》、《谱写贵阳建设新篇章》、《南明河三年变清纪实》、《贵阳大剧院》、《新农村建设住宅方案》等反映贵阳城市建设的系列画册;建成了集档案管理、办公自动化、城建信息管理为一体的城建档案信息管理系统;建成了贵阳市城建档案馆网站。

(秦洁)

南明区档案馆 现址贵阳市南明区箭道街箭道南巷151号,邮编550002,电话(0851)5815011,馆长姚贵云,电话(0851)5814304。成立于1964年。是集中统一保管区级机关、团体、企事业单位和乡镇档案资料的国家综合档案馆,2002年成立区现行文件阅览室。1996年被评为省二级档案馆。建筑面积1365平方米,库房面积735平方米。馆藏档案2.9万卷,资料1.2万册。馆藏特色是保管了全区13个街道办事处、2个乡及区婚姻登记处20世纪50年代至2005年的婚姻档案,共计6786卷。2001年开始建立馆藏档案目录数据库,已将38万条文件目录录入计算机;目前正开展婚姻档案全文数字化工作。参与编辑出版了全国首部街道志书《南明区街道志》。

(李健)

云岩区档案馆 现址贵阳市毓秀路38号,邮编550001,电话(0851)6823729,馆长杨素萍。成立于1958年。是集中统一保管区级机关、团体、企事业单位和乡镇档案资料的国家综合档案馆。是区指定的行政规范性文件查阅场所。2000年晋升为省一级档案馆。总建筑面积1613平方米,库房及业务用房1413平方米。馆藏档案22921卷,资料3670册。现已计算机录入档案文件级条目324904条,占馆藏档案的91%;编辑了《贵阳市云岩区文物汇编》、《贵阳市云岩区大事记》等40多种专题档案史料汇编。

(杨素萍)

花溪区档案馆 现址贵阳市花溪区贵筑路136号,邮编550025,电话(0851)3851715,馆长孙茂薇,电话(0851)3859893。建筑面积1200平方米。成立于1964年。是集中统一保管区级机关、团体、企事业单位和乡镇档案资料的国家综合档案馆,是区级爱国主义教育基地和区行政规范性文件查阅场所。1995年达省一级档案馆标准。现有1931年以来的档案3.3万卷,资料0.37万册。加强"花溪之夏"艺术节等重大活动档案以及周恩来等党和国家领导人视察花溪形成的档案资料的征集。建立了馆藏档案文件级目录数据库;编印了《艺彩纷呈花溪情——历届"花溪之夏"艺术节概况》等材料44种。

(黄依莉)

乌当区档案馆 现址贵阳市乌当区环溪路6号,邮编550018,电话(0851)6846474,馆长龙利祥。成立于1964年。是集中统一保管区级机关、团体、企事业单位和乡镇档案的国家综合档案馆,是区指定的行政规范性文件查阅场所。1996年被评定为省一级档案馆。总建筑面积1034平方米,库房面积480平方米。馆藏档案资料32126卷(册),其中资料6000余册。目前已计算机录入档案条目292394条,使档案馆的服务效率得到提高。

(汪琥)

白云区档案馆 现址贵阳市白云区南湖新区中环路49号,邮编550014,电话(0851)4831975,馆长吴玉芳。成立于1983年。是集中统一保管区级机关、团体、企事业单位和乡镇档案资料的国家综合档案馆,是区级爱国主义教育基地,2003年成立现行文件阅览中心。1998年晋升为省二级档案馆。1995年获全国档案系统先进集体;1999年获省档案工作先进集体;1999－2001年获中共贵阳市委、市政府授予文明单位;2005年、2006年获贵州省档案基础数据库建设先进单位。总面积800平方米,库房面积400平方米。馆藏档案24101卷,资料5000余册。已建成计算机局域网,开展了档案全文数字化工作,已完成26万余页。目录检索已全部用计算机进行。 (葛军)

小河区档案馆 现址贵州市小河区黄河路443号,邮编550006,电话(0851)3805199,馆长马良美,电话(0851)3845787。成立于2003年。是集中统一保管区级机关、团体、企事业单位和乡镇档案的国家综合档案馆,是区政府指定的行政规范性文件查阅场所。总面积为261平方米,库房面积55平方米。馆藏档案5908卷24769件,资料2000册。已将建区十周年庆典活动、兰花博览会等重大活动档案资料收集进馆;2004年建立了机关档案管理中心,2005建成了覆盖整栋机关大楼的数字化档案管理网络系统,实现了档案信息资源共享,使机关档案工作实现了网上管理及查询。 (杨俊平)

开阳县档案馆 现址县城关镇西街55—2号,邮编550300,电话(0851)7221245,馆长王卫国,电话(0851)7221561。成立于1959年。是集中统一保管县机关、团体、企事业单位和乡镇档案资料的国家综合档案馆,是县指定的行政规范性文件查阅场所。1998年被评为省二级档案馆。建筑面积1344平方米,库房面积652平方米。馆藏档案22986卷,资料17686册。馆藏档案资料历史跨度70余年。保存年代最早的是民国档案。 (江涛)

息烽县档案馆 现址县城花园西路,邮编551100,电话(0851)7721412,馆长许世军。成立于1959年。是集中统一保管县级机关、团体、企事业单位和乡镇档案资料的国家综合档案馆,是县指定的现行文件查阅场所和政府信息公开服务机构。2000年晋升为省二级档案馆。总建筑面积900平方米,库房面积350平方米。馆藏档案27678卷,资料8843册,照片档案1731张。馆藏档案保存年代最早的是民国档案,其中反映息烽集中营历史的档案较为珍贵。 (许世军)

修文县档案馆 现址县龙场镇玩易路,邮编550200,电话(0851)2322151,馆长韩虞梅,电话(0851)2329632。成立于1959年。是集中统一保管县级机关、团体、企事业单位和乡镇档案资料的国家综合档案馆,是县指定的现行文件阅览中心。1997年晋升为省二级档案馆。1995年被评为省档案系统先进集体。总建筑面积1100平方米,库房面积600平方米。馆藏档案22195卷,资料3595册。保存年代最早的是清光绪十三年(1887年)的档案。保存最珍贵的是民国档案。收集了国际阳明文化节等重大活动档案资料,编撰了《修文县档案志》等11种资料。 (吴坚)

清镇市档案馆 现址市红旗路169号,邮编551400,电话(0851)2522376,馆长杨文海。成立于1959年。是集中统一保管市级机关、团体、企事业单位和乡镇档案资料的国家综合档案馆,2004年成立现行文件阅览中心。1997年达省二级档案馆标准。总建筑面积1252平方米,库房面积475平方米。馆藏档案32365卷,资料4916册。馆藏档案资料的历史跨度400余年。较珍贵的是民国档案,有401卷。已建成馆藏目录数据库。 (赵月红)

六盘水市档案馆 现址市钟山西路72号,邮编553001,电话(0858)8324104,馆长陈盛德,电话(0858)8322606。成立于1980年。是集中统一保管市级机关、团体、企事业单位档案资料的国家综合档案馆,2002年建立现行文件资料阅览室。1997年晋升为省一级档案馆。2001年被市委、市政府授予"八七扶贫攻坚先进单位"称号,2003年度获得"全省档案工作先进集体"称号,2004年被市委、市政府授予"2001－2003年度文明单位"称号。总建筑面积1887平方米,库房面积1164平方米。馆藏档案资料3.4万余卷(册)。特色档案有国家领导人胡耀邦、江泽民等来六盘水视察的照片和彝族文献——玄通大书等。 (李玲)

贵州省水城钢铁(集团)有限责任公司档案馆 现址六盘水市钟山区巴西北路98号,邮编553028,电话(0858)8922730,馆长卢利国,电话(0858)8923079。成立于1979年。是集中统一保管公司科技、文书、财务及其它档案的国有大型企业档案馆。1990年达到国家企业档案管理二级标准。1995年被授予"全国档案工作先进集体"称号。建筑总面积2014平方米,库房面积1920平方米。馆藏档案32836卷7598件,资料9849册。

(朱耀斌)

钟山区档案馆 现址市钟山区水西北路11号,邮编553000,电话(0858)8224809,馆长吕永禄。成立于1994年。是集中统一保管区级机关、团体、企事业单位和乡镇档案资料的国家综合档案馆,是区青少年爱国主义教育基地,区现行文件阅览中心。1999年晋升为省二级档案馆。建筑面积1200平方米,其中库房面积300余平方米。馆藏档案12000余卷,资料379册。已利用计算机管理档案。

(何登方)

盘县档案馆 现址县城关镇玉阳路22—1号,邮编553500,电话(0858)3221427,馆长张登蓝。成立于1959年。是集中统一保管县机关、团体、企事业单位和乡镇档案资料的国家综合档案馆,2005年成立了现行文件阅览中心。1998年晋升为省二级档案馆。建筑面积890平方米,库房面积600平方米。馆藏档案32232卷,资料3910册,历史跨度200余年。已将二轮土地延包、税改档案3191卷接收进馆,同时征集盘县彝族古籍《丧祭古歌》等珍贵档案进馆;目前已录入文件级目录13000多条。 (董文祥)

六枝特区档案馆 现址平寨镇文化路12号,邮编553400,电话(0858)5322650,馆长李秋生,电话(0858)5323901。成立于1957年。是集中统一保管区机关、团体、企事业单位和乡镇档案资料的国家综合档案馆,是市爱国主义教育基地,2005年成立了区现行文件阅览中心。1998年晋升为省二级档案馆。建筑面积700平方米,其中库房建筑面积480平方米。馆藏档案2.6万卷,资料0.7万册。馆藏档案资料的历史跨度200余年。保存年代最早的是清朝时期的档案。 (龙春梅)

水城县档案馆 现址市钟山区向阳北路6号附20号,邮编553001,电话(0858)8262833,馆长李连君,电话(0858)8226129。成立于1959年。是集中统一保管县级机关、团体、企事业单位和乡镇档案资料的国家综合档案馆。1999年达到省二级档案馆标准。建筑面积1412平方米,其中库房建筑面积843平方米。馆藏档案28195卷(册)。珍贵档案主要有民国档案、征用土地档案等。馆内建立局域网,使用计算机管理档案。 (王轩)

遵义市档案馆 现址市红花岗区官井路,邮编563000,电话(0852)8211610,馆长姚茂宽,电话(0852)8222579。成立于1959年。是集中统一保管市级机关、团体、企事业单位档案资料的国家综合档案馆,是市指定的行政规范性文件查阅场所。1997年评为省三级档案馆。总建筑面积2714平方米,库房面积1628平方米。馆藏档案资料97945卷(册),其中资料19421册,字画239幅。参加省档案信息网站的建设,配备了多台计算机专门负责本馆馆藏档案案卷目录和文件级目录的录入工作。编辑了《遵义档案志》等资料。 (王敏)

红花岗区档案馆 现址遵义市红花岗区沙盐路133号,邮编563000,电话(0852)8222555,馆长董志毅,电话(0852)8238503。成立于1959年。是集中统一保管遵义市区属机关、团体、企事业单位和乡镇档案资料的国家综合档案馆,是区指定的行政规范性文件查阅场所。1997年被评定为省一级档案馆。总建筑面积1696平方米,库房面积726平方米。馆藏档案101200卷(册),资料18616册。加大了对农村档案和破产、改制企业档案的收集;加强档案信息化建设,完成机读目录案卷级1274条,文件级154148条。(祝光琴)

汇川区档案馆　现址遵义市汇川区香港路，邮编563000，电话(0852)8682961，馆长夏体学。成立于2004年。是集中统一保管区各机关、团体、企事业单位和乡镇档案资料的国家综合档案馆，是区指定的已公开现行文件提供利用场所。至今没有建立独立的档案馆舍，仍在租房办公。接收了保持共产党员先进性教育活动等部分专题档案。　(夏体学)

遵义县档案馆　现址南白镇西大街，邮编563100，电话(0852)7222250，馆长粟明远，电话(0852)7228499。成立于1959年。是集中统一保管县党政机关、人民团体、企事业单位和乡镇档案资料的国家综合档案馆，是县指定的已公开现行文件提供利用场所。1997年达省二级档案馆标准。总建筑面积1577平方米，库房面积900平方米。馆藏档案87000余卷。馆藏档案年代最早的是民国档案。馆藏图书资料14000余册，较重要的有《遵义府志》、《平播全书》等清代书籍。加大了对族谱、自编文集等民间资料的征集力度。已录入计算机管理目录20万余条；建成了档案馆网站，提供网上查阅现行文件服务。　(王泽楠)

桐梓县档案馆　现址娄山关镇武胜路武胜巷21号，邮编563200，电话(0852)6620701，馆长王先华。成立于1959年。是集中统一保管县机关、团体、企事业单位和乡镇档案的国家综合档案馆，是县指定的现行文件查阅场所。1998年晋升为省二级档案馆。总建筑面积747平方米，库房面积394平方米。馆藏档案2.6万卷，资料1万册。馆藏档案资料年代最早的是民国档案。编写了《红军长征在桐梓》、《娄山关战役简介》、《杨龙喜起义史略》等专题档案史料汇编20多种。　(周炬)

绥阳县档案馆　现址洋川镇北环中路农元新村，邮编563300，电话(0852)6221424，馆长黄家蓉。建立于1959年。是集中统一保管县机关、团体、企事业单位和乡镇档案资料的国家综合档案馆，2005年成立了现行文件阅览中心。2000年达省二级档案馆标准。总建筑面积870平方米，其中库房面积370平方米。馆藏档案14676卷，资料6608卷。馆藏档案最早的形成于1915年。　(刘会英)

正安县档案馆　现址县城凤山社区县委办公大楼内，邮编563400，电话(0852)6421804，馆长陈昌尧。成立于1959年。是集中统一保管县机关、团体、企事业单位和乡镇档案资料的国家综合档案馆，是县指定的行政规范性文件查阅中心。1999年晋升为省二级档案馆。总建筑面积2300平方米，库房面积1920平方米。馆藏档案41726卷，资料10548册。馆藏档案资料的历史跨度为78年。保存有一小部分民国时期档案。已将胡锦涛1987年对正安劳务输出等工作的重要批示接收进馆。已对馆藏档案进行文件级数据管理工作，已录入目录数据251999条。　(叶其红)

道真仡佬族苗族自治县档案馆　现址县玉溪镇文化中路23号，邮编563500，电话(0852)5820894，馆长张代虎。成立于1954年。是集中统一保管县机关、团体、企事业单位和乡镇档案资料的国家综合档案馆，是县指定的行政规范性文件查阅场所。2000年达省二级档案馆标准。总建筑面积1277平方米，库房面积480平方米。馆藏档案22498卷，资料8998册，实物档案453件。馆藏档案资料的历史跨度300余年。保存年代最早的是明清时期道真仡佬族傩戏面具及资料、字画。加强重大活动及仡佬族民族风情档案收集。建立了局域网和道真档案信息网站，计算机采集档案目录数据10多万条。编辑了《道真县重要文献汇编》等资料。目前正在进行道真仡佬族苗族民族风情档案的抢救与保护工作。

(张代虎)

务川仡佬族苗族自治县档案馆　现址县城民主路老医院，邮编564300，电话(0852)5621260，馆长简旭波，电话(0852)5622116。成立于1959年。是集中统一保管县级机关、团体、企事业单位和乡镇档案资料的国家综合档案馆，是县指定的行政规范性文件查阅场所。2000年评为省二级档案馆。总建筑面积814平方米，库房面积600平方米。馆藏档案31810卷，资料8367册。配备多台计算机专门负责馆藏档案案卷目录和文件级目录的录入工作。编辑了《务川档案志》等资料。

（简旭波）

凤冈县档案馆 现址县龙泉镇体育街，邮编564200，电话(0852)5221901，馆长魏再义。成立于1962年。是集中统一保管县级机关、团体、企事业单位和乡镇档案资料的国家综合档案馆，是县指定的行政规范性文件查阅场所。总建筑面积820平方米，库房面积220平方米。馆藏档案资料2.8万卷(册)。保存年代最早的是民国档案和资料。（张云涛）

湄潭县档案馆 现址县湄江镇可桢路57号，邮编564100，电话(0852)4221249，馆长唐梅生。成立于1959年。是集中统一保管县级机关、团体、企事业单位和乡镇档案资料的国家综合档案馆。是县指定的现行文件查阅场所。1999年晋升为省二级档案馆。总建筑面积1204平方米，库房面积522平方米。馆藏档案58842卷，资料15618册。馆藏有部分浙江大学在湄潭办学的档案；红军长征留驻湄潭时留下的标语；国民党政府通缉毛泽东、周恩来等红军将领的通缉令和“围剿”红军的档案。加强农村第二轮土地延包档案、城建档案等的进馆工作，已建成馆藏案卷级目录数据库。

（冯林）

余庆县档案馆 现址县白泥镇子营路245号二栋，邮编564400，电话(0852)4706343，馆长张曙光。成立于1962年。是集中统一保管县机关、团体、企事业单位和乡镇档案的国家综合档案馆，是县指定的现行文件查阅场所。1997年晋升为省二级档案馆。总建筑面积819平方米。馆藏档案35267卷，资料4626册。馆藏档案资料保存年代最早的是民国档案。建成馆藏档案文件级目录数据库，录入文件级目录16万条。2007年开通了余庆档案信息网。（朱明忠）

习水县档案馆 现址县东皇镇府西路74号，邮编564600，电话(0852)2520169，馆长袁永贵。成立于1959年。是集中统一保管县机关、团体、企事业单位和乡镇档案资料的国家综合档案馆，是县指定的行政规范性文件查阅场所。1999年晋升为省二级档案馆。总建筑面积848平方米，库房面积572平方米。馆藏档案7.4万卷，资料0.5万多册。保存年代最早的是民国档案和资料。已开展馆藏档案案卷级和文件级目录数据库建设工作，共录入7.9万多条。（陆艳梅）

赤水市档案馆 现址市民生路1—1号，邮编564700，电话(0852)2821021，馆长郑庆元。成立于1959年。是集中统一保管市级机关、团体、企事业单位和乡镇档案资料的国家综合档案馆，2006年成立了现行文件服务中心。1999年晋升为省二级档案馆。总建筑面积1189平方米，库房面积611平方米。馆藏档案37461卷，资料7551册。馆藏档案资料历史跨度100余年。保存年代最早最多是民国档案，有少量革命历史档案。加强了对各种专门档案的收集。完成了近5万条档案目录计算机录入工作。（袁正辉）

仁怀市档案馆 现址市中枢镇钟山西路，邮编564500，电话(0852)2293556，馆长王刚，电话(0852)2293493。成立于1954年。是集中统一保管市直机关、团体、企事业单位和乡镇档案资料的国家综合档案馆，是市指定的行政规范性文件查阅场所。2003年评为省一级档案馆。总建筑面积1355平方米，库房面积880平方米。馆藏档案58538卷3031件，资料7471册。馆藏档案包括清代档案、民国档案及建国后档案。加大对重大活动及茅台酒等地方酒文化特色档案的收集力度。已录入12万条档案文件级目录，于2003年建立了酒文化展厅，2004年建立了现行服务中心。

（陈德勤）

中国贵州茅台酒厂有限责任公司档案馆 现址仁怀市茅台镇，邮编564501，电话

(0852)2386062,馆长王昌华。成立于1990年。是集中统一保管公司档案的国有大型企业集团档案馆。1991年获国家一级企业档案管理合格证书,1999年获档案工作目标管理国家一级管理证书。1992年获“全国轻工业系统档案管理先进集体”,1993年获贵州省档案管理工作先进单位,1995年获全国档案管理先进集体。建筑面积1080平方米,其中库房面积630平方米。馆藏档案19000多卷(盒)。有领导和知名人士题词、题画,各种奖杯、奖牌、奖状等实物档案300多件。

(张爱民)

铜仁地区档案馆 现址市花果山北路39号,邮编554300,电话(0856)5222427,副馆长傅国义,电话(0856)5233914。成立于1959年。是集中统一保管地级机关、团体、企事业单位档案资料的国家综合档案馆,是行政规范性政务信息查阅场所。1999年晋升为省二级档案馆。先后6年被地委、行署评为目标管理先进单位;2005年被中共贵州省委、贵州省人民政府授予全省精神文明创建工作先进单位称号。总建筑面积960平方米,库房面积640平方米。馆藏档案3.2万卷,资料2万册。馆藏最早档案为清末1904年邮政代办所档案;革命历史档案主要有红军二、六军团在黔东地区活动的少量照片档案等。正建立馆藏案卷级和文件级目录数据库,已录入目录20万条,并建立了档案信息网站。编辑了《铜仁地区档案志》、《铜仁地区五百年自然灾害实录》等档案资料上百万字。 (傅国义)

铜仁市档案馆 现址市环西路92号,邮编554300,电话(0851)5223746,馆长周念祖。成立于1959年。是集中统一保管市级机关、团体、企事业单位和乡镇档案资料的国家综合档案馆,是政务信息集中查阅场所。1998年晋升为省二级档案馆。总建筑面积870平方米,库房面积570平方米。馆藏档案2.8万卷,资料0.8万册。馆藏最早历史档案为清末及民国档案,革命历史档案主要有周逸群烈士少量档案及复制件。正建立馆藏案卷级和文件级目录数据库。编辑有《铜仁市五百年自然灾害实录》等资料。 (周念祖)

江口县档案馆 现址双江镇滨江街,邮编554400,电话(0856)6622570,馆长雷文臻。成立于1961年。是集中统一保管县直各机关、团体、企事业单位及乡镇档案资料的国家综合档案馆,是行政规范性文件查阅场所。1999年晋升为省二级档案馆。总建筑面积1102平方米,库房面积450平方米。馆藏档案26833卷,资料6984册。馆藏档案资料保存最早的是明永历二年档案资料,有一些民国档案。积极收集被誉为“镇黔之宝”的梵净山的有关档案资料。编写出版了《江口县历代自然灾害年表》、《湘黔铁路江万民兵团人名录》、《梵狱枪声》等资料。 (王灯)

玉屏侗族自治县档案馆 现址县平溪镇中山路509号,邮编554000,电话(0856)3221441,馆长杨荣平。成立于1963年。是集中保管县机关、团体、企事业单位和乡镇档案的国家综合档案馆。1999年达省二级档案馆标准。总建筑面积1101平方米。馆藏档案3.4万卷,资料0.6万册。保存年代最早的是民国档案。征集了驰名中外的箫笛实物档案82件,并建立了箫笛陈列室;建立了馆藏档案文件级目录数据库;编辑出版了《玉屏侗族自治县500年自然灾害实录》等史料。

(罗文)

石阡县档案馆 现址县汤山镇环城路,邮编555100,电话(0856)7652203,馆长雷绍华,电话(0856)7651589。成立于1959年。是集中保管县直机关、团体、企事业单位和乡镇档案资料的国家综合档案馆,是县级爱国主义教育基地,是行政规范性文件查阅场所。1998年达省三级档案馆标准。建筑面积1251平方米,库房面积570平方米。馆藏档案39397卷,资料18300册。保存年代最早的是明清档案和资料;较珍贵的档案资料有民国档案、明清古籍文献、契约、解放前老照片等。积极收

集重大活动档案、地方文献、老照片；录入机读文件目录15万条。编印了《石阡县组织史》等专题资料。（李勋刚）

思南县档案馆 现址县城府后街30号，邮编565100，电话(0856)7222754，馆长宋光绪。成立于1959年。是集中统一保管县级机关、团体、企事业单位和乡镇档案资料的国家综合档案馆，是县级爱国主义教育基地，是行政规范性文件查阅场所。1999年晋升为省二级档案馆。总建筑面积780平方米，库房面积570平方米。馆藏档案4.2万卷，资料1.3万册。加强重大活动、名人、非物质文化遗产等档案的收集；编辑出版了《思南县地下党员名单》、《思南县游击队员名单》、《思南县革命烈士英名录》、《思南县600年大事记》等史料。（徐正强）

印江土家族苗族自治县档案馆 现址县峨岭镇县府路27号，邮编555200，电话(0856)6222393，馆长冯净，电话(0856)6221158。成立于1959年。是集中统一保管全县机关、团体、企事业单位和乡镇档案的国家综合档案馆，是县级爱国主义教育基地，是行政规范性文件阅览中心。1997年晋升为省一级档案馆。1988年被国务院表彰为全国民族团结进步先进集体。总建筑面积1155平方米，库房面积672平方米。馆藏档案35007卷，资料17640册。馆藏档案的历史跨度270多年，保存最早的是清乾隆年间的地契。有少量民国档案和红二、六军团在印江活动的革命历史档案。建有重点档案特藏室。现正进行档案目录数据库建设。（田仁江）

德江县档案馆 现址县城县政府大院内，邮编565200，电话(0856)8521236，馆长任明富。成立于1959年。是集中统一保管县级机关、团体、企事业单位和乡镇档案资料的国家综合档案馆。2002年晋升为省二级档案馆。总建筑面积600平方米，库房面积270平方米。馆藏档案2.32万卷，资料0.58万册。较珍贵的是民国档案。先后接收了土地延包、农村税费改革等近6000卷档案。已建成档案文件级目录数据10万条；编辑了《德江县历届党代会资料汇编》、《德江历史名人》等12种专题资料。（任明富）

沿河土家族自治县档案馆 现址县和平镇环城南路，邮编565300，电话(0856)8221541，馆长崔永忠，电话(0856)8229426。成立于1959年。是集中保管全县机关、团体、企事业单位和乡镇档案的国家综合档案馆，是县级爱国主义教育基地，是行政规范性文件阅览中心。2002年达省二级档案馆标准。总建筑面积600平方米，库房面积229平方米。馆藏档案32686卷，资料4314册。馆藏档案历史跨度88年。较珍贵的是民国档案。加大对重大工程、重大活动档案的收集和规范管理；编写了《沿河县民国大事记》、《红三军在沿河》等资料。（付胜刚）

松桃苗族自治县档案馆 现址蓼皋镇南路11号，邮编554100，电话(0856)2830141，馆长龙光辉，电话(0856)2831360。建于1957年。是集中统一保管县直机关、团体、企事业单位和乡镇档案资料的国家综合档案馆，是县级爱国主义教育基地，2004年建现行文件阅览中心。2000年达省一级档案馆标准。1999年被评为省档案工作先进集体，近十年连续获铜仁地区档案工作综合评比一等奖。建筑面积1151平方米，库房面积640平方米。馆藏档案7万余卷，资料1.5万册。珍贵档案有建国前档案0.3万卷，党和国家领导人以及外国元首接见松桃苗族绝技表演队照片，国民政府授给松桃地方长官的1公斤重铜印，《苗疆屯防录》等。积极征集民族和地方特色档案；完成计算机录入档案文件级目录20万条；编印《松桃简介》、《世界名人吴向必》、《苗岭情》等资料数十种。（龙冲巧）

万山特区档案馆 现址万山特区解放街，邮编520042，电话(0856)3521131，馆长刘开勇。成立于1982年。是集中统一保管区机关、团体、企事业单位和乡镇档案资料的国家综合档案馆，是行政规范性文件查阅场所。2000年达省二级档案馆标准。总建筑面积1000平方米，库房面积600平方米。馆藏档案6.1万卷，历史跨度107年，记录了万山从清末以来各个历史时期政治、经济、社会、文化的发展变迁史。（李祖军）

黔西南布依族苗族自治州档案馆 现址兴义市遵义路黔西南州政府院内，邮编562400，电话(0859)3223161，馆长贺玉琼，电话(0859)8700649。成立于1965年。是集中保管州直机关、团体、企事业单位档案资料的国家综合档案馆，建立了现行文件阅览中心。在档案工作目标管理方面曾两次被省档案局评为二、三等奖。总建筑面积3361平方米，库房面积1875平方米。馆藏档案12282卷，资料5000余册。有少量民国档案。（何华）

兴义市档案馆 现址市延安路36号，邮编562400，电话(0859)3223551，馆长邓海碧。成立于1959年。是集中统一保管市机关、团体、企事业单位以及乡镇、街道办事处档案资料的国家综合档案馆，是县级青少年爱国主义教育基地，市现行文件阅览中心。1996年达省一级档案馆标准。1995年、2003年两次荣获全国档案系统先进集体称号，1999年获贵州省档案系统先进集体称号。总建筑面积1293平方米，库房面积784平方米。馆藏档案资料5万余卷(册)。加强了对胡锦涛等党和国家领导人在兴义活动档案的收集；建立了局域网，计算机录入档案文件级目录25万多条。编辑出版《兴义市档案志》等专题资料30多种。（卢兴华）

兴仁县档案馆 现址县城关镇黄金路，邮编562300，电话(0859)6210024，馆长赵福华，电话(0859)6222636。成立于1959年。是集中保管县直机关、团体、企事业单位和乡镇档案资料的国家综合档案馆。1998年达省二级档案馆标准。总建筑面积977平方米，库房面积285平方米。馆藏档案23471卷，其中资料8902册。已录入机读目录案卷级5330条，文件级27000条。编印了《档案历史人物史料汇编》、《档案名胜风景、战事、传说汇编》、《抗日将领——陈弦秋》、《民国〈兴仁县志〉总纂人——张俊颖》、《清武功将军——谭元辅》、《涂令恒起义始末》、《贵阳师范学院创始人——王克仁》等成果数十种。（王天超）

普安县档案馆 现址县城县委大院，邮编561500，电话(0859)7232174，馆长杨昌义，电话(0859)7236163。成立于1959年。是集中统一保管县级机关、团体、企事业单位及乡镇档案资料的国家综合档案馆。2000年达省二级档案馆标准。建筑面积1000平方米，库房面积360平方米。馆藏档案资料26076卷(册)，其中资料4691册。（宁功贤）

晴隆县档案馆 现址县城县委大院内，邮编561400，电话(0859)7610023，馆长明程。成立于1959年。是集中统一保管县级机关、团体、企事业单位和乡镇档案资料的国家综合档案馆，是行政规范性文件集中查阅场所。1998年达到省三级档案馆标准。总建筑面积1251平方米，库房面积528平方米。馆藏档案23116卷，资料7210册。其中建国前档案较为珍贵，主要反映了地下党活动、日本侵略中国、美国军队驻扎晴隆等内容。已开展馆藏档案案卷级、文件级目录数据的录入工作。参与或独立编辑出版了《晴隆县志》、《晴隆县组织史资料》、《抗战后方重镇晴隆》、《晴隆县历届党代会、人代会简介》等书籍。（龙芳）

贞丰县档案馆 现址县城富民路62号，邮编562200，电话(0859)6610062，馆长岑绚国。成立于1961年。是集中统一保管县级机关、团体、企事业单位及乡镇档案资料的国家综合档案馆，是县级爱国主义教育基地和政府指定的已公开现行文件集中查阅场所。2000年达省三级档案馆标准。总建筑面积1103平米，库房面积556平方米。馆藏档案18771卷，资料4532册。民国档案较为珍贵，有6233卷。将农村第二轮土地延包、税费改革等档案接收进馆，在民间征集族谱、土地契约等特色档案;还编印了《贞丰县以人名命名乡镇名之缘由》、《贞丰县简介》、《贞丰县行政区划沿革》、《贞丰县(州)历任县长名录》等史料。

(岑绚国)

望谟县档案馆 现址县复兴镇人民路2号,邮编552300,电话(0859)4610007,馆长肖静芳,电话(0859)8826696。成立于1959年。是集中统一保管县级机关、团体、企事业单位和乡镇档案资料的国家综合档案馆,是现行文件阅览场所。1999年达省二级档案馆标准。1999年获贵州省档案局、贵州省人事厅授予档案工作先进集体称号。总建筑面积664平方米,库房面积354平方米。馆藏档案1.3万卷,资料0.8万册。馆藏档案的历史跨度100余年。较珍贵的是清末和民国时期档案。加强了对重大活动档案的收集,开展档案目录数据建设。 (韦家壮)

册亨县档案馆 现址者楼镇陵园路1号,邮编552200,电话(0859)4211381,馆长杨建华。成立于1961年。是集中统一保管县机关、团体、企事业单位和乡镇档案资料的国家综合档案馆。1998年达省二级档案馆标准。总建筑面积710平方米,库房面积400平方米。馆藏档案16132卷,资料2907册。开展档案目录数据库建设,编印了册亨县大事记、册亨县简介、册亨县领导成员更迭情况、历届党代会及人代会简介等材料。 (杨昌英)

安龙县档案馆 现址新安镇杨柳街,邮编552400,电话(0859)5210181。馆长袁兴友。成立于1959年。是集中统一保管县级机关、团体、企事业单位和乡镇档案资料的国家综合档案馆,是行政规范性文件查阅场所。总建筑面积1240平方米,库房面积527平方米。馆藏档案42000多卷,资料11000多册。有少量清朝档案,民国时期的档案较丰富,有18800多卷。有不少珍贵档案资料,如《兴义府志》等。 (陈永栋)

毕节地区档案馆 现址市洪山路,邮编551700,电话(0857)8251567,馆长刘祖平,电话(0857)8251917。成立于1959年。是集中统一保管地直机关、团体、企事业单位档案资料的国家综合档案馆,2004年成立了现行文件阅览中心。2001年晋升为省三级档案馆。总建筑面积3044平方米,库房面积1158平方米。馆藏档案资料133206卷(册),其中资料20637册。馆藏档案资料的历史跨度79年。比较珍贵的有彝文档案,党和国家领导人江泽民、胡锦涛、温家宝等视察毕节试验区形成的档案。加强了对重大活动声像档案的收集、管理工作。征集彝、苗族等珍贵档案。开辟了特藏室,正进行档案目录数据采集工作,已经录入29万条。已建立毕节地区档案信息网站。编辑出版了《毕节地区1951—1983年历年平均气象概况统计》、《毕节地区1951—1984年植树造林情况统计表》、《毕节地区历史大事记》、《红二、六军团在黔西北》、《毕节地区试验区重要文件汇编》等37种约2500万字的编研成果。 (陈青)

毕节市档案馆 现址原毕节市政府大院内,邮编551700,电话(0857)8222832,馆长曾仕明。成立于1959年。是集中统一保管市直机关、团体、企事业单位和乡镇档案资料的国家综合档案馆,2006年成立现行文件阅览中心,为市政府指定的行政规范性文件查阅场所。总建筑面积1284平方米,库房面积698平方米。馆藏档案35460卷,资料15391册。馆藏档案资料的历史跨度200余年。征集了胡锦涛等中央领导人来毕节视察的照片等重要档案资料。 (李国英)

大方县档案馆 现址大方镇人民南路县委大院内,邮编551600,电话(0857)5221668,副馆长史学会。成立于1963年。是集中保管县级机关、团体、企事业单位和乡镇档案资料的国家综合档案馆。1998年达省三级档案馆标准。总建筑面积1717平方米,库房面积1067平方米。馆藏档案34511卷,资料16622册,其中形成于清朝、民国时期的国家重点档案1246卷。为《大方县组织史》、《大方县志》

编写提供了大量资料。 （陈扬斌）

黔西县档案馆 现址城关镇城东路29—17号，邮编551500，电话（0857）4222293，馆长樊永锋。成立于1959年。是集中统一保管县级机关、团体、企事业单位和乡镇档案资料的国家综合档案馆，是县指定的行政规范性文件查阅场所。2001年达省二级档案馆标准。总建筑面积1062平方米，库房面积408平方米。馆藏档案44290卷，资料16354册。馆藏档案历史跨度280余年。保存最多的是民国档案。馆藏档案已实现了案卷级条目计算机管理，档案数字化及数据库建设已初具规模。编印了《黔西县解放斗争记略》、《黔西县自然资源概况》等资料20余种。 （熊祖铭）

金沙县档案馆 现址县城关镇中华路82号，邮编551800，电话（0857）7221582，馆长张富琴，电话（0857）2220879。成立于1959年。是集中统一保管县级机关、团体、企事业单位和乡镇档案资料的国家综合档案馆，是已公开现行文件集中查阅场所。1998年晋升为省二级档案馆。2002年被评为省档案系统先进集体。总建筑面积1576平方米，库房面积692平方米。馆藏档案资料16750卷（册），历史跨度约60年。参与编写史料30多种300多万字。已计算机录入档案文件级目录70000条。 （张宝军）

织金县档案馆 现址城关镇新华北路5—12号，邮编552100，电话（0857）7621304，馆长蔡昌龙，电话（0857）7621348。成立于1958年。是集中统一保管县级机关、团体、企事业单位和乡镇档案资料的国家综合档案馆，2004年建立了现行文件阅览中心。1999年、2003年，先后两次获得省档案工作先进集体称号。总建筑面积1100平方米，库房面积500平方米。馆藏档案45914卷，资料12500册。比较珍贵的是民国档案，有305卷。 （张青武）

纳雍县档案馆 现址雍熙镇陵园路62号，邮编553300，电话（0857）3530692，馆长陈国隆，电话（0857）3522995。成立于1963年。是集中统一保管县级机关、团体、企事业单位和乡镇档案资料的国家综合档案馆，是规范性文件集中查阅场所。1999年达省二级档案馆标准。总建筑面积820平方米，库房面积320平方米。馆藏档案14929卷，资料6722册。保存年代最早的是民国档案。开展了档案目录数据录入工作。参与编写了《纳雍县组织史》等资料。 （陈国隆）

威宁彝族回族苗族自治县档案馆 现址县草海镇渔市路232号，邮编553100，电话（0857）6222454，馆长张明友。成立于1959年。是集中统一保管县级机关、团体、企事业单位及各乡镇档案资料的国家综合档案馆。1998年达省二级档案馆标准。1996年、2006年先后获"贵州省档案系统先进集体"和"贵州省档案信息目录数据库建设先进单位"称号。总建筑面积1300平方米，其中库房面积780平方米。馆藏档案26616卷，其中资料11907册；照片档案1398张。馆藏档案资料历史跨度100余年。珍贵档案资料有清代《威宁县志》手稿本、苗文版《圣经》等。（王顺江）

赫章县档案馆 现址县城关镇建设路，邮编553200，电话（0857）3222830，馆长甘祖义。成立于1959年。是集中统一保管县机关、团体、企事业单位及乡镇档案资料的国家综合档案馆，是行政规范性文件查阅场所。2000年达省二级档案馆标准。总建筑面积1380平方米。馆藏档案24053卷，资料6358册。馆藏档案资料历史跨度69年。保存年代最早的是民国时期的档案资料。将二轮土地延包档案、农村税费改革档案及江泽民、胡锦涛、温家宝等视察赫章时的照片、毛泽东像章等收集进馆；编辑了中共赫章县历届党代会情况简介等15种编研资料；开展了纪念毛泽东诞辰110周年图片展等活动。 （刘凯）

安顺市档案馆 现址市委大院内，邮编561000，电话（0853）3281106，馆长王小平，电话（0853）3526442。成立于1959年。是集中统一保管市级机关、团体、企事业单位档案资料的国家综合档案馆，是市级爱国主义教育基地和已公开现行文件查阅场所。1997年达省二级档案馆标准。总建筑面积1333平方米，库房面积768平方米。馆藏档案资料10万卷(册)，其中资料31481册。档案中有清朝档案、民国档案。珍贵资料有《贵州通志》、《安顺府志》、《杨珍林自订年谱》及老一辈无产阶级革命家王若飞烈士的有关资料等。馆藏档案进行数字化管理，已录入文件级目录10万条。开通贵州档案信息网安顺二级网站。编写了《安顺档案馆指南》、《安顺民国大事记》、《民国安顺县商会》等档案史料。　(范永甲)

西秀区档案馆　现址安顺市中华东路，邮编561000，电话(0853)3528851，馆长张忠。成立于1960年。是集中统一保管区级机关、团体、企事业单位和乡镇档案资料的国家综合档案馆，2005年成立现行文件阅览中心。1996年达省二级档案馆标准。现系租用临时馆舍过渡。馆藏档案47417卷，资料16000余册，包括《安顺府志》、家谱及聂荣臻元帅亲笔书写“王若飞故居”题词等。　(吴洪海)

平坝县档案馆　现址县城关镇中山南路56号，邮编561100，电话(0853)4224387，馆长陈先林。建于1958年。是集中统一保管县级机关、团体、企事业单位及各乡镇档案资料的国家综合档案馆。总建筑面积1203平方米，其中库房面积800平方米。馆藏档案3.6万卷，资料1.1万册，历史跨度94年。其中最珍贵的是民国档案，有5310卷。目前已录入文件级目录9.06万条，案卷级目录0.6万条。

(王雪勇)

贵州黎阳机械厂档案馆　现址平坝县境内，邮编561102，电话(0853)4692401，馆长张伟。成立于1988年。对贵州黎阳机械厂形成的档案(不含人事档案)实行集中统一管理。1990年晋升为档案管理国家一级企业。建筑面积1800平方米。馆藏有1966年建厂以来各种档案资料182410卷，中外文藏书30869册，底图435846张。建立了档案网站“FTP”资料专区发布现行技术文件已达4043份。

(张伟)

普定县档案馆　现址县城关镇文明路81号，邮编562100，电话(0853)8222981，馆长刘欣聿。成立于1959年。是集中统一保管县级机关、团体、企事业单位和各乡镇档案资料的国家综合档案馆，是已公开现行文件查阅场所。总建筑面积1160平方米，库房面积600平方米。馆藏档案25897卷，资料11006册。馆藏档案资料的历史跨度93年。其中较珍贵的是民国档案，有2358卷。录入档案机读目录20余万条。对已公开现行文件进行了全文数字化处理。被贵州省档案局定为档案信息化建设三级网站试点县。　(贾正权)

关岭布依族苗族自治县档案馆　现址县关索镇交通路36号，邮编561300，电话(0853)7223207，馆长李兴昌。建于1961年。是集中统一保管县级机关、团体、企事业单位和乡镇档案资料的国家综合档案馆，2005年建立了现行文件阅览中心。1999年被评定为省三级档案馆。总建筑面积285平方米，库房面积140平方米。馆藏档案14588卷1324件，资料5439册。其中民国档案632卷。除纸质档案外，还有照片、印章、药物标本、光盘等载体的档案。　(陈仁芬)

镇宁布依族苗族自治县档案馆　现址县城关镇黄土坡政府大院内，邮编561200，电话(0853)6222433，馆长伍锋。成立于1959年。是集中统一保管县级机关、团体、企事业单位和乡镇档案资料的国家综合档案馆，2005年建立现行文件阅览中心。1999年被评为省二级档案馆。总建筑面积1300平方米，库房面积600平方米。馆藏档案15596卷，资料14915册。馆藏档案历史跨度242年。有清代档案2卷、民国档案3294卷。资料有民国时期中央陆军军官学校同学录、《镇宁县志》、《镇宁布依族简史》等。　(伍德贤)

紫云苗族布依族自治县档案馆　现址县松山镇文化路118号，邮编550800，电话

(0853)5236577，馆长韦文忠。成立于1961年。是集中统一保管县机关、团体、企事业单位和乡镇档案资料的国家综合档案馆。1999年被评定为省三级档案馆。总建筑面积1094平方米，库房面积474平方米。馆藏档案30594卷，资料12246册。馆藏档案保存年代最早的是清朝的契约档案。利用计算机录入档案文件级目录。 （韦禹）

黔东南苗族侗族自治州档案馆 现址凯里市营盘东路65号，邮编556000，电话(0855)8223479，馆长潘文仁，电话(0855)8239235。成立于1960年。是集中统一保管州级机关、团体、企事业单位档案资料的国家综合档案馆，2003年设立现行文件阅览中心，是行政规范性文件查阅场所。1997年晋升为省二级档案馆。总建筑面积1305平方米，其中库房面积840平方米。馆总面积4590平方米。馆藏档案54586卷，资料20138册。馆藏档案年代最早的是民国档案。积极开展清水江流域"锦屏文书"的征集、抢救工作。开始利用计算机对馆藏档案进行数据录入工作；2006年建立了档案信息网站。利用馆藏档案资料编写了自治州历届党代会、人代会、政协等会议简介、民族政策文件汇编、自治州党委、政府"九五"、"十五"期间为民办实事情况汇编等。

（高智）

凯里市档案馆 现址市行政中心迎宾大道南侧，邮编556000，电话(0855)8363866，馆长顾永贵。成立于1959年。是集中统一保管市级机关、团体、企事业单位及乡镇档案资料的国家综合档案馆，2006年设立现行文件阅览中心，是行政规范性文件查阅场所。1998年晋升为省三级档案馆。总建筑面积1936平方米，其中库房面积1360平方米。馆藏档案60420卷，其中清代、民国档案1016卷。

（石开仁）

黄平县档案馆 现址县新州镇福寿路31号，邮编556100，馆长彭云。成立于1959年。是集中统一保管县级机关、团体、企事业单位和乡镇档案资料的国家综合档案馆，是县规范性现行文件查阅场所。1998年晋升为省二级档案馆。总建筑面积1162平方米，其中库房面积500平方米。馆藏档案23849卷，其中民国档案1870卷，资料5380册。编写或参与编写了《黄平县档案志》、《黄平县地名志》、《黄平县志》、《中共黄平县组织史》等资料。

（吴玉平）

施秉县档案馆 现址县文化街88号，邮编556200，电话(0855)4221564，馆长郜胜舟。成立于1965年。是集中统一管理县级机关、团体、企事业单位和乡镇档案资料的国家综合档案馆，是行政规范性文件查阅场所。1999年晋升为省二级档案馆。总建筑面积395平方米，其中库房面积140平方米。馆藏档案14900卷，其中民国档案5600卷，资料1600册。馆藏档案历史跨度为73年。现已开始利用计算机对档案资料进行管理，已录入档案文件级目录数据10万余条。 （吴天才）

三惠县档案馆 现址县八弓镇东门南路，邮编556500，电话(0855)4522147，馆长刘永录。成立于1964年。是集中统一管理县级机关、团体、企事业单位和乡镇档案资料的国家综合档案馆，2003年设立现行文件阅览中心。1998年晋升为省二级档案馆。总建筑面积为1087平方米，其中库房面积504平方米。馆藏档案28413卷。馆藏档案主要有清代民间契约档案、民国档案、建国后档案三个部分。珍贵档案资料有清代民间契约档案及《中国抗日志愿军三穗第一营》、《周志群将军传略》等。

（杨长伟）

镇远县档案馆 现址县城关镇兴隆街四方井，邮编557700，电话(0855)5722056，馆长张富国。成立于1957年。是集中统一保管县级机关、团体、企事业单位及乡镇档案资料的国家综合档案馆，是县级爱国主义教育基地，2003年成立现行文件阅览中心。1997年晋升为省二级档案馆。总建筑面积1164平方米，库房面积560平方米。馆藏档案38000卷，资料8000册。馆藏档案资料的历史跨度190余年。珍贵档案有民国《镇远县苗族历史调查》(内有红军长征路线图)和《民国33军第二次收容所抗战同盟名册》等;资料有《镇远府志》等。（张富国）

岑巩县档案馆 现址县老城画角路38号,邮编557600,电话(0855)3571662,馆长郑珍英。成立于1961年。是集中统一管理县级机关、团体、企事业单位及乡镇档案资料的国家综合档案馆,是县级爱国主义教育基地,是行政规范性文件查阅场所。1998年晋升为省二级档案馆。总建筑面积1200平方米,库房面积600平方米。馆藏档案28006卷,资料6713册。保存有清代档案、民国档案。目前正在进行档案数据录入。（郑珍英）

天柱县档案馆 现址县凤城镇人民村桂花组,邮编556600,电话(0855)7522543,馆长龙集霄。成立于1962年。是集中统一保管县级机关、团体、企事业单位及乡镇档案资料的国家综合档案馆,是行政规范性文件查阅场所。1999年晋升为省三级档案馆。总建筑面积1082平方米。馆藏档案18580卷,资料4420册。馆藏最早的是清代档案,比较有特色的是反映天柱县少数民族风情和民族地区教育文化等方面的档案资料,有民族特色的宗祠建筑图片等。（黄大平）

锦屏县档案馆 现址县三江镇风雨桥社区,邮编556700,电话(0855)7223273,馆长赵海明,电话(0855)7224966。成立于1959年。是集中统一保管县级机关、团体、企事业单位及乡镇档案资料的国家综合档案馆,是县级爱国主义教育基地和行政规范性文件查阅场所。1997年晋升为省三级档案馆。总建筑面积1253平方米,其中库房面积567平方米。馆藏档案53589卷,“锦屏文书”原件19383件,资料16276册。馆藏档案资料的历史跨度为700余年。保存年代最早的是南宋景定二年(公元1261年)的《戒谕文》;保存最富特色也最珍贵的是清代康熙至民国年间产生的、记录反映以锦屏县为中心的贵州省清水江中下游地区林业与侗、苗族人民之间生存发展关系的“锦屏文书”;还有少量革命历史档案。已录入档案目录数据240417条。（谭洪沛）

剑河县档案馆 现址新县城中心广场右侧,邮编556400,电话(0855)5221075,馆长杜建安。成立于1959年。是集中统一保管县各级机关、团体、企事业单位及乡镇档案资料的国家综合档案馆,是行政规范性文件查阅场所。1997年晋升为省二级档案馆。总建筑面积2033平方米,库房面积1200平方米。馆藏档案26870卷,资料4130册。保存年代最早的是民国档案。参与编写了《剑河县志》(新版)、《中共剑河县组织史》等资料。

（黄昕）

台江县档案馆 现址县台拱镇解放东路,邮编556300,电话(0855)5322785,馆长杨智槐。成立于1963年。是集中统一保管县级机关、团体、企事业单位和乡镇档案资料的国家综合档案馆,2005年成立现行文件阅览中心。1998年晋升为省三级档案馆。总建筑面积1096平方米,其中库房面积800平方米。馆藏档案36283卷。馆藏档案历史跨度245年。比较重要的有1953年成立台江苗族自治县的文件、“革东事件”的档案材料等。（王华）

黎平县档案馆 县城府前路29号,邮编557300,电话(0855)6221370,馆长粟才昇。成立于1959年。是集中统一管理县级机关、团体、企事业单位及乡镇档案资料的国家综合档案馆,是现行文件阅览中心。1997年晋升为省二级档案馆。总建筑面积1330平方米,其中库房面积529平方米。收藏有清咸丰二年至新中国成立以来不同门类不同载体档案资料40748卷(册)。“锦屏文书”2000余件,资料9100余册。（杨再军）

榕江县档案馆 现址县古州镇西环北路6号,邮编557200,电话(0855)6622287,馆长林启荣,电话(0855)6621394。成立于1959年。是集中统一保管县级机关、团体、企事业单位及乡镇档案资料的国家综合档案馆，是现行文件阅览中心。1998年晋升为省二级档案馆。总建筑面积1160平方米，库房面积660平方米。馆藏档案21858卷，资料7598册。馆藏档案资料的历史跨度为186年。保存年代最早的是清道光元年的档案，有少量民国档案。加强了国有破产、改制企业档案和重大活动档案以及散存在民间的水书、非物质文化遗产档案等的收集。已开始档案目录数据库建设。参与编辑出版了《榕江县志》、《中国共产党榕江县组织史资料汇编》等。 （林启荣）

从江县档案馆 现址县丙妹镇新建路25号，邮编557400，电话（0855）6412328，馆长孟江燕。成立于1961年。是集中统一保管县级机关、团体、企事业单位及乡镇档案资料的国家综合档案馆，是行政规范性文件查阅场所。1997年晋升为省三级档案馆。总建筑面积1283平方米，库房面积480平方米。馆藏档案24566卷，其中资料10191册。（韦海桥）

雷山县档案馆 现址丹江镇教厂坝，邮编557100，电话（0855）3331024，馆长杨谋礼。成立于1961年。是集中统一保管县级机关、团体、企事业单位和乡镇档案资料的国家综合档案馆，是现行文件资料查阅场所。1999年晋升为省三级档案馆。总建筑面积1300平方米，库房面积400平方米。馆藏档案40000卷，其中资料9000册。馆藏档案资料的历史跨度270余年。保存年代最早的是清朝档案和资料。馆加大对民国雷山设治局档案和民族文字——达地水族乡“水书”的抢救工作。征集“水书”20余册。建立了特藏室。已录入档案文件级目录数据8万余条。

（杨谋礼）

麻江县档案馆 现址县杏山镇党群路8号，邮编557600，电话（0855）2622483，副馆长包应明。成立于1961年。是集中统一管理县级机关、团体、企事业单位和乡镇档案资料的国家综合档案馆，是行政规范性文件查阅场所和县级爱国主义教育基地。1999年晋升为省二级档案馆。总建筑面积970平方米，其中库房面积556平方米。馆藏档案18259卷，其中民国档案5996卷，资料5619册。

（田孟超）

丹寨县档案馆 现址县建设东路29号，邮编557500，电话（0855）3611536，馆长罗静。成立于1963年。是集中统一管理县级机关、团体、企事业单位和乡镇档案资料的国家综合档案馆，是行政规范性文件查阅场所。1998年晋升为省三级档案馆。总建筑面积1154平方米，其中库房面积394平方米。馆藏档案16751卷，资料10245册。馆藏档案的历史跨度为80余年。已开展馆藏档案案卷目录的数据录入工作。 （王明阳）

黔南布依族苗族自治州档案馆 现址都匀市钩鱼井路，邮编558000，电话（0854）8222303，馆长陈士凤，电话（0854）8252820。成立于1959年。是集中统一保管州级机关、团体、企事业单位档案资料的国家综合档案馆，是州级青少年爱国主义教育基地，是州指定的政务信息查询场所。1998年达省二级档案馆标准。总建筑面积4470平方米，库房面积1199平方米。馆藏档案117403卷1756件，资料25116册。保存年代最早的是清代档案和资料；有少量的民国档案、清代档案和革命历史档案。重视少数民族档案——“水书”和黔南著名人物档案以及《黔南州少数民族服饰》等特色资料收集进馆；建成了局域网和馆藏全宗级档案目录数据库，已录入文件级目录16万余条。馆与文化、史志等部门联合举办黔南布依族苗族自治州文物图片展、编辑出版《黔南布依族苗族自治州志·档案志》。

（朱丽杰）

都匀市档案馆 现址市文明路63号，邮编558000，电话（0854）8222493，馆长杨美匀，电话（0854）8260357。成立于1959年。是集中统一保管市直机关、团体、企事业单位及乡镇档案资料的国家综合档案馆，是政务信息公开场所。总建筑面积921平方米，库房面积

360 平方米。馆藏档案 43149 卷，资料 4863 册。已录入文件级目录 12 万条。加强了重大活动档案及水书等少数民族历史文献的收集。（易求友）

福泉市档案馆 现址市城厢镇毓秀路 10 号，邮编 550500，电话(0854)2222864，馆长陈友军。建于 1963 年。是集中统一保管市级机关、团体、企事业单位及各乡镇档案资料的国家综合档案馆。1997 年晋升为省二级档案馆。总建筑面积 2022 平方米，其中库房面积 1600 平方米。馆藏档案资料 40327 卷(册)。馆藏档案资料的历史跨度为 180 余年。较为珍贵的档案有抗战时期交通大学在福泉办学档案和著名桥梁专家茅以升真迹等。编印了《福泉市图片资料选编》、《福泉县土地征地情况汇编》、《知识青年上山下乡名册、时间情况汇编》等专题史料。（陈友军）

荔波县档案馆 现址县玉屏镇樟江西路 8 号，邮编 558400，电话(0854)3612297，馆长姚炳烈，电话(0854)3615707。成立于 1963 年。是集中统一保管县级机关、团体、企事业单位及各乡镇档案资料的国家综合档案馆。总建筑面积 1122 平方米，库房面积 779 平方米。馆藏档案资料 38020 卷(册)。其中，较为珍贵的是被列入《中国档案文献遗产名录》和“首批国家非物质文化遗产”的水书原件，共有 8200 册。以水书为重点开展征集工作，将第二轮土地延包、退耕还林、农村税费改革等档案及时接收进馆。举办水书陈列展览，建立水书特藏室，参与水书的翻译出版工作；还积极开展了档案目录数据库和全文数据库的建设工作。（覃孟萍）

贵定县档案馆 现址县委机关大院内，邮编 551300，电话(0854)5220154，馆长宋继菊。成立于 1959 年。是集中统一保管县机关、团体、企事业单位和乡镇档案资料的国家综合档案馆，是县爱国主义教育基地和现行文件阅览中心。2000 年晋升为省二级档案馆。建筑面积 1243 平方米，库房面积 540 平方米。馆藏档案资料 3.75 万卷(册)，历史跨度 300 多年。较珍贵档案的有国家领导人视察贵定时拍摄的照片和清乾隆年间朝廷制发的土司印等。参与编辑出版了《贵定县志》、《贵定年鉴》、《中共贵定县历史》、《中共贵定县历史大事记》等书籍。（史迪义）

瓮安县档案馆 现址雍阳镇东山路 5 号，邮编 550400，电话(0854)2621133，馆长谌礼辉。成立于 1959 年。是集中保管县级机关、团体、企事业单位和乡镇档案资料的国家综合档案馆，2004 年建立现行文件资料服务中心。1998 年晋升为贵州省二级档案馆。总建筑面积 1231 平方米，库房面积 662 平方米。馆藏档案资料 41611 卷(册)。（李小映）

独山县档案馆 现址县城关镇环东南路，邮编 558200，电话(0854)3226301，馆长陈晓凤，电话(0854)3227069。成立于 1958 年。是集中统一保管县级机关、团体、企事业单位和乡镇档案资料的国家综合档案馆。2005 年成立现行文件资料服务中心，是政务信息集中查阅场所。2001 年晋升为省二级档案馆。总建筑面积 1100 平方米，其中库房面积 756 平方米。馆藏档案 1.7 万卷，资料 0.4 万册。保存年代最早的是清朝乾隆时期的资料和民国档案。加强对名人档案、重大活动档案、荣誉档案和声像档案的征集力度。（陈晓凤）

平塘县档案馆 现址平湖镇中山路 33 号，邮编 558300，电话(0854)7221293，馆长杨通泽。成立于 1963 年。是集中统一保管县直机关、团体、企事业单位及乡镇档案资料的国家综合档案馆。1998 年晋升为省二级档案馆。2005、2006 两年连续荣获贵州省、黔南州档案局授予的档案信息化建设先进单位称号。建筑面积 1118 平方米，库房面积 546 平方米。馆藏档案 38157 卷，资料 3715 册。馆藏档案的历史跨度为 130 年。馆藏珍贵档案有 1958 年毛泽东主席接见少数民族代表时与平塘县妇女代表邹国翠亲切握手时的合影；1986 年时任中共贵州省委书记胡锦涛视察平塘县龙塘

电站时的留影。已录入档案文件级目录13万余条。 （张贤忠）

罗甸县档案馆 现址县城新区路，邮编550100，电话(0854)7612093，馆长姚茂荪，电话(0854)7616778。建于1959年。是集中统一保管县级机关、团体、企事业单位及各乡镇档案资料的国家综合档案馆。1999年晋升为省二级档案馆。总建筑面积881平方米，其中库房面积397平方米。馆藏档案25169卷，资料718册。馆参与编写或收集珍藏了《罗甸县党代会简介》、《罗甸县人代会简介》、《罗甸县自然灾害史料汇编》、《罗甸县民族风情》、《罗甸县著名人物简介》、《罗甸县雍正六年至民国42年历任县官员录名》等地方特色档案史料。

（何清福）

长顺县档案馆 现址县城和平中路县委大院内，邮编550700，电话(0854)6822459，馆长沈月英。成立于1959年。是集中统一保管县级机关、团体、企事业单位和乡镇档案资料的国家综合档案馆，是政府指定的现行文件阅览场所。1999年晋升为省二级综合档案馆。2000年、2004年先后被黔南州人民政府表彰为档案工作目标管理先进单位和优秀集体。总建筑面积1088平方米，库房面积500平方米。馆藏档案资料2.6万余卷册，历史跨度160余年。参与编辑出版了《长顺概览》、《发现长顺》、《发现红色之路——长征路上的长顺》、《中国共产党长顺县历史》书籍。

（沈月英）

龙里县档案馆 现址龙山镇冠山社区兴龙路，邮编551200，电话(0854)5631142，馆长禹启华。成立于1961年。是集中统一保管县级机关、团体、企事业单位和乡镇档案资料的国家综合档案馆，是已公开现行文件集中查阅场所。1998年达到省三级综合档案馆标准。总建筑面积1205平方米，库房面积463平方米。馆藏档案资料43508卷(册)，档案资料跨度近百年。开展馆藏档案文件目录数据采集工作。 （霍琼）

惠水县档案馆 现址县府路政府大院，邮编550600，电话(0854)6221085，馆长罗勇。建于1959年。是集中统一保管县直机关、团体、企事业单位及乡镇档案资料的国家综合档案馆，2004年建立现行文件阅览中心。1999年达省二级综合馆标准。总建筑面积941.7平方米，库房面积269.8平方米。馆藏档案34408卷，资料15947册。较珍贵的有清朝道光十五年出版的《遵义府志》、民国时期的《校印定番州志》、《定番县乡土教材调查报告》等。馆先后将第二轮土地延包档案、农村税费改革档案等接收进馆；向民间征集了《黔中向氏族谱》、《超升经》(布依语)和“布依族枫香染工艺”照片等珍贵档案资料。举办了惠水解放五十周年建设成就展等展览。现正在建立档案文件级目录数据库，已录入文件级目录20余万条。 （陈应明）

三都水族自治县档案馆 现址县三合镇建设西路100号，邮编558100，电话(0854)3921030，馆长周泽亮，电话(0854)3923581。成立于1959年。是集中统一保管县级机关、团体、企事业单位和乡镇档案资料的国家综合档案馆，是县级爱国主义教育基地，是行政规范性文件集中查阅场所。2000年达省二级档案馆标准。2003年获黔南州档案工作目标管理优秀集体称号。总建筑面积1500平方米，库房面积664平方米。馆藏档案2.9万卷，资料1.2万册。珍贵档案有首批列入《中国档案文献遗产名录》、第一批列入国家级非物质文化遗产名录的水族文字档案——“水书”8000多卷，还有民国档案和《邓恩铭家书》等革命历史档案。馆加强水书等重点档案的征集、抢救和开发利用，举办水书陈列展，参与编印出版《中国水书》影印本，复制水书光盘1400多张。

（韦绍武）

云 南 省

云南省档案馆 现址西园南路49号，邮编650032，馆长杨汝鉴，电话(0871)4198990、4184121。于1975年成立，是集中保管机关、团体、企事业单位档案资料的国家综合档案馆，爱国主义教育基地，省政府指定的行政规范性文件查阅场所。1998年晋升国家一级档案馆。总建筑面积近20000平方米，库房面积8000平方米。馆藏档案资料100余万卷(册)，其中资料102133册。民国档案保存尤为完整，共计有30余万卷(册)。已建立了宋任穷、申庆璧、艾思奇、召存信、闻一多等名人档案。已采集案卷级目录28.51万条、文件级目录91.69万条。建成馆藏档案目录数据库。举办了"云南世纪风云展"、"南洋华侨机工展"、"云南名人档案展"及"护国运动展"等展览。编辑了《清末民初的云南社会》、《抗战时期的云南社会》和《日军侵华罪行实录(云南卷)》、《云南抗日风云老照片》等资料。拍摄了《风雨石龙坝》、《云大春秋》等电视纪录片。

(苏晓霞)

云南大学档案馆 现址翠湖北路2号，邮编650091，馆长王晓珠，电话(0871)5033810、5033930。成立于1992年，是集中统一保管学校档案资料的基地。总建筑面积1740平方米，库房面积1440平方米。馆藏档案42775盒(册)，资料380册，声像档案41317张(盒、盘)。建立了方国瑜、熊庆来、楚图南、戴永年等名人档案。扫描档案99683件、736365页。编辑了《云南大学志》、《东陆春秋》、《历史的见证——云大文革史料选编》等资料。

(王晓珠)

昆明市档案馆 现址东二环路543号，邮编650216，馆长李蔚，电话(0871)3846396、3821880。成立于1959年，是集中统一保管机关、团体、企事业单位档案资料的国家综合性档案馆，爱国主义教育基地，市政府指定的行政规范性文件查阅场所。1998年晋升省一级档案馆。2005年晋升四星级档案馆。总建筑面积14000平方米，库房面积6600平方米。馆藏档案314129卷。举办了"回望昆明百年"、"昆明市档案珍品展"等展览。完成著录档案条目300万条，原文扫描122万页。编辑《昆明市档案志》、《昆明市档案优秀论文集》等资料10余种100万字。 (顾建英)

昆明理工大学档案馆 现址文昌巷68号，邮编650093，馆长李建民，电话(0871)5103445、5165398。成立于2000年，是集中统一保管全校档案资料的综合档案馆。1997年晋升国家二级科技事业单位档案管理。建筑面积1300平方米，库房面积400平方米。现藏档案2.9万余卷，资料900余册。已有案卷级机读目录1万余条，文件级机读目录13万余条。建立了档案信息网站。 (蒋学军)

五华区档案馆 现址昆明市西园路508号，邮编650032，馆长吕文平，电话(0871)4143975、4156209。成立于1982年，是集中统一保管机关、团体、企事业单位档案资料的国家综合档案馆，爱国主义教育基地、区政府指定的行政规范性文件查阅场所。2006年晋升省四星级档案馆。总建筑面积1038平方米，库房面积306平方米。馆藏档案资料10.9万卷(册)、5.6万件。馆藏档案资料的历史跨度400余年。征集到了雍正、乾隆时期的部分房产地契，唐继尧、李根源、龙泽汇、朱德等名人档案资料。已建成馆藏全宗级目录数据库。原文扫描档案20万余页，著录110万余条档案目录。编纂了专题档案史料汇编20余种90万余字。 (吕文平 李菊华)

盘龙区档案馆 现址昆明市北京路616号，邮编650051，馆长陈雁兵，电话(0871)3102957。1986年建立，是永久保存档案的重要基地和利用档案的中心。2006年晋升省四星级档案馆。建筑面积2033平方米。馆藏档案81235卷(册)、资料6865册。建立了档案信息网站。著录条目已达80万条。建立全文档案信息数据库10万页。 (况继红)

官渡区档案馆 现址昆明市关兴路217号，邮编650200，馆长明晓燕，电话(0871)7173501、7180190。成立于1988年，是集中统一保管机关、团体、企事业单位档案资料的国家综合档案馆。2006年晋升省四星级档案馆。总建筑面积1139.62平方米，库房面积470.78平方米。馆藏档案文书档案17637卷，37780件。已录入文件级条目68万余条，原文档案扫描2万多页。建立了档案信息网站。

西山区档案馆 现址昆明市马街北路40号，邮编650100，馆长李惠娟，电话(0871)8182070、8184001。成立于1986年，是集中统一保管机关、团体、企事业单位档案资料的国家综合档案馆，区政府指定的现行公开文件查阅中心。2006年晋升省四星级档案馆。总建筑面积889.24平方米，库房面积420平方米。馆藏档案资料73120卷(件、册)，其中资料6198册。录入文件级条目50余万条。编写了《西山区人民政府有关改革开放招商引资文件汇编》、《西山区机构改革"三定"方案汇编》等24种资料。 (沈凤生)

东川区档案馆 现址铜都镇市府街6号，邮编654100，馆长王先坤，电话(0871)2122753、2122658。成立于1981年。总建筑面积为1156平方米，库房面积367平方米。1999年晋升省一级档案馆。馆藏档案24774卷，资料4900余册。建立了"东川档案"网站。向社会开放利用文件级目录4万余条。

(安静)

呈贡县档案馆 现址龙城镇三台路15号，邮编650500，馆长何宝，电话(0871)7479997。建立于1964年，是集中统一保管机关、团体、企事业单位档案资料的国家综合档案馆，成立了现行公开文件提供利用查阅场所。建筑面积415平方米，库房面积273平方米。馆藏档案1240卷、400件，资料1630册。文件级目录输入6000余条。 (李艳芬)

晋宁县档案馆 现址昆阳镇，邮编650600，馆长安利民，电话(0871)7893454、7892740。成立于1959年，是集中统一保管机关、团体、企事业单位档案资料的国家综合档案馆。2000年晋升省一级档案馆。总建筑面积469平方米，库房面积160平方米。馆藏档案资料23000余卷册，其中资料5512册。编辑了《晋宁县档案馆概况》、《晋宁县档案利用实例汇编》、《晋宁县名胜古迹概况》、《晋宁县各乡镇地理概况自然灾害情况汇编》等资料。

富民县档案馆 现址永定镇永定街115号，邮编650400，馆长昂敏辉，电话(0871)8811823。成立于1960年，是集中保管机关、团体、企事业单位档案资料的国家综合档案馆，现行公开文件查阅场所。2000年晋升省一级档案馆。总建筑面积467平方米，库房面积为216.3平方米。馆藏档案档案资料13730卷(册)，其中资料3347册。馆藏档案资料的历史跨度70余年。编写了《富民县档案馆指南》、《富民县历届党代会简介》和《富民县历届人代会简介》等17种资料。 (杨青华)

宜良县档案馆 现址匡远镇雉山坡56号，邮编652100，电话(0871)7594819，馆长周汝燕，电话(0871)7593855。成立于1958年。是集中统一保管县各级机关、团体、企事业单位档案资料的国家综合档案馆。1991年被授予全国档案先进集体称号。1998年晋升省一级档案馆。总建筑面积800平方米，库房面积650平方米。馆藏档案资料60582卷(册)、11705件，其中资料15114册。 (夏学章)

石林彝族自治县档案馆 现址鹿阜镇环城东路137号，邮编652200，馆长高凤玉，电话(0871)7796294、7791070。成立于1981年，是集中统一管理机关、团体、企事业单位档案资料的国家综合档案馆，爱国主义教育基地、现行公开文件查阅中心。2000年晋升省一级档案馆。2007年晋升省四星级档案馆。建筑面积527.3平方米。馆藏档案22145卷、10453件，资料13644册。接收了第二轮土地延包、防治"非典"、"禽流感"、乡镇机构改革等工作的档案资料入馆。接受了杨春洲、徐忠、短评、毕文明等个人档案。已完成文件级目录著录45381条。编辑了《中国共产党云南省路南彝族自治县组织史资料》,《走马三乡——石林民族文化巡礼》、《再创一个石雕之乡》、《吉尼斯之最——世界上最长的彝文书法作品〈阿诗玛〉》等40种250万字资料。举办了"档案与历史同在——档案史料展览"。(张云宏)

嵩明县档案馆 现址嵩阳镇北街14号,邮编651700,馆长周云,电话(0871)7911159。成立于1981年,是集中统一保管机关、团体、企事业单位档案资料的国家综合档案馆,爱国主义教育基地,公开文件查阅中心。1999年晋升省一级档案馆。2006年晋升省三星级档案馆。总建筑面积540平方米,库房面积180平方米。馆藏档案22567卷,资料3923册。建立文件级条目16万余条的数据库。汇编了48万字的资料。

禄劝彝族苗族自治县档案馆 现址屏山镇环城路,邮编651500,馆长李昌芬,电话(0871)8999119、8999155。成立于1958年,是集中统一保管机关、团体、企事业单位档案资料的国家综合档案馆,县政府指定的现行公开文件查阅中心。建筑面积732平方米,库房面积226平方米。馆藏档案24000卷(册),资料18000册,馆藏档案资料的历史跨度为100年。

(李昌芬)

寻甸回族彝族自治县档案馆 现址仁德镇西门街38号,邮编655200,馆长杨建伟,电话(0871)2662437。成立于1984年。建筑面积300平方米,使用面积210平方米。1997年晋为省一级档案馆。馆藏档案25166卷。

(叶春才)

安宁市档案馆 现址连然街,邮编650300,馆长文艳萍,电话(0871)8699228、8690005。始建于1959年,是档案保管和利用中心。2000年晋升省一级档案馆。2006年晋升省四星级档案馆。建筑面积480平方米。库房300平方米。馆藏档案40085卷(册),其中资料18199册。建立了档案信息数据库,完成文件级著录条目32万条。原文扫描40多万页。编有24种资料65万字。共开放档案六批,3582卷。(华敏)

曲靖市档案馆 现址文昌街37号,邮编655000,馆长张石生,电话(0874)3124544、3124507。成立于1981年,是集中统一管理机关、团体、企事业单位档案资料的国家综合档案馆,爱国主义教育基地,现行文件查阅中心。1995年晋升省一级档案馆。2006年晋升省四星级档案馆。总建筑面积为1952.64平方米,库房面积1132.62平方米。馆藏档案64376卷(册),其中资料10201卷(册)。录入档案目录60万余条。建立了档案信息网站。编辑了《曲靖地区两烟生产基础数字汇编》、《〈云南日报〉曲靖文汇》、《曲靖籍在外地工作县处级以上人士名录》等资料30余种501万字。

(陶琴)

麒麟区档案馆 现址南宁东路28号,邮编655000,馆长张莉华,电话(0874)3122261、3113954。成立于1960年,是集中统一保管机关、团体、企事业单位档案资料的国家综合档案馆,爱国主义教育基地。2006年晋升四星级档案馆。总建筑面积1686.32平方米,库房面积1020平方米。馆藏档案56080卷4485件,资料5830册。历史跨度200余年。征集到了民国时期地契、红军长征过麒麟区的照片,周恩来总理亲笔签名的奖状等珍贵史料。构建了馆藏档案文件级数据库。编写了80余种300余万字资料。(贺英)

马龙县档案馆 现址通泉镇羊角山,邮编655100,馆长田学武,电话(0874)8880009。成立于1984年,是集中统一保管机关、团体、企事业单位档案资料的国家综合档案馆,爱国主义教育基地,建立了马龙县现行公开文件查阅中心。1996年晋升省一级档案馆。总建筑面积667.2平方米,库房面积467.2平方米。馆藏档案资料36540卷,其中资料12291卷。建立了馆藏全宗级目录数据库,完成了档案著录机读条目50477条。编辑出版了《马龙县有偿

出让集体荒山使用权资料汇编》、《马龙知青》等207.6万字的资料。 （龚学权）

陆良县档案馆 现址中枢镇东门街，邮编655600，馆长王冰，电话（0874）6222501、6213677。成立于1960年，是集中管理档案的国家综合档案馆，爱国主义教育基地，县政府指定的现行公开文件查阅中心。1998年晋升省一级档案馆。总建筑面积999.81平方米，库房面积660平方米。馆藏档案资料33492卷（册），其中资料13298册。馆藏档案资料的历史跨度460余年。征集到清乾隆十七年（1752年）的《陆良州志》、清道光二十五年（1845年）的《陆良州志》、民国4年（1915年）的《陆良县志稿》、清同治十一年（1872年）等档案。编有《陆良县大事记》、《陆良县山林、土地纠纷调处协议书汇集》、《陆良县爱国主义教育基地材料汇编》等资料25种170余万字。

（宋有琼）

师宗县档案馆 现址南通街，邮编655700，馆长王文兴，电话（0874）5752364、5752434。成立于1982年，是集中统一保管全县各单位档案资料的国家综合档案馆，爱国主义教育基地。1999年晋升省一级档案馆。总建筑面积737平方米，库房面积660平方米。馆藏档案资料2.7万卷（册），其中资料1.1万册。已将税费改革、撤并乡镇等档案接收进馆。编研资料17种，116.6多万字。

（李谷荣）

罗平县档案馆 现址振兴街1号，邮编655800，馆长黄树云，电话13508748366、13529745881。成立于1958年，是集中统一保管机关、团体、企事业单位档案资料的国家综合档案馆，爱国主义教育基地，建立了现行文件查阅利用中心。2000年晋升省一级档案馆。总建筑面积776平方米，库房面积450平方米。馆藏17941卷档案，资料20392册。编研有《罗平县灾情史料》、《罗平县人口、土地面积、粮食产量汇编》、《罗平县组织史料》等资料32种250万余字。

富源县档案馆 现址太和街380号，邮编655500，馆长杨群卫，电话（0874）4612025、4619828。成立于1957年，是集中统一保管机关、团体、企事业单位档案资料的国家综合档案馆，爱国主义教育基地、现行公开文件查阅中心。1994年晋升省一级档案馆。1996、1999、2001、2003年被评为省档案工作先进集体。总建筑面积485平方米，库房面积为257平方米。馆藏档案资料49971卷（件、册），其中馆资料3505册。完成了70余万条文件级目录录入工作。编研了《富源县山林、土地、水利纠纷协议资料》、《1937年至1985年富源县自然灾害资料》、《古敢水族文化拾贝》等资料30余种。 （李跃琼）

会泽县档案馆 现址县政府西侧，邮编654200，馆长陈孝聪，电话（0874）5688867、5688938。成立于1982年，成立了现行公开文件查阅中心。1999年经晋升省一级档案馆。建筑面积2633平方米，库房面积1500平方米。馆藏档案资料26369卷（册），其中资料1444册。编有档案馆指南、全宗介绍等24种230余万字资料。 （余东发）

沾益县档案馆 现址西平镇内环路78号，邮编655331，馆长李聪书，电话（0874）3164605、3167890。成立于1998年，是集中统一保管机关、团体、企事业单位档案资料的国家综合档案馆，爱国主义教育基地，县政府指定的规范性公开文件查阅场所。2003年晋升省一级档案馆。总建筑面积1500平方米，库房面积900平方米。馆藏档案24542卷，资料2088册。馆藏档案资料的历史跨度近100年。馆藏档案检索体系相对完善。编辑了《益县大事记》、《沾益县风景名胜》、《沾益县历届人代会决议、政府工作报告汇编》、《爱国主义教育基地专题汇编》、档案志、利用效果汇编等资料50余万字。 （阮建宝）

宣威市档案馆 现址建设东街213号，邮编655400，馆长包崇虎，电话（0874）7165307、7166689。成立于1959年，是集中统一保管机关、团体、企事业单位档案资料的国家综合档案馆。1994年晋升为省一级档案馆。1995年被授予全国档案系统先进集体称号。总建筑面积1417平方米，库房面积812平方米。馆藏档案资料6.8万卷(册)，其中资料2.1万册。馆藏档案资料的历史跨度300余年，保存年代最早的是清康熙石刻版《康熙词典》和清朝土地契约。汇编了近20种资料1000余万字。（严国忠）

玉溪市档案馆 现址州城镇聂耳路31号，邮编653100，馆长周凤琼，电话(0877)2025530、2025662。成立于1982年3月，是集中统一保管机关、团体、企事业单位档案资料的国家综合档案馆，现行公开文件查阅中心。1996年晋升省一级档案馆。建筑面积1015平方米，库房面积410.3平方米。馆藏档案资料67667卷(册)，资料19235册(卷)。已经建成馆藏档案目录、全文和多媒体三个数据库。完成了全部馆藏档案的文件级目录(942986条)数据采集和6万份30余万页原文的数字化工作。编辑出版了《玉溪地区两烟文件资料汇编》、《云南省玉溪市党政军统群企事业组织史资料》、《发展的足迹——云南日报玉溪文汇》、《玉溪地区名优土特产品名录》等资料10余种500余万字。

红塔区档案馆 现址聂耳路27号，邮编653100，馆长陈志坚，电话(0877)2023453。是公开文件查阅中心。总建筑面积820平方米。馆藏档案资料67235卷(册)，1710件。1997年晋升省一级档案馆。（姚云）

江川县档案馆 现址兴街21号，邮编652600，馆长普万云，联系电话(0877)8011023。是保管机关、团体、企事业单位档案资料的国家综合档案馆，爱国主义教育基地。总建筑面积854.5平方米，库房面积468.8平方米，馆藏档案资料56603卷(册)，其中资料6525册，档案资料的历史跨度311年。珍贵档案资料有清朝圣旨、章太炎手书《金太公家传》、周恩来署名奖状、抗日英雄唐淮源存照等。

澄江县档案馆 成立于1959年，是集中统一保管机关、团体、企事业单位档案资料的国家综合档案馆。1999年晋升省一级档案馆。总建筑面积1167平方米，库房面积641.56平方米。馆藏档案资料66843卷，其中资料13094册。馆藏档案资料的历史跨度73年。编辑了《中共澄江县组织史资料》、《澄江县教育改革》等资料11种41余万字。

通海县档案馆 现址古城东路13号，邮编652700，馆长林德志，电话(0877)3022458。成立于1959年，是集中统一保管机关、团体、企事业单位档案资料的国家综合档案馆，县政府指定的行政规范性文件查阅场所。建筑面积450平方米，库房面积19平方米。馆藏档案资料42398卷(册)，其中资料11280册。馆藏档案资料历史跨度500余年。保存年代最早的是明弘治及清康熙至宣统年间的房地契，同仁善堂、义米会、义馆会等民间组织的文契护照。（解红云）

华宁县档案馆 现址聂耳路27号，邮编653100，馆长陈志坚，电话(0877)2023453。是公开文件查阅中心。总建筑面积820平方米。馆藏档案资料67235卷(册)，1710件。1997年晋升省一级档案馆。（姚云）

易门县档案馆 现址龙泉镇兴文街西门村1号，邮政编码652400，副馆长侯绍兰，电话(0877)4961570。成立于1960年，是集中统一保管机关、团体、企事业单位档案资料的国家综合档案馆，设立了现行公开文件查阅中心。1997年晋升省三级档案馆。建筑面积1018平方米，库房面积42平方米。馆藏档案44572卷，资料7743册。编辑了《易门县档案志》、《易门县档案馆指南》、《易门人代会简介》、《易门县五套班子干部名录》等资料20余种。

（艾子荣）

峨山彝族自治县档案馆 现址双江镇桂峰路30号，邮编653200，电话(0877)4011740，馆长杨开富，电话(0877)4011740。成立于

1959年。是集中保管机关、团体、企事业单位档案的国家综合档案馆。1997年晋升为省一级档案馆。总建筑面积为1092平方米,库房面积为532平方米。馆藏档案77302卷(件),资料17860册。馆藏档案资料的历史跨度267年。正在开展馆藏档案案卷级和馆藏重要全宗档案文件级目录数据库的建库工作,已完成8个全宗案卷级目录数据库的建库工作。

(普春丽)

新平彝族傣族自治县档案馆 现址桂山镇育新路4号,邮编653400,馆长孙美琼,电话(0877)7011276。建筑面积1309平方米,设有现行公开文件查阅中心。1995年晋升省一级档案馆。馆藏档案46517卷(件),资料14700册(卷)。已录入案卷级条目5672条,文件级条目71869条。 (王晓玲)

元江哈尼族彝族傣族自治县档案馆 现址红河社区文化路97号,邮编653300,馆长李白若,电话(0877)6011487、6013145。成立于1960年,是集中统一保管机关、团体、企事业单位档案资料的国家综合档案馆,爱国主义教育基地,县政府指定的行政规范性文件查阅场所。1998年晋升省一级档案馆。总建筑面积1205平方米,库房面积402平方米。馆藏档案资料35968卷(册),其中资料4497册。馆藏档案资料的历史跨度247年。编写了《元江县档案工作大事记》、县级领导名录等资料35种50余万字。

昭通市档案馆 现址公园路45号,邮编657000,馆长易正春,电话(0870)2120183、2122416。成立于1960年,是统一保管机关、团体、企事业单位档案资料的国家综合档案馆,建有现行公开文件中心。1999年晋升省一级档案馆,2005年晋升省四星级档案馆。总建筑面积1064平方米,库房面积597平方米。馆藏档案资料55774卷(盒/册),其中资料9321册。馆藏档案年限为1876年至2006年,时间跨度为130年。完成了民国档案案卷级目录和8000余份现行公开文件的著录。录入档案文件级目录60万条;编研《农业人口独生子女家庭奖励档案管理规范》、《家庭档案系统研究》、《乡镇撤并中公安派出所档案处置办法研究》等资料100余万字。 (杨应焦)

昭阳区档案馆 现址海楼路,邮编657000,馆长栗萍,电话(0870)2832015、2833173。成立于1959年,是青少年教育基地,设有现行文件查阅中心。总建筑面积1190平方米。馆藏档案45000卷,资料4000余册。馆藏档案资料的历史跨度400余年。录入机读目录10万条。编写了《昭通市组织史》、《昭阳年鉴》等资料。

鲁甸县档案馆 现址县城新区,邮编657100,馆长邓益虎,电话(0870)8121495。成立于1984年,是集中统一保管机关、团体、企事业单位档案资料的国家综合档案馆,爱国主义教育基地、县政府指定的现行公开文件查阅利用场所。1993年晋升省一级档案馆。2007年晋升省三星级档案馆。总建筑面积350平方米,库房面积150平方米。馆藏档案2万卷,图书资料3548册。馆藏档案资料的历史跨度200年。 (阮金署)

巧家县档案馆 现址新华镇,邮编654600,馆长李智荣,电话(0870)7121257。成立于1959年,建筑面积404.32平方米。馆藏档案11050卷,资料9137册。 (李智荣)

盐津县档案馆 现址盐井镇县大街243号,邮编657500,局长夏永东,电话(0870)6620076。成立于1988年,是集中统一保管机关、乡镇、团体、企事业单位档案资料的国家综合档案馆,爱国主义教育基地,县委、县人民政府指定的行政规范性文件查阅场所。1997年晋升省一级档案馆。总建筑面积共480平方米,库房面积240平方米。开通档案信息网站。馆藏档案25814卷。 (罗俊)

大关县档案馆 现址翠华镇辕门街14号,邮编657400,馆长刘远东,电话(0870)5622114。成立于1959年,是集中统一保管机关、团体、企事业单位档案资料的国家综合档案馆，县政府指定的现行公开文件查阅中心。1991年获省档案系统先进集体称号。1992年晋升省三级档案馆。总建筑面积500平方米，库房面积243平方米。馆藏档案13752卷，资料5655册。卷，资料1543册。（刘远东）

永善县档案馆 现址兴隆街56号，邮政编码657300，电话(0870)4121070。成立于1960年，是集中统一保管机关、团体、企事业单位档案资料的国家综合档案馆，设立了现行公开文件查阅中心。2000年晋升省一级馆。建筑面积496平方米，库房面积205平方米。馆藏档案资料15940卷(册)，其中资料1920册。开展了档案目录数据库和全文数据库建设。建立了档案信息网页。

绥江县档案馆 现址中城镇县府街59—89号，邮编657700，馆长黄银昌，电话(0870)7621221。1960年建立，是集中统一保管档案资料的国家综合档案馆，爱国主义教育基地、现行公开文件查阅中心。2007年晋升省三星级档案馆。建筑面积546平方米。馆藏档案35829卷。建成馆藏全宗目录数据库。在政府网站上开通了网页。编辑出版了《绥江县档案馆指南》、《利用档案典型事例汇编》等资料16种450余万字。（黄光香）

镇雄县档案馆 现址乌峰镇中山路27号，邮编657200，馆长胡天汉，电话(0870)3120768、3133619。成立于1960年，是集中统一保管机关、团体、企事业单位档案资料的国家综合档案馆。1994年晋升省三级档案馆。总建筑面积702平方米，库房面积200平方米。馆藏档案资料45650卷(册)，其中资料5004册，馆藏档案资料的历史跨度240余年。已建成全宗级目录数据库。编辑资料54种60万余字。

彝良县档案馆 彝良县档案馆现址角奎镇，邮编657600，馆长宋怀剑，电话(0870)5120529。成立于1960年，青少年教育基地。1993年晋升省三星级档案馆。2006年晋升省三星级档案馆。2004年获省档案工作先进集体称号。原有库房建筑面积695平方米。馆藏档案资料有21013卷(册)。编写了《彝良县档案馆指南》、《彝良县著名人物汇集》等10余种资料。在县政府网上开通了网页，录入档案信息13万余条。（宋怀剑）

威信县档案馆 现址扎西镇，邮编657900，馆长肖昆华，电话(0870)6123293。成立于1960年，是保管机关、团体、企事业单位档案资料的国家综合档案馆。馆藏档案资料29188卷。（王俊）

水富县档案馆 现址向家坝镇人民东路6号，邮编657800。馆长龚倩，电话(0870)8636014。成立于1979年。1995年晋升省一级档案馆。2006年晋升省三星级档案馆。建筑面积307.74平方米，库房面积85.08平方米。馆藏档案11975卷、件，资料2950册。建立了馆藏文书档案文件级目录数据库，在县委、县政府信息网上建立了网页。编辑了《水富县移民档案管理研究》、《“水富记忆”工程的实施与研究》等资料。（杨玉林）

楚雄彝族自治州档案馆 现址鹿城西路92号，邮编675000，馆长董发章，电话(0878)3124511。馆藏档案69383卷、10532件，资料15885册。（李洪波）

楚雄市档案馆 现址复兴巷38号，邮编675000，馆长李国文，电话(0878)3123496。建于1960年，是集中统一保管机关，团体和企事业单位档案资料的基地，建立了现行公开文件查阅中心。1997年晋升省一级档案馆。总建筑面积617.36平方米，库房面积440.9平方米。馆藏档案31765卷(册)，资料6314册。馆藏档案资料的历史跨度300余年。征集到《爵秩全览》、《楚雄钱粮章程》、《中华民国忠烈将士姓名录》、《哨区农会组织章程》、《杜震东致楚雄县父老兄弟诸姑姐妹文告》等史料1966件。编制了《楚雄市档案馆指南》、《档案利用效益实例选编》等资料。正在建设馆藏全宗级目录数据库。市电子政务网已建立市档案局馆网页。（李文丽）

双柏县档案馆 现址妥甸镇东兴路45号，邮编675100，馆长周鸿，电话(0878)7711644、13987894790。成立于1964年，是集中统一保管机关、团体、企事业单位档案资料的国家综合档案馆，现行公开文件查阅中心，2000年晋升省一级档案馆。总建筑面积493.5平方米，库房面积154平方米。馆藏档案资料25685卷(册)，其中资料7608册。馆藏档案资料的历史跨度87年。馆藏档案检索体系完善。对馆藏重要档案进行计算机著录。

牟定县档案馆 现址中园东路，邮编675500，馆长詹文虎，电话(0878)5211665、13769274691。成立于1961年，是集中统一保管机关、团体、企事业单位档案资料的国家综合档案馆。1996年晋升省三级档案馆。建筑面积493平方米，库房面积351平方米。馆藏档案19854卷(册)，资料13478册。编写了《牟定大事记》、革命烈士名录等20余种资料。

南华县档案馆 现址龙川镇西街173号，邮编675200，馆长何凤琼，电话(0878)7221942。馆藏档案34701卷、4889件，资料8881册。 (紫发文)

姚安县档案馆 现址环城南路48号，邮编675300，馆长赵明华，电话(0878)5712042。成立于1961年，是集中统一保管机关、团体、企业事业单位档案资料的国家综合档案馆，建立了现行公开文件查阅中心。1998年晋升省三级档案馆。建筑面积914平方米，库房面积396平方米。馆藏档案资料29620卷(册)、13555件，其中资料2727册。编有《民国时期姚州知府、州判、县知事、县长、县佐名录》、《1950—1983年姚安县行政区划沿革》、《姚安县交通发展状况》、《中国共产党姚安县历史资料》、《中国共产党姚安县1925—2003历史大事记》等资料。 (李国荣)

大姚县档案馆 现址金碧镇东街，邮编675400。馆长王华，电话(0878)6222810。成立于1959年，是集中统一保管机关、团体、企事业单位档案资料的国家综合档案馆，成立行公开文件查阅中心。1997年晋升省三级档案馆。建筑面积613.6平方米，库房面积313.2平方米。馆藏档案资料28959卷(册)，其中资料2993册。已收集中央、省、部级领导视察、“7.21”、“10.16”震后重建昙华松子园统建点工程等档案进馆保存。 (邹芳)

永仁县档案馆 现址文汇路16号，邮编651400，馆长王进萍，电话(0878)6711592、13320560988。成立于1986年，是集中统一保管机关、团体、企事业单位档案资料的国家综合档案馆，建立了现行文件利用中心。1996年晋升省二级档案馆。总建筑面积448.2平方米，库房面积298.8平方米。馆藏档案资料22542卷(册)，其中资料1213册。已将重点工程项目、扶贫攻坚好干部臧金贵的档案等接收进馆。共采集数据106000条。

元谋县档案馆 现址元马镇元东路37号，邮编651300，馆长李靳云，电话(0878)8211770、8212529。1960年成立。成立了现行公开文件查阅利用中心，是爱国主义教育基地。1997年晋升省三级档案馆。2003年被评为省档案工作先进集体。馆藏档案23263卷、22195件，资料5519册。编辑了元谋县党代会简介、元谋县人代会简介、档案馆简介、元谋县党政群团历届主要领导人名录等资料。

(朱福宗)

武定县档案馆 现址狮山镇中山路1号，邮编651600，馆长郭绍菊，电话(0878)8711468。成立于1960年，是集中统一保管机关、团体、企事业单位档案资料的国家综合档案馆，县委、县人民政府指定的行政规范性文件查阅场所。省三级档案馆。总建筑面积517平方米，库房面积258平方米。馆藏档案资料13516卷(册)，其中资料1116册。

(王益民)

禄丰县档案馆 现址北晨街82号，邮编651200，馆长郭明生，电话(0871)4122477、4131097。成立于1960年，是集中统一保管机关、团体、企事业单位档案资料的国家综合档案馆，爱国主义教育基地、县政府指定的现行公开文件查阅场所。1996年晋升省二级档案馆。总建筑面积789平方米，库房面积363平方米。馆藏档案资料5.9万卷（册），其中资料1.2万册。保存最早的是清代乾隆至光绪年间的土地典当、杜卖文契。（董光丽）

红河哈尼族彝族自治州档案馆 现址个旧市中山路73号，邮编661000，馆长潘新荣，电话（0873）2122481、2147153。成立于1985年，是集中统一保管机关、团体、企事业单位档案资料的国家综合档案馆。1999年晋升省一级档案馆。1999年、2004年获省档案系统先进集体称号。建筑面积1045平方米，库房面积645平方米。馆藏档案34751卷，资料14859册。其中彝文古籍档案形成时代为清末民初和民国年间。（王莹）

个旧市档案馆 现址五一路149号，邮编661000，馆长赖明熙，电话（0873）2125147。成立于1959年。是集中统一保管机关、团体、企事业单位档案资料的国家综合档案馆，爱国主义教育基地，市政府指定的现行公开文件查阅利用的场所。1999年晋升省三级档案馆。总建筑面积1336.85平方米，库房面积540.16平方米。馆藏档案资料69688卷（册），其中资料12351册。已征集到个旧解放，50年代大锡冶炼，1954年、1996年抗洪救灾等照片资料。已完成了馆藏档案80%以上的文件级目录数据采集工作。编辑出版了《个旧市档案馆指南》、《个旧市档案工作大事记》、《个旧市实施档案工作"六项工程"指南》、《档案法律法规汇编》等资料。（赖明熙）

开远市档案馆 现址南正街147号，邮编661600，馆长杨智岗，电话（0873）7122674、7126611。成立于1959年，是集中统一保管机关、团体、企事业单位档案资料的国家综合档案馆，市政府指定的行政规范性文件查阅场所。1998年晋升省一级档案馆。建筑面积1020平方米，库房面积770平方米。馆藏档案资料29330卷（册），其中资料3216册，馆藏档案资料的历史跨度345年。已将首届中国传统武术节、土地承包、山林权属登记等档案和和清朝时期的《阿迷州志》、民国时期的《新纂云南通志》、《明梅花唱和百首》等资料接收进馆。编纂《开远市档案大事记》、《开远市档案馆指南》、《开远市（县）人民政府工作报告》、《开远市（县）人民政府机构设置文件汇编》、《开远市志》、《开远市党史资料》、《开远市组织史资料》等资料。（曾本玉）

蒙自县档案馆 现址天马路，邮编661100，馆长易雪松，电话（0873）3724142。成立于1959年，是集中统一保管机关、团体、企事业单位档案资料的国家综合档案馆，现行公开文件查阅中心，爱国主义教育基地。1999年晋升省一级档案馆。1996年、2001年、2003年被评为省档案工作先进集体。总建筑面积1500平方米，库房面积800平方米。馆藏档案资料43800余卷（册），其中资料15468册。馆藏资料中有1万余册清版、民国时期出版的石印、铜印的古籍线装书，其中有《古今图书集成》、《四部丛刊》、《二十四史》等。已征集伍爱民剪纸作品、乾隆四十五年圣旨等。

（尹静玲）

屏边苗族自治县档案馆 现址玉屏镇建设路35号，邮编661200，馆长王泽善，电话（0873）3221202、3226699。成立于1962年，是集中保管机关、团体、企事业单位档案资料的国家综合档案馆，成立了现行公开文件查阅中心。1997年晋升省一级档案馆。总建筑面积725平方米，库房面积400平方米。馆藏档案16379卷，资料8191册。（方剑昆）

建水县档案馆 现址临安镇临安路184号，邮编654300，馆长王梁，电话（0873）7651356。成立于1959年，是集中统一保管机关、团体、企事业单位档案资料的国家综合档案馆，成立了现行公开文件查阅中心。1998年晋升省一级档案馆。1991年、1999年、2003年被评为省档案工作先进集体。总建筑面积521平方米，库房面积364平方米。馆藏档案资料

57063 卷册，其中资料 20287 册。编写了 13 种资料。

石屏县档案馆 现址异龙镇北正街 98 号，邮政编码 662200，馆长王德林，电话(0873)4857190、4841601。成立于 1959 年，是负责集中统一保管机关、团体、企事业单位档案资料的国家综合档案馆。1999 年晋升省一级档案馆。建筑面积 657 平方米，库房面积 547 平方米。馆藏档案资料 44924 卷(册件)，其中资料 21985 册(件)。馆藏档案资料的历史跨度 130 年。编辑了《石屏县档案馆指南》、《石屏县档案学术论文集》。 (刘长青)

弥勒县档案馆 现址士金街 215 号，邮编 652300，馆长赵卫东，电话(0873)6122228。成立于 1960 年，是集中统一管理机关、团体、企事业单位档案资料的国家综合档案馆。1997 年晋升省一级档案馆。建筑面积 970.56 平方米，库房 576.88 平方米。馆藏档案 50218 卷，资料 6583 册。保存年代最早的档案是清代康熙、乾隆、咸丰年间的地契。资料有《云南备征志》、《云南行政纪实》、《滇绎》、《滇系》、《滇南钞报》、《云南省档案史料丛编》、《护国运动》、《1948 年昆明“反蒋扶日”运动》，有《弥勒州志》，有彝文(又称白马文)万年历、公书、母书、家谱、族谱等。 (张艳)

泸西县档案馆 现址中枢镇建设街 106 号，邮编 652400，馆长李美萍，电话(0873)6621378、6628042。成立于 1964 年，是集中统一保管档案的综合档案馆。1998 年晋升省一级档案馆。总建筑面积 389 平方米，库房面积 164.3 平方米。馆藏档案资料 22463 卷(册)。馆藏档案资料的历史跨度 298 年。完成《泸西县档案馆指南》、《烤烟发展概要》、《泸西县第二次土地延包基础数字汇集》、《农村税费改革基础数字汇编》、《兰台话题解说词汇编》等资料 20 余种 100 余万字。《兰台话题》电视专题片被评为省档案工作创新奖一等奖。

(陈怀丽)

元阳县档案馆 现址南沙新区元桂路，邮编 662400，馆长马文光，电话(0873)5642751。成立于 1959 年，是集中统一保管机关、团体、企事业单位档案资料的国家综合档案馆，爱国主义教育基地，县政府指定的行政规范性文件查阅场所。1999 年晋升省一级档案馆。建设面积 504 平方米，库房面积 273 平方米。馆藏档案 21973 卷，资料 11650 册。馆藏档案资料的历史跨度 160 年。编辑了《元阳县档案志稿》、《元阳县组织史资料》、《元阳县茶叶生产文件汇编》、《1964－1996 年人民日报元旦、国庆社论汇编》、《元阳县档案志》、《元阳县文史资料》、《阿玛去逝歌》等资料。

红河县档案馆 现址迤萨镇三棵树街 13 号，邮编 654400，馆长李胜欧，电话(0873)4621530、4626376。成立于 1960 年，是集中统一保管机关、团体、企事业单位档案资料的国家综合档案馆，爱国主义教育基地，现行公开文件查阅中心。1998 年晋升省一级档案馆。总建筑面积 608 平方米，库房面积 322 平方米。馆藏档案资料 2.59 万卷(册)，其中资料 0.62 万册。编写《中国共产党云南省红河县组织史资料》、《云南省红河县政权、军事、统战、群团系统组织史资料》、《红河县志》、《红河县革命烈士英名录》等资料。 (李万宾)

金平苗族瑶族傣族自治县档案馆 现址金河镇，邮政编码 661500，馆长何家发，电话(0873)5221307、13608738691。成立于 1962 年，是保管机关、企事业单位和团体档案的国家综合档案馆，是现行公开文件查阅中心。1999 年晋升省一级档案馆。建筑面积 903 平方米。馆藏档案 24254 卷，照片档案 2470 张。

(彭涛)

绿春县档案馆 现址大兴镇，邮政编码 662500，馆长张丽芬，电话(0873)4221379、4224751。成立于 1964 年，是保管机关、团体、企事业单位档案资料的国家综合档案馆，现行公开文件查阅中心。1998 年晋升省一级档案馆。馆藏档案资料 15693 卷(册)，其中资料 2871 册。已收集了《都玛简收可叙事繁荣长

诗》、十月年庆典、部分民族服饰照片等档案资料。（韩耀隆）

河口瑶族自治县档案馆 现址人民路8号，邮编661300，馆长韦韶光，电话（0873）3421323、3422882。成立于1960年，是保管机关、团体、企事业单位档案资料的国家综合档案馆。1998年晋升省一级档案馆，设立了现行文件查阅中心。建筑面积1600平方米，库房面积800平方米。馆藏档案资料17856卷（册），其中资料6234册。已把中越自卫还击战和七个世居民族圣经、歌谣等资料收集进馆。（柳溪）

文山壮族苗族自治州档案馆 现址开化镇东风路27号，邮编663000，馆长蔡仲兰，电话（0876）2122716、2132468。成立于1960年，是集中统一保管机关、团体、企事业单位档案资料的国家综合档案馆，成立了现行公开文件查阅中心。2002年晋升省一级档案馆。建筑面积为1241平方米，库房面积730平方米。馆藏档案资料6万余卷册。收集了文山州历届"一庆双节"等重大活动和腾格尔、阎维文等名人的档案资料。录入案卷级和文件级目录达20万余条。（李云辉）

文山县档案馆 现址建禾东路1号，邮编663000，馆长柏政元，电话（0876）2122212。成立于1959年，是集中统一保管机关、团体、企事业单位档案资料的国家综合档案馆，现行公开文件查阅中心。1999年晋升省三级档案馆。总建筑面积445平方米，库房面积252平方米。馆藏档案23597卷（册）、资料5670册。保存最早的档案有光绪二十二年、宣统元年山界判照。资料有光绪、同治、道光、民国年间的《应用呈奏》、《杂览全书》、《大乘金刚波罗密经》、《云乡宝鉴》、《文山县志》、《开化府志》等。编篡《文山县历届政府工作报告》、《文山县名胜古迹概览》、《文山县档案工作大事记》等资料近20万字。（华金祥）

砚山县档案馆 现址砚华西路18号，邮编663100，局长王祥，电话（0876）3122707、3123922。成立于1964年，是爱国主义教育基地和行政规范性文件查阅中心。1998年晋升省三级档案馆。建筑面积为850平方米。馆藏档案资料24790卷（件）。（黄登芬）

西畴县档案馆 现址西洒镇金玉路139号，邮编：663500，馆长杨兴柱，电话（0876）7622253、7622103。成立于1964年，是集中统一保管机关、团体、企事业单位档案资料的国家综合档案馆，成立了现行公开文件查阅中心。1998年晋升省三级档案馆。总建筑面积883平方米，库房面积320平方米。馆藏档案资料2.73万卷（册），其中资料5072册。征集到民国档案1卷，碑文档案1卷，实物档案4卷（印章、徽章、像章、锦旗），《西畴报》25份，周恩来签发的奖状1张等。编写了《西畴县档案志》、《西畴县历届党代会简介》、《西畴县历届人代会简介》、《西畴县档案馆指南》等资料343册。

麻栗坡县档案馆 现址河滨路，邮编6636000，馆长盘金龙，电话（0876）6622177、13187620628。成立于1964年，是收集、整理和集中保管了全县档案资料的基地，设有现行公开文件查阅利用中心。馆库房面积462.85平方米。馆藏档案档案17583卷，资料6843册。（李万琮）

马关县档案馆 现址马白镇，邮编668700，馆长王代波，电话（0876）7123606。成立于1960年，是现行公开文件查阅中心。建筑面积667.5平方米，库房面积为466.5平方米。馆藏档案资料4604卷（册），其中资料5469册。已启动建立馆藏档案案卷级和文件级目录数据库。

丘北县档案馆 现址锦屏镇石缸开发区，邮编653200，馆长王云芳，电话（0876）4121099。成立于1959年，是集中统一保管机关、团体、企事业单位档案资料的国家综合档案馆，成立了现行公开文件查阅中心。2001年晋升省二级档案馆。馆库房面积300平方米。馆藏档案资料23600卷（册）。其中资料5600

册。编辑了《丘北县志》、《组织史资料》、《中共丘北县党史资料》等资料。

广南县档案馆 现址莲镇西街莲湖边11号，邮编663300，馆长王丕焕，电话(0876)5150323。成立于1989年，是集中统一保管机关、团体、企事业单位档案资料的国家综合档案馆，已建立了现行公开文件查阅中心。2006年晋升省三星级档案馆。建筑面积521.78平方米，库房面积220平方米。馆藏档案资料26059卷(册)，其中资料4753册。馆藏档案资料的历史跨度100年。征集收集到《壮乡礼乐——玉清无级总经文昌大洞仙经》4册和《侬氏土司》资料一集。

富宁县档案馆 现址新华街1号，邮编663400，馆长黄开宏，电话(0876)6122818、6128616。成立于1960年，是集中统一保管机关、团体、企事业单位档案资料的国家综合档案馆，县政府指定的行政规范文件查阅场所。2001年晋升省二级档案馆，2006年晋升省二星级档案馆。建筑面积668.6平方米，库房面积364平方米。馆藏档案资料24183卷，其中资料1501册。馆藏档案的历史跨度约150年。 (周秀芬)

普洱市档案馆 现址思茅区民航路18号，邮编665000，馆长黄明芬，电话(0879)2123190、2143889。成立于1988年，是集中统一保管机关、团体、企事业单位档案资料的国家综合档案馆，现行公开文件查阅中心。2004年晋升省一级档案馆。总建筑面积814.41平方米，库房面积590.38平方米。馆藏档案30702卷，资料6836册。馆藏档案资料历史跨度100余年。馆藏档案全部实现文件级目录数字化管理，共著录信息455792条。制作了"兰台精神展风貌"专题片。 (陈俊)

思茅区档案馆 现址过街楼44号，邮编665000。馆长熊德钦，电话(0879)2122416、9214049。成立于1982年，是集中统一保管机关、团体、企事业单位档案资料的国家综合档案馆，区政府指定现行公开文件查阅中心。2000年晋升省一级档案馆。2006年晋升省三星级档案馆。总建筑面积417.16平方米，库房面积295.66平方米。馆藏档案资料46162卷(册)，其中资料7235卷(册)。录入案卷级、文件级条目20多万条。编辑了《思茅县志》、《思茅县组织史资料》、《思茅县档案志》等20种80余万字的资料。已将历届中国茶叶节的档案收集进馆。同时征集到普洱茶文化珍贵历史档案、照片资料345件。

宁洱哈尼族彝族自治县档案馆 现址宁洱镇西街37号，邮编665100，局长李云娜，电话(0879)3232061。成立于1959年，是集中统一保管机关、团体、企事业单位档案资料的国家综合档案馆，成立了现行公开文件查阅中心。2006年评定为省三星级档案馆。1996年、1999年被评为省档案系统先进集体。建筑面积514平方米，库房面积257平方米。馆藏档案16411卷(册)，资料8762册，馆藏最早的是明清《普洱府志》。编辑了《宁洱档案史料》等资料13种10余万字。 (刘玉琼)

墨江哈尼族自治县档案馆 现址联珠镇南正街59号，邮编654800，馆长杨文学，电话(0879)4232161。成立于1960年，是集中保管机关、团体、企事业单位档案资料的国家综合档案馆，成立了现行公开文件查阅中心。1999年晋升省三级档案馆。2006年晋升省一星级档案馆。总建筑面积759平方米，库房面积496平方米。馆藏档案资料23804卷(册)。其中资料8833册。

景东彝族自治县档案馆 现址玉屏路75号，邮编676200，馆长张兆华，电话(0871)6221564。成立于1954年，是集中统一保管机关、团体、企事业单位档案资料的国家综合档案馆，县政府指定的公开文件的查阅场所。建筑面积为160平方米，库房面积80平方米。馆藏档案资料19571卷(册)，其中资料2148册。

景谷傣族彝族自治县档案馆 现址威远镇人民路12号，邮编666400，馆长佟贵平，联系电话(0879)5221389。成立于1959年,是集中统一保管机关、团体、企事业单位档案资料的国家综合档案馆,县政府指定的行政规范性文件查阅场所。2000年晋升省一级档案馆。2006年晋升省三星级档案馆。总建筑面积1354平方米,库房面积543平方米。馆藏档案资料32418卷(册),其中资料4421册。编辑了《景谷傣族彝族自治县组织史料》、《景谷傣族彝族自治县档案馆指南》等资料10余种80余万字。（罗朝达）

江城哈尼族彝族自治县档案馆 现址勐烈镇新大街38号,邮编665900,馆长陶秀珍,电话(0879)3721821。成立于1984年,是集中统一保管机关、团体、企事业单位档案资料的国家综合档案馆,县政府指定的行政规范性文件查阅场所。1995年晋升省三级档案馆。2006年晋升省一星级档案馆。建筑面积514.33平方米,库房面积285平方米。馆藏档案资料13920卷册、498盒18473件。保存年代最早的是明清彝文档案资料。编辑了《江城哈尼族彝族自治县志》、《云南省思茅地区江城县党政军群系统组织史资料》等资料。

（陈华恩）

孟连傣族拉祜族佤族自治县档案馆 现址环山路,邮编665800,馆长郭光奇,电话(0879)8721756、8725106。成立于1960年,是集中统一保管机关、团体、企事业单位档案资料的国家综合档案馆,县政府指定的现行公开文件查阅场所。2006年晋升省二星级档案馆。总建筑面积376平方米,库房面积122.9平方米。馆藏档案5794卷、14507件,资料3844册。保存年代最早的是傣文历史档案。征集了龙士文、张海珍等名人档案。完成馆藏档案著录10740条,其中案卷级633条,文件级10107条。（解云虹）

澜沧拉祜族自治县档案馆 现址勐朗镇,邮编665600,馆长吴永,电话(0879)7222527。成立于1959年,是负责集中统一保管机关、团体、企事业单位档案资料的国家综合档案馆。1995年12月晋升省三级档案馆。2006年晋升省一星级档案馆。总建筑面积569平方米,其中库房面积318平方米。馆藏档案资料28596卷(册),其中资料4223册。加强了对土地顺延、土地流转、税费改革、1988年11.6大地震等档案的接收。目前已建立档案局域网,准备录入档案文件级目录数据。（玉砍）

西盟佤族自治县档案馆 现址勐梭镇,邮编665700,馆长苏荣,电话(0879)8343127。成立于1984年,是集中保管机关、团体、企事业单位档案资料的国家综合档案馆,爱国主义教育基地、县政府指定的行政规范性文件查阅场所。1995年晋升省三级档案馆。总建筑面积为449.4平方米,库房面积220平方米。馆藏档案12325卷(册)。资料1189册。现已建立了计算机局域网,并开始建国后档案文件目录数据库采集工作。（魏光荣）

西双版纳傣族自治州档案馆 现址景洪市宣慰大道9号,邮编666100,馆长何志伟,电话(0691)2146435、2141699。成立于1984年,是集中统一保管机关、团体、企事业单位档案资料的国家综合档案馆,州政府指定的现行文件查阅场所,已成立现行公开文件中心。1994年晋升省一级档案馆。总建筑面积1340平方米,库房面积566平方米。馆藏档案22568卷、9977件,资料5366件(册)。编辑了《西双版纳大事记》等20余种资料。

景洪市档案馆 现址景洪镇嘎兰中路55号,邮编666100,馆长董文君,电话(0691)2122250。成立于1959年,是集中统一保管机关、团体、企事业单位档案资料的国家综合档案馆,市政府指定的现行公开文件查阅中心。1999年晋升省二级档案馆。总建筑面积724平方米,库房面积260平方米。馆藏资料29264卷(册),其中资料3217册。馆藏档案中的珍贵内容有"西双版纳第一届第一次各族人民代表大会"文件、基诺族反抗国民党斗争调查材料、西双版纳傣族自治区民族区域自治条例(1954)等。已接收进馆的档案有历次人口普查、农业普查、工业普查、经济普查、农村基层组织建设、第二轮农村土地承包、保持共产党员先进性教育等档案资料。已建成馆藏全宗级目录数据库,录入文件目录8万余条。编辑了《景洪县志·档案分志》、《景洪市档案大事记》、《景洪市外来投资优惠政策汇编》、《景洪市建政以来粮食生产情况统计》、《云南省西双版纳第一届第一次各族人民代表会议八项文件》等资料。 (董文君)

勐海县档案馆 现址景管路12号,邮政编码666200,馆长玉帕新,电话(0691)5122231、5128887。成立于1964年,县委、县政府指定开展档案服务工作的场所,成立了现行公开文件查阅中心。1999年晋升省二级档案馆。建筑面积625.52平方米,库房面积330平方米。馆藏档案22114卷、4008件,资料2281册。已著录标引馆藏档案94735条。馆藏特色档案以民族史料(贝叶经、棉纸经)188卷。 (玉帕新)

勐腊县档案馆 现址勐腊正街207号,邮编666300,馆长王健华,电话(0691)8122345、8122263。成立于1981年,是集中统一保管机关、团体、企事业单位档案资料的国家综合档案馆,县政府指定的行政规范性文件查阅场所。1999年晋升为省二级馆。建筑面积670平方米,其中库房面积281平方米。馆藏档案资料28294卷(册),其中资料7577册。馆藏档案资料的历史跨度296年。已完成部分馆藏全宗级目录数据库和案卷级、文件级目录录入工作。编纂了西双版纳傣族自治州瑶族自治区瑶族社会调查、版纳勐腊土司制度、中华人民共和国四十周年、五十周年建设成就展解说词汇编、中国人民政治协商会议勐腊第十届委员会第一次至第五次全会材料汇编等资料。 (岩尖)

大理白族自治州档案馆 现址大理市龙山,邮编671000,馆长张彪,电话(0872)2319003、2319009。成立于1980年,是集中统一保管机关、团体、企事业单位档案资料的国家综合档案馆,爱国主义教育基地、现行公开文件查阅场所。1996晋升省二级档案馆。总建筑面积3554平方米,库房面积1962平方米。馆藏档案资料79579卷(册)、8576件,其中资料7765册。馆藏档案资料的历史跨度200余年。已将建州五十周年庆祝活动、大理机场建设及党和国家领导人视察大理等档案资料收集进馆。已录入案卷级条目5300条、文件级31万条。编辑出版了《下关商会档案史料选编》、《中国共产党大理白族自治州第一至五次代表大会文件选编》等资料13种327万字。 (吴惠玲)

大理市档案馆 现址下关建设西路17号,邮编671000,馆长杨跃兴,电话(0872)2125181。成立于1959年,是集中统一保管机关、团体、企事业单位档案资料的国家综合档案馆、爱国主义教育基地、现行公开文件查阅场所。1997年晋升省一级档案馆。馆藏档案资料12.96万卷(册、件),其中资料4500册。馆藏档案资料的历史跨度340余年。保存年代最早的是清朝档案603件。已建成民国档案案卷级目录数据库和婚姻、独生子女档案文件级原文目录数据库。编辑了《建国以来大理市机构变迁概览》、《大理县下关市知青工作概况》、《大理市国有企业改革与发展历程》等资料8种近300万字。 (董勇燕)

漾濞彝族自治县档案馆 现址新苍山中路文苑小区,邮编672500,馆长刘赤平,电话(0872)7520312。成立于1964年,是集中保管机关、团体、企事业单位档案资料的国家综合档案馆,县现行公开文件及资料的查阅场所。1998年晋升省三级档案馆。总建筑面积720平方米,库房面积252平方米。馆藏档案资料18305卷(册),其中资料2863册。分别将2002年、2005年、2007年中国漾濞核桃文化节和本县核桃杯老年体育运动会的档案资料收集进馆。 (李映霞)

祥云县档案馆 现址县祥城镇府前街4

号，邮编 672100，馆长王树华，电话(0872)3121545。成立于 1959 年，是集中统一保管县级机关、团体、企事业单位档案资料的国家综合档案馆，县政府指定的行政规范性文件查阅场所。2006 年晋升省三星级档案馆。总建筑面积 720 平方米，库房面积 360 平方米。馆藏档案 40891 卷(盒)，4371 件(张)，资料 13368 册。馆藏档案资料历史跨度 300 多年。已完成馆藏民国档案案卷级目录数据采集工作，开始对婚姻档案文件级目录数据采集、土地证存根全文著录工作。(兰英)

宾川县档案馆 现址金牛镇中心街 1 号，邮政编码 671600，馆长赵兵，电话(0872)7141055、13577858086。成立于 1964 年，是集中保管机关、团体、企事业单位档案资料的国家综合档案馆，成立了现行文件利用中心。1996 年晋升为省二级先进馆。同年被评为省档案系统先进集体。总建筑面积 704 平方米，库房面积 288 平方米。馆藏档案档案 24706 卷、4957 件，资料 3900 册。已完成民国档案、革命历史档案文件级目录及部分婚姻档案目录的微机录入。

弥渡县档案馆 现址太和街 41 号，邮编 675600，馆长李光亮，电话(0872)8163570。成立于 1964 年，是集中统一保管机关、团体、企事业单位档案资料的国家综合档案馆，县政府指定的现行公开文件查阅利用中心。2006 年晋升省三星级档案馆。总建筑面积 754 平方米，库房面积 391 平方米。馆藏档案 42700 卷(件)，图书资料 4131 册。征集到《1925 年弥渡大地震》、《清同治十年(1871 年)二品衔直隶候补道丙子科举人杨仰山》、《清乾隆四十年(1775 年)进士谷际岐家谱》等资料。已将第二轮土地延包档案、改制企业档案、防治“非典”工作等档案资料收集进馆。著录馆藏档案 11800 余条。编辑资料 4 种 48 万余字。(陈嘉水 王永胜)

南涧彝族自治县档案馆 现址南涧镇白沙路 23 号，邮编 675700，馆长李文润，电话(0872)8522176。成立于 1964 年，是集中统一保管机关、团体、企事业单位档案资料的国家综合档案馆，爱国主义教育基地、县政府指定的公开文件查阅利用中心。2000 年越级晋升省一级档案馆。2006 年晋升省三星级档案馆。总建筑面积 487 平方米，库房面积 196 平方米。馆藏档案资料 43804 卷(册)，其中资料 5220 册。馆藏档案资料历史跨度 400 余年。编有《南涧彝族自治县党史资料》、《南涧彝族自治县档案馆指南》、《档案文萃》等资料 10 余种。(吴文华)

巍山彝族回族自治县档案馆 现址南诏镇，邮编 672400，馆长米俊伟，电话(0872)6121001。成立于 1959 年，成立了现行公开文件利用中心。建筑面积 693 平方米。1995 年晋升省三级档案馆。馆藏档案资料 6 万余卷(册)。馆藏档案资料历史跨度 200 余年，收集了清末大理地区回民反清起义、巍山推行土司制度等事件档案资料，李大钊、徐克娴、艾志诚、束克状、陈赓雅等名人档案，民间史志、家谱、族谱等文献资料，南诏根源文化档案史料等。(迟向前)

永平县档案馆 现址博南镇新民街 110 号，邮编 672600，馆长奚绍先，电话(0872)6520062。成立于 1959 年，是集中统一保管档案资料的国家综合档案馆，成立了现行公开文件利用中心。2001 年晋升省一级档案馆。总建筑面积 730 平方米，库房面积 486 平方米。馆藏档案资料 20401 卷(盒、册)，其中资料 4195 册。已将“改制企业档案”、“第二轮土地承包档案”、“税改档案”、“林改档案”等档案接收进馆。完成了民国档案案卷级著录，开展了建国后档案文件级目录著录工作。汇编了《中国共产党云南省永平县组织史资料》、《云南省永平县军事系统组织史资料》、《云南省永平县统一站线系统组织史资料》、《中共永平县党史大事记》等资料 10 余种 170 余万字。(欧素平)

云龙县档案馆 现址石门镇，邮编

672700，馆长李建武，电话(0872)5520516。成立于1956年，是集中统一保管机关、团体、企事业单位档案资料的国家综合档案馆，现行公开文件查阅利用场所。1998年晋升省三级档案馆。2004年荣获全省档案工作先进集体称号。总建筑面积为468平方米，使用面积为234平方米。馆藏档案16537卷，馆藏资料4062册。已录入文件级条目4万多条。编辑了《云龙县组织史资料》、《云龙县落实政策工作大事记》、《云龙年鉴》、《云龙县“八七”扶贫攻坚纪实》等资料。（杨锦忠）

洱源县档案馆 现址玉湖镇，邮编671200，馆长杨朝柱，电话(0872)－5122423。成立于1958年，是集中统一保管机关、团体、企事业单位档案资料的国家综合档案馆，爱国主义教育基地、县政府指定的行政规范性文件查阅场所。1995年晋升省二级档案馆。馆藏档案资料22618卷(册)，其中资料2788册。馆藏档案资料的历史跨度270余年。征集了施晃、李芝洋、施介等洱源籍名人的资料。（段立文）

剑川县档案馆 现址金华镇四二路1号，邮编671300，馆长李嘉龙，电话(0872)4521472。成立于1958年，是集中统一保管机关、团体、企事业单位档案资料的国家综合档案馆，成立了现行公开文件利用中心。总建筑面积394.13平方米，库房面积260平方米。馆藏档案1.5万卷，资料0.4万册。编写了《剑川县历年地震资料》、《剑川县档案馆指南》等资料。（赵丽彩）

鹤庆县档案馆 现址云鹤镇，邮编671500。成立于1955年。2000年晋升省一级档案馆。1991年、1999年被评为省档案系统先进单位。2004年荣获省档案工作集体三等功。馆藏档案2.88万卷。已经接收乡镇“四荒”出让、勘界、退耕还林、天然林保护工程等档案资料。编纂《鹤庆县档案馆指南》、《中国共产党鹤庆县历次代表会议简介》、《鹤庆县历次人民代表会议简介》、《鹤庆县档案局(馆)大事记》、《鹤庆县档案利用典型实例汇编》、《鹤庆县档案学术论文汇集》、《鹤庆县档案馆全宗介绍汇集》、《鹤庆县党群、政府系统组织史料》等资料。（吴渊鉴）

保山市档案馆 现址隆阳区兰城办事处上巷街17号，邮编678000，馆长郭进忠，电话(0875)2120691、2121697。成立于1959年2月，是集中统一保管机关、团体、企事业单位档案资料的国家综合档案馆，市政府指定的行政规范性文件查阅场所。1996年晋升省一级档案馆。2006年晋升省四星级档案馆。1999年被授予全国档案系统先进集体称号。总建筑面积1698平方米，库房面积697平方米。馆藏档案资料72430卷(册)，其中资料11204册。已将全国诗、书、画、影艺术大赛获奖作品和部分滇西抗战档案资料收集进馆。成立了“中国远征军滇西抗战史料中心”。90%以上档案的文件级目录实现了计算机检索。建立了文件级目录数据库80余万条、全文档案信息数据库49975份、图形档案信息数据库132份。汇编了《保山市党政机构改革文件》、《保山地区1978－2000年县处级以上领导干部名录》、《保山地区档案工作基础资料汇编》、《保山地区档案志》等13种资料。（黄玉萍）

隆阳区档案馆 现址兰城办事处司仁街31号，邮编678000，馆长黄芳，电话(0875)2122881、2134071。成立于1960年，是集中保管隆阳区机关、团体、企事业单位档案资料的国家综合档案馆，建立了现行公开文件查阅中心。1993年晋升省二级档案馆。总建筑面积1222平方米，库房面积722平方米。馆藏档案58443卷、9572件，资料7541册。已将滇西抗战、爱国华侨梁金山等档案资料收集进馆。完成了馆内局域网建设，安装了触摸屏查询系统。利用端阳花市暨南方丝绸古道商贸旅游节举办馆藏资料展览。（邱德衡）

施甸县档案馆 现址甸阳镇甸阳东路31号，邮编678200，馆长普秀高，电话(0875)8121168。成立于1980年，是集中统一保管机关、团体、企事业单位档案资料的国家综合档案馆，爱国主义教育基地，现行公开文件查阅中心。2006年晋升省四星级档案馆。总建筑面积647.58平方米，库房面积387平方米。馆藏档案资料31082卷(册)，其中资料8457册。完成了局域网和触摸屏等现代化管理设备安装。案卷级、文件级目录覆盖所有馆藏档案。已建起馆藏目录数据库，完成了建国前文件级目录数据库和全文数据库的录入工作。建国后档案文件级目录录入31万条，占总量约76%。 (普秀高)

腾冲县档案馆 现址腾越镇山源社区来凤小区161号，邮编679100，馆长余朝蕊，电话(0875)3028758。成立于1959年，是集中保管机关、团体、企事业单位档案资料的国家综合档案馆，建立了现行文件查阅中心，爱国主义教育基地。建筑面积为1295平方米，库房面积为600平方米。馆藏档案资料45253卷册，其中资料8365册。建立了档案目录数据库。现已录入45个全宗32万条文件级目录。在政府网站上建立了网页。 (黄永在)

龙陵县档案馆 现址龙山镇龙山路131号，邮编678300，馆长段孝昌，电话(0875)6121544。始建于1960年，是集中统一保管机关、团体、企事业单位档案资料的国家综合档案馆，爱国主义教育基地，成立了现行公开文件查阅中心。2006年晋升省四星级档案馆。总建筑面积574.39平方米，库房面积307.54平方米。馆藏档案97个全宗32419卷，资料9920册。馆藏档案资料的历史跨度293年。已建成全宗级数据库，录入文件级目录282672条，占馆藏档案条目的69.4%，60%的一级立档单位已向综合档案馆移交机读目录。编辑了《龙陵县英模先进人物录》、松山抗战、“三胞”知名人士名录等81册约150余万字。

(陈云香)

昌宁县档案馆 现址田园镇西村路牛角巷1号，邮编678100，馆长张爱红，电话(0875)7130163。建立于1959年，是全县档案保管基地，为社会提供利用档案史料的中心。1997年晋升为省一级馆。1989年荣获省丰富馆藏先进单位称号。建筑面积1012平方米，库房面积510平方米。馆藏档案资料38082卷(册)、5179件，其中资料8432册。馆藏档案资料自1933年昌宁建县伊始历史跨度61年。建成馆藏全宗级目录数据库，对馆藏全宗档案进行文件级目录录入。汇编有《昌宁县籍华人华侨港、澳、台胞名册》、《建国以来荣获省部级以上表彰的劳动模范先进工作名录》等共17种约56万字资料。 (茶元秀)

德宏傣族景颇族自治州档案馆 现址芒市镇芒罕路2号，邮编678400，馆长段丽冰，电话(0692)2121726、2133123。成立于1959年，是集中统一保管机关、团体、企事业单位档案资料的国家综合档案馆发，建成了现行公开文件查阅中心。1997年晋升省三级档案馆。总建筑面积1463平方米，库房面积567平方米。馆藏档案资料74390卷(册)，其中资料37501册。馆藏档案资料的历史跨度400余年。已建成馆藏全宗文件级目录数据库。编辑出版了《德宏州档案志》、《德宏州档案馆指南》、基础数字汇编、大事记等资料。建立了“德宏档展”和“纪念抗日战争胜利60周年”等展室。

(杨恩海)

畹町档案馆 现址德宏州畹町民主街迎宾路3号，邮编678500，馆长甫如明，电话(0692)5151371，成立时间1981年，建筑面积674平方米，其中库房面积321平方米。馆藏档案7091卷，馆藏资料2500册。网址：wddajfrm@163.com。

瑞丽市档案馆 现址建设路6号，邮编678600，馆长姚成强，电话(0692)8899193、9280310。馆藏档案资料18442卷(册)。有1950—2002年瑞丽市政权单位使用印章、边界地段、地质、矿产分布图，瑞丽沿江改建、扩建工程，320国道修建工程，人口、林业、工业普查的档案，郭沫若、胡耀邦等名人手稿等。

(姚成强)

潞西市档案馆 现址芒市镇斑色路16号，邮编678400，馆长刘汉卫，电话(0692)2121515、2105615。成立于1959年，是集中统一保管机关、团体、企事业单位档案资料的国家综合档案馆，市政府指定的行政规范性文件查阅场所。1996年晋升省二级档案馆。总建筑面积673.53平方米，库房面积353.95平方米。馆藏档案资料33568卷(盒、册)，其中资料6619册。已建成馆藏全宗级目录数据库，完成了建国后部分机关档案及开放档案案卷级、文件级目录数据采集工作。(郭梅雪)

梁河县档案馆 现址遮岛镇振兴路13号，邮政编码679200，馆长们生宏，电话(0692)6161437、13578205932。成立于1965年，是集中统一保管机关、团体、企事业单位档案资料的国家综合档案馆，现行公开文件查阅利用中心。1997年晋升省三级档案馆。总建筑面积604平方米，库房面积204平方米。馆藏档案资料2万卷(件、册)，其中资料0.6万册。馆藏档案历史跨度550余年。已对历史名人“民国元老”李根源和“国家级重点文物保护单位”、“四A级旅游景点”南甸宣抚司署的档案资料进行了收集、征集。编辑了《梁河县档案志》等资料。(赵朝兴)

盈江县档案馆 现址平原镇永胜路花园巷4号，邮编679300，馆长徐全英，电话(0692)8180625、8188749。成立于1989年，成立了现行公开文件中心。1996年晋升省二级档案馆。2004年荣获省级档案工作集体二等功。总建筑面积为667平方米，库房面积293平方米。馆藏档案资料25853卷(册)，其中资料5230册。具有傣族特色的实物档案是馆藏档案重要组成部分，分别是傣族土司家谱(纸质、麻丝类)；清朝政府委以土司职权的官印5枚(铜质类)，其中历史最悠久的一枚是“干崖宣抚司、印礼部日造乾隆二十四年三月”被省文物局鉴定为国家二级保护文物；土司上朝时所穿的朝服顶戴45件(丝绢)和官位坐垫虎皮(皮革)。在当地政府网站开通了网页。(张雪梅)

陇川县档案馆 现址章风镇勐宛路，邮编678700，馆长朱卫东，电话(0692)7174382、7171538。始建于1960年，是永久保管重要档案的基地。1996年晋升省三级档案馆。总建筑面积869.18平方米，库房面积473平方米。馆藏档案30757卷(件)，资料3569卷(册)。馆根据县委、政府实施打造“中国目瑙纵歌之乡”品牌战略的实际，加大对景颇等少数民族档案资料的收集。2006年在馆建立了“中国目瑙纵歌记忆中心”。

丽江市档案馆 现址古城区福慧路，邮编674100，馆长杨湖江，电话(0888)5100854、5121936。成立于1961年，是集中统一保管机关、团体、企事业单位档案资料的国家综合档案馆，现行公开文件查阅场所。总建筑面积966平方米，库房面积400平方米。馆藏档案资料44690卷(册)，其中资料11680册。珍贵的馆藏有《乾隆丽江府志略》、《光绪丽江府志稿》、《东巴文资料》、洞经乐队名册《永保平安》等。收集了反映纳西东巴文化的东巴经文档案，国家领导人视察丽江音像制品档案等。编写了《丽江地区组织史》、《丽江地区自然灾害汇编》、《丽江地区农业税征收历史资料》等资料。(杨丽萍)

古城区档案馆 现址福慧路，邮编674100，馆长和斌荣，电话(0888)5109517。已成立了现行文件查阅中心。馆藏资料120卷，60件民族档案。开展档案寄存业务。现有24卷寄存档案。(王晓兰)

玉龙纳西族自治县档案馆 现址黄山镇，邮编674100，馆长和秀元，电话(0888)5121295。成立于1959年，是集中统一保管机关、团体、企事业单位档案资料的国家综合档案馆，现行公开文件查阅利用中心。1998年晋升省二级档案馆。总建筑面积320平方米，库房面积240平方米。馆藏档案资料48325卷(册)，其中资料9655册。年代最早的档案有乾隆八年形成的丽江府志和地契。国家重点档案有纳西东巴经(2004年被联合国教科文组织列为世界记忆遗产)、乾隆丽江府志、光绪丽江府志等8522卷(册)。征集了《中国西南的古纳西王国》、《被遗忘的王国》、《木氏历代宗谱》、纳西东巴经及东巴祭祀活动等档案资料。(和永华)

永胜县档案馆 现址文明志南路7号,邮政编码674200,馆长王春梅,电话(0888)6521215。成立于1962年,是全县集中统一保管档案的中心,成立了现行公开文件查阅中心。1995年晋升省三级档案馆。1999年、2004年获省档案工作先进集体称号。总建筑面积721平方米,库房面积335平方米。馆藏档案25000余卷,资料2000册。(喻平)

华坪县档案馆 现址中心镇县图书馆,邮编674800,馆长赵福娥,电话(0888)6121170。成立于1960年,是集中统一保管机关、团体、企事业单位档案资料的国家综合档案馆,成立了现行公开文件查阅中心。1995年晋升省三级档案馆。总建筑面积700平方米,库房面积350平方米。馆藏档案14716卷(册),其中资料2756册。保存年代最早的档案为清道光十五年(1835年)田赋类档案。有国家重点档案1574卷(册)。已将本县第一轮农村土地承包合同档案、司法公证档案、国有企业改制及撤并乡镇的重点档案进行了清理、接收。

宁蒗彝族自治县档案馆 现址大兴镇万格路477号,邮编674300。馆长金古嘎嘎,电话(0888)5521649。于1982年正式成立,是集中统一保管机关、团体、企事业单位档案资料的国家综合档案馆,现行公开文件查阅中心。1995年晋升为省三级档案馆。建筑面积492平方米,库房面积300平方米。馆藏档案资料有161635卷、46726件(册)。

怒江傈僳族自治州档案馆 现址六库穿城路文兴巷5号,邮编673100,馆长李炳良,电话(0886)3622914、3625734。成立于1981年,是集中统一保管机关、团体、企事业单位档案资料的国家综合档案馆。1998年晋升省二级档案馆。总建筑面积940平方米,库房面积540平方米。馆藏档案资料39391卷、册,其中资料4690册。馆藏档案资料的历史跨度近100年。保存年代最早的是碧江设治局档案资料。建立了馆藏全宗目录数据库。纸质档案数字化约占馆藏纸质档案的5%。编辑出版了《文秘档案工作法规选编》,编写了《怒江州档案馆指南》等资料。(李红芩)

泸水县档案馆 现址鲁掌镇城南路47号,邮编673200,馆长周付云,电话(0886)3812785、3629157。成立于1981年。总建筑面积520.07平方米,库房面积380平方米。馆藏档案资料15000万卷(册),资料1168册。(张忠灿)

福贡县档案馆 现址上帕镇,邮编673400,馆长胡永平,电话(0886)3411139。始建于1964年。2002年晋级为省二级档案馆。建筑总面积501平方米,库房面积为198平方米。馆藏档案达16050卷,资料4000余册。(玉 开)

贡山独龙族怒族自治县档案馆 现址茨开镇,邮编673500,馆长马文德,电话(0886)3511052。成立于1956年,总建筑面积为422平方米,库房面积360平方米。馆藏档案10727卷、资料有2563册。及时将江泽民为独龙江公路题词5周年和独龙江公路通车5周年庆祝活动、贡山县成立50周年、保持共产党员先进性教育活动、“三讲”教育、农业农村土地承包档案工作、国企改革等档案资料收集进馆。(怒文军)

兰坪白族普米族自治县档案馆 现址人民路1号,邮编671400,馆长熊贵清,电话(0886)3212143。成立1960年,是集中统一保管机关、团体、企事业单位档案资料的国家综合档案馆,爱国主义教育基地、县人民政府指定的行政规范性文件查阅场所。总建筑面积764.35平方米,库房面积为360.13平方米。馆藏档案档案23060卷(盒),实物档案511件。编撰了7种15万字的资料。(赵铭)

迪庆藏族自治州档案馆 现址香格里拉

县和平路7号，邮编674400，馆长杨德宣，电话(0887)8222254。成立于1982年，是集中统一保管机关、团体、企事业单位档案资料的国家综合档案馆，是州级行政规范性文件查阅中心。1993年晋升省三级档案馆。总建筑面积1027平方米，库房面积724平方米。馆藏档案资料20000余卷(册)，其中资料2350册。历史档案有《嘎阿聂胆巴诏书》、卫藏事务大臣格丹颇章《给昌都降林寺六世帕巴拉的文书》、《格萨尔王传》藏文版和手抄本等藏文古籍，有清代地契、户籍等。有民国时期政务、团务、土司械斗等方面的档案。建国后档案有西南军政委员会的布告、班禅大师视察迪庆活动档案资料、中日登山队联合登德钦县梅里雪山及遇难后抢险工作的档案等。 (李恒春)

香格里拉县档案馆 现址建塘镇，邮政编码674400。馆长张文华，电话(0887)8222641。成立于1982年，是集中统一保管机关、团体、企事业单位档案资料的国家综合档案馆。

德钦县档案馆 现址升平镇南坪街2号，邮编674500，馆长喻新华，电话(0887)8413011、13988719781。成立于1965年，是集中统一保管机关、团体、企事业单位档案资料的国家综合档案馆，成立了现行公开文件查阅中心。2000年达标晋升为省二级档案馆。总建筑面积569.11平方米，库房面积304.29平方米。馆藏档案资料13123卷，资料3310册。馆藏档案资料的历史跨度在200余年。

(尼玛)

维西傈僳族自治县档案馆 现址保和镇杆香村，邮编674600，馆长张勤光，电话(0887)8626416。成立于1961年，是集中统一保管机关、团体、企事业单位档案资料的国家综合档案馆，县政府指定行政规范性文件查阅场所。1998年晋升省二级档案馆。2004年被授予省档案工作先进集体称号。总建筑面积为880平方米，库房面积500平方米。馆藏档案资料29235卷册。有雍正12年以来头人、土司的委牌、功牌、布告和地契、寺庙地产登记及傈僳族英雄恒炸绷等清代档案。资料有《维西县志》、《维西县志续编》、《维西地志全编》、《维西文史资料》、反映纳西族风俗的东巴文和傈僳族农民汪忍波创造的音节文字等。 (张勤光)

临沧市档案馆 现址旗山路，邮编677000，馆长段飞虎。电话(0883)2127135、2160768。成立于1981年，是集中统一保管机关、团体、企事业单位档案的国家综合档案馆，成立了现行公开文件查阅利用中心。2004年晋升省一级档案馆。建筑面积3000平方米。馆藏档案62850卷，资料6890册。建立了档案信息网站和内部局域网。已录入案卷级、文件级目录35万余条。馆藏声像档案9000余件已全部实现数字化。编辑了机构改革文件汇编、《临沧市档案馆指南》等资料76种419.3万字。 (王红斌)

临翔区档案馆 现址忙今片，邮编677000，馆长字元清，电话(0883)2122670。成立于1960年，是存储、开发利用档案信息资源的国家综合档案馆，建立了文件查阅利用中心。1999年晋升省一级档案馆。总建筑面积1997.7平方米，库房面积1200平方米。馆藏档案30303卷(件)。录入档案条目5万余条。

(周传波)

凤庆县档案馆 现址凤山镇育贤街65号，邮编675900，馆长景华，电话(0883)4211000。成立于1959年，是集中统一保管机关、团体、企事业单位档案资料的国家综合档案馆，爱国主义教育基地、现行公开文件查阅中心。1998年晋升省一级先进馆。总建筑面积1009.72平方米，库房面积399平方米。馆藏档案资料53864卷(册)，其中资料5919册。馆藏档案的历史跨度230余年。特色资料主要有《云南省通志》、《顺宁府志》、《云南省、市、局概况图》(民国33年)、《中国古今地名大辞典》和中华民国邮票。采集案卷级和文件级目录共17万余条。 (罗虎印)

云县档案馆 现址爱华镇东大街1号，邮编675800，电话(0883)3211032。成立于1960

年。1997 年晋升为省一级档案馆。总建筑面积为 1026 平方米,库房面积 856 平方米。馆藏档案资料 42978 卷(件、册),其中资料 5622 册。馆藏档案资料历史跨度为 250 余年,保存年代最早的档案是乾隆二十一年(1756 年)的清代杜契档案。及时接收了"土地延包"、"三学"、"三讲"、保持共产党员先进性教育等档案。2006 年征集到一枚《云州儒学条记》印章,为明代印章,使馆藏档案历史跨度大为提前。编撰《云县档案志》、《云县国民经济基础数字汇编》、《云县劳模资料汇编》、《云县历年"两荒"、"两山"核定面积统计表》、《云县档案馆馆藏朱德手迹及相关档案编注》、《云县档案馆馆藏档案珍品荟粹》、档案工作规范性文件汇编等资料 20 余种 30 余万字。

(刘绍明)

永德县档案馆 现址德合路 8 号,邮编 677600,馆长李德忠,电话(0883)5211384、5211325。成立于 1959 年,是集中统一保管机关、团体、企事业单位档案资料的国家综合档案馆,县政府指定的行政规范化现行公开文件查阅中心。2002 年晋升为省一级县馆。总建筑面积 568.27 平方米,库房面积 320.16 平方米。馆藏档案资料 51000 卷(册),其中资料 4825 册。馆藏档案资料的历史跨度 100 余年。已将 1998 年至 2007 年第一届至第十届中国临沧永德芒果节活动、二级油路工程、乡(镇)婚姻、司法档案资料收集进馆。(鲁文智)

镇康县档案馆 现址南伞镇,邮编 677704,馆长黎红梅,电话(0883)6630523、13987009790。成立于 1975 年,是集中统一保管机关、团体、企事业单位档案资料的国家综合档案馆,县级现行文件查阅中心。1999 年晋升省一级档案馆。总建筑面积 1515.26 平方米,库房面积 427.68 平方米。馆藏档案资料 16549 卷(册),其中资料 4429 册。馆藏档案资料历史跨度 68 年。保存最早的是南伞镇政府民国时期地契档案。

双江拉祜族佤族布朗族傣族自治县档案馆 现址公很路 145 号,邮编 677300,馆长杨应芹,电话(0883)7621084、7627615。成立于 1960 年,是集中统一管理机关、团体、企事业单位档案资料的国家综合档案馆,设立了公开文件查阅中心。总建筑面积 600 平方米,库房面积 300 平方米。馆藏档案资料 3.15 万卷(册),资料 0.5 万册。馆藏历史资料《双江一瞥》、《彭琨其人》、《克复倮黑山奏稿》、《双江简易师范校刊》、《一年之双江》等。编辑了《双江拉祜族三次起义史料汇编》、《和平协商改革》、《双江县解放后行政区划沿革资料》、《双江 1949—1999 经济和社会发展概况数据汇编》等资料。 (李朝英)

耿马傣族佤族自治县档案馆 现址耿马镇团结路。邮编 677500,馆长李卫华、电话(0883)6121027、6121096。成立于 1959 年,是集中统一保管机关、团体、企事业单位档案资料的国家综合档案馆。2000 年晋升省一级档案馆。建筑面积 899.35 平方米。馆藏档案资料 35946 卷(册),其中资料 4500 余册。

沧源佤族自治县档案馆 现址勐董镇,邮编 677400,馆长陈洪泉,电话(0883)7121007、7124229。成立于 1960 年,是集中统一保管机关、企事业单位档案资料的国家综合档案馆。1998 年晋升省一级档案馆。2001 年被评为档案目标管理先进集体。总建筑面积 609 平方米,库房面积为 269 平方米。馆藏档案资料 30649 卷(册),其中资料 7838 册。

(田永生)

西藏自治区

西藏自治区档案馆 现址拉萨市鲁定南路269号，邮编850000，联系电话(0891)6822500，馆长洛桑南杰，电话(0891)6835184。成立于1985年，是集中统一保管西藏自治区党政机关、团体、企业事业单位档案资料的国家综合档案馆，是西藏自治区青少年爱国主义教育基地。1999年被国家档案局评为国家二级档案馆。总建筑面积16364平方米，其中档案库房面积12640平方米。现有馆藏档案300余万卷(件、册)，资料2.6万册。档案载体有纸质、木质、叶质、骨质、缣帛、照片和光盘等，馆藏档案资料的历史跨度700余年，保存最早的是元代档案资料，保存最多的是明、清时期档案，保存的藏文档案最长达366.6米，档案文种有汉、藏、蒙、回、梵、尼、英、俄十余种，藏文占95%。近年来，档案馆加大了对区直党政机关、团体、企业事业单位现行档案的收集力度，加强了对防治“非典”、防治“禽流感”、“党员先进性教育”、西藏和平解放五十周年和西藏自治区成立四十周年等重大事件、重大活动的档案资料收集进馆工作。为保障档案的安全管理，安装有自动化防盗及消防报警监控、温湿度智能控制、通讯交换等硬件设施。1990年，从英、美、日等国家引进了缩微摄影、冲洗、拷贝和阅读机等全套缩微设备，缩微胶片3万余幅。同时，通过修裱、更换装具、数字化处理、翻译、复印、汇编出版等方式，加强对国家重点档案的抢救和保护。编制各类档案检索目录1327本，卡片4007张，目前正在加快馆藏文件级目录数据采集和数字化管理进度。为中印、中尼和中不边境谈判、为自治区各单位、各部门编史修志工作提供了大量的档案和档案资料。“历史的缩影和结论”专题档案展，反映了西藏历代地方政权与中央政权的密切关系，证明自古以来西藏是中国神圣领土不可分割的一部分。发挥馆藏档案资源优势，参与“雪域明珠——中国西藏文化展”、“神秘的西藏”文化展、“走进西藏——西藏档案精品展”等。此外，编辑出版《灾异志——雪灾篇》、《灾异志——雹灾篇》、《西藏地震史料》和《铁虎清册》、《西藏历史档案荟萃》和《西藏自治区省级领导干部名录》等。 (陶梅)

拉萨市档案馆 现址市江苏路27号，邮编850000，电话(0891)6323597，馆长向巴曲扎，电话(0891)6339971。成立于1987年。是集中统一保管市机关、团体、企事业单位档案资料的国家综合档案馆。2000年被评为自治区二级档案馆。总建筑面积1515.6平方米，库房使用面积607平方米。馆藏档案资料27000余卷(册)，其中资料3623册。有拉萨市较大规模建筑工程的图纸，矿产资源等分布情况。照片档案，主要是自中国人民解放军进军西藏以来至今拉萨市各个历史时期各种大型活动及领导讲话，主要会议场面合影及历届国家、自治区领导到拉萨档案馆视察、指导工作、关心工作人员的情况还有历届拉萨市部分领导的主要活动情况和孔繁森生前的活动情况。实物档案：(1)钱币，从18世纪(公元1792年)至西藏解放前西藏地方银币、铜币，纸币。(2)矿物标本。(3)植物标本。(4)锦旗。历史档案，从公元1925年至1956年间的天文历史、商务间官司、历史、宗教、文化方面的内容。

林周县档案馆 现址县机关大院内，邮编8516O0，电话(0891)6122087，馆长边巴次仁，电话(0891)6122800。成立于1994年。统一保管县委、人大、政府的文书档案及各类资料。1997年馆晋升为市二级档案馆。2003年被评为全国档案工作优秀集体。面积52平方米，其中库房面积36平方米。馆藏文书档案4172卷册，资料604卷册。有平判改革和西藏自治区成立时期的平判记录，“三反双减”、“三反两制”等运动时期的档案资料，“文革”时期的《三秋简报》，破六旧等以及闻名全区的虎头山水库修建图和牛玛沟矿藏勘测图等。

当雄县档案馆 现址当雄县政府楼四楼，邮编851500，电话(0891)61l2681，馆长多吉平措，电话 13908983005。成立于 2005 年。面积 96 平方米。馆藏档案资料 1730 卷。

尼木县档案馆 现址县人民路 1 号，邮编 851300，电话(0891)6172549。成立于 1958 年。是集中统一保管县级机关、团体、企事业单位档案资料的国家综合档案馆，是县爱国主义教育基地、政府指定的行政规范性文件查阅场所。1997 年晋升为市三级档案馆。馆库建设面积 42.5 平方米。馆藏档案资料 4242 卷(册)，其中资料 2634 卷(册)。已将 2006 年的安居工程档案以及非典时期的档案收集进馆。

曲水县档案馆 现址县正门路一号，邮编 850600，电话(0891)6162167，负责人汪珍，电话(0891)6162518。是统一保管县机关、公检法单位档案资料的综合档案馆，是县政府指定的行政规范性文件查阅场所。建筑面积 30 平方米，库房面积 20 平方米。档案资料 724 卷。

堆龙德庆县档案馆 现址团结路 01 号，邮编 851400，电话(0891)6934367，馆长翁海玲。成立于 1985 年。是集中保管县机关、团体、事业单位档案资料的综合档案馆，1997 年评定为拉萨市三级档案馆。面积 60 平方米，库房面积 40 平方米。馆藏档案资料 3112 卷(册)，其中资料 726 册。

达孜县档案馆 现址县镇江路 16 号，邮编 850100，电话(0891)6142949。成立于 2004 年。总面积为 120 平方米，库房面积 100 平方米。馆藏档案 25805 卷(册)。

墨竹工卡县档案馆 现址工卡镇 1 号县委大院内，邮编 850200，电话(0891)6132103，负责人次仁顿珠，电话(0891)6132829。建筑面积 250 平方米。馆藏档案资料 6000 多卷。

昌都地区档案馆 现址县城关镇西路 24 号，邮编 854000，电话(0895)4821902，副馆长杨晓明，电话(0895)4824687。成立于 1984 年。是集中保管地区机关、团体、企事业单位档案资料的国家综合档案馆，是地区爱国主义教育基地。2002 年晋升为自治区二级档案馆。总建筑面积 1350 平方米，库房面积 192 平方米。馆藏档案资料 23312 卷(册)，其中资料 2200 册。保存年代最早的是清朝乾隆年间档案和资料，主要反映西藏地方政府及头人、贵族个人、寺庙等工作活动的档案。有昌都解放四十周年大庆活动时，胡锦涛修改过的发言稿、昌都邦达机场通航时江泽民的亲笔题词以及热地、郭金龙等领导的题词等。还有一批重大工程建设、“非典”、“三个代表”、党员先进性教育等活动方面的档案。利用档案编辑出版资料、图书 15 册，约 450 万字。

山南地区档案馆 现址泽当镇乃东路 20 号，邮编 856000，电话(0893)7820550，馆长党建西。成立于 1983 年。2000 年晋升为自治区二级档案馆。总建筑面积 1562 平方米，库房面积 950 平方米。馆藏文书档案 10000 余卷、历史档案 126 卷(件)、科技档案 209 卷(盒)，照片档案 3212 张，印章 222 枚，声像档案 11 盘，各种资料 16376 册(件)，名人、劳模、援藏干部档案 8 卷。汇编了《西藏山南基巧和乃东、琼结历史调查资料》、1996 年至 1999 年《山南地区重要文件选编》、《山南地区档案业务手册》、《山南地区档案馆大事记》、《山南地区组织机构沿革》、《山南地区档案志》、《山南地区档案馆指南》、全宗介绍等。已将 2004 年雅砻文化节和 2005 年西藏自治区成立 40 周年庆祝活动的声像资料收集进馆。此外，接收了地区勘界办、大庆办、寺庙爱国主义教育、社会主义教育、防治“非典”、保持共产党员先进性教育等撤销、临时机构所形成的档案。2006 年还收集了山南地区援藏项目档案资料。

乃东县档案馆 现址山南地区英雄路 21 号，邮编 856100，电话(0893)7823072，馆长安公，电话 13908937198。成立于 1984 年。1996 年以来，连续 6 年被山南地区评为先进集体，2003 年被评为全国档案系统先进集体，2005 年被乃东县机关评为安全生产先进集体，档案工作人员曾分别多次被评为西藏自治区、山南地区档案事业先进个人、“三八”红旗手。2002 年成为地区标准级一级档案馆。总建筑面积为268.89平方米，其中库房面积199.54平方米。馆藏文书档案总计6694卷(盒)。编制了全县1959年至2000年基础数字汇编、自然灾害实况汇编、大事记、农牧业生产专题档案汇编等。

扎囊县档案馆 现址株洲路1号综合楼，邮编850800，电话(0893)7362085。1986年成立县档案馆。1988年至2003年间先后4次被评为地区级先进单位和一次西藏自治区级先进单位，2003年通过地区一级档案馆。建筑总面积为32平方米，其中库房16平方米。馆藏档案2995卷。编有本县1959年至1998年各种灾情基础数据汇编及文字性材料，1999重要文件选编，1985年至2005年扎囊县大事记及援藏大事记。 (次吉)

贡嘎县档案馆 现址贡嘎县政府院内，邮编850700，电话(0893)7392118(县委办公室)。成立于1985年。2004年升为地区一级档案馆。总面积为48平方米，其中库房面积为32平方米。文书档案共3673卷，55948件。已将2005年贡嘎县开展保持共产党员先进性教育活动工作等重大活动档案收集进馆。

琼结县档案馆 现址县松赞路1号政府办公大楼内，邮编856800，负责人晓林，电话13658933192。成立于1999年。是集中保管县直各单位档案资料的综合档案馆，是县委指定的行政规范性文件查阅场所。1995年被评为一级达标单位。总建筑面积63平方米，库房面积42平方米。馆藏档案资料3502卷(册)，其中资料2042卷(册)。

曲松县档案馆 现址卓康路1号，邮编856300，电话(0893)7332344，负责人旺珍，电话(0893)7332154。成立于1985年。是集中统一保管县机关、团体、企事业单位综合档案馆。总建筑面积340平方米，库房面积110平方米。馆藏档案资料49344卷(册)，其中资料695(册)。

措美县档案馆 现址当许路1号，邮编856900，电话(0893)7402777，馆长巴桑拉珍(兼职)，电话(0893)7997979。成立于1959年。建筑面积58平方米。馆藏档案资料3860卷(册)，其中资料1927册。已将先教工作、“三个代表”等一批重大活动的档案资料收集进馆。编辑出版《措美县大事记》、《措美县志》等专题档案史料13篇。

洛扎县档案馆 现址嘎布中路3号县机关办公大楼院内，邮编851200，电话(0893)7372105，档案员索朗玉珍，电话13989938151。1997年成立。库房面积20平方米。馆藏文书档案7996卷、资料1137册。已将党员先进性教育活动材料，防治“非典”工作材料等收集进馆，同时有计划地到各乡镇去收集整理各种文书档案资料归档，征集了优秀共产党员丹增多吉的先进事迹材料及录像带，收集了本县卫星规划图及整个洛扎县行政规划图、照片档案与资料，各种建筑设计规划图与资料等。

(索朗玉珍)

隆子县档案馆 现址县委办公楼内，邮编856600，电话(0891)7342365，负责人次仁曲珍，电话(0893)7914660。成立于1994年。总建筑面积99.24平方米，库房面积为81.12平方米。馆藏档案资料1276卷(册)。

错那县档案馆 现址县机关办公大院内，邮编856700，电话(0893)7303109，负责人尼玛德吉，电话(0893)7302088。成立于1993年。是集中统一保管县直机关、团体、企事业单位档案资料的国家综合档案馆。总建筑面积131平方米，库房面积为125平方米。馆藏文书档案2184卷，资料725册。有《麻玛民族乡风景录》光盘1张。已将本县近年开展的一些重大活动等方面的档案资料收集进馆，同时，征集了全国(区)劳模和全国(区)人大代表和全国(区)政协委员、援藏干部和县级领导干部的照片和资料。联合其他单位编辑出版了《错那县党史大史记》、《错那县组织史沿革》、《错那县地方志》正在编辑中。

浪卡子县档案馆 现址浪卡子镇内，邮编851100。成立于2000年。总建筑面积49.66

平方米，库房面积24.8平方米。馆藏文书档案1960卷。有开展“三反双减”运动，民主改革，土地改革工作情况，成立人民公社，撤区并乡、小乡并大乡档案材料。有县城规划图、羊湖电站建设图等。

日喀则地区档案馆 现址日喀则市内，邮编857000，电话(0892)8824214，馆长白杨，电话13908926602。成立于1982年。是集中统一保管地区机关、团体、企事业单位档案资料的国家综合档案馆，是地区级青少年爱国主义教育基地，是已公开现行文件服务场所。2003年晋升为自治区一级档案馆。总建筑面积1784.58平方米，库房面积1071.36平方米。馆藏档案732580卷(册)，有历史档案、现行档案，其中历史档案有元、明、清的珍贵档案。接收了日喀则地区名人档案、新农村建设档案、矿石档案、堪界档案，征集了江孜法王、仲巴全宗历史档案73件。馆建立了局域网络、微机管理档案。为编写《日喀则地区组织史》、《日喀则地方史》、18个县(市)《组织史》、《日喀则国民经济年鉴》、《日喀则简介》、《和谐日喀则》、爱国主义教育展等发挥了积极作用。

那曲地区档案馆 现址区浙江西路26号，邮编852000，馆长志沙，电话(0896)3822450。1995年被评为全国档案系统先进集体，1999年晋升为自治区级二级档案馆。总建筑面积为1162平方米，库房面积为800平方米。馆藏档案资料34769卷(册)。馆藏档案的载体主要纸质档案为主，另外还包括丝质、照片、录音、录像、光盘等载体的档案。收集了“辽宁广场”、“党政会议中心”等重大项目的全套资料。有清、民历史档案，主要是珠康喇章全宗，内容涉及契约、租放牲畜、戒律、收据、账本等。特色档案有：名人题词、锦旗、印章等。

阿里地区档案馆 现址狮泉河镇狮泉路11号，邮编859000，电话(0897)2821591，馆长益西桑姆，电话(0897)2828515。成立于1984年。是集中统一保管区机关、团体、企事业单位档案资料的国家综合档案馆。1996年被自治区档案局馆评为先进集体，2004年晋升为自治区二级档案馆，2006年被命名为全区爱国主义教育基地。总建筑面积2706平方米，库房面积2506平方米。馆藏档案资料23583卷(册)。馆藏档案的历史跨度350多年。已将狮泉河水电站工程、219国道改造工程、阿里机场工程、阿里地区象雄旅游文化节等一批重大活动档案资料有计划收集进馆。正在建立馆藏案卷级目录数据库。已经完成了馆藏所有藏文历史档案的数字化。

林芝地区档案馆 现址区八一镇新城区，邮编860000，电话(0894)5822802，馆长刘刚，电话(0894)5831433。成立于1985年。是集中统一保管地区各级机关、团体、企事业单位档案资料的国家综合档案馆，是地委、行署指定的行政规范性文件查阅场所。总建筑面积2000平方米，库房面积340.8平方米。馆藏档案6714卷，资料1750册。有藏文历史档案和现行档案，其中保存年代最早的是1690年档案资料。接收有援藏工程建设档案、防治“非典”工作、党员先进性教育、地区恢复成立二十周年、林芝机场开通和首航等重大活动、重大事件档案。有计划地向各县、乡镇开展档案征集工作。主要内容包括：藏政府时期的土亩册子、宗本支差执照、户口册、藏政府行政法律纲领手册、税收规定等。编辑出版了《林芝地区志》约120万字。

陕西省

陕西省档案馆 现址西安市建国路五巷63号，邮编710001，馆长王建明，电话(029)87418493、87418460。成立于1958年，是集中保管档案资料的国家综合档案馆，爱国主义教育基地，省政府政务信息公开场所。1998年晋升国家一级档案馆。总建筑面积11329平方米，库房面积7849平方米。馆藏档案495866卷、6704件，资料101599册。档案资料的历史跨度接近500年。保存年代最早的档案是清代乾隆三十一年(公元1766年)的土地契约；保存年代最早的资料是明代正德十四年(公元1519年)的《朝邑县志》；保存最完整的档案是陕甘宁边区档案以及建国后的档案。建立了检索目录数据库，录入案卷级目录46.18万条，文件级目录11.18万条。开通了省馆档案信息网站。2004年，与省文物局、陕西师范大学合作成立了“陕西历史文化遗产保护科学研究中心”。其“风化褪色的古代壁画、文物彩绘、建筑彩绘的恢复与保护”课题获国家文物局文物保护科学和技术创新二等奖。“风化褪色的古代壁画、文物彩绘和建筑影画的显现加固和修复”技术，获2005年度省科技进步一等奖。编辑出版了《陕甘宁边区政府文件选编》、《陕甘宁边区高等法院案例录》、《中共陕西省委文件选编》、《西安事变档案史料选编》、《民国时期陕西省行政机构沿革》、《陕西籍抗日将领名录》、《资政参考》、《陕西省教育史》、《陕甘宁边区禁烟禁毒史料》等资料30余种。利用档案承办了“中国档案珍品展”、“纪念中国共产党80周年图片展”、“纪念毛泽东同志诞辰110周年图片展”等展览。

(黄孟利)

西安市档案馆 现址未央路103号。邮编710016，馆长杨西平，电话(029)86287120。成立于1959年，是集中统一保管机关、团体、企事业单位档案资料的国家综合档案馆，青少年爱国主义教育基地，建立了现行文件阅览室。1996年晋升省一级档案馆。1998年晋升国家一级档案馆。总建筑面积8995.87平方米，库房面积5000平方米。馆藏档案资料33.3万余卷(册)，其中资料3万余册。馆藏档案起止年代为1746年至2005年。已将防治“非典”工作、保持共产党员先进性教育等档案资料收集进馆。已建立案卷级、文件级等7个数据库，共有数据620.5万条。全文扫描了利用率较高的档案近50万页(幅)。开通了档案信息门户网站。先后举办了“纪念中国共产党成立80周年西安革命历史照片展览”、“光辉的历程 伟大的成就——西安革命历史与建设成就图片展览”等展览。编辑出版《筹建西京陪都档案史料选辑》、《民国开发西北》、《往者可鉴——民国陕西霍乱疫情与防治》等资料19种500余万字。 (柏雪梅)

西安交通大学档案馆 现址西安市咸宁西路28号西安交通大学内，邮编710049，电话(029)82668759，馆长霍有光，电话(029)82663841。1991年以来，档案馆三次被评为全省档案工作先进集体，1998年通过了科技事业单位档案管理国家一级的考评。成立于1954年。建筑面积为1826平方米，其中东校区1050平方米，医学校区560平方米，财经校区216平方米。西安交通大学的前身是1896年创建于上海的南洋公学，1921年改名为交通大学。由于自建校以来，隶属关系多次变更，院系多次调整，所以馆藏档案多达7个全宗，145514卷。馆藏档案以纸质为主，此外还有录音、录像、照片、光盘、文物(实物)等载体。晚清档案涵盖了清代所有公牍体裁，诸如折、呈、咨、移、申、照会、札、禀、信函、清册、合同、电报以及各类公文稿本等文本形式。非常注重开发利用档案资源，取得了大批的学术研究成果，主要专著有：《交通大学校史资料选编》、《交通大学校史(1896－1949)》、《交通大学校史(1949－1959)》、《唐文治教育文选》、《交通大学内迁西安史实》、《中国高等学校档案馆要览》、《南洋公学——交通大学年谱(1895－

1949)》、《西安交通大学校史(1959－1996)》、《西安交通大学大事记(1896－2000)》、《百年足迹》、《西安交通大学人才培养与教学科研成果荟萃(1957－2004)》等。还依托"南大之星"档案管理系统,构建了档案数字化、信息化平台,实现了校内档案工作的局域网管理,已基本建成计算机查询检索系统。已开通档案馆网站(wunit. xjtu. edu. cn/archives)

(霍有光)

西北工业大学档案馆 现址西安市友谊西路127号,邮编710072,馆长党秋霞,电话(029)88493679、88494389。成立于1995年,总建筑面积510平方米,库房面积337平方米。省AAA级档案馆。馆藏档案9万余卷。珍藏1938年建校至今以"航空、航天、航海"为特色的重大成果档案,党和国家领导人来校视察、知名校友、专家在校学习、工作形成的珍贵档案等。编写全宗介绍、学籍信息汇编等资料16种43册。 (党秋霞)

西安飞机工业(集团)有限责任公司档案馆 现址西安市西飞大道1号,邮编710089,馆长张爱军,电话(029)86845538。是西飞公司档案、资料、科技情报、翻译工作综合管理和服务的职能机构。1989年被评为国家一级档案管理企业。总建筑面积5445平方米,库房面积3030平方米。馆藏档案62446卷(册),产品底图190万张。目录数据60多万条,技术资料全文数据40G。搭建了西飞文件档案综合管理系统平台,开发了数模整合管理系统,依托西飞公司园区网,对档案信息进行目录发布,技术文件实现全文发布。编辑出版了《西飞档案馆指南》、《企业档案管理新探索》等资料20多种。 (张爱军)

新城区档案馆 现址西安市尚德路115号,邮编710004,馆长赵进平,电话(029)87428496、87411042。成立于1959年。1996年晋升省一级档案馆。总建筑面积约400平方米,库房200平方米。馆藏档案49137卷,资料4670卷。编写了42种检索工具341册和40种编研材料215册。 (赵进平)

碑林区档案馆 现址西安市南二环69号,邮编710068,馆长杨琳,电话(029)85350140、85350139。1959年成立,建立现行文件阅览中心。馆库总面积380平方米,库房276平方米。2006年通过省AAA级认证。馆藏档案66067卷(件),目录数据达40万条。

(杨琳)

莲湖区档案馆 现址西安市红埠街59号,邮编710003,馆长杨晓鹂,电话(029)87310601。成立于1959年,是集中统一保管机关、团体、企事业单位档案资料的国家综合档案馆,爱国主义教育基地,建立了现行文件阅览室。2002年晋升省一级档案馆。馆库房办公面积约280平方米。馆藏档案49848卷(册、件),资料5859册。征集建立了刘吉尧、贾平凹等名人档案。建立档案数据库40多万条。建立档案信息网站。 (赵晓宁)

灞桥区档案馆 现址西安市纺一路169号,邮编710038,馆长魏玲利,电话(029)83510442。成立于1980年,是集中统一保管机关、团体档案资料的国家综合档案馆,爱国主义教育基地,成立了现行文件阅览中心。2001年晋升省一级档案馆。总建筑面积208平方米,库房面积112平方米。馆藏档案43000卷(册),资料1836册,已建成馆藏案卷级和文件级目录数据库。建立了灞桥区档案信息网页。 (宋梅梅)

未央区档案馆 现址西安市龙首北路1号,邮编710086,馆长孟全智,电话(029)86240482。始建于1959年。2000年晋升省一级档案馆。总建筑面积830平方米。馆藏档案47973卷。 (孟全智)

雁塔区档案馆 现址西安市小寨东路168号,邮编710061,馆长曹公平,电话(029)85382631、85381109。成立于1959年,是集中保管机关、团体、事业单位档案资料的基地,现行文件查阅场所。1999年晋升省一级档案馆,2005年晋升省AAA级档案馆。总建筑面积为830平方米，库房面积430平方米。馆藏资料10万余卷(册)，其中资料2.1万册。馆藏档案跨度300余年，保存最早的是清代嘉庆年土地契约，保存最多的是建国后档案。建立了档案馆局域网和档案馆网页。（曹公平）

阎良区档案馆 现址西安市阎良区延安路6号，邮编710089，电话(029)86877073，馆长曹军民，电话(029)86207413。成立于1979年。2002年成立现行文件阅览中心，1999年晋升为省一级档案馆，2005年被重新认证为省AAA级档案馆，2001年被授予西安市“九五”档案工作先进集体称号。总使用面积195平方米，馆藏16222卷，各类资料、书籍、报刊4561册，实物档案45件和一些较为珍贵的历史文物资料、党和国家领导人视察阎良的珍贵照片。（张琥玲）

临潼区档案馆 现址西安市秦陵南路8号，邮编710600，馆长王联弟，电话(029)83827920。成立于1959年，是集中保管机关、团体及事业单位档案资料的国家综合档案馆，建立了现行文件阅览中心。省二级档案馆。总建筑面积1200平方米，库房面积650平方米。馆藏档案资料5.9万卷(册)，其中资料0.9万册。馆藏档案资料的历史跨度400余年。已将防治“非典”、临潼撤县设区等档案资料收集进馆。已完成了馆藏档案案卷级目录的录入。编辑资料54种110万字。

（杨佩民）

长安区档案馆 现址韦郭路，邮编710100，馆长徐大明，电话(029)85292118、85651163。成立于1958年，是集中管理档案的国家综合档案馆。2003年晋升省AAA级档案馆。总建筑面积373.8平方米，库房面积204.4平方米。馆藏档案资料118506卷(册)，其中资料7800册。馆藏珍贵资料有《史记》、《春秋》、《三国志》、《宋著长安县志》、《长安县志》、《咸宁县志》等。已将防治“非典”、禽流感工作、“新长安发展战略”等档案资料整理进馆。利用馆藏举办“辉煌长安”爱国主义教育基地展览。（徐大明）

蓝田县档案馆 现址蓝关镇县门街32号，邮编710500，馆长李兴恩，电话(029)82721115、82726610。成立于1958年，是集中保管机关、团体、企事业单位档案资料的国家综合档案馆。省二级档案馆。总建筑面积1406.7平方米，库房面积741平方米。馆藏档案资料71809卷(件、册)，其中资料3942册。

（惠一鸣）

周至县档案馆 现址二曲镇，邮编710400，馆长黄三明，电话(029)87111344。馆库面积128平方米。2000年晋升省二级档案馆。馆藏档案25708卷，资料5307册。

（黄三明）

户县档案馆 现址甘亭镇东大街7号，邮编710300，局长闫高文，电话(029)84812162。成立于1958年，是集中统一保管档案资料的国家综合档案馆，爱国主义教育基地，县政府指定的行政规范性文件查阅场所。2001年晋升省一级档案馆。建筑面积1680平方米，库房1033平方米。馆藏档案资料65977卷(册)、15002件，其中资料9543册。珍贵资料有明崇祯、清雍正、康熙、乾隆、民国等各时期修编的《户县志》、《户县乡土地理》及清代印本的号称“天下第一谱”的《姬宗世谱录》等。已建成馆藏全宗级目录数据库，共录入案卷级目录33645条，文件级目录35755条。

（宋丽萍）

高陵县档案馆 现址鹿苑镇，邮编710200，电话(029)86916831。成立于1961年，省AAA级综合性档案馆。总建筑面积638平方米，库房面积382.8平方米。现有馆藏档案资料64266卷(册)，其中资料4342册。已录入数据案卷级37265条，文件级129207条，人名28059条。建立档案数据库。编写25种资料。（王亚娟）

铜川市档案馆 现址红旗街9号，邮编727000，馆长杨定乾，电话(0919)2388210、3185971。成立于1958年，是集中统一保管机关、团体、企事业单位档案资料的国家综合档案馆，市政府指定的行政规范性文件查阅场所。1997年晋升省一级档案馆。使用面积约为765平方米。馆藏档案资料110746卷(册)、7103件，其中资料17235册。保存年代最早的档案是明成化五年“制诰文书”。编纂资料30余种。（杨定乾）

铜川矿务局档案馆 现址铜川市红旗街11号，邮政编码727000，馆长池远宏，电话(0919)2101227、2101528。成立于1955年。总建筑面积604.95平方米，库房面积544.95平方米。馆藏档案61480卷、4669件。

（池远宏）

王益区档案馆 现址铜川市健康路16号，邮编727000，馆长宋建军，电话(0919)2158497、2158655。成立于1982年。是集中统一保管机关、团体、事业单位档案资料的国家综合档案馆，区委、区政府行政规范性文件查阅场所。总建筑面积1080平方米，库房面积600平方米。馆藏档案资料11499卷(册)，其中资料979册。（宋建军）

印台区档案馆 现址铜川市同官路80号，邮编727007，馆长牛启运，电话(0919)4185119、4182007。成立于1984年，是集中统一保管机关、团体、企事业单位档案资料的国家综合档案馆，爱国主义教育基地、现行规范性文件查阅场所。总建筑面积1164平方米，库房面积800平方米。馆藏档案22004卷(册)6899件，资料2669册。馆藏资料有陕甘宁边区政府政报委编印的《边区政报》5本，边区政府秘书处编印的《陕甘宁边区重要政策法令汇编》2本。收藏的资料有明代寇慎编纂的《同官县志》、民国22年《同官县志》、民国23年《同官县志》等。有路德才、雷雨顺、郭秀明等名人档案资料。（牛启运）

耀州区档案馆 现址铜川市学古路33号，邮编727100，馆长邱增海，电话(0919)6182172、6185151。成立于1958年，是集中保管全区档案资料的国家综合档案馆，是区委、区政府规范的现行文件阅览中心。1998年晋升省一级档案馆。总建筑面积1172平方米，库房面积762平方米。馆藏档案资料41161卷(册)，其中资料6313卷(册)。馆藏档案资料的历史跨度为91年，保存年代最早的是民国5年的耀县县政府档案。保存着有地方特色档案资料《药王山石刻拓片》206通455面(张)。（邱增海）

宜君县档案馆 现址宜阳中街，邮编727200，馆长田明放，电话(0919)5281575。成立于1958年，是集中保管档案资料的国家综合档案馆，县政府指定的行政规范性文件查阅场所。总建筑面积972.64平方米，库房面积628平方米。馆藏档案资料18206卷(册)，其中资料3358卷(册)。馆藏档案资料的历史跨度67年。最早的为民国29年宜君县政府档案。资料有清顺治本及雍正十年本《宜君县志》。特色档案为宜君农民画。名人档案有杨素蕴、刘培植等人档案资料。开设了档案网页。（田明放）

宝鸡市档案馆 现址中山西路63号，邮政编码721001，馆长肖炳良，电话(0917)3650503、3650502。成立于1958年，是集中保管县档案资料的国家综合档案馆，爱国主义教育基地，市政府指定的行政规范性文件查阅场所。1998年晋升省一级档案馆。2005年晋升省AAA级档案馆。建筑面积5000平方米。馆藏档案资料8.5万卷(册)。珍贵档案有明朝、清朝、民国时期的三件官府公文，“关学”创始人张载族谱等。征集接收了西宝高速公路延伸段、冯家山水利工程等重点工程档案和抗击“非典”、创建全国和省级文明城市、“两节一会”等档案。编辑《宝鸡大事记》、《宝鸡市档案志续编》、《宝鸡市档案馆指南》、《宝鸡市旅游指南》、《宝鸡市重大疫情史略》等资料20余种。（李文新）

宝鸡市城建档案馆 现址经二路167号，邮编721000，馆长李克锁，电话(0917)3216451、3202463。成立于1982年，是重要城市建设档案资料储存、交流、服务中心。1999年晋升省一级城建档案馆。1992年、2004年被评为全国城建档案工作先进集体。总建筑面积846平方米,库房面积597平方米。现有馆藏档案36627卷(册),其中馆藏档案36150卷,资料477册。接收了宝鸡市天然气利用工程、冯家山一期引水工程、新世纪渭河大桥、陈仓大道一期工程等档案资料。已建立了比较完善的馆藏档案检索体系,实现了计算机目录检索。

渭滨区档案馆 现址宝鸡市渭工路65号,邮编721000,馆长杨恩权,电话(0917)8610431。成立于1979年,是集中统一保管机关、团体等单位档案资料的国家综合档案馆,爱国主义教育基地和现行文件阅览中心。2005年晋升省AA级档案馆。建筑面积960平方米,库房面积170平方米。馆藏档案12010卷,资料1422册。 (高腊凤)

金台区档案馆 现址宝鸡市宏文路196号,邮编721004,馆长王秉儒,电话(0917)2852386。成立于1977年,是集中统一保管机关、团体、企事业单位档案资料的国家综合档案馆,爱国主义教育基地、区政府指定的行政规范性文件查阅场所。2005年晋升省AA级标准。建筑面积600平方米,库房面积90平方米。馆藏档案资料4.5万卷(册),其中资料8856册。已建成全宗级目录数据库。

陈仓区档案馆 现址宝鸡市虢镇人民街1号,邮编721300,馆长刘爱虎,电话(0917)6212395、6210972。成立于1961年,是集中统一保管机关、团体、企事业单位档案资料的国家综合档案,爱国主义教育基地、现行文件阅览中心。2005年晋升省AA级档案馆。建筑面积1050平方米,库房面积500平方米。现藏档案69215卷,资料2230册。最具价值的资料是1701年、1726年、1912年出版的《陕西通志》。特色档案有享誉国内外社火脸谱,宝鸡民间刺绣,书画作品112幅等。建立了档案目录数据库。

凤翔县档案馆 现址城关镇东大街72号,邮编721400,馆长王申强,电话(0917)7212561、7213488。成立于1958年,是集中统一保管机关、团体、企事业单位和乡镇档案资料的国家综合档案馆,现行文件阅览中心。2002年晋升省三级档案馆。建筑面积663平方米,库房面积300平方米。馆藏档案资料2.88万卷(册),其中资料3771册。馆藏档案包括凤翔东湖、秦公大墓、灵山净慧寺等名胜档案;西凤酒、凝香醋、腊驴肉等名产档案;泥塑、木板年画、剪纸、刺绣等民间工艺实物档案。 (毕耀贤)

岐山县档案馆 现址凤鸣镇凤西路51号,邮编722400,馆长李福成,电话(0917)8212179。成立于1961年,是集中统一保管机关、团体、企事业单位档案资料的国家综合档案馆。1991年晋升省一级档案馆。建筑面积450平方米,库房面积780平方米。馆藏档案资料43955卷(册),其中资料4333册。有民国时期编纂的《岐山县志》、《岐山乡村志》以及《岐山县地籍原图》等。编辑了《岐山大事记》、《岐山年鉴》等资料。已将年第一届周文化艺术节、温家宝副总理在岐山等档案资料收集进馆。 (杨宗科)

扶风县档案馆 现址城关镇西大街5号,邮编722200,馆长薛忠录,电话(0917)5211747、13891762158。成立于1961年,是集中保管档案资料的国家综合档案馆,爱国主义教育基地。1997年晋升省一级档案馆。建筑面积1098平方米,库房面积647平方米。馆藏档案资料47128卷(册),其中资料4507册。馆藏档案资料的历史跨度502年。在政府网站建立了网页。建立了目录数据库。编辑《扶风大事记》和《宝鸡年鉴》等资料。(樊彬)

眉县档案馆 现址首善镇平阳街42号,邮编722300,局长樊怀军,电话(0917)5555608、13992768878。成立于1958年,是全县档案史料保存基地,爱国主义教育基地,现行文件阅览中心。1998年晋升省二级水平。

建筑面积1240平方米，库房面积744平方米。馆藏档案资料46373卷(册)，其中资料8278册。保存最早的有民国时期县邮政管理局、三青团县分团部、县农职校等档案。

(刘素琴)

陇县档案馆 现址城关镇东大街75号，邮编721200，馆长高巨乾，电话(0917)4604828、2900686。成立于1958年，是集中统一保管档案的国家综合档案馆，爱国主义教育基地和现行文件查阅场所。2004年晋升省二级档案馆。建筑面积1106平方米，库房面积672平方米。馆藏档案30987卷，资料5000余册。编辑了《陇县十年巨变》、《历次会议简介》、《陇县区、乡人民公社组织简况》、《陇县自然灾害简介》等资料。建成了目录数据库。

(何进喜)

千阳县档案馆 现址城关镇东大街11号，邮编721100，馆长李志杰，电话(0917)4241672、13992783921。成立于1959年，是集中统一保管机关、团体、企事业单位档案资料的国家综合档案馆，爱国主义教育基地和现行文查阅中心。2001年晋升省二级档案馆。建筑面积960平方米，库房面积520平方米。馆藏档案资料38918卷(盒)，其中资料4539册。馆藏档案资料的历史跨度200余年。保存年代最早的资料是清代的《重修千阳县志》，《增续千阳县志》等。收集了反映千阳民间工艺水平的字画、皮影、剪纸等实物档案。建立了目录数据库。 (赵玉苍)

麟游县档案馆 现址九成宫镇碧城路2号，邮编721500，馆长田万明，电话(0917)7962156、13399171512。成立于1958年，是集中保管机关、团体、企事业单位档案资料的国家综合档案馆，爱国主义教育基地和现行文件查阅场所。2000年晋升省二级档案馆。建筑面积1070平方米。馆藏档案31124卷，资料3290册。保存年代最早的是《清光绪县志草》。馆藏珍贵拓片22幅，包括《醴泉铭碑》、《明嘉庆御制碑》等。 (张俭世 王宏信)

凤县档案馆 现址双石铺镇新建路160号，邮编721700。馆长文尤才，电话(0917)4762746、4762216。成立于1958年，是集中统一保管机关、团体、企事业单位档案资料的国家综合档案馆，爱国主义教育基地，现行文件阅览中心。1998年晋升省一级档案馆。建筑面积898平方米，库房面积500平方米。馆藏档案资料29740卷(册)，其中资料4170册。最早的资料是清代光绪年间编写的《凤县志》。建立了馆藏档案目录数据库。建立了档案信息网站。 (李康)

太白县档案馆 现址县嘴头镇，邮编721600，馆长王录，电话(0917)4951165。成立于1962年，是集中保管档案资料的国家综合档案馆，县级爱国主义教育基地。2003年晋升为省二级档案馆。建筑面积1050平方米，库房面积548平方米。馆藏资料3.03万卷(册)，其中资料8478册。建立档案目录数据库。编纂资料30余种12万字。

咸阳市档案馆 现址咸通南路。邮编712000，馆长高小玲，电话(029)33362401、33362419。成立于1961年，是爱国主义教育基地，市政府指定的现行规范性文件阅览中心。2005年晋升省AAA级档案馆。总建筑面积2600平方米，库房面积800平方米。馆藏档案资料6.7万卷(册)，其中资料1.4万册。建立了案卷级目录数据库，开始了文件级目录录入工作。档案馆网页已经在政府网站建立。建立了38位咸阳籍名人档案205卷(盒)。征集了一批具有保存价值的奖杯、奖牌以及国外友好城市赠送的珍贵礼品实物28件。编辑了《咸阳市档案志》、《2003年以来全市档案利用服务实例选编》等80万字资料。

(张微)

秦都区档案馆 现址咸阳市渭阳中路1号，邮编712000，馆长孙先森，电话(029)33229111。成立于1958年，是现行文件阅览中心。2005年晋升省AAA级档案馆。2006年被评为省档案目标管理考核先进县区。馆

库面积400平方米。馆藏档案50000卷,资料1600余册。建立档案信息网站。(李涛)

杨陵区档案馆 现址咸阳市康乐路20号,邮编712100,馆长孙月琴,电话(029)87012241。成立于1983年,是集中统一保管机关、团体、企事业单位档案资料的国家综合档案馆。省A级档案馆。馆库面积774.7平方米,库房面积221.7平方米。

渭城区档案馆 现址咸阳市中山街,邮编712000,馆长李咸温,电话(029)38118409、13389103905。建筑总面积约150平方米。馆藏档案7300卷(盒、册、幅)、资料413册。省二级综合档案馆。(张玉洁)

三原县档案馆 现址城关镇,邮编713800,馆长蔺雪丽。电话(029)32282405。成立于1958年,是集中保管机关、企事业单位档案资料的国家综合档案馆,开设了现行文件阅览中心。总建筑面积1085平方米,库房面积600平方米。征集了一批于右任等名人档案资料。2005年晋升省AAA级档案馆。

泾阳县档案馆 现址泾干镇中心街,邮编713700,馆长李雪芹,电话(029)36227868。成立于1958年。履行档案保管利用职能,爱国主义教育基地,建成了现行文件阅览中心。总建筑面积1332平方米,库房面积800平方米。馆藏档案35079卷(件)。珍贵档案资料有清朝乾隆四十三年编修的《泾阳县志》,民国31年测绘的《泾阳县地籍图》等。1997年晋升省二级档案馆。(程鹏)

乾县档案馆 现址风水台街,邮编713300,馆长苗金鹏,电话(029)35521623。成立于1954年,是集中保管档案资料的国家综合档案馆。建筑面积1070平方米,库房面积508平方米。2007年晋升省AAA级档案馆。馆存档案21427卷(盒),资料7894册。保存最早的档案是明崇祯《乾州志》。编写了《乾县政区沿革(草稿)》、《中共乾县县委机构沿革》、《乾县人民政府机构沿革》、《乾县历次党代会简介》、《乾县历次人代会简介》、《乾县组织史资料》、《乾县地方志》等资料12种。

(侯鹏飞)

礼泉县档案馆 现址城关镇,邮编713200,馆长李成国,电话(029)35610023。成立于1958年,1999年晋升省一级档案馆。建筑面积1151平方米。馆藏档案资料43318卷(盒,册)。馆藏档案信息已全部录入。

(李成国)

永寿县档案馆 现址监军镇,邮编713400,馆长蒙振杰,电话(029)37663514。成立于1958年,是集中保管档案资料的国家综合档案馆,爱国主义教育基地,现行文件阅览室。总面积767平方米。馆藏档案25800卷,资料12013册。举办了以模范民兵营长孙天柱为主的模范人物事迹展。(安小宝)

彬县档案馆 现址城关镇,邮编713400,馆长黄振伟,电话13892978305。成立于1958年,是集中保管档案资料的国家综合档案馆,爱国主义教育基地和现行文件阅览中心。2001年晋升省一级档案馆。建筑面积958平方米。馆藏档案33000余卷,资料10089本(册)。(武晓丽)

长武县档案馆 现址昭仁镇东大街,邮编713600,馆长曹天吉,电话13892032395。成立于1961年,是集中保管机关、团体、企事业单位档案资料的国家综合档案馆,现行文件阅览中心。建筑面积952平方米,馆库面积520平方米。馆藏档案23047卷。(郭静华)

旬邑县档案馆 现址城关镇中山街,邮编711300,馆长文雪玲,电话(029)34421896。1961年成立,履行档案保管利用职能。建筑面积940平方米。馆藏档案资料74610卷册。2005年晋升省AAA级档案馆。2003年获省档案工作先进集体称号。编写了《行政村档案工作参考资料》。举办了青少年爱国主义教育、党员先进性教育等专题展览。

(王旬生)

淳化县档案馆 现址城关镇,邮编711200,馆长杨策,电话13992083086。成立于

1961年，履行档案保管利用两种职能。1998年晋升省一级档案馆。2005年晋升省AAA级档案馆。总面积945平方米。库房523.2平方米。馆藏档案资料61183卷。馆内设有革命历史、档案宣传、档案成就三个展览室，现行文件阅览中心。馆藏档案珍品有邓小平、杨尚昆、聂荣臻等中央领导1936年的合影照片和宋庆龄、朱德、彭德怀、刘伯承等为修建烈士陵园的题词。（杨策　张亚绒）

武功县档案馆　现址普集镇人民路，邮编712200，馆长陈永欢，电话(029)37295632。成立于1958年，是现行文件阅览中心、爱国主义教育基地。1998年晋升省三级综合档案馆。总建筑面积864平方米，库房面积432平方米。馆藏档案25463卷(盒)。珍贵档案有民国28年测绘的《武功县地籍原图》638张。

（陈永欢）

兴平市档案馆　现址县门东街，邮编713000，馆长杨微峰，履行档案保管利用职能，建立了现行文件阅览中心。成立于1958年，建筑面积810平方米。馆藏档案30819卷，资料4000多册。珍贵档案资料有清宣统年间的《兴平县志》、清杨双山所著《知本提纲》和《豳风广义》、清徐怀章所著《兴平徐氏族谱》等。建立了档案信息网站。汇编了《兴平百年》资料。（边晓理）

渭南市档案馆　渭南市档案馆现址西一路7号，邮编714000，馆长李献文，电话(0913)2158100、2999690。成立于1963年，是集中统一保管机关、团体、企事业单位档案资料的国家综合档案馆。1998年晋升省一级档案馆，2005年晋升省AAA级档案馆。总建筑面积1759平方米，库房面积1100平方米。馆藏档案资料59230卷(册)，其中资料1721册。现存年代最早的是民国时期的档案。已建成馆藏案卷级目录数据库，建成了局域网和档案信息网站。资料编研主要有14种500多万字。

（郭凤山）

临渭区档案馆　现址渭南市民主南路，邮编714000，馆长郭增本，电话(0913)2071003。成立于1958年，是集中统一保管机关、团体、企事业单位等档案资料的国家综合档案馆。1998年晋升省一级档案馆。总建筑面积1081平方米，库房面积450平方米。馆藏档案资料93274卷(册)，其中资料6437册。先后接收了婚姻登记档案2245卷，复退军人档案19816卷。征集了建国初期全国劳模张秋香、刘述贤等名人资料。编写了《临渭区历届党代会、人代会简介》、《临渭区大事记》、《历任区委书记论经济工作》、《临渭区自然灾害资料汇编》、名人简介等。（王兴民）

华县档案馆　现址新华东路1号，邮编714100，馆长薛幸虎，电话(0913)4718909。成立于1962年，是集中保管档案资料的国家综合档案馆，成立了现行文件阅览中心。总建筑面积1376平方米，库房面积676平方米。馆藏档案45843卷、资料4595册。1997年晋升省二级档案馆。2006年被授予省优秀档案馆称号、全省档案宣传通讯工作先进集体称号。

（潘海利）

潼关县档案馆　现址城关镇中心街，邮编714300，馆长魏社英，电话(0913)3822553。成立于1961年，负责收集和管理本辖区内各种档案，并向社会提供利用。2006年晋升省AAA级档案馆。档案总建筑面积160平方米，库房面积1141平方米。馆藏档案资料7.7万卷(册)，其中资料1.2万册。馆藏特色是保存有全国劳模山秀珍、陕西省劳模李竹棉、“防非”英雄袁少锋以及城区供水、潼洛公路工程等重要档案资料。建立了局域网，制作了档案网页，初步建立了档案数据库。（魏社英）

大荔县档案馆　现址城关镇司令部街61号，邮编715100，馆长苏金新，电话(0913)3253299。成立于1958年，是集中保管大荔县、原朝邑县、原平民县档案资料的国家综合档案馆。1995年晋升省一级馆。2006年晋升省AAA级档案馆。总建筑面积154平方米，其中库房面积96平方米。现藏档案93485

卷，资料33726册。馆藏档案有清代鱼鳞册43卷，民国档案1373卷。馆藏资料有明、清时期编写的地方史志137册，其中最早的为明正德十四年（1519年）韩五泉编写的《朝邑县志》。编写了《大荔县情要览》、《大荔百年图鉴》、《大荔县档案志》等资料90种约120万字。

（宋晓勤）

合阳县档案馆　现址文化街28号，邮编715300，馆长赵甲信，电话(0913)5520145。成立于1958年，是集中统一保管机关、团体、企事业单位档案资料的国家综合档案馆，成立了现行文件阅览室。总建筑面积1200平方米，库房面积500平方米。2007年晋升省AAA级档案馆。馆藏档案45873卷（册），资料3586册。编辑了《神州合阳人》（1～3）卷、《百科拾趣》等书籍。（赵甲信）

澄城县档案馆　现址城关镇中心街，邮编715200，馆长崔统秀，电话(0913)6731669。成立于1953年，是集中统一保管机关、团体、企事业单位档案资料的国家综合档案馆。总建筑面积1100平方米，库房面积810平方米。馆藏档案9.1万卷，资料1.4万册。馆藏档案资料的历史跨度300余年。举办了爱国主义教育展览。（崔统秀）

蒲城县档案馆　现址城关镇延安街3号，邮编715500，馆长梁琴，电话(0913)7212184。成立于1959年，是集中统一保管机关、团体、企事业单位档案资料的国家综合档案馆。1991年晋升省三级档案馆。总建筑面积720平方米，库房面积540平方米。馆藏档案资料72933卷（册），其中资料21255册。成立了档案寄存中心，托管下岗、失业、社会自由人员档案1500余份。2004年、2005年、2006年荣获省“档案通讯先进集体”称号。（梁琴）

富平县档案馆　现址莲湖路1号，邮编711700。馆长张万欣，电话(0913)8219101。成立于1957年，是集中统一保管机关、团体、企事业单位档案资料的国家综合档案馆。1998年晋升省一级档案馆。总建筑面积1114平方米，库房面积500平方米。馆藏档案资料3.87万卷（册）。其中资料0.11万册。馆藏档案资料的历史跨度百余年。建成馆藏全宗级目录数据库。建成了档案信息门户网站。编辑了《富平县社会经济主要指标汇编》等资料10余种百万余字。（张万欣）

韩城市档案馆　现址太史大街，邮编715400，馆长王安东，电话(0913)5212468。成立于1958年，是爱国主义教育基地，省一级档案馆。2006年晋升省AAA级档案馆。总建筑面积为1500平方米，库房总面积800平方米。现存档案53907卷（册），资料6763册。已建立案卷级目录数据库和文件级目录数据库，并在市政府网站开辟了档案馆网页。建成了富有特色的档案展室，生动地展示了韩城百年发展足迹和档案事业发展状况。

（王安东）

华阴市档案馆　现址东兴路，邮编714200，馆长蒙亚梅，电话(0913)4612980。成立于1958年，是集中统一保管机关、团体、企事业单位档案资料的国家综合档案馆。2003年晋升省一级档案馆。馆总面积1300平方米。馆藏馆藏档案62804卷（册），资料5500册。已将退耕还林、抗洪救灾、旅游、非公经济、民营、名人、华山皮影、老腔艺术、剪纸等大量档案资料接收进馆。案卷级目录输入4181条。（蒙亚梅）

延安市档案馆　现址西市路252号，邮编716000，馆长郭文军，电话(0911)2887001。成立于1959年，是集中保管机关、团体、事业单位档案资料的国家综合档案馆，行政规范性文件查阅场所。1996年晋升省一级档案馆。1999年被评为全国档案工作先进集体。2003年、2005年、2006年被评为省档案工作先进集体。总建筑面积6.3亩，库房面积1200平方米。馆藏档案资料99035卷（册），其中资料约17963册。馆藏档案资料的历史跨度约100多年。现已建立起名人、名优特产、名胜古迹、剪纸艺术、书画等门类的档案。收集延安“两黄两圣"、胡锦涛等党和国家领导人在延安视察等形成的档案资料7000卷(件、册、张、枚);复制明清时期知府履历、军机奏折、朱批奏折和涉及灾情、抚恤、延长石油、内阁乡试录等档案近81件。建立了延安档案信息网站。已完成了馆藏案卷级目录的数字加工化工作。共输入12.6万余条信息。 (郭文军)

延安市城市建设档案馆 现址枣园路,邮编716000,馆长兰天才,电话(0911)2112362、2128038。成立于1981年,是集中统一保管城市建设管理档案的专门档案馆。2001年、2002年分别晋升省一级档案馆和省一级城建档案馆。建筑面积2000平方米,库房面积450平方米。馆藏档案资料23350卷(册),其中23044卷(册),资料316册,馆藏档案资料的历史跨度50余年。保存最早的是50年代航拍的延安市区地形地貌图。

延长油田股份有限公司档案馆 现址延安市李渠镇崖里坪村。邮编716001,馆长营志忠,电话(0911)8510385。馆前身是延长油矿管理局档案馆,是保管本企业各类档案资料的综合档案馆。2004年晋升国家一级企业档案馆。2006年晋升省AAA档案馆。馆藏档案年代较早的有清朝在中国陆上开采的第一口油井及民国时期、陕甘宁边区时期的陕北石油发展历史和地质资料。总建筑面积5050平方米,库房面积2527平方米。馆藏各类档案资料50182卷(册),其中资料12088册。初步建立了档案目录数据库,完成案卷级目录16584条,文件级目录75000条。 (营志忠)

宝塔区档案馆 现址延安市南滨路,邮编716000,馆长张先紫,电话(0911)2117033。成立于1958年,是集中统一保管机关、团体、企事业单位档案资料的国家综合档案馆,爱国主义教育基地、区政府指定的行政规范性文件查阅场所。2003年晋升省一级档案馆。2006年晋升省AAA级档案馆。总建筑面积880平方米,库房面积660平方米。馆藏档案资料3.3万卷(册),其中资料2200册。编印了《延安市宝塔区(县、市)委书记表》、《延安市宝塔区人口与管理》等资料。输入开放档案案卷级目录25000条,实现了案卷级档案数字化管理。

延长县档案馆 现址七里村镇,邮编717100,馆长刘桂林,电话(0911)8612031。成立于1959年,是集中保存档案资料的国家综合档案馆,建立了现行文件阅览中心。2004年晋升省一级档案馆。建筑面积916平方米,库房面积为408平方米。馆藏档案资料12978卷(册)。建成了档案局域网,开展了馆藏档案案卷级目录数据库的建设。 (呼新泉)

延川县档案馆 现址延川镇南关,邮编717200,馆长杨剑野,电话(0911)8115893、8116115。成立于1958年,是集中统一保管机关、团体、企事业单位档案资料的国家综合档案馆,爱国主义教育基地,县政府指定的行政规范性文件查阅场所。2000年晋升省一级档案馆。总建筑面积514平方米,库房面积308平方米。馆藏档案12289卷、资料10058卷、册。建成了局域网。已完成了案卷级目录的输入工作。为《延川县档案馆志》、《中共延川县委工作机构沿革》、《延川县人民政府机构沿革》等20余种书籍提供了资料。

子长县档案馆 现址瓦窑堡镇,邮编717300,馆长强彩峰,电话(0911)7120844。成立于1958年,是现行文件阅览中心。2004年晋升省一级档案馆。馆库房面积180平方米。馆藏档案资料22231卷,其中资料3460册)。已建成馆藏案卷级目录数据库。 (王俐)

安塞县档案馆 现址真武洞镇,邮编717400,馆长高生堂,电话(0911)6212334。成立于1958年,是集中统一保管机关、团体、企事业单位档案资料的国家综合档案馆。1998年晋升省一级档案馆。2006年晋升省AAA级档案馆。总建筑面积840.2平方米。馆藏档案15130卷,资料3000余册。保存年代最早的是109卷革命历史档案。已输入文件级目录12万余条和部分案卷级数据。编辑了《燃烧的智慧》、《档案映像》、《安塞档案志》等

30余种105万字的资料。（袁延峰）

志丹县档案馆 现址朝阳街30号，邮编717500，馆长崔金元，电话（0911）6635004、6633867。成立于1958年，是集中保管机关、团体、企事业单位档案资料的国家综合档案馆，县委、县政府指定的现行文件阅览中心。2006年晋升省AAA级档案馆。总建筑面积871平方米，库房面积387平方米。馆藏档案资料33549卷(册)，其中资料12529册。馆藏档案资料保存年代最早的是清顺治年间的《保安县志略》。已将刘志丹诞辰100周年、永宁马头山真身坐化像、秦直道等档案资料收集进馆。（曹兴）

吴旗县档案馆 现址吴旗镇中街，邮编717600，馆长齐锋，电话（0911）7612810、7615635。成立于1961年，是集中保存机关、团体、企事业单位档案资料的国家综合档案馆，建起了现行文件阅览中心。1999年晋升为省一级档案馆。总建筑面积692平方米，库房面积358平方米。馆藏档案24107卷(件)，资料14189卷(册)。馆藏档案资料的历史跨度69年。完成了案卷级目录的数据采集工作。先后将防治“非典”、省纪念红军长征胜利到达吴起镇70周年庆祝大会等档案资料收集进馆。编写了《吴起县大事记》、《中央红军长征胜利到达吴起》等10余种近30万字资料。

（齐锋）

甘泉县档案馆 现址城关镇，邮编716100，馆长亢生明，电话（0911）4222768、4228362。成立于1961年，是集中统一保管机关、团体、企事业单位档案资料的国家综合档案馆，爱国主义教育基地、县政府指定的行政规范性文件查阅场所。2002年晋升省一级档案馆。总建筑面积867平方米，库房面积520平方米。馆藏档案资料26907卷(册)，其中资料5894册。已建成馆藏全宗级目录数据库。

富县档案馆 现址富城正街15号（富县人民政府院内），邮编727500，电话（0911）3212421，馆长张北琳，电话（0911）3212796。成立于1961年。是集中统一保管富县县级机关、团体、企事业和驻县单位档案资料的国家综合档案馆，是规范性文件资料查阅场所。1998年晋升为省一级档案馆。先后被评为全市文明单位、卫生先进单位、档案工作先进集体，全省档案信息化建设先进集体、优质服务年活动先进集体、全省先进县（区）档案馆、全省档案宣传通讯工作先进集体等。并有15人次先后荣获国家、省、市级先进工作者和先进个人。总建筑面积1041平方米，库房面积490平方米。馆藏档案资料35937卷(册)，其中资料14203册(张)。馆藏清朝、中华民国、新民主主义等历史档案502卷。珍贵档案有林伯渠、胡耀邦、杨尚昆手迹（信函、题词），陕甘宁边区政府布告，建国后60年代修编的李自成后裔《李锦家谱》等；馆藏特色档案有族谱档案、剪纸档案、戏曲剧本档案、清末契约档案等。已基本完成了馆藏档案资料目录级数据库建设任务，并能够开展计算机查阅检索工作。编辑和参与编辑出版了《富县模范先进人物录》、《富县志》、《富县教育志》、《富县地名志》、《中共富县组织史资料》、《富县文史资料》等，编辑印制了《富县档案馆指南》、《富县大事记》、《富县重要经济指标汇编》等30余种近百万字。（鲁勇斌）

洛川县档案馆 现址府前街，邮编727400，馆长贾广宏，电话(0911)3623913。成立于1958年，是集中统一保管机关、团体、企事业单位档案资料的国家综合档案馆。2002年晋升省一级档案馆。总建筑面积800平方米，库房395平方米。馆藏档案资料3.2万卷(册)，其中资料6000册。馆藏档案资料的历史跨度200余年。将纪念抗战胜利70周年暨洛川会议68周年、东盟10＋3圆桌会议等档案资料收集进馆。征集了孟芳州、王世泰、侯生福、马秀英、李秀琴、杨梅英等名人的档案资料。已建成馆藏档案全宗级目录数据库，完成了建国后档案案卷级目录数据采集工作。编辑了《洛川特委与黄龙地委》等资料。

（贾广宏　陈顺启）

延安炼油厂档案馆 现址洛川县交口河镇，邮编727400，馆长雷雅萍，电话(0911)3811459。履行全厂档案保管利用两种职能。总建筑面积为2500平方米。2005年月晋升陕西省AAA级档案馆。库藏档案条目已全部录入数据库。延炼档案网在厂区域网正式开通。

宜川县档案馆 现址县前街10号，邮编716200，馆长王银学，电话(0911)4886187、4625993。成立于1959年，是集中统一保管机关、团体、企事业单位档案资料的国家综合档案馆。1995年晋升省二级档案馆。总建筑面积655.5平方米，库房面积328平方米。馆藏档案资料31027卷(册)，其中资料3879册。馆藏特色档案资料主要有宜川战役、黄河壶口瀑布、阎锡山在秋林等。已建成局域网。

(王银学)

黄龙县档案馆 现址石堡镇政法路，邮编715700，馆长王建忠，电话(0911)5622245、5626371。成立于1958年，是集中统一保管档案资料的国家综合档案馆，设有现行文件阅览中心。2000年晋升为陕西省一级档案馆。建筑面积510平方米，库房面积360平方米。馆藏档案资料20103卷(册)，其中资料3156册。珍贵档案有彭德怀1948年6月16日对《黄龙县剿匪工作总结报告》的亲笔批示。编纂资料50余种556万余字。 (高建龙)

黄陵县档案馆 现址桥山镇015号，邮编727300，馆长宋陵震，电话(0911)5212794、5215883。成立于1956年，是集中统一保管机关、团体、企事业单位档案资料的国家综合档案馆，爱国主义教育基地、县政府指定的行政规范性文件查阅场所，2003年晋升省一级档案馆。总建筑面积1000平方米，库房面积220平方米。馆藏档案资料4.5053万卷(册)，其中资料5053册。馆藏档案资料的历史跨度60余年。已将历年公祭、民祭黄帝陵活动、党和国家领导人来黄谒陵、考察、调研形成的档案征集进馆。编写了黄帝陵庙文史资料汇编，黄陵县名优特产介绍等30余种资料。

汉中市档案馆 现址民主街43号，邮编723001，馆长杨毅，电话(0916)2626157、2626167。成立于1958年，是爱国主义教育基地现行文件阅览中心。2005年晋升省AAA级档案馆。2003年被授予全国档案系统先进集体。建筑面积1894平方米，库房面积1136平方米。馆藏档案10万余卷，各种资料1.6万册。建成档案信息网站和档案目录数据库。编纂了《胡耀邦与汉中》、《胡锦涛在汉中》、《汉中档案年鉴》、《汉中简史》、《党和国家领导人与汉中》等史料，《何挺颖与黄洋界保卫战》、《李宗仁在汉中》、《罗章龙在汉中》等资料。

汉台区档案馆 现址中山街80号，邮编723000，馆长黄宝庆，电话(0916)2213180。成立于1959年，是爱国主义教育基地和现行文件阅览中心。建筑面积为1119平方米，库房面积720平方米。已建成档案信息网站。馆藏档案49304卷，资料5836册。编研成果达22种约40余万字。

南郑县档案馆 南郑县档案馆现址二南路，邮编723100，馆长纪寿军，电话(0916)5511816。成立于1958年，已建立现行文件阅览中心。总建筑面积1861平方米，库房面积1010平方米。馆藏档案62601卷，资料5143册。编研成果有6种约10万字。

城固县档案馆 现址民主街33号，邮编723200，馆长王辅民，电话(0916)7218421。成立于1958年，是爱国主义教育基地和现行文件阅览中心。总建筑面积1252.91平方米，库房面积721平方米。馆藏档案资料6万余卷、册，其中资料1431册。编研成果达10种约20万字。

洋县档案馆 现址卫生街32号，邮编723300，馆长余文敬，电话(0916)8212564。成立于1958年10月，是爱国主义教育基地和现行文件阅览中心。总建筑面积1055平方米，库房面积650平方米。馆藏档案资料6.7万卷(册)，其中资料4299册。收藏最早的档案有明代的《汉中府志》,清代的《洋县志》。编写了《洋县历届党代会简介》、《江泽民总书记视察洋县纪实》、《历史悠久的谢村黄酒》等10种约20万字的资料。

西乡县档案馆 现址城关镇西大街82号,邮编723500,馆长卢峰,电话(0916)6215255。成立于1958年,是爱国主义教育基地和现行文件阅览中心。总面积1160平方米,库房面积745平方米。馆藏档案资料58554卷、3452件。收藏最早的档案是康熙五十七年编纂的《西乡县志》。征集了张养吾、江隆基、陈因、汪建华等名人档案。编辑资料有4种约30万字。

勉县档案馆 现址和平路,邮编724200,馆长马晓辉,电话(0916)3239890、3239891。成立于1958年,是爱国主义教育基地和现行文件阅览中心。1997晋升省二级档案馆。总建筑面积1047平方米,库房面积628平方米。馆藏档案资料75257卷(册),其中资料6209册。建立了档案信息网站和档案案卷目录数据库。

宁强县档案馆 现址民主路36号,邮编724400,馆长杨再丽,电话(0916)4221758。成立于1959年,是现行文件阅览中心和爱国主义教育基地。1997年晋升省二级档案馆。总建筑面积1271.85平方米,库房面积768平方米。馆藏档案资料73905卷、册。收藏最早的档案是万历二十五年(1597年)的《重修宁羌州志》。编研成果达20余种。建立了宁强档案信息网站。

略阳县档案馆 现址狮凤路,邮编724300,馆长汤永田,电话(0916)4829908。成立于1959年,是爱国主义教育基地和现行文件阅览中心。2005年晋升省AAA级档案馆。现馆藏档案65486卷(册),其中资料5327册。保存年代最早的档案是1552年编纂的《嘉靖略阳县志》。开通"略阳档案"网页。

镇巴县档案馆 现址新城街22号,邮编723600,馆长冯寿强,电话(0916)6732707。成立于1958年,是爱国主义教育基地和现行文件阅览中心。1998年晋升省三级档案馆。馆藏档案资料101317卷、册。馆藏最早的档案是清光绪五年编纂的《定远厅志》。编研成果达13种约30万字。

留坝县档案馆 现址老城街13号,邮编724100,馆长朱光财,电话(0916)3921733。成立于1958年,是现行文件阅览中心和爱国主义教育基地。总建筑面积517.5平方米,使用面积365平方米。馆藏档案21626卷,资料3407册。收藏最早的档案是1842年《留坝厅志》。馆内珍贵的档案资料有孙中山遗像、蒋介石题词、《留坝厅志》、《留坝县志》、《紫柏山志》、周恩来总理1958年签发的奖状等。编纂资料20余种22万字。

佛坪县档案馆 现址袁家庄镇新街2号,邮编723400,馆长王启发,电话(0916)8912424。成立于1980年5月,是爱国主义教育基地和现行文件阅览中心。总建筑面积869平方米,库房面积460平方米。收藏最早的档案资料是1931年编纂的《佛坪厅志》。馆藏档案资料32581卷(册),其中资料2187册。编研成果达10种约20万字。

安康市档案馆 现址香溪路枣树巷2号,邮编725000,馆长魏顺奇,电话(0915)3228309。成立于1958年,是档案资料永久保管基地和利用中心,爱国主义教育基地,市委、市政府指定为现行文件查阅场所。1997年晋升省一级档案馆。1989年、1995年、2000年、2004年获全省档案工作先进集体称号。总建筑面积1790平方米,库房面积947平方米。馆藏档案资料10.61万卷(册),其中资料1.64万册。珍贵资料有清康熙、雍正、嘉庆年间编撰的《兴安府志》和民国时期编撰的《重续兴安府志》等方志。接收整理了中国安康汉江龙舟节、2002年汉江漂浮物打捞等活动档案,名人档案,安康特色文化档案等,建立了特藏室。编辑了《安康市大事记》、《安康水资源及历史洪灾概况》、《安康历史简介》等资料。开通安

康档案信息网站。 （许晓红）

汉滨区档案馆 现址安康市香溪路25号。邮编725000，馆长汪金飞，电话（0915）3203945。成立于1959年，建筑面积1222平方米，库房面积799平方米。1998年晋升省一级档案馆。馆藏档案60662卷，资料14694册。馆藏档案内容有清代时期的少量地契、委任状、地方史、家谱等。 （徐宏波）

汉阴县档案馆 现址城关镇和平街18号，邮政编码725100，馆长张焱，电话（0915）5212027。成立于1961年，是集中保管机关、团体、企事业单位档案资料的国家综合档案馆，是现行文件阅览中心。1999年晋升省一级档案馆。2005年晋升省AAA级档案馆。建筑面积1012平方米，库房面积593平方米。馆藏50378卷，图书资料6798册。珍贵档案资料有明万历、清康熙、乾隆、嘉庆及民国年间编修的《汉阴县志》、《汉阴厅志》和蒋氏、陈氏、吴氏等湖广移民家谱。编写了《汉阴解放》、《土地改革》、《大跃进》、《二十世纪纵览》等资料近百万字。建成了馆藏案卷级目录数据库。建立了档案信息网站。 （谢勇）

石泉县档案馆 现址石泉县文昌路，邮编725200。馆长陆秋元，电话（0915）8220591。成立于1985年，建筑面积600平方米，其中库房面积300平方米。馆藏档案资料3.1万卷，其中资料0.7万卷。

宁陕县档案馆 现址城关镇广场路30号，邮编711600，馆长沈兰虎，电话（0915）6822206。成立于1963年，是集中保管档案资料的国家综合档案馆。1996年晋升省一级档案馆，现行文件阅览中心。2006年晋升省AAA级档案馆。建筑面积814平方米，库房面积542平方米。馆藏档案资料45990卷（册），其中资料6850册。比较重要的有清朝道光九年的《宁陕厅志》、《周氏家谱》和部分清代地契等档案资料。已建立了馆藏全宗级目录数据库。开通了档案信息网站。编写了《宁陕县老区建设》等资料。 （廖波）

紫阳县档案馆 现址城关镇，邮编725300，馆长郭玉清，电话（0915）4426977。成立于1958年。建筑面积411平方米，库房面积140平方米。馆藏档案资料52501卷（册），其中资料5485册。馆藏档案资料的历史跨度长达400余年。建立了特藏档案和个人档案专柜。撰写了10余种资料近60万字；创办了《安康文化》刊物。 （方万华）

岚皋县档案馆 现址堰溪街2号，邮编725400，馆长王福荣，电话（0915）2521254。成立于1958年，是集中统一保管机关、团体、企事业单位档案资料的国家综合档案馆，县政府指定的行政规范性文件查阅场所。1998年晋升省一级档案馆。建筑面积1097平方米，库房面积约320平方米。现有馆藏档案资料22992卷（册），其中资料4072册。建立了较完善的案卷级目录数据库。编辑发行了《岚皋大事记》、《岚皋组织史》等资料。 （林洁）

平利县档案馆 平利县档案馆现址城关镇新正街54号，邮编725500，馆长袁业萃，电话（0915）8421570。成立于1959年，是集中统一保管机关、团体、企事业单位档案资料的国家综合档案馆。总建筑面积333平方米。馆藏档案22976卷、6777件，资料23813册。保存年代最早的档案有清末乾隆、道光等年间的志书、民间产权买卖、契约。编纂资料有《廖乾五》等20余种。 （刘景新）

镇坪县档案馆 现址城关镇，邮编725600，馆长李迎花，电话（0915）8822712。成立于1964年，是集中保管全县档案资料的国家综合档案馆，县委、县政府指定的行政规范性文件查阅场所。2005年晋升省AAA级档案馆。总建筑面积245平方米，库房面积214平方米。馆藏档案资料2.4万卷（册），其中资料4000册。对馆藏重点全宗实行案卷级目录和文件级目录计算机检索。已开通档案信息网站。 （陈树林）

旬阳县档案馆 现址城关镇，邮编725700，馆长雷绍新，电话（0915）7202057。成立于 1958 年，是县政府指定的现行行政规范性文件查阅场所。1998 年晋升省一级档案馆。2006 年晋升省 AAA 档案馆。2000 年被表彰为省档案工作先进集体。总面积 1039 平方米，库房面积 405.5 平方米。馆藏档案 27936 卷，资料 3522 册。馆藏档案资料的历史跨度 200 余年。建立了特藏档案库。完成了建国后馆藏档案案卷级目录录入工作。开通了档案信息网站。编撰资料近 220 万字，主要有《旬阳县大事记》、《旬阳县重大自然灾害汇编》、《旬阳先锋谱》和《红旗颂》。

（王千军）

白河县档案馆 现址人民路 59 号，邮编 725800，馆长兰云华，电话（0915）7821133。成立于 1959 年，是集中统一保管机关单位档案资料的国家综合档案馆。2000 年晋升省三级档案馆。建筑总面积 429 平方米，库房面积 275 平方米。馆藏档案 20394 卷（册），资料 6548 册。馆藏档案资料时间跨度近 200 年。最具特色的是内容丰富的古旧书、白河 16 大姓氏家谱。编纂完成了白河"三苦精神"系列资料《奋进的白河》和《白河解放》、《爱国主义教育基地——白河革命烈士陵园》、《白河中药业》、《科教兴县》、《白河县 20 世纪 60 年代国民经济调整》、《白河县历史大事记》等资料。

（张德顺）

商洛市档案馆 现址金凤路 6 号，邮编 726000，馆长牛树本，电话（0914）2313478。成立于 1952 年，是集中统一保管机关、团体、企事业单位档案资料的国家综合档案馆，爱国主义教育基地、市政府指定的行政规范性文件查阅场所。1999 年晋升省一级档案馆。总建筑面积 1200 平方米，库房面积 760 平方米。馆藏档案资料 61759 卷册，其中资料 11080 册。

（牛树本）

商州区档案馆 现址南街 16 号，邮编 726000，馆长李世勋，电话（0914）8083238。成立于 1959 年，是区政府指定的行政规范性文件查阅场所。1998 年晋升省二级档案馆。总建筑面积 415.17 平方米，库房面积 227.5 平方米。馆藏档案资料 51626 卷（册），资料 7581 册。馆藏档案资料历史跨度 300 余年。已将防治"非典"等档案资料收集进馆。征集了李克昌、葛建伟、李志贤等名人的档案资料。编研商州扶贫大事记、商州区自然灾害汇编、商州区板栗产业大事记等资料 150 种近 10 万字。

（李世勋）

洛南县档案馆 现址城关镇，邮政编码 726300，馆长冀丙申，电话（0914）7322361。成立于 1958 年。2001 年晋升省二级档案馆。2003 年起连续四年被授予省档案工作先进集体称号。建筑面积 120 平方米，库房 70 平方米。馆藏档案资料 42181 卷（册）。

（冀丙申）

丹凤县档案馆 现址龙驹寨镇县委路 4 号，邮编 726200，馆长陈丹华，电话（0914）3322191。成立于 1958 年，是国家综合档案馆。建筑面积 893.8 平方米。馆藏有档案资料 39163 卷册。

（陈丹华）

商南县档案馆 现址东岗教场沟口，邮编 726300，馆长魏文，电话（0914）6321404。成立于 1958 年。1998 年晋升省 AAA 级档案馆。建筑面积 900 平方米，库房面积 540 平方米。馆藏档案资料 63325 卷（册），其中资料 19192 册。开通商南县档案信息网。

（魏文）

山阳县档案馆 现址东城路 158 号，邮编 726400，馆长陈泽桂，电话（0914）8322407、13992408581。成立于 1958 年。1997 年晋升省二级档案馆。建筑总面积 1368 平方米，库房面积 690 平方米。馆藏档案 53346 卷、9222 件，8299 册。自 2001 年累计接收档案 75 个全宗 13010 卷、9222 件。征集接收社会及文化艺术名人档案 15 人 40 盒。编写档案资料 5 种 7 万余字。

（陈泽桂）

镇安县档案馆 现址永乐镇 43 号，邮政编码 711500，馆长王华，电话（0914）5322081。成立于 1958 年，成立了现行文件阅览中心。2002 年晋升省二级综合档案馆。建筑面积

1113 平方米，库房面积 660 平方米。馆藏档案 85792 卷(册)，资料 1138 册。建立了名人档案库。开通了镇安县档案信息网。（王华）

柞水县档案馆 现址乾佑镇北关，邮政编码 711400，馆长詹先毅，电话(0914)4321758。馆始建于 1958 年，是国家综合档案馆，2005 年晋升省 AAA 级档案馆。建筑面积 961.4 平方米，库房 423 平方米。馆藏档案资料 36255 卷，其中资料 2613 卷。（詹先毅）

榆林市档案馆 现址青山东路 9 号，邮编 719000，馆长丁永年，电话(0912)3891661、3899595。成立于 1958 年，是集中统一保管机关、团体、企事业单位档案资料的国家综合档案馆。1998 年晋升省二级档案馆。总建筑面积 1952 平方米，库房占 60%。馆藏档案 65204 卷，资料 4867 卷(册)。馆藏档案资料的历史跨度 77 年。（李红梅）

榆阳区档案馆 现址乡企城艺苑路，邮编 719000，馆长曹生龙，电话(0912)3832602。成立于 1985 年，是集中统一保管各单位、团体档案资料的综合档案馆。2003 年晋升省 AA 级档案馆。总建筑面积 1232 平方米，库房面积 707.85 平方米。馆藏档案 49948 卷档案，资料 5800 册。馆藏档案年代最早的是有清代康熙三十四年至建国前的房产、土地契约档案 11 卷。先后接收了区供销社、机构改革等档案 3069 卷。（曹生龙）

神木县档案馆 现址干河渠西路，邮编 719300，馆长王慧如，电话(0912)8352294。成立于 1958 年，1999 年晋升省一级档案馆。1998 年被评为省档案工作先进集体。总建筑面积 1187 平方米，库房面积 718 平方米。馆藏档案 23760 卷 6817 件，资料 28150 册。建立了档案信息化网站。（王慧如）

府谷县档案馆 现址府谷镇河滨路，邮编 719400，馆长张小平，电话(0912)8713911。成立于 1958 年。1999 年晋升省一级综合档案馆。1998 年被评为省档案宣传通讯工作先进集体。库房面积 545 平方米。馆藏档案 20277 卷，资料 3718 册。档案资料中较为珍贵的有清乾隆《府谷县志》、民国《府谷县志》等。编写资料 18 种 160 多万字。主要有《府谷县名优特产介绍》、《府谷县重要工业矿藏资源介绍》、《府谷县乡镇企业介绍》等。（李文艺）

横山县档案馆 现址横山镇北街。邮编 719100，馆长雷普玲，电话(0912)7611509。成立于 1958 年，对本县机关、团体、事业单位和其他组织形成档案集中管理和提供利用。2000 年晋升省二级档案馆。建筑面积 942 平方米，库房面积 246 平方米。馆存档案 40000 多卷(件)，资料 9966 本(册)。（赵彩花）

靖边县档案馆 现址张家畔镇新西街，邮编 718500，馆长倪渊博，电话(0912)4621271。成立于 1958 年，建立了现行文件阅览中心。2005 年晋升省 AAA 级档案馆。总建筑面积 900 平方米，库房面积 540 平方米。馆藏档案 51272 卷(件)，资料 4393 卷(册)。历史跨度达 97 年。建立了较完善的案卷级目录和文件级目录数据库。征集收集各类有价值档案 15630 卷，资料 1104 卷(册)。编写了《靖边县大事记》、《靖边县各机关组织沿革》等 10 余种编研资料。（王会东）

定边县档案馆 现址定边镇东正街 41 号，邮编 718600，馆长冯进堂，电话(0912)4215421。成立于 1958 年，是集中统一保管机关、团体、企事业单位档案资料的国家综合档案馆。2000 年晋升省一级档案馆。总建筑面积 659 平方米。馆藏档案 35000 多卷，资料 42000 多册。收集到《定边民间传说故事》、《定边民间歇后语》、《定边风土人情》等 20 多种具有地方特色的资料。编写了历届党代会、人代会简介、定边县大事记(三册)等 30 余种编研资料。（冯进堂）

绥德县档案馆 现址人民街 15 号，邮编 718000，馆长刘随前，电话(0912)5659828。成立于 1958 年，库房面积 189 平方米。馆藏档案 43447 卷，资料 11217 册。其中较为珍贵的主要有清光二十一年《绥德州志》、《旧唐书》、清朝地契等。征集了《透天机(手抄本)》、《绥德县志》、《蕲王嫡派大别山韩氏宗谱》和清朝时期的卖地契约等。编写了《历届党代会、人代会、政协会简介》、《绥德县大事记》等22种资料。 (刘随前)

米脂县档案馆 米脂县档案馆现址银州镇西下巷25号,邮编718100,馆长杜芳秀,电话(0912)6213290。成立于1958年,是集中统一管理机关、团体、企事业单位档案资料的国家综合档案馆,爱国主义教育基地、县政府指定的规范性文件查阅场所。2001年晋升省一级档案馆。建筑面积1172平方米,馆库面积650平方米。馆藏档案资料5.9万卷(册),其中资料8000册。馆藏档案资料的历史跨度400余年。珍贵特色档案有革命历史陈列档案、名人档案、黄土高原治理、"2744"项目工程档案、汉画石拓片、窑房土地证、地名档案。主要内容有米脂县烈士陵园1068名革命烈士英名录、毛泽东在杨家沟发表的《目前形势和我们的任务》等12篇重要文章、沙家店战役资料、明末农民起义领袖李自成的活动图片及历史资料,毛泽东、刘澜涛、郭洪涛的有关题词等,汉画像拓片33张,民国29年区保总图1张,米脂县略图1张。 (常建梅)

佳县档案馆 现址佳芦镇西郊185号,邮编719200,馆长刘继双,联系电话(0912)6735749。成立于1958年10月,是集中统一保管机关、团体、企事业单位档案资料的国家综合档案馆。2005年晋升为省A级档案馆。总建筑面积804.45平方米,库房面积482平方米。现有馆藏档案21350卷,3570件,资料3540册。保存档案时间跨度为400余年,保存年代最早的档案是明朝万历年间修建白云道观圣旨一道。征集到红枣特色档案资料和红枣品种照片,建立了张达志、闫揆等名人档案。 (李君玉)

吴堡县档案馆 现址宋家川镇新建街,邮编718200,馆长杨爱应,电话(0912)6522649。成立于1958年,集中统一管理机关、团体、企事业单位档案资料,为社会各方面提供利用服务。总建筑面积432平方米,库房面积278平方米。馆藏档案6249卷,资料2549册。珍贵档案有朱德在40年代为劳动模范李全时亲笔题写的奖状。 (张娟)

清涧县档案馆 现址宽洲镇东街15号,邮编718300,馆长刘静,电话(0912)5223217。成立于1958年,是集中统一保管机关、团体、企业事业单位档案资料的国家综合档案馆。总建筑面积736平方米,库房300平方米。馆藏档案资料3.2万卷(册),其中资料1.2万卷(册)。保存年代最早的是革命历史档案4400卷。编辑了《清涧县特色档案简介》、大事记、组织沿革等资料。 (高小栋)

子州县档案馆 现址双湖峪镇一道街,邮编718400,馆长景绍光,电话(0912)7221350。成立于1958年,是集中保管档案资料的国家综合档案馆,1999年晋升省三级档案馆。总建筑面积为950.49平方米,库房面积为522.77平方米。馆藏档案32552卷,资料8125卷(册)。时间跨度约62年。主动收集了农业普查档案、复转军人档案、干部死亡档案、城建档案、工业普查档案、农业区划档案、人口普查档案、婚姻登记档案、土壤普查档案和名人档案等。 (景绍光)

甘　肃　省

甘肃省档案馆　现址兰州市城关区雁滩路3680号，邮编730010，电话(0931)8518389，馆长刘玉生，电话(0931)8518268。成立于1959年。是集中统一保管省级机关、团体、企事业单位档案资料的国家综合档案馆，省级爱国主义教育基地，省委、省政府指定的政务信息公开场所。1997年晋升为国家一级档案馆，2007年获全国档案事业发展综合评估先进单位。总建筑面积14367平方米，库房面积近1万平方米。收藏各种档案资料33.8万卷(册、件)，其中建国前档案80790卷(件)、革命历史档案1144卷(件)，资料3.8万册。其中清末兰州黄河铁桥建设工程档案被列入《中国档案文献遗产名录》。已将抗美援朝、中苏友好、防治"非典"、保持共产党员先进性教育活动等一批重大活动、重要历史事件的档案资料收集进馆。征集到爱国将领邓宝珊、中国城市建筑设计大师任震英等名人的照片与资料，特别是2007年征集到2件唐代敦煌写经及部分隋唐元明清时期的书诗碑文拓本，将本馆保存档案资料的历史跨度由原300余年提前到1300余年。档案信息数据库现已存储案卷级目录20多万条，文件级目录330万条，人名11万条，照片目录2000余条，资料目录2.5万条，现行文件目录2万多条，全文扫描文书档案150多万(幅)，照片档案800多张(幅)。已建成局域网和档案信息网站，网站设立17个一级栏目、60多个二级栏目，上网字数约350万字，网上开放档案目录4.45万条。已向社会开放档案资料近20万卷(册)，占形成满30年档案的85%；编辑出版《档案》杂志，近两年出版纪念抗战胜利60周年、红军长征胜利70周年等馆藏档案专刊；出版发行《甘肃历史人口资料汇编》、《甘肃清朝档案史料汇编》、《天下黄河第一桥》等专题档案史料汇编13种计386万字；利用档案举办了"发展中的甘肃"、"纪念抗战暨世界反法西斯战争胜利六十周年"、"日军轰炸兰州及甘肃各地档案史料展"、"天下黄河第一桥档案史料展"等。2005年开始在双休日接待社会各界人士。

(李永新)

甘肃省测绘档案资料馆　现址兰州市东岗西路793号，邮编730000，电话(0931)8835917，馆长缪宏钢，电话(0931)8812977。成立于1984年。馆连续获得国家测绘局授予的"九五"、"十五"测绘科技工作先进集体荣誉称号，2003年获"全国测绘系统先进单位"称号。总建筑面积2800平方米，库房面积1700平方米。现有地形图资料库、大地档案资料库、测绘科技档案库、航摄底片库、航空摄影测量档案库、各种挂图库、图书文献库、拷贝图库、数据档案库、珍藏档案库等。

甘肃省气象档案馆　现址兰州市东岗东路2070号，邮编730020，电话(0931)4670216转2404，馆长胡文超，电话(0931)4670216转2706。成立于1986年。2000年晋升为国家二级档案馆。馆使用面积745平方米。馆藏气象档案、资料22万余册。涵盖全省所有气象台站自建站以来的全部气象观测记录数据，最早的气象记录档案始于1932年。可对档案进行光盘存贮、检索、目录管理和服务。研制开发了"甘肃省气象科学数据共享服务网"、"气象科技档案管理系统"，并建立了"甘肃省气象档案馆网页"，目前正在加大馆藏气象档案、资料技术的数字化处理；从2003年开始各台站通过网络传输各类气象观测数据文件，目前常用气象档案、资料实现了网络服务。整编、出版档案资料一百多种。　(枧小妮)

兰州大学档案馆　现址兰州市天水南路222号，邮编730000，电话(0931)8912139，网址 www. archives. l. zu. edu. cne 馆长卢毓钢，电话(0931)8912189。成立于1988年。1990年、1994年、2000年、2004年被表彰为"全省档案工作先进单位"。馆库面积1180平方米。馆藏7万多(卷、件)，藏有自1908年以来兰州大学各个历史时期的档案。收藏有宣统二年的毕业文凭、民国教育部长的训令、民国甘肃省政府主席的委任令、建国初西北军政委员会主席彭德怀、副主席习仲勋、张治中任命兰州大学校长的命令；兰州大学在有机化学、理论物理、原子核物理、敦煌学、西北人口、冰川、沙漠、西北开发等学科领域作出突出贡献的科研成果材料；朱德、江泽民、李鹏、李瑞环、胡锦涛、雷洁琼、李政道、杨振宁等党和国家领导人、著名科学家来校视察、讲学的照片、题词。编有《兰州大学历任校领导简介》、《兰州大学组织机构年表》、《兰州大学医学院大事记》、《兰州大学本科教学水平评估文件资料目录汇编》等30余项档案编研成果。

西北师范大学档案馆 现址兰州市安宁东路967号，邮编730070，电话(0931)7971612，馆长王璠，电话(0931)7971311。成立于2000年。是永久集中保存和利用学校各类档案的科学文化事业机构。现为科技事业单位档案管理国家二级馆和甘肃省档案工作示范单位。2003年获"全国档案工作优秀集体"荣誉称号，2006年被甘肃省档案局评为省直单位档案管理工作"特优"单位。面积600多平方米。现藏有建校以来(从1930年起)的党群、行政、教学、科研、基建、设备、出版、产品、财会、声像、照片、人事、学生等门类的档案资料共9万余卷(件)。积极开展档案数据库和网站建设，收集储存和转化的电子档案近30余万条。

甘肃省电力公司档案馆 现址兰州市七里河区西津东路628号，邮编730050，馆长王瑞勋，电话(0931)2952556。成立于1993年。是集中统一保管电力行业档案资料的企业档案馆。1999年被授予"全国档案工作优秀集体"称号，2003年被评为"甘肃省档案工作示范单位"。总建筑面积375平方米，库房面积200平方米。馆藏档案32018卷(册)，资料7000余册。已将全省农村电网、城市电网工程改造等一批国家重大建设项目档案和"厂网分开"等重大事件档案资料收集进馆。大力开展馆藏档案数字化建设工作，目前已完成档案案卷级目录和1993年以后的文件级目录录入工作。纸质档案数字化占馆藏档案的11%，2005年以后声像档案及馆藏实物档案全部数字化。通过甘肃电力数字档案管理系统，可进行全文检索、远程借阅，网上档案利用已初步形成。 (王瑞勋)

方大炭素新材料科技股份有限公司档案馆 现址兰州市红古区海石湾镇炭素路227号，邮编730084，电话(0931)6239039，馆长岳峤。2002年成立。1989年晋升为企业档案管理国家二级，1998年晋升为企业档案目标管理国家二级。1991年、1996年荣获甘肃省档案工作先进集体。1994年为甘肃省企业档案工作三优单位。建筑面积688平方米，其中库房面积344平方米。馆藏各类档案资料22455卷、1700件，底图46830张、地质版图45块，应用DARMS2000档案管理系统对档案进行管理，现已录入各类档案目录7万余条。

(谢鹏洲)

兰州市供水(集团)有限公司档案馆 现址兰州市西固区化工街2号，邮编730060，电话(0931)7356954转4289。馆长胡国强，电话(0931)7356954转4287。始建于1956年。2000年获国家二级"企业档案工作目标管理单位"。1978年以来，多次获省、市档案工作先进单位、先进集体称号。总建筑面积470平方米，库房面积279平方米。馆藏文书档案、生产技术、自来水产品、基建工程、设备、科研、会计档案共计18376卷(不含副本)，底图14385张，资料8985册。编辑出版公用事业志、供水50年、供水百年大事记、组织机构沿革、历年水价调整、供水工程介绍、供水工程投资完成情况、科研科技成果获奖汇编等专题资料30余种近20万字。2007年建成"水之韵展览馆"，展览馆被共青团甘肃省委确定为青少年爱国主义教育基地。1992年以后档案可进行计算机案卷级查阅。

兰州市档案馆 现址七里河区滨河中路

235 号，邮编 730050，电话(0931)2669312，馆长许宝林，电话(0931)2669318。成立于 1958 年。是集中统一保管市级机关、团体、企事业单位档案资料的国家综合档案馆，是市政府指定的行政规范性文件查阅场所。1994 年晋升为甘肃省一级综合档案馆。总建筑面积 7200 平方米，库房面积 3000 平方米。馆藏各类档案近 10 万卷(册)，资料 3000 余册。已将胡锦涛来兰州视察及市委、市政府重要会议、重大建设项目的声像资料和部分老红军、老干部手中的珍贵历史资料征集进馆。现已录入目录 10 万条、全文扫描 200 万幅，建立了档案信息数据库和管理局域网。编撰了《兰州市志·档案志》、《兰州市组织史资料》等档案史料汇编 10 多种 110 多万字，建立了荣誉展室和档案陈列展览。（文天翔）

城关区档案馆 现址兰州市城关区第一新村 81 号，邮编 730030，电话(0931)8122991，馆长王巧云，电话(0931)8122845。成立于 1963 年。是集中统一保管区级机关、街、乡、团体、企事业单位档案资料的国家综合档案馆。1995 年晋升为甘肃省一级综合档案馆。总建筑面积 800 平方米，库房面积 200 平方米。馆藏档案资料 42280 卷(件)。馆藏档案资料的历史跨度 200 余年，保存年代最早的是清朝道光、咸丰年间的档案和资料，主要有地契、委任状、土地所有权书、兰州市土地审核表。已将区直机关、各街乡 2002 年以前的文书档案全部接收进馆，各街乡 1998 年以前的婚姻档案部分接收进馆。（康中苹）

七里河区档案馆 现址兰州市七里河区西津东路 498 号(区政府综合办公大楼内)，邮编(0931)2661006，馆长权庆文。成立于 1978 年。是集中统一保管区属机关、团体、企事业单位档案的国家综合档案馆，区指定的行政规范性文件查阅场所。1996 年晋升为甘肃省一级档案馆。总建筑面积 256 平方米，库房面积 176 平方米。馆藏档案资料 34319 卷(册)，其中资料 4390 册。馆藏档案资料的历史跨度 380 余年。保存年代最早的是明天启七年(公元 1627 年)的《水簿》档案。将各种普查、婚姻登记、中央领导视察本区工作的照片、档案收集进馆。正在开展档案目录的计算机录入工作。汇编出版 20 余种编研成果。

西固区档案馆 现址兰州市西固区公园路 3 号，邮编 730060，电话(0931)7542067，馆长王风英，电话(0931)7542069。成立于 1979 年。是集中统一保管区级机关、团体、企事业、街道、乡镇单位档案资料的国家综合档案馆，1996 年晋升为甘肃省一级综合档案馆。总建筑面积 220 平方米，库房面积 140 平方米。馆藏档案资料 2.6 万卷(册)，其中资料 800 多册。已将防治“非典”工作、保先教育等重大活动资料收集进馆。编制了《西固区档案馆简介》、全宗介绍、《西固区各种代表会历届会议简介》、《西固区档案馆提供档案利用效益录》、《西固区行政机构名称变动情况一览表》等 17 种编研成果。（李晴霞）

安宁区档案馆 现址兰州市安宁区安宁东路 281 号，邮编 730070，电话(0931)7757434，馆长李央，电话(0931)7755262。成立于 1978 年。1996 年晋升为甘肃省一级档案馆，2004 年被评为全市档案工作先进集体。建筑面积 330 平方米，其中库房面积 220 平方米。馆藏档案资料近 2 万多卷(册)，其中资料 3500 册。安宁素有“十里桃乡”美称，近年来，收集了大量与桃有关的各种书画、文字、照片。目前已完成婚姻档案的卷内文件级目录数据库采集工作和部分全文录入工作。

（王晓玲）

红古区档案馆 现址兰州市红古区海石湾红古路 347 号，邮编 730084，电话(0931)6222634，局长王好环。成立于 1979 年。是集中统一保管区机关、团体、企事业单位档案资料的国家综合档案馆，区级爱国主义教育基地，政府指定的行政规范性文件查阅场所。1995 年晋升为甘肃省一级档案馆。总建筑面积 1463 平方米，库房面积 300 平方米。馆藏档案资料16680卷(册),其中资料750册。较为珍贵的有清朝道光时期的土地执照、民国时期红古区湟惠渠水管所的水利档案资料等。有10余种档案编研材料,正在进行档案案卷级目录计算机录入工作,举办了“兰州市红古区‘三个文明’成果档案展览”。(闫世胜)

永登县档案馆 现址县人民街146号,邮编730300,电话(0931)6423669,馆长石生峰。成立于1964年。是集中统一保管永登县乡两级机关、团体、企事业单位档案资料的国家综合档案馆。1996年晋升为甘肃省一级档案馆。总建筑面积300平方米(其中后库45平方米),库房面积255平方米。馆藏档案资料42568卷、册,其中资料7654册。保存年代最早的是清代档案和资料,有少量革命历史档案。接收进馆了胡锦涛1976年在永登进行路线教育时亲笔撰写的大量文件材料,以及本人的照片。(李秀)

皋兰县档案馆 现址县石洞镇北辰路216号,邮编730200,电话(0931)5721507,馆长王作春。成立于1958年。是集中统一保管全县各机关、团体、企事业单位档案资料的县级综合档案馆。总建筑面积220平方米,库房面积165平方米。馆藏档案资料3.6485万卷(册),其中资料6079册。馆藏档案历史跨度200余年。保存年代最早的是清代和民国档案。编研出版《皋兰县组织史资料》、《皋兰县大事记》、《皋兰史话》、《皋兰县档案志》等。

(瞿学琴)

榆中县档案馆 现址县城关镇兴隆路77号,邮编730110,电话(0931)5221128,馆长王育全。成立于1958年。是集中统一保管全县、乡两级机关,团体、企事业单位档案资料的国家综合档案馆。2006年馆开辟了现行文件查阅场所。1993年晋升为甘肃省一级综合档案馆。总建筑面积816平方米,库房面积313平方米。馆藏档案资料4.5万卷(册)。馆藏档案资料的历史跨度400多年,保存年代最早的是清代档案和资料。正在建设中的馆藏档案目录数据库已录入案卷级目录13000条,文件级目录83000条。编写了《榆中县历届党代会、人代会简介》、《榆中县解放后历任县委书记、县长人名录》、《榆中县区乡机构演变》等。

(张彦成)

嘉峪关市档案馆 现址市新华南路3段,邮编735100,电话(0937)6328219,馆长赵亚琴,电话(0937)6328217。成立于1980年。是集中统一保管市级机关、团体、企业事业单位档案资料的国家综合档案馆,市政府指定的行政规范性文件查阅场所。1991年晋升为甘肃省一级档案馆。总建筑面积1112平方米,库房面积1022平方米。馆藏档案资料5万卷(册),其中馆藏图书资料8000册。其中较为珍贵的有党和国家领导人视察嘉峪关工作的录音、照片以及赵朴初等名人题词。建立了局域网,已完成馆藏全部档案文件级目录数据库建设工作,实现了馆藏档案计算机目录检索。编辑出版了《嘉峪关大事记》、《嘉峪关市档案馆指南》等10多种编研成果。(娄鲁)

金昌市档案馆 现址金川区新华路82号,邮编737100,电话(0935)6910001,馆长张中存,电话(0935)6910006。成立于1984年。是集中统一保管市级机关、团体、企事业单位档案资料的国家综合档案馆,是市级党史教育基地、市政府指定的行政规范性文件查阅场所。1994年晋升为省一级档案馆,2006年被授予“甘肃省档案工作示范单位”荣誉称号。总建筑面积1866平方米,库房面积776.63平方米。馆藏档案资料11万卷(册),其中资料1.4万册。较为珍贵的是清朝、民国时期的盐务档案。已将党和国家领导人视察金昌、“引硫济金”工程档案、骊靬文化、文明城市创建等一批重大活动、重要历史档案资料、图片收集进馆。已建立文书档案案卷级、文件级目录数据库、资料目录数据库、全文扫描数据库、现行文件数据库、多媒体数据库等7个综合性数据库,并实时下载编辑《金昌新闻》等动态信息。编写《金昌市档案馆指南》、《金昌市党政群机

构设置演变概况》、《表彰先进文件汇编》等史料汇编。 （彭玉凤）

金川区档案馆 现址金昌市金川区委、区政府统办一号楼1楼，邮编737100，电话(0935) 8237202，馆长马中福，电话13993599986。成立于1995年。是集中统一保管区级机关、团体、企事业单位档案资料的国家综合档案馆，2005年成立了已公开现行文件查阅服务中心。2005年获“全市档案工作先进集体”称号。总建筑面积345平方米。馆藏档案16549卷(册)，其中资料280册。已录入9万条案卷级目录。

永昌县档案馆 现址城关镇西街县委大院内，邮编7372001，电话(0935)7522442，馆长吴有贤，电话(0935)7529092。成立于1958年。是集中统一保管县级机关、团体、企事业单位档案资料的国家综合档案馆，县政府确定为“全县政务信息公开场所”。1993年晋升为省二级档案馆。2005年被评为全市档案工作先进集体。总建筑面积1035平方米，其中库房669平方米。馆藏档案31714卷(盘、册、张)，馆藏资料7000余册。馆藏档案跨度为清代康熙时期(公元1707年)至2002年的档案资料。已录入文件级目录66000条，计算机检索工作初见成效。编写了《永昌县志》、《中国市县大辞典·永昌部分》、《河西民间轶事》、《永昌故事》等档案资料汇编。

白银市档案馆 现址市白银区人民路100号，邮编730900，电话(0943)8221735，馆长张乃莹。成立于1986年。是集中统一保管市直机关、人民团体、企事业单位档案资料的国家综合档案馆，市政府指定的行政规范性文件查阅场所。1994年晋升为甘肃省一级档案馆。总建筑面积1500平方米，库房面积776平方米。馆藏档案资料83485卷(件、册)，其中资料1660册。加强了对重大活动及破产企业档案的收集整理。已接收退耕还林、防治“非典”、“三讲”、白银建市二十年庆典活动、中国矿业城市第七届(白银)论坛会资料以及党和国家领导人视察白银题词、照片、废旧印模等。已完成19.6万条的民国档案案卷级和白银恢复建市以来档案文件级目录的录入工作，扫描档案7.8万余幅。档案馆建立了局域网，开通了市政府办公OA系统并与互联网链接。编写《名副其实的铜城白银——白银市自然资源介绍》、《白银市科技进步奖成果汇编》、《白银市地县级干部任免索引》等20余种。出版《民国时期靖远县情录》(一、二、三、四集)、80万字的记录白银发展历史的大型资料——《白银大事图典》(1985—2006年)。2004年，举办了“白银市档案事业发展回顾展览”，展出图片138张，图文并茂地反映了20年来白银档案事业发展成就。 （罗崇菊）

白银有色集团公司档案馆 现址白银市白银区四龙路93号，邮编730900，电话(0943) 8815443，负责人田兰宁，电话(0943)8815533。成立于1983年。是集中统一保管本企业科技、文书、会计、声像等各门类的企业档案馆。1990年经国家档案局验收批准为国家一级档案管理企业。总建筑面积2500平方米，其中库房面积1000平方米。馆藏档案74866卷(件)。较珍贵的有1966年邓小平等国家领导人视察本公司和1992年江泽民视察本公司时保存下来的照片、题词以及1956年本公司露天矿(当时国内首次、世界也属罕见规模)大爆破时拍摄的电影胶片等。 （田兰宁）

白银区档案馆 现址白银市白银区中心街67号，邮编730900，电话(0943)8222714，馆长杨菊梅，电话(0943)6919002。成立于1978年。是集中统一保管区属机关、团体、企事业单位档案资料的国家综合档案馆、区政府指定的行政规范性文件查阅场所。1993年晋升为甘肃省一级档案馆。总建筑面积1000平方米，库房面积225平方米。馆藏档案资料65459卷(册)，其中资料4909册。将国家建筑大师任震英工作手迹等重点档案资料征集进馆。编辑《白银区档案志》、《白银区档案馆指南》等档案资料200多万字。 （滕焕君）

平川区档案馆 现址白银市平川区长征路106号，邮编730913，电话(0943)6622957，馆长李莉，电话(0943)6622328。成立于1987年。是集中统一保管区属机关、团体、企事业单位档案资料的国家综合档案馆，2007年确定为平川区政务信息公开场所。1998年晋升为甘肃省一级档案馆。建筑面积960平方米，其中库房面积200平方米。馆藏档案资料11510卷(册)，其中资料1850册。

(万学策)

靖远县档案馆 现址乌兰镇人民巷5号，邮编730600，电话(0943)6121729，馆长张国楷。成立于1960年。是集中统一保管县、乡两级机关、团体、企事业单位档案资料的国家综合档案馆，是县政务信息公开场所，爱国主义教育基地。1997年晋升为甘肃省一级档案馆。总建筑面积256平方米，库房面积156平方米。馆藏档案74969卷、资料5240册。存有部分清朝档案、革命历史档案。大力开展破产、改制企业档案资料的收集工作，现已接收破产、改制企业档案3万卷，同时加大革命历史、名人档案和重大活动档案资料的征集力度。编辑了《靖远县五十年——建国专辑》、《靖远县第一届各界人民代表大会纪实》、《日本飞机轰炸靖远纪略》、《红军长征过靖远》等编研资料，为纪念抗战60周年，配合白银市电视台拍摄了《血色记忆》电视专题片。

(宋维权)

会宁县档案馆 现址会师镇延安街7号，邮编730700，电话(0943)3221934，馆长李中元。成立于1958年。是集中统一保管县级机关、团体、乡镇、企事业单位档案资料的国家综合档案馆。1997年晋升为甘肃省一级档案馆。成立于1985年。总面积757平方米，库房面积373平方米。馆藏档案28758卷，图书资料3180册。馆藏珍品有邓小平、李先念、徐向前等国家党政领导人为纪念中国工农红军会宁胜利会师50周年、60周年的亲笔题词206件。

(吴尚河)

景泰县档案馆 现址一条山镇振兴路18号，邮编730400，电话(0943)5525541，馆长高正录。成立于1980年，是集中保管县、乡两级机关、团体、企事业单位档案资料的国家综合档案馆，是县批准的政务信息公开场所。总建筑面积1000平方米，库房面积580平方米。馆藏档案资料41092卷(册)，其中资料7092册。比较珍贵的有西夏文字及其翻译资料、清朝及民国时期的地契档案、革命历史档案、党和国家领导人来景泰县视察工作时的照片、题词。有计划地接收散存于民间的珍贵历史档案。编研有《景泰民主革命时期历史资料》、《景泰县计划生育史略》等30余种档案史料汇编。

(王建国)

天水市档案馆 现址市秦州区民主西路34号，邮编741000，电话(0938)6811921，馆长汪开云，电话(0938)6811916。成立于1958年。是集中统一保管市直机关、团体、企事业单位档案资料的国家综合档案馆，市级爱国主义教育基地，市政府指定的行政规范性文件查阅场所。1993年晋升为省一级档案馆。1999年被人事部、国家档案局表彰为“全国档案工作先进集体”，2004年被授予“甘肃省档案工作示范单位”，连续10年圆满完成年度档案工作目标管理任务，受到省档案局嘉奖。总建筑面积1151.6平方米，库房面积512平方米。馆藏档案资料10.5万卷(册)，其中资料0.9万册。保存年代最早的是清代、民国档案和资料。伏羲公祭大典、防治“非典”等一批重大活动的档案资料已及时收集进馆。同时还收集建立了天水名人档案、红色档案、天水民间艺术家和老字号档案等。已建立有4.6万余条的案卷级目录数据库、17.4万条的文件级数据库、5万多页的重点档案全文数据库。开通“天水档案方志信息网站”。

(顾秀珍)

天水市城建档案馆 现址秦州区环城西路天水市建设局办公楼一楼，邮编741000，电话(0938)8215398，馆长黄宗兰，电话(0938)82886720。成立于1981年。负责对市属两区五县城建档案的收集、整理、保管提供利用。2000 年晋升为省一级档案馆。馆库总面积 540 平方米，其中库房面积 400 平方米。馆藏城建档案 28145 卷(册)。馆藏最早的是 1935 年兰州铁路局材料厂建筑工程设计图，1937 年南河川水电站设计图，1940 年至 1948 年天水市水土保持实验研究成果等资料。还有 1963 年测绘的甘肃省行政区域图，1969 年的天水市十万分之一的航测图，1975 年测绘的天水地区森林分布图及 1965 年天水市水灾照片档案等。

秦州区档案馆 现址天水市秦州区民主西路 30 号区政府院内，邮编 741000，馆长刘韵倩，电话(0938)8214998。成立于 1958 年。是集中统一保管区级机关、团体、企事业单位档案资料的国家综合档案馆，2004 年被命名为全区爱国主义教育基地，2003 年成立已公开现行文件查阅服务中心。1992 年晋升为省一级综合档案馆。总建筑面积 1034 平方米，库房面积 577 平方米。馆藏档案资料 67632 卷(册)，其中资料 6016 册。及时接收区级单位机构改革、撤乡并镇档案 2812 卷，接收整理区属 41 家改制破产企业档案 31800 卷。建起了档案管理局域网，已输入案卷目录 7 万余条，全文扫描 2 万多页。（张国彦　陈和平）

麦积区档案馆 现址天水市麦积区区府路 56 号，邮编 741020，馆长韦彩娥，电话(0938)2625761。成立于 1963 年。是集中统一保管全区机关、团体、企事业单位档案资料的国家综合档案馆，区级爱国主义教育基地，区政府指定的行政规范性文件查阅场所。1996 年晋升为省一级档案馆。总建筑面积 1213 平方米，库房面积 774 平方米。馆藏档案 41275 卷 3642 件，资料 4296 册，其中清代、民国档案 1340 卷。积极构建档案目录数据库，已录入条目 10 万多条。编辑《档案馆指南》、《税捐田赋追缴紧兵丁徭役相逼急》、《北道区社会主义建设档案资料选编》、《保护森林文献选编》等。

清水县档案馆 现址永清镇南环路 98 号，邮编 100078，电话(0938)7151309，馆长刘兰香，电话 13893802126。成立于 1958 年。是县级国家综合档案馆，是县级爱国主义教育基地，县政府指定的政务查阅利用场所。1998 年晋升为省一级档案馆。总建筑面积 907 平方米，其中库房面积 504 平方米。馆藏档案资料 4.34 万卷(册)、4874 件，其中资料 6220 册。馆藏档案资料保存年代最早的是清代档案资料，时间跨度 200 多年。已将首届轩辕文化节、城区防治综合治理工程等重大活动的档案资料收集进馆。征集到清末到建国初的契约、抗战“三字经”等档案资料和原党和国家领导人华国锋“轩辕故里”题字、全国人大副委员长顾秀莲视察宋川村“母亲水窖”活动照片等档案资料。文件级目录数据已采集 8.1 万条，档案全文扫描 8000 多幅。编辑出版《清水县档案志》、《清水县档案馆指南》、《清水县组织史资料》、《清水史话》、《清水物华》、《腾飞的清水》等专题档案史料汇编 46 种 120 多万字。《清水史话》获天水市社会科学三等奖。利用档案举办了“爱我中华爱我家园红色档案资料图片展”、“轩辕故里人文历史发展成就暨馆藏档案资料图片展”等一批档案资料巡回展、藏品陈列展。

秦安县档案馆 现址县解放路 91 号，邮编 741600，电话(0938)6522474，馆长薛惠玲，电话(0938)6525591。成立于 1958 年。是集中统一保管县级机关、团体、企事业单位档案资料的国家综合档案馆。1996 年晋升为甘肃省一级档案馆。总建筑面积 1100 平方米，库房面积 700 平方米。馆藏档案资料 55074 卷(册)，其中资料 18349 册，馆藏档案资料的历史跨度 80 余年。

甘谷县档案馆 现址县大像山镇东大街 38 号，邮编 731200，电话(0938)5630377，馆长马树平，电话 13893802909。成立于 1958 年。是集中统一保管全县机关、团体、企事业单位档案资料的国家综合档案馆，县级爱国主义教育基地。2000年晋升为国家一级档案馆。总建筑面积935平方米，库房面积433平方米。馆藏档案资料34797卷(册)，其中资料4369册。保存年代最早的是清代档案。现正积极进行馆藏案卷级目录数据库和全文数据库建设，已输入档案目录8万多条、扫描2万余幅。

武山县档案馆 现址县宁远大厦院内东楼，邮编741300，电话(0938)3381162，副馆长温爱华。成立于1958年。是集中统一保管县级机关团体、企事业单位档案资料的国家综合档案馆，县级爱国主义教育基地，县政府指定的行政规范性文件查阅场所。2003年晋升为省一级档案馆，2004年被评为全市档案工作先进单位，2005年被评为甘肃省档案工作示范单位。总建筑面积931平方米，库房面积630平方米。馆藏档案资料52614卷(册)，其中资料5856册。馆藏档案资料的历史跨度190余年。保存最早的是清朝嘉庆年间档案。已建立馆藏全宗目录数据库，录入目录7万多条，全文扫描2万多页。加强对历史档案资料、重大事件的声像、照片和武山县书画界名人书画的征集收藏。2004年举办“武山的档案与历史”陈列展。

张家川回族自治县档案馆 现址县人民东路5号，邮编741500，电话(0938)7881106，馆长马桂珍，电话13919668960。成立于1963年。是集中统一保管县机关、团体、企事业单位档案资料的综合档案馆，县级爱国主义教育基地，县政府指定的行政规范性文件查阅场所。总建筑面积898平方米，库房面积514平方米。馆藏档案资料40131卷又293盒4258件，资料4390册。馆藏档案资料的历史跨度100余年。保存年代最早的是民国档案。已将防治“非典”工作、党员先进性教育工作、五十年县庆工作等一批重大活动、重要历史事件的档案资料收集进馆。征集散失在民间的珍贵档案资料及张家川籍名人的字画、照片、证件等档案资料。

酒泉市档案馆 现址新城区盘旋西路6号，邮编735000，电话(0937)2612890，馆长李金香，电话(0937)2610585。成立于1962年。是集中统一保管市级机关、团体、企事业单位档案资料的国家综合档案馆，2003年成立现行文件查阅服务中心。2002年晋升为省一级档案馆。总建筑面积600平方米，库房面积424平方米。馆藏档案资料11万卷(册)，其中资料1万多册。已将在酒泉召开的全国乡洽会等重大活动的档案资料收集进馆；积极介入市委、政府的中心工作，跟踪拍摄，做好档案收集工作；同时加大对名人档案、地方特色档案、珍贵档案、濒危档案、重要实物档案的抢救性征集力度，取得了成效；加快档案信息化建设步伐，现已录入馆藏档案案卷级、文件级目录18.2万条，2004年酒泉市档案馆信息网站正式开通。完成编研资料15种120多万字。

(尚延军)

肃州区档案馆 现址酒泉市西大街3号，邮编735000，馆长王大忠，电话(0937)6987983。成立于1959年。是集中统一保管县级机关、团体、乡镇、企事业单位档案资料的国家综合档案馆，2003年成立现行文件阅览中心，2007年被区命名为爱国主义教育基地。1991年晋升为省一级档案馆。2006年被评为“甘肃省档案工作示范单位”。总建筑面积1207平方米，库房面积586平方米。档案资料63904卷(册)，其中资料4478册。征集了《民国酒泉县志》、《三千年沧桑》等重要历史档案资料。

(张艳)

玉门市档案馆 现址玉门新市区玉园路1号，邮编735200，馆长张晓崇，电话13893776121。成立于1960年。是集中统一保管市级机关、团体、乡镇、企事业单位档案资料的综合档案馆。1994年晋升为甘肃省一级档案馆。总建筑面积320平方米，库房面积260平方米。馆藏档案资料57368卷(册)，其中资料6869册。编研了玉门大事记、档案馆指南、乡俗俚语集、《玉门党史资料》、《玉门史话》等编研资料。开通了档案馆内部局域网。

录入案卷级、文件级条目13867条。

（徐联军）

敦煌市档案馆 现址市阳关中路8号，邮编736200，电话(0937)8822561，馆长李淑萍，电话(0937)88334100。成立于1958年。是集中统一保管市级机关、团体、企事业单位档案资料的国家综合档案馆，市级爱国主义教育基地，市政府批准的现行文件中心。1992年晋升为省一级档案馆。总建筑面积823平方米，库房面积431平方米。馆藏档案资料37437卷（册），其中资料4815册。馆藏档案资料的历史跨度1221年，保存最早的是唐代吐蕃时期《藏文经卷》。已完成机读文件目录著录4.8万条；校对、注释了道光年间《敦煌县志》，编研资料近20种120万字。（赵红运）

金塔县档案馆 现址县人民街17号，邮编735300，电话(0937)4421588，馆长杨兴基，电话(0937)4422219。成立于1958年。是集中统一保管县级机关、团体、企事业单位档案资料的国家综合档案馆，是县政府指定的政务信息公开场所。1991年晋升为甘肃省二级档案馆。总建筑面积832平方米，库房面积138平方米。馆藏档案5.5万卷（册），资料3599卷（册）。征集了温家宝等党和国家领导人来金塔县视察工作的照片，民国创修金塔县志原始件和手抄件等大量档案资料。编辑的《金塔县档案利用效果选编》、《金塔县矿产资源概况》等一批档案编研成果多次获得甘肃省级、市级优秀成果奖。（常国瑞）

肃北蒙古族自治县档案馆 现址肃北县南街1号，邮编736300，电话(0937)81221700，馆长张明泉，电话13893730249。成立于1959年。是集中统一保管县级机关、团体、企事业档案资料的国家综合档案馆，县政府指定的现行文件查阅中心、政府政务信息公开场所。1991年晋升为甘肃省二级档案馆。建筑面积225平方米，其中库房面积180平方米。馆藏档案资料25650卷（册），其中资料6898册。编印了《肃北蒙古族自治县档案史》、《肃北蒙古族自治县档案馆指南》、《肃北大事记》等资料23种。（张明泉）

阿克塞哈萨克族自治县档案馆 现址县红柳湾镇团结路23号，邮编736400，电话(0937)8322421，馆长努尔木汉，电话13893731106。成立于1958年。是集中统一保管县机关、团体、企事业单位档案资料的国家综合档案馆，县政府指定的行政规范性文件查阅场所。1993年晋升为甘肃省二级档案馆。总建筑面积689平方米，库房面积160平方米。馆藏档案资料23468卷（册），其中资料10526册。开展了馆藏档案目录数据库建设工作，共录入目录3万多条。编纂了《阿克塞县组织机构沿革汇编》、《阿克塞县县城搬迁大事、要事简述》等40种资料。（王瑞峰）

瓜州县档案馆 现址县府街43号，邮编736100，馆长廉安民，电话(0937)5522463。成立于1963年。是集中统一保管县级机关、团体、企事业单位档案资料的国家综合档案馆，县政府指定的行政规范性文件查阅场所。1994年晋升为省一级档案馆，2000年荣获“全省档案工作先进集体”称号。总建筑面积453平方米，其中库房面积275平方米。馆藏全部档案22712卷，资料6000余册。

（廉安民）

张掖市档案馆 现址市南环路29号，邮编734000，电话(0936)8212427，馆长梁永芳，电话13809362288。成立于1958年。是集中统一保管市级机关、团体、企事业单位档案资料的国家综合档案馆，市级爱国主义教育基地，市政府指定的行政规范性文件查阅场所。1993年晋升为省一级档案馆，2003年被评为甘肃省档案工作示范单位。总建筑面积1513平方米，其中库房面积964平方米。建设有档案全文数据库、档案目录数据库、多媒体数据库。馆藏档案资料87265卷（册），其中资料10907册。馆藏档案资料的历史跨度346年。保存年代最早的是清代档案和资料；有近万卷民国档案。已将张掖发生6.1级地震、非典型肺炎病例在张掖发现、吴涛煤矿透水造成人员死亡等重大事件的档案资料收集进馆。编辑出版《农村档案工作》、《档案工作报道文辑》、《张掖市非典防治工作文件资料汇编》,与相关部门合编《中国共产党张掖地区党史大事记》、《中国共产党甘肃省张掖地区组织史》等专题档案史料10多种800万字。 (高慧琴)

甘州区档案馆 现址张掖市县府街39号,邮编734000,电话(0936)8212824,馆长姜明周,电话(0936)8253202。成立于1958年。是集中统一保管区级机关、团体、企事业单位档案资料的国家综合档案馆,区政府指定的行政规范性文件查阅场所和甘州区现行文件利用中心。1995年晋升为省一级档案馆。1981年至2000年三次获得全省档案工作先进集体称号;1991年至1996年两次获得全区档案系统先进集体称号。总建筑面积1062平方米,库房面积580平方米。馆藏档案资料50770卷(册),其中资料8704册。保存年代最早的是清末档案,《甘州府志》、《甘镇志》是其代表。 (周连林)

肃南裕固族自治县档案馆 现址县红湾寺镇马蹄路,邮编734400,电话(0936)6121384,馆长张松林,电话13014120558。成立于1959年。是集中统一保管县级机关、团体、企事业单位档案资料的国家综合档案馆,县级爱国主义教育基地,是县政府指定的行政规范性文件查阅场所。1994年晋升为省一级档案馆,2005年创建为甘肃省档案工作示范单位。总建筑面积642平方米,库房面积150平方米。馆藏档案资料25631卷(册),其中资料6542册。保存最早的档案是清代档案和资料,比较珍贵的是6件缣帛档案。开展馆藏档案目录数据库的建设工作,并在县政府政务信息网上建立查阅平台。编辑发行了《肃南裕固族自治县组织史》、《中国裕固族》、《祁丰藏族史略》等多种文献资料。

民乐县档案馆 县东大街,邮编734500,电话(0936)4429567,馆长张正宏,电话(0936)44215670。成立于1958年。2006年成为县政府指定的行政规范性文件查阅场所,建立了已公开现行文件查阅中心。1993年晋升为省一级档案馆。总建筑面积1338平方米,库房面积402平方米。馆藏档案资料卷4.2万(册),其中资料7048册。保存年代最早的是清乾隆八年的档案。目前正在建立馆藏档案目录数据库,已完成部分档案目录数据采集工作,档案扫描工作也在同步进行。编辑了《民乐县档案馆指南》、《民乐县地震大事记》等专题档案史料汇编10多种40多万字。 (戎鹏学)

临泽县档案馆 现址县府街362号,邮编734200,电话(0936)5521080,馆长沈文。成立于1963年。是集中统一保管全县各级各单位档案资料的国家综合档案馆,县级爱国主义教育基地和行政规范性文件查阅场所。1993年晋升为省一级档案馆,2004年被评为"甘肃省档案工作示范单位"。先后荣获"全省档案工作先进集体"、县级"文明标兵单位"、"党建工作示范单位"等称号。至2006年整体工作连续10年名列全市榜首。总建筑面积1031平方米,其中库房面积907平方米。馆藏档案资料约5万卷(盒)。保存年代最早的是清代档案、革命历史档案。编纂出版编研成果10余种100多万字,著录档案信息20多万条。 (孙维梅)

高台县档案馆 现址县政府街22号,邮编734300,电话(0936)6621699,馆长赵建荣,电话(0936)6622852。成立于1958年。是集中统一管理县级机关、团体、企事业单位档案资料的国家综合档案馆,县政府指定的行政规范性文件查阅场所。1992年晋升为省一级档案馆。总建筑面积1043平方米,库房面积643平方米。馆藏档案资料34649卷(册),其中资料8279册。和有关单位合编了《高台县志》、《中共高台县组织史资料》、《中共高台县委50年大事记》、《高台县人大志》、《高台县文史资料》(1～5辑)等编研资料。

山丹县档案馆 现址县北大路3号县委

大院内，邮编 734100，电话(0936)2721276，馆长张建龙。成立于 1958 年。是集中统一保管县级机关、团体、乡镇、企事业单位档案资料的国家综合档案馆，县政府指定的行政规范性文件查阅场所。1993 年晋升为省一级档案馆。总建筑面积 1218 平方米，库房面积 369 平方米。馆藏档案资料 36346 卷(册)，其中资料 12849 册。保存着 1936 年红西路军在山丹浴血奋战、国际友人路易·艾黎在山丹活动以及国家党政领导人视察山丹等的照片。已将“10.25”地震及灾后重建，“5.23”吴涛煤矿透水事故抢险救援，防治“非典”工作，县第十二、十三次党代会及县人代会、政协会等重大活动、事件档案资料收集进馆。同时征集了县内书法名人的书法作品，民间艺人周玉梅的剪纸作品等档案资料。

武威市档案馆 现址市北关中路 141 号，邮编 733000，电话(0935)69669780，馆长沈渭才，电话(0935)69669800。成立于 1963 年。是集中统一保管市直机关、团体、企事业单位档案资料的国家综合档案馆。1993 年晋升为甘肃省一级档案馆，1996 年、2000 年两次被表彰为全省档案工作先进集体。总建筑面积 1381.47 平方米，库房面积 425.91 平方米。馆藏档案资料 43620 卷(册)，其中资料 6490 卷(册)。馆藏档案资料历史跨度 280 余年，主要是建国后形成的档案。已将“天马文化旅游节”、市一运会、市党代会、市人代会、保持共产党员先进性教育活动以及破产改制企业等一批重大活动、重要事件的档案资料收集进馆。加强了对馆藏档案的数字化转换，目前已录入案卷级、文件级目录 8 万多条。(盛国忠)

现址武威市凉州区档案馆 凉州区东大街 66 号，邮编 733000，电话(0935)2234245，馆长李彩霞。成立于 1980 年。是集中统一保管区直机关、团体、企事业单位档案资料的国家综合档案馆、区级爱国主义教育基地，区政府指定的现行文件查阅服务中心。1995 年晋升为省一级档案馆，1999 年获“全国档案系统先进集体”荣誉称号。总建筑面积 1700 平方米，其中库房面积 900 平方米。馆藏档案资料 5.2 万卷(册)，其中资料 0.36 万册。馆藏档案资料历史跨度 530 余年，保存年代最早的是明清档案和资料。已将“天马”节会、武威酒文化节、防治“非典”工作、共产党员先进性教育活动等一批重大活动的档案资料征集进馆。同时，有计划地对外征集重要历史档案资料。已录入文件级目录信息 7.5 万条。

(马生华)

民勤县档案馆 现址县城东大街 9 号，邮编 733300，电话(0935)4122185，馆长高培玉，电话(0935)4121903。成立于 1958 年。是集中统一保管县、乡两级机关、团体、企事业单位各类档案资料的国家综合档案馆，县政府指定的现行文件查阅利用中心，政务信息公开场所。1994 年晋升为甘肃省一级档案馆，2004 年被表彰为“全省档案工作先进集体”。总建筑面积 800 平方米，库房面积 300 平方米。馆藏档案 22130 卷，资料 5943 卷(册)。馆藏有清代《王氏家谱》、《镇番县志》、名人字画等特色档案。正在开展馆藏档案目录数据库建设工作，已录入案卷级、文件级目录 5 万余条。

(焦多来)

古浪县档案馆 现址县城街西社区政府巷，邮编 733100，电话(0935)5121499，馆长尹文仲，电话 13993516768。成立于 1958 年。是集中统一保管县级机关、团体、企事业单位、乡镇、街道办事处档案资料的国家综合档案馆，市指定的政务信息公开场所。1996 年晋升为省一级档案馆。总建筑面积 1262 平方米，库房面积 603 平方米。馆藏档案资料 27975 卷(册)，其中资料 6389 册。保管年代最早的是民国时期档案资料。建成馆藏档案目录数据库，采集文件级目录 2 万多条。编辑印发《古浪县大事记》、《古浪县自然灾害录》、《古浪西山川事件真相》等专题档案史料 10 多种 4 万多字。 (李虎林)

天祝藏族自治县档案馆 现址县城华藏

寺镇团结南路5号，邮编733200，电话(0935)3121278，馆长刘文侠，电话(0935)3125156。成立于1958年。是集中统一保管县级机关、团体、企事业单位、乡镇档案资料的国家综合档案馆。2005年成立了“现行文件查阅中心”。1995年晋升为甘肃省一级档案馆。总建筑面积861平方米，库房面积150平方米。馆藏档案资料36143卷(册)，其中资料12603册。馆藏珍贵档案有：清雍正二年(1724年)四川提督奋威将军岳钟琪给天祝藏区用藏汉两种文字书写的“招安”书，清道光三年(1823年)至民国38年(1949年)天祝区域划分、边界纠纷的执照、地契、合同、分界图等。编写了《天祝藏族自治县概况》、《天祝藏族自治县历届(次)各族各界代表会简介》、《天祝藏族自治区、乡、社、场行政区划变化情况》、《天祝藏族自治县体制改革前后领导班子变化情况》等档案文献汇编22种。 (杨晓红)

定西市档案馆 现址市安定区中华路31号，邮编743000，电话(0932)8213275，馆长牟爱玉，电话(0932)8225350。成立于1958年。是集中统一保管市级机关、团体、企事业单位档案资料的国家综合档案馆，1991年晋升为省一级档案馆。总建筑面积1358平方米，库房面积800平方米。馆藏档案资料68891卷(册)，其中资料8100册。馆藏档案资料的历史跨度近200年。保存年代最早的是清代档案，民国档案约占馆藏总量的六分之一。已将防治“非典”、党和国家领导人视察定西的照片、题词以及部分地方名人档案收集进馆。已建成馆藏30多万条的文件级目录数据库，1万多条的案卷级目录数据库，扫描重点档案10万多页。定西市档案网页与市政府网站连接，现可向公众提供10万条文件目录网上检索查询。编写了《定西地委大事记》、《定西地区档案事业发展四十年》等编研资料20多种1000万字。

安定区档案馆 现址定西市安定区中华路42号，邮编743000，电话(0932)8216307，馆长剡玺，电话(0932)3651606。成立于1958年。是集中统一保管区直机关、团体、企事业单位档案资料的国家综合档案馆、区级爱国主义教育基地，2005年成立已公开现行文件查阅中心。1993年晋升为省一级档案馆。总建筑面积969平方米，库房面积390平方米。馆藏档案资料41028卷(册)，其中资料7770册。已将防治“非典”工作、党和国家领导人视察安定区的部分照片档案资料收集进馆。编写各类档案史料汇编20余种60多万字。

通渭县档案馆 现址平襄镇西街64号，邮编743300，电话(0932)5552593，馆长潘素芳，电话(0932)3347696。成立于1958年。是集中保管县、乡两级机关、团体、企事业单位档案资料的国家综合档案馆、县级爱国主义教育基地、县政府指定的行政规范性文件查阅场所。2003年成立现行文件查阅中心。1995年晋升为省一级档案馆，总建筑面积932平方米，库房面积395平方米。馆藏档案4万卷，资料3000册。现录入文件级目录8万余条。编纂了优秀人物志、县档案志、“非典”文件汇编等23种编研成果近20万字。

陇西县档案馆 现址巩昌镇文化广场9号，邮编748100，电话(0932)6622235，馆长闫亚文，电话13993233768。成立于1958年。是集中统一保管县、乡两级机关、团体、企事业单位档案资料的国家综合档案馆，县级爱国主义教育基地、县政府指定的行政规范性文件查阅场所。1997年晋升为省一级档案馆。连续四年被评为定西市档案工作先进单位。总建筑面积858平方米，库房面积280平方米。馆藏档案3.2万卷(册)，资料7176册，书画2300幅。馆藏档案最早的是民国档案。2006年中国·甘肃“陇西李氏文化杯”诗文书画大展结束后，所有参展书画都及时收集进馆。建立健全了检索系统。举办了珍品档案陈列展览。

渭源县档案馆 现址县城新街1号，邮编748200，电话(0932)4132275，馆长刘月琴，电话13993207648。成立于1963年。是集中统一保管全县档案资料的国家综合档案馆。2004年成立了“现行文件阅览中心”。1997年晋升为省一级国家综合档案馆。总建筑面积730平方米,库房面积351平方米。馆藏全部档案资料36185卷(册),其中资料2352册。将防治“非典”、“学教”工作等重大活动档案及时接收进馆,编写编研资料32种。已完成80494条案卷级目录的录入工作。

临洮县档案馆 现址广场路3号,邮编730500,电话(0932)2242351,馆长罗永红。成立于1958年。是集中统一保管县级机关、团体、企事业单位和乡镇档案资料的综合档案馆,县政府指定的行政规范性文件查阅场所。1993年晋升为甘肃省三级档案馆。总建筑面积987平方米,库房面积527平方米。馆藏档案资料64694卷(册),其中资料11727册。馆内部建成局域网,对馆藏档案实行目录数据库管理,截止目前,已录入75000条文件级目录,扫描档案3000幅。编辑出版了《临洮县档案馆指南》等30多种编研成果。(宿玲玲)

漳县档案馆 现址武阳路43号,邮编748300,电话(0932)4861509,馆长张晓峰。成立于1963年。是集中统一保管县、乡两级机关、团体、企事业单位档案资料的国家综合档案馆、县级爱国主义教育基地、县政府指定的行政规范性文件查阅场所。1998年晋升为甘肃省二级档案馆。总建筑面积788.8平方米,库房面积530平方米。馆藏档案资料19981卷(册),保存最早的是民国时期的档案资料。征集了县上知名人士、劳动模范、英雄人物的照片、资料及个人著作等档案资料。建立了馆藏档案案卷级目录数据库。

岷县档案馆 现址和平街113号县委大院内,邮编748400,电话(0932)7722529,馆长龚平,电话13034147654。成立于1958年。是集中统一保管县直机关、团体、企事业单位、乡(镇)档案资料的国家综合档案馆,县政府指定的行政规范性文件查阅场所,2004年成立“现行文件阅览中心”。1999年晋升为省二级档案馆。总建筑面积805.56平方米,库房面积425.95平方米。馆藏档案资料28971卷(册),其中资料2357册。保存年代最早的是民国档案,并有部分革命历史档案。已将防治“非典”、保持共产党员先进性教育等重大活动档案收集进馆,征集到原中央军委副主席刘华清的题词、《岷阳诗词》等一批名人特色档案。编辑《岷县党代会简介》、《岷县当归生产概要》、《红军长征对岷县的历史影响》等20多种档案史料成果。(王新民)

陇南市档案馆 现址武都区人民路270号,邮编746000,电话(0939)8211946,馆长祁波,电话13809391818,电子邮箱1n13809391818 @ sina.como。成立于1962年。是集中统一保管市直机关、团体、企事业单位、各乡镇档案资料的综合档案馆,市政府指定的行政规范性文件查阅场所。馆建筑房面积105平方米,馆藏档案资料3万卷(册),其中资料3064卷(册)。保存档案年代最早的是民国档案,比较珍贵的有红军长征在陇南、陇南地下党活动的史料,武都军分区司令员刘殿英、政委陈致中、副政委李正廷写给石福顺、赵生寿二位先生的劝降信,还有阎锡山写给康县警备司令部刘化一的亲笔信件等档案资料。将陇南撤地设市、人大、政协会议、文县地震等重大事件档案资料及时收集进馆。举办了“安监杯”馆藏老照片展,拍摄了《红军长征在陇南》等6部纪实电视专题片,其中《白衣丹心》再现了礼县第一人民医院医务工作者在抗击“非典”战役中的英雄群体先进事迹,在社会上引起强烈反响,采取送档案文化下基层、进校园等多种方式,先后举办了六次陇南地下党员王锐青、龙一飞等老一辈优秀共产党员事迹、党和国家领导人视察陇南、“三讲”和共产党员先进性教育活动全市优秀共产党员的先进事迹展览。

武都区档案馆 现址陇南市城区南桥路,邮编746000,电话(0939)8213981,馆长张晓,电话13099326968。成立于1958年。是集中统一保管各乡镇、区直机关、团体、企事业单位档案资料的国家综合档案馆，区级爱国主义教育基地、区政府指定的行政规范性文件查阅场所。总建筑面积960平方米，库房面积360平方米。馆藏档案26176卷(册)，资料2800册。保存年代最早的是清代资料，有少量革命历史档案。正开展馆藏全宗级目录数据库录入和全文扫描工作。

宕昌县档案馆 现址县城关镇人民街105号，邮编(0939)6127505，馆长童彦清。成立于1958年。是集中统一保管县级机关、团体、企事业单位档案资料的国家综合档案馆，县政府指定的行政规范性文件查阅场所。总建筑面积418平方米，库房面积323平方米。馆藏档案资料31318卷(盒)，其中资料9344卷(册)。编辑完成了《宕昌县灾情资料》、《宕昌县档案馆全宗指南》等资料。 (陈世英)

成县档案馆 现址城关镇西大街政府后院，邮编742500，电话13830981269，馆长何凤岐，电话13830991898。成立于1980年。是集中统一保管县级机关、团体、企事业单位、各乡镇档案资料的国家综合档案馆，县政府指定的行政规范性文件查阅场所。2002年晋升为省二级档案馆。总建筑面积800平方米，库房面积400平方米。馆藏档案资料3.41万卷(册)，其中资料0.41万册。馆藏档案的历史跨度90余年，有部分民国和革命历史档案。已将防治"非典"工作，第一、二、三届"西峡颂"文化旅游节的档案资料收集进馆。同时征集了原中共中央总书记胡耀邦视察成县时的题词、照片，兰州军区司令员肖华给《新民学会通信集》的题词等。 (何凤岐)

康县档案馆 现址县城中街县委综合办公楼一楼，邮编746500，电话(0939)5121098，馆长袁兴荣，电话13993973959。成立于1963年。是集中统一保管县直机关、人民团体、企事业单位、各乡(镇)档案资料的县级国家综合档案馆，2004年县政府批准成立现行文件查阅中心。1993年晋升为省二级档案馆。2000、2004年度被评为档案系统先进集体。建筑面积309.42平方米，库房面积为150平方米。馆藏档案25202卷，1541件，资料2873册。已将撤并乡(镇)和八家改制企业的档案接收进馆。

文县档案馆 现址县城城关政府小区，邮编746400，馆长李小安，电话13909395142。成立于1958年。是集中统一保管县直机关、团体、企事业单位及乡镇机关档案资料的国家综合档案馆，县指定的行政规范性文件查阅场所。1993年晋升为省二级档案馆。总建筑面积1000平方米，库房面积700平方米。馆藏档案资料25233万卷(册)，其中资料8203册。保存年代最早的是唐朝中朝的实物档案，有部分民国档案，保存比较珍贵的是胡耀邦总书记的亲笔题词。

西和县档案馆 现址汉源镇中山街，邮编742100，馆长吕月娥，联系电话(0939)6621293。成立于1963年。建筑面积579.84平方米，其中库房面积555.84平方米。馆藏档案:73896卷(件)。

礼县档案馆 现址积厚街1号，邮编742200，电话(0939)4421410，馆长王晓娟。成立于1958年。是集中统一保管县机关、团体、企事业单位、各乡镇档案资料的国家综合档案馆，2004年建立现行文件查阅中心。1995年晋升为省一级档案馆。2004年评选为"全省档案工作先进集体"，2005年评选为"全市档案工作及三农档案建设先进单位"，2006年被评为"档案行政执法先进单位"。总建筑面积800平方米，库房面积480平方米。馆藏档案资料50452卷(册)，其中资料8392卷(册)。另外，馆藏中药材标本3200枚。创办了陇南第一家个人书画院——"菊逸书画院"。2003年非典疫情结束后，建立了《非典患者王狠个人档案》。编辑出版了《忆三年困难时期的纠左》、《祁山胜迹》和《天嘉英烈》档案史料6万多字。现已录入文件级目录2万多条。

两当县档案馆 现址县城关北街4号(县

政府大院内），邮编 742400，电话（0939）7122796，馆长邹玉平，电话 13209395836。成立于 1963 年。总面积 1398 平方米，库房面积 283 平方米。馆藏档案资料 24660 卷（册），其中资料 3042 册。馆藏档案资料的历史跨度近 200 余年。保存年代最早的是“换盛隆号”账本（1885 年）、清版《两当县志》及清同治十年版《礼记》等。对馆藏的民国档案进行扫描、复制，以及文件级目录数据的输入工作。

徽县档案馆 现址县城西街 09 号，邮编 742300，电话（0939）7521729，馆长田炜，电话 13830916998。成立于 1984 年。是集中统一保管县级机关、团体、企事业单位、各乡镇档案资料国家综合档案馆，县设立的规范性文件查阅场所，县爱国主义教育基地。2003 年被授予“全国档案系统先进集体”荣誉称号。馆藏档案资料 44103 卷（册），其中资料 5709 册。有查考价值的照片 643 张，实物档案 172 件（其中有印章档案 170 枚，象牙笏板 1 枚，中华民国居民身份证 1 件）。开通了“徽县档案”网站，设立 9 个栏目面向社会提供服务。录入文件级目录近 10 万条，档案全文扫描 2 万多页。

平凉市档案馆 现址红旗街 113 号，邮编 744000，电话（0933）8230645 转 801，馆长张立新，电话（0933）8230646。成立于 1959 年。是集中统一保管市级机关、团体、企事业单位档案资料的国家综合档案馆，市级爱国主义教育基地。1993 年晋升为省一级档案馆，2004 年被评为“甘肃省档案工作示范单位”。总建筑面积 1269.34 平方米，库房面积 410 平方米。馆藏档案资料 8.25 万卷（册），其中资料 1.96 万册。馆藏档案资料的历史跨度 130 余年。保存年代最早的有清朝时期的契约，珍贵档案有西安事变前张学良、杨虎城来平凉宣传抗日时与三校师生的合影、中国工农红军长征途经平凉境内时毛泽东、朱德等的照片，还有胡耀邦 1986 年视察平凉时形成的档案资料（包括手迹、实物、音像资料）等。已将辖区内如“崚峒杯”全国第五届武术大赛、第七届全国机器人足球锦标赛和中国平凉崆峒文化旅游节、撤地设市等一批重大活动、重要历史事件的档案资料全部收集进馆。在已建成文件级、案卷级目录数据库的基础上，正在筹建音像档案、全文扫描、照片档案数据库，建立了办公自动化网和档案工作信息网。编辑出版《平凉地区组织史料》、《平凉名优新特产品介绍》、《平凉名胜博览》、《平凉两西建设伟大成就》、《平凉第一个五年建设成就》等 27 种编研资料。其中《平凉地区行政区划机构沿革、干部任免资料》、《平凉地区档案馆简明指南》获省档案学会二等奖。

崆峒区档案馆 现址平凉市西大街 32 号，邮编 744000，电话（0933）4161831，馆长梁平莲，电话（0933）4163833。成立于 1958 年。是集中统一保管区机关、乡镇、团体、企事业单位档案的国家综合档案馆，2004 年命名为区爱国主义教育基地。1993 年晋升为省一级综合档案馆，2005 年被评为“甘肃省档案工作示范单位”。总建筑面积 897 平方米，其中库房面积 410 平方米。馆藏档案资料 51256 卷（册），其中资料 6615 册。已录入文件级目录 15 万条，案卷级目录 1 万条。已征集崆峒山书画 50 件、木刻经版 90 块、各类荣誉证牌 45 块和 20 多位著名书画家、作家的作品多件。编辑《平凉市自然灾害记事录》、《崆峒区政治运动史料》等 10 余种档案汇编；并于 2005 年创办《崆峒档案》杂志。

泾川县档案馆 现址县安定街 24 号，邮编 744300，电话（0933）3321618，馆长解天泰，电话 13034180995。成立于 1959 年。是集中统一保管县级机关、团体、乡镇、企事业单位档案资料的国家综合档案馆、县政府指定的行政规范性查阅场所。1998 年晋升为甘肃省一级档案馆。总建筑面积 450 平方米，其中库房 270 平方米。馆藏档案资料 2.8 万卷（册），其中资料 0.2 万册。档案历史跨度 150 余年，保存年代最早的是清朝档案，最珍贵的档案是清光绪丁酉（1897）年阎佐武举人考文及考官批语木刻板。

灵台县档案馆　现址县城荆山路25号，邮编744400，电话(0933)3621620，副馆长曹建忠。成立于1962年。是集中统一保管县、乡两级机关、团体、企事业单位档案资料的国家综合档案馆。2005年建立现行文件查阅服务中心。1999年晋升为省一级档案馆。总建筑面积823平方米，其中库房面积240平方米。馆藏档案资料35356卷(册)，其中资料2156册(本)。馆藏档案资料历史跨度200余年，保存最早的是清朝嘉庆年间的典当契约；最珍贵的是在本县传承百年的艺苑奇葩、省级非物质文化遗产、濒危剧种——《灯盏头》剧目资料。加强了对重大活动档案的收集，接收破产改制企业及撤并乡镇(单位)档案近万卷(册)、亚运火炬在灵台县传递、2006中国·灵台中医针灸(国际)学术交流大会和皇甫谧文化节的声像照片资料、实物档案等。同时征集了扫雷英雄姚显儒等革命英雄和名人的照片和资料。目前已完成全部案卷级目录的数据录入，5万余条文件级目录数据录入，1万余幅重点档案的全文扫描。编辑《灵台县整风反右专题概要》、《灵台县历代自然灾害简志》等专题档案编研资料10多种22余万字。2005年建立精品档案陈列展室。　(曹建忠)

崇信县档案馆　现址县西南路2号，邮编744200，电话(0933)6121094，馆长张建伟。成立于1963年。是集中统一保管县、乡两级机关、团体、企事业单位档案资料的国家综合档案馆，县级爱国主义教育基地，2004年设立现行文件查阅服务中心。1993年晋升为省一级综合档案馆。总建筑面积904平方米，库房面积302平方米。馆藏档案资料20959卷(册)，其中资料4351册。加大了对县直各部门及撤并乡(镇)、改制企业档案接收工作，建成了精品档案陈列。

华亭县档案馆　现址东大街149号，邮编744100，电话(0933)7721348，馆长甘毓芳，电话13993385996。成立于1958年。是集中统一保管县、乡两级机关、团体、企事业单位档案资料的国家综合档案馆、县级爱国主义教育基地、县政府指定的现行文件查阅场所。1997年晋升为省一级综合档案馆。总建筑面积551.7平方米。馆藏档案资料4万卷(册)、资料3752册。已将“三讲”、“非典”及本县重大活动的档案资料收集进馆。征集反映本县不同时期、档案资料1500余卷(册件)。编辑档案汇编各类资料22种15万字，已建成馆藏档案案卷级目录数据库和部分全文数据库。

庄浪县档案馆　现址水洛镇东关街63号，邮编744600，电话(0933)6621167，馆长贾思刚，电话13830339789。成立于1962年。是集中统一管理县、乡两级机关、团体、企事业单位档案资料的国家综合档案馆、县级爱国主义教育基地。1996年晋升为省一级档案馆。2005年被评为“甘肃省档案工作示范单位”。总面积986.6平方米，库房面积723平方米。馆藏档案27697卷、资料6564册。馆藏较为珍贵的是1986年原中共中央总书记胡耀邦视察庄浪的题词“党员带头，战天斗地”和为县城名胜“紫荆山”题写的山名。征集到“中国梯田化模范县”验收资料、“庄浪精神”宣传资料、防治“非典”档案、“共产党员先进性教育”档案、省部级以上荣誉档案、庄浪书画名人档案、庄浪史料出版物等大量档案资料。开始对馆藏档案进行数字化转换工作，现已录入12万条文件级目录，开通了“庄浪档案信息网”，为利用者提供档案远程查询服务。编辑出版《庄浪古今人物》、《胡耀邦总书记视察庄浪的前前后后》、《解放初期的庄浪县人民政权建设》等档案文献汇编、宣传文章40余部(篇)、30余万字。　(贾思刚)

静宁县档案馆　现址城关镇人民路8号，邮编743400，电话(0933)2521334，馆长王友忠。成立于1958年。是集中统一保管县、乡两级机关、团体、企事业单位档案资料的国家综合档案馆，县级爱国主义教育基地，县指定的行政规范性文件查阅场所。2002年晋升为省一级档案馆。总建筑面积1398平方米，其中库房面积798平方米。馆藏档案资料56243卷、件，其中资料4916册。馆藏档案资料的历史跨度270多年，保存年代最早的是清朝乾隆元年的地契1件。收集了省以上党政领导来静宁检查工作、抗灾救灾、行政区划调整、各种重要会议、庆典、展销会、“全国见义勇为先进分子李强”荣誉档案、开国元勋子女重走长征路专题档案等一批重大活动、重要事件的档案资料。征集到清朝地契5卷127件，反映改革开放以来，特别是“十五”时期静宁发展变化的照片1868张。馆藏档案目录计算机管理的同时，对重点档案进行全文扫描，静宁县档案信息网站已经建成。

庆阳市档案馆 现址市西峰区南大街144号，邮编745000，电话(0934)8215403，馆长李星明，电话(0934)8227573。成立于1963年。是集中统一管理市直机关、团体、企事业单位档案资料的国家综合档案馆，市级爱国主义教育基地，市规范性文件查阅场所，建立了现行文件中心。1994年晋升为省一级档案馆。总建筑面积1447平方米，库房面积713平方米。馆藏档案资料10.4万卷(册)，其中资料2.5万册。历史跨度210余年。珍贵档案有陇东地委(陕甘宁边区的重要组成部分)革命历史档案。加大了对重大活动、名人等特色档案的收集，已收集五届庆阳民俗文化节、庆阳第一个党支部书记、庆阳第一个农民艺术家等档案资料2000多件。已建成与因特网联接的办公局域网，馆藏档案文件级目录数据库和部分全文数据库。档案编研成果显著，编辑了丰产田经验、经济改革经验、抗旱增产措施、畜牧业生产经验、模范人物事迹等汇集、汇编，地方自然概貌、文物古迹、地方产品、重要会议等介绍、简介等成果6类50多种。

(左长寿　张会民)

西峰区档案馆 现址市西峰区九龙南路116号，邮编745000，电话(0934)8212980，馆长冯榕，电话(0934)8216689。成立于1986年。是集中统一保管区委、区政府及区直行政机关、各乡镇、团体、企事业单位档案资料的综合档案馆。2001年晋升为省一级档案馆。总建筑面积1127平方米，库房面积520平方米。馆藏档案资料22504卷(件、册)，其中资料3443册，一库区为特色文化展室，内设赵文菁泥塑馆，香包、刺绣、剪纸、皮影展室，现行文件阅览中心；二库区为文书档案库房；三库区为寄存企业档案库房。

(冯榕)

庆城县档案馆 现址县城关镇西大街47号，邮编745100，电话(0934)3222137，馆长高占文，电话(0934)3222665。成立于1958年。是集中统一保管县直机关、团体、企事业单位档案资料的国家综合档案馆。1996年晋升为甘肃省一级档案馆。总建筑面积864平方米，库房面积826平方米。馆藏档案36220卷、资料6990册。目前已录入文件级目录13万条。有字画、书籍、刺绣等特色档案。

(高占文)

环县档案馆 现址环城镇中街142号，邮编745700，电话(0934)4421807，馆长卢晓玲，电话(0934)3662387。成立于1958年。是集中统一保管县机关、团体、企事业单位档案资料的国家综合档案馆，县级爱国主义教育基地，县确定的政务信息公开场所。1992年晋升为省一级档案馆。总面积813平方米，库房面积386平方米。馆藏档案资料5万多卷(册)，其中资料0.5万余册。保存年代最早的是清代档案资料。编印了《环县百年大事记略》、《环县行政事业、企业单位成立情况一览表》、《环县县情大全》等90多种300多万字的档案史料汇编。利用馆藏珍贵档案史料，举办了“环县档案馆馆藏珍贵档案史料展”。

华池县档案馆 现址县城中街8号，邮编745600，电话(0934)5121957，馆长朱琏学，电话(0934)5125325。成立于1963年。是集中统一保管县机关、团体、企事业单位档案资料的综合档案馆，县级爱国主义教育基地，已建立现行文件查阅服务中心。1993年晋升为甘肃省一级档案馆。总建筑面积 830 平方米，库房面积 432 平方米。馆藏档案资料 4.1 万卷(册)，其中资料 0.6 万册。馆藏档案资料历史跨度 200 多年，保存最早的有清乾隆年间土地契约等，并有部分革命历史档案，其中珍贵的有胡耀邦等中央领导人为南梁革命纪念馆的亲笔题词，刘志丹、谢子长、习仲勋等革命先辈及名人的历史珍贵照片，党的六大以前的重要文献等。

合水县档案馆　现址县城解放东路 072 号，邮编 745400，电话(0934)5521387，馆长耿志锋。成立于 1962 年。是集中统一保管县直机关、团体、企事业单位档案的国家综合档案馆。总建筑面积 902 平方米，库房使用面积 374 平方米。馆藏档案资料 34684 卷(册)，其中资料 3787 册。保存年代最早的是清光绪十三年(公元 1887 年)的《合水县志》手抄本。开展了馆藏档案数据库建设工作，目前已录入档案文件级目录 10 万多条。主动参与了全县重大政治经济活动，加强了收集力度。

(耿志锋)

正宁县档案馆　现址县西街 10 号，邮编 745300，电话(0934)6121721，馆长徐晓玲，电话(0934)3659613。成立于 1980 年。是集中统一保管全县机关、团体、企事业单位档案资料的县级综合档案馆，县政府指定的行政规范性文件查阅场所。1997 年晋升为省一级档案馆。总面积 1281.58 平方米，库房面积 1000 平方米。馆藏档案资料 32103 卷(册)，其中资料 5694 册。举办了档案陈列展览。

(徐晓玲)

宁县档案馆　现址新宁镇人民路 5 号，邮编 745200，电话(0934)6622326，馆长赵俊生，电话 13830478777。成立于 1958 年。是集中统一管理各乡镇、县直部门、企事业单位各类档案资料的国家综合档案馆，县级爱国主义教育基地，县政府指定的行政规范文件查阅场所。1992 年晋升为省一级档案馆。总建筑面积 1081 平方米，库房面积 482 平方米。馆藏档案资料 49767 卷(册)，其中资料 8180 册。馆藏档案资料的历史跨度 400 余年，保存年代最早的是明清档案资料，有少量革命历史档案和民国档案。已输入案卷级、文件级目录 13.5 万条。已将县历次香包节、九龙金枣节、县城改造、新农村建设等档案资料接收进馆。编辑综合性、专项性档案文献 40 余种并举办档案陈列展览。

(赵俊生)

镇原县档案馆　现址县城中街 17 号(县委院内)，邮编 744500，电话(0934)7121313，馆长强培璧，电话(0934)7121367。成立于 1958 年。是集中统一保管县级机关、团体、企事业单位档案资料的国家综合档案馆，县级爱国主义教育基地，县政府指定的行政规范性文件查阅场所。1997 年晋升为省一级档案馆。总建筑面积 1467 平方米，库房面积 435 平方米。馆藏档案资料 58319 卷(册)，其中资料 8834 册，书法、绘画作品 150 多幅。　(强培璧)

临夏回族自治州档案馆　现址市红园路 84 号，邮编 731100，电话(0930)6215926，馆长陈鹏，电话(0930)6226367。成立于 1958 年。是集中统一保管州级机关、团体、企事业单位档案的国家综合档案馆。1991 年被表彰为“全国档案工作先进集体”。总建筑面积 1527 平方米，库房面积 860 平方米。馆藏档案资料 121478 卷(册)，其中资料 15765 册。保存年代最早的档案是东汉灵帝光和三年(公元 180 年)的陶罐朱书拓片，较为珍贵的有清代圣旨、嘉奖令、喇嘛度牒等，部分档案由蒙、满、藏等少数民族文字以及英文、阿拉伯文记载。馆藏档案载体丰富，除纸质档案外，还包括丝绸、玻璃、胶片、磁盘、光盘等载体档案。编纂《清代河州契文汇编》、《临夏回族自治州大事记》(1949—2000)、《三马家族谱系表》、《临夏自然灾害记略》等档案史料 62 种。2006 年为自治州成立 50 年大庆，举办了“悠久临夏——珍贵档案展”。现已录入文件级目录 16 万条。(史云)

临夏市档案馆　现址市青年路 57 号，邮编731100,电话(0930)62125830,馆长赵素然,电话13309303066。成立于1958年。是集中统一保管市级机关、团体、企事业单位档案资料的国家综合档案馆,县级爱国主义教育基地,市政府指定的行政规范性文件查阅场所。1993年晋升为省一级档案馆。总建筑面积956平方米,库房面积318平方米。馆藏档案资料74071卷(册),其中资料10328册。编写了《临夏市宗教场所简介》、临夏市项目建设概论、新闻报道录、全宗指南、临夏市党代会一至十一届简介、人代会一至十三届简介、政协会一至十一届简介等内部资料。

临夏县档案馆 现址韩集镇前街3号,邮编731800,电话(0930)3222154,馆长辛菊兰。成立于1963年。是集中统一保管县级机关、团体、企事业单位档案资料的国家综合档案馆,县政府指定的行政规范性文件查阅场所。1995年晋升为省一级档案馆。总建筑面积446平方米,库房面积223平方米。馆藏档案资料57481卷(册)、2704件,其中资料6961册。档案有清朝同治、光绪年间、民国时期形成的田赋清册、田地、房屋契约等珍贵档案和革命历史档案。编写出版档案史料17种,出版的《韩家集简志》、《临夏县北塬移民史略》、《临夏县民政志》分别荣获甘肃省档案学会第四次、第六次档案优秀成果一、二等奖。

(辛菊兰　刘丁兰)

康乐县档案馆 现址城新治街22号,邮编731500,电话(0930)4425149,馆长白旭,电话(0930)4425148。成立于1962年。是集中统一保管县党政机关、团体、企事业单位档案资料的国家综合档案馆,县级爱国主义教育基地。1997年晋升为甘肃省一级档案馆。总建筑面积870平方米,其中库房面积550平方米。馆藏档案资料44196卷(册),其中资料4579册。收集特色档案458卷。征集到"红军长征在康乐"等历史档案资料、照片。编写《康乐县组织史》、《康乐县县志》、《康乐县金融发展简史》等档案史料汇编20多种180多万字,利用档案举办了"历史的见证——发展中的康乐"陈列展。

永靖县档案馆 现址刘家峡镇黄河路30号,邮编731600,电话(0930)8832078,馆长孔令东,电话(0930)8838810。成立于1958年。是集中统一保管县级机关、团体、企事业单位档案资料的国家综合档案馆,县政务信息公开场所和爱国主义教育基地。1996年晋升为甘肃省一级档案馆,2004年被表彰为"全省档案工作先进集体"。总建筑面积967平方米,库房面积645平方米。馆藏档案资料59518卷(册)、334件,其中资料3748册。已录入机读目录35000条。编写各类档案史料汇编46种。

广河县档案馆 现址西街县委大院内,邮编731300,电话(0930)5621176,馆长马学忠,电话13993000015。成立于1962年。是集中统一保管县党政机关、团体、企事业单位档案资料的国家综合档案馆。总建筑面积702平方米,库房面积301平方米。馆藏各类档案资料28410卷(册),其中资料752册。

(马继红)

和政县档案馆 现址城关镇西街4号,邮编731200,电话(0930)5521066,馆长王心文,电话13519009787。成立于1981年。是集中统一保管县级机关、团体、企事业单位档案资料的国家综合档案馆,是县政府指定的行政规范性文件查阅场所,县级爱国主义教育基地。总建筑面积220平方米,其中库房面积100平方米。馆藏档案资料29500卷。已将先进性教育等活动的档案资料收集进馆。征集牙含章等革命前辈的照片和资料,胡耀邦等中央领导人视察和政的照片等。

东乡族自治县档案馆 现址锁南镇东西大街77号,邮编731400,电话(0930)7121486,馆长马玉萍。成立于1959年。是集中统一保管县直机关、团体、企事业单位档案资料的国家综合档案馆。1997年晋升为省一级档案馆。总建筑面积750平方米,库房面积500平方米。馆藏档案资料44850卷(册),其中资料5254册。已录入档案目录数据2万条。已收集了防治"非典"工作、自治县县庆等重要活动的档案资料。同时,有计划地向社会征集具有民族特色的档案资料。(杨衍娣)

积石山保安族东乡族撒拉族自治县档案馆 现址县委统办楼内,邮编731700,电话(0930)7721768,馆长刘美芬,电话13993083046。成立于1986年。是集中统一保管县各机关、团体、企事业单位档案资料的综合档案馆。总建筑面积136.5平方米,库房面积51.19平方米。馆藏档案资料13985卷(册)。开展了馆藏档案的目录数据库建设工作。(马继红)

甘南藏族自治州档案馆 现址合作市人民街107号(州委大院内),邮编747000,电话(0941)8212716,馆长杨兴龙,电话13909413030。成立于1959年。是集中统一保管州直机关、团体、企事业单位档案资料的综合档案馆,州级爱国主义教育基地,州政府指定的行政规范性文件查阅场所。1979年晋升为省一级综合档案馆。总建筑面积1230平方米,其中库房面积536平方米。馆藏档案资料50800卷(册),其中资料1612卷(册)。保存年代最早的是清代档案,还有部分未经整理的记载解放前后本地方民族宗教方面历史事件的藏文档案。对建州后的部分重点档案和调卷率高的档案的文件级目录进行著录。(卢文珍)

合作市档案馆 现址市人民街,邮编747000,电话(0941)8232465,馆长漆志珍。成立于1998年。是集中统一保管市直机关、团体、乡镇、企事业单位档案资料的国家综合档案馆,2006年馆被市委确定为政务信息分开场所。总建筑面积140平方米,库房面积80平方米。馆藏档案资料8559卷(册)。其中资料144册。保存最多的是合作市建市以前的各乡镇档案。

临潭县档案馆 现址城关镇西大街160号,邮编747500,电话(0941)3121372,馆长张俊立,电话13893930699。成立于1958年。是集中统一保管全县各级党政机关、团体、乡镇、企事业单位档案资料的综合档案馆。1996年晋升为"甘肃省一级档案馆"。总建筑面积701平方米,库房面积460平方米。馆藏档案资料24230卷(册),其中资料2907册。将十一世班禅视察临潭、县上举办的历届节庆活动的档案接收进馆。(李春雨)

卓尼县档案馆 现址民主街县政府院内,邮编747600,电话(0941)3621731,馆长吴月英,电话(0941)3357652。成立于1996年。是集中统一保管全县机关、团体、乡镇、企事业单位档案资料的综合档案馆,县政府指定的行政规范性文件查阅场所。2001年晋升为省一级综合档案馆。总建筑面积为600.5平方米,库房面积210平方米。馆藏档案资料22048卷(册)。保存从明、清至中华人民共和国成立后的各类档案,其中土司制度下的房屋买卖契约、清廷对土司承袭的批复公告以及土司管理文书等是馆藏珍品。编写了《卓尼县党史大事记》、《卓尼地区建政简述》以及党代会、人代会简介等。(李雪梅)

舟曲县档案馆 现址城关镇北街1号,邮编746300,电话(0941)5122322,馆长吴晓兰,电话(0941)3361696。成立于1958年。是集中统一保管县直机关、团体、乡镇、企事业单位档案资料的国家综合档案馆,2006年被县政府指定为行政规范性文件查阅场所。1994年晋升为省一级档案馆。总建筑面积1065平方米,库房面积520平方米。馆藏档案资料33279卷(册),其中资料5483册。馆藏档案资料历史跨度100多年,保存年代最早的是清同治十二年(1873年)的档案资料,有少量民国档案。接收"三讲"教育、"保持共产党员先进性"教育和"机关作风整顿建设"活动档案进馆,开展了馆藏档案文件级目录数据库建设,已录入文件级目录5万余条。(刘宏)

迭部县档案馆 现址县城兴迭西街157

号，邮编747400，电话(0941)5622165，馆长嘉木草，电话13209418268。成立于1963年。是集中统一保管迭部县党政机关、团体、乡镇、企事业单位档案资料的国家综合档案馆，2003年成立迭部县现行公开文件资料利用中心。1994年晋升为省一级档案馆，2003年创建为甘肃省档案工作示范单位。总建筑面积719平方米，库房面积350平方米。馆藏档案资料25762卷(册)，其中资料2847册。馆加强了对县级单位档案和撤乡并镇档案、国有企业改制档案的移交收集工作。完成了永久档案文件级数据库建设。编辑出版《迭部县职工离退休文件汇编》、《迭部县历年麻风病情况及防治措施汇编》等10多种成果。（杨小瑛）

玛县档案馆 现址玛曲县委大院内，邮编747300，电话(0941)6121326，馆长杨彩梅。成立于1963年。是集中统一保管县级机关、团体、乡镇、企事业单位档案资料的国家综合档案馆。总建筑面积987平方米，库房面积为404平方米。馆藏档案资料23325卷(册)，其中资料2861册。已录入文件级目录6万多条。

碌曲县档案馆 现址勒尔多北路华云巷2号，邮编747200，电话(0941)6621077，馆长王庭艳，电话(0941)3378392。建于1958年。是集中统一保管县党政机关、团体、企事业单位、乡镇档案资源的县级综合档案馆，2007年被指定为行政规范性文件查阅场所。1998年晋升为省二级档案馆。总建筑面积225平方米，库房面积126平方米。馆藏档案16636卷(册)，其中资料3938册。特色突出的是相对完整齐全的历年来解决各种草山纠纷的草山卷。目前正在建立馆藏档案目录数据库。编写了历届党代会材料、历届人代会材料等。

夏河县档案馆 现址拉卜楞人民东街33号，邮编747100，电话(0941)7121671，馆长魏云清。成立于1958年。是集中统一保管县级机关、团体、企事业单位档案资料的综合档案馆，建立现行文件查阅服务中心。1995年晋升为甘肃省一级档案馆。总建筑面积557平方米，库房面积312平方米。馆藏档案资料27640卷(册)，其中资料4078册。保存年代最早的是清代档案。较为珍贵的有“中国人民解放军第一野战军第一兵团司令王震同志给原国民党夏河县政府的原稿(亲笔)书信”、“夏河县拉卜楞寺院藏经楼梵文贝叶经”。建设了案卷级、文件级目录数据库，现已录入目录3万条。（李雪梅）

青 海 省

青海省档案馆 现址西宁市城中区七一路346号(省委大院西侧),邮编810000,电话(0971)8482459,馆长王清禄。成立于1980年。是集中保管省级机关,团体、企事业单位档案资料的国家综合档案馆,是省级爱国主义教育基地,省政府指定的政务公开文件查阅场所。1998年晋升为国家三级档案馆。总建筑面积4200平方米,库房面积(含地下一层)1850平方米。馆藏档案221179卷(册),其中,历史档案(唐朝、清朝、民国)66858卷(册),比较完整的是清朝的循化厅全宗档案,民国的教育厅全宗档案;还保存有少量的红军西路军转战祁连山与河西走廊及被军阀马步芳杀害的照片档案;建国后档案83364卷(册),都较为齐全完整;资料91850册。特色档案保存有文革时期毛泽东主席像章2万余枚,文革时期造反组织的传单、袖标、大小字报等1000余卷;后世抄写而流传下来的唐代王羲之《笔势论》书法心得一幅;青海《李土司家谱》一册;档案历史跨度1300多年,资料历史跨度100多年。唐朝前期的"谨封"铜印和明朝天顺年间的"金书铁券"被列入《中国档案文献遗产名录》。加大了对省级撤并单位档案的接收与到期档案的移交工作和加强了对青海省重大活动档案的收集。目前已将环青海湖国际公路自行车赛(第一届)重大活动的档案资料收集进馆。已建成馆藏案卷级目录数据库,已完成民国档案案卷级目录数据采集工作。编辑了《红军西路军流落青海人员名单》、《民国政要学者论开发西北》、《青藏铁路建设新闻记实》(全为内部资料)。并且利用《青海档案》,每年向社会公布馆藏档案信息4期(季刊)。配合地方政府中心工作,利用档案举办了"青海解放50年"大型展览。 (王清禄)

青海省地质档案馆 现址西宁市胜利路24号,邮编810001,电话(0971)6117713,馆长刘增铁,电话(0971)6117742。2004年晋升为国家二级档案馆,2005年被评为全国地质资料管理先进集体及青海省示范档案馆。建筑总面积320平方米,其中档案库房面积230平方米。馆藏全省地质勘查成果资料5000余卷。已建立并完成了全省成果地质资料档案目录数据库管理和查询系统。编研了《青海省金矿地质》、《青海省铜矿主要类型及找矿方向》专题研究成果报告,编印了《青海省馆藏成果地质资料目录手册》及《青海省馆藏成果地质资料矿产信息查阅指南》。 (张梅芬)

青海省气象档案馆 现址西宁市城西区五四大街19号,邮编810001,电话(0971)6135494,馆长李应业,电话(0971)6135508。成立于1983年。是集中统一保管省局机关,各州、地、市气象局,省局各直属单位档案资料的部门档案馆。1999年晋升为国家二级档案馆。总建筑面积680平方米,库房面积340平方米。馆藏各类档案资料249.9万卷(册),其中资料1.7册。馆藏档案资料的历史跨度60余年。馆内保存最多的是气象档案,约占馆藏总量的十分之九,另有文书档案、会计档案、科技档案、科技情报等。目前纸质档案数字化约占馆藏纸质档案的10%。根据市场需要不断拓宽服务领域,服务项目涉及科研、环境评价、农林、水利、电力、工程设计、法律诉讼、商贸活动、旅游、军事等多项领域。

青海油田分公司信息中心档案馆 现址敦煌市七里镇新二区,邮编736202,负责人杨大伟,电话(0937)8935770。具体负责对公司公文、勘探开发、基建、科研、会计、底图档案的收集、整理、保管利用及勘探开发资料的上交工作。1998年晋升为国家二级档案馆。总建筑面积3032平方米,库房面积2160平方米。馆藏全部档案24269卷;以件为保管单位的档案322139件;底图37331张。已建成馆藏全宗级目录数据库,完成了16000多案卷级和近15万条文件级目录的录入,公文档案实现了全文计算机查询,勘探开发档案实现了部分内容全文计算机查询。 (刘国友)

青海省基础地理信息中心测绘成果科技档案馆 现址西宁市黄河路15号，邮编810001，电话(0971)6145447，负责人井国红。总建筑面积220平方米，库房面积120平方米。馆藏档案资料6万余卷(册)，其中资料3.2万卷(册)。馆藏内容有：全省范围内大地点成果，航摄底片，各种基本比例尺地形图，各种地图(包括普通地图、地籍图、专题图、旅游图、地图集、地图册等)，另外，随着数字产品的出现，新增了测绘档案数据资料，主要有：1:100万数字线划地形图数据库，1:25万、1:5万、1:1万数字高程模型数据库，TM、SPOT、IKONOS影像数据库，1:5万地名数据库，1:25万、1:10万、1:5万、1:1万数字线划地形图数据库，1:10万、1:5万、1:1万数字栅格地形图数据库。利用现有数据库制作完成了“南水北调”西线工程、“三江源”生态环境综合治理、省高等级公路管理信息系统、青海省农村道路查询系统、黄河谷地三维信息系统、西部县(市)挂图、青海省经济地图集、青海省地图册等多种成果。

西宁市档案馆 现址市城中区南关街43号，邮编810000，电话(0971)8230797，馆长南旭东。成立于1959年。是集中统一保管市级机关、团体、企事业单位档案资料的国家综合性档案馆，是市级爱国主义教育基地、市现行文件阅览中心。1998年晋升为省一级档案馆。2002年被评为全省示范档案馆。总建筑面积2593平方米，库房使用面积1807平方米。馆藏档案资料12万余卷(册)，其中资料8155卷(册)。已将第一至五届郁金香节、防治“非典”、“禽流感”、中共西宁市委第十一次党代会工作等一批重大活动，重要历史事件的档案资料收集进馆。征集了董鸣鹤老先生、《湟中陈氏家谱》等资料、照片、彩墨画，王洛宾手笔真迹复印件等大量档案资料。已建成馆藏档案目录数据库，完成了建国后永久档案案卷级目录数据采集工作。西宁市档案网已建立，并开通现行文件目录网上查询服务。编辑出版《西宁市档案馆指南》、《中共西宁市历次代表大会重要文件选编》、《西宁市组织史》等专题档案史料汇编共30余种100多万字。一批编研成果获得西北地区和省、市级优秀成果奖。利用资料档案举办了“西宁解放五十年”、“建党八十周年”等一批具有一定社会影响的藏品展览。“牢记使命争做先锋”主题展在全市保持共产党员先进性教育活动中发挥了积极作用。 (南旭东)

西宁市城建档案馆 现址西宁市城西区五四大街28—6号，邮编810001，电话(0971)6145538，馆长刘琼，电话(0971)6145934。成立于1981年。归属西宁市城乡规划建设局领导，是集中统一管理市内城市建设档案的专门档案馆。2004年晋升为省一级馆。2005年被命名为“十馆百室”示范档案馆。2006年被命名为市级爱国主义教育基地。总建筑面积1410平方米，库房面积880平方米。馆藏档案3万余卷，其中图书资料2000余册，底图5000余张，照片9000多张，保存最多的是地征档案，约占全部馆藏的三分之一，有少量的地形测量档案。近年来接收最多的是工程建设竣工档案。已完成馆藏档案的数据库建库工作。编写出《西宁市公用基础设施项目简介》、《西宁年鉴·城市建设》、《阔步迈进新世纪》、《城市建设档案管理工作制度》等19种编研成果。

城东区档案馆 现址西宁市城东区昆仑路188号，邮编810000，电话(0971)8177122，馆长陈力。成立于1984年。是集中统一保管区级机关、团体、企事业单位档案资料的国家综合档案馆。2004年成立现行文件查阅中心，2001年晋升为省二级国家综合档案馆。总建筑面积约400平方米，库房面积300平方米。馆藏档案资料约2.1万卷(册)，其中资料9000余卷(册)。完成了60%馆藏档案文件级目录数据的采集工作。

城中区档案馆 现址西宁市北大街23号，邮编810000，电话(0972)8248003，馆长田华。成立于1984年。是集中统一保管区属机关各部门、人民团体、企事业单位各类档案资料国家综合档案馆，是区级爱国主义教育基地，2004年成立现行文件查阅中心。2006年晋升省一级国家综合档案馆。总面积195平方米。馆藏档案资料20920卷(册)，其中资料2458册，按件管理的档案963件。馆藏文书档案和婚姻档案编制了全引目录。文书档案中输入案卷级目录5225条，输入文件级(永久)目录43094条。

城西区档案馆 现址西宁市五四大街21号(城西区人民政府机关院内)，邮编810001，电话(0971)6145666，馆长张晓云。成立于1985年。是集中统一保管区属各单位档案资料的国家综合档案馆，是爱国主义教育基地，2004年成立现行文件查阅中心。2004年晋升省一级档案馆。馆库面积180平方米。馆藏档案20632卷，馆藏资料747册。有胡锦涛、李岚清视察城西区的照片，还收集了原青海省省长黄静波为西区政府题词《勤政于民》字画一副等珍贵档案。文书档案案卷级目录和文件级(永久)目录已全部输入计算机管理，馆藏婚姻档案已实现计算机检索。

城北区档案馆 现址西宁市城北区朝阳西路17号区政府大楼一楼，邮编810003，电话(0971)5507387，馆长卫艳华。成立于1985年。是集中统一保管区机关、团体、企事业单位档案资料的国家综合档案馆，是区级爱国主义教育基地和现行文件利用中心。2000年晋升省一级国家综合档案馆，2002年评为全省示范档案馆。总建筑面积为509平方米，库房面积416平方米。馆藏档案36370卷，5083件，资料1676册。已完成了8646条案卷级和58855条文件级目录录入，并开通了政府网上档案查阅利用工作。将防止"非典"工作、保持共产党员先进性教育、"青洽会"、"郁金香节"等重大活动的档案资料收集进馆。开展了辖区内历史档案的征集工作，已征集到清朝、民国时期的家谱、文官补服、饰品、照片、书籍等。

(付宁)

大通回族土族自治县档案馆 现址桥头镇人民路2号，邮编810100，电话(0971)2722374，馆长牛玉英。成立于1958年。是集中统一保管县级机关、团体、企事业单位档案资料的国家综合档案馆，是县级爱国主义教育基地，2002年成立现行文件查阅中心。2000年晋升省一级档案馆，2002年被命名为示范档案馆。总建筑面积1052平方米，其中库房面积600平方米。馆藏档案17621卷(册)，资料1789册。保存年代最早的是明朝洪武年间《李氏家谱》和部分民国档案。已建成馆藏全宗级目录数据库，输入各类机读目录30余万条。编纂了《血凝湟水发春华——西路红军在大通》、《大通县中草药资源名录》、《大通县党政行政隶属工作机构名录》等16种3735万字的资料。利用档案举办了以"大通历史"为主题等一批具有一定社会影响的陈列展。有计划地向社会征集重要民间档案资料。

(兰国祥)

湟中县档案馆 现址县城鲁沙尔镇和平路133号，与藏传佛教胜地——塔尔寺毗邻，邮编811600，电话(0971)2232146，馆长赵彦章。成立于1959年。是集中统一保管县级机关、团体、企事业单位档案资料的国家综合档案馆，是县级爱国主义教育基地，2003年成立现行文件查阅中心。1998年晋升省二级档案馆。建筑面积686平方米。馆藏档案3.1万卷(册)，资料7000册。主要收藏有原中共高台县委《关于寇从善同志的家庭按革命干部待遇》的信函，有全县人口普查、工业普查、地名普查档案。资料中有湟中县委县政府《关于塔尔寺有关问题文件汇集》，《湟中县志》、《湟中县地名志》，有胡耀邦、江泽民、李鹏、胡锦涛、温家宝、乔石、田纪云、王光美等和十世、十一世班禅视察湟中及参观塔尔寺的照片。有于右任、戴传贤、宋子文、朱家骅、蒋介石等莅临塔尔寺献的匾牌照片。收藏有后唐振武节度使追尊献皇帝李国昌及十二代皇室《李氏家谱》二本，乾隆五年的土地卖契等。

湟源县档案馆 现址城关镇建设西路76号,邮编812100,电话(0971)2432735,馆长李永卿。成立于1959年。是集中统一保管县各机关、团体、企事业单位档案资料的国家综合档案馆,2004年成立现行文件查阅服务中心。1997年晋升省二级档案馆。总建筑面积568平方米,库房面积222平方米。馆藏档案资料45956卷(册),其中资料7970册。保存最早的是清朝档案。征集、接收了中央领导视察湟源县工作的题词、重大活动照片,接收了美籍柏大卫先生捐赠的反映20世纪二三十年代湟源县县城原貌及民生、民俗等历史照片和湟源县非物质文化遗产—排灯的照片等。已开始建立全宗级档案目录数据库。档案编研种类、数量逐年增多,已达20多种1000余万字。

海东地区档案馆 现址平安县平安大道208号,邮编810600,电话(0972)8612481,副馆长马海莲。成立于1980年。是集中统一保管海东地委、行署机关、团体、企事业单位档案资料的国家综合档案馆,是地区现行文件查阅中心。库房面积75平方米。馆藏档案5855卷又844件,资料3439册。汇编了地委和行署历年《发文汇集》、《中共海东地委经济工作文件汇编》、《海东概况》,与地委组织部、党史办协作,完成了《中共海东地委组织史料》的编纂工作。 (马海莲)

平安县档案馆 现址平安大道196号,邮编810600,电话(0972)8612479,馆长贾海峰。成立于1982年。是集中统一保管县委、县政府、企事业单位档案资料的国家综合档案馆。2003年成立了现行文件查阅中心。1998年被评为省二级档案馆。建筑总面积495平方米,库房面积254平方米。馆藏档案12002卷、资料6360册。馆已完成机读目录案卷级(永久)50%。汇编资料有《平安县全县科级单位发文汇集》、《平安县各单位组织沿革汇编》、《平安县土地征用文件汇编》、《平安县历属科级干部职务任免汇编》、平安县党代会、人代会、议团代会、妇代会等会议简介等。 (蔡有清)

民和回族土族自治县档案馆 现址县城川口镇新城街30号,邮编810800,电话(0972)8522561,馆长王少林。成立于1959年。是集中统一保管县级机关、团体、企事业单位档案资料的国家综合档案馆,2003年成立现行文件查阅服务中心。2006年晋升省一级档案馆。总建筑面积1250平方米,库房面积660平方米。馆藏档案31633卷(册),资料5096册。馆内珍藏有明代时期李土司家谱1册,制作精致,具有很大的科考价值,为县档案馆“镇馆之宝”。征集有乾隆十三年吏部颁发给宏化寺的“都钢之印”一枚,“华亭县儒学部钢印”等。馆藏档案已建成全宗级目录数据库。

乐都县档案馆 现址古城大街50号,邮编810700,电话(0972)8622335,馆长邓长英。成立于1958年。是集中保管县机关、团体、企事业单位档案资料的国家综合档案馆,2004年成立了现行文件查阅服务中心。1998年评定为省二级档案馆。建筑面积220平房米。馆藏档案22371卷(件、册、袋),资料7507册。保存年代最早的是1944年《土地丘册》。

互助土族自治县档案馆 现址县城威远镇北街1号,邮编810500,电话(0972)8322354,馆长乔维保(兼)。成立于1959年。是集中统一保管县级机关、人民团体、企事业单位档案资料的国家综合档案馆,2004年成立现行文件查阅服务中心。2004年6月晋升省一级档案馆。总建筑面积800平方米,库房面积170平方米。馆藏档案资料29712卷(册),其中资料6113册。保存年代最早的是民国时期的档案和资料。编辑资料12种约20万字。计算机输入目录(文件级)65114条。

化隆回族自治县档案馆 现址县城巴燕镇建设路9号,邮编810900,电话(0972)8712534,馆长胡海霞,电话(0972)8280817。成立于1958年。是集中统一保管县级机关、人民团体、企事业单位档案资料的国家综合档案馆,2004年成立现行文件查阅服务中心。2001年晋升为省二级档案馆。总建筑面积

316平方米，库房面积144.5平方米。馆藏档案资料37192卷(册)，其中资料7775册。汇编有《化隆县土地、草山、林木纠纷文件汇集》、《化隆县土地征用文件汇编》、《化隆县干部复查结论文件汇编》、《化隆县干部处分文件汇编》、《化隆县宗教纠纷文件汇编》等。与县党史办、县志办合作完成了《中国共产党化隆回族自治县委组织史》、《化隆回族自治县县志》、《化隆回族自治县综合年鉴》等。

循化撒拉族自治县档案馆 现址县城积石大街，邮编811100，电话(0972)8812401，馆长谢斌文。成立于1960年。是集中统一保管县级机关、人民团体、企事业档案资料的国家综合档案馆，是县级爱国主义教育基地，2003年成立现行文件查阅服务中心。2005年晋升为省二级档案馆。总建筑面积110平方米。馆藏档案18677卷，资料8010册。馆内藏有明清时期的《循化志》、《西宁府志》、《河州志》及部分民国档案，还有十世班禅大师1984年视察循化时的亲笔题词等资料。收集进馆了防治"非典"工作，县庆、旅游文化节、循化辣子节等重大活动(事件)档案。征集了中国第一个提出"大学解除女禁、男女同班同校"口号的循化籍女大学生邓春兰女士的照片与资料。

(黎玺)

海北藏族自治州档案馆 现址海晏县西海镇银滩路19号(原221厂)，邮编810200，电话(0970)8642906，馆长罗文华(兼)，电话(0970)8646291。成立于1960年。是集中统一保管州级机关、团体、企事业单位档案资料的国家综合档案馆，是州级爱国主义教育基地和现行文件查阅服务中心。2005年晋升为省一级档案馆。如今的州档案馆也是中国第一个核武器研制基地旧址——221厂科技档案馆。2001年被国务院命名为全国重点文物保护单位。总建筑面积1901.98平方米，其中库房面积830平方米。馆藏档案资料32793卷(册)。馆藏档案资料中最多而且最为珍贵的是原221厂移交过来的科技图纸档案资料，约占馆藏的二分之一。州馆联入了海北州电子政务网络，实现了办公自动化，对档案目录实行计算机管理。撰写了档案馆指南等多种编研材料，利用馆藏举办了"历史的回顾"等具有一定社会影响力的藏品陈列展。

门源回族自治县档案馆 现址县浩门镇东大街26号，邮编810300，电话(0970)8612906，馆长锁鹏飞(兼)，电话(0970)8618587。成立于1964年。是集中统一保管县级机关、人民团体、企事业单位档案资料的国家综合档案馆，是县级爱国主义教育基地，2003年成立现行文件查阅服务中心。2003年晋升省一级档案馆。总建筑面积816平方米，库房面积416平方米。馆藏档案资料22592卷(册)，其中资料4746册。编制了《门源县土地草原问题文件汇集》、《门源县革命烈士英名录》、《门源县档案馆指南》等，合编出版了《门源县志》、《中共门源县委组织史》等资料。

祁连县档案馆 现址县公安局大楼西侧，邮编810400，电话(0970)8672149，馆长郧桂琳(兼)。成立于1960年。是集中统一保管县级机关、人民团体、企事业单位档案资料的国家综合档案馆，2004年成立现行文件查阅服务中心。2005年晋升为省一级目标管理单位。总面积556平方米，档案库房面积243平方米。馆藏档案资料11956卷(册)。保存年代最早是民国时期的档案。计算机输入各类档案案卷级目录81730条。编辑完成了《祁连县年鉴》(1994—2003)，《祁连县资源志》，《祁连县各单位组织机构沿革》、《祁连县各单位大事记》等内部编研资料。

海晏县档案馆 现址县城西海路2号，邮编812200，电话(0970)8630689，馆长张凤。成立于1959年。是集中统一保管县机关、团体、企事业单位档案资料的国家综合档案馆，县政府指定的行政规范性文件查阅场所。1998年被评为省三级档案馆。总建筑面积798.76平方米，库房面积205平方米。馆藏档案资料19093卷(册)，其中资料7021册。馆藏档案资料的历史跨度400余年。保存年代最早的是明、清时期档案资料。为编纂《海晏县志》、《海晏县文史资料》、《海晏蒙古族史》等提供了大量的资料。（多杰措 张凤）

刚察县档案馆 现址东大街政府大院联合办公大楼东侧，邮编812300，电话(0970)8652306，馆长党永珠。成立于1958年。是集中统一保管县级机关、团体、企事业单位档案资料的国家综合档案馆，县政府指定的行政规范性文件查阅场所和现行文件查阅服务中心。1992年被评为省三级档案馆。总建筑面积358平方米，库房面积168平方米。馆藏档案资料14475卷(册)，其中资料3270册。已将“三讲”活动、防治“非典”工作等部分重大活动、重要历史事件的档案资料收集进馆。已建成馆藏全宗级目录数据库，完成了永久性文书档案、会计档案案卷级目录计算机录入工作。

黄南藏族自治州档案馆 现址同仁县隆务镇夏琼路16号，邮编811300，电话(0973)8722940，馆长徐晓精。成立于1954年。是集中统一保管州直属机关、人民团体、企事业单位档案资料的国家综合档案馆，是州级爱国主义教育基地，2003年成立现行文件查阅服务中心。2000年晋升为省一级档案馆，2003年被评为示范档案馆。总建筑面积255平方米，馆库房设在州委办公楼一楼，建筑面积123平方米。馆藏档案资料36654卷(册)，馆藏档案资料的历史跨度70余年。保存有照片、名人档案，本地特色的地质、矿藏档案等。还有少量的民国档案。编辑出版了《黄南州志》、《中共黄南党史大事记》、《黄南州组织史资料》等多部史料书籍。档案人员还分别担任了《泽库县志》、《黄南年鉴》的主编、副主编。

（冶功）

同仁县档案馆 现址县隆务镇德合隆中路1号，邮编811300，电话(0973)8722249，馆长卡毛吉。成立于1958年。是集中统一保管县级机关，企事业单位档案资料的国家综合档案馆，2003年成立现行文件查阅服务中心。2006年晋升为省一级档案馆。建筑面积186平方米，库房面积107平方米。馆藏档案资料18494卷(册)，其中资料1471册。馆藏档案资料的历史跨度70余年。编辑出版了《同仁县组织史资料》、《同仁县志》等。征集反映“热贡”文化、同仁历史的珍贵档案进馆。馆藏档案案卷级目录95%已实现计算机检索。

（吴学辉）

尖扎县档案馆 现址马克堂镇人民街64号，邮编811200，馆长陈海英，电话(0973)8732042。成立于1959年。是集中统一保管县级机关、团体、企事业单位档案资料的国家综合档案馆。1998年被评为省三级档案馆。总建筑面积883平方米，库房面积495平方米。馆藏档案资料10707卷(册)，其中资料1010册。重点档案保存有原中共中央总书记胡耀邦、原全国人大常委会副委员长班禅视察尖扎时的讲话录音、照片等。保存年代最早的是民国档案。（陈海英）

泽库县档案馆 现址县泽曲镇西大街246—8号(原县委院内)，邮编811400，馆长科立加(兼)，电话13897039907。成立于1964年。是集中统一保管县级机关，人民团体、企事业单位档案资料的国家综合档案馆。2003年被评为省三级档案馆。建筑面积225平方米，库房面积180平方米。馆藏档案资料16440卷(册)，其中资料2410册。馆藏档案资料的历史跨度50年。编辑出版了《泽库县组织史资料》、《泽库县志》等。（赵俊）

河南蒙古族自治县档案馆 现址县城优干宁镇东大街120号，邮编811500，电话(0973)8762797，副馆长姹奕玛。成立于1964年。是集中统一保管县级机关，人民团体、企事业单位档案资料的国家综合档案馆。1999年被评为省三级档案馆。建筑面积247平方米，库房面积91平方米。馆藏档案资料11694卷(册)，其中资料1516册。馆藏档案资料的历史跨度50余年。保存年代最早的是清朝、民国珍贵档案。设置了民俗、实物及县籍作家、作者出版印刷、书籍报刊展览室。参与编辑出版了《河南蒙古族自治县志》、《河南蒙古族自治县年鉴》(1991—2000)、《河南蒙古族自治县畜牧业区划》、《河南蒙古族自治县概况》等。（次仁顿珠）

海南藏族自治州档案馆 现址共和县恰卜恰镇团结北路21号，邮编813000，电话(0974)8512485，馆长陈秀菊。成立于1960年。是集中统一保管州党政机关、社会团体、企事业单位档案资料的国家综合档案馆，是州级爱国主义教育基地，是现行文件查阅服务中心。1999年晋升为省二级档案馆。2006年被评为州级文明单位、文化建设先进集体，2007年被评为省级文明单位。总建筑面积为1536平方米，库房面积为868平方米。馆藏档案资料56872卷(册)，其中资料5110册。有党和国家领导人江泽民、胡锦涛等视察海南时的照片、题词。有《海南地区历史大事记考编年》、《海南藏族自治州概况》等少数民族历史丛书。

共和县档案馆 现址县恰卜恰镇团结北路36号，邮编813000，电话(0974)8512860，馆长张德英。成立于1963年。是集中统一保管县党政机关、社会团体、企事业单位档案资料的国家综合档案馆，2003年成立现行文件查阅服务中心。1997年晋升为省二级档案馆。建筑面积360平方米，库房面积205平方米。馆藏档案25398卷，资料1894册。馆藏最早的是民国档案。编写了《共和县历届党代会简介》、《共和县历届人代会简介》、《共和县行政区划简介》、《共和县档案馆指南》等编研材料。

同德县档案馆 现址县西大街1号，邮编813200，电话(0974)8592058，馆长范国琳(兼)。成立于1961年。是集中统一保管县级机关、团体、企事业单位档案资料的国家综合档案馆，是县政府指定的行政规范性文件查阅中心。2000年被评为省三级档案馆。建筑面积200平方米，库房面积168平方米。馆藏档案资料16153卷(册)，其中资料3760册。加强了退耕还林(草)工程档案的分类规范整理。（尖措吉）

贵德县档案馆 现址县城河阴东路25号，邮编811700，电话(0974)8553152，馆长马建梅。成立于1963年。是集中统一保管县级机关、团体、企事业单位档案资料的国家综合档案馆，县政府指定的行政规范性文件查阅场所。1997年11月被评为省三级档案馆。建筑面积320平方米，库房面积180平方米。馆藏档案8.2万卷(册)，其中资料3万册。馆藏档案资料的历史跨度200年。保存年代最早的是清朝档案和资料。已把党和国家领导人胡锦涛、钱其琛等视察工作时的照片，一至四届“青海黄河文化旅游节”和“环青海湖”国际自行车赛中形成的图片、声像、题词、资料、名人字画等收集进馆。并将18位贵德籍作家29部作品征集进馆。

兴海县档案馆 现址县城子科滩镇东大街3号，邮编813300，电话(0974)8581165，馆长马晓霞。成立于1961年。是集中统一保管县级机关、人民团体、企事业单位档案资料的国家综合档案馆，2004年成立现行文件查阅利用中心。2000年被评为省二级档案馆。建筑面积144平方米，库房面积108平方米。馆藏档案资料13900卷(册)，其中资料2605册。（娘加本）

贵南县档案馆 现址县城城关解放路北1号，邮编813100，电话(0974)8502189，馆长郭森，电话(0974)8400736。成立于1953年。是集中统一保管县级机关各部门、各人民团体，企事业单位档案资料的综合档案馆，县政府指定的行政规范性文件查阅场所。2000年被评为省三级档案馆。总面积为150平方米，档案库房75平方米。馆藏档案资料22254卷(册)，其中资料1317册。建成馆藏全宗级目录数据库。初步完成了案卷级目录输入工作。

果洛藏族自治州档案馆 现址玛沁县大武镇，邮编814000，电话(0975)8382945，馆长王耀，电话(0975)8381358。成立于1959年。是集中统一保管州级机关、团体、企事业单位档案资料的国家综合档案馆，是州级爱国主义教育基地、州指定的行政规范性文件查阅场所。2006年晋升为省一级档案馆。总建筑面积850平方米，库房面积440平方米。馆藏档案资料28000卷(册)。馆藏档案资料的历史跨度100多年。保存年代最早的是明清档案。目前已完成永久档案案卷级目录的计算机输入工作，文件级目录的输入工作正在进行中。编辑发表《果洛州大事记》、《果洛州档案志》、《果洛州档案年鉴》等档案史料20多种共200多万字。利用档案多次举办了陈列展。

玛沁县档案馆 现址县城大武镇，邮编814000，电话(0975)8382308，馆长白才让，电话(0975)8381159。成立于1959年。是集中统一保管县级机关、团体、企事业单位档案资料的国家综合档案馆。1995年被评为省二级档案馆。总建筑面积461平方米，库房面积272平方米。馆藏档案资料22193卷(册)，其中资料3148册。馆藏档案资料的历史跨度50年。已将防止“非典”工作的档案资料收集进馆。编写了《玛沁县档案馆指南》、《玛沁县档案馆全宗介绍》、《玛沁县档案馆大事记》、《玛沁县县委书记、县长名录》和历届党代会、人代会、政协会、妇代会、团代会等会议简介。

班玛县档案馆 现址班玛县委院内，邮编814300，电话(0975)8322101，馆长赵存伟，电话(0975)8322427。成立于1959年。是集中统一保管县级机关、团体、企事业单位档案资料的国家综合档案馆，2004年成立现行文件查阅服务中心。2006年被评为省二级档案馆。总建筑面积125平方米，库房面积95平方米。同时收集了红军长征时期在班玛活动的资料，形成了红色旅游档案。

甘德县档案馆 现址县柯曲镇，邮编814100，电话(0975)8304095，馆长郭寿财。成立于1958年。是集中统一保管县级机关、团体、企事业单位档案资料的国家综合档案馆，县政府指定的行政规范性文件查阅场所。2003年晋升为省二级档案馆。总建筑面积160平方米，库房面积100平方米。馆藏档案资料6466卷(册)，其中资料2973册。目前正在进行馆藏档案案卷级目录计算机输入工作。

达日县档案馆 现址达日县委院内，邮编814200，电话(0975)8313376，馆长王晓梅，电话(0975)8511855。成立于1959年。是集中统一保管县级机关、团体、企事业单位档案资料的国家综合档案馆，2005年成立了现行文件查阅服务中心。建筑面积800平方米。馆藏档案资料4704卷(册)，其中资料100册。

(王晓梅 李桂芬)

久治县档案馆 现址县河黄路295号，邮编624700，电话(0975)8331119，馆长宽卓措毛，电话8331119。成立于1964年。是集中统一保管县级机关、团体，企事业单位档案资料的综合档案馆。2004年成立现行文件查阅服务中心。总建筑面积55平方米，库房面积35平方米。馆藏档案资料6198卷(册)，其中资料2946册。

玛多县档案馆 现址黄河源头玛查理镇西大街，邮编813500，电话(0975)8345257，馆长浪什杰，电话13897152873。成立于1957年。是集中统一保管县级机关、团体、企事业单位档案资料的国家综合档案馆。2005年被评为省二级档案馆。面积162平方米。馆藏档案6761卷(册)，资料239册。加大了对“退牧还草”生态移民工程，“三江源”生态保护规划实施档案资料的收集进馆工作。

玉树藏族自治州档案馆 现址结古镇民主路138号，邮编815000，电话(0976)8822179，馆长钦培扎西(兼)，电话(0976)8822669。成立于1959年。是集中统一保管州级机关、团体、企事业单位档案资料的国家综合档案馆，2003年成立现行文件查阅服务中心。2001年被评为省二级档案馆。总建筑面积1130平方米，库房面积868平方米。馆藏档案资料31000余卷(册)，其中资料1673册。最早的档案是1933年原国民党青海省主席马步芳颁发的委任状。开展全州重大活动档案和城镇重要基本建设档案的接收工作。

(钦培扎西)

玉树县档案馆 现址县城结古镇胜利路213号,邮编815000,电话(0976)8823278,馆长索南永扎。成立于1960年。是集中统一保管县级机关、团体、企事业单位档案资料的国家综合档案馆,2004年成立现行文件查阅利用中心。2004年被评为省三级档案馆。建筑面积245平方米,库房面积160平方米。馆藏档案16690卷。参与编辑了《玉树县组织史资料》、《玉树县志》、《玉树县档案志》等。

(索南永扎)

杂多县档案馆 现址萨呼腾镇萨呼路55号,邮编815300,电话(0976)8881463,馆长洛赛才仁。成立于1953年。是集中统一保管县级机关、人民团体、企事业单位档案资料的国家综合档案馆。总建筑面积160平方米,库房面积74平方米。馆藏各类档案9045卷。

(洛赛才仁)

称多县档案馆 现址县城滨河路1号(县委综合办公楼四楼),邮编815100,馆长索娅,电话13997463114。成立于1961年。是集中统一保管县级机关、人民团体、企事业单位档案资料的国家综合档案馆。总建筑面积85平方米,库房面积55平方米。档案资料6523卷(册)。馆藏档案资料的历史跨度56年。

治多县档案馆 现址县委、县政府机关院内,邮编815400,电话(0976)8891117,馆长叶文选,手机13997364212。成立于1960年。是集中统一保管县级机关、团体、企事业单位档案资料的国家综合档案馆。总建筑面积110平方米,库房面积95平方米。馆藏档案资料4956卷(册),其中资料44册。正在积极接收"退牧还草"工程、"三江源"生态保护项目等档案进馆。

囊谦县档案馆 现址县委、县政府院内,邮编815200,电话(0976)8871261,馆长拉毛,电话(0976)8871205。成立于1960年。是集中统一保管县级机关、人民团体、企事业单位档案资料的国家综合档案馆。2005年成立现行文件查阅服务中心。2006年被评为省二级档案馆。总建筑面积为118平方米。馆藏档案资料16410卷(册),其中资料410册。初步实现了档案的保管、检索和利用的微机化管理。

曲麻莱县档案馆 现址黄河路45号,邮编815500,电话(0976)8650657,馆长张福新。成立于1963年。是集中统一保管县级机关、团体、企事业单位档案资料的国家综合档案馆。总建筑面积126.5平方米,库房面积46.6平方米。档案资料2907卷(册)。

(张福新)

海西蒙古族藏族自治州档案馆 现址德令哈市乌兰东路18号,邮编817000,电话(0977)8222208,馆长卫东,电话(0977)8717813。成立于1959年。是集中统一保管州级机关、团体、企事业单位档案资料的国家综合档案馆,是州级爱国主义教育基地、政府指定的行政规范性文件查阅场所。1999年晋升为省一级档案馆,2002年被命名为青海省示范档案馆。总建筑面积2005平方米,库房面积427平方米。馆藏档案资料6.9万卷(册),其中资料1.2万册。保存年代最早的是民国时期的档案。已收集自治州成立50周年庆典、防治"非典"工作、党员先进性教育活动等一批重大活动的档案资料进馆,同时加大了对州级破产企业档案的收集工作。馆藏档案的案卷级目录已全部输入计算机。编辑出版《海西年鉴》(1988年)、(2002年);《柴达木开发史》(合编);《海西州志》(第5卷);《海西州续志》(1991—2002年);《新中国柴达木农业经济发展史》等。编辑的内部资料有《海西州大事记》(1982—2006年)、《党和国家领导人视察海西时的讲话汇编》、《海西州边界草山纠纷文件汇编》、《海西州矿产资源简介》、《阿汉达勒寺简介》、《(青海日报)海西信息剪贴》。

(姜小娟)

格尔木市档案馆 现址昆仑路61号,邮编816000,电话(0979)8433686,馆长尚振旺(兼),电话(0979)8433291。成立于1964年。

是集中统一保管市机关、团体、企事业单位档案资料的国家综合档案馆，2004 年建立了现行文件查阅服务中心。1993 年被评为省三级馆。建筑面积 1500 平方米，库房面积 1380 平方米。馆藏档案资料 23956 卷(册)，其中资料 5014 册。（马忠良）

德令哈市档案馆 现址市格尔木西路 8 号，邮编 817000，电话(0977)8229317，馆长蒋苍祯，电话(0977)8729086。成立于 1997 年。是集中统一保管市机关、团体、企事业单位档案资料的国家综合档案馆。2000 年晋升为省二级档案馆。面积 66 平方米，库房面积 33 平方米。馆藏档案资料 5877 卷(册)，其中资料 894 册。馆藏档案资料的历史跨度 70 余年。已把保持共产党员先进性教育活动档案、农牧区改革档案等重大活动(事件)的档案资料收集进馆。2004 年档案信息服务中心正式面向社会开放。

乌兰县档案馆 现址县希里沟镇东大街 9 号，邮编 817100，馆长巴图(兼)，电话 13639771922。成立于 1960 年。是集中统一保管全县机关、团体、企事业单位档案资料的综合档案馆，2004 年成立现行文件查阅中心。1993 年被评定为省三级档案馆。建筑面积 168 平方米，库房面积 112 平方米。馆藏档案资料 18665 卷(册)，其中资料 2447 册。保存年代最早的是民国档案和资料。馆藏资料有敌伪档案及政策法令、人口普查、民族文字、图纸等。接收了在农村牧区综合改革、预防高致病性禽流感及其他重大活动中形成的档案，为《乌兰县大事记》、《中共乌兰县组织史》、《乌兰县组织沿革》以及编史修志等提供了大量的档案和资料。

都兰县档案馆 现址察汗乌苏镇和平街 18 号，邮编 816100，电话(0977)8232409，馆长布音。成立于 1958 年。是集中统一保管县级机关、团体、企事业单位档案资料的国家综合档案馆，是县委指定的行政规划性现行文件查阅场所。1998 年被评为省三级档案馆。建筑面积 120 平方米，库房面积 90 平方米。馆藏档案资料 19488 卷(册、张)，其中资料 1859 册。馆藏档案资料的历史跨度 90 年。保存年代最早的是民国档案。已将青海省香巴异地农业扶贫开发项目、青海省农村牧区综合配套改革都兰县试点工作的档案资料接收进馆。与合署办公的县地方志办公室编辑出版了近 80 万字的《都兰县志》共参考。

天峻县档案馆 现址新源镇新源东路 1 号，邮编 817200，电话(0977)8266196，馆长杨海青。成立于 1960 年。是集中统一保管县机关、团体、企事业单位档案资料的国家综合档案馆。2003 年被评为省二级档案馆。总建筑面积 198 平方米，库房面积 158 平方米。馆藏档案资料 11497 卷(册)，其中资料 1020 册。编写了《天峻县文卫大事记》、《汪什代海部落简介》、《天峻县历次灾情简介》、《天峻县建政经过》、《天峻县历次人代会简介》等。特别是编修《天峻县志》提供档案 2840 卷(次)，《天峻县志》分获全国和全省优秀成果二等奖和一等奖。（杨海青）

宁夏回族自治区

宁夏回族自治区档案馆 现址银川市朔方路5号，邮编750021，馆长李自德，电话(0951)2079491、2093867。成立于1958年，是集中统一保管机关、团体等单位档案资料的国家综合档案馆，自治区政府指定的行政规范性文件查阅场所。2002年晋升国家一级档案馆。总建筑面积2580平方米，库房面积962平方米。馆藏档案资料10万余卷，其中资料21305册。馆藏档案中形成时间最早的是西夏档案。目前已将第七届全国少数民族传统体育运动会和党政领导视察等重大活动档案资料收集进馆。建立了档案文件集数据库和基础数据库等。已开通档案信息网站。编写了建国初期廉政建设、民国时期宁夏水利工作概述、宁夏历史上的防疫工作、西部大开发宁夏资料选编等成果。 （张久清）

宁夏气象档案馆 现址银川市金凤区新昌西路199号，邮编750002，电话(0951)5029862，馆长康玉兰，电话(0951)5029903。成立于1982年。集中统一保管宁夏气象部门具有永久保存价值的气象科技档案，以及宁夏气象局文书档案、财务档案、基建档案、照片档案等。2001年达到“科技档案管理国家二级标准”。总建筑面积590平方米，库房面积160平方米。馆藏气象科技档案4772卷(册)、气象科技资料1722册，馆藏文书档案3569卷(件)，财务、基建、照片档案765册(盒)。馆藏最早的是民国时期的气象记录档案，保存最多的是气象科技档案，约占馆藏总量三分之二。开展了气象记录档案的数字化处理，2006年又开始对历史上属永久和长期保管的机关文书档案进行扫描，将纸质文书档案转换为计算机能够识别的图像方式，初步实现了宁夏气象局文书档案的信息化。开展了《宁夏30年气候资料整编》工作，为《宁夏军事气候志》、《兵要地志》、《宁夏气象志》、《宁夏农业气候资源与区划》、《宁夏风能资源评价》、《宁夏气候与农业》等研究提供气象档案。 （林莉）

宁夏电力档案馆 现址市兴庆区长城路288号，邮编750001，电话(0951)4915737，主任姜桂芝，电话(0951)4912233。成立于2003年，是集中保管宁夏电力公司档案、资料的综合性档案馆，是宁夏电力系统查阅档案资料的场所。代保管电力系统委托单位档案。2002年实现部优秀级档案管理目标。建筑面积为1378.6平方米，库房面积702.8平方米。馆藏档案17653卷，11052件，资料8310册，照片1200张，实物档案491件，还保管死亡人事档案，录音、光盘等载体的档案。将保存在个人手中的中央领导题词、照片及科技档案材料收集归档，对各部门保存的资料进行了清查，补充了库存量。建立了馆藏全宗级目录数据库，实现了计算机检索，声像档案全面数字化。年度文件可以在公司网上阅览。编辑出版了《档案工作手册》一书，供档案人员学习和工作使用。利用馆藏资料，完成了全宗介绍、大事记、组织机构沿革、工程概况等十多种编研成果。

（周久竹）

宁夏大学档案馆 现址银川市西夏区贺兰山路489号，邮编750021，电话(0951)2061892，馆长陈清明，电话(0951)2061542。成立于2002年。档案馆既是学校档案工作的职能管理部门，又是保存和提供利用本校档案的教学辅助机构。馆库面积379平方米，库房面积220平方米。各类档案共28089卷(件)，其中人事档案4132卷。馆藏档案资料历史跨度58年。2005年引进了“南大之星”档案管理软件和湖南省委组织部开发的人事档案管理软件。已经建立了全宗级目录数据库，录入文件级目录3万余条，人事档案信息61920条。

（雷慧）

银川市档案馆 现址市中山南街25号，邮编750004，电话(0951)6032481，馆长贺萍，电话(0951)6032449。成立于1959年。是集中统一保管市级机关、团体、企事业单位档案资料的国家综合档案馆，是市级爱国主义教育基地、市政府指定的政务信息公开场所。1995年和2003年被国家档案局授予全国档案系统先进集体称号。1995年晋升为宁夏回族自治区一级档案馆。总建筑面积3074平方米，库房面积1660平方米。馆藏档案资料65853卷册，其中资料20266卷册。馆藏档案资料的历史跨度127年。保存年代最早的是明清档案。已将4.20特大爆炸袭警案、防治“非典”、第十三届电影节、APEC循环经济会议、三大战役整治等一批重大活动、重大事件档案资料收集进馆。征集到了民国地契及一些照片、地图等档案资料，已建成馆藏全宗级目录数据库，完成了建国后档案案卷级目录数据采集工作。对馆藏开放档案重新编制目录，纸质档案数字化达95%，声像档案已全部数字化，并将重点档案进行全文扫描。目前已实现计算机检索。出版了《情系民众——银川市第十一届人民政府为民办实事实录》和《城市的足迹——银川市城市总体规划发展进程》、《档案工作实用手册》等专题汇编28种，124万字。利用档案举办了“回顾与展望”、“光辉的历程”、“银川60年”等展览。 （邵雪莲）

兴庆区档案馆 现址银川市北京东路471号，邮编750004，电话(0951)6719115，馆长贾桂秋，电话(0951)6719087。成立于1987年。是集中统一保管区机关、团体、企事业单位档案资料的国家综合档案馆。2000年晋升为宁夏回族自治区一级档案馆。2003年被评为宁夏回族自治区档案工作先进集体。总建筑面积220平方米，库房面积120平方米。馆内共有68个全宗单位，保存着自1954年以来的10个门类的纸质档案，其中库存量较大的主要是文书档案、婚姻档案，还存有印章档案、声像档案和科技档案等。 （崔海霞）

西夏区档案馆 现址银川市西夏区怀远路，邮编750021，电话(0951)2078065，馆长朱献翠，电话(0951)2078063。成立于1985年。是集中统一保管区机关、团体、企事业单位档案资料的综合国家档案馆。2006年建立了西夏区现行文件利用中心。总面积290平方米，库房面积190平方米。馆藏档案9527卷(册、张、本)，图书资料6589本(册)。文书档案、婚姻档案、收养登记档案已全部将条目级数据录入计算机。 （蒋博）

金凤区档案馆 现址银川市黄河路789号，邮编750002，电话(0951)5035224，电子信箱：jfqdaj@163.com，局长马金良。成立于1984年。2003年被评为2002年度全区档案工作先进单位；2004年马少华被评为全区档案工作先进工作者；2005年档案局党支部被命名为“五个好”党支部；2006年被银川市档案局评为“十五期间”档案先进集体。建筑面积300余平方米。馆藏文书档案18599卷、图书资料7240册。编研资料5种，即组织沿革、大事记、郊区志、郊区20大庆资料汇编、统计资料汇编。

灵武市档案馆 现址市灵州大道党政办公大楼一楼，邮编750400，电话(0951)4021575，馆长杨金海，电话(0951)4032235。成立于1959年。是集中统一保管市级机关、团体、企事业单位档案资料的国家综合档案馆。2003年成立现行文件利用服务中心，是市委、政府的信息公开场所。1998年被考核评定为自治区一级档案馆。总建筑面积513平方米，其中库房面积321平方米。馆藏档案资料21164卷(册)，其中图书资料5875册。案卷起止年代1936年至2004年。有民国时期灵武党政军花名册、乡镇地籍、户籍册、财税账簿、个人毕业证、任命书以及建国后灵武市经济社会发展建设方面的档案资料。完成了《灵武市志》、《灵武市大事记》、《灵武市十三届政府工作实录》、《灵武市乡镇机构沿革》等18项编研成果，共计124万字。 （姬天哲）

永宁县档案馆 现址县杨和大街县委、政府综合大院的东南侧，邮编750100，电话(0951)8011454，馆长董瑛。成立于1959年。是集中统一保管县级机关、团体、企事业单位档案资料的国家综合档案馆。1990年被银川市人民政府授予全市县区档案馆上等级活动先进集体，被银川市爱卫会评为卫生先进单位；1991 年被自治区档案局、劳人厅授予全区档案系统先进集体，被永宁县委、县人民政府评为文明单位；1995 年被银川市档案局、人事局评为银川市档案系统先进集体。总建筑面积 1149.15 平方米，库房面积 436 平方米。馆藏档案 15103 卷(盒)，资料 3366 卷(册)，馆藏档案资料的历史跨度 66 年(1940－2005 年)。已成为现行文件利用查阅场所。

(郑玉果)

贺兰县档案馆　现址银河东路检察院楼后，邮编 750200，电话(0951)8061557，馆长何凤琴，电话(0951)8080618。成立于 1958 年。是集中统一保管县级机关、团体、企事业单位档案资料的国家综合档案馆，是县政府指定的行政规范性文件查阅场所。2003 年至 2005 年馆连续三年被评为区、市档案系统先进集体，2003 年至 2006 年连续四年评为全县保密工作先进单位。建筑面积 1100 平方米。馆藏档案资料 15829 卷(盒)。2003 年开始建立档案目录数据库，录入文件级目录 9 万余条。

(祁玉芬)

石嘴山市档案馆　现址市大武口区朝阳西街 49 号，邮编 753000，电话(0952)2013826，馆长陈邦辉，电话(0952)2012137。成立于 1959 年。是集中统一保管市级机关、团体、企事业单位档案资料的国家综合档案馆，2004 年建立了现行文件查阅服务中心，1996 年达到自治区档案馆目标管理一级标准。总建筑面积 2020 平方米，其中库房面积 789 平方米。馆藏档案资料 169000 卷(册)。馆藏中有清朝光绪年间的地契、民国敌伪档案及革命历史档案。将自治区领导及部分国家领导人来本市视察的照片、“两运会”、市防“非典”工作及建市 40 周年大庆等一批重大活动的档案资料收集进馆。编写了干部任免名录、招工名录、石嘴山市工委组织沿革、石嘴山市机构设置与撤销文件汇编等 22 种 50 余万字的编研材料。

(徐鸿梅)

大武口区档案馆　现址石嘴山市朝阳东街 25 号，邮编 753000，电话(0952)2021554，馆长肖朝英。成立于 1989 年。达市档案工作二级标准。馆库房面积为 138.4 平方米。馆藏档案 20590 卷册、55352 件，资料 800 册，各类照片 1258 份，待整理的文革小报 2300 多份以及部分音像资料。及时将先进性教育档案整理收集入馆。逐步完善馆藏全宗目录数据库，完成了馆藏纸质档案 80％的目录数据采集。

(肖朝英　陈永霞)

惠农区档案馆　现址石嘴山市红果子镇惠新街，邮编 753600，电话(0952)7011231，馆长宋建峰，电话(0952)7015761。成立于 2004 年。是集中统一保管区级机关、团体、企事业单位档案资料的国家综合档案馆。总建筑面积 500 余平方米，库房面积近 200 平方米(分南北两处)。馆藏档案 3.37 万卷(册)。馆藏档案的历史跨度 50 余年。加大了对行政区划调整前原惠农县和原石嘴山区县(区)级单位及行政区划调整撤并单位档案移交工作的规范管理，加大了入馆工作力度。(宋建峰)

平罗县档案馆　现址县城人民东路 11 号，邮编 753400，电话(0952)3912355，馆长邢宏亮，电话(0952)6016919。成立于 1958 年。是集中保管县机关、团体、企事业单位档案资料的国家综合档案馆，是县级爱国主义教育基地、县政府指定的现行文件查阅场所。2000 年被认定为自治区一级档案馆，并多次获全区档案工作先进集体和 2004 年度国家级先进个人，并获市、县级文明单位、文明标兵、“五个好”机关党支部荣誉称号。总建筑面积 1198 平方米，库房面积 552 平方米。馆藏档案 80157 卷(件、张、盘)，上起民国 21 年，下至 2006 年。自编《平罗纪略》、《平罗县档案馆指南》、《平罗县组织机构沿革》、《档案文摘》及人代会、党代会、团代会、工会会议简介等 20 余种编研材料 65 万字。2001 年建立计算机数据库，微机著录达到 36 万余条。建成了拥有平罗简介、塞上风光、历史文化、招商引资、风景名胜等10个栏目的平罗档案信息网站。制作人代会、党代会简介在会议期间展览，平罗县建党80周年经济成果展，建县280周年图片展和一些具有社会历史影响实物资料藏品陈列展。 （吴忠明）

吴忠市档案馆 现址市朝阳东街111号大院，邮编751100，电话(0953)2121075，馆长徐智善，电话(0953)2121372。是市委直属的履行市直机关档案集中统一保管利用职能的正处级事业单位，也是市政府政务信息公开的场所。2000年晋升为自治区二级档案馆。先后取得了市级“文明单位”、“文明机关”、党风廉政建设“先进集体”、党建目标管理“先进单位”、“五好”党支部。宁夏档案宣传工作“先进集体”暨一等奖。建筑面积2560平方米，库房面积400平方米。馆藏档案资料、照片7.1万卷(册)。其中图书、报刊资料1.8万册。建成了馆藏档案文件级目录数据库和馆藏文书档案全文电子版本数据库。 （何堃）

盐池县档案馆 现址县城鼓楼南街，邮编751500，电话(0953)6012217，馆长刘贵银，电话(0953)6012124。成立于1959年。是集中统一保管县机关、团体、企事业单位档案资料的国家综合档案馆。1998年晋升为自治区一级档案馆。建筑面积为830平方米，其中库房面积400平方米。馆藏档案资料23619卷(盒、册)，其中资料5152册。馆藏档案资料的历史跨度78年。保存年代最早的是民国档案。婚姻档案、二轮土地承包档案、草原承包档案、艺术档案、名人档案、盐池滩羊档案等已收集进馆。已对三个重要全宗的档案进行了案卷级目录的数据采集工作。利用档案资料编辑了《报纸中的盐池》等专题档案史料汇编。 （杜芳春）

同心县档案馆 现址豫海镇利民街，邮编751300，电话(0953)8022152，馆长周文禄，电话(0953)8029700。成立于1958年。是集中统一保管县各机关、团体、企事业单位档案资料的综合档案馆，是县政府指定的行政规范性文件查阅场所。2004年被区档案局评为档案业务建设管理工作先进单位，2005年被吴忠市人事局、档案局评为档案资源开发利用先进单位。建筑面积1620平方米，现有馆藏档案资料6万余卷(册)，其中资料1000册。已将2006年豫海县回民自治政府成立70周年活动工作，“退耕还林”工作、防治“非典”工作、抗旱救灾工作等一批重大活动、重要历史事件的专题档案资料收集进馆。同时，还有计划地向社会各界征集有关红军西征在同心历史档案资料及实物。 （姜国权 马伏才）

青铜峡市档案馆 现址市裕民街道办南大街36号，邮编751600，电话(0953)3051351，副馆长蔡建勇。成立于1957年。2001年被命名为青铜峡市爱国主义教育基地，2002年建立现行文件利用中心。1996年晋升为自治区一级档案馆。总面积1573平方米，库房面积521平方米。馆藏档案资料共48246卷(册)。编研资料有：青铜峡市志、青铜峡市组织史、青铜峡市机构沿革汇编、重要会议简介、干部任免名录等。

固原市档案馆 现址高平路，邮编756000，馆长李晓文，电话(0954)2088835、2088831。成立于1959年，是集中保管机关、团体、企事业单位档案资料的国家综合档案馆，是市政府指定的行政规范性文件查阅场所。1997年晋升自治区一级档案馆。1999年、2003年均被授予自治区档案工作先进集体称号。总建筑面积660平方米，库房面积300平方米。馆藏档案资料4.67万卷，其中资料8387册。馆藏档案资料的历史跨度有100余年。保存年代最早的是清朝地契档案。目前已将退耕还林、小流域示范治理、撤地设市等档案资料接收进馆。征集了赫光、韩练成、马震武等名人档案。已建成部分全宗文件级目录数据库。编辑了《新世纪新固原》、《固原年鉴》、《发展中的固原》等资料。

原州区档案馆 现址固原市政府街47号，邮编756000，电话(0954)2031737，馆长赵秉明，电话(0954)3922366。成立于1959年。是集中统一保管区机关、团体、企事业单位及乡镇档案资料的综合档案馆，是现行文件查阅场所。1999年晋升为自治区一级档案馆。总建筑面积977.4平方米，其中库房面积394平方米。馆藏档案17010卷，资料3872册。年代最早的是民国档案，馆内并存有地方民族特色的档案。档案的信息化建设稳步推进，档案目录数据库已初具规模。将红二十四军军长赫光烈士的档案征集进馆，其中包括照片、烈士证书等档案资料。编写了《固原县档案馆指南》，在内部发行，并与原州区组织部共同编辑出版发行了《中国共产党宁夏回族自治区固原县组织史资料》。 （孔学伟）

西吉县档案馆 现址政府街19号，邮编756200，电话(0954)3012856，馆长黄淑珍，电话(0954)3012027。成立于1981年。是集中统一保管县各机关、团体、企事业单位档案资料的国家综合档案馆，是爱国主义教育基地，县政府指定的行政规范性文件查阅场所。总建筑面积1140平方米，库房实用面积518平方米。馆藏档案资料24684卷(册)，其中资料7637(册)。馆藏档案资料的历史跨度61年。保存年代最早的是民国档案和资料。已将县举办的重大活动图片，召开的人大、政协会、“先进性教育”活动工作、重要历史事件的档案资料收集进馆。征集并整理了红军长征红一、二、四方面军和“红二十五军”中央领导机关先后在西吉县单家集、兴隆镇、公易镇、马莲川、平峰镇、将台堡、三合旧营镇(李营村)、硝河城等地活动并在将台堡会师活动中的重要历史档案资料及纪念红军长征将台堡会师60周年庆典活动、70周年活动庆祝大会的照片与资料及红军长征遗留下的实物20件等；还征集了民国档案，开展了名人(个人)档案的寄存。

隆德县档案馆 现址人民路121号(县政府后院)，邮编756300，电话(0954)6011725，馆长高淑莲。成立于1959年。1999年档案目标管理工作上达“自治区二级”；被评为2002年度全区档案工作“先进单位”。总建筑面积761平方米，其中库房面积245平方米。馆藏档案13717卷(件)，图书资料2724册(本)。馆2002年成功举办了县城文化艺术名人档案收藏展。2004年在人大、政协会议期间举办了“隆德县历届人代会简介”和“隆德县历届政协会议简介”展览。与县委宣传部、文化局联合主办了“迎国庆、颂辉煌”展示隆德县55年来经济社会发展成就展。

泾源县档案馆 现址百泉街，邮编756400，馆长惠学成，电话1309954549、13099545499。成立于1958年，是集中保管机关、团体、企事业单位档案资料的国家综合档案馆，是县政府指定的行政规范性文件查阅场所。馆藏档案资料14453卷，其中资料3149册。馆藏档案资料的历史跨度70余年。保存最多的是“文革”时期形成档案，约占馆藏总量的1/4。

彭阳县档案馆 现址县城兴彭路170号县图书馆四楼，邮编756500，电话(0954)7012481，馆长马春华。成立于1987年。是集中统一保管县各乡镇、县直各机关、团体、企事业单位档案资料的国家综合档案馆。2000年晋升自治区三级档案馆。2004年被彭阳县委、县人民政府授予治安模范单位称号。总建筑面积122平方米，库房面积42平方米。馆藏档案资料9468卷，其中资料2600册。有少量的清代契约档案、民国档案。 （韩孔刚）

中卫市档案馆 现址市鼓楼西街，邮编755000，电话(0955)7012674，副馆长王杰林，电话(0955)7012534。成立于1959年。是集中保管市级机关、团体、企事业单位档案资料的国家综合档案馆，是市委、市政府指定的党政规范性文件查阅场所。1999年晋升为自治区一级档案馆。建筑面积415平方米。馆藏档案38689卷(册)、资料13148卷(册)。馆藏档案的历史跨度81年，保存年代最早的是1925年的民国档案，有少量的革命历史档案资料复制件。加大了对撤并单位和破产企业档案的规范化管理和档案处置移交接收工作，接收了部分名人书稿档案、英模档案、防治“非典”档案。特别是加大了对党和国家领导人来卫期间考察调研时的资料和照片的收集工作。部分重要的全宗已建立了案卷级目录数据库。编辑出版了《群星闪烁——中卫英模谱》、《中卫党史大事记》、系列《中卫年鉴》、《中卫档案馆大事记》、《中卫市党组织建设资料卷》等史料和地情资料约100多万字。（熊进孝）

中宁县档案馆 现址县城宁安东街行政办公中心大院内一楼，邮编755100，电话(0955)5021857，馆长张新民，电话(0955)5036088。成立于1958年。2000年被评为宁夏回族自治区三级档案馆。1991年被自治区劳动人事厅、区档案局评为全区档案先进集体；2003年被市评为“农村行政村建档管理工作先进单位”。自1997年连续多年被县委命名为县级“文明单位”。总建筑面积410平方米，库房面积250平方米。馆藏档案资料3.2万卷(册、件)，其中资料1.1万册。馆内保管有党和国家领导人照片题词。已将防治“非典”工作、“中国宁夏第三至五届枸杞节”会议、“保持共产党员先进性教育”等一批重大活动的档案资料收集进馆。编辑发行了《中宁县档案志》、《中宁县县界资料》、《中宁县档案管理工作规章制度选编》、《中宁县地质矿产资料》、《中宁县组织史资料》等一批具有社会影响的汇编资料。（汪秉仁）

海原县档案馆 现址政府北街，邮编755200，电话(0955)4011438，馆长王彦兰，电话(0955)8793997。成立于1958年。是集中统一保管县直机关、团体、企事业单位及乡镇档案资料的县级综合档案馆，是爱国主义教育基地，是县档案文件查阅场所。1999年晋升为“自治区三级档案馆”。总建筑面积1303平方米，库房面积530平方米。馆藏档案资料18911卷(册)，其中资料7222册。馆藏档案资料的历史跨度70余年。保存年代最早的是民国档案和资料。编辑出版了《民国时期海原要览》、《民国时期海原历任县长一览表》、《中国国民党海原党部组织概况》、《海原县清、民时期机关、团体创建成立概况》、《海原县历史概况考述》、《红军西征在海原》、《中共海原县历次党代会简介》、《中共海原城关等二十一个乡镇党代会简介》、《海原县妇代会简介》、《海原县历届人民代表会简介》、《政协海原县历次各界人民代表会议简介》、《海原县直机关、乡镇组织沿革》及《海原县档案志》专题等。

（仝有艳）

新疆维吾尔自治区

新疆维吾尔自治区档案馆 现址三道湾路12号，邮编830002，馆长许新江，电话(0991)2615799、2641817。馆于1965年成立，是集中统一保管机关、团体、企事业单位档案资料的国家综合档案馆，青少年爱国主义教育基地，已公开现行文件阅览中心。1998年晋升国家二级档案馆。总建筑面积7298平方米，库房面积3000平方米。馆藏档案390243卷，资料26715册。保存最早的是清代档案。已将自治区成立50周年庆典、自治区保持共产党员先进性教育活动等重大活动档案接收进馆，并已征集王恩茂、王洛宾等名人的档案资料1170件。举办了"新疆历史与发展"、"不能忘却的记忆"、"新疆维吾尔自治区档案馆馆藏珍贵档案展"及"名人档案展"等展览。编辑了《中瑞西北科学考察档案史料》、《近代外国探险家新疆考古档案史料》、《新疆各族民众抗日募捐活动档案文献》、《新疆各民族文化促进会档案史料》、《新疆蒙古族历史秘档》等7种400余万字资料。建立了局域网，实现了办公自动化。开通了新疆档案信息网。

(龚萱)

新疆生产建设兵团档案馆 现址乌鲁木齐市光明路196号，邮编830002，电话(0991)2890091，馆长唐桂岚，电话(0991)2896360。成立于1988年。是统一保管兵团机关、部分直属单位及兵团撤销单位的文书、科技、会计、声像档案的综合档案馆。建筑面积1960平方米，库房面积1000平方米。馆藏档案126531卷。已开通了兵团政务信息网。

新疆维吾尔自治区气象档案馆 现址乌鲁木齐市建国路46号，邮编830002，馆长陈晓燕，电话(0991)2664322、2653291。成立于1987年，同时挂名区气象信息中心，负责新疆区域环境气象信息资料的收集、处理、审核、鉴定、存档及管理工作，是省级气象数据中心。2001年晋升省二级档案馆。库房面积770.4平方米。馆藏档案资料2万余卷(册)，馆藏档案资料的历史跨度70余年。引进和开发研制了"气象科技档案目录管理系统"、"地面常规气象资料数据库"、"地面气象台站历史沿革微机管理系统"等多种管理系统。其中，"地面气象资料非实时处理准自动化系统"获得1994年自治区科技进步四等奖，"可视化高空机制报表自动处理系统"获1996年中国气象局科技进步三等奖。

(林文宣)

乌鲁木齐市档案馆 现址安居南路52号，邮编830063，馆长赵建国，电话(0991)4696387、4643534。成立于1959年，是集中统一保管机关、团体、企事业单位档案资料的国家综合档案馆，爱国主义教育基地、市政府指定的行政规范性文件查阅场所。2003年晋升自治区一级档案馆。总建筑面积4571.46平方米，库房面积1600平方米。馆藏档案174281卷、3340件，资料11991册，馆藏档案资料的历史跨度100余年。已将冰雪旅游风情节、丝绸之路国际服装节、摄影家张昆远拍摄的1.2万余张照片等档案资料收集进馆。已建成馆藏全宗级目录数据库。完成了建国后档案案卷级142262卷、文件级536590条目录数据采集工作。定期编辑《乌鲁木齐市档案史料》，每年定期向社会公布馆藏档案信息10余万字。还编辑了《中共乌鲁木齐市委员会文件选编》1～4册、《乌鲁木齐市经济体制改革十四年》、《乌鲁木齐市年鉴档案事业篇》、《乌鲁木齐市档案馆指南及全宗介绍》、《乌鲁木齐市第四、五、六、七次档案学术交流会论文集》、《乌鲁木齐市历年政府工作报告选编》、《乌鲁木齐市档案业务规范性文件选编》、《纪念中国人民抗日战争暨世界反法西斯战争胜利60周年——乌鲁木齐市档案馆馆藏图片展资料整理汇集》、《回顾与展望——"爱国主义教育基地"实物与图片展方案》、《乌鲁木齐市档案局(馆)新闻稿件刊登剪辑》、《乌鲁木齐市档案馆馆藏友好往来纪念品图片集》等资料。举办了"共产党员的风采"、"回顾与展望——馆藏实

物与图片展”等展览。（崔新生）

乌鲁木齐市城建档案馆 现址克拉玛依西街2699号，邮编830091，馆长王金宝，电话(0991)5102503、5102501。馆具有管理全市城建档案工作的行政职能。1998年晋升国家一级城建档案馆。总建筑面积9700平方米。馆藏档案近17万卷。目前城建档案的接收、整理、编目、检索、统计、查阅等业务，全部纳入了馆内计算机局域网信息办公自动化管理。对馆藏档案14万卷进行了扫描、录入。

（王金宝）

中国石油乌鲁木齐石化公司档案馆 现址乌鲁木齐市米东区，邮编830019，电话(0991)6902588。成立于1989年，是集中统一保管公司档案的综合档案馆，爱国主义教育基地。1995年晋升档案管理国家二级企业。总建筑面积1200平方米，库房面积900平方米。馆藏档案资料41505卷，8586件。馆藏部分档案已实行计算机检索。已建立档案信息网站，为企业提供档案信息共享服务。每年定期向企业局域网公布馆藏档案目录信息。

（倪娟）

天山区档案馆 现址乌鲁木齐市东环路8号，邮编830002，馆长王竣，电话(0991)2630742、2654795。1986年成立，主要负责集中统一管理、接收、征集本区重要的档案资料，成立现行文件阅览中心。2004年晋升自治区一级档案馆。总面积223平方米，库房面积117平方米。馆藏档案15217卷。案卷级12049条目录、文件级63862条目录全部输入微机。（王竣）

沙依巴克区档案馆 现址乌鲁木齐市扬子江路101号，邮编830000，馆长胡春燕，电话(0991)6139941、6139943。成立于1984年，是集中统一保管机关、团体、企事业单位档案资料的国家综合档案馆，是区政府指定的政务规范性文件查阅场所。2003年晋升自治区一级档案馆。总建筑面积255平方米，库房面积210平方米。馆藏档案资料15107卷(件、册)，其中资料1554册。已将“防非典”工作、“保持共产党员先进性教育”活动等档案资料收集进馆。征集了张忠庆、柴启青等名人的资料。已建成馆藏全宗级目录数据库，完成了档案案卷级和文件级目录数据的录入工作。

（胡春燕）

新市区档案馆 现址乌鲁木齐市北京南路86号，邮编830011，馆长刘春英，电话(0991)3824975、3831721。成立于1988年，是统一保管机关、团体、企事业单位档案资料的国家综合档案馆，行政规范性文件查阅场所。总建筑面积1400平方米，库房面积600平方米。馆藏档案2937卷。馆藏档案的历史跨度40余年。馆藏档案较为完整，记录了新市区自成立以来政治、经济及社会各项事业发展的历史，是新市区最为宝贵的珍籍之一。已将防治“非典”工作、保持共产党员先进性等档案资料收集进馆，已完成馆内永久、长期档案案卷级目录数据采集工作。（刘春英）

水磨沟区档案馆 现址温泉西路131号，邮编830017，电话(0991)4684104、4684102。成立于1988年，是集中统一管理机关、团体、企事业单位档案资料的国家综合档案馆，区政府指定的现行文件阅览中心。2003年晋升自治区一级档案馆。总建筑面积195平方米。馆藏档案8309卷。其中资料416册。编撰出《水磨沟区档案志》、《水磨沟区组织史》、《水磨沟区档案馆利用档案典型事例汇编》、《水磨沟区历届党代会、人代会、政协会、工代会、团代会、妇代会会议简介》、《水磨沟区县、科级干部任免文件索引》、《水磨沟区常设机构文件汇编》等多种编研资料。馆藏档案已录入文件级目录5000条，案卷级目录7083条，现行文件目录1444条。（凌福梅）

头屯河区档案馆 现址乌鲁木齐市北站公路10号，邮编830022，馆长程岗，电话(0991)3110010、3100732。成立于1988年，是集中统一管理档案资料的基地，是提供利用档案与资料的中心。2005年成立了现行文件中心。总面积105平方米,库房面积60平方米。馆藏档案资料20410卷(册),其中200余册。馆藏档案检索工具比较完善。编辑了《头屯河区志》、《历届人民代表大会、党员代表大会、妇女代表大会、政协委员会简介》、《头屯河区大事记》、《头屯河区专业志》等资料。

(梁君)

达板城区档案馆 现址乌鲁木齐市达坂城,邮编830039,馆长何莲英,电话(0991)5940699。成立于1988年,是集中统一保管机关、团体、事业单位档案资料的国家综合档案馆。2002年晋升自治区二级档案馆。馆库面积为75平方米。馆藏档案4321卷。

(何莲英)

米东区档案馆 现址乌鲁木齐市府前路,邮编831400,馆长李婷,电话(0994)5302775、6851602。成立于2007年8月1日,是集中统一保管机关、团体、企事业单位档案资料的国家综合档案馆,现行文件阅览中心原档案成立于1991年8月。原米泉市档案馆成立于1959年。1996晋升自治区一级档案馆。总建筑面积528平方米,库房面积192平方米。馆藏档案总量4.1万卷,资料3978册。(李婷)

乌鲁木齐县档案馆 现址南湖南路西二巷87号,邮编830063,馆长孙晓婷,电话(0991)4653529。成立于1959年,是集中统一保管机关、团体、企事业单位档案资料的国家综合档案馆,是科学研究和利用档案资料的中心,成立了现行文件服务中心。总建筑面积150平方米,库房面积90平方米。馆藏档案资料20465卷(册),其中资料5739册。编制了《乌鲁木齐县历届人民代表大会简介》、《政协乌鲁木齐县历届委员会会议简介》、《草场土地纠纷问题文件目录索引》,伪军、警、宪人员名录,《乌鲁木齐县地区大事记》、《乌鲁木齐县政府大事记》等资料。(孙晓婷)

克拉玛依市档案馆 现址友谊路255号,邮编834000,馆长郭宝凤,电话(0990)6226104、6234129。网址:http://sdaj.klmy.goo.cn。成立于1986年,是集中统一保管机关、团体、企事业单位档案资料的国家综合档案馆,市政府指定的行政规范性文件查阅场所、爱国主义教育基地。2002年晋升自治区一级档案馆。总建筑面积6400平方米,库房面积864平方米。馆藏档案12万卷、(件),资料6000卷(册)。已将全市开展的保持共产党员先进性教育、感动克拉玛依十大新闻人物活动等档案资料收集进馆。征集了克尤木·买提尼亚孜、卡依夏·库贵根等52位名人的档案资料进馆,为75位名人建档。已建成馆藏全宗级目录数据库,完成建市后档案案卷级及文件级目录数据采集工作。档案信息网站已经建立,已提供了10万余条档案目录数据。制作了《发展中的克拉玛依档案事业》和《戈壁兰台绽新花——克拉玛依市档案事业"十五"回顾》等多部专题片;编辑了《家庭建档指南》等多种资料。举办了"网上爱国主义教育基地展"、"克拉玛依市档案征集成果展"等展览。(牛冰)

独山子区档案馆 现址克拉玛依市大庆东路9号,邮编833600,馆长魏燕萍,电话(0992)3876203、3687319。成立于2005年,是国家综合档案馆,区政府指定的行政规范性文件查阅场所.总建筑面积400平方米,库房面积200平方米。馆藏档案2.9万卷(件)、资料500册。已将教育督政、创建文明城区等档案资料收集进馆。档案信息门户网站已经建成。

(魏燕萍)

克拉玛依区档案馆 现址克拉玛依市永红路53号,邮编834000,馆长张朵,电话(0990)6228200、6223112。成立于2006年,是国家综合档案馆,区政府指定的行政规范性文件查阅场所。2007年晋升自治区二级档案馆。馆藏档案2万余件(卷),资料800余册。档案信息网站已经建立。建立了馆藏全宗级目录数据库,声像档案实现数字化。研制开发的"社区档案信息化管理系统"荣获自治区档案局科技项目成果奖励一等奖。(张朵)

白碱滩区档案馆 现址克拉玛依市泰安路20号，邮编834008，馆长李新华，电话(0990)6981629。网址：www.bjtq.gov.cn。1993年成立，是集中统一保管各部门、单位档案资料的国家综合档案馆，爱国主义教育基地、区政府指定的行政规范性文件查阅场所。2001年晋升自治区一级档案馆。建筑面积2108.35平方米。馆藏档案31680卷(件)，资料593册。

(李新华)

乌尔禾区档案馆 现址克拉玛依市柳树街18号，邮编834014，馆长姜克文，电话(0990)6280642、6961016。成立于2005年，是国家综合档案馆，区政府指定的行政规范性文件查阅场所。2006年晋升自治区一级档案馆。建筑面积共180平方米，库房建筑面积约100平方米。馆藏档案资料8558卷(件)。实现了档案目录检索的数字化。已建成馆藏全宗级目录数据库，完成了建区后档案文件级目录数据采集工作。编写了《乌尔禾区志》、《乌尔禾区政府工作大事记》、《乌尔禾区档案利用事例汇编》、《乌尔禾区党委大事记》等多种资料。

(姜克文)

吐鲁番地区档案馆 现址绿洲中路115号，邮编838000，馆长夏岐领，电话(0995)8522662、8527819。成立于1979年，成立了现行文件利用中心。馆使用面积284平方米。馆藏档案19941卷(册)，资料3815册。馆藏档案内容包括吐鲁番地区工业、农业、基本建设、财贸、交通、文教、体育、卫生、公检法等各项事业的发展规划、计划。已将“三讲”、“保持共产党员先进性教育活动”、防治“非典”等档案接收进馆。建立了比较完备的档案检索系统。已完成了全部馆藏档案案卷级目录录入工作。

(吴凌毅)

吐鲁番市档案馆 现址老城路12号，邮编838000，馆长肖楠，电话(0995)8522069、8528062。成立于1960年，是集中统一保管机关、团体、企事业单位档案资料的国家综合档案馆，市政府指定的行政规范性文件查阅场所。总建筑面积320平方米。馆藏档案资料27359卷(册)，其中资料7027册。馆藏档案资料的历史跨度147余年。对建国后档案进行了案卷级目录数据采集工作。已将先进性教育活动、婚姻登记、市机构改革撤销、破产企业等档案资料收集进馆。征集了朱德、铁木尔·达瓦买提、赛福鼎·艾则孜、郝建秀、王光美等名人资料。编研了《吐鲁番市档案馆指南》、全宗介绍、《吐鲁番市委大事记》、《吐鲁番市政府大事记》、《吐鲁番市历届党代会会议简介》、《吐鲁番市历届人代会议简介》、《中共吐鲁番市委员会重要文件选编》、《吐鲁番市(县)草场纠纷文件汇编》、《吐鲁番市(县)水利纠纷文件汇编》和《吐鲁番市档案利用事例汇编》等资料。

(肖楠)

吐鲁番市城建档案馆 现址绿洲路497号，邮编838000，电话(0995)8561254。成立于1987年，是集中统一管理各类城建档案资料的专门档案馆。1997年晋升为自治区一级城建档案馆。总建筑面积600平方米，库房面积493平方米。馆藏档案28317卷，资料1591册。制作完成了8部电视专题片和资料片，其中最引人瞩目的是《魅力城市——吐鲁番》、《吐鲁番——历史长河中璀璨的明珠》、《火洲神韵映天山》。已将吐鲁番市“一碗泉”引水工程、吐鲁番垃圾综合处理厂、吐鲁番“火洲水韵”工程、吐鲁番葡萄沟景区改扩建工程、吐鲁番坎儿井博物馆工程收集进馆。建成了全市城建档案目录中心。建立了馆藏城建档案目录数据库。

(马革琴)

鄯善县档案馆 现址新城路2692号，邮编838200，馆长阿布力克木·阿布都热合曼，电话(0995)6286660。1959年成立，是集中统一保管机关、团体、企事业单位档案资料的国家综合档案馆，县委、政府指定的行政规范性文件查阅场所。2003年晋升自治区一级档案馆。总建筑面积1313平方米，库房面积1019平方米。馆藏档案资料21290卷(册)，其中资料4586(册)。已将“三讲”、“保持共产党员先进性教育”等档案材料接收进馆。征集了著名摄影家丁克胜的西藏摄影作品、吐鲁番十二木卡姆声像资料、县第八次党代会照片、文件汇编。已实现了部分馆藏图像档案及文书档案目录的计算机贮存和检索。编辑了《鄯善史话》、《鄯善文库》(鄯善县民俗专辑)、《哈运昌文化历史专辑》、《鄯善县年鉴》的资料。制作了7块具有典型意义宣传板面进行展览。

（顾永玲）

托克逊县档案馆　现址鄯善镇友好路，邮编838100，馆长夏扎旦木·卡斯木，电话(0995)8822396。成立于1959年，是集中统一保管机关、团体、企事业单位资料的综合性档案馆。总建筑面积136平方米。馆藏档案资料28581卷(册、件)，其中资料2959册。编辑了《托克逊县历年风灾及灾情介绍》、《托克逊县退职下放人员名单》、《托克逊县历届党代会简介》、《托克逊县委重要文件汇编》、《托克逊县干部任免名单》、《中共中央、国务院文件目录汇编》、《托克逊县专业户、重点户调查情况汇编》、《征用土地汇编》、《托克逊县历届政协会议简介》、《草场纠纷问题卡片》等资料。

（夏扎旦木·卡斯木）

哈密地区档案馆　现址建国南路24号，邮编839000，馆长姜传银，电话(0902)2314637、2250866。成立于1958年，是集中统一保管机关、团体、企事业单位档案资料的国家综合档案馆，是行署指定的现行文件阅览中心，2006年晋升自治区一级档案馆。总建筑面积1500平方米，库房面积800平方米。馆藏档案资料29000卷(册)，其中资料7000册。已收集了胡锦涛总书记对哈密星星峡检查站工作批示的文件、2006年大型图片摄影展、地区“十六”大代表档案等档案资料征集进馆。档案信息网页已经建立。编辑了全宗介绍、档案法律法规文件汇编、组织沿革、《哈密地区档案工作大事记》、《草场地界房产专题资料汇编》、《哈密地区档案利用效果典型事例汇编》、《哈密地区共、青、妇历届代表会议简介》等资料和内部刊物《哈密档案》。利用档案举办了“哈密地区利用档案效果大型展览”、“档案法及档案法实施办法基本知识展览”。

（宋玉梅）

哈密市档案馆　现址广东路1号，邮政编码83900。馆长张雅萍，联系电话(0902)2232177。履行档案档案保护利用职能。建筑面积176.5平方米，库房面积129.5平方米。馆藏档案20560卷、282件、资料5986册。接收改制破产企业档案9026卷，接收“非典”档案282件，征集广东援疆干部档案374件，征集老照片150张。　（何薇）

哈密市城建档案馆　现址广场北路52号，邮政编码839000，馆长赵济民，电话(0902)2233603。成立于1986年，负责城建档案的管理工作。2006年6月晋升自治区一级城建档案馆。1987年、1990年、1991年被评为自治区城建档案工作先进集体。建筑面积1860平方米。馆藏档案资料2万余卷。建立了局域网，实现了城建档案收集、整理、保管、鉴定、统计和利用等业务、行政工作网络化管理。完成了档案目录数据库建设。　（孙威宁）

巴里坤哈萨克自治县档案馆　成立于1959年1月22日，是保管机关、团体、事业单位档案资料的国家综合档案馆，现行文件阅览中心。总建筑面积676.4平方米，库房面积196.78平方米。馆藏档案资料2.6万多卷(册)，其中资料5033本(册)。已将巴里坤丝绸旅游观光会、冰雪节等档案资料收集进馆。已完成了民国档案目录级数据库，开始了建国后档案案卷级目录计算机的录入工作。编辑了《巴里坤县志》、《组织史》、《中共巴里坤简史》等资料。　（达桂林）

伊吾县档案馆　现址伊吾镇振兴路，邮编839300，局长杜尧光，电话(0902)6721327。成立于1959年，库房面积160平方米。馆藏档案资料7721卷(册)，其中资料2202卷(册)。已经征集了“伊吾县有机食品示范县”的资料。编辑了《伊吾县志》、《伊吾县组织史资料》、《中国共产党伊吾县历史大事记》等资料。

（杜尧光　俞滨）

昌吉回族自治州档案馆　现址红星西路4号，邮编831100，馆长马春英，电话(0994)2345734、2381318。成立于1959年，是集中统一保管机关、团体、企事业单位档案资料的国家综合档案馆，爱国主义教育基地，州党委、政府指定的政务信息发布中心、现行文件查阅利用中心。2003年晋升自治区一级档案馆。总建筑面积2188平方米，库房面积1100平方米。馆藏档案资料94906卷(册)，其中资料23255册。已将保持共产党员先进性教育、自治州1～3届科洽会、1～8次民族团结表彰会和自治州五十年大庆等档案资料收集进馆。建立了珍贵档案特藏室，磁性载体档案库，多媒体利用室。建立了全州历史档案目录中心、现行文件目录中心和开放档案目录中心。馆藏部分重要全宗档案已实现计算机检索。珍贵档案全部实现了数字化。开通了档案信息网站。编辑了《庭州记忆》、《昌吉州党委大事记》、《昌吉州政府大事记》、《时代先锋》等资料。举办了"庭州记忆·昌吉州首届美术、书法、文献展"。（李丽娟）

昌吉市档案馆　现址红星西路13号，邮编831100，馆长李建新，电话(0994)2343854、2339331。成立于1960年，是集中统一保管机关、团体、企事业单位档案资料的国家综合档案馆，建立了现行文件中心。2004年晋升自治区一级档案馆。总建筑面积约790平方米，库房面积561平方米。馆藏档案资料34767卷(册)。馆藏档案的历史跨度80余年。建立了名人档案和珍贵档案特藏柜。已录入案卷级条目8864条、文件级条目66781条。建立了档案信息网页。（马秀珍）

昌吉市城建档案馆　现址红星西路13号，邮编831100，馆长李勇，电话(0994)2358368。成立于1988年，是集中保管城市建设档案资料的基地。1996年晋升自治区一级馆。建筑总面积410平方米。现有馆藏工程档案20318卷，底图档案24444张，资料525册。已建成城建档案目录中心。

（魏生渊）

阜康市档案馆　现址天山街5号，邮编831500，馆长骆晓梅，电话(0994)3222102、3225601。电子信箱：fkdaju@126.com。成立于1959年，是集中保管机关、团体、企事业单位档案资料的国家综合档案馆，成立了现行文件利用中心。2005年晋升自治区一级档案馆。馆库面积600平方米。馆藏档案35759卷，资料4618册。已将"三讲"、"三个代表"、保持共产党员先进性教育档案接收进馆，接收国家级、自治区级荣誉档案照片366张、奖牌证书268个。征集了杨天笑、邹井人等文化名人档案资料。已建成馆藏全宗级目录数据库，完成了建国后档案案卷级目录数据采集工作。档案信息网站和局域网已经建立。

（张晓东　刘学超）

呼图壁县档案馆　现址呼图壁镇和庄路42号，邮编831200，馆长张爱军，电话(0994)4502142、4509310。成立于1959年，是集中统一保管机关、团体、企事业单位档案资料的国家综合档案馆，成立了呼图壁县已公开现行文件利用中心。2004年晋升自治区一级档案馆。总建筑面积581平方米，库房面积289平方米。馆藏档案资料34500卷，其中资料7403册。已经征集到反映呼图壁县经济、文化、城乡面貌变化的珍贵照片资料，世纪园一、二期工程的设计、建筑图纸和部分名人档案资料。建立了档案特藏室。已建成馆藏档案目录数据库，完成了馆藏档案案卷级目录数据采集工作。建立了档案信息网页。编写了《呼图壁县城市建设简介》、《呼图壁县县情和经济社会发展现状》、《呼图壁县经济发展亮点简介》、《呼图壁县农业学大寨回眸》和《呼图壁县知识青年上山下乡回眸》等资料。（王玫玉）

玛纳斯县档案馆　现址玛纳斯镇中华路618－2号，邮编832200，馆长徐云霞，电话(0994)6661146、6661398。成立于1959年，是国家综合档案馆，是永久保管档案的基地、利用现行文件中心。2004年晋升自治区一级档案馆。总建筑面积597.84平方米，库房面积264平方米。馆藏档案48853卷，资料6671册。建立了买合甫·买买提、张燕、马世飞、俞敬元等名人档案。开展了文件级和案卷级目录数据采集工作。编辑了《中共玛纳斯县组织史资料》、《县委、政府大事记》、会议简介、《县界及草场纠纷文件汇编》、《下乡知青名册》等资料。（刘晓华）

奇台县档案馆 现址奇台镇东关街191号，邮编831800，馆长张义明，电话（0994）7211057、7213261。成立于1959年，是集中统一保管机关、团体、企事业单位档案资料的国家综合档案馆，爱国主义教育基地、县政府指定的行政规范性文件查询场所。2005年晋升自治区一级档案馆。馆库面积175平方米。馆藏档案42000多卷（册），资料5716册，馆藏档案资料历史跨度100余年。保存年代最早的清代档案有清光绪、宣统年间地产契约。已将“保持共产党员先进性教育活动”等档案资料接收进馆。编写了《奇台县大事记》、《奇台县政府大事记》、《奇台县政区历史沿革资料》等资料。（张义明　张建文）

吉木萨尔县档案馆 现址吉木萨尔镇文明西路2号，邮政编码831700，馆长陈学梅，电话（0994）6923831、6923836。成立于1959年，是集中统一保管机关、团体、企事业单位档案资料的国家综合档案馆，县委、县政府指定的政务信息公开场所。2004年晋升自治区一级档案馆。总建筑面积359平方米，库房面积216.3平方米。馆藏档案资料32000卷（册），其中资料4973册。已完成了馆藏档案案卷级目录录入工作。编写了《吉木萨尔县域大事记》、《吉木萨尔县委大事》、《吉木萨尔县民族与宗教事务专题概要》、《吉木萨尔县主要领导人名录》、《吉木萨尔县人口与计划生育工作概要》等资料。（褚云峰）

木垒哈萨克自治县档案馆 现址木垒镇人民北路，邮编831900，馆长李绍芬，电话（0994）4822349。1959年成立，是集中统一保管机关、团体、企事业单位档案资料的国家综合档案馆，县政府指定的行政规范性文件查阅场所。2003年晋升自治区一级档案馆。建筑面积770平方米库房面积200平方米。馆藏档案22098卷。编辑了草场纠纷文件材料汇编、人物奖惩资料汇编、脱贫致富实录、国民经济与社会发展概况、人物传记等资料。（张彦民）

博尔塔拉蒙古自治州档案馆 现址博乐市青德里大街201号，邮编833400，馆长赵连河，电话（0909）2318470、2318469。成立于1959年，是集中统一保管机关、团体、企业事业单位档案资料的国家综合档案馆，建成了现行文件利用中心，青少年爱国主义教育基地。2005年晋升自治区一级档案馆。总建筑面积628平方米，库房面积200平方米。馆藏档案资料58971卷（册）、1967件，其中资料7597册。已将州成立50周年大庆、那达慕大会、预防“非典”、“保持共产党员先进性教育”、新疆第六届少数民族运动会等档案资料收集进馆。编辑了《土地、草场、行政区划界线文件选编》、《州行政区划、土地、草场界线文件续编》、《自治州历届党代会文件汇编》、《自治州历届人代会文件汇编》、《自治州自然灾害资料选编》、《精简下放、落实政策资料汇编》、《博州那达慕草原节专题概要》、《新疆维吾尔自治区第六届少数民族传统体育运动会专题概要》等资料75种286.6万字。（王萍）

博乐市档案馆 现址北京北路35号，邮编833400，馆长李建军，电话（0909）2222848。成立于1963年，是集中统一保管机关、团体、企事业单位档案资料的国家综合档案馆，青少年爱国主义教育基地，市政府指定的行政规范性文件查阅场所。馆藏档案资料8270卷（册），其中资料1000余册。（唐启银）

博乐市城建档案馆 现址北京路252号，邮编833400，馆长蒋艳霞，电话（0909）

2223472。成立于1989年，是集中统一保管城建档案资料的专门档案馆，是城市建设信息管理中心。2000年晋升自治区一级档案馆。2006年荣获自治区建设系统先进集体称号。总建筑面积800平方米，库房面积650平方米。馆藏档案资料4.1万卷(册)，底图528张。已建立计算机软件管理系统，实现了计算机自动检索。编辑了《城建档案工作文件汇编》、《博乐市城建档案馆大事记》、《博乐市城建档案馆指南》、《博乐市城市建设基础数字汇集》等资料。录制完成电视专题片《前进中的博乐》,《古韵新城看博乐》。 (孙瑞云)

精河县档案馆 现址精河镇友谊南路17号，邮编833300，馆长蒋桂玉。电话(0909)5332359。成立于1958年，是青少年爱国主义教育基地，县政府指定的行政规范性文件查阅场所。2004年晋升自治区一级档案馆。馆总建设面积270平方米。馆藏档案资料26870卷(册)，其中资料3974册。建立了档案目录数据库。编撰了《精河县档案馆指南》、《精河县历届党代会、人代会、工代会、团代会、妇代会简介》、《精河县党委、政府工作大事记》、《精河县档案利用效果典型事例汇编》等十余种编研资料。 (陈凡)

温泉县档案馆 现址博格达尔镇三峡西路36号，邮编833500，馆长李世杰，电话(0909)8228055、8223985。成立于1957年，是保管机关、团体、企事业单位和其他组织的档案工作的基地，成立了现行文件阅览中心。2005年，晋升自治区一级档案馆。馆库房面积234.72平方米。馆藏档案数量为14466卷，资料450册。保存年代最早的是光绪三十四年的《光绪皇帝给察哈尔营左翼总管鄂裕泰祖父母之诰书》。 (龚真霞)

巴音郭楞蒙古自治州档案馆 现址库尔勒市巴音东路，邮编841000，馆长焦振亭，电话(0996)2023266、2611082。成立于1959年，是集中统一保管机关、团体、企事业单位档案资料的国家综合档案馆，州政府指定的行政规范性文件查阅场所，爱国主义教育基地。2000年晋升自治区一级档案馆。总建筑面积2305.24平方米，库房面积800平方米。馆藏档案资料84478卷(册)，其中资料14419册。馆藏档案资料的历史跨度70余年。已将党和国家领导人视察巴州、百名艺术家巴州行书画作品资料收集进馆。编辑出版档案馆指南12万字。

(颜文俊)

库尔勒市档案馆 现址石化大道，邮编841000，馆长安玲，电话(0996)2250051、2250035。成立于1959年，是集中统一保管机关、团体、企事业单位档案资料的国家综合档案馆，爱国主义教育基地、市政府指定的现行文件阅览中心。总建筑面积550平方米，库房面积300平方米。馆藏档案资料25175卷(册)，其中资料7529(册)。馆藏档案资料的历史跨度71年。完成了部分民国档案文件级录入工作。建立了库尔勒市档案信息网。编辑了《中共库尔勒市历史大事记》、《中共库尔勒市组织史资料》、《库尔勒市档案馆介绍》、《库尔勒市党代会简介》、《库尔勒市历届人代会简介》、《库尔勒市档案志》、《库尔勒县各族各届人民代表大会简介》、《库尔勒县历届人代会简介》、《库尔勒县征购土地房屋档案史料汇编》、《库尔勒县地界草场纠纷档案史料汇编》、干部任免卡片、《库尔勒县离退休人名录》等资料。

(王玉玲)

库尔勒市城建档案馆 现址梨香南路，邮编841000，馆长晏新亮，电话(0996)2023515。成立于1987年，是集中统一保管库尔勒市城建档案的专门档案馆。总建筑面积2000平方米，其中库房面积1000平方米。馆藏档案3.1万卷。已采用城建档案管理信息系统将城建档案的接收、整理、保管、检索、统计等业务全部纳入了计算机管理当中。 (邓江萍)

轮台县档案馆 现址轮台镇文化中路1号，邮编841600，馆长王奉琦，电话(0996)4691979、4682196。成立于1959年，是集中统一保管机关、团体、企事业单位档案资料的国家综合档案馆，爱国主义教育基地、县政府指定的行政规范性文件查阅场所。总建筑面积1860平方米，库房面积600平方米。馆藏档案资料39150卷(册)，其中资料18650册。馆藏档案资料的历史跨度100余年。档案信息门户网站已经建立。 (赵新程)

尉犁县档案馆 现址尉犁镇解放南路23号，邮编841500，馆长田宝，电话(0996)4022175、4022154。成立于1959年，是集中统一保管机关、团体、企事业单位档案资料的国家综合档案馆，爱国主义教育基地，县委、县政府指定的现行文件查阅场所。2004年晋升自治区一级档案馆。总面积547平方米，库房面积230平方米。馆藏档案资料2.38万卷(册)，其中资料5000册。已经录入所有民国档案近9000条目录，建国后档案文件级目录近2.5万条。编辑了《尉犁县志》(维、汉文版)、《中共尉犁县大事记》、《中共尉犁县组织史资料》、《中国共产党尉犁县简史》等资料。 (张新卉)

若羌县档案馆 现址若羌镇胜利路，邮编841800，馆长闭晓波，电话(0996)7102047、7104918。成立于1960年，是集中统一保管机关、团体、企事业单位档案资料的国家综合档案馆，爱国主义教育基地，成立了现行文件阅览中心。总面积280平方米，库房面积110平方米。馆藏档案12050卷(册)，资料6284册。编辑了《中共若羌县历史大事记》、《奋进中的若羌》、《县组织史资料》、《红枣产业发展纪实》《若羌县地方简史》等资料。 (钟艳秋)

且末县档案馆 现址且末镇迎宾路2号，邮编841900，馆长耿爱萍，电话(0996)7622405。成立于1960年，是集中统一保管机关、团体、企事业单位档案资料的国家综合档案馆。2002年晋升为自治区一级档案馆。总建筑面积为377.7平方米，库房面积203平方米。馆藏档案资料16504卷(册)，其中资料3959册。馆藏档案的历史有60余年。征集了胡耀邦、王恩茂、钱正英、王乐泉、赛福鼎·艾则孜、铁木尔·达瓦买提、阿木冬·尼牙孜、阿不来提·阿布都热西提等视察且末的照片等资料。有计划地接收了县一级、二级水电站、飞机场改造工程及水系草图等重要档案。 (耿爱萍)

焉耆回族自治县档案馆 现址焉耆镇解放路，邮编841100，馆长唐安全，电话(0996)6022644。成立于1959年，是集中统一保管机关、团体、企业事业单位档案资料的国家综合档案馆，成立了现行文件阅览中心。2006年晋升自治区一级档案馆。总建筑面积2447平方米，馆库面积687平方米。馆藏档案资料41291卷(册)，其中资料14434册。馆藏档案资料的历史跨度70余年。已将"三讲"、"三个代表重要思想教育"、"县成立五十年大庆"等档案收集进馆。编辑了《焉耆回族民俗》、《回民的简史》、《焉耆县宗教界概况》、《焉耆县档案馆介绍》、《中国共产党焉耆回族自治县历史大事记》、《历史的丰碑》等资料。 (马明花)

和静县档案馆 现址和静镇阿尔夏特路12号，邮编841300，电话(0996)5022170。成立于1959年，是集中统一保管机关、团体、企事业单位档案资料的国家综合档案馆。成立了和公开现行文件阅览中心。2004年晋升自治区一级档案馆。建筑面积300平方米。馆藏档案17566卷，馆藏资料10387册。革命历史档案有77卷，主要为原尤鲁都斯县(现在和静县巴音布鲁克区)参加三区革命时期的珍贵档案，为蒙古、哈萨克、维吾尔文字；征集有保存价值的照片500张，土尔扈特蒙古族民歌500首。编辑了《和静县历届党代会简介》、《历届人代会简介》、《关于土地界线问题的文件汇编》、《关于草场界线问题的文件汇编》、《档案馆指南》、《和静县组织史资料》、《中国共产党和静县历史大事记》、《和静县志》(汉蒙文)、《走进和静》、《翡翠王国》、《和静县不会忘记》(人物专著)、《前进中的和静》等14种资料310万字。 (王桂花)

和硕县档案馆 1964年成立，2003年9

月成立现行文件阅览中心。2002年晋升自治区一级档案馆。总面积1409平方米，库房面积660平方米。馆藏档案28207卷册，资料书刊572册。编辑了和硕县档案馆指南、历届妇代会简介、历届工代会简介、历届政协会简介、中共和硕县大事记、和硕县组织史、和硕县档案局精神文明实录(1998—2005)等资料。

(王爱华)

博湖县档案馆　现址博湖镇人民西路，邮编841400，馆长冯丽，电话(0996)6622616。成立于1982年，是集中统一保管机关、团体、企事业单位档案资料的国家综合档案馆，成立了现行文件阅览中心。2003年晋升为自治区一级档案馆。建筑面积为228.65平方米。馆藏档案资料3万卷(册)，其中资料19943册。已将"三讲"教育、防治"非典"工作、"三个代表"学习、先进性教育等档案资料收集进馆。编辑了档案馆指南、博湖县大事记、全宗介绍、《博湖县历届党代会、人代会、政协会、工代会、团代会、妇代会简介》、县委文件汇编目录、《草场界线文件汇编目录》、《土地界线文件汇编目录》、旅游专题概要等资料。　(冯丽)

阿克苏地区档案馆　现址解放北路18号，邮编843000，电话(0997)2525132、2514938。成立于1958年，是集中统一保管阿克苏机关、团体、企事业单位档案资料的国家综合档案馆，青少年爱国主义教育基地，行署指定的政府信息公开阅览服务场所。2003年晋升自治区一级档案馆。总建筑面积2100平方米，库房面积1260平方米。馆藏档案资料101008卷(册)，其中资料12860册。馆藏档案资料的历史跨度近90年。已将2004年至2006年阿克苏龟兹文化艺术节、旅游节工作、"三讲"教育、防治"非典"、保持共产党员先进性教育活动等档案资料收集进馆。已建成馆藏全宗卷级目录，完成了民国档案目录和建国后档案案卷级目录数字化工作。建立了档案信息网站。编辑了《抗日战争时期中共党人在阿克苏》、《中共阿克苏地区大事记》、《阿克苏地区历任领导人名录》、《阿克苏地区阅警比武专题概要》、《阿克苏首届龟兹文化艺术节文件汇编》、《阿克苏地区开展保持共产党员先进性教育活动专题概要》等资料150余万字。举办了"让昨天告诉今天"等展览。　(李爱英)

阿克苏市档案馆　现址团结西路10号，邮编843000，馆长蒋彩霞，电话2121034。成立于1959年，是集中统一保管机关、企事业单位档案资料的国家综合档案馆，爱国主义教育基地，现行公开文件阅览中心。2003年晋升自治区一级档案馆。建筑面积160平方米。馆藏档案档案21224卷、3642件，资料8000卷(册)。已将防治"非典"工作、保持共产党员先进性教育工作等重大活动的档案资料收集进馆。已完成建国前档案文件级目录数据录入21418条及建国后档案案卷级目录数据录入19794条工作。编辑了《1949—2001年中共阿克苏市历史大事记》、《1949—1997年中共阿克苏市委员会文献选集》、《阿克苏市年鉴资料汇编》及《1949—1984年阿克苏市组织史》资料。

(蒋彩霞)

阿克苏市城建档案馆　现址新华东路16号，邮编843000，馆长巩彦红，电话(0997)2284071。成立于1987年，是集中管理城市管理、建设、设计、施工、编研档案资料专门档案馆。1998年晋升区一级城建档案馆。2006年自治区城市管理"天山杯"竞赛活动中荣获"城建档案管理杯"。建筑面积约1000平方米。馆藏档案21759卷，管网图及地形图1241张。已采用"工程档案管理信息系统"、"照片档案管理信息系统"、"阿克苏市地下管网动态管理信息系统"。编研资料有城建档案基础数字汇集、城市重点工程简介、城建档案工作汇编、城建大事记、学术交流论文等。建立了档案馆网站。2004年被定为自治区数字化城建档案馆试点管理单位。　(巩彦红)

温宿县档案馆　现址温宿镇西大街10号，邮编843100，馆长孙春香，电话(0997)4532741、4532685。成立于1962年，是集中统一保管机关、团体、企事业单位档案资料的国家综合档案馆，爱国主义教育基地、县政府指定的行政规范性文件查阅场所。2003年晋升自治区一级档案馆。总面积3600平方米，库房494平方米。馆藏档案27298卷，资料4800卷(册)。共接收撤并单位、破产改制企业档案17092卷(册)。对“非典”档案、共产党员先进性教育档案进行了接收。正在建设馆藏档案全宗级目录数据库，已录入全宗级目录5353条。编辑了《中共温宿县历史大事记》、《中共温宿县重要文件选编》、《中共温宿县组织史资料》等资料。 (孙春香)

库车县档案馆 现址库车新城阿木提鲁巴格巷，邮编842000，馆长罗清华，电话(0997)7122280、7135372。成立于1959年，是集中统一保管机关、团体、企事业单位档案资料的国家综合档案馆，爱国主义教育基地、县委、县政府指定的政务信息公开场所。2002年晋升自治区一级档案馆。总建筑面积1027平方米，库房面积664平方米。馆藏档案资料54446卷册、10534件，其中资料11772册。已收集社会主义新农村建设、防治“非典”、先进性教育、艾滋病防治、国际龟兹文化研讨会、新疆国际旅游节、第十一届党代会、创建全国双拥、旅游、卫生、先进县等重大活动资料和卡德尔·巴克、尼沙汗等名人的档案8000余卷。已建成档案信息网站。已建成案卷级目录数据库，输入案卷级目录24841条，文件级目录6745条。编研了《龟兹文化研究论集》、《西域往事——新疆最后一个王宫200年的家族记忆》、《库车县志》、《精彩库车》、《林基路的故事》、《库车县重要文件选编》、《库车大事记》、《库车年鉴》、《库车县历次党代会会议汇编》、《干部会议文件汇编》、《库车概况》、《传说中的库车》、《库车1950—1963年国民经济历史基础数字》、《库车历年人口统计资料》等资料。利用档案举办了“回顾‘十五’辉煌成就，展望‘十一五’美好前景”、“新农村档案记忆工程”、“让昨天告诉今天档案史料展”等展览。

(罗清华)

沙雅县档案馆 现址沙雅镇人民路11号，邮编842200，馆长王建强，电话(0997)8322249。成立于1958年，履行档案保管利用的职能，是提供利用档案资料、为社会各方面服务的中心。2002年晋升自治区一级档案馆。建筑总面积311平方米，库房面积112平方米。馆藏档案11322卷，资料8110册。

(王建强)

新和县档案馆 现址新和镇解放路11号，邮编842100，馆长吴秀峰，电话(0997)8122532、13709978866。成立于1958年，是集中统一保管档案资料的国家综合档案馆，成立了现行公开文件利用中心。2004年晋升自治区一级档案馆。总面积300.75平方米，库房面积160.5平方米。馆藏档案10391卷，资料8194册。已接收“三讲”、防治“非典”等档案。编辑了《新和县志》、《新和县组织史资料》、《中共新和县历史大事记》、《新和年鉴》等资料1190万字。 (吴秀峰)

拜城县档案馆 现址解放东路6号，邮编842300，馆长努丽曼·艾沙，电话(0997)8622253。成立于1959年，是集中统一保管机关、团体、企事业单位档案资料的国家综合档案馆，是自治区一级档案馆，县政府指定的现行公开文件利用阅览中心，爱国主义教育基地。建筑面积200平方米，库房面积160平方米。馆藏档案资料4.5万卷(册)，其中资料1.7万册。已将“非典”防治、“三讲”学习、保持共产党员先进性教育等档案资料接收进馆。建有档案信息网站。编辑了《建国以来拜城县主要领导名录》、《拜城县一至九届党代会简介》、“机构设置”、“人员任免”、“印章启用”等资料。 (曹丽荣)

乌什县档案馆 现址乌什镇热斯太街6号，邮编843400，馆长何冬英，电话(0997)5322870。成立于1958年，是集中统一管理机关、团体、企事业单位档案资料的国家综合档案馆，县政府指定的现行公开文件利用阅览中心。2003年晋升自治区一级档案馆。建筑面积230平方米，库房面积154平方米。馆藏档案资料25081卷(册)，其中资料6517册。已将破产企业档案、改制企业档案、世行项目档案、五小工程项目档案接收进馆。完成了馆藏档案案卷级目录数据采集工作。档案信息网站已建立。编辑了《乌什县历届党代会简介》、《乌什县历届人代会简介》、《乌什县大事记》、《乌什县组织史资料》等资料。（何冬英）

阿瓦提县档案馆 现址阿瓦提镇光明中路29号，邮编843200，馆长曹军，电话(0997)5129150。成立于1960年，设立了现行文件阅览中心，爱国主义教育基地。2003年晋升自治区一级档案馆。总建筑面积454平方米，库房面积214平方米。馆藏档案15534卷、1538件，资料10050余(卷)册。

（曹军 李祖琼）

柯坪县档案馆 现址团结路32号，邮编843600，馆长巴哈古·托乎提，电话(0997)5822402。成立于1960年，是负责集中统一保管机关、团体、企事业单位档案资料的国家综合档案馆。2004年晋升自治区一级档案馆。总建筑面积243平方米。馆藏各类档案11860卷，资料近8000册。已建成案卷级目录数据库。（巴哈古·托乎提）

克孜勒苏柯尔克孜自治州档案馆 现址阿图什市帕米尔路西三院，邮编845350，馆长周建江，电话(0908)4228148。成立于1959年，是集中统一保管机关、团体、企事业单位档案资料的国家综合档案馆。2005年晋升自治区一级档案馆。总建筑面积700平方米，库房面积300平方米。馆藏档案36233卷。先后征集了巴仁乡武装反革命暴乱、自治州成立四十周年、五十周年庆祝活动、大型歌舞《山父水母》的档案资料。已建立馆藏所有文书档案案卷级目录数据库，采集文件级目录数据库25354条。编辑了《克州大事记》、《克州自然灾害录》、《克州地震资料汇编》、《自治州第一批保先教育文件汇编》等资料20余种1000余万字。其中《克州大事记》于1986年获西北五省优秀编研成果奖和自治区哲学社会科学资料类三等奖。（周建江 王宏）

阿图什市档案馆 现址松他克路南17院，邮编845350，馆长王银华，电话(0908)4222964、13199758359。成立于1958年，设有现行文件阅览中心。建筑面积600平方米，库房面积360平方米。馆藏档案12842卷2710件。已将防治“非典”、党员先进性教育、建市20周年等档案资料接收进馆。征集了沙木沙克·吐呼提、阿不都许库尔卡等名人资料，苏勒坦·苏图克布格拉汗陵墓、玉奇莫日千佛洞等古迹资料。建立了名人档案库。

（王银华）

阿图什市城建档案馆 成立于1988年，是城市建设档案资料管理中心。库房面积120平方米。馆藏档案共计4760卷，管网图及地形图60张。已采用“工程档案管理信息系统”，将城建档案的接收、整理、编目、保管、检索、统计、查阅等业务工作全部纳入了馆内计算机局域网信息办公自动化管理中。已完成了馆藏档案的数据录入、扫描等工作。编研资料有城建档案基础数字汇集、城市重点工程简介、城建档案工作汇编、城建大事记。

阿克陶县档案馆 现址公格尔路42号，邮编845550，馆长胡迎春，电话(0908)5722357、13899485006。成立于1959年，是集中统一保管机关、团体、企事业单位档案资料的国家综合档案馆，爱国主义教育基地。总建筑面积378平方米，库房面积267平方米。馆藏档案资料21434卷(册)，其中资料9367册。已将庆祝建县50周年的工作等档案资料收集进馆。编辑了《阿克陶县志》、《阿克陶县简史》、《阿克陶县组织史》、《水利纠纷文件汇集》等50万字资料。（胡迎春）

阿合奇县档案馆 现址阿合奇镇南大街，邮编843500，馆长吐地古丽·吐达洪，电话(0997)5621221。始建于1959年，使用面积为80平方米，档案库房60平方米。馆藏档案8306卷。征集了居素甫·玛玛依个人档案和史诗《玛纳斯》、柯尔克孜族手工刺绣、民族服饰等档案资料。编辑了《阿合奇县志》、《中共阿合奇县历史大事记》、《中共阿合奇县简史》、《中共阿合奇县组织史资料》等多种资料。

（张文波）

乌恰县档案馆 现址乌恰镇光明路3号，邮编845450，馆长王国真，电话（0908）4621259。成立于1963年，是集中统一保管机关、团体、企事业单位档案资料的国家综合档案馆，县政府指定的现行文件阅览中心。总建筑面积106平方米，库房面积78平方米。馆藏档案资料17408卷（册）。馆藏档案资料的历史跨度87年。收集了“目送20世纪最后一缕阳光”活动资料和全国劳模吴登云的资料。编纂资料8种3.9万字。

（罗迎 王国真）

喀什地区档案馆 现址喀什市解放南路264号，邮编844000，馆长许林，电话（0998）2522213、2525485。成立于1959年，是集中统一保管机关、团体、企事业单位档案资料的国家综合档案馆，公开现行文件阅览中心。2005年晋升自治区一级档案馆。总建筑面积2302平方米，库房面积1147平方米。馆藏档案资料73232卷（册），其中资料24313册。档案资料的历史跨度约130年。珍贵档案主要有左宗棠收复新疆时颁予当地官吏的功牌、委牌。征集了朱光华等名人资料。已建成案卷级、文件级档案目录数据库，录入条目45627条。编辑了《喀什地区民族团结教育专题概要》、《2004“喀什·中亚南亚经济圈发展战略研究论坛”专题汇编》、《红日照边疆——党和国家领导人与喀什人民交往纪实》等资料10余种150万字。

喀什市档案馆 现址人民东路55号，邮编844000，电话（0998）2839836、2295895。1960年成立，是公开现行文件阅览中心。总建筑面积约333平方米。馆藏档案资料15750余卷（册）。编制了现行文件目录、查阅文件、资料登记本等检索工具。 （汪伟）

喀什市城建档案馆 现址帕依纳普路4号，邮编844000，馆长金恩琴，电话（0998）2824595。库房面积1100平方米。馆藏档案4万余卷，资料7000册。于2000年、2006年被评为自治区城建档案工作先进单位。

（金恩琴）

疏附县档案馆 现址人民南路6号，邮编844100，馆长汪利民，电话（0998）3252278、13999639879。是集中保管机关、团体、企事业单位档案资料的国家综合档案馆，建立了现行公开文件利用中心。2006年晋升自治区一级馆。同年被授予地区档案工作先进集体称号。总面积195平方米，库房65平方米。馆藏档案8369卷，资料2115册。 （冯晓芳）

疏勒县档案馆 现址胜利南路6院，邮编844200。馆长王路，电话（0998）6572262。成立于1958年，是集收集、保管、利用为一体的国家综合档案馆，成立了现行文件阅览中心。2006年晋升自治区一级档案馆。占地面积458.1平方米，库房面积283.8平方米，馆藏档案12157卷，资料10103册。微机输入卷内文件目录1万余条。

英吉沙县档案馆 现址英吉沙镇，邮编844500，馆长王瑛，电话（0998）3622349。成立于1959年，面积465平方米。馆藏档案6107卷（件）、资料13402册。 （王瑛）

泽普县档案馆 现址泽普镇南新街11号，邮编844800，馆长艾合买提·木沙克，电话（0998）8247766。成立于1959年，是集中统一保管机关、团体、企事业单位档案资料的国家综合档案馆，现行文件利用中心。总建筑面积400平方米，库房面积260平方米。馆藏档案资料7.43万卷（册），其中资料6.8万册，馆藏档案资料的历史跨度60余年。完成馆藏全宗目录以及档案案卷目录采集工作。

（艾合买提·木沙克）

莎车县档案馆 现址莎车镇新城路8号，邮编844700，馆长孟星，电话（0998）8515767。成立于1958年，是集中统一保管机关、团体、企事业单位档案资料的国家综合档案馆，成立了现行文件利用中心。2006 年晋升自治区一级档案馆。馆库房面积 93 平方米。馆藏档案 14937 卷(册、件),资料 1206 册。资料中以元、明、清手抄及刻印版本《古兰经》173 册最为珍贵。已将十四届乌洽会莎车交易团工作情况、县优质棉高标准节水灌溉项目、依干其叶尔羌河大桥竣工通车典礼等档案资料接收征集进馆。编辑了《中共莎车县组织史》、《莎车县大事记(1949—2004 年)》、《莎车县党简史》、《品读莎车》、《阿曼尼莎汗的故事》、《十二木卡姆歌词选》等 117 万字资料。 (孟星)

叶城县档案馆 现址喀格勒克镇文化西路 9 号,邮政编码 844900,馆长王启新,电话(0998)7282049。馆库面积 124 平方米。馆藏档案 10099 卷,其中国家重点档案 1770 卷。馆藏资料有 7000 余册,有少数民族古籍、史地书籍等。成立了现行文件阅览中心。

(李永江)

麦盖提县档案馆 现址人民路 26 号,邮编 844600,馆长李俊,电话(0998)5760768。库房面积 36 平方米。馆藏档案 14990 卷,资料 4114 册。2006 年成立了麦盖提县现行公开文件阅览中心。 (张瑛)

岳普湖县档案馆 现址岳普湖镇艾吾再力库木东路,邮编 844400,电话(0998)6822466,成立于 1959 年,是爱国主义教育基地,成立了现行文件阅览中心。2006 年晋升自治区一级档案馆。同年被评为自治区档案宣传工作先进集体。馆库使用面积 240 平方米。馆藏档案 875 卷。协同举办了纪念邓小平 100 周年图片展。

伽师县档案馆 现址团结西路 19 号,邮编 844300,馆长韩晓德,电话(0998)6722328。馆占地面积 780 平方米,馆库面积 196 平方米。馆藏档案 150 卷,照片档案 3165 张,资料 7290 册。 (田君)

巴楚县档案馆 现址文化东路 4 号。邮编 843800,馆长杨曦东,电话(0998)6212388、13899161261。成立于 1959 年,是集中保管机关、团体、企事业单位档案资料的国家综合档案馆,建立了现行文件利用中心。2002 年获自治区档案系统先进集体称号。总面积 196 平方米,库房面积 60 平方米。已将 2003 年抗震救灾工作、防治"非典"工作等档案资料收集进馆。馆藏档案 8036 卷(册),资料 6028 册。

(高晓玲)

塔什库尔干塔吉克自治县档案馆 现址塔什库尔干镇红旗拉甫路和慕士塔格路交汇处,邮编 845250,馆长姚开明,电话(0998)3423383、13899143259。成立于 1959 年,是集中统一保管机关。团体、企事业单位档案资料的国家综合档案馆,县指定的行政规范性文件查阅场所。总建筑面积 75 平方米,库房面积 50 平方米。馆藏档案资料 3468 卷(册),其中资料 1590 册。馆藏档案资料的历史跨度 100 余年。 (李卫红)

和田地区档案馆 现址和田市昆仑路 1 号,邮编 848000,馆长朱俊华,电话(0903)2053900、2023008。成立于 1959 年 3 月,是集中统一保管机关、团体、企事业单位档案资料的国家综合档案馆,现行文件利用中心。2006 年晋升自治区一级档案馆。总建筑面积 844 平方米,库房面积 704 平方米。馆藏档案 35112 卷,资料 21551 册。馆藏档案资料历史跨度 180 年。已经将第一、二、三届玉石旅游文化节、防治"非典"、保持共产党员先进性教育、特色农产品展示会等档案资料接收征集进馆。建立了局域网,完成了馆藏档案卷级目录数据采集工作。开设了档案局(馆)网页。编写了《中国共产党和田地区委员会大事记》、《和田地区大事记》、《自治区级以上领导人视察和田材料汇编》、《和田地区工业企业基础数字汇编》、《中国共产党新疆维吾尔自治区和田地区组织史资料》等资料。 (陶江)

和田市档案馆 现址乌鲁木齐北路 1 号,邮编 848000,馆长李广丽,电话(0903)2513525。成立于 1986 年,是集中统一保管机关、团体、企事业单位档案资料的国家综合档案馆。总面积 75 平方米,库房面积 30 平方米。馆藏档案 4068 卷,资料 1500 册。已将集中整治工作、"三讲"活动、保持共产党员先进性教育等档案接收进馆。编写了大事记、《和田市历届党代会简介》、《和田市历届人代会简介》等资料。 (李广丽)

和田市城市建档案馆 现址夏玛力巴格路 52 号,邮编 848000,馆长李嫦珠,电话(0903)2054692。成立于 1988 年,是集中统一管理城建档案资料的专门性档案馆,是查阅城建规范性文件及竣工档案资料的场所。总建筑面积 140 平方米,库房面积 80 平方米。馆藏档案资料 11115 卷(册件),其中资料 1222 册,底图档案 3161 件。编写了《和田市城市简介》、《和田市城建档案馆指南》、《和田市城市建设大事记》、《和田市重点工程简介》、《和田市城市基础数据汇编》等资料。(李嫦珠)

和田县档案馆 现址北京东路 129 号,邮编 848000,馆长丁文霞,电话(0903)2023004。成立于 1950 年,是集中统一保管机关、团体、企事业单位档案资料的国家综合档案馆,成立了现行文件利用中心。总建筑面积 235 平方米,库房面积 160 平方米。馆藏档案 6509 卷(册),资料 5133 册。馆藏档案资料的历史跨度 50 余年。 (刘江林)

墨玉县档案馆 现址其乃巴格街 17 号,邮编 848100,馆长董宝同,电话(0903)6512559。成立于 1959 年,是集中统一保管机关、团体、企事业单位档案的国家综合档案馆。总建筑面积 123.08 平方米,库房面积 84.8 平方米。馆藏档案 8477 卷、资料 4707 卷(册)。已将防治"非典"工作、保持共产党员先进性教育活动等档案收集进馆。编辑《墨玉县县志》5 万字。 (钱亦君)

皮山县档案馆 现址哈尼卡路 31 号,邮编 845150,馆长褚秀英,电话(0903)6425358。成立于 1959 年,是集中统一保管机关、团体、企事业单位档案资料的国家综合档案馆。总建筑面积 300 平方米,库房面积 250 平方米。馆藏档案 9889 卷(册),资料 11445 册。

(张宏坤)

洛浦县档案馆 现址和田路 3 号,邮编 848200,电话(0903)6622577。成立于 1959 年,是集中统一保管机关、团体、企事业单位档案资料的国家综合档案馆。总建筑面积 286 平方米,库房面积 150 平方米。馆藏档案资料 23261 卷(册)。 (罗毓旻)

策勒县档案馆 现址色日克街 7 号,邮编:848300,馆长张新萍,电话(0903)6712414、6740967。成立于 1959 年,是集中统一保管机关、团体、企事业单位档案资料的国家综合档案馆。总建筑面积 197 平方米,库房面积 138 平方米。馆藏档案 7491 卷(册),资料 12100 册。馆藏档案资料的历史跨度 80 年。编写了《策勒县志》、《行业志》、《金融志》等资料。

(王婉霖)

于田县档案馆 现址木尕拉镇团结东路,邮编 848400,馆长海茹汗,电话(0903)6811522、6838810。成立于 1959 年,是集中统一保管机关、团体、企事业单位档案资料的国家综合档案馆,县政府指定的行政规范性文件查阅场所。总建筑面积 500 平方米,库房面积 400 平方米。馆藏档案资料 15783 卷(册),其中资料 6886 册。最重要的馆藏档案是著名人物库尔班·吐鲁木的档案共九卷,一本相册。已将三讲、三学、党员先进性教育等档案资料收集进馆,馆藏档案日益丰富。协助编写了《于田县县志》。 (张贵岩)

民丰县档案馆 现址索达路 3 号,邮编 848500,馆长宗锋,电话(0903)6750107、6750688。总建筑面积 240 平方米,库房面积 152 平方米。馆藏档案 8300(卷)册,资料 5800 册。已将党员先进性教育、防治"非典"工作等档案资料接收入馆。 (宗锋)

伊犁哈萨克自治州档案馆 现址伊宁市飞机场路 122 号,邮编 835000,馆长甄敬庭,电话(0999)8229272、8231278。成立于 1959 年,是集中统一保管机关、团体、企事业档案资料的国家综合档案馆，建立了已公开现行文件利用中心。总建筑面积 2674 平方米，库房面积 500 平方米。馆藏档案资料 7.8 万卷(册)，其中资料 1600 册。最为独特和珍贵的馆藏是“三区革命”历史档案，计 5505 卷。已经接收了自治区第五届少数民族传统体育运动会、三讲教育、防治“非典”、州五十年庆典、党员先进性教育等档案资料。编写了《伊犁灾情史料汇编》、《州党委重要文件选编》、《党和国家领导人来伊视察纪实》等 16 种资料。已完成 10 万条档案文件级目录条目。（甄敬庭）

奎屯市档案馆 现址团结广场 1 号，邮编 833200，馆长张艳华，电话(0992)3222738。成立于 1980 年，是集中统一保管机关、团体、企事业档案资料的国家综合档案馆。总建筑面积 146 平方米，库房面积 86 平方米。馆藏档案资料 19323 卷(册)，其中资料 6000 册。已完成 4000 条档案文件级目录的计算机输入。协助编写了《伊犁州招商引资文件汇编》、《伊犁州直档案利用效果事例汇编》等资料。（米拉）

伊宁市档案馆 现址飞机场路 124 号，邮编：835000，馆长车宏，电话(0999)8224488。成立于 1958 年，是集中统一管理机关、团体、企事业单位档案资料的国家综合档案馆。1991 年荣获全国档案系统先进集体称号。1994 年晋升自治区档案馆。总建筑面积 153 平方米，库房面积 84 平方米。馆藏档案 13566 卷、3084 件，资料 4604 册。已经征集了两届回族花儿演唱会、第一届旅游节、建市五十周年和民间艺人依沙木的档案资料。（车宏）

伊宁县档案馆 现址吉里于孜镇，邮编 835100，馆长夏米西努，电话(0999)4028199。成立于 1958 年，2006 年成立了现行文件利用中心。2003 年晋升自治区一级档案馆。馆总面积 291.4 平方米。馆藏档案 19875 卷。征集了秸杆养牛、自然保护和旅游风景区等档案资料。（夏米西努）

察布查尔锡伯自治县档案馆 现址察布查尔镇查鲁盖东街，邮编 835300，馆长郭玉芳，电话(0999)3622261。馆库面积 120 平方米。馆藏档案资料 13800 卷、4146 件。成立了已公开现行文件阅览中心。对馆藏档案目录进行了计算机管理。（郭玉芳）

霍城县档案馆 现址新荣西路 1 号，邮编 835200，馆长薛志霞，电话(0999)3022104、13319730919。1959 年建立，是现行文件利用中心，爱国主义教育基地。1999 晋升为自治区一级档案馆。1999 年被授予全国家档案工作先进集体称号。总面积 658 平方米，库房面积 114 平方米。馆藏档案资料 29533 卷(册)，其中资料 5243 册。征集了 2005 年新疆国际旅游节、伊犁草原风情霍城系列资料、草原之夜张加毅词作音乐会等资料。（薛志霞）

巩留县档案馆 现址巩留镇新华路，邮编 835400，馆长李昕，电话(0999)5622341。成立于 1959 年。建筑面积 897 平方米，库房面积 252 平方米。2002 年晋升自治区一级档案馆。馆藏档案 9518 卷、950 件，资料 7210 册。（李昕）

新源县档案馆 现址文化路 37 号，邮编 835800，馆长帕孜依拉，电话(0999)5022933。始建于 1959 年。占地面积 2232 平方米，实用面积 1112 平方米，馆藏档案 15059 卷、10131 件，资料 2998 册。（帕孜依拉）

昭苏县档案馆 现址昭苏镇，邮编 835600，馆长张力，电话(0999)6022409。成立于 1959 年。总面积 94.5 平方米，库房面积 54 平方米。建立了圣佑庙、格登碑、草原石人等特色档案，有“三区革命”历史档案有 7 卷 480 页。（张力）

特克斯县档案馆 现址阿扎提街十区二环四号，邮编 835500，馆长李晓玲，电话(0999)6623328。总建筑面积为 341 平方米，库房 126 平方米。馆藏档案 12528 卷、9238 件，资料 2307 册。2005 年成立了现行文件阅览中心。收藏了沈鹏、刘炳森、权希军等名家书画作品 1103 件。（李晓玲）

尼勒克县档案馆 现址尼勒克镇,邮编835700,馆长阿斯亚·托乎提,电话(0999)4622407。总建筑面积326平方米。馆藏档案12628卷、3624件。馆藏三区革命档案939件。 (阿斯亚·托乎提)

伊宁市城建档案馆 现址飞机场路新124号,邮编835000,馆长王桂玲,电话(0999)8234394。成立于1985年。馆藏档案13864卷,资料1520册。新增馆库面积2000平方米。安装了城建档案信息软件,实现档案数字化管理。 (王桂玲)

奎屯市城建档案馆 现址喀什西路3号,邮编833200,电话(0992)3269481。成立于1986年,建筑库房面积800平方米。馆藏档案23000余卷,底图25000多张。采用城建档案信息管理系统,辅助进行城建档案收集、整理、保管、鉴定、统计和利用等工作。建成了馆藏档案目录数据库、城建档案信息数据库。建立了城建档案馆计算机局域网。编有城建档案馆指南、城建大事记、基础数据汇集等资料。

塔城地区档案馆 现址塔城市新华街162号,邮编834700,馆长严丽慧,电话(0901)6223821、6227911。成立于1959年,是集中统一保管机关、团体、企事业单位重要档案资料的国家综合档案馆,已公开现行文件阅览中心。总建筑面积348平方米,库房面积156平方米。馆藏档案4.3万卷(袋),资料1万册。馆藏档案历史跨度230余年。已将第17届阿肯弹唱会、文化旅游节等档案收集进馆。完成了建国后档案案卷级目录的数据采集工作。档案信息网页已建成开通。编制了多种编研材料,其中《塔城地区土地草场问题文件选编》被评为西北地区优秀编研成果。

(崔松盛)

塔城市档案馆 现址文化路,邮编834700,馆长李晓惠,电话(0991)6223301。成立于1959年,是集中统一保管机关、团体、企事业单位档案资料的国家综合档案馆。总建筑面积167平方米,库房面积118平方米。馆藏档案8206卷(册)、512件,资料1454册。已将塔城市保持共产党员先进性档案资料收集进馆。编辑了《塔城市档案馆指南》等多种资料,并在市政府网站上开通了"兰台集萃"栏目。 (冯丽荣)

塔城市城建档案馆 址杜别克街2号,邮编834700,电话(0901)6228504。成立于1988年,是集中统一管理房产、城建档案资料的专门档案馆。总建筑面积178平方米,库房面积146平方米。馆藏档案9500卷(册、张),底图290张,资料1000册。 (王冰)

乌苏市档案馆 现址乌鲁木齐北路46号,邮编833000,馆长张春平,电话(0992)8502545、8514330。成立于1959年,是集中统一保管机关、团体、企事业单位档案资料的国家综合档案馆。总建筑面积269平方米,库房面积192平方米。馆藏档案12014卷,资料8238册。馆藏档案全部建立了全宗卷。编研了县委、政府大事记、土地纠纷文件汇编、历届党代会资料汇编、县(市)机构改革文件汇编等资料。在政府网站上开辟了网页。

(迟利萍)

额敏县档案馆 现址额敏镇文化路54号,邮编834600,馆长杜朝俊,电话(0901)3347303、3342705。成立于1959年,是集中统一保管机关、团体、企事业单位档案资料的国家综合档案馆。总面积约80平方米,库房面积40平方米。馆藏档案资料近12000卷(册),其中资料近4000册。馆藏档案资料历史跨度100余年。保存年代最早的是清朝光绪七年为察哈尔额鲁特部颁布的诏书。编写了《中共额敏县党代会简介》、《额敏县人代会简介》、《额敏县大事记》等资料。

(李惠玲)

沙湾县档案馆 现址三道河子镇新世纪路55号。邮编832100,馆长吴桂芸,电话(0993)6011514。成立于1959年,是集中统一保管机关、团体、企事业单位档案资料的县级国家综合档案馆。总建筑面积150平方米,库

房面积 94.5 平方米。馆藏档案 13912 卷，资料 2266 册。（吴桂芸）

托里县档案馆 现址托里镇喀拉盖巴斯陶路，邮编 834500，馆长许绍敏，电话（0901）3682490。成立于 1959 年，是集中统一保管机关、团体、企事业单位档案资料的国家综合档案馆。2006 年晋升自治区一级档案馆。总使用面积 140 平方米，库房面积 120 平方米。馆藏档案 7739 卷、2008 件，资料 682 册，已将"三个代表"学习、"保持共产党员先进性教育活动"等档案资料收集进馆。同时征集了以工代赈项目档案及部分少数民族名人档案资料。已建成馆藏全宗级目录数据库，完成了馆藏档案案卷级目录数据采集工作。编辑了《中国共产党托里县组织史资料》等资料。

（魏韶红）

裕民县档案馆 现址哈拉布拉镇巴尔鲁克路，邮编 834800，（0901）6526602、6522763。成立于 1961 年，是集中统一保管机关、团体、企事业单位档案资料的国家综合档案馆。总建筑面积 220 平方米，库房面积 140 平方米。馆藏档案资料 10018 卷（册），其中资料 3202 册。已将反映"裕民精神"、防治"非典"、首届新疆塔城裕民山花节等档案资料收集进馆。征集了巴什拜·乔拉克、孙龙珍等名人的档案资料。已建成馆藏档案案卷级目录数据库。编辑了《中共裕民县组织史资料》、《中共裕民县历届党代会简介》等资料 10 余种。

（陶文敏）

和布克赛尔蒙古自治县档案馆 现址和布克赛尔镇和布克东街 17 号，邮编 834400，馆长桑·乌兰，电话（0990）6710397、6715898。成立于 1959 年 2 月，是集中统一保管机关、团体、企事业单位档案资料的国家综合档案馆。总建筑面积 96 平方米，库房面积约 40 平方米。馆藏档案 7067 卷（册），照片 258 张。保存年代最早的是明朝末期的盔甲。珍贵馆藏包括明末盔甲和清乾隆五十年（1785 年）九月清廷颁发给旧土尔扈特北部右翼旗扎萨克（旗长）恭格车凌的官印。编辑了《和布克赛尔县志》、《和布克赛尔县组织史资料》等资料。

（托西丽 李道）

阿勒泰地区档案馆 现址阿勒泰市，邮编 836500，馆长张建中，电话（0906）2122466、2123171。成立于 1959 年，是集中统一保管机关、众团体、企事业单位档案资料的国家综合档案馆，青少年爱国主义教育基地，地委、行署指定的行政规范性文件查阅场所。1996 年晋升自治区一级档案馆。总建筑面积 1500 平方米，库房面积 460 平方米。馆藏档案资料 61151 卷（册），其中资料 11658 册。重要档案有反映哈萨克族历史和部落历史的档案，民国初年阿勒泰历史演变档案，阿勒泰地区岩刻初探记录等。保存年代最早的是三区革命活动的照片和 1937 年为抗日战争捐献银元的照片，1948 年中央银行发行的纸币、中华民国邮票、新疆人民民主同盟会会章等实物档案。案卷级目录输入 10044 条。编辑了《阿勒泰地区组织史资料》、《阿勒泰地委重要文件选编》（部分）、《清史录》（阿勒泰部分）、《阿勒泰地区大事记》，另外地区档案馆编写了《中共阿勒泰地区历史大事记》、《阿勒泰地区民主协商建政情况》、《阿勒泰地区自然灾害概况》、《阿勒泰地区基础数字简表》、《中共阿勒泰历届党代会、团代会、妇代会简介》、《阿勒泰地区土地草场问题文件选编》、《阿勒泰地区档案馆指南》、《阿勒泰地区对外边境贸易情况简介》、《阿勒泰地区参加历届乌洽会工作情况简介》、《历届阿勒泰地区阿肯弹唱会情况简介》、《有关喀纳斯文件汇集》等资料。

（哈丽玛·阿尔斯坦）

阿勒泰市档案馆 现址团结二路 26 号，邮编 836500，电话（0906）2123417。成立于 1959 年，是集中统一保管机关、团体、企事业单位档案资料的国家综合档案馆。总建筑面积 182.58 平方米。馆藏档案资料 20340 卷（册），其中资料 3192 册。已将历届"金山之夏"艺术节、"冰雪风情游"、"中国·新疆·阿勒泰人类最早滑雪起源地、吉尼斯世界纪录牌匾”档案资料接收进馆。征集了韩新忠等名人的资料。编有《阿勒泰市市志》、《阿勒泰市农业区划》、《阿勒泰风情》等资料。（陈秀英）

布尔津县档案馆 现址布尔津镇友谊峰路，邮编836600，馆长巴合提古丽，电话(0906)6522024、6522024。成立于1959年，是集中统一保管机关、团体、企事业单位档案资料的国家综合档案馆，县政府指定的行政规范性文件查阅场所。2004年晋升自治区一级档案馆。2005年被评为全国档案系统巾帼建功“双十佳”先进集体。馆总面积214平方米，库房面积109平方米。馆藏档案资料24598卷(册)，其中资料8006册。已完成录入文书档案数据15000条和会计档案案卷级目录全部条目。编写了《布尔津县机构设置专题概要》、《布尔津县历年干部任免专题概要》、《布尔津县自然灾害概况》、《布尔津县草场问题选编》、《布尔津县党代会简介》《布尔津县人代会简介》等资料16种100万字。（于晓美）

富蕴县档案馆 现址库额尔齐斯镇赛尔江路1号，邮编836100，馆长毕亚克·赛恩买提，电话(0906)8727100。成立于1960年，是集中保管机关、团体、企事业单位档案资料的国家综合档案馆，县委、县政府指定的现行文件利用室。2006年晋升自治区一级档案馆。2002年被评为自治区优秀档案馆。总建筑面积200平方米，库房面积180平方米。馆藏档案21017卷，资料5929件(册)。完成了建国后档案案卷级目录数据录入。（朱敏艳）

福海县档案馆 现址福海镇人民西路，邮编836400，馆长库拉西·色依提哈穆扎，电话(0906)3475460。成立于1959年，是集中统一管理机关、团体、企事业单位档案资料的国家综合档案馆，成立了现行文件利用中心。总建筑面积145平方米。馆藏档案15213卷，资料6414册。编辑了干部任免、机构设置、地界草场文件汇编等资料。（丁凤琴）

哈巴河县档案馆 现址阿克齐镇，邮编836700，馆长柳秀兰，电话(0906)6623317。成立于1958年，是集中统一保管机关、团体、企事业单位档案资料的国家综合档案馆，县委、县政府指定的行政规范性文件查阅场所。总面积130平方米，库房面积70平方米。馆藏馆藏档案12321卷，资料5860册。已将“今秋桦林艺术节”、“保持共产党员先进性教育”等档案资料收集进馆。编写了县委、县政府大事记，历届党代会、人代会议简介等资料。

（卢智慧）

青河县档案馆 现址青河镇团结东路148号，邮编836200，馆长管淑华，电话(0906)8821069。成立于1964年，是集中统一保管机关、团体、企事业单位档案资料的国家综合档案馆，县政府指定的行政规范性文件查阅场所。总建筑面积为105平方米，库房面积65平方米。馆藏档案5140卷(册)，资料2140册。已将金秋艺术节、第十三届县级阿肯弹唱会的档案收集进馆。征集了著名阿肯胡曼尔别克的个人档案58件。编写了《青河县各单位成立名录》、《青河县档案馆历年大事记》、《青河县干部任免》等资料。（李凤兰）

吉木乃县档案馆 现址托普铁热克镇团结路一号，邮编836800，馆长赵泽佑，电话(0906)6181051。成立于1959年，是集中统一保管机关、团体、企事业单位档案资料的国家综合档案馆，县政府指定的行政规范性文件查阅场所。总面积145平方米，库房面积90平方米。馆藏档案16045卷(册)，其中资料7313册。馆藏档案的历史跨度为60余年。已将民族特色的冰山艺术节、边民互市、阿肯弹唱会等档案资料收集进馆。征集到1883年蒙古亲王萨尔王的随葬品和名人手迹等。编写了《吉木乃县机构设置选编》、《吉木乃县县级以上干部任免汇编》、《党代会、人代会、团代会、工代会简介》、《吉木乃县自然灾害概况》、《吉木乃县草场问题选编》、档案馆指南、《吉木乃县大事记》等资料。（马小萍）

附录：

全国档案馆名称代码

省、自治区、直辖市行政区划代码表

名　称	汉语拼音拼写	数字码
北京市	Beijing Shi	110000
天津市	Tianjing Shi	120000
河北省	Hebei Sheng	130000
山西省	Shanxi Sheng	140000
内蒙古自治区	NeiMenggu Zizhiqu	150000
辽宁省	Liaoning Sheng	210000
吉林省	Jilin Sheng	220000
黑龙江省	Heilongjiang Sheng	230000
上海市	Shanghai Shi	310000
江苏省	Jiangsu Sheng	320000
浙江省	Zhejiang Sheng	330000
安徽省	Anhui Sheng	340000
福建省	Fujian Sheng	350000
江西省	Jiangxi Sheng	360000
山东省	Shandong Sheng	370000
河南省	Henan Sheng	410000
湖北省	Hubei Sheng	420000
湖南省	Hunan Sheng	430000
广东省	Guangdong Sheng	440000
广西壮族自治区	Guangxi Zhuangzu Zizhiqu	450000
海南省	Hainan Sheng	460000
重庆市	Chongqing Shi	500000
四川省	Sichuan Sheng	510000
贵州省	Guizhou Sheng	520000

名　称	汉语拼音拼写	数字码
云南省	Yunnan Sheng	530000
西藏自治区	Xizang Zizhiqu	540000
陕西省	Shanxi Sheng	610000
甘肃省	Gansu Sheng	620000
青海省	Qinghai Sheng	630000
宁夏回族自治区	Ningxia Huizu Zizhiqu	640000
新疆维吾尔自治区	Xinjiang Weiwuer Zizhiqu	650000

北京市

名　称	地区汉语拼音拼写	档案馆代码
中央档案馆		411001
中国第一历史档案馆		411002
北京市档案馆	Beijing Shi	411010
东城区档案馆	Dongcheng Qu	411011
西城区档案馆	Xicheng Qu	411012
崇文区档案馆	Chongwen Qu	411013
宣武区档案馆	Xuanwu Qu	411014
朝阳区档案馆	Chaoyang Qu	411015
丰台区档案馆	Fengtai Qu	411016
石景山区档案馆	Shijingshan Qu	411017
海淀区档案馆	Haidian Qu	411018
门头沟区档案馆	Mentougou Qu	411019
房山区档案馆	Fangshan Qu	411028
通州区档案馆	Tongzhou Qu	411022
顺义区档案馆	Shunyi Qu	411021
昌平区档案馆	Changping Qu	411020
大兴区档案馆	Daxing Qu	411023
怀柔区档案馆	Huairou Qu	411025
平谷区档案馆	Pinggu Qu	411024
密云县档案馆	Miyun Xian	411026
延庆县档案馆	Yangqing Xian	411027
北京市城市建设档案馆	Beijing Shi	411405

名　称	地区汉语拼音拼写	档案馆代码
中国照片档案馆		411401
外交部档案馆		411402
中国电影资料馆		411403
民政部档案馆		411404
国家体育总局档案馆		411406
中国民航总局档案馆		411407
中国气象局气象档案馆		411408
中国科学院档案馆		411409

天津市

名　称	地区汉语拼音拼写	档案馆代码
天津市档案馆	Tianjin Sheng	412001
和平区档案馆	Heping Qu	412002
河东区档案馆	Hedong Qu	412003
河西区档案馆	Hexi Qu	412004
南开区档案馆	Nankai Qu	412005
河北区档案馆	Hebei Qu	412006
红桥区档案馆	Hongqiao Qu	412007
塘沽区档案馆	Tanggu Qu	412008
汉沽区档案馆	Hangu Qu	412009
大港区档案馆	Dagang Qu	412010
东丽区档案馆	Dongli Qu	412011
西青区档案馆	Xiqing Qu	412012
津南区档案馆	Jinnan Qu	412013
北辰区档案馆	Beichen Qu	412014
武清区档案馆	Wuqing Qu	412016
宝坻区档案馆	Baodi Qu	412018
宁河县档案馆	Ninghe Xian	412015
静海县档案馆	Jinghai Xian	412017
蓟县档案馆	Ji Xian	412019
天津市城市建设档案馆		412401
海洋档案馆		412411
中华人民共和国海关总署档案馆		412412

名　称	地区汉语拼音拼写	档案馆代码
天津市气象档案馆		412421
天津科技档案馆		412422
天津市公安档案馆		412402
天津市国家安全局档案馆		412424
天津市房地产登记发证交易中心档案馆		412425
天津大学档案馆		412600
南开大学档案馆		412601
铁道部天津机车辆厂档案馆		412620
铁道部第十八工程局档案馆		412621
铁道部第十六工程局第二工程处档案馆		412622
天津市大港石油档案馆		412625
天津市津海集团档案馆		412626

河北省

名　称	地区汉语拼音拼写	档案馆代码
河北省档案馆	Hebei Sheng	413001
石家庄市档案馆	Shijiazhuang Shi	413002
长安区档案馆	Changan Qu	413003
桥东区档案馆	Qiaodong Qu	413004
桥西区档案馆	Qiaoxi Qu	413005
新华区档案馆	Xinhua Qu	413006
裕华区档案馆	Yuhua Qu	413007
井陉矿区档案馆	Jingxing Kuang Qu	413008
井陉县档案馆	Jingxing Xian	413009
正定县档案馆	Zhengding Xian	413011
栾城县档案馆	Luancheng Xian	413012
行唐县档案馆	Xingtang Xian	413192
灵寿县档案馆	Lingshou Xian	413193
高邑县档案馆	Gaoyi Xian	413188
深泽县档案馆	Shenze Xian	413183
赞皇县档案馆	Zanhuang Xian	413190
无极县档案馆	Wuji Xian	413184
平山县档案馆	Pingshan Xian	413191
元氏县档案馆	Yuanshi Xian	413189

名　称	地区汉语拼音拼写	档案馆代码
赵县档案馆	Zhao Xian	413186
辛集市档案馆	Xinji Shi	413181
藁城市档案馆	Gaocheng Shi	413185
晋州市档案馆	Jinzhou Shi	413182
新乐市档案馆	Xinle Shi	413187
鹿泉市档案馆	Luquan Shi	413010
唐山市档案馆	Tangshan Shi	413020
路南区档案馆	Lunan Qu	413021
路北区档案馆	Lubei Qu	413022
古冶区档案馆	Guye Qu	413023
开平区档案馆	Kaiping Qu	413024
丰润区档案馆	Fengrun Qu	413025
丰南区档案馆	Fengnan Qu	413027
滦县档案馆	Luan Xian	413028
滦南县档案馆	Luannan Xian	413029
乐亭县档案馆	Leting Xian	413030
迁西县档案馆	Qianxi Xian	413032
玉田县档案馆	Yutian Xian	413034
唐海县档案馆	Tanghai Xian	413035
遵化市档案馆	Zunhua Shi	413033
迁安市档案馆	Qian'an Shi	413031
秦皇岛市档案馆	Qinhuangdao Shi	413040
海港区档案馆	Haigang Qu	413041
山海关区档案馆	Shanhaiguan Qu	413042
北戴河区档案馆	Beidaihe Qu	413043
青龙满族自治县档案馆	Qinglong Manzu Zizhixian	413044
昌黎县档案馆	Changli Xian	413045
抚宁县档案馆	Funing Xian	413046
卢龙县档案馆	Lulong Xian	413047
邯郸市档案馆	Handan Shi	413055
邯山区档案馆	Hanshan Qu	413056
丛台区档案馆	Congtai Qu	413057
复兴区档案馆	Fuxing Qu	413061

名　称	地区汉语拼音拼写	档案馆代码
峰峰矿区档案馆	Fengfeng Kuangqu	413058
邯郸县档案馆	Handan Xian	413059
临漳县档案馆	Linzhang Xian	413139
成安县档案馆	Cheng'an Xian	413138
大名县档案馆	Daming Xian	413131
涉县档案馆	She Xian	413141
磁县档案馆	Ci Xian	413140
肥乡县档案馆	Feixiang Xian	413136
永年县档案馆	Yongnian Xian	413142
邱县档案馆	Qiu Xian	413134
鸡泽县档案馆	Jize Xian	413135
广平县档案馆	Guangping Xian	413137
馆陶县档案馆	Guantao Xian	413143
魏县档案馆	Wei Xian	413132
曲周县档案馆	Quzhou Xian	413133
武安市档案馆	Wu'an Shi	413060
邢台市档案馆	Xingtai Shi	413065
桥东区档案馆	Qiaodong Qu	413068
桥西区档案馆	Qiaoxi Qu	413069
邢台县档案馆	Xingtai Xian	413067
临城县档案馆	Lincheng Xian	413153
内丘县档案馆	Neiqiu Xian	413154
柏乡县档案馆	Baixiang Xian	413155
隆尧县档案馆	Longyao Xian	413156
任县档案馆	Ren Xian	413157
南和县档案馆	Nanhe Xian	413158
宁晋县档案馆	Ningjin Xian	413159
巨鹿县档案馆	Julu Xian	413160
新河县档案馆	Xinhe Xian	413161
广宗县档案馆	Guangzong Xian	413162
平乡县档案馆	Pingxiang Xian	413163
威县档案馆	Wei Xian	413164
清河县档案馆	Qinghe Xian	413165

名　称	地区汉语拼音拼写	档案馆代码
临西县档案馆	Linxi Xian	413166
南宫市档案馆	Nangong Shi	413151
沙河市档案馆	Shahe Shi	413152
保定市档案馆	Baoding Shi	413075
新市区档案馆	Xinshi Qu	413076
北市区档案馆	Beishi Qu	413077
南市区档案馆	Nanshi Qu	413078
满城县档案馆	Mancheng Xian	413080
清苑县档案馆	Qingyuan Xian	413081
涞水县档案馆	Laishui Xian	413209
阜平县档案馆	Fuping Xian	413217
徐水县档案馆	Xushui Xian	413203
唐县档案馆	Tang Xian	413207
高阳县档案馆	Gaoyang Xian	413211
容城县档案馆	Rongcheng Xian	413214
涞源县档案馆	Laiyang Xian	413204
望都县档案馆	Wangdu Xian	413208
安新县档案馆	Anxin Xian	413212
易县档案馆	Yi Xian	413202
曲阳县档案馆	Quyang Xian	413216
蠡县档案馆	Li Xian	413220
顺平县档案馆	Shunping Xian	413082
博野县档案馆	Boye Xian	413219
雄县档案馆	Xiong Xian	413213
涿州市档案馆	Zhuozhou Shi	413210
定州市档案馆	Dingzhou Shi	413201
安国市档案馆	Anguo Shi	413218
高碑店市档案馆	Gaobeidian Shi	413215
定兴市档案馆	Dingxing Shi	413205
张家口市档案馆	Zhangjiakou Shi	413090
桥东区档案馆	Qiaodong Qu	413091
桥西区档案馆	Qiaoxi Qu	413092
宣化区档案馆	Xuanhua Qu	413094

名　称	地区汉语拼音拼写	档案馆代码
下花园区档案馆	Xiahuayuan Qu	413095
宣化县档案馆	Xuanhua Xian	413097
张北县档案馆	Zhangbei Xian	413231
康保县档案馆	Kangbao Xian	413232
沽源县档案馆	Guyuan Xian	413233
尚义县档案馆	Shangyi Xian	413234
蔚县档案馆	Yu Xian	413235
阳原县档案馆	Yangyuan Xian	413236
怀安县档案馆	Huai'an Xian	413237
万全县档案馆	Wanquan Xian	413238
怀来县档案馆	Huailai Xian	413239
涿鹿县档案馆	Zhuolu Xian	413240
赤城县档案馆	Chicheng Xian	413241
崇礼县档案馆	Chongli Xian	413242
承德市档案馆	Chengde Shi	413110
双桥区档案馆	Shuangqiao Qu	413111
双滦区档案馆	Shuangluan Qu	413112
鹰手营子矿区档案馆	Yingshouyingzi Kuang Qu	413113
承德县档案馆	Chengde Xian	413114
兴隆县档案馆	Xinglong Xian	413252
平泉县档案馆	Pingquan Xian	413253
滦平县档案馆	Luanping Xian	413254
隆化县档案馆	Longhua Xian	413256
丰宁满族自治县档案馆	Fengning Manzu Zizhixian	413255
宽城满族自治县档案馆	Kuancheng Manzu Zizhixian	413251
围场满族蒙古族自治县档案馆	Weichang Manzu Mengguzu Zizhixian	413257
沧州市档案馆	Cangzhou Shi	413120
新华区档案馆	Xinhua Qu	413123
运河区档案馆	Yunhe Qu	413124
沧县档案馆	Cang Xian	413121
青县档案馆	Qing Xian	413122
东光县档案馆	Dongguang Xian	413297

名　称	地区汉语拼音拼写	档案馆代码
海兴县档案馆	Haixing Xian	413302
盐山县档案馆	Yanshan Xian	413299
肃宁县档案馆	Suning Xian	413294
南皮县档案馆	Nanpi Xian	413298
吴桥县档案馆	Wuqiao Xian	413296
献县档案馆	Xian Xian	413295
孟村回族自治县档案馆	Mengcun Huizu Zizhixian	413301
泊头市档案馆	Botou Shi	413291
任丘市档案馆	Renqiu Shi	413292
黄骅市档案馆	Huanghua Shi	413300
河间市档案馆	Hejian Shi	413293
廊坊市档案馆	Langfang Shi	413271
安次区档案馆	Anci Qu	413280
广阳区档案馆	Guangyang Qu	413281
固安县档案馆	Gu'an Xian	413276
永清县档案馆	Yongqing Xian	413275
香河县档案馆	Xianghe Xian	413274
大城县档案馆	Dacheng Xian	413279
文安县档案馆	Wen'an Xian	413278
大厂回族自治县档案馆	Dachang Huizu Zizhixian	413273
霸州市档案馆	Bazhou Shi	413277
三河市档案馆	Sanhe Shi	413272
衡水市档案馆	Hengshui Shi	413310
桃城区档案馆	Taocheng Qu	413311
枣强县档案馆	Zaoqiang Xian	413313
武邑县档案馆	Wuyi Xian	413314
武强县档案馆	Wuqiang Xian	413316
饶阳县档案馆	Raoyang Xian	431317
安平县档案馆	Anping Xian	413318
故城县档案馆	Gucheng Xian	413319
景县档案馆	Jing Xian	413320
阜城县档案馆	Fucheng Xian	413321
冀州市档案馆	Jizhou Shi	413312

名　称	地区汉语拼音拼写	档案馆代码
深州市档案馆	Shenzhou Shi	413315
石家庄市城市建设档案馆		413401
唐山市城市建设档案馆		413402
秦皇岛市城市建设档案馆		413403
邯郸市城市建设档案馆		413404
邢台市城市建设档案馆		413405
保定市城市建设档案馆		413406
张家口市城市建设档案馆		413407
承德市城市建设档案馆		413408
沧州市城市建设档案馆		413409
河北省气象档案馆		413420
河北省科技档案馆		413421
张家口煤矿机械厂档案馆		413620
邢台矿业集团有限责任公司档案馆		413621

山西省

名　称	地区汉语拼音拼写	档案馆代码
山西省档案馆	Shanxi Sheng	414001
太原市档案馆	Taiyuan Shi	414002
小店区档案馆	Xiaodian Qu	414007
迎泽区档案馆	Yingze Qu	414003
杏花岭区档案馆	Xinghualing Qu	414004
尖草坪区档案馆	Jiancaoping Qu	414008
万柏林区档案馆	Wanbailin Qu	414005
晋源区档案馆	Jinyuan Qu	414201
清徐县档案馆	Qingxu Xian	414009
阳曲县档案馆	Yangqu Xian	414010
娄烦县档案馆	Loufan Xian	414011
古交市档案馆	Gujiao Shi	414006
大同市档案馆	Datong Shi	414020
城区档案馆	Cheng Qu	414021
矿区档案馆	Kuang Qu	414022
南郊区档案馆	Nanjiao Qu	414023
新荣区档案馆	Xinrong Qu	414024

名　称	地区汉语拼音拼写	档案馆代码
阳高县档案馆	Yanggao Xian	414071
天镇县档案馆	Tianzhen Xian	414072
广灵县档案馆	Guangling Xian	414073
灵丘县档案馆	Lingqiu Xian	414074
浑源县档案馆	Hunyuan Xian	414075
左云县档案馆	Zuoyun Xian	414080
大同县档案馆	Datong Xian	414082
阳泉市档案馆	Yangquan Shi	414030
城区档案馆	Cheng Qu	414031
矿区档案馆	Kuang Qu	414032
郊区档案馆	Jiao Qu	414033
平定县档案馆	Pingding Xian	414034
盂县档案馆	Yu Xian	414035
长治市档案馆	Changzhi Shi	414040
城区档案馆	Cheng Qu	414041
郊区档案馆	Jiao Qu	414042
长治县档案馆	Changzhi Xian	414043
襄垣县档案馆	Xiangyuan Xian	414045
屯留县档案馆	Tunliu Xian	414046
平顺县档案馆	Pingshun Xian	414047
黎城县档案馆	Licheng Xian	414048
壶关县档案馆	Huguan Xian	414049
长子县档案馆	Zhangzi Xian	414050
武乡县档案馆	Wuxiang Xian	414051
沁县档案馆	Qin Xian	414052
沁源县档案馆	Qinyuan Xian	414053
潞城市档案馆	Lucheng Shi	414044
晋城市档案馆	Jincheng Shi	414059
城区档案馆	Cheng Qu	414060
沁水县档案馆	Qinshui Xian	414062
阳城县档案馆	Yangcheng Xian	414063
陵川县档案馆	Lingchuan Xian	414065
泽州县档案馆	Zezhou Xian	414061

名　称	地区汉语拼音拼写	档案馆代码
高平市档案馆	Gaoping Shi	414064
朔州市档案馆	Shuozhou Shi	414188
朔城区档案馆	Shuocheng Qu	414078
平鲁区档案馆	Pinglu Qu	414079
山阴县档案馆	Shanyin Xian	414077
应县档案馆	Ying Xian	414076
右玉县档案馆	Youyu Xian	414081
怀仁县档案馆	Huairen Xian	414083
忻州市档案馆	Xinzhou Shi	414090
忻府区档案馆	Xinfu Qu	414091
原平市档案馆	Yuanping Shi	414094
定襄县档案馆	Dingxiang Xian	414092
五台县档案馆	Wutai Xian	414093
代县档案馆	Dai Xian	414095
繁峙县档案馆	Fanshi Xian	414096
宁武县档案馆	Ningwu Xian	414097
静乐县档案馆	Jingle Xian	414098
神池县档案馆	Shenchi Xian	414099
五寨县档案馆	Wuzhai Xian	414100
岢岚县档案馆	Kelan Xian	414101
河曲县档案馆	Hequ Xian	414102
保德县档案馆	Baode Xian	414103
偏关县档案馆	Pianguan Xian	414104
吕梁市档案馆	Lüliang Shi	414110
离石区档案馆	Lishi Qu	414121
孝义市档案馆	Xiaoyi Shi	414114
汾阳市档案馆	Fenyang Shi	414111
文水县档案馆	Wenshui Xian	414112
交城县档案馆	Jiaocheng Xian	414113
兴县档案馆	Xing Xian	414115
临县档案馆	Lin Xian	414116
柳林县档案馆	Liulin Xian	414117
石楼县档案馆	Shilou Xian	414118

名　称	地区汉语拼音拼写	档案馆代码
岚县档案馆	Lan Xian	414119
方山县档案馆	Fangshan Xian	414120
中阳县档案馆	Zhongyang Xian	414122
交口县档案馆	Jiaokou Xian	414123
晋中市档案馆	Jinzhong Shi	414130
榆次区档案馆	Yuci Qu	414131
介休市档案馆	Jiexiu Shi	414140
榆社县档案馆	Yushe Xian	414132
左权县档案馆	Zuoquan Xian	414133
和顺县档案馆	Heshun Xian	414134
昔阳县档案馆	Xiyang Xian	414135
寿阳县档案馆	Shouyang Xian	414136
太谷县档案馆	Taigu Xian	414137
祁县档案馆	Qi Xian	414138
平遥县档案馆	Pingyao Xian	414139
灵石县档案馆	Lingshi Xian	414141
临汾市档案馆	Linfen Shi	414150
尧都区档案馆	Yaodu Qu	414151
侯马市档案馆	Houma Shi	414152
霍州市档案馆	Huozhou Shi	414157
曲沃县档案馆	Quwo Xian	414153
翼城县档案馆	Yicheng Xian	414154
襄汾县档案馆	Xiangfen Xian	414155
洪洞县档案馆	Hongtong Xian	414156
古县档案馆	Gu Xian	414158
安泽县档案馆	Anze Xian	414159
浮山县档案馆	Fushan Xian	414160
吉县档案馆	Ji Xian	414161
乡宁县档案馆	Xiangning Xian	414162
蒲县档案馆	Pu Xian	414163
大宁县档案馆	Daning Xian	414164
永和县档案馆	Yonghe Xian	414165
隰县档案馆	Xi Xian	414166

名　称	地区汉语拼音拼写	档案馆代码
汾西县档案馆	Fenxi Xian	414167
运城市档案馆	Yuncheng Shi	414180
盐湖区档案馆	Yanhu Qu	414181
永济市档案馆	Yongji Shi	414182
河津市档案馆	Hejin Shi	414189
芮城县档案馆	Ruicheng Xian	414183
临猗县档案馆	Linyi Xian	414184
万荣县档案馆	Wanrong Xian	414185
新绛县档案馆	Xinjiang Xian	414186
稷山县档案馆	Jishan Xian	414187
闻喜县档案馆	Wenxi Xian	414190
夏县档案馆	Xia Xian	414191
绛县档案馆	Jiang Xian	414192
平陆县档案馆	Pinglu Xian	414193
垣曲县档案馆	Yuanqu Xian	414194
太原市城市建设档案馆		414401
大同市城市建设档案馆		414402
榆次市城市建设档案馆		414403
阳泉市城市建设档案馆		414404
长治市城市建设档案馆		414405
山西省气象档案馆		414421
山西省测绘档案馆		414422
大同市自来水公司档案馆		414621
阳泉煤气公司档案馆		414622
天脊煤化工集团有限公司档案馆		414623
太原钢铁(集团)有限公司档案馆		414624
山西杏花村汾酒(集团)公司档案馆		414625
国营晋南机械厂档案馆		414626

内蒙古自治区

名　称	地区汉语拼音拼写	档案馆代码
内蒙古自治区档案馆	Neimenggu Zizhiqu	415001
呼和浩特市档案馆	Huhehaote Shi	415002
新城区档案馆	Xincheng Qu	415003
回民区档案馆	Huimin Qu	415004
玉泉区档案馆	Yuquan Qu	415005
赛罕区档案馆	Saihan Qu	415008
土默特左旗档案馆	Tumote Zuo Qi	415007
托克托县档案馆	Tuoketuo Xian	415006
和林格尔县档案馆	Helin Geer Xian	415094
清水河县档案馆	Qingshuihe Xian	415095
武川县档案馆	Wuchuan Xian	415093
包头市档案馆	Baotou Shi	415011
东河区档案馆	Donghe Qu	415012
昆都伦区档案馆	Kundulun Qu	415013
青山区档案馆	Qingshan Qu	415014
石拐矿区档案馆	Shiguai Kuang Qu	415015
白云矿区档案馆	Baiyun Kuang Qu	415016
九原区档案馆	Jiuyuan Qu	415017
土默特右旗档案馆	Tumote You Qi	415018
固阳县档案馆	Guyang Xian	415019
达尔罕茂明安联合旗档案馆	Daerhan Maoming An Lianhe Qi	415105
乌海市档案馆	Wuhai Shi	415021
海勃湾区档案馆	Haibowan Qu	415022
海南区档案馆	Hainan Qu	415023
乌达区档案馆	Wuda Qu	415024
赤峰市档案馆	Chifeng Shi	415025
红山区档案馆	Hongshan Qu	415034
元宝山区档案馆	Yuanbaoshan Qu	415026
松山区档案馆	Songshan Qu	415027
阿鲁科尔沁旗档案馆	Alukeerqin Qi	415028
巴林左旗档案馆	Balinzuo Qi	415029
巴林右旗档案馆	Balinyou Qi	415030

名　称	地区汉语拼音拼写	档案馆代码
林西县档案馆	Linxi Xian	415035
克什克腾旗档案馆	Keshi Keteng Qi	415036
翁牛特旗档案馆	Wengniute Qi	415031
喀喇沁旗档案馆	Kalaqin Qi	415037
宁城县档案馆	Ningcheng Xian	415032
敖汉旗档案馆	Aohan Qi	415033
呼伦贝尔市档案馆	Hulun Beier Shi	415041
海拉尔区档案馆	Hailaer Qu	415042
满洲里市档案馆	Manzhouli Shi	415050
扎兰屯市档案史志局(馆)	Zhalantun Shi	415051
牙克石市档案馆	Yakeshi Shi	415043
根河市档案馆	Genhe Shi	415047
额尔古纳市档案馆	Eer Guna Shi	415046
阿荣旗档案馆	Arong Qi	415044
莫力达瓦达斡尔族	Moli Dawa Dawoer Zu Zizhi Qi	415045
自治旗档案馆		
鄂伦春自治旗档案馆	Elunchun Zizhi Qi	415048
鄂温克族自治旗档案馆	Ewenkezu Zizhi Qi	415049
新巴尔虎右旗档案馆	Xin Baerhuyou Qi	415052
新巴尔虎左旗档案馆	Xin Baerhuzuo Qi	415053
陈巴尔虎旗档案馆	Chen Baerhu Qi	415054
兴安盟档案馆	Xingan Meng	415055
乌兰浩特市档案馆	Wulan Haote Shi	415060
阿尔山市档案馆	Aershan Shi	415061
科尔沁右翼前旗档案馆	Keerqin Youji Qian Qi	415056
科尔沁右翼中旗档案馆	Keerqin Youji Zhong Qi	415057
扎赉特旗档案馆	Zhalaite Qi	415058
突泉县档案馆	Tuquan Xian	415059
通辽市档案馆	Tongliao Shi	415065
科尔沁区档案馆	Tongliao Shi Keerqin Qu	415066
霍林郭勒市档案馆	Huolin Guole Shi	415073
科尔沁左翼中旗档案馆	Keerqin Zuoyi Zhong Qi	415067
科尔沁左翼后旗档案馆	Keerqin Zuoyi Hou Qi	415068

名　称	地区汉语拼音拼写	档案馆代码
开鲁县档案馆	Kailu Xian	415069
库伦旗档案馆	Kulun Qi	415070
奈曼旗档案馆	Naiman Qi	415071
扎鲁特旗档案馆	Zhalute Qi	415072
锡林郭勒盟档案馆	Xilin Guole Meng	415076
二连浩特市档案馆	Erlianhaote Shi	415085
锡林浩特市档案馆	Xilin Haote Shi	415077
阿巴嘎旗档案馆	Abaga Qi	415078
苏尼特左旗档案馆	Suonite Zuo Qi	415086
苏尼特右旗档案馆	Suonite You Qi	415079
东乌珠穆沁旗档案馆	Dong Wuzhumuqin Qi	415080
西乌珠穆沁旗档案馆	Xi Wuzhumuqin Qi	415081
太仆寺旗档案馆	Taipusi Qi	415082
镶黄旗档案馆	Xianghuang Qi	415083
正镶白旗档案馆	Zhengxiangbai Qi	415084
正蓝旗档案馆	Zhenglan Qi	415087
多伦县档案馆	Duolun Xian	415088
乌兰察布市档案馆	Wulanchabu Shi	415091
集宁区档案馆	Jining Qu	415092
丰镇市档案馆	Fengzhen Shi	415100
卓资县档案馆	Zhuozi Xian	415096
化德县档案馆	Huade Xian	415097
商都县档案馆	Shangdu Xian	415098
兴和县档案馆	Xinghe Xian	415099
凉城县档案馆	Liangcheng Xian	415101
察哈尔右翼前旗档案馆	Chahaer Youyi Qian Qi	415102
察哈尔右翼中旗档案馆	Chahaer Youyi Zhong Qi	415103
察哈尔右翼后旗档案馆	Chahaer Youyi Hou Qi	415104
四子王旗档案馆	Siziwang Qi	415106
鄂尔多斯市档案馆	Eerduosi Shi	415111
东胜区档案馆	Dongsheng Qu	415112
达拉特旗档案馆	Dalate Qi	415113
准格尔旗档案馆	Zhungeer Qi	415114

名　称	地区汉语拼音拼写	档案馆代码
鄂托克前旗档案馆	Etuoke Qian Qi	415199
鄂托克旗档案馆	Etuoke Qi	415115
杭锦旗档案馆	Hangjin Qi	415116
乌审旗档案馆	Wushen Qi	415117
伊金霍洛旗档案馆	Yijin Huoluo Qi	415118
巴彦淖尔市档案馆	Bayan Naoer Shi	415125
临河区档案馆	Linhe Qu	415126
五原县档案馆	Wuyuan Xian	415127
磴口县档案馆	Dengkou Xian	415128
乌拉特前旗档案馆	Wulate Qian Qi	415129
乌拉特中旗档案馆	Wulate Zhong Qi	415130
乌拉特后旗档案馆	Wulate Hou Qi	415131
杭锦后旗档案馆	Hangjin Hou Qi	415132
阿拉善盟档案馆	Alashan Meng	415136
阿拉善左旗档案馆	Alashan Zuo Qi	415137
阿拉善右旗档案馆	Alashan You Qi	415138
额济纳旗档案馆	Eer Guna Qi	415139
呼和浩特市城市建设档案馆		415401
包头市城市建设档案馆		415402
乌海市城市建设档案馆		415403
赤峰市城市建设档案馆		415404

辽宁省

名　称	地区汉语拼音拼写	档案馆代码
辽宁省档案馆	Liaoning Sheng	421001
沈阳市档案馆	Shenyang Shi	421002
和平区档案馆	Heping Qu	421003
沈河区档案馆	Shenhe Qu	421004
大东区档案馆	Dadong Qu	421005
皇姑区档案馆	Huanggu Qu	421006
铁西区档案馆	Tiexi Qu	421007
苏家屯区档案馆	Sujiatun Qu	421008
东陵区档案馆	Dongling Qu	421009
沈北新区档案馆	Shengbeixin Qu	421010

名　称	地区汉语拼音拼写	档案馆代码
于洪区档案馆	Yuhong Qu	421011
辽中县档案馆	Lianzhong Xian	421013
康平县档案馆	Kangping Xian	421133
法库县档案馆	Faku Xian	421134
新民市档案馆	Xinmin Shi	421012
大连市档案馆	Dalian Shi	421016
中山区档案馆	Zhongshan Qu	421017
西岗区档案馆	Xigang Qu	421018
沙河口区档案馆	Shahekou Qu	421019
甘井子区档案馆	Ganjingzi Qu	421020
旅顺口区档案馆	Lüshunkou Qu	421021
金州区档案馆	Jinzhou Qu	421023
长海县档案馆	Changhai Xian	421025
瓦房店市档案馆	Wafangdian Shi	421022
普兰店市档案馆	Pulandian Shi	421024
庄河市档案馆	Zhuanghe Shi	421026
鞍山市档案馆	Anshan Shi	421031
铁东区档案馆	Tiedong Qu	421032
铁西区档案馆	Tiexi Qu	421033
立山区档案馆	Lishan Qu	421034
千山区档案馆	Qianshan Qu	421035
台安县档案馆	Tai'an Xian	421037
岫岩满族自治县档案馆	Xiuyan Manzu Zizhixian	421066
海城市档案馆	Haicheng Shi	421036
抚顺市档案馆	Fushun Shi	421041
新抚区档案馆	Xinfu Qu	421042
东洲区档案馆	Dongzhou Qu	421043
望花区档案馆	Wanghua Qu	421044
顺城区档案馆	Shuncheng Qu	421045
抚顺县档案馆	Fushun Xian	421046
新宾满族自治县档案馆	Xinbin Manzu Zizhi Xian	421047
清原满族自治县档案馆	Qingyuan Manzu Zizhi Xian	421048
本溪市档案馆	Benxi Shi	421051

名　称	地区汉语拼音拼写	档案馆代码
平山区档案馆	Pingshan Qu	421052
溪湖区档案馆	Xihu Qu	421053
明山区档案馆	Mingshan Qu	421054
南芬区档案馆	Nanfen Qu	421055
本溪满族自治县档案馆	Benxi Manzu Zizhi Xian	421056
桓仁满族自治县档案馆	Huanren Manzu Zizhi Xian	421057
丹东市档案馆	Dandong Shi	421061
元宝区档案馆	Yuanbao Qu	421062
振兴区档案馆	Zhenxing Qu	421063
振安区档案馆	Zhen'an Qu	421064
宽甸满族自治县档案馆	Kuandian Manzu Zizhi Xian	421068
东港市档案馆	Donggang Shi	421067
凤城市档案馆	Fengcheng Shi	421065
锦州市档案馆	Jinzhou Shi	421071
古塔区档案馆	Guta Qu	421072
凌河区档案馆	Linghe Qu	421073
太和区档案馆	Taihe Qu	421075
黑山县档案馆	Heishan Xian	421081
义县档案馆	Yi Xian	421082
凌海市档案馆	Linghai Shi	421079
北镇市档案馆	Beizhen Shi	421080
营口市档案馆	Yingkou Shi	421086
站前区档案馆	Zhanqian Qu	421087
西市区档案馆	Xishi Qu	421088
鲅鱼圈区档案馆	Bayuquan Qu	421090
老边区档案馆	Laobian Qu	421089
盖州市档案馆	Gaizhou Shi	421092
大石桥市档案馆	Dashiqiao Shi	421091
阜新市档案馆	Fuxin Shi	421096
海州区档案馆	Haizhou Qu	421097
新邱区档案馆	Xinqiu Qu	421098
太平区档案馆	Taiping Qu	421099
清河门区档案馆	Qinghemen Qu	421100

名　称	地区汉语拼音拼写	档案馆代码
细河区档案馆	Xihe Qu	421101
阜新蒙古族自治县档案馆	Fuxin Mengguzu Zizhi Xian	421102
彰武县档案馆	Zhangwu Xian	421103
辽阳市档案馆	Liaoyang Shi	421106
白塔区档案馆	Baita Qu	421107
文圣区档案馆	Wensheng Qu	421108
宏伟区档案馆	Hongwei Qu	421109
弓长岭区档案馆	Gongchangling Qu	421111
太子河区档案馆	Taizihe Qu	421110
辽阳县档案馆	Liaoyang Xian	421112
灯塔市档案馆	Dengta Shi	421113
盘锦市档案馆	Panjin Shi	421116
双台子区档案馆	Shuangtaizi Qu	421117
兴隆台区档案馆	Xinglongtai Qu	421120
大洼县档案馆	Dawa Xian	421119
盘山县档案馆	Panshan Xian	421118
铁岭市档案馆	Tieling Shi	421125
银州区档案馆	Yinzhou Qu	421126
清河区档案馆	Qinghe Qu	421127
铁岭县档案馆	Teiling Xian	421129
西丰县档案馆	Xifeng Xian	421131
昌图县档案馆	Changtu Xian	421132
调兵山市档案馆	Diaobingshan Shi	421128
开原市档案馆	Kaiyuan Shi	421130
朝阳市档案馆	Chaoyang Shi	421140
双塔区档案馆	Shuangta Qu	421141
龙城区档案馆	Longcheng Qu	421142
朝阳县档案馆	Chaoyang Xian	421143
建平县档案馆	Jianping Xian	421144
喀喇沁左翼蒙古族自治县档案馆	Kalaqin Zuoyi Mengguzu Zizhixian	421146
北票市档案馆	Beipiao Shi	421148
凌源市档案馆	Lingyuan Shi	421145
葫芦岛市档案馆	Huludao Shi	421150

名　称	地区汉语拼音拼写	档案馆代码
连山区档案馆	Lianshan Qu	421076
龙港区档案馆	Longgang Qu	421074
南票区档案馆	Nanpiao Qu	421151
绥中县档案馆	Suizhong Xian	421078
建昌县档案馆	Jianchang Xian	421147
兴城市档案馆	Xingcheng Shi	421027
大连市城市建设档案馆		421401
瓦房店市城市建设档案馆		421402
鞍山市城市建设档案馆		421403
抚顺市城市建设档案馆		421404
本溪市城市建设档案馆		421405
丹东市城市建设档案馆		421406
锦州市城市建设档案馆		421407
营口市城市建设档案馆		421408
阜新市城市建设档案馆		421409
辽阳市城市建设档案馆		421410
盘锦市城市建设档案馆		421411
铁岭市城市建设档案馆		421412
朝阳市城市建设档案馆		421413
沈阳市城市建设档案馆		421414
葫芦岛市城市建设档案馆		421415
辽宁省公安厅档案馆		421421
东北大学档案馆		421601
鞍山钢铁集团公司档案馆		421620
国家电力公司东北公司档案馆		421621
沈阳机车车辆厂档案馆		421622
沈阳矿务局档案馆		421623
核工业东北地质局档案馆		421624

吉林省

名　称	地区汉语拼音拼写	档案馆代码
吉林省档案馆	Jilin Sheng	422001
长春市档案馆	Changchun Shi	422002
南关区档案馆	Nanguan Qu	422003

名　称	地区汉语拼音拼写	档案馆代码
宽城区档案馆	Kuancheng Qu	422004
朝阳区档案馆	Chaoyang Qu	422005
二道区档案馆	Erdao Qu	422006
绿园区档案馆	Lüyuan Qu	422007
双阳区档案馆	Shuangyang Qu	422012
农安县档案馆	Nong'an Xian	422009
九台市档案馆	Jiutai Shi	422010
榆树市档案馆	Yushu Shi	422008
德惠市档案馆	Dehui Shi	422011
吉林市档案馆	Jilin Shi	422020
昌邑区档案馆	Changyi Qu	422021
龙潭区档案馆	Longtan Qu	422022
船营区档案馆	Chuanying Qu	422023
丰满区档案馆	Fengman Qu	422024
永吉县档案馆	Yongji Xian	422026
蛟河市档案馆	Jiaohe Shi	422029
桦甸市档案馆	Huadian Shi	422030
舒兰市档案馆	Shulan Shi	422027
磐石市档案馆	Panshi Shi	422028
四平市档案馆	Siping Shi	422040
铁西区档案馆	Tiexi Qu	422041
铁东区档案馆	Tiedong Qu	422042
梨树县档案馆	Lishu Xian	422044
伊通满族自治县档案馆	Yitong Manzu Zizhixian	422045
公主岭市档案馆	Gongzhuling Shi	422043
双辽市档案馆	Shuangliao Shi	422046
辽源市档案馆	Liaoyuan Shi	422050
龙山区档案馆	Longshan Qu	422051
西安区档案馆	Xi'an Qu	422052
东丰县档案馆	Dongfeng Xian	422053
东辽县档案馆	Dongliao Xian	422054
通化市档案馆	Tonghua Shi	422060
东昌区档案馆	Dongchang Qu	422061

名　称	地区汉语拼音拼写	档案馆代码
二道江区档案馆	Erdaojiang Qu	422062
通化县档案馆	Tonghua Xian	422064
辉南县档案馆	Huiman Xian	422066
柳河县档案馆	Liuhe Xian	422067
梅河口市档案馆	Meihekou Shi	422063
集安市档案馆	Ji'an Shi	422065
白山市档案馆	Baishan Shi	422070
江源区档案馆	Jiangyuan Qu	422072
八道江区档案馆	Badaojiang Qu	422071
抚松县档案馆	Fusong Xian	422074
靖宇县档案馆	Jingyu Xian	422075
长白朝鲜自治县档案馆	Changbai Chaoxianzu Zizhixian	422076
临江市档案馆	Linjiang Shi	422073
松原市档案馆	Songyuan Shi	422150
宁江区档案馆	Ningjiang Qu	422151
前郭尔罗斯蒙古族自治县档案馆	Qian Guoerluosi Mengguzu Zizhixian	422085
长岭县档案馆	Changling Xian	422084
乾安县档案馆	Qian'an Xian	422089
扶余县档案馆	Fuyu Xian	422082
白城市档案馆	Baicheng Shi	422080
洮北区档案馆	Taobei Qu	422081
镇赉县档案馆	Zhenlai Xian	422087
通榆县档案馆	Tongyu Xian	422088
洮南市档案馆	Taonan Shi	422083
大安市档案馆	Da'an Shi	422086
延边朝鲜族自治州档案馆	Yanbian Chaoxianzu Zizhizhou	422100
延吉市档案馆	Yanji Shi	422101
图们市档案馆	Tumen Shi	422102
敦化市档案馆	Dunhua Shi	422103
珲春市档案馆	Huichun Shi	422107
龙井市档案馆	Longjing Shi	422104
和龙市档案馆	Helong Shi	422105

名　称	地区汉语拼音拼写	档案馆代码
汪清县档案馆	Wangqing Xian	422106
安图县档案馆	Antu Xian	422108
长春市城市建设档案馆		422401
吉林市城市建设档案馆		422402
四平市城市建设档案馆		422403
辽源市城市建设档案馆		422404
通化市城市建设档案馆		422405
梅河口市城市建设档案馆		422406
浑江市城市建设档案馆		422407
白城市城市建设档案馆		422408
延吉市城市建设档案馆		422409
图们市城市建设档案馆		422410
敦化市城市建设档案馆		422411

黑龙江省

名　称	地区汉语拼音拼写	档案馆代码
黑龙江省档案馆	Heilongjiang Sheng	423001
哈尔滨市档案馆	Haerbing Shi	423002
松北区档案馆	Songbei Qu	423012
道里区档案馆	Daoli Qu	423005
南岗区档案馆	Nangang Qu	423006
道外区档案馆	Daowai Qu	423007
香坊区档案馆	Xiangfang Qu	423009
平房区档案馆	Pingfang Qu	423011
呼兰区档案馆	Hulan Qu	423004
阿城区档案馆	Acheng Qu	423003
依兰县档案馆	Yilan Xian	423112
方正县档案馆	Fangzheng Xian	423013
宾县档案馆	Bin Xian	423161
巴彦县档案馆	Bayan Xian	423014
木兰县档案馆	Mulan Xian	423164
通河县档案馆	Tonghe Xian	423165
延寿县档案馆	Yanshou Xian	423167

名　称	地区汉语拼音拼写	档案馆代码
双城市档案馆	Shuangcheng Shi	423162
尚志市档案馆	Shangzhi Shi	423166
五常市档案馆	Wuchang Shi	423163
齐齐哈尔市档案馆	Qiqihaer Shi	423020
龙沙区档案馆	Longsha Qu	423021
建华区档案馆	Yianhua Qu	423022
铁锋区档案馆	Tiefeng Qu	423023
昂昂溪区档案馆	Ang'angxi Qu	423024
富拉尔基区档案馆	Fula Erji Qu	423025
碾子山区档案馆	Nianzishan Qu	423027
梅里斯达斡尔族区档案馆	Meilisi Daerwo Qu	423026
龙江县档案馆	Longjiang Xian	423028
依安县档案馆	Yi'an Xian	423030
泰来县档案馆	Tailai Xian	423036
甘南县档案馆	Gannan Xian	423031
富裕县档案馆	Fuyu Xian	423032
克山县档案馆	Keshan Xian	423034
克东县档案馆	Kedong Xian	423035
拜泉县档案馆	Baiquan Xian	423038
讷河市档案馆	Nehe Shi	423029
鸡西市档案馆	Jixi Shi	423050
鸡冠区档案馆	Jiguan Qu	423052
恒山区档案馆	Hengshan Qu	423053
滴道区档案馆	Didao Qu	423054
梨树区档案馆	Lishu Qu	423055
城子河区档案馆	Chengzihe Qu	423056
麻山区档案馆	Mashan Qu	423057
鸡东县档案馆	Jidong Xian	423051
虎林市档案馆	Hulin Shi	423058
密山市档案馆	MiShan Shi	423059
鹤岗市档案馆	Hegang Shi	423060
向阳区档案馆	Xiangyang Qu	432061
工农区档案馆	Gongnong Qu	423062

名　称	地区汉语拼音拼写	档案馆代码
南山区档案馆	Nanshan Qu	423063
兴安区档案馆	Xing'an Qu	423064
东山区档案馆	Dongshan Qu	423065
兴山区档案馆	Xingshan Qu	423066
萝北县档案馆	Luobei Xian	423116
绥滨县档案馆	Suibin Xian	423115
双鸭山市档案馆	Shuangyashan Shi	423070
尖山区档案馆	Jianshan Qu	423071
岭东区档案馆	Lingdong Qu	423072
四方台区档案馆	Sifangtai Qu	423073
宝山区档案馆	Baoshan Qu	
集贤县档案馆	Jixian Xian	423076
友谊县档案馆	Youyi Xian	423077
宝清县档案馆	Baoqing Xian	423113
饶河县档案馆	Raohe Xian	423118
大庆市档案馆	Daqing Shi	423080
萨尔图区档案馆	Saertu Qu	423081
龙凤区档案馆	Longfeng Qu	423082
让胡路区档案馆	Ranghulu Qu	423083
红岗区档案馆	Honggang Qu	423084
大同区档案馆	Datong Qu	423085
肇州县档案馆	Zhaozhou Xian	423185
肇源县档案馆	Zhaoyuan Xian	423184
林甸县档案馆	Lindian Xian	423033
杜尔伯特蒙古族自治县档案馆	Duerbote Mengguzu Zizhi Xian	423086
伊春市档案馆	Yichun Shi	423090
伊春区档案馆	Yichun Qu	423093
南岔区档案馆	Nancha Qu	423094
友好区档案馆	Youhao Qu	423095
西林区档案馆	Xilin Qu	423096
翠峦区档案馆	Cuiluan Qu	423097
新青区档案馆	Xingqing Qu	423098
美溪区档案馆	Meixi Qu	423099

名　称	地区汉语拼音拼写	档案馆代码
金山屯区档案馆	Jinshantun Qu	423100
五营区档案馆	Wuying Qu	423101
乌马河区档案馆	Wumahe Qu	423102
汤旺河区档案馆	Tangwanghe Qu	423103
带岭区档案馆	Dailing Qu	423104
乌伊岭区档案馆	Wuyiling Qu	423105
红星区档案馆	Hongxing Qu	423106
上甘岭区档案馆	Shangganling Qu	423107
嘉荫县档案馆	Jiayin Xian	423092
铁力市档案馆	Tieli Shi	423091
佳木斯市档案馆	Jiamusi Shi	423119
永红区	Yonghe Qu	
向阳区	Xiangyang Qu	
前进区	Qianjin Qu	
东风区	Dongfeng Qu	
郊区档案馆	Jiao Qu	423124
桦南县档案馆	Huanan Xian	423111
桦川县档案馆	Huachuan Xian	423125
汤原县档案馆	Tangyuan Xian	423114
抚远县档案馆	Fuyuan Xian	423126
同江市档案馆	Tongjiang Shi	423117
富锦市档案馆	Fujin Shi	423110
七台河市档案馆	Qitaihe Shi	423130
新兴区档案馆	Xinxing Qu	423132
桃山区档案馆	Taoshan Qu	423133
茄子河区档案馆	Qiezihe Qu	423134
勃利县档案馆	Boli Xian	423131
牡丹江市档案馆	Mudanjiang Shi	423140
东安区档案馆	Dong'an Qu	423143
阳明区档案馆	Yangming Qu	423144
爱民区档案馆	Aimin Qu	423145
西安区档案馆	Xi'an Qu	423146
东宁县档案馆	Dongning Xian	423150

名　称	地区汉语拼音拼写	档案馆代码
林口县档案馆	Linkou Xian	423151
绥芬河市档案馆	Suifenhe Shi	423141
海林市档案馆	Hailin Shi	423149
宁安市档案馆	Ning'an Shi	423148
穆棱市档案馆	Muling Shi	423142
黑河市档案馆	Heihe Shi	423200
爱辉区档案馆	Aihui Qu	423206
嫩江县档案馆	Nenjiang Xian	423202
逊克县档案馆	Xunke Xian	423204
孙吴县档案馆	Sunwu Xian	423205
北安市档案馆	Bei'an Shi	423201
五大连池市档案馆	Wudalianchi Shi	423207
绥化市档案馆	Suihua Shi	423180
北林区档案馆	Beilin Qu	423190
安达市档案馆	Anda Shi	423181
肇东市档案馆	Zhaodong Shi	423182
海伦市档案馆	Hailun Shi	423191
望奎县档案馆	Wangkui Xian	423183
兰西县档案馆	Lanxi Xian	423192
青冈县档案馆	Qinggang Xian	423189
庆安县档案馆	Qing'an Xian	423186
明水县档案馆	Mingshui Xian	423187
绥棱县档案馆	Suileng Xian	423188
大兴安岭地区档案馆	Da Xing'an Ling Diqu	423220
加格达奇区档案馆	Jiagedaqi Qu	423224
新林区档案馆	Xinlin Qu	423225
松林区档案馆	Songlin Qu	423226
呼中区档案馆	Huzhong Qu	423227
呼玛县档案馆	Huma Xian	423221
塔河县档案馆	Tahe Xian	423222
漠河县档案馆	Mohe Xian	423223
哈尔滨市城市建设档案馆		423400
齐齐哈尔市城市建设档案馆		423401

名　称	地区汉语拼音拼写	档案馆代码
大庆市城市建设档案馆		423402
鹤岗市城市建设档案馆		423403
牡丹江市城建档案馆		423404
伊春市城建档案馆		423405
鸡西市城建档案馆		423406
佳木斯市城建档案馆		423407
黑河市城建档案馆		423408
双鸭山市城建档案馆		423409
七台河市规划局城建档案馆		423410
黑龙江省气象档案馆		423421
黑龙江省地质资料档案馆		423422
鹤岗矿务局档案馆		423621
齐齐哈尔市建华工业有限责任公司档案馆		423622
齐齐哈尔市铁路车辆(集团)有限责任公司档案馆		423623
黑龙江华安工业(集团)公司档案馆		423624
国营第一二七厂档案馆		423625

上海市

名　称	地区汉语拼音拼写	档案馆代码
上海市档案馆	Shanghai Shi	431001
黄浦区档案馆	Huangpu Qu	431002
卢湾区档案馆	Luwan Qu	431004
徐汇区档案馆	Xuhui Qu	431005
长宁区档案馆	Changning Qu	431006
静安区档案馆	Jing'an Qu	431007
普陀区档案馆	Putuo Qu	431008
闸北区档案馆	Zhabei Qu	431009
虹口区档案馆	Hongkou Qu	431010
杨浦区档案馆	Yangpu Qu	431011
闵行区档案馆	Minhang Qu	431013
宝山区档案馆	Baoshan Qu	431016
嘉定区档案馆	Jiading Qu	431015

名　称	地区汉语拼音拼写	档案馆代码
浦东新区档案馆	Pudongxin Qu	431024
金山区档案馆	Jinshan Qu	431021
松江区档案馆	Songjiang Qu	431020
青浦区档案馆	Qingpu Qu	431022
南汇区档案馆	Nanhui Qu	431018
奉贤区档案馆	Fengxian Qu	431019
崇明县档案馆	Chongming Xian	431023
上海市城市建设档案馆		431401
复旦大学档案馆		431601
同济大学档案馆		431602
上海交通大学档案馆		431603
华东理工大学档案馆		431604
华东师范大学档案馆		431605
华东大学档案馆		431606
上海市文化艺术档案馆		431402
上海市地质资料档案馆		431403
上海市科技成果档案资料馆		431404
上海市气象档案馆		431405
上海市工商行政管理档案馆		431406

江苏省

名　称	地区汉语拼音拼写	档案馆代码
中国第二历史档案馆		432001
江苏省档案馆	Jiangsu Sheng	432002
南京市档案馆	Nanjing Shi	432003
玄武区档案馆	Xuanwu Qu	432004
白下区档案馆	Baixia Qu	432005
秦淮区档案馆	Qinhuai Qu	432006
建邺区档案馆	Jianye Qu	432007
鼓楼区档案馆	Gulou Qu	432008
下关区档案馆	Xiaguan Qu	432009
浦口区档案馆	Pukou Qu	432015
大厂区档案馆	Dachang Qu	432011

名　称	地区汉语拼音拼写	档案馆代码
栖霞区档案馆	Qixia Qu	432012
雨花台区档案馆	Yuhuatai Qu	432013
江宁区档案馆	Jiangning Qu	432014
六合区档案馆	Luhe Qu	432016
溧水县档案馆	Lishui Xian	432017
高淳县档案馆	Gaochun Xian	432018
无锡市档案馆	Wuxi Shi	432030
崇安区档案馆	Chong'an Qu	432034
南长区档案馆	Nanchang Qu	432035
北塘区档案馆	Beitang Qu	432036
滨湖区档案馆	Binhu Qu	432037
惠山区档案馆	Huishan Qu	432039
锡山区档案馆	Xishan Qu	432032
江阴市档案馆	Jiangyin Shi	432031
宜兴市档案馆	Yixing Shi	432033
徐州市档案馆	Xuzhou Shi	432050
鼓楼区档案馆	Gulou Qu	432057
云龙区档案馆	Yunlong Qu	432058
九里区档案馆	Jiuli Qu	432059
贾汪区档案馆	Jiawang Qu	432060
泉山区档案馆	Quanshan Qu	432061
丰县档案馆	Feng Xian	432051
沛县档案馆	Pei Xian	432052
铜山县档案馆	Tongshan Xian	432053
睢宁县档案馆	Suining Xian	432054
新沂市档案馆	Xinyi Shi	432056
邳州市档案馆	Pizhou Shi	432055
常州市档案馆	Changzhou Shi	432080
天宁区档案馆	Tianning Qu	432084
钟楼区档案馆	Zhonglou Qu	432085
戚墅堰区档案馆	Qishuyan Qu	432086
新北区档案馆	Xinbei Qu	432087
武进区档案馆	Wujin Qu	432081

名　称	地区汉语拼音拼写	档案馆代码
溧阳市档案馆	Liyang Shi	432083
金坛市档案馆	Jintan Shi	432082
苏州市档案馆	Suzhou Shi	432100
沧浪区档案馆	Canglang Qu	432107
平江区档案馆	Pingjiang Qu	432108
金阊区档案馆	Jinchang Qu	432109
郊区档案馆	Jiao Qu	432110
相城区档案馆	Xiangcheng Qu	432111
吴中区档案馆	Wuzhong Qu	432105
常熟市档案馆	Changshu Shi	432101
张家港市档案馆	Zhangjiagang Shi	432102
昆山市档案馆	Kunshan Shi	432104
吴江市档案馆	Wujiang Shi	432106
太仓市档案馆	Taicang Shi	432103
南通市档案馆	Nantong Shi	432120
崇川区档案馆	Chongchuan Qu	432127
港闸区档案馆	Gangzha Qu	432128
海安县档案馆	Hai'an Xian	432121
如东县档案馆	Rudong Xian	432123
启东市档案馆	Qidong Shi	432126
如皋市档案馆	Rugao Shi	432122
通州市档案馆	Tongzhou Shi	432124
海门市档案馆	Haimen Shi	432125
连云港市档案馆	Lianyungang Shi	432140
连云区档案馆	Lianyun Qu	432144
新浦区档案馆	Xinpu Qu	432146
海州区档案馆	Haizhou Qu	432147
赣榆县档案馆	Ganyu Xian	432141
东海县档案馆	Donghai Xian	432142
灌云县档案馆	Guanyun Xian	432143
灌南县档案馆	Guannan Xian	432152
淮安市档案馆	Huaian Shi	432150
清河区档案馆	Qinghe Qu	432162

名　称	地区汉语拼音拼写	档案馆代码
清浦区档案馆	Qingpu Qu	432163
淮阴区档案馆	Huaiyin Qu	432151
楚州区档案馆	Chuzhou Qu	432158
涟水县档案馆	Lianshui Xian	432156
洪泽县档案馆	Hongze Xian	432159
盱眙县档案馆	Xuyi Xian	432160
金湖县档案馆	Jinhu Xian	432161
盐城市档案馆	Yancheng Shi	432170
亭湖区档案馆	Tinghu Qu	432179
盐都区档案馆	Yandu Qu	432171
响水县档案馆	Xiangshui Xian	432172
滨海县档案馆	Binhai Xian	432173
阜宁县档案馆	Funing Xian	432174
射阳县档案馆	Sheyang Xian	432175
建湖县档案馆	Jianhu Xian	432176
东台市档案馆	Dongtai Shi	432178
大丰市档案馆	Dafeng Shi	432177
扬州市档案馆	Yangzhou Shi	432190
广陵区档案馆	Guangling Qu	432201
郊区档案馆	Jiao Qu	432202
邗江区档案馆	Hanjiang Qu	432199
宝应县档案馆	Baoying Xian	432195
仪征市档案馆	Yizheng Shi	432191
高邮市档案馆	Gaoyou Shi	432194
江都市档案馆	Jiangdu Shi	432198
镇江市档案馆	Zhenjiang Shi	432210
京口区档案馆	Jingkou Qu	432215
润州区档案馆	Runzhou Qu	432216
丹徒区档案馆	Dantu Qu	432211
丹阳市档案馆	Danyang Shi	432212
扬中市档案馆	Yangzhong Shi	432214
句容市档案馆	Jurong Shi	432213
泰州市档案馆	Taizhou Shi	432192

名　称	地区汉语拼音拼写	档案馆代码
海陵区	Hailing Qu	
高港区档案馆	Gaogang Qu	432207
兴化市档案馆	Xinghua Shi	432193
靖江市档案馆	Jingjiang Shi	432196
泰兴市档案馆	Taixing Shi	432197
姜堰市档案馆	Jiangyan Shi	432200
宿迁市档案馆	Suqian Shi	432220
宿城区档案馆	Sucheng Qu	432221
宿豫区档案馆	Suyu Qu	432154
沭阳县档案馆	Shuyang Xian	432153
泗阳县档案馆	Siyang Xian	432155
泗洪县档案馆	Sihong Xian	432157
南京市城市建设档案馆		432401
无锡市城市建设档案馆		432402
常熟市城市建设档案馆		432403
南通市城市建设档案馆		432404
连云港市城市建设档案馆		432405
淮安市城市建设档案馆		432406
盐城市城市建设档案馆		432407
扬州市城市建设档案馆		432408
镇江市城市建设档案馆		432409
徐州市城市建设档案馆		432410
常州市城市建设档案馆		432411
苏州市城市建设档案馆		432412
泰州市城市建设档案馆		432413
宿迁市城建档案馆		432414
南京大学档案馆		432601
东南大学档案馆		432602
河海大学档案馆		432603
江南大学档案馆		432604
中国矿业大学档案馆		432605
常州飞机制造厂档案馆		432621

浙江省

名　称	地区汉语拼音拼写	档案馆代码
浙江省档案馆	Zhejiang Sheng	433001
杭州市档案馆	Hangzhou Shi	433002
上城区档案馆	Shangcheng Qu	433003
下城区档案馆	Xiacheng Qu	433004
江干区档案馆	Jianggan Qu	433005
拱墅区档案馆	Gongshu Qu	433006
西湖区档案馆	Xihu Qu	433007
滨江区档案馆	Binjiang Qu	433015
萧山区档案馆	Xiaoshan Qu	433008
余杭区档案馆	Yuhang Qu	433012
桐庐县档案馆	Tonglu Xian	433009
淳安县档案馆	Chun'an Xian	433014
建德市档案馆	Jiande Shi	433013
富阳市档案馆	Fuyang Shi	433010
临安市档案馆	Lin'an Shi	433011
宁波市档案馆	Ningbo Shi	433030
海曙区档案馆	Haishu Qu	433039
江东区档案馆	Jiangdong Qu	433040
江北区档案馆	Jiangbei Qu	433041
北仑区档案馆	Beilun Qu	433042
镇海区档案馆	Zhenhai Qu	433032
鄞州区档案馆	Yinzhou Qu	433038
象山县档案馆	Xiangshan Xian	433036
宁海县档案馆	Ninghai Xian	433037
余姚市档案馆	Yuyao Shi	433033
慈溪市档案馆	Cixi Shi	433034
奉化市档案馆	Fenghua Shi	433035
大榭开发区档案馆	Daxie Kaifaqu	433043
温州市档案馆	Wenzhou Shi	433050
鹿城区档案馆	Lucheng Qu	433051
龙湾区档案馆	Longwan Qu	433060
瓯海区档案馆	Ouhai Qu	433061

名　称	地区汉语拼音拼写	档案馆代码
洞头县档案馆	Dongtou Xian	433052
永嘉县档案馆	Yongjia Xian	433054
平阳县档案馆	Pingyang Xian	433056
苍南县档案馆	Cangnan Xian	433057
文成县档案馆	Wencheng Xian	433058
泰顺县档案馆	Taishun Xian	433059
瑞安市档案馆	Rui'an Shi	433055
乐清市档案馆	Yueqing Shi	433053
嘉兴市档案馆	Jiaxing Shi	433070
南湖区档案馆	Nanhu Qu	433077
秀州区档案馆	Xiuzhou Qu	433071
嘉善县档案馆	Jiashan Xian	433072
海盐县档案馆	Haiyan Xian	433075
海宁市档案馆	Haining Shi	433074
平湖市档案馆	Pinghu Shi	433073
桐乡市档案馆	Tongxiang Shi	433076
湖州市档案馆	Huzhou Shi	433090
德清县档案馆	Deqing Xian	433091
长兴县档案馆	Changxing Xian	433092
安吉县档案馆	Anji Xian	433093
绍兴市档案馆	Shaoxing Shi	433100
越城区	Yucheng Qu	
绍兴县档案馆	Shaoxing Xian	433101
新昌县档案馆	Xinchang Xian	433104
诸暨市档案馆	Zhuji Shi	433105
上虞市档案馆	Shangyu Shi	433102
嵊州市档案馆	Shengzhou Shi	433103
金华市档案馆	Jinhua Shi	433120
婺城区	Wucheng Qu	
金华县档案馆	Jinhua Xian	433122
武义县档案馆	Wuyi Xian	433124
浦江县档案馆	Pujiang Xian	433126
磐安县档案馆	Pan'an Xian	433127

名　称	地区汉语拼音拼写	档案馆代码
兰溪市档案馆	Lanxi Shi	433121
义乌市档案馆	Yiwu Shi	433125
东阳市档案馆	Dongyang Shi	433128
永康市档案馆	Yongkang Shi	433123
衢州市档案馆	Quzhou Shi	433140
柯城区档案馆	Kecheng Qu	433145
衢江区档案馆	Qujiang Qu	433146
常山县档案馆	Changshan Xian	433141
开化县档案馆	Kaihua Xian	433143
龙游县档案馆	Longyou Xian	433144
江山市档案馆	Jiangshan Shi	433142
舟山市档案馆	Zhoushan Shi	433190
定海区档案馆	Dinghai Qu	433191
普陀区档案馆	Putuo Qu	433192
岱山县档案馆	Daishan Xian	433193
嵊泗县档案馆	Shengsi Xian	433194
台州市档案馆	Taizhou Shi	433170
椒江区档案馆	Jiaojiang Qu	433179
黄岩区档案馆	Huangyan Qu	433180
路桥区档案馆	Luqiao Qu	433181
玉环县档案馆	Yuhuan Xian	433178
三门县档案馆	Sanmen Xian	433177
天台县档案馆	Tiantai Xian	433176
仙居县档案馆	Xianju Xian	433175
温岭市档案馆	Wenling Shi	433174
临海市档案馆	Linhai Shi	433172
丽水市档案馆	Lishui Shi	433150
莲都区档案馆	Liandu Qu	433151
龙泉市档案馆	Longquan Shi	433154
青田县档案馆	Qingtian Xian	433152
云和县档案馆	Yunhe Xian	433153
庆元县档案馆	Qingyuan Xian	433155
缙云县档案馆	Jinyun Xian	433156

名　称	地区汉语拼音拼写	档案馆代码
遂昌县档案馆	Suichang Xian	433157
松阳县档案馆	Songyang Xian	433158
景宁畲族自治县档案馆	Jingning Shezu Zizhixian	433159
杭州市城市建设档案馆		433401
宁波市城市建设档案馆		433402
温州市城市建设档案馆		433403
绍兴市城市建设档案馆		433404
湖州市城市建设档案馆		433405
嘉兴市城市建设档案馆		433406
舟山市城市建设档案馆		433407
金华市城市建设档案馆		433408
衢州市城市建设档案馆		433409
丽水市城市建设档案馆		433410
浙江省地质资料档案馆		433420
浙江省测绘资料档案馆		433421
浙江省气象档案馆		433422
浙江省地名档案馆		433423
浙江省电信公司档案馆		433424
钱江摩托集团有限公司档案馆		433620

安徽省

名　称	地区汉语拼音拼写	档案馆代码
安徽省档案馆	Anhui Sheng	434001
合肥市档案馆	Hefei Shi	434010
瑶海区档案馆	Yaohai Qu	434011
庐阳区档案馆	Luyang Qu	434012
蜀山区档案馆	Shushan Qu	434013
包河区档案馆	Baohe Qu	434014
长丰县档案馆	Changfeng Xian	434015
肥东县档案馆	Feidong Xian	434017
肥西县档案馆	Feixi Xian	434016
芜湖市档案馆	Wuhu Shi	434030
镜湖区档案馆	Jinghu Qu	434031
马塘区	Matang Qu	

名　称	地区汉语拼音拼写	档案馆代码
新芜区档案馆	Xinwu Qu	434033
鸠江区档案馆	Jiujiang Qu	434036
芜湖县档案馆	Wuhu Xian	434038
繁昌县档案馆	Fanchang Xian	434039
南陵县档案馆	Nanling Xian	434040
九华山管理处档案馆		434037
蚌埠市档案馆	Bengbu Shi	434050
龙子湖区档案馆	Longzihu Qu	434051
蚌山区档案馆	Bangshan Qu	434052
禹会区档案馆	Yuhui Qu	434053
淮上区档案馆	Huaishan Qu	434054
怀远县档案馆	Huaiyuan Xian	434055
五河县档案馆	Wuhe Xian	434056
固镇县档案馆	Guzhen Xian	434057
淮南市档案馆	Huainan Shi	434070
大通区档案馆	Taitong Qu	434071
田家庵区档案馆	Tianjia'an Qu	434072
谢家集区档案馆	Xiejiaji Qu	434073
八公山区档案馆	Bagongshan Qu	434074
潘集区档案馆	Panji Qu	434075
凤台县档案馆	Fengtai Xian	434076
马鞍山市档案馆	Ma'anshan Shi	434090
金家庄区	Jinjiazhuang Qu	
花山区	Huashan Qu	
雨山区	Yushan Qu	
向山区	Xiangshan Qu	
当涂县档案馆	Dangtu Xian	434096
淮北市档案馆	Huaibei Shi	434110
杜集区	Duji Qu	
相山区	Xiangshan Qu	
烈山区	Lieshan Qu	
濉溪县档案馆	Suixi Xian	434115
铜陵市档案馆	Tongling Shi	434130

名　称	地区汉语拼音拼写	档案馆代码
铜官山区	Tongguanshan Qu	
狮子山区	Shizishan Qu	
郊区	Jiao Qu	
铜陵县档案馆	Tongling Xian	434135
安庆市档案馆	Anqing Shi	434150
迎江区	Yingjiang Qu	
大观区	Daguan Qu	
郊区	Jiao Qu	
怀宁县档案馆	Huaining Xian	434321
枞阳县档案馆	Zongyang Xian	434323
潜山县档案馆	Qianshan Xian	434324
太湖县档案馆	Taihu Xian	434325
宿松县档案馆	Susong Xian	434326
望江县档案馆	Wangjiang Xian	434327
岳西县档案馆	Yuexi Xian	434328
桐城市档案馆	Tongcheng Shi	434322
黄山市档案馆	Huangshan Shi	434300
屯溪区档案馆	Tunxi Qu	434301
黄山区档案馆	Huangshan Qu	434170
徽州区档案馆	Huizhou Qu	434309
歙县档案馆	She Xian	434304
休宁县档案馆	Xiuning Xian	434305
黟县档案馆	Yi Xian	434306
祁门县档案馆	Qimen Xian	434307
滁州市档案馆	Chuzhou Shi	434221
琅琊区档案馆	Langya Qu	434228
南谯区档案馆	Nanqiao Qu	434229
来安县档案馆	Lai'an Xian	434223
全椒县档案馆	Quanjiao Xian	434224
定远县档案馆	Dingyuan Xian	434225
凤阳县档案馆	Fengyang Xian	434226
天长市档案馆	Tianchang Shi	434222
明光市档案馆	Mingguang Shi	434227

名　称	地区汉语拼音拼写	档案馆代码
阜阳市档案馆	Fuyang Shi	434181
颍州区	Yingzhou Qu	
颍东区	Yingdong Qu	
颍泉区	Yingquan Qu	
临泉县档案馆	linquan Xian	434183
太和县档案馆	Taihe Xian	434184
阜南县档案馆	Funan Xian	434188
颍上县档案馆	Yingshang Xian	434189
界首市档案馆	Jieshou Shi	434190
亳州市档案馆	Bozhou Shi	434210
谯城区档案馆	Qiaocheng Qu	434187
涡阳县档案馆	Guoyang Xian	434185
蒙城县档案馆	Mengcheng Xian	434186
利辛县档案馆	Lixin Xian	434191
宿州市档案馆	Suzhou Shi	434200
埇桥区档案馆	Yongqiao Qu	434201
砀山县档案馆	Dangshan Xian	434202
萧县档案馆	Xiao Xian	434203
灵璧县档案馆	Lingbi Xian	434205
泗县档案馆	Si Xian	434206
六安市档案馆	Lu'an Diqu	434240
金安区档案馆	Jin'au Qu	434241
裕安区档案馆	Yu'an Qu	434242
寿县档案馆	Shou Xian	434243
霍邱县档案馆	Huoqiu Xian	434244
舒城县档案馆	Shucheng Xian	434245
金寨县档案馆	Jinzhai Xian	434246
霍山县档案馆	Huoshan Xian	434247
宣城市档案馆	Xuancheng Shi	434260
宣州区档案馆	Xuanzhou Qu	434261
宁国市档案馆	Ningguo Shi	434264
郎溪县档案馆	Langxi Xian	434262
广德县档案馆	Guangde Xian	434263

名　称	地区汉语拼音拼写	档案馆代码
泾县档案馆	Jing Xian	434265
旌德县档案馆	Jingde Xian	434303
绩溪县档案馆	Jixi Xian	434302
巢湖市档案馆	Chaohu Diqu	434280
居巢区档案馆	Juchao Qu	434281
庐江县档案馆	Lujiang Xian	434282
无为县档案馆	Wuwei Xian	434283
含山县档案馆	Hanshan Xian	434284
和县档案馆	He Xian	434285
池州市档案馆	Chizhou Shi	434340
贵池区档案馆	Guichi Qu	434330
东至县档案馆	Dongzhi Xian	434329
石台县档案馆	Shitai Xian	434308
青阳县档案馆	Qingyang Xian	434041
芜湖市城市建设档案馆		434421
蚌埠市城市建设档案馆		434422
淮南市城市建设档案馆		434423
马鞍山市城市建设档案馆		434424
淮北市城市建设档案馆		434425
铜岭市城市建设档案馆		434426
安庆市城市建设档案馆		434427

福建省

名　称	地区汉语拼音拼写	档案馆代码
福建省档案馆	Fujian Sheng	435001
福州市档案馆	Fuzhou Shi	435002
鼓楼区档案馆	Gulou Qu	435012
台江区档案馆	Taijiang Qu	435013
仓山区档案馆	Cangshan Qu	435014
马尾区档案馆	Mawei Qu	435015
晋安区档案馆	Jin'an Qu	435003
经济技术开发区档案馆	Jingji Jishu Kaifaqu	435016
闽侯县档案馆	Minhou Xian	435004
连江县档案馆	Lianjiang Xian	435005

名　称	地区汉语拼音拼写	档案馆代码
罗源县档案馆	Luoyuan Xian	435006
闽清县档案馆	Minqing Xian	435007
永泰县档案馆	Yongtai Xian	435008
平潭县档案馆	Pingtan Xian	435011
福清市档案馆	Fuqing Shi	435010
长乐市档案馆	Changle Shi	435009
厦门市档案馆	Xiamen Shi	435020
思明区档案馆	Siming Qu	435024
海沧区档案馆	Haicang Qu	435028
杏林区档案馆	Xinglin Qu	435026
湖里区档案馆	Huli Qu	435027
集美区档案馆	Jimei Qu	435021
同安区档案馆	Tong'an Qu	435022
翔安区档案馆	Xiang'an Qu	435029
莆田市档案馆	Putian Shi	435030
城厢区档案馆	Chengxiang Qu	435034
涵江区档案馆	Hanjiang Qu	435031
荔城区档案馆	Licheng Qu	435049
秀屿区档案馆	Xiuyu Qu	435050
仙游县档案馆	Xianyou Xian	435033
湄州湾北岸档案馆	Meizhouwan Bei'an	435035
三明市档案馆	Sanming Shi	435036
梅列区档案馆	Meilie Qu	435047
三元区档案馆	Sanyuan Qu	435048
明溪县档案馆	Mingxi Xian	435038
清流县档案馆	Qingliu Xian	435039
宁化县档案馆	Ninghua Xian	435040
大田县档案馆	Datian Xian	435041
尤溪县档案馆	Youxi Xian	435042
沙县档案馆	Sha Xian	435043
将乐县档案馆	Jiangle Xian	435044
泰宁县档案馆	Taining Xian	435045
建宁县档案馆	Jianning Xian	435046

名　称	地区汉语拼音拼写	档案馆代码
永安市档案馆	Yong'an Shi	435037
泉州市档案馆	Quanzhou Shi	435060
鲤城区档案馆	Licheng Qu	435061
丰泽区档案馆	Fengze Qu	435070
洛江区档案馆	Luojiang Qu	435071
泉港区委档案馆	Quangang Quwei	435072
惠安县档案馆	Hui'an Xian	435062
安溪县档案馆	Anxi Xian	435065
永春县档案馆	Yongchun Xian	435066
德化县档案馆	Dehua Xian	435067
金门县	Jinmen Xian	
石狮市档案馆	Shishi Shi	435069
晋江市档案馆	Jinjiang Shi	435063
南安市档案馆	Nan'an Shi	435064
漳州市档案馆	Zhangzhou Shi	435080
芗城区档案馆	Xiangcheng Qu	435081
龙文区	Longwen Qu	
云霄县档案馆	Yunxiao Xian	435083
漳浦县档案馆	Zhangpu Xian	435084
诏安县档案馆	Zhao'an Xian	435085
长泰县档案馆	Changtai Xian	435086
东山县档案馆	Dongshan Xian	435087
南靖县档案馆	Nanjing Xian	435088
平和县档案馆	Pinghe Xian	435089
华安县档案馆	Hua'an Xian	435090
龙海市档案馆	Longhai Shi	435082
南平市档案馆	Nanping Shi	435100
延平区档案馆	Yanping Qu	435101
顺昌县档案馆	Shunchang Xian	435103
浦城县档案馆	Pucheng Xian	435107
光泽县档案馆	Guangze Xian	435108
松溪县档案馆	Songxi Xian	435109
政和县档案馆	Zhenghe Xian	435110

名　称	地区汉语拼音拼写	档案馆代码
邵武市档案馆	Shaowu Shi	435102
武夷山市档案馆	Wuyishan Shi	435105
建瓯市档案馆	Jian'ou Shi	435106
建阳市档案馆	Jianyang Shi	435104
龙岩市档案馆	Longyan Shi	435140
新罗区档案馆	Xinluo Qu	435141
长汀县档案馆	Changting Qu	435142
永定县档案馆	Yongding Xian	435143
上杭县档案馆	Shanghang Xian	435144
武平县档案馆	Wuping Xian	435145
连城县档案馆	Liancheng Xian	435147
漳平市档案馆	Zhangping Shi	435146
宁德市档案馆	Ningde Shi	435120
蕉城区档案馆	Jiaocheng Qu	435121
福安市档案馆	Fu'an Shi	435124
福鼎市档案馆	Fuding Shi	435122
霞浦县档案馆	Xiapu Xian	435123
古田县档案馆	Gutian Xian	435125
屏南县档案馆	Pingnan Xian	435126
寿宁县档案馆	Shouning Xian	435127
周宁县档案馆	Zhouning Xian	435128
柘荣县档案馆	Zherong Xian	435129
福州市城市建设档案馆		435401
厦门市城市建设档案馆		435402
莆田市城市建设档案馆		435403
三明市城市建设档案馆		435404
泉州市城市建设档案馆		435405
漳州市城市建设档案馆		435406
南平市城市建设档案馆		435407
龙岩市城市建设档案馆		435408
福建省基础地理信息中心		435451
福建省地质资料馆		435452
福建省科技档案馆		435453

名　称	地区汉语拼音拼写	档案馆代码
福建省气象档案馆		435454
福州市房地产档案馆		435456
福州市土地档案馆		435457
厦门市土地房产测绘档案馆		435458
龙岩市土地档案馆		435459
福建省地名档案馆		435455
泉州市房地产档案馆		435460
厦门大学档案馆		435600
福建省邮政档案馆		435620

江西省

名　称	地区汉语拼音拼写	档案馆代码
江西省档案馆	Jiangxi Sheng	436001
南昌市档案馆	Nanchang Shi	436002
东湖区档案馆	Donghu Qu	436003
西湖区档案馆	Xihu Qu	436004
青云谱区档案馆	Qingyunpu Qu	436005
湾里区档案馆	Wanli Qu	436006
青山湖区档案馆	Qingshanhu Qu	436007
南昌县档案馆	Nanchang Xian	436008
新建县档案馆	Xinjian Xian	436009
安义县档案馆	Anyi Xian	436010
进贤县档案馆	Jinxian Xian	436011
景德镇市档案馆	Jingdezhen Shi	436020
昌江区档案馆	Changjiang Qu	436021
珠山区档案馆	Zhushan Qu	436022
浮梁县档案馆	Fuliang Xian	436023
乐平市档案馆	Leping Shi	436025
萍乡市档案馆	Pingxiang Shi	436030
安源区档案馆	Anyuan Qu	436031
湘东区档案馆	Xiangdong Qu	436034
莲花县档案馆	Lianhua Xian	436163
上栗县档案馆	Shangli Xian	436032
芦溪县档案馆	Luxi Xian	436033

名　称	地区汉语拼音拼写	档案馆代码
九江市档案馆	Jiujiang Shi	436040
庐山区档案馆	Lushan Qu	436041
浔阳区档案馆	Xunyang Qu	436042
九江县档案馆	Jiujiang Xian	436044
武宁县档案馆	Wuning Xian	436046
修水县档案馆	Xiushui Xian	436047
永修县档案馆	Yongxiu Xian	436048
德安县档案馆	De'an Xian	436049
星子县档案馆	Xingzi Xian	436050
都昌县档案馆	Duchang Xian	436051
湖口县档案馆	Hukou Xian	436052
彭泽县档案馆	Pengze Xian	436053
瑞昌市档案馆	Ruichang Shi	436045
新余市档案馆	Xinyu Shi	436060
渝水区档案馆	Yushui Qu	436061
分宜县档案馆	Fenyi Xian	436062
鹰潭市档案馆	Yingtan Shi	436070
月湖区档案馆	Yuehu Qu	436071
余江县档案馆	Yujiang Xian	436073
贵溪市档案馆	Guixi Shi	436072
赣州市档案馆	Ganzhou	436080
章贡区档案馆	Zhanggong Qu	436081
赣县档案馆	Gan Xian	436082
信丰县档案馆	Xinfeng Xian	436084
大余县档案馆	Dayu Xian	436085
上犹县档案馆	Shangyou Xian	436086
崇义县档案馆	Chongyi Xian	436087
安远县档案馆	Anyuan Xian	436088
龙南县档案馆	Longnan Xian	436089
定南县档案馆	Dingnan Xian	436090
全南县档案馆	Quannan Xian	436091
宁都县档案馆	Ningdu Xian	436092
于都县档案馆	Yudu Xian	436093

名　称	地区汉语拼音拼写	档案馆代码
兴国县档案馆	Xingguo Xian	436094
会昌县档案馆	Huichang Xian	436096
寻乌县档案馆	Xunwu Xian	436097
石城县档案馆	Shicheng Xian	436098
瑞金市档案馆	Ruijin Shi	436095
南康市档案馆	Nankang Shi	436083
宜春市档案馆	Yichun Shi	436110
袁州区档案馆	Yuanzhon Qu	436111
丰城市档案馆	Fengcheng Shi	436112
樟树市档案馆	Zhangshu Shi	436114
高安市档案馆	Gao'an Shi	436113
奉新县档案馆	Fengxin Xian	436115
万载县档案馆	Wanzai Xian	436116
上高县档案馆	Shanggao Xian	436117
宜丰县档案馆	Yifeng Xian	436118
靖安县档案馆	Jing'an Xian	436119
铜鼓县档案馆	Tonggu Xian	436120
上饶市档案馆	Shangrao Shi	436130
信州区档案馆	Xinzhou Qu	436131
德兴市档案馆	Dexing Shi	436141
上饶县档案馆	Shangrao Xian	436132
广丰县档案馆	Guangfeng Xian	436133
玉山县档案馆	Yushan Xian	436134
铅山县档案馆	Yanshan Xian	436135
横峰县档案馆	Hengfeng Xian	436136
弋阳县档案馆	Yiyang Xian	436137
余干县档案馆	Yugan Xian	436138
鄱阳县档案馆	Boyang Xian	436139
万年县档案馆	Wannian Xian	436140
婺源县档案馆	Wuyuan Xian	436142
吉安市档案馆	Ji'an Shi	436150
吉州区档案馆	Jizhou Qu	436151
青原区档案馆	Qingynan Qu	436165

名　称	地区汉语拼音拼写	档案馆代码
井冈山市档案馆	Jinggangshan Shi	436152
吉安县档案馆	Ji'an Xian	436153
吉水县档案馆	Jishui Xian	436154
峡江县档案馆	Xiajiang Xian	436155
新干县档案馆	Xingan Xian	436156
永丰县档案馆	Yongfeng Xian	436157
泰和县档案馆	Taihe Xian	436158
遂川县档案馆	Suichuan Xian	436159
万安县档案馆	Wan'an Xian	436160
安福县档案馆	Anfu Xian	436161
永新县档案馆	Yongxin Xian	436162
抚州市档案馆	Fuzhou Shi	436170
临川区档案馆	Linchuan Qu	436171
南城县档案馆	Nancheng Xian	436173
黎川县档案馆	Lichuan Xian	436174
南丰县档案馆	Nanfeng Xian	436175
崇仁县档案馆	Chongren Xian	436176
乐安县档案馆	Le'an Xian	436177
宜黄县档案馆	Yihuang Xian	436178
金溪县档案馆	Jinxi Xian	436179
资溪县档案馆	Zixi Xian	436180
东乡县档案馆	Dongxiang Xian	436181
广昌县档案馆	Guangchang Xian	436182
江西省城市建设档案馆		436401
南昌市城市建设档案馆		436402
景德镇城市建设档案馆		436403
鹰潭市城市建设档案馆		436404
赣州市城市建设档案馆		436405
新余市城市建设档案馆		436406
九江市城市建设档案馆		436407
江西省气象档案馆		436421
江西省公安档案馆		436422
江西省艺术档案馆		436424

名　称	地区汉语拼音拼写	档案馆代码
江西洪都航空工业集团公司档案馆		436601
江西省江氨化工有限责任公司档案馆		436611
昌河飞机工业公司档案馆		436612
新余钢铁有限责任公司档案馆		436613
南昌市自来水有限责任公司档案馆		436614
南昌钢铁有限责任公司档案馆		436615

山东省

名　称	地区汉语拼音拼写	档案馆代码
山东省档案馆	Shandong Sheng	437001
济南市档案馆	Jinan Shi	437002
历下区档案馆	Lixia Qu	437003
市中区档案馆	Shizhong Qu	437004
槐荫区档案馆	Huaiyin Qu	437005
天桥区档案馆	Tianqiao Qu	437006
历城区档案馆	Licheng Qu	437007
长青区档案馆	Changqing Qu	437009
平阴县档案馆	Pingyin Xian	437010
济阳县档案馆	Jiyang Xian	437171
商河县档案馆	Shanghe Xian	437170
章丘市档案馆	Zhangqiu Shi	437008
青岛市档案馆	Qingdao Shi	437020
市南区档案馆	Shin'an Qu	437027
市北区档案馆	Shibei Qu	437028
四方区档案馆	Sifang Qu	437017
青岛经济技术开发区档案馆	Qingdao Jingji Jishu Kaifa Qu	437019
崂山区档案馆	Laoshan Qu	437021
李沧区档案馆	Licang Qu	437018
城阳区档案馆	Chengyang Qu	437029
胶州市档案馆	Jiaozhou Shi	437024
即墨市档案馆	Jimo Shi	437022
平度市档案馆	Pingdu Shi	437026
胶南市档案馆	Jiaonan Shi	437023
莱西市档案馆	Laixi Shi	437025

名　称	地区汉语拼音拼写	档案馆代码
淄博市档案馆	Zibo Shi	437030
淄川区档案馆	Zichuan Qu	437031
张店区档案馆	Zhangdian Qu	437032
博山区档案馆	Boshan Qu	437033
临淄区档案馆	Linzi Qu	437034
周村区档案馆	Zhoucun Qu	437035
桓台县档案馆	Huantai Xian	437036
高青县档案馆	Gaoqing Xian	437148
沂源县档案馆	Yiyuan Xian	437208
枣庄市档案馆	Zaozhuang Shi	437040
市中区档案馆	Shizhong Qu	437041
薛城区档案馆	Xuecheng Qu	437045
峄城区档案馆	Yicheng Qu	437046
台儿庄区档案馆	Tai'erzhuang Qu	437042
山亭区档案馆	Shangting Qu	437043
滕州市档案馆	Tengzhou Shi	437044
东营市档案馆	Dongying Shi	437050
东营区档案馆	Dongying Qu	437051
河口区档案馆	Hekou Qu	437052
垦利县档案馆	Kenli Xian	437054
利津县档案馆	Lijin Xian	437055
广饶县档案馆	Guangrao Xian	437056
烟台市档案馆	Yantai Shi	437060
芝罘区档案馆	Zhifu Qu	437061
福山区档案馆	Fushan Qu	437062
牟平区档案馆	Muping Qu	437072
莱山区档案馆	Laishan Qu	437076
烟台经济技术开发区	Yantai Jingji Jishu Kaifa Qu	437077
长岛县档案馆	Changdao Xian	437075
龙口市档案馆	Longkou Shi	437065
莱阳市档案馆	Laiyang Shi	437068
莱州市档案馆	Laizhou Shi	437067
蓬莱市档案馆	Penglai Shi	437064

名　称	地区汉语拼音拼写	档案馆代码
招远市档案馆	Zhaoyuan Shi	437066
栖霞市档案馆	Qixia Shi	437069
海阳市档案馆	Haiyang Shi	437070
潍坊市档案馆	Weifang Shi	437080
潍城区档案馆	Weicheng Qu	437081
寒亭区档案馆	Hanting Qu	437082
坊子区档案馆	Fangzi Qu	437083
奎文区档案馆	Kuiwen Qu	437093
临朐县档案馆	Linqu Xian	437087
昌乐县档案馆	Changle Xian	437088
青州市档案馆	Qingzhou Shi	437084
诸城市档案馆	Zhucheng Shi	437091
寿光市档案馆	Shouguang Shi	437086
安丘市档案馆	Amqiu Shi	437085
高密市档案馆	Gaomi Shi	437090
昌邑市档案馆	Changyi Shi	437089
济宁市档案馆	Jining Shi	437100
市中区档案馆	Shizhong Qu	437101
任城区档案馆	Rencheng Qu	437102
微山县档案馆	Weishan Xian	437106
鱼台县档案馆	Yutai Xian	437107
金乡县档案馆	Jinxiang Xian	437108
嘉祥县档案馆	Jiaxiang Xian	437109
汶上县档案馆	Wenshang Xian	437110
泗水县档案馆	Sishui Xian	437111
梁山县档案馆	Liangshan Xian	437237
曲阜市档案馆	Qufu Shi	437103
兖州市档案馆	Yanzhou Shi	437104
邹城市档案馆	Zoucheng Shi	437105
泰安市档案馆	Tai'an Shi	437120
泰山区档案馆	Taishan Qu	437121
岱岳区档案馆	Daiyue Qu	437122
宁阳县档案馆	Ningyang Xian	437125

名　称	地区汉语拼音拼写	档案馆代码
东平县档案馆	Dongping Xian	437127
新泰市档案馆	Xintai Shi	437124
肥城市档案馆	Feicheng	437126
威海市档案馆	Weihai Shi	437063
环翠区档案馆	Huancui Qu	437078
文登市档案馆	Wendeng Shi	437073
荣成市档案馆	Rongcheng Shi	437074
乳山市档案馆	Rushan Shi	437071
日照市档案馆	Rizhao Shi	437202
东港区档案馆	Donggang Qu	437216
岚山区档案馆	Lanshan Qu	437217
日照经济技术开发区	Rizhao Jingji Jishu Kaifa Qu	437218
五莲县档案馆	Wulian Xian	437092
莒县档案馆	Ju Xian	437206
莱芜市档案馆	Laiwu Shi	437123
莱城区档案馆	Laicheng Qu	437128
钢城区档案馆	Gangcheng Qu	437129
临沂市档案馆	Linyi Shi	437200
兰山区档案馆	Lanshan Qu	437201
罗庄区档案馆	Luozhuang Qu	437214
河东区档案馆	Hedong Qu	437215
沂南县档案馆	Yin'an Xian	437212
郯城县档案馆	Tancheng Xian	437203
沂水县档案馆	Yishui Xian	437207
苍山县档案馆	Cangshan	437204
费县档案馆	Fei Xian	437211
平邑县档案馆	Pingyi Xian	437210
莒南县档案馆	Junan Xian	437205
蒙阴县档案馆	Mengyin Xian	437209
临沭县档案馆	Linshu Xian	437213
德州市档案馆	Dezhou Shi	437160
德城区档案馆	Decheng Qu	437161
陵县档案馆	Ling Xian	437162

名　称	地区汉语拼音拼写	档案馆代码
宁津县档案馆	Ningjin Xian	437172
庆云县档案馆	Qingyun Xian	437173
临邑县档案馆	Linyi Xian	437169
齐河县档案馆	Qihe Xian	437166
平原县档案馆	Pingyuan Xian	437163
夏津县档案馆	Xiajin Xian	437164
武城县档案馆	Wucheng Xian	437165
乐陵市档案馆	Leling Shi	437168
禹城市档案馆	Yucheng Shi	437167
聊城市档案馆	Liaocheng Shi	437180
东昌府区档案馆	Dongchangfu Qu	437181
阳谷县档案馆	Yanggu Xian	437183
莘县档案馆	Shen Xian	437184
茌平县档案馆	Chiping Xian	437185
东阿县档案馆	Dong'e Xian	437186
冠县档案馆	Guan Xian	437187
高唐县档案馆	Gaotang Xian	437188
临清市档案馆	Linqing Shi	437182
滨州市档案馆	Binzhou Shi	437140
滨城区档案馆	Bincheng Qu	437141
惠民县档案馆	Huimin Xian	437142
阳信县档案馆	Yangxin Xian	437143
无棣县档案馆	Wudi Xian	437144
沾化县档案馆	Zhanhua Xian	437145
博兴县档案馆	Boxing Xian	437146
邹平县档案馆	Zouping Xian	437147
菏泽市档案馆	Heze Shi	437230
牡丹区档案馆	Mudan Qu	437231
曹县档案馆	Cao Xian	437232
定陶县档案馆	Dingtao Xian	437233
成武县档案馆	Chengwu Xian	437234
单县档案馆	Shan Xian	437235
巨野县档案馆	Juye Xian	437236

名　称	地区汉语拼音拼写	档案馆代码
郓城县档案馆	Yuncheng Xian	437238
鄄城县档案馆	Juancheng Xian	437239
东明县档案馆	Dongming Xian	437240
济南市城市建设档案馆		437401
青岛市城市建设档案馆		437402
枣庄市城市建设档案馆		437403
烟台市城市建设档案馆		437404
潍坊市城市建设档案馆		437405
济宁市城市建设档案馆		437406
滨州市城市建设档案馆		437407
莱芜市城市建设档案馆		437408
淄博市城市建设档案馆		437409
荷泽市城市建设档案馆		437410
青岛市房产档案馆		437420

河南省

名　称	地区汉语拼音拼写	档案馆代码
河南省档案馆	Henan Sheng	441001
郑州市档案馆	Zhengzhou Shi	441002
中原区档案馆	Zhongyuan Qu	441003
二七区档案馆	Erqi Qu	441004
管城回族区档案馆	Guancheng Huizu Qu	441005
金水区档案馆	Jinshui Qu	441006
上街区档案馆	Shangjie Qu	441007
惠济区档案馆	Huiji Qu	441008
中牟县档案馆	Zhongmou Xian	441010
巩义市档案馆	Gongyi Shi	441012
荥阳市档案馆	Xingyang Shi	441009
新密市档案馆	Xinmi Shi	441014
新郑市档案馆	Xinzheng Shi	441011
登封市档案馆	Dengfeng Shi	441013
开封市档案馆	Kaifeng Shi	441020
龙亭区档案馆	Longting Qu	441026
顺河回族区档案馆	Shunhe Huizu Qu	441027

名　称	地区汉语拼音拼写	档案馆代码
鼓楼区档案馆	Gulou Qu	441028
禹王台区档案馆	Yuwangtai Qu	441029
金明区档案馆	Jinming Qu	441030
杞县档案馆	Qi Xian	441021
通许县档案馆	Tongxu Xian	441022
尉氏县档案馆	Weishi Xian	441023
开封县档案馆	Kaifeng Xian	441024
兰考县档案馆	Lankao Xian	441025
洛阳市第一档案馆	Luoyang Shi	441040
洛阳市第二档案馆		441041
老城区档案馆	Laocheng Qu	441051
西工区档案馆	Xigong Qu	441052
瀍河回族区档案馆	Chanhe Huizu Qu	441053
涧西区档案馆	Jianxi Qu	441054
吉利区档案馆	Jili Qu	441055
洛龙区档案馆	Luolong Qu	441056
孟津县档案馆	Mengjin Xian	441050
新安县档案馆	Xin'an Xian	441043
栾川县档案馆	Luanchuan Xian	441044
嵩县档案馆	Song Xian	441045
汝阳县档案馆	Ruyang Xian	441046
宜阳县档案馆	Yiyang Xian	441047
洛宁县档案馆	Luoning Xian	441048
伊川县档案馆	Yichuan Xian	441049
偃师市档案馆	Yanshi Shi	441042
平顶山市档案馆	Pingdingshan Shi	441060
新华区档案馆	Xinhua Qu	441068
卫东区档案馆	Weidong Qu	441069
石龙区档案馆	Shilong Qu	
湛河区档案馆	Zhanhe Qu	441070
宝丰县档案馆	Baofeng Xian	441061
叶县档案馆	Ye Xian	441062
鲁山县档案馆	Lushan Xian	441063

名　称	地区汉语拼音拼写	档案馆代码
郏县档案馆	Jia Xian	441065
舞钢市档案馆	Wugang Shi	441067
汝州市档案馆	Ruzhou Shi	441064
安阳市档案馆	Anyang Shi	441080
文峰区档案馆	Wenfeng Qu	441086
北关区档案馆	Beiguan Qu	441087
殷都区档案馆	Yindu Qu	441088
龙安区档案馆	Longan Qu	441089
安阳县档案馆	Anyang Xian	441082
汤阴县档案馆	Tangyin Xian	441083
滑县档案馆	Hua Xian	441084
内黄县档案馆	Neihuang Xian	441085
林州市档案馆	Linzhou Shi	441081
鹤壁市档案馆	Hebi Shi	441100
鹤山区档案馆	Heshan Qu	441104
山城区档案馆	Shancheng Qu	441105
淇滨区档案馆	Qibin Qu	441101
浚县档案馆	Xun Xian	441102
淇县档案馆	Qi Xian	441103
新乡市档案馆	Xinxiang Shi	441110
红旗区档案馆	Hongqi Qu	441119
卫滨区档案馆	Weibin Qu	441120
凤泉区档案馆	Fengquan Qu	441121
牧野区档案馆	Muye Qu	441122
新乡县档案馆	Xinxiang Xian	441111
获嘉县档案馆	Huijia Xian	441114
原阳县档案馆	Yuanyang Xian	441115
延津县档案馆	Yanjin Xian	441116
封丘县档案馆	Fengqiu Xian	441117
长垣县档案馆	Changyuan Xian	441118
卫辉市档案馆	Weihui Shi	441112
辉县市档案馆	Huixian Shi	441113
焦作市档案馆	Jiaozuo Shi	441130

名　称	地区汉语拼音拼写	档案馆代码
解放区档案馆	Jiefang Qu	441138
中站区档案馆	Zhongzhan Qu	441139
马村区档案馆	Macun Qu	441140
山阳区档案馆	Shanyang Qu	441141
修武县档案馆	Xiuwu Xian	441131
博爱县档案馆	Bo'ai Xian	441132
武陟县档案馆	Wuzhi Xian	441133
温县档案馆	Wen Xian	441135
济源市档案馆	Jiyuan Shi	441137
沁阳市档案馆	Qinyang Shi	441134
孟州市档案馆	Mengzhou Shi	441136
濮阳市档案馆	Puyang Shi	441150
华龙区档案馆	Hualong Qu	441156
清丰县档案馆	Qingfeng Xian	441151
南乐县档案馆	Nanle Xian	441152
范县档案馆	Fan Xian	441153
台前县档案馆	Taiqian Xian	441154
濮阳县档案馆	Puyang Xian	441155
许昌市档案馆	Xuchang Shi	441170
魏都区档案馆	Weidu Qu	441171
许昌县档案馆	Xuchang Xian	441174
鄢陵县档案馆	Yanling Xian	441175
襄城县档案馆	Xiangcheng Xian	441066
禹州市档案馆	Yuzhou Shi	441172
长葛市档案馆	Changge Shi	441173
漯河市档案馆	Luohe Shi	441180
源汇区档案馆	Yuanhui Qu	441184
郾城区档案馆	Yancheng Qu	441183
召陵区档案馆	Zhaoling Qu	441185
舞阳县档案馆	Wuyang Xian	441181
临颍县档案馆	Linying Xian	441182
三门峡市档案馆	Sanmenxia Shi	441190
湖滨区档案馆	Hubin Qu	441196

名　称	地区汉语拼音拼写	档案馆代码
渑池县档案馆	Mianchi Xian	441192
陕县档案馆	Shan Xian	441193
卢氏县档案馆	Lushi Xian	441195
义马市档案馆	Yima Shi	441191
灵宝市档案馆	Lingbao Shi	441194
南阳市档案馆	Nanyang Shi	441260
宛城区档案馆	Wancheng Qu	441265
卧龙区档案馆	Wolong Qu	441261
南召县档案馆	Nanzhao Xian	441262
方城县档案馆	Fangcheng Xian	441263
西峡县档案馆	Xixia Xian	441264
镇平县档案馆	Zhenping Xian	441266
内乡县档案馆	Neixiang Xian	441267
淅川县档案馆	Xichuan Xian	441268
社旗县档案馆	Sheqi Xian	441269
唐河县档案馆	Tanghe Xian	441270
新野县档案馆	Xinye Xian	441272
桐柏县档案馆	Tongbai Xian	441273
邓州市档案馆	Dengzhou Shi	441271
商丘市档案馆	Shangqiu Shi	441200
梁园区档案馆	Liangyuan Qu	441201
睢阳区档案馆	Suiyang Qu	441203
民权县档案馆	Minquan Xian	441204
睢县档案馆	Sui Xian	441206
宁陵县档案馆	Ningling Xian	441205
柘城县档案馆	Zhecheng Xian	441208
虞城县档案馆	Yucheng Xian	441202
夏邑县档案馆	Xiayi Xian	441207
永城市档案馆	Yongcheng Shi	441209
信阳市档案馆	Xinyang Shi	441280
浉河区档案馆	Shihe Qu	441281
平桥区档案馆	Pingqiao Qu	441284
罗山县档案馆	Luoshan Xian	441289

名　称	地区汉语拼音拼写	档案馆代码
光山县档案馆	Guangshan Xian	441286
新县档案馆	Xin Xian	441290
商城县档案馆	Shangcheng Xian	441288
固始县档案馆	Gushi Xian	441287
潢川县档案馆	Huangchuan Xian	441285
淮滨县档案馆	Huaibin Xian	441283
息县档案馆	Xi Xian	441282
周口市档案馆	Zhoukou Shi	441220
川汇区档案馆	Chuanhui Qu	441221
项城市档案馆	Xiangcheng Shi	441230
扶沟县档案馆	Fugou Xian	441222
西华县档案馆	Xihua Xian	441223
商水县档案馆	Shangshui Xian	441224
太康县档案馆	Taikang Xian	441225
鹿邑县档案馆	Luyi Xian	441226
郸城县档案馆	Dancheng	441227
淮阳县档案馆	Huaiyang Xian	441228
沈丘县档案馆	Shenqiu Xian	441229
驻马店市档案馆	Zhumadian Shi	441240
驿城区档案馆	Yicheng Qu	441241
确山县档案馆	Queshan Xian	441242
泌阳县档案馆	Biyang Xian	441243
遂平县档案馆	Suiping Xian	441244
西平县档案馆	Xiping Xian	441245
上蔡县档案馆	Shangcai Xian	441246
汝南县档案馆	Runan Xian	441247
平舆县档案馆	Pingyu Xian	441248
新蔡县档案馆	Xincai Xian	441249
正阳县档案馆	Zhengyang Xian	441250
安阳市城市建设档案馆		441401
鹤壁市城市建设档案馆		441402
新乡市城市建设档案馆		441403
濮阳市城市建设档案馆		441404

名　称	地区汉语拼音拼写	档案馆代码
信阳市城市建设档案馆		441405
水利部黄河水利委员会档案馆		441421
郑州市房产档案馆		441422
中原石油勘探局档案馆		441600
国营第二五八厂档案馆		441601

湖北省

名　称	地区汉语拼音拼写	档案馆代码
湖北省档案馆	Hubei Sheng	442001
武汉市档案馆	Wuhan Shi	442002
江岸区档案馆	Jiang'an Qu	442003
江汉区档案馆	Jianghan Qu	442004
硚口区档案馆	Qiaokou Qu	442005
汉阳区档案馆	Hanyang Qu	442006
武昌区档案馆	Wuchang Qu	442007
青山区档案馆	Qingshan Qu	442008
洪山区档案馆	Hongshan Qu	442009
东西湖区档案馆	Dongxihu Qu	442010
汉南区档案馆	Hannan Qu	442011
蔡甸区档案馆	Caidian Qu	442012
江夏区档案馆	Jiangxia Qu	442013
黄陂区档案馆	Huangpi Qu	442014
新洲区档案馆	Xinzhou Qu	442015
黄石市档案馆	Huangshi Shi	442030
黄石港区档案馆	Huangshigang Qu	
石灰窑区档案馆	Shihuiyao Qu	
下陆区档案馆	Xialu Qu	
铁山区档案馆	Tieshan Qu	
阳新县档案馆	Yangxin Xian	442147
大冶市档案馆	Daye Shi	442031
十堰市档案馆	Shiyan Shi	442040
茅箭区档案馆	Maojian Qu	442041
张湾区档案馆	Zhangwan Qu	442042

名　称	地区汉语拼音拼写	档案馆代码
郧县档案馆	Yun Xian	442182
郧西县档案馆	Yunxi Xian	442183
竹山县档案馆	Zhushan Xian	442184
竹溪县档案馆	Zhuxi Xian	442185
房县档案馆	Fang Xian	442186
丹江口市档案馆	Danjiangkou Shi	442181
宜昌市档案馆	Yichang Shi	442050
西陵区档案馆	Xiling Qu	442051
伍家岗区档案馆	Wujiagang Qu	442052
点军区档案馆	Dianjun Qu	442053
猇亭区档案馆	Xiaoting Qu	442054
夷陵区县档案馆	Yiling Qu	442201
远安县档案馆	Yuan'an Xian	442205
兴山县档案馆	Xingshan Xian	442206
秭归县档案馆	Zigui Xian	442207
长阳土家族自治县档案馆	Changyang Tujiazu Zizhixian	442208
五峰土家族自治县档案馆	Wufeng Tujiazu Zizhixian	442209
宜都市档案馆	Yidu Shi	442202
当阳市档案馆	Dangyang Shi	442204
枝江市档案馆	Zhijiang Shi	442203
襄樊市档案馆	Xiangfan Shi	442055
襄城区档案馆	Xiangcheng Qu	442064
樊城区档案馆	Fancheng Qu	442065
襄阳区档案馆	Xiangyang Qu	442058
南漳县档案馆	Nanzhang Xian	442061
谷城县档案馆	Gucheng Xian	442062
保康县档案馆	Baokang Xian	442063
老河口市档案馆	Laohekou Shi	442057
枣阳市档案馆	Zaoyang Shi	442059
宜城市档案馆	Yicheng Shi	442060
鄂州市档案馆	Ezhou Shi	442080
梁子湖区档案馆	Liangzihu Qu	442081
华容区档案馆	Huarong Qu	442082

名　称	地区汉语拼音拼写	档案馆代码
鄂城区档案馆	Echeng Qu	442083
荆门市档案馆	Jingmen Shi	442085
东宝区档案馆	Dongbao Qu	442171
掇刀区	Duodao Qu	
京山县档案馆	Jingshan Xian	442171
沙洋县	Shayang Xian	
钟祥市档案馆	Zhongxiang Shi	442170
孝感市档案馆	Xiaogan Shi	442120
孝南区档案馆	Xiaonan Qu	442121
孝昌县	Xiaochang Xian	
大悟县档案馆	Dawu Xian	442123
云梦县档案馆	Yunmeng Xian	442126
应城市档案馆	Yingcheng Shi	442122
安陆市档案馆	Anlu Shi	442125
汉川市档案馆	Hanchuan Shi	442127
荆州市档案馆	Jingzhou Shi	442160
沙市区档案馆	Shashi Qu	442172
荆州区档案馆	Jingzhou Qu	442163
公安县档案馆	Gong'an Xian	442165
监利县档案馆	Jianli Xian	442166
江陵县档案馆	Jiangling Xian	442173
石首市档案馆	Shishou Shi	442162
洪湖市档案馆	Honghu Shi	442167
松滋市档案馆	Songzi Shi	442164
黄冈市档案馆	Huanggang Shi	442090
黄州区档案馆	Huangzhou Qu	442092
团风县档案馆	Tuanfeng Xian	442100
红安县档案馆	Hong'an Xian	442093
罗田县档案馆	Luotian Xian	442094
英山县档案馆	Yingshan Xian	442095
浠水县档案馆	Xishui Xian	442096
蕲春县档案馆	Qichun Xian	442097
黄梅县档案馆	Huangmei Xian	442099

名　称	地区汉语拼音拼写	档案馆代码
麻城市档案馆	Macheng Shi	442091
武穴市档案馆	Wuxue Shi	442098
咸宁市档案馆	Xianning Shi	442140
咸安区档案馆	Xianan Qu	442141
嘉鱼县档案馆	Jiayu Xian	442143
通城县档案馆	Tongcheng Xian	442144
崇阳县档案馆	Chongyang Xian	442145
通山县档案馆	Tongshan Xian	442146
赤壁市档案馆	Chibi Shi	442142
随州市档案馆	Suizhou Shi	442056
曾都区	Zengdou Qu	
广水市档案馆	Guangshui Shi	442124
恩施土家族苗族自治州	Enshi Tujiazu Miaozu Zizhizhou	442220
恩施市档案馆	Enshi Shi	442221
利川市档案馆	Lichuan Shi	442222
建始县档案馆	Jianshi Xian	442223
巴东县档案馆	Badong Xian	442224
宣恩县档案馆	Xuan'en Xian	442225
咸丰县档案馆	Xianfeng Xian	442226
来凤县档案馆	Laifeng Xian	442227
鹤峰县档案馆	Hefeng Xian	442228
省直辖县档案馆级行政单位		
仙桃市档案馆	Xiantao Shi	442161
潜江市档案馆	Qianjiang Shi	442169
天门市档案馆	Tianmen Shi	442168
神农架林区档案馆	Shennongjia Linqu	442240
武汉市城市建设档案馆		442401
黄石市城市建设档案馆		442402
十堰市城市建设档案馆		442403
宜昌市城市建设档案馆		442405
鄂州市城市建设档案馆		442406

名　称	地区汉语拼音拼写	档案馆代码
荆门市城市建设档案馆		442407
孝感市城市建设档案馆		442408
湖北省测绘成果档案馆		442420
武汉市公安档案馆		442421
湖北省公安档案馆		442422
华北理工大字档案馆		442600
华中师范大学档案馆		442601
武汉工业大学档案馆		442602
中国石油化工集团公司江汉石油管理局档案馆		442603

湖南省

名　称	地区汉语拼音拼写	档案馆代码
湖南省档案馆	Hunan Sheng	443001
长沙市档案馆	Changsha Shi	443002
芙蓉区档案馆	Furong Qu	443003
天心区档案馆	Tianxin Qu	443004
岳麓区档案馆	Yuelu Qu	443005
开福区档案馆	Kaifu Qu	443006
雨花区档案馆	Yuhua Qu	443007
长沙县档案馆	Changsha Xian	443008
望城县档案馆	Wangcheng Xian	443009
宁乡县档案馆	Ningxiang Xian	443011
浏阳市档案馆	Liuyang Shi	443010
株洲市档案馆	Zhuzhou Shi	443020
荷塘区档案馆	Hetang Qu	443027
芦淞区档案馆	Lusong Qu	443029
石峰区档案馆	Shifeng Qu	443028
天元区档案馆	Tianyuan Qu	443030
株洲县档案馆	Zhuzhou Xian	443023
攸县档案馆	You Xian	443024
茶陵县档案馆	Chaling Xian	443025
炎陵县档案馆	Yanling Xian	443026
醴陵市档案馆	Liling Shi	443022

名　称	地区汉语拼音拼写	档案馆代码
湘潭市第一档案馆	Xiangtan Shi	443040
湘潭市第二档案馆	Xiangtan Shi	443041
雨湖区档案馆	Yuhu Qu	443042
岳塘区档案馆	Yuetang Qu	443048
湘潭县档案馆	Xiangtan Xian	443044
湘乡市档案馆	Xiangxiang Shi	443045
韶山市档案馆	Shaoshan Shi	443043
衡阳市档案馆	Hengyang Shi	443060
珠辉区档案馆	Zhuhui Qu	443070
雁峰区档案馆	Yanfeng Qu	443061
石鼓区档案馆	Shigu Qu	443062
蒸相区档案馆	Zhengxiang Qu	443063
南岳区档案馆	Nanyue Qu	443071
衡阳县档案馆	Hengyang Xian	443064
衡南县档案馆	Hengnan Xian	443065
衡山县档案馆	Hengshan Xian	443066
衡东县档案馆	Hengdong Xian	443067
祁东县档案馆	Qidong Xian	443069
耒阳市档案馆	Leiyang Shi	443072
常宁市档案馆	Changning Shi	443068
邵阳市档案馆	Shaoyang Shi	443080
邵阳市特色档案馆	Shaoyang Shi	443081
双清区档案馆	Shuangqing Qu	443091
大祥区档案馆	Daxiang Qu	443092
北塔区档案馆	Beita Qu	443093
邵东县档案馆	Shaodong Xian	443082
新邵县档案馆	Xinshao Xian	443083
邵阳县档案馆	Shaoyang Xian	443084
隆回县档案馆	Longhui Xian	443085
洞口县档案馆	Dongkou Xian	443086
绥宁县档案馆	Suining Xian	443088
新宁县档案馆	Xinning Xian	443089
城步苗族自治县档案馆	Chengbu Miaozu Zizhixian	443090

名　称	地区汉语拼音拼写	档案馆代码
武冈市档案馆	Wugang Shi	443087
岳阳市档案馆	Yueyang Shi	443100
岳阳楼区档案馆	Yueyanglou Qu	443101
云溪区档案馆	Yunxi Qu	443102
君山区档案馆	Junshan Qu	443110
岳阳县档案馆	Yueyang Xian	443104
华容县档案馆	Huarong Xian	443106
湘阴县档案馆	Xiangyin Xian	443107
平江县档案馆	Pingjiang Xian	443109
汨罗市档案馆	Miluo Shi	443108
临湘市档案馆	Linxiang Shi	443105
常德市档案馆	Changde Shi	443140
武陵区档案馆	Wuling Qu	443141
鼎城区档案馆	Dingcheng Qu	443150
安乡县档案馆	Anxiang Xian	443143
汉寿县档案馆	Hanshou Xian	443144
澧县档案馆	Li Xian	443145
临澧县档案馆	Linli Xian	443146
桃源县档案馆	Taoyuan Xian	443147
石门市档案馆	Shimen Shi	443148
津市市档案馆	Jinshi Shi	443142
张家界市档案馆	Zhangjiajie Shi	443275
永定区	Yongding Qu	
武陵源区档案馆	Wulingyuan Qu	443276
慈利县档案馆	Cili Xian	443149
桑植县档案馆	Sangzhi Xian	443269
益阳市档案馆	Yiyang Shi	443120
资阳区档案馆	Ziyang Qu	443121
赫山区档案馆	Heshan Qu	443122
南县档案馆	Nan Xian	443123
桃江县档案馆	Taojiang Xian	443125
安化县档案馆	Anhua Xian	443126
沅江市档案馆	Yuanjiang Shi	443124

名　称	地区汉语拼音拼写	档案馆代码
郴州市档案馆	Chenzhou Shi	443180
北湖区档案馆	Beihu Qu	443181
苏仙区档案馆	Suxian Qu	443183
桂阳县档案馆	Guiyang Xian	443184
宜章县档案馆	Yizhang Xian	443186
永兴县档案馆	Yongxing Xian	443185
嘉禾县档案馆	Jiahe Xian	443187
临武县档案馆	Linwu Xian	443191
汝城县档案馆	Rucheng Xian	443188
桂东县档案馆	Guidong Xian	443189
安仁县档案馆	Anren Xian	443190
资兴市档案馆	Zixing Shi	443182
永州市档案馆	Yongzhou Shi	443200
芝山区档案馆	Zhishan Qu	443201
冷水滩区档案馆	Lengshuitan Qu	443202
祁阳县档案馆	Qiyang Xian	443211
东安县档案馆	Dong'an Xian	443203
双牌县档案馆	Shuangpai Xian	443210
道县档案馆	Dao Xian	443204
江永县档案馆	Jiangyong Xian	443206
宁远县档案馆	Ningyuan Xian	443205
蓝山县档案馆	Lanshan Xian	443208
新田县档案馆	Xintian Xian	443209
江华瑶族自治县档案馆	Jianghua Yaozu Zizhixian	443207
怀化市档案馆	Huaihua Shi	443230
鹤城区档案馆	Hecheng Qu	443231
中方县档案馆	Zhongfang Xian	443243
沅陵县档案馆	Yuanling Xian	443234
辰溪县档案馆	Chenxi Xian	443235
溆浦县档案馆	Xupu Xian	443236
会同县档案馆	Huitong Xian	443240
麻阳苗族自治县档案馆	Mayang Miaozu Zizhixian	443237
新晃侗族自治县档案馆	Xinhuang Dongzu Zizhixian	443238

名　称	地区汉语拼音拼写	档案馆代码
芷江侗族自治县档案馆	Zhijiang Dongzu Zizhixian	443239
靖州苗族侗族自治县档案馆	Jingzhou Miaozu Dongzu Zizhixian	443241
通道侗族自治县档案馆	Tongdao Dongzu Zizhixian	443242
洪江市档案馆	Hongjiang Shi	443232
娄底市档案馆	Loudi Shi	443160
娄星区档案馆	Louxing Qu	443161
冷水江市档案馆	Lengshuijiang Shi	443162
涟源市档案馆	Lianyuan Shi	443163
双峰县档案馆	Shuangfeng Xian	443164
新化县档案馆	Xinhua Xian	443165
湘西土家族苗族自治州档案馆	Xiangxi Tujiazu Miaozu Zizhi Zhou	443260
吉首市档案馆	Jishou Shi	443261
泸溪县档案馆	Luxi Xian	443263
凤凰县档案馆	Fenghuang Xian	443264
花垣县档案馆	Huayuan Xian	443265
保靖县档案馆	Baojing Xian	443266
古丈县档案馆	Guzhang Xian	443267
永顺县档案馆	Yongshun Xian	443268
龙山县档案馆	Longshan Xian	443270
长沙市城市建设档案馆		443401
株洲市城市建设档案馆		443402
湘潭市城市建设档案馆		443403
衡阳市城市建设档案馆		443404
岳阳市城市建设档案馆		443405
常德市城市建设档案馆		443406
永州市城市建设档案馆		443407
邵阳市城市建设档案馆		443408
湖南雪峰水泥集团有限公司档案馆		443620
湖南大乘资氮集团公司档案馆		443621
锡矿山矿务局档案馆		443622
湖南丽臣实业有限责任公司档案馆		443623
娄底市涟部矿务局档案馆		443624
湖南韶峰水泥集团有限公司档案馆		443625
中国人民解放军国防科学技术大学训练部档案馆		443901

广东省

名　称	地区汉语拼音拼写	档案馆代码
广东省档案馆	Guangdong Sheng	444001
广州市档案馆	Guangzhou Shi	444002
东山区档案馆	Dongshan Qu	444003
荔湾区档案馆	Liwan Qu	444004
越秀区档案馆	Yuexiu Qu	444005
海珠区档案馆	Haizhu Qu	444006
天河区档案馆	Tianhe Qu	444008
芳村区档案馆	Fangcun Qu	444007
白云区档案馆	Baiyun Qu	444010
黄浦区档案馆	Huangpu Qu	444009
番禺区档案馆	Panyu Qu	444016
花都区档案馆	Huadu Qu	444011
增城市档案馆	Zhengcheng Shi	444015
从化市档案馆	Conghua Shi	444012
韶关市档案馆	Shaoguan Shi	444030
北江区档案馆	Beijiang Qu	444043
武江区档案馆	Wujiang Qu	444044
浈江区档案馆	Zhenjiang Qu	444045
曲江区档案馆	Qujiang Qu	444031
始兴县档案馆	Shixing Xian	444032
仁化县档案馆	Renhua Xian	444034
翁源县档案馆	Wengyuan Xian	444039
乳源瑶族自治县档案馆	Ruyuan Yaozu Zizhixian	444042
新丰县档案馆	Xinfeng Xian	444013
乐昌市档案馆	Lechang Shi	444035
南雄市档案馆	Nanxiong Shi	444033
深圳市档案馆	Shenzhen Shi	444060
罗湖区档案馆	Luohu Qu	444061
上步区档案馆	Shangbu Qu	444064
南头区档案馆	Nantou Qu	444063
宝安区档案馆	Bao'an Qu	444065
龙岗区档案馆	Longgang Qu	444066

名　称	地区汉语拼音拼写	档案馆代码
沙头角档案馆	Shatoujiao Qu	444062
珠海市档案馆	Zhuhai Shi	444070
香洲区档案馆	Xiangzhou Qu	444072
斗门区档案馆	Doumen QU	444071
汕头市档案馆	Shantou Shi	444076
濠江区档案馆	haojiang Qu	443090
龙湖区档案馆	Longhu Qu	444087
金平区档案馆	Jinping Qu	444088
潮南区档案馆	Chaonan Qu	444089
潮阳区档案馆	Chaoyang Qu	444081
澄海区档案馆	Chenghai Qu	444078
南澳县档案馆	Nan′ao Xian	444080
佛山市档案馆	Foshan Shi	444100
禅城区档案馆	Chancheng Qu	444101
顺德区档案馆	Shunde Qu	444105
南海区档案馆	Nanhai Qu	444104
三水区档案馆	Sanshui Qu	444103
高明区档案馆	Haoming Qu	444106
江门市档案馆	Jiangmen Shi	444120
蓬江区档案馆	Pengjiang Qu	444128
江海区档案馆	Jianghai Qu	444129
新会区档案馆	Xinhui Qu	444121
台山市档案馆	Taishan Shi	444122
开平市档案馆	Kaiping Shi	444124
鹤山市档案馆	Heshan Shi	444125
恩平市档案馆	Enping Shi	444123
湛江市档案馆	Zhanjiang Shi	444140
赤坎区档案馆	Chikan Qu	444147
霞山区档案馆	Xiashan Qu	444148
坡头区档案馆	Potou Qu	444149
麻章区档案馆	Mazhang Qu	444150
遂溪县档案馆	Suixi Xian	444144
徐闻县档案馆	Xuwen Xian	444146

名　称	地区汉语拼音拼写	档案馆代码
廉江市档案馆	Lianjiang Shi	444143
雷州市档案馆	Leizhou Shi	444145
吴川市档案馆	Wuchuan Shi	444142
茂名市档案馆	Maoming Shi	444160
茂南区档案馆	Maonan Qu	444165
电白县档案馆	Dianbai Xian	444163
高州市档案馆	Gaozhou Shi	444162
化州市档案馆	Huazhou Shi	444164
信宜市档案馆	Xinyi Shi	444161
肇庆市档案馆	Zhaoqing Shi	444230
端州区档案馆	Duanzhou Qu	444242
鼎湖区档案馆	Dinghu Qu	444243
广宁县档案馆	Guangning Xian	444234
怀集县档案馆	Huaiji Xian	444235
封开县档案馆	Fengkai Xian	444236
德庆县档案馆	Deqing Xian	444237
高要市档案馆	Gaoyao Shi	444232
四会市档案馆	Sihui Shi	444233
惠州市档案馆	Huizhou Shi	444200
惠城区档案馆	Huicheng Qu	444201
惠阳区档案馆	Huiyang Qu	444203
博罗县档案馆	Boluo Xian	444208
惠东县档案馆	Huidong Xian	444209
龙门县档案馆	Longmeng Xian	444014
梅州市档案馆	Meizhou Shi	444180
梅江区档案馆	Meijiang Qu	444188
梅县档案馆	Mei Xian	444181
大埔县档案馆	Dabu Xian	444182
丰顺县档案馆	Fengshun Xian	444183
五华县档案馆	Wuhua Xian	444184
平远县档案馆	Pingyuan Xian	444186
蕉岭县档案馆	Jiaoling Xian	444187
兴宁市档案馆	Xingning Shi	444185

名　称	地区汉语拼音拼写	档案馆代码
汕尾市档案馆	Shanwei Shi	444250
城区档案馆	Cheng Qu	444251
海丰县档案馆	Haifeng Xian	444212
陆河县档案馆	Luhe Xian	444252
陆丰市档案馆	Lufeng Shi	444211
河源市档案馆	Heyuan Shi	444255
源城区档案馆	Yuancheng Qu	444207
紫金县档案馆	Zijin Xian	444204
龙川县档案馆	Longchuan Xian	444210
连平县档案馆	Lianping Xian	444206
和平县档案馆	Heping Xian	444205
东源县档案馆	Dongyuan Xian	444256
阳江市档案馆	Yangjiang Shi	444126
江城区档案馆	Jiangcheng Qu	444130
阳西县档案馆	Yangxi Xian	444131
阳东县档案馆	Yangdong Xian	444261
阳春市档案馆	Yangchun Shi	444127
清远市档案馆	Qingyuan Shi	444017
清城区档案馆	Qingcheng Qu	444019
佛冈县档案馆	Fogang Xian	444018
阳山县档案馆	Yangshan Xian	444037
连山壮族瑶族自治县档案馆	Lianshan Zhuangzu Yaozu Zizhixian	444040
连南瑶族自治县档案馆	Liannan Yaozu Zizhixian	444041
清新县档案馆	Qingxin Xian	444020
英德市档案馆	Yingde Shi	444038
连州市档案馆	Lianzhou Shi	444036
东莞市档案馆	Dongguan Shi	444202
中山市档案馆	Zhongshan Shi	444102
潮州市档案馆	Chaozhou Shi	444077
湘桥区档案馆	Xiangqiao Qu	
潮安县档案馆	Chao'an Xian	444093
饶平县档案馆	Raoping Xian	444079
揭阳市档案馆	Jieyang Shi	444082

名　称	地区汉语拼音拼写	档案馆代码
榕城区档案馆	Rongcheng Qu	444091
揭东县档案馆	Jiedong Xian	444092
揭西县档案馆	Jiexi Xian	444083
惠来县档案馆	Huilai Xian	444085
普宁市档案馆	Puning Shi	444084
云浮市档案馆	Yunfu Shi	444238
云城区档案馆	Yuncheng Qu	444270
新兴县档案馆	Xinxing Xian	444239
郁南县档案馆	Yun'an Xian	444240
云安县档案馆	Yun'an Xian	444271
罗定市档案馆	Luoding Shi	444241
韶关市城市建设档案馆		444401
深圳市城市建设档案馆		444402
珠海市城市建设档案馆		444403
汕头市城市建设档案馆		444404
佛山市城市建设档案馆		444405
湛江市城市建设档案馆		444406
梅县市城市建设档案馆		444407
广州市城市建设档案馆		444408
潮州市城市建设档案馆		444409
江门市城市建设档案馆		444410
茂名市城市建设档案馆		444411
肇庆市城市建设档案馆		444412
惠州市城市建设档案馆		444413
汕尾市城市建设档案馆		444414
河源市城市建设档案馆		444415
阳江市城市建设档案馆		444416
清远市城市建设档案馆		444417
东莞市城市建设档案馆		444418
中山市城市建设档案馆		444419
广东省气象档案馆		444430
广东省国土资源档案馆		444431
广东省区划地名档案馆		444432

名　称	地区汉语拼音拼写	档案馆代码
广州市房地产档案馆		444433
广东省湛江农垦局档案馆		444434
珠海市房地产档案馆		444435
汕头市房地产档案馆		444436
梅洲市房地产档案馆		444437
中山市房地产档案馆		444438
江门市房地产档案馆		444439
湛江市房地产档案馆		444440
肇庆市房地产档案馆		444441
广东省公安档案馆		444442
水利部珠江水利委员会档案馆		444443
中山大学档案馆		444601
华南理工大学档案馆		444602
广东核电合营有限公司档案馆		444620
中国石油化工股份有限公司广州分公司信息中心		444621
中国石化股份公司茂名分公司档案馆		444622
广东省核工业地质局档案馆		444623
广东省电信公司档案馆		444624
广东省韶关钢铁集团有限公司档案馆		444625

广西壮族自治区

名　称	地区汉语拼音拼写	档案馆代码
广西壮族自治区档案馆	Guangxi Zhuangzu Zizhiqu	445001
南宁市档案馆	Nanning Shi	445002
青秀区档案馆	Qingxiu Qu	445005
兴宁区档案馆	Xingning Qu	445006
江南区档案馆	Jiangnan Qu	445007
西乡塘区档案馆	Xixiangtang Qu	445008
良庆区档案馆	Liangqin Qu	445009
邕宁区档案馆	Yongning Qu	445003
武鸣县档案馆	Wuming Xian	445004
横县档案馆	Heng Xian	445082
宾阳县档案馆	Binyang Xian	445083

名　称	地区汉语拼音拼写	档案馆代码
上林县档案馆	Shanglin Xian	445084
隆安县档案馆	Long'an Xian	445085
马山县档案馆	Mashan Xian	445086
柳州市档案馆	Liuzhou Shi	445020
城中区档案馆	Chengzhong Qu	445023
鱼峰区档案馆	Yufeng Qu	445024
柳南区档案馆	Liunan Qu	445025
柳北区档案馆	Liubei Qu	445026
市郊区档案馆	Shijiao Qu	445027
柳江县档案馆	Liujiang Xian	445021
柳城县档案馆	Liucheng Xian	445022
鹿寨县档案馆	Luzhai Xian	445112
融安县档案馆	Rong'an Xian	445116
三江侗族自治县档案馆	Sanjiang Dongzu Zizhixian	445117
融水苗族自治县档案馆	Rongshui Miaozu Zizhixian	445118
桂林市档案馆	Guilin Shi	445040
秀峰区	Xiufeng Qu	
叠彩区	Diecai Qu	
象山区	Xiangshan Qu	
七星区	Qixing Qu	
雁山区	Yanshan Qu	
阳朔县档案馆	Yangshuo Xian	445041
临桂县档案馆	Lingui Xian	445042
灵川县档案馆	Lingchuang Xian	445131
全州县档案馆	Quanzhou Xian	445132
兴安县档案馆	Xing'an Xian	445133
永福县档案馆	Yongfu Xian	445134
灌阳县档案馆	Guanyang Xian	445135
龙胜各族自治县档案馆	Longsheng Gezu Zizhixian	445136
资源县档案馆	Ziyuan Xian	445137
平乐县档案馆	Pingle Xian	445138
荔浦县档案馆	Lipu Xian	445139
恭城瑶族自治县档案馆	Gongcheng Yaozu Zizhixian	445140

名　称	地区汉语拼音拼写	档案馆代码
梧州市档案馆	Wuzhou Shi	445060
万秀区	Wanxiu Qu	
蝶山区	Dieshan Qu	
市郊区	Shijiao Qu	
苍梧县档案馆	Cangwu Xian	445061
藤县档案馆	Teng Xian	445152
蒙山县档案馆	Mengshan Xian	445154
岑溪市档案馆	Cenxi Shi	445151
北海市档案馆	Beihai Shi	445070
海城区档案馆	Haicheng Qu	445071
银海区档案馆	Yinhai Qu	445072
铁山港区档案馆	Tieshangang Qu	445073
合浦县档案馆	Hepu Xian	445235
防城港市档案馆	Fangchenggang Shi	445246
港口区档案馆	Gangkou Qu	445247
防城区档案馆	Fangcheng Qu	445233
上思县档案馆	Shangsi Xian	445232
东兴市档案馆	Dongxing Shi	445248
钦州市档案馆	Qinzhou Shi	445230
钦南区档案馆	Qinnan Qu	445231
钦北区	Qinbei Qu	
灵山县档案馆	Lingshan Xian	445234
浦北县档案馆	Pubei Xian	445236
贵港市档案馆	Guigang Shi	445240
港北区档案馆	Gangbei Qu	445241
港南区档案馆	Gangnan Qu	445242
覃塘区档案馆	Qintang Qu	445243
平南县档案馆	Pingnan Xian	445174
桂平市档案馆	Guiping Shi	445173
玉林市档案馆	Yulin Shi	445170
玉州区档案馆	Yuzhou Qu	445171
容县档案馆	Rong Xian	445175
陆川县档案馆	Luchuan Xian	445177

名　称	地区汉语拼音拼写	档案馆代码
博白县档案馆	Bobai Xian	445178
兴业县档案馆	Xingye Xian	445179
北流市档案馆	Beiliu Shi	445176
崇左市档案馆	Chongzuo Shi	445080
江州区档案馆	Jiangzhou Qu	445088
凭祥市档案馆	Pingxiang Shi	445081
扶绥县档案馆	Fusui Xian	445087
大新县档案馆	Daxin Xian	445089
天等县档案馆	Tiandeng Xian	445090
宁明县档案馆	Ningming Xian	445091
龙州县档案馆	Longzhou Xian	445092
来宾市档案馆	Laibin Shi	445110
兴宾区档案馆	Xingbin Qu	445115
合山市档案馆	Heshan Shi	445111
象州县档案馆	Xiangzhou Xian	445113
武宣县档案馆	Wuxuan Xian	445114
金秀瑶族自治县档案馆	Jinxiu Yaozu Zizhixian	445119
忻城县档案馆	Xincheng Xian	445120
贺州市档案馆	Hezhou Shi	445150
八步区档案馆	Babu Qu	445155
昭平县档案馆	Zhaoping Xian	445153
钟山县档案馆	Zhongshan Xian	445156
富川瑶族自治县档案馆	Fuchuan Yaozu Zizhixian	445157
百色市档案馆	Bose Shi	445190
右江区档案馆	Youjiang Qu	445191
田阳县档案馆	Tianyang Xian	445192
田东县档案馆	Tiandong Xian	445193
平果县档案馆	Pingguo Xian	445194
德保县档案馆	Debao Xian	445195
靖西县档案馆	Jingxi Xian	445196
那坡县档案馆	Napo Xian	445197
凌云县档案馆	Lingyun Xian	445198
乐业县档案馆	Leye Xian	445199

名　称	地区汉语拼音拼写	档案馆代码
田林县档案馆	Tianlin Xian	445200
隆林各族自治县档案馆	Longlin Gezu Zizhixian	445201
西林县档案馆	Xilin Xian	445202
河池市档案馆	Hechi Shi	445210
金城江区档案馆	Jinchengjian Qu	445211
宜州市档案馆	Yizhou Shi	445212
罗城仫佬族自治县档案馆	Luocheng Mulaozu Zizhixian	445213
环江毛南族自治县档案馆	Huanjiang Maonanzu Zizhixian	445214
南丹县档案馆	Nandan Xian	445215
天峨县档案馆	Tian'e Xian	445216
凤山县档案馆	Fengshan Xian	445217
东兰县档案馆	Donglan Xian	445218
巴马瑶族自治县档案馆	Bama Yaozu Zizhixian	445219
都安瑶族自治县档案馆	Du'an Yaozu Zizhixian	445220
大化瑶族自治县档案馆	Dahua Yaozu Zizhixian	445221
南宁市城市建设档案馆		445401
柳州市城市建设档案馆		445402
桂林市城市建设档案馆		445403
北海市城市建设档案馆		445404
梧州市城市建设档案馆		445405

海南省

名　称	地区汉语拼音拼写	档案馆代码
海南省档案馆	Hainan Sheng	446001
海口市档案馆	Haikou Shi	446002
龙华区		
秀英区	Xiuying Qu	
琼山区档案馆	Qongshan Qu	446014
美兰区档案馆	Zhengdong Qu	
三亚市档案馆	Sanya Shi	446010
省直辖行政单位		
通什市档案馆	Tongshi Shi	446011
琼海市档案馆	Qonghai Shi	446012

名　称	地区汉语拼音拼写	档案馆代码
儋州市档案馆	Danzhou Shi	446013
文昌市档案馆	Wenchang Shi	446015
万宁市档案馆	Wanning Shi	446016
东方市档案馆	Dongfang Shi	446017
定安县档案馆	Ding'an Xian	446018
屯昌县档案馆	Tunchang Xian	446019
澄迈县档案馆	Chengmai Xian	446020
临高县档案馆	Lingao Xian	446021
白沙黎族自治县档案馆	Baisha Lizu Zizhixian	446022
昌江黎族自治县档案馆	Changjiang Lizu Zizhixian	446023
乐东黎族自治县档案馆	Ledong Lizu Zizhixian	446024
陵水黎族自治县档案馆	Lingshui Lizu Zizhixian	446025
保亭黎族苗族自治县档案馆	Baoting Lizu Zizhixian	446026
琼中黎族苗族自治县档案馆	Qiongzhong Lizu Zizhixian	446027
海口市城市建设档案馆		446401
海南省农垦总局档案馆		446420
海口市教育局档案馆		446421
海南测绘资料档案馆		446422
海南省气象档案馆		446423
海口市房屋档案馆		446424
海南钢铁公司档案馆		446620

重庆市

名　称	地区汉语拼音拼写	档案馆代码
重庆市档案馆	Chongqing Shi	450001
万州区档案馆	Wanzhou Qu	450002
天成移民开发区档案馆		450015
龙宝移民开发区档案馆		450016
涪陵区档案馆	Fuling Qu	450003
渝中区档案馆	Yuzhong Qu	450004
大渡口区档案馆	Dadukou Qu	450005
江北区档案馆	Jiangbei Qu	450006
沙坪坝区档案馆	Shapingba Qu	450007

名　称	地区汉语拼音拼写	档案馆代码
九龙坡区档案馆	Jiulongpo Qu	450008
南岸区档案馆	Nan'an Qu	450009
北碚区档案馆	Beibei Qu	450010
万盛区档案馆	Wansheng Qu	450011
双桥区档案馆	Shuangqiao Qu	450012
渝北区档案馆	Yubei Qu	450013
巴南区档案馆	Banan Qu	450014
长寿区档案馆	Changshou Qu	450020
经济技术开发区档案馆		450017
黔江区档案馆	Qianjiang Qu	450038
江津区档案馆	Jiangjin Qu	450050
合川区档案馆	Hechuan Qu	450051
永川区档案馆	Yongchuan Qu	450052
南川区档案馆	Nanchuan Qu	450053
綦江县档案馆	Qijiang Xian	450021
潼南县档案馆	Tongnan Xian	450022
铜梁县档案馆	Tongliang Xian	450023
大足县档案馆	Dazu Xian	450024
荣昌县档案馆	Rongchang Xian	450025
璧山县档案馆	Bishan Xian	450026
梁平县档案馆	Liangping Xian	450027
城口县档案馆	Chengkou Xian	450028
丰都县档案馆	Fengdu Xian	450029
垫江县档案馆	Dianjiang Xian	450030
武隆县档案馆	Wulong Xian	450031
忠县档案馆	Zhong Xian	450032
开县档案馆	Kai Xian	450033
云阳县档案馆	Yunyang Xian	450034
奉节县档案馆	Fengjie Xian	450035
巫山县档案馆	Wushan Xian	450036
巫溪县档案馆	Wuxi Xian	450037
石柱土家族自治县档案馆	Shizhu Tujiazu Zizhixian	450039
秀山土家族苗族自治县档案馆	Xiushan Tujiazu Miaozu Zizhixian	450040

名　称	地区汉语拼音拼写	档案馆代码
酉阳土家族苗族自治县档案馆	Youyang Tujiazu Miaozu Zizhixian	450041
彭水苗族土家族自治县档案馆	Pengshui Miaozu Tujiazu Zizhixian	450042
重庆市城市建设档案馆		450401
重庆市公安档案馆		450420
重庆市国土资源和房屋档案馆		450421
重庆市国家安全局档案馆		450422
重庆大学档案馆		450601
西南大学档案馆		450602
重庆钢铁(集团)公司档案馆		450604
重庆特殊钢(集团)公司档案馆		450605
四川维尼纶厂档案馆		450606
重庆索特集团公司档案馆		450608

四川省

名　称	地区汉语拼音拼写	档案馆代码
四川省档案馆	Sichuan Sheng	451001
成都市档案馆	Chengdu Shi	451002
锦江区档案馆	Jinjiang Qu	451004
青羊区档案馆	Qingyang Qu	451005
金牛区档案馆	Jinniu Qu	451006
武侯区档案馆	Wuhou Qu	451021
成华区档案馆	Chenghua Qu	451022
龙泉驿区档案馆	Longquanyi Qu	451007
青白江区档案馆	Qingbaijiang Qu	451008
温江区档案馆	Wenjiang Qu	451010
新都区档案馆	Xindu Qu	451012
金堂县档案馆	Jintang Xian	451020
双流县档案馆	Shuangliu Xian	451009
郫县档案馆	Pi Xian	451011
大邑县档案馆	Dayi Xian	451016
蒲江县档案馆	Pujiang Xian	451018
新津县档案馆	Xinjin Xian	451019
都江堰市档案馆	Dujiangyan Shi	451014
彭州市档案馆	Pengzhou Shi	451013

名　称	地区汉语拼音拼写	档案馆代码
邛崃市档案馆	Qionglai Shi	451017
崇州市档案馆	Chongzhou Shi	451015
自贡市档案馆	Zigong Shi	451060
自流井区档案馆	Ziliujing Qu	451061
贡井区档案馆	Gongjing Qu	451062
大安区档案馆	Da'an Qu	451063
沿滩区档案馆	Yangtan Qu	451064
荣县档案馆	Rong Xian	451065
富顺县档案馆	Fushun Xian	451066
攀枝花市档案馆	Panzhihua Shi	451075
东区档案馆	Dong Qu	451076
西区档案馆	Xi Qu	451077
仁和区档案馆	Renhe Qu	451078
米易县档案馆	Miyi Xian	451079
盐边县档案馆	Yanbian Xian	451080
泸州市档案馆	Luzhou Shi	451085
江阳区档案馆	Jiangyang Qu	451086
纳溪区档案馆	Naxi Qu	451089
龙马潭区档案馆	Longmatan Qu	451092
泸县档案馆	Lu Xian	451087
合江县档案馆	Hejiang Xian	451088
叙永县档案馆	Xuyong Xian	451090
古蔺县档案馆	Gulin Xian	451091
德阳市档案馆	Deyang Shi	451094
旌阳区档案馆	Jingyang Qu	451095
中江县档案馆	Zhongjiang Xian	451097
罗江县档案馆	Luojiang Xian	451100
广汉市档案馆	Guanghan Shi	451098
什邡市档案馆	Shifang Shi	451099
绵竹市档案馆	Mianzhu Shi	451196
绵阳市档案馆	Mianyang Shi	451105
涪城区档案馆	Fucheng Qu	451106
游仙区档案馆	Youxian Qu	451114

名　称	地区汉语拼音拼写	档案馆代码
三台县档案馆	Santai Xian	451108
盐亭县档案馆	Yanting Xian	451109
安县档案馆	An Xian	451110
梓潼县档案馆	Zitong Xian	451111
北川羌族自治县档案馆	Beichuan Qiangzu Zizhixian	451112
平武县档案馆	Pingwu Xian	451113
江油市档案馆	Jiangyou Shi	451107
广元市档案馆	Guangyuan Shi	451120
市中区档案馆	Shizhong Qu	451125
元坝区档案馆	Yuanba Qu	451126
朝天区档案馆	Chaotian Qu	451127
旺苍县档案馆	Wangcang Xian	451121
青川县档案馆	Qingchuan Xian	451122
剑阁县档案馆	Jiange Xian	451123
苍溪县档案馆	Cangxi Xian	451124
遂宁市档案馆	Suining Shi	451130
船山区档案馆	Chuanshan Qu	451133
安居区档案馆	Anju Qu	451135
蓬溪县档案馆	Pengxi Xian	451131
射洪县档案馆	Shehong Xian	451132
大英县档案馆	Daying Xian	451134
内江市档案馆	Neijiang Shi	451136
市中区档案馆	Shizhong Qu	451137
东兴区档案馆	Dongxing Qu	451138
威远县档案馆	Weiyuan Xian	451141
资中县档案馆	Zizhong Xian	451142
隆昌县档案馆	Longchang Xian	451145
乐山市档案馆	Leshan Shi	451150
市中区档案馆	Shizhong Qu	451151
沙湾区档案馆	Shawan Qu	451152
五通桥区档案馆	Wutongqiao Qu	451153
金口河区档案馆	Jinkouhe Qu	451154
犍为县档案馆	Qianwei Xian	451157

名　称	地区汉语拼音拼写	档案馆代码
井研县档案馆	Jingyan Xian	451158
夹江县档案馆	Jiajiang Xian	451160
沐川县档案馆	Muchuan Xian	451163
峨边彝族自治县档案馆	Ebian Yizu Zizhixian	451166
马边彝族自治县档案馆	Mabian Yizu Zizhixian	451167
峨眉山市档案馆	Emeishan Shi	451159
南充市档案馆	Nanchong Shi	451230
顺庆区档案馆	Shunqing Qu	451231
高坪区档案馆	Gaoping Qu	451233
嘉陵区档案馆	Jialing Qu	451243
南部县档案馆	Nanbu Xian	451234
营山县档案馆	Yingshan Xian	451236
蓬安县档案馆	Peng'an Xian	451238
仪陇县档案馆	Yilong Xian	451239
西充县档案馆	Xichong Xian	451241
阆中市档案馆	Langzhong Shi	451242
宜宾市档案馆	Yibin Shi	451210
翠屏区档案馆	Cuiping Qu	451211
宜宾县档案馆	Yibin Xian	451212
南溪县档案馆	Nanxi Xian	451213
江安县档案馆	Jiang'an Xian	451214
长宁县档案馆	Changning Xian	451215
高县档案馆	Gao Xian	451216
珙县档案馆	Gong Xian	451218
筠连县档案馆	Junlian Xian	451217
兴文县档案馆	Xingwen Xian	451219
屏山县档案馆	Pingshan Xian	451220
广安市档案馆	Guang'an Shi	451358
广安区档案馆	Guang'an Qu	451237
岳池县档案馆	Yuechi Xian	451235
武胜县档案馆	Wusheng Xian	451240
邻水县档案馆	Linshui Xian	451262
华蓥市档案馆	Huaying Shi	451232

名　称	地区汉语拼音拼写	档案馆代码
达州市档案馆	Dachuan Shi	451250
通川区档案馆	Tongchuan Qu	451251
万源市档案馆	Wanyuan Shi	451255
达县档案馆	Da Xian	451252
宣汉县档案馆	Xuanhan Xian	451253
开江县档案馆	Kaijiang Xian	451254
大竹县档案馆	Dazhu Xian	451260
渠县档案馆	Qu Xian	451261
雅安市档案馆	Ya'an Shi	451270
雨城区档案馆	Yucheng Qu	451271
名山县档案馆	Mingshan Xian	451272
荥经县档案馆	Yingjing Xian	451273
汉源县档案馆	Hanyuan Xian	451274
石棉县档案馆	Shimian Xian	451275
天全县档案馆	Tianquan Xian	451276
芦山县档案馆	Lushan Xian	451277
宝兴县档案馆	Baoxing Xian	451278
阿坝藏族羌族自治州档案馆	Aba Zangzu Qiangzu Zizhizhou	451290
汶川县档案馆	Wenchuan Xian	451291
理县档案馆	Li Xian	451292
茂县档案馆	Mao Xian	451293
松潘县档案馆	Songpan Xian	451294
九寨沟县档案馆	Jiuzhaigou Xian	451295
金川县档案馆	Jinchuan Xian	451296
小金县档案馆	Xiaojin Xian	451297
黑水县档案馆	Heishui Xian	451298
马尔康县档案馆	Maerkang Xian	451299
壤塘县档案馆	Zamtang Xian	451300
阿坝县档案馆	Aba Xian	451301
若尔盖县档案馆	Ruo'ergai Xian	451302
红原县档案馆	Hongyuan Xian	451303
甘孜藏族自治州档案馆	Ganzi Zangzu Zizhizhou	451310
康定县档案馆	Kangding Xian	451311

名　称	地区汉语拼音拼写	档案馆代码
泸定县档案馆	Luding Xian	451312
丹巴县档案馆	Danba Xian	451313
九龙县档案馆	Jiulong Xian	451314
雅江县档案馆	Yajiang Xian	451315
道孚县档案馆	Daofu Xian	451316
炉霍县档案馆	Luhuo Xian	451317
甘孜县档案馆	Ganzi Xian	451318
新龙县档案馆	Xinlong Xian	451319
德格县档案馆	Dege Xian	451320
白玉县档案馆	Baiyu Xian	451321
石渠县档案馆	Shiqu Xian	451322
色达县档案馆	Seda Xian	451323
理塘县档案馆	Litang Xian	451324
巴塘县档案馆	Batang Xian	451325
乡城县档案馆	Xiangcheng Xian	451326
稻城县档案馆	Daocheng Xian	451328
得荣县档案馆	Derong Xian	451327
凉山彝族自治州档案馆	Liangshan Yizu Zizhizhou	451340
西昌市档案馆	Xichang Shi	451341
木里藏族自治县档案馆	Muli Zangzu Zizhixian	451342
盐源县档案馆	Yanyuan Xian	451343
德昌县档案馆	Dechang Xian	451344
会理县档案馆	Huili Xian	451345
会东县档案馆	Huidong Xian	451346
宁南县档案馆	Ningnan Xian	451347
普格县档案馆	Puge Xian	451348
布拖县档案馆	Butuo Xian	451349
金阳县档案馆	Jinyang Xian	451350
昭觉县档案馆	Zhaojue Xian	451351
喜德县档案馆	Xide Xian	451352
冕宁县档案馆	Mianning Xian	451353
越西县档案馆	Yuexi Xian	451354
甘洛县档案馆	Ganluo Xian	451355

名 称	地区汉语拼音拼写	档案馆代码
美姑县档案馆	Meigu Xian	451356
雷波县档案馆	Leibo Xian	451357
巴中市档案馆	Bazhong Shi	451359
巴州区档案馆	Bazhong Qu	451258
通江县档案馆	Tongjiang Xian	451256
南江县档案馆	Nanjiang Xian	451257
平昌县档案馆	Pingchang Xian	451259
眉山市档案馆	Meishan Shi	451360
东坡区档案馆	Dongpo Qu	451156
仁寿县档案馆	Renshou Xian	451155
彭山县档案馆	Pengshan Xian	451162
洪雅县档案馆	Hongya Xian	451161
丹陵县档案馆	Danling Xian	451165
青神县档案馆	Qingshen Xian	451164
资阳市档案馆	Ziyang Shi	451361
雁江区档案馆	Yanjiang Qu	451143
简阳市档案馆	Jianyang Shi	451144
安岳县档案馆	Anyue Xian	451140
乐至县档案馆	Lezhi Xian	451139
成都市城市建设档案馆		451401
自贡市城市建设档案馆		451403
泸州市城市建设档案馆		451404
内江市城市建设档案馆		451405
乐山市城市建设档案馆		451406
南充市城市建设档案馆		451408
宜宾市城市建设档案馆		451410
广元市城市建设档案馆		451411
绵阳市城市建设档案馆		451412
攀枝花市城市建设档案馆		451413
达州市城市建设档案馆		451414
雅安市城市建设档案馆		451415
四川省科技研究成果档案馆		451431
四川大学档案馆		451601

名　称	地区汉语拼音拼写	档案馆代码
成都飞机工业集团有限责任公司档案馆		451623
川化集团档案馆		451625
渠江钢铁有限责任公司档案馆		451621
资阳内燃机车厂档案馆		451624
四川川投长城特殊钢集团有限责任公司档案馆		451622

贵州省

名　称	地区汉语拼音拼写	档案馆代码
贵州省档案馆	Guizhou Sheng	452001
贵阳市档案馆	Guiyang Shi	452002
南明区档案馆	Nanming Qu	452003
云岩区档案馆	Yunyan Qu	452004
花溪区档案馆	Huaxi Qu	452005
乌当区档案馆	Wudang Qu	452006
白云区档案馆	Baiyun Qu	452007
小河区	Xiaohe Qu	
开阳县档案馆	Kaiyang Xian	452123
息烽县档案馆	Xifeng Xian	452124
修文县档案馆	Xiuwen Xian	452125
清镇市档案馆	Qingzhen Shi	452126
六盘水市档案馆	Lupanshui Shi	452020
钟山区档案馆	Zhongshan Qu	452024
盘县特区档案馆	Panxian Tequ	452022
六枝特区档案馆	Luzhi Tequ	452023
水城县档案馆	Shuicheng Xian	452021
遵义市档案馆	Zunyi Shi	452030
红花岗区档案馆	Honghuagang Qu	452031
汇川区	Huichuan Qu	
遵义县档案馆	Zunyi Xian	452032
桐梓县档案馆	Tongzi Xian	452033
绥阳县档案馆	Suiyang Xian	452034
正安县档案馆	Zheng'an Xian	452035
道真仡佬族苗族自治县档案馆	Daozhen Gelaozu Zizhixian	452036

名　称	地区汉语拼音拼写	档案馆代码
务川仡佬族苗族自治县档案馆	Wuchuan Gelaozu Zizhixian	452037
凤冈县档案馆	Fenggang Xian	452038
湄潭县档案馆	Meitan Xian	452039
余庆县档案馆	Yuqing Xian	452040
习水县档案馆	Xishui Xian	452043
赤水市档案馆	Chishui Shi	452042
仁怀市档案馆	Renhuai Shi	452041
铜仁地区档案馆	Tongren Diqu	452060
铜仁市档案馆	Tongren Shi	452061
江口县档案馆	Jiangkou Xian	452062
玉屏侗族自治县档案馆	Yuping Dongzu Zizhixian	452063
石阡县档案馆	Shiqian Xian	452064
思南县档案馆	Sinan Xian	452065
印江土家族苗族自治县档案馆	Yinjiang Tujianzu Miaozu Zizhixian	452066
德江县档案馆	Dejiang Xian	452067
沿河土家族自治县档案馆	Yanhe Tujianzu Zizhixian	452068
松桃苗族自治县档案馆	Songtao Miaozu Zizhixian	452069
万山特区档案馆	Wanshan Tequ	452070
黔西南布依族苗族自治州档案馆	Qianxinan Buyizu Miaozu Zizhizhou	452080
兴义市档案馆	Xingyi Shi	452081
兴仁县档案馆	Xingren Xian	452082
普安县档案馆	Pu'an Xian	452083
晴隆县档案馆	Qinglong Xian	452084
贞丰县档案馆	Zhenfeng Xian	452085
望谟县档案馆	Wangmo Xian	452086
册亨县档案馆	Ceheng Xian	452087
安龙县档案馆	Anlong Xian	452088
毕节地区档案馆	Bijie Diqu	452100
毕节市档案馆	Bijie Shi	452101
大方县档案馆	Dafang Xian	452102
黔西县档案馆	Qianxi Xian	452103
金沙县档案馆	Jinsha Xian	452104
织金县档案馆	Zhijin Xian	452105

名　称	地区汉语拼音拼写	档案馆代码
纳雍县档案馆	Nayong Xian	452106
威宁彝族回族苗族自治县档案馆	Weining Yizu Huizu Miaozu Zizhixian	452107
赫章县档案馆	Hezhang	452108
安顺市档案馆	Anshun Shi	452120
西秀区档案馆	Xixiu Qu	452121
平坝县档案馆	Pingba Xian	452127
普定县档案馆	Puding Xian	452128
关岭布依族苗族自治县档案馆	Guanling Buyizu Miaozu Zizhixian	452131
镇宁布依族苗族自治县档案馆	Zhenning Buyizu Miaozu Zizhixian	452129
紫云苗族布依族自治县档案馆	Ziyun Miaozu Buyizu Zizhixian	452130
黔东南苗族侗族自治州档案馆	Qiandongnan Miaozu Dongzu Zizhizhou	452140
凯里市档案馆	Kaili Shi	452141
黄平县档案馆	Huangping Xian	452142
施秉县档案馆	Shibing Xian	452143
三惠县档案馆	Sansui Xian	452144
镇远县档案馆	Zhenyuan Xian	452145
岑巩县档案馆	Cengong Xian	452146
天柱县档案馆	Tianzhu Xian	452147
锦屏县档案馆	Jinping Xian	452148
剑河县档案馆	Jianhe Xian	452149
台江县档案馆	Taijiang Xian	452150
黎平县档案馆	Liping Xian	452151
榕江县档案馆	Rongjiang Xian	452152
从江县档案馆	Congjiang Xian	452153
雷山县档案馆	Leishan Xian	452154
麻江县档案馆	Majiang Xian	452155
丹寨县档案馆	Danzhai Xian	452156
黔南布依族苗族自治州档案馆	Qiannan Buyizu Miaozu Zizhixian	452170
都匀市档案馆	Duyun Shi	452171
福泉市档案馆	Fuquan Shi	452174
荔波县档案馆	Libo Xian	452172
贵定县档案馆	Guiding Xian	452173
瓮安县档案馆	Weng'an Xian	452175

名　称	地区汉语拼音拼写	档案馆代码
独山县档案馆	Dushan Xian	452176
平塘县档案馆	Pingtang Xian	452177
罗甸县档案馆	Luodian Xian	452178
长顺县档案馆	Changshun Xian	452179
龙里县档案馆	Longli Xian	452180
惠水县档案馆	Huishui Xian	452181
三都水族自治县档案馆	Sandu Shuizu zizhixian	452182
贵阳市城市建设档案馆		452401
遵义市城市建设档案馆		452402
六盘水市城市建设档案馆		452403

云南省

名　称	地区汉语拼音拼写	档案馆代码
云南省档案馆	Yunnan Sheng	453001
昆明市档案馆	Kunming Shi	453002
五华区档案馆	Wuhua Qu	453003
盘龙区档案馆	Panlong Qu	453004
官渡区档案馆	Guandu Qu	453005
西山区档案馆	Xishan Qu	453006
东川区档案馆	Dongchuan Qu	453025
呈贡县档案馆	Chenggong Xian	453007
晋宁县档案馆	Jinning Xian	453008
富民县档案馆	Fumin Xian	453010
宜良县档案馆	Yiliang Xian	453011
石林彝族自治县档案馆	Shilin Yizu Zizhixian	453012
嵩明县档案馆	Songming Xian	453013
禄劝彝族苗族自治县档案馆	Luquan Yizu Miaozu Zizhixian	453014
寻甸回族彝族自治县档案馆	Xundian Huizu Yizu Zizhixian	453068
安宁市档案馆	Anning Shi	453009
曲靖市档案馆	Qujing Shi	453060
麒麟区档案馆	Qilin Qu	453061
马龙县档案馆	Malong Xian	453062
陆良县档案馆	Luliang Xian	453067

名　称	地区汉语拼音拼写	档案馆代码
师宗县档案馆	Shizong Xian	453066
罗平县档案馆	Luoping Xian	453065
富源县档案馆	Fuyuan Xian	453064
会泽县档案馆	Huize Xian	453069
沾益县档案馆	Zhanyi Xian	453070
宣威市档案馆	Xuanwei Shi	453063
玉溪市档案馆	Yuxi Shi	453100
红塔区档案馆	Hongta Qu	453101
江川县档案馆	Jiangchuan Xian	453102
澄江县档案馆	Chengjiang Xian	453103
通海县档案馆	Tonghai Xian	453104
华宁县档案馆	Huaning Xian	453105
易门县档案馆	Yimen Xian	453106
峨山彝族自治县档案馆	Eshan Yizu Zizhixian	453107
新平彝族傣族自治县档案馆	Xinping Yizu Daizu Zizhixian	453108
元江哈尼族彝族傣族自治县档案馆	Yuanjiang Hanizu Yizu Daizu Zizhixian	453109
昭通市档案馆	Zhaotong Shi	453030
昭阳区档案馆	Zhaoyang Qu	453031
鲁甸县档案馆	Ludian Xian	453032
巧家县档案馆	Qiaojia Xian	453040
盐津县档案馆	Yanjin Xian	453033
大关县档案馆	Daguan Xian	453034
永善县档案馆	Yongshan Xian	453035
绥江县档案馆	Suijiang Xian	453036
镇雄县档案馆	Zhenxiong Xian	453037
彝良县档案馆	Yiliang Xian	453038
威信县档案馆	Weixin Xian	453039
水富县档案馆	Shuifu Xian	453041
楚雄彝族自治州档案馆	Chuxiong Yizu Zizhizhou	453080
楚雄市档案馆	Chuxiong Shi	453081
双柏县档案馆	Shuangbai Xian	453082
牟定县档案馆	Mouding Xian	453083
南华县档案馆	Nanhua Xian	453084

名　称	地区汉语拼音拼写	档案馆代码
姚安县档案馆	Yao'an Xian	453085
大姚县档案馆	Dayao Xian	453086
永仁县档案馆	Yongren Xian	453087
元谋县档案馆	Yuanmou Xian	453088
武定县档案馆	Wuding Xian	453089
禄丰县档案馆	Lufeng Xian	453090
红河哈尼族彝族自治州档案馆	Honghe Hanizu Yizu Zizhixian	453120
个旧市档案馆	Gejiu Shi	453121
开远市档案馆	Kaiyuan Shi	453122
蒙自县档案馆	Mengzi Xian	453123
屏边苗族自治县档案馆	Pingbian Miaozu Zizhixian	453124
建水县档案馆	Jianshui Xian	453125
石屏县档案馆	Shiping Xian	453126
弥勒县档案馆	Mile Xian	453127
泸西县档案馆	Luxi Xian	453128
元阳县档案馆	Yuanyang Xian	453129
红河县档案馆	Honghe Xian	453130
金平苗族瑶族傣族自治县档案馆	Jinping Miaozu Yaozu Daizu Zizhixian	453131
绿春县档案馆	Lüchun Xian	453132
河口瑶族自治县档案馆	Hekou Yaozu Zizhixian	453133
文山壮族苗族自治州档案馆	Wenshan Zhuangzu Miaozu Zizhixian	453150
文山县档案馆	Wenshan Xian	453151
砚山县档案馆	Yanshan Xian	453152
西畴县档案馆	Xichou Xian	453153
麻栗坡县档案馆	Malipo Xian	453154
马关县档案馆	Maguan Xian	453155
丘北县档案馆	Qiubei Xian	453156
广南县档案馆	Guangnan Xian	453157
富宁县档案馆	Funing Xian	453158
普洱市档案馆	Pu'er Shi	453170
思茅区档案馆	Simao Qu	453171
宁洱哈尼族彝族自治县档案馆	Ning'er Hanizu Yizu Zizhixian	453172
墨江哈尼族自治县档案馆	Mojiang Hanizu Zizhixian	453173

名　称	地区汉语拼音拼写	档案馆代码
景东彝族自治县档案馆	Jingdong Yizu Zizhixian	453174
景谷傣族彝族自治县档案馆	Jinggu Daizu Yizu Zizhixian	453175
镇沅彝族哈尼族拉祜族自治县档案馆	Zhenyuan Yizu Hanizu Lahuzu Zizhixian	453176
江城哈尼族彝族自治县档案馆	Jiangcheng Hanizu Yizu Zizhixian	453177
孟连傣族拉祜族佤族自治县档案馆	Menglian Daizu Lahuzu Vazu Zizhixian	453178
澜沧拉祜族自治县档案馆	Lancang Lahuzu Zizhixian	453179
西盟佤族自治县档案馆	Ximeng Vazu Zizhixian	453180
西双版纳傣族自治州档案馆	Xishuangbanna Daizu Zizhizhou	453190
景洪市档案馆	Jinghong Shi	453191
勐海县档案馆	Menghai Xian	453192
勐腊县档案馆	Mengla Xian	453193
大理白族自治州档案馆	Dali Baizu Zizhizhou	453210
大理市档案馆	Dali Shi	453211
漾濞彝族自治县档案馆	Yangbi Yizu Zizhixian	453212
祥云县档案馆	Xiangyun Xian	453213
宾川县档案馆	Binchuan Xian	453214
弥渡县档案馆	Midu Xian	453215
南涧彝族自治县档案馆	Nanjian Yizu Zizhixian	453216
巍山彝族回族自治县档案馆	Weishan Yizu Huizu Zizhixian	453217
永平县档案馆	Yongping Xian	453218
云龙县档案馆	Yunlong Xian	453219
洱源县档案馆	Eryuan Xian	453220
剑川县档案馆	Jianchuan Xian	453221
鹤庆县档案馆	Heqing Xian	453222
保山市档案馆	Baoshan Shi	453240
隆阳区档案馆	Longyang Qu	453241
施甸县档案馆	Shidian Xian	453242
腾冲县档案馆	Tengchong Xian	453243
龙陵县档案馆	Longling Xian	453244
昌宁县档案馆	Changning Xian	453245
德宏傣族景颇族自治州档案馆	Dehong Daizu Jingpozu Zizhizhou	453260
畹町市档案馆	Wanding Shi	453261
瑞丽市档案馆	Ruili Shi	453266

名　称	地区汉语拼音拼写	档案馆代码
潞西市档案馆	Luxi Shi	453262
梁河县档案馆	Lianghe Xian	453263
盈江县档案馆	Yingjiang Xian	453264
陇川县档案馆	Longchuan Xian	453265
丽江市档案馆	Lijiang Shi	453280
古城区档案馆	Gucheng Qu	453285
玉龙纳西族自治县档案馆	Lijiang Naxizu Zizhixian	453281
永胜县档案馆	Yongsheng Xian	453282
华坪县档案馆	Huaping Xian	453283
宁蒗彝族自治县档案馆	Ninglang Yizu Zizhixian	453284
怒江傈僳族自治州档案馆	Nujiang Lisuzu Zizhizhou	453300
泸水县档案馆	Lushui Xian	453301
福贡县档案馆	Fugong Xian	453305
贡山独龙族怒族自治县档案馆	Gongshan Dulongzu Nuzu Zizhixian	453303
兰坪白族普米族自治县档案馆	Lanping Baizu Pumizu Zizhixian	453304
迪庆藏族自治州档案馆	Diqing Zangzu Zizhizhou	453320
香格里拉县档案馆	Xianggelila Xian	453321
德钦县档案馆	Deqin Xian	453322
维西傈僳族自治县档案馆	Weixi Lisuzu Zizhixian	453323
临沧市档案馆	Lincang Shi	453340
临翔区档案馆	Linxiang Qu	453341
凤庆县档案馆	Fengqing Xian	453342
云县档案馆	Yun Xian	453343
永德县档案馆	Yongde Xian	453344
镇康县档案馆	Zhenkang Xian	453345
双江拉祜族佤族布朗族傣族自治县档案馆	Shuangjiang Lahuzu Vazu Bulangzu Daizu Zizhixian	453346
耿马傣族佤族自治县档案馆	Gengma Daizu Vazu Zizhixian	453347
沧源佤族自治县档案馆	Cangyuan Vazu Zizhixian	453348
昆明市城市建设档案馆		453401

西藏自治区

名　称	地区汉语拼音拼写	档案馆代码
西藏自治区档案馆	Xizang Zizhiqu	454001
拉萨市档案馆	Lasa Shi	454002
城关区档案馆	Chengguan Qu	454003
林周县档案馆	Linzhou Xian	454004
当雄县档案馆	Dangxiong Xian	454005
尼木县档案馆	Nimu Xian	454006
曲水县档案馆	Qushui Xian	454007
堆龙德庆县档案馆	Duilongdeqing Xian	454008
达孜县档案馆	Dazi Xian	454009
墨竹工卡县档案馆	Mozhugongka Xian	454010
昌都地区档案馆	Changdu Diqu	454020
昌都县档案馆	Changdu Xian	454021
江达县档案馆	Jiangda Xian	454022
贡觉县档案馆	Gongjue Xian	454023
类乌齐县档案馆	Leiwuqi Xian	454024
丁青县档案馆	Dingqing Xian	454025
察雅县档案馆	Chaya Xian	454026
八宿县	Basu Xian	
左贡县档案馆	Zuogong Xian	454028
芒康县档案馆	Mangkang Xian	454029
洛隆县档案馆	Luolong Xian	454030
边坝县档案馆	Bianba Xian	454031
盐井县	Yanjing Xian	
碧土县	Bitu Xian	
妥坝县	Tuoba Xian	
生达县	Shengda Xian	
山南地区档案馆	Shannan Diqu	454040
乃东县档案馆	Naidong Xian	454041
扎囊县档案馆	Zhanang Xian	454042
贡嘎县档案馆	Gongga Xian	454043
桑日县档案馆	Sangri Xian	454044
琼结县档案馆	Qongjie Xian	454045

名　称	地区汉语拼音拼写	档案馆代码
曲松县档案馆	Qusong Xian	454046
措美县档案馆	Cuomei Xian	454047
洛扎县档案馆	Luozha Xian	454048
加查县	Jiacha Xian	
隆子县档案馆	Longzi Xian	454050
错那县档案馆	Cuona Xian	454051
浪卡子县档案馆	Langkazi Xian	454052
日喀则地区档案馆	Rikaze Diqu	454060
日喀则市档案馆	Rikaze Shi	454061
南木林县档案馆	Nanmulin Xian	454062
江孜县档案馆	Jiangzi Xian	454063
定日县档案馆	Dingri Xian	454064
萨迦县档案馆	Sajia Xian	454066
拉孜县档案馆	Lazi Xian	454065
昂仁县档案馆	Angren Xian	454067
谢通门县档案馆	Xietongmen Xian	454068
白郎县档案馆	Bailang Xian	454069
仁布县档案馆	Renbu Xian	454070
康马县档案馆	Kangma Xian	454071
定结县档案馆	Dingjie Xian	454072
仲巴县档案馆	Zhongba Xian	454073
亚东县档案馆	Yadong Xian	454074
吉隆县档案馆	Jilong Xian	454075
聂拉木县档案馆	Nielamu Xian	454076
萨嘎县档案馆	Saga Xian	454077
岗巴县档案馆	Gangba Xian	454078
那曲地区档案馆	Naqu Diqu	454080
那曲县档案馆	Naqu Xian	454081
嘉黎县	Jiali Xian	
比如县	Biru Xian	
聂荣县	Nierong Xian	
安多县	Anduo Xian	
申扎县	Shenzha Xian	

名　称	地区汉语拼音拼写	档案馆代码
索县	Suo Xian	
班戈县档案馆	Bange Xian	454088
巴青县	Baqing Xian	
尼玛县	Nima Xian	
阿里地区档案馆	Ali Diqu	454100
普兰县	Pulan Xian	
札达县	Zhada Xian	
噶尔县	Ge'er Xian	
日土县	Ritu Xian	
革吉县	Geji Xian	
改则县	Gaize Xian	
措勤县	Cuoqin Xian	
隆格尔县	Longge'er Xian	
林芝地区档案馆	Linzhi Diqu	454110
林芝县	Linzhi Xian	
工布江达县	Gongbujiangda Xian	
米林县	Milin Xian	
墨脱县	Motuo Xian	
波密县	Bomi Xian	
察隅县	Chayu Xian	
朗县	Lang Xian	
拉萨市城建档案馆		454401

陕西省

名　称	地区汉语拼音拼写	档案馆代码
陕西省档案馆	Shanxi Sheng	461001
西安市档案馆	Xi'an Shi	461002
新城区档案馆	Xincheng Qu	461003
碑林区档案馆	Beilin Qu	461004
莲湖区档案馆	Lianhu Qu	461005
灞桥区档案馆	Baqiao Qu	461006
未央区档案馆	Weiyang Qu	461007
雁塔区档案馆	Yanta Qu	461008

名　称	地区汉语拼音拼写	档案馆代码
阎良区档案馆	Yanliang Qu	461009
临潼区档案馆	Lintong Qu	461012
长安区档案馆	Chang'an Qu	461010
蓝田县档案馆	Lantian Xian	461011
周至县档案馆	Zhouzhi Xian	461013
户县档案馆	Hu Xian	461014
高陵县档案馆	Gaoling Xian	461015
铜川市档案馆	Tongchuan Shi	461030
王益区档案馆	Wangyi Qu	461031
印台区档案馆	Yintai Qu	461032
耀州区档案馆	Yaozhou Qu	461033
宜君县档案馆	Yijun Xian	461034
宝鸡市档案馆	Baoji Shi	461040
渭滨区档案馆	Weibin Qu	461041
金台区档案馆	Jintai Qu	461042
陈仓区档案馆	Chencang Qu	461043
凤翔县档案馆	Fengxiang Xian	461044
岐山县档案馆	Qishan Xian	461045
扶风县档案馆	Fufeng Xian	461046
眉县档案馆	Mei Xian	461047
陇县档案馆	Long Xian	461048
千阳县档案馆	Qianyang Xian	461049
麟游县档案馆	Linyou Xian	461050
凤县档案馆	Feng Xian	461051
太白县档案馆	Taibai Xian	461052
咸阳市档案馆	Xianyang Shi	461070
秦都区档案馆	Qindu Qu	461071
杨陵区档案馆	Yangling Qu	461072
渭城区档案馆	Weicheng Qu	461084
三原县档案馆	Sanyuan Xian	461074
泾阳县档案馆	Jingyang Xian	461075
乾县档案馆	Qian Xian	461076
礼泉县档案馆	Liquan Xian	461077

名 称	地区汉语拼音拼写	档案馆代码
永寿县档案馆	Yongshou Xian	461078
彬县档案馆	Bin Xian	461079
长武县档案馆	Changwu Xian	461080
旬邑县档案馆	Xunyi Xian	461081
淳化县档案馆	Chunhua Xian	461082
武功县档案馆	Wugong Xian	461083
兴平市档案馆	Xingping Xian	461073
渭南市档案馆	Weinan Shi	461100
临渭区档案馆	Linwei Qu	461101
华县档案馆	Hua Xian	461103
潼关县档案馆	Tongguan Xian	461105
大荔县档案馆	Dali Xian	461106
合阳县档案馆	Heyang Xian	461110
澄城县档案馆	Chengcheng Xian	461108
蒲城县档案馆	Pucheng Xian	461107
白水县档案馆	Baishui Xian	461109
富平县档案馆	Fuping Xian	461111
韩城市档案馆	Hancheng Shi	461102
华阴市档案馆	Huayin Shi	461104
延安市档案馆	Yan'an Shi	461180
宝塔区档案馆	Baota Qu	461181
延长县档案馆	Yanchang Xian	461182
延川县档案馆	Yanchuan Xian	461183
子长县档案馆	Zichang Xian	461184
安塞县档案馆	Ansai Xian	461185
志丹县档案馆	Zhidan Xian	461186
吴旗县档案馆	Wuqi Xian	461187
甘泉县档案馆	Ganquan Xian	461188
富县档案馆	Fu Xian	461189
洛川县档案馆	Luochuan Xian	461190
宜川县档案馆	Yichuan Xian	461191
黄龙县档案馆	Huanglong Xian	461192
黄陵县档案馆	Huangling Xian	461193

名　称	地区汉语拼音拼写	档案馆代码
汉中市档案馆	Hanzhong Shi	461120
汉台区档案馆	Hantai Qu	461121
南郑县档案馆	Nanzheng Xian	461122
城固县档案馆	Chenggu Xian	461123
洋县档案馆	Yang Xian	461124
西乡县档案馆	Xixiang Xian	461125
勉县档案馆	Mian Xian	461126
宁强县档案馆	Ningqiang Xian	461127
略阳县档案馆	Lüeyang Xian	461128
镇巴县档案馆	Zhenba Xian	461129
留坝县档案馆	Liuba Xian	461130
佛坪县档案馆	Foping Xian	461131
安康市档案馆	Ankang Shi	461140
汉滨区档案馆	Hangbin Qu	461141
汉阴县档案馆	Hanyin Xian	461142
石泉县档案馆	Shiquan Xian	461143
宁陕县档案馆	Ningshan Xian	461144
紫阳县档案馆	Ziyang Xian	461145
岚皋县档案馆	Langao Xian	461146
平利县档案馆	Pingli Xian	461147
镇坪县档案馆	Zhenping Xian	461148
旬阳县档案馆	Xunyang Xian	461149
白河县档案馆	Baihe Xian	461150
商洛市档案馆	Shangluo Shi	461160
商州区档案馆	Shangzhou Qu	461161
洛南县档案馆	Luonan Xian	461162
丹凤县档案馆	Danfeng Xian	461163
商南县档案馆	Shangnan Xian	461164
山阳县档案馆	Shanyang Xian	461165
镇安县档案馆	Zhen'an Xian	461166
柞水县档案馆	Zhashui Xian	461167
榆林市档案馆	Yulin Shi	461210
榆阳区档案馆	Yuyang Qu	461211

名　称	地区汉语拼音拼写	档案馆代码
神木县档案馆	Shenmu Xian	461212
府谷县档案馆	Fugu Xian	461213
横山县档案馆	Hengshan Xian	461214
靖边县档案馆	Jingbian Xian	461215
定边县档案馆	Dingbian Xian	461216
绥德县档案馆	Suide Xian	461217
米脂县档案馆	Mizhi Xian	461218
佳县档案馆	Jia Xian	461219
吴堡县档案馆	Wubu Xian	461220
清涧县档案馆	Qingjian Xian	461221
子州县档案馆	Zizhou Xian	461222
西安市城市建设档案馆		461401
铜川市城市建设档案馆		461402
宝鸡市城市建设档案馆		461403
汉中市城市建设档案馆		461404
延安市城市建设档案馆		461405
国家测绘档案馆		461420
大地测量档案分馆		
陕西省测绘档案资料馆		461430
西安交通大学档案馆		461600
西北农林科技大学档案馆		461601
西安电机厂档案馆		461620
延长油矿管理局档案馆		461621
榆林地区汽车运输总公司档案馆		461622

甘肃省

名　称	地区汉语拼音拼写	档案馆代码
甘肃省档案馆	Gansu Sheng	462001
兰州市档案馆	Lanzhou Shi	462002
城关区档案馆	Chengguan Qu	462003
七里河区档案馆	Qilihe Qu	462004
西固区档案馆	Xigu Qu	462005
安宁区档案馆	Anning Qu	462006

名　称	地区汉语拼音拼写	档案馆代码
红古区档案馆	Honggu Qu	462007
永登县档案馆	Yongdeng Xian	462008
皋兰县档案馆	Gaolan Xian	462009
榆中县档案馆	Yuzhong Xian	462010
嘉峪关市档案馆	Jiayuguan Shi	462020
金昌市档案馆	Jinchang Shi	462030
金川区档案馆	Jinchuan Qu	462032
永昌县档案馆	Yongchang Xian	462031
白银市档案馆	Baiyin Shi	462040
白银区档案馆	Baiyin Qu	462041
平川区档案馆	Pingchuan Qu	462045
靖远县档案馆	Jingyuan Xian	462042
会宁县档案馆	Huining Xian	462043
景泰县档案馆	Jingtai Xian	462044
天水市档案馆	Tianshui Shi	462050
秦州区档案馆	Qinzhou Qu	462051
麦积区档案馆	Maiji Qu	462052
清水县档案馆	Qingshui Xian	462053
秦安县档案馆	Qin'an Xian	462054
甘谷县档案馆	Gangu Xian	462055
武山县档案馆	Wushan Xian	462056
张家川回族自治县档案馆	Zhanjiachuan Huizu Zizhixian	462057
酒泉市档案馆	Jiuquan Shi	462070
肃州区档案馆	Suzhou Qu	462072
玉门市档案馆	Yumen Shi	462071
敦煌市档案馆	Dunhuang Shi	462073
金塔县档案馆	Jinta Xian	462074
肃北蒙古族自治县档案馆	Subei Mengguzu Zizhixian	462075
阿克塞哈萨克族自治县档案馆	Akesai Hasakezu Zizhixian	462076
瓜州县档案馆	Guazhou Xian	462077
张掖市档案馆	Zhangye Shi	462090
甘州区档案馆	Ganzhou Qu	462091
肃南裕固族自治县档案馆	Sunan Yuguzu Zizhixian	462092

名　称	地区汉语拼音拼写	档案馆代码
民乐县档案馆	Minle Xian	462093
临泽县档案馆	linze Xian	462094
高台县档案馆	Gaotai Xian	462095
山丹县档案馆	Shandan Xian	462096
武威市档案馆	Wuwei Shi	462110
凉州区档案馆	Liangzhou Qu	462111
民勤县档案馆	Minqin Xian	462112
古浪县档案馆	Gulang Xian	462113
天祝藏族自治县档案馆	Tianzhu Zangzu Zizhixian	462114
定西市档案馆	Dingxi Shi	462130
安定区档案馆	Anding Qu	462131
通渭县档案馆	Tongwei Xian	462132
陇西县档案馆	Longxi Xian	462133
渭源县档案馆	Weiyuan Xian	462134
临洮县档案馆	Lintao Xian	462137
漳县档案馆	Zhang Xian	462135
岷县档案馆	Min Xian	462136
陇南市档案馆	Longnan Shi	462150
武都区档案馆	Wudu Qu	462151
宕昌县档案馆	Dangchang Xian	462152
成县档案馆	Cheng Xian	462153
康县档案馆	Kang Xian	462154
文县档案馆	Wen Xian	462155
西和县档案馆	Xihe Xian	462156
礼县档案馆	Li Xian	462157
两当县档案馆	Liangdang Xian	462158
徽县档案馆	Hui Xian	462159
平凉市档案馆	Pingliang Shi	462170
崆峒区档案馆	Kongtong Qu	462171
泾川县档案馆	Jingchuan Xian	462172
灵台县档案馆	Lingtai Xian	462173
崇信县档案馆	Chongxin Xian	462174
华亭县档案馆	Huating Xian	462175

名　称	地区汉语拼音拼写	档案馆代码
庄浪县档案馆	Zhuanglang Xian	462176
静宁县档案馆	Jingning Xian	462177
庆阳市档案馆	Qingyang Shi	462190
西峰区档案馆	Xifeng Qu	462191
庆城县档案馆	Qingyang Xian	462192
环县档案馆	Huan Xian	462193
华池县档案馆	Huachi Xian	462194
合水县档案馆	Heshui Xian	462195
正宁县档案馆	Zhengning Xian	462196
宁县档案馆	Ning Xian	462197
镇原县档案馆	Zhenyuan Xian	462198
临夏回族自治州档案馆	Linxia Huizu Zizhizhou	462210
临夏市档案馆	Linxia Shi	462211
临夏县档案馆	Linxia Xian	462212
康乐县档案馆	Kangle Xian	462213
永靖县档案馆	Yongjing Xian	462214
广河县档案馆	Guanghe Xian	462215
和政县档案馆	Hezheng Xian	462216
东乡族自治县档案馆	Dongxiangzu Zizhixian	462217
积石山保安族东乡族撒拉族自治县档案馆	Jishishan Bao'anzu Dongxiangzu Salazu Zizhixian	462218
甘南藏族自治州档案馆	Gannan Zangzu Zizhizhou	462230
合作市档案馆	Hezuo Shi	462238
临潭县档案馆	Lintan Xian	462231
卓尼县档案馆	Zhuoni Xian	462232
舟曲县档案馆	Zhouqu Xian	462233
迭部县档案馆	Diebu Xian	462234
玛曲县档案馆	Maqu Xian	462235
碌曲县档案馆	Luqu Xian	462237
夏河县档案馆	Xiahe Xian	462236

青海省

名　称	地区汉语拼音拼写	档案馆代码
青海省档案馆	Qinghai Sheng	463001
西宁市档案馆	Xining Shi	463002
城东区档案馆	Chengdong Qu	463003
城中区档案馆	Chengzhong Qu	463004
城西区档案馆	ChengXi Qu	463005
城北区档案馆	Chengbei Qu	463006
大通回族土族自治县档案馆	Datong Huizu Tuzu Zizhixian	463007
湟中县档案馆	Huangzhong Xian	463014
湟源县档案馆	Huangyuan Xian	463015
海东地区档案馆	Haidong Diqu	463010
平安县档案馆	Ping'an Xian	463011
民和回族土族自治县档案馆	Minhe Huizu Tuzu Zizhixian	463012
乐都县档案馆	Ledu Xian	463013
互助土族自治县档案馆	Huzu Tuzu Zizhixian	463016
化隆回族自治县档案馆	Hualong Huizu Zizhixian	463017
循化撒拉族自治县档案馆	Xunhua Salazu Zizhixian	463018
海北藏族自治州档案馆	Haibei Zangzu Zizhizhou	463021
门源回族自治县档案馆	Menyuan Huizu Zizhixian	463022
祁连县档案馆	Qilian Xian	463023
海晏县档案馆	Haiyan Xian	463024
刚察县档案馆	Gangcha Xian	463025
黄南藏族自治州档案馆	Huangnan Zangzu Zizhizhou	463031
同仁县档案馆	Tongren Xian	463032
尖扎县档案馆	Jianzha Xian	463033
泽库县档案馆	Zeku Xian	463034
河南蒙古族自治县档案馆	Henan Mengguzu Zizhixian	4633035
海南藏族自治州档案馆	Hainan Zangzu Zizhizhou	463041
共和县档案馆	Gonghe Xian	463042
同德县档案馆	Tongde Xian	463043
贵德县档案馆	Guide Xian	463044

名　称	地区汉语拼音拼写	档案馆代码
兴海县档案馆	Xinghai Xian	463045
贵南县档案馆	Guinan Xian	463046
果洛藏族自治州档案馆	Guoluo Zangzu Zizhizhou	463051
玛沁县档案馆	Maqin Xian	463052
班玛县档案馆	Banma Xian	463053
甘德县档案馆	Gande Xian	463054
达日县档案馆	Dari Xian	463055
久治县档案馆	Jiuzhi Xian	463056
玛多县档案馆	Maduo Xian	463057
玉树藏族自治州档案馆	Yushu Zangzu Zizhizhou	463061
玉树县档案馆	Yushu Xian	463062
杂多县档案馆	Zaduo Xian	463063
称多县档案馆	Chengduo Xian	463064
治多县档案馆	Zhiduo Xian	463065
囊谦县档案馆	Nangqing Xian	463066
曲麻莱县档案馆	Qumala Xian	463067
海西蒙古族藏族自治州档案馆	Haixi Mengguzu Zangzu Zizhizhou	463071
格尔木市档案馆	Ge'ermu Shi	463072
德令哈市档案馆	Delinha Shi	463073
乌兰县档案馆	Wulan Xian	463074
都兰县档案馆	Dulan Xian	463075
天峻县档案馆	Tianjun Xian	463076
西宁市城建档案馆		463400
青海省测绘档案馆		463420
青海省气象档案馆		463421
青海省地质档案馆		463423

宁夏回族自治区

名　称	地区汉语拼音拼写	档案馆代码
宁夏回族自治区档案馆	Ningxia Huizu Zizhiqu	464001
银川市档案馆	Yinchuan Shi	464002
兴庆区档案馆	Xingqing Qu	464003
西夏区档案馆	Xixia Qu	464004

名　称	地区汉语拼音拼写	档案馆代码
金凤区档案馆	Jinfeng Qu	464005
灵武市档案馆	Lingwu Shi	464044
永宁县档案馆	Yongning Xian	464006
贺兰县档案馆	Helan Xian	464007
石嘴山市档案馆	Shizuishan Shi	464020
大武口区档案馆	Dawukou Qu	464023
惠农区档案馆	Huinong Qu	464026
平罗县档案馆	Pingluo Xian	464021
吴忠市档案馆	Wuzhong Shi	464040
利通区档案馆	Litong Qu	464041
盐池县档案馆	Yanchi Xian	464045
同心县档案馆	Tongxin Xian	464047
青铜峡市档案馆	Qingtongxia Shi	464042
固原市档案馆	Guyuan Shi	464060
原州区档案馆	Yuanzhou Qu	464061
西吉县档案馆	Xiji Xian	464063
隆德县档案馆	Longde Xian	464064
泾源县档案馆	Jingyuan Xian	464065
彭阳县档案馆	Pengyang Xian	464066
中卫市档案馆	Zhongwei Shi	464046
沙坡头区	Shapotou Qu	
中宁县档案馆	Zhongning Xian	464043
海原县档案馆	Haiyuan Xian	464062
宁夏气象档案馆		464420
宁夏测绘成果档案馆		464421
宁夏地名档案资料馆		464422

新疆维吾尔自治区

名　称	地区汉语拼音拼写	档案馆代码
新疆维吾尔自治区档案馆	Xinjiang Weiwuer Zizhiqu	465001
乌鲁木齐市档案馆	Wulumuqi Shi	465002
天山区档案馆	Tianshan Qu	465005

名　称	地区汉语拼音拼写	档案馆代码
沙衣巴克区档案馆	Shayi Bake Qu	465003
新市区档案馆	Xinshi Qu	465004
水磨沟区档案馆	Shuimogou Qu	465007
头屯河区档案馆	Toutunhe Qu	465008
达板城区档案馆	Dabancheng Qu	465009
米东区档案馆	Midong Qu	465010
乌鲁木齐县档案馆	Wulumuqi Xian	465006
新疆生产建设兵团档案馆	Xinjiang Shengchan Jianshe Bingtuan	465011
克拉玛依市	Kelamayi Shi	465020
独山子区档案馆	Dushanzi Qu	465021
克拉玛依区档案馆	Kelamayi Qu	465022
白碱滩区档案馆	Baijiantan Qu	465023
乌尔禾区档案馆	Wu'erhe Qu	465024
吐鲁番地区档案馆	Tulufan Diqu	465040
吐鲁番市档案馆	Tulufan Shi	465041
鄯善县档案馆	Shanshan Xian	465042
托克逊县档案馆	Tuokexun Xian	465043
哈密地区档案馆	Hami Diqu	465050
哈密市档案馆	Hami Shi	465051
巴里坤哈萨克自治县档案馆	Balikun Hasake Zizhixian	465052
伊吾县档案馆	Yiwu Xian	465053
昌吉回族自治州档案馆	Changji Huizu Zizhizhou	465080
昌吉市档案馆	Changji Shi	465081
阜康市档案馆	Fukang Shi	465086
米泉市档案馆	Miquan Shi	465082
呼图壁县档案馆	Hutubi Xian	465083
玛纳斯县档案馆	Manasi Xian	465084
奇台县档案馆	Qitai Xian	465085
吉木萨尔县档案馆	Jimusa'er Xian	465087
木垒哈萨克自治县档案馆	Mulei Hasake Zizhixian	465088
博尔塔拉蒙古自治州档案馆	Bo'ertala Menggu Zizhizhou	465100
博乐市档案馆	Bole Shi	465101
精河县档案馆	Jinghe Xian	465102

名　称	地区汉语拼音拼写	档案馆代码
温泉县档案馆	Wenquan Xian	465103
巴音郭楞蒙古自治州档案馆	Bayiguole Menggu Zizhizhou	465120
库尔勒市档案馆	Ku'erle Shi	465123
轮台县档案馆	Luntai Xian	465121
尉犁县档案馆	Yuli Xian	465124
若羌县档案馆	Ruoqiang Xian	465125
且末县档案馆	Qiemo Xian	465126
焉耆回族自治县档案馆	Yanqi Huizu Zizhixian	465127
和静县档案馆	Hejing Xian	465128
和硕县档案馆	Heshuo Xian	465129
博湖县档案馆	Bohu Xian	465122
阿克苏地区档案馆	Akesu Diqu	465140
阿克苏市档案馆	Akesu Shi	465142
温宿县档案馆	Wensu Xian	465143
库车县档案馆	Kuche Xian	465144
沙雅县档案馆	Shaya Xian	465145
新和县档案馆	Xinhe Xian	465146
拜城县档案馆	Baicheng Xian	465141
乌什县档案馆	Wushi Xian	465147
阿瓦提县档案馆	Awati Xian	465148
柯坪县档案馆	Keping Xian	465149
克孜勒苏柯尔克孜自治州档案馆	Kezilesu Ke'erkezi Zizhizhou	465160
阿图什市档案馆	Atushi Shi	465162
阿克陶县档案馆	Aketao Xian	465163
阿合奇县档案馆	Aheqi Xian	465164
乌恰县档案馆	Wuqia Xian	465161
喀什地区档案馆	Keshi Diqu	465180
喀什市档案馆	Keshi Shi	465181
疏附县档案馆	Shufu Xian	465182
疏勒县档案馆	Shule Xian	465183
英吉沙县档案馆	Yingjisha Xian	465184
泽普县档案馆	Zepu Xian	465185
莎车县档案馆	Shache Xian	465186

名　称	地区汉语拼音拼写	档案馆代码
叶城县档案馆	Yechen Xian	465187
麦盖提县档案馆	Maigaiti Xian	465188
岳普湖县档案馆	Yuepuhu Xian	465189
伽师县档案馆	Jiashi Xian	465190
巴楚县档案馆	Bachu Xian	465191
塔什库尔干塔吉克自治县档案馆	Tashikuergan Tajike Zizhixian	465192
和田地区档案馆	Hetian Diqu	465210
和田市档案馆	Hetian Shi	465211
和田县档案馆	Hetian Xian	465215
墨玉县档案馆	Moyu Xian	465216
皮山县档案馆	Pishan Xian	465212
洛浦县档案馆	Lopu Xian	465213
策勒县档案馆	Cele Xian	465214
于田县档案馆	Yutian Xian	465217
民丰县档案馆	Minfeng Xian	465218
伊犁哈萨克自治州档案馆	Yili Hasake Zizhizhou	465240
奎屯市档案馆	Kuitun Shi	465243
伊宁市档案馆	Yining Shi	465244
伊宁县档案馆	Yinning Xian	465245
察布查尔锡伯自治县档案馆	Chabucha'er Xibo Zizhixian	465246
霍城县档案馆	Huocheng Xian	465241
巩留县档案馆	Gongliu Xian	465247
新源县档案馆	Xinyuan Xian	465248
昭苏县档案馆	Zhaosu Xian	465242
特克斯县档案馆	Tekesi Xian	465249
尼勒克县档案馆	Nileke Xian	465250
塔城地区档案馆	Tacheng Diqu	465260
塔城市档案馆	Tacheng Shi	465262
乌苏市档案馆	Wusu Shi	465264
额敏县档案馆	Emin Xian	465263
沙湾县档案馆	Shawan Xian	465261
托里县档案馆	Tuoli Xian	
裕民县档案馆	Yumin Xian	465266

名　称	地区汉语拼音拼写	档案馆代码
和布克赛尔蒙古自治县档案馆	Hebukesai'er Menggu Zizhixian	465267
阿勒泰地区档案馆	Aletai Diqu	465280
阿勒泰市档案馆	Aletai Shi	465281
布尔津县档案馆	Buerjin Xian	465282
富蕴县档案馆	Fuyun Xian	465283
福海县档案馆	Fuhai Xian	465284
哈巴河县档案馆	Habahe Xian	465285
青河县档案馆	Qinghe Xian	465286
吉木乃县档案馆	Jimunai Xian	465287
直辖行政单位		
石河子市档案馆	Shihezi Shi	465030
阿拉尔市	Alaer Shi	
图木舒克市	Tumushuke Shi	
五家渠市	Wujiaqu Shi	
新疆维吾尔自治区气象档案馆		465421
中油集团乌鲁木齐石油化工总厂档案馆		465621
民航乌鲁木齐管理局档案馆		465622